AF749988

# Terapia de aceptación y compromiso en psicosis

## Aceptación y recuperación por niveles (ART)

Coordinadores

**JUAN ANTONIO DÍAZ GARRIDO**

DOCTOR EN CIENCIAS CLÍNICAS. PSICÓLOGO ESPECIALISTA EN PSICOLOGÍA CLÍNICA.
COMPLEJO HOSPITALARIO UNIVERSITARIO DE GRAN CANARIA DR. NEGRÍN

**HORUS LAFFITE CABRERA**

PSICÓLOGO ESPECIALISTA EN PSICOLOGÍA CLÍNICA.
COMPLEJO HOSPITALARIO UNIVERSITARIO DE GRAN CANARIA DR. NEGRÍN

**RAQUEL ZÚÑIGA COSTA**

PSICÓLOGA ESPECIALISTA EN PSICOLOGÍA CLÍNICA.
COMPLEJO HOSPITALARIO UNIVERSITARIO DE CANARIAS

# Terapia de aceptación y compromiso en psicosis

## Aceptación y recuperación por niveles (ART)

EDICIONES PIRÁMIDE

COLECCIÓN «PSICOLOGÍA»

Director:
Francisco J. Labrador
Catedrático de Modificación de Conducta
de la Universidad Complutense de Madrid

Diseño de cubierta: Anaí Miguel

Reservados todos los derechos. El contenido de esta obra está protegido por la Ley, que establece penas de prisión y/o multas, además de las correspondientes indemnizaciones por daños y perjuicios, para quienes reprodujeren, plagiaren, distribuyeren o comunicaren públicamente, en todo o en parte, una obra literaria, artística o científica, o su transformación, interpretación o ejecución artística fijada en cualquier tipo de soporte o comunicada a través de cualquier otro medio, sin la preceptiva autorización.

Ediciones Pirámide se compromete con el medio ambiente reduciendo la huella de carbono de sus libros.

PAPEL DE FIBRA CERTIFICADO

© Juan Antonio Díaz Garrido (Coord.)
Horus Laffite Cabrera (Coord.)
Raquel Zúñiga Costa (Coord.)
© Ediciones Pirámide (Grupo Anaya, S. A.), 2021
Juan Ignacio Luca de Tena, 15. 28027 Madrid
Teléfono: 91 393 89 89
www.edicionespiramide.es
Depósito legal: M. 17.548-2021
ISBN: 978-84-368-4483-2
Printed in Spain

# Relación de autores


**Cristina Abelleira Vidal**
Psicóloga especialista en Psicología Clínica. Complejo Hospitalario Universitario de Gran Canaria Doctor Negrín.

**Miguel Acosta Ojeda**
Psiquiatra. Complejo Hospitalario Universitario de Gran Canaria Doctor Negrín.

**Jorge Carlos Álvarez Rodríguez**
Psicólogo especialista en Psicología Clínica. Complejo Hospitalario Insular Materno-Infantil de Canarias.

**Ernesto Baena Ruiz**
Psicólogo especialista en Psicología Clínica. Complejo Hospitalario Universitario de Gran Canaria Doctor Negrín.

**Adrián Barbero Rubio**
Doctor en Psicología. MICPSY. Universidad Nacional a Distancia.

**José D. Barroso Rival**
Neuropsicólogo. Catedrático de Psicobiología (Neuropsicología). Psicólogo especialista en Psicología Clínica. Universidad de La Laguna.

**Natalia Benítez Zarza**
Psicóloga especialista en Psicología Clínica. Complejo Hospitalario Insular Materno-Infantil de Canarias.

**Patricia Caballero Martínez**
Doctora en Psicología y especialista en Psicología Clínica. Lehenak. Universidad de Deusto.

**Adolfo J. Cangas Díaz**
Doctor en Psicología y especialista en Psicología Clínica. Catedrático Universidad de Almería.

**Ana Carralero Montero**
Enfermera especialista en salud mental. Hospital Universitario Ramón y Cajal de Madrid. Universidad de Alcalá.

**María Rosario Cejas Méndez**
Doctora en Medicina y Psiquiatra. Jefa de Servicio de Psiquiatría del Complejo Hospitalario Universitario de Canarias.

**Karen Codana Alcántara**
Psicóloga especialista en Psicología Clínica. Complejo Hospitalario Universitario Insular Materno-Infantil de Canarias.

**Juan Antonio Díaz Garrido**
Doctor en Ciencias Clínicas. Psicólogo especialista en Psicología Clínica. Complejo Hospitalario Universitario de Gran Canaria Doctor Negrín.

**Estefanía Díaz Mesa**
Doctora en Medicina y Psiquiatra. Complejo Hospitalario Universitario de Canarias.

**Cira Febles Arévalo**
Enfermera especialista en salud mental. Complejo Hospitalario Universitario de Gran Canaria Doctor Negrín.

**Jaime Andrés Fernández Fernández**
Psicólogo especialista en Psicología Clínica. Complejo Hospitalario Insular Materno-Infantil de Canarias.

**Nuria Fernández Gayoso**
Enfermera especialista en salud mental. Lehenak.

**Esther Fernández Martín**
Psiquiatra. Lehenak.

**Daniel Ferreira Padilla**
Doctor en Psicología. Investigador Assistant Professor del Karolinska Institutet de Suecia.

Eduardo Fonseca-Pedrero
Doctor en Psicología. Psicólogo especialista en Psicología Clínica. Universidad de La Rioja. Centro de Investigación Biomédica en Red de Salud Mental (CIBERSAM).

Eloy García Cabello
Psicólogo General Sanitario y Neuropsicólogo. Universidad de La Laguna.

Leire García Fernández
Psiquiatra. Lehenak.

José Manuel García Montes
Doctor en Psicología y Psicólogo especialista en Psicología Clínica. Universidad de Almería.

Mónica García Ortega
Psicóloga especialista en Psicología Clínica. Complejo Hospitalario Insular Materno-Infantil de Canarias.

Patxi Gil López
Doctor en Medicina y Psiquiatra. Coordinador Lehenak.

Bárbara Gil Luciano
Doctora en Psicología. MICPSY. Universidad de Nebrija. Universidad de Alcalá.

Zaira González Amador
Psicóloga general sanitaria y neuropsicóloga. Universidad Fernando Pessoa Canarias.

Bernard Guerin
Doctor en Psicología. University of South Australia. BA (Hons), PhD.

Alma Gutiérrez Hernando
Psicóloga especialista en Psicología Clínica. Hospital Universitario de Cruces.

José Luis Hernández Fleta
Doctor en Medicina y Psiquiatra. Jefe de Servicio de Salud Mental Complejo Hospitalario Universitario de Gran Canaria Dr. Negrín. Universidad de Las Palmas de Gran Canaria.

Judit Herrera Rodríguez
Psiquiatra. Complejo Hospitalario Universitario Insular-Materno-Infantil de Canarias.

Félix Inchausti Gómez
Doctor en Psicología. Psicólogo especialista en Psicología Clínica. Complejo Hospitalario San Millán-San Pedro de La Rioja.

Tamara Jiménez Sánchez
Psicóloga. Práctica privada. Córdoba.

Horus Laffite Cabrera
Psicólogo especialista en Psicología Clínica. Complejo Hospitalario Universitario de Gran Canaria Doctor Negrín.

Francisca López Ríos
Doctora en Psicología. Universidad de Almería.

Emilio López Navarro
Doctor en Psicología. Profesor en la Universidad Internacional de La Rioja. Grupo EvoCog, Universidad de las Islas Baleares, IFISC, Unidad Asociada al CSIC.

Rebeca López Tofiño García
Psicóloga. Práctica Privada. Madrid.

María Marín Vila
Doctora en Psicología y especialista en Psicología Clínica. Hospital Universitario Puerta de Hierro-Majadahonda (Madrid).

José María Martín Jiménez
Psiquiatra. Complejo Hospitalario Universitario de Gran Canaria Doctor Negrín.

Francisco Martín Murcia
Doctor en Psicología y especialista en Psicología Clínica. Doctor Martín Murcia Clinic.

Virginia Martín Santana
Enfermera especialista en salud mental. Complejo Hospitalario Universitario de Gran Canaria Doctor Negrín.

María Francisca Martínez Huidobro
Psiquiatra. Complejo Hospitalario Universitario de Gran Canaria Doctor Negrín.

Manuel Mateos García
Psicólogo. PsicACT.

Yaiza Molina Rodríguez
Doctora en Neuropsicología. Universidad Fernando Pessoa Canarias.

José Manuel Molinero Roldán
Psicólogo. Universidad de Málaga.

Eric Morris
Psicólogo clínico e investigador. Profesor titular y director de la Clínica de Psicología en la Facultad de Psicología y Salud Pública de la Universidad La Trobe (Melbour-

© Ediciones Pirámide

ne). Anteriormente psicólogo clínico consultor y director de psicología para la intervención temprana en psicosis, en South London y Maudsley NHS Foundation Trust, Reino Unido.

## Elena M. Navarrete Betancort

Psiquiatra. Complejo Hospitalario Universitario de Gran Canaria Doctor Negrín.

## Carmen Ortiz Fune

Psicóloga especialista en Psicología Clínica. Complejo Asistencial Universitario de Salamanca.

## Marino Pérez Álvarez

Catedrático Universidad de Oviedo y Psicólogo especialista en Psicología Clínica.

## Tamara del Pino Medina Dorta

Enfermera especialista en salud mental. Complejo Hospitalario Universitario Insular Materno-Infantil de Canarias.

## Irene Quesada Suárez

Psicóloga especialista en Psicología Clínica. Complejo Hospitalario Universitario de Gran Canaria Doctor Negrín.

## Luciano Rodríguez del Rosario

Psiquiatra. Unidad de Media Estancia, Hospital Juan Carlos I.

## Fernando Rodríguez Otero

Psiquiatra. Hospital Juan Carlos I.

## Carolina Rodríguez Pereira

Psicóloga especialista en Psicología Clínica. Lehenak.

## María del Mar Rodríguez Pérez

Enfermera especialista en salud mental. Supervisora de la Unidad de Hospitalización de Agudos. Complejo Hospitalario Universitario de Gran Canaria Doctor Negrín.

## José Manuel Rodríguez Sánchez

Doctor en Psicología y especialista en Psicología Clínica. Lehenak. UNED.

## Juan José Ruiz Sánchez

Psicólogo especialista en Psicología Clínica. Hospital Juan de la Cruz de Úbeda.

## José Antonio Sánchez Padilla

Psiquiatra. Responsable del Programa Insular de Rehabilitación Psicosocial de Gran Canaria.

## Carlos Francisco Salgado Pascual

Doctor en Psicología. Director de PsicACT. Universidad de Valladolid.

## Laura del Carmen Sánchez Sánchez

Doctora en Psicología. Universidad de Almería.

## Beatriz Sebastián Sánchez

Psicóloga. MICPSY.

## Rafael Touriño González

Doctor en Medicina y Psiquiatra. Complejo Hospitalario Insular Materno-Infantil de Canarias.

## Miguel Valenzuela Hernández

Psicólogo. Director de ITACA Formación y Ediciones PSARA. Director de ITACA Psicología y Lenguaje.

## Luis Valero Aguayo

Catedrático en Psicología y Profesor Titular de la Universidad de Málaga.

## Erika Vallejo Franco

Enfermera especialista en salud mental. Complejo Hospitalario Universitario de Gran Canaria Doctor Negrín.

## Óscar Vallina Fernández

Doctor en Psicología y especialista en Psicología Clínica. Hospital Sierrallana de Torrelavega.

## Charo Villegas Marín

Doctora en Psicología. Universidad Loyola Andalucía.

## Raquel Zúñiga Costa

Psicóloga especialista en Psicología Clínica. Complejo Hospitalario Universitario de Canarias.

© Ediciones Pirámide

# Índice



© Ediciones Pirámide

© Ediciones Pirámide

© Ediciones Pirámide

© Ediciones Pirámide

© Ediciones Pirámide

© Ediciones Pirámide

© Ediciones Pirámide

© Ediciones Pirámide

© Ediciones Pirámide

© Ediciones Pirámide

© Ediciones Pirámide

# Prólogo

Es un honor poder escribir esta introducción. En los 25 años en los que he estado trabajando como psicólogo clínico con personas con psicosis he sido testigo de cambios fundamentales en nuestro campo, cada vez con un mayor entendimiento de los factores psicológicos y sociales que influyen en la vulnerabilidad, el desarrollo y la recuperación de la psicosis. Estos avances han conformado la evolución de las llamadas terapias basadas en la evidencia, en su mayoría fundamentadas en los principios cognitivos y conductuales.

Junto a estas novedades clínicas ha surgido un movimiento de recuperación personal, que inspira y desafía a los médicos y a los servicios de salud mental a trabajar propiamente en colaboración con las personas con psicosis, y a tener en cuenta si la atención ofrecida permite a las personas buscar la recuperación según sus propios criterios (y no siguiendo las órdenes de otros).

Esta comprensión cada vez más frecuente se inició con el trabajo a principios de los años noventa de Mary Boyle, Richard Bentall y otros que conceptualizaron los problemas de la psicosis fuera del paradigma de la «esquizofrenia». Se produjo un gran avance al considerar los síntomas de la psicosis como fenómenos que debían estudiarse por derecho propio, en lugar de como indicadores del trastorno subyacente (y que tradicionalmente se consideraban relativamente poco importantes en sí mismos, ¡a pesar de que a menudo eran importantes para la persona que los experimentaba!). Esta conceptualización más conductual y psicológica se centró en cómo estos fenómenos pueden entenderse mejor en el contexto de las circunstancias de la vida y la historia de una persona, que son las que influyen en sus reacciones, respuestas y sentido de la vida.

Si se considera la psicosis en términos psicológicos, ello significa que las intervenciones mejoran al entender a la «persona en su contexto», en lugar de centrarse en la presencia de un «trastorno». Significa que la atención de la salud mental de la que hablan los modelos psicológicos debe centrarse en el apoyo a la persona, para que siga su vida tan plena y libremente como pueda. Poner a la persona en el centro también significa que no hay una «talla única» en términos de tratamiento y formas de apoyo (realmente nunca la hubo, si consideramos la heterogeneidad de las personas con psicosis). Estas influencias son las que guiaron nuestro trabajo en South London, Reino Unido, para extender la *terapia de aceptación y compromiso* (ACT) como un enfoque orientado a la recuperación de las personas con psicosis (Morris et al., 2013).

¿Puede la persona que se recupera de una psicosis encontrar un significado personal y una flexibilidad en sus acciones, incluso al hacer frente a experiencias angustiosas o agobiantes? Ciertamente, las historias de recuperación sugieren que esto no solo es posible, sino que es algo muy habitual. Hay mucho que aprender de las experiencias vividas por quienes han podido recuperarse personalmente de la psicosis. Hemos recorrido un largo camino desde la demencia precoz, con su noción de un supuesto declive y una esperanza mínima para las personas con psicosis. Las investigaciones han mostrado que esas suposiciones no son válidas para la mayoría de las personas que experimentan psicosis. Sin embargo, sigue habiendo grandes desafíos en cuanto a la mejor manera de ayudar a quienes

© Ediciones Pirámide

puedan tener dificultades debido a sus síntomas negativos, déficits cognitivos o síntomas positivos persistentes.

Sabemos que las personas con psicosis, cuando acuden a los servicios de salud mental, quieren que se les apoye en la búsqueda de una vida significativa. Describen que desean algo más que lograr la estabilidad o prevenir la recurrencia de los síntomas; en su lugar, las personas informan que quieren tener conexiones satisfactorias con los demás, desempeñar funciones sociales significativas, experimentar el amplio espectro de emociones y sentimientos, dormir bien, sentirse seguros y vivir la vida con sus propios criterios (Freeman et al., 2019). Por supuesto, esto no es sino lo que cualquiera querría esperar. Los enfoques psicológicos para la psicosis deben, como eje central, apoyar la individualidad del cliente.

La *terapia de aceptación y recuperación por niveles* (ART) representa la integración teórica y clínica de lo que se sabe que es útil en el tratamiento psicosocial de las personas con psicosis. Como argumentan los autores, cuando una persona ha experimentado profundas pérdidas en sus relaciones, en el sentido de sí mismo y sus roles sociales, debido a la psicosis, se requiere una aproximación que considere el «medio ambiente completo». Este manual se basa en un marco conductual contextual, que se extiende más allá del ACT, para incluir otras terapias influenciadas por esta filosofía (como la *psicoterapia analítica funcional* y la clínica de la *teoría del marco relacional*), junto con prácticas del *diálogo abierto* y la intervención familiar. Los autores esbozan hábilmente un marco que sitúa a la persona que se recupera de una psicosis en el centro de atención que involucra a sus seres queridos y la comunidad, y que es de naturaleza interdisciplinar (como se refleja en la excelente gama de temas y autores de los capítulos de este manual).

Hay mucho que aprender aún sobre la adaptación de nuestras intervenciones, de manera que beneficien a las personas en diversas etapas de la psicosis. Al igual que asegurarnos que nuestras intervenciones sean útiles cuando las personas tienen déficits cognitivos, como la atención, la memoria y/o las habilidades ejecutivas. La terapia ART nos recuerda que la promoción del aprendizaje resulta el centro de nuestros esfuerzos. Un aprendizaje que incluye la historia de una persona, lo que influyó en sus apegos, las formas de relacionarse con los demás y la comprensión del mundo; un aprendizaje que se basa en la experiencia y que es personalizado; un aprendizaje que permite la recuperación y el crecimiento personal. Podemos ver, por lo que conocemos sobre la psicosis, que el fortalecimiento de un «yo» sano e intacto es un tema central. Ello puede implicar el conocimiento de tus propios objetivos y tus direcciones de vida elegidas, la conexión con un sentido de uno mismo como observador, conocer lo que ha influido en tus emociones, experiencias y respuestas. La intervención psicológica realmente útil es la que refuerza esta capacidad de aprender de la experiencia. El aprendizaje de una manera flexible es algo evidente en la terapia ART.

Este libro supone una integración completa y magistral de los modelos psicológicos contemporáneos de la psicosis, y resulta una importante contribución a la literatura de la práctica clínica. La terapia ART representa un desarrollo sobre cómo ACT puede ser adaptada para las personas con psicosis, a través de una cuidadosa evaluación y formulación del caso. Este manual permite al lector ver cómo los principios de la ciencia conductual contextual pueden aplicarse para influir en los programas de tratamiento de las personas con psicosis, de una manera pragmática y creativa, respaldada por los desarrollos empíricos (en gran parte por investigadores desde España).

Será emocionante ver cómo se desarrolla la terapia ART, lo que aprendemos y cómo podemos ajustar aún más nuestros esfuerzos para apoyar y ayudar a las personas con psicosis. Nos enriqueceremos escuchando las experiencias de las personas con psicosis y de sus seres queridos, compartiendo las prácticas, las evaluaciones de los servicios y realizando investigaciones sobre ello. Hay todo un esfuerzo en marcha para entender quién se beneficia, en qué circunstancias y por medio de qué procesos de cambio.

Creo que, en última instancia, ACT trata sobre la liberación. Nuestro trabajo es ayudar a otros a tener mayores oportunidades de elección en sus vidas, y a ejercer esa elección, encontrando formas de conseguir tener unas vidas con mayor conexión y propósito en la vida. Como describió Paul Chadwick (2006), puede haber muchas formas de quedarse atrapados con la psicosis: temor a la recurrencia, desconfianza en el juicio personal, un sen-

© Ediciones Pirámide

tido del yo como algo dañado, defectuoso, loco. Nosotros, como sus posibles ayudas, necesitamos encontrarnos con las personas allí donde estén. Y ese lugar puede ser donde están atrapados. Los enfoques descritos en este manual proporcionan un mapa de esos lugares, y una guía sobre cómo podemos apoyar a la gente para que encuentre sus caminos hacia la liberación.

Es mi sincera esperanza que la *terapia de aceptación y recuperación por niveles* (ART) inspire a los clínicos para involucrarse con la gente con psicosis, de maneras flexibles y funcionales, colaborativas y conectadas... y que esos esfuerzos sean efectivos. Porque este es, en último extremo, el valor de este trabajo: que las vidas se vivan libremente, deliberadamente y en el momento, con elecciones y direcciones de vida que proporcionen significado y propósito.

Diciembre de 2020.

Eric Morris, PhD
La Trobe University. Melbourne, Australia.
Co-editor de *Acceptance and Committment Therapy & Mindfulness for Psychosis*.
Co-autor de *ACDT for Psychosis Recovery*.

© Ediciones Pirámide

# Nuevas perspectivas y entendimiento de la psicosis: el trabajo integrador

1

MARÍA ROSARIO CEJAS MÉNDEZ
ESTEFANÍA DÍAZ MESA

## 1. INTRODUCCIÓN

En la segunda década del siglo XXI, a pesar del desarrollo y los avances de la psiquiatría y la neuropsicología desde la segunda mitad del siglo pasado, no existe una concepción unitaria de lo que son las psicosis y en especial la esquizofrenia. No está clara la etipatogenia, y los marcadores biológicos no permiten un diagnóstico, que a día de hoy aún depende de criterios clínicos (Kashavan et al., 2008).

La preponderancia de la llamada psiquiatría biológica desde las últimas décadas del siglo XX, el predominio de los manuales nosológicos sobre la psicopatología clásica y el consiguiente abandono del intento de comprender los sustratos psicológicos que subyacen ante los síntomas manifiestos de las psicosis dio lugar al abandono de la experiencia individual como fundamento de la comprensión de la experiencia psicótica, para sustituirla por la identificación y clasificación de los síntomas en grupos nosológicos, donde la vivencia y el contexto del individuo dejaron de ser relevantes.

La aparición y los buenos resultados de los antipsicóticos sobre los síntomas llamados positivos afianzó el concepto de enfermedad del cerebro. Durante las últimas décadas del siglo XX hasta la actualidad siguen siendo el tratamiento prioritario de los trastornos psicóticos en la mayoría de los casos, y aunque sin duda los fármacos son eficaces, no han podido frenar la mala evolución de un porcentaje alto de nuestros pacientes. Además, los efectos secundarios contribuyen a una tasa muy alta de abandono y mala cumplimentación. Tampoco previenen el deterioro ni actúan sobre aspectos relevantes como la recuperación de la autonomía, la integración global y la recuperación funcional hacia una vida plena, con o sin síntomas.

En los últimos años, cada vez se alzan voces más críticas sobre el concepto biomédico del trastorno mental grave. Desde la psiquiatría, la psicología y los movimientos de familiares y de pacientes se reivindica un entendimiento biopsicosocial y un tratamiento global e integrador centrado en la persona y cuyo objetivo no sea tanto la ausencia de síntomas como la recuperación plena.

Hoy sabemos que escuchar voces o tener delirios, como fenómeno psicológico, es vivenciado por la persona como respuesta a un contexto biográfico determinado y propio (Cooke, 2014). Estos fenómenos se pueden comprender como formas diferentes de responder a los problemas de la vida y forman parte de la complejidad del ser humano (Pérez-Álvarez, 2012). De ellos solo una pequeña parte accede a los servicios de salud mental. Hasta un 10% de la población general ha tenido alguna experiencia alucinatoria. La mayoría de estas personas nunca se han considerado a sí mismas, o han sido vistas, como enfermas mentales. La cuestión principal que parece diferenciarlas de quienes entran en contacto con los servicios de salud mental es la vivencia angustiosa que puede tener de esas experiencia el sujeto o su entorno, o el grado de repercusión que suponga en su funcionamiento vital o en la interacción con los demás. También una buena parte de la población general mantiene creencias que otros pueden considerar inusuales o paranoides. Las experiencias de las personas varían en su naturaleza, frecuencia e intensidad, y se pueden colocar en un continuo. En otras palabras, muchos de nosotros ocasionalmente tenemos experiencias desconcertantes o mantenemos algunas creencias que otros consideran peculiares o excéntricas. Comparativamente, somos menos los que tenemos experiencias o creencias frecuentes o graves que otros consideran extrañas y preocupantes (Cooke, 2014). Tradicionalmente estos fenómenos se han considerado derivados en un conjunto de enfermedades: el espectro psicótico; sin embargo, en los últimos 20 años se ha evidenciado que muchas personas de la población general han experimentado estos fenómenos sin necesidad de requerir atención en salud mental (Cooke, 2014).

La terminología asociada a la psicosis también se ha ido transformando con el paso del tiempo, desde una época oscura hasta llegar, en el momento actual, a una visión más optimista, aunque persiste aún el estigma y el tabú como una de las principales dificultades con las que se encuentran las personas diagnosticadas y sus familiares. La estigmatización supone una barrera importantísima para el acceso de las personas con trastorno mental severo y sus familias a los servicios comunitarios y afecta a todos los agentes sociales implicados en los procesos de rehabilitación o recuperación, influyendo directamente a las propias personas con un trastorno mental, a los familiares y a los profesionales que ayudan en este proceso; sin olvidar los mitos y creencias como, por ejemplo, que las personas con esquizofrenia son peligrosas. La educación, la formación, la información y la sensibilización son las maneras de luchar contra ello (Hueso, 2019).

El siglo XXI está siendo el momento de experimentar cambios radicales en el campo de la salud mental y el cuestionamiento del paradigma biomédico, produciéndose un giro hacia modelos más comprensivos, accesibles e inclusivos, centrados en las capacidades de la persona, con la construcción de sistemas diagnósticos más útiles y con intervenciones más integrales y personalizadas enfocadas a la recuperación.

## 2. EVOLUCIÓN HISTÓRICA DEL TRATAMIENTO DE LAS PSICOSIS

Como señala Berrios (1996), no se puede comprender el concepto actual de psicosis sin analizar y conocer su devenir histórico. El concepto vigente en la actualidad de lo que es la psicosis y la esquizofrenia tiene su fundamento en las aportaciones de Kraepelin, Bleuler y Schneider. Sus concepciones sobre estas patologías han tenido una gran influencia en los sistemas clasificatorios internacionales (Kendler, 2016).

En las últimas décadas del siglo XX, y como resultado de investigaciones cuantitativas sobre los síntomas de esquizofrenia, los subtipos propuestos por Kraepelin y Bleuler fueron puestos en entredicho, surgiendo nuevas clasificaciones como la de Crow en tipo I y tipo II, o las de Liddle y Andreasen sobre las dimensiones positiva, negativa y desorganizada; o más recientemente, en modelos bifactor constituidos por cinco dimensiones (síntomas positivos, negativos, desorganización, manía y depresión) más un factor general de psicosis (Reininghaus et al., 2013). En la actualidad, para algunos autores el debate debe centrarse en la reconceptualización del constructo de esquizofrenia, llegando a proponer el cambio por el concepto de espectro psicótico (Guloksuz y Van Os, 2018).

Una mirada a la historia reciente del tratamiento de las psicosis nos permite diferenciar distintas etapas. Con anterioridad a la década de 1950, la atención primordial consistía en una mera custodia de las personas afectadas. Al amparo de los modelos diversos de la época que atribuían a multitud de causas la enfermedad (iatroquímica, iatromecánica, moral, espiritual, pasiones reprimidas, libertinaje...) fueron surgiendo procedimientos de contención física, biológicos y de corte psicosocial. Entre los físicos, se utilizaron todo tipo de instrumentos de disuasión y castigo, desde la camisa de fuerza a la silla «tranquilizadora» o camas centrifugadoras.

Sustancias eméticas y purgantes, ventosas, incisiones cutáneas, inmersiones en agua fría, chorros de agua helada, extirpaciones de órganos o inducciones del sueño por procedimientos inhumanos se llevaron a cabo al amparo de las teorías iatroquímicas de la enfermedad mental. Entre los procedimientos psicosociales se reconocía el valor terapéutico de la ocupación, en tareas agrícolas, leer en voz alta o copiar libros.

A partir de los años treinta, se instauraron diversas terapias psiquiátricas como la curación por fiebre (piretoterapia) inoculando enfermedades infecciosas (Von Jauregg); el coma insulínico o cura de Sakel, que se extendió rápidamente por Europa y América hasta la llegada de los antipsicóticos en los años cin-

© Ediciones Pirámide

cuenta. También la terapia electroconvulsiva, iniciada en Italia por Hugo Cerleti y Lucio Bini, se difundió con tal éxito que llegó a convertirse en el tratamiento de elección para la melancolía y los trastornos psicóticos graves. Entre los tratamientos quirúrgicos utilizados se encuentra la leucotomía prefrontal, iniciada por el neurólogo portugués De Abreu Feire, o su variante transorbital desarrollada en Pensilvania por Freeman (Fonseca y Lemos, 2019).

En la década de los cincuenta comienzan a utilizarse los antipsicóticos de primera generación, clorpromacina, flufenacina y haloperidol, que coincide con el descubrimiento de las sales de litio para el tratamiento de los trastornos maniaco-depresivos. Con la utilización de los psicofármacos surge la esperanza de controlar los síntomas positivos y poder tratar a los pacientes graves en la comunidad. Además, suponiendo que los síntomas negativos podrían ser una consecuencia del internamiento prolongado en las instituciones psiquiátricas, se esperaba que al permitir a los pacientes vivir en su entorno, los síntomas negativos no aparecerían.

La década de los setenta da al traste con dicho optimismo al comprobar que los efectos secundarios de los antipsicóticos, sobre todo la acatisia y la discinesia tardía, favorecían una importante tasa de abandono, que a su vez daba lugar a un importante número de recaídas en los dos primeros años (30-50%); además de contrastar que un porcentaje de pacientes no presentaban remisión de los síntomas agudos. Los síntomas negativos seguían presentándose, en contra de lo esperado (Lemos et al., 2010).

Con anterioridad a la década de los setenta, las psicoterapias aplicadas a las psicosis se basaban en teorías psicodinámicas que consideraban responsable del trastorno a los patrones de comunicación presentes en la familia, planteamiento que, además de mostrarse ineficaz, resultaba estigmatizante y culpabilizador para el entorno del paciente (Fosenca, 2019). En las décadas de los setenta-ochenta del siglo pasado, los trabajos de Brown, Birley y Wing (1972), por un lado, y los de Vaughn y Leff (1987), por otro, plantean la existencia de factores de estrés en el hogar como sustrato del incremento de recaídas. Estas investigaciones dieron lugar al concepto de «emoción expresada» como patrones de interacción familiar con elevados niveles de hostilidad y crítica que han mostrado guardar una alta correlación con las recaídas (Lemus et al., 2010).

En ese mismo período e integrando los hallazgos anteriores, Zubin y Spring (1977) desarrollan el modelo de vulnerabilidad-estrés como explicación de la esquizofrenia. Este modelo propone que la esquizofrenia es el resultado de la interacción entre factores endógenos de vulnerabilidad genética o adquirida durante el neurodesarrollo, y factores de estrés ambientales que darían lugar a que la enfermedad se expresara. En gran medida toda la investigación posterior sobre la etiología de la esquizofrenia, como los programas de intervención, ha estado basada en este modelo y en la emoción expresada, siendo la combinación de tratamientos farmacológicos con intervenciones familiares (psicoeducación), entrenamiento en habilidades sociales y terapia cognitivo-conductual (TCC) la combinación más utilizada.

## 2.1. Los tratamientos farmacológicos

Desde la aparición de los primeros antipsicóticos en los años cincuenta, han ido apareciendo una serie de fármacos que han mostrado ser eficaces en el tratamiento de las psicosis.

El primer gran momento en el desarrollo del tratamiento psicofarmacológico de las psicosis fue el descubrimiento por Henry Laborit de la clorpromacina en 1950. En pocos años fueron surgiendo otros antipsicóticos como la tioridazina y la flufenacina, y en 1958, el más representativo de ellos, el haloperidol, sintetizado por Jansen. Este grupo de fármacos, denominados inicialmente neurolépticos, y actualmente antipsicóticos de primera generación, típicos o convencionales, tienen en común el bloqueo de los receptores dopaminérgicos en las vías mesolímbicas, actuando sobre los síntomas positivos de forma efectiva; y como efectos secundarios más habituales los neurológicos (Gil y Hueta, 2009). La evolución de estos fármacos llevó a la aparición de los llamados antipsicóticos atípicos, o de segunda generación, más utilizados en la actualidad por su eficacia y mejor tolerabilidad. Dentro de estos cabe destacar la clozapina, que sigue siendo de elección para casos de resistencia a otros antipsicóticos. Los antipsicóticos atípicos se caracterizan por ser antagonistas de dopamina-serotonina, y por una mayor afinidad por las áreas mesolímbicas que las nigroestriadas, disminuyendo de esta manera el perfil de efectos extrapiramidales, además de no inducir sín-

© Ediciones Pirámide

tomas negativos o depresivos, pero trayendo consigo el síndrome metabólico (Gil, 2009). Por último, existen los llamados antipsicóticos de tercera generación, que se caracterizan por un agonismo parcial sobre el receptor.

En cuando a la formulación galénica, en las últimos años se han desarrollado antipsicóticos intramusculares de larga duración (LAI), que han suplido a los fármacos «depot» clásicos con un importante perfil de efectos secundarios. Los LAI permiten mejorar la cumplimentación y adherencia terapéutica, se han mostrado eficaces en la disminución de recaídas y número de reingresos y contribuyen a la disminución del auto y heteroestigma, al tratarse de administraciones mensuales o incluso trimestrales. Asimismo, artículos recientes valoran su eficacia en la disminución de la mortalidad (Tiapale et al., 2018).

Aunque un gran número de estudios han demostrado que los antipsicóticos son altamente efectivos para reducir los síntomas y mejorar la calidad de vida durante las intervenciones a corto plazo, algunos autores han señalado que su uso a largo plazo puede producir alteraciones estructurales en el cerebro o una menor tasa de recuperación (Pol, 2015).

Las recomendaciones actuales sobre el tratamiento con antipsicóticos incluyen la selección individualizada del mismo, en función de las características del paciente, el uso de la dosis mínima eficaz y el consenso con el usuario y la familia del tipo de tratamiento, sumándolo a una intervención integral sobre todas las áreas implicadas en la recuperación.

## 2.2. Los tratamientos psicológicos

Antes de la introducción de los antipsicóticos en la década de los cincuenta-sesenta, las psicoterapias de carácter psicodinámico fueron habitualmente utilizadas en la esquizofrenia, conjuntamente con el concepto rehabilitador capitaneado por Bleuler, que potenciaba los trabajos rehabilitadores centrados en la actividad ocupacional. A principios de los ochenta, el estudio de McGlashan (1984), poniendo en duda el impacto de la psicoterapia psicodinámica sobre los síntomas psicóticos, junto con el auge de los antipsicóticos, contribuye a que estos se conviertan en el tratamiento fundamental de la esquizofrenia.

Por otra parte, los estudios sobre los factores sociales y familiares que podrían estar en la base de la recaída de los pacientes, tras la desinstitucionalización de los setenta, dio paso al desarrollo de la intervención familiar y la psicoeducación.

También en los años ochenta, y coincidiendo con el reconocimiento de las limitaciones y efectos adversos de los tratamientos antipsicóticos y el desarrollo del modelo vulnerabilidad estrés, comienzan a desarrollarse intervenciones de entrenamiento en habilidades sociales y de terapia cognitivo-conductual para pacientes psicóticos. El interés de la American Psychological Association y la NICE en la aplicación de la psicoterapia en el trastorno psicótico y la promoción de estudios de eficacia dio pie a la llamada psicoterapia basada en la evidencia y en la recomendación de su uso en los distintos trastornos del espectro psicótico, siendo la terapia cognitivo-conductual (TCC) la que presenta mayor base de evidencia. Los tratamientos psicológicos basados en la evidencia se han desarrollado a nivel de organización de los servicios, como el tratamiento asertivo comunitario, y a nivel de intervenciones psicológicas y psicosociales, como la psicoeducación, la TCC, la intervención familiar o el entrenamiento en habilidades sociales. Desde principios del siglo actual se han incorporado y validado un nuevo grupo de terapias para abordar el trastorno del espectro psicótico, las llamadas psicoterapia de tercera generación, los paquetes integrados multimodales, el diálogo abierto o las terapias con nuevas tecnologías; todas ellas han demostrado su eficacia en conjunción o no con tratamiento psicofarmacológico (Fonseca, 2019; Pol, 2015).

## 2.3. Las clasificaciones internacionales de enfermedades

Los criterios diagnósticos de las clasificaciones internacionales DSM y CIE se han erigido en los sistemas taxonómicos más importantes en la definición, delimitación y clasificación de los trastornos psicóticos. Sin embargo, los constructos que se han ido elaborando de la esquizofrenia están cada vez más en cuestión. A lo largo de las distintas ediciones tanto del CIE como de la DSM, la cronicidad de Kraepelin, los síntomas negativos de Bleuler y los positivos de Schneider se han mantenido en mayor o menor medida, aunque el constructo variaba entre las primeras clasificaciones, del DSM-II basada más en los principios de Bleuler a los más scheiderianos

© Ediciones Pirámide

y centrados en la cronicidad de Kraepelin del CIE-8. Estas diferencias generaron variaciones en el diagnóstico entre Estados Unidos y el resto del mundo. Para subsanarlo, el DSM-III introduce un sistema de diagnóstico basado en criterios explícitos que facilitó dicho diagnóstico. Desde entonces los distintos DSM y CIE han permitido promover un mejor acuerdo diagnóstico y, por tanto, una mejor comunicación y consistencia en los diagnósticos para los informes de salud de todo el mundo. En los nuevos sistemas clasificatorios, DSM-5 y CIE-11, a diferencia de las anteriores versiones, estrictamente categoriales, consideran el estudio de la esquizofrenia desde un modelo híbrido, donde combinan el modelo categorial con el dimensional. El enfoque dimensional —que considera una variación cuantitativa y gradual entre los distintos trastornos mentales y la ausencia de trastorno, así como entre los distintos trastornos mentales— se recoge en estos modelos en la conceptualización del «Espectro psicótico» (DSM-5) o «Esquizofrenia u otros trastornos psiquiátricos primarios» (CIE-11), así como en el sistema de evaluación y especificación de síntomas (graduación de gravedad). Es de destacar por otro lado la eliminación de los subtipos de esquizofrenia por falta de validez, y la relevancia pronóstica de evaluar la gravedad de los síntomas empleando el enfoque dimensional, lo que permite poner de manifiesto la heterogeneidad de la muestra con respecto al tipo de síntomas y a la gravedad de los mismos, en función de las dimensiones de positivo, negativo, afecto, desorganización, comportamiento psicomotor y cognición. Si bien es fundamental mantener la validez y la fiabilidad, el fin último de los manuales diagnósticos debe ser la utilidad clínica (Valle, 2020; Muñoz y Jaramillo, 2015). Como argumentan Tandon et al. (2013), el sistema dimensional permite mejoras en todos los aspectos, desde el preventivo hasta el enfoque terapéutico. Este enfoque dimensional permite una aproximación más personalizada a la heterogeneidad de los síntomas psicóticos.

## 3. LAS NUEVAS PERSPECTIVAS DE LA PSICOSIS. EL TRABAJO INTEGRADOR

Llegados a este punto, y después de más de 100 años de estudio, lo que podemos concluir es que aún no se ha encontrado un marcador etipatogénico de tipo cerebral, genético, biológico o psicológico que sea el causante de las psicosis. Por tanto, se debe evitar la imagen estigmatizante asociada a la esquizofrenia como una enfermedad deteriorante y de mal pronóstico, señalada en la literatura clásica (Novella y Huertas, 2010).

Pero ¿cuál es entonces la perspectiva desde la que se deben estudiar y abordar los trastornos del espectro psicótico? No existe una respuesta única y unánime. Se trata de una acción difícil y compleja en la multitud de variables y aspectos a considerar, desde el cambio en la conceptualización del constructo esquizofrénico, hasta los modelos etiopatogénicos, los métodos de evaluación, las intervenciones individualizadas y la inclusión del sujeto en la toma de decisiones.

Fonseca y Lemos (2019) recogen cuatro cuestiones de análisis fundamentales:

- A medida que se recogen más datos sobre el síndrome, menor certeza y mayor confusión sobre su naturaleza.
- No se dispone de una definición consensuada y operativa.
- La definición dictada desde los manuales clasificatorios es inadecuada.
- No hay un marcador o mecanismo etiológico que explique el origen de este síndrome.

El espectro psicótico, que abarca esquizofrenia, trastorno ideas delirantes, trastorno psicótico breve, trastorno esquizofreniforme, esquizoafectivo, trastorno psicótico inducido por sustancias, por medicamentos u otras condiciones médicas, y el trastorno esquizotípico, se caracteriza por su gran variabilidad en etipatogenia, sintomatología, curso, pronóstico y respuesta al tratamiento. Se añade además otro clúster afectivo, donde se incluiría el trastorno bipolar y la depresión bipolar con síntomas psicóticos.

Precisamente el concepto de «espectro psicótico» surge de una amplia investigación que señala que entre los trastornos psicóticos no hay diferencias cualitativas, mostrando un claro solapamiento etiológico, fenomenológico y clínico. Como señalamos en el apartado anterior, se están proponiendo nuevos modelos dimensionales que permiten explicar de forma más adecuada la variabilidad subya-

© Ediciones Pirámide

cente a las psicosis afectivas y no afectivas (Keshavan et al., 2017; Reininghaus et al., 2013). En función de la combinación y gravedad de las distintas dimensiones (positiva, negativa, cognitiva, afectiva y motriz), se definen las distintas entidades que se incluyen en el espectro psicótico. La sintomatología repercute de forma significativa en todos los aspectos de la vida, variando la gravedad entre cada individuo y de cada episodio. Las alteraciones metacognitivas presentes en modo variable van a determinar la capacidad de integración de información sobre sí mismo, los demás y el mundo.

Los síntomas suelen comenzar en edades tempranas de la vida, precedidos de un estado mental de alto riesgo en numerosas ocasiones. Aunque no se asocian necesariamente a la cronicidad, puede evolucionar en brotes con remisión completa o incompleta entre ellos.

Son signos de mal pronóstico la edad temprana, sexo masculino, el tiempo sin tratamiento y la gravedad de los síntomas negativos y cognitivos, la comorbilidad y el consumo asociado de tóxicos.

En cuanto a la etiología, entendemos hoy las psicosis como el resultado de la interacción compleja entre factores endógenos (genéticos, neurodesarrollo), psicológicos y ambientales.

## 3.1. Modelos etipatogénicos

Son múltiples los modelos etipatogénicos que intentar explicar el origen de las psicosis, entre ellos el **modelo de vulnerabilidad-estrés** es un planteamiento teórico sobre el origen de la psicosis que combina múltiples factores causales que interactúan para dar origen al cuadro. Parte de la base de que existe una vulnerabilidad o predisposición a sufrir un trastorno psicótico de carácter genético, o adquirido debido a daño cerebral. La vulnerabilidad sin embargo no es suficiente para la manifestación del cuadro. Para la aparición de los síntomas, el sujeto con dicha vulnerabilidad debe ser expuesto a factores ambientales de carácter psicológico, social o biológico. El grado de vulnerabilidad y la intensidad de los factores de estrés necesarios para la aparición de la psicosis varían de un individuo a otro. Existen factores protectores intrínsecos y ambientales que pueden proteger de la psicosis o atenuarla, a pesar de la vulnerabilidad. Ha sido el modelo más aceptado desde su propuesta hasta la actualidad, en la que los modelos dimensionales empiezan a cobrar fuerza (Zubin et al., 1977).

El **modelo del neurodesarrollo.** A finales de los ochenta, Weinberguer, por un lado, y Murray y Lewis, por el otro, formularon la hipótesis del neurodesarrollo en la esquizofrenia. Según la misma, el individuo nace con unos factores genéticos determinados que, en interacción con ciertos factores medioambientales hacen que no se produzca un desarrollo normal del cerebro y, en algún momento, la persona puede verse afectada por factores externos o internos que determinen el inicio de la enfermedad. De este modo, esta hipótesis de doble impacto sugiere que la acción de un primer factor temprano altera en cierta medida el neurodesarrollo, generando un estado de vulnerabilidad a la acción posterior (más tardía) de un segundo impacto. Será este último el que ocasione las lesiones que provoquen el cuadro psicótico propiamente dicho. En ningún caso es suficiente con el primer impacto o con el factor tardío; es preciso el concurso de ambas variables. Según esta teoría, las alteraciones biológicas y otras características de la enfermedad estarían presentes en la vida mucho antes del inicio de la sintomatología característica de la patología, pero no se manifestaría hasta alcanzado un determinado grado del desarrollo, al interaccionar con factores medioambientales (Pino et al., 2014; Owen et al., 2011).

El modelo de **propensión-persistencia-deterioro de la psicosis** se fundamenta en considerar una estrecha relación entre los factores ambientales y genéticos, la idea de continuidad, la perspectiva del desarrollo y los mecanismos de sensibilización psicológica y biológica (Van Os et al., 2009). Según este modelo, existe una propensión a la psicosis de carácter genético, que en general tiene una expresión transitoria durante el desarrollo; sin embargo, se puede producir una peor evolución, con mayor persistencia de los síntomas que puede ser predecible por los factores ambientales sobreañadidos que interactúan con el riesgo genético. Es decir, que la expresión transitoria de la psicosis puede volverse clínicamente relevante dependiendo del grado del impacto ambiental: un trastorno psicótico diagnosticable puede ser relacionado con los procesos biológicos y psicológicos de sensibilización.

© Ediciones Pirámide

#### 3.1.1. *Los modelos etipatogénicos centrados en la persona*

La **fenomenología** es una disciplina especialmente interesada en la descripción y explicación de la estructura de la experiencia del individuo en primera persona, en su contexto y en sus circunstancias. Propone la compresión de las experiencias desde un entendimiento narrativo, es decir, es la propia narración de la experiencia la manera en que la acción se pone en contacto con la conciencia, para apropiarnos de la experiencia vivida. Desde el punto de vista de la psicopatología, la fenomenología, con una importante tradición histórica, quedó relegada por la introducción a partir del DSM-III de criterios diagnósticos explícitos, para ser recuperada actualmente ofreciendo un nuevo enfoque a la compresión de la esquizofrenia, más allá del concepto biomédico.

La esquizofrenia se entiende por tanto como un trastorno del yo, de la ipsiedad y de la percepción de uno mismo. El trastorno del yo en la esquizofrenia ocurre en el nivel más básico, en la ipseidad. La alteración de la ipseidad afecta al núcleo de la experiencia de sí mismo y de esta manera a toda la estructura del yo, incluyendo el yo reflexivo y el narrativo y sus aspectos sociales.

Tres aspectos caracterizan la alteración de la ipseidad: la hiperreflexividad, el sentido disminuido de sí mismo y la alteración de la conciencia del mundo. La hiperreflexividad consiste básicamente en la ocupación de la conciencia de aspectos del sí mismo, que en condiciones habituales son implícitos, y que en este trastorno pueden vivirse como experiencias externas, como las alucinaciones. El sentido disminuido de sí mismo es una disminución de la autopercepción como sujeto de la experiencia vivida (fenómenos de control); además, el mundo se percibe extraño, ajeno y desestructurado.

Desde esta perspectiva fenomenológica la intervención terapéutica proporciona un contexto abierto a la exploración de la experiencia y su sentido, distinta a su concepción en términos de alteración del cerebro. Desde este modelo se abre un nuevo camino a las psicoterapias en la psicosis y se recupera la perspectiva de primera persona fundamental en la psicopatología (Fonseca y Lemos, 2019; Pérez-Álvarez et al., 2010).

Una teoría que está ganando adeptos en la psiquiatría es **el modelo en red** (Nelson et al., 2017). En este modelo las correlaciones entre síntomas no se explican por una causa común (trastorno mental) como en el modelo médico tradicional (una infección vírica como responsable de la fiebre y la mialgia), sino que se entienden como sistemas dinámicos complejos en que los síntomas y componentes psicológicos, biológicos y sociales tienen poder causal autónomo para influenciarse entre sí. Según este concepto, los síntomas no son elementos pasivos y estáticos de una alteración subyacente, sino que pueden desencadenar activamente otros síntomas (por ejemplo, desajuste social-ansiedad intensa-paranoidismo). Si los síntomas se involucran en patrones de refuerzo mutuo persistentes, el sistema en su conjunto puede quedar atrapado, dando lugar a un trastorno mental. La perspectiva en red puede ser útil para predecir la transición a psicosis de aquellos con síntomas emergentes o estados de alto riesgo.

**La teoría de los sistemas complejos** (Nelson et al., 2017) aplica la naturaleza de los sistemas complejos a la psicopatología. Aglutina distintos modelos de sistemas dinámicos como la teoría de redes, inestabilidad de los mecanismos, la teoría del caos y la teoría de la catástrofe. Según Nelson, el trastorno mental no puede ser categorizado como un único tipo de sistema, pero sí en diferentes tipos, enfatizando los sistemas en lugar de las categorías para definir y entender la psicosis. Define un complejo sistema de resiliencia y fragilidades integrados en una estructura dinámica. El sistema podría alcanzar puntos de inflexión o transiciones en respuesta a problemas internos o externos. Dependiendo de la flexibilidad del sistema, la recuperación del bienestar o la intensidad del estresor para generar la inflexión variarán de un individuo a otro, o incluso dentro de un mismo individuo según el proceso evolutivo en el que se encuentra. Requiere de análisis complejos donde se necesita la intervención de procesos matemáticos y físicos.

Aunque cada uno de estos modelos trata de explicar y comprender los procesos subyacentes al espectro psicótico desde distintos modelos explicativos más o menos complejos, es evidente la tendencia actual a pasar de la explicación biomédica exclusiva a una comprensión más global de estos procesos desde una concepción dinámica, dimensional flexible e integradora, que sea capaz de abarcar la complejidad subyacente, y donde los evidentes sustratos

© Ediciones Pirámide

biológicos no den pie a un modelo a todas luces reduccionista, para formar parte de una experiencia interactiva del hombre y su sustrato biológico, con su identidad como ser único en el mundo, un mundo con experiencias y estímulos que a la vez que intervienen en la identidad del individuo hacen que esta sea modulada por esa misma interacción.

### 3.2. Nuevos avances en la evaluación y diagnóstico de las psicosis

La adecuada evaluación de los síntomas psicóticos es la base en la que se fundamenta el diagnóstico preciso y, por tanto, el tratamiento adecuado. Aunque el sistema de evaluación predominante en las consultas y en la investigación sigue siendo el diagnóstico y clasificación según los modelos nosológicos vigentes, mediante la entrevista estructurada y los cuestionarios tradicionales, es cierto que la psicología y la psiquiatría no se han mantenido al margen de los nuevos avances tecnológicos. Desde esta perspectiva, se están desarrollando algunas técnicas para la evaluación psicológica en general y del espectro psicótico en particular, basada en los aportes que brindan los nuevos sistemas tecnológicos:

— **Test adaptativo informatizado (TAI):** son test que adaptan las preguntas a administrar en función de la respuesta a preguntas previas, adecuándose a la competencia del usuario. Lo importante del TAI es que al adaptar los ítems a la competencia de cada evaluado se necesitan menos ítems para evaluar con precisión; además, motiva más al sujeto al tener que responder a cuestiones que se ajustan a su nivel. Los objetivos que debe cumplir un TAI son: precisión, seguridad del banco de ítems, control de contenidos y mantenimiento de la prueba. España se incorporó a este sistema en la primera década del siglo XXI, pero cabe esperar que su uso se vaya ampliando, tanto a nivel de investigación como clínico (Barrada, 2012).

— **Fenotipado digital:** el uso de dispositivos móviles está abriendo nuevas formas de comprensión y evaluación de la conducta humana en general y de los trastornos mentales en particular. Sin embargo, quedan por resolver aspectos centrados en la privacidad y confidencialidad (Fonseca et al., 2019b).

— **Realidad virtual:** ofrece un método eficaz para evaluar la presencia de síntomas psicóticos en entornos ecológicamente válidos, permitiendo además simultáneamente el aprendizaje de nuevas respuestas emocionales y conductuales (Fonseca et al., 2019b).

— **Evaluación ambulatoria:** incluye una amplia gama de métodos de evaluación que tratan de analizar las experiencias de las personas en su medio natural, durante su vida cotidiana. Dentro de ella se incluyen diversos procedimientos. La **evaluación ecológica momentánea (EMA)** es un método de evaluación ambulatoria que a través de dispositivos móviles permite el autorregistro diario de las experiencias presentes en el momento, mediante un breve cuestionario. Habitualmente se realizan varias evaluaciones al día durante un período de tiempo, tratando de recoger la variabilidad y contexto de los fenómenos analizados. El investigador establece el número de activaciones de los registros en un período temporal.

El EMA, por tanto, puede convertirse en un abordaje complementario a las evaluaciones tradicionales más transversales, aportando más información sobre el contexto cotidiano donde ocurre la experiencia y sobre la naturaleza ideográfica, dinámica y contextual de la conducta humana (Fonseca et al., 2019b).

Desde otra perspectiva, el modelo fenomenológico no solo propone una forma de comprender la psicosis y un modelo de intervención centrada en la persona, sino que además aporta una entrevista semiestructura para valorar las experiencias que se relacionan con alteraciones de la ipseidad, la **EASE: Examination of Anomalous Subjective Experience** (Parnas et al., 2015) consta de 57 ítems agrupados en cinco grandes dominios o dimensiones:

1. Presencia.
2. Corporalidad.
3. Corriente de conciencia.
4. Autodemarcación.
5. Orientación existencial, que abarca las alteraciones de la ipseidad en sus tres dimensio-

© Ediciones Pirámide

nes: hiperreflexividad, sentido disminuido de sí mismo y alteración de la conciencia del mundo.

En esta misma línea de la entrevista fenomenológica la **EAWE: Examination of Anomalous World Experience** (Sass et al., 2017) es un formato de entrevista semiestructurado cuyo objetivo es obtener una descripción de la experiencia de una persona con distintos aspectos de su mundo vivido. Tiene como objetivo explorar, de una manera cualitativamente rica, seis dimensiones clave de la subjetividad de la experiencia de una persona:

1. Espacio y objetos.
2. Tiempo y eventos.
3. Otras personas.
4. Lenguaje.
5. Atmósfera (sentido general de la realidad, familiaridad, vitalidad, significado o relevancia).
6. Orientación existencial (valores, actitudes y visiones del mundo).

La EAWE se basa y se dirige principalmente a experiencias que se cree que son comunes y, a veces, distintivas de las condiciones del espectro de la esquizofrenia.

### 3.3. El concepto de «recuperación»

Históricamente la recuperación del TMG no se consideraba probable, se definía como trastorno crónico y de curso deteriorante en la mayoría de los casos; así lo estudiamos en mi generación, donde el objetivo fundamental era alcanzar la estabilidad y facilitar en la medida de lo posible su incorporación al medio, dando por sentado las dificultades, las recaídas y el deterioro final.

Sin embargo, estudios cualitativos como cuantitativos ponen de manifiesto que incluso los más graves tienen posibilidad de recuperarse, logrando con frecuencia la remisión de los síntomas y el retorno a la funcionalidad. Por otro lado, informes en primera persona señalan que las personas con TMG son capaces de recuperar un sentido de dignidad, de coherencia y una calidad de vida aceptable (Leonhardt et al., 2017).

Aunque la idea de recuperación no está integrada en la psiquiatría representada en los manuales nosológicos (Servicio Andaluz de Salud, 2019), existe abundante evidencia de que la recuperación es posible en las personas con TMG. Sin embargo, existen distintos puntos de vista sobre cómo debe ser entendida la recuperación: como un *resultado objetivo,* que incluya remisión de síntomas y mejoras psicosociales; o como *un proceso* que se alcanza a lo largo del tiempo y donde se incluyen variables subjetivas de cada individuo. Los indicadores objetivos y subjetivos están relacionados; de hecho, Leonhardt et al. (2017), en su reciente revisión sobre el tema, señala que la diferencia entre objetivo y subjetivo está relacionada con quién es el evaluador, el profesional, preocupado por una serie de parámetros, o el propio paciente, centrado en sus propias experiencias, tales como soledad, estigma, pérdida de identidad...

Estos dos puntos de vista tienen al menos dos cosas en común:

— Sea cual sea la perspectiva utilizada, es la persona la que debe tomar decisiones para recuperarse. Si lo hace desde una perspectiva objetiva, debe asumir que puede necesitar ayuda para eliminar determinado síntoma. Si lo hace desde una perspectiva subjetiva, debe asumir los cambios necesarios para dar sentido a sus desafíos. Desde ambas perspectivas, por tanto, es la persona el centro necesario para tomar decisiones que conduzcan a la recuperación.

— En ambas perspectivas la persona puede tener dificultades para dar sentido a los elementos objetivos y subjetivos de la recuperación. También los clínicos pueden enfrentarse a estas dificultades, sobre todo en momentos de mayor actividad psicótica por parte del paciente o en situaciones agudas de seguridad. En estos casos debe tenerse en cuenta la recuperación como un proceso, donde actuaciones como la toma de decisiones compartidas lo pueden favorecer (Leonhardt et al., 2017).

Siguiendo a Leonhardt (Leonhardt et al., 2015; 2016), hay que tener en cuenta que entender la recuperación como la creación de significado para

© Ediciones Pirámide

las experiencias psicóticas tiene implicaciones terapéuticas:

1. Las experiencias psicóticas son expresiones humanas capaces de ser entendidas y las personas con TMG pueden desarrollar esos significados. Por tanto, el tratamiento orientado a la recuperación entiende al sujeto como elemento activo de esta recuperación, creando sus propios significados.
2. Cualquiera que sea la intervención, debe realizarse para promover la comprensión.
3. La relación entre terapeuta y paciente no debe ser jerárquica. El diálogo requiere la conversación entre dos perspectivas de una manera dinámica.
4. Con el significado puede surgir el dolor y el tratamiento debe tener en cuenta estas formas de transformación para poder intervenir.

Es necesario seguir avanzando en el concepto de «recuperación» y en la manera de evaluarlo, debemos abandonar el paternalismo y la convicción de que nosotros sabemos lo que es mejor para nuestros pacientes. Eso no significa que no tengamos mucho que ofrecer a las personas con TMG, y que sean necesarios aspectos de consenso sobre la recuperación. Las intervenciones centradas en la recuperación deben desarrollar tratamientos integradores que tengan en cuenta la creación de significado individual, que den sentido a la experiencia, más allá de las diferencias entre objetivo y subjetivo. Se necesita un trabajo terapéutico intersubjetivo con el objetivo de encontrar el significado individual de la experiencia. Deben ser incorporados además aspectos como la cognición social, la metacognición o la neurocognición (Korsbeck y Corecover, 2016). Existen al menos cuatro valores clave que respaldan el proceso de recuperación y que parecen reflejarse comúnmente en la literatura de la recuperación. Estos valores son: orientación personal, participación personal, autodeterminación/elección y potencial de crecimiento.

Se sobreentiende que la corriente de la recuperación no plantea que la psicosis sea un estado de ausencia absoluta de síntomas, sino una actitud a lo largo del proceso para mejorar la calidad de vida usando la resiliencia de la persona diagnosticada y manteniendo las expectativas de mejoría en el futuro. Se entiende que no todas las personas con psicosis obtendrán un nivel de funcionamiento completo ni lo harán a la misma velocidad, pero en todos los casos es posible contemplar un potencial de crecimiento. Todos los servicios pueden contribuir (o no) a los resultados y la experiencia de la recuperación (bienestar, autoestima, roles valorados, reducción de síntomas, empoderamiento, etc.).

### 3.4. Las nuevas psicoterapias en las psicosis

La intervención psicoterapéutica en la psicosis, como señalamos anteriormente, no es nueva, si bien es cierto que durante décadas se pospuso como tratamiento secundario de los TMG y su enfoque fue más dirigido a intervenciones de corte psicosocial, adherencia al tratamiento o psicoeducación.

Durante mucho tiempo se ha perseguido el sueño de establecer terapias basadas en la evidencia (EBT), probando protocolos para patologías y síndromes determinados en ensayos aleatorizados. Tras el desarrollo del DSM-III, el National Institute of Mental Health (NIMH) americano invirtió recursos en la financiación de ensayos aleatorizados sobre intervenciones psicoterapéuticas en las patologías psiquiátricas. Estos ensayos tuvieron un impacto enorme en la terapia cognitivo-conductual (TCC) y en la EBT en general, trayendo prestigio y atención. Hubo un gran desarrollo de la TCC y otras intervenciones. Las preocupaciones planteadas por Eysenck en los años cincuenta, sobre si el no hacer nada podría ser mejor que la psicoterapia, quedaron respondidas a favor de esta última opción. La TCC fue uno de los principales beneficiados de este aumento de la evidencia, lo que le colocó en su posición actual como la intervención con más apoyo empírico (Alonso-Vega, 2019; Hofmann y Hayes, 2019).

En las últimas décadas, y aparejado con los cambios en los modelos conceptuales y etipatogénicos de la psicosis, las modificaciones que se abren paso de una manera crítica al modelo biomédico exclusivo, y desde la comprensión fenomenológica de la experiencia del individuo en primera o segunda persona, se han desarrollado nuevas maneras de entender el tratamiento integral de los trastornos del espectro psicótico, centradas en el modelo de recuperación procesual y con la comprensión e integración de la experiencia psicótica y los cambios

© Ediciones Pirámide

en el sentido de sí mismo como objetivos principales de dichas intervenciones.

Tanto la American Psychological Association (APA) como el National Institute of Health and Care excellence (NICE) aportan un listado de las terapias empíricamente validadas y eficaces en el TMG. Llama la atención de este listado que, a pesar de la heterogeneidad de los cuadros clínicos, así como de los distintos modelos psicológicos que sustentan las diferentes psicoterapias, diversas terapias se han mostrado eficaces para un mismo trastorno, y a su vez una misma terapia ha sido recomendada para patologías diferentes. Por ejemplo, estas asociaciones recomiendan doce terapias diferentes para la esquizofrenia. La pregunta es cuál es el sustrato por el que enfoques terapéuticos tan dispares pueden funcionar en un mismo cuadro y por qué una misma intervención puede ser útil en distintas situaciones problema. Para algunos autores (Hofmann y Hayes, 2019; Hayes et al., 2019), el modelo de la práctica psicológica basada en la evidencia sigue considerando como eficaz aquella intervención que produce una disminución significativa de los síntomas para un conjunto de personas con el mismo diagnóstico, descuidando la investigación sobre los procesos básicos que pueden explicar la efectividad, dando como resultado esta variabilidad de intervenciones recomendadas por instituciones de reconocido prestigio, que dejan en manos del clínico la elección de la terapia, sin que quede claro por qué unas veces funcionan y otras no. Para Hayes, las dificultades de estos diseños basados en la evidencia son la fundamentación en el modelo biomédico, centrado en la disminución de síntomas y en su aplicabilidad a un conjunto numeroso de individuos, siendo la vía de evaluación los meta-análisis, dejándose de lado la condiciones ideográficas (Hayes et al., 2019). El objetivo central de los estudios de procesos es analizar los mecanismos de cambio que hacen posible la mejoría clínica y aplicar estos principios generales a casos individuales, más allá de los distintos modelos terapéuticos.

**La terapia basada en procesos** es la aplicación contextual de procesos terapéuticos basados en la evidencia, enfocados a resolver los problemas y promover la prosperidad de un individuo. De hecho, el desarrollo de la terapia basada en procesos es congruente con el nuevo enfoque de evaluar los resultados de una intervención, no solo en los efectos específicos de la terapia, sino también de las características propias de cada paciente, asumido por el NIMH, entre otros, en los últimos años (Hofmann y Hayes, 2019; Hayes et al., 2019). Los procesos terapéuticos son los mecanismos de cambio que subyacen a la consecución de un objetivo de tratamiento.

Hayes define el proceso terapéutico como un conjunto de cambios dinámicos, progresivos y a multinivel que ocurren en una secuencia empíricamente predecible y encaminada a obtener los resultados deseables. Estos procesos son dinámicos porque pueden involucrar bucles de retroalimentación no lineales; son progresivos y requieren tiempo para alcanzar el objetivo terapéutico, y son multinivel porque algunos procesos reemplazan a otros (Alonso-Vega et al., 2019). Desde este modelo, la clásica pregunta clínica de Gordon Paul que impulsó la primera época de la terapia conductual (¿Qué tratamiento es el más eficaz para este individuo con este problema específico?) queda sustituida por ¿Qué procesos psicosociales deberían ser trabajados en este paciente, dado este objetivo terapéutico en esta situación? Y ¿cómo pueden cambiarse de la forma más eficiente y efectiva? Este cambio en la pregunta clave centra la atención en el individuo, es decir, en los procesos experienciados por la persona en situaciones determinadas (Hayes et al., 2019). En definitiva, la propuesta de Hofmann y Hayes se dirige a la unificación de las intervenciones, no en modelos y teorías específicas, sino en los sustratos que subyacen al proceso del cambio. En sus reflexiones conjuntas sugieren que las terapias «con nombre» que se definen por un conjunto de técnicas perderán relevancia a favor de procedimientos vinculados a procesos de cambio. De hecho, señalan que el término «cognitivo conductual» es demasiado restringido, puesto que los cambios terapéuticos no se limitan a procesos conductuales y cognitivos, sino que intervienen otros procesos relevantes, tales como factores sociales, motivacionales, emocionales, epigenéticos y evolutivos (Hofmann y Hayes, 2019).

Todavía las agencias que certifican las intervenciones basadas en la evidencia cometen el fallo de no exigir que se especifiquen los procesos de cambio en relación con el modelo teórico subyacente y los procedimientos desarrollados. Eso debe cambiar. Los modelos teóricos deberían especificar los procesos de cambio vinculados a esa intervención para una persona, un problema y un contexto particular. Según la opinión de Hofmann y Hayes (2019), una

© Ediciones Pirámide

intervención terapéutica debe considerarse basada en la evidencia cuando la ciencia apoya la utilidad de esa intervención, los procedimientos de la misma y el modelo subyacente. Y si un modelo específico de intervención integra de manera exitosa y coherente un conjunto de procedimientos avalados, ese modelo será avalado también.

Por otro lado, la terapia basada en procesos requiere nuevas formas de análisis funcional de la persona. Modelos como el modelo en red, ya comentado, que entienden los problemas psicológicos no como expresiones de una enfermedad latente, sino como elementos interrelacionados en una red compleja que interaccionan entre sí. Esto permite no solo una nueva visión psicopatológica, sino que puede ser relevante a la hora de predecir los cambios terapéuticos, las posibles recaídas o la recuperación. Desde esta nueva perspectiva un enfoque nomotético exclusivamente no será suficiente. Esta propuesta requiere de un enfoque ideográfico para comprender por qué en un caso particular se mantiene un problema psicológico y cómo se puede iniciar el proceso de cambio. Los principios nomotéticos son importantes, pero en su aplicación existe la necesidad imperiosa de incluir el análisis individual; para ello los nuevos métodos de evaluación serán fundamentales en el futuro (Alonso-Vega, 2019; Hofmann y Hayes, 2019; Hayes et al., 2019).

Además, hay que tener en cuenta la importancia del contexto donde se produce el problema y donde se realiza el proceso del cambio. Para que el problema cambie, el contexto también debe cambiar. Para esta nueva concepción de la terapia basada en procesos se requerirán profesionales entrenados en detectar los cambios en los procesos clave, para dirigir la intervención adaptándose a la persona y siendo capaces de identificar y responder a los datos que indican la evolución del proceso de cambio, e integrando en el conocimiento general del individuo aspectos biológicos, neurocognitivos, contextuales, culturales y de desarrollo; incluyendo las nuevas tecnologías en las intervenciones y análisis de los eventos psicológicos.

## 3.5. Las terapias de tercera generación

La preocupación por los procesos de cambio se volvió a enfatizar cuando surgió la controversia sobre la llamada «tercera generación» de la TCC (Hayes, 2016). Habían aparecido formas más nuevas de TCC que se encontraban fuera de los modelos conductuales o cognitivos tradicionales, como la terapia cognitiva basada en la atención plena, la terapia conductual dialéctica, la terapia metacognitiva, la terapia de aceptación y compromiso (ACT), la psicoterapia analítica funcional y muchas otras. Estos métodos enfatizaron cuestiones como la emoción, la atención plena, la aceptación, el sentido de sí mismo, la metacognición, la relación, la flexibilidad de la atención y los valores, muchos de los cuales se centraron más en la relación de las personas con la experiencia que en el contenido de la experiencia misma.

Hubo una notable sensación de apertura a nuevos conceptos y métodos; una afirmación clave fue que la tercera generación «reformula y sintetiza las generaciones anteriores de terapia conductual y cognitiva», al tiempo que anima a la TCC a expandirse en «preguntas, problemas y dominios que antes se abordaban principalmente por otras tradiciones», pero desde un punto de vista científico, con interés en una teoría coherente, procesos de cambio cuidadosamente evaluados y resultados empíricos sólidos (Hayes, 2016).

Inicialmente se temía que esta nueva generación de terapias implicase la desaparición de los modelos anteriores, pero lo que afortunadamente ha ocurrido es que la TCC y otras terapias basadas en la evidencia han integrado métodos y conceptos, como la aceptación o métodos basados en la atención plena, los valores u otros, debido a la evidencia empírica de que son clínicamente útiles y económicamente rentables (Feliu-Soler et al., 2018). También se han agregado enfoques de tercera generación a métodos cognitivos y conductuales tradicionales, lo que ha dado como resultado intervenciones nuevas y útiles (Arch et al., 2012).

Las terapias de nueva generación o nueva ola se encuentran hoy en día en plena expansión dentro del ámbito de las TCC. Estos modelos de terapia se centran en el aprendizaje de habilidades para identificar los procesos de pensamiento y el contexto donde ocurren, más que en su forma y contenido, como ocurre en la TCC tradicional, de manera que se puedan manejar; por eso también son conocidas como terapias contextuales. Abordan el proceso de pensamiento como formas de «pensamientos individuales» e inciden sobre las respuestas emocionales

© Ediciones Pirámide

a las situaciones, y en la función de la cognición como la supresión o la evitación de la experiencia (Churchill et al., 2013; Hayes et al., 2006; Hofmann y Asmundson, 2008).

Esto difiere de la TCC tradicional, que establece una relación entre pensamiento, sentimiento y acción e incide en las situaciones o desencadenantes que generan la respuesta emocional, focalizándose en cambiar los contextos de cognición. Las psicoterapias de tercera generación tienen como objetivo fundamental proporcionar herramientas a las personas para ayudar a aceptar lo que no puede ser modificado y a modificar lo que es susceptible de cambio dentro de la consecución de metas vitales o en el contexto de la enfermedad. Para ello utilizan estrategias tales como ejercicios de conciencia plena o *mindfulness,* aceptación de pensamientos y sentimientos no deseados, y defusión cognitiva para alcanzar cambios en el proceso de pensamiento. Dentro de las terapias de tercera generación nos encontramos (Churchill et al., 2013; Luengo et al., 2018):

- Terapia de aceptación y compromiso (Acceptance and Commitment Therapy-ACT).
- Activación conductual (Behavioural Activation).
- Entrenamiento mental compasivo (Compassionate Mind Training o Compassion Focused Therapy).
- Terapia dialéctica conductual (Dialectical Behavioural Therapy, DBT).
- Terapia metacognitiva (Metacognitive Therapy).
- Terapia analítico-funcional (Functional Analytic Psychotherapy, FAP).
- Terapia cognitiva analítica (TCA) (Cognitive Analytic Therapy, CAT).
- Terapia conductual integrativa de pareja (Integrative Behavioural Couples Therapy).
- Terapia cognitiva basada en el *mindfulness* (Mindfulness-Based Cognitive Therapy, MBCT).
- Terapia de esquemas (Schema Therapy).

Estas terapias de tercera generación pretenden un abordaje más global e integral del TMG, incluyendo el contexto en el que se producen, apuntando resultados muy satisfactorios. En diciembre de 2018 se editaron los resultados del estudio realizado por la Unidad de Evaluación de Tecnologías Sanitarias de la Comunidad de Madrid en el marco de la financiación del Ministerio de Sanidad, Consumo y Bienestar Social sobre la eficacia de las terapias de tercera generación en pacientes con TMG. Las terapias estudiadas fueron: la terapia basada en el *mindfulness,* la terapia de aceptación y compromiso y la terapia metacognitiva. En este informe se apuntan los siguientes resultados (Luengo et al., 2018):

- Con respecto a la terapia basada en *mindfulness* (TBM) o conciencia plena, informa sobre resultados beneficiosos en cuanto a la reducción de la sintomatología general psicótica, introspección, calidad de vida y tasa de rehospitalización de los pacientes con psicosis cuando se utiliza como herramienta coadyuvante a la farmacoterapia y a otros abordajes integrales rehabilitadores, siendo los resultados discrepantes en cuanto al impacto en los diferentes tipos de sintomatología. Los estudios realizados en nuestro contexto presentan algunas limitaciones metodológicas y en el tamaño muestral, aunque la evidencia apoya el uso de psicoeducación basada en *mindfulness*.
- La terapia de aceptación y compromiso (ACT) podría recomendarse como terapia coadyuvante para las psicosis llevada a cabo por terapeutas entrenados, siendo un tratamiento prometedor por su efecto en cuanto a reducción de sintomatología (específicamente negativa), tasas de hospitalización y mejora del funcionamiento social frente a solo el tratamiento habitual (medicación antipsicótica y seguimiento por especialista en salud mental, que no siempre incluía psicoterapia). Sin embargo, los estudios que han evaluado ACT son muy heterogéneos en cuanto al número y tipo de sesiones, así como a la hora de evaluar los resultados, y el seguimiento es, en general, a corto plazo. Por ello, recomienda realización de estudios, que comparen ACT (con sesiones estandarizadas en cuanto a contenido, frecuencia y número) frente a tratamientos activos, preferiblemente aquellos establecidos como efectivos.

© Ediciones Pirámide

— La evidencia encontrada en este análisis para la terapia metacognitiva la identifica como un abordaje seguro; proporciona datos alentadores en la línea de mejorar la sintomatología positiva y los sesgos cognitivos de los pacientes con esquizofrenia en combinación con la terapia individualizada de tipo cognitivo-conductual y farmacoterapia.

En otra revisión reciente sobre el efecto de la terapia de aceptación y compromiso en pacientes psicóticos, los autores concluyen que ACT aplicada, además del tratamiento estándar, en los trastornos psicóticos contribuye a la mejoría de la enfermedad, desarrollando estrategias de afrontamiento de los síntomas psicóticos. En la población con esquizofrenia o trastorno esquizoafectivo, hay evidencia que ACT tiene un espectro de tratamiento eficiente y proporciona un beneficio subjetivo. Los estudios informan que ACT también reduce los niveles de ansiedad, un parámetro psiquiátrico importante, en este grupo de enfermedad (Yildiz, 2019).

Por otro lado, son numerosos los manuales de terapeutas de renombrado prestigio que abogan por la incorporación de las terapias de tercera generación, como el *mindfulness,* ACT, la terapia metacognitiva o el análisis funcional en el tratamiento de las psicosis, ofreciendo al paciente alternativas terapéuticas además del tratamiento clásico (Gaudiano, 2015).

En definitiva, las terapias contextuales en el abordaje del TMG no entienden el problema como algo que subyace al individuo o que se encuentra defectuoso en su cerebro, sino que lo hacen como un problema en la relación del individuo consigo mismo y con los demás, se explican por tanto como elementos dinámicos y funcionales y contextuales. El problema no está en el sujeto, ni tampoco fuera, sino en la interacción de la persona y sus circunstancias. Estas terapias se fundamentan en dos grandes principios: de aceptación y de activación, a los que se llega por metodologías diversas. La aceptación como acción de asumir las experiencias en lugar de luchar contra ellas en vano; y la activación como reorientación de la vida basada en los valores del individuo, cambiando las circunstancias que están perpetuando el problema. Por tanto, estos modelos de tercera generación parten de la participación del sujeto de forma activa en su propia sanación. Este debe asumir la responsabilidad de su vida, de manera que la eficacia de la intervención se mide más por los logros personales en la dirección de los valores elegidos que en la reducción de síntomas.

## 3.6. Apuntes sobre la ayuda psicológica en pacientes del espectro psicótico

La psicoterapia es muy útil para muchas personas con psicosis. El National Institute for Health and Care Excellence (NICE) ha recomendado que a todos los diagnosticados de psicosis se les ofrezca una psicoterapia; sin embargo, eso está aún lejos de ser así. Sería importante que los usuarios tuvieran la posibilidad de hablar de sus experiencias y de dar sentido a lo que les ha ocurrido, sin embargo en el modelo preponderante actual es frecuente la insistencia por parte del profesional o del entorno para que acepten sus experiencias desde el marco exclusivo de la enfermedad. A pesar de ello y de forma progresiva, los nuevos modelos de compresión de la psicosis están logrando que las intervenciones psicológicas en la psicosis estén ganando terreno, al mismo tiempo que el rol del terapeuta y del paciente cambian, hacia un enfoque de decisiones compartidas y de empoderamiento por parte del paciente en torno a su situación vital y al compromiso que debe adquirir para generar los cambios necesarios. Para ello es necesario que los terapeutas trabajen con las metas de la propia persona, en vez de asumir qué es lo importante. Por ejemplo, el reducir los «síntomas», como las voces, puede no ser la meta principal de la persona. El psicólogo clínico Paul Chadwick describe la necesidad de una «colaboración radical» entre el terapeuta y el sujeto, que se fundamenta en los siguientes principios (Chadwick, 2009):

1. El núcleo de las personas es esencialmente positivo. Los pacientes que experimentan psicosis pueden dirigirse hacia el bienestar emocional y la aceptación.
2. La «experiencia psicótica» está en un continuo con la experiencia ordinaria y forma parte de la condición humana.
3. La responsabilidad de los terapeutas se manifiesta en la colaboración radical y la aceptación.

© Ediciones Pirámide

4. El compromiso es un proceso, no un resultado clínico. Los terapeutas no asumen la responsabilidad de que el paciente avance, ya que esta responsabilidad es compartida, y el aprendizaje ocurre de forma independiente del resultado.
5. La efectividad de la terapia depende de la comprensión de las fuentes del sufrimiento. No es necesario buscar las causas para comprender el sufrimiento de la persona y su respuesta a las experiencias «psicóticas».
6. El propósito de los terapeutas es ser uno mismo de forma más plena ante el paciente. Encontrarse con él como persona, siendo uno mismo una persona. Trabajar con personas que tienen experiencias «psicóticas» puede resultar estresante. Los profesionales necesitan una supervisión regular y apoyo emocional para mantener un enfoque abierto y colaborativo con los usuarios del servicio.

Los diferentes tipos de psicoterapia tienen más aspectos en común que diferencias. En esencia, todas son una oportunidad para la conversación entre dos o más personas, hablar sobre los problemas, descubrir lo que podría contribuir a ellos y lo que podría ayudar (Chadwick, 2009):

- Comprometerse con la terapia es algo que se elige. Cuando las personas sienten que no es para ellas o que este no es el momento adecuado, esto debería ser respetado.
- A diferencia de la medicación, la terapia solo se puede ofrecer a las personas, no se puede imponer o forzar.
- Diferentes personas tendrán diferentes metas para la terapia.
- Como otros «tratamientos», a veces la terapia puede tener «efectos secundarios» e incluso producir daño.
- Hasta el mejor terapeuta no será el adecuado para todos los usuarios.
- Incluso las terapias con mayor «base en las evidencias» no ayudan a todas las personas. Las personas mismas son los mejores jueces sobre si una terapia o un terapeuta concreto le está ayudando.

## 4. CONCLUSIONES

Hemos visto cómo los cambios de paradigma en la concepción del espectro psicótico y las nuevas proposiciones terapéuticas nos conducen hacia nuevas alternativas en el tratamiento integral de los pacientes del espectro psicótico, cuyos aspectos fundamentales tratados de recoger en esta capítulo son los siguientes:

1. El modelo biomédico de enfermedad para la comprensión del espectro psicótico esta hoy en cuestionamiento, apareciendo nuevos modelos etipatogénicos que aportan una explicación ideográfica, multidimensional y dinámica al trastorno mental grave.
2. No se trata de abandonar los datos que señalan la importancia del sustrato biológico, genético o la importancia del neurodesarrollo en la posible aparición del TMG, sino enriquecer su conocimiento y explicación reconociendo el papel del contexto y de las interacciones complejas de todos y cada uno de los elementos que participan en el desarrollo o mantenimiento de la psicopatología.
3. Los nuevos modelos de intervención basados en las nuevas teorías etiopatogénicas están resultando efectivos y deberían ser ofertados como posibilidad de intervenciones de este u otro carácter a todos los pacientes. Para ello un cambio de modelo no solo en la concepción de los pacientes, sino en los servicios sanitarios es fundamental.
4. El papel del paciente como elemento activo en su tratamiento y recuperación debe estar presente en todo momento de la intervención, con el concepto básico de la decisión compartida y la relación igualitaria como elemento fundamental.
5. Aunque el tratamiento antipsicótico se muestra claramente eficaz en el control de los síntomas, no todos los pacientes se benefician de igual manera; quizá en lugar de forzar el tratamiento como única alternativa, otros modelos de intervención deben ser ofertados para aquellos pacientes que no responden o que rechazan abiertamente el tratamiento.

© Ediciones Pirámide

6. El concepto de «recuperación» como proceso debe centrarse en las expectativas del paciente y no solo en la reducción de síntomas. Cambios en su funcionamiento vital y en su calidad de vida deben ser tenidos en cuenta a la hora de evaluar los beneficios de una intervención.
7. No todo es eficaz para todos. Las necesidades individuales, las situaciones vitales y las expectativas del paciente y su familia deben ser tenidas en cuentas en la propuesta de intervención.

## 5. PROPUESTAS PARA HACERLO DIFERENTE

Para terminar, recojo aquí de forma breve aspectos del **informe** de la *Division of Clinical Psychology (The British Psychological Society)* y que suscribo completamente.

Se requieren cambios a la hora de planificar y concertar los sistemas de salud mental, todo cambio genera conflictos, miedos e incertidumbres, sobre todo en los más veteranos, pero, como señalaba en el resumen de la evolución histórica de la salud mental, desde los años cincuenta del siglo pasado nuestra especialidad ha sufrido cambios continuos y permanentes que han ayudado a una mayor y mejor comprensión y tratamiento de los problemas de salud mental. Esos cambios siguen de forma continua y dinámica, sumando elementos que pueden ser de ayuda para la recuperación de nuestros pacientes. Para ello la guía propone varios aspectos (Cooke, 2014):

- Debemos ir más allá del modelo médico: los equipos deberían basar su práctica en una formulación de equipo, que incluya lo psicológico, lo social y lo biológico, y que se desarrolle en colaboración con los usuarios, en todos los dispositivos de la red de salud mental.
- Debemos reemplazar el paternalismo por la colaboración: informar de todo lo que sabemos sobre el origen, mantenimiento y posibles soluciones al problema. Debemos ofrecer todas las alternativas para que el sujeto pueda elegir libremente. Para ello una relación de confianza es fundamental.
- Escuchar: una escucha activa es fundamental para dar una ayuda adecuada, siendo en sí misma una importante ayuda. Probablemente uno de los mensajes sobre los que se incide en este informe es en la necesidad de que el usuario pueda hablar y pensar libremente sobre sus experiencias en un ambiente tranquilo, sin juicios y de aceptación.
- Debemos explicitar los derechos y las expectativas.
- Debemos enfocarnos en la prevención y en campañas contra la discriminación y el estigma.

No hay un nosotros y ellos, estamos juntos en el propósito de mejorar la situación.

## REFERENCIAS BIBLIOGRÁFICAS


Alonso-Vega, J., Núñez de Prado-Gordillo, M., Lee Pereira, G. y Froján-Parga, M. X. (2019). El tratamiento de enfermedades mentales graves desde la investigación de procesos. *Conductual, 7*(1), 44-65.

Arch, J. J., Eifert, G. H., Davies, C., Plumb, J. C., Rose, R. D. y Craske, M. G. (2012). Randomized clinical trial of cognitive behavioral therapy (CBT) versus acceptance and commitment therapy (ACT) for mixed anxiety disorders. *Journal of Consulting and Clinical Psychology, 80*(5), 750-765.

Barrada, J. R. (2012). Test adaptativos informatizados: una perspectiva general. *Anales de Psicología, 28*(1), 289-302.

Berrios, G. E. (1996). *The history of mental symptoms*. Cambrige University Press.

Brown, G. W., Birley, J. L. T. y Wing, J. K. (1972). Influence of family life on the course of schizophrenic disorders: a replication. *Britsh Journal of Psychiatry, 232,* 241-258.

Chadwick, P. (2009). *Terapia cognitiva basada en la persona para la psicosis perturbadora*. Fundación para la Investigación y el Tratamiento de la Esquizofrenia y otras Psicosis.

Churchill, R., Moore, T. H., Furukawa, T. A., Caldwell, D. M., Davies, P., Jones, H., Shinohara, K., Imai, H., Lewis, G. y Hunot, V. (2013). Third wave' cognitive and behavioural therapies versus treatment as usual for depression. *Cochrane Database Systematic Review, 18*(10).

Cooke, A. (2014). *Comprender la psicosis y la esquizofrenia* (edición española, 2015). The British Psychological Society (Division of Clinical Psychology).

Feliu-Soler, A., Cebolla, A., McCracken, L. M., D'Amico, F., Knapp, M. y López-Montoyo, A. (2018). Economic Impact of Third-Wave Cognitive Behavioral Therapies: A Systematic Review and Quality Assessment of Economic Evaluations in Randomized Controlled Trials. *Behavioral Therapy, 49*(1), 124-147.

Fonseca-Pedrero, E. y Lemos Giráldez, S. (2019a). El síndrome psicótico: pasado, presente y futuro. En E. Fonseca-Pedrero, *Tratamientos psicológicos para la psicosis.* Pirámide.

Fonseca-Pedrero, E., Díez Gómez del Casal, A. y Pérez de Albéniz, A. (2019b). Evaluación del Síndrome Psicótico. En E. Fonseca-Pedrero, *Tratamientos psicológicos para la psicosis.* Pirámide.

Gaudiano, B. A. (2015). *Incorporating acceptance and mindfulness into the treatment of psychosis*. Oxford University Press.

Gil López, P. y Hueta Antón, B. (2009). Antagonistas del receptor de la dopamina. Antipsicóticos de primera generación. En M. Salazar, C. Peralta y F. J. Pastor, *Tratado de psicofarmacología. Bases y aplicación clínica* (2.ª ed.). Panamericana.

Guloksuz, S. y Van Os, J. (2018). The slow death of the concept of schizophrenia and de painful birth of the psychosis spectrum. *Psychological Medicine, 48,* 229-244.

Hayes, S. C. (2016). Acceptance and commitment therapy, relational frame theory, and the third wave of behavioral and cognitive therapies-Republished article. *Behavioral Therapies, 47*(6), 869-885.

Hayes, S. C., Hofmann, S., Stanton, C. E., Carpenter, J. K. y Sanford, B. T. (2019). The role of the individual in the coming era of process-bases therapy. *Behavior Research and Therapy, 117,* 40-53.

Hayes, S. C., Luoma, J. B., Bond, F. W., Masuda, A. y Lillis, J. (2006). Acceptance and commitment therapy: Model, processes and outcomes. *Behaviour Research and Therapy, 44,* 1-25.

Hofmann, S. G. y Asmundson, G. J. (2008). Acceptance and mindfulness-based therapy: New wave or old hat? *Clinical Psychology Review, 28,* 1-16.

Hofmann, S. G. y Hayes, S. C. (2019). The future of intervention science: Process-based therapy. *Clinical Psychological Science, 7*(1), 37-50.

Hueso Corral, V., López de Letona, L. M., Gallastegui Elorriaga, D. y Pérez Fernández, M. (2019). Una forma de luchar contra el estigma social en el TMG. *International Journal of Integrated Care, 19*(4), 640.

Kendler, K. S. (2016). Phenomenology of schizophrenia and the representativeness of modern diagnostic criteria. *JAMA Psychiatry, 73*(10), 1082.

Keshavan, M., DeLisi, L. E. y Nasrallah, H. A. (2017). Translational and spectrum aspects of schizophrenia Research. *Schizophrenia Research, 179,* 1.

Keshavan, M. S., Tandon, R., Boutros, N. N. y Nasrallah, H. A. (2008). Schizophrenia, «just the facts»: what we know in. Part 3: Neurobiology. *Schizophrenia Research, 106,* 89-107.

Korsbek, L. y Corecover, Y. (2016). Menthal Health recovery in a dynamic interplay between humans in a relationship. *American Journal of Psychiatric Rehabilitation, 19*(3), 196-205.

Lemus, S., Vallina, O., Fernández, P., Fonseca, E. y Paino, M. (2010). Bases Clínicas para un nuevo modelo de atención en la psicosis. *Clínica y Salud, 21*(3), 299-318.

Leonhardt, B. L., Hamm, J. A. y Fogley, R. L. (2015). Allowing for psychosis to be approachable and understandable as a human experience: a role for humanities in psychotherapy supervisión. *American Journal of Psychotherapy, 69*(1), 35-51.

Leonhardt, B. L., Huling, K., Hamm, J. A., Roe, D., Hasson-Ohayon, I. y McLeod, H. J. (2017). Recovery and serious mental illness: a review of current clinical and research paradigms and future directions. *Expert Reviews of Neurotherapeutics, 17*(11), 1117-1130.

Leonhardt, B. L., Kukla, M., Belanger, E., Chaudoin-Patzoldt, K. A., Buck, K. D. y Minor, K. S. (2016). Emergence of psychotic content in psychotherapy: an exploratory qualitative analysis of content, process and therapist variables in a single case study. *Psychotherapy Research, 28*(2), 264-280.

Luengo, R., Rapado, M. y Fraguas, D. (2018). *Eficacia de las terapias de tercera generación en personas con trastorno mental grave.* Ministerio de Sanidad, Consumo y Bienestar Social. Unidad de Evaluación de Tecnologías Sanitarias de la Comunidad de Madrid.

McGlashan, T. H. (1984). The chestnut lodge flow-up study II. Long-term outcomes of schizophrenia and the affective disorders. *Archives of General Psychiatry, 41*(6), 586-601.

Muñoz, L. F. y Jaramillo, L. E. (2015). DSM-5: Cambios significativos. *Revista de la Asociación Española de Neuropsicología, 35*(125), 111-121.

Nelson, B., McGorry, P. D., Wichers, M., Wigman, J. T. W. y Hartmann, J. A. (2017). Moving from static to dynamic models of the onset of mental disorder. A review. *JAMA Psychiatry, 74*(5), 528-534.

Novella, E. J. y Huertas, R. (2010). El síndrome de Kraepelin-Bleuler-Scneider y la conciencia moderna: Una aproximación a la historia de la esquizofrenia. *Clínica y Salud, 21*(3), 205-219.

© Ediciones Pirámide

Owen, M. J., O'Donovan, M. C., Thapar, A. y Craddock, N. (2011). Neurodevelopmental hypothesis of schizophrenia. *British Journal of Psychiatry, 198,* 173-175.

Parnas, J., Moller, P., Kircher, T., Thalbitzer, J., Jansson, L. y Handest, P. (2005). EASE: Examination of anomalous self-experience. *Psychopathology, 38,* 236-258.

Pérez-Álvarez, M. (2012). Esquizofrenia y cultura moderna: razones de la locura. *Psicothema, 24,* 1-9.

Pérez-Álvarez, M., García-Montes, J. M. y Sass, L. (2010). La hora de la fenomenología en la esquizofrenia. *Clínica y Salud, 2*(3), 221-233.

Pino, O., Guilera, G., Gómez-Benito, J., Najas-García, A., Rufián, S. y Rojo, E. (2014). Neurodesarrollo o neurodegeneración: Revisión sobre las teorías de la esquizofrenia. *Actas Españolas de Psiquiatría, 42*(4), 185-195.

Pol Yanguas, E. (2015). Antipsicóticos para la esquizofrenia. Paradigma de los medicamentos psiquiátricos. *Salud Colectica, 11*(1), 115-128.

Reininghaus, U., Priebe, S. y Bentall, R. P. (2013). Testing the psychopatology of psychosis: Evidence for a general psychosis dimension. *Schizophrenia Bulletin, 38,* 107-113.

Sass, L., Pienkos, E., Skodlar, B., Stanghellini, G., Fuchs, T. y Parnas, J. (2017). EAWE: Examination of anomalous world experience. *Psychopathology, 50*(1), 10-54.

Servicio Andaluz de Salud (2019). *Guía de práctica clínica para el tratamiento de las psicosis y la esquizofrenia. Manejo en atención primaria y en salud mental.* Disponible en https://bit.ly/3cg6RBD

Tandon, R., Gaebel, W., Barch, D. M., Bustillo, J., Gur, R. E. y Heckers, S. (2013). Definition and description of schizophrenia in the DSM-5. *Schizophrenia Research, 110*(1-3), 1-23.

Tiapale, H., Mittendorfer-Rutz, E., Alexanderson, K., Majak, M., Mehtala, J. y Hoti, F. (2018). Antipsychotics and mortality in a nationwide cohort of 29,823 patients with schizophrenia. *Schizophrenia Research, 197,* 274-280.

Valle, R. (2020). Schizophrenia in ICD-11: Comparation of ICD-10 and DSM 5. *Revista de Psiquiatría y Salud Mental, 13*(2), 95-104.

Van Os, J., Linscott, R. J., Myin-Germeys, I., Delespaul, P. y Krabbendam, L. (2009). A systematic review and meta-analysis of the psychosis continuum. Evidence for a psychosis proneness-persistence-impairment model of psychotic disorders. *Psychological Medicine, 39,* 179-195.

Vaughn, C. E. y Leff, J. P. (1987). Influencia de la familia y de los factores sociales en el curso de la enfermedad psiquiátrica. Una comparación entre pacientes esquizofrénicos y depresivos neuróticos. *Estudios de Psicología, 27-28,* 111-127.

Yildiz, E. (2019). The effects of acceptance and commitment therapy in psychosis treatment: A systematic review of randomized controlled trials. *Perspectives in Psychiatric Care, 56*(1), 149-167.

Zubin, J. y Spring, B. (1977). Vulnerability: a new view of schizophrenia. *Journal of Abnormal Psychology, 86,* 103-126.

© Ediciones Pirámide

# Psicopatología. Una visión adaptada al siglo XXI 2

LUCIANO RODRÍGUEZ DEL ROSARIO

## 1. INTRODUCCIÓN

Hablar de psicopatología en los tiempos actuales a menudo es, como viene siendo normal en la psiquiatría de todos los tiempos, un reto a la hora de concretar la terminología y establecer unos límites claros a la definición. La dificultad para establecer lo que la psicopatología estudia, en una disciplina cuyo objeto de estudio se basa fundamentalmente en experiencias subjetivas, a menudo nos lleva a confundir términos a los que en otras áreas de la medicina estamos más que acostumbrados y que en nuestro campo de estudio se vuelven a menudo imprecisos, cuando no confusos. Desde la diferenciación más básica entre síntoma y signo, que aparece ya en las primeras páginas de los tratados de medicina y en los manuales de propedéutica, hasta los complejos constructos que nos lleven, a través de modelos más o menos complejos, a comprender las causas y cursos de los trastornos mentales. Apenas tenemos una comprensión razonablemente amplia del funcionamiento de la mente, apenas hemos empezado a desarrollar lo que en otros sistemas hablaríamos como fisiología, aquí parecemos a menudo estancados, por no decir anclados, en obsoletas nomenclaturas de finales del siglo XIX, que si acaso alguna vez fueron de utilidad, más parecen sentar las bases de un pragmatismo diagnóstico que un intento real de comprender lo que, por otro lado, resulta a menudo incomprensible.

Sabemos que la extensión del término «psicopatología» se nos hace esquivo, e indistintamente lo usamos, especialmente en entornos clínicos, como simplemente semiología, cuando además semiología es de lo que más se carece en nuestra disciplina, sobre todo cuando hablamos de los trastornos psicóticos, siendo más frecuentemente la referencia hacia la sintomatología. Los signos en psiquiatría son escasos, si acaso existiera alguno, y lo más frecuente que nos encontramos en la expresión subjetiva del mismo, a través del lenguaje y tal vez la conducta.

Es llamativo cómo todos los psiquiatras sentimos una tentación, a veces impulsiva, de comenzar a hablar de psicopatología en términos históricos, evocando en el mejor de los casos las primeras y rudimentarias clasificaciones, que por otro lado parecen estar demasiado presentes hoy en día.

Para no ser menos, haremos en este breve y humilde capítulo una primera aproximación histórica al error nosotáxico que convenimos llamar psicopatología, del heterogéneo complejo sindrómico que también hemos convenido llamar esquizofrenia. Intentaremos, de una manera quizá ofensivamente burda, señalar las bases históricas que nos han llevado a trabajar durante años entre clasificaciones más o menos útiles, y cómo tal vez hayamos confundido los psiquiatras, a lo largo de las últimas décadas, el fin por el medio.

Desde luego, aunque la locura nos acompaña desde siempre, la esquizofrenia apenas lleva con nosotros siglo y medio, o quizá mejor dicho «el grupo de las esquizofrenias». Es conocido el gusto de los médicos por clasificar las enfermedades, en un esfuerzo nosotáxico, a menudo basado en agentes etiopatogénicos, pero sin olvidar la descripción pormenorizada de los signos y síntomas de la enfermedad, en un interés nosográfico y descriptivo. En el intento de traer de nuevo el discurso médico a los trastornos mentales, aparecen también estos intentos de clasifi-

© Ediciones Pirámide

cación y, como ya sabemos, toda clasificación siempre será arbitraria. En una gruesa comparación del acto de clasificación, parece que clasificar en función de los síntomas, como muy frecuentemente hacemos en psiquiatría, agrupar trastornos con síntomas psicóticos, podría ser el equivalente a agrupar enfermedades que produzcan tos.

Todo intento por esclarecer los límites de las esquizofrenias, y a qué nos estamos refiriendo, desde luego es bien recibido. Nos gustaría, antes de profundizar en el texto, llamar la atención sobre la diferencia entre nosografía, nosología, nosotaxia, semiología, sintomatología y psicopatología, ya mencionados. Haremos mención a manuales nosotáxicos ampliamente conocidos, así como también citaremos a autores con gran interés nosológico. Es muy posible que nos refiramos a distintos aspectos de la psicopatología en su sentido amplio, ya no solo en sus dimensiones descriptivas o clínicas, sino también a nivel estructural.

Es nuestro humilde propósito, a través de estas páginas, repasar someramente algunos conceptos de la psicopatología del último siglo, que nos ayuden de algún modo a elaborar una imagen consistente y comprensible de las esquizofrenias, a través de la exposición conveniente de aspectos alejados entre sí, en la intención de elaborar un esquema integrador que, aunque esté lejos de ser un sistema completo y cerrado, nos permita al menos a nivel heurístico describir, conceptualizar e integrar parte de esta ingente información en algo útil, especialmente para aquellos que nos dedicamos a la clínica.

## 1.1. Aproximación histórica: ¿cuál es su nombre?

Sabemos que el término «grupo de las esquizofrenias» aparece en 1911, describiendo Bleuler (Bleuler, 1911) como una de las características fundamentales de la ya descrita «demencia precoz» la separación de diversas funciones psíquicas (del griego «schízein» escindir y «phrenós» mente). Este «grupo de las esquizofrenias» se impone a conceptos previos ya descritos en la literatura del momento, la «demence precoce» acuñada por Morel a mediados del siglo XIX, basada también en descripciones previas aportadas ya por Pinel y Esquirol, que apuntaban hacia la «estupidez adquirida». La psicosis paranoide descrita por Sander en 1868, la hebefrenia descrita por Hecker en 1871, la catatonía descrita por Kahlbaum en 1874 y el incipiente intento de aglutinación de todos estos trastornos bajo el concepto de la «dementia praecox» en Alemania por Kraepelin (Kraepelin, 1919) a finales del siglo XIX. La aportación de Diem en 1903 de lo que luego sería la esquizofrenia simple, conformándose ya el «grupo de las esquizofrenias» con Bleuler, en una entidad nosológica que ha perdurado prácticamente hasta nuestros días con escasas modificaciones, en lo que hasta hace pocos años aún entendíamos como los cinco subtipos de la esquizofrenia, singularización del complejo sindrómico de entidades heterogéneas que ya desde un principio y por sus propios autores se identificaba como un constructo artificioso de definiciones no necesariamente convergentes, pero que quizá comparten algunos aspectos en común (Andreasen, 1997).

A mediados del siglo XX Kurt Schneider (Schneider, 1959) propone una pragmática aproximación a los síntomas de la esquizofrenia, que ha perdurado hasta hoy en día casi como la definición misma de la esquizofrenia, propósito probablemente alejado de los motivos últimos del desarrollo de toda clasificación de los síntomas.

## 1.2. Evolución de un concepto, psicopatología clínica: ¿cómo se clasifican?

Podemos dar comienzo a este galimatías nosotáxico en los primeros intentos de Kraepelin por delimitar las enfermedades obedeciendo a tres pilares fundamentales: etiológico, sintomatológico y evolutivo. Basado en estos tres ejes, las enfermedades han de tener la misma causa (etiología), presentar la misma sintomatología y presentar además un curso y evolución común, lo cual ya desde un principio presentaba problemas que aún hoy siguen vigentes, pues la etiología precisa de la esquizofrenia aún está por dilucidar, con como mucho aproximaciones hipotéticas en gran parte teóricas, una gran patoplastia sensible a la cultura y al entorno que dificulta la identificación y la precisión de los síntomas, y el eterno debate respecto a la esquizofrenia como enfermedad de curso o estado. Kraepelin utilizó el curso de la enfermedad para unificar y validar el concepto de «demencia precoz», basándose en sus predeceso-

© Ediciones Pirámide

res franceses y alemanes, y realiza una aproximación sintomatológica, con definiciones comprensibles de los síntomas que concretan la demencia precoz, determinándose en sus tres ejes, y proponiendo unos incipientes «criterios» sintomatológicos, como trastornos de la atención y la comprensión, alucinaciones, vivencias de influencia del pensamiento, aplanamiento afectivo y presencia de conductas mórbidas, entre otras. Establece además claramente una evolución hacia la «invalidez psíquica»: «el empobrecimiento de aquellos sentimientos y capacidades que continuamente alimentan las calderas de nuestra voluntad», «pérdida de la integridad interna de la comprensión, emoción y volición». Ya por aquel entonces el criterio evolutivo longitudinal tiene un peso importante en el contexto de la llamada demencia precoz.

Bleuler acuña el término del «grupo de las esquizofrenias», y viene a criticar algunos de los conceptos establecidos por Kraepelin, desecha la hipótesis de una sola enfermedad (de hecho los llama «grupo de las esquizofrenias»), hacia lo que definiría como un grupo de psicosis etiológicamente heterogéneas, que se parecen unas a otras por una característica común. Establece la distinción entre síntomas básicos y accesorios, haciendo un análisis de los síntomas y poniendo en cuestión la perspectiva kraepeliniana del curso y evolución en un primer paso hacia el desarrollo de criterios operativos. Establece que los síntomas básicos serían característicos, más o menos permanentes y más que síntomas serían funciones psíquicas básicas alteradas, y permitiría en su identificación un diagnóstico transversal. Reemplaza la hipótesis nosológica de Kraepelin hacia un concepto patogénico, en el que diversas etiologías pueden llevar a aquellos estados que se manifiestan a través de los síntomas básicos característicos. De este modo, cubre transversalmente un amplio espectro de estados clínicos. Estos elementos transversales han perdurado hasta hoy en día a través de diversos manuales y criterios diagnósticos. Es interesante cómo los síntomas básicos de Bleuler no necesariamente son los más llamativos de la esquizofrenia, a saber, las famosas cuatro «Aes» (falta de Asociación, Afecto embotado, Ambivalencia, Autismo), los establece como alteraciones básicas, siendo otros como los delirios, alucinaciones y alteraciones en el lenguaje relegados a síntomas accesorios.

Aunque por aquel entonces ni Bleuler ni Kraepelin usaron términos tales como «síntomas positivos» o «síntomas negativos», uno de los primeros y más prominentes en apuntar estos conceptos sería Jackson, quien especulaba sobre los mecanismos que podrían subyacer a los síntomas psicóticos, proponiendo que algunos síntomas representaban una relativa pérdida de función (síntomas negativos), mientras que los síntomas positivos (como los delirios o las alucinaciones) representaban una exageración de funciones normales y podrían traducir un fenómeno de desinhibición. Jackson presentaba estas ideas en un momento de popularidad de las teorías evolutivas darwinianas, reforzando la perspectiva de que el cerebro se organiza en capas evolutivamente jerárquicas.

## 1.3. Los primeros criterios diagnósticos: ¿cómo se identifican?

En la línea hacia el establecimiento de un sistema útil a la hora de identificar este grupo de trastornos, alrededor de 1930 Kurt Schneider, desde la perspectiva clínica, propone un sistema pragmático para evaluar los síntomas esquizofrénicos. Partiendo de conceptos de Jaspers, quien realiza distinción entre trastornos de las vivencias y los trastornos de la conducta, separa los primeros en síntomas de primer orden y de segundo orden, que aún a día de hoy son malinterpretados en su significado psicopatológico. La intención de Schneider con esta propuesta es eminentemente pragmática, con la descripción de síntomas que puedan ser conceptual y clínicamente reconocidos sin dificultad, pensados como instrumentos útiles para diferenciar los tipos de psicosis endógenas, y que no estuvieron en ningún caso pensados como instrumentos teóricos. Los síntomas de primer orden fueron los primeros que se utilizaron para definir la esquizofrenia con criterios operativos y, como hemos podido comprobar, han jugado un papel importante en los posteriores sistemas de clasificaciones. Como ya apuntamos previamente, llama poderosamente la atención que la mayoría de los síntomas de primer orden en la clasificación schneideriana aparecen entre los síntomas accesorios previamente propuestos por Bleuler, evidenciándose intenciones diferentes en la clasificación.

Hacia los años setenta del siglo XX, la escuela de St. Louis describe un método para alcanzar una mayor validez diagnóstica en la enfermedad psiquiátri-

© Ediciones Pirámide

ca, basándose en la descripción clínica, estudios de laboratorio, criterios de exclusión, seguimiento de los pacientes y estudio familiar. Se elaboran por aquel entonces los criterios de Feighner para el diagnóstico de la esquizofrenia, fundamentalmente designados para clasificar al grupo de esquizofrénicos de mal pronóstico, contemplando algunas características longitudinales del trastorno así como determinados síntomas transversales y utilizando ciertos criterios de exclusión. Este tipo de criterios permitirían una mejor comparación entre los resultados de diferentes equipos de investigación y además proponen aumentar la fiabilidad de estos criterios a través de una entrevista estructurada. Aparece, esta vez, una clasificación con una intención fundamentalmente orientada a la investigación, hacia un diagnóstico fiable y estable que permita además comparar en el tiempo. Estos criterios, al contrario de los pragmáticos propuestos por Schneider, contemplan un concepto muy reducido de la esquizofrenia, por lo que se dejaría sin diagnosticar a un gran número de pacientes, identificando probablemente a los más graves. Los criterios de Feighner demuestran ser, al basarse en el curso y evolución de la enfermedad con variables longitudinales, unos de los que poseen un mayor predictor en cuanto al pronóstico. También, por el contrario, han demostrado ser criterios más restrictivos a la hora de atribuir el diagnóstico de esquizofrenia.

Con el tiempo y en la intención de mejorar la investigación, se modifican y desarrollan los criterios de Feighner y aparecen los criterios diagnósticos para la investigación (RDC), con la intención fundamental de evitar limitar el diagnóstico a los casos de curso crónico, pero también excluyendo las psicosis reactivas breves. Empiezan a tomar especial relevancia los criterios de exclusión y los marcos temporales y duración de la sintomatología, e incluyendo algunos de los síntomas de primer orden de Schneider. La popularidad e inexcusable utilidad de estos criterios diagnósticos llevaron a la elaboración del Manual Diagnóstico y Estadístico de los Trastornos Mentales (DSM). En el DSM-III se establecen sistemáticamente criterios de inclusión y exclusión, se elaboran primordialmente para servir como herramientas en la clínica general. En este sentido, el diagnóstico DSM-III de esquizofrenia parece ser algo más amplio que en los criterios de Feignher, pero más estrecho que en los criterios RDC, estableciendo límites temporales en la aparición y duración de los síntomas (Colodrón, 2010).

## 1.4. Las clasificaciones diagnósticas, ¿tienen sentido psicopatológico?

Estas modificaciones en las perspectivas e intención de las clasificaciones diagnósticas pueden encontrar reflejo en los acontecimientos sucedidos a lo largo del siglo XX que no solo transformaron la forma de entender la psiquiatría, sino realmente la manera de entender el mundo moderno. La II Guerra Mundial supuso modificaciones no solo en el calado socioeconómico, sino también en la esfera intelectual y científica. Investigaciones incipientes sobre la familia y el material genético no estaban exentas de ser herramientas políticas poderosas en el contexto del nacionalsocialismo, y se da una razonable fuga de talentos en el contexto de la guerra. Otros acontecimientos modifican el curso de las enfermedades mentales, nace la cura de Sakel en el 35, con lo que se abre una puerta a la esperanza en el tratamiento (aún con burdos métodos) de estos padeceres mentales, y el revolucionario descubrimiento de la utilidad de la clorpromazina en los años cincuenta como tranquilizante mayor y capacidad «antiesquizofrénica». Nace también el movimiento de la antipsiquiatría de los años setenta, poniendo en cuestión el establecimiento de diagnósticos, su repercusión, así como la eficacia de los tratamientos propuestos. La industria farmacéutica toma cada vez más presencia y se exige, ya no solo desde el punto de vista de la medicina sino desde otras esferas sociales, políticas y económicas (aseguradoras, jueces, abogados, etc.), la presencia de diagnósticos fiables y útiles en la identificación de los trastornos mentales. La aparición de fármacos eficaces respecto a determinados síntomas decanta la detección de dichos síntomas como dianas para el tratamiento, y diagnósticos basados en la potencial respuesta al tratamiento refuerzan la identificación de los síntomas positivos de la esquizofrenia como parte fundamental para el diagnóstico.

## 1.5. Los tratamientos no tratan todos los síntomas, ¿qué está pasando?

Con todo esto, en los años ochenta se produce un nuevo intento de reconceptualización de las psi-

© Ediciones Pirámide

cosis, y se reaviva, a la luz de lo anterior, el debate respecto a los límites de la esquizofrenia. A partir de los avances de finales de los setenta sobre eficacia farmacológica, neuroimagen y estudios *post morten,* Crow propone dos síndromes esquizofrénicos, estableciendo «dos dimensiones de patología» subyacentes: la tipo I, aguda, con síntomas característicos del primer orden schneideriano: delirios, alucinaciones y trastornos del pensamiento, con buena respuesta a fármacos, potencialmente reversible y con un proceso patogénico postulado convenientemente relacionado con la transmisión dopaminérgica; y la tipo II, que cursa con síntomas más tipo Bleuler-Kraepelin, con aplanamiento afectivo, pobreza en el discurso, apatía, abulia, teniendo un curso crónico hacia el estado defectual, pobre respuesta a los neurolépticos y proponiéndose la patogenia como una pérdida de células y cambios estructurales en el cerebro. Puesto que ambos síndromes ocurren a menudo en el mismo paciente, y a veces en el mismo punto en el tiempo, en el uso de la navaja de Occam, probablemente obedezcan a una misma etiología, aún por dilucidar.

Esta diferenciación entre los dos síndromes esquizofrénicos necesita de una nueva redefinición de los síntomas, especialmente el síndrome deficitario. Se hace de nuevo hincapié, después de décadas de herencia schneideriana y fascinación por la aparente utilidad de los nuevos fármacos al atenuar determinados síntomas de las esquizofrenias, y casi con la intención de buscar el famoso signo patognomónico que afinara el diagnóstico, y convenientemente justificara el uso de la farmacología existente. No obstante, vimos a partir de los años ochenta cómo reapareció el interés en el curso deteriorante y deficitario que ya, desde el inicio de los tiempos con Morel, preocupaba a los clínicos de antaño, y siguen preocupándonos hoy en día, puesto que en definitiva, y en presencia de fármacos capaces de modificar la neurotransmisión dopaminérgica de una manera cada vez más precisa, las vidas de nuestros pacientes y su desempeño se ven condicionados a largo plazo por los efectos deteriorantes del síndrome deficitario. Nos encontramos con que los aspectos cognitivos, afectivos y volitivos, que ya apuntaba Bleuler en su momento como síntomas fundamentales, probablemente definan mejor los límites de la esquizofrenia que aquellos síntomas floridos y llamativos que tanto nos fascinaron durante casi un siglo.

Como podemos comprobar a poco que indaguemos en la psicopatología general, es más probable encontrar los síntomas positivos propios de las esquizofrenias tipo I de Crow en muchos otros trastornos, que no los deficitarios de las esquizofrenias tipo II. A modo de ejemplo, podemos encontrarnos delirios y alucinaciones en la práctica totalidad de los trastornos mentales llevados a sus extremos: es posible encontrarnos alteraciones sensoperceptivas desde las intoxicaciones agudas, trastornos endocrinometabólicos, en las secuelas de los traumatismos craneoencefálicos, en el curso de enfermedades agudas en forma de *delirium,* en el contexto de fases moderadas de muchas demencias o en el curso de trastornos del neurodesarrollo como discapacidad intelectual (Crow, 1985).

Podríamos decir, casi sin temor a equivocarnos, que la expresión florida de síntomas psicóticos positivos (alteraciones en la sensopercepción, en el curso y forma del pensamiento, lenguaje alterado y trastornos motores) se trate probablemente de una forma estereotipada y arquetípica de respuesta del cerebro ante noxas de cualquier origen, siendo estos síntomas psicóticos más la expresión común de múltiples agentes causales que una expresión precisa de una psicopatología concreta. Asimismo, nos encontramos con que la constelación de síntomas negativos habitualmente atribuibles a la esquizofrenia sean más estables en el diagnóstico de la esquizofrenia, como él mismo propuso en su momento, que la psicosis schneideriana, si bien su identificación precisa es más esquiva.

## 1.6. ¿Siglo y medio de clasificaciones para llegar al mismo punto?

La clasificación de la esquizofrenia en subtipos no evolucionó demasiado desde las primeras definiciones establecidas por Kraepelin y Bleuler, y la distinción entre síntomas positivos y negativos propuesta por Hughlings Jackson (Jackson, 1931) se revive en los años ochenta con Crow, Fish, Carpenter y Andreasen, entre otros. La distinción tiene un claro atractivo teórico y heurístico, pero simplifica excesivamente lo que es un problema complejo. Liddle, entre otros, a principios de los ochenta propone un nuevo dominio a estas dos grandes clasificaciones de la esquizofrenia, escindiendo la desorganización

© Ediciones Pirámide

de los síntomas positivos y estableciendo un tercer dominio, el de desorganización. Reaparece de nuevo la discusión entre la clasificación y subclasificación de las esquizofrenias *(splitters)*, contra la defensa de un proceso único subyacente con multitud de manifestaciones clínicas *(lumpers)*, y ya en las postreras clasificaciones de los últimos años se abandonan, como en la reciente publicación del DSM-5, los diferentes subtipos de esquizofrenia (paranoide, desorganizada, catatónica, simple o indiferenciada), fundamentalmente por su utilidad cuestionable, pobre fiabilidad, solapamiento considerable entre subtipos y escasa validez predictiva. Como ya veníamos apreciando los clínicos en las últimas décadas, la separación en subtipos de esquizofrenia, tal y como veníamos definiéndolas, aportaba poca información útil tanto en el tratamiento como en el curso del trastorno. El DSM-5, no exento de críticas, elimina los subtipos de esquizofrenia, describe con mayor detalle los llamados síntomas negativos y pone menos énfasis en la presencia de los síntomas alucinatorios y delirantes. En el desarrollo del DSM-5, se concluyó tras revisar considerablemente, y tal como ya apuntaba Fish al inicio de su manual, que parece bastante claro que nuestra base de conocimientos no es lo suficientemente robusta como para organizar los trastornos respecto a sus etiologías, con lo cual el DSM-5 continuó utilizando los síntomas como la base del diagnóstico, aunque con ciertas reorganizaciones. Y aunque los modelos dimensionales parecen más apropiados para describir la continuidad de los síntomas y sus constelaciones en los trastornos mentales, no sin cierto debate, el DSM-5 preserva una aproximación fundamentalmente categórica al diagnóstico de la esquizofrenia, con sus limitaciones (Kring et al., n. d.).

A principios de los 2000, Kapur y Van Os (2009), entre otros, recuperan el concepto de «dimensionalidad» en los trastornos mentales, que había quedado en un segundo plano ante los sistemas clasificatorios basados en categorías tan popularizados a finales del siglo XX. Se retoman los modelos dimensionales, puesto que muchos síntomas y signos ya no solo en psiquiatría sino en medicina en general se manifiestan en un continuo con la normalidad. En la práctica, las diversas definiciones de la esquizofrenia y trastornos relacionados son una mezcla de síntomas en el contexto de necesidad de atención, esto es, en definitiva, una aproximación sindrómica. Sin embargo, ciertos síntomas que caracterizan a los pacientes con psicosis también son prevalentes en la comunidad que no acude a las clínicas de salud mental, por lo que se sostiene que existen experiencias psicóticas subclínicas, formándose un continuo con la normalidad. Se sugiere entonces utilizar representaciones dimensionales a través de ejes continuos de síntomas (positivos, negativos, desorganización, afectivos y cognitivos), utilizando la puntuación simultánea de estos ejes para agrupar estas configuraciones en categorías útiles para el diagnóstico, las necesidades de tratamiento y los resultados. A través de varias dimensiones, los individuos podrían hacer la transición desde el «riesgo» hasta la «necesidad de atención».

Sirva lo anteriormente expuesto como aproximación a las dificultades del diagnóstico de las esquizofrenias a lo largo de poco más de un siglo desde los primeros intentos de conceptualización.

## 1.7. Categorías y criterios diagnósticos, agrupar y desagrupar, ¿hemos conseguido entender algo?

Existen aproximaciones integradoras, que vinculan los hipotéticos procesos patogénicos subyacentes, con parte de los síntomas de la esquizofrenia, y que podrían justificar los pobres resultados a largo plazo, y además propondrían modelos de tratamiento basados en estos procesos subyacentes. Incluso la conocida distinción entre síntomas positivos y negativos puede llegar a resultar artificiosa, puesto que pueden obedecer a estratos profundamente relacionados y no estrictamente a mismos niveles jerárquicos. A modo de ejemplo, y como ya apuntaba en su momento Carpenter (Carpenter et al., 1988) en los ochenta, los llamados síntomas negativos deben distinguirse de los trastornos en las relaciones y también de los comportamientos, puesto que algunas de las experiencias que se postulan como síntomas negativos pueden ser primarias o derivadas. Se propone incluso un ajuste preciso en la terminología, utilizando «síntoma negativo» como un mero término descriptivo, sin implicaciones en cuanto a la etiopatogenia o curso, y reservándose el término «deficitario» para aquellos síntomas negativos que se presentan como rasgos persistentes y no del todo modificables, pero cuya detección requiera una ob-

© Ediciones Pirámide

servación longitudinal. Sírvanos a modo de ejemplo que dificultades intrínsecas en la detección y procesamiento emocional que se aprecian en personas con esquizofrenia, al margen del estado de su enfermedad, un claro déficit en la cognición social, como comentaremos luego, llevan de forma secundaria a un mal funcionamiento social y a una de las «Aes» bleulerianas, y este mismo déficit en el procesamiento emocional podría llevar, a través de la vivencia íntima de cada individuo, al desarrollo de ideas delirantes secundarias, un síntoma positivo schneideriano. Este pequeño bucle recursivo es un mínimo ejemplo de cómo solo podremos contemplar la esquizofrenia desde modelos funcionales de complejidad.

Ya nos vamos haciendo una idea de que se trata de un trastorno complejo a múltiples niveles, y rara vez los problemas complejos obedecen a explicaciones y respuestas simples. Es por ello que retomaremos este concepto en múltiples ocasiones, y los modelos integradores tendrán inequívocamente que responder a cuestiones multifactoriales, y en esta problemática multifactorial también los modelos de intervención tendrán que adaptarse a un abordaje en diversos niveles finamente jerarquizados.

## 1.8. ¿Podemos explicar lo complejo de forma sencilla?

Ciertamente, es muy probable que la complicación a la hora de resolver estos debates se deba a que el interés en resolver esta eterna discusión provenga de perspectivas diferentes. El interés de clasificar las esquizofrenias respecto a procesos etiopatogénicos comunes puede ser complejo en la práctica clínica, en ausencia de elementos útiles para la identificación de estos procesos, de modo que reaparece el interés en caracterizar síntomas que puedan ser fácilmente detectables, y potencialmente tratables. Como vemos, desde los primeros conceptos de la esquizofrenia las perspectivas pueden ser diferentes de un mismo padecer, según nos centremos en la detección de la enfermedad (y pongamos interés en los síntomas más evidentes), en el estudio del pronóstico (con una perspectiva más longitudinal), quizá la respuesta a determinados fármacos (a los que solo ciertos síntomas responden adecuadamente).

Pero si utilizamos la navaja de Occam, como ya dijimos antes, es muy posible que lleguemos a la conclusión de que tal vez para todos estos trastornos que comparten síntomas y coexisten en el tiempo y en el mismo paciente nos encontremos con una causa común, y no tendríamos que «explicar con más lo que puede explicarse con menos». Sin embargo, ya nos hemos aproximado al cerebro como un sistema complejo, que además interacciona con el entorno de forma multidireccional y recursiva, volviéndose en cierto sentido un sistema caótico.

A continuación enunciaremos, de una forma conveniente y llamativamente autoservicial, varias definiciones, conceptos y argumentos en distintos estratos de la psicopatología, para intentar apuntar al final del capítulo hacia un ambicioso intento de aproximación al padecer esquizofrénico, probablemente deconstruyendo y recuperando el significado íntimo de dicho término, esquizofrenia.

## 1.9. Modelos etiopatogénicos populares, ¿vamos en sentido contrario?

«Cualquier discusión sobre la clasificación de los trastornos psiquiátricos debería comenzar por una franca admisión de que la clasificación definitiva de las enfermedades debe estar basada en la etiología. Hasta que no sepamos la causa de las diferentes enfermedades mentales, debemos adoptar un abordaje pragmático hacia una clasificación que mejor nos permita cuidar de nuestros pacientes, comunicarnos con otros profesionales de la medicina y llevar a cabo investigación de alta calidad» (Casey et al., 2007).

«No debemos olvidar que los síndromes podrían ser o no ser verdaderas enfermedades, y se puede argumentar la etiología multifactorial de los trastornos psiquiátricos, relacionados tanto con vulnerabilidades constitucionales y ambientales, así como precipitantes, podrían hacer que el objetivo de identificar síndromes psiquiátricos como enfermedades discretas podría ser un elusivo ideal» (Casey et al., 2007).

Con esto en mente, apenas a título anecdótico, señalaremos varios modelos etiopatogénicos, que, como ya veremos, son complejos en sí mismos y excede el propósito de este tema abordarlos en profundidad. Comentaremos someramente estos marcos conceptuales: el marco genético, el marco de las

© Ediciones Pirámide

neurociencias y el marco cognitivo. Veremos cómo los modelos se solapan unos con otros sin límites claros, y apuntaremos también que determinadas aproximaciones atraviesan todos los modelos, siendo insuficientes pero necesarias para completar un marco comprensible.

## 1.10. La genética y la biología molecular: ¿hasta dónde llega lo pequeño?

La genética tiende a centrarse, desde sus primeros pasos mendelianos, en cuestiones como si determinados trastornos son hereditarios y, en caso de serlo, de qué manera se hereda, y qué es lo que se hereda exactamente. La herencia es una estadística poblacional, no necesariamente la probabilidad de un individuo concreto de heredar determinado rasgo, y existe una clara influencia de elementos ambientales, que pueden ser poblacionalmente compartidos o no. La genética molecular busca identificar secuencias y estructuras en los genes que pudieran estar relacionadas con la psicopatología. Más que en la existencia del gen en sí, se presta especial atención a la interacción del gen con el ambiente (Kring et al., n. d.).

Existen muchas maneras en las que los genes podrían involucrarse en la psicopatología. Los modelos que nos ayudarán a entender cómo los genes se implican en la psicopatología serán aquellos que tomen la perspectiva contemporánea de que los genes realizan su trabajo a través del entorno. Tal vez el mayor desafío al que se enfrentan los científicos que trabajan bajo el modelo genético es especificar exactamente cómo los genes y el ambiente se influyen recíprocamente. Realizar el salto a comprender cómo los genes interactúan con entornos humanos complejos a través del desarrollo e incluso la sociedad es un desafío inabarcable. El hecho de haber detectado cómo determinada influencia genética se manifiesta solo bajo ciertas condiciones ambientales deja claro que debemos buscar no solo los genes asociados con las enfermedades mentales, sino también buscar las condiciones bajo las cuales estos genes podrían expresarse. Algunos de los hallazgos más excitantes en genética aparecen en una combinación de métodos entre la genética y la neurociencia. Al final, como podemos comprobar, más que paradigmas separados, nos encontramos con una artificiosa división jerárquica poco menos que basado en el «tamaño», dadas sus complejas interacciones. Sin embargo, solo intentar abarcar el complejo mundo de las interacciones moleculares apenas antes de que la información genética salga de los puertos de la membrana nuclear al vasto mar del citoplasma es todo un desafío que tiene por delante una intrigante aventura de experiencias epigenéticas, silenciamiento de genes por presiones ambientales, *splicing* alternativos, y toda una suerte de interacciones mucho antes de la expresión molecular. La herencia poligénica, la multifactorialidad y la herencia compleja son los términos que más escucharemos cuando hablemos de genética en esquizofrenia. No es sorpresa habernos encontrado con ello.

## 1.11. Las neurociencias: ¿sabemos cómo funciona una ciudad solo viendo sus luces en la noche?

Desde las neurociencias se sostiene que los trastornos mentales están relacionados con procesos aberrantes en el cerebro, a través de sus componentes fundamentales, las neuronas, neurotransmisores, la estructura y la función de la circuitería cerebral, y el sistema neuroendocrino. Existen múltiples neurotransmisores implicados en gran cantidad de trastornos, así como se han identificado diferentes áreas cerebrales y el sistema nervioso autónomo también está implicado en las manifestaciones de algunos trastornos. Aunque el cerebro juegue un importante papel en el desarrollo de los síntomas, desde esta perspectiva existe el riesgo de caer en el reduccionismo, y pensar que todo lo que se ha estudiado puede ser reducido a sus elementos básicos y constituyentes, y, en su expresión extrema, reducir complejas respuestas mentales y emocionales en la psicología y psicopatología a nada más que la biología.

Los elementos básicos, como las células nerviosas, están organizadas en estructuras más complejas o sistemas, así como las redes neuronales o circuitos. Las propiedades de estos circuitos nerviosos no pueden deducirse de las propiedades de las células individuales. El todo es mayor que la suma de las partes. Ciertos fenómenos emergen solo a ciertos niveles de análisis y podrían pasarse por alto si solo nos centramos a nivel molecular. En el campo de la psicopatología, problemas como creencias de-

© Ediciones Pirámide

lirantes, actitudes disfuncionales y cogniciones catastróficas podrían ser imposibles de explicar neurobiológicamente, incluso con una comprensión detallada del comportamiento de las neuronas individuales (Kring et al., n. d.).

Las neurociencias además, tienen un variado y sofisticado arsenal de herramientas y delicados aparatos, y según avanza la tecnología, sus fascinantes descubrimientos se suman a la ciencia y el conocimiento, poniéndonos en riesgo de caer en la falacia tecnológica de considerar que solo con más y mejores pruebas podremos acabar descifrando los intrínsecos misterios de la mente, y que será el avance de la tecnología lo que mejore la vida de las personas con psicosis. Cada nueva revolución tecnológica en el contexto de las neurociencias nos invade con una oleada de esperanza, y parece que los descubrimientos siempre se colocan en el futuro. Los avances en neuroimagen aportan cada vez más información sobre los cambios estructurales del cerebro, y la neuroimagen funcional nos describió su funcionamiento. Las imágenes del tensor de difusión nos permiten ver la calidad y dirección de las conexiones entre sistemas. Los *microarrays* genéticos posibilitan analizar relaciones de cientos en un momento. Nuestra fascinación inicial con el proyecto genoma, que pensamos desvelaría los secretos del núcleo, parece repetirse con los nuevos avances en lo que hemos llamado el conectoma humano (*Human Connectome Project | Mapping the Human Brain Connectivity*, n. d.), un mapa de las conexiones cerebrales que, junto con el desarrollo de computadoras cada vez más potentes, parece que las neurociencias ya no solo están bajo el microscopio o en las imágenes, sino en cálculos cada vez más complejos, capaces incluso de encontrar conexiones funcionales entre áreas cerebrales no necesariamente conectadas estructuralmente. Aparecen modelos estadísticos, teorías de redes neuronales y sistemas complejos. Se abre un mundo apasionante en las neurociencias y, sin embargo, los principales avances en mejorar la vida de nuestros pacientes parecen estar a pie de calle.

## 1.12. Modelos cognitivo-conductuales, ¿cuáles son los esquemas correctos?

El modelo cognitivo-conductual planta sus raíces en los principios del aprendizaje y en las ciencias cognitivas. La cognición es un término que agrupa procesos mentales de percepción, reconocimiento, concepción, juicio y razonamiento. La ciencia cognitiva se centra en cómo las personas estructuran sus experiencias, cómo les dan sentido y cómo relacionan sus experiencias actuales con las pasadas que han sido almacenadas en la memoria. Lo que distingue al modelo cognitivo-conductual es que se les da a los pensamientos un estatus causal, considerar que los pensamientos son la causa de otras características del trastorno. Se centra en conceptos como esquemas (una red de conocimiento acumulado), y estos conceptos son parte de las teorías cognitivo-conductuales y los tratamientos. Queda sin responder de dónde proviene el esquema cognitivo en primer lugar, y parecen tener íntima relación con procesos neurocognitivos intrínsecos. La mayoría de los estudios se centran en comprender qué tipos de mecanismos sostienen los pensamientos sesgados mostrados en diferentes patologías. Las teorías del aprendizaje, a través del refuerzo, parecen tener también una representación en circuitos cerebrales subyacentes, por lo que tampoco parece que exista una separación clara entre modelos (Kring et al., n. d.).

## 1.13. El modelo diátesis-estrés, ¿cuánto se puede aguantar?

La psicopatología es demasiado amplia como para ser explicada o tratada adecuadamente por cualquiera de los modelos de una manera simple. La mayoría de los trastornos se desarrollan a través de la interacción de factores biológicos y ambientales.

El modelo diátesis-estrés es una perspectiva integradora que vincula los factores genéticos, neurobiológicos, psicosociales y ambientales. Se basa en la manera en la interacción entre una predisposición a la enfermedad (la diátesis) y las alteraciones en el entorno, o la vida (el estrés). La diátesis se refiere, más precisamente, a predisposición constitucional hacia la enfermedad, pero el término puede extenderse a cualquier característica o conjunto de características de una persona que incremente su probabilidad de desarrollar un trastorno. En términos de la neurobiología, por ejemplo, se considera que algunos trastornos parecen tener una vulnerabilidad al estrés genéticamente transmitida, aunque la naturaleza precisa de estas diátesis se desconozca, está

© Ediciones Pirámide

claro que existe un componente de predisposición genética para muchos trastornos. Otras diátesis neurobiológicas podrían ser la deprivación de oxígeno en el nacimiento, la desnutrición, la infección vírica materna etc. Cada una de estas condiciones podría dar lugar a cambios en el cerebro que predispongan al individuo a presentar la enfermedad.

En términos psicológicos, una diátesis podría ser un esquema cognitivo particular que pudiera hacer a la persona proclive a determinados pensamientos y eventualmente sentimientos.

Presentar la diátesis para determinado trastorno incrementa el riesgo de desarrollarla, pero no garantiza de ningún modo que dicho trastorno se desarrolle. El estrés, en este contexto, se refiere a cualquier estímulo o noxa que pueda desencadenar síntomas.

Otra de las características fundamentales del modelo diátesis-estrés es que es poco probable que la psicopatología se deba al impacto de un simple factor. Igual que vimos las relaciones recíprocas entre genes y ambiente, una diátesis transmitida genéticamente podría ser necesaria para determinados trastornos, pero está inmersa en una red de otros factores que también deben contribuir. Estos factores podrían incluir vulnerabilidades genéticas hacia ciertas características de la personalidad, experiencias infantiles, el desarrollo de competencias conductuales, estrategias de afrontamiento, estresores encontrados en la adultez, influencias culturales y numerosos factores más. Se trata de un modelo complejo, porque no nos es ajena la interdependencia entre factores de estrés y factores de vulnerabilidad, dándose en ocasiones cascadas de retroalimentación viciosa con desastrosos resultados.

Gráficamente, en ingeniería existen las pruebas de estrés para los materiales. No todos los materiales soportan el estrés de la misma manera, ni todos los tipos de estrés afectan de la misma forma: habrá materiales resistentes a la presión pero no a la tracción, por ejemplo.

A modo de ejemplo, encontrémonos con un recién nacido con nutridos antecedentes familiares de trastornos mentales y adicción a sustancias, que además durante el embarazo sufre de la desnutrición y la adicción a sustancias de la gestante, en un contexto de marginalidad y bajo nivel socioeconómico. Las circunstancias sociales de dicha familia llevan a un parto atendido a destiempo con hipoxia neonatal, y creciendo este chaval en un entorno marginal, de apegos inestables, dura economía y pocas oportunidades. En esta difícil situación, es también difícil identificar las diátesis de los estresores, y muchos de ellos se retroalimentarán constantemente, el bajo nivel socioeconómico sobre el estado de salud, este sobre las dificultades de adaptación, y esto de nuevo sobre el rendimiento escolar, nivel socioeconómico, etc. En estas condiciones, es posible que no hagan falta estresores especialmente intensos para que aparezcan síntomas. Por el contrario, un joven atlético y saludable con un buen nivel socioeconómico y sin antecedentes familiares tal vez desarrolle síntomas psicóticos en el curso de una pancreatitis aguda *(delirium),* o quizá desarrolle síntomas ante un acontecimiento vital impactante como sobrevivir a un accidente de circulación. Este modelo de diátesis-estrés, en su aparente simplicidad, abarca sistemas sumamente complejos, y en el que gran parte de los componentes son esquivos. Muchas veces desconoceremos gran parte de la diátesis genética, más allá de los antecedentes familiares. Gran parte de las experiencias de la infancia que moldean los esquemas cognitivos son procesos íntimos y subjetivos. Las estrategias y mecanismos de afrontamiento de cada uno ante diversos estresores también son muy variados y, respecto a las situaciones estresantes, nunca se llegará a saber cuánta presión aguantará el sistema antes de volverse inestable.

## 1.14. Cognición social en la esquizofrenia, ¿qué siente, en qué piensa el otro?

La cognición social se refiere a los procesos que subyacen a las interacciones sociales, que incluyen operaciones involucradas en percibir, interpretar y generar respuestas a las intenciones, disposiciones y comportamientos de los demás. Los procesos cognitivos sociales consisten en la forma en que realizamos inferencias sobre las creencias e intenciones de los demás y cómo medimos los factores situacionales sociales a la hora de realizar dichas inferencias (Green et al., 2005).

Los fallos en la cognición social han sido bien documentados usando una amplia variedad de tareas. En la esquizofrenia, los objetivos fundamentales del estudio de la cognición social son la com-

© Ediciones Pirámide

prensión de la naturaleza de síntomas clínicos específicos, y el rol de la cognición social en el desempeño psicosocial. Se ha sugerido que las capacidades cognitivas sociales permiten al sujeto interaccionar efectivamente con su entorno social, y que ese déficit en ciertos aspectos de la cognición social llevará a malentendidos, reacciones inesperadas y, desde la persona y hacia ella, eventualmente aislamiento social.

Habitualmente centramos el estudio y las definiciones de cognición social en cinco dominios: percepción y procesamiento emocional, teoría de la mente, conocimiento social y sesgo atribucional. Aunque no pretendemos abordar cada una de estas cuestiones en profundidad, de nuevo el apreciado lector encontrará que bajo el mismo epígrafe de una definición, en este caso cognición social, aparecen diferentes términos que se enraízan a distintos niveles y con distinta extensión, complicando su entendimiento. Aunque la cognición social se entiende como un constructo delimitado y diferente al de la neurocognición y funcionamiento global del individuo, no están totalmente desligados. Además, cada componente puede a su vez subdividirse en subdominios, con mejor precisión en las definiciones, pero añadiendo complejidad a un asunto ya de por sí complicado. Asimismo, los límites entre los diferentes dominios de la cognición social no son absolutos, por lo que es posible encontrar confusión terminológica. Haremos un breve comentario sobre los distintos dominios de la cognición social, en tanto en cuanto nos referiremos a ellos más adelante.

El procesamiento emocional se refiere de forma amplia a aspectos al percibir y usar las emociones. Un influyente modelo lo define como un set de habilidades que incluye: identificación, facilitación, comprensión y manejo.

La teoría de la mente comprende la capacidad de inferir las intenciones y las creencias de los otros. Es un término que se desarrolló sobre todo en estudios en niños, especialmente para el autismo, y se basa en la capacidad de atribuir adecuadamente estados mentales a los otros, y diferenciarlos de los propios.

La percepción social típicamente se define como la capacidad de juzgar los roles y reglas sociales en su contexto. En contraste con las tareas de percepción de emociones, las tareas de percepción social requieren que los participantes usen claves sociales para inferir los acontecimientos situacionales que las generaron, identificando las características personales en ciertas situaciones como intimidad, estatus, estado emocional y veracidad.

El conocimiento social, también llamado esquema social, se refiere a tomar conciencia de los roles, reglas y metas que caracterizan las situaciones sociales y guían las interacciones sociales.

El sesgo atribucional se refiere a cómo se explican las causas de resultados positivos y negativos y cómo el significado de los acontecimientos se basa en la atribución de su causa. De la tendencia natural de atribuir resultados favorables a uno mismo y los desfavorables a otros, a la tendencia de aquellos individuos con delirios persecutorios a atribuir resultados negativos del comportamiento de otra persona como debidas a intenciones malévolas, más que al contexto situacional.

A modo de síntesis explicativa de cognición social, presentemos de ilustrativo ejemplo cómo en una simple interacción social cotidiana se ponen en marcha todos los dominios de la cognición social, y lo importante que es que exista un ajuste fino entre todas ellas: el acto cotidiano de acudir a una panadería a comprar el pan ya inicia determinados esquemas de la cognición social incluso antes de haber iniciado la interacción. Sabemos las claves que supone la compra del pan, y también tenemos un esquema mental, del conocimiento de situaciones previas, de cómo será dicha interacción. Entraremos en el establecimiento y nos dirigiremos a la persona que se encuentra tras el mostrador. Sabemos qué estatus y rol tiene cada uno por su disposición en la tienda, la persona tras el mostrador será quien nos venda el pan, y nuestra posición de cliente deberá ser bien recibida como tal, a este lado. Habitualmente la interacción comienza con un saludo, que puede provenir de cualquiera de las dos partes, y ante la clave del saludo, que proviene del conocimiento social, también aparece la respuesta del otro, que ha de ser congruente con el contexto. Según la familiaridad que nos una al dependiente, se dará un tipo de saludo u otro, y también una respuesta emocional u otra. Una sonrisa en el vendedor supondrá que estará encantado de atendernos en este momento, mientras que una muestra de desagrado al vernos nos hará como poco mirar el reloj o comprobar nuestra indumentaria. Ya en las primeras palabras hemos identifica-

© Ediciones Pirámide

do la emoción del rostro, la hemos procesado y hemos elaborado una respuesta: la sonrisa del vendedor tras el saludo nos ha invitado a continuar con la transacción. Lo natural en estos contextos es pedir el pan, utilizando las fórmulas convencionales que nuestro estatus e intimidad nos permitan, esto es, tratar de usted o tutear, añadir formalismos y evitar excesivas familiaridades con un desconocido, sin que ello limite el acto comunicativo. Cabe la posibilidad de que el vendedor se nos adelante a nuestra petición y directamente nos ofrezca algún producto. Tenemos que conocer que su rol en esta situación es vender, como el nuestro es comprar, y contamos con que él sostiene la creencia (razonable y lógica) de que hemos entrado a comprar, del mismo modo que uno desarrollará la creencia de que el ofrecimiento no lleva otras intenciones. En solo unos segundos, ya hemos puesto en marcha la teoría de la mente (el vendedor sostiene unas creencias y unas intenciones), conocimiento social (nos hemos dirigido al vendedor con las fórmulas oportunas), procesamiento emocional (hemos entendido su sonrisa amable como una invitación a seguir comprando) y procesamiento social (su posición uniformada detrás del mostrador lo sitúa en el rol de vendedor, y su avanzada edad interpone cierta distancia que exige un trato de usted). A nivel atribucional, el ofrecimiento genuino del vendedor de un pan apetecible y recién hecho, que claramente me beneficia como comprador, no despierta sospechas de intenciones malévolas, más todo lo contrario. Tras el debido intercambio y las fórmulas sociales aprendidas, la interacción termina satisfactoriamente con pan caliente bajo el brazo, volveremos a esta panadería con frecuencia, y el vendedor estará encantado de haber ganado un cliente. Cualquier fallo en todo este fino baile de convenciones, interpretaciones y procesamientos intuitivos podría dar lugar a una interacción insatisfactoria, que pudiera llevarnos no solo a fracasar en nuestro intento de lograr el objetivo, sino eventualmente a tener una interacción insatisfactoria que nos haga rehuir el contacto en un futuro, del mismo modo que el panadero tal vez no nos reciba con una amable sonrisa la próxima vez, y al final un déficit en tareas de la cognición social tenga resultados negativos en funcionamientos cotidianos, a veces incluso más que otros aspectos neurocognitivos más generales, y nos quedemos sin pan.

## 1.15. Síndrome de la saliencia aberrante, ¿qué es lo relevante de todo esto?

El estado de saliencia aberrante es un marco heurístico que pretende vincular la biología, la fenomenología y la farmacología en la esquizofrenia, proponiendo una relación comprensible entre las experiencias subjetivas del paciente con las teorías neurobiológicas preeminentes, centro de la investigación farmacológica, y haciendo un especial hincapié en el rol modulador de la dopamina. En 2003, Shitij Kapur (Kapur, 2003) propone este marco como un modelo explicativo comprensivo y no excluyente de otras concepciones, en un intento de engranar modelos que a veces se vuelven poco prácticos. Se propone que la aparición de los síntomas psicóticos estaría en relación con alteraciones en la acción de la dopamina, concretamente la conocida teoría de la hiperactividad dopaminérgica mesolímbica.

En este marco conceptual, el sistema dopaminérgico mesolímbico mediaría la «atribución de la saliencia», proceso a través del cual los acontecimientos y los pensamientos recaban la atención, impulsan la acción e influyen en el comportamiento centrado en un objetivo, dada su relación con una recompensa o un castigo. Cada estímulo produce una liberación determinada de dopamina que media la adquisición y expresión de las oportunas saliencias motivacionales en respuesta a las experiencias y predisposiciones del individuo.

A modo de ejemplo en el contexto de la interacción con el entorno, no todos los estímulos son igual de relevantes, debe existir algún tipo de señal que lo «marque» como «saliente» o «prominente», respecto al resto de estímulos. En un estudio de *eye tracking,* se le propuso a los participantes contemplar una pintura, que representaba a dos señores prendiendo un cigarro. Los controles sanos centraban su mirada alrededor de los ojos de los retratados, sus manos al prender el cigarro y, sorprendentemente, la firma del autor del cuadro. Al pedirles lo mismo a pacientes con esquizofrenia, las miradas fueron difusas. En este ejemplo, podemos apreciar cómo, del conjunto de información del cuadro, no todo nos es igual de relevante, no a todo se le atribuye la misma saliencia.

Cuando se produce una alteración en este sistema dopaminérgico mesolímbico, lo que sucede es una asignación aberrante de saliencia a objetos ex-

© Ediciones Pirámide

ternos y a representaciones internas, surgiendo entonces las alteraciones propias de la fase prodrómica de la esquizofrenia (el concernimiento de Grivois y la fase de externalización de Klosterkötter). Si se mantiene ese estado de hiperactividad dopaminérgica, el paciente comenzará a buscar explicaciones a las asignaciones de preponderancia aberrantes que realiza, y esto dará lugar a la aparición de ideas delirantes, que estarán en relación con las experiencias previas y con las ideas culturales propias de cada paciente. Estas ideas delirantes crean un esquema cognitivo que tiende a autoconfirmarse y autoperpetuarse en el tiempo (Van Beveren y De Haan, 2008).

En cuanto a las alucinaciones, su causa sería una preponderancia anómala de la representación interna de percepciones y recuerdos.

## 1.16. Metacognición, ¿tengo la capacidad de hacerle frente a esto?

Se ha propuesto que los déficits neurocognitivos terminan afectando al desempeño funcional porque eventualmente dejan a las personas con menor capacidad para llevar a cabo tareas funcionales e interpersonales básicas, es decir, estas dificultades podrían limitar hasta qué punto las personas pueden aprender nuevas habilidades, así como detectar con precisión y responder a las demandas del entorno. Se piensa que esta falta de capacidad para llevar a cabo las tareas lleva al derrotismo y al abandono. Además de estas dificultades en las tareas básicas a nivel neurocognitivo, se propone que existen problemas en la capacidad metacognitiva que también podrían interferir en la capacidad de conocer por qué realizar determinadas tareas, más que simplemente hacerlas. Un deterioro neurocognitivo a nivel de la memoria de trabajo podría dificultar la realización de tareas complejas, como por ejemplo cocinar. Sin embargo, una dificultad metacognitiva podría interferir, a su vez, en encontrarle sentido al hecho de cocinar, o a ser consciente de otras habilidades para resolver el mismo problema.

La metacognición se refiere al acto mental en el cual las personas se forman un pensamiento o idea acerca de sus propias actividades mentales. Desde el punto de vista de la psicopatología, se ha utilizado para describir un abanico de diferentes actividades mentales, que varían desde las que se centran en actividades concretas hasta las que integran o sintetizan un rango de diferentes experiencias en una representación compleja del *self* y los otros, dando lugar a un espacio reflexivo sobre dichas representaciones, en un conjunto más grande. De una forma intuitiva, estas dos actividades metacognitivas, la discreta y la sintética, se influyen una en la otra, siendo indisolubles: por ejemplo, ser consciente de determinados elementos es necesario para formarse ideas más integradas de uno mismo, mientras que la conciencia de uno mismo es necesaria para dar sentido a la experiencia discreta del flujo de la vida cotidiana (Lysaker et al., 2013).

En la esquizofrenia se han detectado déficits en la capacidad para detectar actividades mentales específicas como comportamientos, emociones y recuerdos. Desde una perspectiva psicológicamente más amplia, se han encontrado dificultades al reflejar hábitos cognitivos más amplios, como el estilo de razonamiento o la capacidad de poner los recuerdos autobiográficos juntos para realizar un todo con significado.

Las capacidades metacognitivas requieren traer a la conciencia aspectos propios de la forma de pensar y afrontar las experiencias de cada individuo. Se trataría de pensar sobre el pensamiento, reflexionar sobre las propias ideas, capacidades, estados mentales, recuerdos y otras funciones, para eventualmente generar una imagen cohesionada del *self,* y con capacidad de respuesta ante las exigencias del entorno. Ser consciente de las propias habilidades y de las propias dificultades.

## 1.17. Propuesta de un modelo basado en la complejidad, ¿es comprensible y predecible?

La psicopatología del siglo XXI debe inexcusablemente proyectarse, como ya hemos comentado, hacia el futuro, indagando y proponiendo nuevos estudios y perspectivas hacia la explicación de estos complejos trastornos, pero también debe aportar una base de comprensión de los mismos lo suficientemente sólida como para garantizar, al menos mínimamente, abordajes y tratamientos con bases lo más sólidas posibles. Ya hemos visto que existen aproximaciones varias al mismo problema, con én-

© Ediciones Pirámide

fasis además en distintos aspectos, a menudo parciales e incompletas. Y parece perfectamente razonable entender que difícilmente patologías tan complejas como las llamadas esquizofrenias, con tanta implicación social y ambiental y con una enorme subjetividad en la vivencia de sus experiencias, puedan ser descritas con modelos simples. Es por ello por lo que estamos llamados a entender los trastornos de la estirpe esquizofrénica, si acaso todos los trastornos mentales, en el contexto de los sistemas complejos, y evitar los reduccionismos de toda clase, que solo llevarían a añadir más incomprensibilidad y menos control sobre sistemas ya de por sí caóticos.

Hemos explorado, a lo largo del capítulo, aproximaciones nosotáxicas y nosológicas desde distintos puntos de vista, a veces confluyentes y en ocasiones divergentes, y cómo en esta teoría de sistemas complejos que mencionamos el resultado no se gana en el punto medio, ni siquiera en un ilusorio punto de gravedad, sino en emergentes que solo son comprensibles desde una perspectiva amplia. Las propuestas de modelos integradores son engañosamente atractivas, especialmente para los psiquiatras, que anhelamos la misma eficacia de los antibióticos sobre los agentes etiológicos de las enfermedades infecciosas en nuestro objeto de estudio, la patología mental, cuando, como también se ha descrito, apenas hemos sido capaces de establecer de una forma clara unos límites conceptuales a la misma.

Ya hemos hablado, aun someramente, de la gran cantidad de agentes implicados en el desarrollo, manifestación y evolución de la esquizofrenia, y en múltiples niveles. Desde los mecanismos moleculares más íntimos y discretos, hasta los movimientos sociales más amplios, pasando por estratos intermedios y a menudo solapados y transversales, hasta la conciencia íntima de cada individuo sobre su manera de vivir el mundo. Entendamos los procesos mentales, con lo que ello implica, como procesos complejos, y su manera de enfermar no ha de ser sino de nuevo otro proceso complejo. Hablando de este tipo de sistemas, ya hemos apuntado que probablemente tengamos que comprender la esquizofrenia en el contexto de la complejidad.

Partiendo de los sistemas funcionales propuestos por Anokhin (Red'ko et al., 2004), es posible que gran parte de lo que se ha identificado históricamente como signos o síntomas «nucleares» de enfermedad mental, especialmente en la esquizofrenia, no sean los resultados de los fallos en el sistema (esto es, de errores en la propia conectividad cerebral) (Chen et al., 2020), sino que lo que aparentemente identificamos como síntoma y resultado de la enfermedad sean los resultados adaptativos de esta disfunción, y no la disfunción en sí misma, como sugería Jackson en un principio. En este contexto y en una aventurada licencia, presentar los delirios como el núcleo de la esquizofrenia sería tan aberrante como presentar la tos como el núcleo de la neumonía. En el primer caso estaríamos identificando la reacción adaptativa de la cognición normal a un padecer íntimo y profundo de las emociones humanas en un estado alterado, mientras que en el segundo caso estaríamos identificando un reflejo bronquial en un intento arquetípico de expulsar un patógeno en la vía aérea. En el contexto de los sistemas funcionales, el resultado de las acciones adaptativas actuaría como un *feedback* hacia el sistema aferente, y entraría en contraste con una multiplicidad de factores, a menudo motivacionales y con base en la memoria, que resultan relevantes para el individuo, para enfrentarse de nuevo a los aceptores del sistema, a la toma de decisiones y al contraste de si la acción adaptativa tuvo resultados favorables para el sistema o no, perpetuándose pues el síntoma o no. En estos sistemas funcionales, ante una pérdida de la homeostasis interna, se produce una conducta compleja (comportamiento o pensamiento) que busca recuperar el equilibrio.

Tal es la complejidad del cerebro en su interacción con un entorno socialmente exigente, que podríamos convenir en llamarlo un sistema caótico, con multiplicidad de factores en su ecuación, algunos elementos más estables que otros e incluso algunas constantes inamovibles, pero desde luego pequeñas variaciones en su íntima estructura podrán dar lugar (y de hecho sucede) a resultados difícilmente previsibles. Entendamos, además, que en los sistemas complejos también aparecerán emergentes que solo son posibles en estos sistemas dinámicos, con todos sus mecanismos homeostáticos presentes.

Se trata la esquizofrenia pues, desde nuestro humilde punto de vista, de un sistema complejo y, como tal, intentaremos realizar una aproximación integradora, que sabemos resultará imprecisa y esquiva en sus resultados, tal y como suele ocurrir en la descripción de cualquier sistema complejo.

© Ediciones Pirámide

Basémonos en el concepto jacksoniano de «evolución en secuencia jerárquica», y permitámonos por un momento el uso de una metáfora en beneficio de la comprensión. Entendamos las estructuras básicas del cerebro primigenio, esto son los ganglios de la base e incluso estructuras filogenéticamente más antiguas situadas en el bulbo o incluso más abajo, como un pequeño pueblo que goza de las estructuras básicas para la supervivencia de sus habitantes, así como robustas comunicaciones entre dichas estructuras, que aun rudimentarias en su pavimento, son directas, simples y sencillas en su función, siendo el acto reflejo un ejemplo básico de comunicación con el entorno, esto es, receptor, vía de ida, efector, vía de vuelta. De este modo, el pequeño pueblo que hemos representado se comunica con sus aledaños a través de un número limitado de interacciones y sus respuestas, dada su simplicidad, también tienen un rango limitado. Ante presiones evolutivas y la necesidad de responder a un entorno cada vez más exigente y competitivo, se añaden en los márgenes (o limbo) del mismo estructuras más especializadas y con mayor capacidad de respuesta al exterior, manteniendo el funcionamiento previo, y procurando un equilibrio dinámico entre estas nuevas estructuras, recientes y quizá especializadas, con las estructuras preexistentes, cruciales para el mantenimiento de las actividades básicas. En este proceso de crecimiento expansivo de esta ciudad incipiente, no solo en terreno sino también en complejidad, se van añadiendo «capas» funcionales, que se imponen a las existentes. Pero si algo es bien conocido en la naturaleza evolutiva es la conservación de estructuras útiles, aun con distinta función. Aquellos caminos empedrados del centro del pueblo, que inicialmente apenas servían para comunicar edificios con funciones básicas para la dinámica de este pueblo, serán utilizados por las nuevas construcciones de las afueras para estas nuevas y sofisticadas funciones, a veces con pocas modificaciones en el trazado previo, y habitualmente manteniendo sus funciones originarias, aunque tal vez regulándolas con órdenes precisas provenientes de los estratos más modernos. De este modo, con el tiempo y bajo las presiones evolutivas, la ciudad ha crecido no solo en tamaño sino en complejidad, y en número de funciones, y aunque probablemente los ladrillos de los nuevos edificios sean iguales a los que construyeron los más primitivos, la aparición de procesos cada vez más complejos y con estructuras cada vez más especializadas requiere también de una muy coordinada comunicación entre núcleos nuevos y antiguos, con conexiones entre gran parte de los estratos en una dinámica jerárquica y un procesamiento de la información cada vez más fino. En este contexto de sistema (complejo) aparecen funciones emergentes como fruto de la relación entre módulos básicos, y la interacción entre aquellos con estos. Lo mismo que una palanca es algo más que la barra y el fulcro en su función, emergen funciones nuevas al relacionarse funciones más básicas, en capas de cada vez mayor complejidad. Y como es fácil deducir, para mantener un equilibrio funcional, y garantizar la supervivencia del sistema, cambios en alguna parte del sistema tendrán repercusión en otros, en mecanismos homeostáticos.

En un proceso inverso, en esta hipotética gran ciudad de funcionamiento estable, esta podrá relacionarse con su entorno en un cierto rango de acciones y ante cierto rango de exigencias. Si las presiones del entorno son superiores a las que un sistema en homeostasis es capaz de resistir, eventualmente el sistema fallará, probablemente comenzando en sus circuitos menos robustos. Ante una agresión (lesión) a estructuras concretas, se perderá no solo la función del módulo afectado, sino probablemente se afectará, de forma jerárquica, a aquellas funciones relacionadas con ella. Del mismo modo, se pondrán en marcha mecanismos homeostáticos para restaurar o suplir la función en el mejor de los casos, o al menos para limitar el impacto del daño.

## 1.18. ¿Dónde se localiza la conciencia?

Así, es conveniente pensar en la conciencia como un fenómeno que emerge en el desarrollo de la complejidad del sistema nervioso central, erigiéndose en la dinámica del cerebro, y existiendo como un espacio subjetivo encarnado y centrado en el cuerpo, totalmente privado para su poseedor. La conciencia es un proceso intrínsecamente privado que tiene múltiples componentes aparentemente integrados en la experiencia normal: atención, intención, *input* sensorial, estados afectivos incluyendo humores en la periferia de la conciencia, y contenido cognitivo. La atención es la selección de los campos de potencial contenido consciente, la

© Ediciones Pirámide

intención la definiremos como una actividad voluntaria dirigida a objetivos, o con propósito. El *input* sensorial incluye información propioceptiva y cualquier otro contenido de los cinco sentidos, y los estados afectivos de una amplia gama de intensidades. Además, la conciencia contiene una gran cantidad de contenido cognitivo altamente diferenciado, que se correlaciona con el incremento de la complejidad del procesado sensorial y la diferenciación de dicho contenido. La conciencia tiene un marco de referencia centrado en el cuerpo, con propiedades fundamentales de «agencia» y «pertenencia», en el cual las acciones son experimentadas como provenientes del *self*. Estas propiedades subjetivas de la experiencia humana, corporalidad, agencia y pertenencia, y la aparente integración de todo el contenido en la consciencia, se han presentado como las señales más consistentes para que los investigadores intenten definir y modelar los sustratos neurales de la conciencia («Textb. Biol. Psychiatry», 2003), y se asume que la conciencia refleja procesos globalmente integradores derivados de interacciones neurodinámicas entre múltiples sistemas cerebrales.

Excede con mucho el propósito de este tema, y de este libro, llegar a un entendimiento epistemológico sobre los límites de la conciencia, pero se hace necesario llamar la atención sobre la importancia de este proceso integrativo tan delicado cuando intentamos aprehender la experiencia íntima que padecen las personas con esquizofrenia, especialmente cuando en el último siglo los psiquiatras hemos hecho especial hincapié en categorizarla en función de la expresión de la experiencia subjetiva, esto es, gran parte de los síntomas positivos, pues parece indudable que los delirios y las alucinaciones solo tienen sentido cuando aparecen en el marco subjetivo del espacio consciente. Es más, parece que aquellos famosos fenómenos schneiderianos de pertenencia del yo están relacionados con una mala atribución del concepto de agencia y pertenencia.

Sass y Parnas (2003) propusieron una unificación de los síntomas en la esquizofrenia, en la que enfatizan la importancia de anormalidades subyacentes en la conciencia y explicaban que la esquizofrenia es fundamentalmente un trastorno del *self* (concretamente de la ipseidad) caracterizado por distorsiones particulares de la conciencia de diferentes aspectos de este *self*. El estudio de la conciencia y el estudio de la teoría de la mente son campos claramente relacionados en la investigación de la esquizofrenia, y el equilibrio actual de la evidencia sugiere que mientras que la naturaleza precisa de las alteraciones en estos dominios aún no está clara, podrían perfectamente jugar un papel importante en determinadas características clínicas de la enfermedad (Casey et al., 2007).

Recordemos las aseveraciones de Jackson: a toda enfermedad neurológica corresponden dos series de síntomas: negativos, resultado de una función superior lastimada, y positivos, fruto de la supresión de su efecto inhibidor sobre una función inmediatamente inferior y previa en la evolución ontogénica, que se manifestaría de forma exacerbada. La enfermedad así entendida supone una regresión en la ontogenia, un paso atrás desde las funciones más complejas del individuo a otras menos evolucionadas. Propongamos la esquizofrenia, y permitámonos volver a los orígenes etimológicos de esta palabra propuesta desde principios del siglo XIX, como una enfermedad con base en la «separación» de los procesos «mentales». Entendamos la esquizofrenia como un problema basado en un fallo de la adecuada y equilibrada interacción entre los distintos sistemas y funciones mentales básicas. Desconocemos aún hoy los mecanismos íntimos del porqué de este fallo en esta interconexión, y en general podemos estar de acuerdo en la hipótesis de un error en el neurodesarrollo, aunque a lo largo del curso de la enfermedad en toda una vida, y en un proceso caótico, finalmente desemboque en procesos neurodegenerativos.

Propongamos un error en la capacidad de las múltiples funciones mentales para interrelacionarse y comunicarse efectivamente entre ellas, como si las calles de una gran ciudad fueran demasiado estrechas o desaparecieran en parte. Este error tal vez tenga una base genética familiar, con determinados genes implicados, y no obviemos el papel de la supresión de determinados genes intactos, moldeados por el ambiente a nivel epigenético. Recordemos patrones de riesgo asociados familiarmente, y tengamos en cuenta rasgos endofenotípicos ya presentes incluso en familiares sanos, sin obviar el papel de las noxas intraútero y perinatales. Entendamos el papel del estrés sobre el recién nacido y la más tierna infancia, el moldeado neural y el reforzamiento de determinadas sinapsis relacionadas con las figuras de apego en los primeros años de vida, el rol de las

© Ediciones Pirámide

experiencias traumáticas en la niñez sobre estas estructuras cerebrales vitales para una vida de relación adulta saludable, el reforzamiento de aquellos circuitos frontolímbicos necesarios para una autorregulación emocional efectiva, y el sustrato de gran cantidad de patología mental en el adulto. Ya desde estos momentos, es posible encontrar, a nivel conductual en el individuo, signos de un desequilibrio en la conexión, sea cual sea la causa, aunque sea de forma sutil en algunos casos, o tal vez adecuadamente taponada por la acción de circuitos compensadores aún funcionantes. El papel de la transmisión neuroquímica, que aún solo comprendemos parcialmente, parece tener un rol importante incluso en estas primeras etapas, con neurotransmisores ubicuos pero fundamentales en la relación frontolímbica, como podría ser la señalización glutamatérgica. La predisposición genética y la exposición ambiental parecen tener un papel fundamental en la adolescencia, cuando además se dan procesos de maduración cerebral, se produce la poda fisiológica y finalizan algunos procesos de mielinización. Es en estos momentos cruciales de la adolescencia cuando en el proceso de madurez cerebral se seleccionan, casi de forma darwiniana, aquellos circuitos aptos desde el punto de vista neurológico, preservando aquellas sinapsis más fortalecidas y prescindiendo de aquellas debilitadas pero hasta este delicado momento adaptativas, pues mantenían un precario equilibrio en la conexión entre los distintos sistemas. A partir de esa poda, determinados sistemas dejan de «entenderse» adecuadamente, quedando «desconectados» unos de otros. La plasticidad cerebral, asombrosamente adaptable pero con sus limitaciones, juega un papel crucial a partir de este momento, pues se seguirán reforzando aquellos circuitos más activos, en detrimento de aquellos menos activos, y nos encontramos con que, aún en la adolescencia, las experiencias individuales siguen marcando la manera que tiene el individuo de comprender el mundo.

En esta dificultad propuesta para la integración entre sistemas, nos encontramos con que funciones jacksonianamente complejas se ven alteradas, siendo la memoria de trabajo, la memoria verbal y determinados elementos de la cognición social solo ejemplos de cómo la persona ya tiene dificultades en su rendimiento en estas tareas. Todavía no han aparecido lo que tuvimos a bien llamar síntomas positivos, que no son más que, como proponía Jackson, la sobreexpresión de sistemas desinhibidos, pero ya aparecen dificultades en la vida cotidiana de las personas. Disfunción ejecutiva, incapacidad para la integración de la información y gran cantidad de disfunciones sutiles pero presentes en un cerebro en desarrollo, y su representación en el espacio consciente no es una cuestión que debamos pasar por alto.

La conciencia es un aspecto evolutivo más para la adaptación del mundo, y este espacio consciente, el mundo, tanto externo como interno, debe presentarse con una sólida continuidad y persistencia. La conciencia es un conocido emergente del sistema complejo cerebral, y requiere ya no solo un buen funcionamiento de las funciones por separado, sino, y tal vez de forma más importante, de una adecuada interacción entre las mismas. Teniendo en cuenta, además, que determinadas funciones como la memoria, entre otras, requieren de un acceso consciente para su adecuado funcionamiento, vemos de manera bastante clara cómo la buena comunicación entre sistemas, y los emergentes de esta comunicación efectiva, son clave para un correcto funcionamiento.

Volvemos a entender la esquizofrenia como un error en la conectividad cerebral, no tanto a nivel estructural como a nivel funcional (Chen et al., 2020; Durstewitz et al., 2020), con sistemas hiperfuncionantes sin control, mientras que otros quedan inhibidos y aislados del resto de sistemas, a veces funcionando de forma autónoma. Ya apuntaba Bleuler que las esquizofrenias eran algo así, algo que troceaba la mente. A modo heurístico (sabemos que extremadamente reduccionista, pero práctico para comprenderlo), la hipótesis monoaminérgica de la disfunción cerebral propuesta parece tener sentido en este contexto. Tras la poda neuronal y en un cerebro en desarrollo, la conectividad frontolímbica se ve afectada, y las proyecciones glutamatérgicas provenientes de la corteza, con efectos reguladores sobre el tono dopaminérgico mesolímbico, provocando alteración dopaminérgica en estas vías, que eventualmente terminan afectando las áreas prefrontales y frontales, con alteraciones en la capacidad reguladora del neocórtex sobre estructuras jerárquicamente inferiores. El efecto modulador de la dopamina a múltiples niveles es conocido, y su preciso ajuste requiere del ajuste fino de complejos circuitos intactos. La apa-

© Ediciones Pirámide

rición de síntomas psicóticos, en forma de alucinaciones, delirios y desorganización en el pensamiento, lenguaje y eventualmente conducta, no son sino los efectos de esta desregulación dopaminérgica, pero no de una forma engañosamente directa, como probablemente nada lo sea en la complejidad del cerebro. Recordemos el efecto modulador de la dopamina sobre las señales neuronales, y recordemos la definición farmacológica del aumento *signal to noise ratio.* Este concepto, procedente de la electrónica y de la ingeniería, nos ilustra bastante bien el rol modulador de la dopamina en la comunicación neuronal. En un ominoso salto cuántico, este papel de la dopamina en la regulación de la señal se propone como el responsable de la adecuada atribución de saliencia o preponderancia de los estímulos y de la relación del individuo con el mismo, y todo esto tendrá relación con factores ya citados con anterioridad. No se trata de una relación lineal, ni se pretende que lo sea, puesto que ya hemos reiterado hasta la saciedad que se trata de un problema complejo. Alteraciones en la circuitería prefrontal ya suponen en sí mismas dificultades en la integración de la información, y se aprecian en las medidas neuropsicológicas hallazgos interesantes que podrían justificar determinadas consecuencias.

Se aprecia una dificultad, como rasgo, para la integración de la información emocional, tiene mayor dificultad en reconocer emociones, y también en procesar las mismas. Se encuentra dificultad también, en el contexto de la cognición social, en la integración de imágenes complejas, como podría ser el rostro humano. Nos encontramos con una percepción alterada del mundo, y puesto que en el espacio consciente confluyen tanto las imágenes externas como las internas, en la elaboración de los complejos engramas mentales esta dificultad para la integración tendrá repercusiones en la manera de comprender el mundo. Esto dará lugar a creencias excéntricas, perfectamente razonables para la experiencia última, pero no necesariamente con la experiencia común del resto de las personas.

Es interesantísimo pensar cómo gran parte del conocimiento que en general obtenemos del mundo es parcheado y discontinuo, y que nuestra herramienta cerebral evolucionada «rellena» con conceptos estereotipados ancestrales y casi arquetípicos, para dotarlos de una percepción de continuidad. Es llamativo cómo la preservación de estructuras antiguas de los ganglios basales ya presentes en los reptiles se utilice para la toma de decisiones complejas a demanda de las nuevas estructuras neocorticales, la *exaptation.* Errores en el *gating,* la aberrancia de la saliencia y ciertos efectos de la falta de interconectividad entre sistemas lo que producen en el esquizofrénico es dificultad para entender el mundo complejo, y entonces aparece, quizá en forma de delirio, una explicación lógica para la experiencia íntima (Noiriel et al., 2020), en un intento homeostático de un sistema que se ha vuelto caótico (Benarous y Cohen, 2016).

El esquizofrénico no percibe las ilusiones ópticas, puesto que la ilusión óptica se basa en esquemas normales que han quedado ahora escindidos. No se dejan engañar por la *Hollow Mask Illusion,* porque la disposición de las sombras de la careta cóncava es absurda, y solo engaña a aquellos que dejan de lado la información «cruda» al contrastarla con la información preexistente en esquemas cognitivos previos. Son refractarios al *uncanny valley,* porque todo rostro les resulta igualmente incómodo, y son incapaces de integrar las microexpresiones de Duchenne en un esquema congruente. Del mismo modo en que en la esquizofrenia se presentan dificultades para integrar las experiencias del mundo, y en especial de su relación con el otro, también se presentan dificultades para la propia representación, una falta de precisión para delimitar las fronteras del *self,* una intrínseca dificultad para separar lo interno de lo externo, porque la compleja circuitería que debiera mantener las representaciones finamente delimitadas, presenta oscilaciones caóticas en la asignación de valencias prominentes, y experiencias internas son marcadas como externas, y actúan de atractor para otras experiencias internas y externas, conformando una imagen propia y del mundo difusa y desintegrada.

## 2. CONCLUSIONES

En poco más de siglo y medio se han producido grandes cambios a muchos niveles, y todo se hace cada vez más complicado. Los avances tecnológicos son fascinantes y vamos ganando en conocimientos, solo para ver lo mucho que queda por estudiar. Hemos orbitado alrededor de conceptos que ya se

© Ediciones Pirámide

apuntaban al inicio de la discusión, y aunque obsoletos en parte, aún estamos muy lejos de obtener un conocimiento lo suficientemente robusto y sólido como para establecer modelos completos. La psicopatología de la esquizofrenia en el siglo XXI debe proyectarse hacia el futuro entendiéndola desde la complejidad. Debemos huir de aproximaciones reduccionistas, dc modelos simples, de estrechez de miras. La experiencia humana es compleja, apenas llegamos a conocerla superficialmente mientras sus raíces son profundas, y a veces toda una vida no es suficiente para llegar a entenderla. Las esquizofrenias no dejan de enraizar en lo más profundo de esta íntima vivencia y, como tal, obedecen a complicadas interacciones en una historia que probablemente comienza a escribirse ya desde el cálido vientre materno. Seamos conscientes de la complejidad de esta experiencia, en un humilde esfuerzo, y aportemos, como clínicos que somos, lo mejor que tenemos a nuestros pacientes, desde la complejidad de nuestros conocimientos, a sus complejas necesidades.

## REFERENCIAS BIBLIOGRÁFICAS


Andreasen, N. C. (1997). The evolving concept of schizophrenia: From Kraepelin to the present and future. *Schizophrenia Research, 28*(2-3), 105-109.

Benarous, X. y Cohen, D. (2016). To err is human? Interests of chaotic models to study adult psychiatric disorders and developmental disorders. *Encephale, 42*(1), 82-89.

Bleuler, E. (1911). *Dementia praecox oder Gruppe der Schizophrenien.*

Carpenter, W. T., Heinrichs, D. W. y Wagman, A. M. I. (1988). Deficit and nondeficit forms of schizophrenia: The concept. *American Journal of Psychiatry, 145*(5), 578-583.

Casey, P., Kelly, B., Fish, F. J. y Frank, J. (2007). *Fish's clinical psychopathology: Signs and symptoms in psychiatry*. Royal College of Psychiatrists. https://bit.ly/3d6muLe

Chen, C., Wang, G., Wu, S., Zou, J., Zhou, Y. y Wang, H. (2020). Abnormal local activity and functional dysconnectivity in patients with schizophrenia having auditory verbal hallucinations. *Current Medical Science, 40*(5), 979-984.

Colodrón, A. (2010). De Kraepelin al DSM-III. *Archivos de Psiquiatría, 73*(4).

Crow, T. J. (1985). The two-syndrome concept: Origins and current status. *Schizophrenia Bulletin, 11*(3), 471-486.

Durstewitz, D., Huys, Q. J. M. y Koppe, G. (2020). Psychiatric Illnesses as Disorders of Network Dynamics. En C. S. Carter (ed.), *MD Biological psychiatry: Cognitive neuroscience and neuroimaging*. Elsevier.

Green, M. F., Olivier, B., Crawley, J. N., Penn, D. L. y Silverstein, S. (2005). Social cognition in schizophrenia: Recommendations from the measurement and treatment research to improve cognition in schizophrenia new approaches conference. *Schizophrenia Bulletin, 31*(4), 882-887.

*Human Connectome Project | Mapping the human brain connectivity*. (n. d.). Retrieved november 1, 2020. Recuperado de http://www.humanconnectomeproject.org

Jackson, J. (1931). *Selected writings of John Hughlings Jackson: Edited by James Taylor, etc. [With a bibliography and a portrait].* Hodder & Stoughton.

Kapur, S. (2003). Psychosis as a state of aberrant salience: A framework linking biology, phenomenology, and pharmacology in schizophrenia. *American Journal of Psychiatry, 160*(1), 13-23.

Kraepelin, E. (1919). *Dementia praecox and paraphrenia.* Chicago Medical Book Co.

Kring, A., Johnson S., Davison, G. y Neale, J. (n. d.). *Abnormal Psychology: DSM-5 Update* (12.ª ed.). Wiley. Retrieved November 1, 2020. Disponible en https://bit.ly/3riGpvN

Lysaker, P. H., Vohs, J. L., Ballard, R., Fogley, R., Salvatore, G., Popolo, R. y Dimaggio, G. (2013). Metacognition, self-reflection and recovery in schizophrenia. *Future Neurology, 8*(1), 103-115.

Noiriel, A., Verneuil, L., Osmond, I., Manolios, E., Revah-Levy, A. y Sibeoni, J. (2020). The lived experience of first-episode psychosis: A systematic review and metasynthesis of qualitative studies. *Psychopathology,* 1-16.

Red'ko, V. G., Prokhorov, D. V. y Burtsev, M. S. (2004). Theory of functional systems, adaptive critics and neural networks. *2004 IEEE International Joint Conference on Neural Networks (IEEE Cat. No. 04CH37541), 3,* 1787-1792.

Sass, L. A. y Parnas, J. (2003). Schizophrenia, consciousness, and the self. *Schizophrenia Bulletin, 29*(3), 427-444.


© Ediciones Pirámide

Schneider, K. (1959). *Clinical psychopathology(trans. by MW Hamilton).*

Textbook of Biological Psychiatry (2003). En J. Panksepp (ed.), *Textbook of Biological Psychiatry*. John Wiley & Sons.

Van Beveren, N. J. M. y De Haan, L. (2008). A visual metaphor describing neural dynamics in Schizophrenia. *PLoS ONE, 3*(7).

Van Os, J. y Kapur, S. (2009). Schizophrenia. *The Lancet, 374*(9690), 635-645.

© Ediciones Pirámide

# La crisis del modelo médico de diagnóstico y el avance de los modelos transdiagnósticos 3

LUIS VALERO AGUAYO
MIGUEL VALENZUELA HERNÁNDEZ

## 1. INTRODUCCIÓN

La aparición del sistema diagnóstico DSM-5 (APA, 2014) ha supuesto la gota que ha colmado el vaso de la paciencia de muchos clínicos (psicólogos y psiquiatras) que intentan trabajar con un sistema que pretende ser meramente descriptivo de problemas, pero que solo es categorial y causal biologicista, y que está resultando poco válido para abordar el sufrimiento humano. Los últimos años han supuesto la aparición de otras perspectivas, buscando sistemas que puedan ser más científicos, busquen causas reales de los problemas, y puedan ser más útiles para tratar y resolver esos problemas. Entre esas alternativas se encuentran los modelos transdiagnósticos, que tratan de encontrar causas comunes a varios tipos al tiempo; y los modelos conductuales y contextuales, estructurando esos mismos problemas a partir de las variables funcionales y contextuales que puedan causarlos.

## 2. UN MODELO DIAGNÓSTICO PARA EL SUFRIMIENTO HUMANO

El modelo médico para las enfermedades físicas ha triunfado totalmente, y ha demostrado su base científica y su utilidad clínica para solucionar los problemas físicos que aborda. Pero este mismo modelo es el que históricamente se ha utilizado para abordar otros problemas que no son físicos, como tales, sino que son comportamientos concretos, bien como problemas emocionales o cognitivos, o bien como problemas de interacción directa con otras personas. Esa imitación de un modelo de diagnóstico médico, aplicado a otros trastornos que podríamos denominar como «psicológicos», ha sido el gran problema epistemológico que ha sesgado totalmente la forma de abordar ese sufrimiento desde la disciplina de la psicología. Esa imitación puede reconocerse incluso en la propia terminología que suelen utilizar los psicólogos en el área clínica. Términos como «síntoma», «síndrome», «trastorno», «paciente», «etiología», «curación» o cualquiera de las muchas categorías diagnósticas son indicadoras de esa preponderancia del modelo médico dentro de la propia psicología.

El modelo de diagnóstico médico utiliza la recopilación de síntomas y signos que presenta el paciente, para intentar averiguar una enfermedad que sea la causante de todos ellos; y lo que es mas útil, que a través de la diferenciación de síntomas específicos se pueda averiguar una enfermedad como diferente a otra, y de esa forma poner un tratamiento también específico. Una vez solucionada la enfermedad, se solucionarían también los síntomas. Cuando la medicina todavía no puede delimitar cuál es esa enfermedad, el modelo sigue siendo útil (por ejemplo, SIDA, encefalopatías, COVID-19), pues dirige la investigación hasta encontrar una causa que pueda explicar todas esas características físicas alteradas.

El problema de este modelo comienza cuando se utiliza para diagnosticar conductas extrañas, que molestan al entorno familiar o social, que pueden ser peligrosas para el propio individuo o para otros, y que no consisten en síntomas físicos, sino comportamientos o relaciones personales. Las causas físicas de los problemas de psicosis se siguen buscando todavía. En concreto, Moncrieff afirmaba de forma rotunda que «ningún trastorno psiquiátrico ha sido

© Ediciones Pirámide

indiscutiblemente vinculado a una alteración bioquímica concreta», y sobre el tema que ocupa este libro, también afirmaba que «los escasos indicios de que exista un aumento de la actividad dopaminérgica en las personas con psicosis aguda son indirectos y muy inconsistentes» (Moncrieff, 2018). Incluso las investigaciones más recientes de neuroimagen solo consiguen correlacionar determinadas diferencias neuronales (tálamo, núcleo accumben, medial temporal, prefrontal y frontal, ganglios basales, cápsula interna, y un largo etcétera) a las características clínicas (comportamentales) de las personas con esquizofrenia frente a los controles (Chand et al., 2020; Jablensky, 2010; Keshavan et al., 2008). Desde un punto de vista metodológico, todos esos cambios neuronales podrían ser causas (aunque son muchas), pero también podrían ser los efectos de la historia de vida de esas personas, incluyendo el efecto de los propios fármacos que toman todos ellos. La plasticidad cerebral está demostrada hace tiempo, y al igual que el cerebro de los taxistas de Londres tiene más desarrollado el hipocampo posterior (Woollett y Maguire, 2011) mucho más que otros conductores, debido a su largo entrenamiento memorístico y de orientación, también una persona podría tener alteradas ciertas zonas cerebrales si tiene anuladas muchas de sus habilidades relacionales, o tiene una historia crónica de toma de sustancias (legales o ilegales) (Mallett et al., 2017; Werner y Covenas, 2017).

El llamado «cerebrocentrismo» (Pérez-Álvarez, 2012) domina este nuevo siglo en la psiquiatría y se ha extendido también a la psicología, y se ha comenzado a extender a otras áreas hablando de «neuroeconomía» y «neuromarketing». Sin embargo, algunos artículos críticos con este modelo biomédico argumentan, con datos y estudios, las falsas creencias de la utilidad de ese modelo, tales como el hecho de que haya un desequilibrio de neurotransmisores en los trastornos, que los nuevos fármacos sean más seguros y eficaces, o que sean realmente nuevos, que hayan disminuido los trastornos mentales graves, o que el modelo de enfermedad reduzca los problemas de estigmatización de las personas con estos problemas y sus familiares (Deacon, 2013).

Al copiar el modelo, el diagnóstico psicológico tradicional, pues, cambia esas causas, que ya no serían biológicas, pero que seguirían siendo «mentales», también «procesos en el cerebro», en definitiva seguirían «dentro» del individuo. La gran crítica a esta aplicación del modelo ahora no es tanto que no se haya encontrado todavía esa causa biológica a la depresión, a las fobias o a la esquizofrenia, sino que se están buscando las causas donde no lo están.

## 3. LA EVOLUCIÓN DEL MODELO DIAGNÓSTICO TRADICIONAL

La historia de esta tradición diagnóstica se remonta ya al siglo XVII, hasta llegar a Kraepelin (1856-1926), buscando la base biológica de los trastornos mentales, siendo este último el creador del primer sistema clasificatorio. De forma específica introdujo el concepto de «demencia precoz», con las formas hebefrénica, paranoide y catatónica, y la psicosis maníaco-depresiva en los tipos agitada, excitada y melancolía retardada, pero utilizó también términos como «neurosis psicógena» y «personalidad psicopática» (porque no todo parecía biológico). Bleuler (1857-1939) introduciría el término «esquizofrenia», y también los procesos inconscientes como explicación de esos trastornos (ahora sí que se inventaban totalmente las causas).

Esta es la base del sistema diagnóstico DSM e ICD, que han ido evolucionando desde esos años. La aparición de sucesivas ediciones del DSM ha supuesto un aumento exponencial de «enfermedades mentales», desde la primera con 106 categorías mayores, hasta la última del DSM-5 (APA, 2014) con 541 categorías diagnósticas. En la web www.visualdiagnosis.org puede encontrarse un gráfico ilustrativo de cómo se ha multiplicado por 3,2 veces el número de esas categorías. La publicación de este manual fue el detonante para una crítica abundante desde múltiples frentes.

Esta contestación ha hecho que el National Institute of Mental Health (NIMH) de Norteamérica haya anunciado que no utilizaría el DSM-5 como criterio en los estudios e investigaciones que financia sobre salud mental en todo el país. De igual forma, la British Psychological Society (BPS) ha realizado un llamamiento internacional a abandonar definitivamente el modelo de enfermedad y diagnóstico. Y también en España el Colegio Oficial de Psicólogos (COP) apoyó un escrito de rechazo a las categorías diagnósticas de salud mental de este nuevo manual, elaborado por múltiples organismos y asociaciones psicológicas internacionales (COP, 2013).

© Ediciones Pirámide

Por su parte, el ICD (International Classification of Diseases) se inicia en 1939 por parte de la Organización Mundial de la Salud como una forma de organizar y tener datos epidemiológicos de los problemas de salud mundiales, y entre ellos también los llamados «trastornos mentales». En su última versión, el ICD-11 (WOH, 2019) claramente se define como un sistema descriptivo de categorías discretas de trastornos mentales, que no serían entidades naturales, sino constructos clínicos que agrupan síntomas y signos, mediante el consenso de profesionales. No pretende más asunciones biologicistas o etiológicas. En el caso de los problemas de esquizofrenia, esta última versión ha eliminado los síntomas de primer rango para su clasificación, ha eliminado los subtipos que antes tenía, incluye los criterios de funcionamiento para el diagnóstico, y también ha cambiado las especificaciones sobre la intensidad y el curso de los síntomas (Valle, 2020a). En general, este sistema parece que tiende a la simplificación y la facilidad de uso.

## 4. CRÍTICAS AL MODELO DE DIAGNÓSTICO TRADICIONAL

La contestación a esta forma de abordar el sufrimiento humano ha sido muy variada y desde todos los frentes. Solo como resumen de esas críticas:

1. Epistemológicamente supone un razonamiento tautológico, donde A lleva a B, y B lleva a A. Es decir, los síntomas sirven para «averiguar» el trastorno mental y después el trastorno sirve para «explicar» los síntomas. Se demuestra como un razonamiento tautológico falso, en cuanto que nunca se puede demostrar ningún trastorno mental independientemente de los síntomas. Así pues, ninguna de las categorías diagnósticas que habitualmente utilizamos tiene entidad empírica, ni es comprobable de manera independiente, ni es demostrable como causa necesaria y suficiente de un comportamiento concreto. Serían solo «logomaquias» que se autocontienen y autoexplican (López-Méndez y Costa, 2016).
2. La forma como se han creado es solo por consenso de profesionales, tiene fiabilidad pero ninguna validez. No hay razones científicas para diferenciar unas conductas «normales» de las llamadas «psicopatológicas». Aunque se realicen estudios estadísticos y correlacionales sobre los problemas, son solo correlaciones, no causas. Lo que muestran son la fiabilidad de acuerdos entre diagnosticadores porque utilizan las mismas palabras, pero no tienen validez, pues no hay un referente empírico con el que comparar. Los datos sobre validez de constructo, predictiva o clínica son nulos (Valle, 2020a; 2020b). Además, es la única versión que se ha realizado sin un solo estudio epidemiológico (Widiger y Gore, 2014).
3. Se ha tratado de psicopatologizar cualquier actividad humana, de forma que prácticamente cualquier alteración de la vida cotidiana deviene un trastorno. Prácticamente cualquier problema de la vida pasa a ser una categoría psicopatológica más (por ejemplo, los ataques de ira, o los problemas emocionales por el duelo o por la menstruación) (Blech, 2005; González-Pardo y Pérez-Álvarez, 2007; Pérez-Álvarez, 2012). Al mismo tiempo se han expandido los diagnósticos en edad y en rango de conductas, de forma que en la mayoría de los diagnósticos ya no existe separación entre problemas infantiles y adultos, y se pueden aplicar esas categorías a cualquier niño o niña.
4. El entorno cultural y económico ha llevado a crear trastornos mentales que no existían, pero en los que la profesión (médica y psicológica) tiene conflictos de intereses, con una fuerte influencia de la industria farmacéutica (Whitaker y Cosgrove, 2015). Ha habido graves conflictos de intereses entre muchos de los profesionales que han trabajo en ese manual y las industrias farmacéuticas (entre el 67% y el 100% de los integrantes de los comités en algunos de los trastornos) (Cosgrove y Krimsky, 2012).
5. La supuesta utilidad profesional también es ficticia, en cuando que solo sirve para tener unas palabras comunes para intercambiar información, y para realizar estudios epidemiológicos (First et al., 2019). Incluso así, los estudios internacionales muestran que la

© Ediciones Pirámide

mayoría de los profesionales apenas utilizan algún tipo de medida para sus evaluaciones y diagnósticos (51% el ICD y 44% el DSM) (Evans et al., 2013).

6. Los efectos colaterales tienen una gran repercusión social, pues suponen un proceso de discriminación y estigmatización hacia las personas a las que se aplican esas categorías diagnósticas. Un sistema que lleva a la exclusión social, el aislamiento y la cronificación del problema (Frías et al., 2018; Gaebel et al., 2017).
7. La asunción de la enfermedad por parte del propio individuo, que llega a creerse esa etiqueta, lleva a roles sociales de enfermo-cuidador, que obstaculiza cualquier proceso de mejora o adaptación a la vida cotidiana, y que además introduce en la persona las causas de sus problemas y no en su historia o vivencias actuales (Guerin, 2017; Son, 2019).

## 5. ALTERNATIVAS HISTÓRICAS Y CONDUCTUALES AL DIAGNÓSTICO

Como ya señalaba Ribes (2011), a pesar del rechazo al diagnóstico tradicional, no hemos sido capaces de desarrollar otro diferente, y común, que guíe la investigación básica, la docencia y la práctica clínica. De manera que permanecemos rechazando unos «zapatos» por inservibles, cuando no iatrogénicos, pero sin embargo continuamos utilizándolos para andar día a día. En este sentido, también Pérez-Álvarez y González-Pardo (2007) ponen de relieve que el hecho de que las categorías de los trastornos psicopatológicos sean entidades construidas, con un carácter histórico y cultural, no elimina el hecho de que sean problemas con una entidad real. Como tal necesitan también abordarse, de alguna manera, con algún sistema, para que las personas puedan ser ayudadas a resolverlos.

La cuestión es que históricamente ha habido alternativas, desde ambos campos, para tratar de abordar los problemas del sufrimiento humano elaborando sistemas diferentes para denominar los trastornos clásicos, que tengan en cuenta otras variables, especialmente las ambientales y funcionales, como posibles causas de esos trastornos.

Históricamente, Cautela y Upper (1979) crearon un primer Coding Behavior System, como alternativa al tradicional, que agrupaba de manera descriptiva conductas específicas, que eran definidas operacionalmente una a una, con parámetros de medición, y proporcionaba estrategias de tratamiento para ellas. También Adams et al. (1977) crearon el denominado Psychological Response Classification System, que agrupaba descriptivamente seis grandes categorías de respuesta: motor, perceptivo, biológico, cognitivo, emocional y social, y las subdivisiones en cada una de esas categorías. Se pretendía tener un sistema común, que fuese exclusivamente descriptivo, para denominar los problemas. Algo similar fue el sistema de Benjamin (1982), denominado Structural Analysis of Social Behavior, que ya utilizó análisis estadístico para obtener agrupaciones de conductas, tratando de hacer un sistema de clasificación con alguna base empírica.

En este sentido, las aproximaciones conductuales históricamente han creado el modelo de evaluación conductual y también el análisis funcional (Haynes y O'Brien, 1990; Nelson y Hayes, 1986). Aquí el objetivo es delimitar las distintas conductas problemáticas que presente el individuo y, mediante la evaluación y la observación, tratar de averiguar las variables que mantienen cada una de esas conductas. No en la búsqueda de una causa única que explique todo y que esté «dentro» del individuo, sino de causas diversas y que estén «fuera» del individuo, en su historia, sus vivencias y su ambiente cotidiano.

Puede considerarse esta aproximación, que ya comenzó en los setenta del siglo pasado, como una de las primeras formas de «transdiagnóstico», pues distintas conductas, con formas diferentes (por ejemplo, hablar efusivamente de sí mismo, quejarse de dolores continuamente, o gritar en medio de la calle), pueden tener un mismo análisis funcional, es decir, una misma función: reforzamiento social inmediato de una audiencia. Esas conductas podrían recibir etiquetas clásicas de diferente tipo, pero serían tratadas como la misma clase de conductas desde esta aproximación del análisis funcional.

El análisis funcional supone un abordaje molar de respuestas específicas, a veces denominadas «conductas clínicamente relevantes», y tratar de determinar las variables antecedentes y consecuentes que las mantienen, además de otras variables motivacionales, orgánicas, de repertorios aprendidos y

© Ediciones Pirámide

contingencias múltiples, incluso añadiendo también las variables de macrocontingencias o socioeconómicas que en último extremo también contribuirían al mantenimiento del problema de la persona. En cualquiera de ellas, siempre se realiza una hipótesis funcional sobre la conducta del individuo, es un abordaje idiográfico, que se verá confirmada o no cuando se cambien las variables averiguadas, que son precisamente las que tratarán de cambiarse en el programa de tratamiento.

Un ejemplo de éxito de esta categorización funcional fue la de Iwata et al. (1994) sobre las funciones de las conductas disruptivas, hiperactividad, negativista-desafiante, auto-agresivas, auto-estimuladas, etc., averiguadas de manera experimental en niños con problemas de retraso y autismo. Después de muchos estudios, encontrando siempre los mismos efectos, Iwata determinó que las funciones de esas conductas eran cinco concretas:

1. Consiguen atención.
2. Consiguen escapar o evitar algún evento posterior.
3. Consiguen algo tangible.
4. Funcionan como autorregulación y función sensorial.
5. Una doble función de reforzamiento positivo y negativo al mismo tiempo.

Un análisis similar, de tipo experimental, se ha realizado también en personas con esquizofrenia (Rosenfarb, 2017; Wilder et al., 2003).

Algo similar elaboró Ferster (1973) respecto a las funciones de las conductas depresivas al definir objetivamente las conductas de ese tipo de trastornos, y buscar las posibles funciones que tenían en el entorno del individuo: déficit de actividad por déficit o pérdida de reforzadores, conductas de escape y evitación ante estímulos aversivos en la vida de esa persona, y actividades de quejas y emociones reforzadas por la atención de otros. Salvando las distancias, una clasificación funcional similar se podría aplicar a los comportamientos «psicóticos», puesto que todos los comportamientos denominados «síntomas negativos» son déficits, son de baja probabilidad, y pueden estar mantenidos por la pérdida de reforzadores en la vida de esa persona, generalmente el rechazo de la familia, la ausencia de trabajo, la ausencia de una red social de apoyo, y también la estigmatización. Por otro lado, muchos de los comportamientos «extraños», repetitivos, gritos, agresiones, etc., pueden tener una función de eliminación de algo que molesta, es la forma inmediata de librarse de algo o alguien aversivo. Y también, a su vez, la atención que familiares y profesionales prestan a los «síntomas positivos» pueden hacer que aumenten y se mantengan en el tiempo. De hecho, la insistencia de los propios profesionales en las peculiaridades de las alucinaciones o verbalizaciones incoherentes (aunque lo justifiquen por otro motivo clínico) puede ser un elemento iatrogénico; la insistencia en contrastar con la realidad que esas alucinaciones no son reales, que no existen fuera, que los delirios no tienen base real, etc., pueden hacer aumentar aún más todas esas conductas extrañas. De esta forma, el énfasis del diagnóstico tradicional sobre la forma de las conductas olvida siempre la función que cumplen en la vida de esa persona; y entonces los propios profesionales se convierten en un elemento más de «psicopatologización» y de «cronificación» de los problemas que tratan de resolver.

## 6. LA BÚSQUEDA DE CAUSAS Y PROCESOS COMUNES

El contexto crítico dentro de la propia psiquiatría, y también las nuevas aportaciones conductuales y contextuales a las terapias psicológicas, ha llevado a nuevas vías de investigación en el campo clínico. Todo el proceso de las «terapias empíricamente validadas» se basa en la comparación de resultados de los efectos de una terapia, comparando fundamentalmente entre grupos con y sin tratamiento, o entre datos pre y post. Este campo de investigación ha estado dominado por las categorías diagnósticas, que se han convertido, con sus distintos indicadores (cuestionarios generalmente), en la variable dependiente fundamental en la que estudiar el efecto de esos tratamientos (APA, 2006; Echeburúa et al., 2010). Así, los distintos manuales de terapias eficaces se organizan por categorías diagnósticas, qué tratamiento es más eficaz para qué psicopatología.

Pero esta vía de investigación tiene dos problemas:

1. Los trastornos psicológicos no son compartimentos estancos, ni categorías discretas, y

todos los pacientes o usuarios suelen presentar múltiples problemas, muy variados, con distintas características, y que se distribuyen por distintas categorías. El solapamiento de síntomas permite sugerir dimensiones comunes y compartidas entre trastornos de ansiedad y depresivos (Belloch, 2012). De hecho, la llamada «comorbilidad» es la norma, más que la excepción en los diagnósticos.

2. Las intervenciones que se ponen a prueba son «paquetes» de técnicas, contienen una gran cantidad de procedimientos y técnicas de tratamiento. En suma, es un «todo terapéutico» el que tiene efecto y el que consigue esos resultados finales.

Para solventar esta encrucijada la investigación actual de la psicología, y la clínica en especial, ha comenzado a estudiar la eficacia de esas terapias pero a través de diagnósticos diferentes. No solo el hecho de que puedan generalizarse a lo largo de varios tipos de categorías diagnósticas, sino la sospecha de que esas terapias puedan tener elementos comunes que sean los que realmente tienen eficacia. Y respecto a la segunda carencia, otra de las grandes líneas de investigación y debate en la psicología aplicada en estas últimas décadas trata de conocer qué procesos hacen que los tratamientos psicológicos sean eficaces (Hayes y Hoffman, 2018). Y también, como indica Froján (2011), «conocer por qué funcionan los tratamientos psicológicos y qué procesos explican el cambio clínico permitirá un desarrollo verdaderamente sólido de la intervención en psicoterapia».

Sin embargo, ambas vías de investigación están muy entrelazadas, puesto que al intentar estudiar la eficacia de un tratamiento a través de múltiples problemas, con formas diferentes, el «transdiagnóstico» de las categorías tradicionales, se está asumiendo inmediatamente que hay algún «proceso» en ese tratamiento que es común a todas esas alteraciones. Y, por otra parte, también estudiar el «proceso» concreto que permite ser eficaz a una terapia, se está asumiendo inmediatamente que ese proceso o variable es la que está manteniendo, es la causa o variable suficiente, para esa conducta alterada, indistintamente del nombre que se le aplique.

## 7. MODELOS TRANSDIAGNÓSTICOS

Podemos hablar de varios modelos, desde perspectivas diferentes, que intentan todos ellos abordar los problemas psicológicos pasando por encima de los diagnósticos clásicos. Aunque en la literatura continúen utilizando exactamente las mismas nomenclaturas en sus estudios, asumen constructos, causas o procesos comunes, pero diferentes a las propias categorías que contienen. Pero, en general desde todas las perspectivas, se afirma que los problemas de salud mental surgen debido a un conjunto de procesos y variables múltiples: biológicas, conductuales, psicosociales y culturales. Y todas esas variables sobrepasan los límites de categorías discretas y abarcan más experiencia de la vida de las personas que lo que describen los sistemas diagnósticos.

Así, se puede hablar de unas aproximaciones transdiagnósticas «blandas», que tratan de determinar qué procesos o qué técnicas de intervención son relevantes para varios o gran parte de las categorías diagnósticas tradicionales, mientras que otras aproximaciones transdiagnósticas «duras» intentan crear sistemas diagnósticos alternativos, intentando reemplazar las fórmulas y nomenclaturas que son características del sistema tradicional (Dalgleish et al., 2020).

### 7.1. Sistema de diagnóstico del NIMH

El National Institute of Mental Health (NIMH, 2016) de Norteamérica ha comenzado un proyecto de colaboración entre múltiples grupos investigadores en lo que ha denominado Research Domain Criteria (RDoC), para elaborar «criterios de dominios en la investigación», es decir, categorías generales que puedan aplicarse para orientar en campos o temas las investigaciones sobre salud mental, y no utilizar las categorías más restrictivas y siempre cambiantes del DSM. Su objetivo sería crear otro sistema de clasificación que una toda la información posible sobre variables genéticas, biológicas y cognitivas. Esa clasificación estaría organizada en torno a áreas amplias de investigación como serían: sistemas de valor negativo, sistemas de valor positivo, sistemas cognitivos, sistemas de procesos sociales y sistemas moduladores o motivacionales. De alguna forma, categorizar ahora los comportamien-

© Ediciones Pirámide

tos del individuo en estas grandes áreas podría ser aún más difícil para el clínico, ya acostumbrado a unas categorías cerradas, más descriptivas, pero por ahora se propone más como un sistema de agrupación de las investigaciones que como un sistema de uso clínico directo.

En concreto, tratan los problemas de psicosis como un continuo cuantitativo, como un espectro de graduación que iría desde las categorías de trastorno bipolar, pasando por esquizoafectivo, y en el extremo de severidad la esquizofrenia. En este espectro se analizarían las variables comunes en cuanto a susceptibilidad genética, correlatos neurológicos, funcionamiento cognitivo y subjetividad fenomenológica de cada paciente (Guloksuz y Van Os, 2017).

La cuestión es que quizá este sistema sea aún más pernicioso, puesto que entre sus fundamentos parte de que los trastornos mentales son «desórdenes biológicos que implican circuitos cerebrales, que implican subdominios específicos de la cognición, la emoción y la conducta...», y que «el mapeo cognitivo de los circuitos neuronales, y los aspectos genéticos, pueden dar lugar a un campo nuevo y señalar nuevos objetivos para el tratamiento» (Insel, 2013). Este sistema aún está en desarrollo, son proyectos de investigación tentativos, y esperemos que tarden bastante en concretarse, porque entonces los problemas psicológicos sí que estarían en una perspectiva exclusivamente biomédica.

## 7.2. El modelo de taxonomía jerárquica

Desde la propia psiquiatría se ha elaborado un modelo de clasificación que considera los problemas de salud mental como componentes dimensionales (no discretos), donde en cada tipo de problema habría graduación continua desde lo más leve a lo más problemático. Esta taxonomía jerárquica de la psicopatología (modelo HiToP) (Kotov et al., 2017) ha elaborado una jerarquía que a su vez se divide en varias dimensiones, y donde considera en todas ellas los factores biológicos, psicológicos y sociales. Estas dimensiones se han elaborado a partir de la combinación de datos estadísticos de múltiples estudios epidemiológicos y correlacionales. Así, habría dimensiones de orden superior y espectros de problemas como el somatomorfo, internalizante, externalizante, trastornos de pensamiento y desapego. A su vez cada uno de ellos se descompone en subcategorías, llegando al último nivel en rasgos y componentes desadaptativos, y a signos y síntomas concretos. El objetivo final, también, es que esta jerarquía y esos factores continuos proporcionen orientaciones de tratamiento (Ruggero et al., 2019). Sin embargo, aunque parezca diferente, solo es una forma de reorganizar los problemas del sufrimiento humano, pero la idea del diagnóstico médico sigue presente. Considera los procesos subyacentes como base de los problemas «externos» que presenta el individuo, y que se espera que en algún momento queden al descubierto como rasgos latentes a partir de análisis correlacionales.

## 7.3. Psicoterapias de integración

Esta vía de una búsqueda de elementos comunes o transdiagnósticos es la asumida en las psicoterapias de integración de Beutler et al. (2012), tratando de buscar los elementos fundamentales del cambio terapéutico, desde las terapias psicoanalíticas breves a las de origen conductual. Los problemas psicológicos estarían en un continuo de gravedad, y agrupan a los usuarios con esos criterios que podrían asemejarlos en sus características como óptimos para la psicoterapia, y permitirían predecir el mayor éxito del tratamiento. Entre esas variables comunes en los clientes estarían: discapacidad funcional, estilos de afrontamiento, resistencia y reactancia, estrés subjetivo. De igual forma, seleccionan las características comunes del proceso terapéutico, agrupando conjuntos de técnicas por sus elementos comunes, como son: la intensidad (duración o frecuencia del tratamiento), formato (individual o grupal), modo de tratamiento (comunitario, psicosocial, farmacológico), focalización (en los síntomas o el autoconocimiento), y la regulación afectiva. Y, por último, también desarrollan los aspectos comunes en el terapeuta y cómo aplica la terapia: estilo (directivo o evocativo), facilitador del cambio (por el autoconocimiento o por los síntomas), habilidades y experiencia, e inductor de procesos emocionales (Gilbert y Orlans, 2010).

Para poner a prueba y validar este proceso de evaluación y organización de los aspectos comunes de las psicoterapias, se han utilizado estudios individuales y también estudios de meta-análisis agru-

© Ediciones Pirámide

pando con esta nomenclatura los estudios clínicos ya publicados (Castonguay et al., 2016; Norcross, 2011). Según sus datos, esta forma de agrupar la eficacia de la psicoterapia, y por tanto de una evaluación previa centrada en las variables específicas individuales y la adecuación del tratamiento al individuo, mejoraría los resultados por encima de una aproximación meramente técnica, donde además la supervisión de los terapeutas podría emplearse como forma de homogeneizar la aplicación de los tratamientos y mejorar su eficacia.

## 7.4. Tratamientos transdiagnósticos de trastornos emocionales

El conocimiento sobre muchos trastornos psicológicos muestra que aunque tengan patrones de comportamiento diferentes, presentan etiologías comunes y variables de mantenimiento comunes. Algunos autores, desde los tratamientos psiquiátricos y aceptando los diagnósticos basados en DSM-5, han comenzado también a pensar así, y a hablar de «espectro de trastornos» que tendrían elementos comunes.

Así, se están desarrollando formas de tratamiento transdiagnósticas, es decir, procedimientos que sirven por igual para los trastornos emocionales, los trastornos de la alimentación o los trastornos adictivos. Estos tratamientos son efectivos, independientemente del nombre del trastorno al que se apliquen, porque tienen variables de intervención similares, que alteran variables de mantenimiento también similares en todos esos comportamientos problemáticos o clínicos. Quizá sea más fácil y útil trabajar con principios de tratamiento, principios terapéuticos únicos y específicos, en vez de tratamientos paquetes. Así, la investigación se ha centrado en la comparación de procedimientos terapéuticos comunes a varios tipos de trastornos.

En este sentido, el más investigado es el modelo de *protocolo unificado de tratamiento transdiagnóstico de los trastornos emocionales* (Barlow et al., 2010). La propuesta de Barlow está diseñada para tratar un grupo de trastornos emocionales, que tendrían en común una respuesta emocional excesiva o inapropiada, además de una falta del sentido de control de las propias emociones. De esta forma, el programa se dirige a esas respuestas emocionales, y no a la topografía o aspecto que tengan los problemas. Se tratarían por igual los diferentes problemas emocionales y de ansiedad, trastornos depresivos, agorafobia, trastorno de pánico, ansiedad social, ansiedad generalizada, estrés postraumático, TOC, trastornos disociales y somatomorfos.

La regulación emocional sería un proceso en el que los individuos influyen sobre la ocurrencia, intensidad, expresión y experiencia de las emocionales. Los déficits en estas habilidades de regulación emocional llevarían al individuo a utilizar estrategias que aumentan o hacen permanentes los síntomas emocionales. Este protocolo se basa en los principios fundamentales de la terapia cognitivo-conductual, se ha probado en diferentes estudios y continúan haciéndose ensayos. Hasta ahora presenta una gran eficacia, por encima del 60% de los casos, con seguimientos a los 6 meses del 65%, independientemente del diagnóstico psicopatológico dado inicialmente (Barlow et al., 2017; Farchione et al., 2012). También recientemente se ha realizado un estudio comparativo en los servicios de atención primaria españoles con este protocolo transdiagnóstico (Cano-Vindel et al., 2021), con una amplia muestra de 22 centros diferentes, que ha presentado superioridad respecto a los tratamientos usuales, en problemas de depresión y ansiedad, incluso tras un año de seguimiento.

## 7.5. Transdiagnóstico de evitación experiencial

Otros autores han resaltado la importancia de las clases de respuesta o *patrones de respuesta* como una causa común a varios tipos de trastornos psicopatológicos, por tener la misma función. Es decir, aunque tengan formas diferentes (por ejemplo, alcoholismo, autoagresiones, fobias, obsesiones, trastornos alimentarios), pueden tener todos ellos una misma función (por ejemplo, evitación, formación del yo, hiperreflexibilidad). Desde una perspectiva conductual, la función que tenga una conducta es lo que define su causa, y es lo que se puede cambiar para que esta cambie a su vez.

Esta concepción basada en patrones de conducta como factor transdiagnóstico incluye los conceptos de «evitación experiencial» y de «inflexibilidad psicológica» desarrollados en la *terapia de aceptación y compromiso* (ACT; Hayes y Strosahl, 2004),

© Ediciones Pirámide

como base del mantenimiento de los problemas emocionales. La estrategia del individuo que acude a consulta es intentar eliminar esas emociones que le hacen sufrir. Cualquier evitación que consiga quitar de en medio esas experiencias emocionales privadas (recuerdos, pensamientos, sentimientos, etc.) será reforzada negativamente, por lo que seguirá manteniéndose aún más en su repertorio. Cuanto más intenta el individuo evitar y controlar esos eventos experienciales, más aumentan. La propia estrategia de querer controlar las emociones, no sintiéndolas, es lo que se vuelve iatrogénico, y la solución que intentan los clientes se convierte en el problema. Esta evitación experiencial estaría en la base de muchos problemas de ansiedad y fobias, obsesiones, abuso de sustancias, trastornos alimentarios o incluso intentos de suicidio. De esta forma, no importaría tanto la forma o topografía del problema que se presenta en consulta, sino la función que tiene ese problema. Si ese es el diagnóstico funcional, entonces la terapia comenzaría precisamente bloqueando la evitación, haciendo ver que la evitación y el intento de control es el problema, para después ir generando verbalmente (reglas verbales, metáforas y ejercicios experienciales) otras alternativas para aceptar esas emociones y pensamientos desagradables para el individuo. Este es el tratamiento propuesto por ACT, la «aceptación», es decir, dejar de reforzar esa evitación, y observar esos pensamientos y eventos privados distanciándose de ellos. Este tratamiento tiene amplia evidencia empírica en trastornos muy diversos, y también se ha aplicado a los problemas de psicosis (Sawyer et al., 2018). En otros capítulos de este libro se ofrece más información sobre esta perspectiva de la evitación experiencial y las propuestas de tratamiento de ACT.

A partir de la base de su propia terapia, y los conceptos intermedios como «flexibilidad psicológica» (Arboleya et al., 2020), además de las distintas aproximaciones transdiagnósticas que se están investigando, Hayes (Hayes et al., 2020) propone también un modelo multidimensional que englobe los distintos procesos y variables implicadas en los problemas. Un modelo que incluye la definición de las conductas problemáticas como adaptativas/no adaptativas, y estudiando en cada una de ellas, desde una teorización evolutiva las fuentes de variación, la selección, retención y el contexto de esa evolución; al tiempo que se estudiarían como conductas específicas las distintas dimensiones (afectivas, cognitivas, atencionales, yo, motivaciones y conductas externas, fisiológicas y sociales). Un proyecto ambicioso que se plantea como «modelo de modelos».

### 7.6. Transdiagnóstico como problemas del yo

También desde las terapias contextuales, en las que se incluye ACT y FAP (*psicoterapia analítica funcional;* Kohlenberg y Tsai, 1991; 2001; Tsai et al., 2009), se ha propuesto una causa común a una variedad de problemas psicológicos, y sería la formación inadecuada del concepto de *Yo*. No se trata aquí de un concepto cognitivo o metafórico sobre un agente mental, sino de un conjunto de comportamientos basados en el lenguaje, que a lo largo de la historia de una persona van conformando el concepto sobre uno mismo. Este *Yo* se formaría primariamente a partir de experiencias externas y del moldeamiento de los padres y el entorno verbal más inmediato, al establecer un lugar desde el que se actúa y que verbalmente nos identifica. En una etapa inicial, ese *Yo* se forma a partir de las influencias de los demás, que buscan correspondencias entre los eventos externos y los supuestos estados mentales y emocionales correspondientes. Pero no siempre es así, y cuando esa formación verbal no es la adecuada, no hay un patrón de reforzamiento sistemático de la propia identificación, se castigan las opiniones o la expresión de emociones propias, etc., puede desarrollarse un concepto de *Yo* distorsionado, impropio o débil, que podría ser la causa de muchos trastornos reconocidos en la psicopatología.

Desde esta perspectiva, si en el análisis funcional se hipotetiza que está ocurriendo un problema del *Yo,* se trataría de ir reconstruyendo ese concepto, validándolo y reforzándolo a través de la terapia, al permitir expresar ideas y opiniones propias, tomar decisiones por encima de los demás, reforzar un *Yo* privado frente a la influencia social y promover la expresión de emociones como forma de conseguir interacciones sociales más frecuentes y de mayor calidad. Ese proceso se llevaría a cabo con las herramientas ya conocidas de la modificación de conducta, pero sobre todo con la relación verbal y terapéutica que se llega a establecer dentro de la propia sesión terapéutica.

© Ediciones Pirámide

Ferro y Valero (2017) establecen una propuesta de hipótesis transdiagnóstica basada en «problemas de formación del *Yo*». Para FAP el *Yo* se considera «un concepto aprendido de tipo verbal y social, como una generalización aprendida desde muy temprana edad a partir de frases que incluyen el *Yo* como sujeto activo, como lugar o perspectiva desde el que se actúa» . Consideramos que, para un manual que se centra en psicosis, el tema del *Yo*, íntimamente relacionado con la ipsidad que se trata en otros capítulos de este libro, es esencial. Desde esta perspectiva de FAP, los problemas leves o graves se producen por el grado de control de ese aprendizaje del *Yo* (privado y/o público) y de cómo se han reforzado en el contexto social. Como los mismos autores indican, y citando a Hayes et al. (2012), también ACT considera al *Yo* como un proceso clave en la flexibilidad psicológica. Ambos consideran que se trata de explicaciones diferentes pero complementarias.

Otra propuesta transdiagnóstica similar considera la ya mencionada «hiperreflexividad» (entendida como una conciencia intensificada), como una dimensión patológica general (Pérez-Álvarez, 2008). Lo que Pérez-Álvarez señala como problema es terminar enredado en el bucle de sus propios pensamientos. Un concepto que ofrece un modelo fenomenológico estructural para el estudio de dimensiones relacionas con la captación de experiencias subjetivas que se base en el conocimiento de cómo la persona se relaciona con su entorno «ser-en-el-mundo», y el profesional se olvide de categorías de síntomas cargados de despersonalización y pseudociencia. Concluyente resulta la afirmación de Pérez-Álvarez (2012) indicando que la esquizofrenia es un «trastorno del yo» y que su recuperación consiste en la recuperación del sentido del yo. De ahí el esfuerzo que realiza la fenomenología, interesada en la experiencia de la persona acerca de lo que le ocurre, en lugar de considerar que nos encontramos ante un conjunto de síntomas carentes de funcionalidad (e intención adaptativa) del modelo clásico.

Ferro y Valero (2017) construyen un puente, en su ya mencionada concepción del *Yo* como referente de su modelo psicopatológico, entre la fenomenología mencionada en las líneas anteriores y el conductismo radical y contextual-funcional. De forma similar lo hacen Martín-Murcia y Ferro (2015) en su reconsideración de una nueva perspectiva fenomenológica que se produce en las terapias contextuales cuando consideran la existencia de un diagnóstico transversal centrado en «la evitación disfuncional de eventos psicológicos como una teoría de la formación desadaptativa del *Yo*».

Sin duda, la variable de la hiperreflexividad, como condición para que hablemos de trastorno, es una muestra de un modelo psicopatológico diferente, al encontrarse prácticamente en todo el continuo de los trastornos con una guía que tiene influencia directa sobre los modelos de intervención. Esta condición de cualquier modelo transdiagnóstico, vinculación estrecha entre la propuesta ideográfica y la intervención, permite entender que se trata de variaciones que pueden provocar adaptaciones más o menos adecuadas a los entornos. Aquí encuentran anclaje teórico modelos de intervención en psicosis como el propuesto por Chadwick (2014), centrado en el *mindfulness* (como herramienta de trabajo), pero preocupado por lograr la aceptación de la sintomatología sin intentar enfrentarse a ella y, a partir de esta aceptación, verse con poder sobre ellas. En lugar de «curarse» de los síntomas, se trata de aprender a convivir con ellos y procurar la mayor calidad de vida. En definitiva, la misma propuesta que nos traerá ACT y en la que se profundiza en otros capítulos de este libro.

## 7.7. Sistema diagnóstico-funcional

También desde un punto de vista conductual se ha elaborado un *sistema de clasificación diagnóstico-funcional* (Cipani y Schock, 2011) que tiene en cuenta las funciones generales que puede tener un comportamiento, y elaboradas a partir de los estudios de análisis funcional experimental de Iwata. Aunque su sistema diagnóstico lo ha aplicado a los problemas de conducta infantil, podría extenderse sin dificultad a otros tipos de problemas clínicos en adultos. Así, clasifica las conductas infantiles en cuatro tipos, en función de que se mantengan por reforzamiento positivo o negativo, y de que este sea natural o bien mediado socialmente. En esta forma de diagnóstico-funcional no importarían las características formales de la conducta, es decir, qué movimientos o tipos de respuesta están implicados, sino qué función tienen. Este sistema tendría la utilidad, que ya presenta cualquier análisis funcional, de señalar de inmediato qué contingencias habría que cambiar, y

© Ediciones Pirámide

con ello el tipo de tratamiento más oportuno para esa persona y esa función de su conducta. Este sistema transdiagnóstico basado en un análisis funcional, como el que ya elaboraron Iwata et al. (1994), solo se ha puesto a prueba en niños con problemas de disruptivas y trastornos del comportamiento, pero podría ser una opción para ofrecer un sistema clasificatorio sencillo para otros problemas clínicos.

En este sentido, Muñoz y Novoa (2010) han realizado un estudio sobre la utilidad del análisis funcional, destacando la fiabilidad a partir de 222 historiales de casos clínicos donde se había hecho el análisis funcional. Agruparon las categorías descriptivas y explicativas en: problemas, predisponentes, precipitantes, adquisición y mecanismos inferidos del análisis funcional. La confiabilidad entre los jueces fue elevada (entre 0,86 y 1), y también probaron la validez predictiva y de contenido de esos análisis funcionales. En suma, un sistema con posibilidades de pronóstico, pero que aún no ha sido aplicado a otros problemas clínicos en adultos.

## 8. UN CAMBIO DE PERSPECTIVA: LA IMPORTANCIA DEL CONTEXTO

Los seres humanos somos animales sociales, y en las interacciones sociales aprendemos y avanzamos como especie, y por ello debería ser en esas interacciones donde se busquen las causas de los llamados «trastornos psicopatológicos». Desde la teoría de la evolución hasta la epigenética han mostrado que es el entorno el que finalmente moldea y cambia el comportamiento humano (tanto filogenético como ontogenético). El soporte biológico, fisiológico y neurológico es necesario para la vida y el comportamiento de un individuo, pero sin la interacción con el medio ambiente físico y social, solo sería un organismo inerte. El cerebro y toda su complejidad es una variable necesaria para el comportamiento y, por supuesto, también para sus trastornos, pero no es la variable suficiente para explicar ni ese comportamiento ni los trastornos. Incluso para realizar las conocidas pruebas de neuroimagen funcional es necesario que el individuo esté respondiendo a alguna estimulación (visual, sonidos, lectura) para poder observar los cambios en la actividad cerebral. En estos estudios, las mediciones con colores del cerebro son las variables dependientes, no las independientes. Solo son correlaciones, no son causas.

La base transdiagnóstica del conductismo tiene que ver con otras dimensiones compartidas por todos los seres humanos: las interacciones con los demás, y que en determinadas ocasiones pueden provocar un sufrimiento difícilmente tolerable por la persona. Por tanto, tiene mucho más sentido la existencia de procesos o variables «compartidas» por todos en esas interacciones sociales, que la existencia de anomalías donde se quieran suponer (en el cerebro, en la herencia o en la mente irracional del «trastornado»). En el DSM se afirma que el evaluador ha de considerar los factores sociales y culturales cuando realiza su diagnóstico, pero este punto no constituye un elemento esencial del sistema, y solo es una «nota al margen» que se puede añadir al diagnóstico formal. No se toma en serio la influencia de los factores contextuales en los problemas de salud mental.

Así, han surgido voces disidentes desde distintas aproximaciones que ponen el punto de mira en las condiciones sociales, desde las más inmediatas (familiares, personales, laborales, relaciones sociales) hasta las más remotas y generales (empleo, bienestar económico, redes de apoyo social, condiciones habitacionales, acceso a educación y sanidad, factores macroeconómicos, etc.). Serían este tipo de condicionantes a los que habría que mirar para ver las causas de los problemas psicológicos, y no tanto dentro del cerebro o la mente con carácter individual, que no serían sino los efectos a largo plazo de las condiciones sociales anteriores. Esto no solo ocurre en aquellos trastornos que se consideraban de menor gravedad, sino que las experiencias en esquizofrenia o psicosis indican que también estamos encontrando una solución más sólida y humana al sufrimiento en la historia y las relaciones sociales de esa persona.

### 8.1. Los escuchadores de voces

Aquí hemos de citar un movimiento como los «escuchadores de voces», que surge en Holanda y el Reino Unido en los años ochenta y que, por su relación con la temática de este libro, nos parece pertinente. Así retomamos el camino más «social» y «contextual», como el que mantienen los trabajos de Romme y Escher (2000), que reniegan de los diagnós-

© Ediciones Pirámide

ticos formales y adoptan una posición «contextual» de atender a los problemas y el sufrimiento en los contextos donde se producen. Aquí las voces se consideran normales, en algún momento muchas personas las escuchan, todo depende de la reinterpretación del individuo y la percepción social de las personas que las experimentan. La estrategia es hacer frente a esa experiencia, aceptándola, y negociando el grado de influencia que se le deje. El modelo terapéutico ha pasado por modificar el tipo de intervención farmacológica, en aquellos que nos indican sufrir por estas voces, y se realiza mediante grupos donde se comparten experiencias y en ambientes seguros, respetuosos y libres, donde se sientan aceptados (Barbero et al., 2017). Los resultados han mostrado una mejoría relevante en la calidad de vida de estas personas. Modificando las contingencias parece evidente que logramos mejores resultados que estigmatizando basándonos en etiquetas de dudosa procedencia.

No nos extenderemos en este movimiento de los «escuchadores de voces», porque se trata más en otros capítulos de este manual. Pero son orientaciones fundamentales que cambian la visión sobre la psicosis, desde dentro hacia fuera del individuo.

## 8.2. El marco de poder, amenaza y significado

Desde esta perspectiva social surge también la propuesta de la British Psychological Society, en el llamado *marco de poder, amenaza y significado* (Johnstonne y Boyle, 2018), intentando analizar los problemas de salud mental dentro de un marco social de poder, con distintos niveles, desde el poder político y económico hasta el poder familiar, ante el cual el individuo siente como amenaza y tiene una reacción, en su mayoría de rebelión o agresividad, o bien de adaptación y pasividad, y que tendrán finalmente un significado para la vida de esa persona. En esos marcos serían en los que se mueve la explicación de los problemas del individuo, que son ahora experiencias dolorosas, desesperadas, ansiosas, despersonalizantes, etc., y que ocurren dentro de un marco social. En último extremo, la realidad del problema se identifica a partir del significado que el individuo da a ese poder y a esa amenaza, es decir, desde lo que le hace sufrir y reaccionar o quedarse paralizado frente a todas esas interacciones que le oprimen.

Es un enfoque, también, que intenta explicar las diferencias en los problemas de salud mental entre culturas. Intenta homogeneizar las experiencias de sufrimiento humano, que no necesariamente son las mismas (ni reciben las mismas etiquetas diagnósticas) que en el mundo occidental. Encuadra, pues, esas experiencias problemáticas en los marcos económicos, de pobreza, de cultura oriental, de diferentes religiones, etc., que imponen marcos de control y amenazas diferentes, y por tanto produciendo no siempre los mismos cuadros de sufrimiento humano, como los que hace suponer el diagnóstico tradicional y occidental.

## 8.3. Repensar la salud mental

Una perspectiva contextual también innovadora tiene que ver con la propuesta de Guerin (2017), que introduce un análisis contextual y radical, unido a los datos sociológicos de los trastornos mentales en distintas culturas y sociedades. Propugna poner el foco de los problemas en el entorno social inmediato e histórico de la persona, y no tanto en el yo interior, en la mente, o en los procesos de pensamiento alterados, y mucho menos en los procesos biológicos necesarios para que haya comportamiento. A diferencia del diagnóstico tradicional, como hemos comentado con anterioridad, se trata de averiguar el contexto relevante para la conducta del individuo, sin poner etiquetas, sino considerando el sufrimiento de la persona. No habría línea divisoria si un comportamiento es «normal» o «anormal», sino que son comportamientos cotidianos que todos tenemos, pero que en algún momento aumentan en su gravedad, chocan con el contexto donde vive la persona, y ese contexto determina que se les tiene que poner remedio. Cada cultura tiene formas aceptables de comportamientos, que pueden justificarse y reforzarse socialmente (y que cambian de una cultura o grupo a otro), pero cuando las condiciones del contexto continúan siendo aversivas, esas formas de comportamiento comienzan a ser menos aceptadas, y finalmente resultan inaceptables cuando se vuelven agresivas o peligrosas. Pero no habría diferencias cualitativas entre unas y otras, es una cuestión de grado, y de dónde pone el contexto social el límite para considerarlas como «psicopatológicas».

El problema es que cuando no se observan esos contextos, y no se conocen las variables explícitas,

© Ediciones Pirámide

cuando se desconoce la historia de contingencias del individuo y su contexto real actual, entonces se inventan otras posibles causas misteriosas, y se atribuyen a la personalidad, al sistema de pensamiento o al mal funcionamiento neurológico. Para averiguar esos contextos relevantes, lo que propone Guerin es utilizar a fondo la observación, en distintos contextos y a lo largo del tiempo, una observación intensiva y extensiva del individuo, y no fundamentarse en lo que pueda decir en una entrevista hablada. El desconocimiento de las causas de muchos trastornos es realmente el desconocimiento de los factores relevantes desencadenantes en la historia del individuo. Se deben buscar los contextos en los que surgen los comportamientos, más que una causa única.

## 9. CONCLUSIÓN

La cuestión de la identificación y diagnóstico de los llamados problemas de psicosis y/o esquizofrenia continúa latente. No hay una solución única. Lo que parece acertado es que muchos profesionales, tanto desde la psiquiatría como desde la psicología, han abandonado el camino del modelo biologicista tradicional, y han comenzado a estudiar otras formas de categorizar e identificar los problemas del sufrimiento humano y, por supuesto, también otras formas de abordar su solución. Para salir de este *impasse* hay propuestas muy diferentes, desde las que buscan factores comunes en nuevas formas de agrupar los problemas del sufrimiento humano, aunque asumiendo de nuevo sus causas biológicas; hasta las diversas propuestas transdiagnósticas que buscan elementos comunes en los procesos manejados por los tratamientos psicológicos. El problema es que tanto unas como otras siguen buscando las causas de los problemas en el «interior» del individuo. Da igual que sea este interior de carácter biológico o mentalista, al final la causa está en el individuo.

Sin embargo, hay otras alternativas a la psicopatología, que esperamos que aumenten en un futuro, y que comienzan a ver las causas en un entorno social que resulta cada vez más estresante y aversivo para algunos individuos. La única forma de adaptarse y soportar esas situaciones es mediante respuestas «extrañas», que se van moldeando y haciendo más graves cada vez en la historia del individuo, hasta que chocan totalmente con el entorno social actual, que es quien determina que han de tratarse por especialistas y han de molestar lo menos posible.

La situación actual de la pandemia de la COVID-19 ha puesto en evidencia cómo los factores externos pueden propiciar y empeorar la incidencia de problemas de salud mental en todo el mundo (Cenat, 2021). Por mucho que los profesionales (psiquiatras y psicólogos) se empeñen en buscar las causas del sufrimiento humano en el «cerebro» o en la «mente», la realidad está ahí. Una situación estresante, y más cuando es continuada, es la causa evidente de esos trastornos de salud mental. *Es fuera donde hay que buscar e investigar causas*, y lógicamente donde hay que poner el acento para cambiar la intervención y la atención en salud mental.

Quizá echar la culpa a la persona y tratarlo con fármacos sea el camino más fácil y rápido. Es una situación que se retroalimenta con categorías diagnósticas y que se confirma con los tratamientos. Parece bastante más difícil abordar las causas reales (necesarias y suficientes) que llevan hasta esa encrucijada a la persona, y de la que no puede salir porque esas «causas» están en su vida, y no en su interior.

## REFERENCIAS BIBLIOGRÁFICAS

Adams, H. E., Doster, J. A. y Calón, K. S. (1977). A psychologically based system of response classification. En A. R. Ciminero, K. S. Calhoun y H. E. Adams (eds.), *Handbook of behavioral assessment* (pp. 47-78). Wiley.

American Psychiatric Association (2014). *Manual diagnóstico y estadístico de los trastornos mentales* (5.ª ed.). Editorial Médica Panamericana.

American Psychological Association (2006). Evidence-based practice in psychology. *American Psychologist, 61,* 271-285.

Arboleya, T., González-Menéndez, A., Ordóñez, H., Pando, D. y Paino, M. (2020). Inflexibility processes as predictors of social functioning in chronic psychosis. *Psychologica, Social and Integrative Approaches, 12*(3), 234-244.

© Ediciones Pirámide

Barbero, M. A., Coca, M. C., Pérez, G. y Martínez, M. V. (2017). Escuchando la voz de las personas que escuchan voces. *Revista de la Asociación Española de Neuropsiquiatría, 37*(131), 39-61.

Barlow, D. H., Ellard, K. K., Fairholme, C. P., Farchione, T. J., Boisseau, C. L., Allan, L. B. y Ehrenreich-May, J. T. (2010). *Unified protocol for transdiagnostic treatment of emotional disorders: Workbook* (1.ª ed.). Oxford University Press.

Barlow, D. H., Farchione, T. J., Bullis, J. R. et al. (2017). The Unified Protocol for Transdiagnostic Treatment of Emotional Disorders compared with diagnosis-specific protocol for anxiety disorders: A randomized clinical trial. *JAMA Psychiatry, 74*(9), 875-884.

Belloch, A. (2012). Propuestas para un enfoque transdiagnóstico de los trastornos mentales y del comportamiento: Evidencia, utilidad y limitaciones. *Revista de Psicopatología y Psicología Clínica, 17*(3), 295-311.

Benjamin, L. S. (1982). Use of structural analysis of social behavior (SASB) to guide intervention in psychotherapy. En J. C. Anchin y D. L. Kiesler (eds.), *Handbook of interpersonal psychotherapy.* Pergamon Press.

Beutler, L. E., Forrester, B., Gallagher-Thompson, D., Thompson, L. y Tomlins, J. B. (2012). Common, specific and treatment fit variables in psychotherapy outcome. *Journal of Psychotherapy Integration, 22,* 255-281.

Beutler, L. E., Someah, K., Kimpara, S. y Miller, K. (2016). Selecting the most appropriate treatment for each treatment. *International Journal of Clinical and Health Psychology, 26,* 99-108.

Blech, J. (2005). *Los inventores de enfermedades: así nos convierten en pacientes.* Ariel.

Cano-Vindel, A., Muñoz-Navarro, R., Moriana, J. A., Ruiz-Rodríguez, P., Medrano, L. A. y González-Blanch, C. (2021). Transdiagnostic group cognitive behavioural therapy for emotional disorders in primary care: The results of the PsicAP randomized controlled trial. *Psychological Medicine,* 1-13.

Castonguay, L. G. (2015). Research on psychotherapy integration: Building on the past, looking to the future. *Psychotherapy Research, 25*(3), 365-382.

Cautela, J. R. y Upper, D. (1979). Behavioral analysis, assessment and diagnosis. En D. Upper (ed.), *Perspectives in behavior therapy.* Behaviordelia.

Cenat, J. M., Blais-Rochette, C., Kokou-Kpolou, C. K., Noorishad, P. G. et al. (2021). Prevalence of symptoms of depression, anxiety, insomnia, posttraumatic stress disorder, and psychological distress among populations affected by the COVID-19 pandemic: A systematic review and meta-analysis. *Psychiatry Research, 295.*

Chadwick, P. (2014). Mindfulness for psychosis. *The British Journal of Psychiatry, 204,* 333-334.

Chand, G. B., Dwyer, D. B., Erus, G., Sotiras, A., Varol, E. et al. (2020). Two distinct neuroanatomical subtypes of schizoprenia revealed using maching learning. *Brain, 143*(3), 1027-1038.

Cipani, E. y Schock, K. (2011). *Functional behavioral assessment, diagnosis, and treatment.* Springer Publishing.

Colegio Oficial de Psicólogos (2013). *Declaración pública de preocupación por la próxima publicación del DSM-5.*

Cosgrove, L. y Krimsky, S. (2012). A comparison of DSM-IV and DSM-5 panel members financial associations with industry: A pernicious problem persists. *OpenPlos Medicine, 9*(3), 1-4.

Dalgleish, T., Black, M., Johnston, D. y Bevan, A. (2020). Transdiagnostic approaches to mental health problems: Current status and future directions. *Journal of Consulting and Clinical Psychology, 88*(3), 179-195.

Deacon, B. J. (2013). The biomedical model of mental disorder: A critical analysis of its validity, utility, and effects on psychotherapy research. *Clinical Psychology Review, 33*(7), 846-861.

Echeburúa, E., Salaberría, K., Corral, P. y Polo-López, R. (2010). Terapias psicológicas basadas en la evidencia: Limitaciones y retos de futuro. *Revista Argentina de Clínica Psicológica, 19,* 247-256.

Evans, S. C., Reed, G. M., Roberts, M. C., Esparza, P., Wats, A. D., Correira, J. M., Ritchie, P., Maj, M. y Saxena, S. (2013). Psychologits's perspectives on the diagnostic classification or mental disorders: Results from the WHO-IUPsysS Global Survey. *International Journal of Psychology, 48*(3), 177-193.

Farchione, T., Fairholme, C. P., Ellard, K., Boisseau, C. L., Thompson-Hollands, J., Caralk, J. C., Gallagher, M. W. y Barlow, D. H. (2012). Unified Protocol for Transdiagnostic Treatment of Emotional Disorders: A randomized controled trial. *Behavior Therapy, 43*(3), 666-678.

Ferro, R. y Valero, L. (2017). Hipótesis transdiagnóstica desde la Psicoterapia Analítica Funcional: La formación del yo y sus problemas. *Revista Brasileira de Terapia Comportamental e Cognitiva, 19*(3), 145-165.

Ferster, C. B. (1973). A functional analysis of depression. *American Psychologist, 28*(10), 857-870.

First, M. B., Erlich, M. D., Adler, D. A., Leong, S., Dixon, L. B. et al. (2019). How the DSM is used in clinical practice. *The Journal of Nervous and Mental Disease, 207*(3), 157-161.

Frías, V. M., Fortuni, J. R., Guzmán, S., Santamaría, P., Martínez, M. y Pérez, V. (2018). Estigma: La relevancia del contacto social en el trastorno mental. *Enfermería Clínica, 28*(2), 111-117.

Froján, M. X. (2011). ¿Por qué funcionan los tratamientos psicológicos? *Clínica y Salud, 22*(3), 201-204.

© Ediciones Pirámide

Gaebel, W., Rössler, W. y Sartorius, N. (2017). *The stigma of mental illness. End of the story?* Springer.

Gilbert, M. y Orlans, V. (2010). *Integrative therapy: 100 key points and techniques*. Routledge.

González-Pardo, H. y Pérez-Álvarez, M. (2007). *La invención de los trastornos mentales.* Alianza Editorial.

Guerin, B. (2017). *How to rethink mental illness: The human contexts behind the labels.* Routledge.

Guloksuz, S. y Van Os, J. (2018). The slow death of the concept of schizophrenia and the painful birth of the psychosis spectrum. *Psychological Medicine, 48*(2), 229-244.

Hayes, S. C. y Hofmann, S. G. (2018). *Process-based cognitive-behavior therapy.* Context Press.

Hayes, S. C. y Strosahl, K. D. (2004). *A practical guide to acceptance and commitment therapy*. Springer.

Hayes, S. C., Hofmann, S. G. y Ciarrochi, J. (2020). Creating an alternative to syndromal diagnosis: Needed features of processes of changes and models that organize them. En S. C. Hayes y S. G. Hoffman (eds.), *Beyond the DSM: Toward a process-based alternative for diagnosis and mental health treatment*. Context Press.

Hayes, S. C., Strosahl, K. D. y Wilson, K. G. (2012). *Acceptance and commitment therapy: The process and practice of mindful change.* The Guilford Press.

Haynes, S. N. y O'Brien, W. H. (1990). Functional analysis in behavior therapy. *Clinical Psychology Review, 10,* 649-668.

Insel, T. (2013). *Director's blog: Transforming diagnosis*. Editorial del Director del NIMH.

Iwata, B. A., Dorsey, M. F., Slifer, K. J., Bauman, K. E. y Richman, G. S. (1994). Toward a functional analysis of self-injury. *Journal of Applied Behavior Analysis, 27*(2), 197-209.

Jablensky, A. (2010). The diagnostic concept of schizophrenia: Its history, evolution, and future prospects. *Dialogues in Clinical Neuroscience, 12*(3), 271-287.

Johnstone, L. y Boyle, M. (2018). *El marco de poder, amenaza y significado.* The British Psychological Society.

Keshavan, M. S., Tandon, R. J., Boutros, N. N. y Nasrallah, H. A. (2008). Schizophrenia «just the facts». What we know in 1008: Parte 3. *Neurobiology. Schizophrenia Research, 106*(2-3), 89-107.

Kohlenberg, R. J. y Tsai, M. (1991). *Functional analytic psychotherapy: Creating intense and curative therapeutic relationship*. Plenum Press.

Kohlenberg, R. J. y Tsai, M. (2001). Hablo, luego existo: Una aproximación conductual para entender los problemas del yo. *Escritos de Psicología, 5*, 58-62.

Kotov, R., Krueger, R. F., Watson, D., Achenbach, T. M., Althoff, R. R., Bagby, R. M., ... y Zimmerman, M. (2017). The Hierarchical Taxonomy of Psychopathology (HiTOP): A dimensional alternative to traditional nosologies. *Journal of Abnormal Psychology, 126,* 454-477.

López-Méndez, E. y Costa, M. (2016). *Los problemas psicológicos no son enfermedades: Un análisis crítico de la retórica psicopatológica.* Pirámide.

Mallet, J., Ramoz, N., Le Strat, Y., Gorwood, P. y Dubertret, C. (2017). Heavy cannabis use prior psychosis in schizophrenia: clinical, cognitive and neurological evidences for a new endophenotype? *European Archives of Psychiatry and Clinical Neuroscience, 267,* 629-638.

Martín-Murcia, F. y Ferro, R. (2015). Fenomenología y psicopatología en las terapias de tercera generación. *Psychology, Society & Education, 7*(1), 97-106.

Moncrieff, J. (2018). Un enfoque alternativo del tratamiento farmacológico en psiquiatría. *Revista de la Asociación Española de Neuropsiquiatría, 38*(133), 181-193.

Muñoz, A. M. y Novoa, M. M. (2010). Confiabilidad y validación de un modelo de formulación clínica conductual. *Universitas Psychologica, 10*(2), 501-519.

Nelson, R. O. y Hayes, S. C. (1986). *Conceptual foundations of behavioral assessment*. The Guilford Press.

NIMH (2016). *Research Domain Criteria (RDoC)*. National Institute of Mental Health.

Norcross, J. C. (2011). *Psychotherapy relationships that work: Evidence-based responsiveness*. Oxford University Press.

Pérez-Álvarez, M. (2008). Hyperreflexivity as a condition of mental disorder: A clinical and historial perspective. *Psicothema, 20*(2), 181-187.

Pérez-Álvarez, M. (2012). Esquizofrenia y cultura moderna: Razones de la locura. *Psicothema, 24*(1), 1-9.

Ribes, E. (2011). *Psicología y salud: Un análisis conceptual.* Trillas.

Romme, M. y Escher, S. (2000). *Making sense of voices: A guide for professionals who work with voice hearers.* Mind Publications.

Rosenfarb, I. S. (2017). A functional analysis of schizophrenia. *The Psychological Record, 63,* 929-946.

Ruggero, C. J., Kotov, R., Hopwood, C. J., First, M., Clark, L. A., Skodol, A. E. et al. (2019). Integrating the Hierarchical Taxonomy of Psychopathology (HiTOP) into clinical practice. *Journal of Consulting and Clinical Psychology, 87,* 1069-1084.

Sawyer, F., Farhall, J., Thomas, N., Hayes, S. C., Gallop, R., Copolov, D. y Castle, D. J. (2018). Acceptance and Commitment Therapy for psychosis: Randomised controlled trial. *British Journal of Psychiatry, 210*(2), 140-148.

Son, D. (2019). May diagnosis, a label. *Psychological, Social and Integrative Approaches, 11*(4), 374-377.

Tsai, M., Kohlenberg, R. J., Kanter, J. W., Kohlenberg, B. y Follette, W. C. (2009). *A guide to functional analytic*


© Ediciones Pirámide

*psychotherapy: Awareness, courage, love, and behaviorism.* Springer.

Valle, R. (2020a). Schizophrenia in ICD-11: comparison of ICD-10 and DSM-5. *Revista de Psiquiatría y Salud Mental, 13*(3), 95-104.

Valle, R. (2020b). Validez, confiabilidad y utilidad clínica de los trastornos mentales: El caso de la esquizofrenia de la CIE-11. *Revista Colombiana de Psiquiatría (on-line preview).*

Werner, F. M. y Covenas, R. (2017). Long-term administration of antipsychotic drugs in schizophrenia and influence of substance and drug abuse on the disease outcome. *Current Drug Abuse Reviews, 10*(1), 19-24.

Widiger, T. A. y Gore, W. L. (2014). Mental disorders as discrete clinical conditions: dimensional versus categorical classification. En D. C. Beidel, B. C. Frueh y M. Hersen (eds.), *Adult psychopathology and diagnosis* (pp. 3-33). John Wiley & Sons.

Wilder, D. A., White, H. y Yu, M. L. (2003). Functional analysis and treatment of bizarre vocalizations exhibited by an adult with schizophrenia: A replication and extension. *Behavioral Interventions, 18,* 43-52.

Witaker, R. y Cosgrove, L. (2015). *Psychiatry under the influence.* Palgrave MacMillan.

Woollett, K. y Maguire, E. A. (2011). Acquiring the knowledge of London's layout drives structural brain changes. *Current Biology, 21,* 2109-2114.

World Health Organization (2019). *ICD-11 International Classification of Diseases-mortality and Morbility Statiscs. Eleventh Revision.* WHO.

© Ediciones Pirámide

# Neuropsicología del deterioro cognitivo en la psicosis

4

JOSÉ D. BARROSO RIVAL
DANIEL FERREIRA PADILLA
YAIZA MOLINA RODRÍGUEZ
ZAIRA GONZÁLEZ AMADOR
ELOY GARCÍA CABELLO

## 1. INTRODUCCIÓN

A modo de resumen, se ha visto que el término «psicosis» es un concepto amplio que ha ido variando a lo largo de la historia (Schrimpf et al. 2018; Lieberman y First, 2018). Además, aunque existe una definición del término «psicosis» y de cada uno de los trastornos psicóticos, se observa que los límites entre los diversos términos no están totalmente esclarecidos. No obstante, a pesar de la heterogeneidad existente, la alteración en el juicio de la realidad constituye uno de los aspectos centrales (Arceniegas, 2015). Dentro de su conceptualización, es importante diferenciar entre los síntomas psicóticos y los trastornos psicóticos. Los síntomas psicóticos hacen referencia a alteraciones en la cognición o en la percepción, principalmente a alucinaciones o delirios; mientras que cuando dichos síntomas psicóticos cumplen los criterios específicos de una categoría diagnóstica, se consideran trastornos psicóticos. Teniendo esto en cuenta, los síntomas psicóticos pueden estar presentes en distintas condiciones (por ejemplo, demencia con cuerpos de Lewy, enfermedad de Parkinson), sin necesidad de que se trate de un trastorno psicótico. Por su parte, los trastornos psicóticos, en las clasificaciones diagnósticas actuales, como son el Manual Diagnóstico y Estadístico de los Trastornos Mentales, quinta edición (DSM-5) (APA, 2013) o la Clasificación Internacional de Enfermedades, décima edición (CIE-10) (OMS, 1992), están recogidos dentro de categorías amplias como «Espectro de la esquizofrenia y otros trastornos psicóticos» (DSM-5) o «Esquizofrenia, trastorno esquizotípico y trastornos de ideas delirantes» (CIE-10). En ambas categorías se destaca la esquizofrenia, abarcando también otros trastornos como el delirante, el esquizoafectivo y el esquizofreniforme, entre otros. Esto constituye un primer argumento para que en este capítulo abordemos el deterioro cognitivo centrado principalmente en la esquizofrenia, sin excluir algunos resultados referidos a otros trastornos relacionados. En los manuales diagnósticos anteriores y actuales se han establecido criterios para el diagnóstico de la esquizofrenia centrados en los síntomas psicóticos. Sin embargo, en la actualidad las características cognitivas aún no están incluidas en los criterios diagnósticos.

Hasta hace relativamente poco predominaba la visión de que la esquizofrenia no estaba asociaba al deterioro cognitivo y, de estarlo, estos déficits se consideraban como consecuencia de los síntomas psicóticos (Reichenberg y Harvey, 2007). Sin embargo, durante los últimos años esta visión ha ido cambiado y, actualmente, el deterioro cognitivo se concibe como un marcador claro y consistente dentro de la esquizofrenia (Krkovic et al., 2016), que resulta fundamental para su comprensión (Selva et al., 2016). Además, los datos de prevalencia indican que entre un 75-80% de los pacientes con esquizofrenia presentan alteraciones cognitivas (Palmer et al., 2009).

Unido a la alta incidencia dentro de la propia enfermedad, cabe destacar la capacidad predictiva de las alteraciones cognitivas en cuanto a la expresión y recuperación de los síntomas (Islam et al., 2018; McGurk y Mueser, 2004), así como en lo referente al nivel de funcionalidad (Islam et al., 2018; Green et al., 2000). De tal modo que se ha propuesto que dichos déficits podrían explicar mejor la heterogeneidad de la esquizofrenia en términos de fun-

© Ediciones Pirámide

cionalidad y recuperación, frente a los síntomas psicóticos clásicos (Elvevag y Goldberg, 2000).

Asimismo, la gravedad del déficit cognitivo se ha constatado, en gran medida, en pacientes diagnosticados de esquizofrenia, trastorno esquizoafectivo y trastorno bipolar con características psicóticas. Esto sugiere que un modelo de factor único podría ser el más adecuado para caracterizar la capacidad cognitiva en la psicosis (Hochberger et al., 2016). Además, Selva et al. (2016) apuntan que, tanto la prevalencia como la gravedad del deterioro cognitivo, no son secundarios a la institucionalización, ni a los efectos de la medicación o de los síntomas psicóticos. Por todo ello, a pesar de que no se encuentra dentro de los criterios diagnósticos, la importancia del perfil cognitivo asociado a la esquizofrenia hace imprescindible su estudio y caracterización.

Paralelamente a la caracterización del perfil cognitivo, es de vital relevancia el estudio de la evolución de los déficits cognitivos asociados a la esquizofrenia. Su importancia reside en la propia concepción de la enfermedad, dado que, atendiendo a la evolución de los déficits, podemos entender la esquizofrenia como un trastorno del neurodesarrollo o como una patología progresiva dentro de un proceso neurodegenerativo. De acuerdo con Sheffield et al. (2018), la evidencia científica actual se inclina por su inclusión en un modelo del neurodesarrollo. Los principales motivos son, por un lado, la aparición de los déficits cognitivos desde la etapa prodrómica de la enfermedad y, por otro lado, la escasa progresión de los déficits a lo largo de la etapa adulta, una vez ocurrido el primer episodio (Menkes et al., 2019; Selva et al., 2016).

A partir de lo expuesto, en el presente capítulo se realizará una caracterización del perfil cognitivo asociado a las diferentes etapas de la esquizofrenia. En este sentido, se verán los aspectos cognitivos presentes desde la etapa prodrómica. Posteriormente, el perfil cognitivo en el primer episodio psicótico y en la etapa de esquizofrenia crónica y, finalmente, el curso del perfil en el envejecimiento. Además, se comparará el perfil cognitivo entre las diferentes etapas, así como con otros trastornos de alta prevalencia, especialmente el trastorno bipolar. De cara a la caracterización y la comparación, se abordará el perfil cognitivo desde dos bloques: uno atendiendo al estado cognitivo general y otro relativo al deterioro específico de los diferentes dominios y sus componentes cognitivos. Se señalarán también los principales factores moduladores clínicos y sociodemográficos. Por último, se presentará un resumen de lo relativo al sustrato neural en el trastorno de la esquizofrenia.

Respecto a la metodología empleada para la elaboración del presente capítulo, se han llevado a cabo búsquedas en distintas bases de datos de referencia en el ámbito de la salud (Cochrane y Pubmed). Dichas búsquedas se han realizado de manera secuencial, desde lo más general hasta lo más específico. En primer lugar, se realizó una búsqueda de términos referentes a los trastornos psicóticos (*psychotic disorders, schizophrenia spectrum and other psychotic disorders* y *schizophrenia*), para acotar su conceptualización y clasificación. Posteriormente, se realizó una búsqueda centrada en términos sobre deterioro cognitivo (*cognitive dysfunction, cognitive impairment, cognitive decline, neuropsycholog**, *cognit**), con el objetivo de determinar cómo funcionaban dichos términos en las bases de datos y sus posibles combinaciones. Tras lo anterior, se efectuaron búsquedas consistentes en distintas combinaciones de términos de los dos bloques mencionados (por ejemplo: «Schizophrenia Spectrum and Other Psychotic Disorders [MeSH Terms]) OR (psychotic disorder[Title/Abstract]) OR (schizophrenia[Title/Abstract]) AND (cognitive dysfunction[MeSH Terms]»). Las tres búsquedas se realizaron centradas especialmente en revisiones sistemáticas y meta-análisis, seguido de estudios primarios relevantes.

Tras la realización de estas búsquedas iniciales, se llevó a cabo un cribado seleccionando una serie de estudios acorde a los objetivos del capítulo. A continuación, dichos estudios se volcaron en una base de datos creada *ad hoc,* clasificándolos según las categorías establecidas por los manuales diagnósticos. Posteriormente, se resumieron los principales resultados obtenidos en cada estudio. Los datos recogidos de cada artículo fueron los siguientes: año, autores, título, muestra, curso y resultados tanto a nivel cognitivo por dominios (estado cognitivo general/inteligencia, atención, velocidad de procesamiento, memoria verbal, memoria visual, funciones ejecutivas, funciones visoperceptivas, visoespaciales y visoconstructivas y lenguaje) como a nivel neuroanatómico (estructural y funcional). Adicionalmente, se fueron realizando búsquedas específicas, centra-

© Ediciones Pirámide

das en cada una de las categorías de trastornos psicóticos, la cognición en los mismos y los posibles factores moduladores.

Finalmente, a pesar del amplio espectro de trastornos psicóticos existentes y de las búsquedas específicas realizadas para cada uno de ellos, los resultados mostraron un marcado predominio de estudios sobre la esquizofrenia. Adicionalmente, durante la extracción de los datos se observó que, aunque los estudios hicieran referencia al término «psicosis» o trastornos psicóticos en general, realmente se abordaba, en la mayoría de los casos, el trastorno de la esquizofrenia. Por ello, el presente capítulo se centrará especialmente en la esquizofrenia, frente al resto de trastornos psicóticos u otros trastornos con síntomas psicóticos.

## 2. CARACTERIZACIÓN NEUROPSICOLÓGICA DE LA ETAPA PRODRÓMICA

Los trastornos del espectro de la esquizofrenia y otros trastornos psicóticos suelen debutar entre los 18 y los 25 años de edad (Cornblatt et al., 1999). Sin embargo, en el caso de la esquizofrenia existen sólidas evidencias que demuestran la presencia de déficits cognitivos en la etapa prodrómica de la enfermedad (Sheffield et al., 2018). Caracterizar la naturaleza de los déficits, así como el curso de los mismos, puede tener importantes implicaciones clínicas, favoreciendo la detección precoz y el desarrollo de intervenciones tempranas. Por esta razón, se han realizado numerosos esfuerzos para identificar a aquellas personas que presentan una mayor vulnerabilidad ante los trastornos del espectro de la esquizofrenia y otros trastornos psicóticos. Las investigaciones realizadas en esta línea han concluido que la existencia de antecedentes familiares y/o la presencia de síntomas psicóticos atenuados constituyen los principales indicadores de riesgo.

### 2.1. Caracterización cognitiva

Sheffield et al. (2018) realizaron una destacable revisión sobre la evidencia disponible en relación a la caracterización del estado cognitivo en la etapa prodrómica de la esquizofrenia. Los autores concluyeron que existen déficits cognitivos que precedían a la manifestación clínica del trastorno.

#### 2.1.1. *Déficit cognitivo general*

Un primer hallazgo consistente es la presencia de deficiencias en el cociente intelectual (CI), en relación al grupo control (Sheffield et al., 2018). Algunos autores especifican que esta reducción temprana del CI tiene un tamaño del efecto medio (Khandaker et al., 2011; Woodberry et al., 2008). Traducido a puntuaciones, esta reducción podría implicar una pérdida de 8-10 puntos (Seidman et al., 2013; Mollon y Reichenberg, 2017). Asimismo, se estima que el riesgo de sufrir esquizofrenia puede aumentar en un 3,7% por cada punto que disminuye el CI (Khandaker et al., 2011).

Paralelamente, el análisis de la puntuación global obtenida tras la aplicación de baterías o protocolos amplios de evaluación neuropsicológica también apoya la presencia de déficits generalizados en esta etapa. Liu et al. (2019) objetivaron puntuaciones significativamente más bajas, en comparación con el grupo control, en The MATRICS Consensus Cognitive Battery, instrumento desarrollado de manera específica para estudiar el estado cognitivo en la esquizofrenia (Nuechterlein et al., 2008). Análogamente, Chu et al. (2018) demostraron que los participantes con alto riesgo de sufrir esquizofrenia obtenían menores puntuaciones en un índice de estado cognitivo general, calculado a partir de las puntuaciones en los diferentes componentes cognitivos.

#### 2.1.2. *Déficits cognitivos específicos*

El análisis del rendimiento por dominios cognitivos muestra sólidas evidencias de una marcada alteración en la velocidad de procesamiento (Bachman et al., 2010; Kern et al., 2011; McIntosh et al., 2005; Niendam et al., 2003; Seidman et al., 2013). En esta línea, destaca el trabajo desarrollado por Meier et al. (2014), quienes encontraron que los pacientes con esquizofrenia presentaban un retraso en el desarrollo de esta función, objetivable desde los 7-13 años de edad. Estos hallazgos tienen especial interés por la estrecha interdependencia que la velocidad de procesamiento mantiene con el resto de los dominios cognitivos.

© Ediciones Pirámide

También existe un amplio consenso al señalar un rendimiento deficitario en las funciones atencionales (Cannon et al., 2006; Cornblatt et al., 1999; Welham et al., 2010). En concreto, Chu et al. (2018) encontraron que el peor rendimiento en esta etapa se producía en una tarea de atención sostenida. No obstante, también existen datos que muestran un rendimiento deficitario en la atención selectiva (Reichenberg y Harvey, 2007).

Por otro lado, hay un volumen importante de resultados que objetivan la presencia de déficits en las funciones ejecutivas (Cannon et al., 2006; Meier et al., 2014). Esta afectación se caracteriza principalmente por un deterioro moderado-grave en la capacidad para el seguimiento y la alternancia de series (Cannon et al., 2006; Reichenberg y Harvey, 2007), seguido de una alteración en la capacidad de razonamiento y resolución de problemas (Liu et al., 2019; Reichenberg et al., 2010; Welham et al., 2010). Además, destaca un rendimiento deficitario de la memoria operativa (Chu et al., 2018; Islam et al., 2018; Meier et al., 2014), que puede presentarse en un rango de gravedad que oscila de leve a moderado (Reichenberg y Harvey, 2007). Respecto a la fluidez fonética, se observa un déficit leve-moderado, asociado a las dificultades en la capacidad para generar estrategias que guíen de manera eficiente el acceso a la red léxico-semántica. Finalmente, se objetivó la existencia de déficits leves en la capacidad de abstracción, inhibición de respuestas automáticas y flexibilidad cognitiva, entendida como la habilidad para cambiar adecuadamente de estrategia (Reichenberg y Harvey, 2007).

Con respecto a las funciones mnésicas, tanto verbales como visuales, la mayoría de los estudios analizados objetivaron un rendimiento deficitario (McIntosh et al., 2005; Reichenberg y Harvey, 2007). Ahora bien, la afectación referida compromete, de manera especial, a la fase de codificación de la información. De hecho, cuando se controla el efecto de dicha variable, las diferencias en relación al grupo control se atenúan de manera significativa (Reichenberg y Harvey, 2007).

Las capacidades lingüísticas se han asociado de manera consistente con deficiencias en la fase prodrómica (Addington y Addington, 2005; Kremen et al., 2010; Meier et al., 2014; Niendam et al., 2003; Seidman et al., 2013; Welham et al., 2010). No obstante, no queda claramente establecido si predomina la alteración en el componente expresivo o en el receptivo del lenguaje (Welham et al., 2009). En relación al componente expresivo, Niendam et al. (2003) encontraron que la presencia de un retraso en la adquisición del vocabulario era más frecuente en niños que posteriormente desarrollaban esquizofrenia. Asimismo, la presencia de un discurso ininteligible a la edad de 7 años resultaba ser un predictor altamente significativo en el desarrollo del trastorno (Bearden et al., 2000). En relación al lenguaje receptivo, se ha observado que los déficits de comprensión durante la niñez podían ser predictores de la ocurrencia de síntomas psicóticos a los 11 años (Cannon et al., 2002). Análogamente, Howlin et al. (2000) encontraron que el 10% de los niños que presentaban un trastorno del lenguaje receptivo terminaban sufriendo esquizofrenia. Por ello, concluyeron que los déficits tempranos en el lenguaje receptivo podrían constituir un factor de riesgo para el desarrollo de dicho trastorno.

Finalmente, en lo relativo a la cognición social, en esta etapa se cuenta con un menor número de estudios y, por tanto, de información acerca de su estado. A pesar de ello, Harvey e Isner (2019) postulan su deterioro como un predictor relevante en el desarrollo de la esquizofrenia. En esta línea, en el meta-análisis realizado por Lee et al. (2015) se observó un tamaño del efecto grande en el sesgo de atribución, así como un tamaño del efecto medio en el procesamiento emocional y en la teoría de la mente. En cambio, en lo referente a la percepción social, se halló un tamaño del efecto pequeño. Además, recientemente Liu et al. (2019) también objetivaron déficits en el control emocional en las etapas prodrómicas.

La presencia de los déficits cognitivos descritos, evidenciables incluso antes de la manifestación clínica del trastorno, supone un importante apoyo para la consideración de la esquizofrenia como un trastorno del neurodesarrollo. En este sentido, las anomalías leves en el desarrollo cognitivo, especialmente durante las dos primeras décadas de vida, constituirían los primeros signos de la enfermedad (Mollon y Reichenberg, 2017), debiendo considerarse como consecuencias de una alteración del neurodesarrollo (Bora y Pantelis, 2015; Khandaker et al., 2011; MacCabe et al., 2013). Por tanto, los trastornos del espectro de la esquizofrenia y de otros trastornos psicóticos pueden ser conceptualizados

© Ediciones Pirámide

como patología neurológica, cuya característica central es el neurodesarrollo anómalo y la disfunción cognitiva (Kahn y Keefe, 2013).

## 2.2. Caracterización del perfil cognitivo de pacientes de alto riesgo+

Mención especial requieren el grupo de participantes que, en el marco de los estudios longitudinales, se han denominado de «alto riesgo+». En este grupo se incluyen a aquellos pacientes con riesgo clínico, presencia de síntomas psicóticos atenuados, o riesgo familiar, antecedentes familiares de esquizofrenia, que terminan sufriendo un trastorno del espectro psicótico. La etiología del riesgo influye en el perfil de deterioro cognitivo. En concreto, los participantes con riesgo clínico destacan por la presencia de déficits en las funciones ejecutivas y memoria verbal. En cambio, aquellos pacientes con riesgo familiar se caracterizan por la presencia de déficits en algunas funciones lingüísticas (vocabulario) y en las funciones visoespaciales (Sheffield et al., 2018).

En este grupo de pacientes con riesgo+ se ha podido constatar evidencias de que la gravedad de los déficits cognitivos predice la posibilidad de conversión a la enfermedad (Keefe et al., 2006; Seidman et al., 2010). En este sentido, se encuentran resultados que apuntan a que los participantes con riesgo que no desarrollan el trastorno muestran un perfil cognitivo similar al del grupo control. Por el contrario, los participantes con alto riesgo+ presentaban un perfil cognitivo similar a los pacientes que ya han sufrido un primer episodio de esquizofrenia (Keefe et al., 2006). El meta-análisis realizado por Fusar-Poli et al. (2012) señaló que el CI, la fluidez verbal, las funciones mnésicas (verbal y visual), así como la memoria operativa son significativamente menores en los participantes que terminan manifestando el trastorno. Análogamente, Lencz et al. (2006) y Seidman et al. (2016) han encontrado una mayor tasa de afectación en memoria operativa, atención y memoria declarativa verbal en participantes con riesgo alto+. Por último, hay datos que apuntan a que la conversión a psicosis está asociada con un rendimiento deficitario en velocidad de procesamiento, memoria verbal y atención sostenida (Keefe et al., 2006; Seidman et al., 2010).

## 2.3. Curso de los déficits cognitivos prodrómicos

Sheffield et al. (2018) concluyeron que los participantes de alto riesgo sufren un deterioro cognitivo general, de magnitud intermedia entre el grupo control y los pacientes que han sufrido un primer episodio de esquizofrenia. El análisis por dominios cognitivos arroja resultados análogos, esto es, niveles intermedios de deterioro cognitivo en memoria operativa visual, memoria verbal y funciones ejecutivas (Goghari et al., 2014; Liu et al., 2015).

En consonancia con los datos anteriores, diferentes autores han encontrado que los déficits cognitivos presentes en la etapa prodrómica de los trastornos del espectro de la esquizofrenia y otros trastornos psicóticos parecen agravarse antes de su manifestación clínica (Lewandowski et al., 2011; Mesholam-Gately et al., 2009; Mollon y Reichenberg, 2017; Parellada et al., 2017). Gur et al. (2014) señalan que, en el caso particular de los participantes con alto riesgo, aunque los déficits cognitivos están presentes desde los 8 años de edad, se acentúan después de los 16 años. Dicho empeoramiento afecta a todos los dominios cognitivos, pero es especialmente evidente en la capacidad de razonamiento y la cognición social.

A pesar de esta tendencia mayoritaria de resultados, también hay que señalar que algunos estudios encontraron conclusiones discrepantes, en el sentido de postular que los déficits son estáticos (Cornblatt et al., 1999; Crow et al., 1995; Jones et al., 1994). Cornblatt et al. (1999) objetivaron estabilidad en las funciones atencionales, mientras que Meier et al. (2014) y Reichenberg et al. (2010) constataron déficits estáticos en las habilidades verbales. Finalmente, Liu et al. (2019) no encontraron diferencias significativas en el índice global de la batería MATRICS entre etapas prodrómicas, primer episodio y esquizofrenia crónica. Una posible explicación a esta diversidad de resultados podría ser la presencia de trayectorias evolutivas diferentes para cada función cognitiva. Mientras que la mayoría de los dominios cognitivos experimentan un ligero empeoramiento, que se acentúa antes de la primera manifestación clínica del trastorno, las funciones atencionales y lingüísticas podrían permanecer relativamente estables.

En resumen, la evidencia empírica disponible en relación a la fase prodrómica de la esquizofrenia

© Ediciones Pirámide

coincide en señalar la presencia de déficits cognitivos, cuya gravedad se sitúa en un nivel intermedio entre muestras normativas y los pacientes que ya han sufrido un primer episodio. El perfil de afectación se caracteriza por un deterioro cognitivo general, que se refleja en un menor CI, y una disfunción en la mayoría de los dominios cognitivos. Las implicaciones aplicadas de estos hallazgos van en la línea de favorecer la detección precoz y el desarrollo de intervenciones tempranas. Estas intervenciones resultan de máxima importancia, dada la sólida evidencia que relaciona el déficit funcional de la esquizofrenia con la afectación cognitiva, más que con los propios síntomas psicóticos (Velligan et al., 1997).

### 2.4. Comparación con la fase prodrómica de los trastornos afectivos con características psicóticas

Estudiar el estado cognitivo de pacientes que, a pesar de sufrir trastornos psicopatológicos diferentes, presentan síntomas psicóticos puede arrojar una valiosa información sobre las características dimensionales de los trastornos de dicho espectro (Sheffield et al., 2018). Por ello, en los últimos años se ha incrementado el volumen de trabajos orientados a estudiar el perfil cognitivo de pacientes con trastornos afectivos, diferenciándolos en función de la presencia o ausencia de características psicóticas.

En el caso del trastorno bipolar, cuando no se diferencia entre pacientes con o sin características psicóticas, no se encuentran deficiencias cognitivas prodrómicas de carácter significativo (Martino et al., 2015; Mollon y Reichenberg, 2017; Parellada et al., 2017). De hecho, hay estudios que asocian un mejor funcionamiento cognitivo con el desarrollo del trastorno (MacCabe et al., 2013; Tiihonen et al., 2005). Sin embargo, cuando se limita la muestra a pacientes con trastorno bipolar con características psicóticas, se evidencia un deterioro cognitivo general de carácter leve (Daban et al., 2006; Payá et al., 2013). Análogamente, Ratheesh et al. (2013) encontraron que durante la fase prodrómica los pacientes con alto riesgo de presentar trastornos del espectro psicótico que desarrollaron un trastorno bipolar, además de presentar un déficit cognitivo general, sufrían déficits en la velocidad de procesamiento y en funciones ejecutivas. Seidman et al. (2013) realizaron un estudio retrospectivo en el que constataron que el 22,9% de los pacientes que desarrollaron un trastorno bipolar con síntomas psicóticos mostraron evidencias de deterioro cognitivo en la fase prodrómica. Por otro lado, en el estado cognitivo prodrómico de la esquizofrenia y el trastorno bipolar con síntomas psicóticos se objetivan diferencias en el grado de deterioro, con mayores tasas de afectación en el caso de los pacientes con esquizofrenia (Daban et al., 2006; Kendler et al., 2016; Seidman et al., 2013; Trotta et al., 2015). A pesar de esta tendencia de resultados, también hay ciertos datos discrepantes. En concreto, Guerra et al. (2002), Simonsen et al. (2011) y Zanelli et al. (2010) no hallaron déficits en la capacidad cognitiva general, medida a través del CI.

Por tanto, la presencia de síntomas psicóticos se asocia, de forma general, con la manifestación de déficits cognitivos, independientemente de la naturaleza del trastorno psicopatológico en el que cursen. Dichos déficits se manifiestan desde la etapa prodrómica y contribuyen a una mayor afectación clínico-funcional de los pacientes.

## 3. CARACTERIZACIÓN DEL PRIMER EPISODIO PSICÓTICO

Las definiciones del término «primer episodio» han sido variables. En este apartado se hará referencia al paciente que fue reclutado inmediatamente tras haber sufrido un trastorno psicótico primario, sin exposición previa a medicamentos antipsicóticos. Como señalan Sheffield et al. (2018), la evaluación del estado cognitivo en el primer episodio psicótico es sumamente relevante, porque permite conocer el perfil cognitivo previo al tratamiento a largo plazo con antipsicóticos. Además, permite establecer una medida de línea base del deterioro, de cara a estudiar su evolución posterior en la enfermedad (Kirkpatrick et al., 2008).

### 3.1. Caracterización del perfil cognitivo en el primer episodio psicótico

#### 3.1.1. *Déficit cognitivo general*

La alteración general en el estado cognitivo que acompaña al primer episodio psicótico se encuentra

© Ediciones Pirámide

ampliamente respaldada. Los estudios transversales muestran que, en los pacientes con un primer episodio psicótico, el rendimiento cognitivo general es significativamente inferior que el del grupo control (Chu et al., 2018; Engen et al., 2019; Liu et al., 2019; Sheffield et al., 2018; Stramecki et al., 2019). Para establecer el rendimiento cognitivo general utilizaron un «índice global del estado cognitivo», creado a partir de las puntuaciones en los distintos componentes cognitivos. No obstante, para una adecuada caracterización del perfil cognitivo es necesario realizar una exploración de los distintos dominios cognitivos y de sus componentes.

### 3.1.2. *Déficits cognitivos específicos*

Uno de los aspectos más característicos en el primer episodio psicótico es el enlentecimiento significativo en la velocidad de procesamiento (Chu et al., 2018; Engen et al., 2019; Fan et al., 2019; Havelka et al., 2016; Liu et al., 2019). En lo relativo a la función atencional, también presentan una menor amplitud atencional (Stramecki et al., 2019), unido a un peor rendimiento en tareas de atención sostenida y alternante (Chu et al., 2018; Engen et al., 2019; Fan et al., 2019).

Respecto a las funciones ejecutivas, los pacientes con un primer episodio psicótico muestran, en términos generales, un peor rendimiento en comparación al grupo control (Engen et al., 2019). Atendiendo a los distintos subcomponentes de las funciones ejecutivas, los estudios muestran un peor rendimiento en la fluidez verbal ante consigna semántica (Chu et al., 2018; Fan et al., 2019; Havelka et al., 2016; Stramecki et al., 2019). Asimismo, también se observan alteraciones en la memoria operativa, en la flexibilidad cognitiva y formación de conceptos (Havelka et al., 2016; Stramecki et al., 2019), así como en la capacidad de razonar y resolver problemas (Fan et al., 2019; Liu et al., 2019). En esta línea, Mckay et al. (2006) describieron que los pacientes presentan un «salto en las conclusiones», entendido como un sesgo en el razonamiento y en la posterior toma de decisiones. En concreto, observaron que los pacientes con un primer episodio psicótico utilizan menos información de la necesaria, precipitándose en sus conclusiones y toma de decisiones. Asimismo, se observó que la gravedad de la sintomatología era un predictor de dicho sesgo. Además, la memoria operativa era significativamente menor en aquellos pacientes que sacaron conclusiones precipitadas (McKay et al., 2006). En lo relativo a la memoria prospectiva, Liu et al. (2017) hallaron que los pacientes con un primer episodio psicótico presentaban peor recuerdo a la hora de llevar a cabo una acción prevista en el futuro.

Una de las habilidades cognitivas más asociadas al espectro de la esquizofrenia ha sido la cognición social. En este sentido, los estudios muestran un peor rendimiento en la percepción, comprensión y regulación de los aspectos emocionales de los pacientes con un primer episodio psicótico en comparación al grupo control (Fan et al., 2019; Liu et al., 2019). Asimismo, en una revisión sistemática realizada por Barkl et al. (2014) hallaron evidencias de una menor eficacia a la hora de identificar las emociones faciales.

En relación al componente mnésico verbal, se observa un rendimiento significativamente inferior en el recuerdo inmediato y demorado de palabras (Engen et al., 2019; Fan et al., 2019; Havelka et al., 2016; Hill et al., 2004; Stramecki et al., 2019), y de material contextualizado (Chu et al., 2018; Engen et al., 2019). Asimismo, esta afectación en la memoria verbal se ha asociado con un uso reducido de estrategias mnemotécnicas que facilitan la codificación y recuperación de palabras, como, por ejemplo, estrategias de agrupación semántica (Sheffield et al., 2018). Esto pone de manifiesto la importancia del déficit en el uso de estrategias mnemotécnicas y, por ende, del papel de las funciones ejecutivas, a la hora de entender esta disfunción mnésica. En el componente mnésico visual, los pacientes con un primer episodio psicótico muestran también un peor rendimiento en el aprendizaje y recuerdo de nueva información visoconstructiva (Chu et al., 2018; Fan et al., 2019; Liu et al., 2019).

En lo relativo a las funciones visoespaciales y visoconstructivas, los pacientes con un primer episodio psicótico mostraron un rendimiento peor en la copia de figuras y en la orientación de líneas (Stramecki et al., 2019; Zhang et al., 2015). Asimismo, este rendimiento deficitario también se debió principalmente al uso inadecuado de estrategias (Stramecki et al., 2019).

Por tanto, atendiendo a las evidencias reseñadas, en el primer episodio psicótico se pone de ma-

© Ediciones Pirámide

nifiesto una afectación del estado cognitivo general, caracterizándose por un perfil cognitivo que presenta una alteración en el mantenimiento y cambio del foco atencional, así como un mayor enlentecimiento en la velocidad de procesamiento. Dentro del perfil cognitivo, cabe destacar una afectación clara de la cognición social y de las funciones ejecutivas, a nivel de fluidez verbal, memoria operativa, flexibilidad cognitiva, formación de conceptos, razonamiento y resolución de problemas. Asimismo, los pacientes con un primer episodio psicótico presentan alteración de la memoria verbal y visual, en las fases de adquisición y recuperación de la información, aunque dicha alteración se encuentra directamente relacionada con la afectación de componentes ejecutivos relativos al uso adecuado de estrategias. Finalmente, los pacientes en ocasiones pueden presentar dificultades en la función visoespacial y/o visoconstructiva, aunque estas dificultades vuelven a estar ligadas a los aspectos más ejecutivos.

En lo relativo a posibles aspectos moduladores del perfil cognitivo, se observó un efecto de interacción entre el estado cognitivo y el grado de sintomatología negativa que presenten los pacientes con primer episodio psicótico (Engen et al., 2019). En este estudio los autores estratificaron a los pacientes con un primer episodio psicótico por nivel de sintomatología negativa, creando cuatro subgrupos: sin sintomatología negativa, sintomatología negativa leve, sintomatología negativa transitoria y sintomatología negativa sostenida. Los resultados mostraron que los grupos de sintomatología negativa transitoria y sostenida presentaban una mayor alteración del estado cognitivo general. Asimismo, los pacientes con sintomatología negativa sostenida rendían significativamente peor en los dominios de velocidad de procesamiento, funciones ejecutiva y de memoria verbal.

## 3.2. Comparación del perfil cognitivo del primer episodio psicótico con el del trastorno bipolar y con la fase crónica de la esquizofrenia

A continuación, se compara el perfil cognitivo asociado al primer episodio psicótico con el del primer episodio en el trastorno bipolar, a modo de estadio homólogo, y con el trastorno en la esquizofrenia crónica, en contraposición a una fase aguda.

### 3.2.1. *Comparación con el primer episodio del trastorno bipolar*

Tradicionalmente se ha sugerido que la esquizofrenia, al contrario del trastorno bipolar, se caracteriza por la presencia de déficits cognitivos desde las primeras etapas de la enfermedad (Bora y Pantelis, 2015). Sin embargo, los mismos autores, tras llevar a cabo un meta-análisis, observaron que los pacientes con un primer episodio del trastorno bipolar presentaron un perfil de afectación generalizado en comparación a participantes sin diagnóstico clínico. Presentaron mayor tamaño del efecto los componentes de atención sostenida, fluidez verbal, memoria operativa y razonamiento. Asimismo, Bora y Pantelis (2015) realizaron un segundo meta-análisis para comparar el perfil cognitivo del primer episodio en el trastorno bipolar con el de la esquizofrenia. Obtuvieron que los pacientes con un primer episodio esquizofrénico rendían peor en fluidez verbal, memoria verbal, memoria operativa y velocidad de procesamiento. Resultó similar el rendimiento de atención sostenida, memoria visual y capacidad de razonamiento. Estos hallazgos ponen de manifiesto que en ambos episodios podemos observar déficits cognitivos asociados a las primeras etapas del trastorno. Aunque en el caso de tratarse de un primer episodio esquizofrénico, este se diferencia por un mayor enlentecimiento en la velocidad de procesamiento y una mayor alteración de la función mnésica verbal y de algunos aspectos ejecutivos (fluidez verbal y memoria operativa).

### 3.2.2. *Comparación con la esquizofrenia en fase crónica*

Cuando se estudia el curso temporal del perfil cognitivo en el primer episodio psicótico, se observa que este se mantiene estable (Engen et al., 2019; Sheffield et al., 2018). En un estudio longitudinal, Sánchez-Torres et al. (2017) hallaron que en los primeros dos años el estado cognitivo general se mantenía estable en el 90% de los pacientes tras el primer episodio psicótico. Asimismo, en un seguimiento de 10

© Ediciones Pirámide

años, los pacientes del espectro de la esquizofrenia exhibieron un rendimiento cognitivo estable en todas las pruebas (Bergh et al., 2016; Rund et al., 2016), incluso en el contexto de síntomas clínicos mejorados.

Al comparar el rendimiento cognitivo de los pacientes con un primer episodio psicótico frente a los esquizofrénicos en su fase crónica, los estudios transversales no evidencian diferencias significativas en el estado cognitivo general o en ninguno de los dominios cognitivos (McCleery et al., 2014; Heinrichs y Zakzanis, 1998; Liu et al., 2019; Sheffield et al., 2018). En el estudio de Heinrichs y Zakzanis (1998) los déficits cognitivos fueron similares a los observados en pacientes con un primer episodio psicótico, aunque los pacientes crónicos eran, en promedio, 9 años mayores, tenían una mayor cronicidad de la enfermedad y tenían una duración sustancialmente más prolongada de exposición al medicamento. Asimismo, McCleery et al. (2014), incluso tras haber controlado el efecto del uso de fármacos, observaron déficits comparables en la velocidad de procesamiento, en la función atencional, en la memoria verbal y visual, en el razonamiento y resolución de problemas al comparar el primer episodio y la esquizofrenia crónica. Además, los autores destacaron, en el contexto de un déficit generalizado, la presencia de un déficit específico en la velocidad de procesamiento, tanto en las etapas iniciales como en las crónicas. Por tanto, los hallazgos parecen indicar que el perfil cognitivo característico del primer episodio es comparable al de un paciente durante el curso crónico, argumentando en contra de los efectos neurotóxicos asociados a la esquizofrenia (Sheffield et al., 2018).

## 4. CARACTERIZACIÓN DE LA ESQUIZOFRENIA CRÓNICA

### 4.1. Caracterización cognitiva

#### 4.1.1. *Déficit cognitivo general*

El deterioro cognitivo en los pacientes con esquizofrenia crónica está presente en el 80% de los casos (Reichenberg et al., 2009; Sheffield et al., 2018), e implica una afectación global y de varios dominios cognitivos (Dickinson et al., 2008; Heinrichs y Zakzanis, 1998; Hochberger et al., 2016). En general, se ha encontrado una disminución global del rendimiento cognitivo en pacientes con esquizofrenia en comparación con controles, con tamaños de efectos moderados o grandes (Heinrichs y Zakzanis, 1998). En esta línea, Dickinson et al. (2008) han hallado que el rendimiento en 17 dominios cognitivos explicaba el 63,3% de la varianza relacionada con el diagnóstico, al comparar a un grupo de esquizofrenia frente a un grupo control. Por tanto, estos autores han referido el déficit cognitivo general como una característica estable de la esquizofrenia, así como el mejor predictor que permite diferenciar a ambos grupos.

#### 4.1.2. *Deterioro específico por dominios cognitivos*

En cuanto al deterioro cognitivo por dominios específicos, la mayoría de las investigaciones han encontrado un decremento en la velocidad de procesamiento (Burdick et al., 2006; Dickinson et al., 2007; Kern et al., 2011). Burdick et al. (2006) siguieron a pacientes jóvenes con esquizofrenia y otros trastornos psicóticos, así como a otro grupo de comparación que tenía depresión no psicótica, durante más de 20 años. Los autores midieron tanto la velocidad de procesamiento como la capacidad para acceder al conocimiento general. Los tres grupos difirieron significativamente en la velocidad de procesamiento en la evaluación de línea base, mostrando un menor rendimiento el grupo de esquizofrenia. No obstante, los tres grupos mostraron una mejoría significativa en el primer seguimiento después de 2 años. En los seguimientos restantes, no hubo cambios en ningún grupo, lo que sugiere la estabilidad del déficit de velocidad de procesamiento en el grupo de esquizofrenia. Por otro lado, Dickinson et al. (2007) refirieron que la velocidad de procesamiento y, más concretamente, la codificación de símbolos y dígitos es especialmente sensible al deterioro en esquizofrenia, lo que sugiere que representa una pérdida específica de la esquizofrenia que contribuye tanto al déficit general como al resto de dominios específicos.

Otro de los dominios cognitivos que ha mostrado mayor deterioro es el de las funciones ejecutivas. Lesh et al. (2013) refirieron que el control cognitivo, la habilidad para mantener los objetivos durante la

© Ediciones Pirámide

ejecución de una tarea específica, estaba alterado en los pacientes con esquizofrenia crónica. Más concretamente, la capacidad de modificar la ejecución en función de las contingencias del medio, lo que se ha considerado que está relacionado con los síntomas de desorganización cognitiva de la esquizofrenia. La memoria operativa es otro aspecto de las funciones ejecutivas en el que se objetiva un peor rendimiento en la esquizofrenia, aunque este déficit parece estar relacionado con problemas de codificación, representación y mantenimiento de la información visual y verbal (Barch y Sheffield, 2014).

La cognición social es otro de los dominios cognitivos que mejor permite diferenciar entre las personas con y sin esquizofrenia (Dickinson et al., 2007; Kern et al., 2011). La evidencia científica indica que las personas con esquizofrenia muestran un importante deterioro en la cognición social, especialmente en el procesamiento de las emociones (percepción de la expresión facial), la percepción de señales sociales, el estilo atribucional y la teoría de la mente (Heilbronner et al., 2016). Estas alteraciones se asocian con un funcionamiento del comportamiento social deficitario (Horan y Green, 2019).

Por último, existen funciones cognitivas que también se han mostrado deterioradas, aunque en menor medida, como la atención (Kern et al., 2011), la integración visoperceptiva (Silverstein et al., 2012), el acceso al léxico (Burdick et al., 2006; Sheffield et al., 2018), y el aprendizaje verbal (Sheffield et al., 2018). En lo que respecta al acceso al léxico, Burdick et al. (2006) encontraron un menor rendimiento en los pacientes con esquizofrenia frente al grupo control, observándose una mejoría significativa en el seguimiento, efecto que no se observó en el grupo control. En el resto de evaluaciones de seguimiento, los pacientes con esquizofrenia continuaron mostrando un peor desempeño, lo que también apoya la noción de estabilidad temporal del déficit. Por otro lado, en cuanto a las alteraciones del aprendizaje, se considera que podrían estar relacionadas con problemas en la habilidad para transferir las instrucciones de la tarea a una conducta propositiva dirigida a metas (Sheffield et al., 2018). Asimismo, cabe destacar que los hallazgos referentes a la memoria verbal y visual son inconsistentes, sin que se haya encontrado un déficit claro en el rendimiento. La disminución relativa observada en el aprendizaje verbal parece deberse, en parte, a una mejoría en el grupo control. En este sentido, es posible que, a diferencia de los controles, los pacientes con esquizofrenia presenten una dificultad específica en la generación de estrategias nemotécnicas para acceder a la información previamente aprendida (Burdick et al., 2006; Granholm et al., 2010; Gur et al., 1998). Por último, no se han observado cambios en el lenguaje, la percepción y las habilidades sensoriales o motoras (Heilbronner et al., 2016).

## 4.2. Trayectoria del deterioro cognitivo en la esquizofrenia crónica

En cuanto a la trayectoria del deterioro cognitivo, algunos autores indican que los déficits permanecen relativamente estables a lo largo del tiempo, una vez alcanzada la edad adulta (Goldberg et al., 1993). Como ya hemos señalado, el deterioro cognitivo está presente desde la etapa prodrómica, exacerbándose en el primer episodio y manteniéndose estable posteriormente. Esto es, el deterioro es grave y estable desde que ocurre el primer episodio de psicosis hasta la vida adulta (Sheffield et al., 2018). Por tanto, la capacidad cognitiva no degenera como parte del proceso de la esquizofrenia, no mostrando diferencias significativas en el funcionamiento cognitivo entre los 18 y los 70 años.

En esta línea, las funciones que parecen permanecer estables a lo largo del tiempo son el CI cristalizado y, de manera específica, la velocidad de procesamiento y las funciones atencionales/ejecutivas (Rund et al., 2016). No obstante, otros autores refieren que la estabilidad de los déficits cognitivos que se evidencia en la etapa adulta no se mantiene en la vejez (Heilbronner et al., 2016). Por otro lado, se considera que el factor que muestra una mayor relación con el curso del deterioro cognitivo es la remisión del episodio psicótico durante el primer año, en lugar de la duración de los episodios no tratados, los síntomas o el uso de la medicación (Heilbronner et al., 2016).

## 4.3. Deterioro cognitivo según subtipos de esquizofrenia

Una línea importante de desarrollo de la investigación sobre el deterioro cognitivo en la esquizo-

© Ediciones Pirámide

frenia se ha centrado en caracterizar la diferenciación en el rendimiento cognitivo según la gravedad de los síntomas, dado que tanto los déficits cognitivos asociados como su grado de alteración pueden variar dentro de los subtipos de la esquizofrenia.

Carpenter et al. (1988) propusieron la delimitación de los subtipos deficitario y no deficitario de la esquizofrenia. El subtipo deficitario estaría caracterizado por síntomas negativos duraderos y primarios (no explicables por otros factores como los efectos de la medicación, depresión, síntomas positivos y ansiedad). En esta línea, algunos estudios han sugerido una mayor gravedad de los déficits cognitivos en pacientes que presentan esquizofrenia con mayor presencia de síntomas negativos (Bora et al., 2016; Lewandowski et al., 2014; Tyburski et al., 2017; Yu et al., 2015). No obstante, en la actualidad no se ha establecido un perfil neuropsicológico de la esquizofrenia atendiendo a la sintomatología (Tyburski et al., 2017). Los hallazgos actuales sugieren que la gravedad de los déficits cognitivos es mayor en la esquizofrenia deficitaria, destacando principalmente la afectación de las funciones ejecutivas y de la cognición social. Asimismo, se encontraron diferencias significativas en la velocidad de procesamiento y en todas las medidas de funciones ejecutivas relacionadas con la misma (Bora et al., 2017). Por tanto, existe evidencia de una relación significativa entre la gravedad del síndrome y un mayor deterioro cognitivo general en la esquizofrenia.

En esta línea, Yu et al. (2015) compararon a un grupo de pacientes con esquizofrenia deficitaria frente a un grupo no deficitario, incluyendo, además, la comparación de ambos con un grupo control. Estos autores encontraron que ambos subgrupos de esquizofrenia presentaron un deterioro cognitivo general más grave que los controles. Asimismo, refirieron que el grupo deficitario mostró un peor rendimiento que los pacientes con esquizofrenia no deficitaria en todas las medidas neuropsicológicas evaluadas, excepto en la sensibilidad a la interferencia, de manera que los perfiles de ambos grupos mostraron un patrón significativamente diferente debido, principalmente, a diferencias en la atención y la flexibilidad cognitiva. Además, pusieron de manifiesto el papel modulador de determinadas variables como son la edad, la educación, la duración de la enfermedad y los síntomas negativos. En este sentido, encontraron que todas estas variables correlacionaron con el deterioro cognitivo en el grupo de pacientes no deficitarios, mientras que solo la edad y los síntomas negativos correlacionaron con el deterioro cognitivo en el grupo de pacientes deficitarios. Por último, Tyburski et al. (2017), en un estudio sobre el perfil neuropsicológico específico de las funciones ejecutivas en pacientes con esquizofrenia deficitaria y no deficitaria, encontraron que la formación de conceptos y la flexibilidad cognitiva no verbal fueron las que, en mayor medida, diferenciaban a ambos grupos. Por tanto, consideraron que este perfil podría ser específico de la esquizofrenia deficitaria.

Por otro lado, Brazo et al. (2002) se plantearon investigar los diferentes patrones cognitivos en pacientes con distintos subtipos de esquizofrenia:

1. Deficitario (pacientes con síntomas negativos primarios y duraderos).
2. Desorganizado (pacientes con déficits en las funciones ejecutivas).
3. Positivo (pacientes con presencia de síntomas positivos).

Los resultados mostraron que el subtipo positivo mostró un rendimiento normal en tareas ejecutivas, atencionales y mnésicas, lo que sugiere la preservación de las habilidades cognitivas. En cambio, los subtipos deficitario y desorganizado mostraron importantes disfunciones mnésicas y atencionales/ejecutivas en comparación con el grupo control. El subtipo deficitario obtuvo un peor rendimiento que los controles en la generación y mantenimiento de estrategias y en la fluidez verbal, mientras que el subtipo desorganizado mostró puntuaciones más bajas en la memoria operativa y en la sensibilidad a la interferencia. Por tanto, se evidenciaron distintos patrones cognitivos en pacientes deficitarios, desorganizados y positivos en comparación con los controles, lo que confirma una disfunción cognitiva heterogénea en la esquizofrenia.

Otros autores han definido subgrupos de rendimiento cognitivo a partir del CI (Weinberg et al., 2016). Estos autores mediante análisis de conglomerados determinaron cuatro subgrupos distintos según el CI:

1. Un subgrupo supuestamente preservado, formado por 25 pacientes.

© Ediciones Pirámide

2. Un subgrupo de bajo CI premórbido, de 11 pacientes.
3. Un subgrupo de deterioro moderado, de 33 pacientes.
4. Un subgrupo de deterioro grave, formado por 27 pacientes.

Los hallazgos pusieron de manifiesto que, a pesar de tener niveles de CI aparentemente estables, el subgrupo supuestamente preservado tenía deteriorada la velocidad de procesamiento y la atención (Burdick et al., 2006; Dickinson et al., 2007; Kern et al., 2011). En cuanto a los grupos de deterioro, se diferenciaron por una mayor disminución en el CI (11 vs. 7 puntos) y el grupo de deterioro grave mostró, además, déficits adicionales en fluidez verbal. Por último, los grupos de pacientes supuestamente preservados y de deterioro moderado difirieron significativamente en las medidas de memoria verbal y operativa. Estos hallazgos confirmaron que la esquizofrenia puede clasificarse a partir del deterioro del coeficiente intelectual en la etapa prodrómica. En conjunto, los estudios de subtipos atendiendo a diferentes criterios de clasificación pusieron de manifiesto la heterogeneidad neurobiológica presente en la enfermedad.

### 4.4. Comparación del deterioro cognitivo en la esquizofrenia y el de otros trastornos con síntomas psicóticos

La mayoría de los estudios realizados en esta línea se han centrado en la comparación con el trastorno bipolar (Bowie et al., 2018; Jiménez-López et al., 2019; Menkes et al., 2019; Shahab et al., 2019; Van Rheenen et al., 2017). Como se ha señalado, el perfil neuropsicológico de la esquizofrenia supone un deterioro general (Dickinson et al., 2004), con importantes déficits específicos en la velocidad de procesamiento, en las funciones atencionales/ejecutivas y la cognición social. Además, frecuentemente se incluye el aprendizaje verbal (Bilnder et al., 2000; Dickinson et al., 2008). Por otro lado, los pacientes con trastorno bipolar, clínicamente estables, tienden a presentar deficiencias más graves y persistentes en velocidad de procesamiento y memoria verbal, con un rendimiento moderado en las pruebas que evalúan las habilidades perceptivas y visomotoras (Jensen et al., 2016). Jiménez-López et al. (2019) compararon, durante un seguimiento de cinco años, el curso cognitivo y funcional de pacientes eutímicos con trastorno bipolar (con y sin antecedentes de psicosis), frente a un grupo de pacientes con esquizofrenia crónica y un grupo de controles. Estos autores destacaron la estabilidad del rendimiento cognitivo en todos los grupos de pacientes. No obstante, refirieron que no se puede descartar la posibilidad de que un subconjunto de pacientes muestre una evolución progresiva, por lo que consideran necesario estudios longitudinales con muestras más amplias para confirmar este hallazgo. Además, encontraron que el perfil de deterioro cognitivo de los pacientes con esquizofrenia o trastorno bipolar, con y sin psicosis, fue similar, con algunas diferencias cuantitativas circunscritas a ciertos dominios, como la memoria operativa. Asimismo, encontraron que el subgrupo de pacientes con trastorno bipolar sin psicosis no presentaba deterioro funcional.

Por otro lado, Menkes et al. (2019) evaluaron el funcionamiento neuropsicológico y la capacidad intelectual, en pacientes que se encontraban en fases iniciales y crónicas de la psicosis, respecto a un grupo control. Además, clasificaron a los pacientes con psicosis como neuropsicológicamente normales, deteriorados y de bajo CI premórbido. Los resultados confirmaron la predicción en cuanto a la mayor presencia de pacientes deteriorados en el grupo de esquizofrenia. En cambio, obtuvieron que una proporción importante de pacientes con esquizofrenia y con trastorno bipolar psicótico se clasificaron como deteriorados y/o de bajo CI premórbido. Por último, encontraron que el deterioro neuropsicológico en la etapa inicial de la psicosis fue más grave en la esquizofrenia frente al trastorno bipolar. Por otro lado, Bowie et al. (2018) refirieron que tanto el diagnóstico de esquizofrenia como la presencia de psicosis activa parecían contribuir de forma independiente al deterioro cognitivo, de manera que el grupo de esquizofrenia que experimentó síntomas psicóticos activos en el momento de la evaluación fue el que mostró un mayor deterioro cognitivo. Los pacientes con trastorno bipolar que presentaban psicosis activa también experimentaron un deterioro considerable en todos los dominios cognitivos, no diferenciándose de los pacientes con esquizofrenia y psicosis activa en las pruebas cognitivas como la memoria operativa y el funcionamiento ejecutivo.

© Ediciones Pirámide

Otra diferencia en cuanto al perfil cognitivo de pacientes con esquizofrenia y trastorno bipolar está relacionada con la estabilidad del deterioro cognitivo. En la esquizofrenia parece existir un importante consenso sobre la estabilidad del deterioro, mientras que esto no ocurre en el trastorno bipolar (Bowie et al., 2018). Se considera que el deterioro cognitivo en el trastorno bipolar puede relacionarse, en mayor medida, con el estado de los síntomas. Esto es, deficiencias en el aprendizaje verbal exacerbadas durante los estados maníacos/mixtos, deficiencias en la fluidez verbal exacerbadas durante los estados depresivos (Kurtz et al., 2009) y mejora de algunas habilidades durante los períodos de eutimia (Hill et al., 2013; Martínez-Arán et al., 2004).

Por último, es importante destacar que aunque la esquizofrenia se considera normalmente un trastorno del neurodesarrollo, aún no existe un consenso claro respecto a que el trastorno bipolar se corresponda con un trastorno neurodegenerativo (Goodwin et al., 2008). Además, la heterogeneidad, cada vez más evidenciada, del deterioro cognitivo propio de los trastornos psicóticos sugiere que las trayectorias cognitivas en la esquizofrenia y el trastorno psicótico bipolar pueden no corresponderse, exactamente, con las de un trastorno del neurodesarrollo y trastorno neurodegenerativo, respectivamente (Menkes et al., 2019).

Respecto al deterioro cognitivo en otros trastornos psicóticos, las investigaciones son escasas. La revisión de Madre et al. (2016), sobre los fundamentos neuropsicológicos y de neuroimagen del trastorno esquizoafectivo, puso de manifiesto una tendencia general de dicho trastorno hacia el perfil de la esquizofrenia, de manera que el trastorno esquizoafectivo y la esquizofrenia se relacionaron con un peor rendimiento cognitivo en comparación con el trastorno bipolar. Los resultados obtenidos indicaron un déficit cognitivo general y, a nivel específico, un deterioro en los dominios atencional/ejecutivo y en la memoria a largo plazo. Estos hallazgos sugieren que el trastorno esquizoafectivo podría ser un subtipo de esquizofrenia, o bien que, en el continuo del espectro de la psicosis, se encontraría más sesgado hacia la esquizofrenia que el trastorno bipolar.

Por otro lado, respecto al trastorno esquizofreniforme, el estudio de Hoff et al. (1992) puso de manifiesto que, tanto los pacientes de primer episodio como los crónicos, obtuvieron un rendimiento cognitivo general significativamente peor que el grupo control. También mostraron un rendimiento inferior en los dominios específicos de velocidad de procesamiento, en el eje atención/funciones ejecutivas y en memoria verbal y espacial. Asimismo, los pacientes del primer episodio mostraron el mismo nivel de deterioro cognitivo que los pacientes crónicos en todas las medidas cognitivas, por lo que estos hallazgos sugieren que los déficits cognitivos en los pacientes esquizofreniformes están presentes desde las primeras etapas de la enfermedad psicótica.

En resumen, parece que la mayoría de los trastornos psicóticos presentan un importante deterioro cognitivo. Este deterioro, aunque heterogéneo, presenta características comunes a todos los trastornos, como son un déficit cognitivo general y una afectación de la atención y las funciones ejecutivas. Otros dominios cognitivos se ven alterados de manera diferencial. En este sentido la velocidad de procesamiento se ve afectada en mayor medida en la esquizofrenia, mientras que las funciones ejecutivas en el trastorno bipolar y la memoria en el trastorno esquizoafectivo.

## 4.5. Esquizofrenia en el envejecimiento

Cuando la esquizofrenia se presenta de manera tardía, los pacientes muestran un deterioro significativo del rendimiento cognitivo. Aproximadamente la mitad de los pacientes evaluados tras cinco años de seguimiento cumplían con los criterios de demencia. Esto supone la presencia de un posible proceso neurodegenerativo en la esquizofrenia de inicio tardío o de una demencia comórbida (Heilbronner et al., 2016). Friedman et al. (2013) compararon a pacientes mayores de 50 años institucionalizados, pacientes jóvenes institucionalizados con esquizofrenia, frente a un grupo control de personas mayores que estaban sanas o padecían la enfermedad de Alzheimer (EA). Los autores observaron un deterioro cognitivo progresivo, objetivado mediante el Mini Mental State Examination (MMSE) (Folstein, 1975) en los pacientes mayores con esquizofrenia. Este patrón no fue observado ni en los pacientes más jóvenes ni en las personas mayores del grupo control. Además, fue cualitativamente

© Ediciones Pirámide

diferente del observado en los pacientes con demencia. En concreto, mientras que el deterioro cognitivo de los pacientes mayores con esquizofrenia dependía de la edad que tenían en el seguimiento, los pacientes con EA mostraron un deterioro independiente de la edad en el momento del seguimiento. En esta línea, en el meta-análisis llevado a cabo por Irani et al. (2011) se estudiaron la cognición general y de determinados dominios neuropsicológicos específicos en pacientes mayores con esquizofrenia y en grupos de comparación de la misma edad, en torno a 65 años. Los resultados mostraron déficits cognitivos importantes y generalizados en las personas mayores con esquizofrenia, representando un hallazgo sólido, que se asemeja al deterioro que ocurre a lo largo de la vida. Por tanto, estos resultados van en la línea de la estabilidad de los déficits cognitivos en la esquizofrenia a lo largo de la vida adulta y en la vejez.

No obstante, es importante destacar la importancia de los factores demográficos (edad, sexo, educación, raza) y clínicos (diagnóstico, hospitalización, edad de inicio, duración de la enfermedad, sintomatología positiva y negativa), así como la medicación, como variables moduladoras del deterioro cognitivo en la esquizofrenia, pudiendo incrementar la vulnerabilidad a su conversión en proceso neurodegenerativo.

## 5. FACTORES MODULADORES DE LA COGNICIÓN EN LA ESQUIZOFRENIA

En la esquizofrenia existen variables clínicas y sociodemográficas que modulan el deterioro cognitivo, aunque persisten discrepancias respecto a concretar cuáles son las implicadas y el papel específico de modulación que desempeñan.

Entre las variables clínicas se han estudiado la sintomatología negativa, la gravedad de los síntomas positivos, el inicio y la duración del trastorno, el uso de medicación antipsicótica y su duración, la institucionalización de los pacientes, entre otras. De estas variables clínicas, la sintomatología negativa y la institucionalización parecen presentar evidencias consistentes de actuar como moduladoras. Respecto a la sintomatología negativa, se han estudiado las diferencias en el grado y tipo de deterioro cognitivo, según los subtipos deficitarios y no deficitarios (Bora et al., 2009; Bora et al., 2017). Específicamente, los pacientes deficitarios presentan un mayor deterioro cognitivo frente a los no deficitarios (Bora et al., 2017). En cuanto a la variable de institucionalización, escasean los estudios sobre su relación con la cognición en la esquizofrenia. A pesar de ello, Evans et al. (1999), con la escala de demencia de Mattis (DRS) (Mattis, 1978), encontraron mayores déficits en los pacientes institucionalizados frente a los ambulatorios. Con posterioridad, Irani et al. (2010) también encontraron un mayor deterioro cognitivo, tanto a nivel general como en funciones específicas, en los pacientes institucionalizados frente a los que vivían en la comunidad.

Contrariamente, las variables clínicas referentes a la gravedad de los síntomas positivos, el uso de medicación antipsicótica y su duración no parecen actuar como moduladoras del deterioro cognitivo en la esquizofrenia. Respecto a la sintomatología positiva, son escasas las evidencias que establecen la relación entre el deterioro cognitivo y la gravedad de los síntomas (Sheffield et al., 2018). En lo referente al uso de medicación antipsicótica y su duración, cabe mencionar que el análisis de su influencia es difícil porque en los estudios no se suele contar con la información necesaria. De todos modos, en aquellos estudios en los que se obtiene algún efecto de la medicación sobre el funcionamiento cognitivo, dicho efecto ha resultado ser mínimo (Hill et al., 2010). Por su parte, la duración del uso de medicación antipsicótica tampoco parece influir en el deterioro cognitivo de la esquizofrenia. Una muestra de ello es que los pacientes con un primer episodio de esquizofrenia presentan un deterioro cognitivo similar al observado en las etapas crónicas (Sheffield et al., 2018). Por último, para el resto de variables clínicas mencionadas, predominan resultados dispares y, por ende, no concluyentes.

En referencia a la edad de inicio y la duración de la enfermedad, abundan los resultados contradictorios. Irani et al. (2010) encontraron que la edad de inicio de los síntomas psicóticos moderó significativamente el tamaño del efecto en la cognición general, de tal modo que los pacientes con una edad de inicio más tardía mostraron un mayor deterioro cognitivo. Por contra, otros estudios no encontraron dicha asociación (por ejemplo, Bora et al., 2017; Hanssen et al., 2015) o la encontraron en sentido

© Ediciones Pirámide

contrario (Rajji et al., 2008). En cuanto a la duración de la enfermedad, la situación es parecida, se han encontrado resultados que la relacionan con la cognición general en el envejecimiento, de tal manera que aquellos que presentan una mayor duración de la enfermedad, muestran un mayor deterioro cognitivo general (Irani et al., 2010). Asimismo, una duración de la enfermedad superior a los dos años parece estar asociada a una mayor disfunción cognitiva (Talreja et al., 2013). Ahora bien, esta relación se estableció utilizando para la valoración cognitiva únicamente pruebas de cribado, como la escala de estado cognitivo global Addenbrooke's Cognitive Examination Revised (ACE-R) (Mioshi et al., 2006). En cambio, se han encontrado resultados que no muestran relación entre estas variables (por ejemplo, Johnson-Selfridge y Zalewski, 2001; Bora et al., 2009; Bora et al., 2017).

Las variables sociodemográficas más frecuentemente estudiadas han sido la edad, sexo y nivel educativo. Además, podemos encontrar referencias relativas a la reserva cognitiva, el estado marital y la etnia, entre otras. Entre estas variables, la edad y la reserva cognitiva (incluyendo el nivel educativo como indicador) destacan por el predominio de evidencia consistente con su papel modulador.

Respecto a la edad, en la mayoría de estudios se ha encontrado que modula la magnitud de las diferencias cognitivas entre pacientes con esquizofrenia y controles. De esta forma, los pacientes con mayor edad al inicio del estudio muestran mayores diferencias en el rendimiento cognitivo frente a los controles. Cabe mencionar que los cambios cognitivos asociados a la edad en la esquizofrenia que se han encontrado parecen ser sutiles y no uniformes entre los distintos dominios cognitivos (Lee et al., 2020). Entre la evidencia que respalda la edad como un factor modulador, Lee et al. (2020) encontraron cambios cognitivos relacionados con la edad en la atención/vigilancia y en la velocidad de procesamiento de información social frente a los controles. Adicionalmente, Bora et al. (2017) encontraron una asociación entre una mayor edad y déficits más graves en funciones ejecutivas en dos subtipos de esquizofrenia creados a partir del predominio de la sintomatología negativa. Al contrario, solo una minoría de estudios con controles muestran resultados opuestos, en los que la edad no produce ningún efecto sobre el rendimiento cognitivo (Bora et al., 2009). Por último, cabe mencionar que, en el estudio de las diferencias entre pacientes con esquizofrenia y pacientes con otros trastornos psiquiátricos, no se ha encontrado el efecto modulador de la edad (Heilbronner et al., 2016).

La reserva cognitiva hace referencia a «la capacidad de adaptación de los procesos cognitivos que ayuda a explicar la susceptibilidad diferencial de las habilidades cognitivas o funcionamiento del día a día al envejecimiento cerebral, patología o daño cerebral» (Stern et al., 2020). De esta manera, es esperable que aquellas personas con una mayor reserva cognitiva tengan un mejor rendimiento cognitivo frente a las de menor reserva cognitiva. Como indicadores indirectos de la reserva cognitiva, se emplean sobre todo aquellos relacionados con experiencias vitales (Stern, 2009). Algunos de los más utilizados son el nivel educativo y ocupacional, el cociente intelectual, las actividades sociales y de ocio y las actividades estimulantes a nivel cognitivo. La mayoría de estudios sobre la reserva cognitiva y el rendimiento cognitivo en la esquizofrenia van en la línea de lo esperado. De la Serna et al. (2013) determinaron que un nivel elevado de reserva cognitiva predecía un mejor rendimiento en atención y memoria operativa en pacientes con esquizofrenia. En la misma línea, Herrero et al. (2019) concluyeron que los pacientes con mayor reserva cognitiva presentaban un mejor rendimiento neuropsicológico a lo largo del curso de la enfermedad.

Por el contrario, la evidencia no es concluyente para la relación entre el sexo y el rendimiento cognitivo en la esquizofrenia (Mendrek y Mancini-Marïe, 2015). Entre los estudios que han encontrado una relación, predominan los que informan de un mayor rendimiento cognitivo de las mujeres con esquizofrenia frente a los hombres (Vaskinn et al., 2011; Han et al., 2012). Por ejemplo, Han et al. (2012) hallaron un menor rendimiento en los pacientes varones frente a las mujeres en memoria inmediata, memoria demorada y en la puntuación total de la Repeatable Battery for the Assessment of Neuropsychological Status (RBANS) (Randolph, 1998). Esta batería es un instrumento de evaluación breve, formada por 12 pruebas que evalúan cinco dominios cognitivos distintos. En cambio, otros autores encuentran la relación inversa (Roesch-Ely et al., 2009), y otros que no encuentran una asociación (Bora et al., 2017).

© Ediciones Pirámide

Las inconsistencias encontradas entre los estudios que incluyen variables moduladoras podrían deberse, entre otros factores, a la ausencia de diseños de investigación adecuados y a las importantes diferencias metodológicas aplicadas. A pesar de ello, las variables moduladoras del rendimiento cognitivo en la esquizofrenia constituyen una fuente importante de la heterogeneidad observada en los diferentes estudios. En resumen, es especialmente relevante tener en cuenta estos factores y sus influencias en la cognición de los pacientes con esquizofrenia, tanto en el ámbito de la investigación como en la práctica clínica.

## 6. NEUROIMAGEN Y ESQUIZOFRENIA

Las técnicas de neuroimagen más utilizadas en general son la resonancia magnética estructural (RM) y la funcional (RMf). Ambas técnicas cuentan con la ventaja de ser seguras y no invasivas, así como por la multiplicidad de parámetros que se pueden cuantificar. Además, la RMf permite medir los efectos hemodinámicos asociados con la actividad cerebral (Heilbronner et al., 2016).

### 6.1. Neuroimagen estructural en la esquizofrenia

Las alteraciones estructurales en el cerebro de pacientes con esquizofrenia son un hallazgo muy común en estudios transversales. Estas alteraciones consisten, principalmente, en una afectación de la sustancia gris en regiones corticales frontales, temporales y parietales, así como de la sustancia blanca en el cuerpo calloso y una dilatación ventricular (Shepherd et al., 2012).

En estudios longitudinales, un meta-análisis llevado a cabo por Olabi et al. (2011), en el que se incluyeron 27 estudios con un intervalo máximo de seguimiento de siete años y medio, se encontraron reducciones progresivas en estimaciones globales del volumen de sustancia gris y sustancia blanca, así como aumento del volumen de los ventrículos laterales. Con respecto a la disminución del volumen de áreas específicas del cerebro, se han encontrado cambios en el volumen de la corteza frontal (Gur et al., 1998; Ho et al., 2003) y del lóbulo temporal, concretamente la circunvolución temporal superior (Yoshida et al., 2009) y el complejo amígdala-hipocampo (Yoshida et al., 2009; Whitworth et al., 2005). En cuanto al volumen ventricular, algunos estudios han encontrado un aumento del mismo con el paso del tiempo, correlacionando con la sintomatología positiva (Ho et al., 2003; Nakamura et al., 2007).

Con respecto a pacientes en diferentes estadios clínicos, algunos estudios han encontrado disminuciones progresivas de la sustancia gris a nivel global, tanto en pacientes con el primer episodio de esquizofrenia (Nakamura et al., 2007; Rais et al., 2008; Whitford et al., 2006) como en pacientes crónicos (Brans et al., 2008; Mathalon et al., 2001). Asimismo, se ha informado de una correlación inversa entre el volumen de sustancia gris y la gravedad de los síntomas (Nakamura et al., 2007).

Por lo que respecta al grosor cortical, existe evidencia en estudios longitudinales de una reducción progresiva de áreas frontales y temporales en pacientes con esquizofrenia, que correlaciona con déficits en varios dominios cognitivos (Sun et al., 2009). El primer meta-análisis que se ha realizado sobre el grosor cortical y la medida de área de superficie cortical en la esquizofrenia fue el realizado por el grupo de trabajo de esquizofrenia ENIGMA (Enhancing Neuro Imaging Genetics Through Meta Analysis) (Van Erp et al., 2018). Los hallazgos mostraron que los pacientes con esquizofrenia presentaban una reducción general de la corteza cerebral (bilateral), así como reducción en el área de la superficie cortical. Los tamaños de efectos más grandes se encontraron para las regiones del lóbulo frontal y temporal, lo que sugiere una especificidad regional que coincide con los estudios de volumen mencionados en párrafos anteriores. Por el contrario, la reducción del área de la superficie cortical parece ocurrir a nivel global más que a nivel regional. Además, se evidenció la necesidad de tener en cuenta el efecto sobre el grosor cortical de otros factores comunes en la esquizofrenia, como son la medicación-antipsicóticos, la gravedad de los síntomas, la duración de la enfermedad y la edad de inicio de los síntomas.

Por otro lado, aunque la mayor parte de la investigación de la sustancia gris se ha centrado en regiones corticales, algunos estudios han investigado las estructuras subcorticales como mencionan Heil-

© Ediciones Pirámide

bronner et al. (2016) en su revisión. Además de los cambios en el hipocampo, varios estudios sugieren la implicación del núcleo caudado y del tálamo en la esquizofrenia, incluyendo tanto cambios en la forma como en el volumen (Wang et al., 2008). También se ha investigado el septum pellucidum y la adhesión inter-talámica, informándose de la ausencia de cambios significativos en estudios longitudinales en el grupo de esquizofrenia (Trzesniak et al., 2011).

En relación a la sustancia blanca, los datos sugieren diferencias en las trayectorias evolutivas del volumen de la sustancia blanca en pacientes con esquizofrenia y controles (Brans et al., 2008; Ho et al., 2003). En población normal, la evolución de la sustancia blanca sigue una trayectoria de U invertida, mostrando un aumento de su volumen hasta los 35 años, seguido por un período de estabilidad, y un deterioro y reducción de volumen a partir de los 55-60 años (Madden, Bennett y Song, 2009; Madden, Spaniol et al., 2009). Sin embargo, esta trayectoria parece ser diferente en enfermos con esquizofrenia (Brans et al., 2008). En el estudio realizado por Ho et al. (2003), el aumento del volumen de sustancia blanca fue menor en los pacientes que en los controles. Estos autores también refieren que los síntomas negativos más graves correlacionaron con la reducción del volumen de la sustancia blanca frontal.

### 6.2. Neuroimagen funcional en la esquizofrenia

Las investigaciones usando RMf con diseños longitudinales en la esquizofrenia son limitadas. En un estudio en el que se aplicó un paradigma de inducción de estados de ánimo positivo y negativo contingente a la obtención de los datos de RMf se encontró una disminución de la actividad en la corteza frontal, temporal, occipitales y parietal (región postcentral) durante la inducción del estado de ánimo negativo a los seis meses de seguimiento en comparación con la evaluación de línea base (Reske et al., 2007). Estos hallazgos se interpretaron como efectos del tratamiento. La revisión de Heilbronner et al. (2016) indica que los estudios de RMf coinciden en sugerir cambios después del tratamiento inicial, pero estabilidad en la esquizofrenia crónica.

## 7. EL DETERIORO COGNITIVO EN LA ESQUIZOFRENIA: RESUMEN Y PROPUESTA DE VALORACIÓN COGNITIVA

De todo lo expuesto se concluye que la esquizofrenia presenta una trayectoria muy heterogénea a lo largo de la vida. Existe un amplio consenso en distinguir cuatro grandes etapas: la prodrómica, el primer episodio psicótico, la etapa crónica de la vida adulta y la vejez. En todas ellas el deterioro cognitivo se presenta como un marcador claro, consistente y fundamental que ayuda a explicar la heterogeneidad existente entre los pacientes. De hecho, los déficits cognitivos tienen mayor poder explicativo que los propios síntomas psicóticos en la funcionalidad y evolución del trastorno.

Desde una perspectiva metodológica, existen algunos factores que contribuyen a la explicación de la heterogeneidad descrita anteriormente. Destaca, entre otros, la ausencia de diseños de investigación adecuados y la aplicación de una gran diversidad de categorías diagnósticas, con cambios en los criterios diagnósticos a lo largo del tiempo. Además, se puede señalar el escaso uso de grupos controles pertinentes, la escasez de medidas repetidas, así como la variabilidad de los intervalos temporales. A pesar de ello, ha sido posible caracterizar un perfil de deterioro cognitivo en las diferentes etapas de la enfermedad.

A modo de resumen, y en consonancia con los datos expuestos a lo largo del presente capítulo, existe un deterioro cognitivo general que se objetiva desde la etapa prodrómica de la enfermedad. Dicho deterioro se manifiesta en índices globales de deterioro, elaborados a partir de las puntuaciones obtenidas en diferentes dominios cognitivos, así como en un descenso del CI que oscila entre 8-10 puntos. Cuando se analiza el rendimiento por funciones cognitivas específicas, se detecta un enlentecimiento leve-moderado en la velocidad de procesamiento, que es evidente desde los 7 años de edad. En la fase prodrómica también se evidencian déficits en el eje de las funciones atencionales/ejecutivas, destacando una alteración moderada-grave en el seguimiento y alternancia de series, así como en atención sostenida y selectiva. Dentro de este mismo grupo de funciones, se objetivan déficits leves-moderados en memoria operativa y fluidez verbal ante consignas, y, en

© Ediciones Pirámide

menor medida, en la capacidad de planificación y ejecución. Las funciones mnésicas también son deficitarias; sin embargo, dicha afectación parece estar vinculada a un uso inadecuado de estrategias en la fase de codificación. Por tanto, las dificultades en memoria pueden atribuirse a deficiencias en el componente ejecutivo, que está vinculado a las funciones mnésicas. En relación a las funciones lingüísticas, los pacientes que se encuentran en la fase prodrómica presentan déficits tempranos en el componente receptivo y expresivo (leve retraso en la adquisición del vocabulario y alteración en el discurso). Por último, y aunque existe un menor volumen de datos al respecto, se han objetivado déficits en cognición social. Específicamente, los pacientes prodrómicos presentan alteración en el sesgo de atribución (con un tamaño del efecto grande) y, en menor medida, en el procesamiento emocional y teoría de la mente (con un tamaño del efecto mediano).

Otra fuente de datos de interés procede de la evaluación de los pacientes con alto riesgo+, es decir, de aquellos participantes con síntomas psicóticos atenuados y/o antecedentes familiares de esquizofrenia, que terminan desarrollando el trastorno. Como se ha expuesto, las principales conclusiones extraídas de su estudio radican en que la etiología del riesgo parece influir en el perfil cognitivo de los pacientes. Así, mientras que los participantes con riesgo clínico presentan déficits ejecutivos y mnésicos de mayor gravedad, los pacientes con riesgo familiar se caracterizan por la presencia de déficits en vocabulario y funciones visoespaciales (Sheffield et al., 2018). Además, la gravedad del deterioro cognitivo, así como la naturaleza de los déficits, actúan como variable predictora de la conversión a esquizofrenia. De hecho, los pacientes que terminan desarrollando el trastorno se caracterizaban por presentar un perfil de deterioro cognitivo más similar al de aquellos pacientes que ya han sufrido un primer episodio psicótico.

En relación a la segunda etapa, el primer episodio psicótico, nuevamente se constata una alteración en el estado cognitivo general, objetivado por un descenso en un índice global frente a un grupo control. Siguiendo con la síntesis de resultados, el deterioro cognitivo específico, característico de esta etapa, se define por un empeoramiento en la velocidad de procesamiento, función cognitiva fundamental que, a su vez, influye en la ejecución de otros componentes cognitivos. Análogamente, se evidencian déficits en el eje de funciones atencionales/ejecutivas, comprometiendo el rendimiento en la amplitud atencional, atención sostenida y alternante. Persisten los déficits en memoria operativa, fluidez verbal ante consignas (si bien, en esta fase, predomina la alteración ante la emisión de una clave semántica), y en la capacidad de planificación (diseño de estrategias, razonamiento, resolución de problemas y toma de decisiones) y ejecución (monitoreo, flexibilidad cognitiva y control inhibitorio). Mención especial merece el dato relativo a que la gravedad de la sintomatología psicótica está asociada a mayores niveles de impulsividad. En relación a la cognición social, se evidencian déficits en la percepción y comprensión de las emociones, el sesgo de atribución y la teoría de la mente. También se evidencian déficits en memoria verbal y visual, vinculados, al igual que en el caso de la fase prodrómica, a un deficiente uso de estrategias de codificación y recuperación. Finalmente, en esta etapa de la enfermedad ya resulta evidente la afectación de las funciones visoespaciales y visoconstructivas, dato que está mediatizado por los déficits en las estrategias de integración y copia.

En la esquizofrenia crónica del adulto, los resultados expuestos en apartados anteriores señalan un perfil similar al descrito en el primer episodio. Sin embargo, este perfil de afectación varía en función del subtipo de esquizofrenia según la gravedad de los síntomas. Así, los pacientes con esquizofrenia deficitaria, en la que predomina la sintomatología negativa, presentan déficits más graves en velocidad de procesamiento, atención/funciones ejecutivas (fluidez verbal, formación de conceptos y flexibilidad cognitiva no verbal), así como en la cognición social.

En cuanto al curso de los déficits cognitivos, la revisión presentada parece situar el inicio del cuadro de deterioro antes de la manifestación del trastorno, agravándose antes de sufrir el primer episodio psicótico y manteniéndose, relativamente estable, durante el resto de la enfermedad. No obstante, el estudio de la esquizofrenia durante el envejecimiento ha evidenciado una posible comorbilidad, señalando que dicho trastorno lleva asociado una mayor vulnerabilidad para desarrollar un proceso neurodegenerativo.

La comparación de la esquizofrenia con otros trastornos psicopatológicos, que también cursan con

© Ediciones Pirámide

características psicóticas, permite concluir que la presencia de síntomas psicóticos se asocia con la manifestación de déficits cognitivos, independientemente de la naturaleza del trastorno. No obstante, el grado de deterioro es mayor en los pacientes que presentan esquizofrenia frente a aquellos que sufren un trastorno bipolar (con síntomas psicóticos), en cualquiera de las fases analizadas. Además, los pacientes con trastorno bipolar presentan mayores fluctuaciones relacionadas con el estado de los síntomas, mientras que el deterioro cognitivo en la esquizofrenia tiene un inicio más temprano y estable. El curso de los déficits cognitivos durante las diferentes fases de la esquizofrenia, así como los resultados obtenidos tras la comparación con otros trastornos psicopatológicos, apoyan el modelo del neurodesarrollo como teoría explicativa de la patología. Por el contrario, el trastorno bipolar cuenta con más datos favorables hacia el modelo neurodegenerativo.

Por otro lado, es importante resaltar la presencia de factores que modulan la gravedad y el curso de los déficits cognitivos. A modo de síntesis, las variables clínicas que cuentan con mayor apoyo empírico son la presencia de sintomatología negativa y la institucionalización. Ambos factores contribuyen a agravar el deterioro cognitivo de los pacientes. En cuanto a los factores sociodemográficos, destacan la edad y la reserva cognitiva. Así, la magnitud del deterioro cognitivo está claramente mediada por la edad, mientras que la reserva cognitiva, por el contrario, actúa como protector del deterioro.

Constatada la importancia del deterioro cognitivo en la esquizofrenia, por su alta incidencia, gravedad y trayectoria, capacidad predictiva de la evolución y de la funcionalidad y caracterizado el perfil neuropsicológico en las distintas etapas de la enfermedad, consideramos adecuado realizar una propuesta de protocolo de evaluación neuropsicológica. Esta propuesta debe considerarse a modo de sugerencia, con la finalidad de poder objetivar los componentes afectados según el perfil y la etapa correspondiente. Esta propuesta se ceñirá a la valoración de los compontes cognitivos, ya que, dada su amplitud, la valoración de la cognición social y de indicadores del estado ansiedad y de ánimo se sugiere que se lleve a cabo en una segunda parte del proceso de evaluación neuropsicológica.

En esta línea, se debe, en primer lugar, objetivar la presencia de un posible deterioro general. Para ello se sugiere medir dos indicadores, uno de estimación prodrómica del CI, mediante los subtest de información y Cubos del WAIS, y una estimación mediante puntuación global, mediante pruebas de cribado o evaluaciones breve del estado cognitivo. El test de información cuenta con evidencias sólidas de su valor como estimador del CI global y verbal, así como indicador de reserva cognitiva (WAI-IV; Wechsler, 2012). Paralelamente, se propone Cubos, su equivalente para el CI no verbal, así como proxy de reserva (WAI-IV; Wechsler, 2012). En cuanto a pruebas de evaluación breve del estado cognitivo, se consideran válidos tanto el MMSE de Folstein (Folstein et al., 1975), como el MOCA (Delgado et al., 2019). Asimismo, se considera necesario solicitar un recuerdo tras demora de las tareas de memoria incluidas en ambas pruebas de cribado, con un intervalo de largo plazo superior a los 20 minutos, así como facilitar la evocación mediante pistas semánticas o por reconocimiento. De esta manera, se podrá realizar una valoración más adecuada de la fase de consolidación de la información. En segundo lugar, en cuanto a los déficits específicos, hay que tener presente que una misma prueba puede servir como indicador de más de un componente cognitivo y, a la inversa, un mismo componente puede estar contemplado en más de una prueba. Se pretende tener, al menos, dos indicadores o pruebas para cada componente. En la tabla 4.1 se recogen las pruebas específicas de esta propuesta de protocolo de valoración.

No obstante, no siempre es posible la aplicación de un protocolo de evaluación tan amplio por diferentes circunstancias. En tal caso, se podría considerar la administración de un protocolo de valoración breve, con la finalidad de tener una primera y rápida aproximación al estado cognitivo general y de algunos componentes específicos relevantes en esta patología. A partir de esta valoración breve se podría establecer el acercamiento de intervención pertinente. Se propone, por tanto, un protocolo de evaluación breve así como la sugerencia de un orden de administración (tabla 4.2). En cuanto a los resultados, se deberá prestar especial atención al rendimiento objetivado en el examen mínimo del estado cognitivo general (MMSE; Folstein et al., 1975) y en el test de la A (Strub y Black, 1985). De hecho, un rendimiento deficitario en el test atencional propuesto (con más de 4 errores de omisión) y/o una

© Ediciones Pirámide

TABLA 4.1
*Protocolo amplio de valoración cognitiva*

| Dominio cognitivo | Componentes | Instrumento de evaluación |
|---|---|---|
| Estado cognitivo general | | • Mini-Mental State Examination-MMSE (Folstein et al., 1975).<br>• Test de Evaluación Cognitiva de Montreal en Español (MoCA-E) (Delgado et al., 2019). |
| Inteligencia | Estimación del CI verbal | • Subtest de Información (WAIS-IV) (Wechsler, 2012). |
| | Estimación del CI no verbal | • Subtest de Cubos (WAIS-IV) (Wechsler, 2012). |
| Velocidad de procesamiento | | • The Symbol Digit Modalities Test (SDMT) (Smith, 1982).<br>• Trail Making Test (A)-TMT-A (Reitan, 1958).<br>• Test de Stroop (Lámina 1 y 2) (Golden, 1978).<br>• *Tracking* verbal: seguimiento de series (Strub y Black, 1985). |
| Atención | Amplitud atencional auditivo-verbal | • Subtest de Dígitos (WAIS-IV), en orden directo (Wechsler, 2012). |
| | Amplitud atencional visual | • Cubos de Corsi, en orden directo (Milner, 1971). |
| | Atención focalizada, sostenida y/o selectiva | • Test de la A (Strub y Black, 1985).<br>• Paced Auditory Serial Addition Test-PASAT (Gronwall, 1977).<br>• El test de atención D2, especialmente para edades tempranas (Brickenkamp y Cubero, 2002). |
| Memoria operativa | Auditiva-verbal | • Subtest de Dígitos (WAIS-IV), en orden inverso y creciente (Wechsler, 2012).<br>• *Tracking* verbal: inversión de series (Strub y Black, 1985). |
| | Visual | • Cubos de Corsi, en orden inverso (Milner, 1971). |
| Funciones prefrontales | Fluidez verbal ante consignas | • COWAT (Benton y Hamsher, 1989).<br>• Test de fluidez verbal ante consigna semántica (Benton et al., 1989). |
| | Control inhibitorio | • Test de Stroop, lámina 3 (Golden, 1978). |
| | Razonamiento, resolución de problemas, toma de decisiones y flexibilidad | • Torre de Hanoi (Simon, 1975).<br>• Test del Mapa del Zoo (BADS) (Alderman et al., 1996).<br>• Trail Making Test (B)-TMT-B (Reitan, 1958).<br>• *Tracking* verbal: alternancia de series (Strub y Black, 1985). |
| Funciones premotoras | | • Tareas premotoras (Christensen, 1979) |
| Memoria | Auditivo-verbal | • Test de Aprendizaje Verbal España Complutense-TAVEC (Benedet y Alejandre, 2014).<br>• Subtest de Memoria Lógica (WMS-IV) (Wechsler, 2013). |
| | Visual | • Subtest de Reproducción Visual (WMS-IV) (Wechsler, 2013). |

© Ediciones Pirámide

TABLA 4.1 *(continuación)*

| Dominio cognitivo | Componentes | Instrumento de evaluación |
|---|---|---|
| Funciones visoconstructivas | | • Subtest de Cubos (WAIS-IV) (Wechsler, 2012).<br>• Test del Reloj (Thalman et al., 1996). |
| Funciones visoespaciales | | • Test del Juicio de Orientación de Líneas-JLOT (Benton et al., 1994). |
| Funciones visoperceptivas | | • Test de Reconocimiento de Caras-FRT (Benton et al., 1994). |
| Funciones lingüísticas | Denominación | • Test de Vocabulario de Boston (Kaplan et al., 2005). |
| | Producción verbal espontánea | • Subtest del Robo de las Galletas (BDAE) (Goodglass et al., 2001). |
| | Comprensión auditiva | • Token Test (De Renzi y Vignolo, 1962). |

TABLA 4.2
*Protocolo breve de valoración cognitiva*

| Instrumentos de evaluación y orden de administración |
|---|
| 1. Mini-Mental State Examination-MMSE (Folstein et al., 1975). |
| 2. Curva de aprendizaje de la lista A, lista B y recuerdo a corto plazo del Test de Aprendizaje Verbal España Complutense-TAVEC (Benedet y Alejandre, 2014). |
| 3. Test de la A (Strub y Black, 1985). |
| 4. The Symbol Digit Modalities Test (SDMT) (Smith, 1982). |
| 5. Trail Making Test (Reitan, 1958). |
| 6. Test del Reloj (Thalman et al., 1996). |
| 7. Copia Cubo Tridimensional (véase MoCA-E; Delgado et al., 2019). |
| 8. Recuerdo a largo plazo y por reconocimiento del Test de Aprendizaje Verbal España Complutense-TAVEC (Benedet y Alejandre, 2014). |
| 9. COWAT (Benton y Hamsher, 1989). |
| 10. Test de fluidez verbal ante consigna semántica (Benton et al., 1989). |

puntuación inferior al punto de corte en el MMSE podrían constituir indicadores de una importante afectación cognitiva, comprometiendo el resto de la evaluación y la propia intervención clínica. A pesar de ello, es importante resaltar que este protocolo breve no puede sustituir, en ningún caso, a una valoración neuropsicológica exhaustiva.

## 8. A MODO DE CONCLUSIÓN

— El deterioro cognitivo en la esquizofrenia resulta ser un marcador claro y consiste, con alta incidencia y gravedad, con capacidad predictiva de la evolución de los síntomas y de la funcionalidad. Se cuenta con un perfil neuropsicológico caracterizado para cada etapa de la enfermedad. Por tanto, *se propone que debe ser incluido como criterio diagnostico.*
— Se propone la necesidad de llevar a cabo *valoraciones neuropsicológicas amplias* según la etapa en la que se encuentre, *especialmente* tras la ocurrencia del *primer episodio psicótico*. La realización de la exploración neuropsicológica permitirá establecer el *perfil de deterioro cognitivo*, tanto general como específico.
— El conocimiento detallado de los componentes cognitivos alterados y preservados posibilitará el *diseño de programas de intervención personalizados*, que incluyan las posibles estrategias para compensar y/o rehabilitar los déficits.

© Ediciones Pirámide

— Además de la evaluación en la línea base, es conveniente llevar a cabo *evaluaciones de seguimiento* del estado cognitivo para conocer el curso de la enfermedad. Se debe enfatizar este seguimiento en la *etapa de la vejez*, dada la comorbilidad de la esquizofrenia con el posible desarrollo de procesos neurodegenerativos.
— Finalmente, atendiendo a la gravedad del perfil cognitivo se podría establecer que:

  • Si el perfil de afectación cognitivo es grave y altamente limitante, la rehabilitación neuropsicológica debe intentarse en primer lugar, hasta lograr un nivel adecuado de funcionamiento cognitivo que permita la aplicación de la terapia clínica.
  • Si el perfil de afectación cognitivo es leve/moderado, cabe la posibilidad de realizar de forma paralela la intervención de psicología clínica y la rehabilitación neuropsicológica.
  • Si el perfil de afectación cognitivo es leve, se puede proceder directamente a la intervención de psicología clínica.

## REFERENCIAS BIBLIOGRÁFICAS


Addington, J. y Addington, D. (2005). Patterns of premorbid functioning in first episode psychosis: Relationship to 2-year outcome. *Acta Psychiatrica Scandinavica, 112*(1), 40-46.

Alderman, N., Burgess, P. W., Emslie, H., Evans, J. J. y Wilson, B. (1996). *BADS-Behavioral Assessment Of Dysexecutive Syndrome.* Londres: Thames Valley.

American Psychiatric Association DSM-5 Task Force (2013). *Diagnostic and statistical manual of mental disorders (DSM-5)* (5.ª ed.). Washington, DC: American Psychiatric Association.

Arciniegas, D. B. (2015). Psychosis. *Continuum (Minneapolis, Minn.), 21(3), Behavioral Neurology and Neuropsychiatry,* 715-736.

Bachman, P., Reichenberg, A., Rice, P., Woolsey, M., Chaves, O., Martinez, D., Maples, N., Velligan, D. I. y Glahn, D. C. (2010). Deconstructing processing speed deficits in schizophrenia: Application of a parametric digit symbol coding test. *Schizophrenia Research, 118*(1-3), 6-11.

Barch, D. M. y Sheffield, J. M. (2014). Cognitive impairments in psychotic disorders: common mechanisms and measurement. *World Psychiatry, 13*(3), 224-232.

Barkl, S. J., Lah, S., Harris, A. W. F. y Williams, L. M. (2014). Facial emotion identification in early onset and first-episode psychosis: a systematic review with meta-analysis. *Schizophrenia Research, 159,* 62-69.

Bearden, C. E., Rosso, I. M., Hollister, J. M., Sanchez, L. E., Hadley, T. y Cannon, T. D. (2000). A prospective cohort study of childhood behavioral deviance and language abnormalities as predictors of adult schizophrenia. *Schizophrenia Bulletin, 26*(2), 395-410.

Benedet, M. y Alejandre, M. (2014). *TAVEC: Test de aprendizaje verbal España-Complutense.* TEA Ediciones.

Benton, A. I. y Hamsher, K. (1989). *Multilingual aphasia examination.* Iowa City, IA: AJA Associates.

Benton, A. L., Sivan, A. B., Hamsher, K. de S., Varney, N. R. y Spreen, O. (1994). *Contributions to neuropsychological assessment: A clinical manual.*

Bergh, S., Hjorthoj, C., Sorensen, H. J., Fagerlund, B., Austin, S., Secher, R. G. et al. (2016). Predictors and longitudinal course of cognitive functioning in schizophrenia spectrum disorders, 10 years after baseline: The OPUS study. *Schizophrenia Research, 175*(1-3), 57-63.

Bilder, R. M., Goldman, R. S., Robinson, D., Reiter, G., Bell, L., Bates, J. A., Pappadopulos, E., Willson, D. F., Alvir, J. M., Woerner, M. G., Geisler, S., Kane, J. M. y Lieberman, J. A. (2000). Neuropsychology of first-episode schizophrenia: initial characterization and clinical correlates. *The American Journal of Psychiatry, 157*(4), 549-559.

Bora, E. (2016). Differences in cognitive impairment between schizophrenia and bipolar disorder: considering the role of heterogeneity. *Psychiatry and Clinical Neurosciences, 70,* 424-433.

Bora, E. y Pantelis, C. (2015). Meta-analysis of Cognitive Impairment in First-Episode Bipolar Disorder: Comparison With First-Episode Schizophrenia and Healthy Controls. *Schizophrenia Bulletin, 41*(5), 1095-1104.

Bora, E., Binnur Akdede, B. y Alptekin, K. (2017). Neurocognitive impairment in deficit and non-deficit schizophrenia: A meta-analysis. *Psychological Medicine, 47*(14), 2401-2413.

Bora, E., Yucel, M. y Pantelis, C. (2009). Cognitive functioning in schizophrenia, schizoaffective disorder and affective psychoses: Meta-analytic study. *British Journal of Psychiatry, 195*(6), 475-482.


© Ediciones Pirámide

Bowie, C. R., Best, M. W., Depp, C., Mausbach, B. T., Patterson, T. L., Pulver, A. E. y Harvey, P. D. (2018). Cognitive and functional deficits in bipolar disorder and schizophrenia as a function of the presence and history of psychosis. *Bipolar Disorders, 20*(7), 604-613.

Brans, R. G., Van Haren, N. E., Van Baal, G. C., Staal, W. G., Schnack, H. G., Kahn, R. S. y Hulshoff Pol, H. E. (2008). Longitudinal MRI study in schizophrenia patients and their healthy siblings. *The British Journal of Psychiatry: The Journal of Mental Science, 193*(5), 422-423.

Brazo, P., Marié, R. M., Halbecq, I., Benali, K., Segard, L., Delamillieure, P., Langlois-Théry, S., Van der Elst, A., Thibaut, F., Petit, M. y Dollfus, S. (2002). Cognitive patterns in subtypes of schizophrenia. *European Psychiatry, 17*(3), 155-162.

Brickenkamp, R. y Cubero, N. S. (2002). *D2: test de atención*. TEA Ediciones.

Burdick, K. E., Goldberg, J. F., Harrow, M., Faull, R. N. y Malhotra, A. K. (2006). Neurocognition as a stable endophenotype in bipolar disorder and schizophrenia. *The Journal of Nervous and Mental Disease, 194*(4), 255-260.

Cannon, M., Caspi, A., Moffitt, T. E., Harrington, H., Taylor, A., Murray, R. M. y Poulton, R. (2002). Evidence for early-childhood, pan-developmental impairment specific to schizophreniform disorder: Results from a longitudinal birth cohort. *Archives of General Psychiatry, 59*(5), 449.

Cannon, M., Moffitt, T. E., Caspi, A., Murray, R. M., Harrington, H. y Poulton, R. (2006). Neuropsychological performance at the age of 13 years and adult schizophreniform disorder: Prospective birth cohort study. *British Journal of Psychiatry, 189*(5), 463-464.

Carpenter Jr., W. T., Heinrichs, D. W. y Wagman, A. M. (1988). Deficit and nondeficit forms of schizophrenia: the concept. *American Journal of Psychiatry, 145,* 578-583.

Christensen, A. (1979). *Luria's Neuropsychological Investigation*. Munksgaard.

Chu, A. O. K., Chang, W. C., Chan, S. K. W., Lee, E. H. M., Hui, C. L. M. y Chen, E. Y. H. (2018). Comparison of cognitive functions between first-episode schizophrenia patients, their unaffected siblings and individuals at clinical high-risk for psychosis. *Psychological Medicine, 49*(11), 1929-1936.

Cornblatt, B., Obuchowski, M., Roberts, S., Pollack, S. y Erlenmeyer-Kimling, L. (1999). Cognitive and behavioral precursors of schizophrenia. *Development and Psychopathology, 11*(3), 487-508.

Crow, T. J., Done, D. J. y Sacker, A. (1995). Childhood precursors of psychosis as clues to its evolutionary origins. *European Archives of Psychiatry and Clinical Neuroscience, 245*(2), 61-69.

Daban, C., Martinez-Aran, A., Torrent, C., Tabarés-Seisdedos, R., Balanzá-Martínez, V., Salazar-Fraile, J., Selva-Vera, G. y Vieta, E. (2006). Specificity of cognitive deficits in bipolar disorder versus schizophrenia. A systematic review. *Psychotherapy and Psychosomatics, 75*(2), 72-84.

De la Serna, E., Andrés-Perpiñá, S., Puig, O., Baeza, I., Bombin, I., Bartrés-Faz, D., Arango, C., Gonzalez-Pinto, A., Parellada, M., Mayoral, M., Graell, M., Otero, S., Guardia, J. y Castro-Fornieles, J. (2013). Cognitive reserve as a predictor of two year neuropsychological performance in early onset first-episode schizophrenia. *Schizophrenia Research, 143*(1), 125-131.

De Renzi, A. y Vignolo, L. A. (1962). Token test: A sensitive test to detect receptive disturbances in aphasics. *Brain: A Journal of Neurology, 85,* 665-678.

Delgado, C., Araneda, A. y Behrens, M. I. (2019). Validación del instrumento Montreal Cognitive Assessment en español en adultos mayores de 60 años. *Neurología, 34*(6), 376-385.

Dickinson, D., Iannone, V. N., Wilk, C. M. y Gold, J. M. (2004). General and specific cognitive deficits in schizophrenia. *Biological Psychiatry, 55*(8), 826-833.

Dickinson, D. y Gold, J. M. (2008). Less unique variance than meets the eye: Overlap along traditional neuropsychological dimensions in schizophrenia. *Schizophrenia Bulletin, 34,* 423-434.

Dickinson, D., Ragland, J. D., Gold, J. M. y Gur, R. C. (2008). General and specific cognitive deficits in schizophrenia: Goliath defeats David? *Biol Psychiatry, 64*(9), 823-827.

Dickinson, D., Ramsey, M. E. y Gold, J. M. (2007). Overlooking the obvious: a meta-analytic comparison of digit symbol coding tasks and other cognitive measures in schizophrenia. *Arch. Gen. Psychiatry, 64*(5), 532-542.

Elvevåg, B. y Goldberg, T. E. (2000). Cognitive impairment in schizophrenia is the core of the disorder. *Critical Reviews in Neurobiology, 14*(1), 1-21.

Engen, M. J., Simonsen, C., Melle, I., Færden, A., Lyngstad, S. H., Haatveit, B., Vaskinn, A. y Ueland, T. (2019). Cognitive functioning in patients with first-episode psychosis stratified by level of negative symptoms: A 1-year follow-up study. *Psychiatry Research, 281.*

Evans, J. D., Negron, A. E., Palmer, B. W., Paulsen, J. S., Heaton, R. K. y Jeste, D. V. (1999). Cognitive deficits and psychopathology in onstitutionalized versus community-dwelling elderly schizophrenia patients. *Journal of Geriatric Psychiatry and Neurology, 12*(1), 11-15.

Fan, F., Xiang, H., Tan, S., Yang, F., Fan, H., Guo, H., Kochunov, P., Wang, Z., Hong, L. E. y Tan, Y. (2019). *Psychiatry Res. Neuroimaging, 286,* 69-75.


© Ediciones Pirámide

Folstein, M. F., Folstein, S. E. y McHugh, P. R. (1975). «Mini-mental state». A practical method for grading the cognitive state of patients for the clinician. *Journal of Psychiatric Research, 12*(3), 189-198.

Friedman, D. B., Rose, I. D., Anderson, L. A., Hunter, R., Bryant, L. L., Wu, B., Deokar, A. J. y Tseng, W. (2013). Beliefs and communication practices regarding cognitive functioning among consumers and primary care providers in the United States, 2009. *Preventing Chronic Disease, 10,* 120249.

Fusar-Poli, P., Deste, G., Smieskova, R., Barlati, S., Yung, A. R., Howes, O., Stieglitz, R.-D., Vita, A., McGuire, P. y Borgwardt, S. (2012). Cognitive functioning in prodromal psychosis: A meta-analysis. *Archives of General Psychiatry, 69*(6).

Golden, C. J. (1978). *Stroop color and word test: A manual for clinical and experimental uses.* Stoelting Company.

Goodglass, H., Kaplan, E. y Barresi, B. (2001). *BDAE-3: Boston diagnostic aphasia examination* (3.ª ed.). Filadelfia, PA: Lippincott Williams y Wilkins.

Goodwin, G. M., Martinez-Aran, A., Glahn, D. C. y Vieta, E. (2008). Cognitive impairment in bipolar disorder: neurodevelopment or neurodegeneration? An ECNP expert meeting report. *Eur. Neuropsychopharmacol, 18*(11), 787-793.

Goldberg, T. E., Hyde, T. M., Kleinman, J. E. y Weinberger, D. R. (1993). Course of schizophrenia: Neuropsychological evidence for a static encephalopathy. *Schizophrenia Bulletin, 19*(4), 797-804.

Granholm, E., Link, P., Fish, S., Kraemer, H. y Jeste, D. (2010). Age-related practice effects across longitudinal neuropsychological assessments in older people with schizophrenia. *Neuropsychology, 24,* 616-624.

Green, M. F., Kern, R. S., Braff, D. L. y Mintz, J. (2000). Neurocognitive deficits and functional outcome in schizophrenia: Are we measuring the «right stuff»? *Schizophrenia Bulletin, 26*(1), 119-136.

Gronwall, D. M. (1977). Paced auditory serial-addition task: A measure of recovery from concussion. *Perceptual and Motor Skills, 44*(2), 367-373.

Guerra, A., Fearon, P., Sham, P., Jones, P., Lewis, S., Mata, I. y Murray, R. (2002). The relationship between predisposing factors, premorbid function and symptom dimensions in psychosis: An integrated approach. *European Psychiatry: The Journal of the Association of European Psychiatrists, 17*(6), 311-320.

Gur, R. C., Calkins, M. E., Satterthwaite, T. D., Ruparel, K., Bilker, W. B., Moore, T. M., Savitt, A. P., Hakonarson, H. y Gur, R. E. (2014). Neurocognitive growth charting in psychosis spectrum youths. *JAMA Psychiatry, 71*(4), 366-374.

Gur, R. E., Cowell, P., Turetsky, B. I., Gallacher, F., Cannon, T., Bilker, W. y Gur, R. C. (1998). A follow-up magnetic resonance imaging study of schizophrenia. Relationship of neuroanatomical changes to clinical and neurobehavioral measures. *Archives of General Psychiatry, 55*(2), 145-152.

Häfner, H. y Van der Heiden, W. (2000). Methodische Probleme der Verlaufsforschung an der Schizophrenie [Methodological problems of longitudinal studies on schizophrenia]. *Fortschritte der Neurologie-Psychiatrie, 68*(5), 193-205.

Han, M., Huang, X. F., Chen, D. C., Xiu, M. H., Hui, L., Liu, H., Kosten, T. R. y Zhang, X. Y. (2012). Gender differences in cognitive function of patients with chronic schizophrenia. *Progress in Neuro-Psychopharmacology and Biological Psychiatry, 39*(2), 358-363.

Hanssen, M., Van der Werf, M., Verkaaik, M., Arts, B., Myin-Germeys, I., Van Os, J., Verhey, F. y Köhler, S. (2015). Comparative study of clinical and neuropsychological characteristics between early, late and very-late-onset schizophrenia-spectrum disorders. *The American Journal of Geriatric Psychiatry, 23*(8), 852-862.

Harvey, P. D. e Isner, E. C. (2019). Cognition, social cognition, and functional capacity in early-onset schizophrenia. *Child and Adolescent Psychiatric Clinics of North America, 29*(1), 171-182.

Havelka, D., Prikrylova-Kucerova, H., Prikryl, R. y Ceskova, E. (2016). Cognitive impairment and cortisol levels in first-episode schizophrenia patients. *Stress, 3890.*

Heilbronner, U., Samara, M., Leucht, S., Falkai, P. y Schulze, T. G. (2016). The longitudinal course of schizophrenia across the lifespan: Clinical, cognitive, and neurobiological aspects. *Harvard Review of Psychiatry, 24*(2), 118-128.

Heinrichs., R. W. y Zakzanis, K. K. (1998). Neurocognitive deficit in schizophrenia: a quantitative review of the evidence. *Neuropsychology, 12*(3), 426-445.

Herrero, P., Contador, I., Stern, Y., Fernández-Calvo, B., Sánchez, A. y Ramos, F. (2020). Influence of cognitive reserve in schizophrenia: A systematic review. *Neuroscience y Biobehavioral Reviews, 108,* 149-159.

Hill, S. K., Bishop, J. R., Palumbo, D. y Sweeney, J. A. (2010). Effect of second-generation antipsychotics on cognition: Current issues and future challenges. *Expert Review of Neurotherapeutics, 10*(1), 43-57.

Hill, S. K., Beers, S. R., Kmiec, J. A., Keshavan, M. S. y Sweeney, J. A. (2004). Impairment of verbal memory and learning in antipsychotic-naive patients with first-episode schizophrenia. *Schizophrenia Research, 68*(2-3), 127-136.

Hill, S. K., Reilly, J. L., Seefe, R. S. E. et al. (2013). Neuropsychological impairments in schizophrenia and psychotic bipolar disorder: findings from the bipolar-schizophrenia network on intermediate phenotypes (BSNIP) study. *American Journal of Psychiatry, 170,* 1275-1284.

© Ediciones Pirámide

Ho, B. C., Andreasen, N. C., Nopoulos, P., Arndt, S., Magnotta, V. y Flaum, M. (2003). Progressive structural brain abnormalities and their relationship to clinical outcome: A longitudinal magnetic resonance imaging study early in schizophrenia. *Archives of General Psychiatry, 60*(6), 585-594.

Hochberger, W. C., Hill, S. K., Nelson, C. L., Reilly, J. L., Keefe, R. S., Pearlson, G. D. et al. (2016). Unitary construct of generalized cognitive ability underlying BACS performance across psychotic disorders and in their first-degree relatives. *Schizophrenia Research, 170*(1), 156-161.

Hoff, A. L., Riordan, H., O'Donnell, D. W., Morris, L. y DeLisi, L. E. (1992). Neuropsychological functioning of first-episode schizophreniform patients. *The American Journal of Psychiatry, 149*(7), 898-903.

Horan, W. P. y Green, M. F. (2019). Treatment of social cognition in schizophrenia: Current status and future directions. *Schizophrenia Research, 203,* 3-11.

Howlin, P., Mawhood, L. y Rutter, M. (2000). *Autism and Developmental Receptive Language Disorder. A Follow-up Comparison in Early Adult Life. II: Social, Behavioural, and Psychiatric Outcomes*. 18.

Irani, F., Kalkstein, S., Moberg, E. A. y Moberg, P. J. (2011). Neuropsychological performance in older patients with schizophrenia: A meta-analysis of cross-sectional and longitudinal studies. *Schizophrenia Bulletin, 37*(6), 1318-1326.

Islam, A., Habtewold, T. D., Van Es, F. D., Quee, P. J., Van den Heuvel, E. R., Alizadeh, B. Z. y Bruggeman, R. (2018). Long-term cognitive trajectories and heterogeneity in patients with schizophrenia and their unaffected siblings. *Acta Psychiatrica Scandinavica, 138,* 591-604.

Jensen, J. H., Knorr, U., Vinberg, M., Kessing, L. V. y Miskowiak, K. W. (2016). Discrete neurocognitive subgroups in fully or partially remitted bipolar disorder: Associations with functional abilities. *Journal of Affective Disorders, 205,* 378-386.

Jiménez-López, E., Sánchez-Morla, E. M., López-Villarreal, A., Aparicio, A. I., Martínez-Vizcaíno, V., Vieta, E., Rodríguez-Jiménez, R. y Santos, J. L. (2019). Neurocognition and functional outcome in patients with psychotic, non-psychotic bipolar I disorder, and schizophrenia. A five-year follow-up. *European Psychiatry, 56*(1), 60-68.

Johnson'Selfridge, M. y Zalewski, C. (2001). Moderator variables of executive functioning in schizophrenia: Meta-analytic findings. *Schizophrenia Bulletin, 27*(2), 12.

Jones, P., Rodgers, B., Murray, R. y Marmot, M. (1994). Child development risk factors for adult schizophrenia in the British 1946 birth cohort. *Lancet (Londres, Inglaterra), 344*(8934), 1398-1402.

Kahn, R. S. y Keefe, R. S. E. (2013). Schizophrenia is a cognitive illness: Time for a change in focus. *JAMA Psychiatry, 70*(10), 1107.

Kaplan, E., Goodglass, H. y Weintraub, S. (2005). *Test de vocabulario de Boston*. Médica Panamericana.

Keefe, R. S. E., Perkins, D. O., Gu, H., Zipursky, R. B., Christensen, B. K. y Lieberman, J. A. (2006). A longitudinal study of neurocognitive function in individuals at-risk for psychosis. *Schizophrenia Research, 88*(1-3), 26-35.

Kendler, K. S., Ohlsson, H., Mezuk, B., Sundquist, K. y Sundquist, J. (2016). A Swedish national prospective and co-relative study of school achievement at age 16, and risk for schizophrenia, Other nonaffective psychosis, and bipolar illness. *Schizophrenia Bulletin, 42*(1), 77-86.

Kern, R. S., Gold, J. M., Dickinson, D., Green, M. F., Nuechterlein, K. H., Baade, L. E., Keefe, R. S. E., Mesholam-Gately, R. I., Seidman, L. J., Lee, C., Sugar, C. A. y Marder, S. R. (2011). The MCCB impairment profile for schizophrenia outpatients: Results from the MATRICS psychometric and standardization study. *Schizophrenia Research, 126*(1-3), 124-131.

Khandaker, G. M., Barnett, J. H., White, I. R. y Jones, P. B. (2011). A quantitative meta-analysis of population-based studies of premorbid intelligence and schizophrenia. *Schizophrenia Research, 132*(2-3), 220-227.

Kirkpatrick, B., Messias, E., Harvey, P. D., Fernández-Egea, E. y Bowie, C. R. (2008). Is schizophrenia a syndrome of accelerated aging? *Schizophrenia Bulletin, 34*(6), 1024-1032.

Kremen, W. S., Vinogradov, S., Poole, J. H., Schaefer, C. A., Deicken, R. F., Factor-Litvak, P. y Brown, A. S. (2010). Cognitive decline in schizophrenia from childhood to midlife: A 33-year longitudinal birth cohort study. *Schizophrenia Research, 118*(1-3), 1-5.

Krkovic, K., Moritz, S. y Lincoln, T. M. (2016). Neurocognitive deficits or stress overload: Why do individuals with schizophrenia show poor performance in neurocognitive tests? *Schizophrenia Research, 183,* 151-156.

Kurtz, M. M. y Gerraty, R. T. (2009). A meta-analytic investigation of neurocognitive deficits in bipolar illness: profile and effects of clinical state. *Neuropsychology, 23*(5), 551-562.

Lee, J., Green, M. F., Nuechterlein, K. H., Swerdlow, N. R., Greenwood, T. A., Hellemann, G. S., Lazzeroni, L. C., Light, G. A., Radant, A. D., Seidman, L. J., Siever, L. J., Silverman, J. M., Sprock, J., Stone, W. S., Sugar, C. A., Tsuang, D. W., Tsuang, M. T., Turetsky, B. I., Gur, R. C., ... y Braff, D. L. (2020). The effects of age and sex on cognitive impairment in schizophrenia: Findings from the consortium on the genetics of schizophrenia (COGS) study. *PLOS ONE, 15*(5), e0232855.

© Ediciones Pirámide

Lee, T. Y., Hong, S. B., Shin, N. Y. y Kwon, J. S. (2015). Social cognitive functioning in prodromal psychosis: A meta-analysis. *Schizophrenia Research, 164*(1-3), 28-34.

Lencz, T., Smith, C. W., McLaughlin, D., Auther, A., Nakayama, E., Hovey, L. y Cornblatt, B. A. (2006). Generalized and specific neurocognitive deficits in prodromal schizophrenia. *Biological Psychiatry, 59*(9), 863-871.

Lesh, T. A., Westphal, A. J., Niendam, T. A., Yoon, J. H., Minzenberg, M. J., Ragland, J. D. et al. (2013). Proactive and reactive cognitive control and dorsolateral prefrontal cortex dysfunction in first episode schizophrenia. *Neuroimage Clin, 2,* 590-599.

Lewandowski, K. E., Cohen, B. M. y Ongur, D. (2011). Evolution of neuropsychological dysfunction during the course of schizophrenia and bipolar disorder. *Psychological Medicine, 41*(2), 225-241.

Lewandowski, K. E., Sperry, S. H., Cohen, B. M. y Ongür, D. (2014). Cognitive variability in psychotic disorders: A crossdiagnostic cluster analysis. *Psychological Medicine, 44,* 3239-3248.

Lieberman, J. A. y First, M. B. (2018). Psychotic disorders. *New England Journal of Medicine, 379*(3), 270-280.

Liu, D., Ji, C., Zhuo, K., Song, Z., Wang, Y., Mei, L. et al. (2017). Impaired cue identification and intention retrieval underlie prospective memory deficits in patients with first-episode schizophrenia. *Aust N Z Journal Psychiatry, 51*(3), 270-277.

Liu, Y., Wang, G., Jin, H., Lyu, H., Liu, Y., Guo, W., Shi, C., Meyers, J., Wang, J., Zhao, J., Wu, R., Smith, R. C. y Davis, J. M. (2019). Cognitive deficits in subjects at risk for psychosis, first-episode and chronic schizophrenia patients. *Psychiatry Research, 274,* 235-242.

MacCabe, J. H., Wicks, S., Löfving, S., David, A. S., Berndtsson, Å., Gustafsson, J.-E., Allebeck, P. y Dalman, C. (2013). Decline in cognitive performance between ages 13 and 18 years and the risk for psychosis in adulthood: A swedish longitudinal cohort study in males. *JAMA Psychiatry, 70*(3), 261.

Madden, D. J., Bennett, I. J. y Song, A. W. (2009). Cerebral white matter integrity and cognitive aging: Contributions from diffusion tensor imaging. *Neuropsychology Review, 19*(4), 415-435.

Madden, D., Spaniol, J., Costello, M., Bucur, B., White, L., Cabeza, R. W., Dennis, N. A., Provenzale, J. M. y Huettel, S. (2009). Cerebral white matter integrity mediates adult age differences in cognitive performance. *Journal of Cognitive Neuroscience, 21*(2), 289-302.

Madre, M., Canales-Rodríguez, E. J., Ortiz-Gil, J., Murru, A., Torrent, C., Bramon, E., Perez, V., Orth, M., Brambilla, P., Vieta, E. y Amann, B. L. (2016). Neuropsychological and neuroimaging underpinnings of schizoaffective disorder: A systematic review. *Acta Psychiatrica Scandinavica, 134*(1), 16-30.

Martínez-Arán, A., Vieta, E., Reinares, M., Colom, F., Torrent, C., Sánchez-Moreno, J., Benabarre, A., Goikolea, J. M., Comes, M. y Salamero, M. (2004). Cognitive function across manic or hypomanic, depressed, and euthymic states in bipolar disorder. *The American Journal of Psychiatry, 161*(2), 262-270.

Martino, D. J., Samamé, C., Ibañez, A. y Strejilevich, S. A. (2015). Neurocognitive functioning in the premorbid stage and in the first episode of bipolar disorder: A systematic review. *Psychiatry Research, 226*(1), 23-30.

Mathalon, D. H., Sullivan, E. V., Lim, K. O. y Pfefferbaum, A. (2001). Progressive brain volume changes and the clinical course of schizophrenia in men: A longitudinal magnetic resonance imaging study. *Archives of General Psychiatry, 58*(2), 148-157.

Mattis, S. (1973). *Dementia rating scale*. Odessa, FL: Psychological Assessment Resources.

McCleery, A., Ventura, J., Kern, R. S., Subotnik, K. L., Gretchen-Doorly, D., Green, M. F. et al. (2014). Cognitive functioning in first-episode schizophrenia: MATRICS consensus cognitive battery (MCCB) Profile of Impairment. *Schizophrenia Research, 157*(1-3), 33-39.

McGurk, S. R. y Mueser, K. T. (2004). Cognitive functioning, symptoms, and work in supported employment: A review and heuristic model. *Schizophrenia Research, 70*(2-3), 147-173.

McIntosh, A. M., Harrison, L. K., Forrester, K., Lawrie, S. M. y Johnstone, E. C. (2005). Neuropsychological impairments in people with schizophrenia or bipolar disorder and their unaffected relatives. *British Journal of Psychiatry, 186*(5), 378-385.

McKay, R., Langdon, R. y Coltheart, M. (2006). Need for closure, jumping to conclusions, and decisiveness in delusion-prone individuals. *Journal Nervous y Mental Disease, 194*(6), 422-426.

Meier, M. H., Caspi, A., Reichenberg, A., Keefe, R. S. E., Fisher, H. L., Harrington, H., Houts, R., Poulton, R. y Moffitt, T. E. (2014). Neuropsychological decline in schizophrenia from the premorbid to the postonset period: Evidence from a population-representative longitudinal study. *American Journal of Psychiatry, 171*(1), 91-101.

Mendrek, A. y Mancini-Marïe, A. (2016). Sex/gender differences in the brain and cognition in schizophrenia. *Neuroscience and Biobehavioral Reviews, 67,* 57-78.

Menkes, M. W., Armstrong, K., Blackford, J. U., Heckers, S. y Woodward, N. D. (2019). Neuropsychological functioning in early and chronic stages of schizophrenia and psychotic bipolar disorder. *Schizophrenia Research, 206,* 413-419.

© Ediciones Pirámide

Mesholam-Gately, R. I., Giuliano, A. J., Goff, K. P., Faraone, S. V. y Seidman, L. J. (2009). Neurocognition in first-episode schizophrenia: A meta-analytic review. *Neuropsychology, 23*(3), 315-336.

Milner, B. (1971). Interhemispheric differences in the localization of psychological processes in man. *British Medical Bulletin, 27*(3), 272-277.

Mioshi, E., Dawson, K., Mitchell, J., Arnold, R. y Hodges, J. R. (2006). The Addenbrooke's Cognitive Examination Revised (ACE-R): A brief cognitive test battery for dementia screening. *International Journal of Geriatric Psychiatry: A Journal of the Psychiatry of Late Life and Allied Aciences, 21*(11), 1078-1085.

Mollon, J. y Reichenberg, A. (2017). Cognitive development prior to onset of psychosis. *Psychological Medicine, 48*(3), 392-403.

Nakamura, M., Salisbury, D. F., Hirayasu, Y., Bouix, S., Pohl, K. M., Yoshida, T., Koo, M. S., Shenton, M. E. y McCarley, R. W. (2007). Neocortical gray matter volume in first-episode schizophrenia and first-episode affective psychosis: A cross-sectional and longitudinal MRI study. *Biological Psychiatry, 62*(7), 773-783.

Niendam, T. A., Bearden, C. E., Rosso, I. M., Sanchez, L. E., Hadley, T., Nuechterlein, K. H. y Cannon, T. D. (2003). A prospective study of childhood neurocognitive functioning in schizophrenic patients and their siblings. *American Journal of Psychiatry, 160*(11), 2060-2062.

Nuechterlein, K. H., Green, M. F., Kern, R. S., Baade, L. E., Barch, D. M., Cohen, J. D., Essock, S., Fenton, W. S., Frese, F. J., Gold, J. M., Goldberg, T., Heaton, R. K., Keefe, R. S. E., Kraemer, H., Mesholam-Gately, R., Seidman, L. J., Stover, E., Weinberger, D. R., Young, A. S., ... y Marder, S. R. (2008). The MATRICS consensus cognitive battery, part 1: Test selection, reliability, and validity. *American Journal of Psychiatry, 165*(2), 203-213.

Olabi, B., Ellison-Wright, I., McIntosh, A. M., Wood, S. J., Bullmore, E. y Lawrie, S. M. (2011). Are there progressive brain changes in schizophrenia? A meta-analysis of structural magnetic resonance imaging studies. *Biological Psychiatry, 70*(1), 88-96.

Organización Mundial de la Salud (OMS) (1992). *CIE-10. Décima revisión de la clasificación internacional de las enfermedades. Trastornos mentales y del comportamiento. Descripción clínicas y pautas para el diagnóstico*, Madrid: Méditor.

Palmer, B. W., Dawes, S. E. y Heaton, R. K. (2009). What do we know about neuropsychological aspects of schizophrenia? *Neuropsychology Review, 19,* 365-384.

Parellada, M., Gómez-Vallejo, S., Burdeus, M. y Arango, C. (2017). Developmental differences between schizophrenia and bipolar disorder. *Schizophrenia Bulletin, 43*(6), 1176-1189.

Payá, B., Rodríguez-Sánchez, J. M., Otero, S., Muñoz, P., Castro-Fornieles, J., Parellada, M., Gonzalez-Pinto, A., Soutullo, C., Baeza, I., Rapado-Castro, M., Sáenz-Herrero, M., Moreno, D. y Arango, C. (2013). Premorbid impairments in early-onset psychosis: Differences between patients with schizophrenia and bipolar disorder. *Schizophrenia Research, 146*(1-3), 103-110.

Rais, M., Cahn, W., Van Haren, N., Schnack, H., Caspers, E., Hulshoff Pol, H. y Kahn, R. (2008). Excessive brain volume loss over time in cannabis-using first-episode schizophrenia patients. *The American Journal of Psychiatry, 165*(4), 490-496.

Rajji, T. y Mulsant, B. (2008). Nature and course of cognitive function in late-life schizophrenia: A systematic review. *Schizophrenia Research, 102*(1-3), 122-140.

Randolph, C. (1998). *Repeatable battery for the assessment of neuropsychological status (RBANS)*. San Antonio, TX: Psychological Corporation

Ratheesh, A., Lin, A., Nelson, B., Wood, S. J., Brewer, W., Betts, J., Berk, M., McGorry, P., Yung, A. R. y Bechdolf, A. (2013). Neurocognitive functioning in the prodrome of mania. An exploratory study. *Journal of Affective Disorders, 147*(1-3), 441-445.

Reichenberg, A. y Harvey, P. D. (2007). Neuropsychological impairments in schizophrenia: Integration of performance-based and brain imaging findings. *Psychological Bulletin, 133*(5), 833-858.

Reichenberg, A., Harvey, P. D., Bowie, C. R., Mojtabai, R., Rabinowitz, J., Heaton, R. K. et al. (2009). Neuropsychological function and dysfunction in schizophrenia and psychotic affective disorders. *Schizophrenia Bulletin, 35*(5), 1022-1029.

Reichenberg, A., Caspi, A., Harrington, H., Houts, R., Keefe, R. S. E., Murray, R. M., Poulton, R. y Moffitt, T. E. (2010). Static and dynamic cognitive deficits in childhood preceding adult schizophrenia: A 30-year study. *American Journal of Psychiatry, 167*(2), 160-169.

Reitan, R. M. (1958). Validity of the trail making test as an indicator of organic brain damage. *Perceptual and Motor Skills, 8*(3), 271-276.

Reske, M., Kellermann, T., Habel, U., Jon Shah, N., Backes, V., Von Wilmsdorff, M., Stöcker, T., Gaebel, W. y Schneider, F. (2007). Stability of emotional dysfunctions? A long-term fMRI study in first-episode schizophrenia. *Journal of Psychiatric Research, 41*(11), 918-927.

Roesch-Ely, D., Hornberger, E., Weiland, S., Hornstein, C., Parzer, P., Thomas, C. y Weisbrod, M. (2009). Do sex differences affect prefrontal cortex associated cognition in schizophrenia? *Schizophrenia Research, 107*(2-3), 255-261.

Rund, B. R., Barder, H. E., Evensen, J., Haahr, U., Ten Velden Hegelstad, W., Joa, I. et al. (2016). Neurocog-


© Ediciones Pirámide

nition and duration of psychosis: A 10-year follow-up of first-episode patients. *Schizophrenia Bulletin, 42*(1), 87-95.

Sánchez-Torres, A. M., Moreno-Izco, L., Lorente-Omenaca, R., Cabrera, B., Lobo, A., González-Pinto, A. M. et al. (2017). Individual trajectories of cognitive performance in first episode psychosis: A 2-year follow-up study. *European Archives of Psychiatry and Clinical Neuroscience, 268*(7), 699-711.

Savla, G. N., Vella, L., Armstrong, C. C., Penn, D. L. y Twamley, E. W. (2013). Deficits in domains of social cognition in schizophrenia: A meta-analysis of the empirical evidence. *Schizophrenia Bulletin, 39*(5), 979-992.

Schrimpf, L. A., Aggarwal, A. y Lauriello, J. (2018). Psychosis. *Continuum (Minneapolis, Minn.), 24*(3), *Behavioral, Neurology and Psychiatry,* 845-860.

Seidman, L. J., Giuliano, A. J., Meyer, E. C, Addington, J., Cadenhead, K. S., Cannon, T. D., McGlashan, T. H., Perkins, D. O., Tsuang, M. T., Walker, E. F., Woods, S. W., Bearden, C. E., Christensen, B. K., Hawkins, K., Heaton, R., Keefe, R. S. E., Heinssen, R. y Cornblatt, B. A. (2010). Neuropsychology of the prodrome to psychosis in the NAPLS consortium relationship to family history and conversion to psychosis neuropsychology of prodrome to psychosis. *Archives of General Psychiatry, 67*(6), 578.

Seidman, L. J., Cherkerzian, S., Goldstein, J. M., Agnew-Blais, J., Tsuang, M. T. y Buka, S. L. (2013). Neuropsychological performance and family history in children at age 7 who develop adult schizophrenia or bipolar psychosis in the New England family studies. *Psychological Medicine, 43*(1), 119-131.

Seidman, L. J., Shapiro, D. I., Stone, W. S., Woodberry, K. A., Ronzio, A., Cornblatt, B. A., Addington, J., Bearden, C. E., Cadenhead, K. S., Cannon, T. D., Mathalon, D. H., McGlashan, T. H., Perkins, D. O., Tsuang, M. T., Walker, E. F. y Woods, S. W. (2016). Association of neurocognition with transition to psychosis: Baseline functioning in the second phase of the North American prodrome longitudinal study. *JAMA Psychiatry, 73*(12), 1239.

Selva, G., Salazar, J., Balanzá-Martínez, V., Martínez-Arán, A., Rubio, C., Daban, C., Sánchez-Moreno, J., Vieta, E. y Tabarés-Seisdedos, R. (2007). Bipolar I patients with and without a history of psychotic symptoms: do they differ in their cognitive functioning? *Journal of Psychiatric Research, 41*(3-4), 265-272.

Shahab, S., Mulsant, B. H., Levesque, M. L., Calarco, N., Nazeri, A., Wheeler, A. L., Foussias, G., Rajji, T. K. y Voineskos, A. N. (2019). Brain structure, cognition, and brain age in schizophrenia, bipolar disorder, and healthy controls. *Neuropsychopharmacology, 44*(5), 898-906.

Sheffield, J. M., Karcher, N. R. y Barch, D. M. (2018). Cognitive deficits in psychotic disorders: A lifespan perspective. *Neuropsychology Review, 28*(4), 509-533.

Shepherd, A. M., Laurens, K. R., Matheson, S. L., Carr, V. J. y Green, M. J. (2012). Systematic meta-review and quality assessment of the structural brain alterations in schizophrenia. *Neuroscience and Biobehavioral Reviews, 36,* 1342-1356.

Silverstein, S. M., Keane, B. P., Barch, D. M., Carter, C. S., Gold, J. M., Kovacs, I. et al. (2012). Optimization and validation of a visual integration test for schizophrenia research. *Schizophrenia Bulletin, 38*(1), 125-134.

Simon, H. A. (1975). The functional equivalence of problem solving skills. *Cognitive Psychology, 7*(2), 268-288.

Simonsen, C., Sundet, K., Vaskinn, A., Birkenaes, A. B., Engh, J. A., Faerden, A., Jónsdóttir, H., Ringen, P. A., Opjordsmoen, S., Melle, I., Friis, S. y Andreassen, O. A. (2011). Neurocognitive dysfunction in bipolar and schizophrenia spectrum disorders depends on history of psychosis rather than diagnostic group. *Schizophrenia Bulletin, 37*(1), 73-83.

Smith, A. (1982). *Symbol digit modalities test (SDMT). Manual (revised).* Western Psychological Services.

Stern Y. (2009). Cognitive reserve. *Neuropsychologia, 47*(10), 2015-2028.

Stern, Y., Arenaza-Urquijo, E. M., Bartrés-Faz, D., Belleville, S., Cantilon, M., Chetelat, G., Ewers, M., Franzmeier, N., Kempermann, G., Kremen, W. S., Okonkwo, O., Scarmeas, N., Soldan, A., Udeh-Momoh, C., Valenzuela, M., Vemuri, P., Vuoksimaa, E. y the Reserve, Resilience and Protective Factors PIA Empirical Definitions and Conceptual Frameworks Workgroup (2020). Whitepaper: Defining and investigating cognitive reserve, brain reserve, and brain maintenance. *Alzheimer's and Dementia, 16*(9), 1305-1311.

Stramecki, F., Kotowicz, K., Piotrowski, P., Aleksander, J., Rymaszewska, J., Samochowiec, J. y Misiak, B. (2019). Coping styles and symptomatic manifestation of first-episode psychosis: Focus on cognitive performance. *Psychiatry Research, 272,* 246-251.

Strub, R. L. y Black, W. (1985). *The mental status examination in neurology* (2.ª ed., p. 232). Filadelfia: F. A. Davis.

Sun, D., Stuart, G. W., Jenkinson, M., Wood, S. J., McGorry, P. D., Velakoulis, D., Van Erp, T. G., Thompson, P. M., Toga, A. W., Smith, D. J., Cannon, T. D. y Pantelis, C. (2009). Brain surface contraction mapped in first-episode schizophrenia: a longitudinal magnetic resonance imaging study. *Molecular Psychiatry, 14*(10), 976-986.

Talreja, B. T., Shah, S. y Kataria, L. (2013). Cognitive function in schizophrenia and its association with so-

© Ediciones Pirámide

cio-demographics factors. *Industrial Psychiatry Journal, 22*(1), 47-53.

Thalman, B., Mansch, A. y Ermini-Fiinsfchilling, D. (1996). Test del dibujo del reloj. En Conferencia presentada en: *The 4th International Nice/Springfield Alzheimer Symposium* (pp. 10-14), abril, Niza.

Théberge, J., Williamson, K. E., Aoyama, N., Drost, D. J., Manchanda, R., Malla, A. K., Northcott, S., Menon, R. S., Neufeld, R. W., Rajakumar, N., Pavlosky, W., Densmore, M., Schaefer, B. y Williamson, P. C. (2007). Longitudinal grey-matter and glutamatergic losses in first-episode schizophrenia. *The British Journal of Psychiatry: The Journal of Mental Science, 191,* 325-334.

Tiihonen, J., Haukka, J., Henriksson, M., Cannon, M., Kieseppä, T., Laaksonen, I., Sinivuo, J. y Lönnqvist, J. (2005). Premorbid intellectual functioning in bipolar disorder and schizophrenia: Results from a cohort study of male conscripts. *American Journal of Psychiatry, 162*(10), 1904-1910.

Trotta, A., Murray, R. M. y MacCabe, J. H. (2015). Do premorbid and post-onset cognitive functioning differ between schizophrenia and bipolar disorder? A systematic review and meta-analysis. *Psychological Medicine, 45*(2), 381-394.

Trzesniak, C., Oliveira, I. R., Kempton, M. J., Galvão-de Almeida, A., Chagas, M. H. N., Ferrari, M. C. F., Filho, A. S., Zuardi, A. W., Prado, D. A., Busatto, G. F., McGuire, P. K., Hallak, J. E. C. y Crippa, J. A. S. (2011). Are cavum septum pellucidum abnormalities more common in schizophrenia spectrum disorders? A systematic review and meta-analysis. *Schizophrenia Research, 125*(1), 1-12.

Tyburski, E., Pełka-Wysiecka, J., Mak, M., Samochowiec, A., Bieńkowski, P. y Samochowiec, J. (2017). Neuropsychological profile of specific executive dysfunctions in patients with deficit and non-deficit schizophrenia. *Frontiers in Psychology, 8,* 1459.

Van Erp, T. G. M., Walton, E., Hibar, D. P., Schmaal, L., Jiang, W., Glahn, D. C., Pearlson, G. D., Yao, N., Fukunaga, M., Hashimoto, R., Okada, N., Yamamori, H., Bustillo, J. R., Clark, V. P., Agartz, I., Mueller, B. A., Cahn, W., De Zwarte, S. M. C., Hulshoff Pol, H. E., ... y Orhan, F. (2018). Cortical brain abnormalities in 4474 individuals with schizophrenia and 5098 control subjects via the enhancing neuro imaging genetics through meta analysis (ENIGMA) consortium. *Biological Psychiatry, 84*(9), 644-654.

Van Rheenen, T. E., Lewandowski, K. E., Tan, E. J., Ospina, L. H., Ongur, D., Neill, E., Gurvich, C., Pantelis, C., Malhotra, A. K., Rossell, S. L. y Burdick, K. E. (2017). Characterizing cognitive heterogeneity on the schizophrenia-bipolar disorder spectrum. *Psychological Medicine, 47*(10), 1848-1864.

Vaskinn, A., Sundet, K., Simonsen, C., Hellvin, T., Melle, I. y Andreassen, O. A. (2011). Sex differences in neuropsychological performance and social functioning in schizophrenia and bipolar disorder. *Neuropsychology, 25*(4), 499-510.

Velligan, D. I., Mahurin, R. K., Diamond, P. L., Hazleton, B. C., Eckert, S. L. y Miller, A. L. (1997). The functional significance of symptomatology and cognitive function in schizophrenia. *Schizophrenia Research, 25*(1), 21-31.

Wang, L., Mamah, D., Harms, M. P., Karnik, M., Price, J. L., Gado, M. H., Thompson, P. A., Barch, D. M., Miller, M. I. y Csernansky, J. G. (2008). Progressive deformation of deep brain nuclei and hippocampal-amygdala formation in schizophrenia. *Biological Psychiatry, 64*(12), 1060-1068.

Wechsler, D. (2012). *WAIS-IV, Escala de inteligencia de Wechsler para adultos-IV*. Pearson.

Wechsler, D. (2013). *WMS IV, Escala de memoria de Wechsler-IV*. Pearson.

Weinberg, D., Lenroot, R., Jacomb, I., Allen, K., Bruggemann, J., Wells, R., Balzan, R., Liu, D., Galletly, C., Catts, S. V., Weickert, C. S. y Weickert, T. W. (2016). Cognitive subtypes of schizophrenia characterized by differential brain volumetric reductions and cognitive decline. *JAMA Psychiatry, 73*(12), 1251.

Welham, J., Scott, J., Williams, G. M., Najman, J. M., Bor, W., O'Callaghan, M. y McGrath, J. (2010). The antecedents of non-affective psychosis in a birth-cohort, with a focus on measures related to cognitive ability, attentional dysfunction and speech problems. *Acta Psychiatrica Scandinavica, 121*(4), 273-279.

Whitford, T. J., Grieve, S. M., Farrow, T. F., Gomes, L., Brennan, J., Harris, A. W., Gordon, E. y Williams, L. M. (2006). Progressive grey matter atrophy over the first 2-3 years of illness in first-episode schizophrenia: a tensor-based morphometry study. *NeuroImage, 32*(2), 511-519.

Whitworth, A. B., Kemmler, G., Honeder, M., Kremser, C., Felber, S., Hausmann, A., Walch, T., Wanko, C., Weiss, E. M., Stuppaeck, C. H. y Fleischhacker, W. W. (2005). Longitudinal volumetric MRI study in first-and multiple-episode male schizophrenia patients. *Psychiatry Research, 140*(3), 225-237.

Woodberry, K. A., Giuliano, A. J. y Seidman, L. J. (2008). Premorbid IQ in schizophrenia: A meta-analytic review. *American Journal of Psychiatry, 165*(5), 579-587.

Yoshida, T., McCarley, R. W., Nakamura, M., Lee, K., Koo, M. S., Bouix, S., Salisbury, D. F., Morra, L., Shenton, M. E. y Niznikiewicz, M. A. (2009). A prospective longitudinal volumetric MRI study of superior temporal gyrus gray matter and amygdala-hippocampal complex in chronic schizophrenia. *Schizophrenia Research, 113*(1), 84-94.

© Ediciones Pirámide

Yu, L., Boyle, P. A., Segawa, E., Leurgans, S., Schneider, J. A., Wilson, R. S. y Bennett, D. A. (2015). Residual decline in cognition after adjustment for common neuropathologic conditions. *Neuropsychology, 29*(3), 335-343.

Zanelli, J., Reichenberg, A., Morgan, K., Fearon, P., Kravariti, E., Dazzan, P., Morgan, C., Zanelli, C., Demjaha, A., Jones, P. B., Doody, G. A., Kapur, S. y Murray, R. M. (2010). Specific and generalized neuropsychological deficits: A comparison of patients with various first-episode psychosis presentations. *The American Journal of Psychiatry, 167*(1), 78-85. https://bit.ly/31dZjJw

Zhang, T. H., Li, H. J., Stone, W. S., Woodberry, K. A., Seidman, L. J., Tang, Y. Y., Guo, Q., Zhuo, K. M., Qian, Z. Y., Cui, H. R., Zhu, Y. K., Jiang, L. J., Chow, A., Tang, Y. X., Li, C. B., Jiang, K. D., Yi, Z. H., Xiao, Z. P. y Wang, J. J. (2015). Neuropsychological impairment in prodromal, first-episode, and chronic psychosis: assessing RBANS performance. *PLoS One, 10*(5).

© Ediciones Pirámide

# 5 Evaluación de los síntomas psicóticos

EDUARDO FONSECA-PEDRERO
FÉLIX INCHAUSTI GÓMEZ
EMILIO LÓPEZ NAVARRO

## 1. INTRODUCCIÓN

La evaluación de los síntomas psicóticos es una tarea compleja que cuenta con innumerables vericuetos. Una amplia variedad de factores, variables y actores procedentes de múltiples niveles forman parte de la ecuación. Además, puede ser abordada desde diferentes ópticas y perspectivas, todas ellas igualmente válidas. No cabe duda que el proceso de evaluación es fundamental para el abordaje de las personas con diagnóstico de psicosis. Es así el caso que una evaluación rigurosa es un requisito clave para realizar diagnósticos precisos de los que se deriven intervenciones eficaces, efectivas y eficientes. Es esencial, por tanto, desarrollar, validar e implementar sistemas de evaluación basados en la evidencia, inclusivos, accesibles y de calidad que permitan tomar decisiones informadas. Ello tendrá consecuencias tanto para las personas con psicosis y sus familiares como para el gremio y los sistemas sanitarios (por ejemplo, optimización de recursos). Como bien señalara el egregio físico lord Kelvin, aquello que no se evalúa difícilmente se puede mejorar.

Actualmente se dispone de herramientas y técnicas de medición sumamente sofisticadas como pudieran ser la magnetoencefalografía o la resonancia magnética funcional. No obstante, la evaluación de las dimensiones del fenotipo psicótico y factores asociados (por ejemplo, consumo de sustancias, experiencias de trauma) se sigue basando, en lo fundamental, en la psicopatología descriptiva y en el uso de entrevistas cara a cara y escalas clínicas de lápiz y papel. No se debe perder de vista este hecho, por más que se promulgue lo contrario y se quiera buscar el origen de este síndrome poliédrico en una supuesta alteración biológica (por ejemplo, lesión en el córtex prefrontal, desequilibrio neuroquímico), los sistemas diagnósticos (CIE-11, DSM-5) se fundamentan en criterios de corte clínico-descriptivos y no etiopatogénicos (Fonseca-Pedrero, 2019). Dado el panorama actual, se debe mencionar la inherente naturaleza fenomenológica de las experiencias psicóticas, que son vivenciadas por una persona concreta en función de su biografía particular, en un momento temporal y contexto sociocultural determinado (Cooke, 2014; Pérez-Álvarez, 2012). Ello quiere decir que dichas experiencias, lejos de ser vistas como signos o síntomas patognómicos de una supuesta «enfermedad» mental, forman parte de la diversidad humana y se deben comprender como formas de responder y afrontar las diferentes vicisitudes de la vida (Pérez-Álvarez, 2020). Se reclama un acercamiento centrado en la persona, en la relación interpersonal, en el entendimiento de las experiencias en el contexto biográfico, en la recuperación del sentido del yo y en devolver a la persona al horizonte de la vida (Pérez-Álvarez et al., 2011). La psicosis, al igual que cualquier otro fenómeno psicológico, se da en una escala personal, fenoménica, funcional, operante, lingüística y contextual (Pérez-Álvarez y García-Montes, 2019).

En este capítulo se realiza una introducción a la evaluación de los síntomas psicóticos. El hilo de exposición será el siguiente. En primer lugar, se comentan algunas cuestiones generales y recomendaciones a tener en cuenta en el proceso de evaluación. En segundo lugar, se expone un protocolo general de evaluación, mostrando los principales instrumentos utilizados para la evaluación de los diferentes dominios del fenotipo psicótico y factores asocia-

© Ediciones Pirámide

dos. También se aborda brevemente la evaluación conductual de la mano del análisis funcional de la conducta. En tercer lugar, en consonancia con el presente manual, se introduce la evaluación fenomenológica y la evaluación de la metacognición en personas con psicosis. En cuarto lugar, se abordan algunos retos y perspectivas futuras, en concreto la evaluación ambulatoria. Se finaliza el capítulo con un apartado de recapitulación.

No pretende ser esta una revisión exhaustiva de la evaluación de los síntomas psicóticos y factores asociados, por lo que remitimos al lector a trabajos previos (Badcock y Paulik, 2020; Fonseca-Pedrero, 2018; 2019; Lemos-Giráldez et al., 2015; Obiols, Barrantes-Vidal y Zaragoza-Domingo, 2006).

## 2. EVALUACIÓN DE LOS SÍNTOMAS PSICÓTICOS

### 2.1. Consideraciones generales y recomendaciones

La evaluación del síndrome psicótico reclama realizar algunas consideraciones de carácter general que tienen claras implicaciones para la evaluación en investigación y práctica clínica. La primera, un tanto paradójica, es que en el siglo XXI aún no disponemos de una definición operativa y consensuada de lo que es (y no es) la «psicosis» o la «esquizofrenia» (Guloksuz y Van Os, 2018). No obstante, parece lógico pensar que para evaluar «algo» es necesario delimitar conceptualmente aquello que se desea medir o apresar. Segundo, se parte de la premisa de que el síndrome psicótico es mensurable, esto es, se puede medir a través de diferentes herramientas o instrumentos. No solo eso, sino que, con mucha frecuencia, creemos que aquello que se capta se corresponde automáticamente a lo vivido de hecho por el individuo. Por ende, constantemente se alza la duda de si se puede medir y aprehender el hecho subjetivo experimentando por una persona concreta (por ejemplo, ideación delirante, experiencias alucinatorias). Tercero, dando por hecho que estos fenómenos se pueden capturar y medir mediante instrumentos de medida, al final lo que se recogen son muestras de comportamiento que no son más que estimaciones de un supuesto atributo (también denominado constructo o variable latente) que conlleva asociado un error de medida. Por tanto, ni existe una correspondencia biunívoca entre el test y el constructo objeto de medición, ni se puede obviar el error inherente a todo proceso de medición (de variables psicológicas) (Muñiz y Fonseca-Pedero, 2019). Cuarto, el proceso de evaluación concluye con la obtención de datos (cuantitativos, cualitativos) y toma de decisiones. Dichos datos suelen estar contaminados y se prestan a múltiples interpretaciones. Los datos están ahí, no saben de psicología, dependen de la interpretación humana y del prisma con el que se observen. Considerando los aspectos mencionados, parece sensato afirmar la enorme dificultad de evaluar y medir las dimensiones psicopatológicas de la psicosis y factores asociados. Aun así, el elenco de instrumentos desarrollados y validados, en los últimos años, ha sido abrumador. Cierto es que se han realizado avances, no obstante es un asunto ciertamente complejo que dista mucho de estar resuelto. De momento, parece que presenta más preguntas que respuestas (Fonseca-Pedrero, 2018).

A la hora de evaluar los síntomas psicóticos los profesionales de la psicología deberíamos vehicular nuestras actuaciones en función de una serie de recomendaciones que tengan como finalidad, por un lado, estandarizar el proceso y, por otro, implementar mejores prácticas. Unos mínimos siempre son necesarios. Asimismo, sería interesante intentar que el proceso de evaluación estuviera basado en la evidencia empírica. Las recomendaciones que se comentan a continuación siguen los principios básicos de cualquier proceso de evaluación psicológica, si bien algunas de ellas, las que aquí se comentan, son específicas del síndrome psicótico. Obviamente, no se pueden abordar en profundidad todas las áreas y dominios de evaluación, por lo que se remite al lector a trabajos previos (Addington et al., 2017; Lemos Giráldez et al., 2015; National Collaborating Centre for Mental Health, 2014). También se pueden consultar las directrices de evaluación propuestas por diferentes asociaciones y organizaciones internacionales (por ejemplo, National Institute for Health and Care Excellence-NICE, Scottish Intercollegiate Guidelines Network) o nacionales como, por ejemplo, la *Guía de Práctica Clínica sobre la Esquizofrenia y el Trastorno Psicótico Incipiente* (Grupo de trabajo de la Guía de Práctica Clínica sobre la Esquizofrenia y el Trastorno Psicótico Incipiente, 2009). A continuación, siguiendo trabajos previos (Fonseca-Pedrero, 2018; 2019), se comentan breve-

© Ediciones Pirámide

mente algunas directrices generales que podrían guiar el proceso de evaluación:

*a*) La evaluación permite el establecimiento de objetivos y guía el tratamiento psicológico.
*b*) La evaluación debe considerar, en la medida de lo posible, los efectos de confundido frecuentemente asociados a las personas con psicosis, como, por ejemplo, los derivados del consumo de psicofármacos o de sustancias psicoactivas. Además, las personas con psicosis suelen presentar déficits en el funcionamiento cognitivo y en la conciencia de enfermedad, entre otros, que pueden sesgar las puntuaciones obtenidas en las entrevistas o test, por lo que es sumamente interesante contrastar y cruzar la información con otros informantes y/o pruebas. Cuando se valoran los diferentes dominios psicopatológicos se debe considerar si el rendimiento puede estar afectado por alguna otra variable moduladora o de confundido que no sea propiamente la sintomatología psicótica.
*c*) Es recomendable que se valoren las múltiples funciones y comportamientos que pueden estar afectados en las personas con psicosis. El síndrome psicótico abarca una amplia variedad de dominios psicopatológicos, entre los que se encuentran las dimensiones: positiva (alucinación y delirio), negativa (aislamiento social, anhedonia, abulia, aplanamiento afectivo, y alogia), cognitiva (atención, memoria, etc.), desorganizada (pensamiento y lenguaje), comportamiento psicomotor y afectiva (depresión y manía) (véase figura 5.1). Además de la evaluación del funcionamiento psicosocial, es necesario valorar diferentes áreas y factores asociados, como la calidad de vida, las experiencias traumáticas, el *insight*, el consumo de sustancias, el comportamiento agresivo y el riesgo suicida, por citar algunos.

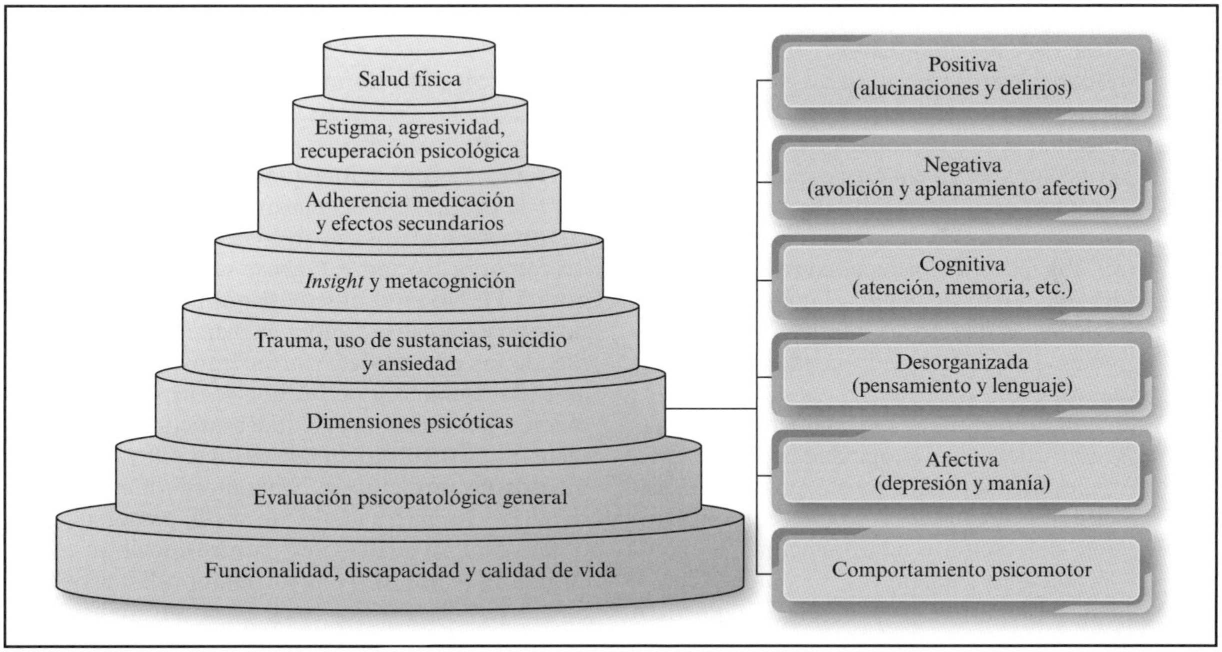


*Nota.* Se comentan únicamente los principales dominios a evaluar, si bien se podrían incluir otros no expuestos en esta figura como variables de personalidad, síntomas básicos, etc. La evaluación se tiene que adaptar al caso particular y a las circunstancias concretas del profesional de la psicología. Se tiene que considerar que es un modelo y, por tanto, una simplificación de la realidad. La jerarquía o niveles de la figura no indican necesariamente un orden de prioridad a la hora de realizar la evaluación.

Figura 5.1.—Dominios psicopatológicos y áreas a evaluar en los trastornos psicóticos.

*d*) Se debe prestar especial atención a posibles condiciones comórbidas o sintomatología asociada, como, por ejemplo, la conducta suicida, la ansiedad, las experiencias de trauma y/o el consumo de sustancias. Estas cuestiones por sus implicaciones, más allá de la sintomatología psicótica, pueden ser uno de los pilares esenciales del proceso de evaluación y núcleo principal de la intervención.

*e*) La monitorización tiene que ser continuada, se debe realizar tanto al inicio como durante y después del tratamiento.

*f*) En el proceso de evaluación se debe considerar que las fronteras entre la «normalidad» y la psicosis, entre los diferentes trastornos del espectro psicótico y entre estos y los trastornos no psicóticos son borrosas. Diferenciar las experiencias psicóticas, de los síntomas subclínicos y estos, a su vez, de los síntomas psicóticos francos no es tarea fácil. Al mismo tiempo, los síntomas y signos psicóticos pueden estar presentes en otros síndromes psicopatológicos (por ejemplo, depresión bipolar) y enfermedades médicas (por ejemplo, cáncer). Los síntomas psicóticos no son exclusivos del síndrome de psicosis, por ello el profesional tiene que dilucidar si son secundarios o no a una enfermedad médica u a otra condición clínica (diagnóstico diferencial).

*g*) Los instrumentos de evaluación tienen que ser utilizados de forma adecuada por parte del psicólogo, siguiendo el código deontológico y las directrices internacionales referentes al uso, seguridad y control de calidad de los test.

*h*) Los instrumentos de medida tienen que presentar adecuadas propiedades psicométricas, estar adaptados a esta población, ser sensibles al cambio y de fácil administración, corrección e interpretación. Se recomienda que sean breves, sencillos y comprensibles para la persona con diagnóstico de psicosis.

*i*) Es interesante recoger información sobre la salud física, así como información de carácter médico-biológico (por ejemplo, ADN).

*j*) Se deberían considerar también las posibles barreras y dificultades (por ejemplo, estigma, capacidad de introspección, mitos asociados a la psicosis) que puede suponer para la persona con psicosis y sus familiares hablar de este tipo de experiencias.

*k*) Se recomienda que la evaluación psicológica la lleve a cabo un psicólogo experto en esta temática.

Como se puede observar, el profesional de la psicología tiene que considerar una amplia gama de factores, variables y agentes, que con frecuencia se encuentran en interacción, y en escenarios donde los recursos temporales y/o materiales suelen ser escasos. Asimismo, se debe recordar que todo proceso de evaluación, se quiera o no, conlleva consecuencias a múltiples niveles para las diferentes partes implicadas (por ejemplo, personas con diagnóstico de psicosis, familias, asociaciones, sistema sociosanitario). Es necesario que el psicólogo considere estas recomendaciones y al mismo tiempo conozca y sepa decidir qué herramientas utilizar en función de las características del paciente, siempre dentro de un contexto de colaboración.

## 2.2. Protocolo de evaluación

En este apartado se presentan brevemente las diferentes herramientas que existen en el mercado para la evaluación del síndrome de psicosis, tanto las dimensiones psicopatológicas nucleares como los factores asociados (véanse tablas 5.1 y 5.2 y figura 5.1). No es el objetivo aquí llevar a cabo una revisión exhaustiva, sino más bien mencionar algunos de los principales instrumentos más utilizados en cada dominio y de los que se dispone de información sobre sus propiedades psicométricas. Obviamente, este protocolo de evaluación y los instrumentos de medición se deberán adaptar a las características particulares de cada persona, a los objetivos de la evaluación y a otros posibles condicionantes externos (recursos temporales, económicos, lugar de trabajo, etc.). Para un análisis más detallado de las diferentes áreas de evaluación el lector puede consultar trabajos previos (Fonseca-Pedrero, 2018).

En la literatura se pueden encontrar diferentes entrevistas que permiten evaluar la psicopatología general y, concretamente, los síntomas psicóticos.

© Ediciones Pirámide

TABLA 5.1

*Dominios e instrumentos de medida para la evaluación del fenotipo psicótico: dimensiones generales*

| Dominio/dimensión | Instrumento de medida | Acrónimo |
|---|---|---|
| **Evaluación global** | Clinical Global Impression Scale-Schizophrenia.<br>Clinician Rated Dimensions of Psychosis Symptom Severity.<br>Brief Psychiatric Rating Scale.<br>Positive and Negative Syndrome Scale.<br>Community Assessment of Psychic Experiences-42. | CGI-SCH<br>CDPSS<br>BPRS<br>PANSS<br>CAPE-42 |
| **Positivo** | Scale for the Assessment of Positive Symptoms.<br>Psychotic Symptom Rating Scales.<br>Maudsley Assessment of Delusion Shedule.<br>The Beliefs About Voices Questionnaire.<br>Green et al. Paranoid Thought Scale.<br>Peters et al. Delusions Inventory.<br>Escala DAIMON. | SAPS<br>PSYRATS<br>MADS<br>BAVQ<br>GPTS<br>PDI<br>DAIMON |
| **Negativo** | Scale for the Assessment of Negative Symptoms.<br>16-Item Negative Symptom Assessment.<br>Brief Negative Symptom Scale.<br>Clinical Assessment Interview for Negative Symptoms.<br>Motivation and Pleasure Scale-Self-Report. | SANS<br>NSA-16<br>BNSS<br>CAINS<br>MAP-SR |
| **Función cognitiva** | MATRICS Consensus Cognitive Battery.<br>Repeatable Battery for the Assessment of Neuropsychological Status.<br>Brief Assessment of Cognition in Schizophrenia.<br>Brief Cognitive Assessment for Schizophrenia.<br>Screen Cognitive Impairment in Psychiatry.<br>Schizophrenia Cognition Scale.<br>Cognitive Assessment Interview.<br>Clinical Global Impresión of Cognition Schizophrenia. | MCBB<br>RBANS<br>BACS<br>B-CATS<br>SCIP<br>SCoRS<br>CAI<br>CGI-CogS |
| **Afectivo (depresión y manía)** | Beck Depression Inventory-II.<br>Calgary Depression Scale for Schizophrenia.<br>Montgomery and Asberg Depression Rating Scale.<br>Hamilton Depression Scale.<br>Bech-Rafaelsen Mania Scale.<br>Young Mania Rating Scale. | BDI-II<br>CDSS<br>MADRS<br>HAM-D<br>BRMAS<br>YMRS |
| **Desorganización cognitiva (psicomotor y lenguaje)** | Thought, Language, and Communication.<br>Neurological Evaluation Scale.<br>Abnormal Involuntary Movements Scale. | TCL<br>NES<br>AIMS |
| **Funcionamiento/discapacidad y calidad de vida** | Global Assessment of Functioning Scale.<br>University of California Performance Skills Assessment.<br>Test of Adaptive Behavior in Schizophrenia.<br>MATRICS Functional Assessement Battery.<br>Quality of Life Interview.<br>Quality of Life Scale.<br>WHO Disability Assessment Schedule.<br>36-Item Short Form Survey. | GAF<br>UPSA<br>TABS<br>MFAB<br>QOLI<br>QLS<br>WHODAS<br>SF-36 |

© Ediciones Pirámide

TABLA 5.2

*Dominios e instrumentos de medida para la evaluación del fenotipo psicótico: variables y factores asociados*

| Dominio | Instrumento | Acrónimo |
|---|---|---|
| **Conducta suicida** | Scale for Suicide Ideation de Beck.<br>Risk of Suicide (Plutchik). | SSI<br>RS |
| **Personalidad** | International Personality Disorder Examination.<br>Schizotypal Personality Questionnare. | IPDE<br>SPQ |
| **Pronóstico** | Strauss and Carpenter Prognostic Scale. | SCPS |
| **Ansiedad** | Yale-Brown Obsessive-Compulsive Scale.<br>State Trait Anxiety Inventory.<br>Beck Anxiety Inventory. | Y-BOCS<br>STAI<br>BAI |
| **Experiencias de trauma** | Childhood Trauma Questionnaire.<br>Trauma Experience Questionaire. | CTQ<br>TEQ |
| **Abuso de sustancias** | Addiction Severity Index v6.0. | ASI-6 |
| ***Insight*/metacognición** | Positive and Negative Syndrome Scale-Item 12.<br>Scale to Assess Unawareness of Mental Disorder.<br>Metacognition Assessment Interview.<br>Beck Cognitive Insight Scale. | PANSS-12<br>SUMD<br>MAI<br>BCIS |
| **Estigma** | Internalized Stigma of Mental Illness Scale. | ISMI |
| **Adherencia medicación y efectos secundarios** | Udvalg for Kiniske Undersogelser.<br>Simpson-Angus Scale.<br>Rating of Medication Influences.<br>Drug Attitude Inventory. | UKU<br>SAS<br>ROMI<br>DAI |
| **Comportamiento de agresividad** | Risk Assessment Questionnaire.<br>Overt Agression Scale. | RAQ<br>OAS |
| **Ambiente familiar** | Camberwell Family Interview.<br>Familiar Environment Scale. | CFI<br>FES |
| **Síndrome deficitario** | Schedule for the Deficit Syndrome. | SDS |
| **Recuperación psicológica** | Stages of Recovery Instrument.<br>Recovery Assessment Scale. | STORY<br>RAS |
| **Riesgo de psicosis/pródromos** | Structured Interview for Prodromal Syndromes.<br>Comprehensive Assessment of at Risk Mental States. | SIPS<br>CAARMS |

Destacan, por ser las más utilizadas, la Brief Psychiatric Rating Scale (BPRS) (Overall y Gorham, 1962), la Psychotic Symptom Rating Scales (PSYRATS) (Haddock, McCarron, Tarrier y Faragher, 1999) y la Positive and Negative Syndrome Scale (PANSS) (Kay, Fiszbein y Opler, 1987). Se comenta brevemente el *gold standard*: la PANSS.

© Ediciones Pirámide

La PANSS, traducida al español como Escala de Síntomas Positivos y Negativos (Kay, Fiszbein y Opler, 1987), se desarrolló a partir de la BPRS. Permite la valoración de la sintomatología en la última semana. El tiempo de aplicación es de unos 30-40 minutos. Consta de un total de 30 ítems que valoran las dimensiones positiva (7 ítems), negativa (7 ítems) y psicopatología general (16 ítems). La PANSS es un instrumento hetero-aplicado, que requiere notable formación clínica para su utilización, en forma de entrevista semiestructurada que toma en consideración también información externa a la persona (por ejemplo, de la familia o de anotaciones previas en la historia clínica). La PANSS se administra en cuatro fases:

1. Inicio abierto.
2. Exploración de los síntomas que el individuo refiere espontáneamente.
3. Obtención de información a partir del usuario que permite evaluar el resto de síntomas.
4. Clarificación de los síntomas específicos sobre los que la persona se ha mostrado ambivalente, defensiva o poco clara, así como la posible confrontación con la persona sobre algunos aspectos con el fin de observar el impacto del estrés sobre su capacidad de organización conceptual y sobre la conducta.

Cada ítem se puntúa sobre una escala tipo Likert de siete puntos, donde 1 equivale a ausencia del síntoma y 7 a presencia con una gravedad extrema. Para cada ítem el manual de aplicación proporciona definición y criterios operativos de base para la evaluación y la puntuación. La PANSS permite evaluar el síndrome esquizofrénico desde una doble perspectiva: dimensional y categorial. Dimensionalmente evalúa la gravedad del síndrome positivo, del negativo y de la psicopatología general. Categorialmente permite clasificar el trastorno en positivo, negativo o mixto. Se ha utilizado extensamente en ensayos clínicos, valoración, intervenciones, etc., siendo la principal herramienta en la que se fundamentan los modelos dimensionales del fenotipo psicótico (Reininghaus et al., 2019). La PANSS ha sido adaptada y validada al español (Peralta Martín y Cuesta Zorita, 1994).

Como se puede observar en las tablas 5.1 y 5.2, existen multitud de instrumentos disponibles para la evaluación de los diferentes dominios del fenotipo psicótico y factores asociados; no obstante, es igualmente cierto que muchos de los instrumentos de medida mencionados no se encuentran debidamente validados y baremados en muestras representativas de personas con psicosis, están obsoletos o son relativamente recientes. Por ejemplo, las entrevistas EASE (Examination of Anomalous Self-Experience) (Parnas et al., 2005) y EAWE (Examination of Anomalous World Experience) (Sass et al., 2017) aún no han sido utilizadas en nuestro contexto. Es sumamente interesante continuar analizando e incorporando nuevos instrumentos de medida, así como buscar nuevas formas de evaluación.

### 2.3. Análisis funcional de la conducta

Un aspecto esencial dentro de la evaluación del síndrome psicótico es la evaluación conductual. Esta evaluación se refiere al proceso de análisis descriptivo de las conductas problema y al análisis funcional de la conducta, que permite la posterior formulación del caso clínico, establecimiento de objetivos e intervención.

De acuerdo con Senín-Calderón et al. (2018), la especificación de la conducta-problema trata de analizar la topografía del comportamiento objetivo de análisis (por ejemplo, experiencias alucinatorias). De cada conducta-problema particular que refiere la persona es necesario describir sus componentes cognitivos, conductuales y psicofisiológicos. Se puede preguntar, por ejemplo, por la última vez que experimentó u ocurrió la conducta, y a partir de ahí indagar acerca de lo que pensó, hizo y sintió en ese momento concreto y situación particular. Existen instrumentos de evaluación que permiten sondear la topografía de la conducta (por ejemplo, frecuencia, duración, intensidad, malestar, etc.) y ayudar al psicólogo en este menester. Es sumamente importante preguntar sobre hechos concretos, más que sobre abstracciones y explicaciones vagas, que permitan una descripción operativa y funcional de la conducta-problema.

El análisis funcional de la conducta trata de establecer relaciones funcionales entre antecedente-conducta-consecuente (A-B-C). Dicha información se obtiene mediante la entrevista clínica y diferentes instrumentos de evaluación. El análisis funcional de conducta va más allá de la mera descripción del pro-

© Ediciones Pirámide

blema actual, intentando analizar las relaciones de contingencia que se establecen entre los antecedentes, la persona (tanto a nivel de respuesta como variables biográficas) y los consecuentes. Los *antecedentes* son los estímulos discriminativos que preceden a la conducta problema (por ejemplo, síntomas). Las *variables organísmicas* son aquellos factores individuales que pueden influir en el comportamiento de la persona, como, por ejemplo, variables biológicas remotas y actuales (enfermedades, lesiones, etc.) y variables psicológicas (repertorio de conducta, habilidades sociales, historia de aprendizaje, etc.). Las *respuestas* se refieren a la sintomatología o a las conductas-problema en función del triple sistema de respuesta (conductual, fisiológico y cognitivo). Los *consecuentes* hacen referencia a la relación de contingencia entre la conducta-problema y las consecuencias, que hacen que la probabilidad de ocurrencia futura aumente, disminuya o se desvanezca (refuerzo, castigo o extinción).

Sea como fuere, no se debe perder el norte, pues es la persona el eje central de este modelo (y no el cerebro). La experiencia subjetiva de la persona se fundamenta en «ser-en-el-mundo» (acto-en-contexto), que reclama de una concepción transteórica de la psicología como ciencia del sujeto y del comportamiento (Pérez-Álvarez, 2019).

### 2.4. Evaluación fenomenológica

La evaluación de los síntomas psicóticos desde un abordaje fenomenológico tiene una serie de particularidades que hacen necesario realizar unos apuntes previos sobre la aproximación fenomenológica a la psicopatología. La fenomenología es la ciencia que aborda el estudio de los fenómenos en sus aspectos esenciales (Zahavi, 2018), entendidos los primeros como los elementos que conforman el conjunto del mundo cotidiano con el que se interacciona. Los fenómenos no son entes aislados, sino que se organizan de una forma interconectada, de modo que un fenómeno es el precursor a la par que contexto de otro. Esto implica que es justamente la disponibilidad de los elementos en el medio la que nos permite interactuar con ellos. Esta escala antrópica, en la que el hombre es el centro, ha sido incorporada a la psicología en otras ocasiones, por lo que no es una extraña dentro del campo de conocimiento. Ejemplos de esta incorporación son la noción de contingencia como unidad funcional, temporal y dinámica del conductismo radical (Baum, 2012); el paradigma experimental de «percepción orientada a la acción» donde la intención de interactuar forma parte del proceso sensorial de aprehensión del estímulo (Nanay, 2012); o los desarrollos de la «mente enactiva» dentro de la corriente de la cognición corporeizada (Varela et al., 2017).

Los fenómenos no ocurren en el vacío, sino que se constituyen en relación con la conciencia que se tiene de ellos, por ello la fenomenología también se puede definir como la ciencia de la conciencia. La presencia de los fenómenos y su conciencia no son aspectos separables, sino que ocurren simultáneamente. En este sentido, la conciencia no se entiende como un proceso o elemento interno del individuo, ni como una realidad objetiva que esté en el ambiente dispuesta a ser descubierta y aprehendida por la persona. Es justamente la naturaleza de los fenómenos la que provoca que la conciencia no sea una representación mental ni una propiedad emergente de las neuronas. La conciencia es la relación de la persona con el mundo cotidiano, de forma que en su interacción este se reconfigura y se abre a nuevas interacciones por la acción de la persona. Además, los propios efectos del comportamiento del sujeto van a provocar modificaciones en el mundo, que a su vez repercutirán en el primero nuevamente. Así pues, es justamente a través de la conciencia como se constituye el todo que forma la persona con el mundo o, en términos heideggerianos, el *ser-en-el-mundo*. De esta forma, se entiende que el ser humano debe ser estudiado en su relación con el mundo a través de un enfoque cualitativo, pues desligar a la persona de su contexto cotidiano implica desnaturalizar cualquier conclusión que se pueda extraer (Gallagher, 2003).

La fenomenología aplicada a la psicopatología supone abandonar la perspectiva aséptica y distanciada de la persona, y en su lugar proceder a un acercamiento con interés genuino hacia su circunstancia (Stanghellini et al., 2019). Se propone pasar de una perspectiva de tercera persona orientada hacia el cuadro diagnóstico en la que predomina una ausencia de sentido personal del síntoma, por una perspectiva de primera persona caracterizada por la búsqueda de comprensión de la circunstancia de la persona. Dados los límites de esta aproximación centrada en la persona, se hace inevitable recu-

© Ediciones Pirámide

rrir a una perspectiva denominada de segunda persona, en la que se busca reconstruir la experiencia del paciente por parte del clínico. Esta interacción lleva a realizar una aproximación hermenéutica sobre los contenidos referidos, pero para ello el clínico debe abandonar la perspectiva más tradicional de buscar significados que lleven al diagnóstico del cuadro. Es decir, se propone una hermenéutica basada en la empatía orientada a la comprensión, más que una hermenéutica basada en la sospecha y orientada al encaje diagnóstico (Irarrázaval, 2020). La empatía en la fenomenología aplicada a la psicopatología no se refiere a un *rapport* cuyo objetivo sea que el paciente gane confianza en el clínico y se abra a contar sus experiencias, sino a una resonancia emocional y experiencial (Nordgaard et al., 2013). En este sentido, cuando dos personas interaccionan «personalmente implicadas» se crea una circularidad que va más allá de la obtención de información y se constituye en un bucle de entendimiento-acción que permite entender y conocer al otro. Partiendo de esta base, el papel del clínico no sería el de evaluar mecanismos ni síntomas para alcanzar un diagnóstico, sino la narrativa de la historia del paciente y cómo esta encaja dentro del contexto social y cultural de él (Bornat, 2008).

La fenomenología aplicada a la experiencia psicótica entiende que es justamente esta interrelación con el mundo (tanto de los objetos que lo conforman como las personas que lo habitan) la que está alterada y lleva al diagnóstico de trastorno psicótico. Las psicosis se entienden como un trastorno de la *ipseidad,* esto es, una alteración del yo básico o yo mínimo (Pérez-Álvarez et al., 2016). El yo mínimo refiere a la experiencia tácita que toda persona tiene de sí misma, es decir, el yo mínimo alude al sentido elemental de existir como un sujeto activo, experiencial, corporeizado y con un sentido implícito de temporalidad. La *ipseidad* alterada de las psicosis se manifiesta en dos aspectos centrales: la hiperreflexividad y el sentido disminuido de sí mismo (Sass, 2014). La hiperreflexidad supone una autoconciencia incrementada de aspectos que habitualmente no son sentidos por el individuo, podría resumirse en que lo implícito se vuelve explícito para la persona que experimenta síntomas psicóticos. Por su parte, el sentido disminuido de sí mismo refiere a experimentar el mundo de una forma pasiva y automática, en lugar de una forma activa en la que la persona es el agente de acción. Así pues, dentro de las psicosis el núcleo sería la alteración de las dimensiones básicas de la subjetividad y el mundo vivido. Estas alteraciones se resumen de la siguiente manera (Mancini et al., 2014):

1. La intencionalidad, que alude al hecho de sentirse como un sujeto de las propias experiencias. En los trastornos psicóticos esta dimensión está alterada, de modo que la persona no se siente como un agente de sus propias experiencias, llegado el caso de experimentar que las propias acciones tienen un origen externo.
2. El espacio vivido en los trastornos psicóticos no se experimenta como un todo, sino que los objetos son vividos como separados unos de otros. Esto provoca que los objetos pierdan sentido en sí mismos al abandonar su mutua contextualización y articulación en el mundo, lo que conlleva una sensación de extrañeza ante el mundo en el que se vive.
3. La dimensión del tiempo vivido está alterada en las psicosis, de forma que se percibe como momentos sueltos en lugar de como un continuo. Esto ha llevado a proponer que síntomas considerados nucleares en el trastorno psicótico, como la inserción del pensamiento, sean en esencia una alteración de la conciencia temporal.
4. La vivencia del propio cuerpo también se muestra alterada, siendo las manifestaciones habituales la sensación de extrañeza ante el cuerpo o partes de él, experimentar partes o el cuerpo entero como intervenido por un agente externo, o zonas corporales que habitualmente se experimentan implícitamente pasan a ser conscientemente experimentadas.
5. La intersubjetividad también se ve afectada como consecuencia de la desconexión con el mundo a la que llevan las alteraciones mencionadas más arriba. Así, en los trastornos psicóticos hay una falta de sintonía emocional con los demás y una pérdida de entendimiento de las sutilezas de las situaciones sociales.
6. La instalación metafísica en el mundo se ve afectada y emergen nuevas consideraciones

© Ediciones Pirámide

que llevan a cuestionar la realidad del mundo y/o de la propia existencia, lo que en definitiva es un cuestionamiento del ser-en-el-mundo. En este sentido, cabría realizar la distinción entre delirios ontológicos o metafísicos, aquellos que llevan a la revelación sobre aspectos de la realidad que modifican la relación con el mundo, de delirios «ónticos», los cuales tienen una vertiente empírica que puede ser sometida a la «prueba de la realidad» (Sass y Byrom, 2015).

Por todo lo expuesto, la aproximación fenomenológica supone otorgar una mayor relevancia a aspectos cualitativos sin por ello despreciar lo cuantitativo. No se trata de hacer descripciones *idiográficas* de casos individuales, es más la descripción de cómo están afectadas esas dimensiones comunes de la subjetividad que están en todo ser humano. A partir de ello se pueden crear categorías en torno a prototipos de alteraciones en lugar de proporcionar un listado de criterios para alcanzar un cuadro diagnóstico (Westen, 2012). En un sentido estricto, la metodología cuantitativa basada en frecuencias y escalas de la gravedad de las experiencias del paciente, aunque necesaria para la validación estadística de las entrevistas, no entra dentro de los límites de la fenomenología (Parnas, 2015). De acuerdo con la aproximación fenomenológica de las psicosis, estas no se reducen a procesos cerebrales ni números, dado que no son entidades *per se,* sino configuraciones psicológicas que pueden ser identificadas en la interacción entre el clínico y el paciente (Gozé et al., 2019). Este marcado carácter cualitativo de ánimo *nosográfico* implica que la principal herramienta de evaluación clínica desde la fenomenología es la entrevista semiestructurada (Høffding y Martiny, 2016).

En el caso de las psicosis, la entrevista semiestructurada tiene una serie de peculiaridades. El clínico debe estar familiarizado con la noción fenomenológica de psicosis, lo cual supone un esfuerzo al obligarle a salir de los estándares dominantes en psiquiatría y psicología clínica. Las entrevistas fenomenológicas están diseñadas para la obtención de datos cualitativos, lo que ha venido a llamarse el «es como que» de las experiencias anómalas del paciente. Las descripciones que la persona da de sus experiencias no son entendidas como algo estático, sino como procesos e interpretaciones dinámicas que tienen un final abierto dentro de un mundo interactivo (Martiny, 2017). Para que estos contenidos emerjan en la entrevista el clínico debe mantener una actitud de apertura, honesta y empática, es decir, debe buscar mantener una perspectiva de segunda persona en lugar de la actitud de tercera persona caracterizada por la observación neutral. En definitiva, el clínico en la entrevista fenomenológica adopta un rol de observación participante en el que hay un genuino interés por ir más allá de los signos y síntomas para entender a la otra persona, pues el objetivo no es confrontar al paciente con sus experiencias o contradecirlas a pesar de su falta de sentido, sino simplemente en comprenderlas tal y como aparecen en su vida. Esta empatía que nace del encuentro de sujeto a sujeto y se fomenta con dos tipos de preguntas: «por qué» y «cómo que» (Zahavi, 2015). Así, las preguntas «por qué» orientan sobre las explicaciones que la persona da sobre las experiencias que le ocurren, tales como creencias, juicios o construcciones teóricas sobre la realidad. Por su parte, las preguntas «cómo que» guían al paciente a describir su experiencia en el mundo, esto es, la forma en que las experiencias anómalas aparecen en su ser-en-el-mundo. En definitiva, estos dos tipos de preguntas llevan a que la persona hable sobre sus experiencias en términos causales y en términos de apariencias, lo cual permitirá establecer cómo estas dos dimensiones se relacionan entre sí y aclarar la relación circular y dinámica entre ambas. La utilidad de estas preguntas va más allá de la evaluación, pues proporciona información valiosa para el diseño de la intervención a implementar. La evaluación de las psicosis desde la fenomenología cuenta con dos entrevistas semiestructuradas: el Examen de Anomalías Subjetivas de la Experiencia (EASE) y el Examen de Experiencias Anómalas del Mundo (EAWE). Ambas entrevistas fueron creadas utilizando los reportes en primera persona de casi doscientos participantes.

La EASE desarrollada por Parnas y colaboradores (2005) aborda la evaluación de las psicosis desde una perspectiva fenomenológica centrada en la conceptualización de trastorno de la *ipseidad*. La evaluación se realiza a través de cinco dimensiones que reflejan la alteración de la subjetividad de la psicosis. A continuación, se presenta un breve resumen de estas dimensiones, de las cuales el lector puede encontrar un mayor detalle en la tabla 5.3.

© Ediciones Pirámide

TABLA 5.3

*Dominios e ítems del EASE (Parnas et al., 2011)*

| EASE | |
|---|---|
| **1. Cognición y flujo de conciencia**<br>1.1. Interferencia del pensamiento.<br>1.2. Pérdida de la ipseidad del pensamiento.<br>1.3. Pensamiento forzado.<br>1.4. Bloqueo del pensamiento.<br>1.4.1. Subtipo 1: bloqueo.<br>1.4.2. Subtipo 2: desvanecimiento.<br>1.4.3. Subtipo 3: combinación.<br>1.5. Eco silencioso del pensamiento.<br>1.6. Rumiaciones-obsesiones.<br>1.7. Pensamiento sonoro.<br>1.8. Espacialización de la experiencia.<br>1.9. Ambivalencia.<br>1.10. Incapacidad para discriminar modalidades de intencionalidad.<br>1.11. Perturbación de la iniciativa/intencionalidad del pensamiento.<br>1.12. Perturbaciones de la atención.<br>1.13. Trastorno de la memoria a corto plazo.<br>1.14. Perturbación de la experiencia del tiempo.<br>1.15. Discontinuidad de la conciencia de la propia acción.<br>1.16. Discordancia entre expresión y expresado.<br>1.17. Perturbación de la función lenguaje expresivo. | **2. Autoconciencia y presencia**<br>2.1. Sentido disminuido del *self* básico.<br>2.2. Perturbación perspectiva en primera-persona.<br>2.3. Despersonalización psíquica (autoalienación).<br>2.4. Presencia disminuida.<br>2.5. Desrealización.<br>2.6. Hiperreflectividad; reflectividad aumentada.<br>2.7. Yo-escindido *(Ich-Spaltung)*.<br>2.8. Despersonalización disociativa (experiencia de estar fuera del cuerpo).<br>2.9. Confusión de la identidad.<br>2.10. Sentido de cambio en relación con edad cronológica.<br>2.11. Sentido de cambio en relación con el género.<br>2.12. Pérdida sentido común/perplejidad/evidencia natural.<br>2.13. Ansiedad.<br>2.14. Ansiedad ontológica.<br>2.15. Disminución de la transparencia de la conciencia.<br>2.16. Disminución de la iniciativa.<br>2.17. Hipohedonia.<br>2.18. Disminución de la vitalidad. |
| **3. Experiencias corporales**<br>3.1. Cambio morfológico.<br>3.2. Fenómenos especulares.<br>3.3. Despersonalización (extrañamiento del cuerpo).<br>3.4. Desencaje y escisión psicofísicos.<br>3.5. Desintegración corporal.<br>3.6. Espacialización (objetivación) de experiencias corporales.<br>3.7. Experiencias cenestésicas.<br>3.8. Perturbaciones motoras.<br>3.9. Experiencia mimética (resonancia entre el propio movimiento y el movimiento de los otros). | **4. Demarcación/transitivismo**<br>4.1. Confusión con el otro.<br>4.2. Confusión con la propia imagen especular.<br>4.3. Contacto corporal amenazante.<br>4.4. Pasividad del humor.<br>4.5. Otros fenómenos transitivos. |
| **5. Reorientación existencial**<br>5.1. Fenómeno de autorreferencia primaria.<br>5.2. Sensación de centralidad.<br>5.3. Sensación como si el campo experiencial del sujeto es la única realidad existente.<br>5.4. Sensaciones «como si» de poseer un extraordinario poder creativo, un extraordinario *insight* de las dimensiones ocultas de la realidad, o un extraordinario *insight* de la propia mente o de la mente de los otros.<br>5.5. Sensación «como si» de que el mundo vivido no es verdaderamente real, como si fuera de algún modo aparente, ilusorio o engañoso.<br>5.6. Ideas mágicas enlazadas con el modo subjetivo de la experiencia.<br>5.7. Cambio existencial o intelectual.<br>5.8. Grandiosidad solipsista. | |

© Ediciones Pirámide

1. La dimensión «cognición y flujo de la conciencia» evalúa el sentido de conciencia como un continuo experiencial que fluye y que es habitado por la persona de una forma que le es dada directamente y sin claves espaciales. Esta dimensión comprende 17 ítems, con diferentes subtipos, entre los que se incluyen alteraciones como la interferencia de pensamientos, el bloqueo del pensamiento, la pérdida de *ipseidad,* el eco del pensamiento, o la discontinuidad en la percepción de las propias acciones.
2. La «autoconciencia y presencia» evalúa el sentido normal de existir dentro de un mundo de una forma prerreflexiva y automática. Esto implica asumir que en las interacciones cotidianas con el mundo hay un sentido de sí mismo y de inmersión en el mundo que son inseparables entre sí. Algunos de los ítems que se encuentran en esta dimensión son el sentido disminuido del yo básico, experimentar una presencia disminuida, la desrealización o la despersonalización entre otros.
3. La dimensión de «experiencias corporales» evalúa las alteraciones de experimentar el cuerpo como sujeto y como objeto de una forma separada. Ejemplos de ítems que evalúan esta dimensión son los cambios morfológicos, experiencias especulares, despersonalización somática o experiencias cenestésicas.
4. La «demarcación y permeabilidad del yo» alude a la alteración entre los límites del yo y el mundo, tanto porque aparecen difuminados como permeables. Dentro de los ítems que evalúan esta dimensión, a modo de ejemplo, se encuentran la confusión con el otro, el sentido de pasividad o la confusión con la propia imagen especular.
5. La dimensión de «reorientación existencial» refiere a que la persona experimenta una reorientación de su visión metafísica del mundo, y/o sus valores, proyectos e intereses. En esta dimensión se incluyen la presencia de experiencias solipsistas, sensación de irrealidad del mundo o el pensamiento mágico, entre otros ítems.

El análisis psicométrico de las propiedades de la EASE ha mostrado la existencia de un único factor, una alta consistencia interna (*alfa* de Cronbach 0,85-0,90) y un coeficiente *kappa* medio estimado en 0,65 y que oscila entre 0,51 y 0,73 en las cinco dimensiones evaluadas (Parnas y Henriksen, 2014).

Dado que el EASE se centra sobremanera en las alteraciones que atañen al individuo, y que estas siempre son en relación con un mundo vivido, Sass y colaboradores (2017) desarrollaron el EAWE como complemento de la EASE. Sin embargo, hay dos diferencias notables entre ambas: por un lado, la EAWE intenta ir un paso más allá y es diseñada con el objetivo de poder ser aplicada a otros trastornos y así establecer diferentes prototipos psicopatológicos, y, por otro lado, la EAWE introduce dentro del marco temporal de la evaluación el período premórbido al diagnóstico, por lo que también se interesa por el estado previo al brote psicótico de origen. A pesar de estas diferencias, la EAWE comparte con la EASE el dominio de «Reorientación existencial», pero añade cinco dominios especialmente centrados en el mundo vivido. Así pues, la EAWE consta de los siguientes seis dominios evaluados a lo largo de 89 ítems:

1. «Espacio y objetos» es un dominio que evalúa una variedad de experiencias perceptivas anómalas que tengan que ver con el espacio o los objetos, con énfasis en los aspectos estáticos o estables del mundo. Los ítems en su mayoría se refieren a la modalidad sensorial visual y a la experiencia del mundo espacial, pero también incluyen otras modalidades sensoriales como la auditiva.
2. «Tiempo y eventos» consiste en seis ítems que tienen que ver con las distintas maneras en las que las acciones, los eventos o el flujo del tiempo pueden ser experimentados de una forma anómala. En contraposición con el anterior dominio, en «Tiempo y eventos» el foco se pone sobre el aspecto temporal y dinámico del mundo. Por ello, los ítems cubren aspectos como la velocidad a la que cambia el tiempo; la coherencia del flujo temporal experimentado; la anticipación de momentos temporales, puesta de manifiesto en la sensación continua de que «algo va a ocurrir»; la conciencia alterada que pueda existir sobre el futuro, como por ejemplo

© Ediciones Pirámide

ocurre en las premoniciones; y la experimentación distorsionada de recuerdos.

3. «Otras personas» refiere a la experimentación anómala de relaciones con otras personas en el mundo interpersonal. A modo de ejemplo, en este dominio se incluyen experiencias como la pérdida de comprensión de situaciones sociales sencillas, pérdida de sintonía con el tono emocional de las situaciones o sensaciones de alejamiento respecto a los demás.
4. «Lenguaje» alude a la experiencia anómala del lenguaje tanto propio como de los demás. El foco no está en la conducta verbal o en las estructuras lingüísticas, sino en la experiencia subjetiva de las palabras y sus significados. Ejemplos de ítems de este dominio son entender el sentido emocional de la prosodia del lenguaje, cambios en el significado de palabras o frases, o utilización anómala de reglas gramaticales, aspectos tonales o discursos crípticos.
5. «Atmósfera» es una dimensión que evalúa anomalías en la cualidad general del mundo, en su sentido y organización. En definitiva, refiere a la familiaridad del mundo y a su significado. Dentro de los ítems de esta dimensión se encuentra haber experimentado desrealización, atribución de intención a objetos inanimados, experiencias de *déjà vu* o *jamais vu*, así como de perplejidad.
6. «Reorientación existencial» es análoga en su concepción a la dimensión contemplada en el EASE y, por tanto, comparte parte de los ítems. Así, nos encontramos, a modo de ejemplo, con experiencias rechazo de convenciones sociales, indiferencia o apertura extremas hacia el mundo, curiosidad o sospecha extrema sobre el mundo, sentimientos de superioridad o inferioridad, o pérdida de libertad o individualidad.

La EAWE ha mostrado unas propiedades psicométricas adecuadas. En este sentido se ha encontrado una alta consistencia interna (*alfa* de Cronbach = 0,82) y una alta fiabilidad interjueces (valor $k$ mínimo no inferior a 0,73) (Conerty et al., 2017). Sin embargo, un reciente estudio cualitativo que compara los distintos dominios de la EASE con los de la EAWE ha encontrado que aquellas dimensiones relacionadas con anomalías del mundo son esencialmente menos unitarias, mientras que las experiencias anómalas del «yo mismo» presentan una configuración más unitaria y coherente (Englebert et al., 2019).

Aunque no tan extendidos en su utilización, dos instrumentos de marcado espíritu fenomenológico son el Inventario Psicopatológico de Frankfurt (Frankfurt Complaint Questionnaire, FBF-3) (Süllwold y Huber, 1986), adaptado al castellano por Jimeno-Bulnes, Jimeno-Valdés y Vargas (1996), y la entrevista semiestructurada Escala de Bonn para la Evaluación de Síntomas Básicos (Bonn Scale for the Assessment of Basic Symptoms, BSABS) (Gross et al., 1987), BSABS por sus siglas en inglés. El FBF-3 consta de 98 ítems y seis preguntas complementarias que abordan en términos subjetivos cómo el individuo afronta sus experiencias anómalas. Las preguntas se contestan en términos dicotómicos de sí o no, y se organizan en torno a diez subcategorías, a saber: pérdida de control, percepción simple, percepción compleja, lenguaje, cognición y pensamiento, memoria, motricidad, pérdida de automatismos, anhedonia y angustia e irritabilidad por sobrestimulación. Por su parte, la BSABS es una entrevista semiestructurada de 92 ítems que son aplicados en dos etapas. En la primera etapa los ítems son compartidos con otros trastornos fuera del abanico de los síntomas psicóticos, pero la etapa dos, considerada de síntomas básicos, se centra en las experiencias psicóticas de la persona. Las escalas que componen la BSABS son, a saber: deficiencias dinámicas con síntomas negativos directos, deficiencias dinámicas con síntomas negativos indirectos, trastornos cognitivos de la ideación, trastornos cognitivos de la sensopercepción, trastornos cognitivos de la psicomotricidad, cenestesias, síntomas neurovegetativos centrales e intentos de superación o compensación, que es una escala complementaria. Es importante remarcar que en la BSABS la puntuación de cada ítem se toma por acuerdo entre clínico y paciente, lo que ayuda a abandonar la perspectiva de tercera persona.

En resumen, la evaluación de los trastornos psicóticos desde la fenomenología supone adoptar un enfoque cualitativo en el que tienen más peso las experiencias cotidianas en condiciones naturales que la observación neutral y desnaturalizada de la psiquiatría y psicología clínica clásica. Por otra par-

© Ediciones Pirámide

te, la fenomenología, aunque fundamentada sobre el análisis cualitativo, no es incompatible con complementarse con enfoques cuantitativos, como se ha señalado más arriba.

## 2.5. Evaluación metacognitiva

Una amplia literatura científica apunta sistemáticamente a que las personas con diagnósticos del espectro de la psicosis presentan importantes dificultades para:

1. Reflexionar sobre sus propios estados mentales y los de los demás.
2. Comprender la existencia de puntos de vista alternativos al propio a la hora de entender el mundo interpersonal.
3. Integrar la información intersubjetiva en definiciones amplias sobre uno mismo, los demás y el mundo que les permitan responder adaptativamente a sus problemas cotidianos (Semerari et al., 2012).

Como consecuencia, este grupo de personas demuestra serios problemas para identificar correctamente sus sentimientos o para apreciar las intenciones reales que se esconden detrás del comportamiento de los demás. En un nivel superior, pueden manifestar también dificultades para marcarse objetivos vitales relevantes que les generen una sensación de bienestar, autonomía y esperanza. Para estas personas, los problemas cotidianos se convierten en enormes obstáculos que pueden originar un profundo malestar, desencadenar fuertes crisis de ansiedad, un consumo abusivo de sustancias (alcohol u otras drogas), conductas suicidas o parasuicidas, o la asistencia a urgencias. Con el paso del tiempo, es frecuente que tiendan a aislarse socialmente o a tener un estilo de vida empobrecido para evitar o escapar de cualquier problema potencial. Esto puede generarles un sentimiento de que no tienen una historia de vida relevante o que ni siquiera merecen tenerla (Lysaker, Hamm, Hasson-Ohayon, Pattison y Leonhardt, 2018).

Originalmente, el término «metacognición» se utilizó por primera vez para describir la experiencia de reflexionar sobre el propio pensamiento. En el ámbito educativo, este concepto sirvió para investigar la manera en que somos conscientes del propio aprendizaje y sus implicaciones prácticas (Flavell, 1979). Posteriormente, se usó para describir otros fenómenos psicológicos como la autorregulación (Dinsmore, Alexander y Loughlin, 2008), la capacidad para monitorizar y corregir el razonamiento y el comportamiento (Moritz et al., 2007), reflexionar sobre la propia memoria (Bacon, Danion, Kauffmann-Muller y Bruant, 2001) o para describir los sesgos atencionales, a veces denominados como creencias metacognitivas (Wells, 2000).

Debido a que los procesos mentales vinculados con la metacognición se han seguido estudiando en una amplia variedad de disciplinas, tales como la psicología educativa, evolutiva o cognitiva, el término «metacognición» ha adquirido diversas acepciones (Tarricone, 2011). En un esfuerzo por desarrollar una definición integrada de metacognición, se ha propuesto que incluiría todo un espectro de habilidades mentales desde las más simples, como, por ejemplo, identificar los propios deseos, pensamientos o emociones, hasta los procesos más complejos que nos permiten integrar la información intersubjetiva en representaciones amplias sobre uno mismo, los demás y el mundo (Lysaker y Dimaggio, 2014). Este modelo integrado de la metacognición ha organizado los procesos mentales en cuatro grandes habilidades:

1. La autorreflexividad o capacidad para pensar sobre los propios estados mentales.
2. La comprensión de la mente del otro o capacidad para reflexionar sobre los estados mentales ajenos.
3. El descentramiento o capacidad para comprender que uno no es el centro del mundo y que existen formas distintas de entender la realidad.
4. El dominio o capacidad para integrar la información intersubjetiva en definiciones amplias de los problemas que permitan resolverlos de forma adaptativa.

Si bien es cierto que algunas de estas habilidades han recibido diferentes nombres en la literatura (por ejemplo, *insight*, cognición social, inteligencia emocional o mentalización), el «paraguas» conceptual de la metacognición pretende incluir también aquellos procesos mentales más complejos que nos ayu-

© Ediciones Pirámide

dan a integrar la información de los procesos relativamente más simples (por ejemplo, identificar las emociones en uno mismo o los demás, o atribuir intenciones) para crear representaciones amplias de uno mismo y el mundo (Lysaker, Dimaggio y Brüne, 2014). El hecho de unificar estos procesos bajo un mismo constructo se justifica, además, en la lógica de que tanto los procesos psicológicos de orden inferior como los de orden superior se retroalimentan constantemente. Es decir, para poder dotar de sentido a una experiencia personal o interpersonal es necesario alcanzar una comprensión amplia y flexible del contexto.

Las habilidades metacognitivas nos permiten, por ejemplo, reconocer las regularidades de la conducta de los otros o identificar nuestras propias tendencias de razonamiento o esquemas a la hora de entender los acontecimientos interpersonales autobiográficos (Vohs et al., 2015). Cuando los procesos metacognitivos son funcionales, nos permiten llevar a cabo diversas operaciones mentales de manera simultánea, automática y adaptativa. Del mismo modo, proporcionan un sentido flexible, multifacético y multidimensional de uno mismo y del mundo, en consonancia con las necesidades cambiantes del contexto (Inchausti et al., 2018; 2019).

Los procesos metacognitivos se organizan a su vez jerárquicamente; esto es, los individuos deben ser capaces de realizar primero tareas metacognitivas simples (por ejemplo, reconocer que los pensamientos son propios) antes de llevar a cabo tareas más complejas y holísticas (por ejemplo, reconocer que los pensamientos y las emociones se conectan en el día a día). Por tanto, si un proceso no funciona correctamente, ninguno superior podrá funcionar debido a que necesariamente van a requerir de la información de los niveles inferiores (Lysaker et al., 2005). La tabla 5.4 presenta los distintos niveles dentro de las habilidades metacognitivas de autorreflexión, conciencia de la mente de los otros, descentramiento y dominio. Este marco conceptual ayuda a caracterizar y cuantificar las diferencias individuales en metacognición en función del nivel de procesamiento psicológico alterado. Es importante señalar que este modelo en ningún caso asume que los individuos con menor capacidad metacognitiva tengan un menor conocimiento sobre sí mismos o de los demás, sino más bien que esta información se encuentra fragmentada o menos integrada. Este modelo tampoco concibe que la metacognición sea un fenómeno estático, sino que puede cambiar a lo largo del tiempo como consecuencia de factores de tipo social, biológico o psicológico (Lysaker y Klion, 2018).

La Escala de Evaluación de la Metacognición (Metacognition Assessment Scale, MAS) (Semerari et al., 2003) fue uno de los primeros instrumentos psicométricos desarrollados específicamente para evaluar la manera en que los individuos desarrollan representaciones dinámicas y multidimensionales sobre sí mismos y los demás. El objetivo general de la MAS es detectar la presencia o frecuencia de determinados procesos metacognitivos a lo largo de las sesiones de psicoterapia. Lysaker et al. (2005) adaptaron el instrumento y lo transformaron en una escala ordinal: la Escala de Evaluación de Metacognición Abreviada (Metacognition Assessment Scale-Abbreviated, MAS-A). La MAS-A mantiene las particularidades de la escala original y consta de cuatro subescalas: Autorreflexividad (S), Comprensión de la mente del Otro (O), Descentramiento (D) y Dominio (M) (véase tabla 5.4). La MAS-A puntúa la capacidad metacognitiva demostrada por el sujeto en una entrevista como, por ejemplo, la Entrevista Psiquiátrica de Indiana (Indiana Psychiatric Illness Interview, IPII) (Lysaker et al., 2002). La IPII es una entrevista semiestructurada creada para obtener narraciones detalladas de la historia de vida y del trastorno mental actual del paciente, incluyendo lo que piensa que lo provocó, cómo le afecta en su trabajo y vida social, cómo piensa que ha afectado a los otros y qué papel considera que tendrá en su futuro. Las narraciones resultantes se cuantifican con la MAS-A.

La MAS-A, a diferencia de la MAS, se organiza siguiendo un modelo jerárquico de la metacognición, por lo que cada ítem refleja un acto metacognitivo más complejo que el anterior. Esto significa que cada ítem mide un proceso metacognitivo que requiere integrar más información que el ítem anterior. La puntuación de cada ítem puede ser de un punto completo (1), medio punto (0,5), o ningún punto (0) en función de cómo el evaluador aprecia que el examinado es capaz de reflexionar en la entrevista sobre un aspecto concreto. La ausencia de dicho proceso (es decir, las puntuaciones de 0) supone que no se puede seguir evaluando esa habilidad. Por tanto, las puntuaciones de la MAS-A informan del nivel máximo

© Ediciones Pirámide

TABLA 5.4

*Estructura de la Escala Abreviada de Evaluación de la Metacognición (MAS-A; Lysaker et al., 2005)*

| Nivel | Autorreflexividad (S) | Comprensión de la mente del otro (O) | Descentramiento (D) | Dominio (M) |
|---|---|---|---|---|
| 0 | Ausencia total de conciencia sobre la propia actividad mental. | Ausencia total de conciencia de la actividad mental de otros. | Considerar que uno es el centro de todo lo que ocurre. | Ausencia de conciencia de los problemas. |
| 1 | Ligera conciencia sobre la propia actividad mental. | Ligera conciencia de la actividad mental de otros.. | Reconocer que los otros tienen vidas independientes. | Conciencia de los problemas como irresolubles. |
| 2 | Conciencia de que los pensamientos son propios. | Conciencia de que los otros tienen actividad mental propia. | Conciencia de que existen formas diferentes de entender un mismo suceso. | Conciencia de los problemas como resolubles pero con ausencia de respuesta. |
| 3 | Distinción de diferentes operaciones cognitivas propias (pensamientos, fantasías, recuerdos...). | Distinción de diferentes operaciones cognitivas en los otros (pensamientos, fantasías, recuerdos...). | Conciencia de que los hechos son el resultado de factores múltiples y complejos. | Respuestas pasivas. |
| 4 | Distinción de diferentes estados emocionales. | Reconocimiento de diferentes estados emocionales en los otros. | — | Respuestas de búsqueda de ayuda. |
| 5 | Reconocimiento de que los propios pensamientos son falibles. | Suposiciones plausibles sobre el estado mental de los otros. | — | Respuestas con acciones específicas. |
| 6 | Reconocimiento de que el deseo no es la realidad. | Descripciones completas del pensamiento de los otros a lo largo del tiempo. | — | Respuestas con cambios. |
| 7 | Integración de los propios pensamientos y emociones en una narración. | Descripciones completas del pensamiento de los otros a lo largo de sus vidas. | — | Respuestas basadas en los propios conocimientos. |
| 8 | Integración de varias narraciones reconociendo patrones a lo largo del tiempo. | — | — | Respuestas basadas en el conocimiento de los otros. |
| 9 | Reconocimiento de pensamientos y emociones conectadas a través de su propia vida. | — | — | Respuestas basadas en una comprensión amplia de la vida. |

de funcionamiento metacognitivo que el participante es capaz de demostrar en cada habilidad o, dicho de otra manera, el nivel más alto a partir del cual se considera que sus procesos metacognitivos no funcionan correctamente. Las puntuaciones de las cuatro subescalas de la MAS-A revelan el grado máximo de integración en cada habilidad metacognitiva específica.

© Ediciones Pirámide

Los datos obtenidos hasta la fecha con la versión norteamericana de la MAS-A sugieren unos valores de consistencia interna y fiabilidad test-retest e interjueces aceptables, con coeficientes intraclase entre 0,71 y 0,91 (Lysaker et al., 2005; Lysaker y Salyers, 2007). En cuanto a las evidencias de validez sobre el constructo teórico, las puntuaciones de la MAS-A correlacionan significativamente con otros test que miden conciencia de enfermedad, *insight* cognitivo, complejidad de los esquemas sociales o la preferencia por estrategias activas de afrontamiento en personas con psicosis (Lysaker et al., 2015). Por el contrario, este instrumento evalúa fenómenos distintos de los relacionados con la cognición social (Hasson-Ohayon et al., 2015; Popolo et al., 2017) o con creencias metacognitivas específicas (Popolo et al., 2017). La MAS-A ha sido utilizada en nuestro país con personas con trastornos del espectro psicótico (Inchausti et al., 2016; 2017; 2018), trastornos de ansiedad y trastornos por consumo de sustancias (Inchausti et al., 2016), obteniendo propiedades psicométricas similares a las de la versión original norteamericana, con fiabilidades interjueces superiores a 0,79.

Hasta la fecha, la literatura sobre el funcionamiento metacognitivo reflejado con la MAS-A en los trastornos del espectro psicótico ha tratado de responder a dos cuestiones generales:

1. ¿Es posible que las personas con trastornos del espectro psicótico sufran un deterioro en los aspectos más básicos de la metacognición?
2. Cuando este deterioro ocurre en los niveles más básicos, ¿aumenta la probabilidad de que estas personas presenten un peor funcionamiento psicosocial tanto en el presente como en el futuro?

Con respecto a la primera pregunta, los datos disponibles han revelado que las personas que sufren un primer episodio psicótico y esquizofrenia de larga evolución (o crónica) presentan un declive mayor en las habilidades metacognitivas superiores que controles sanos (Hasson-Ohayon et al., 2015; Popolo et al., 2017), con ansiedad leve y trastornos afectivos (Inchausti et al., 2016; WeiMing et al., 2015) o con problemas físicos crónicos (Lysaker et al., 2014). Se han observado, también, déficits metacognitivos en personas con otros trastornos mentales como la depresión (Ladegaard et al., 2014), el abuso de sustancias (Inchausti et al., 2016), el trastorno límite de la personalidad (Lysaker et al., 2014; 2017), el trastorno por estrés postraumático (Lysaker et al., 2015) y el trastorno bipolar (Popolo et al., 2017). No obstante, los niveles de metacognición de las personas con psicosis son los más bajos dentro del grupo de trastornos mentales estudiados hasta la fecha.

En cuanto a la relación de la metacognición con la funcionalidad, se ha encontrado que los déficits en los niveles más básicos de la metacognición (o déficits metacognitivos severos) predicen un peor nivel de funcionamiento (Arnon-Ribenfeld et al., 2017). Esto incluye un deterioro mayor en la capacidad funcional (Hasson-Ohayon et al., 2015), la percepción subjetiva de recuperación (Kukla, Lysaker y Salyers, 2013), la alianza terapéutica en terapias cognitivo-conductuales (Davis, Eicher y Lysaker, 2011), la capacidad para manejar el estigma (Nabors et al., 2014), una mayor anhedonia en ausencia de depresión (Buck et al., 2014), un estilo de vida más sedentario (Snethen, McCormick y Lysaker, 2014), menor conciencia del impacto negativo del trastorno en el funcionamiento psicosocial (Chan, 2016) y menor motivación intrínseca (Luther et al., 2016), todo ello con independencia de la gravedad de los síntomas psicóticos. Las personas con trastornos del espectro psicótico que experimentan declives en las funciones metacognitivas básicas tienen, además, más probabilidades de presentar problemas vocacionales en el futuro (Lysaker et al., 2010) y desarrollar síntomas negativos (McLeod et al., 2014).

## 3. PERSPECTIVAS FUTURAS

Los avances acaecidos en los últimos años en diferentes campos científicos (genética, neuroimagen, neurocognición, etc.) han permitido una mejor comprensión, evaluación y tratamiento de las personas con diagnóstico de psicosis; no obstante, hay cuestiones que aún siguen sin respuesta y suponen un reto para el progreso en esta área de estudio. Se desean mencionar únicamente dos. Por un lado, como se ha comentado, la evaluación psi-

© Ediciones Pirámide

copatológica del fenotipo psicótico, tal como se practica en la clínica e investigación, se basa todavía en cuestionarios de lápiz y papel y en entrevistas clínicas cara a cara. El modelo biomédico, promulgado desde los sistemas clasificatorios internacionales, establece y promueve básicamente un análisis descriptivo de síntomas y signos, así como una evaluación con procedimientos estáticos, en contextos artificiales y dirigidos por el clínico. Por otro lado, el positivismo reinante en el que estamos instaurados priorizada claramente un tipo de ciencia, la ciencia natural, un tipo de método, el método hipotético-deductivo y un tipo de datos, los cuantitativos; no obstante, esto no parece ser del todo acertado si tenemos en cuenta que la psicología es la ciencia del sujeto y del comportamiento (Pérez-Álvarez, 2019). En este sentido, otras aproximaciones son necesarias y deseables, como la holística-contextual de la mano del método inductivo y la metodología cualitativa (Pérez-Álvarez y García-Montes, 2019). Se considera que esta forma de apresar los fenómenos psicóticos, básicamente desde un modelo biomédico y positivista, es uno de los principales escollos en el avance científico de este campo de estudio. En esencia, sería interesante repensar la psicosis en el contexto de la persona y sus circunstancias.

Una de las posibles respuestas a estas limitaciones, que no la única, podría venir de la denominada evaluación ambulatoria (EA). La EA no es un tema nuevo en psicología, si bien ha renacido con fuerza de la mano de las posibilidades que ofrecen los *smartphones* o dispositivos móviles y las aplicaciones (*apps*). La EA abarca una amplia gama de métodos de evaluación que tratan de estudiar las experiencias de las personas en su entorno natural, en su vida diaria. En este sentido, y de acuerdo con Trull y Ebner (2013), se utiliza el término EA para representar un paraguas metodológico que incluye:

*a*) El método de muestreo de experiencias (Experience Sampling Methodology, ESM), históricamente utilizando diarios de papel y lápiz.
*b*) La evaluación ecológica momentánea (Ecological Momentary Assessment, EMA), típicamente mediante diarios electrónicos o teléfonos móviles.
*c*) Los registros psicofisiológicos, biológicos y de comportamiento (usando sensores o actígrafos).

La EA se caracteriza básicamente por:

*a*) Constituir un enfoque ideográfico que permite el examen de múltiples procesos individuales (por ejemplo, emocionales, conductuales, psicofisiológicos, estados mentales).
*b*) Recopilar datos en entornos del mundo real, en la vida cotidiana de las personas.
*c*) Analizar estados o comportamientos actuales (o muy recientes) o en el tiempo real («en el momento en el que ocurren», de momento a momento) de los individuos.
*d*) Recoger información mediante evaluaciones múltiples (de forma intensiva) de cada individuo en el tiempo, típicamente varias veces al día, varias veces a la semana.

La EA consiste en un procedimiento sistemático y estructurado de observación del comportamiento humano. El ejemplo prototípico consiste en realizar evaluaciones varias veces al día durante un período temporal determinado, aproximadamente 6-8 veces por día durante 7 días. Las preguntas se activan fijando un intervalo temporal concreto (por ejemplo, entre las 10:00 y las 22:00 horas) y se presentan de forma aleatoria en intervalos de tiempo predeterminados (por ejemplo, cada 90 minutos). Se suele completar aproximadamente en 1-2 minutos. Las preguntas se establecen en función del objeto de estudio, siendo la escala tipo Likert el formato más utilizado. En la figura 5.2 se recogen dos ítems a modo de ejemplo. Nótese que las posibilidades en la construcción de ítems son casi ilimitadas. Por ejemplo, se podrían formular preguntas específicas para cada individuo de cara a recabar información sobre las experiencias psicóticas que están aconteciendo en el momento. También, escribir textualmente los pensamientos de paranoia que está experimentando o el contenido de las voces que está escuchando en ese mismo instante. Esta forma de evaluar permite incorporar una perspectiva claramente fenomenológica, al mismo tiempo que da información valiosa a múltiples niveles, básicamente de cara al tratamiento. Con este fin nuestro grupo de trabajo ha desarro-

© Ediciones Pirámide

llado una aplicación de EA para su uso en España (https://www.evaluacionambulatoria.com/).

La EA implica una profunda reconceptualización de la forma de comprender, analizar, evaluar e intervenir en el comportamiento humano. Está en consonancia con la necesidad de rotar hacia una evaluación personalizada, dinámica, intensiva, ecológica, etiológica, contextual y colaborativa. Todo ello permite un diagnóstico de precisión, más detallado y profundo, que va más allá de las evaluaciones tradicionales basadas en test y/o entrevistas clínicas (Myin-Germeys et al., 2018; Van Os et al., 2013; Van Os et al., 2013). Nótese que esta metodología soslaya algunos de los problemas asociados a las evaluaciones psicométricas tradicionales, como son la falta de validez ecológica o los sesgos asociados a las evaluaciones retrospectivas. La EA también permite recoger datos que van más allá de un plano psicológico, como pudiera ser la actividad motora, los patrones de sueño o la frecuencia cardiaca. No obstante, la EA también plantea serios obstáculos, no está exenta de limitaciones. Cuestiones relativas a la privacidad y la confidencialidad son las más importantes. Además, no se debe perder de vista a aquellas personas con psicosis que, por las características de su psicopatología (por ejemplo, ideación delirante) u otros factores, rechazan el uso de esta tecnología. Si bien estas herramientas se hallan todavía en su infancia, diversos estudios ya han demostrado su viabilidad y utilidad en personas con psicosis (por ejemplo, Bell et al., 2017). En este contexto, sin ser nuevo, esta concepción de la conducta humana que viene de la mano de la EA no deja de ser aire fresco en el panorama actual de la psicosis.

Figura 5.2.—Ejemplo de ítems administrados en evaluación ambulatoria (realizado con: https://www.evaluacionambulatoria.com/).

© Ediciones Pirámide

## 4. RECAPITULACIÓN

La evaluación del síndrome psicótico es una cuestión de capital importancia. Una evaluación adecuada posibilita realizar un diagnóstico preciso, que a su vez permite diseñar un plan de tratamiento personalizado. Los progresos que se están produciendo en la evaluación psicológica son de vital trascendencia, pues la evaluación rigurosa está en la base de los diagnósticos precisos, claves a su vez para generar intervenciones eficaces (Fonseca-Pedrero, 2021). Todo ello al fin y al cabo contribuye a la recuperación de la persona con diagnóstico de psicosis, así como a mejorar su calidad de vida y la de sus familiares, que siempre tiene que ser nuestro fin último.

Los avances en el campo de la evaluación del síndrome de psicosis son palpables. Los métodos y técnicas de evaluación para capturar esta entidad nosológica también se encuentran en plena metamorfosis. La evaluación ambulatoria es un claro ejemplo. Es posible que los nuevos métodos y técnicas de evaluación ayuden a mejorar la comprensión y abordaje de este síndrome en los próximos años. En esencia, se trata de captar de forma más exacta y rigurosa la compleja naturaleza del comportamiento humano (*ser-en-el-mundo*). Ello reclama de nuevos modelos teóricos que consideren la psicosis como un sistema dinámico complejo de relaciones causales, no necesariamente lineales, entre estados, síntomas y/o signos y no en función de una hipotética causa latente o constructo. En este sentido, es interesante el aporte de la fenomenología a las psicosis, pues pone el foco sobre la subjetividad de la persona, lo que posibilita una evaluación de la experiencia humana en general, más allá de buscar la categorización de experiencias anormales de acuerdo a unos estándares de objetividad. Sea como fuere, los nuevos acercamientos metodológicos se presentan como un avance de enorme potencial en la comprensión de la conducta humana.

Como se ha comentado, y a pesar de los avances, la evaluación psicopatológica, tal como se practica en la clínica e investigación, se basa todavía en cuestionarios tradicionales de lápiz y papel y en entrevistas clínicas cara a cara. Aunque por el momento no se disponga de un marcador patognómico, y el diagnóstico se fundamente en la psicopatología descriptiva, se percibe una atmósfera de cambio entre los profesionales de la salud mental. Este cambio se evidencia en el creciente interés por la evaluación de procesos básicos, lo que acerca de nuevo la ciencia clínica y la ciencia experimental, así como por la incorporación de técnicas cualitativas que tengan en cuenta el todo en lugar de las partes que conforman la situación de la persona que acude a consulta.

## REFERENCIAS BIBLIOGRÁFICAS


Addington, D., Abidi, S., Garcia-Ortega, I., Honer, W. G. e Ismail, Z. (2017). Canadian guidelines for the assessment and diagnosis of patients with schizophrenia spectrum and other psychotic disorders. *Canadian Journal of Psychiatry, 62*(9), 594-603.

Arnon-Ribenfeld, N., Hasson-Ohayon, I., Lavidor, M., Atzil-Slonim, D. y Lysaker, P. H. (2017). The association between metacognitive abilities and outcome measures among people with schizophrenia: A meta-analysis. *European Psychiatry: The Journal of the Association of European Psychiatrists, 46,* 33-41.

Bacon, E., Danion, J. M., Kauffmann-Muller, F. y Bruant, A. (2001). Consciousness in schizophrenia: a metacognitive approach to semantic memory. *Consciousness and Cognition, 10*(4), 473-484.

Badcock, J. C. y Paulik, G. (2020). *A clinical introducction to Psychosis.* Academic Press.

Baum, W. M. (2012). Rethinking reinforcement: allocation, induction, and contingency. *Journal of the Experimental Analysis of Behavior, 97*(1), 101-124.

Bornat, J. (2008). Biographical methods. En P. Alasuutari, L. Bickman y J. Brannen (eds.), *The sage handbook of social research methods* (pp. 344-356). Sage.

Buck, K. D., McLeod, H. J., Gumley, A., Dimaggio, G., Buck, B. E., Minor, K. S., James, A. V. y Lysaker, P. H. (2014). Anhedonia in prolonged schizophrenia spectrum patients with relatively lower vs. higher levels of depression disorders: associations with deficits in social cognition and metacognition. *Consciousness and Cognition, 29,* 68-75.

Chan, K. K. S. (2016). Associations of symptoms, neurocognition, and metacognition with insight in schizophrenia spectrum disorders. *Comprehensive Psychiatry, 65,* 63-69.


© Ediciones Pirámide

Conerty, J., Skodlar, B., Pienkos, E., Zadravek, T., Byrom, G. y Sass, L. (2017). Examination of anomalous world experience: A report on reliability. *Psychopathology, 50*(1), 55-59.

Cooke, A. (2014). *Comprender la psicosis*. The British Psychological Society (Divison of Clinical Psychology).

Davis, L. W., Eicher, A. C. y Lysaker, P. H. (2011). Metacognition as a predictor of therapeutic alliance over 26 weeks of psychotherapy in schizophrenia. *Schizophrenia Research, 129*(1), 85-90.

Dinsmore, D. L., Alexander, P. A. y Loughlin, S. M. (2008). Focusing the conceptual lens on metacognition, self-regulation, and self-regulated learning. *Educational Psychology Review, 20*(4), 391-409.

Englebert, J., Monville, F., Valentiny, C., Mossay, F., Pienkos, E. y Sass, L. (2019). Anomalous experience of self and world: Administration of the EASE and EAWE scales to four subjects with schizophrenia. *Psychopathology, 52*(5), 294-303.

Flavell, J. H. (1979). Metacognition and cognitive monitoring: A new area of cognitive-developmental inquiry. *American Psychologist, 34*(10), 906-911.

Fonseca-Pedrero, E. (coord.) (2018). *Evaluación de los trastornos del espectro psicótico*. Pirámide.

Fonseca-Pedrero, E. (coord.) (2019). *Tratamientos psicológicos para la psicosis*. Pirámide.

Fonseca-Pedrero, E. (coord.) (2021). *Manual de tratamientos psicológicos. Adultos*. Pirámide.

Gallagher, S. (2003). Phenomenology and experimental design: toward a phenomenologically enlightened experimental science. *Journal of Consciousness Studies, 10*(9-10), 85-99.

Gozé, T., Moskalewicz, M., Schwartz, M. A., Naudin, J., Micoulaud-Franchi, J.-A. y Cermolacce, M. (2019). Reassessing «praecox feeling» in diagnostic decision making in schizophrenia: A critical review. *Schizophrenia Bulletin, 45*(5), 966-970.

Gross, G., Huber, G., Klosterkötter, J. y Linz, M. (1987). *Bonner skala für die beurteilung von basissymptomen*. Springer Publishing Co.

Grupo de trabajo de la Guía de Práctica Clínica sobre la esquizofrenia y el trastorno psicótico incipiente. (2009). *Guía de práctica clínica sobre la esquizofrenia y el trastorno psicótico incipiente*. Autor.

Guloksuz, S. y Van Os, J. (2018). The slow death of the concept of schizophrenia and the painful birth of the psychosis spectrum. *Psychological Medicine, 48,* 229-244.

Haddock, G., McCarron, J., Tarrier, N. y Faragher, E. B. (1999). Scales to measure dimensions of hallucinations and delusions: the psychotic symptom rating scales (PSYRATS). *Psychological Medicine, 29,* 879-889.

Hasson-Ohayon, I., Avidan-Msika, M., Mashiach-Eizenberg, M., Kravetz, S., Rozencwaig, S., Shalev, H. y Lysaker, P. H. (2015). Metacognitive and social cognition approaches to understanding the impact of schizophrenia on social quality of life. *Schizophrenia Research, 161*(2-3), 386-391.

Høffding, S. y Martiny, K. (2016). Framing a phenomenological interview: What, why and how. *Phenomenology and the Cognitive Sciences, 15*(4), 539-564.

Inchausti, F., García-Poveda, N. V., Ballesteros-Prados, A., Fonseca-Pedrero, E., Ortuño-Sierra, J., Sánchez-Reales, S., Prado-Abril, J., Aldaz-Armendáriz, J. A. y Mole, J. (2017). A pilot study on feasibility, acceptance and effectiveness of metacognitive-oriented social skills training in schizophrenia. *BMC Psychiatry, 17*(1).

Inchausti, F., García-Poveda, N. V., Ballesteros-Prados, A., Ortuño-Sierra, J., Sánchez-Reales, S., Prado-Abril, J., Aldaz-Armendáriz, J. A., Mole, J., Dimaggio, G., Ottavi, P. y Fonseca-Pedrero, E. (2018). The effects of metacognition-oriented social skills training on psychosocial outcome in schizophrenia-spectrum disorders: A randomized controlled trial. *Schizophrenia Bulletin, 44*(6), 1235-1244.

Inchausti, F., Ortuño-Sierra, J., Garcia-Poveda, N. V y Ballesteros-Prados, A. (2016). Metacognitive abilities in adults with substance abuse treated in therapeutic community. *Adicciones, 29*(2), 74-82.

Inchausti, F., Sánchez-Reales, S., Prado-Abril, J. y Lysaker, P. (2019). La terapia metacognitiva en psicosis. En E. Fonseca-Pedrero (coord.), *Tratamientos psicológicos para la psicosis* (pp. 391-413). Pirámide.

Irarrázaval, L. (2020). A phenomenological paradigm for empirical research in psychiatry and psychology: Open questions. *Frontiers in Psychology, 11*.

Jimeno-Bulnes, N., Jimeno-Valdés, A. y Vargas-Aragón, M. (1996). *El síndrome psicótico y el inventario de Frankfurt. Conceptos y resultados*. Springer-Verlag Ibérica.

Kay, S. R., Fiszbein, A. y Opler, L. A. (1987). The positive and negative syndrome scale (PANSS) for schizophrenia. *Schizophrenia Bulletin, 13*(2), 261-276.

Kukla, M., Lysaker, P. H. y Salyers, M. P. (2013). Do persons with schizophrenia who have better metacognitive capacity also have a stronger subjective experience of recovery? *Psychiatry Research, 209*(3), 381-385.

Ladegaard, N., Lysaker, P. H., Larsen, E. R. y Videbech, P. (2014). A comparison of capacities for social cognition and metacognition in first episode and prolonged depression. *Psychiatry Research, 220*(3), 883-889.

Lemos Giráldez, S., Fonseca-Pedrero, E., Paino, M. y Vallina, O. (2015). *Esquizofrenia y otros trastornos psicóticos*. Síntesis.

© Ediciones Pirámide

Luther, L., Firmin, R. L., Vohs, J. L., Buck, K. D., Rand, K. L. y Lysaker, P. H. (2016). Intrinsic motivation as a mediator between metacognition deficits and impaired functioning in psychosis. *The British Journal of Clinical Psychology, 55*(3), 332-347.

Lysaker, P. y Dimaggio, G. (2014). Metacognitive capacities for reflection in schizophrenia: Implications for developing treatments. *Schizophrenia Bulletin, 40*(3), 487-491.

Lysaker, P. y Klion, R. E. (2018). *Recovery, meaning-making, and severe mental illness: A comprehensive guide to metacognitive reflection and insight therapy* (1.ª ed.). Routledge.

Lysaker, P. y Salyers, M. P. (2007). Anxiety symptoms in schizophrenia spectrum disorders: associations with social function, positive and negative symptoms, hope and trauma history. *Acta Psychiatrica Scandinavica, 116*(4), 290-298.

Lysaker, P., Carcione, A., Dimaggio, G., Johannesen, J. K., Nicolo, G., Procacci, M. y Semerari, A. (2005). Metacognition amidst narratives of self and illness in schizophrenia: Associations with neurocognition, symptoms, insight and quality of life. *Acta Psychiatrica Scandinavica, 112*(1), 64-71.

Lysaker, P., Dimaggio, G. y Brüne, M. (2014). *Social cognition and metacognition in schizophrenia: Psychopathology and treatment approaches.* Academic Press.

Lysaker, P., Leonhardt, B. L., Brüne, M., Buck, K. D., James, A., Vohs, J., Francis, M., Hamm, J. A., Salvatore, G., Ringer, J. M. y Dimaggio, G. (2014). Capacities for theory of mind, metacognition, and neurocognitive function are independently related to emotional recognition in schizophrenia. *Psychiatry Research, 219*(1), 79-85.

Lysaker, P., Clements, C. A., Plascak-Hallberg, C. D., Knipscheer, S. J. y Wright, D. E. (2002). Insight and personal narratives of illness in schizophrenia. *Psychiatry, 65*(3), 197-206.

Lysaker, P., Dimaggio, G., Carcione, A., Procacci, M., Buck, K. D., Davis, L. W. y Nicolo, G. (2010). Metacognition and schizophrenia: The capacity for self-reflectivity as a predictor for prospective assessments of work performance over six months. *Schizophrenia Research, 122*(1-3), 124-130.

Lysaker, P., Dimaggio, G., Wickett-Curtis, A., Kukla, M., Luedtke, B., Vohs, J., Leonhardt, B. L., James, A. V, Buck, K. D. y Davis, L. W. (2015). Deficits in metacognitive capacity are related to subjective distress and heightened levels of hyperarousal symptoms in adults with posttraumatic stress disorder. *Journal of Trauma and Dissociation: The Official Journal of the International Society for the Study of Dissociation (ISSD), 16*(4), 384-398.

Lysaker, P., George, S., Chaudoin-Patzoldt, K. A., Pec, O., Bob, P., Leonhardt, B. L., Vohs, J. L., James, A. V, Wickett, A., Buck, K. D. y Dimaggio, G. (2017). Contrasting metacognitive, social cognitive and alexithymia profiles in adults with borderline personality disorder, schizophrenia and substance use disorder. *Psychiatry Research, 257,* 393-399.

Lysaker, P., Vohs, J., Hamm, J. A., Kukla, M., Minor, K. S., De Jong, S., Van Donkersgoed, R., Pijnenborg, M. H. M., Kent, J. S., Matthews, S. C., Ringer, J. M., Leonhardt, B. L., Francis, M. M., Buck, K. D. y Dimaggio, G. (2014). Deficits in metacognitive capacity distinguish patients with schizophrenia from those with prolonged medical adversity. *Journal of Psychiatric Research, 55,* 126-130.

Lysaker, P., Vohs, J., Minor, K. S., Irarrazaval, L., Leonhardt, B., Hamm, J. A., Kukla, M., Popolo, R., Luther, L., Buck, K. D., Wasmuth, S. y Dimaggio, G. (2015). Metacognitive deficits in schizophrenia: Presence and associations with psychosocial outcomes. *The Journal of Nervous and Mental Disease, 203*(7), 530-536.

Lysaker, P., Hamm, J. A., Hasson-Ohayon, I., Pattison, M. L. y Leonhardt, B. L. (2018). Promoting recovery from severe mental illness: Implications from research on metacognition and metacognitive reflection and insight therapy. *World Journal of Psychiatry, 8*(1), 1-11.

Mancini, M., Presenza, S., Di Bernardo, L., Lardo, P. P., Totaro, S., Trisolini, F., Vetrugno, L. y Stanghellini, G. (2014). The life-world of persons with schizophrenia. A panoramic view. *Journal of Psychopathology, 20*(4), 423-434.

Martiny, K. (2017). Varela's radical proposal: How to embody and open up cognitive science. *Constructivist Foundations, 13*(1), 59-67.

McLeod, H. J., Gumley, A. I., Macbeth, A., Schwannauer, M. y Lysaker, P. H. (2014). Metacognitive functioning predicts positive and negative symptoms over 12 months in first episode psychosis. *Journal of Psychiatric Research, 54,* 109-115.

Moritz, S., Woodward, T. S., Burlon, M., Braus, D. F. y Andresen, B. (2007). Attributional style in schizophrenia: Evidence for a decreased sense of self-causation in currently paranoid patients. *Cognitive Therapy and Research, 31*(3), 371-383.

Muñiz, J. y Fonseca-Pedero, E. (2019). Diez pasos para la construcción de un test. *Psicothema, 31,* 7-16.

Myin-Germeys, I., Kasanova, Z., Vaessen, T., Vachon, H., Kirtley, O., Viechtbauer, W. y Reininghaus, U. (2018). Experience sampling methodology in mental health research: New insights and technical developments. *World Psychiatry, 17*(2), 123-132.

Nabors, L. M., Yanos, P. T., Roe, D., Hasson-Ohayon, I., Leonhardt, B. L., Buck, K. D. y Lysaker, P. H. (2014).

© Ediciones Pirámide

Stereotype endorsement, metacognitive capacity, and self-esteem as predictors of stigma resistance in persons with schizophrenia. *Comprehensive Psychiatry, 55*(4), 792-798.

Nanay, B. (2012). Action-oriented perception. *European Journal of Philosophy*, *20*(3), 430-446.

National Collaborating Centre for Mental Health. (2014). *Psychosis y schizophrenia in adults: The guideline for treatment and management.*

Nordgaard, J., Sass, L. A. y Parnas, J. (2013). The psychiatric interview: Validity, structure, and subjectivity. *European Archives of Psychiatry and Clinical Neuroscience, 263*(4), 353-364.

Obiols, J., Barrantes-Vidal, N. y Zaragoza Domingo, S. (2006). La evaluación clínica y psicométrica de los trastornos del espectro esquizofrénico. En V. E. Caballo (ed.), *Manual para la evaluación clínica de los trastornos psicológicos: trastornos de la edad adulta e informes psicológicos* (pp. 65-88). Pirámide.

Overall, J. E. y Gorham, D. R. (1962). The brief psychiatric rating scale. *Psychological Reports, 10,* 790-812.

Parnas, J. (2015). Differential diagnosis and current polythetic classification. *World Psychiatry, 14,* 284-287.

Parnas, J. y Henriksen, M. G. (2014). Disordered Self in the Schizophrenia Spectrum. *Harvard Review of Psychiatry, 22*(5), 251-265.

Parnas, J., Møller, P., Kircher, T., Thalbitzer, J., Jansson, L., Handest, P. y Zahavi, D. (2005). EASE: Examination of anomalous self-experience. *Psychopathology, 38*(5), 236-258.

Peralta Martín, V. y Cuesta Zorita, M. J. (1994). Validation of positive and negative symptom scale (PANSS) in a sample of Spanish schizophrenic patients. *Actas Luso-Españolas de Neurología y Psiquiatría, 22*(4), 171-177.

Pérez-Álvarez, M. (2012). Esquizofrenia y cultura moderna: razones de la locura. *Psicothema, 24,* 1-9.

Pérez-Álvarez, M. (2019). La psicoterapia como ciencia humana, más que tecnológica. *Papeles del Psicólogo, 40,* 1-14.

Pérez-Álvarez, M. (2020). El embrollo científico de la psicoterapia: cómo salir. *Papeles del Psicólogo, 41*(3), 174-183.

Pérez-Álvarez, M. y García-Montes, J. M. (2019). La filosofía de la ciencia aplicada a la psicología clínica: pensando en psicosis. En E. Fonseca-Pedrero (ed.), *Tratamientos psicológicos para la psicosis* (pp. 123-144). Pirámide.

Pérez-Álvarez, M., García-Montes, J. M., Vallina-Fernández, O. y Perona-Garcelán, S. (2016). Rethinking schizophrenia in the context of the person and their circumstances: Seven reasons. *Frontiers in Psychology, 7* (nov.).

Pérez-Álvarez, M., García-Montes, J. M., Vallina-Fernández, O., Perona-Garcelán, S. y Cuevas-Yust, C. (2011). New life for schizophrenia psychotherapy in the light of phenomenology. *Clinical Psychology and Psychotherapy, 18*(3), 187-201.

Popolo, R., Smith, E., Lysaker, P., Lestingi, K., Cavallo, F., Melchiorre, L., Santone, C. y Dimaggio, G. (2017). Metacognitive profiles in schizophrenia and bipolar disorder: Comparisons with healthy controls and correlations with negative symptoms. *Psychiatry Research, 257,* 45-50.

Reininghaus, U., Böhnke, J., Chavez-Baldini, U., Gibbons, R., Ivleva, E., Clementz, B., Pearlson, G., Keshavan, M., Sweeney, J. y Tamminga, C. (2019). Transdiagnostic dimensions of psychosis in the Bipolar-Schizophrenia Network on Intermediate Phenotypes (B-SNIP). *World Psychiatry, 18,* 67-76.

Sass, L. (2014). Self-disturbance and schizophrenia: Structure, specificity, pathogenesis (current issues, new directions). *Schizophrenia Research, 152*(1), 5-11.

Sass, L. y Byrom, G. (2015). Phenomenological and neurocognitive perspectives on delusions: A critical overview. *World Psychiatry, 29,* 427-444.

Sass, L., Pienkos, E., Skodlar, B., Stanghellini, G., Fuchs, T., Parnas, J. y Jones, N. (2017). EAWE: Examination of anomalous world experience. *Psychopathology, 50*(1), 10-54.

Semerari, A., Carcione, A., Dimaggio, G., Falcone, M., Nicolò, G., Procacci, M., Alleva, G. y Semerari, A. (2003). How to evaluate metacognitive functioning in psychotherapy? The metacognition assessment scale and its applications. *Clinical Psychology and Psychotherapy, 10,* 238-261.

Semerari, A., Cucchi, M., Dimaggio, G., Cavadini, D., Carcione, A., Battelli, V., Nicolò, G., Pedone, R., Siccardi, T., D'Angerio, S., Ronchi, P., Maffei, C. y Smeraldi, E. (2012). The development of the metacognition assessment interview: Instrument description, factor structure and reliability in a non-clinical sample. *Psychiatry Research, 200*(2-3), 890-895.

Senín-Calderón, S., Bellido-Zanín, G., Perona-Garcelán, S. y Rodríguez-Testal, J. F. (2018). Evaluación de la dimensión positiva. En E. Fonseca-Pedrero (ed.), *Evaluación de los trastornos del espectro psicótico* (pp. 75-117). Pirámide.

Snethen, G. A., McCormick, B. P. y Lysaker, P. H. (2014). Physical activity and psychiatric symptoms in adults with schizophrenia spectrum disorders. *The Journal of Nervous and Mental Disease, 202*(12), 845-852.

Stanghellini, G., Broome, M., Fernandez, A. V., Fusar-Poli, P., Raballo, A. y Rosfort, R. (2019). *The Oxford handbook of phenomenological psychopathology*. Oxford University Press.

© Ediciones Pirámide

Süllwold, L. y Huber, G. (1986). *Schizophrene basisstörungen*. Springer Publishing Co.

Tarricone, P. (2011). The taxonomy of metacognition. En *The taxonomy of metacognition.* Psychology Press.

Trull, T. J. y Ebner-Priemer, U. W. (2013). Ambulatory Assessment. *Annual Review of Clinical Psychology, 9,* 151-176.

Van Os, J., Delespaul, P., Wigman, J., Myin-Germeys, I. y Wichers, M. (2013). Beyond DSM and ICD: introducing «precision diagnosis» for psychiatry using momentary assessment technology. *World Psychiatry, 12,* 113-117.

Van Os, J., Delespaul, P., Wigman, J., Myin-Germeys, I. y Wichers, M. (2013). Psychiatry beyond labels: introducing contextual precision diagnosis across stages of psychopathology. *Psychological Medicine, 43*(07), 1563-1567.

Varela, F., Thompson, E. y Rosch, E. (2017). *The embodied mind, revised edition*. The MIT Press.

Vohs, J. L., Lysaker, P., Liffick, E., Francis, M. M., Leonhardt, B. L., James, A., Buck, K. D., Hamm, J. A., Minor, K. S., Mehdiyoun, N. y Breier, A. (2015). Metacognitive capacity as a predictor of insight in first-episode psychosis. *The Journal of Nervous and Mental Disease, 203*(5), 372-378.

Wei Ming, W., Yi, D., Lysaker, P. y Kai, W. (2015). The relationship among the metacognitive ability, empathy and psychotic symptoms in schizophrenic patients in a post-acute phase of illness. *Chinese Journal of Behavioral Medicine and Brain Science, 24,* 128-131.

Wells, A. (2000). *Emotional disorders and metacognition: Innovative cognitive therapy.* John Wiley & Sons.

Westen, D. (2012). Prototype diagnosis of psychiatric syndromes. *World Psychiatry, 11,* 16-21.

Zahavi, D. (2015). You, me, and we: The sharing of emotional experiences. *Journal of Consciousness Studies, 22*(1-2), 84-101.

Zahavi, D. (2018). *The Oxford handbook of the history of phenomenology*. Oxford University Press.

© Ediciones Pirámide

# La terapia de aceptación y compromiso: enfoque, teoría, procesos y habilidades

6

CHARO VILLEGAS MARÍN
JOSÉ MANUEL MOLINERO ROLDÁN
MIGUEL VALENZUELA HERNÁNDEZ
TAMARA JIMÉNEZ SÁNCHEZ

> «La cuerda que sirve al alpinista para escalar una cima sirve al suicida para ahorcarse, y al marino para que sus velas recojan el viento...
>
> ... una conducta irreflexiva acabará haciéndonos tan insensibles a lo buscado como inermes ante aquello de lo que huíamos.»
>
> Antonio Escohotado. *Historia general de las drogas* (1998).

## 1. INTRODUCCIÓN

El objetivo del presente capítulo es que el lector que desee adentrarse en la terapia de aceptación y compromiso cuente con una idea cabal, aunque breve, de sus aspectos filosóficos, teóricos y clínicos.

Nuestro deseo es poder cumplir tal objetivo. Paralelamente a que, finalizada la lectura de este, le haya merecido la pena el esfuerzo invertido. Con ello habremos alcanzado nuestro propósito al escribir lo que a continuación exponemos.

## 2. ACT

La terapia de aceptación y compromiso (por su acrónimo *ACT*) es una terapia contextual (Hayes, 2004) enraizada en la filosofía del contextualismo funcional (Hayes, Hayes y Reese, 1988), y basada en los datos obtenidos por el análisis funcional de la conducta y la visión contextual del lenguaje desde la teoría de los marcos relacionales (por sus siglas en inglés RFT, Relational Frame Theory) (Hayes, Barnes-Holmes y Roche, 2001).

Tiene como principal objetivo la flexibilidad psicológica y esto es así como resultado del desarrollo de esta desde que surgiera allá en el año 1999 (Hayes, Strosahl y Wilson, 1999). Estos años de investigación y experiencia en su aplicación han venido a corroborar que la inflexibilidad psicológica es un patrón de comportamiento común a los múltiples problemas psicológicos que pueden presentar los humanos, bajo formas aparentemente distintas (véase Hayes, Luoma, Bond, Masuda y Lillis, 2006). Desde esta perspectiva, por ejemplo, un abuso de sustancias vendría a ser una forma rígida de búsqueda de la felicidad y de evitación del malestar, de tal forma que, aunque se produjera cierto «bienestar» a corto plazo, la forma de alcanzarlo terminará por producir mayor malestar a largo plazo. Este fenómeno ha sido descrito como un patrón de evitación experiencial destructivo (Hayes, Wilson, Gifford, Follette y Strosahl, 1996; Luciano y Hayes, 2001). Así, la persona terminaría «enredada» en una forma de actuar que, si bien la liberaría del sufrimiento de forma inmediata, terminaría por mantenerla o incluso incrementar sus padecimientos a lo largo de su ciclo vital, configurando un patrón rígido de comportamiento del que cada vez sería más difícil salir. De esta forma, la persona tendría mayores dificultades para poder contactar con las consecuencias de su propio comportamiento a lo largo de su vida y, por tanto, con mayores trabas o barreras para poder vivir la vida que realmente quisiera vivir, plena y cargada de sentido.

© Ediciones Pirámide

Pues bien, ACT intentaría «rescatar» a las personas de esta inflexibilidad, entendida como una clase de respuesta de evitación rígida ante pensamientos, sensaciones, sentimientos, etc., mediante **tres** mecanismos básicos (Törneke, Luciano, Barnes-Holmes y Bond, 2015). El análisis funcional de su propio comportamiento: ayudando a las personas a que contacten experiencialmente con las consecuencias de sus actos, a corto y largo plazo. Es decir, a discriminar, a percibir qué beneficio obtengo y de qué displacer escapo en el momento en el que, por ejemplo, consumo determinadas sustancias o hago caso a mis delirios, qué sentimientos y pensamientos vienen con ello, qué he hecho y qué hago para solucionarlo, qué he intentado en el pasado y ahora para dejar de hacerlo y cuáles han sido y son las consecuencias a lo largo de mi vida como resultado de esa forma de actuar, de esa inflexibilidad. En segundo lugar, trabajar en dirección para que la persona clarifique qué cosas son importantes en su vida, cuáles son las renuncias por no alcanzarlas y cómo sería su vida si sus actos los llevaran a contactar con esas cosas. Evaluar cómo es la vida con ausencia de actos en esa dirección y cómo sería si sus actos siguieran ese camino y a llevar a cabo esas acciones con sentido, en diferentes y variados contextos, serían las acciones comprometidas. En definitiva, evaluar y trabajar en valores. Y, por último, trabajando con la aceptación y el autodistanciamiento de los sentimientos, pensamientos, sensaciones corporales, etc., que conlleva nuestra historia personal, ayudando a que la persona discrimine la continuidad del yo frente a ellos. Es decir, trabajar con la defusión de los contenidos verbales derivados de nuestra propia historia social-verbal. Estos tres mecanismos serían como los vértices que se conectan para formar el triángulo de la flexibilidad, de tal suerte que cuando se trabaja con uno de estos vértices se estaría trabajando con los demás, ya que están interconectados.

Pero ¿cómo se lleva a cabo lo anteriormente descrito? Empecemos por las raíces para poder llegar a las hojas.

### 2.1. La filosofía. Una forma de entender el mundo, la vida

La filosofía sobre la que se asienta ACT es el contextualismo funcional. Para ayudar al lector a hacerse una idea de a qué hace referencia, vamos a responder a una serie de cuestiones, a modo de diálogo socrático, que nos parecen fundamentales para poder entender la terapia de aceptación y compromiso. Aun así, si el lector estuviera interesado en profundizar en estas u otras cuestiones que no se abordan en el texto por razones de espacio, le recomendamos consultar los textos referenciados.

Algunas de esas cuestiones son: ¿qué es eso del contextualismo funcional?, ¿qué hace tan relevante entender una filosofía para poder entender una terapia?, ¿a qué hace referencia?, ¿cuáles son los conceptos básicos necesarios para entenderla?

El contextualismo funcional, como ya hemos recogido, es una filosofía de la ciencia psicológica y no una teoría diferente de la psicología, como se pudiera llegar a pensar. Es una forma distinta de configurar el análisis psicológico. Es decir, es una filosofía diferente. Bebe del conductismo radical de Skinner, pero no se trata de una mera aclaración o postulación con otras palabras de los mismos conceptos. Es una extensión, una nueva delimitación de conceptos que, por parte de Skinner, o no se habían explicado o habían quedado confusos. Por ejemplo, en la definición misma de qué es la conducta o qué es conducta verbal (véase Zettle, Hayes, Barnes-Holmes y Biglan, 2016).

Asimismo, el contextualismo funcional hace hincapié en conceptos como el alcance (capacidad para que el estudio de un hecho sea relevante para una amplia gama de fenómenos), la precisión (que los conceptos utilizados sean concretos, inequívocos y estén relacionados entre sí de forma clara) y profundidad (que los conceptos o principios coincidan con los de otros campos de estudio o ramas del saber). En palabras de Biglan y Hayes (2016): «... el contextualismo funcional ha surgido como una forma de describir una interpretación del enfoque de Skinner para el estudio de la conducta que se basa en un compromiso epistemológico con el pragmatismo» (Biglan y Hayes, 1996; Hayes, 1995). El objetivo explícito del contextualismo funcional es la predicción e influencia del comportamiento de los individuos o las acciones de grupos u organizaciones. La predicción y la influencia es un objetivo único. Es decir, el objetivo no es solo identificar las variables que predicen el comportamiento, sino identificar las variables que se puede demostrar que influyen en el comportamiento en cuestión. A veces

© Ediciones Pirámide

se escribe como «predicción e influencia» para enfatizar este hecho (Biglan y Hayes, 2016).

Y, ¿cuál es la razón de que hablemos de esto aquí?

Bien, por un lado, el pragmatismo en el que se sustenta el contextualismo funcional supone una visión inusual o poco intuitiva y a su vez está muy distante del marco filosófico que domina las ciencias del comportamiento, y esto hace aún más necesaria su compresión. La mayoría de la investigación de la psicología no se da dentro de un marco filosófico o teórico explícito. Aunque todos los modelos terapéuticos tienen una filosofía en la base, esta suele ser implícita. Consideramos que si no se entienden bien los principios, los fundamentos, es muy difícil entender por qué se hacen las cosas como se hacen en la terapia de aceptación y compromiso.

¿A qué hace referencia el término «contextualismo»?

El enfoque contextual considera el comportamiento de las personas como un todo indivisible con el contexto. Así, persona y contexto formarían un par dialéctico en el que no podríamos hablar de la persona sin considerar el contexto en el que se ha desenvuelto y no podríamos hablar del contexto sin tener en cuenta a la persona que se desenvuelve en él. La conducta, por tanto, es considerada como una relación que tiene un carácter funcional práctico-efectivo tanto de adaptación como de adecuación al mundo ahí dado. Como ya indicó el profesor Marino Pérez (1996): «la conducta no puede ser separada del contexto, que es su condición de posibilidad, y el sujeto no puede ser despiezado en partes, puesto que la conducta es del sujeto como un todo y no, por ejemplo, de un órgano o un dispositivo mental».

Los humanos habitamos un mundo variable y diverso en el que las condiciones bajo las cuales vivimos e interactuamos con este cambian y seleccionan cierta forma de estar, vivir o convivir con los otros. Así, desde el contextualismo, el criterio de verdad es el comportamiento adaptativo y funcional. Es decir, un análisis contextual se considera verdadero o válido si ayuda a alcanzar algún objetivo. Sin embargo, desde una perspectiva contextualista funcional, nuestra capacidad para influir en el comportamiento depende de nuestra capacidad para alterar el entorno que afecta tanto al organismo como al comportamiento. Por tanto, una explicación de la conducta en función de órganos particulares, sean glándulas o el mismo cerebro, estaría fuera de contexto.

Se entiende, pues, que la conducta está multideterminada, es decir, que a la vez están operando distintas condiciones, variables o «hilos de textura» del contexto. Desde otros enfoques psicológicos es bastante habitual atribuir el comportamiento propio y/o de los demás a variables internas, sean estas referidas a mecanismos neurobiológicos, a la personalidad u otros mecanismos subyacentes. Es decir, la conducta vendría determinada, léase causada, por lo que pensamos y/o sentimos. Por ejemplo, se dice que si una persona se comporta de forma introvertida es porque es tímida o introvertida, es decir, la razón o causa de su comportamiento sería una variable de personalidad que explicaría dicho comportamiento. También si una persona se comporta siguiendo un delirio afirmamos que esto es debido a su pensamiento delirante. Aunque sea de forma sutil la mayoría de los modelos vigentes en la psicología «caen» en este proceso de «cosificación» o «reificación» a través del razonamiento tautológico (véanse, por ejemplo, Ryle, 1949; Kantor, 1975; Luciano y Hayes, 2001; Wilson y Luciano, 2002; Pérez-Álvarez, 1997; Skinner, 1953).

Por su parte, el contextualismo funcional considera que, aunque se observa una correlación entre pensar, sentir y hacer, nuestros pensamientos o sentimientos no son la causa de lo que hacemos, sino que son comportamientos que se han correlacionado, de forma arbitraria, en nuestra historia de desarrollo personal (expondremos más adelante qué supone «relacionar de forma arbitraria»). Veamos algún ejemplo:

> Cuando un niño hace algo mal podemos decirle «eso te pasa porque eres torpe». Si eso se lo decimos ante varias y variadas condiciones llegará un día, quizá cuando sea adolescente o adulto, en que alguien le pregunte «¿por qué se te ha caído tal o cual objeto en concreto?» y esa persona responda «porque soy torpe» o quizá alguien le diga que se le cayó porque es torpe. Así, una correlación aprendida de forma arbitraria en la historia personal se ha convertido, como si se tratara de magia, en una relación causal y ahora lo que explica que se me caigan las cosas es la creencia o pensamiento de que soy torpe. Ahora una forma de pensar se ha convertido en la «causa» de un com-

© Ediciones Pirámide

portamiento. Pero no se trata de una relación causal, ya que no podemos decir que ese pensamiento cause ese comportamiento. Asimismo, y en relación con la esquizofrenia, cuando un adulto se comporta de forma agresiva alguien podría decir «te comportas así porque eres esquizofrénico». Si eso se lo decimos ante varias y variadas situaciones llegará un día, como en el ejemplo anterior, que los demás y él mismo justifiquen su comportamiento agresivo a través del pensamiento o creencia «soy esquizofrénico». Así, de nuevo, una correlación aprendida de forma arbitraria (se podían haber aducido desde niño otras razones distintas a la esquizofrenia para explicar la conducta agresiva) se habrá convertido en una relación causal.

Se entiende, pues, que el pensar y el sentir, por supuesto de una determinada forma dependiendo de cada historia individual, es una construcción socio-verbal, por lo demás arbitraria. Así, si queremos ser capaces de predecir e influir en cómo las personas se comportan como lo hacen, no solo necesitamos explicar el comportamiento sino también el origen de por qué pensamos lo que pensamos, sentimos lo que sentimos y hacemos lo que hacemos con aquello que pensamos, sentimos y hacemos y cómo se produce esa correlación (Wilson y Luciano, 2002). En relación con los ejemplos anteriores, no solo tendremos que explicar las razones de la caída de los objetos o de la conducta agresiva sino también de las razones de los pensamientos «soy torpe» o «soy esquizofrénico» y de cómo ha sido la historia de relaciones entre esas conductas y esos pensamientos hasta llegar a funcionar como causa del comportamiento.

Póngase el lector en situación ajena, incluso propia, e imagine distintas personas a las cuales se les presenten pensamientos como: «... no valgo para nada... todo me sale mal...» asociados a sentimientos de inutilidad y fracaso. Ahora imaginemos pensamientos de «... una voz me habla...» y, asociados a ellos, sentimientos de angustia. Estas personas podrían comportarse de muy diversas formas ante esos pensamientos y/o sentimientos. Una podría llamar a alguien para recibir consuelo, otra tomar algún medicamento, otra llorar y quedarse en la cama y otra continuar con lo que estaba haciendo. Estos diferentes comportamientos solo se deberían analizar basándonos en principios que permitieran predecir e influir sobre las condiciones que expliquen cómo se formaron, cómo se relacionaron de aquella manera y por qué tienen la función que tienen. La conducta no puede existir, tomarse en cuenta o ser comprendida independientemente del contexto dentro del cual tiene lugar. Nosotros no vivimos en un vacío o, con palabras de un poeta, «el hombre no es una isla» (Ayllon, 1992).

El análisis funcional de la conducta, como su nombre indica, no deja de ser un análisis del comportamiento, pero no como un estudio de las piezas que lo componen, sino como un estudio de su funcionamiento. De ahí el nombre de análisis funcional. El énfasis, por tanto, estaría en la función del comportamiento y no en su forma o topografía.

¿A qué nos referimos con función?

La función hace referencia a la intencionalidad adaptativa del comportamiento. Todo comportamiento se da en unas condiciones de partida y estas determinan si un comportamiento concreto será seleccionado, o no, como más adaptativo. Como puede leerse en la cita que abre este capítulo, la función de la cuerda puede ser diferente dependiendo de las condiciones de su uso. Asimismo, un niño puede llorar para aliviar sus necesidades y/o para que una madre le preste atención; un drogodependiente puede consumir una sustancia para aliviar su dolor y/o para conseguir admiración de otros; o un esquizofrénico puede sentir alivio del dolor a través de un delirio y/o conseguir cierto placer por el contenido de este.

La unidad básica de análisis funcional de la conducta es la contingencia de tres términos (definida así por Skinner). Una contingencia es la relación entre tres elementos: la estimulación antecedente (todas las variables o condiciones que están presentes en el mundo cuando actúo o me comporto y que pueden ser tanto interoceptivas como exteroceptivas), el comportamiento efectivo y la estimulación consecuente (todas las consecuencias que concurren cuando actúo o me comporto y que también pueden ser interoceptivas y exteroceptivas). Así, la conducta relevante se define de acuerdo con sus efectos, resultados o consecuencias, que, a su vez, están correlacionadas con ciertas condiciones presentes o antecedentes. La conducta no se analiza por sí misma —lo que denominamos topografía, que no pasaría de ser una imagen atómica, aislada, «descontextualizada»—, sino por su función, en relación con ciertos antecedentes y posibles consecuentes (Pérez-Álva-

© Ediciones Pirámide

rez, 2004). Es decir, la conducta **es un verbo, no un sustantivo. Es una relación, no un hecho.** No es lo que hacemos sino la relación que se establece entre estos tres elementos. Esta forma de conceptualizar el comportamiento «se sale» de lo habitual o cotidiano, ya que las personas solemos etiquetar el comportamiento como un hecho y no como una relación. Esto significa que un análisis del comportamiento que no incluya las condiciones donde este se lleva a cabo no tiene «sentido» psicológico. Esto quiere decir que los elementos que forman parte de la relación no pueden ser considerados como elementos independientes, puesto que es la unidad la que da el sentido práctico-efectivo a la conducta. Así, cada comportamiento forma un todo con sus condiciones de posibilidad, la estimulación antecedente y la consecuente (reforzadores). Dada la concreción y claridad con la que recogió este principio trascendental el profesor Quiroga ya en 1996, vamos a reproducir sus palabras: «La conducta de cualquiera (en realidad de cualquier organismo vivo) se ofrece como un fluir continuo. En este sentido, cabría decir perfectamente "corriente de conducta" reutilizando la célebre caracterización que W. James hiciera del pensamiento. Como podría haber dicho también James, la metáfora de la corriente ("río" o "curso") describe del modo más natural la conducta en su continuo fluir, mejor que, por ejemplo, "cadena o sucesión". Aún más, puesto que la conducta no emana de una presunta fuente inagotable que saliera del sujeto (cual acción o actividad emanante), sino que se da en el curso mismo del vivir, al hilo de las circunstancias, cabría hablar incluso de "corriente de contingencias", como así se ha propuesto, conjugando a James y Skinner» (Quiroga, 1996).

Y aun a riesgo de abundar en la idea, como indican Costa y López (2006): «todos los comportamientos son integrales, biográficos y contextuales a la vez; no hay ninguno que no lo sea... no hay ningún episodio de comportamiento humano, ninguna experiencia vital que no tenga en su arquitectura y en su dinámica esos tres componentes, que no está integrada por los tres, que no sea, pues, integral y multidimensional, que no sea biográfica y contextual a la vez».

En síntesis y según reza el título de uno de los apartados de su texto, *El lóbulo temporal no declama poesías ni los genes dicen ¡buenos días!* (Costa y López, 2006).

Asimismo, la contingencia es un proceso dialéctico —un diálogo con el mundo—, es decir, cada conducta genera una nueva situación que reobra sobre la conducta suponiendo siempre un cambio continuo, un fluir. En rigor, tras cada conducta ni la situación ni el organismo son lo mismo. En este sentido, tanto el reforzador es contingente de la conducta como la conducta es contingente al reforzador. Esta dependencia o condicionalidad recíproca, lejos de ser tautológica (como lo es, por ejemplo, la autoeficacia con respecto a la conducta eficaz), constituye un par conjugado (como lo es, por ejemplo, la relación tío-sobrino). Así pues, la definición mutua conducta-reforzador, lejos de ser una definición circular viciosa, sería una relación circular dialéctica, lo que es completamente distinto (Pérez-Álvarez, 2004).

Esto significa que, en cada momento en el que nos comportamos, ni el comportamiento ni el reforzador son los mismos. Cada momento de la vida es único e irrepetible. Si, por ejemplo, en determinadas circunstancias alguien grita y la consecuencia obtenida es funcional o apetitiva para el sujeto, tanto la probabilidad del comportamiento (que habrá salido fortalecido) como el grado de capacidad reforzante del propio reforzador habrán cambiado. Por tanto, lo relevante aquí es que la consecuencia o reforzador no es algo fijo sino posible y cambiante.

Dado lo anteriormente expuesto, habría que hablar, por tanto, de «clase de respuesta» y de «clase de reforzamiento», ya nos refiramos al propio comportamiento o a sus consecuencias.

Ahora bien, ¿qué es una clase de respuesta o clase funcional?

Bien es sabido que diferentes comportamientos (topografías) pueden tener la misma función. Por ejemplo, una persona que siente una fuerte angustia y recuerdos de un episodio traumático podría, para escapar o evitarlos, respirar profundamente, llamar a alguien por teléfono para comentar lo mal que lo pasa, pedir un taxi e ir a urgencias de un hospital, ingerir alcohol, ver videos de YouTube, tener una alucinación o tomar medicación ansiolítica... Todos estos comportamientos, que, aun siendo diferentes en su forma o topografía, tienen la misma función, son considerados una clase funcional o clase de respuesta. Asimismo, los mismos comportamientos (topografías) pueden tener funciones diferentes. No es lo mismo subir a un lugar específico de un árbol para ver el paisaje que para huir de algo que nos da miedo.

© Ediciones Pirámide

Lo mismo se puede decir de la «clase de reforzador». Distintos reforzadores pueden fortalecer la misma clase de conducta. Por ejemplo, el dinero, el elogio, el apoyo o cualquier consecuencia posible. Igualmente, un mismo reforzador puede fortalecer diferentes clases de respuestas. Por ejemplo, el dinero puede servir lo mismo para hacer obra social que para fomentar el tráfico de armas o la atención social puede reforzar comportamientos prosociales y lo contrario. Lo que aquí interesa es que desde el contextualismo funcional lo relevante es la función y, por tanto, no hablaríamos de tal o cual comportamiento sino de clases de comportamiento. De tal forma que no se haría distinción entre una persona que bebe alcohol, fuma, limpia compulsivamente, huye de lugares o personas o deja de comer, si lo hace con la misma función (por ejemplo, para evitar la ansiedad).

Todo lo ya expuesto va a quedar integrado en la teoría que sustenta las denominadas terapias contextuales, es decir, la teoría del marco relacional (Hayes, Barnes-Holmes y Roche, 2001). Sin embargo, antes de abordarla, consideramos imprescindible presentar algunos conceptos más, para poder entenderla. Vamos a ello.

Los humanos indiscutiblemente aprendemos, pero ¿cómo aprendemos los humanos?

Básicamente los humanos tenemos dos formas de adquirir conocimiento: la conducta moldeada por contingencias y la conducta gobernada por reglas. Skinner (1969) ya distinguió entre el aprendizaje a través de la experiencia y el aprendizaje adquirido por reglas.

Pues bien, ¿a qué nos referimos con conducta moldeada por las contingencias?

Es la conducta que depende directamente del control por parte de las consecuencias y de las condiciones que la discriminan. Es decir, es la conducta aprendida en contacto directo con las contingencias del mundo. En lo que toca incidir aquí es en el carácter instrumental del comportamiento. El movimiento, el gesto se iría moldeando, formando un continuo operativo que proveería consecuencias más o menos adaptativas (y esto tanto a nivel filogenético como ontogenético).

Resulta muy relevante, sobre todo por las consecuencias que tiene en el proceso terapéutico que el comportamiento moldeado por las contingencias muestra mayor flexibilidad que el gobernado por reglas. En el aprendizaje moldeado por contingencias, cuando estas cambian, el comportamiento tiende a ajustarse a la nueva situación.

Así, los estímulos o eventos adquieren sus propiedades funcionales a través del contacto directo con las contingencias. Por ejemplo, cuando un movimiento, sensación táctil, sonido, visión..., adquieren propiedades reforzantes, aversivas o discriminativas a través de ese contacto directo. Si toco una superficie y me pincho, o una planta del campo que me genera una urticaria, disminuirá la probabilidad de volver a hacerlo. Si entro en contacto con un sonido agradable, aumentará la probabilidad de que busque las condiciones para volver a oírlo. Si ante mi urticaria me rasco y esto consuela mi malestar, aumenta la probabilidad de que me rasque en la siguiente ocasión. En realidad se trata de un moldeamiento de mi repertorio adaptativo a través de la experiencia.

Pero los humanos no solo aprendemos del mundo, tanto externo como interno, de este modo. También lo hacemos a través del lenguaje o más concretamente a través de reglas o formas verbales. Esta es la conducta gobernada por reglas.

Pero ¿a qué nos referimos con conducta gobernada por reglas?

La conducta gobernada por reglas es aquella que depende de un control verbal previo al contacto con las contingencias efectivas o un comportamiento que se ha adquirido a través de fórmulas verbales. Se trata de una función primordial en el desarrollo humano. Aquí el movimiento, el gesto y la palabra forman un continuo operativo en el que los efectos no serían los directos de las contingencias, sino que los efectos se lograrían a través de la participación de otras personas (Pérez-Álvarez, 1996).

TABLA 6.1

*La regla convoca dos contingencias*

| Contingencias | Concepto |
|---|---|
| Formulación verbal | Que tiene su reforzamiento en la aprobación social. |
| Condición de referencia | Cuyo reforzamiento es la consecuencia última del «bien-estar» resultante. |
| Ambas | Eventos de la misma clase funcional (relaciones de equivalencia). |

© Ediciones Pirámide

Por ejemplo, un niño se mueve por una habitación tratando de alcanzar algo y los adultos que lo ven le hacen llegar aquello que pretende, una persona, biberón, algún alimento... Al mismo tiempo, los adultos muy probablemente nombren aquello que el niño pretende. Así, el niño llegará a relacionar esa palabra con ese objeto ecoizando (haciéndose eco) y lo repetiría en otras ocasiones, con lo que tendríamos la función ecoica. Si además, cuando el niño nombra el objeto, los demás proveen contingencias de reforzamiento (refuerzan) lo que el niño ha dicho quizá acercándole el objeto nombrado, estaría cumpliendo funciones de tacto. Si además el niño utiliza la palabra y los demás proveen el objeto o persona nombrada, es decir, intermedian en la consecución de la consecuencia, tendríamos la función de mando. Delimitaremos brevemente las distintas funciones verbales desde un punto de vista funcional un poco más adelante. Aun así, el lector interesado puede consultar *Conducta verbal* de Skinner (1983) y desarrollos posteriores.

En el ejemplo expuesto vemos la capacidad del lenguaje para establecer funciones derivadas, no de los estímulos o hechos del mundo —eventos—, sino de la relación simbólica —verbal— establecida con otros eventos o hechos de ese mundo. Es decir, estaría desarrollándose una habilidad, la habilidad de enmarcar causal o condicionalmente las relaciones del tipo «si... entonces...», uno de los tipos de los marcos relacionales, y uno de los cuatro contextos verbales trascendentes para el proceso terapéutico. Volveremos a ello más tarde.

Es decir, si por ejemplo me «hablo» y me «digo»: «... si me esfuerzo seguro que lo consigo...» o «... tengo que ser positivo para poder lograrlo...» e intento pensar en cosas positivas, «... cuando no tenga ansiedad entonces podré salir...» y tomo pastillas para conseguirlo, «... la tranquilidad es importante para tener la vida que nos gustaría...» y veo un vídeo de relajación de YouTube, «... tengo que conseguir que esa voz se calle para poder...» ... y bebo para conseguirlo, etc. Estos serían ejemplos de comportamientos regulados verbalmente o gobernados por reglas. Nuestra cultura fomenta este tipo de reglas, en las que se describe que, para hacer algo, primero hay que sentir o pensar algo en concreto. Es decir, que lo que hacemos es la consecuencia de cómo pensamos o sentimos. Desde el modelo contextual, esta posición carece de sentido, ya que las relaciones correlacionales, es decir, aquellas que se establecen entre variables y que cuando una cambia, la otra también lo hace, no pueden ser tomadas por relaciones causales, donde una causa la otra. Vamos de nuevo con un ejemplo: imagine el lector que a un niño se le dice «eres malo», al hacer algo que el adulto juzga como inadecuado, y después al hacer algo inadecuado de nuevo se le dice que lo hace «porque es malo». Estaríamos ante un «error» que resulta reiterado a lo largo de la vida, donde se termina tomando las relaciones conducta-conducta por relaciones con un valor causal, en las que se entendería que los sentimientos y pensamientos causan el comportamiento.

Póngase el lector de nuevo en situación. Conocemos a una persona y su comportamiento nos resulta agradable, atractivo y adecuado. Tenemos ganas de pasar tiempo con ella, de compartir cosas, etc. Nosotros no hemos observado en ella nada que nos resulte desagradable o criticable. Tiempo después esta persona nos dice que está diagnosticada de esquizofrenia o nos enteramos de ello. Dada nuestra historia verbal, es muy probable que la «inclinación» hacia esa persona cambie. Y ese cambio dependerá de las relaciones verbales que yo tenga establecidas dada mi historia personal. Si las relaciones establecidas es que «... los esquizofrénicos son violentos... que están locos... y que los locos son peligrosos...», es muy probable que cambie mi comportamiento con respecto a esa persona que nos «caía bien». Es posible, asimismo, que no logremos entender la razón de nuestro nuevo comportamiento. Y más interesante aún, es posible que, si compartíamos algún gusto común por algo con esa persona, ahora no queramos o evitemos las situaciones o los temas compartidos.

El hecho de ser verbales implicaría, por tanto, la capacidad de adquirir o cambiar el comportamiento vía relacional o derivada. Los comportamientos así adquiridos no necesitarían el contacto directo con las contingencias (como cuando los padres comentan «... de dónde habrá sacado eso mi niño...») y además pueden cambiar las funciones de estos sin el contacto directo con las contingencias (como en el ejemplo anterior). De esta forma, las distintas funciones aparecerían de forma derivada (ya que emanan del tipo de relación verbal establecida sin experiencia previa), indirecta (responden al tipo de relación establecida) y lejana (vienen de toda

© Ediciones Pirámide

la historia de relaciones verbales establecidas en nuestro desarrollo).

Así, las reglas verbales tendrían una función discriminativa, en unas determinadas circunstancias, según la historia verbal de cada persona. Una historia verbal que haya sido suficiente para establecer determinados marcos relacionales (Hayes y Hayes, 1989; Wilson y Luciano, 2002).

Una cuestión relevante, para lo que aquí nos interesa, sería determinar qué tipo de control antecedente es la regla. Skinner (1969; 1979) ya apuntó las diversas posibilidades. El lector interesado puede consultar esas referencias. Las reglas se podrían definir como un control verbal antecedente que mimetiza una contingencia. *Más formalmente, una regla como control verbal antecedente es funcionalmente equivalente a la contingencia que establece, en la forma si B entonces C, donde B es una (clase de) conducta y C una consecuencia. Ha de percibirse, pues, que la regla convoca dos contingencias: la formulación verbal (que tiene su reforzamiento en la aprobación social) y la condición de referencia (cuyo reforzamiento es la consecuencia última del «bienestar» resultante). La cuestión es que ambas contingencias implicarían eventos de la misma clase funcional (relaciones de equivalencia)* (Pérez-Álvarez, 1996).

Aprender a responder a fórmulas verbales hasta generar y consolidar repertorios eficaces, o no, se inicia con un proceso básico como la formación de la regulación verbal en sus tres tipos básicos: *pliance, tracking* y *augmenting* o regulación compleja (Hayes, Gifford y Hayes, 1998; Hayes, Zettle y Rosenfarb, 1986; Hayes et al., 1989; Luciano, Valdivia-Salas, Cabello y Hernández, 2009).

Por las implicaciones que tiene para la terapia nos vamos a detener aquí en la distinción entre reglas de tipo *ply* y su conducta de seguimiento «*pliance* (plegamiento, obediencia, complacencia)», *track* y su conducta de seguimiento denominada «*tracking* (rastreo, exploración)» y las reglas tipo «*augmental* (incrementación)» y su conducta de seguimiento denominada *augmenting*.

Las reglas tipo ***pliance*** son reglas bajo control de las consecuencias mediadas socialmente por la correspondencia entre lo que se dice (la regla) y lo que se hace. Por ejemplo, alguien me dice «... no debes decirle eso porque se enfadará...». La primera vez que sigo esa regla sería por obediencia *(pliance)* y no por haber dicho algo y haber entrado en contacto con la experiencia (contingencias) al decirlo. Así, el seguimiento *pliance* estaría relacionado con el plegamiento, obediencia o ajuste a las demandas de los otros. Son reglas formuladas inicialmente

TABLA 6.2

*Seis clases operantes descritas por Skinner*

| Operantes verbales | Delimitación conceptual |
|---|---|
| Mando | «¡Mírame! ¡dame agua! ¡apaga la tele!»<br>«¡Fuera de mi vista!» |
| Tacto | Decir «galleta» en presencia de una galleta (una sociedad con un idioma común suele reforzar las mismas palabras con relación al mismo objeto). |
| Ecoico | Un karaoke. |
| Textual | Agenda o hacer cuentas en un papel. |
| Intraverbal | Refranes, cadenas de respuestas fijas «¿qué tal?, bien»; «quien mal anda...».<br>Son secuencias que se recuerdan de memoria, como un poema, el alfabeto o la tabla de multiplicar.<br>Son preguntas típicas de ¿qué...?, ¿cómo...?, ¿quién...?, ¿cuándo...?, ¿por qué...? |
| Autoclítico | «Quizá..., en principio..., posiblemente..., me gustaría hacer..., tengo que hacer..., lo sé, pero...» |

© Ediciones Pirámide

por otros y más tarde por uno mismo, según la historia de consecuencias dadas entre seguir la regla y las consecuencias que se obtienen a través de los demás. Las implicaciones para la terapia aquí, entre otras, estarían en el desajuste que puede producirse entre el comportamiento que pretende obedecer o ajustarse a las demandas de los otros y las consecuencias que provean estos. Por ejemplo, cuando sigo una regla esperando que el terapeuta me premie o castigue y este hace todo lo contrario.

Las reglas tipo ***tracking*** son reglas bajo control de las consecuencias directas de seguirlas o no. Es decir, por la experiencia (contingencias) de cómo funciona el mundo (físico o social). Por ejemplo, seguir o no la regla «... presiona el botón lateral para que el móvil se encienda...» estará controlada por las consecuencias directas de cómo funcionan las cosas, en este caso el móvil. Las implicaciones para la terapia estarían aquí, entre otras, en el desajuste entre el comportamiento de seguir o no la regla y las consecuencias directas esperadas. Por ejemplo, cuando sigo la regla «... si tomo la medicación mejoraré...» y esto no se produce o se produce a corto plazo, pero no a largo plazo.

Por último, el ***augmenting*** son reglas alteradoras que estarían bajo control de los cambios en la capacidad de los estímulos para funcionar como reforzadores o estímulos aversivos. Aquí habría que distinguir **dos** tipos: formativas y motivacionales (Hayes et al., 1998). Los alteradores o de transformación establecerían nuevas funciones para estímulos, en principio, neutros. Es decir, crean nuevas funciones. Las motivacionales alterarán la capacidad reforzante o aversiva de estímulos que ya tenían cierta función. Es decir, resaltan una consecuencia funcional ya existente. Como ejemplo de *augmental* formativos tendríamos el caso de alguien que dice «... fui muy perseverante para afrontar mis miedos...», siendo «la perseverancia» una construcción verbal que tiene propiedades reforzantes para la persona y, en su historia personal, lo tiene en relación de equivalencia con logro, motivación, capacidad... esta afirmación o regla podría funcionar como un *augmental* elevando, incrementando la motivación por hacer lo que esa persona quiera hacer. Como ejemplo de *augmental* motivacional sería cuando alguien dice o piensa «... para hacerlo bien tengo que confiar al cien por cien en mí...». Tendríamos que la persona estaría uniendo verbalmente un sentimiento de confianza total a un resultado cuando, de hecho, esta no es una relación causal. Esta verbalización o regla podría alterar la motivación para hacer lo que tuviera que hacer, pudiendo llegar el comportamiento a ser más efectivo o limitante en función de lo que se trate.

Finalmente, tendríamos que considerar las reglas que alteran otras reglas. Lo relevante en este caso es que las reglas que alteran otras formarían parte de las intervenciones paradójicas. En este sentido cabe señalar que de lo que se trata es de alterar el contexto en que opera la regla, lo que define algunas de las intervenciones de la terapia de aceptación y compromiso. El lector podrá encontrar ejemplos de este tipo de intervenciones a lo largo del manual.

Tradicionalmente, el seguimiento de reglas, a pesar de la falta de resultados entre lo que determina o explicita la regla y las consecuencias que se derivan de seguirla, ha sido investigado bajo el paradigma de la insensibilidad a las contingencias. Es decir, el fenómeno por el que la conducta no contacta con las contingencias ambientales al estar controlada por instrucciones.

Por su impacto a nivel clínico nos detendremos en su aclaración.

Cualquier regla supone un tipo de regulación verbal o discriminativa entre esa regla y la acción o el acto. Esa acción podrá ajustarse a las contingencias naturales o mostrar insensibilidad a esas contingencias naturales. De esta forma el lenguaje actuaría como un «filtro» que haría que los comportamientos estuvieran des-conectados de las contingencias. Como indica Pérez-Álvarez (1996): «Ello puede deberse a un seguimiento generalizado de reglas como para impedir un *feedback* autocorrectivo (del mismo modo que también podría darse el desobediente sistemático) y, también, puede deberse a que la "conducta incorregible" por la regla está tan moldeada como para no responder a las especificaciones verbales».

La relevancia terapéutica estaría en que cuando el control verbal es excesivo y dificulta el contacto con las contingencias por parte de la persona, el terapeuta deberá aumentar un repertorio que permita a la persona contactar más con las contingencias directas de su comportamiento. Ahondaremos más sobre este aspecto a lo largo del texto.

En conclusión, comprender la regulación verbal en los humanos mediante las reglas verbales es fun-

© Ediciones Pirámide

damental para poder entender lo que llamamos cognición. Para ello vamos con la teoría...

## 2.2. La teoría. Organizando ideas para alcanzar la explicación. La RFT y el papel del lenguaje...

El lenguaje es una parte inseparable de lo que significa ser humano. Nos permite no solo describir el mundo en que vivimos, sino que lo estructura y, por último, termina creándolo. Los humanos vivimos en un «mundo verbal».

Para entender qué se quiere decir con esto pongamos un ejemplo. Los humanos hemos creado una palabra para designar un animal que nunca ha existido en la historia del planeta: el «dragón». Alguien, en algún momento de la historia de la especie, debió moldear la «descripción» de ese ser. Esas palabras que se usaron para describirlo fueron propagándose, como las poesías a través de los juglares. Surgieron las primeras historias sobre dragones, que se trasladaron quizá a través de artistas itinerantes que recitaban y cantaban cuentos, relatos... Más adelante, alguien escribió sobre esos seres a los que llamaban «dragones», dejando ya una huella más indeleble sobre su existencia. Con el paso del tiempo se elaboraron cuentos, peluches, juguetes articulados, dibujos animados, películas y hasta famosas series de televisión. Todo el «lenguaje» acerca de los dragones, su forma, sus características, sus costumbres..., es decir, sobre su comportamiento, terminó estructurando el mundo de los dragones y de todos nosotros. De esta forma, el lenguaje ha «creado» una realidad que no ha existido nunca. Tan es así que, si queremos que muchas personas miren hacia arriba, al cielo y algunas incluso corran, solo tenemos que gritar «... ¡que viene un dragón!». Estas personas responden de esa forma, ante palabras, ante una realidad verbal, ya que no pueden responder ante una realidad «no verbal», puesto que los dragones no existen y nunca lo han hecho. Por tanto, ¿a qué responden esas personas en realidad? Este ejemplo puede servir para facilitarnos percibir hasta qué punto el lenguaje crea realidades, en el sentido de ser capaz de hacernos responder de determinada forma, aunque lo que se describe no sea real. Podemos encontrar otros tantos ejemplos: los Reyes Magos o Papá Noel, el monstruo del lago Ness, los superhéroes, el terraplanismo, los zombis, etc.

Esta capacidad del lenguaje para relacionar estímulos y, por tanto, para crear el mundo en que vivimos los humanos es tan básica, tan ubicua, que es muy, muy difícil observarla e incluso imaginar cómo sería el mundo sin esa capacidad. Por medio del lenguaje predecimos, controlamos e imaginamos el mundo. Además, el lenguaje nos permite controlar o manipular el mundo multiplicando exponencialmente nuestro impacto sobre él. Por ejemplo, puedo enviar un *e-mail* o subir un vídeo a YouTube y con mis palabras producir cambios en el comportamiento de muchas, quizá miles o millones de personas y al hacerlo incrementar de forma rápida y acelerada mi impacto sobre el mundo, un impacto mucho mayor que si solo pudiera hacerlo yo. Me permite crear «eventos futuros» ante los que responderé aquí y ahora sin que los haya experimentado, y me permite re-experimentar «eventos pasados» que continuamente están influyendo en mi comportamiento presente. Paradójicamente y al mismo tiempo, esa capacidad y ubicuidad del lenguaje hace que sea muy difícil su estudio.

Como indican Hayes, Gifford y Hayes (1998), «como científicos del comportamiento verbal, no podemos separarnos del sujeto de nuestro propio comportamiento: estamos "haciendo lenguaje" sobre el lenguaje en este momento. Comprender el lenguaje es, sin embargo, uno de los temas más centrales de cualquier aproximación de la psicología que espere explicar el comportamiento humano complejo. El lenguaje es la madriguera del león a la que un José psicólogo debe entrar».

Se dice, por tanto, que el lenguaje es simbólico, pero lo que no dicen las ciencias del comportamiento humano es en qué consisten esos símbolos, cómo se forman, qué principios rigen en su combinación... así que, vamos a este abordaje...

Desde esta perspectiva, el lenguaje se define como una actividad, una actividad relacional y no como un producto. Se trata, pues, de una relación, una función y no un hecho.

Tal como ya hemos mencionado en varios puntos de nuestra exposición anterior, desde el contextualismo funcional contamos con una teoría que nos va a permitir explicar el lenguaje y la cognición humana. Pero antes, debemos aclarar un último concepto: las «relaciones de estímulo».

© Ediciones Pirámide

¿A qué hacen referencia las relaciones de estímulo?

Es la capacidad del lenguaje para relacionar unos eventos con otros. Por ejemplo, palabras con cosas del mundo. Esto no es algo nuevo. Ya, anteriormente, otros planteamientos han recurrido a esa característica relacional, determinándola como fundamental para entender el lenguaje, pero tras ello han terminado recurriendo al «mentalismo» para explicarla, llevando a cabo análisis de los procesos mentales como el pensamiento, la sensación, la percepción o la emoción. Hay otra forma de entender el comportamiento verbal y es como una «relación», sin tener que recurrir a instancias mediacionales o mentales. Que las relaciones entre las palabras y los hechos (objetos) sean en la mayoría de los casos indirectas no significa que haya que recurrir a una instancia mediacional, sino a un mecanismo de derivación relacional. Este mecanismo, entendido como una habilidad, está siendo avalado por la investigación dentro de la RFT. El conjunto de relaciones aprendidas que se pueden aplicar, a capricho de cada cual, a cualquier cosa, es a lo que nos referimos cuando hablamos de la «mente» humana (Hayes, 2013).

Pero, llevan ustedes hablándome de RFT, casi desde el comienzo de mi lectura y a estas alturas aún no me ha explicado qué es, a qué hace referencia o si necesito conocerla para trabajar en mis intervenciones clínicas desde ACT... Tiene razón, así que ha llegado el momento...

¿Necesito conocer la teoría de los marcos relacionales para implementar ACT?

Sí y no. Un chef no necesita ser un químico experimentado, o un conductor de ambulancia no precisa conocer toda la mecánica y electrónica del vehículo; así, un terapeuta puede aplicar los diferentes modelos de intervención de las terapias contextuales sin conocer casi nada de la teoría o la base que los sustenta. Pero, al igual que nuestro chef o nuestro conductor, estará en mejores condiciones para implementar procedimientos más ajustados, eficaces, eficientes, cabales y certeros si conoce las bases conceptuales en las que se apoya. Esto dotará su intervención de dirección y flexibilidad, sin quedar limitado por «protocolos» reglados, que, a modo de guion, vayan pautando cada sesión, cada uno de los elementos en sesión, y hasta cada una de las intervenciones más o menos centrales, con sus cuentos, metáforas, o ejercicios experienciales.

Como indicamos anteriormente, la teoría de los marcos relacionales (TRM o RFT por sus siglas en inglés Relational Frame Theory) (Hayes, Barnes-Holmes y Roche, 2001), es un desarrollo de las conceptualizaciones de Skinner (1957) respecto al comportamiento verbal. Por su parte, el libro *Conducta verbal* es un análisis teórico de la conducta lingüística, un conjunto de hipótesis de trabajo desde la perspectiva del análisis de conducta (Primero, 2008).

El análisis de conducta, análisis funcional o análisis de la conducta clínica (Dougher, 2000) estudia las relaciones entre el organismo y su ambiente físico y social. Recordemos que entiende que el organismo no responde de forma pasiva o mecánica al ambiente, sino que la influencia organismo-ambiente es bidireccional. Dijo Skinner: «Los hombres actúan en el mundo y lo cambian, y a su vez son cambiados por las consecuencias de sus actos» (Skinner, 1957, p. 11).

En el análisis de conducta no se excluye nada, todo es comportamiento, incluso aquel o aquellos que tan solo son observables para un único sujeto, el que los tiene. Serán los eventos privados. Esto es, el análisis funcional es pertinente, apto, idóneo, para los eventos privados (Dougher, 2000). Volveremos a ello más tarde.

Un evento es un conjunto de estímulos con funciones comportamentales. Los estímulos no son un objeto. Los estímulos pueden ser tanto antecedentes (elicitadores, discriminativos y motivadores), como consecuentes (reforzantes o de castigo) y **todos** cumplen funciones.

Skinner definió la conducta verbal como aquella que no es reforzada directamente por el ambiente físico, sino indirectamente, a través de los efectos en la conducta de otros humanos. Si incluimos en la definición el requisito de intercambiabilidad de roles, tenemos una definición funcional. Cuando decimos funcional apelamos a que la conducta no depende de la forma o el medio, sino de que el reforzador sea mediado por el receptor (el oyente). La forma de conducta verbal más frecuente es hablar —conducta vocal—, pero el concepto también incluye muchas otras conductas como escribir, usar el lenguaje de sordos o el braille, hacer gestos, ademanes, aplaudir en el teatro, hacer sonar el clarín en una batalla, usar el código morse en un telégrafo... (Primero, 2008). Skinner considera que el significa-

© Ediciones Pirámide

do no está «en la mente», sino en las relaciones funcionales entre el ambiente y la conducta. Cabe señalar aquí por su presencia y su prominencia la importancia de la conducta verbal desde el punto de vista clínico, ya que en terapia es la conducta más frecuente —hablar y escuchar—.

El lenguaje cuenta con un análisis formal, la lingüística —palabras, oraciones...—, pero aun siendo este útil y muy interesante, a nosotros nos interesa el funcional. Formal y funcional no son incompatibles. Como hemos señalado, en el análisis funcional diversas formas pueden cumplir una misma función. Por ejemplo, en un contexto de interacción social entre personas que entre sí se conocen poco, sonreír, mirar a los ojos, asentir con la cabeza mientras te hablan, esperar tu turno para hablar y hacerlo en un tono de voz amable y moderado, podrían, aun siendo topográficamente diferentes, ser conductas que cumplirían la misma función. Quizá mostrar interés o dar muestras de una escucha activa por parte del oyente, bajo la expectativa de que este conjunto o clase de respuesta resulte reforzante para el hablante y mantener así la conversación.

Como indicamos con anterioridad, apelamos a la función o utilidad de la conducta para establecer su definición. Es la función lo relevante. En consecuencia, dos conductas serán iguales si cumplen la misma función, aunque en su forma resulten diferentes. Dos conductas idénticas en cuanto a forma pueden a su vez cumplir diferentes funciones.

Skinner definió las unidades de la conducta verbal en función de criterios funcionales. La respuesta verbal es aquella que es reforzada a través de la mediación de otras personas, pero solo cuando la mediación es moldeada y mantenida por un ambiente verbal que se trasmite de generación en generación (Primero, 2008).

El lenguaje son unidades funcionales que no están determinadas *a priori.* Son determinadas en su relación con las variables ambientales. Lo que define una **operante verbal,** como cualquier otro tipo de operante, son las condiciones antecedentes y consecuentes que la controlan. Siempre hay algo que precede y sigue a cada acción. Las operantes son unidades de respuesta, de carácter interactivo y funcional. Clases funcionales de comportamiento que son establecidas por las contingencias de reforzamiento (Hayes y Quiñones, 2006). La atención generalizada (McIlvane, Dube y Callahan, 1995; McIlvane, Dube, Kledaras, Iennaco y Stoddard, 1990) puede ser moldeada, aunque a lo que se le está prestando atención varíe. La imitación generalizada puede ser reforzada, aunque lo que está siendo imitado pueda no tener ninguna coincidencia topográfica (por ejemplo, Baer, Peterson y Sherman, 1967; Gewirtz y Stengle, 1968). Usualmente una emisión es controlada por más de un estímulo —control múltiple—. Así, la misma instancia de respuesta suele ser miembro de distintas clases operantes.

Skinner describió un total de seis operantes verbales puras: mandos, tactos, ecoicas, textual, intraverbal y autoclítico. Las delimitamos conceptualmente de forma sucinta.

**Mando.** La respuesta es reforzada por una consecuencia característica. Su antecedente es una operación motivadora, bien de privación, bien de estimulación aversiva. El consecuente, un reforzador específico. Es la única operante verbal que depende de las motivaciones del hablante. Decir: ¡mírame!, ¡dame agua!, ¡apaga la tele!, ¡fuera de mi vista!

**Tacto.** La respuesta de forma determinada se evoca o se fortalece por un objeto o evento particular o por una propiedad de un objeto o evento. El antecedente es la presencia de un estímulo. La motivación no es relevante, y la consecuencia es el refuerzo social generalizado. Decir galleta en presencia de una galleta (una sociedad con un idioma común suele reforzar las mismas palabras con relación al mismo objeto).

Especialmente relevante en el ámbito clínico resultan los tactos de eventos privados, como son las respuestas encubiertas —pensar, soñar, imaginar— y los estímulos interoceptivos —dolores de cabeza y otras sensaciones similares—. Estos se aprenden gracias a que la comunidad verbal los refuerza basándose en correlatos observables de los eventos privados (Skinner, 1957, pp. 144 y ss.).

**Ecoico.** La respuesta genera una pauta de sonidos similar a la de los estímulos. La propia similitud con el modelo actúa como reforzador. Es la imitación de fonemas, la repetición de palabras o, en adultos, la adopción de modismos, palabras, volumen o la entonación del interlocutor. Por ejemplo, un karaoke.

© Ediciones Pirámide

**Textual.** Material impreso o escrito. Se adquiere en el contexto educativo, bajo reforzadores generalizados, como los elogios, si estímulo y respuesta están en cierta relación. El hablante también produce textos que controlan su conducta futura, como una agenda o hacer cuentas en un papel.

**Intraverbal.** Es una respuesta verbal bajo control de otra respuesta verbal. Para que una palabra tenga una relación intraverbal, usualmente, en la historia de aprendizaje, han debido ocurrir en forma conjunta, por ejemplo: refranes, cadenas de respuestas fijas «¿qué tal?, bien»; «quien mal anda...». Son respuestas con relevancia clínica, ya que el hablante piensa, es decir, se escucha a sí mismo y esta autoestimulación verbal influye en sus respuestas subsiguientes. Una vez que un hablante se convierte en tal, puede continuar indefinidamente, bajo la influencia de lo que ya ha dicho. Son secuencias que se recuerdan de memoria, como un poema, el alfabeto o la tabla de multiplicar. Son preguntas típicas de ¿qué... cómo... quién... cuándo... por qué...?

**Autoclítico.** Conducta que es incitada o provocada por, o actúa sobre, otra conducta del hablante (Skinner 1957, p. 335). Son afirmaciones, negaciones, cuantificaciones, calificación de las respuestas y la construcción gramatical. Por ejemplo: «quizá..., en principio..., posiblemente..., me gustaría hacer..., tengo que hacer..., lo sé, pero...». Tienen la función de perfeccionamiento de la propia conducta verbal.

Tal como ya hemos recogido, la mayoría de las operantes verbales están determinadas de forma múltiple. La propuesta respecto a las diferentes operantes verbales cuenta en la actualidad con un cuerpo de investigaciones importantes (véase Pérez Fernández, 2016). Está considerada un éxito, en primer lugar, porque funciona, y, además, porque es una interpretación de la conducta del hablante parsimoniosa, consistente con los principios identificados en el laboratorio, sin necesidad de hipotetizar mecanismo alguno, directamente aplicable al aprendizaje del lenguaje (Schlinger, 2008). A su vez, diversas teorías coinciden con la tesis skinneriana de que el lenguaje es aprendido a través de mecanismos generales prelingüísticos, entre ellas el constructivismo, el emergentismo, el conexionismo y la neurociencia cognitiva del desarrollo (López Ornat y Gallo 2004; O'Grady, 2001; Quartz y Sejnowski, 1997).

Sobre la base de los lineamientos de Skinner acerca del lenguaje humano como comportamiento operante, la teoría del marco relacional (Hayes, Barnes-Holmes y Roche, 2001; Törneke, 2010) ha conceptualizado el lenguaje y la cognición humana como respuestas relacionales arbitrariamente aplicables (Stewart, 2016). Es una perspectiva analítico-comportamental. Representa un marco general cuyo objetivo es conectar la investigación y la práctica clínica (Barnes-Holmes, Barnes-Holmes, Luciano y McEnteggart, 2017; Hughes y Barnes-Holmes, 2016, p. 130; O'Connor, Farrell, Munnell y McHugh, 2017; ver Stewart, 2016, para una descripción general).

La RFT sostiene que el lenguaje y la cognición humana son operantes generalizadas, como la atención o la imitación, que se aprenden en el proceso de socialización a través de múltiples ejemplos y que operan bajo control contextual.

El lenguaje no es un evento psicológico, pero está basado en un evento psicológico: el comportamiento verbal (Hayes et al., 2001).

En la TMR la conducta verbal se entiende como la acción de enmarcar eventos relacionalmente y los estímulos verbales como estímulos que tienen sus efectos por participar en marcos relacionales. Además, hablantes y oyentes son funcionalmente verbales sin apelar a la historia de otro organismo (Hayes, Fox, Gifford, Wilson, Barnes-Holmes y Healy, 2001), es decir, cada uno de ellos tiene una historia diferente de aprendizaje, por lo que no requieren la historia de alguien más para ser funcionales en un episodio verbal, a diferencia de lo planteado por Skinner (1957) acerca de la conducta verbal, donde solo se tiene en cuenta la perspectiva del hablante.

La cognición es relacionar, es un evento comportamental.

El comportamiento relacional supone responder a un evento en términos de otro. Inicialmente aprendemos respuestas relacionales no arbitrarias o físicas basadas en la forma, el color, el tamaño, el brillo..., de los estímulos en relación. Los animales no humanos aprenden a responder a la relación entre dos estímulos, siempre que esa relación sea en función de sus propiedades físicas o no arbitrarias (Hayes et al., 2001). Por ejemplo, si presentamos a un niño una mesa cuadrada, un cojín cuadrado, los lados de un dado, un tablero para jugar al parchís

© Ediciones Pirámide

y una caja cuadrada..., el niño abstraerá a través de estos «múltiples» ejemplos que todos son iguales respecto a la forma «cuadrados».

Los humanos con un desarrollo evolutivo ajustado somos también capaces de responder relacionalmente basándonos en propiedades arbitrarias. Estas dependen de las convenciones sociales, no son inherentes al estímulo, están establecidas por la comunidad verbal a la que pertenecemos. Es un proceso de abstracción, en el que, a través de múltiples ejemplos, la clave contextual está siempre presente. Esto permite que se abstraiga el «significado» de la clave contextual y, a su vez, se independice de los escenarios que se han utilizado para entrenarla y en consecuencia puede utilizarse para relacionar cualquier par de estímulos y para entender y crear escenarios arbitrarios (Valdivia-Salas y Páez-Blarrina, 2019). Por ejemplo, es probable que los niños de una generación «asociaran» comer espinacas con «tener más fuerza». Este era el mensaje que emisión tras emisión ponía de relieve un personaje de comic «Popeye el marino». El mítico personaje comía espinacas para multiplicar su fuerza y salvar a Olivia de las fechorías de Brutus. Es decir, fue una convención social, donde la realidad era que los dibujos estaban siendo utilizados por las autoridades sanitarias como reclamo para popularizar el consumo de espinacas y ello por un error en la traducción que se produjo de una investigación realizada en Alemania.

El comportamiento relacional derivado es considerado una operante generalizada que facilita el aprendizaje de la conducta verbal (Hayes, Barnes-Holmes y Roche, 2001).

Entonces, ¿qué es el marco relacional o dónde está?

Es un comportamiento aprendido. El concepto «marco relacional» no apela ni supone ningún tipo de estructura o mecanismo subyacente, supone una habilidad, la habilidad de responder a un estímulo en términos de otro sin que esta respuesta esté basada en una contigüidad temporal o en sus propiedades físicas. Estas respuestas se denominan respuestas relacionales arbitrariamente aplicables o encuadre relacional. Es una específica conducta humana que es controlada por señales contextuales. Enmarcar relacionalmente es una habilidad que los seres humanos aprenden pronto en su vida, a través del condicionamiento operante. Una vez que se desarrolla la habilidad relacional arbitraria, acompañará a la persona a lo largo de toda su vida.

Aprendida la conducta de establecer y derivar relaciones, en el tipo de marco relacional que corresponda (veremos los tipos de marcos relacionales más adelante), un número infinito de estímulos pueden ser relacionados, independientemente de sus propiedades formales, dadas las claves contextuales apropiadas. Así, por ejemplo, la palabra «distinto» puede cumplir la función de clave contextual para poner en relación un número infinito de estímulos dentro de un marco de distinción en el lenguaje natural, con su correspondiente transformación de funciones derivadas, o la relación «mayor que...» una vez establecida en función de propiedades no arbitrarias y abstraída, deja de estar vinculada a las propiedades físicas y puede ser utilizada para un número infinito de estímulos dentro de un marco de comparación en el lenguaje natural.

Este efecto derivado fue establecido por primera vez por Sidman en 1971 en su investigación sobre la equivalencia entre estímulos. El descubrimiento de las relaciones derivadas permite dar una explicación al lenguaje y al pensamiento desde el conductismo.

Por su parte, la transformación de funciones derivadas viene a dar cuenta de cómo con estímulos con los que nunca hemos tenido una experiencia directa de reforzamientos o de castigo pueden adquirir funciones por su relación arbitraria con otros estímulos funcionalmente relevantes. Por ejemplo, las sensaciones de velocidad al montar en bicicleta son para mí muy reforzantes y una fuente fiable para mí me dice que una moto es más veloz que una bici. Conociendo yo las sensaciones de montar en bici, salto de alegría ante la posibilidad de montar en moto. O, si una fuente fiable para mí me dice que un producto de limpieza distinto al que uso habitualmente es mejor y más barato, la probabilidad de que yo adquiera este producto se incrementa, ya que su función ha sido transformada por la relación que se ha establecido.

En definitiva, un acontecimiento que tiene efectos porque participa en un marco de relaciones, es un estímulo verbal, un símbolo (Hayes, Strosahl y Wilson, 2014). El responder relacional derivado aplicado arbitrariamente es el núcleo de los procesos involucrados en el lenguaje y la cognición, desde el acto simple de nombrar un objeto hasta la compre-

© Ediciones Pirámide

sión de la más compleja e intrincada trilogía (Barnes-Holmes, Barnes-Holmes y McHugh, 2004, p. 3).

Para poder afirmar que estamos ante un marco relacional se deben dar una serie de condiciones.

### Los marcos relacionales: propiedades

Un marco relacional, si lo es, presenta tres propiedades fundamentales:

- **Vínculo mutuo:** bidirección. Si A está relacionado con B, en un contexto determinado, B está relacionado con A. Si un ratón es más pequeño que un león, entonces, un león es más grande que un ratón; si el azúcar es dulce y el limón es amargo y la miel es como el azúcar, la miel es más dulce que el limón.
- **Vínculo combinatorio:** multiplicación de relaciones, arbitrarias y sujetas a control contextual. Si A está relacionado con B y B con C en un contexto determinado, entonces C está relacionado con A. Las funciones de los acontecimientos en una red de relaciones se pueden transformar en términos de las relaciones subyacentes.

  En un contexto determinado Ana sabe más de ejercicios de fuerza que Marta, y Marta sabe más que Charo. Así, si pretendo generar una rutina de ejercicios de fuerza, sin saber nada más de ellas, Ana me resultará más útil que Marta y Marta más que Charo. O bien, si en el contexto de buscar información contrastada y abalada por la comunidad científica conozco que Google Académico es más riguroso que Google General, y la Biblioteca Electrónica de la Universidad más rigurosa que Google Académico, a la hora de buscar artículos para escribir este texto, sin saber nada más sobre los motores de búsqueda, utilizaré la Biblioteca Electrónica de la Universidad como fuente más fiable.
- **Transformación de funciones,** de especial relevancia en clínica. Es el resultado de una función dada a un elemento del marco relacional. Por ejemplo: en el marco de una fuerte sensación de calor en verano, si para un niño bañarse en la bañera está relacionado con frescor, alivio y bienestar, y su mamá le dice que se van a bañar en la piscina, que es como una bañera muy grande, aunque el niño no haya tenido ninguna experiencia previa con bañarse en una piscina, «transferirá» las funciones de bienestar de la bañera a la piscina.

Estas tres funciones van a tener importantes implicaciones en las relaciones derivadas de estímulos, es decir, en relaciones entre estímulos que aparecen sin que hayan sido entrenadas de forma explícita, sin haber sido aprendidas, sin haber sido especial o específicamente reforzadas. Son un proceso fundamental en el lenguaje humano. La respuesta relacional derivada no es una capacidad preestablecida, sino que la aprendemos a través del condicionamiento operante. Puesto que la conducta operante puede ser influida, tenemos la posibilidad de influenciar la conducta humana en todas las situaciones donde el lenguaje es un factor clave, y la psicoterapia lo es.

La investigación en RFT ha determinado que los marcos relacionales están regulados por dos configuraciones contextuales identificables (Hayes et al., 2014): el contexto relacional —Crel— y el funcional —Cfun—.

El **contexto relacional** determina cómo y cuándo se relacionan los acontecimientos (por ejemplo, Sofía es más alegre que Pedro, Crel de comparación).

El **contexto funcional** determina qué funciones van a ser transformadas en términos de una red de relaciones (por ejemplo, imagínate que te persiguen, es distinto de *¡Cuidado, te persiguen!*). Las claves contextuales serían las que van a seleccionar las funciones psicológicas no relacionales que van a ser transferidas o transformadas. En cada caso las funciones que se transforman para el oyente son distintas. El Cfun que activa la experiencia perceptiva de ser perseguido, basada en un marco de coordinación entre perseguirte y la palabra escrita o pronunciada, determina el impacto de la respuesta relacional.

Esta habilidad tiene una gran relevancia desde el punto de vista psicológico. Pongamos otro ejemplo: imagine el lector que le doy unas fichas con nombres y fotos de comida, «un menú», si antes se ha condicionado la comida real, es decir, se la he presentado y se la he dado para que se la coma, al presentarle el «menú» y decirle ¿qué quiere que le traiga?, la persona salivará. Con nuestro lenguaje hemos establecido una relación de equivalencia, que

© Ediciones Pirámide

es la que resulta relevante en este momento, hemos establecido arbitrariamente un contexto relacional —Crel—, donde la función que se va a elicitar es la de comer, es decir, se ha establecido, también arbitrariamente, un contexto funcional —Cfunc—. La función del «documento menú», la respuesta que elicita en nosotros, ha cambiado al participar o, mejor, solo por participar en una relación de equivalencia, de coordinación. Se ha producido una transformación de funciones.

Esto pudiera ser aplicable a cualquier otra pareja de estímulos que participen en la relación de equivalencia o coordinación. Podríamos variar arbitrariamente la función diciendo «prepara una de estas comidas» mientras le presentamos el documento «menú». En este caso la conducta que será reforzada es la de «cocinar» una de las comidas. A su vez, el documento puede participar en otras relaciones, por ejemplo «ser más fresco o ligero», entonces se derivaría la relación «ser más ligero o ser más fresco».

El lector ha de tener en cuenta que, dado que los marcos que relacionan estímulos se establecen arbitrariamente, su establecimiento o su ausencia dependen de la historia individual (Villegas-Marín, 2018).

Imagine ahora a una persona que afronta un proceso psicótico, con pensamientos como: «... me persigue el FBI... pretenden raptarme para incorporarme a una red de trata de blancas... aunque no lo creas nos oyen todo lo que hablamos...». Ahora imagine que pedimos a nuestra persona que considere la racionalidad de sus pensamientos... y que basándose en ello determine si son o no son reales... Este tipo de intervención iría dirigida a modificar el Crel, esperando que con ella se modifique la configuración de la red verbal de la persona, por ejemplo «... no me persigue nadie, solo soy una mujer de una pequeña ciudad española... nadie tiene interés en registrar lo que hablo o con quién hablo...». Con esta intervención ¿podríamos estar haciendo este tipo de pensamientos más o menos centrales?, ¿más o menos importantes?, ¿tendrían un impacto mayor o menor en el comportamiento de la persona? Dentro de un marco de coordinación, de bidireccionalidad, el cual está presente, si racional es opuesto a irracional podría darse la relación en sentido opuesto: «... ¿para qué me persigue el FBI, si solo soy una mujer de una pequeña ciudad...?».

Con ello queremos decir que una intervención Crel puede ampliar o interconectar redes relacionales, pero estas no pueden ser eliminadas.

Si ponemos el acento de la intervención en el Cfunc, buscamos transformar las funciones, por ejemplo: «... estoy teniendo el pensamiento de que me persigue el FBI...» que genera emociones de confusión, miedo, urgencia por huir y esconderse... malestar y efectos negativos, le sumamos o añadimos formas verbales, no suprimimos nada, y podemos alterar el impacto funcional, al extender el conjunto de respuestas relacionales que tienen lugar y que son relevantes para ese pensamiento.

Para la RFT, la conducta verbal y la derivación de relaciones de estímulo serían el mismo fenómeno. Un estímulo es verbal si parte de sus funciones vienen dadas por su participación en marcos relacionales. Cualquier estímulo que sea verbal puede producir conducta relacional derivada y transferencia o transformación de funciones por su relación con otros estímulos. Las relaciones que se derivan y las funciones que se transfieren o transforman dependerán del contexto particular del hablante y del oyente (Gómez-Martín y López-Ríos, 2007). El lenguaje (tanto para el hablante que habla con sentido, como para el oyente que escucha con comprensión) sería una enorme red de relaciones entre estímulos a través de las cuales viajan las funciones psicológicas (Gómez-Martín y López-Ríos, 2007).

Y ¿cuántos marcos relacionales podemos afirmar que han sido constatados?

### Los marcos relacionales: tipos

Los marcos relacionales, si los son, muestran las propiedades descritas y pueden ser de diferentes tipos: coordinación, oposición, distinción, comparativos, jerárquicos, temporales, espaciales, condicionales, causales y deícticos.

Señalamos de nuevo sucintamente su fórmula, sus características y un ejemplo:

- **Coordinación:** «lo mismo que», «semejante a», «como», «igual». Son los más básicos y los primeros que se establecen en el proceso de socialización. Ejemplo: *Un caballo y un burro son equinos, son semejantes.*
- **Oposición:** «opuesto a», «contrario de», «no tiene nada que ver». En el proceso de socialización parece producirse temporalmente algo después de las relaciones de coordinación. Incluyen la dimensión respecto de la

© Ediciones Pirámide

cual se establece la oposición. Permite entender la adquisición derivada de funciones reforzantes y aversivas sin contacto directo con el estímulo. Ejemplo: *La vida es sufrimiento, la muerte descanso.*

- **Distinción:** «distinto de». Establece diferencias respecto a alguna dimensión. Ejemplo: *El granizo es distinto de la lluvia.*
- **Temporales:** «antes», «después», «ahora», «ayer», «hoy», «mañana» «en otro momento» «hace años». Son fundamentales en la planificación de actividades, así como en determinadas psicopatologías. Ejemplo: *Hoy estoy muy triste y a medida que pasen los días estaré peor, no lo podré soportar.*
- **Causal/condicional:** «si... entonces», «causa de...», «es por... que», «padre de...». Se construye una jerarquía de relaciones causa-efecto, y deriva relaciones entre los elementos implicados. Nos permiten identificar causas, y repararlas para obtener un resultado diferente. Es tan útil que se generaliza a estímulos que en el mundo natural no están conectados. Ejemplo: *Si hago deporte, mi corazón se fortalece.*
- **Comparativos/evaluativos:** «mejor que», «mayor que», «peor que», «más rápido que», «más bonito que» «menos que». Se responde sobre la base de alguna dimensión cuantitativa o cualitativa. Ejemplo: *Mi padre me presta más atención que mi madre.*
- **Jerárquicos:** «A es un atributo o un miembro de B», «parte de», «incluye», «integra», «conlleva». Comparten el patrón básico de comparación. Ejemplo: *Yo soy miembro de la comunidad cristiana.*
- **Espaciales:** «cerca/lejos», «arriba/abajo», «frente a/detrás de». Permite la organización de forma ordenada de elementos y eventos. Ejemplo: *La estación de tren está cerca de casa.*
- **Deícticos, son la perspectiva del hablante:** «yo/tú», «aquí/allí», «ahora/entonces». Surge más tarde en el proceso de socialización y va a resultar trascendente en tratamiento de los trastornos psicológicos. Engloba todos los señalados. Debe abstraerse desde un punto de vista particular. Ejemplo: *Esta tarde saldré a pasear cerca de su casa. ¡Quizá lo encuentre! Antes era fácil, ahora... solo tengo esperanzas.*

Este repertorio se puede aplicar a cualquier cosa, de la forma que cada uno quiera, por cualquier medio (Villegas-Marín, 2018).

TABLA 6.3
*Tipos de los marcos relacionales*

| Características | Ejemplos |
|---|---|
| Coordinación | Un caballo y un burro son equinos, son semejantes. |
| Oposición | La vida es sufrimiento, la muerte descanso. |
| Distinción | El granizo es distinto de la lluvia. |
| Temporales | Hoy estoy muy triste y a medida que pasen los días estaré peor, no lo podré soportar. |
| Causal/condicional | Si hago deporte, mi corazón se fortalece. |
| Comparativos/evaluativos | Mi padre me presta más atención que mi madre. |
| Jerárquicos | Yo soy miembro de la comunidad cristiana. |
| Espaciales | La estación de tren está cerca de casa. |
| Deícticos | Esta tarde saldré a pasear cerca de su casa. ¡Quizá lo encuentre! Antes era fácil, ahora... solo tengo esperanzas. |

© Ediciones Pirámide

Con lo ya expuesto, piense el lector lo que le sugiere la palabra «esquizofrénico» o «psicótico», tómese unos segundos para responder y anote en un papel. Ahora piense que esa misma palabra viene escrita en un informe de un profesional sanitario que tras el epígrafe juicio clínico: escribe «esquizofrenia paranoide». Tómese unos segundos para responder y anote sus respuestas en un papel. Es posible que con probabilidad haya escrito alguna de las siguientes palabras: loco, enfermo mental, peligroso, incurable, sin control, demente, sin juicio, alterado, trastornado mental, anormal, incapaz, delirante... estando todo ello en una relación de equivalencia de coordinación «lo mismo que...» con la palabra «esquizofrenia». Ahora, piense y anote el lector lo opuesto de «esquizofrénico», tómese unos segundos. También es probable que haya recogido algunos de los siguientes términos: cuerdo, sano, controlado, ajustado a la realidad, juicioso, pacífico, equilibrado, capaz, reflexivo... Ahora valore los efectos que puede tener tanto para la comunidad social a la que pertenece el individuo como para sí mismo, cuando establezca una relación de coordinación «igual que» entre «Yo-Esquizofrénico». Todos estos estímulos verbales cumplen funciones relacionales y no relacionales que pueden ser valoradas como negativas o positivas y que serán transformadas y aplicables a la persona que ha recibido el diagnóstico. En este contexto se formarán categorías, donde los miembros de una categoría —coordinación— pueden relacionarse a su vez a través de marcos relacionales de oposición o distinción con los de la otra categoría, lo que constituiría la base para la generación de prejuicios y estereotipos sobre la persona, con un resultado potencial donde otras características distintas a las resaltadas no son apreciadas desde el momento en que se forma parte de «esquizofrénico». De forma similar ocurre con relación a la propia discriminación y evaluación de la propia conducta de la persona así diagnosticada, actuando de manera literal, limitando el rango de sus comportamientos y derivando maneras de actuar según las contingencias que imperan en nuestro contexto social. Es decir, nos comportamos o podemos llegar a comportarnos según la «etiqueta» con la que nos definimos o nos definen los otros, poniendo en juego la propia identidad personal y el estatus de la persona. Así, los propios sistemas diagnósticos, así como las formas de tratamiento, pueden conformar de alguna manera el curso y el pronóstico de la esquizofrenia (González-Pardo y Pérez-Álvarez, 2007; Pérez-Álvarez, García-Montes, Vallina-Fernández y Perona-Garcelán, 2016; Sartorius, 2007).

La habilidad de generar y comprender un número infinito de frases que tienen sentido y que podamos derivar un número infinito de relaciones entre palabras, eventos y significados es lo que conocemos como generatividad del lenguaje (Valdivia-Salas y Páez-Blarrina, 2019). En definitiva, dada la forma en la que funciona el lenguaje, es decir, la capacidad para derivar relaciones y la transformación de funciones, los humanos contamos con enormes ventajas, y paralelamente esta misma habilidad supone la posibilidad de multiplicar el sufrimiento, junto con el desarrollo y mantenimiento de problemas psicológicos, y ello en función de cuatro características básicas del mismo:

**Literalidad.** Bidireccionalidad. Es enmarcar en coordinación. Cuando un acontecimiento nos hace sentir dolor, miedo, vergüenza… cualquier estado aversivo, podemos reexperimentarlo no solo ante la situación que lo generó por contingencia directa, sino también ante cualquier tipo de estimulación que esté verbalmente relacionada con la situación original.

**Evaluación.** Coordinación y valoración. La valoración resulta de las contingencias directas o transformadas al enmarcar el estímulo de una manera particular. Probabiliza que los estímulos ocurran psicológicamente junto a la valoración que hacemos de ellos, con ello establecemos clases o formamos categorías como bueno-malo, tímido-extrovertido, viejo-joven... Está en la base de la generación de prejuicios y estereotipos, donde los miembros de esa categoría comparten alguna característica no arbitraria y/o funcional.

En relación con nuestro propio comportamiento, lo discriminamos y lo evaluamos asignándole etiquetas ante las cuales actuamos de forma literal. Esto viene a limitar nuestro rango de comportamientos, pudiendo llegar a comportarnos ajustados a la «etiqueta» con la que nos definimos o nos definen otros. El efecto de aplicar una etiqueta verbal como «esquizofrénico» a una persona puede generar en el oyente un efecto de invalidación de esa persona al derivar privada o públicamente «loco, sin

© Ediciones Pirámide

sentido...», lo que con toda probabilidad da lugar a distancia, incluso desconsideración.

**Explicación.** Razones y causas. Búsqueda de coherencia. Enmarcar en claves temporales, causales y/o condicionales. La respuesta dada a una situación y sus consecuencias. Permite predecir y generar reglas. Una de sus implicaciones clínicas tendría que ver con la construcción de historias coherentes sobre nosotros mismos, nuestra experiencia, etc., que explican nuestros problemas y ofrecen soluciones también coherentes que acabarían con ellos, a las que nos solemos aferrar rígidamente (véase, por ejemplo, Festinger, 1957; Swan y Read, 1981).

**Solución de problemas.** Control de las causas. Cuando las causas se atribuyen a algún estado interno, a los eventos privados, las soluciones propuestas tienen que ver con el cambio de esos eventos privados (emociones, pensamiento, recuerdos...), es decir, se establecen relaciones causales arbitrarias entre estados internos y conducta. El control de los eventos privados es la condición necesaria para llevar una vida adecuada. Digamos que para poder vivir adecuadamente «debo controlar mis alucinaciones», necesitando suprimir un estado interno y haciendo girar la vida exclusivamente en torno a ella, lejos de «resolver» el problema, generamos más problemas de los que resolvemos.

Una vez presentados todos estos aspectos, nos toca seguir profundizando en su utilidad para lo que nos reúne: la terapia o psicoterapia. Y ACT no solo plantea una profundización en el modelo de terapia de conducta desde la RFT, aunque eso ya podría ser valioso. ACT y las terapias contextuales en general ponen en jaque el modelo psicopatológico médico, no es una novedad, como veremos a continuación, y ofrece un entendimiento del sufrimiento —la supuesta psicopatología— diferente, humanizante y humanizado.

## 2.3. El modelo psicopatológico en ACT. Poniendo el acento para derivar estrategias

Desde la perspectiva de ACT, se hace necesario un cambio en la concepción del sufrimiento humano que transite o trascienda el modelo biológico hacia el contextual. Entendiendo que el problema radica en la forma de actuar en nuestro entorno y las emociones molestas que a menudo nos provoca, seguir hablando de «averías en la máquina» parece una hipótesis poco prometedora, tanto por su debilidad científica —simplemente no existen datos que la avalen— como de cara a la propuesta de modelos de intervención.

Cabe destacar que la mayor parte de los modelos terapéuticos con una cierta solidez han logrado éxito en cuanto a la mejoría de los pacientes. Pensar que eso depende únicamente del paradigma teórico que los soporta parece, como poco, ingenuo. En consecuencia, no cabe menos que preguntarnos: ¿qué cosas hacemos cuando llevamos a cabo la terapia?, ¿qué procesos provocan el cambio?, ¿qué elementos o estrategias de los o las implementadas son realmente válidas? Pues bien, habiendo unanimidad en la necesidad de encontrar respuestas a ello, este sigue siendo uno de los campos de investigación más áridos, extensos, complejos y, por lo mismo, a menudo abandonado. Consideramos que el debate está completamente de actualidad y que no debería resolverse con posturas de «consenso» que animan a vincular modelos teóricos dispersos y léxicos igualmente dispares, cuando no disparatados.

¿Cuál sería, en consecuencia, el modelo más ajustado, el más funcional?

El modelo biológico ha ido «contaminado», casi pervirtiendo la práctica de la psicología y la psiquiatría. Social y culturalmente, hoy en día, se han impuesto formas de pensar, «reglas verbales», que vienen a dar razones por las cuales «ocurren» cosas en nuestro interior —pensamientos, emociones, sentimientos— alejadas de lo observable y otras en el exterior a las que hemos dado en llamar conductas. De aquí buena parte de las críticas, mal fundadas, a la obra de Skinner y otros teóricos del análisis del comportamiento. Lo interno pertenece a otra categoría, tal vez a lo «mental», cuando no regulado por otro sistema: «el cerebro». Una vez más el cuerpo y alma de Descartes, el «pienso, luego existo». Poco o ningún valor tiene que «la avería» esté relacionada con los neurotransmisores o con lo «mental», al fin y al cabo algo parece no funcionar bien y, en consecuencia, en coherencia, hay que arreglarlo. Si eso se logra, las conductas serán las adecuadas y solucionaremos el trastorno. Evidenciado el mecanicismo,

© Ediciones Pirámide

este no sería necesariamente negativo si funcionara, aunque lamentablemente no contamos con evidencias que lo sostengan.

Ahora bien, si todas esas categorías mentalistas se incorporan a la categoría de conductas íntimas, eventos privados y podemos constatar que estas conductas se rigen por los mismos principios que las conductas externas, las observables por otros y por el propio sujeto que las tiene, el paisaje cambia de manera radical. Esto es precisamente lo que subyace en el modelo de ACT. No necesitaremos «reparar» nada, sino cambiar la perspectiva y hacer. ACTuar con una orientación: nuestros valores. Esto supone entender que emociones, sentimientos y pensamientos están orientados a fines, son funcionales. Como indica Balam (2019), las terapias contextuales, con ACT como su representante con mayor difusión, suponen un nuevo modelo en la conceptualización y tratamiento de los trastornos mentales.

Así pues, las terapias contextuales proponen una «alternativa» a los sistemas diagnósticos categoriales y formales tradicionales. Plantean un sistema dimensional o transdiagnóstico a partir del cual se describen una serie de procesos comunes a la mayoría de los problemas psicológicos diferenciados topográficamente (Páez y Montesinos, 2016). La topografía es el mapa, no el territorio. Esta es la razón por la cual los modelos ajustados al modelo médico se han mostrado ineficaces cuando han pretendido conocer los motivos (las funciones) de los comportamientos que mantienen el sufrimiento.

Como todo modelo de intervención en psicología, supone una forma de entender el sufrimiento humano. Y un propósito, el de ayudar a construir vidas que merezcan la pena ser vividas, frase de cabecera de la DBT: Dialectical Behavior Therapy (Linehan, 1993).

Retomando a Balam (2019), la propuesta de intervención terapéutica en ACT aborda el sufrimiento desde el análisis funcional de la conducta en el proceso de evitación, el análisis de las reglas verbales de la persona y cómo estas se relacionan con el malestar que sufre. Para ello propone un modelo que no aborda los supuestos «síntomas» o los errores del pensamiento, tradicionales en el modelo cognitivo, no pretende «curar», sino enseñar a la persona a convivir con el malestar sin que este dirija su comportamiento y le aleje de sus metas (Hayes, 1999). El objetivo ahora será buscar el cambio conductual en el contexto funcional en el que la persona está y es —yo contexto—.

Entonces, ¿cómo queda delimitada la ACT?

Tomamos prestada la excelente definición de una de las figuras clave en el desarrollo de ACT en el ámbito internacional, la española doctora Carmen Luciano. De la revisión que realiza sobre la evolución de ACT señala: «la terapia de aceptación y compromiso es una terapia de carácter contextual, funcional. Asume que los problemas de las personas están centrados en su historia personal en torno a cómo han aprendido no solo a derivar pensamientos y emociones, sino, lo más importante, a reaccionar a esos pensamientos y emociones» (Luciano, 2016). La definición queda alejada del modelo biológico tradicional de «avería» en algún nivel químico o estructural. Una definición de este tipo debe, y lo hace, abogar por un modelo psicopatológico radicalmente diferente, del que hablaremos en unas líneas.

ACT se basa en supuestos radicalmente diferentes sobre la salud psicológica y lo que resulta necesario para aliviar el sufrimiento humano. La inevitabilidad del malestar contra el que tradicionalmente se nos ha pedido que reaccionemos, confundiendo sus causas —se sitúan en el plano cognitivo en los modelos tradicionales y muy especialmente en el cognitivo-conductual— significaba combatir pensamientos, emociones, recuerdos… experiencias sobre las que tenemos muy poco margen de manipulación. Pensar en positivo para vivir mejor no parece haber funcionado en absoluto. Es más, cualquiera de nosotros tiene un excelente campo de investigación: piensen en positivo cuando madrugan para ir al trabajo y verifiquen si funciona. Como señaló Barraca (2007): «ACT postula en cambio la necesidad de abandonar los esfuerzos para desembarazarse de las sensaciones, los pensamientos o los sentimientos aversivos, y aceptarlos tal y como son. Esta invitación a modificar la forma más habitual de actuar se justifica en la practicidad de renunciar a una lucha estéril contra el malestar cuando esta actitud de lucha paraliza la vida del paciente y le impide dirigirse hacia unos objetivos personalmente valorados».

En consonancia con lo expuesto, no sorprenderá al lector que ACT, como terapia vinculada en sus orígenes a la terapia de conducta, se centre en modificar el repertorio conductual del sujeto para una

© Ediciones Pirámide

adaptación más saludable al entorno en el que se desenvuelve. En definitiva, generar nuevos aprendizajes a través de la interacción verbal, la base de ACT. ACT no tiene interés, o no debería tenerlo, por «modificar causas internas o rasgos de personalidad» (Ribes, 1972). Por tanto, no se pretenden solucionar posibles «síntomas» sin negar las existencias de variables orgánicas o una historia de aprendizaje determinada en cada uno de nosotros, que nos hace adoptar una forma de adaptación que provoca sufrimiento. Adaptación entendida como la mejor manera que conocemos de situarnos en nuestro contexto, del que formamos parte, y que procede de una historia idiosincrática de aprendizaje.

Esto supone un cambio radical, ya que tanto el modelo biológico como la terapia cognitivo-conductual se han venido sosteniendo en el control, cuando no en la eliminación de aquello que generaba malestar, como si el desasosiego no fuese parte del día a día de «ser en el mundo». Es cierto que este modelo ha funcionado relativamente bien, pero más por el componente comportamental que por el supuesto cambio o reestructuración de los denominados «pensamientos irracionales», que, de producirse de manera directa en terapia —cosa sin duda poco probable—, tampoco ha mostrado los procesos que producían ese cambio. Tal vez porque ya estaban demostrados. Cambios comportamentales y aparición de nuevas contingencias y finalmente nuevos aprendizajes. Sirva el siguiente ejemplo: consideremos el dolor una «emoción irracional», debatamos sobre ella, pongámosla en duda y administremos un analgésico. ¿Dónde creen ustedes que radica el acierto del modelo? Eso sigue siendo la terapia cognitivo-conductual.

La concepción psicopatológica en la que se basa ACT ubica en el plano conductual conductas que el modelo clásico alejaba de este. No hablamos de cuestiones «interiores», sino de respuestas encubiertas que se rigen por los mismos principios que regulan cualquier conducta (Páez y Montesinos, 2016). Los problemas psicológicos están centrados en los procesos de regulación emocional y cognitiva aprendidos en el contexto. Este modelo «en función del contexto» es opuesto al biológico, como indican Pérez-Álvarez (2011) o Páez y Montesinos (2016). Por tanto, la propuesta de ACT será integrar muchos de los problemas que habitualmente copaban los manuales y diagnósticos psiquiátricos y psicológicos «en un cuadro denominado trastorno de evitación experiencial» (Barraca, 2007).

Así pues, en el centro del modelo psicopatológico de ACT se encuentra un concepto que no es nuevo, pero sí su formulación: la evitación experiencial (Hayes, Wilson, Gifford, Follete y Strosahl, 1996; Luciano y Valdivia, 2006) o evitación experiencial destructiva (Luciano y Valdivia, 2006) o el término más usado en la actualidad, la «inflexibilidad psicológica» (Hayes, Luoma, Bond, Masuda y Lillis, 2006). Ya en sus inicios, ACT propuso un enfoque novedoso acerca del concepto de «evitación» (Hayes, Stroshal y Wilson, 1999). Se trataba de un cambio cualitativo, por el cual no busca la eliminación de los síntomas cognitivos para así provocar cambios en la conducta, sino que se centra en la alteración de su función a través de la alteración del contexto en el que estos síntomas cognitivos resultan problemáticos (Luciano y Valdivia, 2006). Más cerca del conductismo clásico estaría indicar que estos supuestos «síntomas cognitivos» que parecen estar situados en algún lugar inalcanzable son conductas verbales igualmente funcionales para el individuo. En muchos casos la función es evitativa de posibles malestares y a su vez causantes de los problemas de adaptación. Aun con la evidencia de que ACT y las terapias contextuales que beben de los postulados de la RFT han logrado una mejor descripción de cómo funcionan estas conductas íntimas y su vinculación al sufrimiento, esto sigue actualmente en debate. En este sentido, Skinner (1957) ya hizo referencia a ellas en *Conducta verbal;* sin embargo, el nivel de profundización en estas sigue provocando controversias, centradas en ¿la explicación skinneriana es suficiente o necesitábamos la RFT para llegar realmente al conocimiento de esta topografía de conductas? Como señalan Arismendi y Fiorentini (2012), el estudio de las conductas de equivalencia ha mostrado su importancia en posteriores trabajos sobre conducta simbólica (Hayes, 1989), formación de conceptos (Benjumea, 1993) o relaciones entre hacer y decir (Catania et al., 1989).

Con lo dicho, para ACT la clave de los trastornos psicológicos se encuentra en la condición verbal del ser humano, sin obviar la cultura social donde se desarrolla, que establece «guías o principios básicos». La felicidad, la ausencia de malestar o sufrimiento o la patologización del dolor forman parte del paradigma cultural actual Así, sentirnos mal

© Ediciones Pirámide

pasa a ser inasumible, nos fuerza a pelear contra ello y, si no podemos, a sentirnos trastornados. Si la «no felicidad» es un síntoma, estaríamos ante una pandemia y la evitación ha mostrado ser un mecanismo adaptativo, pero a menudo disfuncional. Desde ACT se estaría produciendo una fusión con la cognición, que aparecería para las terapias basadas en el modelo biológico como lo que deberíamos eliminar. Por ejemplo, el «miedo irracional» a volar, pero sin considerar la función de ese miedo dentro de una visión más amplia: cómo pretendo evitar el malestar que supone la simple idea de acercarme al avión.

De manera muy esquemática, la filosofía que se sitúa en la base de ACT viene a decirnos que sufrir va a ser inevitable. Parece sorprendente que estas palabras puedan provocar un salto cualitativo en la manera en que la psicología se enfrente a los problemas de cada uno. Es más, nos hace formularnos de manera preocupada una cuestión: ¿hacia dónde estaba mirando la psicología? El modelo de enfermedad ha significado «sacar de la realidad» a la psicología y en ese estadio difícilmente se puede pretender considerar nuestra disciplina como científica.

Si nos situamos en los procesos de aprendizaje que están en la base del desarrollo humano —aprendizaje para ser en el mundo—, parece evidente que las situaciones que acarrean malestar están vinculadas a castigo. Así pues, lo que «toca» sería la reducción de estas situaciones y, en muchas ocasiones, de todas aquellas conductas que relacionamos con ellas, dada la capacidad de estas de provocar contingencias aversivas —aquí toca recordar la relevancia de los trabajos de Sidman sobre relaciones de equivalencia—. No hay nada más humano que no querer sufrir o sentir malestar, para lo cual todos y cada uno haremos uso de estrategias de evitación que se incrementan en función de los postulados del refuerzo negativo. Hasta aquí todo universalmente extendido, no necesitamos ni tan siquiera la cultura para comprender el proceso. El pánico al avión se soluciona no subiendo a ninguno. Siempre que esto no provoque «averías» en el día a día, no será considerado un trastorno.

Pero si esto es humano, coherente, «normal, entonces ¿en qué consiste este patrón de evitación experiencial que está en la base del modelo psicopatológico de ACT? Es un patrón inflexible que consiste en que para poder vivir se actúa bajo la necesidad de controlar y/o evitar la presencia de pensamientos, recuerdos, sensaciones y otros eventos privados. Ese patrón inflexible está formado por numerosas respuestas con la misma función: controlar el malestar y los eventos privados, así como las circunstancias que los generan. La necesidad permanente de eludir el malestar y la de tener placer inmediato para vivir obligan a la persona a actuar de un modo que, paradójicamente, no le deja vivir. (...) Un tipo de regulación verbal ineficaz que se asienta en una cultura que promueve la necesidad de sentirse bien y, por tanto, de suprimir el malestar sin condiciones» (Luciano, Valdivia, Gutiérrez y Páez, 2006).

Abundando en la delimitación: ACT cuenta con un modelo propio de la psicopatología en la figura del trastorno de evitación experiencial (TEE; Luciano y Hayes, 2001). El TEE es una categoría funcional que incluye a la mayor parte de los trastornos psicológicos, pues, a pesar de sus diferencias topográficas, todos comparten un patrón de funcionamiento similar: la evitación experiencial destructiva. Esta evitación experiencial alude a la ocurrencia de esfuerzos deliberados para evitar determinados eventos privados (por ejemplo, pensamientos, recuerdos, sentimientos, sensaciones físicas, etc.), que son experimentados como aversivos, y se convierte en problemática cuando se constituye en un paso necesario para realizar acciones personalmente valiosas. Los métodos clínicos de la ACT están diseñados para desmantelar la evitación experiencial destructiva y promover que la persona se comporte de manera consistente con sus valores personales (Ruiz, 2016).

Este modelo psicopatológico difumina la existencia del modelo biológico. No se trata, como es fácil observar, de un tipo de comportamiento «de trastornados», sino de un funcionamiento generalizado que en ocasiones acarreará un sufrimiento aún mayor. Una desconexión con la vida y el día a día para anclarse en esa batalla por evitar la guerra. Cuanto más centrados estemos en evitar lo inevitable —cierta dosis de malestar—, más alejados estaremos de nuestro contexto, de la realidad. Y más alejados pareceremos al resto, incluidos los profesionales de la salud mental, que observarán comportamientos como los que se engloban en la ansiedad, las adicciones, la anorexia, la bulimia, la sintomatología psicótica, el estrés postraumático o, incluso, las conductas suicidas. En todos estos patrones de comportamiento observamos la presencia

© Ediciones Pirámide

de la evitación del malestar, a menudo inflexible, gobernada por reglas que nos alejan de los demás, provocando problemas a menudo irresolubles por la persona. Algo tan humano como no querer sufrir parece estar en la base de todo ese relato «biológico» sobre los trastornos psicológicos. Algo así como huir del aire y seguir respirando. Esa es la paradoja que está en la base de las intervenciones desde ACT.

Si esto es así, ¿por qué mantenemos conductas en determinados contextos que nos producen sufrimiento?

Nos resulta incontestable la respuesta. Por los mismos principios operantes que son conocidos y hemos expuesto, son conductas reforzadas y funcionales para el individuo. Son reforzadas por reforzamiento negativo. Aun estando este ya definido en la obra de Skinner, ha aglutinado menor investigación que su contrario: el reforzamiento positivo. Posiblemente ello ha provocado una menor relevancia teórica. ACT tiene este tipo de contingencia en el centro de su modelo para definir la evitación experiencial, entendida como una forma de escapar del malestar que provocan los conflictos con el desarrollo de conductas orientadas a los valores personales, Por ello, resulta clave en ACT la aceptación de esas sensaciones molestas —en ocasiones profundamente molestas— para continuar en la dirección que queremos darle a nuestra vida. Así, las contingencias de reforzamiento son, en esta ocasión, positivas y permiten el cambio en el comportamiento y el afianzamiento de este.

Los humanos construimos nuestra propia realidad en función de múltiples procesos de aprendizaje. El lenguaje (en la mayoría de los casos entendido como una conducta privada) colabora a esta construcción y a elaborar respuestas. Se trata, por tanto, de procesos con un desarrollo propio en y de cada persona. Esto marcará la forma de relación con y en el contexto, siendo una pieza más de ese entorno en el que cada comportamiento tiene un carácter funcional, sea este más o menos útil. Tenemos muchos más «para qués» que «por qués» en nuestro día a día, posiblemente porque esos «por qués» remitirían a la historia de aprendizaje y, como historia, ya ha sucedido y es inalterable.

Escribir una nueva historia de aprendizajes se situará en la base de la terapia y para ello acudiremos a procedimientos que, en gran parte, ya venían siendo utilizados, dotándolos de una potencia explicativa distinta y convirtiéndolos en herramientas poderosas y eficaces de cambio.

La primera herramienta básica en la intervención es el análisis funcional. Solo atendiendo a la función de la conducta de la persona entenderemos su modelo de adaptación al contexto y qué nuevas estrategias o disposiciones le harían su vida más habitable. En definitiva, para que la intervención sea eficaz, debe hacer posible nuevos aprendizajes a partir de la interacción en consulta. Modelos como la psicoterapia analítico-funcional (Valero y Ferro, Kohlenberg y Tsai, 2011), donde se considera que las conductas de la persona durante la sesión son similares a las que se producen en el contexto exterior y, por tanto, se procuran los cambios en ese espacio privilegiado para que la persona se acostumbre a nuevos aprendizajes. Los procedimientos de refuerzo y castigo empleados durante esa interacción «privilegiada» (Froján, 2011) serán los responsables de nuevos aprendizajes por contingencias.

Por otro lado, las terapias contextuales no agotan sus propuestas de intervención con ACT. Otras posibles intervenciones serían la psicoterapia analítico-funcional —FAP—, la terapia dialéctico-conductual —DBT— o la terapia de activación conductual —AC—. Cabe señalar aquí que estos modelos de intervención no se adhieren por completo a los postulados teóricos de la RFT, como indica Balam (2019), dado que en la aplicación práctica son más eclécticos y llevan a cabo combinaciones de otras propuestas e incluso intervenciones de otras procedencias teóricas.

Las terapias contextuales, y por supuesto ACT dentro de este «enmarque», son, en palabras de Balam (2019), «extensiones actuales de los primeros postulados conductuales sobre el origen, mantenimiento y tratamiento de los trastornos psicológicos» y por tanto es oportuno su estudio desde este enfoque. Aportan, sin duda, novedades. Muchas de ellas son el centro de debates actuales dentro del conductismo y es bueno saber que muchos de los procesos sobre los que leerán en las páginas de este libro están sometidos a discusión. Fundamentalmente, se establece en dos ámbitos dentro de la terapia de conducta: ¿son necesarios muchos de los conceptos y procesos que establece ACT y el resto de las terapias contextuales o teníamos suficiente con las explicaciones seminales skinnerianas y de Sidman? Y, por otra parte: ¿las terapias contextuales están man-

© Ediciones Pirámide

teniendo los principios del aprendizaje operacional o se están introduciendo conceptos intermedios sin soporte experimental?

Llegados a este punto es necesario indicar que los estudios experimentales sobre la eficacia arrojan resultados que sostienen la evidencia a favor de ACT como tratamiento (Ruiz, 2015), frente a un número menor de investigaciones y, por tanto, menor evidencia sobre el resto de los modelos contextuales. Esto no significa que no sean modelos adecuados o de éxito, sino que, hasta el momento, la investigación básica es mucho menor en modelos como FAP, DBT o la terapia de interacción padres-hijos (PCTI). No obstante, existe un esfuerzo investigador como demuestra el excelente estudio de Ferro, Ascanio y Bocanegra (2020), en relación con las evidencias, por ejemplo en PCTI, en diversos problemas relacionados con la conducta de la infancia.

Esta propuesta, ¿está o es cuestionada desde la terapia de conducta más clásica o skinneriana?

Sí. Las críticas a menudo más beligerantes provienen del cuestionamiento sobre si los términos utilizados en el análisis del comportamiento humano que propone ACT añaden demasiado a la terapia de conducta de primera generación, la terapia de conducta. En este sentido, Froxan (2020) afirma: el hecho de que se pueda encontrar un componente evitativo en una parte de los problemas psicológicos puede hacerse equivalente a afirmar que ese componente es el origen y clave del mantenimiento del problema. Más adelante los mismos autores se plantean si el concepto de «inflexibilidad psicológica» aporta algo a la realización del análisis funcional o simplemente parte de niveles superiores de inferencia que pueden no ser necesarios con el modelo basado en las contingencias y el aprendizaje en contextos naturales y potencialmente modificado por variables disposicionales. Posteriormente, señalarán en el mismo manual que conceptos como «inflexibilidad cognitiva» o «fusión» pueden ser más fáciles de explicar a potenciales pacientes, pero que debilitan el discurso técnico entre profesionales que con una cierta formación podrían remitirse a principios básicos del aprendizaje para su definición sin tener que acudir a nuevos términos que pueden asemejarse a variables mediacionales. De manera que «no solo no contribuye —se refieren a esta terminología— a la clarificación del comportamiento, sino que la dificultan» (Froxán et al., 2020).

No solo desde posiciones críticas con ACT se están produciendo debates. Ejemplo de ello es el posicionamiento de Luciano (2016) o Foody, Barnes-Holmes y Barnes-Holmes (2012), que ponen en duda la validez para la investigación básica, en procesos que determinan modelos como el hexaflex, a los que se señala por presentar una notable proliferación de términos medios como la «aceptación», los «valores personales» o la «defusión cognitiva». Estos también recibirán matizaciones críticas en el texto ya citado de Froxán et al. (2020).

Y la RFT, ¿también está cuestionada?

Como ya hemos recogido, la RFT nos aporta explicaciones de cómo, entre otras cuestiones, aparecen relaciones funcionales derivadas. Estas explicaciones se basan en la creación de nuevas relaciones no entrenadas, el aprendizaje relacional. Este vendría a dar cuenta de cómo el miedo a los aviones se va extendiendo a otros comportamientos, por ejemplo subir a un lugar que se considera alto, o simplemente utilizar el ascensor. Incluso se puede convivir con estas «evitaciones», siempre y cuando su trabajo no consista en trasladar mercancías de cierto peso o su pareja no pretenda pasar unos días en una estación de esquí y se canse de escuchar sus negativas a cualquier posibilidad de hacerlo conjuntamente. En esos casos, la interferencia en otros espacios vitales como el desarrollo laboral o las relaciones personales posiblemente provoque que la conducta de evitación no la encuentre tan adecuada como en las distancias cortas, provocando problemas a medio y largo plazo. Muchas de las situaciones donde la conducta será evitativa no necesitan de experiencias previas, es aquí donde volvemos a encontrarnos con el aprendizaje relacional basado en el lenguaje y la cognición, en la derivación de funciones aversivas que explica la TMR, si no estaba ya explicada por Skinner en el comportamiento gobernado por reglas. Si Skinner y el conductismo «clásico» lograron explicar o no estos comportamientos, y ese desplazamiento de funciones, está en la base del debate actual entre los novedosos modelos contextuales y los modelos conductistas clásicos. Por cierto, si acaban de considerar que los segundos son antiguos o desfasados, están poniendo en práctica la derivación de la que hemos hablado, porque hemos aprendido que lo nuevo es mejor que lo antiguo a la hora de una explicación y eso no parece del todo acertado. Todo ello porque estamos aplicando

© Ediciones Pirámide

una «regla»: lo nuevo es mejor que lo antiguo. Y no se trata de un debate menor: «de una forma muy elemental, podría afirmarse que ACT considera que el sufrimiento psicológico es debido, en gran parte, a la intromisión del lenguaje simbólico en áreas de la vida donde no es funcionalmente útil (...) esto es así porque se intenta usar la actividad simbólica como un medio para evitar eventos privados o para manipularlos» (Barraca, 2007). Poco más o menos lo que pretende la terapia cognitivo-conductual, aunque luego la mayoría de sus procedimientos de intervención sean contrarios a estos preceptos.

En las páginas siguientes conocerán cómo el modelo de intervención que plantea ACT está directamente vinculado con estos procesos de inflexibilidad. Estamos ante una alternativa a los sistemas DSM o CIE que criticábamos en líneas anteriores, basados en dimensiones funcionales comunes a muchos de los trastornos «clásicos» procedentes del modelo médico. Una conducta idéntica puede tener funciones sobre el contexto del paciente radicalmente diferentes y sin esta consideración confundiremos los diagnósticos, haremos cabalgar unos sobre otros o en muchas ocasiones los caballos tendrán tantas patas que no será posible identificarlos como caballos. Como ya hemos indicado, el TEE se sitúa como elemento común de diferentes diagnósticos del DSM o la CIE. Siendo los diferentes trastornos «modos diferentes de reaccionar para arreglar lo que se considera un problema: la presencia de pensamientos depresivos, estados de ansiedad, la necesidad de consumir, las dudas, etc. Ante ello, reacciones de escape/evitación (podría ser discutir, rehuir, lesionarse, rumiar) tendrían las consecuencias esperadas, pero no saldrían gratis» (Luciano, 2016).

Este modelo, inevitablemente imbricado con el contexto social, con la cultura de la felicidad y del estigma del sufrimiento como algo que no puede ser considerado «normal», explica el auge de modelos de intervención, muchos de ellos paracientíficos, centrados en dotar de sentido a la vida mediante la eliminación del sufrimiento. Algo así como dotar de significado al agua eliminando el oxígeno como componente. No es algo bueno ni malo, al menos en su planteamiento más ingenuo, aunque iatrogénico si profundizamos más en ello, es, simplemente, imposible. Por tanto, una terapia basada en la eliminación del sufrimiento sin más está condenada al fracaso y a la frustración. Afortunadamente, la mayoría de las terapias tienen como clave el cambio del comportamiento, que, inevitablemente, aportará contingencias nuevas, aprendizajes nuevos y mejores adaptaciones a los contextos. Eso sí, el oxígeno continuará formando parte del agua y el sufrimiento de la vida humana «normal». ACT se sitúa en el debate sobre la felicidad como objetivo cuasi obligatorio; «nuestra vida se rige por una serie de creencias inútiles e inexactas en torno a la felicidad, unas ideas ampliamente aceptadas por la sociedad porque todo el mundo sabe que son ciertas», indicó Harris en 2010 de manera irónica. La llamada «paradoja felicitaria» (Pérez-Álvarez, Sánchez González y Cabanas, 2018), donde la persecución de la felicidad degenerará en una patología con su propio sufrimiento. «Es como perseguir el horizonte en vez de navegar para algún sitio» (Pérez-Álvarez, Sánchez González y Cabanas, 2018).

Si bien el presente manual se centra en la intervención en psicosis desde ACT con una perspectiva de niveles novedosa y consideramos que pionera, las terapias contextuales ya se han acercado al tema de la psicosis en los últimos años. Desde 2001 autores como García Montes y Pérez-Álvarez están planteando propuestas relacionadas con ACT en psicosis.

El argumento lo van a reconocer pronto: los cambios contextuales pueden alterar el impacto de la cognición o incluso su función, aunque sus contenidos semánticos y lógicos permanezcan iguales formalmente (Vallina, Pérez-Álvarez, Fernández Iglesias y García Montes en Fonseca, 2019). Desde la consideración del trastorno como algo interactivo, funcional y contextual y donde el problema se encuentra en las relaciones con los demás y uno mismo, interesando proponer la actuación en procesos y no en la lucha contra los síntomas en el sentido de los valores de la persona (Pérez-Álvarez, 2014). Los resultados, hasta la fecha, hablan de reducción del malestar asociado a una amplia variación de los síntomas. El efecto de la aceptación sobre una buena parte de los síntomas asociados y el compromiso con la actuación en la dirección de los valores personales parece producir resultados esperanzadores, por lo que estamos convencidos de que el presente manual supone un paso más en la esperanza de dotar de una vida con sentido a un buen número de personas que han venido soportando situaciones de desesperanza y sin alternativas. Proponemos un es-

© Ediciones Pirámide

cenario más allá de una medicación que, a medio y corto plazo, produce efectos graves en sus capacidades y esperanzas de recuperación.

Vallina, Pérez-Álvarez, Fernández Iglesias y García Montes (2019) nos acercan a las experiencias con ACT adaptada a psicosis en los trabajos de Bach, Morris, O'Donoghue, Oliver, etc. Muchos de estos son anticipo del presente manual y abrieron la perspectiva a una visión más esperanzadora de su problema para las personas con trastorno mental grave.

### 2.4. Implicación de las bases filosóficas, y teóricas de ACT en la práctica clínica: de las palabras a los hechos

La exposición detallada de las implicaciones para la práctica clínica de todo lo comentado anteriormente excedería las pretensiones del capítulo y serán debidamente expuestas a lo largo del manual. Sí nos detendremos a indicar brevemente cuáles serían los aspectos generales más destacados, de tal forma que continuemos con la dirección que nos marcamos en el presente capítulo.

Desde la perspectiva funcional-contextual, se concibe el trastorno de evitación experiencial como un seguimiento generalizado y rígido de reglas que terminaría, a la larga, por ser problemático y que se fundamenta en la misma naturaleza del lenguaje humano y en los contextos verbales que están a la base de esa inflexibilidad. Serían los contextos de la literalidad, la valoración, el control y las razones (véase en Hayes y Hayes, 1992; Hayes et al., 1996; Luciano y Hayes, 2001; Wilson y Luciano, 2002).

Como decíamos al principio del capítulo, ACT busca ampliar la variabilidad conductual o, dicho de otra forma, aumentar la flexibilidad psicológica. En el ejemplo de los problemas psicóticos, para el tratamiento de las alucinaciones o de los delirios se trataría de ayudar al paciente a que abandone la lucha o los intentos de control sobre estos contenidos, al mismo tiempo que trataría de que la persona actúe al servicio de actos conectados a una visión más pragmática de sus valores (García Montes y Pérez-Álvarez, 2016).

Como decíamos al principio, la ACT trata de flexibilizar el repertorio de la persona a través de tres mecanismos.

En primer lugar, ayudando a que las personas discriminen el análisis funcional de su propio comportamiento. La perspectiva funcional-contextual requiere que el terapeuta realice un ajustado análisis funcional del patrón de conducta de la persona. Esto es, rastrear su experiencia particular analizando las contingencias que mantienen los comportamientos problema e indagar en los eventos privados y las reglas verbales que gobiernan su comportamiento (Páez y Montesinos, 2016). Así pues, una descripción adecuada de los comportamientos que ocurren en sesión es imprescindible a la hora de comprender, entender, modificar o controlar lo que ocurre en el contexto clínico. Todo ello con el objetivo de que la persona discrimine, por ejemplo, cuáles son las consecuencias de «obedecer» a las alucinaciones a corto y largo plazo. Es decir, ayudando a la persona a percibir qué beneficio obtiene y de qué displacer escapa en el momento en el que hace caso a sus delirios, qué sentimientos y pensamientos vienen con ello, qué ha hecho y qué hace para solucionarlo, qué ha intentado en el pasado y qué intenta ahora para dejar de hacerlo y cuáles han sido y son las consecuencias a lo largo de su vida como resultado de esa forma de actuar, de esa inflexibilidad. Con todo esto perseguimos que la persona entienda qué evita y las reglas que utiliza para con sus eventos privados, y cómo esto resulta en un patrón de evitación inflexible y limitante (Luciano y cols., 2016).

Con toda probabilidad en el desarrollo de este proceso la persona empezará a tener una perspectiva más amplia del problema. Es el terapeuta quien, mediante preguntas de análisis, comenzará a introducir claves que le ayuden a discriminar las variables de control de su problema y a establecer un nuevo marco de relaciones entre los distintos elementos. Es un objetivo el aumento de la perspectiva de la persona sobre su problema y la recontextualización de este, haciendo evidente que las estrategias utilizadas para la resolución de ese problema, aun siendo coherentes, vienen a incrementarlo. Es decir, se trata de ayudar a tu paciente a contactar con la paradoja de la evitación inflexible. Con ello, y apoyándose en su propia experiencia, contará con una explicación que dé cuenta de por qué cuantas más cosas hace para resolver su problema, más atrapado se encuentra.

No es solo que el análisis de la conducta no resulte inadecuado para abordar esta tarea: es que es

© Ediciones Pirámide

la herramienta perfecta para ello (Froxán, 2020). Según este autor, los procesos de aprendizaje que surgen en el contexto clínico son responsables del cambio de comportamiento que se espera conseguir en el proceso de la terapia. En este contexto, el terapeuta debe conocer el efecto que tiene su propio comportamiento en el comportamiento del paciente, por lo que tiene que dirigir su conducta para que esta vaya en línea paralela con los objetivos terapéuticos acordados en consulta. Entender las características de ACT y cómo estas son aplicables en la práctica clínica es necesario para ilustrar el rol del contexto como centro de análisis y comprensión de la conducta. Por ello, los cambios que se produzcan en el paciente tendrán que ajustarse a lo que este desea: cómo le gustaría verse en su vida, en sus relaciones y en todo aquello que es percibido para él como importante. Solo en este caso el paciente se implicará en el proceso de cambio.

Como ya hemos recogido, el lenguaje está implicado en la mayoría de los problemas a los que un terapeuta tiene que hacer frente y, por ello, gran parte de los fundamentos conceptuales están construidos basándose en la teoría de los marcos relacionales, que nos permite conocer las condiciones a través de las cuales se establecen y alteran funciones psicológicas mediante el lenguaje (Villatte, Villatte y Hayes, 2016). Retomando, de nuevo, las propuestas de Froxán (2020), debemos considerar la dificultad de eliminar las relaciones aprendidas. Nuestra historia funciona por adición y lo vivido no puede desaparecer, solo podrá cambiar a través del aprendizaje de nuevas relaciones, por lo que el terapeuta ACT tendrá que proporcionar experiencias que permitan al paciente relacionarse de forma diferente con estas, siguiendo un sentido pragmático del comportamiento y no intentando reemplazar las relaciones simbólicas ya establecidas.

En segundo lugar, trabajando con la aceptación y el autodistanciamiento de los sentimientos, pensamientos, sensaciones corporales, etc., que conlleva nuestra historia personal. Ayudando a que la persona discrimine la continuidad del yo frente a ellos. Es decir, a detectar la función de su conducta y enmarcarla en relación jerárquica con el deíctico yo. De esta forma la persona percibirá el espacio entre él y sus emociones, sentimientos, pensamientos, experimentando la continuidad inclusiva del yo, mientras actúa con sentido. La fusión cognitiva consistiría, pues, en estar con-fundidos con el contenido que expresan los pensamientos, dándole credibilidad a cada contenido que aparece. Por ejemplo, si una persona con trastorno de esquizofrenia dice «nadie me va a aceptar», interiorizará este pensamiento como un hecho real y no como una construcción propia. Para ello el terapeuta ACT tendrá que contar con un manejo de fórmulas verbales que propicien el desapego y diferenciación de los contenidos verbales: metáforas, paradojas y/o ejercicios experienciales, y desarrollar esta habilidad para su aplicación eficaz (Páez y Montesinos, 2016).

En último lugar, trabajando en dirección a que la persona aclare qué cosas son importantes en su vida, cuáles son las renuncias por no alcanzarlas y cómo sería su vida si sus actos lo llevaran a contactar con esas cosas. El objetivo del terapeuta con personas que sufren alucinaciones o delirios debería ser la indagación de objetivos o comportamientos que se adapten a sus circunstancias, manteniendo la dirección valorada. El terapeuta debería evaluar cómo es la vida sin actos en esa dirección y cómo lo sería si los actos siguieran ese camino y a llevar a cabo esas acciones con sentido, en diferentes y variados contextos. Por ejemplo, una persona que sufre estigma social por un diagnóstico grave de enfermedad mental siente un rechazo por la sociedad y las relaciones interpersonales las sentirá como un coste en su vida. Posiblemente al trabajar en el esclarecimiento de valores aparezca el deseo de la persona de ser aceptado por los demás y cultivar sus relaciones sociales, oponerse a estas situaciones implicará sufrimiento en el paciente. El terapeuta ACT tiene que detectar la pérdida relacionada con los valores en este caso, guiando y ayudando a elegir libremente. Esta elección será enfocada en lo que el paciente desea tener en su vida. En ACT los valores están disponibles para darle un sentido al comportamiento. En ACT valorar es actuar (Páez y Montesinos, 2016).

Como hemos indicado a lo largo del texto, la inflexibilidad psicológica comprende una serie de procesos psicológicos que se sitúan en la base de distintos trastornos. Por ejemplo: los trastornos afectivos, las conductas adictivas, los trastornos de conducta alimentaria, la sintomatología psicótica y los procesos en lo que el dolor juega un papel esencial (Hayes, Masuda, Luoma y Guerrero, 2004; Ruiz, 2010). El terapeuta ACT aprende a escuchar los pro-

© Ediciones Pirámide

cesos y no solo el contenido de lo que plantean las verbalizaciones del paciente, identificando la función, su para qué y no solo su forma (Páez y Montesinos, 2016).

Entonces, si yo trabajo como terapeuta desde las terapias contextuales, ¿qué me verían haciendo?

### Habilidades clínicas necesarias en el proceso terapéutico

Por todo lo expuesto, el proceso de transformación pone el énfasis en los cambios contextuales y funcionales más que en la reducción de síntomas. No es que esta reducción no vaya a tener lugar, es que cuando se da, se trata de un efecto colateral o secundario. No se trabaja sobre los síntomas, sino sobre la forma en que nos relacionamos con ellos.

Las terapias contextuales, y en particular ACT, son terapias vivenciales e intensivas, con un fuerte sentido de conexión interpersonal entre el paciente y el terapeuta. En consecuencia, la relación terapéutica se considera un componente esencial.

La relación terapéutica debe ser el equivalente a una relación que resulte enriquecedora en la vida de la persona, con una postura simétrica, «tú y yo», juntos y atrapados por las mismas trampas, donde los problemas del paciente son oportunidades que ofrece la vida para un aprendizaje, aprendizaje de ambos, paciente y terapeuta. Esta relación al mismo nivel deriva del mismo modelo de flexibilidad psicológica. Así, el terapeuta sabe que tendrá que enfrentarse a los mismos problemas que el paciente, ya que las trampas del lenguaje son las mismas para ambos.

Por tanto, la empatía es un ingrediente básico para constituir la alianza terapéutica. Pero una empatía entendida no como una mera estrategia, sino como un verdadero ponerse en el lugar del otro por las razones expuestas anteriormente. Es entender y estar alerta para no fusionar los pensamientos con la conducta que aparece en el lenguaje del paciente (remitimos al lector interesado en profundizar en la relación terapéutica en ACT a la lectura de Barraca, 2007; Hayes, 2014).

El curso de la intervención no sigue un esquema u orden riguroso de aplicación, no está protocolizado, ya que se sustenta en un modelo general de cómo el aprendizaje puede dar lugar a problemas psicológicos. El terapeuta, pues, tendrá que analizar y ajustar sus métodos a la situación clínica en curso (Páez-Blarrina y Montesinos-Marín, 2016).

Puesto que los valores de cada uno de nosotros siempre son «perfectos», se respetan y aceptan las elecciones, ya que no hay una manera correcta y otra equivocada de vivir la vida. Es un respeto a la diversidad de elección. Muéstrate abierto y con interés. Escucha atenta y activamente. El paciente debe sentir que estás atento a él como persona y no solo a su problema. Entre las habilidades para desarrollar este comportamiento, es necesario que se refuerce el discurso del hablante a través de estímulos, es decir, utilizando asentimientos o sonrisas. Del mismo modo, evitar asociaciones que tengan un condicionamiento aversivo en el paciente, como sería el caso de fruncir el ceño o expresar insatisfacción a lo que expresa. La consecuencia funcional de estos comportamientos conseguirá una relajación en el paciente que permitirá un refuerzo positivo entre el terapeuta y las respuestas deseadas (Froxan, 2020).

Por otro lado, la aceptación incondicional será trascendente, será una actitud, una forma de presentarse y conducirse en el contexto terapéutico. Se pretende con ello un doble objetivo: por un lado, el terapeuta no debería hacer que el paciente se sintiera mal, con independencia de lo que este exprese, aun siendo esto discordante con su punto de vista; esto implicaría que, aunque el terapeuta empatice con la situación o sienta indignación o tristeza, debería no proyectar estos sentimientos o pensamientos en el paciente; así, la comunicación con el mismo no se verá influenciada de forma que este no se sienta juzgado y no se limite el avance de la terapia; por otro, el juicio personal del terapeuta queda anulado mientras lleva a cabo su quehacer clínico. No podemos perder de vista que el terapeuta es tan humano como el paciente, y tiene su propia historia de aprendizaje y tendrá reacciones automáticas en función de las situaciones que haya tenido que vivir en su historia de aprendizaje (Froxán, 2020). Por esta razón, el terapeuta ACT debe tener unos límites para que cuando surjan temas del paciente que puedan condicionar respuestas encubiertas intensas, afectando negativamente a la terapia, el terapeuta no tenga por qué tratar con ese paciente y ofrecer otra vía de tratamiento que pueda verse influida en su mejora.

© Ediciones Pirámide

Otras habilidades del terapeuta que han sido consideradas al mismo nivel que la empatía son la congruencia y la autenticidad (Farber et al., 2001). El terapeuta debe ser él mismo, mostrándose cercano a las opiniones del paciente. Traslada a tu paciente que estás ahí para ayudarle en las dificultades que plantea (Barceló, 2012).

Desde el primer contacto el terapeuta expresará al paciente que lo importante es él y su historia personal, validando y mostrando respeto por sus esfuerzos y permaneciendo abierto ante sus valores. Lo relevante aquí es que el terapeuta hace referencia continua a la experiencia y no a la mente. Se muestra, pues, abierto e interesado en esa experiencia.

En este proceso, para que la relación sea igualitaria y cercana es necesario utilizar estrategias que validen y muestren interés por el dolor del paciente, con habilidades que puedan normalizar los intentos de controlar el malestar como parte de la historia de aprendizaje del paciente. El reforzamiento positivo como habilidad en el aprendizaje es necesario para implementar y producir el cambio. Destaca las habilidades que tiene el paciente y genera una confianza incondicional en que la persona es capaz de resolver la situación por la que asiste a terapia.

ACT se basa en ayudar a las personas a elegir la dirección de su vida, de tal forma que esta tenga sentido vital. Eso lo hace ayudándolas a clarificar sus valores, discerniendo entre lo que puede ser cambiado y lo que no, además de procurando una alteración de la función de los contextos verbales que tiene atrapada a la persona, la literalidad, el control, las razones y la valoración.

Por tanto, como objetivo central en las sesiones, además de intentar cambiar el sistema de contingencias en el que está apoyado el patrón de regulación disfuncional, tendremos que introducir técnicas que permitan evitar las trampas de la literalidad del lenguaje y ayuden al cliente a ajustarse más a esas contingencias o experiencia y menos a las reglas verbales rígidas que han terminado por fusionarlo, reduciendo al máximo los razonamientos ineficaces (Wilson y Luciano, 2002). Los eventos privados no son el problema, es la forma en que nos relacionamos con ellos.

Para ello ACT se vale de herramientas y habilidades como metáforas, paradojas y ejercicios experienciales. No tendría sentido aquí detenernos en la descripción de tales técnicas, ya que van a ser suficientemente expuestas a lo largo del manual, pero sí nos vamos a detener en su justificación.

El uso de metáforas se justifica en que su uso permite introducir un contexto verbal donde se facilita el contacto con las contingencias o experiencias naturales de la vida por encima de las reglas verbales (lógica verbal).

Las paradojas buscan que la persona contacte con la contradicción entre seguir la reglas verbales o razonamiento y los efectos de seguirlas. Es decir, permiten que la persona contacte con los resultados paradójicos de seguir una regla y los efectos de ello.

Los ejercicios experienciales buscan ayudar a la persona a contactar en el aquí y ahora con el yo contexto, de tal forma que desde ahí se pueda contactar con las funciones aversivas de los contenidos verbales (pensamientos, sensaciones, sentimientos).

En este lance el terapeuta tendrá que ser creativo y adaptarse a las circunstancias de la persona a la que trata de ayudar. La aceptación está presente a lo largo de todo el proceso de intervención aplicada de forma práctica, no solo en sesión sino también en su vida. El acompañamiento a la persona, con toda probabilidad, potenciará una mayor disponibilidad en el afrontamiento de sus experiencias privadas difíciles.

## 3. CONCLUSIONES

Para finalizar, hemos de comentar que el presente manual está dirigido a aquellos profesionales que trabajan intentando ayudar a personas con trastornos psicológicos que presentan un alto grado de cronicidad y que afectan a un amplio rango de sus áreas vitales. Esto hace su trabajo arduo, confuso y lleno de barreras personales. El objetivo del presente capítulo es que el lector contara con una idea cabal, aunque breve, de sus aspectos filosóficos, teóricos y clínicos que facilitara la comprensión del resto de capítulos.

Nuestro deseo ha sido escribirlo con la mayor simplicidad y accesibilidad posible, pero sin perder la rigurosa descripción que la complejidad de algunos conceptos requiere. Esperamos que al final haya sido así y su lectura haya merecido la pena.

© Ediciones Pirámide

## REFERENCIAS BIBLIOGRÁFICAS


Arismendi, M. y Fiorentini, L. (2012). *Competencia entre el aprendizaje por instrucciones y por contingencias: su relación con conductas derivadas*. IV Congreso Internacional de Investigación y Práctica Profesional en Psicología XXI. Jornadas de Investigación VIII. Encuentro de Investigadores en Psicología del MERCOSUR. Facultad de Psicología. Universidad de Buenos Aires.

Ayllon, T. (1992). Implicaciones clínicas de algunos conceptos del conductismo radical de Skinner. En J. Gil Roales-Nieto, M. C. Luciano Soriano y M. Pérez Álvarez (eds.), *Vigencia de la obra de Skinner.* Granada: Servicio Publicaciones Universidad de Granada.

Baer, D. M., Peterson, R. F. y Sherman, J. A. (1967). The development of imitation by reinforcing behavioral similarity to a model. *Journal of the Experimental Analysis of Behavior, 10*(5), 405-416.

Balam, H. (2019). Terapias contextuales. Una propuesta clínica desde una perspectiva postskinneriana. *Revista Electrónica de Psicología Izcala, 22*(2), 1068-1083.

Barceló, T. (2012). Las actitudes básicas rogerianas en la entrevista de relación de ayuda. *Miscelánea Comillas, Revista de Ciencias Humanas y Sociales, 70*(136), 123-160.

Barnes-Holmes, D., Barnes-Holmes, Y., Luciano C. y McEnteggart, C. (2017). From the IRAP and REC model to a muti-dimensional multi-level framework for analyzing the dynamics of arbitrarily applicable relational responding. *Journal of Contextual Behavioral Science, 6*(4), 434-445.

Barnes-Holmes, Y., Barnes-Holmes, D. y McHugh, L. (2004). Teaching derived relational responding to young children. *Journal of Early and Intensive Behavior Intervention, 1,* 1-12.

Barraca, J. (2007). La terapia de aceptación y compromiso (ACT). Fundamentos, aplicación en el contexto clínico y áreas de desarrollo. *Miscelánea Comillas, 65*(127), 761-781.

Beer, R. D. (2000). Dynamical approaches to cognitive science. *Trends in Cognitive Sciences, 4,* 91-99.

Benjumea, S. (1993). Condicionamiento instrumental humano. En J. L. Navarro (ed.), *Aprendizaje y memoria humana* (pp. 441-479). Madrid: McGraw-Hill.

Biglan, A. y Hayes, S. C. (1996). Should the behavioral sciences become more pragmatic? The case for functional contextualism in research on human behavior. *Applied and Preventive Psychology: Current Scientific Perspectives, 5,* 47-57.

Biglan, A. y Hayes, S. C. (2016). Functional contextualism and Contextual Behavioral Science. En R. D. Zettle, S. C. Hayes, D. Barnes-Holmes y A. Biglan (eds.), *The Wiley handbook of contextual behavioral science.* Nueva York: John Wiley and Sons.

Catania, A. C., Shimoff, E. y Matthews, B. A. (1989). An experimental analysis of rule-governed behavior. En S. C. Hayes (ed.), *Rule-governed behavior: Cognition, contingencies, and instructional control* (pp. 119-150). Nueva York: Plenum.

Costa, M. y López, E. (2006). *Manual para la ayuda psicológica. Dar poder para vivir. Más allá del counseling.* Madrid: Pirámide.

Dougher, M. J. y Hayes, S. C. (2000). Clinical behavior analysis. En M. J. Dougher (ed.), *Clinical behavior analysis* (pp. 11-25). Context Press/New Harbinger Publications.

Farber, B., Raskin, P. y Brink, D. (2001). *La psicoterapia de Carl Rogers. Casos y comentarios.* Bilbao: Desclée de Brouwer.

Festinger, L. (1957). *A theory of cognitive dissonance*. Evanston, IL: Row, Peterson.

Ferro, R., Rodríguez Bocanegra, M. y Ascanio Velasco, L. (2020). Una revisión sistemática de la efectividad y eficacia de la terapia de interacción padres-hijos. *Revista de Psicopatología y Psicología clínica 15*(3), 205-214.

Ferro-García R. y Valero-Aguayo, L. (2017). Hipótesis transdiagnóstica desde la psicoterapia analítico-funcional: la formación del Yo y sus problemas. *Revista Brasileira de Terapia Comportamental e Cognitiva, XIX*(3), 145-165.

Foody, M., Barnes-Holmes, Y. y Barnes-Holmes, D. (2012). The role of self in acceptance and commitment therapy (ACT). En L. McHugh e I. Stewart (eds.), *The self and perspective taking: Research and applications* (pp. 126-142). Oakland, CA: New Harbinger.

Froxán, M. X. (2011). ¿Por qué funcionan los tratamientos psicológicos? *Clínica y Salud, 22,* 201-204.

Froxán, M. X. (2020). Introducción. En M. J. Froxán (ed.), *Análisis funcional de la conducta humana*. Madrid: Pirámide.

García, R., Rodríguez, M. y Ascanio, L. (2020). Una revisión sistemática de la efectividad y eficacia de la terapia de interacción padres-hijos *(A systematic review of the effectiveness and efficacy of parent-child interaction therapy). Papeles del Psicólogo, 41.* Artículo en prensa.

García Montes, J. M. y Pérez-Álvarez, M. (2016). Terapia de aceptación y compromiso aplicada la esquizofrenia. Estado actual y direcciones futuras. *Análisis y Modificación de Conducta, 42,* 99-119, 165-166.


© Ediciones Pirámide

Gewirtz, J. L. y Stengle, K. G. (1968). Learning of generalized imitation as the basis for identification. *Psychological Review, 5,* 374-397.

Gómez-Martín, S., López-Ríos, F. y Mesa-Manjón, H. (2007). Teoría de los marcos relacionales: algunas implicaciones para la psicopatología y la psicoterapia. *International Journal of Clinical and Health Psychology, 7,* 491-507.

González Pardo, H. y Pérez-Álvarez, M. (2007). *La invención de los trastornos mentales.* Madrid: Alianza Editorial.

Harris, R. (2010). *La trampa de la felicidad.* Barcelona: Planeta.

Hayes, S. C. (1989). *Rule-governed behavior. Cognition, contingencies and instructional control.* Nueva York: Plenum.

Hayes, S. C. (1991). A relational control theory of stimulus equivalence. En L. J. Hayes y P. N. Chase (eds.), *Dialogues on verbal behavior* (pp. 19-40). Reno, NV: Context Press.

Hayes, S. C. (1995). Knowing selves. *The Behavior Therapist, 18,* 94-96.

Hayes, S. C. (1999). *Acceptance and commitment therapy. An experimental approach to behavior change.* Nueva York: Guilford Press.

Hayes, S. C. (2004). Acceptance and commitment therapy, relational frame theory and the third wave of behavioral and cognitive therapies. *Behavior Therapy, 44,* 1-25.

Hayes, S. C. (2013). *Sal de tu mente, entra en tu vida. La nueva terapia de aceptación y compromiso.* Bilbao: Desclée de Brouwer.

Hayes, S. C. (2014). *Terapia de aceptación y compromiso. Proceso y práctica del cambio consciente (Mindfulness).* Bilbao: Desclée de Brouwer.

Hayes, S. C., Barnes-Holmes, D. y Roche, B. (2001). *Relational frame theory. A post-skinnerian account of human language and cognition.* Nueva York: Kluwer Academic.

Hayes, S. C., Brownstein, A. J., Zettle, R. D., Rosenfarb, I. y Korn, Z. (1986). Rule-governed behavior and sensitivity to changing consequences of responding. *Journal of the Experimental Analysis of Behavior, 45*(3), 237-256.

Hayes, S. C., Gifford, E. V. y Hayes, L. J. (1998). Una aproximación relacional a los eventos verbales. En R. Ardila, W. López, A. Pérez, R. Quiñones y F. Reyes, (eds.), *Manual de análisis experimental del comportamiento* (pp. 499-517). Madrid: Biblioteca Nueva.

Hayes, S. C. y Hayes, L. J. (1989). The verbal action of the listener as a basis for rule-governance. En S. C. Hayes (ed.), *Rule-governed behavior: Cognition, contingencies, and instructional control* (pp. 153-190). Nueva York: Plenum.

Hayes, S. C. y Hayes, L. J. (1992). Some clinical implications of contextualistic behaviorism: The example of cognition. *Behavior Therapy, 23,* 225-249.

Hayes, S. C., Hayes, L. J. y Reese, H. W. (1988). Finding the philosophical core: A review of Stephen C. Pepper's World Hypotheses. *Journal of the Experimental Analysis of Behavior, 50,* 91-111.

Hayes, S. C., Fox, E., Gifford, E. V., Wilson, K. G., Barnes-Holmes, D. y Healy, O. (2001). Derived relational responding as learned behavior. En S. C. Hayes, D. Barnes-Holmes y B. Roche (eds.), *Relational frame theory: A post-Skinnerian account of language and cognition.* Nueva York: Plenum Press.

Hayes, S. C., Luoma, J., Bond, F., Masuda, A. y Lillis, J. (2006). Acceptance and commitment therapy: Model, processes and outcomes. *Behavior Research and Therapy, 44,* 1-25.

Hayes, S. C., Masuda, A., Bissett, R., Luoma, J. y Guerrero, L. F. (2004). DBT, FAP, and ACT: How empirically oriented are the new behavior therapy technologies? *Behavior Therapy, 35,* 35-54.

Hayes, S. C., Pistorello, J. y Levin, M. E. (2012). Acceptance and commitment therapy as a unified model of behavior change. *The Counseling Psychologist, 40*(7), 976-1002.

Hayes, S. C. y Quiñonez, R. M. (2005). Características de las operantes relacionales. *Revista Latinoamericana de Psicología, 37*(2), 277-289.

Hayes, S. C., Strosahl, K. D. y Wilson, K. G. (1999). *Acceptance and commitment therapy.* Nueva York: The Guilford Press.

Hayes, S. C., Strosahl, K. D. y Wilson, K. G. (2014). *Terapia de aceptación y compromiso. Proceso y práctica del cambio consciente (mindfulness).* Bilbao: Desclée de Brouwer.

Hayes, S. C., Wilson, K. G., Gifford, E. V., Follette, V. M. y Strosahl, K. (1996). Experiential avoidance and behavior disorder: A functional dimensional approach to diagnosis and treatment. *Journal of Consulting and Clinical Psychology, 64,* 1152-1168.

Hayes, S. C., Zettle, R. D. y Rosenfarb, I. (1989). Rule following. En S. C. Hayes (ed.), *Rule-governed behavior: Cognition, contingencies, and instructional control* (pp 191-220). Nueva York: Plenum.

Hughes, S. y Barnes-Holmes, D. (2016). Relational frame theory: Implications for the study of human language and cognition. En R. D. Zettle, S. C. Hayes, D. Barnes-Holmes y A. Biglan (eds.), *The Wiley handbook of contextual behavioral science* (pp. 179-226). Wiley Blackwell.

Kantor, J. R. (1975). *The science of psychology. An interbehavioral survey.* Chicago, IL: The Principia Press.

Linehan, M. (1993). *Cognitive behavioural therapy of borderline personality disorder.* Nueva York: Guilford Press.


© Ediciones Pirámide

López-Ornat, S. y Gallo, P. (2004). Acquisition, learning, or development of language? Skinner's «verbal behavior» Revisited. *The Spanish Journal of Psychology, 7,* 161-170.

Luciano, C. (2016). La evolución de ACT. *Análisis y Modificación de Conducta, 41,* 1-28.

Luciano, M. C. y Hayes, S. C. (2001). Trastorno de evitación experiencial. *Revista Internacional de Psicología Clínica y de la Salud, 1,* 109-157.

Luciano, M. C. y Valdivia, M. S. (2006). La terapia de aceptación y compromiso (ACT). Fundamentos, características y evidencia. *Papeles del Psicólogo, 27,* 79-91.

Luciano, M. C., Valdivia-Salas, S., Cabello-Luque, F. y Hernández, M. (2009). Developing Self-Rules. En R. Relfeldt y Y. Barnes-Holmes (eds.), *Derived relational responding: Applications for learners with autism and other developmental disabilities: a progressive guide to change* (pp. 335-351). Oakland CA: New Harbinger Publication.

McIlvaine, W. J., Dube, W. V. y Callahan, T. D. (1995). Attention: A behavior analytic perspective. En G. R. Lyon y N. A. Krasnegor (eds.), *Attention, memory, and executive function* (pp. 97-117). Baltimore, MD: Paul H. Brookes.

McIlvaine, W. J., Dube, W. V., Kledaras, J. B., Iennaco, F. M. y Stoddard, L. T. (1990). Teaching relational discrimination to individuals with mental retardation: Some problems and possible solutions. *American Journal on Mental Retardation, 95,* 283-296.

O'Connor, M., Farrell, L., Munnelly, A. y McHugh, L. (2017). Citation analysis of relational frame theory: 2009-2016. *Journal of Contextual Behavioral Science, 6,* 152-158.

O'Donoghue, E. K., Morris, E. M., Oliver, J. E. y Johns, L. C. (2018). *ACT for psychosis recovery: A practical manual for group-based interventions using acceptance and commitment therapy.* New Harbinger Publications.

O'Grady, W. y Cho, S. W. (2001). *Contemporary linguistics: An introduction.* Boston: Bedford/St. Martin's.

Páez, M., Gutiérrez-Martínez, O., Valdivia-Salas, S. y Luciano-Soriano, C. (2006). ACT y la importancia de los valores personales en el contexto de la terapia psicológica. *International Journal of Psychology and Psychological Therapy, 6,* 1-20.

Páez, M. y Montesinos, F. (2016). *Tratando con la terapia de aceptación y compromiso. Habilidades terapéuticas centrales para la aplicación eficaz.* Madrid: Pirámide.

Pérez-Álvarez, M. (1996). *Tratamientos psicológicos.* Madrid: Universitas.

Pérez-Álvarez, M. (2004). *Contingencia y drama. La psicología según el conductismo.* Madrid: Minerva Ediciones.

Pérez-Álvarez, M. (2011). El magnetismo de las neuroimágenes: moda, mito e ideología del cerebro. *Papeles del Psicólogo, 32*(2), 98-112.

Pérez-Álvarez, M., García-Montes, J. M., Vallina-Fernández, O. y Perona-Garcelán, S. (2016). Rethinking schizophrenia in the context of the person and their circumstances: Seven reasons. *Frontiers in Psychology, 7,* Artículo 1650.

Pérez-Álvarez, M., Sánchez González, J. y Cabanas, E. (2018). *La vida real en tiempos de la felicidad. Una crítica de la psicología (y la ideología) positiva.* Madrid: Alianza Editorial.

Pérez Fernández, V. (2016). La evolución de los trabajos empíricos sobre conducta verbal. *Revista Mexicana de Análisis de la Conducta, 1*(42), 36-56.

Primero, G. (2008). *Actualidad de la polémica Chomsky-Skinner.* Universidad de Buenos Aires. Argentina.

Quiroga, E. (1996). La corriente de conciencia de W. James como corriente de contingencias discriminadas. *Psicothema, 8*(2), 279-289.

Quartz, S. y Sejnowski, T. J. (1997). The neural basis of cognitive development: A constructivist manifesto. *Behavioral and Brain Sciences, 20*(4), 537-596.

Ribes Iniesta, E. (1972). Terapias conductuales y modificación del comportamiento. *Revista Latinoamericana de Psicología, 4*(1), 7-22.

Ruiz, F. (2010). A review or ACT empirical evidence. Correlational, experimental psychopathology, components and outcome studies. *International Journal of Psychology and Psychological Therapy, 10,* 125-162.

Ruiz, F. J. y Odriozola-González, P. (2015). Comparing cognitive, metacognitive, and acceptance and commitment therapy models of depression: A longitudinal study survey. *Spanish Journal of Psychology, 18,* E39.

Ruiz, F. J. y Odriozola-González, P. (2016). The role of psychological inflexibility in Beck's cognitive model of depression. *Anales de Psicología, 32*(2), 441-447.

Ryle, G. (1949). *El concepto de lo mental.* Buenos Aires: Paidós.

Sartorius, N. (2007). Stigma and Mental Health. *Lancet, 370,* 810-811.

Schlinger, H. D. (2008). The long good-bye: Why B. F. Skinner's Verbal Behavior is alive and well on the 50th anniversary of its publication. *The Psychological Record, 58,* 329-337.

Sidman, N. (1971). Reading and auditory-visual equivalences. *Journal of Speech and Hearing Research, 14,* 5-13.

Skinner, B. F. (1953). *Ciencia y conducta humana.* Barcelona: Fontanella.

Skinner, B. F. (1969). *Contingencias de reforzamiento.* México: Trillas.

Skinner, B. F. (1957/1981). *Conducta verbal.* México: Trillas.

© Ediciones Pirámide

Stewart, I. (2016). The fruits of a functional approach for psychological science. *International Journal of Psychology, 51*(1) 15-27.

Swann, W. B. y Read, S. J. (1981). Acquiring self-knowledge: The search for feedback that fits. *Journal of Personality and Social Psychology, 41*(6), 1119-1128.

Törneke, N. (2010). *Learning RFT: An introduction to relational frame theory and its clinical application.* Oakland: Context Press/New Harbinger Publications.

Törneke, N. (2015). *Aprendiendo TMR: una introducción a la teoría del marco relacional y sus aplicaciones clínicas* (trads.: M. Á. Barbero y E. Moreno Fuentes). Jaén: MICPSY.

Törneke, N., Luciano, C., Barnes-Holmes, Y. y Bond, F. (2015). *Relational frame theory and three core strategies in understanding and treating human suffering.* En R. D. Zettle, S. C. Hayes, D. Barnes-Holmes y A. Biglan (eds.), *The Wiley handbook of contextual behavioral Science* (pp. 254-272). Wiley-Blackwell.

Valdivia-Salas, S. y Páez Blarrina, M. (2019). *Aceptación psicológica: qué es y por qué se fomenta en terapia.* Madrid: Pirámide.

Valero-Aguayo, L., Ferro-García, R., Kohlenberg, R. J. y Tsai, M. (2011). Therapeutic change processes in functional analytic psychotherapy. *Clínica y Salud, 22*(3), 209-221.

Vallina, O., Pérez-Álvarez, M., Iglesias, P. y García-Montes, J. (2019). Terapias contextuales para la psicosis. En E. Fonseca (ed.), *Tratamientos psicológicos para la psicosis* (pp. 453-509). Madrid: Pirámide.

Villatte, M., Villatte, J. L. y Hayes, S. C. (2016). *Mastering the clinical conversation: Language as intervention.* Nueva York: Guilford Press.

Villegas-Marín, M. R. (2019). *Perfiles diferenciales en mujeres víctimas de violencia. El papel de las emociones y de los patrones de evitación* [tesis doctoral]. Almería: Editorial Universidad de Almería.

Wilson, K. G. y Luciano, M. C. (2002). *Terapia de aceptación y compromiso (ACT): un tratamiento conductual orientado a los valores.* Madrid: Pirámide.

Zettle, R., Hayes, S. C., Barnes-Holmes, D. y Biglan, A. (2015). *The Wiley handbook of contextual behavioral Science.* Nueva York: Wiley-Blackwell.

© Ediciones Pirámide

# 7 ACT en psicosis

JUAN ANTONIO DÍAZ GARRIDO
HORUS LAFFITE CABRERA
RAQUEL ZÚÑIGA COSTA

## 1. INTRODUCCIÓN

En este capítulo haremos un repaso, a modo de síntesis, de los avances conceptuales y del modo de entender los trastornos del espectro psicótico (TEP), como un conjunto de síndromes multicausales con numerosas formas de expresión. Haremos referencia al cambio de perspectiva actual que desde distintos autores, modelos y sistemas se está abriendo paso y revolucionando nuestra forma de entender y tratar las psicosis. Estos sistemas nos están dotando de numerosas herramientas eficaces para un abordaje centrado en la persona. Posteriormente, trataremos acerca de la aplicación de ACT a los TEP, sobre su eficacia y, de forma esquemática y resumida, su forma de entender y hacer psicoterapia. En este capítulo nos limitaremos a sentar las bases que se irán desarrollando en los próximos capítulos.

## 2. HACIA LA RECONCEPTUALIZACIÓN: LOS TRASTORNOS DEL ESPECTRO PSICÓTICO (TEP)

### 2.1. El porqué

La esquizofrenia no existe (Van Os, 2016). Así de rotundo se muestra Jim van Os al señalar la necesidad de redefinir y reconceptualizar la psicosis. Como Henderson y Malhi (2014) señalan, «esquizofrenia» es una palabra repleta de estigma, que asusta a la gente, se utiliza diariamente de forma peyorativa y es etimológicamente absurda. Para modificar el concepto de «esquizofrenia» deberíamos empezar por cambiar nuestro lenguaje y con ello una concepción tan arraigada y estigmatizante, ya que si no hacemos esto, seguiremos fusionados con un concepto que tanto daño ha hecho a las personas y a las familias que viven en primer plano esta realidad.

Más allá del cambio de terminología, el constructo en sí mismo ha sido ampliamente criticado, llegando algunos autores a afirmar que la amplitud y características de la fenomenología clínica representan una falta de validez de constructo y de fiabilidad (Bentall, 2003; Boyle, 2002). Entre las críticas al constructo de esquizofrenia encontramos:

1. Siguiendo a Boyle, encontramos problemas en el origen mismo del concepto de «esquizofrenia», pues un considerable número de los casos clínicos que sirvieron de base a Kraepelin y a Bleuler sufrían una enfermedad neurológica, en concreto encefalitis letárgica (García-Montes y Pérez-Álvarez, 2003).
2. En el siglo XXI aún no se dispone de una definición operativa y consensuada de lo que se entiende por «psicosis» o «esquizofrenia» (Keshavan, Tandon y Nasrallah, 2013), y a medida que disponemos de más datos empíricos, menor certeza y mayor confusión existen en torno a su naturaleza.
3. No se ha demostrado ninguna variante genética específica o combinación de genes necesaria o suficiente para causar esquizofrenia.
4. No se ha hallado ninguna alteración funcional y/o estructural cerebral subyacente a la esquizofrenia que explique su origen o expresión clínica.

© Ediciones Pirámide

5. La sintomatología presente en los pacientes con diagnósticos de esquizofrenia muestra continuidad en la población:

   — Las alucinaciones no son patognomónicas de ningún trastorno particular, ya que pueden estar producidas por una amplia variedad de trastornos somáticos, medicamentos y trastornos fisiológicos (Asaad y Shapiro, 1986).
   — La incidencia de alucinaciones auditivas verbales en la población general es mucho mayor que la incidencia de trastornos psicóticos (Rössler et al., 2007; Van Os et al., 2000).
   — Como se recoge en la obra de Jenner (2016), la tasa de prevalencia de las alucinaciones auditivas verbales a lo largo de toda la vida es máxima en personas con trastornos disociativos (85%), trastornos del espectro de la esquizofrenia (60-70%), depresión psicótica (30%), trastorno bipolar (47%), trastorno de estrés postraumático (TEPT) (30%) y trastorno límite de la personalidad (30%) (Yee et al., 2005; Hammersley et al., 2003; Tien, 1991; Landmark et al., 1990; citados por Jenner, 2016).
   — Una revisión sistemática de las encuestas de población general indicó que las experiencias asociadas con la esquizofrenia y categorías relacionadas, como el pensamiento delirante paranoico y las alucinaciones auditivas, se observan de forma atenuada en el 5-8% de las personas sanas (Van Os, Linscott et al., 2009). De Leede-Smith y Barkus (2013) estiman esta prevalencia entre el 5-28%.

Otro aspecto que hace esencial el cambio de constructo es la visión clásica de la psicosis como un trastorno degenerante y de mal pronóstico, pues es habitual encontrar en la definición de esquizofrenia que esta se trata de un trastorno cerebral grave y debilitante asociado a morbilidad y mortalidad (Guloksuz y Van Os, 2018). La perspectiva del mal pronóstico de la esquizofrenia se inicia con la demencia precoz de Kraepelin, considerándola como una enfermedad incurable y progresiva. A pesar de que el propio autor posteriormente criticó esta idea, se ha mantenido hasta la actualidad la postura neokraepeliana de que «una esquizofrenia de buen pronóstico» no es una «esquizofrenia leve», sino una enfermedad diferente. Esta visión restringida y de pronóstico pesimista de la esquizofrenia es la que se encuentra representada en los manuales diagnósticos e invisibiliza y excluye la realidad de la mayoría de los TEP. Las aportaciones de Bleuler «fueron esenciales y determinantes en el desarrollo de la reciente psicopatología experimental (particularmente del estudio de los procesos cognitivos) y de los nuevos enfoques terapéuticos, especialmente en la introducción y la exposición de las terapias psicosociales como coadyuvantes del tratamiento farmacológico de la esquizofrenia» (Fonseca-Pedrero y Lemos-Giráldez, 2019).

La esquizofrenia representaría, según Perälä (2007), únicamente el 30% de los casos de psicosis, entrando en esta categoría aquellos casos con peor evolución. Se ha propuesto que el término «esquizofrenia» estaría sujeto al sesgo de Berkson (Guloksuz y Van Os, 2018). Este es un tipo de sesgo de selección de los pacientes que ocurre cuando la muestra utilizada se extrae únicamente de la población que pide ayuda. De esta forma, los estudios sobre esquizofrenia se habrían llevado a cabo con un número sobrerrepresentado de pacientes graves, dejando fuera de la muestra a una amplia variedad del espectro de la psicosis, como el trastorno esquizofreniforme, trastorno delirante, trastorno psicótico breve y otros (Perälä et al., 2007). Segarra et al. (2010) encuentran que más de un 40% de las personas diagnosticadas tendría un buen pronóstico y lograría la recuperación social y funcional, y en al menos un 20-26% de casos se produce una recuperación completa y duradera. Serrano Cartón et al. (2012) también refieren una evolución favorable, con una remisión casi completa y buen ajuste social en un 30% de las personas con diagnóstico de esquizofrenia. En poco más de un 40% de los pacientes de tipo esquizofrénico se dan períodos de recuperación funcional a intervalos durante el curso del cuadro, con mejores porcentajes y pronósticos para otros cuadros psicóticos (Harrow et al., 2005). Estos datos contrastan frontalmente con la visión pesimista y estigmatizante de cronicidad y deterioro del espectro de la esquizofrenia heredadas de Kraepelin y Schneider.

© Ediciones Pirámide

En relación con la etiología de las psicosis, se han realizado numerosas propuestas psicobiológicas, señalando a continuación, sin ánimo de ser extensivos, aquellas que cuentan con mayor reconocimiento. Actualmente se desarrolla una enorme investigación dirigida a localizar el origen de los trastornos psicóticos en un conjunto de genes y su transmisibilidad hereditaria, pues desde pronto se hizo evidente que la incidencia de psicosis era mayor entre parientes y aumentaba aún más cuanto más próximos en grado eran. Estos modelos se han ido ampliando progresivamente para dar cabida a los factores de riesgo ambientales interactivos. Enormemente populares, por ser aquellas que sustentan y configuran las intervenciones farmacológicas en la psicosis, son las hipótesis que defienden como causante de la sintomatología el desequilibrio a nivel neuroquímico en determinadas áreas cerebrales, y que involucran diferentes neurotransmisores. Si bien la hipótesis dopaminérgica es la más popular, también se han propuesto alteraciones en los niveles de: serotonina, noradrenalina, GABA, diversos neuropéptidos y, más recientemente, la hipótesis de la disfunción glutamatérgica. Desde los modelos del neurodesarrollo se propugnan alteraciones relacionadas con la migración neuronal durante la gestación o bien con las podas y reorganizaciones neuronales a lo largo del desarrollo, así como diversas complicaciones obstétricas y perinatales.

A partir de las pruebas de neuroimagen se ha propuesto la existencia de determinadas alteraciones en la estructura cerebral, si bien estas no son específicas, pueden destacarse: la dilatación de los ventrículos cerebrales (laterales y tercer ventrículo), reducciones del volumen de determinadas áreas como el lóbulo temporal, del tálamo, la amígdala y el hipocampo; atrofia cortical global, con predominio frontal, y cerebelosa; reducciones del volumen de la sustancia gris, así como asimetrías hemisféricas. También se han hallado alteraciones funcionales que sugieren disfunciones a nivel metabólico, con un menor flujo sanguíneo, sobre todo, en el córtex prefrontal (hipofrontalidad). Otras propuestas relacionan la esquizofrenia, a partir de variables geográficas y estacionales, con un proceso infeccioso producido por un agente patogénico (por ejemplo, herpes simple, gripe, rubeola...), o bien con una respuesta anormal del sistema inmune. Sin obviar aquellas que tienen como explicación precipitante el daño por tóxicos como la producida, por citar las más comunes, por el consumo de cannabinoides o alucinógenos.

También existen otras hipótesis como aquellas que plantean la génesis de los TEP a partir de eventos desfavorables como: trauma o acumulación de traumas psicológicos en edad infantil, sufrimiento crónico y mantenido, migración o aislamiento extremo o mantenido. Estas teorías señalan que estos eventos pueden convertirse en antecedentes, causa o desencadenante de un problema estructural y funcional cerebral, siendo utilizadas para justificar la búsqueda de una solución química.

Esta visión de las psicosis ha llevado a un intento de controlar la supuesta «enfermedad», de corregir hipotéticos desequilibrios químico-cerebrales o compensar teóricos problemas estructurales. Este tipo de intervenciones basadas en el modelo médico imperante han estado orientadas al control o reducción del síntoma mediante un amplio espectro de medidas, a pesar de que, por el momento, no se ha encontrado un marcador patognomónico o un mecanismo etiopatogénico que explique la causa de la esquizofrenia (Lemos-Giráldez, 2015). Las anomalías antes descritas, como un agrandamiento anormal de los ventrículos cerebrales, alteraciones en el sistema dopaminérgico, entre otras, carecen de sensibilidad, pues se encuentran solo en el 30-40% de los sujetos afectados, y de especificidad, encontrándose también en el 10-30% de los controles, no siendo de utilidad diagnóstica (Van Os, 2009). Similares síntomas, alteraciones estructurales del cerebro, características del comienzo y del curso, predisposiciones genéticas y respuesta a antipsicóticos se encuentran en numerosos estados neuropsiquiátricos (Keshavan et al., 2011). Por tanto, a pesar de la constante búsqueda de marcadores biológicos, ninguno de ellos se puede considerar un aspecto necesario y suficiente.

Pérez-Álvarez (2012a) refiere que «nadie se vuelve loco sin ninguna razón» y Keshavan y cols. (2011) señalan que la cuestión clave es «qué es exactamente la esquizofrenia y cuál puede ser el modelo capaz de definir mejor la esencia de la enfermedad dadas las limitaciones del conocimiento actual». En este sentido, cobran especial importancia la persona y su experiencia, quizá tornando el prisma hacia aquello que sí podemos explicar a día de hoy y hacia aquello en lo que sí podemos ayudar, el contexto y la psicobiografía (Van Os et al., 2010).

© Ediciones Pirámide

Una explicación etiológica desde un punto de vista eminentemente psicológico, a la cual se le presta creciente importancia, sería la perspectiva fenomenológica, que concibe la psicosis como un trastorno del yo, de la ipseidad o de la percepción de uno mismo (Pérez-Álvarez y García-Montes, 2018; Lysaker y Lysaker, 2010; Sass y Parnas, 2007). Ipseidad se refiere al sentido de sí mismo como sujeto de la experiencia y de la acción, por lo que la alteración de la misma supondría la perturbación del sentido de sí mismo y del mundo, así como una pérdida de la autoevidencia natural de las cosas. Este modelo de perturbación se describiría a partir de tres alteraciones (Pérez-Álvarez, 2017a; 2014; 2008; Pérez-Álvarez y García Montes, 2006).

— La hiperreflexividad, o autoconciencia intensificada del propio cuerpo, dejando de ser «silencioso», adquiriendo una especie de objetivación mórbida y siendo objeto de análisis explícito.
— Sentido disminuido de sí mismo, que se expresa mediante la pérdida de la sensación de ser dueño de la voluntad, del pensamiento, de las percepciones propias, así como una sensación de pasividad y automatismo, una crisis de la agencia del yo.
— La desarticulación del mundo o pérdida del contacto vital con la realidad.

A pesar de la ingente investigación científica en busca de una explicación causal, a día de hoy aún no hay nada resuelto. El mayor consenso se halla en torno a la multicausalidad de los trastornos psicóticos, y quizá el modelo más reconocido y compartido hasta el momento es el modelo de vulnerabilidad-estrés de Zubin y Spring (1977), y su posterior reformulación por Nuechterlein y Dawson (1984).

## 2.2. Sobre lo dimensional y lo categorial

La investigación sugiere que el uso de una combinación de representaciones dimensionales y categoriales para el diagnóstico de los trastornos psicóticos transmite más información sobre las necesidades de tratamiento y el pronóstico (Allardyce et al., 2007). Por ejemplo, un estudio realizado por Van Os y Kapur (2009), donde analizan las características psicopatológicas de los diversos trastornos psicóticos, sugiere que los síntomas pueden agruparse en cinco categorías principales:

1. Psicosis (que abarca delirios y alucinaciones, también llamada dimensión de síntomas positivos).
2. Alteraciones en el impulso y la volición (falta de motivación, reducción en el habla espontánea y retraimiento social, la dimensión de los síntomas negativos).
3. Alteraciones en la neurocognición (dificultades en la memoria, la atención y el funcionamiento ejecutivo, la dimensión de los síntomas cognitivos).
4. Desregulación afectiva síntomas depresivos.
5. Desregulación afectiva síntomas maníacos (bipolar).

Siguiendo a Jablensky (2010), podemos entender que los modelos categoriales hayan sido prevalentes en psiquiatría a pesar de su «aparente inconsistencia lógica», que estén organizados de acuerdo a diferentes criterios sin organización jerárquica definida o que sus tipologías no cumplan con los requisitos de exhaustividad ni de mutua exclusión. Jablensky destaca que la fortaleza del modelo categorial es su utilidad pragmática y su sencillez para ser utilizado en condiciones de incertidumbre psicopatológica.

Lo expuesto hasta aquí refleja algunas de las importantes limitaciones que se encuentran presentes en la conceptualización de la psicosis defendida por los principales manuales nosológicos de la actualidad, como el DSM-5 y la CIE-10, que restringe el concepto de «psicosis» y lo limita al criticado concepto de «esquizofrenia». Consciente de su propia obsolescencia, el modelo diagnóstico categorial ha tratado de renovarse con la integración de agrupaciones sintomatológicas dimensionales, como la propuesta realizada desde el DSM-5 con la escala de gravedad de los síntomas de las dimensiones de psicosis. Las dimensiones incluidas son las siguientes:

1. Alucinaciones.
2. Delirios.
3. Lenguaje desorganizado.
4. Comportamiento psicomotor anormal.
5. Síntomas negativos (expresión emocional restringida o abulia).

© Ediciones Pirámide

6. Deterioro cognitivo.
7. Depresión.
8. Manía.

Lo novedoso de estas propuestas es la inclusión de la dimensión afectiva en sus dos polos (manía y depresión), rompiendo con la concepción dicotómica kraepeliana, y acercándose a los conceptos clásicos de psicosis única.

### 2.3. Hacia un nuevo concepto

Algunos países ya han dado el paso hacia un cambio terminológico que se aleja del concepto clásico de «mente escindida». Así, en Japón hasta 2002 se utilizaba el término *Seishin Bunretsu Byo* o «trastorno de mente dividida», que en la actualidad ha sido renombrado como *Togo Shitcho Sho* o «trastorno de integración» (Sato, 2006); mientras que en Corea del Sur se ha abandonado la denominación *Jeongshin-Buyeol-Byung* o «trastorno de mente dividida» por el término *Johyeounbyung* o «trastorno de sintonización» (Park et al., 2012). Otra propuesta para la modificación del concepto es utilizar un epónimo, habiéndose propuesto la denominación de síndrome de Bleuler como alternativa, al haber sido este autor el artífice de la distinción entre esquizofrenia y demencia precoz (Henderson y Malhi, 2014). Iniciativas como la de Japón han tenido efectos positivos, donde se observó que el uso del nuevo término por parte de los profesionales durante el primer año tuvo como resultado una mejor comunicación del diagnóstico a los pacientes y una mejor percepción del trastorno (Sato, 2006); esto confirma la enorme importancia del uso del lenguaje. En 2009 se propuso el concepto de «síndrome de saliencia» (Van Os, 2009) y en 2015 se recupera el término «síndrome del espectro psicótico».

## 3. HACIA UN CAMBIO DE PARADIGMA

### 3.1. La necesidad del cambio

Aunque defendemos la necesidad de un cambio terminológico hacia uno menos cargado de prejuicios y que permita una visión más holística de la persona que sufre, no debemos olvidar que lo realmente importante es la mejora de la calidad de vida de la persona, más allá de los síntomas que experimenta. El impacto a nivel funcional que la psicosis tiene en la persona puede considerarse central en la forma de intervención e incluso de entender la misma psicosis. Atendiendo a este factor de funcionalidad, es congruente dirigir nuestros esfuerzos a conectar a la persona consigo misma y con su desarrollo vital, a partir de un abordaje centrado prioritariamente en la recuperación.

A pesar de la falta de profesionales clínicos preparados para el abordaje psicoterapéutico en la psicosis, y que muy posiblemente se encuentre influido por el dominio del modelo biologicista imperante, la proliferación de modelos psicoterapéuticos en psicosis es una realidad en creciente expansión (Andreou y Moritz, 2016). Tal y como plantea Nancy Andreasen (2007), «los estudiantes generalmente no conocen otros signos y síntomas potencialmente importantes o interesantes que no están incluidos en el DSM», además de «haber tenido un impacto deshumanizador en la práctica», al tratar a la persona como simple portadora de signos y de síntomas, dejando en segundo plano su cualidad humana. A esto se añaden críticas como la de Awad (2019), que señala la paradoja que supone que el diagnóstico de esquizofrenia se base en fenómenos autoinformados por el paciente, como alucinaciones o delirios y, sin embargo, posteriormente los médicos sean reacios a aceptar los autoinformes de los mismos pacientes sobre cómo se sienten acerca de la toma de los fármacos.

Uno de los motivos para el desarrollo de las terapias psicológicas orientadas a la psicosis parte de las dificultades reconocidas con la medicación antipsicótica; no se tolera bien, es solo parcialmente efectiva y puede tener efectos secundarios dañinos (Pillinger et al., 2020; Furukawa et al., 2015; Lieberman et al., 2005).

Recientes estudios indican que la eficacia comparada entre psicofármacos y terapia cognitivo-conductual (TCC) aportan resultados similares (Morrison et al., 2018). La TCC en psicosis se ha asociado con carácter general con la reducción de la sintomatología, principalmente la positiva, sin embargo hay una considerable variedad de resultados en los distintos estudios, y en la actualidad no es posible afirmar un beneficio sustancial de la TCC sobre otras terapias psicológicas (Jones et al., 2014). Entre ellas,

© Ediciones Pirámide

la terapia de aceptación y compromiso (ACT) ha mostrado ser, al menos, tan efectiva con la TCC.

Entendemos que la comparación entre el tratamiento psicofarmacológico y la psicoterapia no es del todo adecuada, puesto que el propósito de estos dos tipos de intervenciones no es el mismo. Uno de los mayores problemas a la hora de valorar la eficacia de la psicoterapia es la utilización de los estándares metodológicos del modelo médico basado en la reducción sintomatológica, cuando este no es el objetivo último de la psicoterapia (Pérez-Álvarez, 2014). Según la revisión sistemática y meta-análisis de Wood y cols. (2020) sobre la eficacia de la TCC, tanto de segunda como de tercera generación, para pacientes con psicosis, el resultado de disminución de la sintomatología, utilizado principalmente en los ensayos clínicos aleatorizados (ECA), tampoco es el apropiado para medir y valorar la eficacia de estos programas. Sin embargo, aun usando estos estándares se demuestra la utilidad y eficacia de estos abordajes psicológicos.

Mientras la terapia farmacológica busca la reducción o eliminación de la sintomatología psicótica, especialmente la positiva, y las alteraciones conductuales, las terapias psicológicas priorizan la búsqueda de una mejor adaptación de la persona a su medio y un aumento de su funcionalidad, sin perjuicio de la reducción o eliminación de la sintomatología. Terapias psicológicas más recientes promueven un cambio tanto en el entendimiento como en la intervención de la psicosis, centrándose en cambiar la relación de la persona con sus vivencias, consigo misma y con su entorno, así como la intención de conectar con un propósito de vida.

Desde distintos enfoques teórico-prácticos se está produciendo un cambio de paradigma en la comprensión, entendimiento e intervención en la psicosis, empezando a cobrar fuerza la idea de que la recuperación va más allá de la «sintomatología» presente en una persona, tomando relevancia lo psicoterapéutico por encima de lo biológico, es decir, lo que podemos desarrollar con la persona, antes de lo que se pueda actuar en ella, ser activo frente al ser pasivo. Aspectos como la aceptación radical, el no control, el contextualismo, el tratamiento centrado en la persona, una relación terapéutica más simétrica, la introducción de la decisión del paciente incluso sobre la prescripción farmacológica, así como el rechazo a los modelos nosológicos descriptivos al uso, y sus etiquetas en favor del desarrollo de modelos transdiagnósticos y, cómo no, el cambio de relación con los síntomas más que su eliminación, adquieren una nueva dimensión desde esta nueva forma de entender el abordaje de la psicosis. Además de estos principios generales compartidos, muchos de estos modelos participan de algunas estrategias de intervención, como son el uso del *mindfulness,* la activación conductual, la validación, el uso de la compasión, los valores, la normalización, el empoderamiento, además de otros procedimientos propios que los tienden a diferenciar como el dialogismo, el reforzamiento de las conductas clínicas relevantes, la defusión cognitiva, entre otras.

En su gran mayoría, estos modelos propugnan o promueven una reducción e incluso la eliminación de la medicación; sin embargo, este es un aspecto ampliamente debatido.

Por una parte, se ha señalado que el mantenimiento durante un tiempo de la medicación previene de recaídas además de la cronificación en primeros episodios psicóticos (Van Os y Kapur, 2009). Aunque el tiempo de remisión y el riesgo de recaída son muy variables y en gran medida desconocidos. La International Early Psychosis Association (IEPA, 2005) ha sugerido el período que va desde los 6 a 18 los meses posteriores al primer episodio psicótico como de «recuperación», y el período que abarca desde el primer episodio psicótico hasta los cinco años posteriores como «período crítico», durante el cual persistiría una importante vulnerabilidad y riesgo de recaída en aproximadamente un 80% de los pacientes. La medicación antipsicótica reduce el riesgo de recaída en los primeros años después del inicio y, particularmente cuando hay un diagnóstico de esquizofrenia, debe considerarse como una base esencial para la recuperación sostenida.

Por otra parte, existen estudios que apuntan en el sentido contrario. Las investigaciones realizadas por el equipo de Wunderink (2013) muestran que los antipsicóticos, tanto de primera como de segunda generación, a pesar de sus aparentes beneficios a corto plazo, «pueden empeorar las perspectivas de recuperación» si se mantienen a largo plazo. En dicho estudio los pacientes fueron asignados al azar a un programa de tratamiento con antipsicóticos, o a un programa de retirada paulatina y suspensión de la medicación. Los resultados indicaron que inicialmente el primer grupo experimentó el

© Ediciones Pirámide

doble de tasa de recaída en la fase temprana del seguimiento, pero esta se niveló a largo plazo, ya que pacientes del grupo de mantenimiento también suspendieron la toma de medicamento. Lo más indicativo es que a los siete años de seguimiento, el grupo de pacientes de disminución/retirada había alcanzado una tasa de recuperación funcional dos veces superior al grupo de pacientes de mantenimiento de la medicación (40,4% de recuperación frente al 17,6%, respectivamente). Es relevante señalar que la recuperación funcional se mostró con independencia de la presencia de sintomatología psicótica, estando presente en la misma medida en ambos grupos. En la misma línea, se muestran los resultados del equipo de Harrow (2012), sobre un estudio de seguimiento a 20 años con pacientes con diagnóstico de psicosis, donde observaron que aquellos que decidieron no tomar antipsicóticos tuvieron un pronóstico igual, si no mejor, en comparación con aquellos que usaron medicación de forma continuada. En su revisión de 2018, Omachi y Sumiyoshi compararon el efecto de la reducción/interrupción del tratamiento frente a su mantenimiento en medidas de cognición/función social en pacientes con diagnóstico de primer episodio psicótico (PEP) y esquizofrenia, señalando que en cinco de los seis estudios revisados los participantes que fueron asignados al grupo de reducción/suspensión del tratamiento farmacológico mostraron mejor desempeño en los niveles de cognición/función social, en comparación con aquellos a los que se les mantuvieron las dosis de medicación.

Como dijo en 2013 Thomas Insel, entonces director del Instituto Nacional de Salud Mental de Estados Unidos, «para algunas personas, el mantenimiento de la medicación a largo plazo podría suponer un obstáculo para su plena recuperación. Para otros, el suspender la medicación podría ser desastroso» y, por tanto, «tenemos que preguntarnos si a largo plazo, algunos individuos con antecedentes de psicosis podrían encontrarse mejor sin ningún tipo de medicación», «los resultados a largo plazo en personas con esquizofrenia nos recuerdan que, cien años después de la definición de este trastorno y cincuenta años después de la aparición de los medicamentos revolucionarios, todavía tenemos mucho que aprender» (Insel, 2013).

En esta misma línea, Morrison y cols. (2012), en su célebre artículo «Antipsychotics: is it time to introduce patient choice?» (Antipsicóticos: ¿es hora de introducir la decisión del paciente?), proponen la necesidad de reevaluar la suposición de que los antipsicóticos siempre deben ser la primera línea para las personas con psicosis, y propone como alternativa una toma de decisión compartida con el paciente en la que se planteen las distintas opciones de tratamiento basadas en la evidencia, teniendo en cuenta las posibles consecuencias positivas y negativas, pero, ante todo, priorizando los objetivos y valores del paciente. En una entrevista en 2018 Van Os afirmó que «a corto plazo los antipsicóticos funcionan muy bien, pero a largo plazo la gente tiene que tomar sus propias decisiones» y pone el foco en «un modelo que aumente la resiliencia en lugar de suprimir los síntomas y ayude a la gente a vivir con estos», añadiendo que «lo que funciona es la atención que proporciona esperanza y en la que todo el mundo trabaja para conseguir sus objetivos vitales» (Barnés, 2018).

Una buena relación terapéutica, la toma de decisión compartida y el trabajo con el paciente desde una perspectiva psicoterapéutica se hacen esenciales, más si tenemos en cuenta que en condiciones clínicas rutinarias cerca del 40% de los pacientes abandonan el tratamiento antipsicótico antes del año, y el 75% antes de dos años (Perkins, 1999).

Desde nuestro punto de vista, las intervenciones farmacológicas pueden concebirse funcionalmente como «operaciones de establecimiento» que, implementadas de forma oportuna y adecuada, facilitan la intervención psicoterapéutica. Siendo plenamente conscientes de que algunos de los principios del movimiento contextual, tal y como vivir la experiencia de forma plena son contradictorios con el uso de psicofármacos, la experiencia clínica indica que los tratamientos combinados en determinados momentos y estadios son de elección.

Una situación de «descompensación psicopatológica» supone un momento de importante malestar e incertidumbre, no solo para la persona que lo sufre, sino también para el profesional que le acompaña y que está implicado con la persona. En este caso, bien por la incapacidad para tolerar la incertidumbre del paciente, del propio terapeuta o bien de ambos, puede llegarse a una espiral de aumento progresivo y continuo de la medicación, que en lugar de ayudar a la persona, acaba resultando perjudicial, pues dificulta el trabajo terapéutico y la me-

© Ediciones Pirámide

joría funcional. Así, hablando en términos conductuales, quedaría reforzada la conducta de evitación de la frustración, del malestar y de la incertidumbre, y, haciendo uso del término de Patterson (1982), caemos en la *trampa del reforzamiento negativo,* reforzando el fenómeno tanto para el paciente como para el profesional, que tenderá a repetir la escalada en otros casos.

Thomas Kuhn en *La estructura de las revoluciones científicas* (1962) señala que una crisis se produce cuando el anterior paradigma no es capaz de dar una solución satisfactoria a un problema importante. En la actualidad, como hemos visto, el paradigma imperante en la psicosis se basa en el intento de control y eliminación de la sintomatología clínica, a expensas de la funcionalidad y satisfacción vital. Esta forma de intervención lleva en la práctica a altas tasas de cronicidad en el trastorno mental grave (TMG) y, en el peor de los casos, a la institucionalizacion del paciente que ha perdido su capacidad de decisión, sin conseguir en muchos casos su objetivo más básico: la eliminación de la fenomenología sensoperceptiva, con altas tasas de resistencia de la clínica psicótica, así como a un aumento de la sintomatología negativa y afectiva. Algo que define a este nuevo paradigma es la importancia dada a la relación de la persona consigo misma y a la capacidad funcional más que a los síntomas. Este paradigma encabezado por múltiples perspectivas, movimientos y autores se inspira en la concepción humanista centrada en la persona de Carl Rogers, a través de la aceptación incondicional y el respeto por la elección de la dirección de cambio, así como la posibilidad de autorrealización positiva de la persona que padece psicosis.

## 3.2. Los modelos del cambio

### 3.2.1. *«Hearing Voices»*

El movimiento *Hearing Voices* (Romme y Escher, 1989) nace en la década de los ochenta fruto de la colaboración del psiquiatra social de la Universidad Limburg en Maastricht, Marius Romme, su paciente Patsy Hage (escuchadora de voces) y la periodista Sandra Escher, cuando realizaron un llamamiento televisivo a otras personas con alucinaciones acústico-verbales, para ponerse en contacto y crear un grupo de apoyo. Este movimiento se produce por la convergencia de escuchadores de voces, activistas y grupos que proponen la aceptación de la fenomenología sensoperceptiva como algo natural. Su posición nuclear es que la escucha de voces es en sí misma una experiencia humana normal, no un síntoma de enfermedad, sino una reacción a distintos estresores. Sugieren que se pueden llegar a aceptar las mismas explorando su significado personal en lugar de intentar eliminarlas. Entre las aportaciones más importantes de este movimiento, además de normalizar el fenómeno y dar inicio a una red mundial de grupos de escuchadores de voces, está el poner en valor la idea de que hay distintas alternativas de afrontamiento, que incluyen: su comprensión, aceptación y la posibilidad de tener una vida plena acompañado de estos fenómenos. Dentro de su investigación desarrollan la entrevista Maastricht, un instrumento semiestructurado para abordar los distintos aspectos de la escucha de las voces. Entre sus obras más conocidas se encuentran: *Accepting voices* (1993), *Dando sentido a las voces* (2005) y *La psicosis como una crisis personal* (2013).

### 3.2.2. *Diálogo abierto*

También en los ochenta, en el contexto del Proyecto Nacional Finlandés sobre Esquizofrenia, se desarrolla en la región de Laponia el Enfoque Adaptado a las Necesidades, encabezado por el psicólogo clínico Jaakko Seikkula, que junto a su equipo propone una innovación del mismo a la que denominan diálogo abierto. Esta propuesta de intervención se basa en siete principios: respuesta inmediata, flexibilidad y movilidad, responsabilidad, garantizar la continuidad psicológica, perspectiva de red social, tolerancia a la incertidumbre y dialogismo.

Su visión de la psicosis se aleja del modelo médico, entendiendo esta como «una alienación radical y temporal de las prácticas comunicativas compartidas, una tierra de nadie en que las experiencias emocionales intensas no tienen palabras y, por tanto, el paciente no tiene voz ni capacidad de acción genuina» (Seikkula y Olson, 2003). En la búsqueda de dar voz al paciente y construir un nuevo lenguaje compartido aparece el dialogismo, que desde el

© Ediciones Pirámide

contexto más próximo de la vida del paciente, con la participación de la familia, otros miembros relevantes de su entorno y miembros del equipo de intervención, genera una construcción compartida desde las distintas voces, en «donde las voces psicóticas se conviertan en una más entre muchas en la conversación» (Abad y Toledano, 2019) y cada voz resulta escuchada, de forma aséptica y sin interpretación. Es un modelo centrado en lo psicoterapéutico, donde se promueve la utilización de dosis bajas de fármacos (antipsicóticos y benzodiacepinas). Entre las obras más destacadas de Seikkula: *Diálogos terapéuticos en la red social* (2016) y *Diálogos abiertos y anticipaciones terapéuticas* (2019).

### 3.2.3. *Icarus Project*

Desde un contexto no profesional, una posición activista antipsiquiátrica e inspirada en la justicia social se ha planteado este ambicioso y mediático proyecto que busca crear una nueva cultura y lenguaje que concuerde con nuestras experiencias actuales en «enfermedades mentales», en lugar de intentar ajustar nuestras vidas a un marco convencional. Desde el apoyo mutuo, desde la experiencia del propio sufrimiento junto con la aceptación, se rompe la concepción clásica del abordaje de la persona con psicosis. Un instrumento relevante es la guía de mapas locos (Vidal, 2015), como ruta para identificar la opresión y facilitar la transformación personal. Los objetivos que se plantean desde el Icarus Project son: «promover una red de apoyo y un proyecto eductivo por y para las personas que experimentan el mundo de formas que, a menudo, se diagnostican como enfermedades mentales» (Fireweed Collective, 2020).

### 3.2.4. *Inclúyete*

El programa Inclúyete, desarrollado en España por Adolfo Cangas, plantea la participación inclusiva de usuarios de salud mental, su red más próxima, estudiantes y voluntarios en actividades orientadas al ocio y valores en contextos comunitarios como: arte, cultura, deportes... y que a partir de estas actividades experienciales logren conectar con sus propias vidas (Cangas et al., 2017).

### 3.2.5. *Atención centrada en lo importante para la persona (ACIP)*

La atención centrada en lo importante para la persona (ACIP) se trata de un modelo desarrollado también en España, por el director de PsicACT Carlos Salgado. ACIP es un modelo constructivo que dignifica a la persona, tiene en cuenta aquello que es fuente de importancia para los seres humanos, pero también lo que le hace persona, su identidad, su esencia, intereses y valores, a la vez que entrena para que tome las riendas de sus acciones para dar pasos en la dirección valorada y vivir una vida con significado (para más información, véase capítulo 11).

También han aparecido destacados modelos terapéuticos como: la terapia cognitiva basada en la persona para la psicosis perturbadora y la terapia centrada en la compasión, así como aquellos basados en el *mindfulness.*

### 3.2.6. *Terapia cognitiva basada en la persona para la psicosis*

La terapia cognitiva basada en la persona para la psicosis perturbadora (Chadwick, 2009) constituye un salto hacia los modelos de aceptación. Paul Chadwick, partiendo desde un planteamiento de corte cognitivo, basado en el control y la modificación de creencias y esquemas subyacentes, reformula la forma de entendimiento e intervención hacia un modelo del cambio de la relación de la persona con respecto a la sintomatología psicótica perturbadora. Recupera la idea vygotskiana de la zona de desarrollo próxima, introduciendo y aplicando técnicas adaptadas específicamente para el trabajo con la sintomatología psicótica como la atención plena y el método de las dos sillas.

### 3.2.7. *Terapia centrada en la compasión*

Paul Gilbert, autor de *Terapia centrada en la compasión* (2015), utiliza el desarrollo de la compasión como eje central en el abordaje del TMG, generando un distanciamiento de los pensamientos, sentimientos y problemas, tratándose con más compasión y amabilidad, además de usar elementos comunes a otras psicoterapias, como la apertura, la aceptación, el *mindfulness,* la psicoeducación, entre otros.

### 3.2.8. *Movimiento postpsiquiátrico*

Bajo el concepto propuesto por Bracken y Thomas (2001) pueden englobarse posturas críticas hacia la posición psiquiátrica farmacocéntrica como las de Peter Gotzsche, uno de los cofundadores del Nordic Cochrane Center, y Joanna Moncrieff, psiquiatra británica y una de las figuras principales de la Critical Psychiatry Network. Gotzsche, autor del controvertido artículo «Psychiatry gone astray» («La psiquiatría se ha perdido») (2014), propone diez mitos en la psicofarmacología y la salud mental.

Moncrieff en su obra *Hablando claro. Una introducción a los fármacos psiquiátricos* (2013) postula que tomar medicamentos psiquiátricos sirve simplemente para sustituir el estado original del problema mental por el estado mental inducido por el fármaco; es decir, tomando un medicamento no se regresa de un sistema de funcionamiento anormal a uno normal, tal y como asume el modelo centrado en la enfermedad; en realidad se conduce al organismo a un estado anormal y biológicamente estresado. Aunque añadiría que, si la perturbación es muy severa, el estado anormal inducido por el fármaco puede ser considerado preferible por el paciente o por las personas que están intentando ayudarlo.

### 3.2.9. *Modelos transdiagnósticos*

Los modelos transdiagnósticos introducen nuevas perspectivas en el campo de la salud mental, proporcionando una visión más convergente e integradora de la aproximación a los trastornos mentales, yendo más allá de las limitaciones meramente descriptivas del enfoque categorial (tabla 7.1). Estos modelos ofrecen la posibilidad de adaptar el diagnóstico a la persona y no la persona al diagnóstico, como hacen los modelos clásicos, o, como expone Pérez-Álvarez (2017b), «las dimensiones transdiagnósticas son a las categorías diagnósticas como los pliegues tectónicos a las cordilleras con sus montañas sobresalientes». En una revisión (Pérez-Álvarez, 2012b) identificó trece dimensiones (y no han dejado de aparecer más), donde destaca una dimensión contextual o de tercera generación: la *hiperreflexividad.*

La hiperreflexividad psicológica o autoconciencia intensificada aparecería como factor común universal y psicopatológico primordial en la esquizofrenia (Pérez-Álvarez, 2017b; 2012b), como condi-

TABLA 7.1
*Diferencias de discurso y perspectiva de los enfoques transdiagnóstico y el enfoque tradicional (tomado de González et al., 2018)*

| Transdiagnóstico/fenomenología | Taxonomías diagnósticas/clínica tradicional |
|---|---|
| • Modelo dimensional-categorial prototípico (basado en estructuras, núcleos, Gestalt).<br>• Apuesta por la transversalidad.<br>• Énfasis en principios generales.<br>• Óptica convergente.<br>• Perspectiva molar.<br>• Protocolos unificados para problemas comunes en distintos trastornos.<br>• Comprensión del problema.<br>• Atención a las experiencias alteradas de la subjetividad o Gestalt y a dimensiones transdiagnósticas.<br>• Relación terapéutica como pilar fundamental del tratamiento y cuidado. | • Modelo categorial-criterial (recuerdo de síntomas, tipo 5 de 10, etc.).<br>• Apuesta por la especificidad.<br>• Énfasis en técnicas específicas.<br>• Óptica divergente.<br>• Perspectiva molecular.<br>• Intervenciones específicas unitrastornos.<br>• Explicación del problema.<br>• Atención a los síntomas y a las categorías diagnósticas.<br>• Importancia relativa de la relación terapéutica. |

© Ediciones Pirámide

ción patógena y no mera consecuencia o concomitancia (Pérez-Álvarez, 2012b; 2008; Fuchs, 2010). Los aspectos prerreflexivos se volverían objetos de experiencia, desautomatizando actividades como pensar, lo que enlazaría con la experiencia de fenomenología sensoperceptiva e incluso delusiva (González et al., 2018), en una «especie de objetivación mórbida» (Pérez-Álvarez, 2014).

Ante la insatisfacción con los sistemas diagnósticos (DSM, CIE) aparecen otras alternativas diagnósticas, entre ellas el Research Domain Criteria (RDoC), una estrategia de investigación que trata de identificar dimensiones patofisiológicas subyacentes a las distintas categorías (Cuthbert e Insel, 2013), así como identificar los supuestos circuitos neuronales «averiados» de los problemas psiquiátricos.

Un nuevo sistema transdiagnóstico que nace del trabajo de un gran número de autores es la HiTOP (Hierarchical Taxonomy of Psychopatology) (Kotov et al., 2017). Este establece una serie de dimensiones o espectros para categorizar los diferentes síntomas y alteraciones dentro de un continuo en donde puede incluso encontrarse la población no clínica (véase figura 7.1). El HiTOP no solo tiene en cuenta los criterios diagnósticos, sino también evalúa el cuadro clínico y la severidad. Usa la más reciente evidencia sobre psicopatología en vez de agrupar los trastornos mentales según hace el DSM, estableciendo seis espectros o dimensiones a modo de *continuum* (introspección/internalización, desinhibición/externalización desinhibida, antagonismo/externalización antagonista, desapego, desorden mental o psicoticismo y somatomorfo).

A estos modelos promotores del cambio de paradigma se le suma ACT para la psicosis, que, a partir de destacados autores como Eric Morris o Brandon Gaudiano, ha ido cogiendo peso en el panorama internacional.

Otros autores relevantes en este cambio de paradigma son: Morrison, Jim van Os, Marino Pérez-Álvarez, Birchwood, Turkington, I. Clarke, Jorge Tizón... entre otros.

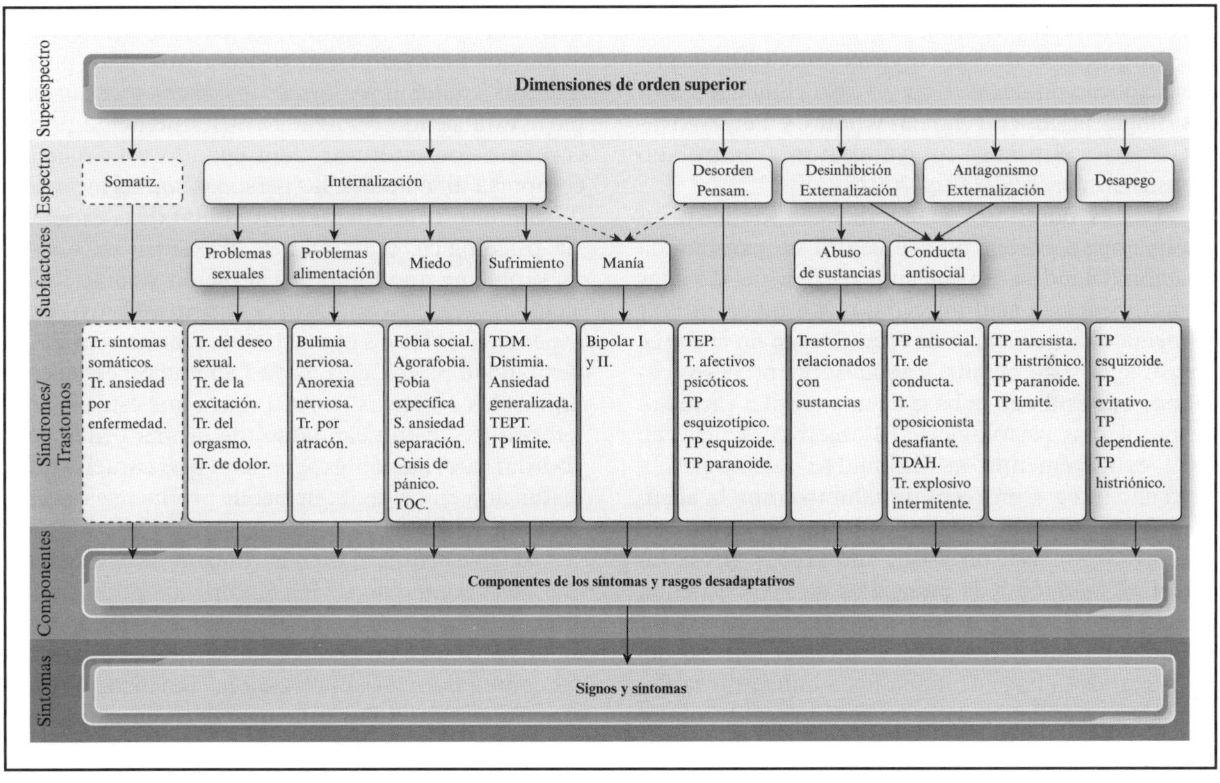


Figura 7.1.—Modelo HiTOP (modificada de Kotov et al., 2017).

© Ediciones Pirámide

## 4. TERAPIA DE ACEPTACIÓN Y COMPROMISO PARA LA PSICOSIS

### 4.1. Argumentando ACT en psicosis

Los modelos conductistas tienen sus raíces en las prácticas experimentales de los grandes reflexólogos rusos: Sechenov, Bechterev y Pavlov, padre del condicionamiento clásico. Este modelo fue extendido al uso clínico por Watson y sus seguidores, pero es a partir del desarrollo del condicionamiento operante y del análisis experimental de la conducta skinnerianos (Skinner, 1969; 1953) y de las investigaciones de Murray Sidman acerca de las relaciones de derivación y equivalencia entre estímulos (Sidman, 1971; Sidman y Tailby, 1982) en la década de los setenta donde podemos encontrar los fundamentos que inspiran el surgimiento de ACT de la mano de Steven Hayes en 1984, y la publicación en 1999 del primer manual de intervención: *Acceptance and Commitment Therapy: An experiential approach to behavior change (Terapia de aceptación y compromiso: un acercamiento experiencial al cambio de conducta)* (Hayes, Strosahl y Wilson, 1999).

Poco tiempo después aparece publicada la primera aplicación de ACT en un caso clínico a síntomatología psicótica (García-Montes y Pérez-Álvarez, 2001) y el primer ensayo aleatorio controlado en psicosis (Bach y Hayes, 2002).

ACT es, por tanto, una terapia con sólidos principios conductuales, que se centra en cambiar la relación del individuo con sus experiencias internas (pensamientos y sentimientos) más que en alterar la forma o la frecuencia de estas. Desde un enfoque transdiagnóstico plantea y actúa sobre procesos comunes que están en la base de una amplia variedad de problemas psicológicos. El objetivo esencial en ACT es incrementar la flexibilidad psicológica, y para ello integra procesos de cambio como la aceptación radical, el *mindfulness* y la acción basada en valores. Según Wilson y Luciano (2002), los componentes terapéuticos esenciales de ACT quedan resumidos en los siguientes: valores, desactivación/distanciamiento, exposición y fortalecimiento del cliente; todos ellos encaminados a aumentar la flexibilidad psicológica de la persona. Esta última se refiere a la capacidad de contactar conscientemente con el momento presente y con los pensamientos y sentimientos que contiene de manera más completa, sin defensas innecesarias, para en función de la situación persistir o cambiar de comportamiento al servicio de los valores elegidos (Hayes et al., 2011). El objetivo de ACT, hay que recordar, no es necesariamente la regulación emocional ni el contenido cognitivo ni, en general, la eliminación de los síntomas, sino la flexibilidad.

La teoría de los marcos relacionales (TMR) (Hayes, Barnes-Holmes y Roche, 2001) es una teoría y un programa de investigación básica sobre el lenguaje y la cognición humana que sirve de base experimental a la terapia de aceptación y compromiso. El desarrollo de esta potente teoría, a la cual se hizo referencia en el capítulo anterior, no forma parte del objetivo de este capítulo, pero sí nos interesa destacar a partir de la TMR cómo el lenguaje tiene la capacidad de transformar cualquier evento psicológico en fuente de malestar y cómo, a consecuencia de la acción del lenguaje, cualquier objeto de pensamiento convertirse en fuente de dolor y sufrimiento (por ejemplo, sentirnos heridos al pensar y recordar un fracaso sentimental). Esto nos ayuda a entender la razón por la cual el ser humano lucha activamente por cambiar, controlar, disminuir o evitar los eventos privados dolorosos, sean pensamientos, emociones o recuerdos; lucha que por otra parte está siendo reforzada constantemente por su contexto sociocultural. Aun cuando esta relación comporta dificultades, las personas somos incapaces de salir de este atrapamiento circular de la experiencia psicológica, mostrándose el control más como un problema que como una solución y cómo las relaciones verbales conducen fácilmente a la evitación experiencial (Hayes et al., 1996). En este sentido, la flexibilidad psicológica, cuya facilitación constituye uno de los objetivos de ACT, hace que este enfoque terapéutico sea un candidato de primer orden para abordar la evitación experiencial que caracteriza la disfunción emocional que puede producirse después de un episodio de psicosis.

ACT se centra más en la función de la conducta que en el contenido de los fenómenos psicológicos; más en la aceptación que en el cambio de los fenómenos internos; más en el cambio que en el resultado conseguido; en la activación, movilización, mejora de la capacidad funcional y de la calidad de vida, más que en eliminar los síntomas. Se pone el esfuerzo de toda la acción terapéutica al servicio de los valores de la persona, lo que fomenta la persis-

© Ediciones Pirámide

tencia en la dirección hacia los mismos, a través del uso de principios y estrategias similares en distintos grupos diagnósticos, poniendo el foco en cuestiones complejas como los valores, las relaciones interpersonales y los problemas existenciales.

Otro componente fundamental en ACT es disponer de múltiples herramientas que posibiliten desactivar la literalidad del lenguaje y, con ello, llevar al distanciamiento o toma de perspectiva necesaria para discriminar entre pensamientos, sentimientos y sensaciones de la persona o contexto del yo en el que ocurren tales eventos privados. Los terapeutas que practican ACT utilizan múltiples figuras y acciones que estimulan directamente los procesos experienciales: ejercicios, cuentos, paradojas, metáforas, alegorías, tareas comportamentales, entre otras.

Los ejercicios prácticos combinados con el lenguaje figurativo de ACT han sido explícitamente diseñados para:

1. Minimizar el rol de la instrucción.
2. Facilitar el afrontamiento de situaciones sutiles y complejas.
3. Minimizar el rol experto (coercitivo) del terapeuta.
4. Amplificar la importancia de la experiencia individual.
5. Crear un espacio en el que el paciente puede empezar a experimentar los hechos «libremente y sin defensas» (Hayes et al., 1999).
6. Reducir al máximo la discusión o el razonamiento ineficaz.

El enfoque terapéutico se organiza en torno a seis procesos nucleares (Hayes et al., 2011):

— Aceptación.
— Defusión cognitiva.
— «Yo» como contexto.
— Estar presente.
— Dirección hacia valores.
— Acciones comprometidas.

Estos procesos a su vez se pueden agrupar en conjuntos más generales de estilos de respuesta: *abierto, consciente y activo.* Este modelo se puede representar visualmente en forma de hexágono, conformando un modelo psicopatológico y de salud psicológica llamado **Hexaflex** (Wilson, 2007). También se podría utilizar para valorar la complejidad del trastorno del espectro psicótico, con sus influencias internas y externas, un formato ligeramente distinto al hexaflex, denominado «tortuga», desarrollado por el experto en ACT japonés Takashi Muto (Hayes et al., 2014).

Los procesos no salutógenos serían exactamente los contrarios:

— La evitación experiencial.
— La fusión cognitiva.
— El apego al yo conceptualizado.
— Predominio del pasado, así como preocupación y temor al futuro.
— Falta de claridad o contacto con los valores.
— Inatención, impulsividad o persistencia evitativa.

Estos procesos disfuncionales y perjudiciales están involucrados en una amplia variedad de problemas humanos, y pueden considerarse un conjunto de factores de vulnerabilidad general para la falta de bienestar, para el sufrimiento y la discapacidad, incluyendo la psicosis (Morris, 2019). En relación con la psicosis, se ha comprobado que las personas que están más angustiadas y tienen una peor calidad de vida (aislamiento, pérdida de relaciones sociales afectivas, pérdida de actividades, reciben una alta emoción expresada, son invalidadas de forma recurrente o tienen relaciones de carácter punitivo) tienden a responder a experiencias inusuales de forma psicológicamente inflexible (Varese et al., 2016; Morris et al., 2014).

## 4.2. Aplicación de ACT en psicosis

Desde ACT la compleja y variada problemática y dificultades de los TEP se formula en términos de inflexibilidad psicológica. Esta inflexibilidad conlleva que predominen conductas evitativas, falta de claridad o de conexión en la dirección hacia sus valores, resignación, dificultad para comprometerse en general con su vida, excesiva literalidad sobre las experiencias privadas, además de un fuerte estigma: social, personal o autoestigma e iatroestigma (estigma causado desde los propios profesionales de la salud mental), lo que se desarrolla en el capítulo 7. Así, la persona siente que queda atrapada en su pro-

© Ediciones Pirámide

pia psicosis, dominando en un sentido global su vida, la experiencia ante esta y su conducta.

Se trabaja desde un enfoque basado en la recuperación sobre la idea de un «trabajo en progreso» en una vida con significado, desde el momento presente en adelante (Morris, 2019). Según la evolución del cuadro clínico, sobre todo si es extensa en el tiempo, es común que la persona haya aprendido una conducta contenedora y no informante acerca de su sintomatología, debido al miedo a un reingreso, o para facilitar un alta más rápida. Hay que tener en cuenta con esto que la persona que ingresa es apartada de su contexto natural, introduciéndola en otro y que suele percibir como extraño y aversivo, llegando en algunos casos a considerarlo como una agresión.

Es muy frecuente encontrarnos con personas que han claudicado o abandonado la dirección hacia sus valores, debido a la infructuosa lucha o la inmersión en sus experiencias psicóticas. No es extraño que las personas que padecen psicosis cuenten con un historial repleto de traumas, exclusión e invalidación recurrente, por lo que es muy posible que no hayan podido reflexionar ni esclarecer cuáles son sus valores. Decidir y comprometerse, sin necesidad de justificar las elecciones, es esencial y para muchas personas puede llegar a ser completamente liberador. Para desarrollar los valores en psicosis hay que promover pequeños pasos, facilitando la emergencia de la persistencia y la flexibilidad a la hora de tomar decisiones y acciones en el proceso de su recuperación, dando sentido a una vida plena. Incluso puede que el objetivo sea ayudar a la persona a desarrollar su propia identidad, en el caso de que el episodio psicótico haya ocurrido en muy pronta edad, interrumpiendo sus tareas de desarrollo.

Antes de iniciar cualquier procedimiento terapéutico, es crucial desarrollar un buen proyecto de trabajo compartido entre terapeuta y paciente, especialmente cuando trabajamos con personas que padecen un TEP. En ocasiones el terapeuta poco experimentado en el trabajo con personas con experiencias psicóticas puede encontrarse confuso ante la presentación en algunos de sus pacientes de aspectos gestuales, motores o de contacto anómalos (mirada fija, evitación del contacto ocular, ausencia o disminución del parpadeo, expresión de perplejidad, paramimias...), en relación con la experimentación de vivencias psicóticas, o del efecto de la medicación antipsicótica (marcha a pequeños pasos, disminución del balanceo de los brazos al caminar, aumento de la latencia en la respuesta verbal y motora, bradipsiquia, bradicinesia...), esto puede llevar al terapeuta a mostrar cierta inquietud o, incluso, incomodidad y falta de comprensión hacia la persona a la que quiere ayudar, lo que dificultará en gran medida el desarrollo de la alianza terapéutica.

Por otra parte, el paciente puede, de igual forma, tener dificultades para contactar emocionalmente y desarrollar una adecuada alianza con el terapeuta, bien debido al embotamiento o aplanamiento afectivo o a una dificultad dentro del continuo apato-abúlico propio de la sintomatología negativa (o como efecto secundario de la medicación), por déficits cognitivos asociados, o bien por encontrarse inmerso en sus experiencias psicóticas y tener dirigida su atención más a ellas que al momento de la terapia.

A pesar de las dificultades expuestas, debemos buscar los medios para el desarrollo de una buena alianza, esto es, el desarrollo de una adecuada calidad en la relación entre el terapeuta y el cliente que se caracterice por la confianza y el sentido de propósito común (Wampold, 2001). La relación terapéutica debe ser: cercana, enriquecedora, afable, congruente, empática y humana, contextualizada y colaborativa, desde el trabajo en común, potenciando la validación y reforzamiento en cada momento del proceso terapéutico, modelando una mejora en la conducta de la persona y siendo el terapeuta un modelo de aceptación. Dicha relación debe asentarse en la validación de los problemas y el sufrimiento del paciente y en la orientación de una vida dirigida hacia valores.

De cara al establecimiento de un adecuado vínculo terapéutico, es importante tener en consideración aspectos relevantes del apego. En este sentido, los estilos de apego inseguros están asociados con un aumento de la paranoia (Lavin et al., 2020). Se ha demostrado que las intervenciones basadas en la imprimación de imágenes del apego positivo reducen la paranoia y la ansiedad (Rowe et al., 2020), siendo su efecto mediado por la fusión cognitiva tanto en ansiedad (Bardeen y Fergus, 2016) y paranoia (Sood y Newman-Taylor, 2020). Estas autoras señalan que las intervenciones promotoras del apego seguro en la persona que presenta ideas paranoides facilitan que se cuestione las mismas.

© Ediciones Pirámide

Otro aspecto que debemos tener muy presente es utilizar el lenguaje de forma no fusionada, por ejemplo invitando a cambiar el «pero» por el «y» de continuidad. De la misma manera, evitaremos el uso de terminología técnica, empleando un lenguaje sencillo, adaptado al nivel cultural y al momento clínico actual de la persona.

### 4.3. Las fases de ACT a través de un caso clínico

Las fases de ACT (Hayes y Strosahl, 2004) podrían resumirse en:

1. Generar la desesperanza creativa.
2. El control como problema, no como solución.
3. Desliteralización del lenguaje.
4. Yo como contexto.
5. Valores.
6. Aceptación y compromiso.

ACT no tiene una forma de proceder estructurada, sino que, por el contrario, constituye una guía y un marco flexible de tratamiento. Los objetivos de la terapia, según Wilson y Luciano (2002), son:

1. La clarificación de valores.
2. La aceptación de los eventos privados ligados a lo que no puede cambiarse, lo que implica el abandono de una agenda de cambio no efectivo y la flexibilidad para elegir cómo responder.
3. El fortalecimiento del yo como contexto para poder notar o contemplar los contenidos privados de uno, tomados como lo que son y, desde esa perspectiva experiencial estable y cierta de uno mismo, elegir.

Vamos a describir la aplicación de ACT con un caso clínico. En la historia clínica de A. constan tres ingresos involuntarios previos en una unidad de internamiento breve de un hospital público, con diagnóstico de trastorno de esquizofrenia paranoide.

> Se trata de un varón de 43 años que convive con su familia de origen (padre y madre) y no trabaja ni recibe ningún tipo de ingreso económico. Tiene estudios superiores de ingeniería.
>
> Acude desde el alta del primer ingreso a la unidad de salud mental comunitaria de zona, siendo atendido tanto por psiquiatría como por psicología clínica. Actualmente tiene pautado tratamiento antipsicótico y ansiolítico.
>
> Hace aproximadamente 18 años, tras conflictos laborales, comienza a tener sensación de persecución y ser vigilado por personas de su entorno, relacionado con una conspiración de su empresa para impedir que haga públicos asuntos de una posible trama de corrupción a nivel internacional. Además, refiere en ese momento la presencia de voces que le advierten de que su vida corría peligro: «ese te mira, te quiere matar», «corres peligro, escóndete», «no te fíes». Esto tuvo como consecuencia una importante alteración conductual, huyendo y escondiéndose durante días, así como entrando en confrontación verbal con aquellos por los que se sentía perseguido o amenazado. A pesar de la relativa mejoría durante los ingresos psiquiátricos, al alta la clínica psicótica reaparece y requiere de nuevos ingresos repetidos en el tiempo, dándose el conocido como fenómeno de la puerta giratoria.
>
> En un cuarto ingreso, durante la exploración psicopatológica se muestra:
>
> Consciente y orientado en las tres esferas, euproséxico, inquietud psicomotriz. En la exploración grosera no se observa alteración de las funciones cognitivas. Interpretativo y hostil en el trato, con agresividad contenida en la entrevista, mostrándose poco colaborador. Mantiene durante toda la entrevista entre las manos un libro de carácter religioso. Discurso hermético, aunque espontáneo, fluido, coherente y bien estructurado. Excesivamente racionalizador, de carácter mórbido, mostrándose reivindicativo y litigante. Minimizador de la sintomatología clínica, así como de la repercusión conductual de las últimas semanas, negando tales alteraciones de conducta. Disfórico, con humor delirante y afecto reactivo. Niega alteraciones sensoperceptivas, aunque estas no se pueden descartar, dado que durante la entrevista afirma estar siendo avisado de un perjuicio hacia su persona («me avisan de que me quieren encerrar»), además se observa lo que parece una conducta de «escucha». Verbaliza espontáneamente idea delirante centrada en el entorno familiar («esto es por mis padres, están comprados, me quieren encerrar»),

© Ediciones Pirámide

así como referencialidad hacia el personal sanitario, especialmente psiquiatras y psicólogos clínicos («me coaccionan para administrarme fármacos que me sientan mal»). Alteración en el patrón del sueño que minimiza y no especifica. No refiere ideación autolítica ni intención auto o heteroagresiva en el momento actual. Juicio de realidad mermado[1].

Durante el ingreso, de 41 días de duración, A. pasa por una fase de hermetismo, mostrándose desafiante y suspicaz, con un discurso racionalizador y reivindicativo y una clínica en primer plano con ideas de perjuicio y fenómenos perceptivos de carácter acústico verbal. Se realiza una intervención conjunta por parte de psicología clínica y psiquiatría. La orientación psicoterapéutica es de terapia de aceptación y compromiso.

A través de la intervención con A. se describe el desarrollo de las fases de ACT descritas por García-Montes y Pérez-Álvarez (2016).

**«Desesperanza creativa» (Hayes et al., 1999) o «confrontación con el sistema» (Hayes, 2016)**

Busca que la persona logre contactar con la falta de éxito de las estrategias que ha llevado a cabo reiteradamente para resolver su situación. El objetivo es que el paciente tome contacto emocional con la incertidumbre y con la falta de avance hacia objetivos vitales, apartándose de las estrategias que han producido alivio a corto plazo, pero que a la larga han empeorado la situación real o han mantenido a la persona en el círculo vicioso de la evitación.

Entrevista de continuación en el contexto de hospitalización. A. y terapeuta tienen ya una buena alianza terapéutica y el paciente acepta la intervención psicoterapéutica.

**Terapeuta:** ¿Cómo te encuentras hoy?

**A.:** ¿Cómo me voy a encontrar? Me quitan mi libertad, me obligan a estar aquí, estoy en una cárcel. Aquí todo el mundo está loco. Yo solo quiero irme a mi casa y seguir adelante con mi vida. ¿Cómo estarías tú en mi lugar?

**Terapeuta:** ¿Sabes? Tienes razón. ¿Cómo no dártela? Probablemente si yo estuviese en tu lugar me sentiría de una manera muy similar a la tuya. De hecho, en ocasiones también me siento así. Te voy a contar algo. En su momento, tuve un empleo en el que conocí a mi primera pareja y todo iba muy bien hasta que rompimos la relación, esto me hizo sentir fatal. Cada vez que coincidíamos me angustiaba, me sentía cohibido, creía que pensaba fatal de mí... y llegué a plantearme tomarme un descanso, e incluso dejarlo. En esa situación tenía dos opciones: dejar mi trabajo y así no sentirme tan mal, o, por el contrario, continuar en el trabajo, pasar el mal rato y seguir manteniendo las cosas que me importaban y mi forma de vida. ¿Tú qué elegirías en mi lugar?

**A.:** Pues si te gustaba el trabajo, seguir en el trabajo.

**Terapeuta:** Lo mismo pienso yo. Hay situaciones que nos tienen atrapados. Muchas veces lo que hacemos es pelearnos con ellas y aferrarnos más a la lucha con la intención de cambiarlas. Por ejemplo, me has dicho en varias ocasiones que estás convencido de que hay un complot contra ti, y que por eso estás aquí de forma involuntaria, para que no puedas combatir contra ese complot. Pero también me has dicho que quieres seguir adelante con tu vida. Tal y como yo lo veo, se te presentan dos opciones a ti también: pelear contra tu ingreso y el complot, donde nunca acabas sintiéndote bien, o seguir adelante con tu vida, ¿y ahora, cuál eliges?

Acto seguido se le da el «atrapadedos» al paciente para fisicalizar la lucha infructuosa. Después de un rato probando a liberar los dedos se continúa la conversación.

**Terapeuta:** Veo que no has conseguido salir de la trampa. Después de muchos intentos y lucha, parece que el atrapadedos cada vez te tiene más atrapado. Pero, si te fijas, curiosamente, si empujas ligeramente tus dedos hacia el interior del tubo tendrás más espacio y podrás moverlos.

**A.:** *(probando)* Tienes razón, me siento más liberado. *(Riendo)* Esto es divertido, qué curioso.

**Terapeuta:** Lo curioso es que, aunque no te guste, me da la impresión de que en tu vida, con esas sensaciones de ser perseguido, de perder tu libertad,

[1] En las exploraciones psicopatológicas suelen añadirse conceptos como la conciencia de enfermedad y la presencia o ausencia de *insight*. Además de lo complejo de describir dichos estados, con marcadas discrepancias en la literatura, nosotros partimos de la idea de que estos conceptos, surgidos en el modelo biomédico, no son necesarios ni pertinentes para la recuperación de la persona.

© Ediciones Pirámide

cuanto más tiras, más luchas por escapar... más estrechas la trampa y más atrapado te quedas. Y mientras tanto, ¿qué has hecho con tu vida? Es como con el atrapadedos, parece que cada vez estás más atrapado, y vives cada vez menos.

**A.:** Visto así, parece que me he abandonado bastante. Llevo tanto tiempo con esto, no he podido estar tranquilo. ¿Qué puedo hacer?

**Terapeuta:** No lo tengo claro. Pero, pelearte parece no dar resultado, como tirar hacia fuera no parece dar resultado, ¿no es cierto? En cambio, hacer algo ilógico, como mover los dedos hacia dentro en lugar de hacía fuera, a veces da resultado. Tal vez hacer algo distinto de lo hecho hasta ahora podría darte la libertad de volver a tu vida. ¿Qué podrías hacer diferente ahora?

### El control como problema

Muestra los malos resultados de intentar controlar los eventos internos. Se busca que la persona comprenda que hay aspectos de su experiencia, como emociones, pensamientos, recuerdos y sensaciones, que son imposibles de controlar. Por ejemplo, la lucha contra el malestar generado por las voces psicóticas mediante la evitación a través de aislamiento social o aislamiento sensorial (encerrarse en una habitación, escuchar música a través de auriculares...), reducen la estimulación aversiva inmediata a un alto coste, generando un efecto rebote, con un incremento de los fenómenos sensoperceptivos. Buscamos en cambio la aceptación, no de forma pasiva, sino una aceptación activa, alejada de la resignación, que permita a la persona centrarse en lo realmente importante para él.

*Ejercicio de la pandereta*[2]:

**Terapeuta:** Me has dicho que esos pensamientos que tienes te ocupan mucho tiempo, te producen ansiedad y, en ocasiones, incluso miedo. Y que las voces que escuchas, aunque no son muy frecuentes, parece que cuando más estresado y angustiado te sientes, más presentes se hacen. ¿Qué sueles hacer cuando los pensamientos y voces aparecen?

**A.:** Me pongo de mal humor, no quiero estar con nadie, porque sé que me vigilan y me observan, me meto en mi habitación, me pongo los auriculares.

**Terapeuta:** Intentas evitarlas. Diría aún más, intentas no sentir todo eso.

**A.:** Sí, aunque creo que eso es así... estoy cansado de sentirme así. Lo intento y lo intento, pero no lo consigo.

**Terapeuta:** Se me ocurre algo, mira lo que he traído hoy.

El terapeuta muestra una pandereta que lleva atada una cuerda con amarre.

**Terapeuta:** Te propongo algo divertido, algo distinto a lo que solemos hacer.

**A.:** *(sonríe)* No sé yo, venga, dime...

**Terapeuta:** Te propongo que atemos esta pandereta a tu tobillo y demos un pequeño paseo por la zona de despachos. Tranquilo, en esta zona solo estamos tú y yo.

A. se coloca la pandereta y comienza a caminar haciendo mucho ruido.

**A.:** Es incómodo caminar con esto, me molesta, hago mucho ruido y me resulta molesto, aunque intento caminar más despacio y arrastrar los pies para no levantar la pandereta sigo haciendo mucho ruido.

**Terapeuta:** ¿Qué pasaría si caminases más deprisa y levantando los pies con normalidad?

**A.:** Que haría mucho más ruido, además la pandereta se movería de un lado para el otro y podría acabar delante de mis pies y me tropezaría.

**Terapeuta:** ¿Y qué pasaría si por aquí hubiese gente?¿Funcionaría intentar ir despacio y arrastrando los pies para no llamar la atención?

**A.:** Daría igual, todos me mirarían, haría ruido y, además, caminaría raro. Se reirían y pensarían que estoy tonto, que estoy loco, que voy haciendo el payaso.

**Terapeuta:** Es decir, parece que a pesar de los intentos por controlar el ruido de la pandereta, este se mantiene. Es como si no quisieses tener la pandereta contigo, como si te la quisieses quitar para que no te molestase. Ahora quiero que cojas la pandereta con las manos, aunque siga atada al pie. Camina de esta forma por la habitación. ¿Qué tal ahora?

**A.:** Es menos incómodo, hace algo de ruido, pero no tanto.

[2] Este ejercicio puede adaptarse y realizarse con otros objetos que hagan ruido, como una caja llena de clips, arrastrándola con el pie por el suelo primero.

© Ediciones Pirámide

**Terapeuta:** Sin embargo, es la misma pandereta, que sigue atada al pie, pero parece que en lugar de luchar contra ella, la has aceptado y la llevas contigo. ¿Crees que así llamarías la atención de otras personas?

**A.:** No, así no sería tan raro, no hace tanto ruido.

**Terapeuta:** Exacto, aceptar no es rendirte, aceptar es seguir haciendo las cosas que quieres hacer a pesar de llevar la pandereta.

### «Defusión cognitiva»

Dirigida a que la persona se distancie de ciertas cogniciones. La fusión cognitiva se refiere a un control excesivo o inapropiado del lenguaje que limita la flexibilidad y la puesta en práctica de conductas más adaptativas en el contexto particular. Por lo contrario, la defusión trata de crear un contexto de desliteralización que disminuya la naturaleza regulatoria del lenguaje y de facilitar el contacto con los eventos en curso. La defusión se centra fundamentalmente en los aspectos verbales de la experiencia humana y al desliteralizar debilitamos el dominio funcional de la respuesta basada en reglas literales y evaluativas. Un ejemplo de ejercicio de desliteralización que puede utilizarse para la defusión cognitiva cuando trabajamos con las voces es la adaptación que proponemos del ejercicio *Sacar la mente a pasear* (Hayes et al., 1999; Wilson y Luciano, 2002).

#### *Sacar las voces a pasear*

Una vez dado de alta, se continúan las sesiones psicoterapéuticas de forma ambulatoria. Se le propone a A. un ejercicio para trabajar la defusión de las voces. Previamente debemos conocer cuáles son las voces más frecuentes y comunes que escucha la persona, así como cuáles son las que más le perturban o le han interferido al hacer actividades en el pasado. En este caso, le proponemos salir a dar un paseo por el recinto del hospital (una zona de jardín donde sabemos que no nos vamos a encontrar con muchas personas), nos acompaña una enfermera del equipo de la unidad de hospitalización de agudos. Antes de comenzar el ejercicio se le indica que terapeuta y enfermera actuarán como las voces, A. simplemente debe continuar paseando, caminar hacia donde prefiera, pero no debe interactuar con nosotros. Durante el paseo se le va hablando con frases que hacen referencia a los comentarios habituales de «sus voces»: «te van a hacer daño», «todo es un complot», «van contra ti», «esa persona te está observando», «han enviado espías para vigilarte», «mejor vete a casa». Finalizado el paseo, se le refuerza por haber continuado el recorrido, a pesar de las voces, haciendo énfasis en que estas no tienen la fortaleza de impedir la acción que está realizando o lo que desea hacer.

### «Yo vs. lo que hago» (Hayes, Kohlenberg y Melancon, 1989), «descubriendo el yo, distanciándose del yo» (Hayes et al., 1999) y «un sentido transcendente del yo» (Hayes y Strosahl, 2004)

Pretende que la persona cree un sentido de sí misma flexible. Se busca que la persona entre en contacto con todo aquello que experimenta o ha experimentado a lo largo de su existencia: la variedad de pensamientos, sensaciones, emociones; se busca que entre en contacto con su yo contexto. Por el contrario, lo que se conoce como el yo conceptualizado o el yo concepto es la narrativa personal y la descripción de lo que uno cree ser. La promoción del yo como contexto ayuda a las personas a tomar perspectiva respecto a las experiencias, hasta ahora temidas y evitadas, a través de metáforas, ejercicios experienciales, *mindfulness,* etc. Un ejercicio muy utilizado en este sentido es la *Metáfora del tablero de ajedrez* (Hayes et al., 1999), dirigida a la distinción entre el yo contenido y yo contexto o *Ejercicio del yo observador* (Hayes et al., 1999). También podemos utilizar la metáfora del *observador en la ventana.*

#### *Metáfora del observador en la ventana*

**Terapeuta:** Acompáñame a la ventana, miremos al cielo. Fíjate cómo el cielo lo ocupa todo. En ocasiones no hay nubes, en otras hay muchas. Por ejemplo, hoy encontramos bastantes nubes. Fíjate en ellas, vamos a imaginar que cada nube es un pensamiento. Por ejemplo, aquella me está recordando «tengo que comer a las tres de la tarde», aquella otra me trae el recuerdo «el día que me caí del árbol cuando tenía diez años», la otra me dice «me pica la cabeza», otra «hoy no tengo un buen día». El cielo es el espacio donde están todas esas nubes, y lo curioso es que el cielo siempre está, independientemente del número

© Ediciones Pirámide

de nubes. Imagina que el cielo es tu conciencia, el espacio donde están tus emociones, sentimientos, pensamientos y recuerdos, y cada nube es uno de estos que te dice algo. ¿Quién eres realmente?

**A.:** Soy las nubes y soy el cielo.

**Terapeuta:** ¿Estás seguro? Yo diría otra cosa.

**A.:** ¿Qué dirías?

**Terapeuta:** Yo soy el que mira a través de la ventana, y elijo qué mirar. ¿Acaso tú no lo eres?

**Orientación a valores**

El proceso de recuperación es concebido desde ACT como una conexión de la persona con sus valores dentro de un contexto vital personal, tomando como referencia el marco descrito por Le Boutillier y cols. (2011) con el acrónimo CHIME (Connectedness, Hope, Identity, Meaning and Empowerment) (adaptado de Morris, 2019):

— ***Connectednes* (conexión):** ACT tiene un enfoque prosocial que nos orienta a la conexión con otros, ya sea a través de nuestras relaciones, roles o esfuerzo para hacer una contribución y/o reconocer que como seres humanos todos luchamos y sufrimos.

— ***Hope* (esperanza):** Es la postura activa que podemos adoptar. ACT promueve elecciones y acciones enfocadas en un compromiso activo con la vida, en lugar de resignación o enredo en historias personales inútiles. Las acciones esperanzadoras son una forma de cambiar nuestro mundo.

— ***Identity* (identidad o restablecimiento de la identidad positiva):** ACT fomenta el contacto con uno mismo como conciencia, percibiendo el proceso por el cual nuestra mente crea historias sobre nosotros mismos. En lugar de enredarnos con los juicios de la mente, observamos si son útiles para nuestras direcciones de vida elegidas. Promueve una «identidad flexible» en la búsqueda de una acción basada en valores.

— ***Meaning* (significado y propósito vital):** El dolor vital puede estar cargado de significado y dignidad si forma parte de las cosas que son importantes para nosotros.

— ***Empowerment* (empoderamiento o autogestión):** Se ayuda a las personas a actuar basándose en sus valores en lugar de basándose en su miedo, a través del desarrollo de una postura abierta y compasiva hacia sus propias experiencias y hacia sí mismos.

En ACT los valores se definen como las consecuencias elegidas por cada persona, siendo verbalmente construidas a partir de patrones de actividad dinámicos, de manera que las actividades implicadas llegan a ser el reforzador predominante. Son direcciones vitales, alcanzables a partir de la conducta, pero que no terminan nunca, no son concluidas completamente, estando siempre presentes como marco del comportamiento, dando sentido y propósito a la conducta (Páez et al., 2006). En personas con TEP no es infrecuente encontrarnos con un historial personal de alta emoción expresada, de invalidación recurrente, abusos, trauma y exclusión social en su entorno habitual, por lo que pueden no tener claro cuáles son sus valores. A esto se añade que pueden encontrarse imbuidos por sus experiencias psicóticas, a través de la lucha, la evitación o la implicación con las mismas, lo que puede dificultar la reflexión sobre sus valores y su propia identidad. Ante esto se hace necesario generar con la persona un sentido de avance, comenzando desde el momento presente en adelante, un avance orientado desde la perspectiva de libertad, donde sea la persona la que decida en cada momento el camino que quiere tomar sin tener que justificar su elección, promoviendo una perspectiva total de libertad como fenómeno liberador.

A través del *Cuestionario de valores* (Wilson y Luciano, 2002) y del diálogo terapéutico construimos los valores con A., ayudándonos de explicaciones psicoeducativas sobre lo que son los valores.

**Terapeuta:** Los valores son como caminar hacia el norte, puedes preguntar y que te contesten dónde está el norte, imagínate que alguien te dice «el norte está allí en el horizonte», y puedes ir caminando hacia ese horizonte, pero al dirigirte allí te vas dando cuenta de que según caminas siempre hay un horizonte al norte y nunca acabas de llegar. Lo importante es el camino, pero el camino siempre hacia el norte.

También se puede presentar el ejercicio de *Nada importa* (Wilson y Luciano, 2012), para mostrar la importancia de los valores; o el ejercicio del *Juego de dardos* (Lundgren et al., 2012) para la clarifica-

© Ediciones Pirámide

ción de los mismos y mostrar a la persona cómo de conectada con sus propios valores se encuentra.

**«Voluntad y compromiso»**

Su objetivo es que la persona se dirija a sus valores, comprometiéndose con objetivos relevantes, dirigidos hacia algo que tenga sentido para la propia persona (y no elegido arbitrariamente por otros); debe ser una acción que se mueva en el contexto de un valor, con la voluntad de insistir en ello, a pesar de la presencia de malestar, de sensaciones y pensamientos aversivos. ACT promueve la creación de patrones de acción comprometidos de largo alcance, en dirección a los valores. Por tanto, es esencial reforzar los pequeños pasos, promoviendo la persistencia y flexibilidad psicológica de la persona para tomar decisiones y acciones. Trabajar el compromiso es poner a la persona en el camino de una vida con propósitos, además de trabajar las posibles recaídas.

Podemos utilizar la *Metáfora del punto en el horizonte y las olas* (Wilson y Luciano, 2012), que ayuda a ejemplificar las direcciones que el cliente elige en su vida y los obstáculos y encrucijadas que va encontrando.

Aprovechando los intereses de A., un gran fan de *Star Wars,* para el desarrollo de la voluntad y el compromiso con los valores, decidimos utilizar la frase «hazlo o no lo hagas» (Yoda), de forma que esto acabó constituyendo una frase recurrente para el paciente que le ayudaba cuando sentía que dejaba de tener presentes sus valores.

**Terapeuta:** Dices que ir al gimnasio ha sido siempre algo que has querido hacer, y con lo que te has sentido muy bien cuando lo has hecho, ¿Te vas a comprometer con ello?

**A.:** Bueno, la verdad es que siempre lo pienso y quiero hacerlo, pero al final nunca lo hago. Principalmente porque cuando me siento mal me cuesta mucho ir.

**Terapeuta:** ¿Y eso que quiere decir? ¿Te vas a comprometer con hacerlo, o vas a volver a evitar tus emociones y abandonar aquello que realmente te define?

**A.:** Bueno, lo intentaré.

**Terapeuta:** Como dice Yoda: «Hazlo o no lo hagas, pero no lo intentes».

**A.:** *(ríe)* Vale, lo haré.

**Terapeuta:** ¿Y lo mantendrás?

**A.:** Y lo mantendré.

**Evolución del caso**

A. fue dado de alta en la unidad de hospitalización de agudos. Se realizó un seguimiento durante un par de meses desde dicha unidad. La valoración subjetiva de la recuperación y su repercusión en el contexto familiar fue muy positiva, tanto para él como para sus padres. Se realizó seguimiento desde su unidad de salud mental de zona. La clínica psicótica no desapareció en su totalidad, sin embargo se consiguió una importante recuperación funcional, retomando actividades valiosas para él como el aprendizaje de idiomas o la realización de deporte.

## 4.4. Otros procesos y estrategias de ACT adaptados a la psicosis

Como hemos dicho anteriormente, ACT se centra en cambiar la relación de la persona con sus experiencias privadas, y no necesariamente la presencia o la forma de estas experiencias. Para conseguir este cambio usa distintos métodos, entre los que destacan las metáforas, las paradojas, los ejercicios experienciales, las estrategias de atención plena y la aceptación, además de otras estrategias útiles para los fines que se persiguen. Solo gracias a ellas es posible romper el exceso de literalidad del lenguaje y abrirse hacia las sensaciones de forma plena (Barraca, 2007), sin discutir sin tratar de convencer mediante los procedimientos del análisis lógico. ACT ayuda a las personas a vivir lo que piensan, a percibir lo que perciben, a sentir lo que sienten y a dirigirse hacia acciones que estén al servicio de sus valores.

Pankey y Hayes (2003) señalan la necesidad de realizar adaptaciones de las sesiones de ACT con psicosis. En personas con TEP hay que tener en cuenta, debido a déficits, la baja tolerancia a la incertidumbre, o que puedan estar preocupados por ser controlados o afectados por las experiencias psicóticas, que no es recomendable sorprender al paciente constantemente en las sesiones; todo lo contrario, se deberá tender hacia la repetición y el uso

© Ediciones Pirámide

de una estructura previsible, clara y ordenada, donde sepa en cada momento qué se va a trabajar, describiendo los ejercicios experienciales con anticipación y exponiendo el objetivo de las intervenciones (Morris, 2019). El lenguaje deberá ser concreto, claro, sin caer en el exceso de cotidianidad, incidiendo sobre las habilidades de flexibilidad psicológica. Sobre todo habrá que tener y extremar los cuidados en las personas con déficit cognitivos.

La aplicación de metáforas, ejercicios experienciales y paradojas puede resultar de gran utilidad en el trabajo con síntomas positivos, ya que no son vivenciados como una confrontación directa cuando son introducidos en el momento adecuado. Sin embargo, el uso de estas técnicas en TEP también puede no tener resultado, o que incluso sea perjudicial (iatrogénicas), cuando no se ajusta a la clínica ni al nivel de deterioro de la persona. Por ello, a la hora de elegir los elementos y la forma de exposición más adecuados de estas herramientas es necesario, además de una sólida relación terapéutica, un conocimiento extenso del contenido de los delirios y las alucinaciones que una persona ha tenido a lo largo de su historia. Es recomendable que en estados agudos se indague y se haga un seguimiento continuado acerca de la interpretación del significado de la metáfora, ya que puede adquirir una significación especial o autorreferencial.

En pacientes con deterioro cognitivo las metáforas pueden no ser entendidas o que se haga de forma literal, por lo que las adaptaciones facilitan la aplicación y la eficacia de las metáforas en pacientes psicóticos.

### 4.4.1. *Metáforas*

La teoría de los marcos relacionales (TMR) considera la metáfora como el establecimiento de una relación de coordinación general, por similitud o equivalencia, entre dos eventos o redes de relaciones distintas, de la que surge una transferencia de funciones. Así, en ACT las metáforas se utilizan para identificar y facilitar cambios en la relación entre el yo-contenido y el comportamiento de la persona, a través de los marcos deícticos o la toma de perspectiva de sí mismo (Foody et al., 2014). Para mejorar el efecto de las metáforas primero debe determinarse funcionalmente el comportamiento o conjunto de comportamientos específicos objeto de intervención, las redes relacionales en las cuales estos se incardinan y las relaciones verbales que las mantienen.

Las metáforas son construcciones verbales que permiten a los pacientes un contacto experiencial con un espacio de sus vivencias que podría resultar amenazador si se abordaran de modo directo. La metáfora constituye una forma de facilitar la comprensión de los problemas y experiencias difíciles de entender, y en ocasiones contraintuitivas, por parte de los clientes, haciendo referencia a otra situación que es más clara y representativa (Törneke, 2016; Villatte et al., 2016; citados por Sierra et al., 2016). Están diseñadas para validar la experiencia, mejorar la conciencia de la situación presente y facilitar el cambio de comportamiento a través de la desliteralización. La metáfora aplicada a las personas con TEP ha de ser sencilla, sin enfatizar en sus propiedades lingüísticas o discursivas, práctica en relación con el contexto, preocupaciones, intereses y valores de la persona, así como orientada a la obtención de cambios en la conducta y la funcionalidad. El uso de metáforas que se ajusten al contexto vital no solo facilitará la comprensión y el recuerdo, sino que esta se generalice.

McCurry y Hayes (1992) encontraron tres componentes que parecen afectar al funcionamiento de las metáforas:

1. *Memorabilidad.* La memorabilidad de la metáfora está asociada con varios factores, como pueden ser: el número de interpretaciones que pueden derivarse de la metáfora; su capacidad de asociación con las distintas modalidades y experiencias sensoriales, destacando las imágenes visuales; y la disponibilidad de señales ambientales posteriores.
2. *Comprensibilidad.* Las metáforas son más comprensibles cuando se extraen de objetos cotidianos y de situaciones comunes.
3. *Aptitud.* La aptitud tiene que ver con la calidad y adecuación terapéutica.

Desde otros modelos que también aplican esta herramienta destacan que: son fáciles de recordar y adoptan formas diversas, desde historias o ejemplos hasta metáforas físicas o fisicalizadas (De Vega, 1984; citado por Beyebach, 2008). Este autor destaca de las metáforas las siguientes propiedades:

© Ediciones Pirámide

1. *Mnemónico:* la información se recuerda mejor.
2. *Heurístico:* se entiende mejor.
3. *Generativo:* son fuente de asociaciones y permiten generar nuevas soluciones, facilitando que los pacientes saquen conclusiones e ideas novedosas a partir de la metáfora propuesta.

McCurry y Hayes (1992) resumen como requisitos que constituyen una «buena» metáfora terapéutica:

1. Ser consistente con el nivel de desarrollo del cliente.
2. Ser extraída del mundo cotidiano del sentido común.
3. Evocar una respuesta sensorial rica.
4. Contener patrones de eventos y relaciones generales que son isomórficos con la situación del cliente y que, probablemente, tengan lugar en situaciones fuera de la sesión terapéutica.
5. Tener múltiples interpretaciones si los problemas del cliente son difusos, pero menos significados si el problema del cliente es más limitado.

Las metáforas son efectivas solo si contactan con la clase funcional y topográfica de la evitación, lo cual hace cobrar una importancia vital al contexto. Las mejores son las que parten de la propia persona y poseen propiedades no arbitrarias, relacionadas con las leyes físicas. Hay estudios que muestran que el lenguaje metafórico figurativo resulta significativo emocionalmente y, por ello, su impacto en la conducta manifiesta del individuo será probablemente mayor que una conversación directa, lógica y racional (Heffner et al., 2003). Las metáforas que especifican relaciones entre un comportamiento particular (discriminativo) y la obtención de reforzamiento positivo, permitiendo el establecimiento de una regla con función aumentativa, serían más eficaces que las que no especifican estas funciones aumentativas (Sierra et al., 2016). Ruiz y Luciano (2015) señalan que la inclusión de propiedades físicas comunes mejora la aptitud de la analogía y facilita la derivación, y que este efecto también se ha encontrado al incluir valores personales.

En el ámbito clínico, los efectos de la metáfora sobre la conducta podrían estar relacionados también con factores individuales propios de la persona que padece un TEP, del terapeuta o de la relación que se establece entre ambos. No hay que olvidar que la relación terapéutica supone un marco emocional relevante que puede amplificar los efectos de las metáforas, tanto en un sentido positivo como negativo. Algunos estudios han referido dificultad para la comprensión de las metáforas con alto contenido emocional en pacientes esquizofrénicos (Billow et al., 1987).

Al trabajar con personas que presentan un TEP es esencial adaptar las metáforas, debiendo tener especial cuidado con las metáforas más abstractas, ya que estas pueden verse como invasivas, amenazantes o sencillamente no entenderse. Dentro de las circunstancias que dificultan la comprensión de las metáforas podemos señalar el deterior cognitivo: déficits metacognitivos, dificultades en el pensamiento abstracto o en la memoria; el embotamiento cognitivo o afectivo, o incluso la invasión de la fenomenología psicótica. Por tanto, es útil y es recomendable reducir el número, extensión y complejidad de las metáforas que se presentan, así como que se utilicen metáforas concretas y con la menor cantidad de interpretaciones posibles.

En este sentido, Morris (2019) propone el uso de una metáfora central que funcionaría de andamio para las actividades, ejercicios y metáforas más breves y sencillas, que se irían añadiendo a lo largo de la terapia. Esta metáfora central debe ser fácilmente recordable, capturar la esencia de los problemas que la persona describe y repetirse a lo largo de las sesiones. En nuestra experiencia clínica esto es aplicable tanto en sesiones individuales como grupales, ayudando de forma rápida y sencilla a centrarnos en los objetivos terapéuticos. Una metáfora central habitualmente utilizada es *Pasajeros en el autobús* (O'Donoghue et al., 2018).

Foody et al. (2014) señalan varios errores en la intervención metafórica que pueden limitar su impacto o resultar perjudiciales, incluso para la relación terapéutica; a saber:

1. Presentar una metáfora demasiado pronto o una que no esté completamente formada.
2. Presentar una metáfora que no tenga control preciso sobre las derivaciones del clien-

© Ediciones Pirámide

te y, por tanto, haga posibles derivaciones alternativas.

3. Que el cliente considere que el terapeuta no lo comprende, que no valida su sufrimiento o no lo considere sincero.

#### 4.4.2. *Ejercicios experienciales*

La experimentación vivencial que promueve ACT favorece el impacto y el recuerdo de las intervenciones, adoptando formas muy diversas, desde historias, cuentos o ejemplos, hasta la fisicalización de las metáforas o metáforas físicas que ejemplifican de forma clara el contacto con las funciones que atrapan a la persona, a la par que muestran otros caminos, promoviendo la flexibilidad psicológica. Para las dificultades específicas que presentan los TEP resulta de gran utilidad fisicalizar las metáforas, de forma que ejercicios y metáforas se representan o se hacen tangibles mediante vídeos, dibujos u objetos. Un ejemplo clásico es la metáfora anteriormente referida, *pasajeros en el autobús* (Hayes et al., 1999), realizándola de manera colaborativa entre las personas a modo de actuación. Cuando se trabaja en grupo, es útil pedir a uno de los participantes que sea el conductor, mientras el resto actúan como pasajeros, además de utilizar distintos cofacilitadores entre el personal, si se realiza en una institución sanitaria, para ayudar y servir en todo momento de soporte y modelo, tal y como se utiliza en *ACT for Psychosis Recovery* (O'Donoghue et al., 2018).

Los ejercicios experienciales están diseñados para ayudar a la persona a establecer contacto directamente con la experiencia del yo-contexto y desde ella, a su vez, con las funciones verbales, sobre todo las de carácter aversivo, que actúan como si fueran barreras físicas. A la hora de proponer ejercicios experienciales, es muy importante pedir permiso a la persona y aclarar que puede decidir en cualquier momento detenerlo, de forma que se sientan libres para hacerlo o no, además no es aconsejable la utilización del término «deberes», sino más bien tareas o ejercicios experienciales. El terapeuta puede utilizar cualquier técnica siempre que cumpla con los principios terapéuticos, pudiendo generar o modificar las metáforas o ejercicios experienciales más apropiados al caso, incluso integrando aquellas metáforas propias de la persona.

#### 4.4.3. *Paradojas*

Las *paradojas inherentes* son formulaciones verbales que resaltan la contradicción entre las propiedad literales y funcionales de las reglas de evitación. Con ellas se trata de poner en cuestión la lógica de determinadas posturas y planteamientos. «Si no estás dispuesto a tenerlo, lo tendrás». El uso de paradojas es esencial para debilitar cualquier seguimiento de reglas que impida el avance de la persona, poniéndola en contacto emocional con el desconcierto. A lo largo del proceso terapéutico los diálogos de tipo dialéctico constituyen un momento idóneo para la introducción de una paradoja inherente. El uso de la paradoja debe realizarse con cautela, evitando generar un gran desconcierto simbólico, guiando el proceso de desesperanza creativa de forma más concreta. Para algunos autores, la adaptación y guía no sería necesaria, pues las paradojas inherentes pueden constituir una forma de exposición a los delirios (García-Montes et al., 2013).

#### 4.4.4. *Atención plena*

El *mindfulness* es una técnica transteórica que se ha utilizado e integrado en distintos enfoques teóricos y terapéuticos, mostrando utilidad en distintos problemas de salud mental y situaciones cotidianas. El concepto de «*mindfulness*» se encuadra en una perspectiva contextualista, pues el hecho de centrarse en cada momento se encuentra en la naturaleza fundamentalmente interrelacionada de la experiencia humana. En ACT el *mindfulness* es definido como un proceso que implica la autorregulación atencional, dirigiendo esta a la experiencia inmediata, contactando con el momento presente y reduciendo los pensamientos rumiativos; además, facilita la defusión del yo, el contacto con el yo transcendente —yo contexto—, desarrollando la capacidad de descentramiento, es decir, la capacidad de observar los propios estados de manera distanciada, acompañándose de una actitud de amabilidad hacia la experiencia y aceptación libre de juicios.

El avance en la aplicación de la atención plena en psicosis ha sido lento, debido al desconocimiento y mala comprensión, por parte de algunos

© Ediciones Pirámide

profesionales de la salud mental, acerca de cómo funciona el enfoque clínico basado en la atención plena, desaconsejando su realización y afirmando en muchos casos que podría tener efectos perjudiciales. Estas preocupaciones provienen de los resultados de estudios de caso y no controlados donde se informaron asociaciones entre episodios psicóticos y diferentes formas de meditación en personas con psicosis o vulnerabilidad a la misma (Kuijpers et al., 2007; Sethi y Bhargava, 2003). Sin embargo, las prácticas descritas distan mucho de las intervenciones clínicas basadas en la atención plena (Shonin et al., 2014) e incorporan con frecuencia episodios de meditación intensos, muchas veces dentro de retiros que incluyen estresores adicionales como la restricción de sueño o alimentos, además de la falta de formación específica de quienes las imparten. Estos estudios, por tanto, no se refieren a los efectos de la práctica contemporánea del *mindfulness,* y en este sentido hay evidencias emergentes de que la atención plena para la psicosis, cuando se usa de forma adaptada y terapéutica, es aceptable, segura y viable (Jacobsen et al., 2020; Louise et al., 2019; Chadwick, 2014).

Al trabajar con psicosis, al igual que con otros problemas psicológicos, los ejercicios de atención plena se introducen lo antes posible. Además, deberemos empezar con cuidado, haciendo una breve descripción del proceso para reducir la incertidumbre, generando ejercicios sencillos para observar reacciones y desarrollar la confianza. Generalmente, los ejercicios de atención plena serán más breves, de hasta diez minutos como máximo, con menos pausas y más anclaje. Se evitan los silencios prolongados y se utiliza un lenguaje claro y concreto, con menos pausas, en donde los terapeutas ofrecen orientaciones o comentarios breves cada uno o dos minutos; esto ayuda a descentrarse de las voces, las ideas y otras conductas, y reconectarse con la experiencia presente. Además, la práctica fuera de las sesiones no es un requisito esencial, aunque se pueden entregar en soporte digital, grabaciones para estimular la práctica y se puede animar al paciente a usar la meditación de tres minutos de Segal (Chadwick, 2009).

Entre las recomendaciones que se recogen para la práctica del *mindfulness* con el paciente psicótico, encontramos (Chadwick, 2014; 2009):

1. Práctica de tiempo más limitado, diez minutos como límite, en lugar de los tradicionales cuarenta.
2. Orientación verbal por parte del terapeuta cada 30-60 segundos, sin largos silencios, para evitar que la persona se pierda en la lucha con las voces o las ideas paranoides.
3. Al orientar la práctica, las sensaciones psicóticas deben explicitarse de forma normalizada, sin darles una relevancia especial o mayor que a la de otras sensaciones que surgen y pasan. Esto tiene el objetivo de cuestionar sutilmente la omnipresencia percibida de las voces (Chadwick y Birchwood, 1994).

La intervención en *mindfulness* se ha mostrado altamente aceptada y valorada por pacientes con psicosis en contexto de ingreso hospitalario, con bajas tasas de abandono y con un alto seguimiento (Jacobsen et al., 2020), estos resultados son consistentes con los estudios desarrollados en los Estados Unidos de ACT para la psicosis (Gaudiano y Herbert, 2006). Los datos indican un menor riesgo de reingreso y de tasas de recaída a los doce meses en pacientes que han recibido intervenciones en crisis basadas en *mindfulness* (Mindfulness-based crisis interventions, MBCI). La intervención propuesta por Jacobsen et al. (2020) presta especial atención a elementos más propios de ACT, como son la identificación de valores y objetivos conductuales específicos.

### 4.4.5. *Autorrevelación*

> «La revelación por parte del terapeuta introduce normalidad, inculca esperanza y disipa la ilusión de que el mundo está formado por personas sin problemas y pacientes» (Chadwick, 2009).

Desde este modelo se utiliza la autorrevelación del terapeuta para aportar cualidades humanas compartidas, modelar el momento presente y dar respuestas relevantes, entendibles, flexibles a la experiencia y contextualizadas en la vida de la persona. Esto puede llevarse a cabo durante la realización de los ejercicios experienciales, mostrando el terapeuta sus propias respuestas internas y comunican-

© Ediciones Pirámide

do sus propias dificultades, incertidumbres e inquietudes al llevar una vida consecuente con sus valores. El propósito de la autorrevelación en ACT es enseñar al paciente una mayor flexibilidad psicológica (Westrup, 2014), además de la conexión con el desafío compartido de vivir basándose en los valores, lo que fortalece la relación terapéutica. Las autorrevelaciones de marcado carácter emocional aumentan los sentimientos de cercanía y de apoyo (Laurenceau et al., 1998).

Chadwick (2009) recomienda algunas cautelas en relación con su utilización en formato grupal. En primer lugar, señala que un uso excesivo de la autorrevelación podría hacer sentir a las personas que se minimizan sus dificultades. En segundo lugar, señala una mayor tendencia por parte de los miembros del grupo a interpretar las autorrevelaciones del terapeuta de forma errónea y autorreferencial. Debemos tener presente que al igual que con cualquier otro tipo de comportamientos, el terapeuta constituye un modelo de conducta, que facilita y refuerza la comunicación. El uso adecuado de la autorrevelación supone una potente herramienta terapéutica dirigida hacia la validación, la normalización y la aceptación incondicional de la experiencia psicótica y de las emociones dolorosas.

## 4.5. Las dimensiones del espectro psicótico desde ACT

ACT se postula como una terapia de primer orden para replantear el modelo de intervención en psicosis. Se ha comprobado que las personas que han presentado episodios psicóticos tienden a utilizar más estrategias de tipo evitativo y supresivo de la fenomenología y/o pensamientos, y a utilizar un menor número de estrategias orientadas a la aceptación (Perry et al., 2011; Morrison et al., 1995), especialmente las que presentan sintomatología de carácter negativo, pudiendo en estos casos llegar a una forma radical de evitación experiencial.

La investigación demuestra que la evitación experiencial crónica tiene una notable influencia negativa en el ámbito de los síntomas psicóticos, llegando a producir efectos paradójicos y, así, empeorar crecientemente y de forma considerable la sintomatología. En este sentido, los intentos de escapar o controlar las experiencias privadas no deseadas acaban por aumentar su frecuencia o intensidad con el tiempo (Bach, 2015).

Los problemas psicológicos que derivan de la evitación, cuando esta se convierte en un patrón inflexible, se ajustan a la clasificación establecida por Van Os y Kapur (2009) en: positiva, negativa, cognitiva y afectiva-depresión y manía. También se hará referencia a la dimensión relativa a la desorganización, a veces infravalorada en nuestra opinión.

### 4.5.1. *Sintomatología positiva*

Se ha observado que la forma habitual de responder, realizando esfuerzos para suprimir la experiencia o para evitar que esta se desencadene, puede conducir a patrones de respuesta con importante coste personal (Gross, 2002). La utilización de los procesos de aceptación y defusión ayudaría a la persona a abrirse a la experiencia interna (pensamientos, emociones, recuerdos, sensopercepciones). Esta forma de respuesta se ha asociado a una relación menos angustiosa con las voces (Varese et al., 2016; Morris et al., 2014), y a la amortiguación de la angustia asociada al pensamiento delirante y la paranoia (Udachina et al., 2014; Oliver et al., 2012). Por tanto, la aceptación y defusión ayudarían a la disminución del sufrimiento, malestar y preocupación asociados a la vivencia de las alucinaciones y los delirios y, con ello, aun sin ser el objetivo principal de ACT, a la reducción de los mismos y a la mejora general de la sintomatología positiva.

Los delirios desde ACT pueden considerarse como formas activas de evitación experiencial (García-Montes et al., 2013; 2004), que no solo sirven para huir, sino que, a su vez, construyen verbalmente una realidad o mundo alternativo, situando los síntomas en su contexto biográfico y en relación con sus aspiraciones vitales. A diferencia de los problemas de carácter emocional, en los TEP no solo se evita la propia experiencia angustiante, sino que también se trata de escapar de un contexto incomprensible o de una realidad en la que existe una falta de sentido o de propósito y/o de dirección vital, de un trauma que amenaza la propia integridad del yo...

El afecto negativo, en concreto la ansiedad, juega un papel clave en el mantenimiento del delirio. La ansiedad generada por estas creencias aumenta la probabilidad de interpretaciones amenazantes en una vorágine en escalada (Freeman, 2016). Por tan-

© Ediciones Pirámide

to, es probable que las intervenciones dirigidas a la ansiedad sean beneficiosas para la paranoia (Sood y Newman-Taylor, 2020).

En el tratamiento de los delirios el objetivo principal sería que la persona se comporte con independencia de tales creencias, orientando su acción hacia aquellas metas que son personalmente valiosas (García-Montes et al., 2013), a través de la creación de contextos en los que la persona se pueda exponer a situaciones que ha estado evitando activamente. Todo ello dentro de un clima de seguridad y calidez; siendo conscientes de que las personas que padecen psicosis pueden ser muy vulnerables a la frustración, por lo que deberemos tener especial cuidado con generar situaciones de exposición demasiado exigentes que puedan generar una descompensación psicótica. En este sentido, la normalización del delirio cobra especial importancia, relacionándolo con otro tipo de experiencias que las personas podemos llegar a tener, respetando su individualidad y la idiosincrasia especial propia de la persona. El fin último es que la intervención no debe estar especialmente orientada hacia los síntomas, sino a que la persona dirija su vida de una forma más efectiva y adaptada a sus posibilidades, evitando la inflexibilidad psicológica y la falta de atención a su contexto presente.

Chadwick y Birchwood (1995) diferencian dos tipos de respuesta a la fenomenología acústico-verbal:

1. *Resistencia.* Se ha identificado que las estrategias de lucha, como responder a las voces o pelear con ellas, son un método de afrontamiento inadecuado y suelen estar asociadas con un peor control emocional. Por su parte, las respuestas de huida se asocian a un nivel pobre de afrontamiento, a sintomatología depresiva, mayor sufrimiento y una menor autoestima.
2. *Implicación.* Supone la implicación con las voces, una escucha sin lucha ni resistencia y el cumplimiento del mandato de las mismas. La implicación no constituye una respuesta adecuada a las voces, pues puede generar inflexibilidad, falta de cumplimiento del tratamiento y déficit en la adaptación social. En un nivel extremo se ha relacionado con el cumplimiento de órdenes perjudiciales, sobre todo cuando están respaldadas con delirios congruentes con las mismas (Shawyer et al., 2008). Esto es más habitual con las voces consideradas como positivas, pues las personas se someten a una voz cuando confían en ella (Vaughan y Fowler, 2004).

Las reacciones emocionales y conductuales a las voces están influidas por su identidad, el propósito, la omnipotencia y las consecuencias de obedecer o resistirse (Chadwick y Birchwood, 1994). Pese al interés por encontrar similitudes entre la forma de relación que mantienen los pacientes con sus voces y aquellas que mantienen con otras personas significativas para ellos, las personas que padecen psicosis, en muchos casos, refieren que la relación que mantienen con sus voces es diferente de cualquier otra (Chadwick, 2009). Del mismo modo, algunas cualidades estresantes de las voces tales como: intrusividad, incontrolabilidad, negatividad y el temor que producen hacen más probable que las personas respondan a las mismas mediante supresión y evitación (Morris et al., 2014; Oliver et al., 2012). Generalmente las voces adquieren un carácter aversivo que lleva a la persona a adoptar mecanismos de lucha o evitación para reducir el malestar a corto plazo, lo que conlleva el reforzamiento negativo de estas formas de afrontamiento, pues se relacionan con una disminución del impacto y del malestar. Sin embargo, existen supuestos en los cuales las voces tienen una importante utilidad funcional y son concebidas de forma positiva por la persona que las experimenta, pues pueden haber sido vivenciadas como elemento de acompañamiento y apoyo, a veces el único del que se ha dispuesto en situaciones difíciles, por lo que las voces han sido reforzadas de manera positiva. Además, las experiencias psicóticas pueden ser atractivas, ya que pueden ser sorprendentes, interesantes y tener una gran importancia personal, especialmente en una vida desprovista de actividades significativas y conexión social (Morris, 2019).

Siguiendo a Thomas et al. (2013), para el trabajo con personas que presentan alucinaciones acústico-verbales se requieren una serie de modificaciones:

1. Deberemos proceder con cautela, no yendo más allá de lo que la persona está dispuesta y es capaz de tolerar en cada momento,

© Ediciones Pirámide

puesto que podría provocar ansiedad y sobreactivación, con el consiguiente aumento de la sintomatología psicótica. Por tanto, se aconseja un ritmo de avance lento.
2. Se evitará utilizar la diferenciación entre experiencias internas y externas, y la confrontación sobre la realidad de las voces, que puedan generar resistencia o incluso el abandono de la terapia. Por el contrario, pondremos énfasis en la utilidad/inutilidad de las mismas para el desarrollo de su agenda vital. Se trabaja centrándonos en lo controlable o incontrolable que son las voces para la persona, sin hacer diferenciación acerca de su localización u origen.
3. Uso de metáforas más concretas y más fácilmente comprensibles.

Cuando el paciente está experimentado voces, se pueden dar dos tipos de instrucciones (Thomas et al., 2013):

1. *Alejar el foco de las voces:* para facilitar el desarrollo de la respuesta de desvincularse del foco de atención de las voces y de las respuestas automáticas a las mismas. Por ejemplo: «Siempre que las voces te distraigan, redirije tu atención a la respiración. Permite que esas voces estén ahí, sin intentar echarlas, sin pelear con ellas...».
2. *Acercar el foco a las voces:* para explorarlas desde la postura del yo-observador, sin responder a ellas, fomentando la aceptación de la fenomenología psicótica. Por ejemplo: «Dirige tu atención hacia las voces, obsérvalas, explóralas como cualquier tipo de experiencia, simplemente fíjate cómo es esta experiencia, como un sonido, observando sus características, dónde están, cómo suenan, simplemente obsérvalas sin luchar, sin intentar echarlas... a la vez que te mantienes presente y centrado en la experiencia».

Los mecanismos que ACT propone para el tratamiento de la sintomatología positiva son la aceptación, la defusión y la atención plena:

1. La *aceptación* es el proceso que anima a aprender a vivir con los pensamientos y sentimientos sin evitarlos o suprimirlos; contrariamente a lo que muchos podrían pensar, no es un proceso de resignación o de tolerancia, sino una voluntad de seguir viviendo, de dejar espacio para los fenómenos psicológicos del tipo que sean, sin iniciar una lucha interna perpetua y autodestructiva. La fusión cognitiva restringe la flexibilidad conductual de la persona, con lo que se tiende a producir una respuesta literal y basada en reglas de los fenómenos internos que dificulta la aceptación de los síntomas psicóticos.
2. La *defusión* ayudaría a ampliar el repertorio de actuación al debilitar el arraigamiento a reglas verbales y pensamientos que favorecerían la rigidez, el atrapamiento y la evitación recurrentes ante el disconfort, evitando la generación de círculos viciosos, tendentes a escapar y huir de la situación interna, generando un efecto paradójico que a la larga desemboque en más ansiedad, más fenomenología psicótica, recurriendo nuevamente a la evitación y huida como única respuesta, cada vez con más carga de angustia.
3. La *atención plena* promovería un contacto con el momento presente, centrando la conciencia y el foco de atención, aprendiendo a darse cuenta sin juzgar y sin implicarse en los fenómenos internos, cultivando el desapego a la fenomenología sensoperceptiva, a las creencias y, en sí, a los procesos internos angustiosos. Para Paul Chadwick (2009), el objetivo de la atención plena en el tratamiento de la psicosis consiste en experimentar las sensaciones psicóticas de tono desagradable con una conciencia abierta, no para reducirlas, sino para practicar una forma diferente de relación y respuesta ante ellas. La conciencia plena facilita delimitar las sensaciones desagradables automáticas de las reacciones conductuales (físicas o verbales) que mantenemos ante ellas, así como darse cuenta del carácter transitorio de tales sensaciones. La toma de conciencia, momento a momento, en la que las sensaciones están en permanente cambio, rompe con la vivencia de continuidad de los fenómenos alucinatorios crónicos, logran-

© Ediciones Pirámide

do su percepción como fenómenos independientes entre sí, desafiando la omnipotencia de los síntomas psicóticos. La práctica continua de la atención plena y el desarrollo de la flexibilidad atencional favorecen romper con el patrón de respuesta improductivo y separarse con mayor facilidad del contenido absorbente de los síntomas psicóticos.

#### 4.5.2. *Síntomas negativos*

En cuanto a la sintomatología negativa, es sabido que esta es muy resistente a cualquier tipo de intervención, sea farmacológica o psicoterapéutica. Desde la perspectiva contextual los síntomas negativos podrían considerarse resultado de la evitación mantenida a largo plazo y de forma crónica; el producto de un refuerzo social limitado o incluso totalmente ausente. Es difícil apuntar la génesis y la naturaleza específica de la sintomatología negativa, teniendo sentido plantear que tiene un carácter más nuclear e importante que la misma sintomatología positiva, pudiendo ser esta producto de las consecuencias de la primera. La particular relación que la persona mantiene consigo misma (con falta de flexibilidad y fusión extremas con sus contenidos) y con su contexto global estaría en la base de los síntomas negativos (con apatía, abulia y aislamiento). Tal y como proponen Langer y Cangas (2007), una intervención centrada en la sintomatología negativa mejorará sustancialmente la sintomatogía positiva, incluso sin la necesidad de una intervención directa sobre ella. Se hace relevante, de cara a la mejora de la misma, una intervención donde se prime la activación conductual por medio del compromiso con las acciones basadas en los valores (Thomas et al., 2014). Por tanto, se hace esencial recabar y explorar los valores, identificándolos para después trabajar con la persona en la dirección hacia los mismos. Tan importante como el establecimiento de direcciones valiosas es reforzar los pequeños pasos y objetivos, promoviendo la persistencia y flexibilidad de la persona para tomar decisiones y acciones a lo largo del tiempo. En este sentido, para fomentar el compromiso hacia los valores se tornan fundamentales las acciones conductuales y los ejercicios de la persona, estableciendo objetivos y planes de acción específicos, de manera gradual y en función de la gravedad del cuadro psicótico, para aumentar la probabilidad de que se cumplan. Estas actividades deben ir gradualmente de lo sencillo a lo más complejo, deben ser mensurables y significativas para la persona. Es primordial cultivar la paciencia y la comprensión, ya que es muy común que el profesional que trabaja junto a la persona con psicosis ante la falta de mejoría percibida en determinado momento, o a la lentitud del proceso, tienda a frustrarse y a considerar que el avance no es posible. Esto será común cuando nos encontremos con personas muy deterioradas a nivel cognitivo, con una fuerte carga de apatía, anhedonia y aislamiento o muy invadidas tanto de alucinaciones como de delirios. Van Os y Kapur (2009) refieren que la dimensión negativa está asociada con alteraciones neurocognitivas, mientras que la sintomatología negativa y la positiva parecen seguir cursos independientes.

#### 4.5.3. *Síntomas afectivos/disfunción emocional*

Con relación a la dimensión afectiva (depresión y manía) en los TEP, sabemos que incluso cuando han remitido los síntomas psicóticos de carácter positivo y negativo, las personas suelen seguir presentando síntomas de carácter emocional. La investigación ha puesto de manifiesto niveles elevados de depresión, TEPT-PP (trastorno de estrés postraumático pospsicótico) y ansiedad social después de un episodio psicótico (Tarrier, 2005; Birchwood, 2003). En relación a la sintomatología depresiva, se ha observado que varios meses después de un episodio psicótico agudo la depresión puede afectar a entre un 30-50% de los pacientes (Birchwood, 2003; Whitehead, 2002). En las personas con experiencias psicóticas es muy frecuente la presencia de alteraciones del ánimo y de ansiedad; entre un 25% y 75% de los casos, dependiendo de los criterios empleados y de la cronicidad de la muestra, sufren depresión (Birchwood, et al., 2005).

La presencia de sintomatología afectiva es especialmente relevante, pues los síntomas depresivos son el principal factor predictivo de una mala calidad de vida en los trastornos psicóticos (Saarni et al., 2010). Las personas diagnosticadas de psicosis que presentan depresión consideran que esta es un

© Ediciones Pirámide

impedimento en la consecución de los roles sociales valiosos (pérdida del rol social), una experiencia estigmatizante (humillación, pérdida de la autoestima) y una amenaza a su autonomía (sentirse atrapado) (Birchwood y Trower, 2006; Birchwood et al., 2000). Además, la depresión en psicosis se ha relacionado con resultados más pobres, mayor número de recaídas y reingresos y se ha relacionado con un riesgo aumentado de la conducta suicida a largo plazo (McGinty et al., 2018). La depresión postpsicótica se ha asociado a un mayor riesgo de suicidio, a una menor adherencia al tratamiento, a mayores problemas interpersonales y a un mayor *insight* (Vallina et al., 2019).

El riesgo suicida en personas con esquizofrenia es mucho mayor que en la población general (Wang et al., 2020; Tanskanen et al., 2018), entre un 4,9 y un 13% (Melle et al., 2017), lo que supone aproximadamente 8,5 a 20 veces más que en población general (Kasckow et al., 2011), existiendo además antecedentes de tentativas suicidas hasta en un 50% de los pacientes (Bani-Fatemi et al., 2016). El suicidio es una de las principales causas de muerte prematura en psicosis, produciéndose en 1 de cada 58 individuos dentro de los 4 años posteriores al diagnóstico inicial del trastorno del espectro psicótico (Zaheer et al., 2020). El sexo masculino, el momento posterior al alta de una hospitalización psiquiátrica, los diagnósticos de trastornos del estado de ánimo asociados, los sentimientos de desesperanza, los intentos de suicidio previos, el consumo de sustancias, la edad de inicio temprana, así como la edad de diagnóstico tardía son predictores de suicidio y deben integrarse en la evaluación clínica del riesgo suicida en esta población (Zaheer et al., 2020; Wang et al., 2020).

ACT se ha mostrado eficaz en el abordaje de problemas emocionales. En sus inicios fue ideada con el objetivo de ayudar a las personas con problemas emocionales (Zettle y Hayes, 1986), extendiéndose posteriormente al campo de la psicosis. La flexibilidad psicológica, cuya facilitación constituye uno de los objetivos de ACT, hace que este enfoque terapéutico sea un candidato de primer orden para abordar la evitación experiencial que caracteriza la disfunción emocional que puede producirse después de una psicosis. En un estudio realizado por White y cols. (2015) en población con psicosis y niveles clínicamente importantes de depresión, se observó que el 95% tuvieron cambios significativos de los niveles de sintomatología afectiva después de una intervención con ACT.

En muchas ocasiones los pacientes describen pensamientos rumiativos de carácter depresivo en torno a sentirse atrapados por la enfermedad, así como pensamientos de desesperanza en relación a su futuro. Los intentos infructuosos de evitación generan sentimientos de culpabilidad cuando no consiguen mantener pensamientos «adecuados», tendencia que se ve fortalecida ante las sugerencias de su contexto social y cultural, como las de sus amigos y familiares, que suelen aconsejar evitar los pensamientos («no pienses más en eso», «deja de darle vueltas siempre a lo mismo», «piensa en otra cosa»). Para trabajar con las rumiaciones y mostrar cómo actúa el control como problema presentamos el ejercicio del *oso polar blanco.*

Autores como White (2013) señalan la utilidad de utilizar modificaciones del Hexaflex, como el abordaje matricial desarrollado por Polk y Schoendorff (2011) para tratar la disfunción emocional, el cual permite explorar todos los aspectos del Hexaflex a través de una cuadrícula de dos ejes (experiencias de los sentidos-experiencia mental y valores-sufrimiento).

#### Ejercicio del oso blanco (modificación del ejercicio clásico de Daniel Wegner, 1987)

**Terapeuta:** ¿Qué haces cuando vienen estos pensamientos?

**X:** Intento distraerme, me digo que no piense en eso y que piense en la parte positiva, eso me dicen también mi familia y mis amigos.

**Terapeuta:** ¿Y te funciona?

**X:** No, a veces consigo distraerme un rato, pero enseguida vuelven.

**Terapeuta:** Claro, es que decirnos a nosotros mismos que no debemos pensar en algo nunca funciona; es más, no le funciona a nadie.

A continuación, le proponemos lo siguiente:

*«Quiero que imagines que eres un cámara de una famosa cadena, vamos a grabar un documental sobre el mundo animal, yo seré el director y te daré las indicaciones sobre qué enfocar en cada momento. Imagina que nos hemos trasladado al Ártico y vamos a grabar a un oso polar blanco, ¿lo ves?*

© Ediciones Pirámide

*Enfócalo con tu cámara, fíjate bien en él. ¿Puedes ver dónde se encuentra?, ¿está solo o está acompañado por otros osos polares blancos?, ¿qué está haciendo? Vamos ahora a acercar el «zoom» de la cámara a nuestro oso polar blanco, acércalo a su cara, ¿cómo son los ojos del oso polar blanco?; ahora abre sus fauces, ¿cómo son los dientes del oso polar blanco?, ¿cómo es el pelaje de este oso polar blanco? Es precioso, pero posiblemente sería mejor no acercarse mucho a un oso polar blanco. ¿Y sus patas? Son grandes y fuertes, el oso polar blanco es un animal imponente. ¿Cuánto medirá ese oso polar blanco?*

*Ahora quiero que dejes de pensar en el oso polar blanco, debes esforzarte en dejar de pensar en él, ¡cuidado!, nada de pensar en el oso polar blanco, ni siquiera en la palabra oso...* (después de unos segundos). *Pero si te he dicho que no pienses en él, ¿por qué sigues pensando en el oso polar blanco?»*

### 4.5.4. *Síntomas cognitivos*

En cuanto a la dimensión del deterioro cognitivo existen muchas hipótesis contradictorias, desde las que afirman que es inherente a la esquizofrenia, como aquellas que lo niegan rotundamente, pasando por posturas que abogan por un deterioro mixto, producto tanto del curso deteriorante de los propios TEP como del mantenimiento sostenido a largo plazo de la farmacología antipsicótica. Aun sin poder afirmar con rotundidad el origen y la posible causa del deterioro cognitivo, se hace evidente su repercusión. Entre los factores que dificultan la recuperación funcional en la esquizofrenia, destacan los «déficits cognitivos y el ajuste premórbido en función de la reserva cognitiva» (Segarra et al., 2014, p. 178). Por ello, se hace esencial su valoración y consideración a la hora del trabajo psicoterapéutico.

### 4.5.5. *Síntomas de desorganización*

Sobre la sintomatología que constituye los cuadros de tipo desorganizado no se dispone en la actualidad de mucha bibliografía, bien por la dificultad específica de su abordaje, bien porque la recuperación de este tipo de sintomatología venga asociada a la recuperación general del paciente psicótico. Según un ECA realizado por Startup et al. en 2004 en pacientes hospitalizados con episodios psicóticos agudos, donde se comparó la eficacia de un tratamiento habitual (consistente en farmacología y énfasis de cuidado durante la hospitalización y después de esta en la comunidad), con el mismo tratamiento más la TCC, no se encontraron efectos significativos en la evaluación realizada a los seis meses, a excepción de una disminución significativa de los síntomas de desorganización en la condición de TCC. Sin embargo, a los doce meses se encuentra una mejoría significativa en la condición de TCC frente al tratamiento habitual para todas las variables estudiadas, a excepción de la desorganización.

Otra terapia psicológica que ha mostrado ciertos efectos en la reducción de la desorganización en la psicosis es la terapia psicológica integrada (IPT), un programa de intervención grupal y de orientación conductual dirigido a la mejora de las habilidades cognitivas y sociales en pacientes con esquizofrenia. Estudios que han comparado la IPT con entrenamiento en habilidades sociales, socioterapia y terapia de apoyo psicológico en grupo han mostrado la superioridad de la primera para reducir la desorganización psicótica y mejorar las habilidades de solución de problemas cognitivo-sociales, así como el procesamiento atencional temprano (Vallina y Lemos, 2001).

Portela et al. (2003) refieren que la alteración de la esquizofrenia en la esfera de la conciencia se debe a una falta de control de los procesos conscientes superiores; de igual forma, exponen que el comportamiento desorganizado se debe a una falla en la metarrepresentación, afectando el conocimiento del sí mismo y la interpretación de la experiencia. En este sentido, programas metacognitivos como el MERIT (Lysaker y Klion, 2018) podrían resultar de utilidad para el abordaje de problemas de desorganización.

Desde ACT, la sintomatología de carácter desorganizado puede abordarse incrementando la flexibilidad psicológica, dotando a la persona de una mayor funcionalidad a través de estrategias que prioricen la activación conductual, redirigiéndola hacia sus valores. Si consideramos la desorganización como parte de un trastorno de la ipseidad, sería plausible suponer que el abordaje desde ACT se adaptaría a este constructo, siendo idóneas sus intervenciones para mejorar dicha sintomatología. Aun así, se necesitarían estudios para comprobar esta dimensión con ACT.

© Ediciones Pirámide

## 5. EFICACIA DE LA TERAPIA DE ACEPTACIÓN Y COMPROMISO EN LA PSICOSIS

La efectividad general de ACT cuenta con más de doscientos estudios controlados para problemas como: ansiedad, depresión, abuso de sustancias..., habiendo demostrado efectos comparables con otras intervenciones cognitivo-conductuales (A-Tjak et al., 2015; Öst, 2014). En relación con su principal foco terapéutico, el aumento de la flexibilidad psicológica se ha asociado a una amplia gama de mejoras en el bienestar, calidad de vida y efectividad personal (Levin et al., 2012; Kashdan y Rottenberg, 2010), así como con mejoras en el resultado de la terapia (Vowles et al., 2014; Ruiz, 2012).

En relación a la aplicación de ACT en psicosis, encontramos menor número de resultados. Sin embargo, ya se cuenta con resultados positivos, incluso mejorando los logrados por las terapias cognitivo-conductuales de segunda generación, que son en la actualidad las intervenciones psicológicas que cuentan con mayor apoyo en su eficacia y volumen de estudios. En una revisión sistemática y meta-análisis realizado en 2020 se encontraron resultados ligeramente superiores en la reducción de síntomas (positivos, negativos y psicopatología general) en aquellos estudios que utilizaron ACT frente a la TCC de segunda generación (Wood et al., 2020). Otros estudios señalan que ACT es al menos tan eficaz como las formas más tradicionales de TCC y conduce a resultados positivos en términos de efecto a corto y a largo plazo sobre los síntomas (Powers et al., 2009; Öst, 2008).

La mayor parte de los estudios de eficacia toman como única medida la disminución de la sintomatología, lo que puede ser un hándicap para mostrar la eficacia de ACT, pues esta intervención no tiene como objetivo la disminución de los síntomas, sino el cambio de relación de la persona con los mismos. ACT ha mostrado buenos resultados en diversos índices: tasas de rehospitalización más bajas, mayor tiempo entre hospitalizaciones (Tyrberg et al., 2017; Gaudiano y Herbert, 2006; Bach et al., 2002), reducción en la sintomatología depresiva posepisodio psicótico (White et al., 2011), mayor bienestar y calidad de vida (Johns et al., 2016), así como disminución del deterioro social (Gaudiano et al., 2017). Con relación a la eficacia sobre la sintomatología positiva, los pacientes informan de menor credibilidad de las voces (Bach et al., 2012; Bach y Hayes, 2002), menor cumplimiento de las voces comandatorias (Shawyer et al., 2012) y menor angustia asociada a las alucinaciones (Gaudiano et al., 2017), incluso disminución de la propia sintomatología positiva (Shawyer et al., 2017). Por otra parte, ACT es una terapia prometedora para la disminución de la sintomatología negativa, así como para la reducción de las crisis psicóticas (White et al., 2015).

Además, está terapia ha sido aplicada de manera factible y aceptable (Johns et al., 2016) en diversos contextos (unidades de internamiento breve, centros de rehabilitación psicosocial y consultas ambulatorias), en formatos tanto grupales como individuales, habiendo sido informados altos grados de satisfacción tanto por profesionales y por pacientes, y que dicho modelo proporcionó un enfoque útil para promover la recuperación y atender a sus necesidades.

Dados los resultados, se ha señalado que ACT aplicada junto al tratamiento estándar (farmacoterapia) en trastornos psicóticos contribuye a la mejoría, al aportar estrategias de afrontamiento positivas frente a los síntomas psicóticos (Yildiz, 2020).

## 6. CONCLUSIONES

En el presente capítulo se ha presentado a grandes rasgos la terapia de aceptación y compromiso aplicada al trastorno del espectro psicótico.

El concepto de «esquizofrenia» ha sido ampliamente criticado desde sus orígenes, y a pesar de los múltiples intentos por encontrar la génesis y las causas biológicas que fundamenten la existencia de una enfermedad orgánica subyacente, a día de hoy no se dispone de un consenso sobre qué es ni cuál debería ser la denominación adecuada. En las últimas décadas se han producido intentos de refundamentación y reconceptualización que se alejan de los modelos categoriales, proponiendo la existencia de una dimensión del espectro psicótico.

Esta controversia en la conceptualización y el abordaje de la psicosis ha promovido un cambio de paradigma, impulsado por nuevas formas y propuestas de intervención que se alejan del modelo biologicista tradicional. Este cambio de paradigma está conformado por múltiples perspectivas, movi-

© Ediciones Pirámide

mientos y autores que se inspiran en la concepción humanista centrada en la persona de Carl Rogers, a través de la aceptación incondicional y el respeto por la elección de la dirección de cambio por parte de la persona, así como la posibilidad de autorrealización positiva.

ACT se suma al cambio global de paradigma en el entendimiento, abordaje y forma de actuar en la psicosis. El trabajo desde ACT se enfoca en la persona, trabajando con ella para lograr su empoderamiento y la mejora de su calidad de vida, basándose en sus valores. Hemos visto cómo existen distintas dimensiones afectadas y muy posiblemente, aunque su abordaje debe ser integral y dirigido a la funcionalidad, hay aspectos más específicos que requieren de un ajuste especial.

Aunque ACT es un modelo bien sustentado teóricamente y con importante potencia en la práctica clínica, son necesarias adaptaciones de la misma, pues el terapeuta y su modelo deben adaptarse a la psicosis y no la psicosis a ACT.

A pesar de que ACT está comenzando su andadura en el tratamiento de los TEP y aún le queda un largo trecho que recorrer, los estudios de evidencia demuestran que es una terapia prometedora para la intervención en la psicosis.

En el siguiente capítulo se desarrollará la terapia de aceptación y recuperación por niveles para la psicosis (ART): un modelo contextual multidimensional de intervención psicoterapéutica y centrado en la recuperación, orientado hacia la funcionalidad, interdisciplinar, basado en posiciones transdiagnósticas, inspirado en la filosofía y principios de ACT, cuyas técnicas se adaptan basándose en el nivel de deterioro cognitivo y funcional de cada paciente, incorporando elementos propios, así como técnicas procedentes de otros modelos que son reinterpretadas desde una perspectiva contextual.

## REFERENCIAS BIBLIOGRÁFICAS

A-Tjak, J. G., Davis, M. L., Morina, N., Powers, M. B., Smits, J. A. y Emmelkamp, P. M. (2015). A meta-analysis of the efficacy of acceptance and commitment therapy for clinically relevant mental and physical health problems. *Psychotherapy and Psychosomatics, 84*(1), 30-36.

Abad, T. y Toledano, S. (2019). Diálogo Abierto en Psicosis. En E. Fonseca (coord.), *Tratamientos psicológicos para la psicosis* (pp. 551-572). Madrid: Pirámide.

Allardyce, J., Suppes, T. y Van Os, J. (2007). Dimensions and the psychosis phenotype. *International Journal of Methods in Psychiatric Research, 16*(Suppl. 1), S34-S40.

Andreasen N. C. (2007). DSM and the death of phenomenology in America: An example of unintended consequences. *Schizophrenia Bulletin, 33*(1), 108-112.

Andreou, C. y Moritz, S. (2016). Editorial: Non-pharmacological interventions for schizophrenia: How much can be achieved and how? *Frontiers in Psychology, 7,* 1289.

Asaad, G. y Shapiro, B. (1986). Hallucinations: Theoretical and clinical overview. *The American Journal of Psychiatry, 143*(9), 1088-1097.

Awad, A. G. (2019). Revisiting the concept of subjective tolerability to antipsychotic medications in schizophrenia and its clinical and research implications: 30 years later. *CNS Drugs, 33*(1), 1-8.

Bach, P. (2015). Acceptance and Commitment Therapy for Psychosis: Applying acceptance and mindfulness in the context of an inpatient hospitalization. En B. A. Gaudiano (ed.), *Incorporating acceptance and mindfulness into the treatment of psychosis. Current trends and future directions* (pp. 57-80). Nueva York, US: Oxford.

Bach, P. y Hayes, S. C. (2002). The use of acceptance and commitment therapy to prevent the rehospitalization of psychotic patients: A randomized controlled trial. *Journal of Consulting and Clinical Psychology, 70*(5), 1129-1139.

Bach, P., Hayes, S. C. y Gallop, R. (2012). Long-term effects of brief acceptance and commitment therapy for psychosis. *Behavior Modification, 36*(2), 165-181.

Bani-Fatemi, A., Graff, A., Zai, C., Strauss, J. y De Luca, V. (2016). GWAS analysis of suicide attempt in schizophrenia: Main genetic effect and interaction with early life trauma. *Neuroscience Letters, 622,* 102-106.

Bardeen, J. R. y Fergus, T. A. (2016). The interactive effect of cognitive fusion and experiential avoidance on anxiety, depression, stress and posttraumatic stress symptoms. *Journal of Contextual Behavioral Science, 5,* 1-6.

Barnés, H. (2018). El holandés que quiere revolucionar la salud mental: «Es mucho más que tratar síntomas». *El Confidencial* (25 de abril). Disponible en https://bit.ly/3faWVeU

© Ediciones Pirámide

Barraca, J. (2007). La terapia de aceptación y compromiso (ACT). Fundamentos, aplicación en el contexto clínico y áreas de desarrollo. *Miscelánea Comillas, 65*(127), 761-781.

Bentall, R. P. (2003). *Madness explained: Psychosis and human nature*. Londres, UK: Penguin Books.

Beyebach, M. (2008). *24 ideas para una psicoterapia breve.* Barcelona: Herder.

Billow, R. M., Rossman, J., Lewis, N., Goldman, D., Kraemer, S. y Ross, P. (1987). Metaphoric communication and miscommunication in schizophrenic and borderline states. En R. E. Haskell (ed.), *Cognition and symbolic structures: The psychology of metaphoric transformation* (pp. 141-162). Norwood, NJ: Ablex Publishing.

Birchwood, M. (2003). Pathways to emotional dysfunction in first-episode psychosis. *The British Journal of Psychiatry: The Journal of Mental Science, 182,* 373-375.

Birchwood, M., Iqbal, Z., Chadwick, P. y Trower, P. (2000). Cognitive approach to depression and suicidal thinking in psychosis. 1. Ontogeny of post-psychotic depression. *The British Journal of Psychiatry: The Journal of Mental Science, 177,* 516-521.

Birchwood, M., Iqbal, Z. y Upthegrove, R. (2005). Psychological pathways to depression in schizophrenia: Studies in acute psychosis, post psychotic depression and auditory hallucinations. *European Archives Psychiatry Clinical Neuroscience, 255,* 202-212.

Birchwood, M. y Trower, P. (2006). The future of cognitive-behavioural therapy for psychosis: Not a quasi-neuroleptic. *The British Journal of Psychiatry: The Journal of Mental Science, 188,* 107-108.

Boyle. M. (2002). *Schizophrenia: A scientific delusion?* (2.ª ed.). Londres, UK: Routledge.

Bracken, P. y Thomas, P. (2001). Postpsychiatry: A new direction for mental health. *BMJ, 322*(7288), 724-727.

Cangas, A., López, A., Orta, A., Gallego, J., Alias, A., Soriano, C. y Piedra, J. A. (2017). «Inclúyete»: Programa socioeducativo e inclusivo para personas con trastorno mental grave y estudiantes en la Universidad de Almería. *Edupsykhé. Revista de Psicología y Educación, 16*(1), 86-97.

Chadwick, P. (2009). *Terapia cognitiva basada en la persona para la psicosis perturbadora.* Madrid: Fundación para la investigación y tratamiento de la esquizofrenia y otras psicosis [edición original, Chadwick, P. (2006). *Person-based cognitive therapy for distressing psychosis*].

Chadwick, P. (2014). Mindfulness for psychosis. *The British Journal of Psychiatry: The Journal of Mental Science, 204,* 333-334.

Chadwick, P. y Birchwood, M. (1994). The omnipotence of voices. A cognitive approach to auditory hallucinations. *The British Journal of Psychiatry: The Journal of Mental Science, 164*(2), 190-201.

Chadwick, P. y Birchwood, M. (1995). The omnipotence of voices. II: The Beliefs About Voices Questionnaire (BAVQ). *The British Journal of Psychiatry: The Journal of Mental Science, 166*(6), 773-776.

Cuthbert, B. N. e Insel, T. R. (2013). Toward the future of psychiatric diagnosis: The seven pillars of RDoC. *BMC Medicine, 11*(1), 126.

De Leede-Smith, S. y Barkus, E. (2013). A comprehensive review of auditory verbal hallucinations: Lifetime prevalence, correlates and mechanisms in healthy and clinical individuals. *Frontiers in Human Neuroscience, 7,* 367.

Fireweed Collective (2020). Recuperado el 28 de diciembre de 2020. https://fireweedcollective.org/

Fonseca-Pedrero, E. y Lemos Giráldez, S. (2019). El síndrome psicótico: pasado, presente y futuro. En E. Fonseca-Pedrero (coord.), *Tratamientos psicológicos para la psicosis* (pp. 27-72). Madrid: Pirámide.

Foody, M., Barnes-Holmes, Y., Barnes-Holmes, D., Torneke, N., Luciano, C., Stewart, I. y McEnteggart, C. (2014). RFT for clinical use: The example of metaphor. *Journal of Contextual Behavioral Science, 3,* 305-313.

Freeman, D. (2016). Persecutory delusions: A cognitive perspective on understanding and treatment. *Lancet Psychiatry, 3*(7), 685-692.

Fuchs, T. (2010). The Psychopathology of Hyperreflexivity. *Journal of Speculative Philosophy New Series, 24,* 239-255.

Furukawa, T. A., Levine, S. Z., Tanaka, S., Goldberg, Y., Samara, M., Davis, J. M., Cipriani, A. y Leucht, S. (2015). Initial severity of schizophrenia and efficacy of antipsychotics: Participant-level meta-analysis of 6 placebo-controlled studies. *JAMA Psychiatry, 72*(1), 14-21.

García-Montes, J. M. y Pérez-Álvarez, M. (2001). ACT como tratamiento de síntomas psicóticos. El caso de las alucinaciones auditivas. *Análisis y Modificación de Conducta, 27*(112), 455-472.

García-Montes, J. M. y Pérez-Álvarez, M. (2003). Reivindicación de la persona en la esquizofrenia. *Revista Internacional de Psicología Clínica y de la Salud, 3*(1), 107-122.

García-Montes, J. M., Luciano, M. C., Hernández, M. y Zalvivar, F. (2004). Aplicación de la terapia de aceptación y compromiso (ACT) a sintomatología delirante: un estudio de caso. *Psicothema, 16,* 117-124.

García-Montes, J. M., Pérez-Álvarez, M. y Perona-Garcelán, S. (2013). Acceptance and Commitment Therapy for delusions. En E. M. J. Morris, L. C. Johns y J. E. Oliver (2013), *Acceptance and Commitment Therapy and Mindfulness for Psychosis* (pp. 112-128). Chichester, UK: Wiley-Blackwell.

© Ediciones Pirámide

García-Montes, J. M. y Pérez-Álvarez, M. (2016). Terapia de Aceptación y Compromiso aplicada a la esquizofrenia. Estado actual y direcciones futuras. *Análisis y Modificación de Conducta, 42*(165-166), 99-119.

Gaudiano, B. A. y Herbert, J. D. (2006). Acute treatment of inpatients with psychotic symptoms using Acceptance and Commitment Therapy: Pilot results. *Behaviour Research and Therapy, 44*(3), 415-437.

Gaudiano, B. A., Davis, C. H., Epstein-Lubow, G., Johnson, J. E., Mueser, K. T. y Miller, I. W. (2017). Acceptance and Commitment Therapy for Inpatients with Psychosis (the REACH Study): Protocol for treatment development and pilot testing. *Healthcare (Basel, Switzerland), 5*(2), 23.

Gilbert, P. (2015). *Terapia centrada en la compasión.* Bilbao: Desclée de Brouwer.

González, D., Cernuda, J. A., Alonso, F., Beltrán, P. y Aparicio, V. (2018). Transdiagnóstico: origen e implicación en los cuidados de salud mental. *Revista de la Asociación Española de Neuropsiquiatría, 38*(133), 145-166.

Gøtzsche, P. (2014). Psychiatry Gone Astray-Mad In America. Mad In America. Recuperado el 1 de agosto. Disponible en https://bit.ly/2NRKlG6

Guloksuz, S. y Van Os, J. (2018). The slow death of the concept of schizophrenia and the painful birth of the psychosis spectrum. *Psychological Medicine, 48*(2), 229-244.

Gross, J. J. (2002). Emotion regulation: Affective, cognitive, and social consequences. *Psychophysiology, 39*(3), 281-291.

Harrow, M., Grossman, L. S., Jobe, T. H. y Herbener, E. S. (2005). Do patients with schizophrenia ever show periods of recovery? A 15-year multi-follow-up study. *Schizophrenia Bulletin, 31*(3), 723-734.

Harrow, M., Jobe, T. H. y Faull, R. N. (2012). Do all schizophrenia patients need antipsychotic treatment continuously throughout their lifetime? A 20-year longitudinal study. *Psychological Medicine, 42*(10), 2145-2155.

Hayes, S. C. (1984). Making sense of spirituality. *Behaviorism, 12,* 99-110.

Hayes, S. C. (2016). Acceptance and Commitment Therapy, Relational Frame Theory, and the Third Wave of Behavioral and Cognitive Therapies-Republished Article. *Behavior Therapy, 47*(6), 869-885.

Hayes, S. C., Kohlenberg, B. S. y Melancon, S. M. (1989). Avoiding and altering rule-control as a strategy of clinical intervention. En S. C. Hayes (ed.), *Rule governed behavior: Cognition, contingencies, and instructional control* (pp. 359-385). Nueva York, US: Plenum Press.

Hayes, S. C., Wilson, K. G., Gifford, E. V., Follette, V. M. y Strosahl, K. (1996). Experimental avoidance and behavioral disorders: A functional dimensional approach to diagnosis and treatment. *Journal of Consulting and Clinical Psychology, 64*(6), 1152-1168.

Hayes, S. C., Stronshal, K. D. y Wilson, K. G. (1999). *Acceptance and Commitment Therapy: An experiential approach to behavior change*. Nueva York, US: Guildford Press.

Hayes, S. C., Barnes-Holmes, D. y Roche, B. (eds.). (2001). *Relational Frame Theory: A Post-Skinnerian account of human language and cognition.* Nueva York, US: Springer.

Hayes, S. C. y Strosahl, K. D. (2004). *A practical guide to Acceptance and Commitment Therapy.* Nueva York, US: Springer.

Hayes, S. C., Villatte, M., Levin, M. y Hildebrandt, M. (2011). Open, aware, and active: Contextual approaches as an emerging trend in the behavioral and cognitive therapies. *Annual Review of Clinical Psychology, 7,* 141-168.

Hayes, S. C., Strosahl, K. D. y Wilson, K. G. (2014). *Acceptance and Commitment Therapy: An experiential approach to behavior change.* Nueva York, US: Guildford Press.

Heffner, M., Greco, L. A. y Eifert, G. H. (2003). Pretend you are a turtle: Children's responses to metaphorical and literal relaxation instruccions. *Child Family and Behavior Therapy, 25*(1), 19-33.

Henderson, S. y Malhi, G. S. (2014). Swan song for schizophrenia? *The Australian and New Zealand Journal of Psychiatry, 48*(4), 302-305.

Insel, T. (2013). Antipsychotics: Taking the long view [Blog]. Disponible en https://bit.ly/3d6Cgpq

International Early Psychosis Association Writing Group, IEPAW (2005). International clinical practice guidelines for early psychosis. *The British Journal of Psychiatry, 48*(Suppl.), s120-s124.

Jablensky, A. (2010). The diagnostic concept of schizophrenia: Its history, evolution, and future prospects. *Dialogues in Clinical Neuroscience, 12*(3), 271-287.

Jacobsen, P., Peters, E., Robinson, E. y Chadwick, P. (2020). Mindfulness-Based Crisis Interventions (MBCI) for psychosis within acute inpatient psychiatric settings: A feasibility randomised controlled trial. *BMC Psychiatry, 20*(1), 193.

Jenner, J. A. (2016). *Terapia integradora focalizada en las alucinaciones.* Madrid: Fundación para la investigación y el tratamiento de la esquizofrenia y otras psicosis.

Johns, L. C., Oliver, J. E., Khondoker, M., Byrne, M., Jolley, S., Wykes, T., Joseph, C., Butler, L., Craig, T. y Morris, E. M. (2016). The feasibility and acceptability of a brief Acceptance and Commitment Therapy (ACT) group intervention for people with psychosis: The «ACT for life» study. *Journal of Behavior Therapy and Experimental Psychiatry, 50,* 257-263.

© Ediciones Pirámide

Jones, C., Hacker, D., Cormac, I., Meaden, A. e Irving, C. B. (2014). Cognitive behaviour therapy versus other psychosocial treatments for schizophrenia. *The Cochrane Database of Systematic Reviews, 4*(4), CD008712.

Kasckow, J., Felmet, K. y Zisook, S. (2011). Managing suicide risk in patients with schizophrenia. *CNS Drugs, 25*(2), 129-143.

Kashdan, T. B. y Rottenberg, J. (2010). Psychological flexibility as a fundamental aspect of health. *Clinical Psychology Review, 30*(7), 865-878.

Keshavan, M. S., Nasrallah, H. A. y Tandon, R. (2011). Schizophrenia, «Just the Facts» 6. Moving ahead with the schizophrenia concept: From the elephant to the mouse. *Schizophrenia Research, 127*(1-3), 3-13.

Keshavan, M. S., Tandon, R. y Nasrallah, H. A. (2013). Renaming schizophrenia: Keeping up with the facts. *Schizophrenia Research, 148,* 1-2.

Kotov, R., Krueger, R. F., Watson, D., Achenbach, T. M., Althoff, R. R., Bagby, R. M., Brown, T. A., Carpenter, W. T., Caspi, A., Clark, L. A., Eaton, N. R., Forbes, M. K., Forbush, K. T., Goldberg, D., Hasin, D., Hyman, S. E., Ivanova, M. Y., Lynam, D. R., Markon, K., Miller, J. D., ... y Zimmerman, M. (2017). The Hierarchical Taxonomy of Psychopathology (HiTOP): A dimensional alternative to traditional nosologies. *Journal of Abnormal Psychology, 126*(4), 454-477.

Kuhn, T. (1962). *The structure of scientific revolutions.* Chicago, IL: The University of Chicago Press.

Kuijpers, H. J., Van der Heijden, F. M., Tuinier, S. y Verhoeven, W. M. (2007). Meditation-induced psychosis. *Psychopathology, 40,* 461-464.

Langer, A. y Cangas, A. (2007). Fundamentos y controversias en la diferenciación entre alucinaciones en población clínica y normal. *Terapia Psicológica, 25*(2), 173-182.

Laurenceau, J. P., Barrett, L. F. y Pietromonaco, P. R. (1998). Intimacy as an interpersonal process: The importance of self-disclosure, partner disclosure, and perceived partner responsiveness in interpersonal exchanges. *Journal of Personality and Social Psychology, 74*(5), 1238-1251.

Lavin, R., Bucci, S., Varese, F. y Berry, K. (2020). The relationship between insecure attachment and paranoia in psychosis: A systematic literature review. *The British Journal of Clinical Psychology, 59*(1), 39-65.

Le Boutillier, C., Leamy, M., Bird, V. J., Davidson, L., Williams, J. y Slade, M. (2011). What does recovery mean in practice? A qualitative analysis of international recovery-oriented practice guidance. *Psychiatric Services, 62*(12), 1470-1476.

Lemos-Giráldez, S., Fonseca-Pedrero, E., Paino, M. y Vallina, O. (2015). *Esquizofrenia y otros trastornos psicóticos.* Madrid: Síntesis.

Levin, M. E., Hildebrandt, M. J., Lillis, J. y Hayes, S. C. (2012). The impact of treatment components suggested by the psychological flexibility model: A meta-analysis of laboratory-based component studies. *Behavior Therapy, 43*(4), 741-756.

Lieberman, J. A., Stroup, T. S., McEvoy, J. P., Swartz, M. S., Rosenheck, R. A., Perkins, D. O., Keefe, R. S., Davis, S. M., Davis, C. E., Lebowitz, B. D., Severe, J., Hsiao, J. K. y Clinical Antipsychotic Trials of Intervention Effectiveness (CATIE) Investigators (2005). Effectiveness of antipsychotic drugs in patients with chronic schizophrenia. *The New England Journal of Medicine, 353*(12), 1209-1223.

Louise, S., Rossell, S. y Thomas, N. (2019). The acceptability, feasibility and potential outcomes of an individual mindfulness-based intervention for hearing voices. *Behavioural and Cognitive Psychotherapy, 47*(2), 200-216.

Lysaker, P. H. y Lysaker, J. T. (2010). Schizophrenia and alterations in self-experience: A comparison of 6 perspectives. *Schizophrenia Bulletin, 36*(2), 331-340.

Lundgren, T., Luoma, J., Dahl, J., Strosahl, K. y Melin, L. (2012). The Bull's-Eye Values Survey: A psychometric evaluation. *Cognitive and Behavioral Practice, 19*(4), 518-526.

Lysaker, P. y Klion, R. (2018). *Recovery, meaning-making, and Severe Mental Illness: A comprensive guide to metacognitive reflection and insight therapy* (1.ª ed.). Nueva York, US: Routledge.

McCurry, S. M. y Hayes, S. C. (1992). Clinical and experimental perspectives on metaphorical talk. *Clinical Psychology Review, 12*(7), 763-785.

McGinty, J., Sayeed Haque, M. y Upthegrove, R. (2018). Depression during first episode psychosis and subsequent suicide risk: A systematic review and meta-analysis of longitudinal studies. *Schizophrenia Research, 195,* 58-66.

Melle, I., Olav Johannesen, J., Haahr, U. H., Ten Velden Hegelstad, W., Joa, I., Langeveld, J., Larsen, T. K., Ilner Opjordsmoen, S., Qin, P., Ivar Røssberg, J., Rishovd Rund, B., Simonsen, E., Vaglum, P., McGlashan, T. H. y Friis, S. (2017). Causes and predictors of premature death in first-episode schizophrenia spectrum disorders. *World Psychiatry: Official Journal of the World Psychiatric Association (WPA), 16*(2), 217-218.

Moncrieff, J. (2013). *Hablando claro. Una introducción a los fármacos psiquiátricos.* Barcelona: Herder.

Morris, E. M., Garety, P. y Peters, E. (2014). Psychological flexibility and nonjudgemental acceptance in voice hearers: Relationships with omnipotence and distress. *The Australian and New Zealand Journal of Psychiatry, 48*(12), 1150-1162.

Morris, E. M. J. (2019). Acceptance and Commitment Therapy. En C. Cupitt, *CBT for Psychosis: Process-*


© Ediciones Pirámide

*Orientated Therapies and the Third Wave* (pp. 79-97). Londres y Nueva York, UK y US: Routledge Taylor & Francis Group.

Morrison, A. P., Haddock, G. y Tarrier, N. (1995). Intrusive thoughts and auditory hallucinations: A cognitive approach. *Behavioural and Cognitive Psychotherapy, 23*(3), 265-280.

Morrison, A. P., Hutton, P., Shiers, D. y Turkington, D. (2012). Antipsychotics: Is it time to introduce patient choice? *The British Journal of Psychiatry: The Journal of Mental Science, 201,* 83-84.

Morrison, A. P., Law, H., Carter, L., Sellers, R., Emsley, R., Pyle, M., French, P., Shiers, D., Yung, A. R., Murphy, E. K., Holden, N., Steele, A., Bowe, S. E., Palmier-Claus, J., Brooks, V., Byrne, R., Davies, L. y Haddad, P. M. (2018). Antipsychotic drugs versus cognitive behavioural therapy versus a combination of both in people with psychosis: A randomised controlled pilot and feasibility study. *The Lancet. Psychiatry, 5*(5), 411-423.

Nuechterlein, K. H. y Dawson, M. E. (1984). A heuristic vulnerability/stress model of schizophrenic episodes. *Schizophrenia Bulletin, 10*(2), 300-312.

O'Donogue, E. K., Morris, E. M., Oliver, J. E. y Johns, L. C. (2018). *ACT for Psychosis Recovery: A Practical Manual for Group-Based Interventions Using Acceptance and Commitment Therapy.* Oakland, US: Context Press.

Oliver, J. E., O'Connor, J. A., Jose, P. E., McLachlan, K. y Peters, E. R. (2012). The impact of negative schemas, mood and psychological flexibility on delusional ideation: Mediating and moderating effects. *Psychosis, 4,* 6-18.

Omachi, Y. y Sumiyoshi, T. (2018). Dose reduction/discontinuation of antipsychotic drugs in psychosis: Effect on cognition and functional outcomes. *Frontiers in Psychiatry, 9,* 447.

Öst, L. G. (2008). Efficacy of the third wave of behavioral therapies: a systematic review and meta-analysis. *Behaviour Research and Therapy, 46*(3), 296-321.

Öst, L. G. (2014). The efficacy of Acceptance and Commitment Therapy: An updated systematic review and meta-analysis. *Behaviour Research and Therapy, 61,* 105-121.

Páez, M., Gutiérrez, O., Valdivia, S. y Luciano, C. (2006). Terapia de aceptación y compromiso (ACT) y la importancia de los valores personales en el contexto de la terapia psicológica. *International Journal of Psychology and Psychological Therapy, 6*(1), 1-20.

Pankey, J. y Hayes, S. C. (2003). Acceptance and Commitment Therapy for psychosis. *International Journal of Psychology and Psychological Therapy, 3,* 311-328.

Park, J. H., Choi, Y. M., Kim, B., Lee, D. W. y Gim, M. S. (2012). Use of the terms «schizophrenia» and «schizophrenic» in the South Korean news media: A content analysis of newspapers and news programs in the last 10 years. *Psychiatry Investigation, 9*(1), 17-24.

Patterson, G. R. (1982). *Coercive family process.* Oregon, US: Castalia.

Perälä, J., Suvisaari, J., Saarni, S. I., Kuoppasalmi, K., Isometsä, E., Pirkola, S., Partonen, T., Tuulio-Henriksson, A., Hintikka, J., Kieseppä, T., Härkänen, T., Koskinen, S. y Lönnqvist, J. (2007). Lifetime prevalence of psychotic and bipolar I disorders in a general population. *Archives of General Psychiatry, 64*(1), 19-28.

Pérez-Álvarez, M. (2008). Hyperreflexivity as a condition of mental disorder: A clinical and historical perspective. *Psicothema, 20*(2), 181-187.

Pérez-Álvarez, M. (2012a). Esquizofrenia y cultura moderna: razones de la locura. *Psicothema, 24*(1) 1-9.

Pérez-Álvarez, M. (2012b). *Las raíces de la psicopatología moderna.* Madrid: Pirámide.

Pérez-Álvarez, M. (2014). *Las terapias de tercera generación como terapias contextuales.* Madrid: Síntesis.

Pérez-Álvarez, M. (2017a). Repensar la esquizofrenia. A propósito de locura y modernismo. *Revista de la Asociación Española de Neuropsiquiatría, 37*(132), 595-600.

Pérez-Álvarez, M. (2017b). El turno transdiagnóstico y el retorno de la psicopatología: el tema de nuestro tiempo en psiquiatría. *Cuadernos de Psiquiatría Comunitaria, 14*(1), 35-52.

Pérez-Álvarez, M. y García-Montes, J. M. (2006). Entendimiento filosófico de la esquizofrenia. *Apuntes de Psicología, 24*(1-3), 11-29.

Pérez-Álvarez, M. y García-Montes, J. M. (2018). Evaluación fenomenológica más allá de los síntomas. En E. Fonseca-Pedrero (coord.), *Evaluación de los trastornos del espectro psicótico* (pp. 331-363). Madrid: Pirámide.

Perkins, D. O. (1999). Adherence to antipsychotic medications. *The Journal of Clinical Psychiatry, 60*(Suppl. 21), 25-30.

Perry, Y., Henry, J. D. y Grisham, J. R. (2011). The habitual use of emotion regulation strategies in schizophrenia. *British Journal of Clinical Psychology, 50*(2), 217-222.

Pillinger, T., McCutcheon, R. A., Vano, L., Mizuno, Y., Arumuham, A., Hindley, G., Beck, K., Natesan, S., Efthimiou, O., Cipriani, A. y Howes, O. D. (2020). Comparative effects of 18 antipsychotics on metabolic function in patients with schizophrenia, predictors of metabolic dysregulation, and association with psychopathology: A systematic review and network meta-analysis. *The Lancet. Psychiatry, 7*(1), 64-77.

Polk, K. L. y Schoendorff, B. (eds.) (2014). *The ACT Matrix: A new approach to building psychological flexibi-*

© Ediciones Pirámide

*lity ælations.* Oakland, CA: New Harbinger Publications.

Portela, M., Vírseda, A. y Gayubo, L. (2003). Revisión sobre el estudio de la «teoría de la mente» en trastornos generalizados del desarrollo y esquizofrenia. *Actas Españolas de Psiquiatría, 31*(6), 339-346.

Powers, M. B., Zum Vorde Sive Vording, M. B. y Emmelkamp, P. M. (2009). Acceptance and commitment therapy: A meta-analytic review. *Psychotherapy and Psychosomatics, 78*(2), 73-80.

Romme, M. A. y Escher, A. D. (1989). Hearing voices. *Schizophrenia Bulletin, 15*(2), 209-216.

Romme, M. y Escher, S. (1993). *Accepting voices.* Londres, UK: Mind.

Romme, M. y Escher, S. (2005). *Dando sentido a las voces.* Madrid: Fundación para la Investigación y el Tratamiento de la Esquizofrenia y otras Psicosis.

Romme, M. y Escher, S. (2013). *La psicosis como crisis personal. Un abordaje basado en la experiencia.* Madrid: Fundación para la Investigación y Tratamiento de la Esquizofrenia y otras Psicosis.

Rössler, W., Riecher-Rössler, A., Angst, J., Murray, R., Gamma, A., Eich, D., Van Os, J. y Gross, V. A. (2007). Psychotic experiences in the general population: A twenty-year prospective community study. *Schizophrenia Research, 92*(1-3), 1-14.

Rowe, A. C., Gold, E. R. y Carnelley, K. B. (2020). The effectiveness of attachment security priming in improving positive affect and reducing negative affect: A systematic review. *International Journal of Environmental Research and Public Health, 17*(3), 968.

Ruiz, F. J. (2012). Acceptance and Commitment Therapy versus traditional cognitive behavioral therapy: A systematic review and meta-analysis of current empirical evidence. *International Journal of Psychology and Psychological Therapy, 12*(3), 333-357.

Ruiz, F. J. y Luciano, C. (2015). Common physical properties among relational networks improve analogy aptness. *Journal of the Experimental Analysis of Behavior, 103*(3), 498-510.

Saarni, S. I., Viertiö, S., Perälä, J., Koskinen, S., Lönnqvist, J. y Suvisaari, J. (2010). Quality of life of people with schizophrenia, bipolar disorder and other psychotic disorders. The *British Journal of Psychiatry: The Journal of Mental Science, 197*(5), 386-394.

Sass, L. A. y Parnas, J. (2007). Explaining schizophrenia: The relevance of phenomenology. En M. C. Chung, B. Fulford y G. Graham (eds.), *International perspectives in philosophy and psychiatry. Reconceiving schizophrenia* (p. 63-95). Londres, UK: Oxford University Press.

Sato, M. (2006). Renaming schizophrenia: A Japanese perspective. *World Psychiatry: Official Journal of the World Psychiatric Association (WPA), 5*(1), 53-55.

Segarra, R., Eguíluz, I. y Gutiérrez (2014). Curso evolutivo y pronóstico de los primeros episodios de psicosis del espectro esquizofrénico. En R. Segarra, *Abordaje integral de las fases iniciales de las psicosis: una visión crítica.* Madrid: Panamericana.

Segarra, R., Gutiérrez, M. y Eguíluz, J. (2010). Curso y pronóstico de la esquizofrenia. En J. Vallejo y C. Leal (eds.), *Tratado de psiquiatría* (2.ª ed., pp. 1077-1107). Barcelona: Ars Médica.

Seikkula, J. y Arnkil, T. E. (2016). *Diálogos terapéuticos en la red social.* Barcelona: Herder.

Seikkula, J. y Arnkil, T. E. (2019). *Diálogos abiertos y anticipaciones terapéuticas.* Barcelona: Herder.

Seikkula, J. y Olson, M. E. (2003). The open dialogue approach to acute psychosis: Its poetics and micropolitics. *Family Process, 42*(3), 403-418.

Serrano Cartón, M. M., Serrano Cartón, M. y Serrano Vázquez, M. (2012). Factores pronósticos en la esquizofrenia. *Revista de la Asociación Gallega de Psiquiatría, 98-105.*

Sethi, S. y Bhargava, S. C. (2003). Relationship of meditation and psychosis: Case studies. *Australian and New Zealand Journal of Psychiatry, 37,* 382.

Shawyer, F., Farhall, J., Mackinnon, A., Trauer, T., Sims, E., Ratcliff, K., Larner, C., Thomas, N., Castle, D., Mullen, P. y Copolov, D. (2012). A randomised controlled trial of acceptance-based cognitive behavioural therapy for command hallucinations in psychotic disorders. *Behaviour Research and Therapy, 50*(2), 110-121.

Shawyer, F., Farhall, J., Thomas, N., Hayes, S. C., Gallop, R., Copolov, D. y Castle, D. J. (2017). Acceptance and commitment therapy for psychosis: Randomised controlled trial. *The British Journal of Psychiatry: The Journal of Mental Science, 210*(2), 140-148.

Shonin, E., Van Gordon, W. y Griffiths, M. D. (2014). Do mindfulness-based therapies have a role in the treatment of psychosis? *Australian and New Zealand Journal of Psychiatry, 48,* 124-127.

Sidman, M. (1971). Reading and auditory-visual equivalences. *Journal of Speech and Hearing Research, 14*(1), 5-13.

Sidman, M. y Tailby, W. (1982). Conditional discrimination vs. matching to sample: An expansion of the testing paradigm. *Journal of the Experimental Analysis of Behavior, 37*(1), 5-22.

Sierra, M. A., Ruiz, F. J., Flórez, C. L., Riaño Hernández, D. y Luciano, C. (2016). The role of common physical properties and augmental functions in metaphor effect. *International Journal of Psychology & Psychological Therapy, 16*(3), 265-279.

Skinner, B. F. (1953). *Science and Human Behavior.* Nueva York, US: Macmillan.

Skinner, B. F. (1969). *Contingencies of reinforcement: A theoretical analysis.* Nueva York, US: Appleton-Century-Crofts.

© Ediciones Pirámide

Sood, M. y Newman-Taylor, K. (2020). Cognitive fusion mediates the impact of attachment imagery on paranoia and anxiety. *Cognitive Therapy and Research, 1-12.*

Startup, M., Jackson, M. C. y Bendix, S. (2004). North Wales randomized controlled trial of cognitive behaviour therapy for acute schizophrenia spectrum disorders: Outcomes at 6 and 12 months. *Psychological Medicine, 34*(3), 413-422.

Tanskanen, A., Tiihonen, J. y Taipale, H. (2018). Mortality in schizophrenia: 30-year nationwide follow-up study. *Acta Psychiatrica Scandinavica, 138*(6), 492-499.

Tarrier, N. (2005). Co-morbidity and associated clinical problems in schizophrenia: Their nature and implications for comprehensive cognitive-behavioural treatment. *Behaviour Change, 22*(3), 125-142.

Thomas, N., Morris, E. M. J., Shawyer, F. y Farhall, J. (2013). Acceptance and Commitment Therapy for Voices. En E. M. J. Morris, L. C. Johns y J. E. Oliver (2013), *Acceptance and Commitment Therapy and Mindfulness for Psychosis* (pp. 95-112). Oxford, UK: Wiley-Blackwell.

Thomas, N., Shawyer, F., Castle, D. J., Copolov, D., Hayes, S. C. y Farhall, J. (2014). A randomised controlled trial of acceptance and commitment therapy (ACT) for psychosis: Study protocol. *BMC Psychiatry, 14,* 198.

Tyrberg, M. J., Carlbring, P. y Lundgren, T. (2017). Brief acceptance and commitment therapy for psychotic inpatients: A randomized controlled feasibility trial in Sweden. *Nordic Psychology, 69*(2), 110-125.

Udachina, A., Varese, F., Myin-Germeys, I. y Bentall, R. P. (2014). The role of experiential avoidance in paranoid delusions: An experience sampling study. *British Journal of Clinical Psychology, 53*(4), 422-432.

Vallina, O. y Lemos, S. (2001). Tratamientos psicológicos eficaces para la esquizofrenia. *Psicothema, 13*(3), 345-364.

Vallina, O., Pérez-Álvarez, M., Fernández, M. P. y García-Montes, J. M. (2019). Terapias contextuales para la psicosis. En E. Fonseca (coord.), *Tratamientos psicológicos para la psicosis* (pp. 453-510). Madrid: Pirámide.

Van Os, J. (2009). «Salience syndrome» replaces «schizophrenia» in DSM-V and ICD-11: Psychiatry's evidence-based entry into the 21st century? *Acta Psychiatrica Scandinavica, 120*(5), 363-372.

Van Os, J. (2016). «Schizophrenia» does not exist. *BMJ (Clinical Research ed.), 352,* i375.

Van Os, J., Hanssen, M., Bijl, R. V. y Ravelli, A. (2000). Strauss (1969) revisited: a psychosis continuum in the general population? *Schizophrenia Research, 45*(1-2), 11-20.

Van Os, J. y Kapur, S. (2009). Schizophrenia. *Lancet* (Londres, UK), *374*(9690), 635-645.

Van Os, J., Linscott, R. J., Myin-Germeys, I., Delespaul, P. y Krabbendam, L. (2009). A systematic review and meta-analysis of the psychosis continuum: Evidence for a psychosis proneness-persistence-impairment model of psychotic disorder. *Psychological Medicine, 39*(2), 179-195.

Van Os, J., Kenis, G. y Rutten, B. P. (2010). The environment schizophrenia. *Nature, 468*(7321), 203-212.

Varese, F., Morrison, A. P., Beck, R., Heffernan, S., Law, H. y Bentall, R. P. (2016). Experiential avoidance and appraisals of voices as predictors of voice-related distress. *The British Journal of Clinical Psychology, 55*(3), 320-331.

Vaughan, S. y Fowler, D. (2004). The distress experienced by voice hearers is associated with the perceived relationship between the voice hearer and the voice. *The British Journal of Clinical Psychology, 43*(2), 143-153.

Vidal, A. (2015). *Locura y opresión. Rutas para la transformación personal y liberación colectiva. Guía de Mapas Locos por The Icarus Project* [Ebook] (1.ª ed.). Recuperado el 28 diciembre de 2020: https://bit.ly/3sds8Sd

Vowles, K. E., Witkiewitz, K., Sowden, G. y Ashworth, J. (2014). Acceptance and commitment therapy for chronic pain: Evidence of mediation and clinically significant change following an abbreviated interdisciplinary program of rehabilitation. *The Journal of Pain: Official Journal of the American Pain Society, 15*(1), 101-113.

Wampold, B. E. (2001). *The great psychotherapy debate: models, methods, and findings.* Mahwah, US: L. Erlbaum Associates.

Wang, W., Zhou, Y., Wang, J., Xu, H., Wei, S., Wang, D., Wang, L. y Zhang, X. Y. (2020). Prevalence, clinical correlates of suicide attempt and its relationship with empathy in patients with schizophrenia. *Progress in Neuro-Psychopharmacology & Biological Psychiatry, 99,* 109863.

Wegner, D. M., Schneider, D. J., Carter, S. R. y White, T. L. (1987). Paradoxical effects of thought suppression. *Journal of Personality and Social Psychology, 53*(1), 5-13.

Westrup, D. (2014). *Advanced Acceptance and Commitment Therapy: The experienced practitioner's guide to optimizing delivery.* Oakland, US: New Harbinger.

White, R. (2013). Acceptance and Commitment Therapy for Emotional Dysfunction following Psychosis. En E. M. J. Morris, L. C. Johns y J. E. Oliver, *Acceptance and Commitment Therapy and Mindfulness for Psychosis* (pp. 112-128). Chichester, UK: Wiley-Blackwell.

White, R., Gumley, A., McTaggart, J., Rattrie, L., McConville, D., Cleare, S. y Mitchell, G. (2011). A feasibility study of Acceptance and Commitment Therapy for emotional dysfunction following psychosis. *Behaviour Research and Therapy, 49*(12), 901-907.

© Ediciones Pirámide

White, R., Gumley, A., McTaggart, J., Rattrie, L., McConville, D., Cleare, S., McLeod, H. y Mitchell, G. (2015). Acceptance and Commitment Therapy for depression following psychosis: An examination of clinically significant change. *Journal of Contextual Behavioral Science, 4*(3), 203-209.

Whitehead, C., Moss, S., Cardno, A. y Lewis, G. (2002). Antidepressants for people with both schizophrenia and depression. *The Cochrane Database of Systematic Reviews, 2002*(2), CD002305.

Wilson, K. G. (2007). *The Hexaflex diagnostic: A fully dimensional approach to assessment, treatment, and case conceptualization.* Presidential address presented at the annual convention of the Association for Contextual Behavioral Science, Houston, TX.

Wilson, K. G. y Luciano, M.C. (2002). *Terapia de aceptación y compromiso (ACT). Un tratamiento orientado a los valores.* Madrid: Pirámide.

Wood, L., Williams, C., Billings, J. y Johnson, S. (2020). A systematic review and meta-analysis of cognitive behavioural informed psychological interventions for psychiatric inpatients with psychosis. *Schizophrenia Research, 222,* 133-144.

Wunderink, L., Nieboer, R. M., Wiersma, D., Sytema, S. y Nienhuis, F. J. (2013). Recovery in remitted first-episode psychosis at 7 years of follow-up of an early dose reduction/discontinuation or maintenance treatment strategy: Long-term follow-up of a 2-year randomized clinical trial. *JAMA Psychiatry, 70*(9), 913-920.

Yildiz, E. (2020). The effects of acceptance and commitment therapy in psychosis treatment: A systematic review of randomized controlled trials. *Perspectives in Psychiatric Care, 56*(1), 149-167.

Zaheer, J., Olfson, M., Mallia, E., Lam, J., De Oliveira, C., Rudoler, D., Carvalho, A. F., Jacob, B. J., Juda, A. y Kurdyak, P. (2020). Predictors of suicide at time of diagnosis in schizophrenia spectrum disorder: A 20-year total population study in Ontario, Canadá. *Schizophrenia Research, 222,* 382-388.

Zettle, R. D. y Hayes, S. C. (1986). Dysfunctional control by client verbal behavior: The context of reason giving. *The Analysis of Verbal Behavior, 4,* 30-38.

Zubin, J. y Spring, B. (1977). Vulnerability: A new view of schizophrenia. *Journal of Abnormal Psychology, 86*(2), 103-126.

© Ediciones Pirámide

# Terapia de aceptación y recuperación por niveles para la psicosis (ART)

8

JUAN ANTONIO DÍAZ GARRIDO
HORUS LAFFITE CABRERA
RAQUEL ZÚÑIGA COSTA

## 1. INTRODUCCIÓN

La propuesta de intervención que plantea la terapia de aceptación y recuperación por niveles (ART) intenta superar las limitaciones que han encontrado otras psicoterapias en el tratamiento de los trastornos del espectro psicótico (TEP), adaptando la terapia a la psicosis y no la psicosis a la terapia. Por consiguiente, ART supone adaptar procesos, estrategias y técnicas contextualizadas al nivel de deterioro presente en una persona afectada por un TEP en un momento determinado, desde los principios del contextualismo funcional y la fundamentación de ACT, incorporando elementos rehabilitadores en función del gradiente de deterioro cognitivo y funcional. A este arsenal terapéutico se suman propuestas propias y reelaboraciones procedentes de otros modelos que están dirigidas a complementar y potenciar las intervenciones en psicosis a lo largo de sus diferentes fases, garantizando la continuidad de cuidados desde una perspectiva interdisciplinar.

## 2. ¿CÓMO HEMOS LLEGADO HASTA AQUÍ?

¿Qué es lo que define la psicosis? Existe consenso acerca de que no existen síntomas patognomónicos en la esquizofrenia, ni en los TEP en general. Sin embargo, se ha generalizado una visión sesgada en el ámbito clínico, la cual está basada en la reinterpretación que en la década de los setenta se hizo de los preceptos schneiderianos y que asume que la aparición de determinados síntomas implicaba ineludiblemente el diagnóstico de esquizofrenia, además de una concepción desfavorable de su curso. Este sesgo, impulsado por las principales propuestas nosológicas, ha contribuido a la limitación y el enquistamiento de la conceptualización, el desarrollo y entendimiento de la psicosis, que no ha ido en paralelo al desarrollo de los nuevos modelos psicoterapéuticos.

El entendimiento de los TEP va unido al desarrollo histórico del constructo de la esquizofrenia. La conceptualización de la esquizofrenia se inicia con la *dementia praecox* de Kraepelin, que destaca como características fundamentales la temprana aparición y el curso deteriorante a nivel cognitivo. Eugen Bleuler acuñó el término «esquizofrenia», estableció los denominados síntomas fundamentales y defendió que la esquizofrenia podría tener un pronóstico favorable. Estos síntomas fundamentales eran el elemento central y constante en el curso del cuadro, y se encontraban estrechamente relacionados con lo que actualmente entendemos por sintomatología negativa, mientras que los síntomas accesorios, además de estar presentes en otros trastornos, no aparecían en todos los momentos. Los síntomas accesorios se corresponderían principalmente con lo que a día de hoy conocemos por sintomatología positiva. La publicación de *Klinische Psychopathologie (Psicopatología clínica)* de Kurt Schneider en 1946 supuso un punto de inflexión para la prelación sintomatológica en la esquizofrenia, que se ha interpretado como la primacía de los síntomas positivos para establecer su diagnóstico.

Aspectos fundamentales en la génesis y el curso de los TEP, como el deterioro cognitivo y funcional, y la sintomatología negativa, se han visto eclipsados por la preeminencia y el centramiento que el modelo biologicista ha impuesto sobre los fenómenos positivos. Los fármacos antipsicóticos se han mostrado relativamente eficaces para controlar estos síntomas y las alteraciones conductuales asociadas, pero se han visto limitados en el abordaje del problema que nosotros consideramos esencial y definitorio de la psicosis: la sintomatología negativa y el deterioro cognitivo y funcional.

Sin embargo, durante los últimos años ha habido un creciente interés por el estudio de estas variables que afectan a la funcionalidad y la vida cotidiana de las personas afectadas por psicosis. Desde nuestra posición, la psicosis principalmente se fundamenta en la sintomatología negativa y conlleva niveles variables de deterioro cognitivo y funcional, que pueden existir incluso antes de la primera manifestación de esta.

## 2.1. Dificultades de la psicoterapia en el abordaje de la psicosis

Son varios los modelos psicoterapéuticos que actualmente están obteniendo resultados positivos en el tratamiento de las psicosis; sin embargo, estos efectos no se mantienen consistentemente en el tiempo y no todas las personas logran beneficiarse de ellos. Nosotros señalamos tres importantes limitaciones para explicar el fracaso actual de muchos de los planteamientos terapéuticos y de recuperación al abordar las psicosis:

1. En primer lugar, la primacía y centralidad que el modelo médico ha otorgado a la sintomatología positiva. Los tratamientos para las psicosis se han basado mayoritariamente en la reducción y el control de los delirios y alucinaciones, perdiendo de vista otros déficits que impiden la obtención de la funcionalidad y la integración en la vida social del paciente: el deterioro cognitivo y la sintomatología negativa. La adaptación de la terapia y sus técnicas ha de tener en consideración dos focos: primero, la presencia de deterioro cognitivo y el nivel de este en el paciente concreto, y segundo, el momento evolutivo del cuadro clínico, así como las manifestaciones fenomenológicas específicas de cada momento.
2. La segunda de las limitaciones ha sido el intentar que las psicosis y el conjunto de dificultades asociadas a ellas se amolden a los modelos psicoterapéuticos ya establecidos, lo que supone una utopía en el caso de un trastorno tan complejo. Según Hoff (2012), los prejuicios nosológicos o dogmas obstruyen la investigación y restringen la interpretación de los datos a los límites de los conceptos ya conocidos, por lo que son los distintos modelos, terapias y equipos de terapeutas los que debemos adaptarnos a las especificidades de la psicosis, y no a la inversa.
3. Una tercera dificultad en el tratamiento de los TEP es que, con carácter general, se produce la concurrencia de numerosos profesionales (psicología, psiquiatría, enfermería, trabajo social...), que además pueden prestar su colaboración desde diferentes ámbitos o servicios (sanitarios, sociales...) en el tratamiento o los cuidados del paciente desde un encuadre biopsicosocial. Cada uno de estos profesionales puede tener su propia orientación y no siempre las intervenciones de uno y otro se complementan; es más, en muchos de los casos suponen para el individuo estrés e incertidumbre añadida. Otras limitaciones pueden ser: la fragmentación de los servicios, los intereses y prioridades contradictorios, las dificultades para la financiación y dotación estructural, así como las complejas relaciones entre las Administraciones con competencias sociales y sanitarias, que genera indefinición de responsabilidades, duplicidad de esfuerzos y una ruptura en la continuidad de cuidados (Hadley et al., 1996; citados por Vallina, 2003).

Todo lo expuesto nos permite proponer ART como un modelo de corte contextual y humanista, centrado en la funcionalidad y no en el síntoma, adaptable a las necesidades concretas de cada persona, incorporando la confluencia de todas las «voces» desde una postura interdisciplinar.

## 2.2. Primacía del modelo médico y de los síntomas positivos en la psicosis

La historia de los TEP tal y como la entendemos actualmente se corresponde en gran medida con la de

© Ediciones Pirámide

la esquizofrenia, la cual se inicia con el concepto de *dementia praecox* de Kraepelin (Hoenig, 2012), quien a través del estudio del curso longitudinal de la psicosis propuso un modelo taxonómico dual, que a día de hoy aún goza de una importante influencia. Kraepelin diferenciaba entre psicosis maníaco-depresiva, de buen pronóstico y la demencia precoz, en la que destacaba su mal pronóstico, y la presencia de deterioro cognitivo y conductual severo (Jablensky, 2010). Estos cursos contrapuestos conforman lo que se denominó la «regla Kraepelin».

Eugen Bleuler (1911) trabajó sobre el concepto de Kraepelin acuñando el término *esquizofrenia,* si bien señaló que con este término se refería a un grupo que incluye varias enfermedades, el *grupo de las esquizofrenias.* Según Bleuler, el término «demencia precoz» era inadecuado, puesto que en muchas ocasiones el deterioro o bien no aparece precozmente o bien no se produce (Jablensky, 2010; Bleuler, 1993). Bleuler distinguió entre síntomas fundamentales y accesorios. Los síntomas fundamentales son aquellos que encuentran «presentes en todos los casos y en todos los períodos de enfermedad» (Bleuler, 1993, p. 20) y, por tanto, característicos de la esquizofrenia, representados por las cuatro «Aes»: asociaciones deterioradas, alteración de la afectividad, ambivalencia y autismo; los síntomas fundamentales bleulerianos se corresponden en gran medida con la que actualmente consideramos sintomatología de carácter negativo, mientras que aquellos que denominaba síntomas accesorios lo hacen con la fenomenología de tipo positiva. Este planteamiento enfatiza el carácter dinámico y positivo del proceso, lo que permitía un acercamiento a la perspectiva psicodinámica y por ende a la terapéutica. Sin embargo, la propuesta bleuleriana derivó en una extensión del concepto de «esquizofrenia» que favoreció la vaguedad del mismo (Ey et al., 1975).

De gran trascendencia fueron las aportaciones psicopatológicas de Kurt Schneider, produciéndose un enorme punto de inflexión para la conceptualización de la esquizofrenia cuando su trabajo fue redescubierto tardíamente por la psiquiatría anglófona, donde debido a «malentendidos o al desconocimiento» del contexto del autor, las definiciones de los *síntomas de primer rango* fueron reelaboradas (Hoenig, 1982) y dogmatizadas con un creciente interés, al coincidir estos con la sintomatología para la cual los fármacos antipsicóticos estaban dando resultados. Sin embargo, Kurt Schneider no planteaba que los denominados síntomas de primer rango tuviesen mayor importancia para el curso y pronóstico de la enfermedad que los síntomas de *segundo rango,* ni que estos últimos no fuesen trascendentes, únicamente hacía referencia a la especificidad e importancia de los primeros para distinguir y diagnosticar de forma pragmática una esquizofrenia, su objetivo no era elaborar una teoría sobre la misma (Hoenig, 1982). El propio Schneider (1997) señalaba lo siguiente:

> «Entre los múltiples modos anormales de vivencia que se presentan en el caso de la esquizofrenia hay algunos a los que nosotros llamamos síntomas de primer rango, no porque los consideremos "trastornos fundamentales", sino porque tienen un peso completamente especial para el diagnóstico. Esta valoración... se refiere únicamente al diagnóstico. Mas con ella no se dice nada acerca de la teoría de la esquizofrenia... Para establecer el diagnóstico de esquizofrenia no es necesario que estén ahí presentes los síntomas de primer rango. Tal vez sería posible admitir todavía otros síntomas esquizofrénicos de primer rango» (pp. 170-172).

La interpretación sesgada y parcial de la posición schneideriana patognomiza los síntomas de primer rango y los convierte en la manifestación por antonomasia de la psicosis, absorbiendo el interés de los investigadores y clínicos. Esta postura fue incorporada por los principales manuales de criterios diagnósticos hasta sus versiones más recientes (CIE-11 y DSM-5), ya que en sus versiones previas priorizaban estos síntomas sobre el resto de cara al diagnóstico de la esquizofrenia. El monopolio de los síntomas positivos se refuerza con la aparición y evolución de los antipsicóticos, que se han mostrado parcialmente eficaces para el control de los delirios y alucinaciones, dedicándose en países como España la mayor parte de los recursos económicos a la rama farmacológica, en perjuicio de otro tipo de intervenciones y dispositivos que también han demostrado su eficacia.

La eficacia de los resultados de la industria farmacéutica no está exenta de crítica, pues algunos autores ponen al descubierto un sesgo confirmatorio en las publicaciones en una sola dirección (Gilbody et al., 2000), fenómeno por el cual los estudios de investigación con resultados «positivos» estadís-

© Ediciones Pirámide

ticamente significativos se publican en mayor medida que los que obtienen resultados nulos o negativos. La consecuencia de este sesgo es que la información de dominio público de las revistas científicas de primer nivel no es representativa de la totalidad de la evidencia investigadora. En un artículo de Lancee et al. (2017) se detectó que de los 48 estudios ECA analizados, el 85% de los ensayos clínicos con fármacos antipsicóticos publicados desde 2006 no se adhirieron completamente a los resultados preespecificados, sino informaron tan solo de las medidas confirmatorias; de hecho, el 81% de estos estudios tuvieron un resultado secundario no informado o que fue modificado por un resultado primario en la publicación correspondiente. En dicho estudio se indica la falta de transparencia en la información de resultados de eficacia de los fármacos antipsicóticos por parte de los equipos de investigación, tendiendo solo a comunicar los resultados positivos y no a informar acerca de las medidas en las que no se produjeron cambios o efectos adversos y/o negativos. Como consecuencia de esto, los equipos de investigación se aseguran la publicación de su trabajo, a costa de confundir a la comunidad científica y al público en general, al dar a entender que los resultados de eficacia son uniformemente positivos. Desgraciadamente, esta posición está siendo transmitida y asimilada de generación a generación de profesionales sin cuestionamiento, reforzado positivamente por la industria farmacéutica a través de la financiación de cursos y congresos, así como al ofrecimiento de charlas y coloquios acerca de los propios productos, que de manera implícita consigue sesgar la posición de los futuros profesionales, generando un «efecto túnel» que actúa en contra de las otras opciones terapéuticas, perpetuando el sistema centrado en el fármaco y en la decisión del médico.

> «Las revisiones y las guías sirven para consolidar el predominio psicofarmacológico y los tratamientos unidimensionales más que para orientar hacia la puesta en marcha de sistemas multi e interprofesionales, mucho más complejos (pero no más costosos)» (Tizón, 2016, p. 22).

La falta de adherencia e incumplimiento de la medicación es uno de los factores de riesgo de reingreso (Díaz-Garrido, 2013). La interrupción de los tratamientos farmacológicos está asociada a la baja «tolerabilidad subjetiva de los antipsicóticos», ya que las sensaciones y sentimientos aversivos, mayoritariamente de naturaleza afectiva, provocados por los psicofármacos se traducen en quejas como: dificultad para pensar, sentirse como un «zombi» o encontrarse peor con el tratamiento (Awad, 2019). La tolerabilidad subjetiva a los antipsicóticos se concibe como una variable centrada en la persona, que va más allá de la mera mejora sintomatológica, explorando y respetando la posición de esta en relación con el tratamiento, contribuyendo a una mejora de la relación terapéutica y de los resultados clínicos. Siguiendo a este autor, la medicación antipsicótica puede salvar la vida en una crisis, pero también puede hacer que el paciente sea más propenso a las recaídas si el tratamiento se detiene, y contribuir a los déficits si se mantiene prolongadamente, pues así lo indican los estudios de neuroimagen, que señalan una reducción de los niveles de dopamina en el núcleo estriado que producen respuestas disfóricas subjetivas, seguidas de cambios afectivos, síntomas motores extrapiramidales y, eventualmente, cambios cognitivos. Con relación a los cambios afectivos, se ha observado que el bloqueo crónico de los receptores dopaminérgicos D2 induce una «anhedonia química» que reduce la capacidad de disfrutar de los eventos de la vida cotidiana (McGlashan, 2006).

### 2.3. La necesidad de adaptar las terapias a la psicosis. El deterioro cognitivo y la funcionalidad como elementos centrales en la psicosis

A pesar de que el primer estudio de investigación objetivo y sistemático de la medición de la cognición en los TEP fue desarrollado en 1963 por Shakow, estos estudios se mantuvieron sin trascendencia en la literatura de la esquizofrenia durante años. En la actualidad, los modelos nosológicos continúan otorgando una posición marginal al deterioro cognitivo en los criterios diagnósticos, y, sin embargo, cada vez son más las posiciones que sitúan el deterioro como una característica central en la psicosis (Anda et al., 2019; Sheffield et al., 2018). El deterioro cognitivo no solo se encuentra relacionado con el curso y la evolución de otros síntomas (Green

© Ediciones Pirámide

et al., 2004), sino también fuertemente asociados con las dificultades en el funcionamiento cotidiano (Green, 1996), habiéndose identificado como el predictor más potente del impacto funcional de la enfermedad (Heinrichs y Zakzanis, 1988), en mayor medida que la sintomatología positiva y negativa. Las dificultades en el funcionamiento diario se dan en casi todos los pacientes con esquizofrenia (Keefe et al., 2005) y repercuten en múltiples dominios, tales como: la vida independiente, las relaciones interpersonales, los logros profesionales y educativos, el disfrute del tiempo de recreo y la actividad sexual (Barrera, 2006). Además de por el deterioro cognitivo, el funcionamiento también se ve limitado por sintomatología subclínica de tipo negativo y afectivo, que en algunos casos puede estar presente de manera crónica. Hay estudios que señalan la existencia de una relación directa entre un mayor tiempo de evolución de enfermedad y un peor grado de funcionalidad, con un empeoramiento a partir del primer año (Osorio-Martínez, 2017). Esto es consistente con la posibilidad de una completa recuperación sintomática y funcional para un grupo de pacientes durante los primeros años del curso de la esquizofrenia (Lenior et al., 2005).

El deterioro parece presente de forma temprana, habiéndose observado alteraciones cognitivas con anterioridad al inicio de los síntomas clínicos y hasta un 40% de las personas con psicosis presentaron deterioro cognitivo generalizado en el momento del diagnóstico (Joyce et al., 2005). Los déficits se encuentran presentes en la etapa premórbida, en la fase prodrómica y predicen la emergencia de psicosis (Sheffield et al., 2018). Algunos estudios han señalado que más de un 70% de las personas con diagnóstico de esquizofrenia evaluados padecían déficits neurocognitivos, con una tendencia general hacia una mayor psicopatología, con preeminencia de la sintomatología negativa y un peor funcionamiento psicosocial (Palmer et al., 1997). Que cerca de una cuarta parte de los pacientes obtenga puntuaciones en el rango de la normalidad en las pruebas neurocognitivas no excluye el deterioro cognitivo, pues se ha sugerido que estos se han visto afectados en cuanto al rendimiento cognitivo premórbido y al nivel de funcionamiento esperado (Wilk et al., 2005), esto es lo que Kremen et al. (2000) denominan la «paradoja del funcionamiento neuropsicológico normalizado en la esquizofrenia».

Posiblemente la evaluación de las funciones (neuro)cognitivas sea uno de los campos donde se ha producido un mayor avance en los últimos años, revolucionando en cierta medida la propia concepción del cuadro clínico (Kahn y Keefe, 2013). Los estudios modernos del deterioro cognitivo en psicosis, iniciados por el grupo de Bilder et al. (2000), amplían el campo de la investigación del deterioro más allá de los tres dominios cognitivos básicos (atención, memoria y funciones ejecutivas), y encuentran deterioro en una amplia variedad de funciones cognitivas. El grupo de Ojeda (2002) encuentra 21 áreas cognitivas donde las personas con un TEP rendían significativamente por debajo de la media, entre las que se encuentran: orientación, concentración, atención, velocidad de procesamiento, distractibilidad, psicomotricidad, habilidades perceptivas, fluidez verbal, vocabulario, información y conocimiento general, aprendizaje y memoria, y funciones ejecutivas.

También está creciendo el interés por establecer subtipos cognitivos dentro o a través de los trastornos del espectro psicótico y afectivo. Así, Green et al. (2019) en su revisión sistemática señalan que en la mayoría de los estudios existe cierta coherencia a la hora de delimitar tres subtipos de deterioro a lo largo de un continuo de severidad clínica. De este modo distinguirían entre:

1. Un subtipo caracterizado por graves déficits cognitivos, que incluye mayor proporción de casos con diagnóstico del espectro esquizofrénico.
2. Un segundo subtipo caracterizado por un deterioro cognitivo intermedio.
3. Un tercero con una función cognitiva preservada o dentro del continuo de la normalidad.

Los autores señalan que, con independencia del diagnóstico, los participantes que presentaban los déficits cognitivos más severos tenían asociado un peor desempeño funcional. Este tipo de estudios puede ayudar a especificar subgrupos de pacientes que podrían beneficiarse de intervenciones específicas de rehabilitación cognitiva.

Debido a la enorme relevancia que el deterioro cognitivo tiene sobre la calidad de vida y la discapacidad de las personas afectadas, debería considerar-

© Ediciones Pirámide

se un objetivo primordial de los tratamientos orientados a las personas afectadas. Dada la evidencia de deterioro amplio y difuso en una gran parte de las personas con un TEP, se han desarrollado múltiples estrategias de rehabilitación cognitiva destinadas a esta población. Sin embargo, a la hora de llevar a cabo una terapia psicológica nos encontramos ante la falta de adaptación de las terapias a las dificultades cognitivas. Desde ART enfatizamos la necesidad de conocer el perfil neuropsicológico y los déficits específicos, para así adaptar la intervención a la persona, teniendo en cuenta sus dificultades, pero también sus aspectos preservados, sus fortalezas.

## 3. ¿EN QUÉ CONSISTE LA TERAPIA DE ACEPTACIÓN Y RECUPERACIÓN POR NIVELES PARA LA PSICOSIS (ART)?

### 3.1. Principios de ART

La terapia de aceptación y recuperación por niveles para la psicosis (ART) es un modelo contextual, multidimensional, interdisciplinar, de intervención psicoterapéutica, orientado hacia la recuperación de la funcionalidad, basado en posiciones transdiagnósticas e inspirado en la filosofía y principios de ACT, cuyas técnicas se adaptan basándose en el nivel de deterioro cognitivo y funcional de cada paciente, incorporando elementos propios, así como técnicas procedentes de otros modelos, que son reinterpretadas desde una perspectiva contextual.

*a*) *Contextual.* El problema se plantea en términos interactivos y funcionales, desde la historia coevolutiva de la persona y sus circunstancias. Se entiende la conducta humana de manera global, holística y no fragmentada o parcial, con una historia única y particular, dentro de y en constante interacción con sus contextos. ART trata de incorporar en el abordaje de los TEP los tres sentidos de contexto señalados por Pérez-Álvarez (2014):

   - El contexto como ambiente en el que transcurre y se desarrolla la vida de la persona.
   - El contexto de la relación terapéutica.
   - El contexto social-verbal del individuo, lo que la persona se dice a sí misma y a otras personas, y cómo influye esta circunstancia en su forma de actuar.

*b*) *Basada en ACT.* Desde el contextualismo funcional el análisis conductual persigue el desarrollo de un sistema organizado de reglas y conceptos verbales empíricamente derivados que permita predecir e influenciar la conducta de forma precisa (Biglan y Hayes, 1996). Sustentada en el contextualismo funcional, el análisis de conducta y en la TMR, ART comparte con ACT los mismos principios filosóficos y terapéuticos, orientados hacia la flexibilidad psicológica a partir de los seis procesos nucleares propuestos por ACT (Hayes et al., 2011): aceptación, defusión cognitiva, «Yo» como contexto, estar presente en el «aquí y ahora», dirección hacia valores y acción comprometida. Pese a que ACT no tiene una forma de proceder estructurada, sino que, por el contrario, constituye una guía y un marco flexible de tratamiento, sus fases podrían resumirse en:

   - Generar la desesperanza creativa.
   - El control como problema, no como solución.
   - Desliteralización del lenguaje.
   - Yo como contexto.
   - Valores.
   - Aceptación y compromiso (Hayes y Strosahl, 2004).

*c*) *Transdiagnóstica.* Evitando las descripciones y etiquetas reduccionistas, estigmatizantes y alejadas de las vivencias de las personas que padecen TEP. Al igual que otros autores, proponemos la hiperreflexibilidad psicológica o autoconciencia intensificada como factor común universal y psicopatológico primordial.

*d*) *Interdisciplinar.* El carácter complejo y heterogéneo de los TEP requiere la intervención de diferentes profesionales desde posiciones complementarias. La intervención interdisciplinar debe ser extensa, incorpo-

© Ediciones Pirámide

rando no solo a las prestadoras habituales de atención en salud mental, tales como psicólogas clínicas, psiquiatras, enfermeras especialistas, sino también al personal que realiza otras labores de cuidados como: terapeutas ocupacionales, trabajadoras sociales, auxiliares de enfermería, integradoras sociales, celadoras, personal de limpieza, administrativas..., reconociendo su carácter como potenciales agentes terapéuticos.

*e*) *Adaptación de las intervenciones a los niveles de deterioro cognitivo y funcional.* Esto conlleva la individualización del tratamiento, con adaptación a las necesidades personales y del contexto de la persona.

*f*) *Multidimensional.* ART garantiza la continuidad de cuidados a través de diferentes contextos o dimensiones que inciden en la persona, dando cobertura a los TEP a lo largo de sus diferentes fases clínicas y vitales, con extensión e intensidad variables en función de las necesidades clínicas y funcionales individualizadas:

- — Desde un plano individual, a través de la adaptación de técnicas individuales y grupales.
- — Desde el sistema familiar, a través de intervenciones unifamiliares y multifamiliares, adoptando una posición dialógica, dirigidas a aumentar el conocimiento, la comprensión mutua y la aceptación sin resignación de las dificultades.
- — Desde el contexto comunitario, fomentando y facilitando la integración, así como el abordaje en la comunidad a través de intervenciones inclusivas.

*g*) *Elementos propios y contextualización de elementos procedentes de otros modelos.*

## 3.2. Sentando las bases de ART

### 3.2.1. *Una metáfora como guía: la tormenta*

ART es un modelo de intervención no tradicional que sitúa el foco terapéutico en el cambio de relación con aquello que nos perturba. Desde esta propuesta no se busca el control, sino la aceptación incondicional del malestar. En esta línea, siguiendo la tradición y filosofía de ACT, de la cual nace y bebe, ART pretende que la persona alcance una vida plena y llena de sentido, no desde la idealización cultural de la felicidad, sino desde el reconocimiento y aceptación de las historias personales, recuerdos, pensamientos, sentimientos y emociones con los que cada persona viste su ser. Si bien no podemos controlar una tormenta, sí podemos resguardarnos, estar presentes en la experiencia y, mientras la tormenta está activa, arroparnos en nuestros valores, llevando a cabo acciones que nos conduzcan y acerquen a los mismos.

La singularidad de los TEP en muchas ocasiones complica esta forma de actuación basada en el no control, ya que el sufrimiento puede ser tan intenso y cronificado que necesitamos adaptar las intervenciones a las dificultades e intensidad de estas. Para ello trabajamos desde intervenciones contextuales o mediante la contextualización de estrategias procedentes de otros modelos. Como ejemplo y siguiendo la idea de Morris (2019), consideramos relevante establecer una «metáfora guía» en torno a la que estructurar el proceso de intervención. A lo largo de este texto iremos presentando nuestra metáfora guía, *la tormenta.*

*No todas las tormentas son iguales. Esta puede ser una simple tormenta primaveral, o una que alcance vientos huracanados. No es lo mismo sufrir una leve llovizna que vivir directamente una gota fría con los destrozos y riadas inesperadas que trae consigo. Ante esto, nos podemos resguardar aterrados en una esquina, tapados con una manta, intentando no escuchar la tormenta, esperando a que pase, o por el contrario cobijarnos en un refugio, al calor del hogar, haciendo cosas interesantes como: compartir tiempo con nuestros seres queridos, ver una buena película o leer un buen libro, e incluso observando la tormenta desde una ventana, viendo sus fenómenos y sus efectos, cambiando nuestra forma de relación con ella, mientras amaina.*

La tormenta sería una analogía al proceso que vive una persona que padece un episodio psicótico, con sus diversas fases y manifestaciones, así como a las diferentes formas de estar y comportarse en ella.

© Ediciones Pirámide

Imaginemos las fases de una fuerte tormenta: puede que vivamos en una zona donde exista una predisposición a estas; puede que los servicios meteorológicos nos pongan sobre aviso de la ocurrencia inminente de una en los próximos días; llegará el inicio de la misma con fuerte vientos y lluvias; llegará el momento en que la tormenta exhiba toda su fuerza; más tarde irá lentamente amainando y observaremos lo que haya dejado a su paso, adaptándonos a los cambios y retomando nuestra vida.

No podemos pretender aplicar el mismo formato de intervención en personas con fenómenos tan diversos, ni trabajar con una persona que no presenta deterioro de la misma forma que con una persona que lleve años con dificultades cognitivas y funcionales, que no se levanta de la cama para comer o asearse y que no parece disfrutar con nada; o con una persona que esté atravesando un episodio agudo con sintomatología muy intensa en forma de alucinaciones y delirios, continuamente atascada en sus contenidos.

Siguiendo con la metáfora: «puede que los muros del refugio se hayan debilitado, que los pilares no sean lo resistentes de antaño», de manera similar a la repercusión que tiene el deterioro cognitivo en la persona.

Muchos obstáculos para el avance vital son resultado del lenguaje humano y de la fusión cognitiva que establecemos con este. A través del lenguaje establecemos relaciones donde evaluamos, juzgamos, controlamos, planificamos... enredándonos en las experiencias internas, lo que bloquea las acciones valiosas en el presente. Esto implica caer en auténticos atascos irresolubles y en luchas contra los fenómenos emocionales y psicológicos que no deseamos vivenciar. Tendemos a actuar basándonos en esta fusión y no en la experiencia tal y como es.

Para tomar conciencia de lo anterior es útil realizar una breve introducción acerca de la teoría de los marcos relacionales (Hayes et al., 2001). Los marcos relacionales son patrones aprendidos contextualmente a partir del refuerzo de numerosas y reiteradas experiencias, que a través del lenguaje forman el núcleo de la cognición humana y adquieren la capacidad de generar nuevos aprendizajes mediante la derivación de funciones. Esto permite a un estímulo adquirir o alterar las funciones de otro, aun en ausencia de experiencia directa, sobre la base de las relaciones que se hayan conformado en la historia personal entre dicho estímulo y otros sin elementos físicos comunes (Valdivia y Luciano, 2006). Esta derivación se extiende también a experiencias de tipo emocional (Dougher et al., 1994), incluidas aquellas de contenido aversivo que las personas aprendemos a evitar y se han mostrado extraordinariamente difíciles de romper (Wilson y Hayes, 1996). Las reglas verbales terminan por dominar sobre las otras fuentes de regulación conductual, conduciendo a las personas hacia la «fusión cognitiva», generando mayor inflexibilidad e insensibilidad ante las contingencias (Pankey y Hayes, 2003).

Las personas con TEP pueden presentar dificultades en la comprensión de los enunciados verbales, bien porque predominen las interpretaciones con carácter literal (mayores a mayor deterioro cognitivo), o bien porque las interpretaciones contengan una significación personal especial o inusual. También pueden ser menos sensibles a las contingencias, así como más susceptibles al enredamiento autorreflexivo y a la fusión cognitiva. A medida que aumenta el enredo, aumenta la transferencia de funciones emocionales negativas, con mayores intentos de supresión y evitación del malestar, lo que aumenta la importancia funcional y redunda en un incremento de la frecuencia de los pensamientos y sentimientos evitados, teniendo como resultado una red relacional centrada en síntomas psicóticos más elaborada (Pankey y Hayes, 2003).

ACT trata de debilitar la tendencia a responder de manera literal e inflexible del «mundo cognitivo» fomentando un cambio de relación, actuando en el presente de forma comprometida con los valores. Desde ART valoramos aspectos relevantes para la psicosis como el deterioro cognitivo y funcional, proponiendo su adaptación por niveles.

No hay tratamientos mágicos en los TEP, ni ningún abordaje capaz de «eliminar» el malestar. ART tampoco lo es, lo que pretende es adaptarse a la psicosis y a la persona que la padece y a su realidad personal y vital. Es un enfoque dirigido al alivio del sufrimiento humano y a la promoción del desarrollo y los valores, a partir de la promoción de la flexibilidad psicológica y del cambio de relación con aquello que nos hace sufrir.

El terapeuta no debe ser un mero «hacedor» de técnicas y de intervenciones. No se trata de aplicar un manual paso a paso, como el que monta un armario de una popular tienda sueca, apretando tornillos y tuercas en un orden predeterminado, sino

© Ediciones Pirámide

de ser flexible y adaptarse como haría un ebanista que elabora una pieza ajustándose a las cualidades de la madera. No estamos exentos de caer en el uso y ajuste excesivo a/de las reglas, tampoco los terapeutas, lo que puede desembocar en una falta de sensibilidad a las contingencias presentes. Es decir, si nos centramos excesivamente en las fases terapéuticas, en la aplicación de procedimientos o en los síntomas, olvidaremos lo realmente importante: la persona y sus necesidades.

Para la aplicación de ART se requiere un conocimiento y formación clínica extensos acerca de los TEP, así como del análisis aplicado de conducta y, por supuesto, de ACT.

### 3.2.2. *El respeto como valor: la perspectiva de libertad*

Compasión, atención centrada en el presente, aceptación incondicional, empatía, autenticidad... constituyen principios activos que deben guiar nuestra labor profesional. No solo se deben conocer las estrategias y herramientas, sino que se ha de estar en sintonía con estos principios y valores; si falta esta condición, el abordaje pierde su esencia.

> «Una mala persona no llega nunca a ser un buen profesional» (Gardner, 2016).

ART aboga por nuevas formas de abordar el sufrimiento desde una defensa de la libertad que nace de los derechos naturales e inmanentes de los seres humanos. La libre decisión de la persona ha de guiar todo el proceso de intervención y recuperación de la psicosis, por ello nos mostramos partidarios de la abolición del uso de recursos punitivos como: los ingresos involuntarios, el tratamiento forzoso y las contenciones, pues infringen los derechos y libertades humanos, además de poder resultar perjudiciales a nivel físico y psicológico. Así, la Convención sobre los Derechos de las Personas con Discapacidad establece como obligación para los países poner fin a las prácticas basadas en la fuerza, la coerción y la toma de decisiones (Committee on the Rights of Persons with Disabilities, 2015; 2014).

La coerción tiene un impacto adverso tanto en pacientes y profesionales como en las organizaciones. En los pacientes se ha descrito el efecto traumático que supone el descubrir que los dispositivos de salud mental u otros servicios de ayuda social, que presuntamente deben ser garantes de sus cuidados y seguridad, donde esperaban comprensión y consuelo, utilizan medidas restrictivas que se viven como humillantes, explicaciones poco claras y contradictorias, y el uso de comentarios confusos y críticos que no tienen en consideración la situación emocional y cognitiva del paciente, dando lugar a la vivencia que se ha denominado *sanctuary trauma* (Anthony, 1993; Frueh et al., 2005; Robins et al., 2005) y que hemos denominado como *trauma asistencial.*

El entorno de una unidad psiquiátrica (contenciones físicas, internamiento involuntario, restricción de libertad, falta de accesibilidad de los profesionales) puede ocasionar que los pacientes se encuentren traumatizados o retraumatizados por la experiencia (Frueh et al., 2005; Robins et al., 2005). Esto puede resultar en estancias hospitalarias más largas (Calkins y Corso, 2007; LeBel y Goldstein, 2005), dificultar la alianza terapéutica, tanto en el ingreso como en futuros contactos con los dispositivos de salud mental, la falta de adherencia al tratamiento y la falta de confianza en el sistema de salud y el personal (NASMHPD, 2009; Frueh et al., 2005; Robins et al., 2005), así como en el aumento de las recaídas y el reingreso (Thomann, 2009; LeBel y Goldstein, 2005).

La presencia de métodos coercitivos también incide en el personal, que reporta niveles más altos de agotamiento e insatisfacción laboral (Estryn-Behar et al., 2008), que pueden relacionarse con el denominado síndrome de *burnout.* En muchas ocasiones estas contenciones son producto del temor, del estigma social o de la falta de habilidades para el manejo de las alteraciones conductuales.

Una dificultad presente a la hora de eliminar estas prácticas es la idea compartida por un amplio número de profesionales de la salud acerca de su necesidad, a pesar de la ausencia de evidencia científica sobre su efectividad y existiendo datos que demuestran que su práctica causa daños físicos y mentales (Substance Abuse and Mental Health Services Administration, 2011). Uno de los argumentos esgrimidos por muchos profesionales es la «excepcionalidad» en el uso de la contención, justificando que son medidas necesarias en determinadas ocasiones. Sin embargo, el interminable debate sobre lo que es «excepcional» ha servido para obstaculizar el progreso y el diálogo productivo tanto a nivel nacional

© Ediciones Pirámide

como internacional (Funk y Drew, 2019). Esta es una de las manifestaciones del estigma social y cultural que se ha asociado históricamente al TMG, contra la que desde hace años, gracias al esfuerzo de plataformas de pacientes y familiares, han surgido iniciativas como aquellas que buscan eliminar las contenciones (0contenciones.org).

Debemos orientar un ingreso psiquiátrico hacia un proceso dirigido a la recuperación y facilitar los medios para que no se convierta en una experiencia aversiva y punitiva, ya que un ingreso, en sí mismo, supone descontextualizar a la persona de su vida, pudiendo conllevar una ruptura biográfica. Señala Tizón (2013) que:

> Algunos ingresos psiquiátricos suponen factores de riesgo adicionales, sobre todo en servicios con escasez de personal o con personal que rehúye los contactos personales con los ingresados o, por el contrario, con personal que interactúe con ellos sin un enfoque adecuado... El resultado frecuente consiste en que, cuando un servicio de salud mental está mal preparado desde el punto de vista asistencial, intenta dominar las tendencias al descontrol de los pacientes a base de dosis más altas de fármacos y otras medidas biológicas, con peligro de agravar la ruptura del *self* (pp. 387-388).

Nos posicionamos a favor de la perspectiva de libertad y de libre decisión de la persona, como derecho a decidir sobre su tratamiento de una forma íntegra, de acuerdo con su propia voluntad y preferencias. La próxima reforma psiquiátrica (la cuarta) no solo deberá centrarse en la necesaria limitación del uso de los recursos punitivos, de los ingresos y tratamientos involuntarios, sino en favorecer el acercamiento de las intervenciones al contexto del paciente y la apuesta por tratamientos integrales e interdisciplinares más humanos y cercanos.

### 3.2.3. *Estigma social, autoestigma e iatroestigma*

En la sociedad del siglo XXI existe una conceptualización extremadamente negativa de los TEP, viéndose aplicado el término «esquizofrénico» o «psicótico» en la vida cotidiana como forma de referirse a criminalidad y comportamientos fuera de usos y normas sociales, que se alejan mucho de la concepción clínica y de las dificultades que presentan las personas con diagnósticos de estas características. Así, la enfermedad mental se ha vinculado a una serie de prejuicios sociales, considerándose a la persona con TEP como: raro, violento o impredecible, facilitando la segregación, el aislamiento y la falta de oportunidades de desarrollo personal, social y profesional de quien padece una psicosis (Penn y Martin, 1998).

El estigma en los TEP, a pesar de ser un tema recurrente en la bibliografía, no deja de ser un asunto trascendental que involucra a la totalidad del ser humano y su capacidad de autodesarrollo y autorrealización. Sin embargo, se trata de un concepto con diferentes facetas (figura 8.1).

Vallina (2003) refiere que la experiencia clínica inicial de la persona con un TEP dará forma a su visión del trastorno, del tratamiento y la adherencia al mismo, así como al autoestigma, por lo que es imprescindible proporcionar un tránsito «guiado y no traumático», que facilite la continuidad de cuidados a lo largo de todos los dispositivos asistenciales o comunitarios. Del mismo modo, también es necesario percatarse de aquellas conductas sobreprotectoras de tipo experto, limitantes del autodesarrollo, ejercidas por parte del personal y que están basadas en concepciones y prejuicios acerca del curso desfavorable, la presencia de manifestaciones sintomáticas y conductuales peligrosas y la pobre funcionalidad de las personas con trastorno mental grave; a esto lo denominamos ***iatroestigma*** y se ve ejemplificado cuando los profesionales imponemos etiquetas diagnósticas limitantes, promovemos ingresos o incapacidades de forma prematura, sin tener en cuenta la capacidad de decisión y el desarrollo personal... En un reciente estudio se ha señalado que las creencias sobre la causalidad biológica en los problemas de salud mental constituyen una de las variables más relacionadas con el estigma profesional (Valery y Prouteau, 2020).

> Observemos si no el desprecio incrédulo con que algunos profesionales valoran los riesgos que a veces asumen los pacientes, a los que condenan de antemano al fracaso. Unas veces impiden directamente sus inviables o balbucientes proyectos, otras les basta con embarrar el camino que conduce a su consecución. Reprimen los planes de los enfermos como si cometer errores, sus errores, no

© Ediciones Pirámide

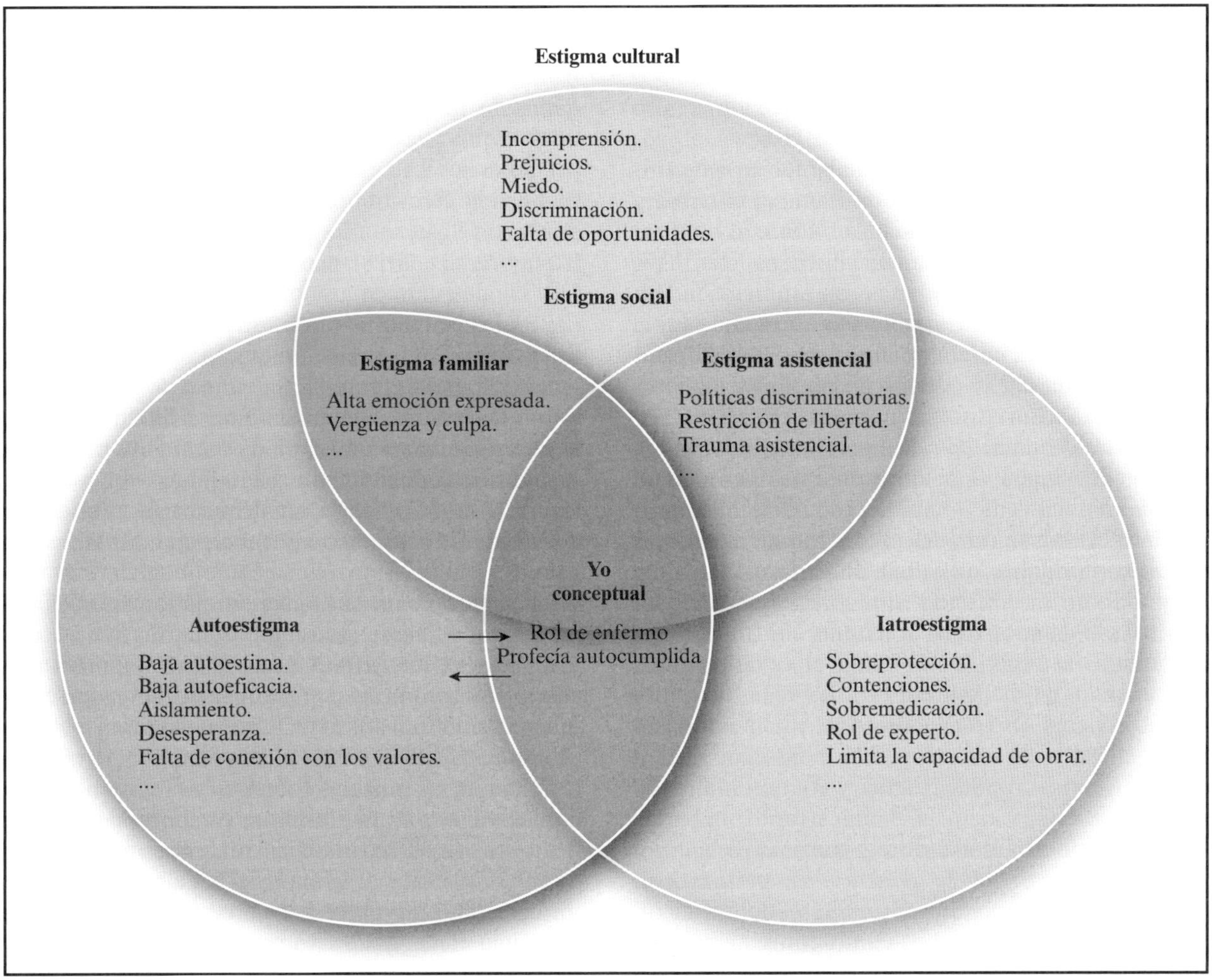


Figura 8.1

fuera en muchas ocasiones el mayor éxito al que puede aspirar un psicótico, como cualquier otro hombre. En vez de encontrar algo positivo en el hecho de comenzar a trabajar aunque sea sin muchas garantías de cumplir con el empleo, de reducir la medicación por su cuenta sin excesivo acierto, de vivir independiente sin medios suficientes o cualquier otra iniciativa que orille nuestros consejos e indicaciones, cortando los proyectos del enfermo bajo la excusa de que pueden resultarle perjudiciales. La coartada de evitar un mal mayor es la más socorrida y con frecuencia la más lesiva. Bajo esta disculpa se somete a los enfermos a una disciplina rígida que anula la voluntad y suprime cualquier aliento (Colina, 2014).

Con relación a la percepción subjetiva del estigma social, aunque este ha sido escasamente estudiado, se ha encontrado que al menos el 80% de las personas con psicosis informaba de referencias personales despectivas acerca de su condición como enfermos mentales y haber sido valorados como menos capaces; además, más de la mitad habían sido evitados por otros y tratados con desprecio (Walh, 1999). Las personas que referían mayor estigmatización puntuaban más en sintomatología positiva y general, así como en discapacidad (Ertugul y Ulug, 2004).

En los familiares también están presentes los prejuicios hacia la enfermedad, siendo la culpa y la vergüenza sentimientos habituales, asociándose a

© Ediciones Pirámide

aislamiento del núcleo familiar y a la ocultación del malestar y diagnóstico, lo que redunda en la recepción de menor apoyo y solidaridad social. La máxima expresión de este estigma se produce a través de la *alta emoción expresada* (AEE) (Brown et al., 1972; Brown y Rutter, 1966), mediante el alto criticismo, la hostilidad o el rechazo hacia el paciente y la sobreimplicación emocional, así como la baja calidez y los escasos comentarios positivos. La AEE se ha relacionado con mayores tasas de recaída, encontrándose que un 56% de los pacientes en hogares con AEE recaían en el año siguiente al alta hospitalaria, frente al 25% de los pacientes en hogares con baja emoción expresada (Brown et al., 1962).

El autoestigma, por su parte, puede definirse como la consecuencia de aplicar el estigma asociado al TMG a uno mismo (Angell et al., 2005). Uno puede sentir el estigma desde su propia posición, al hacer propia e interiorizar la etiqueta de «enfermedad» que proporciona la sociedad y que puede estar fundamentada en la sensación de sentirse controlado por fenómenos externos, de no tener el dominio de sí mismo en los momentos más difíciles de la tormenta. El autoestigma lleva a experimentar baja autoestima y autoeficacia, así como a perder la confianza en el futuro (Corrigan, 1998; Holmes y River, 1998).

Las personas con TEP muestran comportamientos autoestigmatizadores, como la dificultad para aceptar y asumir la condición de persona con TMG; autoaislamiento como efecto del rechazo; percepción de incapacidad como consecuencia de ser consciente de las limitaciones en las actividades de la vida diaria y de la autocrítica exagerada (Muñoz et al., 2009). En un estudio realizado en Gran Canaria se observó que el 21,1% de pacientes con un diagnóstico de esquizofrenia que acudían a los centros de día de rehabilitación psicosocial presentaban autoestigma. Este se asoció a una mayor prevalencia de ideación suicida en el último año, mayor número total de tentativas suicidas, mayor riesgo suicida actual, peor autocompasión, menor autoestima y peores puntuaciones en depresión, mayor prevalencia de depresión y mayor desesperanza (Touriño et al., 2018).

La persona y su historia de aprendizaje forman parte de la interrelación entre diferentes contextos, que, a su vez, influyen en el individuo. Una gran parte de la conducta que tiene lugar en estos contextos está guiada por reglas inflexibles, más que por las propias contingencias presentes, siendo la suma de estos contextos socioverbales lo que contribuyen a fusionar al individuo con un *yo-conceptualizado*, limitando su vida y colocándolo en el rol de enfermo y, por ende, teniendo múltiples efectos perjudiciales en la persona como: el aislamiento (y su posible efecto en el deterioro subsiguiente), la pérdida de autonomía y la depresión, entre otras (Asher et al., 2018). Como indican Kinson et al. (2018), después de un primer episodio psicótico (PEP) los altos niveles de estigma y conductas de discriminación correlacionan con la depresión y el nivel de funcionamiento. Bornheimer et al. (2020) establecen la existencia de una relación directa entre la presencia de autoestigma o estigma internalizado y la sintomatología positiva a lo largo del tiempo en los TEP, lo que podría ser debido a la vivencia de extrañeza, incomodidad y percepción de catastrofismo en relación con la sintomatología. A su vez, la depresión ejerce un papel mediador entre sintomatología positiva, sintomatología negativa y estigma. Por ello, los autores plantean el tratamiento de la depresión con carácter prioritario y esencial en la intervención desestigmatizante en las fases tempranas de los TEP.

Una de las posibles soluciones es comenzar por defusionar el propio concepto. En una encuesta realizada en Italia, la mayor parte de los profesionales de salud mental, los usuarios y los familiares de los servicios eran favorables a un cambio de concepto (Lasalvia et al., 2020), ya que el término «esquizofrenia», debido a la historia y a la fusión cognitiva que hemos desarrollado en nuestra cultura, donde adquiere un valor estigmatizante, genera discriminación y el empeoramiento de la persona que lo sufre.

Desde nuestra perspectiva, la lucha contra el **estigma social y cultural** en los TEP ha de realizarse inevitablemente desde el cambio de la *concepción social y ecológica,* lo que Bronfenbrenner (1979) denominaba macrosistema, que incluye las creencias, actitudes y tradiciones imperantes en un lugar y en un momento determinados. Para superar los prejuicios generados por el estigma ha de empezarse principalmente desde el sistema educativo, proporcionando una formación basada en valores, en el respeto y en la no discriminación (sin juzgar), donde se reconozca la importancia de la salud mental y su inexorable relación con la autorrealización personal. El acercamiento a estos objetivos requiere que

© Ediciones Pirámide

el personal educativo (profesorado, orientadores...) obtenga formación específica en promoción y desarrollo de valores, empatía e inclusión, así como aceptación de las diferentes formas de sentir, expresar y de relacionarse. La incorporación de las familias a espacios dialógicos en los sistemas educativos, donde compartir valores y principios con sus hijos, facilita la generalización de los mismos al resto de ámbitos y, por tanto, una posición de aceptación que facilita la disolución del estigma.

El autoestigma resulta de la confluencia e interiorización de los prejuicios y concepciones discriminatorias procedentes del resto de estigmas, con incidencia directa del estigma familiar y del entorno social más próximo (microsistema). A diferencia del estigma familiar, que adquiriría la cualidad de microsistema, la posición del iatroestigma transita entre los conceptos de «microsistema» y «mesosistema», según sea el momento, la situación y la gravedad del TEP. Así, en un paciente con intervenciones ambulatorias o ingresos transitorios, el dispositivo o unidad forma parte de su mesosistema, mientras que para un paciente de alta cronicidad que reside en una institución, esta constituye su microsistema. El microsistema ejerce una mayor influencia directa sobre el estado y la evolución clínica o funcional de la persona, por lo que la introducción del dialogismo contextual, desde la pluralidad de voces que supone una posición igualitaria que fomente la comprensión y el entendimiento mutuo, ayuda a defusionar y a reducir el estigma.

Para el abordaje del iatroestigma se hace prioritaria la formación de los profesionales desde una perspectiva no pesimista de la psicosis, basada en los principios de libertad, autorrealización, calidez y aceptación, además de dotarles de estrategias de manejo terapéutico, así como una visión pluridimensional que vaya más allá del tratamiento farmacológico como forma de intervención exclusiva. El posicionamiento profesional de respeto hacia los valores de la persona a la que se intenta ayudar es uno de los pilares en los que se sustenta la propuesta de ART. El iatroestigma ha de afrontarse a nivel estructural, para lo que se requiere del apoyo de las instituciones y servicios implicados en los cuidados y asistencia a las personas con TEP. Se recomienda incluir contenido formativo explícito a todo el equipo relacionado con la aplicación de contingencias específicas para cada persona.

Escuchar, sin juzgar, la opinión de la persona acerca del tratamiento, validar su malestar y preocupación al respecto, permitiéndole participar en las decisiones refuerza la alianza terapéutica, reduce el estigma y favorecerá en el futuro la adherencia al tratamiento.

### 3.2.4. *Apego y relación terapéutica*

Hemos hecho referencia a la especial relevancia que tiene la consecución de una adecuada alianza terapéutica con las personas que presentan un TEP, constituyendo un elemento básico, el punto de partida del proceso de recuperación. Sin embargo, estas personas suelen presentar dificultades para establecer y mantener la alianza terapéutica (Shattock et al., 2018), y estas dificultades también se trasladan a los profesionales que han de realizar las funciones de cuidado, convirtiéndose en «barreras» que redundan en mayor estigma y distancia interpersonal.

Es bien conocida la propuesta de algunos autores acerca de la relación existente entre los estilos de apego inseguro y la psicosis (Pollard et al., 2020; Pilton et al., 2016; Sitko et al., 2014), así como la relación entre el trauma en la infancia, el apego inseguro y los esquemas del yo negativo, que se expresaría en una mayor proporción y contenido de alucinaciones y paranoia (Lavin et al., 2020; Berry, 2012). El apego inseguro y los distintos tipos de trauma emocional en la infancia son factores de riesgo para la aparición de clínica psicótica, especialmente de la esfera positiva. Scott et al. (2020) destacan la importancia de reconocer estas experiencias tempranas, los estilos de apego y los esquemas del yo para desarrollar intervenciones efectivas, ya que «las intervenciones psicológicas que se dirigen a estos mecanismos subyacentes de las alucinaciones acústico-verbales pueden conducir a una reducción del contenido negativo, reduciendo así la angustia relacionada con la voz».

Algunos autores han señalado la relevancia terapéutica potencial de los estilos de apego, tanto en el establecimiento de la alianza como en la recuperación sintomática y funcional en personas con TEP y consumo asociado de cannabis (Berry et al., 2016). Diferentes estilos de apego pueden relacionarse directamente con la relación terapéutica percibida; así, las personas con patrones de apego in-

© Ediciones Pirámide

seguro-ansioso establecerían mejores alianzas que aquellas con apego de tipo inseguro-evitativo (Berry et al., 2018).

Dentro de las terapias de tercera generación, la psicoterapia analítico-funcional (Functional Analytic Psychotherapy, FAP) constituye una herramienta extraordinaria para el trabajo del vínculo, al promover un contexto de intimidad terapéutica correctora. Desde ART planteamos que la alianza no se reduce a la que pueda establecerse únicamente con el terapeuta, ya que en muchos casos, en los recursos de carácter hospitalario o residencial a largo plazo, donde los pacientes pierden los lazos familiares, las relaciones y vínculos que emergen entre los propios pacientes, así como entre estos y el personal, adquieren una enorme trascendencia, llegando a adquirir funciones sustitutivas de los vínculos familiares, por lo que la aplicación de FAP debe ampliarse (véase apartado 3.3.2). Para más información respecto a FAP y su uso recomendamos acudir a los textos de Tsai et al. (2009); Valero-Aguayo y Ferro-García (2018) y, en formato grupal, a Ruiz y Ruiz (2018). Para FAP y la relación terapéutica en psicosis, véase capítulo de Ortiz-Fune y Marín-Vila, en esta obra.

El establecimiento de una adecuada alianza terapéutica requiere conocer en profundidad la psicobiografía de la persona, particularmente la existencia de traumas infantiles, así como trastornos disociativos y sintomatología positiva relacionada (Castro-Fernández et al., 2015). Se ha evidenciado la existencia de un mayor riesgo de psicosis en personas que han experimentado adversidades durante la infancia (Wells et al., 2020), y que este riesgo presenta un efecto dosis-respuesta con relación a múltiples tipos de traumas y momentos evolutivos (Croft et al., 2019). La privación ambiental y emocional, el abandono, la disfunción familiar, así como el maltrato y el abuso sexual, son factores de riesgo para la psicosis que pueden afectar al desarrollo cerebral y al funcionamiento cognitivo a través de mecanismos diferenciales dependiendo de la naturaleza del trauma (Wells et al., 2020). El trauma sexual en la infancia en personas con esquizofrenia está vinculado a una mayor gravedad de los déficits cognitivos (Lysaker et al., 2001a) y es predictivo de un funcionamiento psicosocial más pobre en la edad adulta, con una deficiente asunción de roles definidos, menos recursos psicológicos para mantener la intimidad y niveles más altos de inestabilidad emocional y confusión, lo que limita su capacidad de formar vínculos de apego (Lysaker et al., 2001b).

Desde ART proponemos abordar el apego inseguro, vinculado al yo-contenido, considerándolo un objetivo terapéutico valioso y modificable contextualmente, a través del establecimiento de una adecuada, cercana y cálida relación terapéutica, y desde la construcción de una red dialógica, más compasiva, en donde todas las voces sean escuchadas y aceptadas, sin ser juzgadas y/o criticadas. De hecho, este tipo de abordaje puede ser más importante que abordar las experiencias fenomenológicas adversas en sí mismas (Morrison y Renton, 2001) para reducir así la angustia relacionada con la voz.

Otra de las ventajas que supone la continuidad de cuidados desde un modelo de comprensión e intervención común es que puede amortiguar el impacto que los cambios de dispositivos o profesionales pueden tener en personas con dificultades para el establecimiento de vínculos. Imaginemos las continuas rupturas que una persona con un TEP puede padecer a lo largo de su tratamiento, considerando que pueda pasar por varios dispositivos (por ejemplo: un ingreso en una planta de agudos, seguimiento ambulatorio y centro de rehabilitación psicosocial), donde tratará de vincularse con los diferentes profesionales, y que estas relaciones difícilmente serán estables en el tiempo debido a bajas, licencias, cambios de puesto, contratos de sustitución precarios... unido a las diferentes concepciones del problema y del tratamiento que cada uno de los profesionales puede tener. Indudablemente esto constituye un panorama desolador para el establecimiento del vínculo y la adherencia al tratamiento.

La falta de estabilidad y continuidad en el vínculo terapéutico puede reducirse si existe un equipo de profesionales que conoce y se sitúa desde la misma posición terapéutica, basada en el trabajo desde la aceptación y la búsqueda de direcciones valiosas de la persona.

El establecimiento de una relación terapéutica adecuada en estos casos también requiere ajustes por parte del profesional, ya que no solo es importante conocer la clínica psicótica, sino saber cómo situarnos ante esta desde una perspectiva contextual, aceptando nuestra propia incomodidad y frustración, además de respetando la forma de comunicarse de la persona a la que pretendemos ayudar. No es poco

© Ediciones Pirámide

habitual, por poner algunos ejemplos, que una persona con un TEP nos mire fijamente, que muestre una expresión plana o una paramímica, incluyendo risas inmotivadas o con poca irradiación afectiva. También es fundamental conocer la importancia que pueda llegar a tener «el cuerpo» en la expresión de esa sintomatología, evitando tocar a la persona que tiene una gran afectación fenomenológica, con alucinaciones o delirios hápticos y/o cenestésicos, ya que puede vivir ese contacto de manera aversiva. Siempre nos queda la pregunta de si el simple hecho de «quitar algo que molesta», pero que también cumple una función, nos puede llevar a la larga a ser seres vanos, vacíos, carentes de herramientas vitales para nuestro desarrollo personal, sin valores. Esta «clínica del vacío» nos hace más vulnerables a otros factores que pueden llegar a afectarnos, transformándonos en meras máquinas frías sin la capacidad de amar.

## 3.3. Elementos propios y contextualización de elementos procedentes de otros modelos

### 3.3.1. *El dialogismo contextual*

El diálogo abierto (Seikkula et al., 2001) promueve la búsqueda de un lenguaje y una comprensión conjunta (polifónica) del problema de la persona, participando los sujetos más relevantes de su entorno social y los profesionales implicados en el caso, pudiendo estos últimos pertenecer a diferentes ámbitos e instituciones. Esta comprensión compartida solo puede lograrse partiendo de las premisas básicas que suponen: la escucha incondicional, la gestión flexible y la aceptación del resto de posiciones, así como la de uno mismo. El diálogo busca aprovechar y activar los recursos propios de la persona y su red relacional, en su entorno y vida cotidiana, de forma que la responsabilidad no recae solo en los «expertos». Por tanto, desde esta posición el equipo no pretende buscar e intervenir sobre reglas o patrones de comportamiento familiar disfuncionales, sino que las redes personales de los clientes son consideradas como un recurso, no como fuentes generadoras o «portadoras de problemas» y se involucran más actores, con un campo de acción mucho más amplio (Seikkula y Arnkill, 2016).

Es importante que todos los profesionales que participan tengan continuidad en el caso y con la persona concreta. Una de las dificultades que puede conllevar la implicación de diferentes especialistas es que pueden intentar hacer prevalecer su visión del problema y del tratamiento, ya que puede resultar desconcertante para un profesional anclado en el «paradigma del experto tradicional» asumir que uno no tiene todas las respuestas, y que su rol cambia de experto a un practicante más de una comprensión recíproca y polifónica emergente. En la propuesta dialógica no se busca una definición común (monológica) del problema.

> «Los presupuestos profesionales —tales como conceptos diagnósticos y los esquemas de tratamiento que se derivan— pueden generar tanto "ruido" que dificulten el escuchar a los demás y sea imposible generar diálogo. Por ello, es esencial que los profesionales estén dispuestos a modificar sus puntos de vista en vez de imponerlos» (Seikkula y Arnkill, 2016, p. 270).

El diálogo abierto se apoya en siete principios: respuesta inmediata, inclusión de la red social, flexibilidad, responsabilidad, continuidad psicológica, tolerancia a la incertidumbre (para nosotros, aceptación) y dialogicidad. Los cinco primeros se refieren a la organización del tratamiento, mientras que la tolerancia a la incertidumbre y la dialogicidad se refieren al proceso terapéutico (Abad y Toledano, 2019). Desde ART consideramos que estos principios encajan fácilmente dentro de la filosofía y el modo de hacer contextual, entendiendo que mientras se construye un significado compartido se facilitan los procesos de flexibilidad psicológica, además de la desliteralización y distanciamiento del lenguaje literal interno, incluyendo las alucinaciones, los delirios y el estigma, poniendo en práctica una nueva vía hacia la defusión cognitiva. Las interacciones dialógicas polifónicas de carácter terapéutico están orientadas hacia el desarrollo de capacidades para atender y reflexionar sobre las facetas de uno mismo y de los demás (Lysaker y Lysaker, 2008) y, por tanto, pueden contribuir al desarrollo de diferentes perspectivas del yo. A través del proceso dialógico se ayuda, no solo, a la persona que sufre, sino también al entorno desde una perspectiva cercana, familiar y comunitaria, incluyendo al equipo

© Ediciones Pirámide

terapéutico, obteniéndose para cada participante la oportunidad de escuchar su propio discurso y el de los otros, así como aprender de sus propias acciones, abriéndose una zona de desarrollo próximo (ZDP) (Seikkula y Arnkill, 2016). A esta forma de comprender la propuesta finlandesa, en la cual los distintos discursos son considerados desde sus diferentes funciones, la denominamos **dialogismo contextual.**

### 3.3.2. *Zona de desarrollo próximo y equipo terapéutico ampliado*

Entendiendo en términos contextuales la propuesta de Vygotsky (1978), el desarrollo de la persona se construye a partir de interacciones sociales de tipo verbal que se aprenden, refuerzan en la ZDP y posteriormente se generalizan. Este desarrollo debe entenderse de una manera amplia, no estrictamente limitado al ámbito cognitivo, sino también al desarrollo experiencial y funcional. De enorme importancia es el concepto de ZDP, que podemos entender, desde nuestro planteamiento contextual, como la diferencia entre la funcionalidad y la capacidad de resolución de problemas que tiene una persona en su contexto en un momento determinado, y la que es capaz de alcanzar con la guía o modelo del otro más conocedor (OMC), en referencia a una o varias figuras con mayor nivel de desempeño o funcionalidad en una tarea o ámbito determinados, capaces de servir como modelos y facilitadores de contingencias a través de procedimientos de modelado y moldeamiento.

Los dispositivos y/o unidades en los que residen o permanecen ingresadas las personas que padecen TEP de larga duración y mal pronóstico generalmente se encuentran compuestos por un amplio número de empleados, con diferentes categorías, cualificaciones y funciones, que pueden ir desde los propios facultativos gestores del caso, pasando por enfermería, auxiliares de enfermería... hasta la persona que se encarga de la limpieza. Todas estas personas forman parte, en mayor o menor medida, del contexto social y terapéutico del paciente, de su vida cotidiana. Además, los pacientes establecen relaciones más simétricas, y que en muchos casos entrañan un vínculo más auténtico y de mayor confianza, con aquellos trabajadores que el paciente sitúa jerárquicamente más cercanos a sí mismo y con menos poder sobre la toma de decisiones respecto a su situación y tratamiento. La puesta en valía, la consideración y la formación en principios de ACT del personal no vinculado a los cuidados directos del paciente (personal de administración, seguridad, limpieza...), pero que forman parte relevante de su contexto y de su día a día, constituye una potente herramienta terapéutica que recomendamos incluir en lo que denominamos **equipo terapéutico extendido o ampliado** (Laffite, Zúñiga y Díaz-Garrido, 2021).

Este vínculo puede tener las características positivas de una relación terapéutica que facilite al paciente la aproximación a ZDP, bajo la guía y modelo del profesional no terapeuta, que se convierte en un dispensador de contingencias. La labor de OMC será desempeñada por los miembros del equipo terapéutico ampliado para el desarrollo de conductas y habilidades explícitas, y por otros pacientes con un mejor grado de funcionalidad para la implantación o mejora de las mismas. Las conductas problemáticas acontecen con mayor probabilidad en el contexto habitual que supone el funcionamiento rutinario del dispositivo y las personas que forman parte de él, por lo que se convierte en el entorno idóneo para la generalización. No obstante, hay que tener en cuenta que estas relaciones también pueden convertirse en perjudiciales si llegan a reproducir modos de funcionamiento alterados existentes de manera previa en la historia de la persona, como en el supuesto de un sistema relacional disfuncional análogo al de AEE en el entorno familiar, que puede conllevar el empeoramiento y la reagudización clínica en los pacientes.

Es importante tener en consideración, como factores que influyen en el modelado, las características del propio modelo y del observador señaladas por Ruiz et al. (2012), especialmente en psicosis. Como características que ha de reunir el modelo, las autoras señalan: similitud con el observador, valor afectivo para el observador, prestigio y eficacia al realizar la conducta. Como características más relevantes del observador resaltan: capacidades cognitivas y atencionales no deterioradas, nivel de ansiedad que no interfiera en las mismas y nivel de competencias y habilidades que permitan iniciar o incrementar la conducta que se desea aprender o imitar.

En relación con las características que debe reunir el modelo, si bien los miembros del equipo terapéutico extendido o ampliado constituyen en mu-

© Ediciones Pirámide

chos casos modelos de conducta adecuados, no suelen compartir la característica de similitud con la persona (las propias vivencias psicóticas), además se requiere la existencia de un buen vínculo terapéutico, una relación de especial confianza (valor afectivo) a la hora de lograr un modelado eficaz. Sin embargo, en el caso de otro paciente que desempeñe la función de OMC, sí que se reúnen generalmente todas las características, confiriéndole una mayor fuerza motivadora y mayor eficacia como modelo. En referencia a esta última, es trascendental que la diferencia de competencia entre el OMC y el observador de la conducta a modelar no sea excesiva, ya que esto puede generar frustración. La diferenciación por niveles de deterioro cognitivo propuesta facilita que el paciente OMC cumpla con las características fundamentales de similitud y eficacia, mejorando la motivación en el paciente objeto de modelado, así como la sensación de competencia, autoeficacia y valía en el que ejecuta la función de OMC.

El cuidado y la resistencia al estrés del personal que trata con pacientes con psicosis crónica de larga evolución puede ser favorecido a través de la práctica de sesiones de apoyo y de *mindfulness* que faciliten la expresión del malestar, así como la práctica de los principios de aceptación, no enjuiciamiento y dirección hacia valores, desde una posición dialógica. La inclusión en estas sesiones de los mismos elementos y principios de la terapia de los pacientes facilita su conocimiento y puesta en práctica por parte de todos los miembros del personal del dispositivo, lo que facilita la generalización, además de mejorar la relación y comunicación interpersonal. Con esto logramos la «impregnación» del modelo al funcionamiento global del sistema. En relación con la dirección de las sesiones, recomendamos que sea el personal de enfermería el que las dirija y que el personal facultativo mantenga una participación y posición simétricas, evitando la prelación jerárquica del modelo médico, que aumenta la distancia interpersonal, empeora el funcionamiento como equipo y el ambiente laboral. Recuperar la motivación del personal «quemado» tras muchos años de trabajo minusvalorado en sistemas que, pese a haber supuesto una ruptura con el anterior modelo de institucionalización, mantienen algunas de sus deficiencias puede ser una tarea ardua que no puede conseguirse mediante nuevas ideas teóricas. En su lugar, proponemos sesiones de cuidado para el equipo que supongan experimentar la aceptación y la atención plena, así como la búsqueda de valores de los propios trabajadores, para que puedan incorporarlos a su vida y convertirse en mejores modelos para los pacientes.

> La enorme ventaja que supone la aplicación de FAP para la modificación de conducta de los pacientes con un TEP crónico en los dispositivos y servicios residenciales es que se puede influir en la generalización del comportamiento en un espacio que constituye el entorno natural de la persona, a través de los miembros del equipo terapéutico ampliado, que constituirán una extensión del propio terapeuta para la observación, la evocación y el reforzamiento de las CCR. Pese a que consideramos que el espacio hospitalario o residencial fuera de la sesión con el terapeuta conforma el entorno natural de la persona durante el período de ingreso, utilizamos el concepto de CCR y no de OR, ya que si bien son funcionalmente equivalentes, CCR implica aún la capacidad de control del terapeuta sobre las contingencias, y el equipo terapéutico ampliado, a través de su intervención coordinada con el terapeuta, prolonga en el tiempo y en el espacio el contexto de la sesión (Laffite, Zúñiga y Díaz-Garrido, 2021).

Todo el personal ha de recibir formación básica en relación con los conceptos y las reglas terapéuticas de FAP, especialmente adaptada a los TMG.

Los distintos tipos de relaciones que establecen los miembros del personal y los pacientes entre sí justifica la relevancia de incluirlos en la aplicación extensiva de FAP que proponemos, pues la relación terapéutica tiene un papel destacado en FAP. Desde esta aproximación se hace explícito el uso de la relación terapeuta-paciente como herramienta de cambio durante el proceso de la terapia.

> El objetivo de estas reuniones es clasificar las diferentes CCR del paciente que ocurren fuera de la sesión y especificar las consecuencias más adecuadas en cada caso. Asimismo, se escogerá el número de conductas máximo a modificar simultáneamente y el plazo de tiempo durante el cual se realiza, en virtud del nivel de deterioro cognitivo y funcional de cada paciente, que serán operativiza-

© Ediciones Pirámide

dos exclusivamente por el terapeuta. Los objetivos individualizados para cada paciente serán reevaluados en las reuniones sucesivas. No todos los miembros del personal tienen las mismas funciones encomendadas en la intervención, el terapeuta será el encargado de describir operativamente las CCR, la forma de evocarlas y su forma de reforzamiento natural a través de los valores del paciente. El uso de FAP facilita la aproximación a las ZDP. El *mindfulness* facilita la observación de las CCR (ser consciente la otra persona y del propio impacto), así como dar una adecuada respuesta terapéutica (dar amor) (Laffite, Zúñiga y Díaz-Garrido, 2021).

Por ello, en las reuniones de gestión o coordinación del caso proponemos que se invite a participar a los miembros del equipo terapéutico extenso para que puedan aportar información acerca del funcionamiento y preocupaciones cotidianas del paciente, así como recibir el apoyo y recomendaciones del equipo a la hora de ajustar sus patrones de comportamiento para reforzar conductas de aproximación a valores. La información y el punto de vista de los componentes del equipo extendido serán expuestos y escuchados de acuerdo con los principios del dialogismo, sin perjuicio de que las decisiones acerca del devenir del tratamiento formen parte de las competencias del equipo clínico facultativo (nivel 3). Podemos distinguir tres niveles dentro de las reuniones de equipo, que, según el contenido a tratar en las mismas, incluirán a diferentes componentes del personal (tabla 8.1).

TABLA 8.1

| **Nivel** | Nivel 1<br>Funcionamiento cotidiano | Nivel 2<br>Cuidados del paciente y valoración clínica | Nivel 3<br>Decisiones acerca del curso del tratamiento |
|---|---|---|---|
| **Integrantes** | Equipo terapéutico ampliado. Todo aquel miembro del personal que tenga un especial vínculo o información relevante acerca del funcionamiento del paciente. | Equipo terapéutico formado por psicólogo/a clínico, psiquiatra y personal de enfermería (enfermera/o especialista, terapeuta ocupacional). | Terapeutas y gestores del caso. Se incluirá al trabajador social en caso de ser necesario. |

> «Y es que no hay mejor manera de superar una tormenta que acompañados de alguien cálido que nos apoye, sin juzgar, y que comparta su experiencia acerca de formas distintas de sobrellevarla.»

## 4. APLICACIÓN DE ART POR NIVELES DE DETERIORO EN DISTINTOS MOMENTOS Y DISPOSITIVOS

Como se ha mencionado anteriormente, ART basa su filosofía, fundamentación teórica, estructura y aplicación en la terapia de aceptación y compromiso (ACT). ART es una aplicación de ACT más extensa, multidimensional, multi e interdisciplinar, en donde se introducen herramientas provenientes de otros sistemas que son contextualizadas específicamente para la psicosis; asimismo, se busca la optimización de las intervenciones a través de la adaptación a los distintos niveles de deterioro, tanto funcional como cognitivo. Con esto intentamos no solo adaptar el tratamiento a la persona, sino las estrategias, el discurso y la orientación a la especificidad de un grupo determinado de pacientes, en un momento concreto. Entendemos desde esta perspectiva que no todo puede ser aplicado de la misma manera a todas las personas, sino que hay que adaptar ACT a la psicosis, y no la psicosis a ACT; y de aquí nace ART, como una extensión de la misma.

Las fases en la aplicación de ART siguen el mismo esquema de Hayes y Strosahl (2004):

1. Generar la desesperanza creativa.
2. El control como problema, no como solución.
3. Desliteralización del lenguaje.
4. Yo como contexto.
5. Valores.
6. Aceptación y compromiso.

© Ediciones Pirámide

Al tiempo que se van desarrollando las etapas de ACT a lo largo de los distintos dispositivos e intervenciones y durante las fases de la propia psicosis, desde una intervención basada en la aceptación y en los valores se pueden introducir de forma paralela, trasversal e inclusiva, los principios dialógicos a la intervención con las familias, al grupo y al equipo terapéutico, así como intervenciones de recuperación funcional adaptadas según el nivel de deterioro cognitivo y funcional. Para más detalles sobre la adaptación de las técnicas a los distintos niveles y momentos evolutivos, consultar la tabla 8.2.

ACT sigue una estructura flexible a través de la cual se guía el tratamiento, esto le permite adaptar los tiempos e intervenciones al contexto de interacción terapéutico. La duración de las terapias individuales, grupales, familiares y actividades comunitarias es flexible, variable y orientada al propio dispositivo, sea este un contexto de trabajo en comunidad, como una unidad de larga estancia, o una sesión individual ambulatoria, cubriendo tanto el marco de trabajo en los servicios públicos como privados. Recordando lo ya expuesto en el capítulo anterior, con personas con TEP hay que tener cuenta que la estructura de las sesiones ha de ser previsible, clara y ordenada, donde sepa en cada momento qué es lo siguiente que se va a trabajar (Morris, 2019).

De igual forma, los objetivos de ART son los mismos que los descritos por Wilson y Luciano (2002):

1. La clarificación de valores.
2. La aceptación de los eventos privados ligados a lo que no puede cambiarse, que implica el abandono de una agenda de cambio no efectivo y la flexibilidad para elegir cómo responder.
3. El fortalecimiento del yo como contexto para poder notar o contemplar los contenidos privados de uno, tomados como lo que son, y desde esa perspectiva experiencial estable y cierta de uno mismo.

Como señala Morris (2019), dado que las personas con psicosis pueden ser patologizadas, invalidadas y estigmatizadas, es importante que se fomente la recuperación sobre la base de los siguientes principios:

1. Apreciación de la persona en su totalidad, con su entorno y su historia.
2. Conexión con la experiencia compartida del ser humano y la lucha por vivir una vida significativa frente a las dificultades.
3. Adición de las habilidades de ACT como formas útiles para expandir la vida de la persona y afrontar las situaciones, no buscando «arreglar» a la persona.
4. Construcción de una vida que valga la pena vivir en el presente. Elegir valores para dar sentido y propósito a la vida usando la aceptación, en lugar de centrarse en objetivos a largo plazo que dependen de cambios en las experiencias o circunstancias.

Pankey y Hayes (2003) propusieron algunas adaptaciones en ACT para aplicar a población con psicosis, incluso con sujetos que padecen disfunción cognitiva o retraso mental, destacando:

1. Estilo psicoeducativo y tono colaborador.
2. Utilización de intervenciones más simples, concretas y experienciales.
3. Adaptación del lenguaje, las metáforas y los ejercicios.
4. Combinar dentro de cada sesión pequeñas intervenciones basadas en la aceptación, defusión, metas y acción para hacer patente la vinculación entre ellas.

Pese a que indicaciones como las de Pankey y Hayes resultan interesantes, no dejan de ser demasiado generales y no se ajustan a la enorme heterogeneidad clínica y diversidad funcional que muestran las personas que padecen un TEP, pues no todas las personas que padecen psicosis tienen por qué necesitar adaptaciones, y aquellas que las necesitan pueden requerir adaptaciones concretas que se ajusten a sus dificultades.

Chadwick (2009) añade la importancia de aclarar la comprensión de conceptos, habilidades o introspección común. Por otra parte, Morris (2019) propone varias adaptaciones para facilitar el enfoque, la comprensión y el recuerdo de la intervención en personas con psicosis que pueden presentar limitaciones de la atención o dificultades cognitivas:

© Ediciones Pirámide

1. Repetición y uso de una estructura de sesión clara. Esto facilita que sea predecible y memorable. Esto es importante por dos motivos: por una parte, la exposición regular a los mensajes clave sobre la flexibilidad psicológica mejora el funcionamiento de ACT; por otra parte, cuando el paciente presenta poca tolerancia a la incertidumbre o presenta pensamientos de control o manipulación, es importante mantener la predictibilidad de la sesión en cuanto a su estructura, describiendo con anticipación los ejercicios experienciales y siendo claros en las intenciones de los mismos.
2. Uso de ejercicios de atención plena breves y más «hablados». Hacer ejercicios más breves, con menos pausas, acudiendo en más ocasiones a los anclajes.
3. Uso de una metáfora central. Es útil reducir el número y la complejidad de las metáforas que se presentan. Una metáfora central puede servir como un andamio para las actividades, ejercicios y otras metáforas.
4. Ejercicios de «fisicalización». Muchos ejercicios y metáforas pueden hacerse más tangibles mediante el uso de dibujos y objetos.

Se hace necesario proponer un elemento objetivamente valorable y medible que permita decidir qué tipo de adaptaciones realizar en virtud del nivel de deterioro de la persona, siendo este uno de los puntos novedosos de la propuesta que representa ART. Esta supone una adecuación de ACT a las personas con psicosis basándose en su deterioro cognitivo y funcional, que selecciona la forma de aplicación y adaptación del método y las intervenciones de ART. Con esta clasificación no queremos mostrar «estaticismo» o un devenir pesimista sobre la evolución de las personas que presentan un TEP; al contrario, consideramos que tiene un carácter dinámico. Teniendo esto último en consideración, planteamos los siguientes niveles:

1. *Nivel sin deterioro cognitivo o deterioro subclínico.* Supone, en la mayor parte de los casos, un nivel de funcionamiento normalizado, con un nivel de abstracción y simbolización que permiten a la persona beneficiarse de las intervenciones que impliquen estos factores. No obstante, tendremos que valorar si su nivel de funcionalidad está afectado en algún grado por las características clínicas de la psicosis y, en este sentido, si las intervenciones son adecuadas para cada persona en particular. Las intervenciones seguirían el modelo clásico de ACT junto con las especificidades de ART.
2. *Nivel de deterioro cognitivo leve.* Incluiría a aquellas personas con ligeras dificultades a nivel atencional, memoria, velocidad de procesamiento, funciones ejecutivas, cognición, percepción y conocimiento social, procesamiento emocional y metacognición. Aquí se realizarían adaptaciones mínimas, como hacer más concretas las metáforas y mayor número de repeticiones, asegurándonos la comprensión del paciente, reduciendo la carga simbólica.
3. *Nivel de deterioro cognitivo moderado.* Incluiría a personas con dificultades extensas a nivel cognitivo y funcional. En estas personas las funciones cognitivas básicas están alteradas de forma importante, con dificultades para mantener la atención, recordar la información y comprender el lenguaje, con déficits en la simbolización y la abstracción. Por ello, se recomienda la simplificación del lenguaje, el uso de la repetición, el uso de metáforas sencillas donde se obtenga el significado de forma guiada e inmediata, primando el uso de la fisicalización y el apoyo con imágenes y objetos que minimicen la exigencia de la tarea. Se incluirán en este nivel estrategias conductuales para mejorar la autonomía y se requerirán intervenciones recuperadoras más intensas.
4. *Nivel de deterioro grave y altamente limitante.* La persona se encuentra seriamente limitada a nivel cognitivo, y el nivel funcional es básico. En este nivel se priman las intervenciones rehabilitadoras de tipo conductual orientadas a las habilidades de la vida diaria e instrumental, así como la rehabilitación cognitiva. En esta línea, las intervenciones de principios ART se basarán en las habilidades terapéuticas y el moldeamiento de conductas más funcionales.

© Ediciones Pirámide

Para la valoración e identificación de los diferentes niveles remitimos al lector a los capítulos de «Neuropsicología del deterioro cognitivo en la psicosis» desarrollado por Barroso y cols., así como al capítulo de «Evaluación de los síntomas psicóticos» por López-Navarro, Inchausti y Fonseca-Pedrero para la evaluación, ambos incluidos en este manual.

Dentro del proceso de evaluación, consideramos que, junto a la entrevista clínica, la valoración por niveles de deterioro cognitivo y funcional resulta de utilidad para la adaptación de las intervenciones, tratando de conseguir con esto tratamientos más eficaces, específicos e individualizados. Aunque recomendamos la realización de una valoración neuropsicológica extensa que permita conocer los déficits, así como las áreas preservadas a nivel cognitivo, en este apartado nos limitamos a proponer una valoración básica mediante el empleo de los siguientes instrumentos:

- Valoración de la funcionalidad: WHODAS 2.0 (Cuestionario para la evaluación de discapacidad) (Vázquez-Barquero et al, 2000).
- Valoración de la sintomatología clínica: valoración de la/s entrevista/s clínica/s.
- Valoración neuropsicológica: protocolo breve de valoración cognitiva de J. D. Barroso y equipo (tabla 8.2).

TABLA 8.2

| Instrumentos de evaluación y orden de administración |
|---|
| 1. Mini-Mental State Examination-MMSE (Folstein et al., 1975). |
| 2. Curva de aprendizaje de la lista A, lista B y recuerdo a corto plazo del test de aprendizaje verbal España Complutense-TAVEC (Benedet y Alejandre, 2014). |
| 3. Test de la A (Strub y Black, 1985). |
| 4. The Symbol Digit Modalities Test (SDMT) (Smith, 1982). |
| 5. Trail Making Test (Reitan, 1958). |
| 6. Test del reloj (Thalman et al., 1996). |
| 7. Copia cubo tridimensional (véase MoCA-E; Delgado et al., 2019). |
| 8. Recuerdo a largo plazo y por reconocimiento del test de aprendizaje verbal España Complutense-TAVEC (Benedet y Alejandre, 2014). |
| 9. COWAT (Benton y Hamsher, 1989). |
| 10. Test de fluidez verbal ante consigna semántica (Benton et al., 1989). |

La terapia debe adaptarse a los diferentes contextos y momentos clínicos. Los siguientes epígrafes se estructurarán basándose en esto, con las recomendaciones necesarias para la adaptación de las estrategias a los diferentes niveles o características de deterioro cognitivo y funcional, así como ejemplos de algunas de estas. Además, se ofrecen diferentes protocolos para la adaptación a los distintos positivos.

## 4.1. Intervención preventiva y temprana

### 4.1.1. *Intervención preventiva primaria basada en valores*

La prevención primaria «es un concepto comunitario; implica la disminución de la proporción de casos nuevos de trastornos mentales en una población durante un período dado, contrarrestando las circunstancias perniciosas antes de que tengan ocasiones de producir la enfermedad» (Caplan, 1985, p. 43).

En toda prevención primaria, el objetivo fundamental es que no se manifieste un trastorno, en este caso a través del uso psicoprofiláctico de intervenciones y estrategias orientadas hacia los cuidados de la persona y de su contexto general de salud. Dado que el objetivo desde ACT es mejorar el bienestar, el funcionamiento y la calidad de vida, aumentando la flexibilidad psicológica y reduciendo la autorregulación inútil (preocupación, cavilación, represión y evitación) (Hayes et al., 2006), una intervención preventiva primaria desde este modelo se dirigiría hacia el establecimiento de una relación diferente

© Ediciones Pirámide

con el sufrimiento, desde la aceptación, el no arraigo al lenguaje literal, la consciencia en el aquí y en el ahora y la orientación hacia valores; lo que supone una forma diferente de afrontar el malestar, frente a las intervenciones tradicionales de control y búsqueda del bienestar.

De forma contraria a las intervenciones centradas en la identificación de hipotéticos períodos premórbidos o prodrómicos que incluyen intervenciones tempranas, la propuesta de ART al estar basada en la psicoeducación y, sobre todo, en la promoción de la flexibilidad psicológica y la búsqueda de valores no supone la imposición de una etiqueta estigmatizante sobre personas que en la mayoría de los casos no desarrollarán un TEP; muy al contrario, permite a los jóvenes y sus familias encontrar intereses y metas comunes.

Es altamente recomendable la incorporación de programas psicoeducativos de forma universal, tanto en la educación primaria como secundaria, para minimizar las tendencias hedonistas culturales dominantes, mediante la minimización del control cognitivo, de las conductas evitativas y tendentes a la búsqueda excesiva de seguridad, y la maximización de la aceptación no resignada, así como una dirección hacia valores. En este sentido, ya se han realizado varios estudios piloto en los cuales se han obtenido resultados significativos acerca de la eficacia de ACT sobre el bienestar psicológico general en adolescentes a partir de 12 años (Burckhardt et al., 2017; Livheim et al., 2014). Es importante la participación con carácter amplio del entorno familiar, con formación específica para padres, que faciliten la generalización de estos principios.

Una propuesta de intervención que concuerda con los principios expuestos desde ART es el modelo denominado atención centrada en lo importante para la persona (ACIP), descrito en el capítulo de Salgado y Mateo, en esta obra.

### 4.1.2. *Las controversias de la detección temprana*

La detección temprana, la reducción del tiempo que transcurre entre el inicio de la psicosis y el inicio del tratamiento, así como proporcionar una atención continua e integral durante los primeros años (período crítico) del trastorno se han erigido en la piedra angular que justifica el movimiento de la intervención temprana en los TEP (McGorry et al., 2007; 2008; Reading y Birchwood, 2005). Desde estas propuestas se ha señalado que las intervenciones serán más efectivas y menos dañinas cuanto antes se introduzcan en el curso de la enfermedad, pudiendo prevenir el deterioro biológico y psicosocial, cambiando el pronóstico y previniendo la progresión (McGorry et al., 2007; 2008; McGorry et al., 2006), así como disminuyendo la discapacidad y los costes (Vallina, 2003). Los beneficios potenciales de la intervención temprana también incluyen: comorbilidad reducida, recuperación más rápida, conservación de las habilidades sociales, del apoyo familiar y social y reducción de las hospitalizaciones (Birchwood et al., 1998).

La fase temprana de un TEP suele coincidir con una etapa vital durante la cual tienen lugar importantes hitos evolutivos, así como cambios biológicos, psicosociales y cognitivos, que influye en la trayectoria y el curso a largo plazo del TEP. Se considera crítico el período de tres a cinco años (Birchwood et al., 1998) posteriores al inicio de la psicosis, durante los cuales existe un riesgo incrementado de recaída y de suicidio, pero que también ofrece una ventana de oportunidad para la prevención secundaria (Birchwood y Fiorillo, 2000). Según estos autores, las estrategias de intervención multimodal son esenciales durante este período y deben mantenerse durante al menos tres años.

La detección durante esta etapa debe estar inspirada en la prevención y la proactividad, desde diferentes ámbitos:

1. Desde el sector educativo, a través del conocimiento, por parte del profesorado y alumnos, acerca de los signos y conductas que pueden ser indicadores de fuerte malestar.
2. Desde los centros de atención primaria, mediante una mejora en la detección y evaluación temprana, lo que requiere la formación, interacción y coordinación continua y recíproca con los centros o unidades de salud mental especializados, así como la inclusión de los psicólogos clínicos en atención primaria, que facilite el cribado de los TMG y, por ende, redunde en la disminución de las listas de espera de la atención especializada en salud mental.

© Ediciones Pirámide

3. Desde los servicios de salud mental, mediante medidas específicas como la creación de equipos móviles de valoración e intervención rápida a domicilio.

A pesar de los aspectos positivos que podría tener una intervención temprana sobre los síntomas inespecíficos que generan malestar, corremos el riesgo de incurrir en varios errores ya criticados, como el etiquetado y estigma asociado, así como el tratamiento farmacológico, no solo de personas que aún no presentan un TEP, sino que en el mayor número de casos no llegarán a desarrollarlo nunca (McGorry et al., 2008; McGorry et al., 2006), debido a que no es posible identificar los falsos positivos (Yung et al., 2003). Ampliamente controvertidas son las propuestas de algunos autores acerca de la introducción temprana de antipsicóticos atípicos a dosis bajas en sujetos que no cumplen criterios de un trastorno psicótico franco, habiéndose establecido que la medicación antipsicótica sea un componente esencial del tratamiento efectivo para todos los casos de PEP (Francey et al., 2010).

La duración de la psicosis sin tratamiento (DUP) y la duración de la enfermedad no tratada (DUI) son constructos clínicos multidimensionales que estarían relacionados con el impacto y el curso de la enfermedad (Murru y Carpiniello, 2018), basándose en las hipótesis de toxicidad biológica (Wyatt et al., 1997; Lieberman, 1999) a través de un proceso neurodegenerativo y, posteriormente, de la toxicidad psicosocial (Birchwood y MacMillan, 1993; Falloon, 1992). Sin embargo, esta aproximación ha suscitado multitud de críticas, como las señaladas por Verdoux y Cougnard (2003), que refieren que: la asociación causal entre el DUP y el mal pronóstico no resulta clara; la hipótesis del efecto neurotóxico de la psicosis tampoco se ha demostrado; no se ha propuesto cuál ha de ser la duración del tratamiento, ni las dosis o niveles óptimos del mismo; además, la investigación sobre la efectividad supone introducir tratamiento farmacológico potencialmente dañino en adolescentes que puede que no lleguen a desarrollar un TEP. Estos argumentos proporcionan una razón convincente para buscar nuevos tratamientos efectivos y que tengan menos efectos adversos como propuesta de intervención psicoterapéutica temprana.

Otras de las dificultades para la detección temprana son la inespecificidad y las fluctuaciones de la clínica en población infanto-juvenil que favorecen la aparición de algunos fenómenos como la tendencia al etiquetaje dentro de los diagnósticos de moda, o la malinterpretación de las fluctuaciones o los síntomas negativos como mejoría o como comportamientos típicos de la adolescencia (Tizón, 2013). A esto se añaden la falta de formación y la falta de ética de algunos profesionales, así como la necesidad de los padres de sentir que las dificultades de su hijo/a se deben a una etiqueta con pronóstico favorable. Que la introducción del tratamiento farmacológico suponga una aparente mejoría inmediata se corresponde con la falacia *non-sequitur* señalada por Pérez-Álvarez (2018), y ha hecho que se normalicen, diagnostiquen e incluso promocionen determinados diagnósticos.

Entendemos que la causa principal del sufrimiento de la persona que experimenta vivencias psicóticas es la angustia asociada a las mismas y la forma de relacionarse con ellas. A nivel conductual, uno de los marcadores más comúnmente utilizado es la sensibilización y el mecanismo subyacente a esta, la sensibilidad al estrés, que se caracterizaría por reacciones emocionales negativas más fuertes de lo común a factores estresantes menores de la vida diaria (Reininghaus et al., 2016; Collip et al., 2008; Myin-Germeys, 2001). La sensibilidad sería un factor acumulativo a la propia angustia asociada a los fenómenos psicóticos. En esta línea, sabemos que la reactividad emocional a eventos, actividades y situaciones sociales estresantes menores se encuentra incrementada en individuos con un primer episodio psicótico (PEP) (Reininghaus et al., 2016), lo cual podría asociarse con una mayor experiencia de angustia.

Modificar los factores de riesgo podría prevenir y reducir la intensidad de un posible episodio psicótico, así como mejorar su curso (Klippel et al., 2017; Myin-Germeys et al., 2016; Reininghaus, Depp et al., 2016). Fledderus et al. (2012) han señalado que el contacto social y la activación conductual son suficientes por sí mismos para generar un efecto positivo sobre los síntomas subumbrales. Con este objetivo se han propuesto intervenciones ecológicas momentáneas en la vida diaria, que se centran en las necesidades y el contexto en el momento de la intervención con la intención de conseguir cambios duraderos en su contexto natural. Constituye un ejemplo de esto la reciente formulación de ACT adapta-

© Ediciones Pirámide

da a la psicosis en la vida diaria (ACT-DL), que enfatiza la función del comportamiento en el contexto concreto (Vaessen et al., 2019) para mejorar y extender los efectos terapéuticos al contexto ecológico de la persona. La flexibilidad que caracteriza el formato de ACT permite que sea aplicable tanto a población general como a personas con síntomas subumbrales (Van Aubel et al., 2020). Estos autores señalan que el aumento de la flexibilidad psicológica en personas con clínica psicótica subumbral requiere un período entre 6 y 12 meses, lo que apoya la continuidad del entrenamiento ACT-DL después de que las sesiones de terapia cara a cara hayan terminado.

Consideramos que las intervenciones desde la perspectiva ACT y desde el dialogismo contextualizado que incluya a los miembros del entorno más cercano serían factores de protección ante posibles episodios y/o agravamientos. Se ha propuesto que los componentes de ACT dirigidos a la aceptación podrían ser efectivos para atenuar la sensibilidad al estrés, y que los componentes dirigidos al compromiso (valores y acción comprometida) mejorarían la acción motivada en relación con la recompensa (Reininghaus et al., 2019). Desde la perspectiva ART, el dialogismo contextual podría ayudar a la aceptación radical y la comprensión mutua en el contexto natural de la persona. Estas intervenciones en conjunto promoverían la flexibilidad psicológica.

Por ello, tal y como proponen Morris y Oliver (2009), se sugiere la introducción de la intervención temprana basada en la aceptación y el *mindfulness,* ligada a principios conductuales guiados por valores. Estos autores destacan:

- — Aprender a vivir en el aquí y ahora.
- — Encontrar opciones en cada momento.
- — Apegarse a hacer lo que es importante para uno.
- — Observar cuándo tu mente te ayuda y cuándo no.
- — Aceptar lo que no puedes cambiar.
- — Ser compasivo contigo mismo.

Sabemos que la evidencia sugiere que se pueden reducir las tasas de reingresos hospitalarios, los síntomas psicóticos y afectivos, el deterioro social y la angustia asociados con las alucinaciones en esta población desde intervenciones basadas en ACT (Shawyer et al., 2017; Bach et al., 2013; Gaudiano y Herbert, 2006; Bach y Hayes, 2002). Asimismo, los datos sobre el diálogo abierto también son prometedores, ya que el inicio temprano del tratamiento tiene como ventaja que «los problemas no permanecen durante tanto tiempo como para que el paciente y sus familiares lleguen a acostumbrarse y lleguen a desarrollar estrategias de gestión de los comportamientos y experiencias extrañas» (Seikkula y Arnkill, 2016, p. 223), aunque recientes revisiones sistemáticas resaltan la necesidad de realizar más estudios (Freeman et al., 2019).

Desde ART el objetivo inicial se centra en establecer una alianza terapéutica genuina con la persona y su familia, limitando el impacto y el estigma que pueden ocasionar los primeros fenómenos relacionados con la psicosis, promoviendo la salud y el bienestar desde la activación conductual y los valores, evitando en la medida de lo posible la introducción temprana de fármacos antipsicóticos.

### 4.2. Período de agudización, urgencias hospitalarias y unidades de hospitalización psiquiátrica

La fase clínica aguda constituye un período durante el cual las personas pueden presentar síntomas psicóticos graves como delirios, alucinaciones, pensamientos y conductas gravemente desorganizadas. Generalmente no son capaces de cuidar de sí mismos de forma apropiada y, con frecuencia, los síntomas negativos pasan a ser más intensos (Subdirección de Salud Mental del Servicio Murciano de Salud, 2009). La sintomatología aguda, capaz de implicar un ingreso, supone para la persona una importante disminución temporal de su funcionalidad y adaptación a su ambiente.

Cuando el paciente entra en contacto con el servicio de urgencias, pasando a un ingreso en una unidad de agudos, muchas veces en contra de su voluntad, es esencial tener en cuenta varios aspectos que pueden influir posteriormente en las intervenciones que se realicen. Tanto pacientes como familiares describen las unidades de agudos como inseguras y con efecto negativo sobre la salud mental, en lugar de promover la recuperación (Schizophrenia Commission, 2012).

© Ediciones Pirámide

La clínica psicótica suele ir acompañada por sentimientos de verse atrapados, de vergüenza, de miedo, de estigma, además de la sensación de una derrota vital que se ve agravada por el trauma asistencial (Frueh et al., 2005; Robins et al., 2005; Anthony, 1993) de un ingreso de carácter involuntario en múltiples ocasiones (Díaz-Garrido et al., 2019). Tanto pacientes como familiares describen las unidades de agudos como inseguras y con efecto negativo sobre la salud mental, en lugar de promover la recuperación (Schizophrenia Commission, 2012). Un ingreso en una unidad de agudos cerrada supone sacar a la persona de su contexto seguro, a uno desconocido donde se le imponen restricciones y normas no compartidas, con cierta tendencia sobreprotectora, se le aplican tratamientos no consensuados y donde incluso se le pueden aplicar contenciones, lo que unido al sufrimiento intenso, que ya de por sí experimenta, produce un maremágnum de difícil digestión emocional. Todo esto es contrario a nuestro posicionamiento sobre la libertad de decisión de la persona, que ha de guiar todo el proceso de intervención y recuperación en los TEP.

La vivencia del ingreso como una forma de encarcelamiento, unida a la falta de introspección sobre los síntomas psicóticos, hace compleja la intervención psicoterapéutica, pues el paciente difícilmente puede estar motivado y considerarla necesaria. Sin embargo, al no dirigirse ACT a la eliminación de los síntomas y a juzgar si uno está loco o cuerdo, o si una alucinación o delirio son verdaderos o falsos, permite salvar muchos de los obstáculos de una futura intervención.

En el caso de las intervenciones psicoterapéuticas, es necesario que la persona sea un componente activo de las mismas; sin embargo, no es raro que las personas ingresadas con carácter involuntario sean reticentes y reactivas a participar en las intervenciones. Por ello, es fundamental que estas sean interesantes, significativas y apropiadamente desafiantes (Newell et al., 2012) para conseguir movilizar a las personas.

Se ha observado que en el momento del episodio psicótico agudo las personas presentan mayor tendencia a buscar de forma activa explicaciones a estos episodios (Drury et al., 1996), lo que mantiene al paciente motivado en el proceso de las siguientes intervenciones. Posteriormente se produce un efecto que contrasta con el anterior, el proceso de «sellado» (McGlashan et al., 1975), donde las personas evitan hacer referencia a su psicosis y sienten poca curiosidad o motivación para reflexionar e integrar sus experiencias. Se añade el hecho de que las personas aprenden a evitar hablar sobre su sufrimiento y a negar la presencia de síntomas psicóticos desagradables para lograr un alta más temprana o evitar el ingreso. Aunque la fase aguda puede ofrecer un contexto para desarrollar un trabajo terapéutico y así la integración de la experiencia, si no se aborda de forma adecuada el trauma asociado puede ser aún mayor, y extenderse a la evolución del proceso personal, asociándose a estigma, depresión, miedo y vergüenza (Gumley y Schwannauer, 2006).

Se produce un efecto paradójico, donde las intervenciones se centran en la contención del sufrimiento y no en el establecimiento de un diálogo sobre la experiencia personal de la psicosis. Es significativo que las personas ingresadas informen de un acceso insuficiente a psicoterapia, siendo esta considerada como de alta prioridad para ellos (Jones et al., 2010; Lelliott y Quirk, 2004). Por desgracia, esto se ve dificultado por la escasa presencia de psicólogos clínicos en estas unidades, su orientación hacia otro tipo de problemas alejados del espectro psicótico, así como la absorción reduccionista de la psicosis como «enfermedad» que solo puede ser abordada desde la psiquiatría. A pesar de que recientes metaanálisis indican que la TCC, la terapia metacognitiva y la terapia de aceptación y compromiso son eficaces para pacientes hospitalizados (Wood et al., 2020) y que las intervenciones breves de ACT durante los ingresos hospitalarios pueden ayudar a las personas a permanecer fuera del hospital por más tiempo después del alta (Gaudiano y Herbert, 2006; Bach y Hayes, 2002). Por ello proponen que la orientación a los valores deba introducirse lo antes posible en el tratamiento en los pacientes, sobre todo en aquellos ingresados con carácter involuntario, y que es fundamental educar a la familia y al equipo terapéutico sobre los objetivos de ACT (O'Donoghue et al., 2018). Por ello, sería fundamental entrenar al personal de enfermería, trabajadores sociales, terapeutas ocupacionales..., además de psicólogos clínicos y psiquiatras en las plantas de agudos para intervenir en la misma línea de acción sobre los fundamentos de ACT (Gaudiano et al., 2017).

Las intervenciones basadas en *mindfulness* se han mostrado seguras, factibles, altamente acepta-

© Ediciones Pirámide

das y valoradas por pacientes con psicosis en contexto de ingreso, con bajas tasas de abandono y con un alto seguimiento (Jacobsen et al., 2020), estos resultados son consistentes con los estudios piloto sobre ACT para la psicosis desarrollados en los Estados Unidos (Gaudiano y Herbert, 2006). Los datos indican un menor riesgo de reingreso y de tasas de recaída a los doce meses en pacientes que han recibido intervenciones en crisis basadas en *mindfulness* (Mindfulness-Based Crisis Interventions, MBCI).

Como forma concreta de intervención, planteamos un estilo similar al propuesto por Gaudiano et al. (2017):

- Sesiones individuales y grupales.
- Habilidades *mindfulness.*
- Ejercicios experienciales e historias.
- Clarificación de valores y ajuste de metas.

A lo que añadimos desde ART:

- **La intervención familiar con base dialógica (dialogismo contextual).** Proponemos la realización de dos sesiones semanales en torno a la hora y media de duración.
- **Técnicas específicas para trabajar con delirios y alucinaciones.** Aunque no es nuestro objetivo prioritario de intervención, en algunos casos se hace difícil trabajar con personas excesivamente atentas y fusionadas a su producción mental, ya que el sufrimiento personal es tan elevado que es difícil llegar a ellos si no les aportamos alguna estrategia específica, además de que en muchas ocasiones se centran en esta demanda. Por ello, se necesita de un «extra» para llegar a la persona y promover un abordaje basado en valores y en la flexibilidad psicológica. Proponemos dos procesos que acompañan todas las intervenciones de ACT para la sintomatología positiva: la *focalización de las voces contextualizada* y la *espiral* en los delirios.
- **Coordinación y gestión del caso.** Se incluye al equipo terapéutico extendido o ampliado desde la horizontalidad con principios dialógicos contextuales.
- **Intervención y talleres de cuidados personales.** Dirigidos a todo el personal desde el ámbito de la enfermería especializada en salud mental, para que sirva de respiro y se trabajen dificultades y/o problemáticas.
- **Planes formativos periódicos en principios contextuales.**

### 4.2.1. *Aplicación individual*

La **aplicación individual** sigue una periodicidad de tres sesiones por semana, con una duración de unos 30-45 minutos cada una, procurando que las sesiones no sean muy largas para que resulten útiles, ya que es habitual que las personas en estado agudo presenten dificultades de tipo atencional relacionadas con la sintomatología positiva (Haas et al., 2001). Se ha observado que con intervenciones breves durante una única semana de ingreso realizando tres sesiones de psicoterapia individual se obtienen mejorías significativas en la sintomatología, discapacidad relacionada con el trastorno, angustia psicótica, además de una menor tasa de rehospitalización en los cuatro meses de seguimiento (Gaudiano y Herbert, 2006). Además, siempre existirá la disposición abierta a atender a la persona ante la necesidad y/o su solicitud, con intervenciones breves y aplicadas a la situación, fomentando lo trabajado en las sesiones anteriores y siempre desde la validación de la experiencia. Intentamos seguir el protocolo clásico de ACT centrándonos en aplicaciones orientadas a:

- La desesperanza creativa.
- La aceptación.
- La disposición conductual como alternativa al control y al atrapamiento en la lucha improductiva.
- La defusión del yo-contenido.
- La orientación hacia valores.

En la primera sesión se realizará una evaluación funcional y se recogerán todos aquellos datos pertinentes para el abordaje del caso. A lo largo de la intervención se aplicarán metáforas, ejercicios experienciales, estrategias como la focalización en las voces, una versión reducida de la espiral, y aquellas estrategias contextuales que nos permitan alcanzar los objetivos terapéuticos. Además, estas sesiones tendrán un talante psicoeducativo (Pankey y Hayes, 2003). La práctica de habilidades de *mindfulness* tendrá carácter diario, para promocionar su aprendizaje, tanto en la sesión individual como en la gru-

© Ediciones Pirámide

pal. Los diferentes temas tratados en ACT se rotan entre sesiones e incluyen: aclaración de valores, atención plena, aceptación y defusión cognitiva.

Desde ACT las alucinaciones auditivas se entienden como intentos de evitación experiencial (Morrison et al., 1995), cuya función sería disminuir la disonancia cognitiva de determinados pensamientos intrusivos (Morrison y Baker, 2000). Ante la aparición de la alucinación, se presenta a su vez una respuesta negativa caracterizada por nuevas conductas evitativas (Morrison, 1998), lo que lleva progresivamente al incremento del número de alucinaciones. Así, tanto la supresión del pensamiento como las alucinaciones auditivas presentan la misma función: la evitación del malestar (García-Montes y Pérez-Álvarez, 2001). Las alucinaciones auditivas son formas de evitación experiencial que se dan cuando la fusión de la persona con determinado tipo de cogniciones alcanza niveles extremos. La evitación en este caso consistirá en percibir un pensamiento propio como si se tratara de algo ajeno (una voz) (García-Montes y Pérez-Álvarez, 2005), un pensamiento interno con nivel variable de creencia de locus externo.

### La terapia de focalización en las voces. Una visión contextual

ART hace una reformulación contextual de la *terapia de focalización en las voces* de Bentall et al. (1994) para aquellos casos de alta afectación alucinatoria acústico-verbal de difícil abordaje. Esta terapia pretende corregir un déficit existente en la capacidad para distinguir cuándo un hecho es real y cuándo es imaginario, reduciendo la frecuencia y angustia asociada, y realizando una nueva atribución de las voces, entendiéndolas como fenómenos autogenerados y no procedentes de fuentes externas.

A diferencia de la propuesta clásica, desde ART no se pretende o se busca una reinterpretación de las voces, ni su control, sino un distanciamiento y un cambio de relación con las mismas. Ya hemos comentado que entendemos que las propias acciones de la persona en dirección hacia sus valores son la mejor herramienta para el abordaje de esta sintomatología positiva. Sin embargo, dentro de los TEP se presentan casos de personas que están tan «interceptadas» por sus alucinaciones auditivas que abarcan casi toda su actividad, siendo en estos casos muy complejo su abordaje, por lo que pueden ser necesarias otras estrategias más directas sobre estos fenómenos, que adquirirían el carácter de operaciones de establecimiento, facilitando un centramiento posterior en la funcionalidad del individuo.

Reformulamos el modelo añadiendo procesos basados en *mindfulness* y en la aceptación, a través de las siguientes etapas:

1. En la primera etapa realizamos atención plena a través de los sentidos, recorriéndolos uno a uno, atendiendo al contexto global percibido, incluyendo la fenomenología alucinatoria activa, aceptando las variaciones de las voces, sin juicios, en el aquí y ahora, siendo necesaria la práctica continuada para adquirir un dominio de esta etapa. Una vez se haya conseguido destreza con esta fase, se pasa a la etapa siguiente. En otros dispositivos distintos de la unidad de agudos se podrá facilitar material para la práctica en casa.
2. Durante la segunda etapa se realiza una atención plena a los pensamientos, incluyendo el contenido de las voces, buscando la aceptación y el cambio de relación en cuanto a la literalidad de las mismas, facilitando la defusión de los contenidos. Al mismo tiempo, al igual que se realiza en el ejercicio de «sacar a pasear las voces», se puede grabar el contenido de estas en consulta con la voz del propio paciente, o incluso con la participación de miembros del equipo terapéutico ampliado, para utilizarlo a modo de exposición funcional a las mismas mientras realiza otras actividades.
3. En esta etapa se busca activamente la aceptación del malestar, dirigiendo su conducta hacia valores a pesar de la actividad fenomenológica. Pueden utilizarse metáforas como la del «autobús», la del «pantano» (Wilson y Luciano, 2002) o la de la bicicleta (véanse anexos), donde, a pesar de las voces y las dificultades, la persona se dirige a metas valiosas.
4. La última etapa aborda directamente la dirección a valores, sin buscar la modificación o control de la experiencia alucinatoria.

© Ediciones Pirámide

#### 4.2.2. *Grupos*

Las sesiones grupales ayudan a normalizar y a aceptar la experiencia psicótica, a obtener el apoyo de los compañeros reduciendo el aislamiento y a desarrollar la autocompasión. Constituyen una oportunidad para hacer y representar las metáforas experiencialmente, observando a otras personas dentro de un contexto social.

Para las sesiones grupales seguimos el modelo de O'Donogue et al. (2018). Se aproxima más a un modelo de taller de habilidades que a un grupo terapéutico; además, es cerrado, con un número de unos seis participantes con dos o tres facilitadores (recomendamos uno mínimo cada tres participantes). Consta de cuatro sesiones de 50 minutos con una periodicidad de dos por semana, sin sesiones de refuerzo debido a las características de una unidad de agudos, a diferencia del formato en salud comunitaria. Es importante que el grupo sea lo más homogéneo posible en sus características comportamentales, más que en el diagnóstico clínico, y se encuentre en una etapa similar de recuperación. Se animará a compartir cómo encuentran las prácticas y qué notan en los ejercicios, en lugar de discutir temas personales en profundidad. Además, se establecerán y se darán a conocer normas fundamentales para el buen uso de las sesiones. Para la práctica en otros dispositivos y fases del TEP, se intentará que estos grupos estén en función al nivel deterioro, añadiendo a las cuatro sesiones del abordaje una primera sesión de prueba y otras dos de refuerzo pasado un tiempo.

Los facilitadores deben participar en los ejercicios grupales, además de tomar la iniciativa cuando sea necesario, conformándose como miembros más del grupo y no como agentes externos, sentándose y actuando entre los participantes cuando sea preciso. Además, este trabajo ayudará al establecimiento de vínculos entre los pacientes y profesionales fomentando el aprendizaje relacional, la reducción de la angustia, el apoyo emocional y la percepción de singularidad (Belloso et al., 2015).

El formato habitual de este modelo es el siguiente:

— Un ejercicio para identificar valores.
— Ejercicio de barreras a los valores.
— Metáfora de los pasajeros del autobús.
— Ejercicios *mindfulness* como una manera de estar con las experiencias no deseadas para poder perseguir valores. Incluyen la respiración de tres minutos, hojas sobre la corriente de un río, notar los valores de otros y la comida consciente de un trozo de pastel.
— Discusiones de acciones comprometidas de la sesión anterior.
— Establecimiento de acciones comprometidas entre sesiones.

El objetivo clave es fundamental la normalización de la experiencia psicótica, promoviendo la apertura a las experiencias internas frente a las conductas de lucha y evitación.

Remitimos al lector al capítulo de Ruiz incluido en esta obra para profundizar en la forma de abordaje de estas sesiones y los requisitos de aplicación, así como a los trabajos de Ruiz (2017) y Butler et al. (2016), además de los ya citados.

#### 4.2.3. *Dialogismo contextual con la familia*

> El tratamiento durante la hospitalización debe centrarse de forma específica en la actividad psicológica del paciente, y en mantener activos sus lazos sociales (Seikkula y Arnkill, 2016, p. 233).

El encuentro con la familia se realizará lo antes posible *(principio de respuesta inmediata),* sin que se produzcan dilaciones a la espera de una mejora clínica, pues lo que se pretende es compartir la experiencia en el momento más angustiante, mientras aún pueda hacerse referencia a vivencias presentes que quizá no puedan volver a evocarse en el futuro, y es que cuando se produce una crisis es cuando los diálogos polifónicos muestran su mayor potencial (Seikkula y Arnkill, 2016). El dialogismo contextual tendrá una duración de unos 90 minutos por sesión, tratando de realizar dos sesiones por semana, en función de la disponibilidad de la red dialógica y del tiempo de ingreso. Los miembros del personal que participen se sentarán entre los miembros del contexto habitual del usuario para evitar el rol de experto y un «nosotros y ellos».

La inclusión de la red social facilita la *continuidad* y la *seguridad psicológica,* ya que «no es una comunidad artificial en la planta de un hospi-

© Ediciones Pirámide

tal, sino una red de personas reales que son importantes en la vida del paciente» (Seikkula y Arnkill, 2016). La movilización y la calidad de la red social parecen estar asociadas con los resultados del tratamiento y el aumento de las posibilidades de recuperarse de una crisis grave, según los autores. Se invita a aquellos profesionales que tengan conocimiento del caso concreto, con especial relevancia para aquellos que tengan establecido un vínculo con la persona, considerándose imprescindible la participación del terapeuta, en caso de que exista.

Una regla fundamental es que todas las decisiones y acuerdos en relación con el tratamiento se tomen de manera transparente, en presencia de todos los participantes, de forma que sean partícipes y responsables de las mismas. Cuando se toman «decisiones terapéuticas» sin contar con las personas afectadas, se pierden su función y su resultado, haciendo que lo único que quede de terapéutico sea la propia palabra, cayendo en lo que se denomina *Medicina de la Ilustración,* bajo el lema «todo por el paciente, pero sin contar con el paciente» (Chivato, 2018). El tratamiento decidido unidireccionalmente o impuesto permite una estabilización a corto plazo, a veces precaria, que dificulta la adherencia al mismo. Por esto, se convierte en especialmente relevante dedicar alguna sesión a escuchar la opinión del paciente y su familia acerca del tratamiento y garantizar que se acepta de forma libre, consensuada y con la vista puesta en la consecución de sus metas y valores.

Cuando se escucha a la persona que padece un TEP, la forma de comunicación psicótica puede dejar de ser necesaria. Es más probable que los enunciados psicóticos, en caso de hacer su aparición, lo hagan al inicio, abordando en ese momento aquellos que guarden relación con las experiencias del discurso psicótico. Si el discurso psicótico aparece, se recomienda facilitar el espacio para que «las voces psicóticas lleguen a ser una más entre otras voces» (Seikkula y Arnkill, 2016, p. 198).

Algunas de las recomendaciones de Seikkula y Arnkill (2016) son:

- — Asegurar que se produzcan la intervención y expresión de los puntos de vista de todos los participantes tan pronto como sea posible.
- — Hablar desde la perspectiva propia, utilizando enunciados en primera persona.
- — Dar siempre una respuesta adaptada («no hay nada tan terrible como no tener respuesta»).
- — Adaptar los primeros comentarios a lo que el otro ha dicho: repetir palabra por palabra y hacer pausas para facilitar la reflexión.
- — No interpretar ni orientar hacia la realidad los comentarios psicóticos.
- — Permitir el espacio suficiente durante las intervenciones de los diferentes participantes para que las emociones se conecten con los contenidos narrados.

Es importante tener en consideración las especiales dificultades discursivas que puede presentar una persona con un episodio psicótico agudo, por lo que recomendamos: respetar tiempos de reacción y reflexión más prolongados y realizar aclaraciones necesarias para la comprensión, si bien, desde la perspectiva de ART, lo que se pretende no es «que las emociones se conecten con los contenidos narrados», sino que las emociones puedan ser vivenciadas plenamente y, a su vez, desliteralizadas de la cognición. En ART se busca la aceptación de las diferentes posiciones polifónicas, al mismo tiempo que se prioriza el principio de flexibilidad psicológica.

Dejar que la personas hablen de sus experiencias psicóticas en un contexto seguro y facilitador tiene ya de por sí un efecto positivo y terapéutico (Freeman, 2011). Y este contexto generado de forma dialógica puede ayudar a desenmarañar el contenido literal de sus propios pensamientos y emociones, ya que, como dicen Pankey y Hayes (2003), «los contextos que fomentan dicho enmarañamiento son frecuentes, mientras que los que lo debilitan son poco frecuentes». En este contexto los terapeutas no actúan desde el rol de experto, sino que forman parte del diálogo al mismo nivel, manteniéndose abiertos a la experiencia y al aprendizaje.

### 4.2.4. *El tratamiento farmacológico*

A corto plazo la medicación, dentro de un uso razonable, puede ser necesaria y positiva. El adormecimiento de la angustia producto de las experiencias psicóticas a través del tratamiento farmacológico facilita la función de discriminación de los refor-

© Ediciones Pirámide

zadores presentes y, en los casos en los que la sintomatología negativa no se haya instaurado, incluso la función motivacional, facilitando la labor psicoterapéutica. Esta forma de entendimiento del tratamiento farmacológico lo acerca al concepto de operaciones de establecimiento. El uso racional y en dosis adecuadas evita la sobremedicalización y sus consecuencias no deseadas para los pacientes, así como la referida trampa de reforzamiento negativo en el profesional.

#### 4.2.5. *La recuperación*

Según Andresen et al. (2003), la recuperación se refiere a establecer compromisos, una vida con significado y un sentido positivo de identidad fundado en la esperanza y la autodeterminación. Anthony (1993) define la recuperación personal como «un proceso profundamente personal y único de cambiar las propias actitudes, valores, sentimientos, metas habilidades y/o roles... una forma de vivir una vida satisfactoria esperanzadora y de contribuir, incluso con las limitaciones causadas por la enfermedad».

En ART el proceso de intervención y de recuperación empieza justo desde el momento en que se detecta que algo no va bien, sobre la idea de «trabajo en progreso», dirigiendo nuestros esfuerzos a orientar a la persona hacia una vida con significado (Morris, 2019). Orientando el proceso de recuperación se orienta desde el marco CHIME (descrito en el capítulo anterior).

El modelo de intervención es interdisciplinar y flexible en función de la duración de la estancia hospitalaria. Tanto psicólogo clínico como psiquiatra y enfermeros especialistas participan en el abordaje y recuperación de la persona en sus esferas especializadas de conocimientos, así como en la toma de decisiones, que serán consensuadas con el paciente. Estos profesionales participan tanto en las actividades grupales, diálogos contextuales y ejercicios experienciales, además de acompañar a la persona durante todo el viaje de su recuperación.

ART destaca la importancia y hace copartícipes y corresponsables de la recuperación integral de la persona a todo el personal, desde unos principios de trabajo basados en la aceptación y en los valores, ya que la intervención desde ART se da en cualquier momento, en cualquier contacto que tenga la persona con cualquier miembro de la unidad, incluido el equipo terapéutico extendido o ampliado. Todas las interacciones que ocurran de forma natural con la persona no solo son necesarias, sino saludables si refuerzan los principios trabajados. Las conductas clínicamente relevantes y su reforzamiento juegan un papel esencial en su pronta recuperación.

En este sentido, debemos tener presente no caer en la «mentalidad de línea de producción» (Crawford et al., 2016, p. 725), observada en la investigación sobre la atención que dispensa enfermería en las unidades de agudos, donde más de la mitad del tiempo se invierte en tareas administrativas, coordinación y tareas gerenciales, dejando poco tiempo para escuchar, hablar y brindar atención compasiva a los pacientes (McAndrew et al., 2014).

### 4.3. Tratamiento ambulatorio y seguimiento en el ámbito privado

Para el abordaje desde un dispositivo de seguimiento ambulatorio o en el ámbito del ejercicio privado, planteamos el siguiente esquema en el desarrollo de la intervención:

- *Sesiones individuales.* Recomendamos la realización de sesiones individuales de carácter semanal al alta y en momentos de desestabilización parcial. Posteriormente las sesiones pueden irse espaciando, basándose en la situación y necesidades de la persona. En ellas se seguirá el esquema de las fases clásicas de ACT atendiendo a los distintos niveles de deterioro cognitivo y funcional y sus necesidades de adaptación específica. Además, se incluyen otras intervenciones dirigidas al trabajo con la sintomatología positiva, como la *espiral* o la *focalización en las voces.*
- *Sesiones grupales* siguiendo las fases de ACT y con distinción, basándose en el deterioro.
- *La intervención familiar con base dialógica contextual.* Sesiones de mantenimiento incluyendo a familiares y otros significativos con carácter mensual en torno a la hora y media de duración.
- *Intervención multifamiliar* (véase capítulo dedicado a intervención multifamiliar por Abelleira et al., en esta obra).

© Ediciones Pirámide

— *Sesiones grupales para cuidadores* a modo de talleres (véase O'Donogue et al., 2018).
— *Coordinación y gestión del caso.* Se incluye equipo terapéutico de los distintos dispositivos que pudiesen estar implicados con la persona (dispositivos de ayuda a domicilio, centros de rehabilitación psicosocial, trabajador social, etc.).

Lo ideal es que una persona que ha presentado un TEP tenga la posibilidad de ser atendida de acuerdo con el momento clínico en el que se encuentre, lo que puede requerir una atención semanal en determinados momentos. En el ámbito privado se puede realizar un seguimiento y atención más estrechos. En el ámbito público esto es más complicado, debido a la alta carga asistencial y a la escasa dotación de recursos en nuestro país. En este sentido, ART aplica distintas estrategias e intervenciones destinadas a paliar esta falta en la continuidad de cuidados. Con la atención psicológica, psiquiátrica, de enfermería especializada en salud mental, trabajador social, así como otros agentes que forman parte del abordaje integral, unida a intervenciones grupales y familiares, se maximiza la capacidad de atención cercana y continuada a lo largo del tiempo desde una misma filosofía de trabajo. Estudios recientes han desarrollado talleres grupales con cuidadores informales de personas con TEP (O'Donogue et al., 2018), señalado su viabilidad y la mejoría del bienestar, el funcionamiento y la calidad de vida de los cuidadores/as, a través del incremento de la flexibilidad psicológica y la reducción de la autorregulación inútil (Jolley et al., 2020).

En la persona que ha sufrido uno o varios episodios psicóticos pueden presentarse varias formas de evolución; puede darse una recuperación completa *ad integrum,* con restablecimiento de las funciones previas o una recuperación parcial, bien manteniéndose la sintomatología positiva atenuada de forma estable y crónica, bien sintomatología negativa o deterioro funcional (Shepherd, 1998). En todos los casos se requerirá de la intervención psicoterapéutica continuada para la vuelta a la vida normalizada. Por otra parte, se ha propuesto que a mayor número de recaídas, mayor deterioro. Después de cada recaída una de cada seis personas tiene síntomas residuales (Wiersma et al., 1998). Del mismo modo, entre una quinta parte y la mitad de las personas con esquizofrenia presentan síntomas resistentes al tratamiento farmacológico (Caspi et al., 2004). Por ello, una de las tareas fundamentales de la intervención ambulatoria será la prevención de recaídas, así como la recuperación y restitución de la funcionalidad.

Las intervenciones individuales en ART siguen las estrategias y fases de ACT, tal y como se describen en el capítulo 7. Por ello, no vamos a extendernos en este desarrollo, simplemente hacer mención al ajuste de estas intervenciones al nivel de deterioro cognitivo y funcional.

#### 4.3.1. *Proceso en espiral para la actividad delirante*

En el *proceso en espiral,* en lugar de confrontar el contenido del delirio, se intentan debilitar las evaluaciones verbales y su impacto psicológico debido al comportamiento gobernado por reglas, facilitando un aprendizaje moldeado por las contingencias directas, aumentando la aceptación, la atención plena y el repertorio conductual de la persona, así como la compasión hacia uno mismo y los demás, fomentando una funcionalidad flexible al entorno.

La cultura, el sistema de creencias y la historia personal desempeñan un papel importante en el desarrollo del delirio. Con el paso del tiempo y la suma de experiencias, algunos elementos adquieren una especial significación a nivel cognitivo y emocional para la persona. Así, cuanta mayor atención y elaboración «lógica» adquieran estos pensamientos (hiperreflexividad), mayor centralidad y fusión con la identidad, adquiriendo un carácter más o menos aversivo según cómo se relacionen con los valores de la persona. Mientras más estructurado e instaurado esté el delirio, más lo identifica intensamente el sujeto como parte del yo-concepto. Normalmente la fusión se va estableciendo en función de la antigüedad del delirio, pero también puede alcanzar una elevada integración si va en relación con reglas verbales rígidas ya establecidas. Bentall et al. (1994) proponen los delirios persecutorios como forma de reducir la discrepancia entre el «yo real» y el «yo ideal», lo cual solo resultaría como una solución parcial y no se resolvería la autodiscrepancia. Por otra parte, Chadwick et al. (1996) hablan de la función defensiva de los delirios para-

© Ediciones Pirámide

noicos, vinculados al sentido de identidad de la persona. Estas ideas son acordes con la propuesta del delirio como «forma activa de evitación experiencial» (García-Montes et al., 2004). De este modo, a través del delirio la persona no solo evita, sino que construye de forma psicótica la realidad que desea alcanzar o los obstáculos que la impiden (García-Montes y Pérez-Álvarez, 2005).

Por tanto, se podría entender que cuanto más fusionado esté un delirio, más integrado con el yo-concepto, siendo lógico pensar que a mayor antigüedad y/o vinculación a reglas ya establecidas, mayor grado de fusión con el contenido. La idea delirante «inicialmente es muy elemental y simple, aunque su tendencia es a irse complejizando» (Tizón, 2013, p. 63). El trabajo con los delirios varía según las características del mismo, y es que desde nuestra perspectiva hemos de diferenciar entre:

*a*) La actividad delirante que adquiere un carácter sistemático o sistematizado, esto es, cuando se articula con cierto grado de coherencia y plausibilidad, así como con un relativo orden y claridad en la exposición de las ideas; requiere unas capacidades cognitivas preservadas, por lo que es más improbable que se dé a medida que se incrementa el nivel de deterioro.
*b*) La actividad delirante de carácter no sistematizado, estereotipada y empobrecida. Este tipo de elaboración delirante ha sido vinculada por numerosos autores con las formas de psicosis más deteriorantes. «La actividad delirante típicamente esquizofrénica se caracteriza generalmente por su incoherencia y dificultad de comprensión directa» (Tizón, 2013, p. 65). Pueden darse alteraciones en el lenguaje, con un uso particular o idiosincrásico del mismo. Según Ey et al. (1975), el delirio en la esquizofrenia no tiene progreso discursivo, sino que con el tiempo pierde actividad, con una evolución hacia la estereotipia y el empobrecimiento progresivo, esto es lo que el autor denomina cristalización del delirio.

Jackson et al. (1999) refieren dos características de interés para el abordaje de las experiencias psicóticas:

*a*) Son multidimensionales, desarrollándose a lo largo de un continuo y se describen mejor aplicando varios parámetros (preocupación, frecuencia, intensidad...).
*b*) La tenacidad con la que los pacientes sostienen un delirio puede fluctuar con el tiempo.

> Los delirios no suelen ser mantenidos continuamente ni con el mismo grado de certidumbre o convicción... [y] ... no siempre producen el mismo grado de perturbación (Tizón, 2013, p. 279).

En los casos en los que exista más de una trama delirante (por ejemplo: megaloides y persecutorias), o de si el delirio dentro de la misma temática se ha ido bifurcado, generalizando la respuesta a distintos contextos (a modo de ejemplo: convicción inicial de perjuicio por parte de las autoridades policiales de la localidad, que se expande posteriormente hacia una trama internacional), empezaríamos con el proceso en espiral por el delirio más reciente, yendo poco a poco, desde lo superficial hasta el núcleo del delirio en un proceso iterativo. Nuestro propósito no es acabar con el mismo, ni derrotarlo, ya que tiene una historia y una función de carácter evitativo dentro de esta historia, sino que la persona vuelva a ser funcional a pesar de él, que vuelva a tener una vida plena, llena de sentido y dirigida hacia valores.

Desde una comprensión contextual se produce un intercambio de experiencias subjetivas, trabajando, fomentando y estableciendo desde el primer día una alianza genuina, empática y sólida; desde posturas miméticas, donde nos incorporamos como aliados, desde el respeto y la neutralidad hacia la trama delirante. No se discute, ni se presenta evidencia o prueba contraria, solamente se reconoce y se valida la experiencia del paciente (Chadwick et al., 1996). Al mimetizar (Minuchin, 1974) permitimos un diálogo franco, desde un punto de vista común, de intercambio de información desde posiciones simétricas no confrontadas; introduciendo, a través de autoexposiciones funcionales, una nueva perspectiva menos fusionada con la literalidad del delirio. Mimetizándonos con el contenido delirante vamos aprovechando «oportunidades» para que la persona realice acciones, es decir, se exponga, en muchos casos de forma autoinducida, a distintos aspectos de este, desde

© Ediciones Pirámide

criterios funcionales. De esta forma la persona va conectando con la experiencia, descubriendo una historia alternativa que contraste con el delirio y que entre en conflicto con las reglas verbales que conforman el yo-concepto. Este camino se puede hacer, como ya hemos indicado, fomentando las autoexposiciones, y por medio de aproximaciones sucesivas, a través de un aprendizaje moldeado por contingencias. El abordaje de los delirios no es rápido, ni fácil, sino un trabajo laborioso y constante, en el cual pueden producirse avances y retrocesos. Avanzaríamos desde la periferia del delirio, desde lo superficial, de forma sutil, con exposición indirecta; buscando y generando «pruebas de realidad conductuales» hasta alcanzar el núcleo del mismo, orientando todo el trabajo hacia una reconexión con los valores y un compromiso con los mismos.

Se trabajan desde FAP las conductas clínicamente relevantes CCR1 para los comportamientos relacionados con la ideación delirante, las CCR2 para debilitar la literalidad del delirio e incrementar la probabilidad de una respuesta más funcional y su generalización, y las CCR3 respecto a las verbalizaciones y toma de conciencia sobre la viabilidad funcional de su conducta, validando en todo momento sus emociones y el significado que para la persona tiene su delirio, sobre una frágil y complicada línea de no reforzar la trama delirante.

*Etapas:*

1. Establecimiento de una alianza terapéutica genuina y sólida. Mimetismo.
2. Análisis funcional e historia.
3. «Trampas» hacia la autoexposición funcional.
4. No control y aceptación: ejercicios de *mindfulness,* metáforas y pruebas de realidad conductuales. Ejemplos de ejercicios útiles: caja de clips, ejercicio de la pandereta, observador en la ventana, metáfora del oso blanco.
5. Redirección hacia valores. Metáfora del autobús.
6. Compromiso con los valores. Puente hacia valores. Metáfora de la bicicleta. Metáfora del jardín.

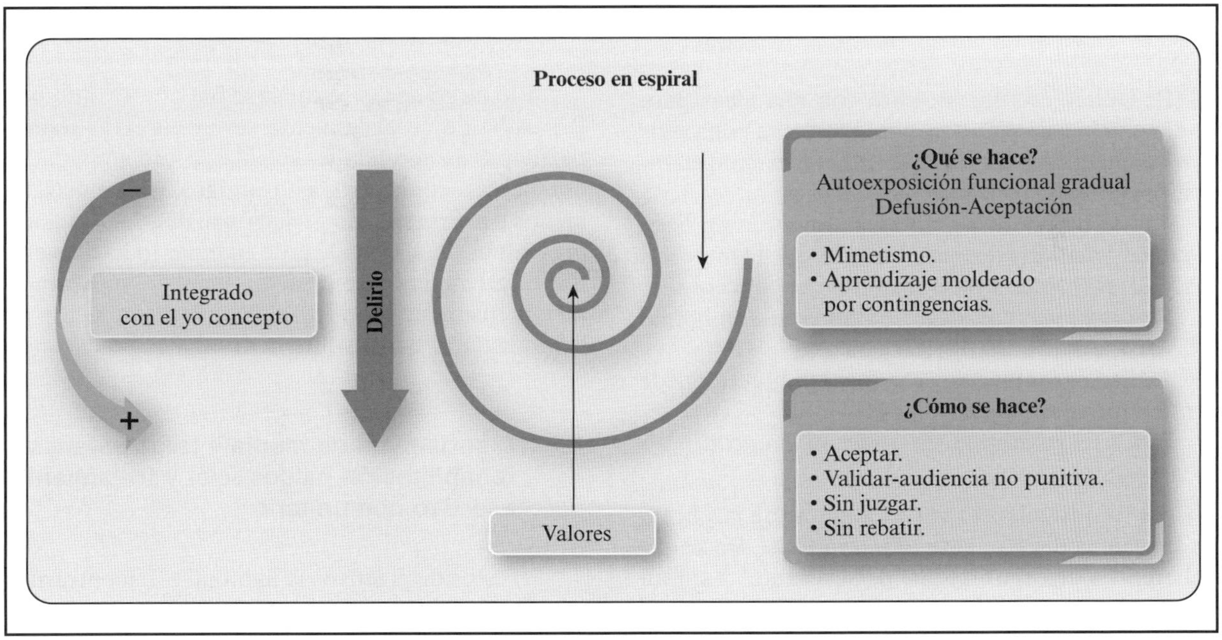


Figura 8.2

© Ediciones Pirámide

**Caso clínico y uso del proceso en espiral**

Desarrollamos la estrategia en espiral a lo largo de varias sesiones con un paciente. No se recogerá la totalidad de la intervención, sino que nos centraremos en el desarrollo del proceso. El paciente P. presentaba temáticas delirantes múltiples, principalmente de carácter parafrénico y referencial. Describía la creencia del uso de energía cósmica a través de la mente con la cual creía que podía cambiar el mundo.

**P.:** No voy a comentarte lo que pienso sobre mis capacidades, porque sé lo que me vas a decir.

**Terapeuta:** No sé muy bien a qué te refieres. ¿Te refieres al uso de la energía que me has contado en alguna ocasión?

**P.:** Sí. Me vas a decir que estoy loco y que lo que pienso no es real, pero es porque vosotros no tenéis la capacidad. Yo puedo hacer un mundo mejor usando las energías, aunque la gente no lo vea.

**T.:** ¿Cómo me voy a atrever a negar lo que tú vives? Ese no es mi trabajo, mi trabajo es ayudar a que no lo pases tan mal, no me atrevería a negar algo que no he visto o que no comprendo; de hecho, para mí no es importante si es cierto o no. Lo que me preocupa es que sufres.

...

**P.:** Quiero escribir un libro con mis ideas para poder cambiar el mundo y cómo lo voy a conseguir con las energías, a través de la transformación cuántica del planeta.

**T.:** Me parece una gran idea, creo que un libro te puede orientar y dirigirte hacia lo que te importa, tus valores (habiéndose trabajado este concepto).

**P.:** Tengo muchas ideas anotadas en una libreta y las voy a usar para escribir el libro.

**T.:** Eso es fantástico, creo que esa libreta puede ser de mucha utilidad.

**P.:** La tengo aquí *(se la ofrece al terapeuta).*

(Se leen en silencio varias páginas de la libreta en presencia del paciente, observándose frases incoherentes, desorganizadas, perseverantes y sin un hilo lógico, como: «la energía transformadora de los mundos», «la energía cósmica transforma el mundo», «la energía base para cambiar el mundo», «la energía fluye a través de mí e irradia al mundo».)

**T.:** Me parecen ideas muy interesantes, ahora lo importante es repasarlas y plasmarlas en la obra. Para hacer un libro es muy importante la documentación, recoger todas nuestras ideas previas de forma ordenada.

...

**P.:** He cambiado de idea, no voy a hacer un libro, voy a escribir una novela.

**T.:** Ya veo. ¿Cuál es el motivo?

**P.:** Estuve repasando la libreta y observé que era... un poco caótico... costaba entender... *(se observa en la comunicación no verbal que se siente avergonzado y se muestra dubitativo).*

**P.:** Cuando me mostraste la libreta también vi que habías ido reflejando tus ideas de forma algo desordenada y que se repetían. Sin embargo, lo importante ahora no es eso, sino la idea de tu novela. ¿De qué trata?

**P.:** Trata de dos especies alienígenas, una con poder para manejar energías cuánticas, y la otra que quiere dominar la galaxia. La que puede usar la energía lo intenta impedir...

**T.:** ¡Es muy interesante la trama de esa novela!, te animo a continuar.

A lo largo de las sesiones se fue observando que P. pasaba de un aislamiento severo de larga data a participar en actividades sociales, como actividades deportivas, encuentros con amigos... Se mostraba menos perseverante con relación al delirio, y cuando presentaba en sesión ideas de energías lo hacía siempre en referencia a su creación literaria, mostrando menor fusión con la idea, así como disminución de la angustia al tratar sobre la misma.

### 4.4. Dispositivos de media y larga estancia, rehabilitación psicosocial y tratamiento asertivo comunitario

En estos dispositivos lo habitual es encontrarnos con personas afectadas por TEP de larga evolución y/o cuya progresión no ha sido favorable, dándose niveles de deterioro cognitivo elevados y una gran

© Ediciones Pirámide

pérdida en la funcionalidad. Estas características implican importantes dificultades, por lo que requieren adaptaciones específicas en el funcionamiento global de los dispositivos.

El esfuerzo e implicación prolongados en el cuidado de las personas con un TEP, que en muchos casos no evolucionarán favorablemente, así como la especial complejidad para establecer y mantener relaciones terapéuticas con estas personas y sus familiares, contribuye a generar un enorme desgaste motivacional y anímico en el personal, con consecuencias sobre la salud de los propios trabajadores y sobre los pacientes:

> «... con la aparición de conductas que van en contra de su labor asistencial tales como una menor implicación en el trabajo, no mostrando empatía con el enfermo, no estar disponible al paciente ante sus necesidades, reducir el contacto físico y proximidad, no mostrando interés por las necesidades y preocupaciones ni vida privada del paciente, no escuchando al paciente ni familiares, no proporcionando mensajes con un lenguaje claro y comprensible además de mostrar un lenguaje no verbal cercano y, en último término, con absentismo laboral y baja laboral» (Ortega-Ruiz y López-Ríos, 2004).

Algunas señales y síntomas de agotamiento específicos en profesionales del ámbito de la salud mental pueden ser: proporcionar interpretaciones y dar consejos como un remedio rápido, falta de atención durante las sesiones, experimentar una mayor frustración con los pacientes, realizar autorrevelaciones inapropiadas, encasillar a cada paciente en la misma modalidad terapéutica... (Craig y Sprang, 2010; Shapiro, Brown y Biegel, 2007).

Con carácter general, las intervenciones en psicosis se basan en la falsa distinción entre tratamiento hospitalario y rehabilitación (Shepherd, 1998), esta escisión también es trasladada a las estructuras asistenciales, distinguiéndose generalmente entre dispositivos de intervención e internamientos de agudos y dispositivos de rehabilitación, lo que impide la integralidad del tratamiento, la cobertura a las fases iniciales y las transiciones vitales (Vallina, 2003) y esta distinción lamentablemente también se extiende a la clínica y la funcionalidad, otorgándose prioridad a la primera.

Proponer un cambio de enfoque en el abordaje en personas con TEP crónicos desde un punto de vista centrado en la «enfermedad mental» a otro centrado en la recuperación funcional representa una nueva concepción de salud, donde el síntoma pierde importancia en pro de la funcionalidad y la adaptación e inclusión de la persona en la comunidad. Abordar las dificultades de estas a nivel cognitivo y funcional constituye un elemento fundamental para facilitar la participación inclusiva en la comunidad, lo cual requiere la aplicación de cambios estructurales dirigidos hacia la facilitación del trabajo integral en equipos interdisciplinares.

Desde esta postura, entendemos que el proceso de recuperación implica cuatro aspectos (Davidson y Strauus, 1992; citados por García-Montes y Pérez-Álvarez, 2005):

1. El descubrimiento de un yo más activo, donde figura la aceptación gradual de la enfermedad como entidad separada de la persona.
2. El inventario de posibilidades personales, incluyendo la redefinición de valores.
3. La puesta del yo en acción, asumiendo compromisos.
4. La apelación al yo como «algo durable en medio de los síntomas».

Para el abordaje desde estos dispositivos sugerimos el siguiente esquema en el desarrollo de la intervención:

- *Sesiones individuales.* Dado que el paciente acudirá a estos dispositivos o residirá en los mismos de forma prolongada, esto permite el desarrollo de una intervención pausada y adaptada a las necesidades individuales, teniendo en cuenta tanto el estado psicopatológico y las dificultades asociadas al mismo, como la presencia de un posible deterioro cognitivo.
- *Sesiones grupales* siguiendo las fases de ACT y con distinción basándose en el deterioro.
- *Las intervenciones familiares y multifamiliares.*
- *Talleres y actividades relacionados con la terapia ocupacional e integración social.* Desde

© Ediciones Pirámide

esta perspectiva se dará importancia a la «recuperación» de la funcionalidad.

- *Sesiones de formación y cuidados para el personal.* Proponemos la inclusión de formación desde la filosofía ACT y el modelo ART para todo el personal, con sesiones periódicas formativas y talleres experienciales.
- *Coordinación y gestión del caso.* Se incluye equipo terapéutico de los distintos dispositivos implicados con la persona (ayuda a domicilio, centros de rehabilitación psicosocial, trabajador social, etc.).

Las sesiones individuales seguirán el esquema típico de ACT, aunque el avance tendrá un carácter más pausado y las sesiones serán más breves y sencillas, así como menos exigentes a nivel cognitivo, incluyendo menos contenido, centrando la sesión en un aspecto más concreto y específico, teniendo en cuenta las dificultades en el pensamiento abstracto y la simbolización. Además de considerar los aspectos cognitivos básicos en los cuales puedan encontrarse dificultades, se ha de prestar atención a las dificultades metacognitivas y emocionales que pueden pasar desapercibidas. Tal y como señala Morris (2019), será de utilidad emplear una «metáfora andamio» a lo largo de las sesiones para facilitar el seguimiento de la sesión.

A mayor nivel de deterioro cognitivo y funcional, mayor relevancia de las actuaciones basadas en los modelos operantes y de las intervenciones dirigidas hacia la recuperación funcional, reduciéndose la trascendencia de las intervenciones basadas en el uso del lenguaje, como las de tipo psicoterapéutico individual, que cambian su función, adquiriendo características de apoyo y supervisión del proceso recuperador. Las sesiones se desarrollarán con una frecuencia variable, dependiendo del momento de la intervención y acomodándose a la presencia de otras sesiones centradas en la recuperación funcional y el manejo de habilidades de la vida diaria básicas e instrumentales.

Se han observado déficits cognitivos desde etapas prodrómicas de los TEP, presentando las alteraciones cognitivas capacidad predictiva en cuento a la expresión y recuperación de los síntomas, así como al nivel de funcionalidad (Islam et al., 2018), y mostrando los déficits escasa progresión a lo largo de la etapa adulta una vez ocurrido el primer episodio (Menkes et al., 2019; Selva et al., 2016). Todas las funciones cognitivas estudiadas se han mostrado deficitarias, encontrando, entre otras: rendimiento cognitivo general significativamente inferior (Chu et al., 2018; Engen et al., 2019; Liu et al., 2019; Sheffield et al., 2018; Stramecki et al., 2019), marcada alteración de la velocidad de procesamiento desde etapas prodrómicas (Seidman et al., 2013) y mantenidas tras PEP (Chu et al., 2018; Engen et al., 2019; Fan et al., 2019; Havelka et al., 2016; Liu et al., 2019), déficit en las funciones ejecutivas (Engen et al., 2019; Meier et al., 2014), dificultades atencionales, resaltando menor amplitud atencional (Stramecki et al., 2019) y peor rendimiento en atención sostenida y alternante (Engen et al., 2019; Fan et al., 2019; Chu et al., 2018), funciones mnésicas tanto verbales como visuales alteradas (Reichenberg y Harvey, 2007), así como memoria prospectiva (Liu et al., 2017). En personas con TEP cronificado se encuentran especialmente deterioradas la velocidad de procesamiento (Kern et al., 2011; Burdick et al., 2006) y las funciones ejecutivas (Lesh et al., 2013). Para una revisión más extensa consultar capítulo de «Neuropsicología del deterioro cognitivo en la psicosis» desarrollado por el equipo de José D. Barroso, en esta misma obra.

Otro aspecto esencial a tener en cuenta en estos dispositivos son los déficits en la cognición social, que se han mostrado como relativamente estables y se presentan en todas las fases de la esquizofrenia (Fan et al., 2019; Liu et al., 2019), no existiendo estudios en relación a todos los TEP. Por tanto, estas personas pueden tener más dificultades en la percepción de estímulos abstractos como los sociales, viéndose afectadas en mayor medida por los cambios a la hora de realizar interpretaciones sobre las situaciones interpersonales, así como dificultades en el procesamiento semántico y la comprensión emocional necesaria para la percepción de los estímulos sociales. Asimismo, se ha observado que las personas que presentan un diagnóstico de TEP también tienen dificultades diversas en la esfera de la metacognición, estando presentes en todas las fases de la enfermedad, con independencia de la presencia de sintomatología positiva o negativa (Shakeel et al., 2020; Trauelsen et al., 2016), incluyéndose el deterioro en la capacidad para monitorear su pensamiento y comportamiento (Koren et al., 2006), mentalizar (Langdon et al., 2001) y formar ideas com-

© Ediciones Pirámide

plejas para la comprensión de la propia vida en un desarrollo longitudinal (Berna et al., 2011; Morise et al., 2011). Son de especial relevancia estas dificultades por su función mediadora en el funcionamiento social y adaptativo (Davies et al., 2016; Shamay-Tsoory et al., 2006; Bora et al., 2006).

Es habitual que ante el deterioro del funcionamiento de la persona que presenta un TEP las personas de su entorno cercano, familiares, e incluso personal de los centros de intervención terapéutica, asuman responsabilidades propias del paciente, lo cual supone un escollo para que la persona tome la iniciativa (Hogg, 1996). Por otra parte, en ocasiones las tareas que se encomiendan en los centros, así como las actividades ocupacionales que se proponen como rehabilitadoras, en muchos casos no tienen en cuenta los intereses o los valores de la persona, lo que explica la falta de motivación en su desarrollo y la dificultad para adherirse a estas actividades, ya que los personas con dificultades cronificadas no suelen realizar las tareas que perciben como demasiado difíciles o irrelevantes (McCarthy et al., 1986).

El proceso recuperador tiene lugar a lo largo de todas las fases de un TEP, y entendemos que este ha de ser promovido y acompañado de forma interdisciplinar, a través del concepto del equipo terapéutico ampliado, con mayor repercusión, si cabe, en personas con mayor cronicidad. Desde esta figura los profesionales moldean y modelan conductas orientadas a la funcionalidad y refuerzan las intervenciones terapéuticas del equipo. La incorporación del «paciente experto» puede funcionar como un modelo más cercano de aprendizaje en lo que se suele denominar en términos vygotskianos el «otro más conocedor», que funciona simulando un andamio desde el cual las personas recuperan o consolidan la funcionalidad, desarrollando así la zona de desarrollo próximo.

Otros tipos de abordaje aplicables de forma trasversal son las intervenciones a nivel comunitario, desarrolladas desde dispositivos de apoyo e intervención en el contexto de la persona, como pueden ser los equipos de tratamiento asertivo comunitario; la inclusión en la comunidad a través de la potenciación de intervenciones de carácter social, entre las que se encuadran medidas que se han demostrado eficaces, como el empleo protegido, así como la participación en actividades vecinales y deportivas.

## 5. ADAPTACIONES NECESARIAS. UN EJEMPLO: LA METÁFORA

A la hora de aplicar las estrategias psicoterapéuticas y sus posibles adaptaciones, deberemos tener en cuenta varios factores relevantes:

- La psicobiografía, historia y contexto de la persona.
- La fase clínica en que se encuentre.
- La psicopatología presente.
- El nivel de deterioro.

Gorham (1956) ya hacía referencia a las deficiencias en la comprensión de las metáforas por parte de las personas con esquizofrenia, debido a la literalidad en cuanto a su interpretación. Pese a que esta es una dificultad reconocida en los TEP, no es generalizada, y existen personas afectadas por psicosis perfectamente capaces de beneficiarse de las intervenciones metafóricas si estas se adaptan específicamente al momento clínico y al nivel de deterioro cognitivo concreto, en caso de existir.

Es imprescindible conocer, antes de hacer uso de una metáfora, si ha presentado alguna experiencia traumática o conflictiva en su historia vital, así como los elementos presentes en la misma. Por ejemplo, si el paciente ha sufrido un evento traumático relacionado con un túnel, procuraremos adaptar la «metáfora del túnel» (Wilson y Luciano, 2002) o limitaremos su carga emocional en el discurso. Otro ejemplo sería no escoger el ejercicio del «epitafio» si el temor principal de la persona es su propia muerte o si conocemos que para la persona el fallecimiento de un ser querido ha sido un elemento especialmente traumático o ha formado parte de una descompensación previa.

Otro aspecto a tener en cuenta es el procesamiento emocional, puesto que se han encontrado diferencias al comparar personas con psicosis y controles (Bora et al., 2009). En esta línea, debemos resaltar la importancia que tiene el tono emocional a la hora de relatar una metáfora, intentando aclarar en todo momento la emoción que se encuentra presente. Un aspecto ampliamente estudiado se refiere al reconocimiento de caras, donde las personas que han recibido un diagnóstico de TEP tienden a catalogar las expresiones neutras como negativas (Kohler et al., 2003). Por ello, debemos ser cons-

© Ediciones Pirámide

cientes de nuestra expresión emocional, y hacer uso de la autorrevelación si percibimos que nuestra expresión pudiera constituir un elemento aversivo para la persona. Estas dificultades para reconocer emociones varían en función de la fase del trastorno, presentando déficits más severos en fases agudas (Comparelli et al., 2013). Aspectos que se ha encontrado tienen un efecto negativo sobre la capacidad de procesamiento emocional son la situación de hospitalización, la presencia de sintomatología positiva, el tratamiento antipsicótico, así como el género (los hombres presentan más dificultades) y la edad (a mayor edad, mayor déficit) (Kohler et al., 2010).

A lo anterior se le une la disfunción en otras áreas cognitivas que pueden dificultar la comprensión de los elementos esenciales de la metáfora o el ejercicio experiencial, pudiendo algunos elementos secundarios de estos adquirir una función saliente, debido a la dificultad de las personas con TEP para seleccionar los estímulos adecuados. Una metáfora mal incorporada puede llevar a la pérdida de motivación respecto al proceso terapéutico, al desbordamiento emocional o la reactivación de elementos psicopatológicos previos.

La metáfora se expondrá con pausas destinadas a la asimilación, así como para obtener *feedback* y aclaraciones acerca de la comprensión de la misma en caso de que el nivel de deterioro lo haga recomendable. En los casos en los que debido al nivel de deterioro cognitivo o las características psicopatológicas presentes no se pueda presentar la metáfora de una forma verbal, se optará o bien por la narración guiada de la misma verbalmente, o bien a través de la introducción de elementos físicos y de ejercicios relacionados, transformándola en un ejercicio de fisicalización experiencial metafórico. Y si a pesar de todo resulta complejo, se podrán utilizar guías verbales a lo largo del desarrollo del ejercicio. En los casos en los que el deterioro sea tal que los ejercicios se hagan demasiado complejos y las pérdidas puedan ser mayores a las ganancias asociadas, se optará por otras estrategias terapéuticas.

A modo de ejemplo: una persona con sintomatología delirante de carácter paranoide o referencial suele presentar un estilo atribucional característico —externo, global y estable para los acontecimientos negativos— de tipo interpretativo hacia el contexto. Este estilo se caracteriza por la tendencia a exagerar y atender de forma selectiva a aspectos que puede interpretar como hostiles o amenazantes de los demás (Fenigstein, 1997), siendo el enfado, el asco y el desprecio las emociones más frecuentemente relacionadas con la hostilidad (Brummett y cols., 1998; Izard, 1994).

En el caso de un paciente con estas características, tras sufrir un accidente de caza en el que resultó herido con arma de fuego, decidimos adaptar la metáfora del polígrafo, dado que en su contenido delirante se habían incorporado las armas.

#### Adaptación de metáfora del polígrafo (Hayes, Strosahl y Wilson, 2015)

«Imagina que estás conectado al mejor polígrafo que se ha construido jamás. Se trata de una máquina perfecta, la más sensible de todas. Cuando te encuentras conectado a ella, no hay forma de que te puedas sentir activado emocionalmente o ansioso sin que la máquina lo detecte. Bien, pues aquí vas a tener que hacer una sencilla tarea: ¡lo único que tienes que hacer es permanecer relajado! Si te pones nervioso, la máquina lo detectará. Sé que lo vas a intentar en serio, pero quiero añadir un incentivo extra, y es que vas a tener una Magnum 44 apuntándote a la cabeza [la máquina tiene la capacidad de emitir descargas eléctricas]. Si permaneces relajado, no te volará los sesos, [no te electrocutará], pero si te pones nervioso (y lo detectaremos porque estás conectado a esa máquina tan perfecta), vamos a tener que liquidarte [te liquidará]. De modo que ¡relájate!... ¿Qué crees que ocurriría?... ¿Lo adivinas?... El menor asomo de ansiedad sería terrible. Tú, naturalmente, estarías pensando: "¡Oh, Dios mío! ¡Me estoy poniendo nervioso! ¡Van a disparar! ¡Bang! [¡Va a electrocutarme!]". ¿Podría ser de otro modo?»

La introducción en la imaginación de personas que padecen algún tipo de psicosis de elementos de alta letalidad como la pistola puede conllevar un aumento de la ideación autolítica y del malestar, por lo que sugerimos modificar la metáfora del polígrafo, introduciendo como consecuencia la acción eléctrica derivada de la propia máquina, debido a la sencillez que supone esta asociación, así el resultado de la ansiedad no será un disparo de una pistola, sino un doloroso calambre. Antes de introducir esta metáfora se recomienda descartar sintomatología de

© Ediciones Pirámide

tipo somático o fenómenos de influencia corporales (ejemplo del supuesto de energías cósmicas).

**Metáfora del hoyo (inspirada en Hayes, Strosahl y Wilson, 2015) para familias con alta emoción expresada o que transmiten mensajes ambivalentes**

Imaginemos la vida como un campo lleno de agujeros, de todos los tamaños, algunos son simples desniveles o surcos y otros hoyos muy profundos. En la vida todos partimos con una venda en los ojos, no sabemos qué ocurrirá en nuestro siguiente paso. A la hora de atravesar el campo cada uno tiene sus cualidades y va perfeccionando otras con el tiempo, unos son más rápidos, otros tienen mejores reflejos, otros saltan más..., lo que puede ayudar según la profundidad del hoyo en el que se cae. En ocasiones contamos con la ayuda de los que tenemos más cerca. Imaginemos que su familiar ha caído en un hoyo de los profundos, del que él solo no está logrando salir.

*Modificaciones:*

Ustedes están tratando de ayudarlo de la siguiente manera:

— En caso de familias con alta emoción expresada. «Ustedes están tendiéndole la mano, pero antes de ayudarle a subir le están diciendo: "ya verás cuando subas", "te has caído por torpe", "te lo dije"».
— En el caso de familias con mensajes contradictorios o ambivalentes. «Mientras su familiar está haciendo un enorme esfuerzo por trepar las paredes del hoyo con los ojos vendados y espera las indicaciones para saber dónde apoyarse, cada uno de ustedes le dice que pise en un sitio diferente, confundiéndole, con riesgo de que pueda volver a caer al vacío».

**Metáfora puente hacia valores**

Te encuentras frente a un ancho y profundo río, sus aguas varían según diferentes momentos, épocas y acontecimientos; pueden ser aguas lentas, transparentes y tranquilas, o bien convertirse en una fuerte crecida a causa de las lluvias. Imagina que al otro lado del río se encuentra aquello que más te importa. Para cruzar el río tienes que construir un puente, todos tenemos que construir nuestro propio puente, pero cada uno va acumulando diferentes recursos y apoyos a lo largo del tiempo para construirlo. En ocasiones puede que debido a las circunstancias el puente no sea lo suficientemente firme y sólido para aguantar los embates del río cuando sus aguas sean turbulentas y puede balancearse ante los golpes de la corriente. Por supuesto, uno puede caerse del puente y hundirse en las aguas revueltas, entonces puede decidir dejarse llevar por la corriente o luchar por sacar la cabeza del agua, y por regresar para reconstruir el puente hacia aquello que a uno le importa. Tú ya conoces esas aguas, y ahora estás aquí. Mi pregunta es: ¿estás dispuesto a seguir construyendo el puente?

*Modificaciones:*

— En caso de que el concepto del puente sea objeto de malestar en la historia vital del paciente, podemos cambiarlo por una barca.
— Apoyo con material gráfico o fichas de construcción.
— Se puede representar y fisicalizar la metáfora a través de diversos ejercicios en consulta para facilitar su comprensión y para aumentar el contacto emocional.

**Metáfora bicicleta camino a valores**

Se va a iniciar la carrera de tu vida, una carrera en bicicleta. No hay medallas, ni copas, nadie gana, pero lo importante será llegar al final. Todos los participantes ya han escogido la suya y solo queda una, la cual deberás coger para poder participar en la carrera de la vida. Cuando los corredores salen te das cuenta de que casi todas las bicicletas son de carretera, están diseñadas para largas distancias y para correr rápido, muy rápido. Tu bicicleta no es igual, es una bicicleta de montaña, pero es la bicicleta que te ha tocado, pesa más y para avanzar rápido debes hacer mayor esfuerzo. Desde el principio de la carrera vas en la cola del pelotón y vas sufriendo por mantener el ritmo. Con cada pedalada tus fuerzas se van debilitando, jadeas y sudas, sin embargo ves que los demás compañeros de carrera ape-

© Ediciones Pirámide

nas sufren, van cómodos, relajados, ¡incluso tienen energía para hablar entre sí! Poco a poco vas perdiendo el ritmo, el pelotón cada vez te va sacando más metros de distancia, hasta que apenas los ves a lo lejos y el cansancio y la desgana se adueñan de ti. Pero sabes que es la carrera de la vida, y pase lo que pase debes continuar. La suerte se alía contigo. Un semáforo en rojo ha parado al pelotón y los ciclistas descansan acostados y sentados en el suelo. Los alcanzas con las fuerzas al límite. Quieres bajarte de la bicicleta y acabar con la carrera ya. Sabes que no es una carrera justa, pero también sabes que ahora están parados, y tú estás parado, estáis de nuevo en el mismo punto de partida y sabes que la carrera es distinta para cada uno, y también sabes que lo importante es llegar al final y que aún no se sabe por dónde va a transcurrir el resto del camino. ¿Qué vas a hacer? ¿Abandonar?

*Modificaciones:*

- Pueden utilizarse figuras para representar a los ciclistas.
- Una alternativa podría ser cargar en una caminata con mochilas de pesos diferentes.

**Perro en la cocina que defeca**

Imagina que tienes un perro y que un día, que es muy común, tiene cagalera y sabes que cuando tiene cagalera se hace caca por toda la casa, en cualquier lugar y momento. Y sabes que todo apesta. Decides esa noche poner el comedero y el bebedero, junto con su manta para que duerma en la cocina y cierras la puerta para que, si sigue enfermo, no haga caca por toda la casa durante la noche. Así que te vas a dormir. A la mañana siguiente, cuando vas a abrir la puerta de la cocina y... ¡te impacta un espantoso olor que te inunda las fosas nasales, casi puedes sentirlo en la boca, y una visión terrorífica! Tu perro ha seguido con la tripa mal durante la noche ¡y ha defecado por toda la cocina, todo está marrón, no hay donde pisar! Sacas al perro con cuidado y cierras inmediatamente la puerta, sabiendo que no vas a volver hasta pasadas unas horas. Así que desayunas fuera. Mientras tanto, en la cocina el olor cada vez será más intenso, incluso se pega a las paredes y los muebles. Cuanto más tiempo permanezca cerrada, peor será. ¿Qué piensas hacer?

*Modificaciones:*

- Esta metáfora conecta fácilmente con las emociones de repulsión y asco, lo que facilita su comprensión por pacientes incluso con niveles de deterioro moderado/grave. Sin embargo, recomendamos modificar para guiar la reflexión posterior, incluso aclarando el significado de la metáfora.

*Indicaciones:*

- Esta intervención es especialmente recomendable en pacientes agudos o cuando existen dificultades para hablar de los síntomas.
- También resulta movilizadora cuando la persona se muestra temerosa de realizar acciones orientadas a sus valores por las barreras que prevé.

## 6. CONCLUSIONES

La primacía del modelo médico y la terapia farmacológica ha situado la sintomatología positiva como eje central de la clínica de los trastornos del espectro psicótico y su tratamiento, perdiendo de vista déficits que impiden la obtención de la funcionalidad del paciente y su integración en la vida social: la sintomatología negativa y el deterioro cognitivo.

Durante los últimos años se ha producido un incremento de la literatura relacionada con el abordaje de los TEP desde ACT. Esto, junto a otras propuestas que ponen en el centro a la persona, constituye las bases de un cambio de paradigma en el abordaje de la psicosis. Nuestro objetivo es continuar esta línea de trabajo con el planteamiento de la terapia de aceptación y recuperación por niveles (ART), y así acercar las terapias contextuales a los pacientes del espectro psicótico.

Creemos firmemente que la consideración de los diferentes niveles de deterioro cognitivo y funcional así como la adaptación de las intervenciones a estos abre una nueva perspectiva para el tratamiento, desde la cual hacer accesible la psicoterapia a todas las personas, independientemente de sus dificultades, e invitamos a los distintos profesionales a poner en práctica, completar y mejorar esta idea.

© Ediciones Pirámide

## 7. ANEXOS

La presente tabla pretende servir de orientación para el profesional a la hora de adaptar las técnicas a los distintos niveles de deterioro. Sin embargo, en los TEP la variabilidad es muy amplia, encontrando en cada nivel de deterioro asincronías en el funcionamiento. Por otra parte, los síntomas residuales son muy variables y la cantidad de factores que influyen en la persona son altamente diversos (historia de apego, aprendizaje, funcionamiento familiar y manejo de la situación, características de personalidad y sus recursos de afrontamiento, etc.). Por ello, recordamos la función orientativa de esta tabla y la necesidad de la valoración del caso individual y ajuste a las necesidades de cada paciente en cada momento.

TABLA 8.3

*Adaptación de estrategias y aspectos terapéuticos por niveles*

| **Situación clínica/ modificaciones** | Agudos. | Estables sin deterioro. | Estables, deterioro leve. | Estables, deterioro moderado. | Estables, deterioro grave. |
|---|---|---|---|---|---|
| **Tiempo** | Sesiones de extensión limitada. | Sesiones tipo en tiempo y forma. | Sesiones cercanas a la norma, con menor cantidad de contenido. | Sesiones cortas. | Sesiones cortas e informales. |
| **Características** | Observar déficits atencionales y nivel de angustia asociado a la presencia de clínica psicótica positiva.<br>Prima presencia de sintomatología positiva y desorganización. | Tener en cuenta posibles dificultades en la cognición social y en la percepción social.<br>Sintomatología positiva no presente o atenuada, no interfiere.<br>Sintomatología negativa predominante. | Observar deterioro presente y en qué aspectos cognitivos hay mayor para la adaptación de las intervenciones.<br>Sintomatología positiva no presente o atenuada, no interfiere.<br>Sintomatología negativa predominante. | El paciente puede presentar una afectación generalizada.<br>Apoyo de elementos físicos y visuales que guíen el discurso.<br>Torpeza en la interacción social, necesita guía y *feedback*.<br>Predominio de sintomatología negativa. | Gran afectación a nivel cognitivo.<br>Hacer uso de elementos físicos y visuales durante la conversación.<br>Tendencia al aislamiento social o desinhibición conductual.<br>Predominio de sintomatología negativa. |
| **Tipo de lenguaje empleado** | Extremar cuidado con elaboración del lenguaje para evitar las interpretaciones del paciente.<br>Evitar silencios prolongados y hacer uso de paráfrasis. | Habitual. Tener precaución con aspectos interpretativos.<br>Evitar silencios prologados. | Poco uso de simbolismo. Atención a la comprensión del lenguaje.<br>Habla pausada, dando tiempo para la comprensión pero sin silencios prologados. | Lenguaje sencillo, uso de repeticiones, no uso de simbolismo. Guiar en ejercicios y metáforas.<br>Habitualmente llevar el peso de la conversación. | Más repeticiones, sencillo, no uso de simbolismo, no muy elaborado.<br>Conversación guiada por el terapeuta. |
| **Paradojas** | No. | Sí. | Sí, guiadas. | No. | No. |
| ***Mindfulness*** | Sesiones breves, utilizar más el anclaje y la guía verbal. | Sesiones breves. Avanzar de forma muy paulatina en los tiempos. Primar práctica informal. Después de guía en las primeras prácticas puede tener autonomía. | Sesiones breves. Avanzar de forma muy paulatina. Primar práctica informal sencilla. Aumentar número de ensayos guiados previo a autonomía. | El paciente puede tener dificultades para seguir práctica, sesiones cortas. Utilizar práctica centrada en elementos físicos y con guía presente. | Utilizar sesiones muy breves, siempre guiadas. La generalización no está presente. Buscar alternativas como yoga o taichí. |

© Ediciones Pirámide

TABLA 8.3 *(continuación)*

| | | | | | |
|---|---|---|---|---|---|
| **Espiral** | Espiral abreviada, orientada a la angustia. El delirio puede ceder solo de forma ligera, se busca iniciar la duda. | Espiral completa. Se puede realizar el proceso completo. | Uso de la técnica de la espiral, con un avance más lento. Autoexposiciones funcionales. | Se pueden utilizar elementos propios de la espiral, pero no se realiza el desarrollo completo. | No espiral. |
| **Recuperación funcional** | Dirección hacia valores. | Dirección hacia valores. | Dirección hacia valores. | AIVD y activación conductual basándose en los valores, acciones sencillas. | ABVD y AIVD. Acciones hacia valores, acciones muy sencillas. |
| **Metáforas** | Metáforas relacionadas con la toma de conciencia de malestar y dificultades en general.<br>Guía y aclaraciones a lo largo de la metáfora.<br>Se contrasta de forma explícita el significado que la persona concede a la metáfora.<br>Evitar el simbolismo y aclarar significado mediante guía.<br>Uso de menor número de metáforas.<br>Seguimiento diario del significado otorgado a la metáfora. | Metáforas dirigidas hacia la problemática y el malestar específicos. | Metáforas dirigidas hacia la problemática y el malestar específicos.<br>Guía y aclaraciones a lo largo de la metáfora. En caso de dificultad, fisicalizar la metáfora.<br>Uso de elementos físicos como forma de tener presente la metáfora. | Preferencia por la fisicalización de las metáforas y los ejercicios experienciales, con evitación de simbolización en los casos más graves.<br>Guía y aclaraciones a lo largo de la metáfora. Según avance el deterioro, más predominio explicativo y guiado físico.<br>Se contrasta de forma explícita el significado que la persona concede a la metáfora. | Valorar capacidad individual para el uso de metáforas fisicalizadas. |
| **Dialogismo** | Sí. Introducir lo antes posible. | Sí. | Sí. | No.<br>Uso de terapia familiar clásica. | No.<br>Uso de terapia familiar clásica. |

## REFERENCIAS BIBLIOGRÁFICAS


0 Contenciones. (2020). Home (online) #0contenciones. Disponible en https://www.0contenciones.org/

Abad, T. y Toledano, S. (2019). Diálogo abierto en psicosis. En E. Fonseca-Pedrero (coord.), *Tratamientos psicológicos para la psicosis* (pp. 551-574). Madrid: Pirámide.

Anda, L., Brønnick, K. K., Johannessen, J. O., Joa, I., Kroken, R. A., Johnsen, E., Rettenbacher, M., Fathian, F. y Løberg, E. M. (2019). Cognitive profile in ultra high risk for psychosis and schizophrenia: A comparison using coordinated norms. *Frontiers in Psychiatry, 10,* 695.

Andresen, R., Oades, L. y Caputi, P. (2003). The experience of recovery from schizophrenia: Towards an empirical validated state model. *Australian and New Zealand Journal of Psychiatry, 37,* 586-594.

Angell, B., Cooke, A. y Kovac, K. (2005). First-Person accounts of stigma. En P. W. Corrigan (ed.), *On the*


© Ediciones Pirámide

*stigma of mental illness: Practical strategies for research and social change* (pp. 69-98). American Psychological Association.

Anthony, W. (1993). Recovery from mental illness: The guiding vision of the mental health service system in the 1990s. *Psychosocial Rehabilitation Journal, 16,* 11-23.

Asher, L., Fekadu, A. y Hanlon, C. (2018). Global mental health and schizophrenia. *Current Opinion in Psychiatry, 31*(3), 193-199.

Awad, A. G. (2019). Revisiting the concept of subjective tolerability to antipsychotic medications in schizophrenia and its clinical and research implications: 30 years later. *CNS Drugs, 33*(1), 1-8.

Bach, P. y Hayes, S. C. (2002). The use of acceptance and commitment therapy to prevent the rehospitalization of psychotic patients: A randomized controlled trial. *Journal of Consulting and Clinical Psychology, 70*(5), 1129-1139.

Bach, P., Gaudiano, B. A., Hayes, S. C. y Herbert, J. D. (2013). Acceptance and commitment therapy for psychosis: intent to treat, hospitalization outcome and mediation by believability. *Psychosis, 5,* 166-174.

Barrera, P. (2006). Los trastornos cognitivos de la esquizofrenia. *Revista Chilena de Neuropsiquiatría, 44*(3), 215-221.

Belloso, J. J., Díaz, M. y López, T. (2015). Psicoterapia de grupo en una unidad de hospitalización psiquiátrica breve. *Revista de la Asociación Española de Neuropsiquiatría, 35*(128), 759-774.

Bentall, R. P., Haddock, G. y Slade, P. D. (1994). Cognitive behavior therapy for persistent. Apuntes auditory hallucinations: From theory to therapy. *Behavior Therapy, 25,* 51-66.

Bentall, R. P., Kinderman, P. y Kaney, S. (1994). The self, attributional processes and abnormal beliefs: Towards a model of persecutory delusions. *Behavior Research and Therapy, 32,* 321-241.

Berna, F., Bennouna-Greene, M., Potheegado, J., Verry, P., Conway, M. A. y Danion, J. M. (2011). Impaired ability to give a meaning to personally significant events in patients with schizophrenia. *Consciousness and Cognition, 20*(3), 703-711.

Berry, K., Gregg, L., Lobban, F. y Barrowclough, C. (2016). Therapeutic alliance in psychological therapy for people with recent onset psychosis who use cannabis. *Comprehensive Psychiatry, 67,* 73-80.

Berry, K., Palmer, T., Gregg, L., Barrowclough, C. y Lobban, F. (2018). Attachment and therapeutic alliance in psychological therapy for people with recent onset psychosis who use cannabis. *Clinical Psychology & Psychotherapy, 25*(3), 440-445.

Berry, K., Wearden, A., Barrowclough, C., Oakland, L. y Bradley, J. (2012). An investigation of adult attachment and the nature of relationships with voices. *The British Journal of Clinical Psychology, 51*(3), 280-291.

Biglan, A. y Hayes, S. C. (1996). Should the behavioral sciences become more pragmatic? The case for functional contextualism in research on human behavior. *Applied & Preventive Psychology, 5*(1), 47-57.

Bilder, R. M., Goldman, R. S., Robinson, D., Reiter, G., Bell, L., Bates, J. A., Pappadopulos, E., Willson, D. F., Alvir, J. M., Woerner, M. G., Geisler, S., Kane, J. M. y Lieberman, J. A. (2000). Neuropsychology of first-episode schizophrenia: Initial characterization and clinical correlates. *American Journal of Psychiatry, 157*(4), 549-559.

Birchwood, M. y Fiorillo, A. (2000). The critical period for early intervention. *Psychiatric Rehabilitation Skills, 4*(2), 182-198.

Birchwood, M. y Macmillan, F. (1993). Early intervention in schizophrenia. *The Australian and New Zealand Journal of Psychiatry, 27*(3), 374-378.

Birchwood, M., Todd, P. y Jackson, C. (1998). Early intervention in psychosis. The critical period hypothesis. *The British Journal of Psychiatry. Supplement, 172*(33), 53-59.

Bleuler, E. (1993). *Demencia Precoz. El grupo de las esquizofrenias* (2.ª ed.). Buenos Aires: Lumen [ed. original Bleuler, E. (1911). *Dementia praecox oder Gruppe der Schizophrenien*].

Bora, E., Eryvuz, A., Kayahan, B., Sungu, G. y Veznedaroglu, B. (2006). Social functioning, theory of mind and neurocognition in outpatients with schizophrenia: Mental state decoding may be abetter predictor of social functioning than mental state reasoning. *Psychiatry Research, 14*(2-3), 95-103.

Bora, E., Tucel, M. y Pantelis, C. (2009). Theory of mind impairment in schizophrenia: Meta-analysis. *Schizophrenia Research, 109*(1-3), 1-9.

Bornheimer, L. A., Tarrier, N., Brinen, A. P., Li, J., Dwyer, M. y Himley, J. A. (2020). Longitudinal predictors of stigma in first episode psychosis: Mediating effects of depression. *Early Intervention in Psychiatry, 15*(2), 263-270. https://doi.org/10.1111/eip.12935

Bronfenbrenner, U. (1979). *The ecology of human development: Experiments by nature and design.* Cambridge, MA: Harvard University Press.

Brown, G. W., Birley, J. L. y Wing, J. K. (1972). Influence of family life on the course of schizophrenic disorders: a replication. *The British Journal of Psychiatry: The Journal of Mental Science, 121*(562), 241-258.

Brown, G. W., Monck, E. M., Carstairs, G. M. y Wing, J. K. (1962). Influence of family life on the course of schizophrenic illness. *British Journal of Preventive & Social Medicine, 16*(2), 55-68.

© Ediciones Pirámide

Brown, G. W. y Rutter, M. (1966). The measurement of family activities and relationships. *Human Relation, 19*(3) 241-263.

Brummett, B. H., Maynard, K. E., Babyak, M. A., Haney, T. L., Siegler, I. C., Helms, M. J. y Barefoot, J. C. (1998). Measures of hostility as predictor of facial affect during social interaction: Evidence for construct validity. *Annals of Behavioral Medicine, 20*(3), 168-173.

Burckhardt, R., Manicavasagar, V., Batterham, P. J., Hadzi-Pavlovic, D. y Shand, F. (2017). Acceptance and commitment therapy universal prevention program for adolescents: A feasibility study. *Child and Adolescent Psychiatry and Mental Health, 11,* 27.

Burdick, K. E., Goldberg, J. F., Harrow, M., Faull, R. N. y Malhotra, A. K. (2006). Neurocognition as a stable endophenotype in bipolar disorder and schizophrenia. *The Journal of Nervous and Mental Disease, 194*(4), 255-260.

Butler, L., Jhons, L., Byrne, M., Joseph, C., O'Donoghue, E., Jolley, S., Morris, E. y Oliver, J. (2016). Running acceptance and commitment therapy groups for psychosis in community settings. *Journal of Contextual Behavioral Science, 5,* 33-38.

Calkins, L. y Corso, A. S. (2007). Patient variables associated with the therapeutic use of seclusion and restraint in inpatient psychiatry. *New York Medical Journal, 2*(2).

Caplan, G. (1985). *Principios de psiquiatría preventiva.* Buenos Aires: Paidós.

Caspi, A., Davidson, M. y Tamminga, C. A. (2004). Treatment-refractory schizophrenia. *Dialogues in Clinical Neuroscience, 6*(1), 61-70.

Castro-Fernández, M., Perona-Garcelán, S., Senín-Calderón, C. y Rodríguez-Testal, J. F. (2015). Relación entre trauma, disociación y síntomas psicóticos positivos. *Acción Psicológica, 12*(2), 95-108.

Chadwick, P. (2009). *Terapia cognitiva basada en la persona para la psicosis perturbadora.* Madrid, ES: Fundación para la investigación y tratamiento de la esquizofrenia y otras psicosis [edición original, Chadwick, P. (2006). *Person-Based Cognitive Therapy for Distressing Psychosis.* Wiley].

Chadwick, P., Birchwood, M. y Trower, P. (1996). *Cognitive Therapy for Delusions, Voices and Paranoia.* Chichester: Wiley.

Chivato, L. (2018). Todo por el paciente, pero sin el paciente: buscando estar en el centro del sistema. *Adherencia & Cronicidad & Pacientes.* Disponible en https://bit.ly/2NOhx1b

Chu, A. O. K., Chang, W. C., Chan, S. K. W., Lee, E. H. M., Hui, C. L. M. y Chen, E. Y. H. (2018). Comparison of cognitive functions between first-episode schizophrenia patients, their unaffected siblings and individuals at clinical high-risk for psychosis. *Psychological Medicine, 49*(11), 1929-1936.

Colina, F. (2014). *Sobre la locura.* Cuatro Ediciones.

Collip, D., Myin-Germeys, I. y Van Os, J. (2008). Does the concept of «sensitization» provide a plausible mechanism for the putative link between the environment and schizophrenia? *Schizophrenia Bulletin, 34*(2), 220-225.

Committee on the Rights of Persons with Disabilities (2014). General Comment N.º 1 on Article 12: Equal recognition before the law. CRPD/C/GC/1.

Committee on the Rights of Persons with Disabilities (2015). Guidelines on Article 14 of the Convention on the Rights of Persons with Disabilities: the right to liberty and security of persons with disabilities.

Comparelli, A., De Carolis, A., Corigliano, V., Di Pietro, S., Trovini, G., Granese, C., Romano, S., Serata, D., Ferracuti, S. y Girardi, P. (2014). Symptom correlates of facial emotion recognition impairment in schizophrenia. *Psychopathology, 47*(1), 65-70.

Corrigan, P. W. (1998). The impact of stigma on severe mental illness. *Cognitive and Behavioral Practice, 5,* 201-222.

Craig, C. D. y Sprang, G. G. (2010). Compassion satisfaction, compassion fatigue, and burnout in a national sample of trauma treatment therapists. *Anxiety, Stress & Coping, 23,* 319-339.

Crawford, P., Gilbert, P., Gilbert, J., Gale, C. y Harvey, K. (2016). The language of compasion in acute mental health care. *Qualitative Health Research, 23,* 719-727.

Croft, J., Heron, J., Teufel, C., Cannon, M., Wolke, D., Thompson, A., Houtepen, L. y Zammit, S. (2019). Association of trauma type, age of exposure, and frequency in childhood and adolescence with psychotic experiences in early adulthood. *JAMA Psychiatry, 76*(1), 79-86.

Davies, G., Fowler, D. y Greenwood, K. (2016). Metacognition as a mediating variable between neurocognition and functional autcome in first episode psychosis. *Schizophrenia Bulletin, 43*(4), 824-832.

Díaz-Garrido, J. A. (2013). *Evaluación de los ingresos y los reingresos psiquiátricos agudos en los hospitales públicos de Canarias en el período 2000-2010* [Tesis de doctorado]. Universidad de Las Palmas de Gran Canaria.

Díaz-Garrido, J., Zúñiga, R., Laffite, H., Acosta, M., Roncancio, T. y Hernández-Fleta, J. (2019). Variables predictivas de reingreso en las unidades de salud mental. Revisión bibliográfica. *Psiquiatria.com.* Noviembre, 2020. Recuperado de https://bit.ly/3shL42k

Dougher, M. J., Augustson, E., Markham, M. R., Greenway, D. E. y Wulfert, E. (1994). The transfer of respondent eliciting and extinction functions through stimulus equivalence classes. *Journal of the Experi-*

© Ediciones Pirámide

*mental Analysis of Behavior, 62*(3), 331-351. Disponible en https://bit.ly/2P1StEt.

Drury, V., Birchwood, M., Cochrane, R. y Macmillan, F. (1996). Cognitive therapy and recovery from acute psychosis: A controlled trial. I. Impact on psychotic symptoms. *The British Journal of Psychiatry: The Journal of Mental Science, 169*(5), 593-601.

Engen, M. J., Simonsen, C., Melle, I., Færden, A., Lyngstad, S. H., Haatveit, B., Vaskinn, A. y Ueland, T. (2019). Cognitive functioning in patients with first-episode psychosis stratified by level of negative symptoms: A 1-year follow-up study. *Psychiatry Research, 281.*

Ertugul, A. y Ulug, B. (2004). Perception of stigma among patients with schizophrenia. *Social Psychiatry and Psychiatric Epidemiology, 39,* 73-77.

Estryn-Behar, M., Van der Heijden, B., Camerino, D., Fry, C., Le Nezet, O., Conway, P. M. y NEXT Study group (2008). Violence risks in nursing-results from the European NEXT Study. *Occupational Medicine, 58*(2), 107-114.

Ey, H., Bernard, P. y Brisset, C. (1975). *Tratado de psiquiatría* (7.ª ed.). Toray-Masson.

Falloon, I. R. H. (1992). Early intervention for first episodes of schizophrenia: A preliminary exploration. *Psychiatry, 55,* 4-15.

Fan, F., Xiang, H., Tan, S., Yang, F., Fan, H., Guo, H., Kochunov, P., Wang, Z., Hong, L. E. y Tan, Y. (2019). *Psychiatry Res. Neuroimaging, 286,* 69-75.

Fenigstein, A. (1997). Paranoid thought and schematic processing. *Journal of Social and Clinical Psychology, 16*(1), 77-94.

Fledderus, M., Bohlmeijer, E. T., Pieterse, M. E. y Schreurs, K. M. G. (2012). Acceptance and commitment therapy as guided self-help for psychological distress and positive mental health: A randomized controlled trial. *Psychological Medicine, 42*(3), 485-495.

Funk, M. y Drew, N. (2019). Practical strategies to end coercive practices in mental health services. *World Psychiatry, 18*(1), 43-44.

Francey, S. M., Nelson, B., Thompson, A., Parker, A. G., Kerr, M., Macneil, C., Fraser, R., Hughes, F., Crisp, K., Harrigan, S., Wood, S. J., Berk, M. y McGorry, P. D. (2010). Who needs antipsychotic medication in the earliest stages of psychosis? A reconsideration of benefits, risks, neurobiology and ethics in the era of early intervention. *Schizophrenia Research, 119*(1-3), 1-10.

Freeman, A. M., Tribe, R. H., Stott, J. y Pilling, S. (2019). Open Dialogue: A review of the evidence. *Psychiatric Services (Washington, D. C.), 70*(1), 46-59.

Freeman, D. (2011). Improving cognitive treatment for delusions. *Schizophrenia Research, 13,* 135-139.

Frueh, B. C., Knapp, R. G., Cusack, K. J., Grubaugh, A. L., Sauvageot, J. A., Cousins, V. C., Yim, E., Robins, C. S., Monnier, J. y Hiers, T. G. (2005). Patients' reports of traumatic or harmful experiences within the psychiatric setting. *Psychiatric Services (Washington, D. C.), 56*(9), 1123-1133.

García-Montes, J. M. y Pérez-Álvarez, M. (2001). ACT como tratamiento de síntomas psicóticos. El caso de las alucinaciones auditivas. *Análisis y Modificación de Conducta, 27,* 455-472.

García-Montes, J. M., Luciano, M. C., Hernández, M. y Zaldívar, F. (2004). Aplicación de la terapia de aceptación y compromiso (ACT) a sintomatología delirante: un estudio de caso. *Psicothema, 16* (1), 117-124.

García-Montes, J. M. y Pérez-Álvarez, M. (2005). Fundamentación experimental y primeras aplicaciones clínicas de la terapia de aceptación y compromiso (ACT) en el campo de los síntomas psicóticos. *Revista Latinoamericana de Psicología, 37*(2), 379-393.

Gardner, H. (2016). Una mala persona no llega nunca a ser buen profesional. *La Vanguardia* [online]. Disponible en https://bit.ly/3sk7QXk

Gaudiano, B. A. y Herbert, J. D. (2006). Acute treatment of inpatients with psychotic symptoms using Acceptance and Commitment Therapy: Pilot results. *Behaviour Research and Therapy, 44*(3), 415-437.

Gaudiano, B. A., Davis, C. H., Epstein-Lubow, G., Johnson, J. E., Mueser, K. T. y Miller, I. W. (2017). Acceptance and Commitment Therapy for Inpatients with Psychosis (the REACH Study): Protocol for Treatment Development and Pilot Testing. *Healthcare (Basel, Switzerland), 5*(2), 23.

Gilbody, S. M., Song, F., Eastwood, A. J. y Sutton, A. (2000). The causes, consequences and detection of publication bias in psychiatry. *Acta Psychiatrica Scandinavica, 102*(4), 241-249.

Gorham, D. R. (1956). Use of the proverbs test for differentiating schizophrenics from normals. *Journal of Consulting Psychology, 20*(6), 435-440.

Green, M. F. (1996). What are the functional consequences of neurocognitive deficits in schizophrenia? *The American Journal of Psychiatry, 153*(3), 321-330.

Green, M. F., Nuechterlein, K. H., Gold, J. M., Barch, D. M., Cohen, J., Essock, S., Fenton, W. S., Frese, F., Goldberg, T. E., Heaton, R. K., Keefe, R. S., Kern, R. S., Kraemer, H., Stover, E., Weinberger, D. R., Zalcman, S. y Marder, S. R. (2004). Approaching a consensus cognitive battery for clinical trials in schizophrenia: the NIMH-MATRICS conference to select cognitive domains and test criteria. *Biological Psychiatry, 56*(5), 301-307.

Green, M. J., Girshkin, L., Kremerskothen, K., Watkeys, O. y Quidé, Y. (2019). A systematic review of studies reporting data-driven cognitive subtypes across the

© Ediciones Pirámide

psychosis spectrum. *Neuropsychology Review.* Disponible en https://bit.ly/3tNM6mY

Gumley, A. y Schwannauer, M. (2006). *Staying well after psychosis: A cognitive interpersonal approach to recovery and relapse prevention.* Londres: John Wiley & Sons.

Haas, G. L., Keshavan, M. S., Dickey, W. C., Sweeney, J. A. y Dew, M. A. (2001). Patterns of premorbid psychosocial dysmaturation predict neurocognitive deficits in working memory and psychomotor speed. *Schizophrenia Research, 49*(1-2), 108.

Havelka, D., Prikrylova-Kucerova, H., Prikryl, R. y Ceskova, E. (2016). Cognitive impairment and cortisol levels in first-episode schizophrenia patients. *Stress, 3890.*

Hayes, S. C., Barnes-Holmes, D. y Roche, B. (2001). *Relational Frame Theory: A post-Skinnerian account of human language and cognition.* Nueva York: Kluwer Academic/Plenum Publishers.

Hayes, S. C. y Strosahl, K. D. (2004). *A practical guide to Acceptance and Commitment Therapy.* Nueva York, US: Springer.

Hayes, S. C., Luoma, J. B., Bond, F. W., Masuda, A. y Lillis, J. (2006). Acceptance and commitment therapy: Model, processes and outcomes. *Behaviour Research and Therapy, 44,* 1-25.

Hayes, S. C., Strosahl, K. D. y Wilson, K. G. (2015). *Acceptance and commitment therapy: The process and practice of mindful change.* Nueva York: Guilford Press.

Hayes, S. C., Villatte, M., Levin, M. y Hildebrandt, M. (2011). Open, aware, and active: Contextual approaches as an emerging trend in the behavioral and cognitive therapies. *Annual Review of Clinical Psychology, 7,* 141-168.

Heinrichs, R. W. y Zakzanis, K. K. (1988). Neurocognitive deficit in schizophrenia: A quantitative review of the evidence. *Neuropsychology, 12,* 426-445.

Hoenig, J. (1982). Kurt Schneider and anglophone psychiatry. *Comprehensive Psychiatry, 23*(5), 391-400.

Hoenig, J. (2012). Esquizofrenia. En G. E. Berrios y R. Porter (eds.), *Una historia de la psiquiatría clínica* (1.ª ed.). Madrid: Triacastela.

Hoff, P. (2012). Kraepelin. Sección clínica. 1.ª parte. En G. E. Berrios y R. Porter (eds.), *Una historia de la psiquiatría clínica.* Madrid: Triacastela.

Hogg, M. A. (1996). Identity, cognition, and language in intergroup context. *Journal of Language and Social Psychology, 15*(3), 372-384.

Holmes, P. E. y River, L. P. (1998). Individual strategies for coping with the stigma of severe mental illness. *Cognitive and Behavioral Practice, 5,* 231-239.

International Early Psychosis Association Writing Group, IEPAW (2005). International clinical practice guidelines for early psychosis. *The British Journal of Psychiatry, 48*(suppl.), s120-s124.

Islam, A., Habtewold, T. D., Van Es, F. D., Quee, P. J., Van den Heuvel, E. R., Alizadeh, B. Z. y Bruggeman, R. (2018). Long-term cognitive trajectories and heterogeneity in patients with schizophrenia and their unaffected siblings. *Acta Psychiatrica Scandinavica, 138,* 591-604.

Izard, C. E. (1994). Innate and universal facial expressions: Evidence from developmental and cross-cultural research. *Psychological Bulletin, 115*(2), 288-299.

Jablensky, A. (2010). The diagnostic concept of schizophrenia: Its history, evolution, and future prospects. *Dialogues in Clinical Neuroscience, 12*(3), 17.

Jackson, H. J ., Edwards, J., Hulbert, C. y McGorry, P. D. (1999). Recovery fron psychosis: Psychological interventions. En P. D. McGorry y H. Jackson (eds.), *The recognition and management of early psychosis: A preventive approach* (pp. 265-307). Cambridge, UK: Cambridge University Press.

Jacobsen, P., Peters, E., Robinson, E. y Chadwick, P. (2020). Mindfulness-based crisis interventions (MBCI) for psychosis within acute inpatient psychiatric settings: A feasibility randomised controlled trial. *BMC Psychiatry, 20*(1), 193.

Jolley, S., Johns, L. C., O'Donoghue, E., Oliver, J., Khondoker, M., Byrne, M., Butler, L., De Rosa, C., Leal, D., McGovern, J., Rasiukeviciute, B., Sim, F. y Morris, E. (2020). Group acceptance and commitment therapy for patients and caregivers in psychosis services: Feasibility of training and a preliminary randomized controlled evaluation. *The British Journal of Clinical Psychology, 59*(4), 524-551.

Jones, J., Nolan, P., Bowers, L., Simpson, A., Whittington, R., Hackney, D. y Bhui, K. (2010). Psychiatric wards: Places of safety? *Journal of Psychiatric and Mental Health Nursing, 17*(2), 124-130.

Joyce, E. M., Hutton, S. B., Mutsatsa, S. H. y Barnes, T. R. (2005). Cognitive heterogeneity in first-episode schizophrenia. *British Journal of Psychiatry, 187,* 516-522.

Kahn, R. S. y Keefe, R. S. (2013). Schizophrenia is a cognitive illness: Time for a chage in focus. *JAMA Psychiatry, 70,* 1012-1107.

Keefe, R., Eesley, C. y Poe, M. (2005). Defining a cognitive function decrement in schizophrenia. *Biological Psychiatry, 57*(6), 688-691.

Kern, R. S., Gold, J. M., Dickinson, D., Green, M. F., Nuechterlein, K. H., Baade, L. E., Keefe, R. S. E., Mesholam-Gately, R. I., Seidman, L. J., Lee, C., Sugar, C. A. y Marder, S. R. (2011). The MCCB impairment profile for schizophrenia outpatients: Results from the MATRICS psychometric and standardization study. *Schizophrenia Research, 126*(1-3), 124-131.

© Ediciones Pirámide

Klippel, A., Myin-Germeys, I., Chavez-Baldini, U., Preacher, K. J., Kempton, M., Valmaggia, L., Calem, M., So, S., Beards, S., Hubbard, K., Gayer-Anderson, C., Onyejiaka, A., Wichers, M., McGuire, P., Murray, R., Garety, P., Van Os, J., Wykes, T., Morgan, C. y Reininghaus, U. (2017). Modeling the interplay between psychological processes and adverse, stressful contexts and experiences in pathways to psychosis: An experience sampling study. *Schizophrenia Bulletin, 43*(2), 302-315.

Kinson, R. M., Hon, C., Lee, H., Abdin, E. B. y Verma, S. (2018). Stigma and discrimination in individuals with first episode psychosis: One year after first contact with psychiatric services. *Psychiatry Research, 270,* 298-305.

Kohler, C. G., Turner, T. H., Bilker, W. B., Brensinger, C., Siegel, S. J., Kanes, S. J. y Gur, R. C. (2003). Facial emotion recognition in schizophrenia: Intensity effects and error pattern. *American Journal of Psychiatry, 160*(10), 1768-1774.

Kohler, C. G., Walker, J. B., Martin, E. A., Healey, K. M. y Moberg, P. J. (2010). Facial emotion perception in schizophrenia: A meta-analytic review. *Schizophrenia Bulletin, 36*(5), 1009-1019.

Koren, D., Siedman, L. J., Goldsmith, M. y Harvey, P. D. (2006). Real-word cognitive and metacognitive dysfunction in schizophrenia: A new approach for measuring (and remediating) more «right stuff». *Schizophrenia Bulletin, 32*(2), 310-326.

Kremen, W. S., Seidman, L. J., Faraone, S. V., Toomey, R. y Tsuang, M. T. (2000). The paradox of normal neuropsychological function in schizophrenia. *Journal of Abnormal Psychology, 109*(4), 743-752.

Laffite, H., Zúñiga, R. y Díaz-Garrido, J. A. (2021). Involucrando a todos. Una propuesta de aplicación de ACT y FAP en psicosis crónica. En J. J. Ruiz e I. Ruiz (coords.), *FACT de grupo. Integrando ACT y FAP de grupo.* Pendiente de publicación.

Lancee, M., Lemmens, C. M. C., Kahn, R. S., Vinkers, C. H. y Luykx, J. J. (2017). Outcome reporting bias in randomized-controlled trials investigating antipsychotic drugs. *Translational Psychiatry, 7,* e1232.

Langdon, R., Coltheart, M., Ward, P. B. y Catts, S. V. (2001). Mentalizing, executive planning and disengagement in schizophrenia. *Cognitive Neuropsychiatry, 6*(2), 81-108.

Lasalvia, A., Vita, A., Bellomo, A., Tusconi, M., Favaretto, G., Bonetto, C., Zanalda, E., Mencacci, C. y Capiniello, B. (2020). Renaming shizophrenia? A survey among psychiatrist mental health service users and family members in Italy. *Schizophrenia Research, S0920-9964*(20)30157-2.

Lavin, R., Bucci, S., Varese, F. y Berry, K. (2020). The relationship between insecure attachment and paranoia in psychosis: A systematic literature review. *British Journal of Clinical Psychology, 59*(1), 39-65.

LeBel, J. y Goldstein, R. (2005). The economic cost of using restraint and the value added by restraint reduction or elimination. *Psychiatric Services, 56*(9), 1109-1114.

Lelliott, P. y Quirk, A. (2004). What is life like on acute psychiatric wards? *Current Opinion in Psychiatry, 17*(4), 297-301.

Lenior, M. E., Dingemans, P. M., Schene, A. H. y Linszen, D. H. (2005). Predictors of the early 5-year course of schizophrenia: A path analysis. *Schizophrenia Bulletin, 31*(3), 781-791

Lieberman, J. A. (1999). Is schizophrenia a neurodegenerative disorder? A clinical and neurobiological perspective. *Biological Psychiatry, 46*(6), 729-739.

Liu, D., Ji, C., Zhuo, K., Song, Z., Wang, Y., Mei, L. et al. (2017). Impaired cue identification and intention retrieval underlie prospective memory deficits in patients with first-episode schizophrenia. *Australian & New Zealand Journal of Psychiatry, 51*(3), 270-277.

Livheim, F., Hayes, L., Ghaderi, A., Magnusdottir, T., Högfeldt, A., Rowse, J., Turner, S., Hayes, S. C. y Tengström, A. (2014). The effectiveness of acceptance and commitment therapy for adolescent mental health: Swedish and Australian Pilot Outcomes. *Journal of Child and Family Studies, 24,* 1016-1030.

Lysaker, P. H., Meyer, P., Evans, J. D. y Marks, K. A. (2001a). Neurocognitive and symptom correlates of self-reported childhood sexual abuse in schizophrenia spectrum disorders. *Annals of Clinical Psychiatry, 13*(2), 89-92.

Lysaker, P. H., Meyer, P. S., Evans, J. D., Clements, C. A. y Marks, K. A. (2001b). Childhood sexual trauma and psychosocial functioning in adults with schizophrenia. *Psychiatric Services (Washington, D. C.), 52*(11), 1485-1488.

Lysaker, P. H. y Lysaker, J. T. (2008). *Schizophrenia and the Fate of the Self.* Oxford, UK: Oxford University Press.

MacCarthy, B., Benson, J. y Brewin, C. R. (1986). Task motivation and problems appraisal in long term psychiatric patients. *British Journal of Psychiatry, 151,* 145-151.

Mazza, M. D., Costagliola, C., Di Michele, V., Magliani, V., Pollice, R., Ricci, A., Di Giovanbattista, E., Roncone, R., Cassachia, M. y Galzio, R. J. (2007). Deficit of social cognition in subjets with surgically treated frontal lobe lesions and in subjets affected by schizophrenia. *European Archives of Psychiatry Clinical Neuroscience, 257*(1), 12-22.

McAndrew, S., Chambers, M., Nolan, F., Thomas, B. y Watts, P. (2014). Measuring the evidence: Reviewing the literature of the measurement of therapeutic engage-

© Ediciones Pirámide

ment in acute mental health inpatient wards. *International Journal of Mental Health Nursing, 23,* 212-220.

McGlashan, T. H. (2006). Rationale and parameters for medication-free research in psychosis. *Schizophrenia Bulletin, 32*(2), 300-302.

McGlashan, T. H., Levy, S. T. y Carpenter, W. T. (1975). Integration and sealing over. Clinically distinct recovery styles from schizophrenia. *Archives of General Psychiatry, 32*(10), 1269-1272.

McGorry, P. D., Hickie, I. B., Yung, A. R., Pantelis, C. y Jackson, H. J. (2006). Clinical staging of psychiatric disorders: A heuristic framework for choosing earlier, safer and more effective interventions. *Australian & New Zealand Journal of Psychiatry, 40*(8), 616-622.

McGorry, P. D., Killackey, E. y Yung, A. R. (2007). Early intervention in psychotic disorders: Detection and treatment of the first episode and the critical early stages. *Medical Journal of Australia, 187*(S7), S8-S10.

McGorry, P. D., Killackey, E. y Yung, A. R. (2008). Early intervention in psychosis: Concepts, evidence and future directions. *World Psychiatry, 7*(3), 148-156.

Meier, M. H., Caspi, A., Reichenberg, A., Keefe, R. S. E., Fisher, H. L., Harrington, H., Houts, R., Poulton, R. y Moffitt, T. E. (2014). Neuropsychological decline in schizophrenia from the premorbid to the postonset period: Evidence from a population-representative longitudinal study. *American Journal of Psychiatry, 171*(1), 91-101.

Menkes, M. W., Armstrong, K., Blackford, J. U., Heckers, S. y Woodward, N. D. (2019). Neuropsychological functioning in early and chronic stages of schizophrenia and psychotic bipolar disorder. *Schizophrenia Research, 206,* 413-419.

Minuchin, S. (1974). *Families & Family Therapy.* The President and Fellows of Harvard College.

Mohr, W. K., Petti, T. A. y Mohr, B. D. (2003). Adverse effects associated with physical restraint. *Canadian Journal of Psychiatry, 48,* 330-337.

Morise, C., Berna, F. y Danion, J. M. (2011) The organization of autobiographical memory in patients with schizophrenia. *Schizophrenia Research, 128*(1-3), 156-160.

Morris, E. (2019). Acceptance and Commitment Therapy. En C. Cupitt, *CBT for Psychosis: Process-orientated therapies and the third wave* (pp. 79-97). Londres y Nueva York, UK y US: Routledge Taylor & Francis Group.

Morris, E. y Oliver, J. (2009). ACT early: Acceptance and commitment therapy in early intervention in psychosis. *Clinical Psychology Forum, 196,* 28-31.

Morrison, A. P. (1998). A cognitive analysis of the maintenance of auditory hallucinations: Are voices to schizophrenia what bodily sensations are to panic? *Behavioural and Cognitive Psychotherapy, 26,* 289-302.

Morrison, A. P. y Baker, C. A. (2000). Intrusive thoughts and auditory hallucinations: A comparative study of intrusions in psychosis. *Behaviour Research and Therapy, 38,* 1097-1106.

Morrison, A. P. y Renton, J. C. (2001). Cognitive therapy for auditory hallucinations: A theory-based approach. *Cognitive and Behavioral Practice, 8*(2), 147-160.

Morrison, A. P., Haddock, G. y Tarrier, N. (1995). Intrusive thoughts and auditory hallucinations: A cognitive approach. *Behavioural and Cognitive Psychotherapy, 23,* 265-268.

Muñoz, M., Pérez, E., Crespo, M. y Guillén, A. I. (2009). *Estigma y enfermedad mental. Análisis del rechazo social que sufren las personas con enfermedad mental.* Editorial Complutense.

Murru, A. y Carpiniello, B. (2018). Duration of untreated illness as a key to early intervention in schizophrenia: A review. *Neuroscience Letters, 669,* 59-67.

Myin-Germeys, I., Klippel, A., Steinhart, H. y Reininghaus, U. (2016). Ecological momentary interventions in psychiatry. *Current Opinion in Psychiatry, 29*(4), 258-263.

Myin-Germeys, I., Van Os, J., Schwartz, J. E., Stone, A. A. y Delespaul, P. A. (2001). Emotional reactivity to daily life stress in psychosis. *Archives of General Psychiatry, 58*(12), 1137-1144.

National Association of State Mental Health Program Directors [NASMHPD] (2009). *Training curriculum for creation of violence-free, coercion-free treatment settings and the reduction of seclusion and restraint* (7.ª ed.). Alexandria, VA: National Association of State Mental Health Program Directors, Office of Technical Assistance.

Newell, S. E., Harries, P. y Ayers, S. (2012). Boredom proneness in a psychiatric inpatient population. *International Journal of Social Psychiatry, 58,* 488-495.

O'Donogue, E. K., Morris, E. M., Oliver, J. E. y Johns, L. C. (2018). *ACT for Psychosis Recovery: A Practical Manual for Group-Based Interventions Using Acceptance and Commitment Therapy.* Oakland, US: Context Press.

Ojeda, N., Ortuno, F., Arbizu, J., López, P., Martí-Climent, J. M., Peñuelas, I. y Cervera-Enguix, S. (2002). Functional neuroanatomy of sustained attention in schizophrenia: Contribution of parietal cortices. *Human Brain Mapping, 17*(2),116-130.

Ortega Ruiz, C. y López Ríos, F. (2004). El *burnout* o síndrome de estar quemado en profesionales sanitarios: revisión y perspectiva. *International Journal of Clinical and Health Psychology, 4*(1), 137-160.

Osorio-Martínez, M. L. (2017). Esquizofrenia y funcionamiento: medición con la escala breve de evaluación del funcionamiento y correlación con los años de enfermedad. *Anales de la Facultad de Medicina,78*(1), 17.

© Ediciones Pirámide

Palmer, B. W., Heaton, R. K., Kuck, J., Braff, D., Paulsen, J. S., Jackuelyn Harris, M., Zisook, S. y Jeste, D. V. (1997). Is it possible to be schizophrenic yet neuropsychologically normal? *Neuropsychology, 11*(3), 437-446.

Pankey, J. y Hayes, S. C. (2003). Acceptance and commitment therapy for psychosis. *International Journal of Psychology & Psychological Therapy, 3*(2), 311-328.

Penn, D. L. y Martin, J. (1998). The stigma of severe mental illness: Some potential solutions for a recalcitrant problem. *The Psychiatric Quarterly, 69*(3), 235-247.

Pérez-Álvarez, M. (2014). *Las terapias de tercera generación como terapias contextuales.* Madrid: Síntesis.

Pérez-Álvarez, M. (2018). *Más Aristóteles y menos Concerta. Las cuatro causas del TDAH.* NED Ediciones.

Pilton, M., Bucci, S., McManus, J., Hayward, M., Emsley, R. y Berry, K. (2016). Does insecure attachment mediate the relationship between trauma and voice-hearing in psychosis? *Psychiatry Research, 246,* 776-782.

Pino, O., Guilera, G., Rojo, J. E., Gómez-Benito, J. y Purdon, S. E. (2014) *Screening del deterioro cognitivo en Psiquiatría.* SCIP-S. TEA Ediciones.

Pollard, C., Bucci, S., MacBeth, A. y Berry, K. (2020). The revised Psychosis Attachment Measure: Measuring disorganized attachment. *British Journal of Clinical Psychology, 59*(3), 335-353.

Reading, B. y Birchwood, M. (2005). Early Intervention in Psychosis. *Disease Management and Health Outcomes, 13*(1), 53-63.

Reichenberg, A. y Harvey, P. D. (2007). Neuropsychological impairments in schizophrenia: Integration of performance-based and brain imaging findings. *Psychological Bulletin, 133*(5), 833-858.

Reininghaus, U., Depp, C. A. y Myin-Germeys, I. (2016). Ecological interventionist causal models in psychosis: Targeting psychological mechanisms in daily life. *Schizophrenia Bulletin, 42*(2), 264-269.

Reininghaus, U., Kempton, M. J., Valmaggia, L., Craig, T. K., Garety, P., Onyejiaka, A., Gayer-Anderson, C., So, S. H., Hubbard, K., Beards, S., Dazzan, P., Pariante, C., Mondelli, V., Fisher, H. L., Mills, J. G., Viechtbauer, W., McGuire, P., Van Os, J., Murray, R. M., Wykes, T., ... y Morgan, C. (2016). Stress sensitivity, aberrant salience, and threat anticipation in early psychosis: An experience sampling study. *Schizophrenia Bulletin, 42*(3), 712-722.

Reininghaus, U., Klippel, A., Steinhart, H., Vaessen, T., Van Nierop, M., Viechtbauer, W., Batink, T., Kasanova, Z., Van Aubel, E., Van Winkel, R., Marcelis, M., Van Amelsvoort, T., Van der Gaag, M., De Haan, L. y Myin-Germeys, I. (2019). Efficacy of Acceptance and Commitment Therapy in Daily Life (ACT-DL) in early psychosis: Study protocol for a multi-centre randomized controlled trial. *Trials, 20*(1), 769.

Robins, C. S., Sauvageot, J. A., Cusack, K. J., Suffoletta-Maierle, S. y Frueh, B. C. (2005). Consumers' perceptions of negative experiences and «sanctuary harm» in psychiatric settings. *Psychiatric Services, 56*(9). 1134-1138.

Ruiz, J. J. (2017). *Terapia de aceptación y compromiso de grupo. Basada en la Teoría del marco relacional y el socioconductismo.* Editorial Lulú.

Ruiz, J. J. y Ruiz, I. (2018). *Psicoterapia analítica funcional de grupos.* Almería: Edual.

Ruiz, M., Villalobos, A. y Díaz, M. (2012). Técnicas de modelado y entrenamiento en habilidades sociales. En M. Ruiz, M. Díaz y A. Villalobos, *Manual de técnicas de intervención cognitivo-conductuales* (pp. 277-316). Bilbao: Desclée de Brower.

Schizophrenia Commission (2012). *The abandoned illness: A report from the Schizophrenia Commision.* Londres: Rethink Mentall Illness.

Schneider, K. (1997). *Psicopatología clínica* (1.ª ed.). Madrid: Fundación de Archivos de Neurobiología [ed. original: Schneider, K. (1946). *Klinische Psychopathologie*].

Scott, M., Rossell, S. L., Meyer, D., Toh, W. L. y Thomas, N. (2020). Childhood trauma, attachment and negative schemas in relation to negative auditory verbal hallucination (AVH) content. *Psychiatry Research, 290.*

Seikkula, J., Alakare, B. y Aaltonen, J. (2001). Open dialogue in psychosis I: And introduction and case illustration. *Journal of Constructivist Psychology, 14*(4), 247-265.

Seikkula, J. y Arnkill, T. (2016). *Diálogos terapéuticos en la red social.* Barcelona: Herder.

Selva, G., Salazar, J., Balanzá-Martínez, V., Martínez-Arán, A., Rubio, C., Daban, C., Sánchez-Moreno, J., Vieta, E. y Tabarés-Seisdedos, R. (2007). Bipolar I patients with and without a history of psychotic symptoms: do they differ in their cognitive functioning? *Journal of Psychiatric Research, 41*(3-4), 265-272.

Semerari, A., Carcione, A., Dimaggio, G., Falcone, M., Nicolò, G., Procacci, M., Alleva, G. y Semerari, A. (2003). How to Evaluate Metacognitive Functioning in Psychotherapy? The Metacognition Assessment Scale and its Applications. *Clinical Psychology and Psychotherapy, 10,* 238-261.

Shakow, D. (1963). Psychological deficit in schizophrenia. *Behavioural Science, 8*(4) 275-305.

Shakeel, M. K., Lu, L., Woods, S. W., Perkins, D. O. y Addington, J. (2020). Neurocognitive predictors of metacognition in individuals at clinical high risk for psychosis. *Behavioural and Cognitive Psychotherapy, 48*(2), 248-252.

Shamay-Tsoory, S. G., Shur, S., Barcai-Goodman, L., Medlovich, S., Harari, H. y Levkovitz, Y. (2006). Dis-


© Ediciones Pirámide

sociation of cognitive from affective components of theory and mind in schizophrenia. *Psychiatry Research, 13,* 11-23.

Shapiro, S. L., Brown, K. y Biegel, G. M. (2007). Teaching self-care to caregivers: Effects of mindfulness-based stress reduction on the mental health of therapists in training. *Training and Education in Professional Psychology, 1,* 105-115.

Shattock, L., Berry, K., Degnan, A. y Edge, D. (2018). Therapeutic alliance in psychological therapy for people with schizophrenia and related psychoses: A systematic review. *Clinical Psychology & Psychotherapy, 25*(1), e60-e85.

Shawyer, F., Farhall, J., Thomas, N., Hayes, S. C., Gallop, R., Copolov, D. y Castle, D. J. (2017). Acceptance and commitment therapy for psychosis: Randomised controlled trial. *The British Journal of Psychiatry: The Journal of Mental Science, 210*(2), 140-148.

Sheffield, J. M., Karcher, N. R. y Barch, D. M. (2018). Cognitive deficits in psychotic disorders: A lifespan perspective. *Neuropsychology Review, 28,* 509-533.

Shepherd, G. (1998). Developments in psychosocial rehabilitation for early psychosis. *International Clinical Psychopharmacology, 13*(Suppl. 1), S53-S57.

Sitko, K., Bentall, R. P., Shevlin, M., O'Sullivan, N. y Sellwood, W. (2014). Associations between specific psychotic symptoms and specific childhood adversities are mediatedby attachment styles: an analysis of the National Comorbidity Survey. *Psychiatry Research, 217,* 202-209.

Stramecki, F., Kotowicz, K., Piotrowski, P., Aleksander, J., Rymaszewska, J., Samochowiec, J. y Misiak, B. (2019). Coping styles and symptomatic manifestation of first-episode psychosis: Focus on cognitive performance. *Psychiatry Research, 272*, 246-251.

Subdirección de Salud Mental del Servicio Murciano de Salud (2009). *Guía de práctica clínica para el tratamiento de la esquizofrenia en centros de salud mental.* Disponible en https://bit.ly/3vURd6y

Substance Abuse and Mental Health Services Administration (2011). *The business case for preventing and reducing restraint and seclusion use.* Rockville: US.

Thomann, J. (2009). *Factors in restraint reduction in residential treatment facilities for adolescents* [tesis doctoral no publicada]. Boston: Massachusetts School of Professional Psychology.

Tizón, J. (2013). *Entender las psicosis.* Barcelona: Herder.

Tizón, J. (2016). La importancia del diálogo democrático para la integración social, familiar y personal. En J. Seikkula y T. Arnkill, *Diálogos terapéuticos en la red social.* Barcelona: Herder.

Touriño, R., Acosta, F. J., Giráldez, A., Álvarez, J., González, J. M., Abelleira, C., Benítez, N., Baena, E., Fernández, J. A. y Rodríguez, C. (2018). Riesgo suicida, desesperanza y depresión en pacientes con esquizofrenia y autoestigma. *Actas Españolas de Psiquiatría, 46*(2), 33-41.

Trauelsen, A. M., Gumley, A., Jansen, J. E., Pederson, M. B., Nielsen, H. G. L., Trier, C. H. y Simonsen, E. (2016). Metacognition in first-episode psychosis and its association with positive and negative symptom profiles. *Psychiatry Research, 238,* 14-23.

Tsai, M., Kohlenberg, R. J., Kanter, J. W., Kohlenberg, B., Follette, W. C. y Callaghan, G. M. (2009). *A Guide to functional Analytic Psychotherapy. Awareness, courage, love, and behaviorism.* Nueva York: Springer.

Vaessen, T., Steinhart, H., Batink, T., Klippel, A., Van Nierop, M., Reininghaus, U. y Myin-Germeys, I. (2019). ACT in daily life in early psychosis: An ecological momentary intervention approach. *Psychosis, 11*(2), 93-104.

Valdivia, S. y Luciano, M. C. (2006). Una revisión de la alteración de las propiedades reforzantes de los eventos en humanos. *International Journal of Psychology and Psychological Therapy, 3*(6), 425-444.

Valero-Aguayo, J. L. y Ferro-García, R. (2018). *Tratando con... Psicoterapia Analítica Funcional.* Madrid: Pirámide.

Valery, K. M. y Prouteau, A. (2020). Schizophrenia stigma in mental health professionals and associated factors: A systematic review. *Psychiatry Research, 290.*

Vallina, O. (2003). Los orígenes de la cronicidad: intervenciones iniciales en psicosis. *Boletín de la Asociación Madrileña de Rehabilitación Psicosocial, 15-16,* 15-27.

Van Aubel, E., Bakker, J. M., Batink, T., Michielse, S., Goossens, L., Lange, I., Schruers, K., Lieverse, R., Marcelis, M., Van Amelsvoort, T., Van Os, J., Wichers, M., Vaessen, T., Reininghaus, U. y Myin-Germeis, I. (2020). Blended care in the treatment of subthreshold symptoms of depression and psychosis in emerging adults: A randomised controlled trial of Acceptance and Commitment Therapy in Daily-Life (ACT-DL). *Behaviour Research and Therapy, 128,* 103592. http://doi.org/10.1016/j.brat.2020.103592

Vázquez-Barquero, J. L., Vázquez Bourgón, E., Herrera Castanedo, S., Saiz, J., Uriarte, M., Morales, F., Gaite, L., Herrán, A. y Ustün, T. B. (2000). Versión en lengua española de un nuevo cuestionario de evaluación de discapacidades de la OMS (WHO-DAS-II): fase inicial de desarrollo y estudio piloto. Grupo Cantabria en Discapacidades [Spanish version of the new World Health Organization Disability Assessment Schedule II (WHO-DAS-II): initial phase of development and pilot study. Cantabria disability work group]. *Actas Españolas de Psiquiatría, 28*(2), 77-87.

© Ediciones Pirámide

Verdoux, H. y Cougnard, A. (2003). The early detection and treatment controversy in schizophrenia research. *Current Opinion in Psychiatry, 16*(2), 175-179.

Vygotsky, L. (1978) *Pensamiento y lenguaje.* Madrid: Paidós.

Wahl, O. (1999). Mental Health Consumers' Experience of Stigma. *Schizophrenia Bulletin, 25*(3), 467-478.

Wells, R., Jacomb, I., Swaminathan, V., Sundram, S., Weinberg, D., Bruggemann, J., Cropley, V., Lenroot, R. K., Pereira, A. M., Zalesky, A., Bousman, C., Pantelis, C., Weickert, C. S. y Weickert, T. W. (2020). The impact of childhood adversity on cognitive development in schizophrenia. *Schizophrenia Bulletin, 46*(1), 140-153.

Wiersma, D., Nienhuis, E., Slooff, C. J. y Giel, R. (1998). Natural course of schizophrenic disorders: A 15-year follow-up of a Dutch incidence cohort. *Schizophrenia Bulletin, 24,* 75-85.

Wilk, C. M., Gold, J. M., McMahon, R. P., Humber, K., Iannone, V. N. y Buchanan, R. W. (2005). No, it is not possible to be schizophrenic yet neuropsychologically normal. *Neuropsychology, 19*(6), 778-786.

Wilson, K. G. y Hayes, S. C. (1996). Resurgence of derived stimulus relations. *Journal of the Experimental Analysis of Behavior, 66*(3), 267-281.

Wilson, K. G. y Luciano, M. C. (2002). Terapia de aceptación y compromiso (ACT). *Un tratamiento orientado a los valores.* Madrid: Pirámide.

Wood, L., Williams, C., Billings, J. y Johnson, S. (2020). A systematic review and meta-analysis of cognitive behavioural informed psychological interventions for psychiatric inpatients with psychosis. *Schizophrenia Research, 222,* 133-144.

Wyatt, R. J., Green, M. F. y Tuma, A. H. (1997). Long-term morbidity associated with delayed treatment of first admission schizophrenic patients: A re-analysis of the Camarillo State Hospital data. *Psychological Medicine, 27*(2), 261-268.

Yung, A. R., Phillips, L. J., Yuen, H. P., Francey, S. M., McFarlane, C. A., Hallgren, M. y McGorry, P. D. (2003). Psychosis prediction: 12-month follow up of a high-risk («prodromal») group. *Schizophrenia Research, 60*(1), 21-32.

© Ediciones Pirámide

# 9 ACT de grupo para personas con experiencias psicóticas

JUAN JOSÉ RUIZ SÁNCHEZ

## 1. TRATAMIENTOS PSICOLÓGICOS GRUPALES BASADOS EN LAS EVIDENCIAS APLICADAS A LAS EXPERIENCIAS PSICÓTICAS. LAS TERAPIAS COGNITIVO-CONDUCTUALES DE SEGUNDA GENERACIÓN

Los estudios basados en la evidencia sobre las terapias psicológicas eficaces en la esquizofrenia y otras psicosis suelen identificar cuatro modalidades de terapias eficaces: 1) las intervenciones psicoeducativas familiares; 2) el entrenamiento en habilidades sociales; 3) las terapias cognitivo-conductuales para los síntomas psicóticos, y 4) los paquetes integrados multimodales (Vallina y Lemos, 2001; Perona, Gallach, Vallina y Santolaya, 2004). Todas esas modalidades suelen contemplar el formato grupal de intervención.

Llama la atención que las terapias grupales no suelan formar parte de los catálogos de recomendaciones psicosociales expuestas en las guías de las instituciones públicas para la atención a las psicosis, salvo la psicoeducación, más anclada en el modelo biomédico (Guía chilena, 2009; Guía nacional española, 2009; Guía murciana española, 2009; Guía NICE británica para niños y adolescentes, 2013; Guía andaluza española, 2019), con algunas y honrosas excepciones (Guía británica NICE para adultos, 2014).

Y todo esto a pesar de que hay evidencia desde hace aproximadamente 40 años sobre la eficacia de las terapias de grupos en general (Smith, Glass y Miller, 1980; Shapiro y Shapiro, 1982; Toseland y Siporin, 1986) y también respecto a su aplicación a las experiencias psicóticas (Kanas, 1986; 1996; Burlingame, MacKenzie y Strauss, 2004; Burlingame, Strauss y Joyce, 2013; Pearson y Burlingame, 2013).

La Asociación de Terapias de Grupo Americana (AGPA, 2020) expone que las terapias de grupos son eficaces para pacientes con esquizofrenia y otras psicosis.

En especial son las intervenciones grupales cognitivo-conductuales y conductuales las más eficaces en estos problemas, dentro de un modelo integrador, que junto a las terapias grupales aplican intervenciones encaminadas a cubrir las necesidades específicas de estas personas, incluyendo desde el soporte sociolaboral al familiar (Kanas, 1986; 1996; Burlingame, MacKenzie y Strauss, 2004; Burlingame, Strauss y Joyce, 2013).

Destacan también que lo esencial de estas intervenciones grupales es enseñar a estar personas a lidiar con los síntomas psicóticos y mejorar sus relaciones interpersonales (Kanas, 1996; Pearson y Burlingame, 2013).

Proponen que un modelo de intervención grupal viable en instituciones comunitarias es la repetición anual de terapias grupales breves con estas personas de unas 12 sesiones a lo largo del tiempo (Kanas, 1996).

Los enfoques de tratamiento generalmente incluyen medicamentos antipsicóticos, terapia individual de apoyo y diversos tratamientos sociales, como capacitación en habilidades sociales, terapia ocupacional y asesoramiento familiar (Kaplan y Sadock, 1989).

Hay evidencias acumuladas de la eficacia de la terapia grupal en psicosis, incluso desde hace décadas (Kanas, 1986; 1996), que revisa la bibliografía desde

© Ediciones Pirámide

1950 a 1991, recabando 46 estudios que comparan la eficacia de la terapia grupal de corte psicodinámico breve y focalizada en las relaciones interpersonales que demostraron que al menos en el 70% de los «pacientes» psicóticos fueron más eficaces que los grupos de control con los que se compararon.

Las revisiones de eficacia más actuales (Burlingame, MacKenzie y Strauss, 2004; Burlingame, Strauss y Joyce, 2013) demostraron que cuatro modelos de terapias de grupos son los más eficaces en psicosis: los grupos orientados al entrenamiento en habilidades sociales, los orientados a la psicoeducación, los cognitivo-conductuales y los grupos multifamiliares. Al comparar a su vez todas estas modalidades de tratamiento grupal comprobaron que la orientación más aplicada y con más respaldo en la evidencia fueron las terapias de grupo con orientación cognitivo-conductual tanto en la mejora de los síntomas psicóticos como en el funcionamiento social e interpersonal.

Varios autores proponen que al trabajar con terapias de grupos con estas personas las sesiones no sean excesivamente largas, o bien se dividan con descansos para tomar algo entre las mismas y que sean acompañadas de materiales de guía y resúmenes breves, debido a los problemas de atención y memoria que suelen presentar muchas de estas personas (French, Smith, Shiers, Reed y Rayne, 2010).

**Objetivos habituales de las terapias de grupos con personas con experiencias psicóticas (AGPA, 2020)**

1. Enseñarles a lidiar con sus síntomas psicóticos (en especial las alucinaciones y delirios).
2. Mejorar sus relaciones interpersonales.

Respecto a las intervenciones cognitivo-conductuales en psicosis: las primeras intervenciones se enfocaron en la modalidad de la terapia cognitiva en la línea de A. T. Beck, siendo adaptada al campo de las psicosis en los años noventa por el equipo de Nicholas Tarrier, que realiza los primeros estudios con ensayos controlados aleatorizados (ECA) en la Universidad de Manchester, habiéndose realizado posteriormente más de 30 ECA y unas 20 revisiones sistemáticas de metanálisis (MT) que tratan de demostrar la eficacia de las terapias cognitivo-conductuales en psicosis con resultados diversos, y no siempre positivos, que conllevan cuestionar si el foco debe ponerse en la reducción de los síntomas siguiendo el modelo biomédico o requiere una reconceptualización alternativa (Perona, 2017).

Hay sin embargo estudios que apoyan su eficacia y que plantean que las intervenciones cognitivo-conductuales grupales en psicosis consiguen que al menos el 65% de los participantes en estos grupos muestren mejorías clínicas, incluyendo el descenso de su actividad delusiva y alucinatoria, mejora en las relaciones y ajuste social y que mantienen las ganancias conseguidas en seguimientos a los 18 meses tras las intervenciones grupales (Garety, 2003; Smith, Nathan, Juniper, Kingsep y Lim, 2003; Morrison, 2014; Landa, 2017; Cupitt, 2019).

Las intervenciones cognitivo-conductuales de segunda generación predominantes han partido de una concepción biomédica de las psicosis como enfermedad donde el modelo de vulnerabilidad-estrés (vulnerabilidad biogenética y cognitiva ante estresores ambientales) y las intervenciones tipo según las distintas fases de la enfermedad son claves (Esteve, Román, González, Frailey Gar, 2010; Travé y Pousa, 2012; Jakes, 2018).

La estructura de las intervenciones grupales se asemeja a las de la terapia individual y suelen tener los siguientes componentes (Smith, Nathan, Juniper, Kingsep y Lim, 2003):

**Módulo 1. Evaluación del tratamiento temprano:**
Se busca establecer una relación terapéutica adecuada, evaluar la actitud del sujeto hacia sus síntomas, su calidad de vida e introducir al paciente en el modelo de intervención.

**Módulo 2. Evaluación específica de síntomas:**
Se continúa fomentando una relación colaborativa adecuada, el modelo explicativo del propio paciente de sus síntomas, obtener medidas objetivas de los síntomas, especialmente de los delirios y alucinaciones, realizar un análisis funcional de estos síntomas y acordar con los pacientes los objetivos de la intervención.

**Módulo 3. Compromiso de tratamiento temprano:**
Se continúa fomentando una relación colaborativa adecuada, se refuerzan las estrategias de afrontamiento adecuadas y se trabaja la motivación mediante entrevistas e intervenciones motivacionales.

© Ediciones Pirámide

**Módulo 4. Psicoeducación:**

Se continúa fomentando una relación colaborativa adecuada, se les presenta información de la psicosis en función de su percepción y actitudes hacia la enfermedad usando el modelo de vulnerabilidad-estrés con el objetivo de reducir las cogniciones catastrofistas de tener psicosis y el malestar en forma de ansiedad y depresión que conlleva esto.

**Módulo 5. Terapia cognitiva para delirios:**

Se continúa fomentando una relación colaborativa adecuada, se le enseña cómo sus creencias y pensamientos influyen en sus sentimientos y su capacidad para hacer frente a su malestar, se exploran las evidencias a favor y en contra de sus creencias delirantes, se diseñan junto con el paciente experimentos personales para poner a prueba sus creencias delirantes y se le ayuda a buscar explicaciones alternativas a estos más saludables y equilibradas.

**Módulo 6. Terapia cognitiva para voces:**

Se continúa fomentando una relación colaborativa adecuada, facilitar a los pacientes la comprensión de cómo sus creencias y pensamientos en relación con sus voces influyen en sus sentimientos, estado de ánimo y afrontamiento, identificar de manera colaborativa sus creencias sobre voces/alucinaciones y explorar evidencias a favor y en contra para esas creencias y cómo influyen en sus sentimientos, estado de ánimo y afrontamiento, facilitar al paciente el diseño y la realización de experimentos de pruebas de realidad para recopilar información relacionada con las creencias sobre las voces y ayudar a los pacientes a generar explicaciones y pensamientos alternativos sobre las voces que sean saludables y equilibrados.

**Módulo 7. Entrenamiento de habilidades de comportamiento:**

Se continúa fomentando una relación colaborativa adecuada, desarrollar el repertorio de afrontamiento existente de los pacientes para mejorar la gestión de problemas actuales, aumentar la autoeficacia y reducir la angustia asociada (es decir, depresión y ansiedad) y enseñar habilidades conductuales apropiadas, incluyendo resolución de problemas, relajación, actividad, programación y el uso de jerarquías de comportamiento para exposición y tareas graduadas asignadas.

**Módulo 8. Terapia cognitiva para síntomas secundarios:**

Se continúa fomentando una relación colaborativa adecuada, ayudar al paciente a aplicar técnicas de terapia cognitiva a las creencias y pensamientos asociados con problemas secundarios (baja autoestima, depresión, ansiedad), facilitar al paciente a aumentar la conciencia de los estilos de pensamiento inútiles que están vinculados a experimentar dificultades secundarias, ayudar a los pacientes a generar explicaciones y pensamientos alternativos que sean útiles, saludables y equilibrados.

**Módulo 9. Planificación de autogestión:**

Se continúa fomentando una relación colaborativa adecuada, facilitar a los pacientes la identificación de signos de alerta temprana de episodios psicóticos, ayudar al paciente a desarrollar un plan de autogestión que se activará cuando comience a experimentar signos y síntomas de alerta temprana y revisar en colaboración el progreso de los pacientes desde el comienzo de la terapia hasta el presente, con sus cambios y ganancias reforzados.

**Módulo 10. Evaluación posterior al tratamiento:**

Se continúa fomentando una relación colaborativa adecuada, obtener medidas objetivas de los síntomas psicóticos, la calidad de vida y los efectos asociados. retroalimentar los resultados de la evaluación a pacientes individuales, proporcionando así información sobre cambios/mejoras durante el curso de la terapia.

Dada la diversidad de terapias grupales eficaces, y los datos controvertidos sobre la eficacia de la terapia cognitivo-conductual para la psicosis de segunda generación, se han propuesto varias alternativas, como la integración de la terapia cognitivo-conductual de segunda generación con modelos psicodinámicos (Garrett, 2019) con la pretensión de aumentar aún más su eficacia; la necesidad de ir un paso más allá del empirismo colaborativo, introduciendo en la terapias cognitivo-conductuales aspectos y variantes culturales específicos de la población a tratar (Phiri, Rathod, Carr y Kingdon, 2017) e incluso la revisión completa de las propuestas de segunda generación de las terapias cognitivo-conductuales por modelos de tercera generación (que le acercan aún más a la terapia de aceptación y compromiso), como es el caso de la llamada terapia cog-

© Ediciones Pirámide

nitiva centrada en la persona (Chadwich, 2009), donde se trabaja con los pacientes es la aceptación de sus experiencias desde un modelo colaborativo, usando la atención plena de manera importante, teniendo este enfoque una versión grupal.

Otra alternativa bien distinta es mover todas las terapias cognitivo-conductuales hacia un enfoque más funcional y contextual como se plantea desde la terapia de aceptación y compromiso (Hayes, Strosahl y Wilson, 2014), que pone énfasis en dejar de focalizar en la lucha y control de los síntomas (campo habitual de la TCC), focalizando la vida de la persona en función de sus valores o bien plantearla desde un enfoque basado en procesos, aunque conlleve una polémica importante en la definición de cuáles de los procesos comunes explican el cambio en cualquier modalidad de terapia (Hayes y Hoffman, 2018; Alonso-Vega, Núñez, Lee y Froján-Parga, 2019).

## 2. LA APLICACIÓN DE ACT Y DE LA ACT DE GRUPO A LAS EXPERIENCIAS PSICÓTICAS. BREVES REFERENCIAS HISTÓRICAS DE SUS NOVEDOSAS APORTACIONES

La tradición conductual asentada en la filosofía del conductismo radical de aplicación de intervenciones psicosociales a las psicosis tiene ya 70 años de historia y experiencia acumulada de su eficacia (Ayllon y Michael, 1959; Lindsley, 1956) y da sustento y continuidad tanto a las intervenciones conductuales más actuales de tradición skinneriana en la línea del análisis aplicado de la conducta (Alonso-Vega, Núñez, Lee y Froján-Parga, 2019), como a las postskinnerianas en la línea de ACT.

Hay que tener en cuenta un aspecto muy importante que a veces pasa desapercibido en muchas de estas aplicaciones y que después va a ser relevante en cómo se aplican las intervenciones cognitivo-conductuales (de las tres generaciones) a las personas con experiencias psicóticas:

**Niveles de cronicidad y deterioro funcional y tipo de terapia**

- Las personas con experiencias psicóticas más cronificadas, deterioro funcional mayor, con mayor historia de institucionalismo previo, suelen responder mejor a planteamientos de primera generación más operantes, más guiados y con elementos adicionales de entrenamiento en habilidades para la vida cotidiana y habilidades sociales, además del adecuado soporte de tipo sociolaboral y familiar. Es decir, el enfoque es más rehabilitador y de integración social cuanto mayor es la cronicidad y el deterioro de la persona.
- Las personas con experiencias psicóticas menos cronificadas y menor deterioro funcional pueden beneficiarse de los enfoques de segunda o tercera generación de terapias grupales, aunque ambos con propósitos bien distintos.

En realidad, las llamadas tres generaciones de terapias cognitivo-conductuales siguen vigentes, pujantes y en desarrollo, desde la primera generación asentada en los principios conductuales del condicionamiento clásico y operante con representación actualizada y en expansión mediante el llamado análisis clínico de la conducta (C. R. de Farías y cols., 2010), las llamadas terapias de segunda generación con las terapias cognitivo-conductuales herederas del conductismo metodológico, y las de tercera generación con una rama de versiones más conductuales (ACT, FAP, AC, DBT...) y otra más cognitiva (terapias cognitivas basadas en *mindfulness,* la compasión y la metacognición), obedeciendo la presentación por generaciones más en relación al marketing comercial que a la realidad, ya que ninguna versión sustituyó realmente a la anterior y todas están vigentes, con sus seguidores correspondientes.

La adecuación del tipo de intervención grupal al nivel de funcionalidad de las personas con experiencias psicóticas es una importante novedad que permite tanto trabajar con grupos más homogéneos, permitiendo la adecuación de los protocolos de intervención y aumentar aún más las posibilidades de que la terapia sea eficaz (Díaz-Garrido, Laffite y Zúñiga, en esta obra).

Respecto a la terapia de aceptación y compromiso aplicada a las experiencias psicóticas, la primera referencia de comprobación como terapia eficaz en psicosis, en este caso en formato individual, corresponde a Bach y Hayes (2002) y Pankey y Hayes (2003). Comprobaron que la aplicación de ACT a

© Ediciones Pirámide

pacientes psicóticos ingresados en unidades psiquiátricas de agudos (es decir, a pacientes sin alta cronicidad), usando adaptaciones de la ACT mediante metáforas y ejercicios experienciales enfocados a la defusión para dejar de luchar con las experiencias delusivas y alucinatorias mientras se activaban gradualmente hacia actividades valiosas para ellos, producía en tan solo 4 sesiones mejorías en la calidad de vida de estas personas en relación a aquello que les era valioso y menor índice de reingresos hospitalarios.

Un año después, Gaudiano (2004) trató de replicar este formato breve de 4 sesiones comprobando que no se replicaba, y que no había diferencias en cuanto a la disminución de los reingresos en comparación al tratamiento habitual, aunque sí mayor activación hacia actividades valiosas; lo que llevó al propio Gaudiano y cols. a refinar la ACT aplicada a psicosis (Gaudiano, 2006; Gaudiano y Herbert, 2006; Gauidiano, 2015; Gaudiano, Davis, Epstein-Lubow, Johnson, Mueser y Miller, 2017).

En esta serie de revisiones y comparaciones que realizaron Gaudiano y cols. comprobaron que las terapias cognitivo-conductuales de segunda generación enfocadas al manejo de síntomas delusivos y alucinatorios eran efectivas, tanto para reducir las rehospitalizaciones, los síntomas y las recaídas, pero que lo eran aún más las terapias cognitivas enfocadas a la aceptación desde el *mindfulness,* y en especial la ACT, que, junto a la aceptación, incluye la activación hacia lo valioso para la persona.

Otro meta-análisis es el de Bloy (2013), que incluye tanto terapias ACT individuales como grupales aplicadas a psicosis, concluye que ACT es efectiva en aumentar la flexibilidad psicológica y disminuir las rehospitalizaciones de las personas con estas experiencias. En esa revisión plantea la hipótesis de que los procesos de cambio que operan en ACT son la toma de distancia (defusión) de la persona con sus juicios de valor respecto a sus experiencias subjetivas y experiencias amenazantes, emociones de malestar y anomalías perceptivas, permitiéndoles centrarse en actividades valiosas en sus vidas.

Un estudio más reciente de meta-análisis es el de Tonarelly, Pasillas, Alvarado, Dwivedi y Cancelare (2016), que revisan 217 estudios de ACT aplicados a psicosis con resultados positivos en la reducción de síntomas negativos, pero no los positivos (que no son el objetivo de ACT, al promover su aceptación más que su control y eliminación) y la disminución de rehospitalizaciones.

Respecto a la comprobación de la eficacia de la ACT de grupo en psicosis, se parte de comprobar la eficacia de versiones manualizadas de varios formatos de intervención grupal, entre las que se encuentran de modo destacado las revisiones de tres manuales:

- *ACT for Life. Group Intervention for Psychosis Manual* (Oliver, Morris, Jhons y Birne, 2011). Realizado desde el contexto de la salud mental pública británica del hospital Maudlsey de Londres.
- *ACT for Psychosis Recovery. A Practical Manual for Group Based Interventions Using Acceptance y Commitment Therapy* (O'Donoghue, Morris, Oliver y Johns, 2018). Realizado igualmente en el contexto de la salud mental británica y que supone una mejoría respecto al anterior manual en cuanto a su eficacia y detección de componentes terapéuticos efectivos, siendo sin duda un manual de referencia obligado en la actualidad.
- *Acceptance and Commitment Therapy (ACT) for Psychosis: An 18 session group therapy protocol* (Pearson y Tingey, 2011). Desarrollado por el departamento de psiquiatría de la Universidad de Denver en Estados Unidos.

Una comparación somera entre los tres manuales evidencia que los dos manuales británicos (*ACT for Life* y *ACT for Recovery*) se estructuran en torno a 4 sesiones grupales (el de *ACT for Recovery* incluye además dos adicionales de seguimiento) y que parecen más enfocados en principio a personas con experiencias psicóticas que reciben atención clínica en unidades de agudos y con índices de deterioro funcional menor, especificando en el manual de 2011 que las personas idóneas para estos grupos serían jóvenes con experiencias psicóticas más recientes. En cambio, el manual norteamericano hace referencia a 18 sesiones y grupos de personas con experiencias psicóticas más cronificadas y limitantes.

En la estela británica de las cuatro sesiones de ACT grupales se encuentran otra serie de estudios que comprueban reiteradamente su eficacia como los realizados en la Universidad de Coimbra en Por-

© Ediciones Pirámide

tugal por Castilho, Margarida, Viegas, Carvalho, Madeira y Martins (2015), aplicado a pacientes psicóticos hospitalizados con síntomas paranoides que redujeron su sintomatología paranoide y su evitación experiencial en comparación con el tratamiento habitual que solo recibía psicofármacos. Igualmente, el protocolo de Butler, Johns, Byrne, O'Donoghue, Jolley, Morris y Oliver (2016), que anticipa el posterior de *ACT for Recovery* y que plantea un protocolo de 4 sesiones de 2 horas con dos de seguimiento en pacientes a los 2 meses, atendidos en servicios comunitarios, focalizando en los valores y las acciones comprometidas.

Existen varios manuales de terapias ACT de grupo en psicosis, publicados hasta la fecha, además de los tres referidos anteriormente, siendo por orden cronológico los siguientes:

— *Acceptance and Commitment Therapy and Mindfulness for Psychosis* (Morris, Jhons y Oliver, 2013). Este libro recoge las versiones más actualizadas de diversas terapias cognitivo-conductuales aplicadas a las psicosis (desde la ACT, la terapia metacognitiva, la terapia cognitiva centrada en la persona, etc.) y varias temáticas como teoría y manejo de las voces, primeros episodios, manejo de los delirios, etc. Contiene un capítulo dedicado a la terapia ACT de grupo estructurado en un protocolo de seis sesiones que tiene como base el uso de la Matrix de Kevin Polk (aún más desarrollada tras la publicación de este manual en 2014 y 2016). Presentamos una traducción de la Matrix en los Anexos al final de este capítulo (Ruiz, 2015).
— Otro manual es *Treating psychosis a clinician's guide to integrating acceptance & commitment therapy, compassion-focused therapy y mindfulness approaches within the cognitive behavioral therapy tradition* (Wright, Turkington, Kelly, Davies, Jacobs y Hopton, 2014), que contiene un capítulo de implementación de su protocolo en forma de terapia de grupo de solo tres páginas.
— También existe otro manual llamado *Incorporating acceptance and mindfulness into the treatment of psychosis current trends and future directions* (Gaudiano, 2015). Este manual no contiene ningún capítulo específico de terapia ACT de grupo. Se centra sobre todo en los cambios que han sucedido en la última década en las terapias cognitivo-conductuales, desde un modelo centrado en el control de los síntomas a otro basado en la aceptación y el *mindfulness.*

En español por el momento no existe ningún manual específico de terapia ACT de grupo en psicosis, aunque hay un manual de terapia de grupo ACT general, que contiene tres capítulos sobre la ACT aplicada a la psicosis y a los llamados trastornos mentales graves (Ruiz y cols., 2017).

La mayoría de los estudios de investigación, conceptualización y aplicaciones de la ACT en psicosis en el ámbito hispano-americano provienen del departamento de psicología de la Universidad de Almería en colaboración con la Universidad de Oviedo, teniendo como referentes a José Manuel García-Montes y Marino Pérez-Álvarez, respectivamente (García-Montes y Pérez-Álvarez, 2003; García-Montes, Luciano, Hernández y Zaldívar, 2004; García-Montes y Pérez-Álvarez, 2005; García-Montes y Pérez-Álvarez, 2006; Pérez-Álvarez y García-Montes, 2006; Pérez-Álvarez, Carmona, y García-Montes, 2010; García-Montes y Sass, 2010; García-Montes y Pérez-Álvarez, 2016). Estos dos autores, junto a otros colaboradores, han desarrollado, entre otros numerosos aportes, una conceptualización de la psicosis esquizofrénica alternativa al modelo biomédico, centrada en la experiencia fenomenológica de la persona en su contexto de vida, donde adquiere sentido y funcionalidad, y han perfilado y concretado los componentes centrales del trabajo de la ACT con personas con experiencias psicóticas.

Otros trabajos relevantes en lengua española sobre la aplicación de la ACT de grupo en psicosis se encuentran en la aplicación de la ACT grupal a pacientes y familiares de los mismos (Roldan, 2013; Roldán, Salazar, Garrido y Cuevas-Toro, 2015) desde los servicios públicos de la red de salud mental andaluza. Es de resaltar que este grupo de autores trabaja desde un hospital de día con personas con niveles importantes de cronicidad y que plantean sus talleres grupales como una combinación de ACT y entrenamiento en competencias (habilidades sociales, resolución de problemas, etc.), con formato de sesiones semanales de unos 15 familiares durante unas 20

© Ediciones Pirámide

sesiones de dos horas, y paralelamente con el mismo número de sesiones con las personas con experiencias psicóticas, consiguiendo una mayor flexibilidad psicológica en los «pacientes» y sus familiares y una reducción de los reingresos hospitalarios.

Otra referencia notable desde el ámbito hispanoparlante son los trabajos de Bolancel (2012), que combina ACT y psicodrama en un grupo de 12 pacientes con trastorno mental grave y deterioro funcional moderado que recibió seis sesiones de dos horas, usando un grupo de control que recibe tratamiento habitual ambulatorio, mejorando la reducción de la sintomatología, la reducción de la evitación experiencial y la activación hacia actividades valiosas.

Desde la comunidad terapéutica de la red de salud mental pública de Jaén (Servicio Andaluz de Salud), González y Navarro (2014) aplican un protocolo de ACT y entrenamiento en solución de problemas dirigido a un grupo abierto de 36 personas con variabilidad diagnóstica (esquizofrenia y trastornos graves de personalidad) durante nueve meses a razón de una sesión semanal de una hora, con resultados positivos con un 80% de los asistentes a las sesiones.

Respecto a los ensayos aleatorizados y randomizados que demuestran la eficacia de la ACT, tenemos las siguientes referencias: todos estos estudios demuestran que ACT reduce el impacto de los síntomas psicóticos en términos de credibilidad, impacto emocional e interrupción en el funcionamiento personal, así como las rehospitalizaciones.

| Autores | Intervenciones-tipo |
|---|---|
| Bach y Hayes (2002). | 4 sesiones de ACT individual. |
| Gaudiano y Herbert (2006). | Sesiones individuales de ACT, no especifican cuántas. |
| Shawyer, Farhall, Mackinnon, Trauer, Sims, Ratcliff, Larner, Thomas, Castle, Mullen y Copolov (2011). | Se comparó un formato de terapia cognitivo-conductual de 15 sesiones mejorada con componentes ACT y un grupo de *Brefriending* (conversaciones informales), con resultados positivos similares. |
| Salgado, Luciano y Gutiérrez (2013). | 7 sesiones de ACT, las dos primeras individuales y los 5 restantes grupales. |
| Tyberg, Carlbring y Lungren (2016). | La adición de solo 2 sesiones de promedio de ACT individual al tratamiento habitual fue eficaz. |
| Shawyer, Farhall, Thomas, Hayes, Gallop, Copolov y Castle (2017). | Adicción de ACT individual poco estructurada al tratamiento habitual en pacientes con escasa respuesta a psicofármacos con mejoras en síntomas positivos. |

Otros estudios de ACT (y *mindfulness*) aplicados a las experiencias psicóticas basadas en las evidencias y que demuestran su eficacia:

| Autores | Intervenciones-tipo |
|---|---|
| Pankey y Hayes (2003). | Caso único. |
| Jacobsen, Morris y Jhons (2010). | Terapia de grupo centrada en la atención plena. |
| Arroyo, Álvarez y De Rivas (2013). | Dos sesiones individuales y 4 grupales. |
| Khoury, Lecomte, Gaudiano y Paquin (2013). | Meta-análisis que indican que las intervenciones de atención plena son de ayuda con los síntomas negativos. |
| Johns, Oliver, Khondoker, Byrnc, Jolley, Wykes, Joseph, Butlerb, Craig y Morris (2015). | Formato de terapia grupal breve de 4 sesiones y dos de seguimiento. |
| Jhons, Jolley, Morris y Oliver (2015). | Formato de terapia grupal breve de 4 sesiones y dos de seguimiento. |
| Cramer, Lauche, Haller, Langhorst y Dobos (2016). | Revisión de meta-análisis de varios estudios que indican la recomendación de *mindfulness* y ACT en psicosis. |
| Tyrberg, Carlbring y Lundgren (2016). | Agregar al menos dos sesiones de ACT al tratamiento habitual redujo las rehospitalizaciones y aumentó la activación hacia valores. |
| Valderrama, Rodríguez y González (2016). | La aplicación grupal de *mindfulness* y relajación puede ser eficaz. |

© Ediciones Pirámide

| Autores-Año | Intervenciones-tipo |
|---|---|
| Louise, Fitzpatrick, Strauss, Rossell y Thomas (2017). | Meta-análisis que demuestra los beneficios de las intervenciones ACT individuales y grupales. |
| Spidel, Daigneault, Kealy y Lecomte (2018). | La ACT en grupo es efectiva para personas con experiencias psicóticas y antecedentes traumáticos. |
| Reininghau, Klippel, Steinhart, Vaessen, Van Nierop, Viechtbauer, Batink, Kasanova, Van Aubel, Van Winkel, Marcelis, Van Amelsvoort, Van der Gaag, De Haan y Myin-Germey (2019). | Las intervenciones ACT mejoran el funcionamiento en la vida diaria de las personas con alto riesgo de psicosis y en las intervenciones en los primeros episodios. |

## 3. LA CONCEPCIÓN CONDUCTUAL-CONTEXTUAL DE LAS EXPERIENCIAS PSICÓTICAS. LA PERSONA EN EL CONTEXTO DE SU VIDA QUE NO EN UNA SUPUESTA ENFERMEDAD MENTAL

En los últimos 30 años las intervenciones psicológicas se han transformado radicalmente debido a una serie de cambios relevantes en cómo se entiende la psicosis y cómo intervenir en ella, aunque esta nueva concepción sigue rivalizando con el aún imperante modelo biomédico de las psicosis. Resumidamente representamos estos cambios con los siguientes hitos.

### Los tres hitos del cambio en cómo entender e intervenir con las experiencias psicóticas

1. Pasar de concebir la psicosis esquizofrénica como enfermedad mental derivada de una anomalía cerebro-químico-genética a concebirla como experiencia personal aprendida en contextos socioculturales con afectación cerebral y epigenética (González y Pérez-Álvarez, 2007; Cooke, 2014).
2. Pasar de focalizar la terapia como una lucha para controlar o disminuir el síntoma que interfiere en la funcionalidad personal a la aceptación del síntoma en el contexto de un horizonte personal valioso comprometido, así como a la necesidad de dar sentido personal a sus experiencias subjetivas (García-Montes y Pérez-Álvarez, 2003; Pérez-Álvarez y García-Montes, 2006; Pérez-Álvarez, García-Montes y Sass, 2010).
3. Pasar de entender la intervención psicológica como coadyuvante y secundaria a los psicofármacos a entenderla como aspecto prioritario para atender estas experiencias.

Estos cambios han ido de la mano paralelamente del desarrollo de la llamada «psiquiatría crítica o no convencional», que cuestiona el modelo biomédico imperante, dando más relevancia a las perspectivas psicosociales, el cuestionamiento del sistema diagnóstico como construcción arbitraria interesada, el cuestionamiento de la intervención psicofarmacológica como supuesta restauración de mecanismos cerebrales averiados y un mayor énfasis en la validación y normalización de las experiencias psicóticas más que como síntomas de una supuesta enfermedad (Moncrieff, 2013; Ortiz, 2013; Ruiz y Ruiz, 2017).

## 4. ASPECTOS ESENCIALES DE LA ACT DE GRUPO CON PERSONAS CON EXPERIENCIAS PSICÓTICAS

En este aspecto la exposición de los componentes centrales de la ACT de grupo expuestos por Morris (2015) y O'Donoghue, Morris, Oliver y Johns (2018) es la más clara y pertinente en la actualidad. Junto a la novedad de adaptar el tipo de intervención de ACT grupal al nivel de funcionalidad, nos permite refinar protocolos flexibles a esos niveles, que detallamos en páginas siguientes.

### Compomentes y aspectos esenciales de la ACT de grupo con personas con experiencias psicóticas

*A) Cómo presentar la ACT de grupo a los participantes y la institución donde trabajamos (justificación de la ACT de grupo)*

1. Se presenta como talleres de apoyo para la recuperación personal.

2. Diseñado para llegar a aquellas personas que no participarían en la terapia psicológica.
3. Participan coterapeutas o facilitadores en las sesiones.
4. Se usan metáforas que permiten a los participantes en las sesiones de grupo interactuar entre ellos y que pueden utilizarse en formato grupal (la metáfora del autobús suele usarse a lo largo de todas las sesiones como hilo conductor).
5. Se presta atención a las respuestas y reacciones de los compañeros del grupo para aprender de ellos.
6. Suele ser más sencillo, inicialmente, observar cómo otros se enganchan a sus pasajeros (fusiones cognitivas de control verbal).
7. Hacer compromisos de acciones valiosas en presencia de los compañeros del grupo puede aumentar las posibilidades de llevarlas a cabo.
8. El ejemplo de los compañeros que se abren a sus experiencias presentes y se disponen a actuar en direcciones valiosas ante las mismas es un ejemplo poderoso para todos.
9. La presencia de compañeros que se relacionan con experiencias psicóticas de malestar reduce el estigma y aumenta la autocompasión, notando que no son ellos solos los que tratan de apañárselas con estas experiencias.
10. Buscamos a través de estas experiencias grupales: aumentar la flexibilidad de los participantes en sus contextos de vida en el sentido de que elijan una serie de comportamientos efectivos para lo que valoran en sus vidas, aun en presencia de esas experiencias subjetivas (los pasajeros del autobús).
11. Presentar la ACT en el lenguaje más sencillo posible, evitando la jerga psicológica.

*B*) *Cómo trabajar en las sesiones grupales con distintos aspectos de la flexibilidad psicológica*

1. Con la atención plena (conexión al presente, *mindfulness*):

— Entrene la conciencia del momento presente indicando la observación en ejercicios de no más de 5 minutos con los ojos cerrados de las experiencias que se experimentan en la sesión.
— Utilice para desenredarse de las experiencias y momentos difíciles (pasajeros), notando la diferencia entre lo que dicen sus mentes y lo que experimentan aquí y ahora en sus cinco sentidos.
— También utilice para experimentar y notar en este momento presente que más allá de lo que dicen sus mentes (pasajeros), está aquí y ahora una persona que desea hacer su vida más valiosa (él o ella es el conductor del autobús).
— Se suelen presentar al inicio de las sesiones usando varios sentidos con ejercicios breves de moverse por la habitación, sentarse y después alimentarse conscientemente, caminar consciente, notar algo hermoso o divertido, siendo claro en que no hay una forma correcta de hacer esto y reforzando al final todo tipo de experiencia notada en el mismo.
— Promueva que estar presente es algo que hacemos, compartiendo lo que han notado y reforzando esa opción y después que se puedan intercambiar entre ellos esto mismo.
— Fomente durante la atención plena el estar abierto y consciente mientras están activos.

• Ayude a los participantes a notar sus experiencias reales (sensaciones, pensamientos, emociones) mientras participa en valores (objetivos y cualidades generales de acción).
• Anime a los participantes a observar y describir sus experiencias al realizar acciones.
• Especialmente aquellas asociadas con la satisfacción de participar en una dirección significativa.
• Esto puede aumentar el refuerzo intrínseco y ayudar a la participación.

*Métodos:* dividirse en pequeños grupos: usar la descripción del participante, ralentizar lo que se experimenta y apreciarlo, ejer-

© Ediciones Pirámide

cicios de imaginación, los facilitadores (coterapeutas) prestan atención a notar cambios en postura en la sesión, etc.

2. Tomar conciencia de los comportamientos de seguridad (las estrategias de evitación experiencial) y diferenciarlas del modo de actuar valioso:

   — Se comparte en el grupo qué hacen, cuándo, para qué (análisis funcional) cuando experimentan angustia (se presentan ciertos pasajeros) y si terminan resistiéndose o comparando sus pensamientos ansiosos (o sea, si se pelean, obedecen sus voces, pensamientos en forma de pasajeros, etc.). Tanto la lucha como la obediencia a los pasajeros que nos apartan del camino valioso se le llama «modo de actuar seguro que lleva al autobús al viejo camino conocido de antes», que se va diferenciando (discriminando gradualmente) de otra forma de funcionar llamada «modo de actuar valioso», que conlleva estar presentes en las situaciones sociales (incluyendo las del grupo), trayendo aceptación y compasión a los momentos difíciles, poniendo distancia con las preocupaciones (pasajeros) y poniéndose en contacto con sus metas y valores (dirección valiosa).

3. Identificando valores:

   — El/la terapeuta debe esperar con frecuencia que los participantes en el grupo no sepan identificar sus valores o estén más bien luchando contra ellos al estar atrapados en evitar experiencias subjetivas desagradables.
   — En esos casos de dificultad al detectar los valores, hacerles preguntas del siguiente estilo: «Si este taller llegara a ser algo importante para ti, ¿cómo sería o imaginas eso?». «Si este grupo llegara a ser algo importante para ti, y durante el mismo hicieras cambios en tu vida importantes, ¿qué imaginas que lograrías tras acabarlo?». «Piensa en momentos en los que tu vida tenía valor para ti y te sentiste abierto o comprometido». También suele ser útil validar la angustia relacionada con el contacto con los valores, ya que suele traer aparejadas autocríticas por lo que no se hizo, etc.

4. Con las acciones basadas en valores (los compromisos):

   — Se trata de aclarar los valores de los participantes, la dirección del autobús de sus vidas que desean llevar, usando sus metas cuando las verbalizan, para preguntarles lo valioso e importante que ven en ellas, la vida que desean, etc.
   — En cada sesión desde sus valores se les estimula a proponerse una actividad semanal en esa dirección valiosa y si es posible también diariamente (dirección valiosa del conductor del autobús que es él/ella).

5. Con la defusión cognitiva:

   — Una estrategia muy usada en los grupos es usar pósits de papel donde se pegan al cuerpo de los miembros del grupo los pasajeros que se van identificando, escribiéndolos en formas de notas en los mismos. Después en grupo se puede representar cómo se las apañan con ellos, haciéndoles representarlo ante sus compañeros y se modelan formas alternativas de conducir el autobús en su presencia.

### *C) Cómo usar la dinámica grupal global y presentar las estrategias centrales de trabajo en las sesiones*

1. Usted como terapeuta se presenta como modelo de habilidades abiertas, conscientes y activas:

   Aproveche las oportunidades para modelar:

   **Participante:** «Me sentí realmente mal durante el ejercicio de atención plena. Tuve mucha ansiedad durante toda la semana».

© Ediciones Pirámide

**Entrenador:** «Cuando dices esto, noto que mi mente engañosa se acelera, empujándome rápidamente a hacer algo para ayudar con esas ansiedades». Y me dice algo así: «Rápidamente, deshazte de esos pasajeros».

2. A lo largo de todas las sesiones tenga en cuenta y esté alerta que tanto usted, los facilitadores y los miembros del grupo se van a enganchar a los pasajeros del autobús:

   **Participante:** «No se me da bien hacer esto de la atención plena. Simplemente no puedo sentarme quieto. Y esto me pasa con otras cosas, soy muy inquieto».
   **Entrenador:** «Sí, yo tuve un conjunto similar de pasajeros. Seguí pensando "No puedo". Solo me senté aquí sin hacer nada durante media hora y lo hice, resulta que todavía puedo hacer los ejercicios algunas veces».

3. Cómo es conveniente que presente y use las metáforas como terapeuta (sobre todo la del autobús):

   — Contar la historia.
   — Usar dibujos animados, imágenes o vídeos.
   — Fisicalizar y representar la metáfora.
   — Como un eje central para el grupo a través de todas las sesiones.
   — Las diferentes experiencias pueden ser funcionalmente similares.
   — Evite el «abuso de metáforas». ¡Puedes cargar sesiones con demasiadas metáforas!
   En nuestra experiencia, es mejor usar uno o dos cada vez.
   — Centrarse en lo que la sesión está al servicio de... sus acciones valiosas.
   — Proceso experimental de cambio en lugar de dar sentido.
   — ACT trata de promover comportamientos basados en valores en lugar de «Resolver las cosas».
   — Usar los pasajeros en el autobús como metáfora central de referencia habitual en todas las sesiones.
   — Identificar la dirección valiosa.
   — Los pasajeros son los pensamientos, sensaciones y sentimientos incómodos.
   — Practicar abrirse a los pasajeros:

     - Notar a los pasajeros, lo que dicen, cómo se ven, cuándo se ponen ruidosos, exigentes, al mando.
     - Notar la frecuencia de caer en luchar con los pasajeros.
     - «Agregar» formas alternativas de estar con los pasajeros.
     - Hacer espacio: invitándolos a lo largo del paseo, darse cuenta sin necesariamente comprometerse con ellos.
     - Observar oportunidades para basar acciones en valores, en lugar de lo que quieren los pasajeros.

   — Usar animaciones y vídeos que desarrollen esta metáfora central.

4. Cómo trabajar con las experiencias personales y material de trabajo que comparten los participantes del grupo:

   — Encuentre un equilibrio entre ser respetuoso con lo que aportan los miembros del grupo y mantenerse activo como terapeuta con las actividades de ACT.
   — Use su propia experiencia personal auténtica primero.
   — Siempre practique la bondad y el no juzgar.
   — Enfatice la naturaleza compartida de los pensamientos negativos y emociones angustiantes (todos estamos nadando en la misma sopa verbal).
   — Dé opciones a la hora de proteger la confidencialidad de los participantes.
   — Mantenga grupos pequeños.

5. Cómo trabajar la dinámica del grupo mediante las interacciones o relaciones entre los participantes:

   — Formación grupal —a través de un propósito común (destacado por los facilitadores)—, compartiendo, participando en la cultura grupal.

© Ediciones Pirámide

— Cohesión grupal: fomentada por el intercambio de experiencias y acciones basadas en valores como objetivos comunes. Conexión fortalecida pasando por experiencias similares (con los ejercicios) y lenguaje (por ejemplo, «mis pasajeros»).

6. Cómo usar la autorrevelación personal del terapeuta y facilitadores (coterapeutas) con habilidad y prudencia:

   — Compartir experiencias personales como un medio de promover el grupo conectando a un nivel auténtico y emocional (vulnerabilidad) y pregunte: ¿para quién sirve esto?

   Dos caminos para hacerlo:

   — Comparta lo que estés experimentando actualmente.
   — Comparta ejemplos de su vida personal.

## 5. LA IMPORTANCIA DE SELECCIONAR LOS CANDIDATOS PARA LA ACT DE GRUPO CON UN NIVEL DE FUNCIONAMIENTO VITAL SIMILAR RESPECTO A SUS EXPERIENCIAS PSICÓTICAS

La novedad de este manual que tiene el lector ahora a su vista y lectura está en adaptar las intervenciones contextuales al nivel de deterioro cognitivo y funcionalidad de las personas que presentan experiencias psicóticas (capítulos 6 y 7). Para ello se utilizan los siguientes procedimientos de evaluación:

**Entrevista clínica funcional y el Cuestionario para la evaluación de la discapacidad WHODAS 2.0 de la OMS y el Protocolo de breve de valoración cognitiva propuesto por el equipo de J. D. Barroso en esta misma obra**

Y con los siguientes niveles de afectación en su funcionalidad personal y relaciona:

— Nivel 1. Sin deterioro funcional.
— Nivel 2. Con deterioro funcional leve.
— Nivel 3. Con deterioro funcional intermedio.
— Nivel 4. Con deterioro funcional grave.

Un grupo es el de las personas con niveles de deterioro más grave, que necesitarán un soporte institucional que focalice las intervenciones en la rehabilitación psicosocial y funcional en habilidades más básicas (como aprender a asearse, usar utensilios cotidianos, uso del dinero y la compra, etc.), un mayor soporte dirigido a la atención familiar y su sobrecarga emocional como cuidadores potenciales y programas de tipo sociolaboral más estructurados y asesorados por monitores sociales, así como una red de pisos o centros de día o estancia supervisados. En estos casos la intervención propia de la ACT grupal será secundaria y solo pertinente cuando se haya logrado una recuperación funcional previa suficiente. En estos casos las intervenciones psicosociales con las personas con experiencias psicóticas estarán más dirigidas al entrenamiento en habilidades de resolución de problemas diarios y de entrenamiento en habilidades sociales de manera prioritaria, y la atención con un enfoque más de ACT grupal hacia su entorno familiar o de cuidadores (que pueden ser los mismos monitores también) para que este entorno sea más validante y tolerante con las conductas de estas personas y además no se «quemen» en su cuidado abandonando en exceso sus propios intereses y proyectos valorados en la vida. En estos casos las intervenciones pueden prolongarse por uno o dos años, e incluso más tiempo. Es decir, se trabaja desde el nivel 4 de deterioro funcional.

Una vez logrado un nivel funcionalidad, se puede actuar desde ACT grupal con ellos y sus familiares en una línea similar a la expuesta por Roldán (2013) y Roldán, Salazar, Garrido y Cuevas-Toro (2015). En estos casos estamos hablando del nivel 3 de deterioro funcional. La ACT grupal se asemeja al formato norteamericano expuesto por Pearson y Tingey (2011) de 18 sesiones desde su propuesta de *Acceptance and Commitment Therapy (ACT) for Psychosis: An 18 Session Group Therapy Protocol.*

Un tercer grupo son los de aquellas personas con niveles de deterioro leves (nivel 2 de deterioro funcional), que no necesiten de un soporte continuo de atención y asesoramiento, pero que sin embargo,

© Ediciones Pirámide

debido a las condiciones previas de su vida y/o su historia relacional o institucional anterior, presentan un nivel intermedio de funcionalidad psicosocial. En estos casos (como en todos), además de trabajar con su entorno familiar y los programas de inserción sociolaboral el planteamiento de la ACT grupal, igualmente se asemeja más al formato norteamericano expuesto por Pearson y Tingey (2011) de 18 sesiones desde su propuesta de *Acceptance and Commitment Therapy (ACT) for Psychosis: An 18 Session Group Therapy Protocol,* y quizá con menos sesiones aún (unas 10-12 para este nivel 2, en vez de las 18 para el nivel 3 anterior).

Y un cuarto grupo es el de personas con experiencias psicóticas sin niveles de afectación funcional (nivel 1 de deterioro funcional), que además de requerir de los programas comunitarios de atención sociofamiliar y de reinserción laboral, se pueden beneficiar del formato de la ACT grupal más breve en la línea de O'Donoghue, Morris, Oliver y Johns, 2018 y su «ACT for Recovery».

También hay que anotar que el uso de psicofármacos en determinados momentos de la experiencia psicótica y los ingresos hospitalarios puntuales no debe estar reñido con la intervención de la ACT grupal cuando se presentan situaciones extremas que ponen en peligro a estas personas o a sus allegados o bien cuando la comunicación con ellas es del todo imposible. Siempre tenemos en mente la calidad de vida de estas personas y de quienes conviven con ellos.

Sin embargo, mantener la prescripción farmacológica como única intervención, forzarla cuando la persona vuelve a estar capacitada para consentirla o no, suele ser contraproducente y no ir en la línea de la calidad de vida de estas personas, y aún menos de hacerlas sentir protagonistas de sus vidas por mantenerlas en estados de «zombis ambulantes».

## 5.1. La ACT de grupo en personas con niveles de deterioro de su funcionalidad intermedios a leves. Protocolos generales flexibles

Basado y adaptado a partir del original en: Pearson, A. N. y Tingey, R. (2011). *Acceptance and Commitment Therapy (ACT) for Psychosis: An 18 Session Group Therapy Protocol.*

El protocolo incluye seis secciones, cada una basada en uno de los seis procesos centrales de ACT. Sesiones semanal o diaria, según dispositivo de 1,5 a 2 horas con descansos de 30 minutos. Suele trabajarse con ayuda de facilitadores o coterapeutas. Grupos de 6-8 personas con experiencias psicóticas. Se suelen aplicar por un lado a las personas con experiencias psicóticas y por otro a sus cuidadores o familiares en grupos independientes.

### Sesiones 1-3. Aprender a estar presente. Cómo sentirse en el aquí y ahora (conexión al presente)

*Objetivos:* aprender a estar presente para notar estrategias de control, estrategias de evasión, valores y objetivos.

*Sesión 1. Notar lo que está fuera: el mundo, tú y yo.* Durante esta sesión y las siguientes se puede usar un timbre/campana como estímulo condicionado que se les dirá es para traer la atención al aquí y ahora y por qué esto es importante usando los cinco sentidos (historia de andar por la calle atento al tráfico vs. distraído). Se realizan ejercicios sencillos de atención plena como andar por la habitación observando al menos tres cosas que se ven, se oyen o sienten y se comparte en el grupo.

*Sesión 2. Darse cuenta de lo que hay dentro: pensamientos, sentimientos y sensaciones físicas.* Podemos comenzar la sesión usando la campana y a continuación entregarles una bolsa o sobre con 3 tarjetas con frases incompletas donde pone «Tengo el pensamiento de... Tengo la sensación de... Tengo la voz que me dice...», que se les pide rellenar y guardar en sus sobres. Después se hacen rondas para ver quién desea compartir estas experiencias. Se realiza con sus notas el ejercicio de «Estoy teniendo el pensamiento... la sensación... la voz de...», que lo escriban en el reverso de esas hojas. Se vuelve a compartir lo que notan aquí y ahora con esto.

*Sesión 3. ¿Por qué no puedo estar aquí?, notando lo que distrae.* Se comienza a discriminar las diferencias entre las experiencias internas y cómo podemos reaccionar a ellas. Se introduce la sesión diciendo que vamos a trabajar con aquello que nos distrae de estar presentes en la sesión. Comenzamos con la campana/timbre y pedir que recuerden la sesión anterior, en especial con las bolsas/sobres. Seguimos

© Ediciones Pirámide

con ejercicios breves donde se les instruye a observar su respiración sin intervenir en ella, y notar aquí y ahora que les distrae de esto. Se les dan unos minutos (podemos usar la campana/timbre) y se les pide compartir la experiencia de aquello que les distrae, recordando si se asemeja a lo que escribieron en sus tarjetas. El terapeuta puede hacer rondas con preguntas del estilo: «¿quién está ahora más distraído por un pensamiento/sensación/voz...?». Podemos usar de nuevo sobres y tarjetas para tomar nota. Se continúa con metáfora del fuego en la habitación.

### Sesiones 4-6. Desactivar el ruido. Vivir con pensamientos y voces (defusión cognitiva)

*Sesión 4. Conociendo la mente: el copiloto.* Nos movemos con la campana por la habitación y recordamos el propósito de estar presentes. Les pedimos que nos compartan qué piensan o sienten al verla y oírla. Después se introduce la idea de la mente/cuerpo como productora de pensamientos y sentimientos y se les pide que digan y compartan de qué parte de su cuerpo o mente provienen esos pensamientos y si alguno tiene la sensación de que le ponen una voz desde fuera en su cabeza, y si podemos elegir qué pensar o es automático. Introducir la metáfora del piloto con su copiloto o piloto automático con sus ventajas e inconvenientes. Se puede representar por parejas. Compartir la experiencia.

*Sesión 5. Experiencias y pensamientos.* Se les pide comer algo sencillo en la sesión (pasas, caramelos, fruta, chocolate, galletas) y se usan tarjetas donde anotan lo que dice su copiloto cuando ve esos alimentos, antes de probarlos. Se recuerda la anterior sesión y se usa la campana. Después lo huelen, y saborean y anotan en los reversos sus experiencias y si hay diferencias y lo guardan en su bolsa/sobre. Se comparte la experiencia preguntando de dónde pudo venir ese copiloto (familia, sociedad, etc.).

*Sesión 6. Entrenando a su copiloto.* Se usa la campana y se repasa la anterior sesión. Se les dice que el copiloto suele ir en automático, por ejemplo si decimos A, B, C, qué letra va después... o cantamos en voz alta una canción (barquito chiquitito, cumpleaños feliz, etc.). Introducimos que esto muchas veces es desagradable, por ejemplo por cosas desagradables que nos dijeron de niños. Compartir quien desea hablar de esto. Representar con dos sillas escena de piloto y copiloto con voluntarios... el piloto elige un destino y toma los mandos, el copiloto molesta con sus voces... qué hacen, si consiguen echarlo, etc. Compartir cómo se dio el viaje, qué observaron los demás.

### Sesiones 7-9. Aceptación. Identificación y abandono de la lucha (aceptación)

*Sesión 7. Pensamientos no deseados.* Buscamos que sean más conscientes de sus pensamientos y voces desagradables (alucinaciones), de lo infructuoso de luchar con ellos (desesperanza creativa) y de la alternativa de la aceptación. Campana y repaso sesión anterior. Compartir cómo intentaron deshacerse la semana pasada de sus copilotos o pasajeros desagradables y si lo quitaron por completo. Se puede anotar en las tarjetas/sobres. Que coloquen esas tarjetas a sus pies, distantes y qué podrían hacer si toman distancia con ellas. Compartir la experiencia.

*Sesión 8. Sentimientos no deseados.* Se usa una secuencia similar a la de la sesión anterior, anotando en las tarjetas los sentimientos no deseados.

*Sesión 9. Dejar caer la cuerda: disposición.* Campana y repaso de la sesión anterior. Representar la metáfora de la lucha con el monstruo, dibujando en el suelo un círculo grande donde pueden caer al forcejear (siguiendo lo que dice su copiloto). Hacer que todos participen por parejas... Soltar la cuerda. Compartir la experiencia en el grupo. Anotar en las tarjetas/sobres a qué lleva la lucha y por detrás a qué lleva soltar la cuerda...

### Sesiones 10-12. Definiendo quién soy yo. El yo como contenido, proceso y contexto (yo contexto)

*Sesión 10. Soy la persona que...* Buscamos que sean conscientes de sus perspectivas personales y de cómo se ha construido una historia de contenidos que dicen cómo son, que limita sus posibilidades personales y cómo tomar distancia con esto. Uso de la campana y bolsas/tarjetas y recuerdo de la anterior sesión. Anotar en tres tarjetas: «Me gusta/No me gusta... Soy un/no soy un... solía ser/quiero ser un...». Compartir esto en el grupo y preguntarles quién se da cuenta de que su copiloto dice que él/ella le gusta/no le gusta... dice que es/no es... solía

© Ediciones Pirámide

ser/quiere ser...» y decirles que ese que se da cuenta es su yo observador... y el que dice lo otro (su copiloto) el yo contenido, compartiendo quién nota esa diferencia. Se pueden usar ejercicios adicionales para ver la diferencia entre observador y contenidos.

*Sesión 11. ¿Quién es el «tú» que se da cuenta?* Se repite una secuencia similar a la anterior, usando esta vez una pizarra a la vista de todos donde se escribe: «1) ¿Qué haces durante el día?; 2) ¿Cuál es tu comida o actividad favorita?; 3) ¿Qué no te gusta?; 4) ¿Con quién andas?, y 5) ¿Qué es lo próximo que esperar hacer que te interesa?». Se representan escenas con esas preguntas (escenificando esa actividad), pidiéndoles que digan qué sienten y piensan mientras la están haciendo y quién se da cuenta de ello. Se les devuelve la diferencia entre lo que notan y dicen cómo son (copiloto, yo contenido) y el que se da cuenta (piloto, yo observador).

*Sesión 12. La constante «usted».* Se inicia una secuencia similar con campana, sobre/bolsa y recordatorio de sesión anterior. Se le plantean al grupo varios ejercicios:

1. Crear una imagen de la infancia, con o sin ayuda de una foto, y ver qué dice la mente de cómo eras tú, hacerlo muy despacio, viendo su aspecto, qué hacía, qué evitaba, etc., qué dice tu mente de cómo eras, y qué dice ahora de cómo eres, preguntando si eso lo dice el copiloto (yo contenido) y quién nota eso (su yo observador).
2. Hacer ejercicio de pasar la cámara de su vida hacia atrás en el tiempo a mucha velocidad, parar de golpe y ver qué observan, haciendo notar la diferencia entre lo que dice el copiloto y su yo observador.
3. Usar otros ejercicios espaciotemporales hacia el pasado o futuro similares (por ejemplo, encuentro consigo mismo más sabio/a en el futuro que le aconseja, etc.).

**Sesiones 13-15. Aclarando valores y objetivos. Autonomía y dirección significativa en la recuperación**

*Sesión 13. ¿Dónde quiero volar?* Usamos la campana y la pizarra a la vista de todos. Se realiza un ejercicio donde se entrevista a los pasajeros de su avión, a dónde les gustaría viajar, para que el piloto le lleve a esos destinos. Estos son los pasajeros que quieren viajar a un destino que les importa. Lo anotamos en la pizarra con el encabezado «Pasajeros que quieren viajar». Pero también hay otros en el avión que nos dicen que no podemos hacerlo, que no deberíamos hacerlo o que somos incapaces de hacerlo, lo ponemos en otro encabezado de la pizarra como «Pasajeros de las barreras». Después pedir a los miembros del grupo qué cosas les gustaría hacer en sus vidas que son importantes para ellos (los pasajeros que quieren viajar) y quiénes les han dicho en su vida que no lo deben hacer, que son incapaces (los pasajeros barreras) y anotar en ambas columnas qué desean y quién y qué le dicen que no, etc. Diga que está también el piloto del avión, que, tras escuchar a ambos tipos de pasajeros, puede tomar una decisión: ¿qué decisión tomareis vosotros como pilotos? Compartir en grupo todo esto.

*Sesión 14. Definiendo mi próximo destino.* Se plantea de nuevo el uso de la pizarra y se divide en áreas (cuidado físico, relaciones familiares, amistad, ocupación, ocio, etc.) y se les plantea adónde les gustaría viajar en esos aspectos y qué dicen los pasajeros barreras críticos y si esta misma semana están dispuestos a viajar en esas direcciones, a pesar de llevar dentro esos pasajeros barreras y críticos, concretando acciones a llevar a cabo.

*Sesión 15. Explorando nuevos terrenos.* Uso del timbre. Toda la sesión se utiliza para compartir las experiencias de haber llevado a cabo las acciones valiosas previas y si les ha acercado más a la vida que les importa y valoran. Preguntarles si desean felicitarse por esos progresos y, si es el caso, hacerlo así.

**Sesiones 16-18. Comprometerse con un curso de acción. La vida valiosa y sus barreras**

*Sesión 16. Turbulencia en el vuelo: ¿qué hace que un vuelo sea complicado?* Toda la sesión se plantea sobre cómo identificar las barreras que les han aparecido mientras se proponían o hacían lo que les importaba y valoraban. Se usa el timbre de nuevo y hojas de objetivos valiosos y barreras internas (pensamientos, sentimientos) y externas (opiniones y presiones de otros). Se utilizan ejercicios adicionales como:

1. Compartir qué no hicieron que era valioso para ellos escuchando sus pensamientos, sentimientos y sensaciones al respecto,

como razones, que precisamente serán las barreras (pasajeros/copilotos/barreras del vuelo), y si están dispuestos a tomar la decisión como pilotos de viajar con esto hacia lo que les importa, usando por ejemplo una escala subjetiva de 0 a 10 de disposición.

2. Proponer entre semana para revisar en próxima sesión una actividad valiosa y si aparecen barreras internas y externas (por ejemplo, usando un registro).

*Sesión 17. Voluntad en acción.* En esta sesión se enseña el concepto de «voluntad» como forma de actuar en dirección valiosa incluso en presencia de las barreras. Se le pregunta al grupo si están dispuestos a volar en una dirección valiosa incluso en presencia de turbulencias. Se pueden escenificar por parejas el piloto y las barreras o turbulencias, y hacer repetir al piloto, si se ve necesario, «ahora estoy teniendo el pensamiento, la sensación, el sentimiento de tal... pero voy a seguir adelante hacia X, que me importa», sin entrar a discutir con esa barrera o dar razones contrarias que bloquean el viaje o la retardan.

*Sesión 18. Comprometidos con una ruta valiosa.* Profundizar aún más en sus compromisos y hacerlo ante sus compañeros del grupo. Utilizamos la campana y la pizarra, además de la hoja de «Compromiso con un camino valioso». Esa hoja contiene el compromiso y los objetivos a corto y largo plazo que se rellenan y comparten en el grupo, así como la disposición a llevarla a cabo (0-10) y qué le ayudaría a llevarlo a cabo. Se les agradece su colaboración, compartir sus progresos y se cierra el taller.

## 5.2. La ACT de grupo en personas con niveles de deterioro muy leves a ausentes. Protocolos generales flexibles

Basado y adaptado a partir del original en: O'Donoghue, E., Morris, E., Oliver, J. y Johns, L. (2018). *ACT for psychosis recovery. A practical manual for group-based interventions using acceptance y commitment therapy.*

Sesiones semanal o diaria, según dispositivo de 1,5 a 2 horas, con descansos de 30 minutos. Suele trabajarse con ayuda de facilitadores o coterapeutas. Grupos de 6-8 personas con experiencias psicóticas. Se suelen aplicar por un lado a las personas con experiencias psicóticas y por otro a sus cuidadores o familiares en grupos independientes

### Sesión n.º 1. Presentación. aceptación, valores y acciones comprometidas

1. **Cronograma de la sesión.** Bienvenida e introducción (10 minutos) → Introducir valores activamente (20 minutos) → Presentar la metáfora del autobús con sus pasajeros (25 minutos) → Ejercicio de atención plena (25 minutos) → Clausura de la sesión (10 minutos).
2. **Material necesario para la sesión:** pizarra, papel y bolígrafos, rotuladores, rotafolio (pizarra con patas).
3. **Secuencia:**

— *Bienvenida.* Se presenta el grupo como un taller, resaltando sus principales objetivos en el rotafolio. Se explica que la sesión durará aproximadamente hora y media, con un breve descanso intermedio. Los facilitadores y terapeuta se presentan y escriben sus nombres también en el rotafolio. Preguntar a los participantes si desean usar tarjetas de identificación visibles. Se enfatiza que los talleres son de entrenamiento en habilidades, como ejercicios a practicar, que se compartirá en el grupo cómo les funciona a ellos (no se habla de terapia). Los temas personales, si surgen, no se tratarán en profundidad, ya que la mayor parte del tiempo se dedicará a esos ejercicios. Se comenta que todas estas habilidades están enfocadas a desarrollar una dirección valiosa en sus vidas, tomar conciencia de los obstáculos que aparecen, aprender a estar abiertos, conscientes y activos para responder de manera efectiva a esos obstáculos y conectar los unos con los otros de manera divertida.

— *Presentar «Metáfora de los depósitos de energía»* (solo para cuidadores o familiares, si trabajamos un taller con ellos). Se comenta que los depósitos emocionales se pueden agotar en el cuidado y hacerlos vulnerables al estrés y como en los talleres buscamos su

© Ediciones Pirámide

bienestar mediante lo que es más valioso en su vida, teniendo disponibles esas reservas de energía.

- *Presentar el tema de los valores.* Se invita a los participantes a pensar y compartir en el grupo lo que es más importante para ellos en la vida y cómo aparecen obstáculos o barreras internas (pensamientos, emociones, sensaciones) y externas (dinero, tiempo), anotando esto en el rotafolio. Añadir que sobre las externas tenemos menos control, pero podemos aprender a responder a las internas de una manera diferente en el taller.
- *Presentar «Metáfora del autobús».* Es la metáfora central de los talleres. Se suele presentar también con un video del autobús. Se indica que presten especial atención a lo que busca esa persona que viaja y qué dicen sus pasajeros, y por parejas resuman esto.
- *Presentar el concepto adicional de «Piloto automático».* Se relaciona con los pasajeros y se les dice que ser conscientes de ello nos ayudará a aprender a relacionarnos con ellos de otra manera en los talleres.
- *Realizar «Atención plena a la respiración y ejercicio corporal».* Se realizan ambos ejercicios y se les pide ser conscientes de sus pasajeros-pilotos automáticos, compartirlos, anotarlos en el rotafolio. No más de 5 minutos. Compartir lo que notaron.
- *Realizar «Ejercicio de estiramiento consciente».* Se realiza brevemente, se comparte qué notaron y se cierra la sesión destacando lo que notaron en ella y si les fue útil.

### Sesión n.º 2. La apertura (aceptación) como alternativa

1. Cronograma: Bienvenida (10 minutos) → Ejercicio de notar conscientemente (15 minutos) → Revisar pasajeros en el autobús (5 minutos) → Revisar acciones comprometidas (10 minutos) → Vídeo con viñeta (20 minutos) → Ejercicio de estar dispuesto a abrirse (10 minutos) → Dramatizar los pasajeros del autobús (25 minutos) → Ejercicio de notar conscientes (5 minutos) → Acción comprometida (10 minutos) y clausura de la sesión (5 minutos).

2. **Material necesario para la sesión:** pizarra-rotafolio, proyector y altavoces, rotuladores, refrigerios, hojas de trabajo de acciones comprometidas, carpetas y hojas de trabajo para desarrollar habilidades conscientes.

3. **Secuencia:** Se resume la sesión anterior y se presenta brevemente la habilidad de ser conscientes para conectar con aquello que nos importa en la vida.

- *Ejercicio de alimentación consciente.* Tras hacerlo, se comparte qué notaron. Observar si aparecen pasajeros del autobús al hacerlo.
- *Repaso de la metáfora del autobús.* Se introduce vídeo de dos personas relacionándose con sus pasajeros y se comparte qué notan de esto y se les introduce al ejercicio de la disposición con apertura de modo distinto a la lucha con los pasajeros. Se les pide identificar sus pasajeros y anotarlos en una carpeta que pegarán a su cara, para que vean si eso les permite conducir el autobús de su vida hacia donde desean y comunicarse con sus compañeros y qué sucede al ir retirándola sin soltarla. Se dramatiza en vivo en el grupo toda la secuencia con los participantes.
- *Ejercicio de la respiración de tres minutos.* Se realiza, se les pide qué notaron y se cierra la sesión compartiendo qué les fue más útil.

### Sesión n.º 3. Actuando hacia valores con apertura, conciencia y voluntad

1. **Cronograma:** Bienvenida (10 minutos) → Notar conscientemente (15 minutos) → Revisión de acciones comprometidas (15 minutos) → Apertura (25 minutos) → Actuando con los pasajeros del autobús de modo dramatizado (25 minutos) → Nuevas acciones comprometidas (15 minutos) → Clausura de la sesión (5 minutos).

2. **Materiales necesarios:** rotafolio/pizarra, papel y bolígrafos, rotuladores, carpetas, refrigerios para el descanso, hojas de trabajo para acciones comprometidas, hojas de trabajo para desarrollar habilidades conscientes y notas adhesivas (pósits).

3. **Secuencia de la sesión:**

- Comenzamos repasando la anterior sesión.
- Continuamos con un ejercicio de calentamiento de 5 minutos de *mindfulness* de atención a la respiración, al presente, etc.

© Ediciones Pirámide

- Se hacen parejas o minigrupos para que revisen entre ellos sus acciones comprometidas de la semana anterior e identificar los pasajeros/obstáculos que han aparecido y anotarlos en unas etiquetas o pósits adhesivos.
- Se llevan esas etiquetas a la representación o dramatización del autobús entre los miembros del grupo con las etiquetas (pasajeros) pegados a sus cuerpos y qué hacen con ellas y si les acerca o aleja a su camino valioso.
- Se vuelve a un ejercicio de *mindfulness* de 5 minutos.
- Se vuelven a formar parejas o pequeños grupos para establecer nuevas acciones comprometidas para la semana.
- Se cierra la sesión compartiendo qué han notado y animándolos a volver la próxima sesión.

### Sesión n.º 4. Reuniendolo todo. Abierto, consciente y activo

1. **Cronograma:** Bienvenida (10 minutos) → Notar conscientemente el caminar (15 minutos) → Revisión de acciones comprometidas (15 minutos) → Valores (10 minutos) → Ejercicio de mensajes claves (20 minutos) → Actuando con los pasajeros del autobús de modo dramatizado (15 minutos) → Revisar y seguir adelante (15 minutos) → Nuevo ejercicio de notar conscientemente (10 minutos) → Juntar todo (5 minutos) → Clausura de la sesión.
2. **Materiales necesarios:** ordenador, proyector y bolígrafos, rotuladores, carpetas, refrigerios para el descanso, hoja de trabajo de carnet de conducir y hoja de trabajo para desarrollar habilidades conscientes.
3. **Secuencia de la sesión:**

- Comenzamos resumiendo todo lo que llevamos practicado hasta el momento.
- Un facilitador realiza el ejercicio de caminar conscientemente con todo el grupo y se comparte lo que han notado.
- Se hacen parejas o minigrupos para que revisen entre ellos sus acciones comprometidas de la semana anterior e identificar valores como direcciones valiosas que escogieron en ese viaje de la semana pasada, tanto ellos mismos como sus compañeros.
- Se realiza un ejercicio de mensajes clave mientras practican un ejercicio de meditación de la respiración, preguntándose varias veces durante el mismo: ¿la dirección más valiosa a la que quiero llevar (el autobús) mi vida aquí y ahora es...?, dándose cuenta cómo al mismo tiempo le acompañan sus pasajeros.
- Se dramatiza la escena del autobús con la dirección que desean y es valiosa y los pasajeros y qué hacen para continuar en esa dirección a pesar de su presencia.
- Realizan la hoja de trabajo del carnet de conducir que incide en los valores-direcciones donde desean ir desde el momento actual en sus vidas.
- Se comparte todo lo que los participantes han aprendido hasta ahora.
- Se practica ejercicio de *mindfulness* de las nubes en el cielo y comparten qué han notado.
- Se cierra el taller y comparten lo que han aprendido, informándoles que más adelante tendremos con ellos dos sesiones adicionales de repaso.

### Sesión n.º 5 de repaso

1. **Cronograma:** Bienvenida (5 minutos) → Notar conscientemente (15 minutos) → Revisar pasajeros en el autobús (5 minutos) → Revisión de acciones comprometidas (10 minutos) → Ejercicio de valores (15 minutos) → Actualizar habilidades (40-50 minutos) → Nuevas acciones comprometidas (10 minutos) → Clausura de la sesión (5 minutos).
2. **Materiales necesarios:** pizarra, papel y bolígrafos, rotuladores, refrigerios para el descanso, hojas de trabajo de acción comprometida y hoja de trabajo para desarrollar habilidades conscientes.
3. **Secuencia:**

- Un facilitador presenta el taller de esta sesión, cuyo principal objetivo es repasar lo aprendido y mejorarlo.
- Un facilitador les invita a hacer *mindfulness* de la respiración y escaneo corporal, ambos de 5 minutos cada uno, no más tiempo y compartir qué notaron.
- Se repasa de qué va la metáfora del autobús.
- Se hacen parejas o minigrupos para que revisen entre ellos sus acciones comprometidas

© Ediciones Pirámide

de la semana anterior e identificar valores como direcciones valiosas que escogieron en ese viaje de la semana pasada y pasajeros/barreras, tanto ellos mismos como sus compañeros.

— Se resumen los valores que han identificado en el grupo grande.
— Se revisan las nuevas habilidades de atención consciente divididas por categorías:

1. Abierto (notar los pasajeros del autobús, mientras te comprometes a llevar a cabo algo valioso para ti, juntando y separando la carpeta de los pasajeros de tu cara, decidiendo si compras o no sus mensajes y llevando encima, mientras te mueves hacia lo que te importa, las etiquetas adhesivas).
2. Consciente (ejercicios de respiración, escaneo corporal, caminar consciente, darse cuenta de los pasajeros y valores, nubes en el cielo, opciones de respuestas a los pasajeros, vídeos, etc.).
3. Activo (venir al taller, llevar a cabo acciones valiosas, tener frente a comprar lo que dicen los pasajeros).

— Se hacen nuevos pequeños grupos o parejas para revisar qué nuevas acciones comprometidas desean llevar a cabo.
— Se cierra la sesión compartiendo qué han notado y les resultó más útil.

**Sesión n.º 6 de repaso**

Es prácticamente similar a la anterior, deteniéndonos un poco más en la dramatización y la metáfora del autobús. Despedirse del taller y comentar en qué les ha sido útil y de ayuda.

**Resumen**

Hay evidencias de que las terapias de grupo son eficaces para el tratamiento de las experiencias psicóticas.

Las terapias conductuales y cognitivo-conductuales de grupo son las que más evidencia han reunido para el tratamiento de las experiencias psicóticas (en sus tres generaciones).

Las llamadas terapias conductuales de primera generación se siguen aplicando a las personas con experiencias psicóticas con mayores niveles de deterioro funcional, en una combinación de aplicación de contingencias operantes y entrenamiento en habilidades sociales y de resolución de problemas diarios. Son las más idóneas para altos niveles de disfuncionalidad psicosocial.

Las terapias cognitivo-conductuales de segunda generación se aplican al manejo de los llamados síntomas positivos (delirios y alucinaciones) y a la mejora del funcionamiento interpersonal. Se basan en un modelo de vulnerabilidad-estrés y en general comparten el modelo biomédico de entender las psicosis como enfermedades de base neurocognitiva.

Las terapias de tercera generación, en especial la ACT, en paralelo con las corrientes postpsiquiátricas o de la psiquiatría crítica, rompen con el modelo biomédico, al considerar que las psicosis son experiencias personales aprendidas, donde la psicosis esquizofrénica aparece en la formación de la experiencia del yo en determinados contextos socioculturales que pueden dar lugar a disfuncionalidad neurocognitiva, en combinación con factores epigenéticos y donde el tratamiento psicosocial es prioritario y no secundario al psicofarmacológico, salvo en situaciones extremas de incomunicación o peligrosidad vital.

El planteamiento de la evaluación de las psicosis por niveles de disfuncionalidad planteado por Díaz-Garrido, Laffite y Zúñiga (en esta obra) supone una mejora en el tratamiento de las experiencias psicóticas, al ajustar el tipo de intervención individual o grupal al nivel de deterioro funcional específico, aumentando aún más la eficacia de las intervenciones psicosociales.

Las personas con experiencias psicóticas con niveles de deterioro más grave son beneficiarias de enfoques de rehabilitación operantes y entrenamiento en habilidades. La recuperación de esas habilidades les permite posteriormente acceder a la posibilidad de ser ayudados con la ACT de grupo.

Las personas con niveles de deterioro funcional intermedios son beneficiarias de la ACT de grupo más estructurada y guiada con un formato de sesiones más largo, y las personas con niveles de deterioro funcional más leves o ausentes se pueden beneficiar de la ACT de grupo con menos sesiones.

© Ediciones Pirámide

Siete aspectos son esenciales al trabajar con ACT de grupo con personas con experiencias psicóticas:

1. Presentar la ACT de grupo como talleres de habilidades y no como terapia para curar enfermedades, encaminadas a que sus participantes lleven una vida más valiosa e importante para ellos.
2. Contar con una metáfora raíz que les permita guiar y enmarcar todo el proceso de intervención grupal a lo largo de las sesiones.
3. Que las metáforas y ejercicios experienciales sean representados activamente, fisicalizando y dramatizando los mismos con la colaboración de todos los participantes de los grupos.
4. Hacer descansos en mitad del tiempo de la actividad grupal, preferiblemente para tomar algún refrigerio, para no exceder sus habilidades atencionales y como oportunidades de sociabilidad.
5. Que los ejercicios de *mindfulness* no excedan de 5 minutos, igualmente por las limitaciones atencionales.
6. Contar con facilitadores/coterapeutas para trabajar los talleres grupales.
7. Clarificar sus valores a partir de las metas de la vida que desearían llevar y les importa y transformarlas en actividades semanales para llevar a cabo en direcciones valiosas para ellos.

## 6. ANEXOS

### 6.1. La matrix de K. Polk (Ruiz, 2015)

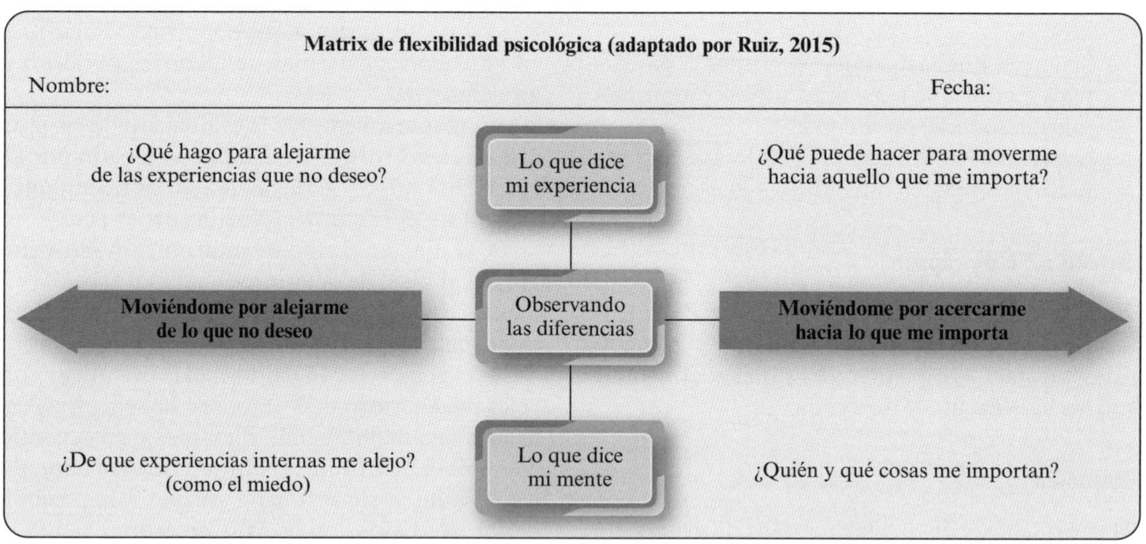


Todos tenemos cosas que son importantes en nuestra vida y cosas que nos hacen sufrir.
¿Cuáles son y cómo funcionan para ti? Podemos verlo, si así lo deseas.

© Ediciones Pirámide

## 6.2. Metáfora del avión de pasajeros

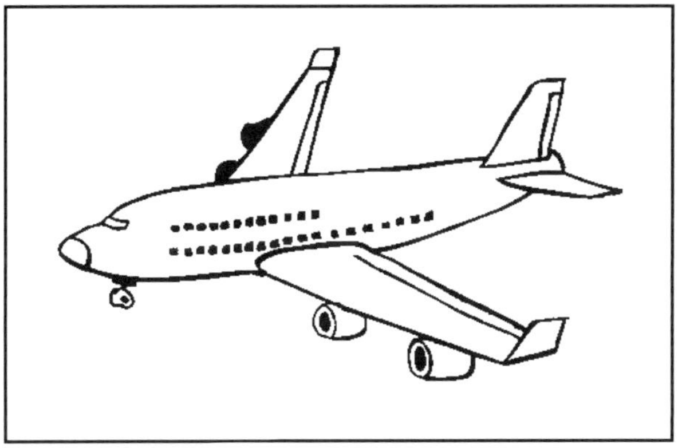

«Imagínate que eres el piloto de un avión de pasajeros moderno. Los aviones modernos llevan un sistema que se llama "piloto automático". Este sistema es muy útil, pues permite trazar una ruta, mediante un ordenador que hace todo el trabajo de pilotaje del avión sin que el piloto tenga que estar todo el rato a los mandos, y esto le puede permitir descansar y hacer otras tareas mientras el avión sigue su rumbo.

Sin embargo, puede haber un serio problema si el piloto automático está mal programado y lleva al avión a una ruta peligrosa. Imagina que la ruta conduce a unas montañas que no se han previsto y el avión se puede estrellar. ¿Qué hay que hacer entonces? Pues lo primero darnos cuenta de si ese programa conduce al avión al lugar indicado sin que se estrelle. Si es así, hay que desactivarlo y que el piloto se siente a los mandos y tome el control del avión, y después más adelante reprogramarlo correctamente.

Muchas veces todas las personas hacemos muchas cosas en modo piloto automático sin darnos cuenta, porque hemos aprendido a obedecer muchos de nuestros pensamientos, sentimientos, sensaciones y voces internas o externas, sin caer en la cuenta de si eso nos conduce al destino que deseamos o nos estrella una y otra vez.

En estos talleres aprenderemos a darnos cuenta de qué pilotos automáticos nos llevan a destinos muchas veces desastrosos para nosotros, ya que nos apartan de la ruta de la vida que valoramos y nos importa, y cómo desactivarlos, tomando nosotros la iniciativa como pilotos para llevar nuestra vida por la ruta que nos importa.»

## 6.3. Metáfora del autobús de pasajeros

«Imagínate que eres el conductor de un autobús con muchos pasajeros. Los pasajeros son pensamientos, sentimientos, recuerdos y todas esas cosas que uno tiene en su vida. Es un autobús con una única puerta de entrada, y solo de entrada. Algunos de los pasajeros son muy desagradables y con una apariencia peligrosa. Mientras conduces el autobús algunos pasajeros comienzan a amenazarte diciéndote lo que tienes que hacer, dónde tienes que ir, ahora gira a la derecha, ahora vete más rápido, etcétera. Incluso te insultan y desaniman: "eres un mal conductor", "un fracasado", "nadie te quiere"... Tú te sientes muy mal y haces casi todo lo que te piden para que se callen, se vayan al fondo del autobús durante un rato y así te dejen conducir tranquilo. Pero algunos días te cansas de sus amenazas, y quieres echarlos del autobús, pero no puedes, discutes y te enfrentas con ellos. Sin darte cuenta, la primera cosa que has hecho es parar, has dejado de conducir y ahora no estás yendo a ninguna parte. Y además los pasajeros son muy fuertes, resisten y no puedes bajarlos del autobús. Así que, resignado, vuelves a tu asiento y conduces por donde ellos mandan para aplacarlos. De esta forma, para que no te molesten y no sentirte mal, empiezas a hacer todo lo que te dicen y a dirigir el autobús por donde dicen para no tener que discutir con ellos ni verlos. Haces lo que te ordenan y cada vez lo haces antes, pensando en sacarlos de tu vida. Muy pronto, casi sin darte cuenta, ellos ni siquiera tendrán que decirte "gire a la izquierda", sino que girarás a la izquierda para evitar que los

© Ediciones Pirámide

pasajeros se echen sobre ti y te amenacen. Así, sin tardar mucho, empezarás a justificar sus decisiones, de modo que casi crees que ellos no están ya en el autobús y convenciéndote de que estás llevando el autobús por la única dirección posible. El poder de estos pasajeros se basa en amenazas del tipo "si no haces lo que te decimos, apareceremos y haremos que nos mires, y te sentirás mal". Pero eso es todo lo que pueden hacer. Es verdad que cuando aparecen estos pasajeros, pensamientos y sentimientos muy negativos, parece que pueden hacer mucho daño, y por eso aceptas el trato y haces lo que te dicen para que te dejen tranquilo y se vayan al final del autobús, donde no los puedas ver. ¡Intentando mantener el control de los pasajeros, en realidad has perdido la dirección del autobús! Ellos no giran el volante, ni manejan el acelerador ni el freno, ni deciden dónde parar. El conductor eres tú.»

## 6.4. Hoja de trabajo con actividades valiosas y barreras

*Viajando en mi autobús*

| Día de la semana en el que me propongo coger el volante del autobús de mi vida | Qué me propongo llevar a cabo que me importa viajando con mi autobús hacia lo que me importa | Pasajeros<br>Barreras internas (pensamientos, voces, sentimientos, sensaciones)<br>Barreras externas (presiones de otros, dinero o recursos) | ¿Lo llevé a cabo sin comprar las barreras internas y manejando las barreas externas de los pasajeros? Anotar SÍ/NO |
|---|---|---|---|
| | | | |
| | | | |
| | | | |
| | | | |
| | | | |
| | | | |
| | | | |

© Ediciones Pirámide

*El viaje en el autobús de mi vida durante esta semana pasada (Ruiz, 2020)*

Nombre:

Fecha:

Para contestar a las siguientes cuestiones, use la siguiente escala:

| 0 | 1 | 2 | 3 | 4 | 5 | 6 | 7 | 8 | 9 | 10 |
|---|---|---|---|---|---|---|---|---|---|---|

Nada — Intermedio — Mucho

| | | |
|---|---|---|
| 1. | Me di cuenta cómo algunos pasajeros mentales me llevaban al pasado o al futuro, alejándome de lo que me importa y fui capaz, aunque fuera por instantes, de volver a conectar con el presente. | |
| 2. | Me di cuenta cómo algunos pasajeros mentales me enganchaban con sus mensajes, alejándome de lo que me importa y fui capaz, aunque fuera por instantes, de poner distancia con ellos. | |
| 3. | Me di cuenta de que los pasajeros de mi mente repetían una historia de cómo soy y qué me espera de la vida, qué me aleja de o qué me importa y fui capaz, aunque fuera por instantes, de tomar otra perspectiva o punto de vista más útil para mí. | |
| 4. | Me di cuenta cómo algunos pasajeros mentales me empujaban a evitar temas dolorosos que a la larga me alejan de la vida que me importa y fui capaz, aunque fuera por instantes, de abrirme a ese dolor para continuar mi camino hacia lo que me importa. | |
| 5. | Me di cuenta de mis pasajeros mentales que me apartan de la vida que me importa y fui capaz, aunque fuera por instantes, de volver a conectar con aquello que me importa y es valioso en mi vida. | |
| 6. | Llevé a cabo acciones valiosas durante la semana a pesar de la presencia de los pasajeros de mi mente que tratan de apartarme de lo que me importa. | |
| 7. | Me di cuenta de algo que yo necesito de otras personas o de algo que necesitan esas personas y lo hablamos y eso ayudó a conectar mejor con ellas. | |
| 8. | Tuve el valor de hablar con alguien que me importa algo que me resulta difícil y eso ayudó a conectar mejor con esa persona. | |
| 9. | Agradecí con afecto y cariño algo hacia otra persona que me importa y eso ayudó a conectar mejor con ella. | |
| 10. | Esta semana he sido capaz de aprender cosas que me resultan de ayuda para mi vida diaria. | |

© Ediciones Pirámide

*El viaje en el autobús de mi vida durante esta sesión de grupo (Ruiz, 2020)*

Nombre:

Fecha:

Para contestar a las siguientes cuestiones, use la siguiente escala:

| 0 | 1 | 2 | 3 | 4 | 5 | 6 | 7 | 8 | 9 | 10 |
|---|---|---|---|---|---|---|---|---|---|---|

Nada — Intermedio — Mucho

| | |
|---|---|
| 1. Me di cuenta cómo algunos pasajeros mentales me llevaban al pasado o al futuro, alejándome de lo que me importa y fui capaz, aunque fuera por instantes, de volver a conectar con el presente de la experiencia del grupo. | |
| 2. Me di cuenta cómo algunos pasajeros mentales me enganchaban con sus mensajes, alejándome de lo que me importa y fui capaz, aunque fuera por instantes, de poner distancia con ellos durante la experiencia del grupo. | |
| 3. Me di cuenta de que los pasajeros de mi mente repetían una historia de cómo soy y qué me espera de la vida, qué me aleja de o qué me importa y fui capaz, aunque fuera por instantes, de tomar otra perspectiva o punto de vista más útil para mí durante la experiencia del grupo. | |
| 4. Me di cuenta cómo algunos pasajeros mentales me empujaban a evitar temas dolorosos que a la larga me alejan de la vida que me importa y fui capaz, aunque fuera por instantes, de abrirme a ese dolor para continuar mi camino hacia lo que me importa durante la experiencia del grupo. | |
| 5. Me di cuenta de mis pasajeros mentales que me apartan de la vida que me importa y fui capaz, aunque fuera por instantes, de volver a conectar con aquello que me importa y es valioso en mi vida durante la experiencia del grupo. | |
| 6. Llevé a cabo acciones valiosas durante la experiencia del grupo a pesar de la presencia de los pasajeros de mi mente que tratan de apartarme de lo que me importa. | |
| 7. Me di cuenta de algo que yo necesito de otras personas o de algo que necesitan esas personas y lo hablamos y eso ayudó a conectar mejor con mis compañeros/as del grupo. | |
| 8. Tuve el valor de hablar con alguien que me importa algo que me resulta difícil y eso ayudó a conectar con mis compañeros/as del grupo. | |
| 9. Agradecí con afecto y cariño algo hacia otra persona que me importa y eso ayudó a conectar con mis compañeros/as del grupo. | |
| 10. De esta sesión de grupo he aprendido cosas que me resultan de ayuda para mi vida diaria. | |

© Ediciones Pirámide

## REFERENCIAS BIBLIOGRÁFICAS


AGPA. Group Therapy with Schizoprenic and Psychotic Patient. (2020). https://bit.ly/3u3MYEj

Alonso-Vega, J., Núñez, M., Lee, G. y Froján-Parga, M. J. (2019). El tratamiento de enfermedades mentales graves desde la investigación de procesos. *Conductual, 7*(1), 44-46.

Arroyo, J. L., Álvarez, A. y De Rivas, S. (2013). Revisión de la terapia de aceptación y compromiso aplicada a psicosis. *Informaciones Psiquiátricas, 214*(4.º trimestre), 365-384.

Ayllon, T. y Michael, J. (1959). The psychiatric nurse as a behavioral engineer. *Journal of the Experimental Analysis of Behavior, 2*(4), 323-334.

Bach, P. y Hayes, S. (2002). The use of acceptance and commitment therapy to prevent the rehospitalization of psychotic patients: A randomized controlled trial. *Journal of Consulting and Clinical Psychology, 70*(5), 1129-1139.

Bloy, S. (2013). *Acceptance and comminmet therapy groups for individual with psychosis: A grounded theory analysis.* Salomons Canterbury Christ Church University.

Bolancel, E. (2012). *Aplicación de un protocolo de intervención basado en terapia de aceptación y compromiso y técnicas psicodramáticas en personas con trastorno mental grave.* Trabajo de Fin de Máster en Intervención Psicológica en Ámbitos Clínicos y Sociales. Universidad de Almería.

Burlingame, G. M., MacKenzie, K. R. y Strauss, B. (2004). Small group treatment: Evidence for effectiveness and mechanisms of change. En M. J. Lambert (ed.), *Bergin & Garfield's Handbook of Psychotherapy and Behavior Change* (5.ª ed., pp. 647-696). Nueva York: Wiley & Sons.

Burlingame, G. M., Strauss, B. y Joyce, A. S. (2013). Change mechanisms and effectiveness of small group treatments. En M. J. Lambert (ed.), *Bergin & Garfield's Handbook of Psychotherapy and Behavior Change* (6.ª ed., pp. 640-689). Nueva York: Wiley & Sons.

Butler, L., Jhons, L., Byrne, M., Joseph, C., O'Donoghue, E., Jolley, S., Morris, E. y Oliver, J. (2015). Running acceptance and commitment therapy groups for psychosis in community settings. *Journal of Contextual Behavioral Science.* December.

Carmona, J. A. y García-Montes, J. M. (2010). Terapia de aceptación y compromiso para el tratamiento de los síntomas psicóticos. En A. J. Cangas, *Nuevas perspectivas para el tratamiento de las psicosis.* Alborán Editores.

Castilho, P., Margarida, A., Viegas, R., Carvalho, S., Madeira, N. y João Martins, M. (2015). *Preliminary results of an Acceptance and Commitment Therapy (ACT) brief group intervention for psychosis.* ARC Publishing.

Chadwich, P. (2009). *Terapia cognitiva basada en la persona para la psicosis perturbadora.* Madrid: Fundación para la investigación y tratamiento de la esquizofrenia y otras psicosis.

Cooke, A. (ed.) (2014). *Comprender la psicosis y la esquizofrenia.* The British Psychological Society.

Cramer, H., Lauche, R., Haller, H., Langhorst, J. y Dobos, G. (2016). Mindfulness-and acceptance-based interventions for psychosis: A systematic review and meta-analysis. *Glob Adv Health Med., 5*(1), 30-43.

C. R. de Farias, K. et al. (2010). *Análise comportamental clínica. Aspectos teóricos e estudos de casos.* Armet.

Cupitt, C. (ed.) (2019). *CBT for psychosis. Process-orientated therapies and the third wave.* Nueva York: Routledge.

Esteve, N., Román, N., González, M., Fraile, J. C. y García, I. (2010). Psicoterapia de la psicosis: de la persona en riesgo al paciente crónico. *Clínica y Salud, 21*(3), 285-297.

French, P., Smith, J., Shiers, D., Reed, M. y Rayne, M. (2010). *Promoting recovery in early psychosis a practice manual.* Blackwell Publishing Ltd.

García-Montes, J. M. y Pérez-Álvarez, M. (2003). Reivindicación de la persona en la esquizofrenia. *Revista Internacional de Psicología Clínica y de la Salud, 3*(1), 107-122.

García-Montes, J. M., Luciano, M. C., Hernández, M. y Zaldívar, F. (2004). Aplicación de la terapia de aceptación y compromiso (ACT) a sintomatología delirante: un estudio de caso. *Psicothema, 16*(1), 117-124.

García-Montes, J. M. y Pérez-Álvarez, M. (2005). Fundamentación experimental y primeras aplicaciones clínicas de la terapia de aceptación y compromiso (ACT) en el campo de los síntomas psicóticos. *Revista Latinoamericana de Psicología, 37*(2), 379-393.

García-Montes, J. M., Pérez-Álvarez, M. y Cangas Díaz, A. (2006). Aproximación al abordaje clínico de los síntomas psicóticos desde la aceptación. *Apuntes de Psicología Colegio Oficial de Psicología, 24*(1-3), 293-307.

García-Montes, J. M. y Pérez-Álvarez, M. (2016). Terapia de aceptación y compromiso aplicada a la esquizofrenia. Estado actual y direcciones futuras. *Análisis y Modificación de Conducta, 42*(165-166), 99-119.

Garety, P. A. (2003). The future of psychological therapies for psychosis. *World Psychiatry, 2*(3-October).

Garret, M. (2019). *Psychotherapy for psychosis. Integrating cognitive-behavioral and psychodynamic treatment.* Nueva York-Londres: The Guilford Press.


© Ediciones Pirámide

Gaudiano, B. (2015). *Incorporating acceptance and mindfulness into the treatment of psychosis current trends and future directions.* Oxford University Press.

Gaudiano, B., Davis, C., Epstein-Lubow, G., Johnson, J., Mueser, K. y Miller, I. (2017). Acceptance and commitment therapy for inpatients with psychosis (the REACH Study): Protocol for treatment development and pilot testing. *Healthcare, 5,* 2.

Gaudiano, B. y Herbert, J. D. (2006). Acute treatment of inpatients with psychotic symptoms using acceptance and commitment therapy: Pilot results. *Behav. Res. Ther. Ma., 44*(3), 415-437.

Gaudiano, B. A. (2004). *Acceptance and commitment therapy for psychiatric inpatients with psychotic symptoms.* A thesis submitted to the Faculty of Drexel University.

Gaudiano, B. A. (2006). The cognitive-behavioral treatment of schizophrenia: The state of the art and the evidence. *International Journal of Behavioral Consultation and Therapy, 2*(1).

González, F. y Navarro, E. M. (2014). Aplicación grupal de la terapia de aceptación y compromiso en una comunidad terapéutica. Comunidad Terapéutica de Jaén. En *SAS. Interpsiquis. Guía clínica para el tratamiento de personas desde primer episodio de esquizofrenia (2009).* Santiago de Chile. Minsal, Chile.

González, H. y Pérez-Álvarez, M. (2007). *La invención de las enfermedades mentales. ¿Escuchando al fármaco o al paciente?* Madrid: Alianza Editorial.

Guía de práctica clínica sobre la esquizofrenia y el trastorno psicótico incipiente (2009). Barcelona, España: Agencia de Calidad del Sistema Nacional de Salud.

Guía de práctica clínica para el tratamiento de la psicosis y la esquizofrenia. Manejo en atención primaria y en salud mental (2019). España: Servicio Andaluz de Salud.

Guía práctica clínica para el tratamiento de la esquizofrenia en centros de salud mental (2009). Murcia, España: Servicio Murciano de Salud.

Hayes, S. C., Strosahl, K. y Wilson, K. (2014). *Terapia de aceptación y compromiso: proceso y práctica del cambio consciente.* Descleé de Brouwer.

Hayes, S. C. y Hoffman, S. (2018). *Procces Based CBT.* New Harbinger.

Jacobsen, P., Morris, E. y Jhons, L. (2010). Mindfulness groups for psychosis; Key issues for implementation on an inpatient unit. *Behavioural and Cognitive Psychotherapy,* 1-5.

Jakes, S. (2018). *Loss of self in psychosis. Psychological theory and practice.* Nueva York: Routledge.

Jhons, L., Jolley, S., Morris, E. y Oliver, J. E. (2015). Running acceptance and commitment therapy groups for psychosis in community settings. *Journal of Contextual Behavioral Science.* Diciembre.

Johns, L., Oliver, J., Khondoker, M., Byrne, M., Jolley, S., Wykes, T., Joseph, C., Butlerb, L., Craig, T. y Morris, E. (2015). The feasibility and acceptability of a brief acceptance and commitment therapy (ACT) group intervention for people with psychosis: The 'ACT for life' study. *J. Behav. Ther. and Exp. Psychiat., 50,* 257e263.

Kanas, N. (1986). Group therapy with schizophrenics: A review of controlled studies. *International Journal of Group Psychotherapy, 36,* 339-351.

Kanas, N. (1996). *Group therapy for schizophrenic patients.* Washington, DC: American Psychiatric Press.

Kaplan, H. I. y Sadock, B. J. (1989). *Comprehensive Textbook of psychiatry* (pp. 669-815, 647-696). V. Baltimore, MD: Williams & Wilkins.

Khoury, B., Lecomte, T., Gaudiano, B. A. y Paquin, K. (2013). Mindfulness interventions for psychosis: A meta-analysis. *Schizophrenia Research, 150*(1), 176-184.

Landa, Y. (2017). *Cognitive behavioral therapy for psychosis (CBTp). An introductory manual for clinicians.* Advanced Fellowship Director VISN 2 MIRECC.

Lindsley, O. R. (1956). Operant conditioning methods applied to research in chronic schizophrenia. *Psychiatric Research Reports, 5,* 118-139.

Louise, S., Fitzpatrick, M., Strauss, C., Rossell, S. L. y Thomas, N. (2017). Mindfulness-and acceptance-based interventions for psychosis: Our current understanding and a meta-analysis. *Schizophr Res. Feb, 192,* 57-63.

Moncrieff, J. (2013). *Hablando claro. Una introducción a los fármacos psiquiátricos.* Editorial Herder.

Morris, E. (2015). *Webinar Acceptance and commitment therapy in groups.* https://drericmorris.com/

Morris, E., Jhons, L. y Oliver, J. (2013). *Acceptance and commitment therapy and mindfulness for psychosis.* John Wiley & Sons, Ltd.

O'Donoghue, E., Morris, E., Oliver, J. y Johns, L. (2018). *ACT for psychosis recovery. A practical manual for group-based interventions using acceptance & commitment therapy.* New Harbinger Publications, Inc.

Oliver, J., Morris, E., Jhons, L. y Byrne, M. (2011). *ACT for life.* Group Interventions for psychosis manual. South London and Maudsley NHS Foundation Trust/ Institute of Psychiatry, King's College London United Kingdom.

Ortiz, A. (2013). *Hacia una psiquiatría crítica.* Editorial Grupo 5.

Pankey, J., Hayes, S. C. y Pankey, J. (2004). Acceptance and commitment therapy for psychosis. *International Journal of Psychology and Psychological Therapy, 3*(2), 311-328.

Pearson, A. N. y Tingey, R. (2011). *Acceptance and commitment therapy (ACT) for psychosis: An 18 session group therapy protocol.* Department of Medicine, National Jewish Health and Department of Psychiatry, University of Colorado at Denver.


© Ediciones Pirámide

Pearson, M. J. y Burlingame, G. M. (2013). Interventions for schizophrenia: Integrative approaches to group therapy. *International Journal of Group Psychotherapy, 63,* 603-608.

Perona, S. (2017). ¿Es eficaz la terapia cognitiva conductual para la psicosis? *Boletín Psicoevidencias, 49* (Octubre).

Perona, S., Gallach, E., Vallina, O. y Santolaya, F. (2004). *Tratamientos psicológicos y recursos utilizados en la esquizofrenia. Guía breve para profesionales y sanitarios.* Volumen I y II. Col·legi Oficial de Psicòlegs de la Comunitat Valenciana.

Pérez-Álvarez, M. y García-Montes, J. M. (2006). Entendimiento filosófico de la esquizofrenia. *Apuntes de Psicología, 24*(1-3), 11-29.

Pérez-Álvarez, M., García-Montes, J. M. y Sass, L. (2010). La hora de la fenomenología en la esquizofrenia. *Clínica y Salud, 21*(3), 221-233.

Phiri, P., Rathod, S., Carr, H. y Kingdon, D. A. (2017). Brief review of key models in cognitive behaviour, Therapy for psychosis. *Acta Psychopathologica, 3*(S2), 84.

Polk, K. y Schoendorff, B. (2014). *ACT Matrix. A new approach to building psychological flexibility across setting and populations.* New Harbinger Publications, Inc.

Polk, K. y Schoendorff, B. (2016). *The essential guide to the ACT Matrix: A step-by-step approach to using the act matrix model in clinical practice.* New Harbinger Publications, Inc.

Psychosis and schizophrenia in children and young people recognition and management (2013). *National Clinical Guideline Number 155.* National Collaborating Centre for Mental Health Commissioned by The National Institute for Health and Care Excellence. The British Psychological Society & The Royal College of Psychiatrists.

Psychosis and schizophrenia in adults. Treatment and management (2014). *National Clinical Guideline Number 178.* National Collaborating Centre for Mental Health Commissioned by the National Institute for Health and Care Excellence.

Reininghau, U., Klippel, A., Steinhart, H., Vaessen, T., Van Nierop, M., Viechtbauer, W., Batink, T., Ksanova, Z., Van Aubel, E., Van Winkel, R., Marcelis, M., Van Amelsvoort, T., Van der Gaag, M., De Haan, L. y Myin-Germey, I. (2019). Efficacy of acceptance and commitment therapy in daily life (ACT-DL) in early psychosis: Study protocol for a multi-centre randomized controlled trial. *Trials, 26*(Dec.), 20.

Roldán, G. M. (2013). *Psicoterapia grupal desde la perspectiva de la terapia de aceptación y compromiso (ACT) y atención plena* (mindfulness). Manuscrito sin publicar.

Roldán, G. M., Salazar, I. C., Garrido, L. y Cuevas-Toro, A. M. (2015). Intervención psicológica grupal, basada en la aceptación y el entrenamiento en comunicación, con familiares de personas con trastorno mental grave. *Anal. Psicol., 31*(3), 759-772 *[online].*

Ruiz, J. J. (coord.). (2017). *Terapia de aceptación y compromiso de grupo. Basada en la teoría del marco relacional y el socioconductismo.* Editorial Lulú.

Ruiz, J. J. y Ruiz, I. (2017). *Psiquiatría no convencional.* Lulú Editores.

Salgado, C. F., Luciano, C. y Gutiérrez, O. (2013). Eficacia de la terapia de aceptación y compromiso en personas con trastorno mental crónico. Un ensayo aleatorizado. *Informaciones Psiquiátricas, 214,* 385-402.

Shapiro, D. A. y Shapiro, D. (1982). Meta-analysis of comparative therapy outcome studies: A replication and refinement. *Psychological Bulletin, 92*(3), 581-604.

Shawyer, F., Farhall, J., Thomas, N., Hayes, S., Gallop, R., Copolov, D. y Castle, D. (2017). Acceptance and commitment therapy for psychosis: Randomised controlled trial. *Br J Psychiatry, 210*(2), 140-148.

Shawyer, S., Farhall, J., Thomas, N., Hayes, S., Gallop, R., Copolov, D. y Castle, D. A. (2016). Randomised controlled trial of acceptance and commitment therapy for psychosis. *The British Journal of Psychiatry,* diciembre.

Smith, L., Nathan, P., Juniper, U., Kingsep, P. y Lim, L. (2003). *Cognitive behavioural therapy for psychotic symptoms: A therapist's manual.* Perth, Australia: Centre for Clinical Interventions.

Smith, M. L., Glass, J. V. y Miller, T. I. (1980). *The benefist of psychotherapy.* The Johns Hopkins University Press.

Spidel, A., Daigneault, I., Kealy, D. y Lecomte, T. (2018). Acceptance and commitment therapy for psychosis and trauma: Investigating Links between Trauma Severity, Attachment and outcome. *Behavioural and Cognitive Psychotherapy,* 1-14.

Tyrberg, M. J., Carlbring, P. y Lundgren, T. (2016). Brief acceptance and commitment therapy for psychotic inpatients: A randomized controlled feasibility trial in Sweden. *Nordic Psychology.*

Tonarelly, S. B., Pasillas, R., Alvarado, L., Dwivedi, A. y Cancelare, A. (2016). Acceptance and commitment therapy compared to treatment as usual in psychosis: A systematic review and meta-analysis. *J. Psychiatry, 19,* 3.

Toseland, R. W. y Siporin, M. (1986). When to recommend group treatment: A review of the clinical and the research literature. *International Journal of Group Psychotherapy, 36*(2), 171-201.

Travé, J. y Pousa, E.(2012). Eficacia de la terapia cognitiva-conductual en pacientes con psicosis de inicio reciente: una revisión. *Papeles del Psicólogo, 33*(1), 48-59.


© Ediciones Pirámide

Tyrberg, M., Carlbring, P. y Lundgren, T. (2016). Brief acceptance and commitment therapy for psychotic inpatients: A randomized controlled feasibility trial in Sweden. *Nordic Psychology.*

Valderrama, K., Rodríguez, M. M. y González, B. (2016). Intervención grupal basada en *mindfulness* para trastorno mental severo. Una experiencia con pacientes comunitarios. *Informaciones Psiquiátricas, 225,* 47-57.

Vallina Fernández, O. y Lemos Giráldez, S. (2001). Tratamientos psicológicos eficaces para la esquizofrenia. *Psicothema, 13*(3), 345-364.

Wright, N., Turkington, D., Kelly, O., Davies, D., Jacobs, A. y Hopton, J. (2014). *Treating psychosis. A clinician's guide to integrating acceptance & commitment therapy, compassion-focused therapy & mindfulness approaches within the cognitive behavioral therapy tradition.* New Harbinger Publications, Inc.

© Ediciones Pirámide

# 10 Integración de ACT en la intervención multifamiliar

CRISTINA ABELLEIRA VIDAL
ERNESTO BAENA RUIZ
JOSÉ ANTONIO SÁNCHEZ PADILLA
RAFAEL TOURIÑO GONZÁLEZ

## 1. INTERVENCIÓN MULTIFAMILIAR (IMF) EN EL TRASTORNO MENTAL GRAVE (TMG)

Tras la desinstitucionalización psiquiátrica, y con el modelo actual de atención comunitaria, las familias se han convertido en el principal recurso para el cuidado y mantenimiento de las personas diagnosticadas de un trastorno mental grave. Por ello, las intervenciones familiares se consideran imprescindibles para una atención organizada y compleja de un problema también complejo: el trastorno mental grave.

### 1.1. Modelos de IMF y evolución

Desde las primeras terapias familiares en los años cincuenta, que consideraban la interacción familiar disfuncional como causa del TMG, a la relación de apoyo y colaboración actual, se han ensayado y desarrollado diversas modalidades de intervención familiar. En los años setenta e inicios de los ochenta surgieron los principales modelos. Algunos de estos programas tenían una fuerte orientación psicoeducativa, otros mantenían una orientación cognitivo-conductual y otros estaban basados en modificaciones de abordajes sistémicos. A las diferentes orientaciones se añade que los modelos de intervención familiar varían también en el lugar de intervención (clínica-hogar), el formato (unifamiliar-multifamiliar) y la duración de la intervención (limitada-ilimitada). En la tabla 10.1 se describen los principales modelos.

TABLA 10.1
*Principales modelos de intervención familiar*

- Modelo de Goldstein y Rodnick (1978). Universidad de UCLA.
- Intervenciones sociofamiliares de Leff. Londres (Kuipers et al., 1992; Leff et al., 1982).
- Modelo de Falloon (1984). Universidad de Southern California (Falloon et al., 1985; Fallon et al., 1993).
- Modelo psicoeducativo de Anderson et al. (1986). Universidad de Pittsburg.
- Intervenciones cognitivo-conductuales de Tarrier (Barrowclough y Tarrier, 1992; Tarrier y Barrowclough, 1995).
- Modelo de McFarlane et al. (1995a). Grupos familiares múltiples (MFG).
- Modelo de Bloch, Gronnestad y Oxnevad (2009). Hospital Universitario de Stavanger. Noruega.

### 1.2. Resultados de efectividad de las IMF

Las intervenciones familiares en la psicosis han demostrado su eficacia en numerosos ensayos clínicos (Caqueo-Urízar et al., 2015). Se ha señalado que contribuyen a la recuperación del paciente, disminuyen las recaídas y los reingresos, mejoran el funcionamiento social y la adherencia al tratamiento. Algunos estudios encuentran una disminución de la carga familiar y una mayor satisfacción con la tarea de cuidadores. Las intervenciones familiares están recomendadas por la mayoría de las guías clínicas de tratamiento de la psicosis. Una buena parte de las revisiones se han centrado en el componente psicoeducativo. En la última década cabe señalar a:

© Ediciones Pirámide

Pharoah et al. (2010); Sin y Norman (2013); Lyman et al. (2014); Palli et al. (2015); Onwumere et al. (2018); Thomas et al. (2018); Mottaghipour y Tabatabaee (2019). En estos estudios se revisa la efectividad del abordaje psicoeducativo en grupos de familiares de distintos ámbitos geográficos y con diferentes formatos de entrega. En general, se sigue indicando que:

- La psicoeducación debe proporcionarse a los familiares tan pronto como sea posible, dada su potencia y efectividad.
- La psicoeducación contribuye a disminuir las tasas de recaídas y rehospitalizaciones.
- La psicoeducación en formato multifamiliar presenta datos de mayor efectividad, en comparación con la psicoeducación realizada desde el formato unifamiliar.
- La psicoeducación puede contribuir a la disminución de la carga familiar. Aunque los estudios al respecto no demuestran resultados de alta efectividad, se sigue indicando el uso de la psicoeducación por su posible beneficio e impacto en la reducción de carga.
- La psicoeducación a familiares suministrada a través de entregas digitales parece tener un impacto positivo, pero los estudios no ofrecen alta evidencia de efectividad.

### 1.3. Dificultades y retos actuales de la IMF

A pesar de sus evidencias, las intervenciones familiares siguen sin ser suficientemente utilizadas en la práctica habitual. Hace un par de décadas, Dixon y cols. (2001) señalaban algunas dificultades para la implantación de la IMF, que podían provenir de las propias familias, de los clínicos o de los gestores. Y realizaban algunas sugerencias para superar dichas barreras. Los futuros programas y diseños de intervención familiar deberán afrontar este y otros nuevos retos.

Será fundamental enmarcar esta intervención en el modelo de atención comunitaria y de recuperación de la enfermedad centrado en la persona y acorde con el enfoque actual de empoderamiento de usuarios/as, reforzando todos los elementos de la intervención familiar que sean complementarios y compatibles con estos enfoques.

Cabe afirmar, en total consonancia con lo señalado por Shepherd et al. (2008), que las personas «no se recuperan solas» y que la recuperación consiste en una «reformulación del propio proyecto de vida, que se aleja de la patología y la enfermedad y se acerca a la salud, la fortaleza y el bienestar». Por ello, el proceso de recuperación está estrechamente relacionado con los procesos de inclusión social y con la capacidad de disfrutar de un rol social, con sentido de utilidad y de pertenencia al medio comunitario en el que se vive. Por tanto, la perspectiva de usuarios/as y familiares será un elemento clave. Actualmente, la integración del enfoque de empoderamiento de usuarios/as en las intervenciones familiares se considera también un elemento central. Glynn (2013) señala que la mayoría de los programas y modelos de IF fueron desarrollados por profesionales de salud mental varias décadas atrás, con poca o nula participación de las personas con TMG o de sus familiares. Señala también que las intervenciones familiares deben integrar el principio básico del movimiento de recuperación, empoderamiento y participación activa del/de la usuario/a en todo lo concerniente a su tratamiento: «nada sobre nosotros sin nosotros». Concluye, finalmente, que es necesario involucrar a las personas con TMG y a sus seres queridos en un esfuerzo de colaboración para diseñar nuevas intervenciones familiares orientadas al consumidor.

## 2. APORTACIONES DE ACT A LA INTERVENCIÓN MULTIFAMILIAR EN EL TRASTORNO MENTAL GRAVE

### 2.1. Áreas de aplicación y evolución de las intervenciones terapéuticas grupales en el modelo ACT

El enfoque terapéutico ACT ha ido ampliando progresivamente su campo de aplicación en contextos asistenciales diversos, con diferentes tipos de trastornos y con diferentes formatos de intervención. El formato grupal utilizado por ACT, y su aplicación en poblaciones diversas con patologías también diversas, se ha extendido de forma notable, siendo objeto de un interés creciente en los estudios realizados desde el campo de la investigación.

© Ediciones Pirámide

En el conjunto de intervenciones terapéuticas grupales realizadas desde el modelo ACT, cabe señalar:

En población infanto-juvenil: Ferro et al. (2009); Turrell y Bell (2016). En familiares de población infanto-juvenil: Lozano-Segura et al. (2017). En población adulta con trastornos ansioso-depresivos: Ruiz y Trillo (2017). En población adulta con trastornos psicóticos: Castilho et al. (2015); Butler et al. (2016). En población adulta con patologías orgánicas diversas: Sadeghi et al. (2017). En población adulta con adicciones: McClure et al. (2018). En los últimos años también hay que destacar la progresiva incorporación de las nuevas herramientas tecnológicas y entregas digitales en los formatos de intervención grupal realizados desde el modelo terapéutico ACT. Al respecto: O'Leary et al. (2016); Sullivan et al. (2018).

### 2.2. Integración y aplicación de los principios y componentes de ACT en la intervención multifamiliar (IMF)

En general, todos los modelos de intervención familiar contemplan, de una forma u otra, determinados componentes básicos relacionados con contenidos específicos que son desarrollados de forma estructurada en módulos, con mayor o menor extensión temporal. Uno de los componentes que ha sido señalado como elemento especialmente útil, para adecuar los conocimientos y modos de afrontamiento de la enfermedad, es el componente psicoeducativo.

En la reciente aportación de Harvey (2018) se describen los principios comunes y técnicas habituales de la psicoeducación familiar, junto con la evidencia de sus beneficios para familiares, y de su impacto en la reducción de recaídas.

Pero lo que merece especial atención de este trabajo es la observación que realiza la autora sobre el propio concepto de «psicoeducación familiar». Harvey señala que el concepto en sí mismo puede ser engañoso, ya que puede implicar una fuerte orientación y focalización hacia el elemento educativo. La autora indica otro aspecto, que se suscribe en su literalidad, con relación a que las familias tienen a menudo una gran cantidad de conocimientos y experiencia sobre la enfermedad del paciente y sobre la naturaleza de sus recaídas.

Por ello, el objetivo primario no debe ser proveer información, sino compartir información. La autora señala que: «el propósito de compartir información es reconocer y compartir el conocimiento y la experiencia de todas las partes implicadas: la persona con trastorno mental, la familia y el clínico». Todo ello guarda gran relación con el modelo ACT.

Otros componentes habituales en los modelos de intervención familiar son:

- La mejora de la comunicación y gestión de conflictos.
- El afrontamiento de problemas cotidianos.
- El autocuidado familiar. Este componente viene siendo especialmente considerado en algunos modelos y programas actuales de intervención familiar: Bloch et al. (2009); Touriño et al. (2004; 2007; actualización en curso).

La investigación sobre la efectividad específica de ACT e integración de sus componentes en la psicoeducación multifamiliar es escasa, al menos hasta donde resulta conocido. En principio, el campo de aplicación parece amplio y prometedor. Por ello, será preciso disponer de mayor investigación sobre nuevas experiencias y resultados de efectividad.

En general, se puede considerar que los principios y componentes básicos incorporados por ACT en su modelo terapéutico pueden resultar especialmente útiles para la intervención realizada en grupos de familiares de personas con trastorno mental grave. El propio espacio grupal y el clima que se genera entre los familiares también lo favorecen. Igualmente, las estrategias terapéuticas señaladas desde el modelo de ACT: los ejercicios experienciales, las metáforas y paradojas, pueden integrarse y complementarse con las estrategias utilizadas en los formatos habituales de intervención multifamiliar. Se ofrece, a continuación, una propuesta de anclaje e integración de los componentes básicos de ACT en los modelos habituales de intervención multifamiliar, desglosada en estos apartados:

- Integración de la adaptación emocional.
- Integración de la defusión cognitiva.
- Integración de actuación sobre valores.
- Integración del compromiso.

© Ediciones Pirámide

### 2.2.1. *Integración de la adaptación emocional en la intervención multifamiliar en TMG*

En la terapia de aceptación y compromiso se señala como elemento clave y objetivo terapéutico principal el abordaje de la adaptación emocional. Desde este enfoque, el sufrimiento y malestar del individuo se relaciona con su persistente intento de evitar a toda costa dicho malestar. Ello le va a ir alejando de aquello que es importante para sí mismo, conduciéndole a un frecuente círculo vicioso de evitación experiencial destructiva.

Cuando una persona sigue la regla de que para poder vivir necesita evitar o controlar su malestar, pone en marcha mecanismos y estrategias que pueden reducir el malestar inicialmente, pero que, a largo plazo, tendrá repercusiones negativas.

La consecuencia final es que el individuo deja de implicarse en acciones importantes para vivir según sus valores y propósitos vitales (Luciano y Valdivia, 2006). En los grupos de familiares de personas con TMG este abordaje que realiza ACT de la adaptación emocional puede ser de gran utilidad.

Se ha señalado que en los familiares de personas con TMG la aparición de la enfermedad va a provocar un especial impacto y que dicho impacto se va a manifestar en forma de duelo (Lefley, 2001). La aparición de una enfermedad mental va a suponer un cambio irreversible en el sistema familiar. El duelo se produce ante las diversas pérdidas que provoca la naturaleza de la enfermedad y por la discapacidad que causa. Todo ello va a impactar negativamente en la familia, en su desarrollo y en sus relaciones.

En el contexto de la atención al trastorno mental grave, los familiares también van a pasar por las etapas habituales de alguien que se enfrenta a una situación de pérdida del ser querido: impacto y negación, enfado e ira, negación, abatimiento y dolor, aceptación. Sin embargo, el duelo tendrá unas especiales características en los familiares de personas con TMG (véase tabla 10.2).

Las características de este tipo de duelo son:

- El duelo es menos intenso al principio y va intensificándose con el tiempo (Atkinson, 1994). Es un duelo que suele cronificarse. Se ha señalado que hasta el 75% de las madres de adultos con TMG presentaban duelo crónico (Marsch, 1998).
- El estigma de la enfermedad mental también afecta a los familiares. La vergüenza es un sentimiento muy habitual, que suele llevar frecuentemente al aislamiento social. A diferencia de otras enfermedades físicas crónicas, en las que se recibe el apoyo y la solidaridad de otras personas, los familiares de personas con TMG suelen vivirlo en soledad.
- Los sentimientos de culpa y autorreproches serán frecuentes, sobre todo al inicio de la enfermedad.
- Las fluctuaciones en la sintomatología y posibles recaídas, incluso cuando el paciente evoluciona mejor, generan en los familiares alternancia de períodos de frustración y períodos de esperanza.
- Las nuevas tareas que deben realizar los familiares para atender al paciente pueden suponer el abandono de sus propias actividades y proyectos vitales.
- Las familias tienen que afrontar un duelo por el familiar que han «perdido», con los valores que tenía, con el papel que representaba en la familia y también por todas las esperanzas que tenían puestas en su futuro.
- El duelo tendrá las características de lo que se ha denominado una «pérdida ambigua», en donde se produce la desaparición de la persona tal como era, sin el punto final de su muerte (Boss, 1999).

TABLA 10.2

*Características del duelo en familiares de personas con TMG*

| |
|---|
| • Crónico (menos intenso al inicio, aumenta a lo largo del tiempo). |
| • Frecuentes sentimientos de vergüenza (los familiares también sufren el estigma). |
| • Frecuentes sentimientos de culpa y autorreproches. |
| • Aislamiento social. |
| • Alternancia de esperanza y frustración. |
| • Pérdida de libertad. |
| • Pérdida por lo que fue y por lo que podría haber sido. |
| • Pérdida ambigua. |

© Ediciones Pirámide

La propuesta realizada por Miller (1996) sobre las tareas en la atención y elaboración del duelo en familiares de una persona con TMG, y a pesar del tiempo transcurrido desde que fue formulada, sigue resultando especialmente válida para un primer encuadre e integración de este componente señalado por ACT. Existe una estrecha relación entre la adaptación emocional y la necesidad de que los familiares de personas con TMG elaboren su duelo. Convendrá señalar a los familiares que, para elaborar y superar el duelo, no basta con desear que el tiempo pase o evitar sistemáticamente el sufrimiento que pueda provocarles, sino que son precisas una acción y unas tareas. Estas son:

- 1.ª tarea: aceptar la realidad de la pérdida.
- 2.ª tarea: expresar emociones.
- 3.ª tarea: normalizar.
- 4.ª tarea: integrar la pérdida y recomponer las relaciones.

Se han resaltado también otras dimensiones relacionadas que pueden contribuir eficazmente al afrontamiento del duelo y a su superación.

Al respecto Meichenbaum (2014), indicando la importancia de la resiliencia y autocompasión de las personas afectadas.

Se ofrece a continuación una propuesta de anclaje de este componente de ACT en la intervención multifamiliar, desglosada en estos apartados:

- Adaptación emocional y psicoeducación.
- Adaptación emocional para la mejora de comunicación y gestión de conflictos.

## 1. Adaptación emocional y psicoeducación

Los modelos de intervención multifamiliar suelen incorporar, en sus distintas fases o módulos, «espacios» para que los familiares puedan expresar sus sentimientos y emociones. Algunos diseños específicos de intervención multifamiliar incorporan la adaptación emocional señalada por ACT como un elemento de especial importancia, pero no tanto con la finalidad terapéutica que el modelo ACT pretende, sino por la necesidad de abordar este elemento del duelo, íntimamente relacionado con la adaptación emocional.

Los objetivos específicos de las sesiones psicoeducativas dirigidas a favorecer esta expresión son:

- Facilitar el reconocimiento por parte de los familiares de sus propias emociones y conductas, y propiciar que las perciban como algo muy común en todas las familias que afrontan el impacto de la enfermedad.
- Facilitar la expresión, elaboración y superación del duelo familiar.

En la tabla 10.3 se ofrece el catálogo de sentimientos y conductas más comunes descritos por Anderson et al. (1986), que se adopta de forma modificada.

TABLA 10.3

| Sentimientos | Conductas |
|---|---|
| Desconcierto. | Intentos de normalizar. |
| Angustia, miedo. | Razonar, persuadir, rogar. |
| Culpa, vergüenza. | Buscar sentido. |
| Frustración, tristeza. | Vigilar al paciente. |
| Impotencia. | Sacrificios para cuidar al paciente. |
| Aislamiento. | Asumir más responsabilidades. |
| Ira. | Desatender a otros familiares. |

Algunos sentimientos, tales como la vergüenza o la ira, no son frecuentemente expresados. Por ello, comentar algunos ejemplos de la práctica o de otros grupos familiares puede favorecer su expresión. La expresión de este tipo de sentimientos, con frecuencia inconfesables y cargados de gran culpabilidad, es poderosamente catártica y contribuye a la elaboración del duelo familiar. Algunos programas de intervención familiar dan especial importancia a este elemento del duelo familiar, abordándolo más allá incluso de la atención inicial realizada en sesio-

© Ediciones Pirámide

nes psicoeducativas (Touriño et al., 2004; 2007; actualización en curso).

En nuestro ámbito, existen algunas experiencias dirigidas a grupos de familiares de personas con TMG, basadas en el modelo terapéutico de ACT, que ponen especial énfasis a esta etapa de la intervención. Así, Roldán et al. (2015) ofrecen un sugestivo esquema de intervención grupal con familiares de personas con TMG. Dedican sesiones iniciales psicoeducativas dirigidas a la regulación emocional y psicoeducación sobre las emociones. Utilizan estrategias diversas para:

- La regulación emocional: ejercicios de respiración, relajación muscular.
- La aceptación de los eventos privados, pensamientos y emociones: ejercicios de *mindfulness.*
- La facilitación del duelo por la pérdida de las ilusiones y proyectos depositados en los hijos, al objeto de centrar la atención de los familiares en las potencialidades del paciente: fábula del aguilucho.

La integración de la adaptación emocional señalada desde el modelo terapéutico de ACT, en el abordaje psicoeducativo realizado desde los modelos habituales de intervención multifamiliar, parece posible y seguramente necesaria. Pero será precisa mayor investigación sobre nuevas experiencias y resultados de efectividad.

## 2. Adaptación emocional para la mejora de la comunicación y gestión de conflictos

ACT asigna un importante papel a la distancia que el individuo debe mantener de sus eventos privados. En este contexto, cobra especial relevancia el uso del «yo explícito». Por ello, se debe incidir en que, para tener una adecuada comunicación con los familiares afectados, tomar la responsabilidad de los sentimientos y pensamientos propios es más efectivo que referirlo a otras personas.

El componente de la mejora de la comunicación es incorporado en la mayoría de los modelos habituales de intervención multifamiliar, aunque la relevancia y peso específico asignado a dicho componente (véase tabla 10.4) varía según modelos.

TABLA 10.4

| Goldstein et al. (1978) | Falloon et al. (1982) | Leff et al. (1982) | Anderson et al. (1986) | Bloch et al. (2009) |
|---|---|---|---|---|
| – | ++ | + | + | ++ |

En los familiares de personas con TMG es frecuente observar cierta inadecuación de sus habilidades comunicacionales o de sus habilidades para la gestión de conflictos. Se considera que difícilmente un familiar podrá afrontar de forma adecuada los problemas convivenciales cotidianos si su comunicación con el paciente supone un obstáculo para ello. Estas dificultades vienen determinadas por la interrelación de diversos factores:

- La propia sintomatología de la enfermedad.
- La necesidad de apoyos y supervisión que precisen los pacientes.
- La posible influencia del estrés y sobrecarga familiar.
- Los problemas convivenciales cotidianos.
- Los estilos atribucionales comunicacionales de los familiares.

Para el abordaje de este componente de la comunicación será también muy importante no descuidar en ningún momento la influencia del duelo no elaborado. Los familiares que no hayan realizado su propio proceso de «adaptación emocional» y elaboración del duelo van a presentar dificultades añadidas en su comunicación con las personas afectadas y en la gestión de conflictos convivenciales cotidianos.

Así, por ejemplo, pueden existir diferencias entre los progenitores del paciente, en donde uno de ellos ya haya aceptado la enfermedad mental grave de su hijo, habiendo comenzado a elaborar su propio proceso de adaptación emocional y elaboración del duelo, mientras que el otro persiste en su criterio de que lo que afecta a su hijo es un problema psicológico pasajero, no habiendo aún experimentado ninguna señal de duelo. Si este progenitor, además, mantiene expectativas no ajustadas a la evolución o situación clínica actual del paciente, las dificultades aumentarán.

Algunas de las sugerencias ofrecidas a los familiares en esta fase de la intervención guardan una

© Ediciones Pirámide

estrecha relación con el componente de la adaptación emocional señalado por ACT.

Una sugerencia habitual, muy relacionada con la necesaria adaptación emocional de los familiares para la comunicación con los pacientes, es la siguiente: «Procure expresar de una forma constructiva los sentimientos de disgusto».

Convendrá advertir a los familiares que, si estos sentimientos de disgusto suceden con frecuencia, terminarán instalándose en ellos, conduciéndoles al agotamiento. Cabe la siguiente ejemplificación:

— Fórmula inadecuada: «Siempre llegas tarde a todas partes, ¡estoy harta de ti!».
— Fórmula adecuada: «La verdad es que me disgusta que llegues tarde a comer. Si pudieras llegar media hora antes, sería estupendo».

Se podrá complementar la explicación de estas sugerencias con algunos ejercicios y dinámicas *(role play)*, usando algún problema comunicacional planteado por alguna familia. En algunos modelos y programas actuales de IMF se añaden, a las habituales estrategias para la mejora de comunicación y gestión de conflictos, otros abordajes más experienciales, introduciendo ejercicios y dinámicas participativas (Bloch et al., 2009; Touriño et al., 2004; 2007; actualización en curso). En general, los modelos habituales de IMF abordan el componente de la comunicación y gestión de conflictos en secciones o módulos específicos más avanzados, aunque sin la finalidad terapéutica pretendida por ACT.

En la experiencia ya citada de Roldán et al. (2015) se aborda este componente de la comunicación desde el marco general del entrenamiento en competencias. Las autoras, utilizando los principios y estrategias del modelo terapéutico ACT, desarrollan múltiples aspectos relacionados con la comunicación y gestión de conflictos. Las estrategias de ACT en este terreno pueden resultar especialmente útiles y complementarias al abordaje realizado por los formatos habituales de IMF.

En síntesis, la integración en los modelos habituales de intervención multifamiliar de la adaptación emocional señalada desde el modelo terapéutico de ACT, para el abordaje de la comunicación y conflictos convivenciales, también parece posible y seguramente necesaria. Así, será de utilidad el uso combinado de estrategias terapéuticas ACT (por ejemplo: metáfora de la caja llena de cosas) con otras estrategias utilizadas en los módulos habituales de IMF.

### 2.2.2. *Integración de la defusión cognitiva en la intervención multifamiliar*

Intentar deshacer la «fusión cognitiva», entre la palabra y su referente simbólico, es uno de los elementos clave para la terapia de aceptación y compromiso. Esta desliteralización va a permitir debilitar el comportamiento dirigido por reglas, en contraposición al dirigido por contingencias.

De esta forma, el sujeto puede adoptar una posición más distante y observadora de sus pensamientos, pero no se fusiona con ellos (Barraca, 2007).

Se ha señalado que el manejo y control de pensamientos inquietantes o distorsionados parece un tema central y que tiene gran influencia en la comunicación de los familiares con los pacientes (Montero et al., 2006). El anclaje de la defusión cognitiva en los diseños de intervención multifamiliar parece especialmente indicado. Su integración resultará de gran utilidad en diversos momentos y fases de la intervención. Se presenta a continuación una propuesta de integración desglosada en los siguientes apartados:

— Defusión cognitiva y psicoeducación.
— Defusión cognitiva en la mejora de comunicación y gestión de conflictos.

#### 1. Defusión cognitiva y psicoeducación

Este componente de la defusión cognitiva señalado por ACT se puede encuadrar en los formatos habituales psicoeducativos multifamiliares.

Hay que considerar que muchos contenidos desarrollados en las distintas sesiones de cualquier módulo psicoeducativo ya abordan este componente, si bien de forma tangencial.

Algunas de las sugerencias realizadas en dichas sesiones implican, por sí mismas, una «forma distinta» de situar la particular visión que los familiares pueden tener sobre lo que es mejor para ellos y para los pacientes.

Determinadas consignas, como las señaladas por McFarlane et al. (1995) para sus grupos multifamiliares, implican cierto acercamiento a esta rees-

© Ediciones Pirámide

tructuración cognitiva de los familiares. Así, por ejemplo:

— Mantenga la calma.
— Resuelva los problemas paso a paso.
— No intente cambiar lo que no se pueda.
— Siga con sus asuntos como hasta ahora.

Como se ha venido señalando, complementar estas estrategias y consignas realizadas en la psicoeducación multifamiliar con el uso de estrategias terapéuticas propias de ACT (por ejemplo: metáfora del hombre en el agujero) parece perfectamente posible.

**2. Defusión cognitiva para la mejora de la comunicación y gestión de conflictos**

Se deberá explicar a los familiares que, generalmente, todas las personas, en mayor o menor medida, pueden tener pensamientos intrusivos o distorsionados y que suelen estar relacionados con su propia experiencia y vivencias o con la forma en que suelen atribuir las causas de lo que les ocurre en su vida cotidiana. Y resaltar también que este tipo de pensamientos puede ser un obstáculo en la comunicación con sus familiares afectados por TMG.

Una forma inicial de abordar la defusión cognitiva de los familiares, en los módulos habituales de intervención multifamiliar centrados en la mejora de la comunicación y gestión de conflictos, será la descripción de los distintos tipos de pensamientos intrusivos o distorsionados y de sus posibles estrategias de control (véase tabla 10.5).

TABLA 10.5
*Estrategias de manejo de pensamientos intrusivos*

| |
|---|
| • Evitar la exageración. |
| • Pensar en porcentajes. Las cosas no son blancas o negras. |
| • Evitar conclusiones precipitadas. |
| • Realizar comprobaciones. Verifique hechos. Evite interpretaciones. |
| • Evaluar las probabilidades reales. |
| • Evitar personalizar. Las cosas pueden ocurrir por azar. |
| • Recordar que los sentimientos pueden conducir a errores. |
| • Recordar que cada uno es responsable de sus actos. |

Esta descripción de pensamientos y las sugerencias de manejo permiten un adecuado encuadre inicial para la integración del componente de la defusión cognitiva señalado por ACT en grupos multifamiliares.

Complementar la descripción y abordaje de este tipo de pensamientos, con el uso de estrategias terapéuticas propias de ACT (por ejemplo: metáfora del autobús), también es posible y conveniente.

### 2.2.3. *Integración de la actuación sobre valores en la intervención multifamiliar*

Otro elemento básico y objetivo terapéutico principal señalado desde ACT es la actuación sobre los valores y objetivos vitales personales. Según el modelo terapéutico ACT, el sufrimiento y malestar psicológico individual contribuye al progresivo abandono de dichos valores y objetivos vitales (Wilson y Luciano, 2002; Luciano y Valdivia, 2006; Barraca, 2007).

La aparición de la enfermedad mental conduce habitualmente a que el sistema familiar se torne más rígido, y que la mayor parte de la vida cotidiana familiar gire en torno a la enfermedad mental de la persona afectada. Todo ello puede repercutir directamente en los valores y expectativas vitales de los familiares de personas con TMG.

Esta posible subversión de valores puede incidir en múltiples aspectos de la vida cotidiana de los familiares. Así, por ejemplo, en la pérdida de sus rutinas, el abandono y/o descuido de sus relaciones sociales, el descuido de actividades agradables, de su propia salud general o de determinados hábitos (alimentación, sueño). Pero dicha subversión no siempre se evidencia de forma tan clara y tan general. Algunos progenitores son capaces de «reconstruir sus antiguos valores» a propósito de la enfermedad de sus hijos, o incluso de incorporar «nuevos valores personales». Por tanto, cabría considerar que el «nuevo valor» para los familiares consista, precisamente, en estar en calma y compartir momentos agradables en la convivencia con sus familiares afectados. Este aspecto, sobre los beneficios potenciales del cuidado de personas con trastorno mental grave en sus familiares, ya había sido advertido por Bauer et al. (2013).

© Ediciones Pirámide

Desde el modelo terapéutico de ACT, el paso a esta fase de la intervención va a requerir que el individuo ya sea capaz de «observar» de una forma más distante sus eventos privados, sin estar constreñido por ellos (Barraca, 2007). Las tareas señaladas por ACT para esta fase de la intervención son:

— 1.ª tarea: realizar una clarificación de los valores personales.
— 2.ª tarea: realizar acciones dirigidas hacia estos valores.

En los grupos de familiares de personas con TMG, este abordaje terapéutico que realiza ACT para la clarificación y actuación sobre valores puede ser de gran utilidad. Se presenta a continuación una propuesta de integración de dicho elemento en la intervención multifamiliar, desglosada en:

— Actuación tangencial sobre valores en los módulos habituales de IMF.
— Actuación sobre valores desde módulos específicos de IMF. El autocuidado familiar.

**1. Actuación tangencial sobre valores en los módulos habituales de IMF**

Como ya ha sido señalado, los formatos y módulos habituales de intervención multifamiliar se alejan del enfoque y objetivo terapéutico principal pretendido por ACT. En general, los contenidos desarrollados en estos módulos tienen otra orientación y finalidad. Sin embargo, es preciso señalar que esta actuación sobre valores también es realizada en dichos módulos, aunque de forma tangencial. Algunos modelos y programas de IMF incorporan, en sus distintos módulos, estrategias y consignas muy relacionadas con este elemento de ACT (Anderson et al., 1986; McFarlane, 1990; Bloch et al., 2009; Touriño et al., 2004; 2007). Así, por ejemplo:

— En módulos iniciales psicoeducativos, cuando se indica a las familias que intenten seguir con sus asuntos como hasta ahora, recuperar sus rutinas, gustos o aficiones.
— En módulos avanzados de entrenamiento en competencias y afrontamiento de problemas convivenciales, mediante la provisión a las familias de estrategias específicas.

Esta actuación tangencial sobre los valores puede verse enriquecida y complementada con estrategias ACT en los diseños futuros de IMF.

**2. Actuación sobre valores desde módulos específicos de intervención multifamiliar. El autocuidado familiar**

Las modificaciones e innovaciones realizadas en algunos modelos y programas más recientes de intervención multifamiliar permiten un mayor acercamiento a esta actuación sobre valores que indica ACT. Así, por ejemplo, la inclusión del autocuidado familiar como uno de los elementos importantes de la intervención. Al respecto, el programa desarrollado por Touriño et al. (2004; 2007; actualización en curso). Estos programas asignan una especial relevancia a la implicación personal del terapeuta (aspecto señalado por el modelo terapéutico de ACT).

Los contenidos y estrategias sugeridos en este tipo de módulos centrados en el autocuidado familiar guardan una estrecha relación con aspectos señalados por ACT, para el componente de la actuación sobre valores. Así, por ejemplo, cuando se ofrecen a los familiares sugerencias para la mejora de actitudes y acciones dirigidas a su autocuidado, tales como: el cuidado de sus relaciones sociales, la realización de actividades agradables o el cuidado de su salud general.

Algunos de los pactos y acuerdos adoptados en el seno del grupo multifamiliar terminan siendo realizados no solo por los familiares, sino también por los profesionales. Complementar estas sugerencias realizadas en los módulos específicos de IMF, dirigidos al autocuidado familiar, con la actuación sobre valores señalada por ACT y con el uso de estrategias terapéuticas propias de este modelo terapéutico (por ejemplo, metáfora del jardín), es igualmente posible.

### 2.2.4. *Integración del compromiso en la intervención multifamiliar*

La última fase señalada por el modelo terapéutico de ACT se centra en el establecimiento de «compromisos individuales» por parte de las personas afectadas. Según el modelo ACT, el paso a esta última fase terapéutica va a requerir que el sujeto

© Ediciones Pirámide

desee establecer un verdadero compromiso y tenga la intencionalidad de actuar sobre ello (Barraca, 2007). Esto supone:

- Que deberán estar clarificados los valores y las acciones.
- Que deberá existir cierta capacidad de aceptación y de desliteralización.
- Que deberá existir cierta capacidad para comprender la verdadera naturaleza de la aceptación y compromiso y que no es posible una aceptación a medias o condicional.
- Que deberá existir cierta capacidad para detectar y afrontar los obstáculos y barreras que puedan presentarse en este proceso.

En los grupos de familiares de personas con TMG, este abordaje terapéutico de ACT dirigido al establecimiento de un verdadero «compromiso personal» también puede ser de gran utilidad.

Como ya se ha señalado (véase 2.2.3), los contenidos y estrategias sugeridos en los módulos de IMF centrados en el autocuidado familiar guardan una estrecha relación con aspectos señalados por ACT.

Igualmente, en gran parte de los modelos habituales de intervención familiar se contempla la inclusión de módulos específicos dirigidos al afrontamiento y resolución de problemas. Se trata de módulos más avanzados, que suponen un avance cualitativo en las habilidades familiares para el afrontamiento de la enfermedad, y que corresponden a fases finales de la intervención.

En general, y salvando diferencias parciales entre los distintos modelos, la estructura de las sesiones de estos módulos dirigidos a la resolución de problemas, y tras la socialización previa y revisión de la sesión anterior, contempla lo siguiente:

- Ronda de problemas.
- Elección de un problema concreto.
- Ronda de propuestas de soluciones.
- Elección de soluciones para el problema seleccionado.
- Implementación de soluciones elegidas.

Como consideración previa hay que señalar que, para el abordaje de esta última fase de la IMF, será fundamental alentar un mensaje de esperanza a las familias y de confianza en la recuperación de sus familiares afectados por TMG, insistiendo en que las estrategias de afrontamiento de problemas llevan su tiempo y que lo que no se pueda resolver en la actualidad, tal vez pueda resolverse en otro momento. Este aspecto guarda una íntima relación con la aceptación señalada por ACT.

Por tanto, no se trata de resolver en el grupo todos los problemas que planteen los familiares, sino de que puedan disponer de estrategias y herramientas para afrontar la convivencia cotidiana, con independencia de la rapidez o grado de éxito obtenido en la resolución del problema.

Esta aceptación de posibles aplicaciones no exitosas de las estrategias para la resolución de problemas va a favorecer un establecimiento de compromisos más ajustados a la realidad familiar y del paciente. Ello también guarda estrecha relación con el elemento señalado por ACT, sobre la capacidad para detectar, aceptar y afrontar los obstáculos y barreras que puedan presentarse en el proceso de compromiso.

En estos módulos de IMF dirigidos a la resolución de problemas el contexto grupal y el clima de apoyo que se suele generar entre los familiares y profesionales también ofrece un marco adecuado para el establecimiento de compromisos. Los familiares suelen tener una decidida implicación en la aportación de soluciones al problema familiar seleccionado y, habitualmente, aceptan de buen grado aquellas soluciones aportadas y aplicadas con éxito por otros familiares. Pero conviene señalar que el establecimiento de compromisos dirigidos a la resolución del problema por parte del familiar afectado puede requerir otro tipo de abordajes. Así, por ejemplo, que sea preciso solicitar el consentimiento y colaboración del paciente, y realizar el tratamiento del problema fuera del espacio grupal, en sesión unifamiliar conjunta familia-paciente.

Algunos programas actuales de IMF incluyen ejercicios y dinámicas participativas *(role play),* como fórmula de ensayo previo para la puesta en práctica de las estrategias de solución elegidas para el problema seleccionado por el grupo multifamiliar (Touriño et al., 2004; 2007; actualización en curso). Estas técnicas son señaladas como especialmente útiles por el modelo terapéutico de ACT para esta

© Ediciones Pirámide

fase final de la intervención sobre el compromiso (Barraca, 2007).

Las estrategias terapéuticas señaladas por el modelo ACT también pueden resultar muy útiles en estos módulos finales de la IMF dirigidos a la resolución de problemas (por ejemplo, metáfora del ajedrez).

### 2.3. Experiencias psicoterapéuticas grupales de ACT en familiares de personas con TMG

Para grupos de personas afectadas por TMG se ha ido extendiendo y consolidando el uso del modelo ACT. Existen detalladas aportaciones al respecto: Oliver et al. (2011); Morris et al. (2013); O'Donoghue et al. (2018).

Pero no existen demasiadas experiencias dirigidas a grupos de familiares de personas con TMG. La literatura e investigación al respecto, y hasta donde resulta conocido, es muy escasa. Algunos trabajos y aportaciones se dirigen exclusivamente a las posibilidades que ofrece el modelo ACT en grupos de familiares de personas con TMG (Navarro et al., 2012).

Entre las experiencias psicoterapéuticas grupales de ACT con familiares de personas con TMG, y en nuestro ámbito, cabe destacar la experiencia ya descrita (véase 2.2.1) de Roldán et al. (2015). Las autoras evalúan la eficacia de un programa de intervención grupal en la disminución de problemas psicológicos presentados por familiares de personas con TMG. Utilizan diversas escalas e instrumentos para la evaluación de los siguientes parámetros: ansiedad, depresión, estrés percibido, salud general, asertividad y estrategias de afrontamiento. El modelo teórico explicativo que sirve de encuadre a este programa es el modelo de vulnerabilidad-estrés. La intervención que se realiza abarca un total de 20 sesiones psicoterapéuticas grupales, basadas en el modelo ACT, estructuradas en secciones, de forma secuencial, y con contenidos específicos dirigidos a:

- La adaptación emocional y elaboración del duelo.
- La orientación y clarificación de valores.
- El entrenamiento en competencias.
- La desliteralización.

De forma preliminar, los resultados de este programa indican eficacia terapéutica en la mayoría de los dominios evaluados, siendo significativos para:

- La disminución del nivel de depresión.
- La mejora de la comunicación asertiva.
- La mejora de estrategias de afrontamiento orientadas a la solución de problemas.

Finalmente, advierten las autoras sobre algunas limitaciones de su estudio. Estas son:

- El escaso tamaño de la muestra de estudio.
- Su carácter no aleatorizado y ausencia de grupo control.
- La ausencia de datos sobre su efectividad a lo largo del tiempo.

## 3. INTERVENCIÓN MULTIFAMILIAR EN PSICOSIS. UNA PROPUESTA INTEGRADORA

### 3.1. Indicaciones y objetivos

La intervención multifamiliar está indicada para todas las familias de personas diagnosticadas de trastornos del espectro psicótico, con algunas excepciones. Se excluyen:

- Familias que presenten importantes conflictos intrafamiliares.
- Familias que rechacen el formato grupal, prefiriendo abordaje unifamiliar.
- Familias de usuarios/as que expresen total rechazo a que se realice este tipo de intervención grupal con sus familiares.

Como objetivos generales de la IMF, en esta propuesta integradora se establece:

- Flexibilizar la reacción al malestar de los familiares de personas diagnosticadas de psicosis.
- Contribuir a la mejora de las competencias familiares en el afrontamiento de la enfermedad.
- Reducir el impacto negativo que pueda ocasionar en los familiares dicho afrontamiento.

Otros objetivos específicos serán: favorecer la adaptación emocional y elaboración del duelo familiar, favorecer la defusión cognitiva de los familiares,

© Ediciones Pirámide

favorecer la actuación sobre valores y objetivos vitales propios y favorecer el establecimiento de compromisos personales.

### 3.2. Evaluación familiar

En el proceso de atención a las familias la evaluación va a resultar imprescindible. Será el elemento clave que guiará la intervención posterior. La evaluación familiar es un proceso y, como todo proceso, va a requerir de tiempo. En este proceso el clima de confianza y colaboración que se establezca entre profesionales y familiares no solo contribuirá a mejorar la calidad de la evaluación, sino también a establecer un peculiar estilo de interacción con las familias, que se mantendrá a lo largo de toda la intervención. Todo ello va a favorecer la consecución de metas y objetivos comunes.

El eje de la evaluación familiar será la entrevista. A efectos de que todas las áreas de evaluación sean abordadas, el formato mixto de entrevista semiestructurada puede resultar útil. Para la evaluación de determinadas áreas puede ser de ayuda el uso de instrumentos específicos de evaluación. Se han señalado determinadas áreas comunes en la evaluación familiar: Haldford (1992); Leff y Vaughn (1985); Barrowclough y Tarrier (1995). Se describen, a continuación, las principales áreas de evaluación, siguiendo la propuesta realizada por Touriño et al. (2010), que se adopta de forma parcialmente modificada (véase tabla 10.6).

TABLA 10.6
*Áreas de evaluación*

| |
|---|
| 1. Revisión de la enfermedad y situación actual. |
| 2. Información general familiar. Genograma y ciclo vital. |
| 3. Reacción familiar ante la enfermedad. Carga familiar y duelo. |
| 4. Estilos comunicacionales y estrategias de afrontamiento de problemas. |
| 5. Conocimientos sobre la enfermedad y tratamientos. |
| 6. Calidad de vida y percepción de salud del familiar. |
| 7. Disposición familiar para la intervención multifamiliar. |
| 8. Flexibilidad psicológica. |
| 9. Estrés y malestar psicológico. |

#### 1. Revisión de la enfermedad y situación actual

En esta área inicial se contempla:

— Información sobre inicio, curso y evolución de la enfermedad.
— Situación actual del paciente: nivel de funcionamiento general, nivel de deterioro, manejo de síntomas prodrómicos, factores de riesgo y protectores.
— Apoyos profesionales y supervisión requerida por el paciente.

#### 2. Información general familiar. Genograma y ciclo vital

Se indagará en la historia general familiar, posible presencia de psicopatología en otros miembros de la familia, red y apoyos sociales disponibles y posibles problemas a los que se puede estar enfrentando la familia en ese momento. También deben valorarse las actividades que los familiares están llevando a cabo y las que han abandonado, las rutinas actuales y pasadas y el papel de otras figuras externas a la familia que puedan ser importantes. En este punto será especialmente útil:

— Realización del genograma familiar: ofrecerá una representación gráfica de la constelación familiar, de su estructura y de posibles conflictos familiares.
— Valoración del ciclo vital: ofrecerá información sobre la fase del ciclo vital que atraviesa la familia y las tareas que debe afrontar. En una familia en la que uno de sus miembros presenta un trastorno del espectro psicótico (TEP), además de asumir las tareas habituales de cada fase, los familiares deben asumir nuevas tareas y abandonar o posponer otras que son propias de la etapa del ciclo vital por la que están pasando, lo que puede advertir sobre los problemas que pueden surgir en el medio familiar y guiar la intervención.

#### 3. Reacción familiar ante la enfermedad. Carga familiar y duelo

La aparición de un TMG va a provocar un especial impacto en los familiares de las personas afecta-

© Ediciones Pirámide

das. La evaluación de dicho impacto y la forma en que las familias reaccionan ante la enfermedad será muy importante. Para esta área se contempla:

— Ajuste familiar a las necesidades y nuevos requerimientos que supone el TMG.
— Funcionamiento familiar en episodios críticos.
— Respuesta familiar ante la sintomatología y posible deterioro del paciente.
— Principales preocupaciones y expectativas familiares ante el futuro del paciente.

En esta área de evaluación dos aspectos centrales a considerar serán: la carga familiar y el duelo.

*Carga familiar:*

La carga familiar o carga del cuidador se refiere a las múltiples dificultades que se experimentan en el cuidado y manejo de un familiar con enfermedad mental (Schene et al., 1996).

Hoenig y Hamilton (1966) distinguieron entre carga objetiva y carga subjetiva. La carga objetiva incluye todo lo que los familiares deben hacer por el paciente en su tarea como cuidadores: supervisión, control, gastos económicos, los trastornos que supone en su vida, ocupación del ocio, relaciones sociales, y los impedimentos para el desarrollo de la vida profesional y la práctica de aficiones. La carga objetiva estará determinada por lo que el paciente haga o deje de hacer, lo que dependerá de su estado funcional y su sintomatología. El modo en el que la familia experimenta y sufre esta carga objetiva, se adapta y reacciona ante ella supone la carga subjetiva. Muchas veces es difícil evaluar la carga subjetiva porque puede estar enmascarada por actitudes de resignación, sobre todo en casos de larga evolución.

La compossición de la familia, la situación socioeconómica, la red social disponible, el contexto comunitario y la organización del sistema de atención en salud mental van a influir en la carga familiar. También tendrán importancia factores culturales ligados a ideas religiosas y al papel de la familia en el cuidado de sus miembros. Hay que evaluar la carga situando a la familia en su contexto sociocultural (Touriño et al., 2010). A continuación (véase tabla 10.7), se detallan algunos instrumentos para evaluación de la carga familiar.

TABLA 10.7

| Instrumentos | Referencias |
|---|---|
| IEQ | Involvement Evaluation Questionnaire (Van Wijngaarden et al., 2000). Cuestionario de evaluación de repercusión familiar. |
| ECFOS-II | Validation in Spanish population of the family objective and subjective burden interview (ECFOS-II) for relatives of patients with schizophrenia (Vilaplana et al., 2007). |
| ZARIT | Escala de sobrecarga del cuidador (Zarit et al., 1980). |
| SBAS | Social Behaviour Assessment Schedule (Platt et al., 1980; adaptación española de Otero, Navascues y Rebolledo, 1990). |

*Duelo:*

Se evaluará el duelo teniendo en cuenta sus aspectos específicos en estas familias, tal como vimos en el apartado 2.2 del presente capítulo. Los familiares pasarán por las mismas etapas de alguien que se enfrenta a una situación de pérdida, con las especiales características de «pérdida ambigua», en este caso.

### 4. Estilos comunicacionales y estrategias de afrontamiento de problemas

Para esta área de evaluación se desglosarán:

— Estilos comunicacionales.
— Estrategias de afrontamiento de problemas.

*A) Estilos comunicacionales*

Se ha señalado que algunas pautas y estilos de interacción familiar con las personas afectadas por TMG median en el curso y evolución de la enfermedad. La emoción expresada (EE) se ha definido como un peculiar «estilo comunicacional» de los familiares y cuidadores de personas con TMG, y ha sido uno de los constructos mejor estudiados y evaluados en el ámbito de las teorías psicológicas.

© Ediciones Pirámide

Los parámetros básicos de la EE (criticismo, implicación emocional excesiva y hostilidad) y su influencia en el curso de la enfermedad han sido también ampliamente investigados: Brown y Rutter (1966); Vaughn y Leff (1976); Kavanagh (1992); Bebbington y Kuipers (1994). Se han señalado también otras pautas y estilos comunicacionales familiares con posible influencia en el curso de la enfermedad, entre ellos: estilo comunicacional abstruso, escucha insuficiente o ineficiente, relaciones interpersonales intrusivas, proclividad al juicio atribucional, tendencia a la escalada de conflictos, hipervigilancia, patrón comunicacional rígido, inconsistencia de las respuestas interpersonales e impredecibilidad del clima familiar.

En la tabla 10.8 se detallan los principales instrumentos de evaluación de EE.

TABLA 10.8

| Instrumentos | Referencias |
|---|---|
| CFI | Camberwell Family Interview (Vaughn y Leff, 1976). |
| MH | Muestra de habla de cinco minutos (Gottschalk et al., 1988; Magaña et al., 1986). |

*B) Estrategias de afrontamiento de problemas*

Se deberá indagar también sobre cuáles son las competencias y estrategias familiares para el afrontamiento y resolución de problemas. Como instrumento específico para evaluación de esta área cabe señalar el «Inventario de Estrategias de Afrontamiento»: Coping Strategies Inventory (CSI) (Tobin et al., 1989; adaptación española de Cano et al., 2007).

**5. Conocimientos sobre la enfermedad y tratamientos**

Para esta área de evaluación se contempla:

- Nivel de información familiar sobre la enfermedad y su origen, síntomas y evolución.
- Nivel de información familiar sobre los tratamientos y recursos disponibles.
- Posibles sesgos en la información.

Como instrumento específico para evaluación del área cabe citar el «Inventario de Conocimientos sobre Esquizofrenia» (KASI) (Barrowclough et al., 1987).

**6. Calidad de vida y percepción de salud del familiar**

La calidad de vida de los familiares está muy relacionada con la de los pacientes («si está bien, yo también lo estoy; si sufre, yo sufro»). Otros factores que influyen en la calidad de vida de los familiares tienen relación con el estigma y la falta de apoyo social, la existencia de otros problemas familiares, la situación económica, así como la actitud de los profesionales y los recursos disponibles (Caqueo-Urízar et al., 2009). En la tabla 10.9 se detallan algunos instrumentos para evaluación del área.

TABLA 10.9

| Instrumentos | Referencias |
|---|---|
| WHOQOL-BREF | Cuestionario de Calidad de Vida. OMS (1991). |
| EQ-5D | EuroQol (1999). Validación española. |

**7. Disposición familiar para la intervención multifamiliar**

También será necesario indagar sobre cuáles son las necesidades de información y apoyo que precisan los familiares.

**8. Flexibilidad psicológica**

La propuesta integradora que se realiza en el presente apartado va a requerir la evaluación de otras áreas específicas. La flexibilidad psicológica, esto es, la capacidad de un individuo para estar presente, en el aquí y ahora, adaptándose a las situaciones que se le presentan en su entorno y estando abierto a lo que acontezca en términos de emociones, sentimientos, sensaciones, acciones, permite a las personas actuar de un modo efectivo y eficiente, acorde a sus valores.

Como instrumento específico para evaluación del área cabe señalar la «Prueba de flexibilidad aquí y ahora», propuesta por Ruiz y Cravzoff (2019).

© Ediciones Pirámide

### 9. Estrés y malestar psicológico

En la tabla 10.10 se detallan algunos instrumentos para evaluación del área.

TABLA 10.10

| Instrumentos | Referencias |
|---|---|
| PSS | Escala de estrés percibido. Perceived Stress Scale (Cohen et al., 1983; adaptación española en Remor, 2001; 2006). |
| SCS | Escala de autocompasión (Neff, 2003; validación española en García-Campayo et al., 2014). |
| BAI | Inventario de Ansiedad de Beck. Beck Anxiety Inventory (Beck et al., 1988). |
| BDI-II | Inventario de depresión de Beck. Beck Depression Inventory-II (Beck et al., 1996). |

Además de esta evaluación inicial, que guiará el tipo de intervención a llevar a cabo, no será menos importante evaluar el nivel de satisfacción de los familiares con la misma y los cambios que se hayan producido a raíz de la intervención.

En Touriño et al. (2004; 2007) se realiza una adaptación del cuestionario de satisfacción propuesto por Anderson et al. (1986).

## 3.3. Propuesta de intervención por niveles

La propuesta de intervención por niveles se realiza teniendo en cuenta los siguientes elementos:

- Gravedad del trastorno.
- Tiempo de evolución del trastorno.
- Fase del ciclo vital familiar.
- Estilos interaccionales y competencias.

### *A) Gravedad del trastorno*

La aparición de un TMG va a provocar un especial impacto, tanto en la persona afectada como en sus familiares. Y aunque la reacción familiar a la enfermedad no dependerá exclusivamente del grado de afectación del paciente, dicha afectación puede tener un papel fundamental. Las familias de pacientes severamente afectados y con gran deterioro van a tener que afrontar múltiples dificultades relacionadas con esta alta afectación: posibles alteraciones conductuales, presencia de sintomatología psicótica franca y activa, deterioro cognitivo y postración social del paciente.

Todo ello puede conducir a un malestar psicológico creciente en cuidadores principales y en el resto de los miembros de la familia.

### *B) Tiempo de evolución del trastorno*

Las necesidades y apoyos que van a precisar los familiares de personas con TMG pueden variar considerablemente. Así, por ejemplo, los progenitores de un joven psicótico, y que probablemente también sean jóvenes, tendrán inquietudes y necesidades distintas a las de las familias de pacientes con larga evolución en la enfermedad (a veces décadas), y con familiares cuidadores principales de edad avanzada. El tiempo de evolución también suele estar relacionado con un mayor o menor grado de deterioro del paciente. Por ello, el tiempo de evolución del trastorno será otro elemento clave a considerar en el diseño de la intervención.

### *C) Fase del ciclo vital familiar*

En esta propuesta de integración de la IMF por niveles otro elemento básico a considerar será la fase del ciclo vital familiar. Se deberá atender a lo siguiente:

- Fase específica del ciclo vital.
- Tareas evolutivas propias de la etapa vital en que se encuentra la familia.

Cuando aparecen los primeros síntomas de la enfermedad, sobre todo a edades tempranas, el impacto en el sistema familiar va a ser muy importante y es frecuente que su funcionamiento gire en torno al problema de salud mental del hijo o hermano.

En esta época, que debería caracterizarse por un incremento de la flexibilización, en la que los adolescentes y/o adultos jóvenes van alejándose gradualmente de la familia de origen y desarrollando sus relaciones con iguales, la aparición de la enfermedad conduce habitualmente a que el sistema fa-

© Ediciones Pirámide

miliar se torne más rígido y que la mayor parte de la vida cotidiana familiar gire en torno a la enfermedad de uno de sus miembros.

*D) Estilos interaccionales y competencias*

Como se ha señalado, la reacción familiar ante el impacto que supone la aparición y diagnóstico de TMG en uno de sus miembros puede ser muy diversa. El grado de afectación del paciente y el tiempo de evolución del trastorno van a influir en dicha reacción familiar, pero no son los únicos elementos que la determinan. Hay que considerar también que son las características de las familias como sistemas, y de los individuos que los conforman, lo que va a mediar en la reacción ante cualquier evento de tipo negativo, incluido el TMG de un familiar. En este contexto, cobran especial relevancia:

- Las pautas interaccionales y estilos de comunicación familiar.
- Las competencias y habilidades en la gestión de conflictos.
- Los patrones familiares (flexibles, rígidos) ante nuevas demandas y requerimientos.

Todo ello puede repercutir tanto en la evolución de la enfermedad como en el estado de salud física y psicológica de los familiares. Atendiendo a todos los elementos anteriores, se realiza una propuesta de intervención a dos niveles, en función del grado de afectación familiar:

- Familias con baja afectación.
- Familias con alta afectación.

### 3.3.1. *Familias con baja afectación*

En familias de baja afectación, con alta capacidad de afrontamiento, baja emoción expresada (EE), baja carga familiar, flexibilización psicológica adecuada y no presencia de trastornos emocionales, se indicará intervención multifamiliar psicoeducativa y de apoyo durante 9 meses.

En el caso de que el paciente presente nivel de deterioro leve, lo que frecuentemente suele relacionarse con un inicio reciente del trastorno, debe darse especial importancia a la recuperación y los factores que la favorecen.

En este sentido, la respuesta de la familia ante la nueva situación de su familiar va a constituir un elemento fundamental como potenciador o limitador de las posibilidades de recuperación.

La psicoeducación sobre el trastorno estaría indicada desde el inicio, habiendo demostrado una mayor efectividad en el formato multifamiliar.

No se incluye el abordaje de la EE como uno de los objetivos para estas familias.

La intervención en familias de baja emoción expresada puede aumentar el estrés familiar y las recaídas (Linszen et al., 1996). No hay que olvidar que la EE es una medida interactiva y no una característica estructural de la personalidad.

En el inicio de la enfermedad la sobreprotección es un mecanismo adaptativo ante los cambios y la fragilidad de su familiar. El criticismo puede estar relacionado con un desconocimiento de las conductas del paciente como síntomas del trastorno. Las hospitalizaciones y/o períodos de descompensación pueden motivar un aumento de la carga objetiva, al precisar mayor control por parte de los familiares y abandono de otras tareas laborales o de ocio. Asimismo, la mayor dedicación al paciente puede disminuir la atención a otros familiares o desviar la atención de las tareas que le corresponden a la familia en función de la etapa del ciclo vital que esté atravesando en ese momento.

Comprobar cómo un ser querido empieza a comportarse de una manera extraña e inexplicable constituye una experiencia muy perturbadora para su familia, que sentirá un inevitable desconcierto inicial, al no saber cómo situarse ante una enfermedad que desconocen y que además está sometida a una franca estigmatización social. La pregunta habitual de los familiares en esta etapa es: ¿volverá a ser como antes? Angustia, miedo, frustración, culpa, vergüenza, serán sentimientos comunes que habrá que abordar. El duelo debe ser un objetivo desde los primeros contactos con los familiares, antes de incluirlos en un grupo multifamiliar.

Al inicio del trastorno serán frecuentes los sentimientos de culpa y los autorreproches. Los familiares pueden estar pasando por los primeros momentos de elaboración del duelo con negación o rabia. También pueden sentir los efectos del estigma de las enfermedades mentales. Es frecuente que vivan el trastorno de su familiar en soledad, sin poder hablar libremente de lo que sucede. Las fluctuacio-

© Ediciones Pirámide

nes en la sintomatología y posibles recaídas, incluso cuando el paciente evoluciona mejor, generan en las familias alternancia de períodos de frustración y períodos de esperanza.

Cuando el deterioro del paciente es moderado-grave, pero la familia presenta una baja afectación, es frecuente observar que los familiares de pacientes con una larga evolución del trastorno presenten un bajo nivel de EE, mostrando en muchas ocasiones calidez emocional en su interacción.

A lo largo del tiempo han adquirido habilidades para relacionarse con su familiar y resolver conflictos. La EE tampoco debe ser un objetivo en estas familias con baja afectación. Puede existir algún aspecto de la comunicación o de resolución de problemas susceptibles de mejora, en el que sea necesario incidir. En algunos casos, a pesar de la larga evolución y frecuentes contactos con servicios de salud mental, los familiares pueden presentar ideas erróneas sobre el trastorno y otros aspectos relacionados con el tratamiento que deben abordarse compartiendo información al respecto.

La pregunta básica que suelen hacerse los familiares de edad avanzada, y que han ejercido de cuidadores durante muchos años, es: ¿qué pasará cuando faltemos? Los profesionales deben abordar esas inquietudes ayudando a explorar y planificar las medidas que se pueden adoptar en el futuro y dar a conocer los recursos disponibles.

La atención prolongada a una persona con TMG puede afectar a la vida familiar y social, así como a la salud física y psicológica. A su vez, la tensión en los familiares repercutirá negativamente en el paciente, provocando mayores posibilidades de recaída, en un círculo vicioso que aumentará la tensión familiar. La provisión a familiares de estrategias y técnicas para el manejo del estrés y entrenamiento en *mindfulness* puede resultar especialmente indicada. El cuidado de los cuidadores será también fundamental, en el caso de pacientes con larga evolución o deterioro moderado-grave. Se trabajarán en el grupo las actitudes y acciones que favorecen el autocuidado familiar: actividades agradables, relaciones sociales, cuidado de la salud, etc.

Se resume a continuación (véase tabla 10.11) la propuesta de intervención detallada anteriormente para familias con baja afectación.

TABLA 10.11
*Familias con baja afectación*

| | |
|---|---|
| **Tipo de intervención** | • IMF psicoeducativa y de apoyo. |
| **Duración** | • 9 meses. |
| **Características familias** | • Alta capacidad de afrontamiento.<br>• Baja EE.<br>• Carga familiar baja o moderada.<br>• No presencia de trastornos emocionales. |
| **Objetivos principales** | • Favorecer proceso de recuperación.<br>• Favorecer continuidad tareas de la etapa vital.<br>• Ajustar expectativas familiares.<br>• Mejorar competencias de afrontamiento. |
| **Componentes básicos** | • Psicoeducación sobre enfermedad y recaídas.<br>• Psicoeducación emocional y abordaje del duelo.<br>• Entrenamiento en competencias.<br>• Afrontamiento del estigma y prevención del aislamiento familiar. |

### 3.3.2. *Familias con alta afectación*

En familias de alta afectación, con baja capacidad de afrontamiento, con alta emoción expresada y alta carga, se indicará intervención multifamiliar completa, durante dos años. En este caso, además de lo ya señalado para familias con baja afectación, se incorporan una serie de objetivos y componentes de intervención específicos, que se ajustan a las características de este tipo de familias y que vienen a complementar la intervención anterior.

Si el inicio es reciente, la alta EE puede disminuir con psicoeducación sobre el trastorno.

A mayor tiempo de evolución, la sobreprotección y el criticismo se convierten en rasgos asentados en la forma de comunicación familiar y requieren una intervención más intensiva en las competencias para resolver problemas y habilidades de comunicación.

Un duelo sin elaborar puede ser la base de la alta EE y debe abordarse. Son frecuentes, en estos familiares, los sentimientos de culpa, que motivan conductas de sobreprotección.

© Ediciones Pirámide

La no aceptación de la enfermedad puede llevar al criticismo y la hostilidad. En los familiares de pacientes con larga evolución del trastorno, y más en el caso de que dichos pacientes presenten un deterioro moderado-grave, el sistema familiar se puede volver más rígido, repercutiendo en los valores y expectativas de los miembros de la familia, que abandonan su estilo de vida y sus intereses, centrando su vida en el cuidado de su familiar.

En los familiares de pacientes con TEP es frecuente observar la presencia de problemas psicológicos añadidos, que pueden estar relacionados o no con el trastorno y que dificultan el cuidado y la relación con su familiar, tales como ansiedad o depresión. En general, estos problemas pueden ser abordados en las sesiones multifamiliares. Cuando presenten mayor intensidad, puede estar indicado incluir a los familiares en grupos terapéuticos de ACT.

Se resume a continuación (véase tabla 10.12) la propuesta de intervención con los objetivos y componentes específicos para familias con alta afectación.

TABLA 10.12
*Familias con alta afectación*

| | |
|---|---|
| **Tipo de intervención** | • IMF completa. |
| **Duración** | • 2 años. |
| **Características familias** | • Baja capacidad de afrontamiento.<br>• Alta EE.<br>• Alta carga familiar.<br>• Posible presencia de trastornos emocionales. |
| **Objetivos específicos** | • Disminuir emoción expresada.<br>• Reducir carga familiar.<br>• Mejorar comunicación.<br>• Mejorar competencias de afrontamiento.<br>• Prevenir aparición de trastornos psicológicos. |
| **Componentes específicos** | • Estrategias específicas para disminuir la EE.<br>• Estrategias específicas para disminuir la carga.<br>• Estrategias de aceptación y establecimiento de compromisos personales (abordaje más extenso). |

### 3.4. Elementos del modelo ACT y encuadre en propuesta integradora

Para concluir, se describe el posible encuadre en esta propuesta integradora de los principales elementos del modelo terapéutico ACT. El uso de metáforas, esto es, modalidades verbales que se distancian de la literalidad del lenguaje, cobra especial relevancia y facilita a los familiares la exposición a eventos privados que evitan.

#### Adaptación emocional

En la intervención multifamiliar con familias que presentan baja afectación, el abordaje del duelo se realizará desde la perspectiva del modelo ACT. Será necesario adaptar este abordaje al tiempo de evolución del trastorno, de tal forma que, en inicios recientes, la intervención debe centrarse especialmente en los sentimientos de culpa.

Si la evolución del trastorno es más amplia, habría que atender a aspectos del duelo no elaborados. Si las familias presentan una alta afectación, habría que incluir, además, la mejora de comunicación y gestión de conflictos. Roldán (2015) propone que, para facilitar el duelo de la pérdida de ilusiones y proyectos depositados en los hijos y centrar la atención en las potencialidades, puede utilizarse la *fábula del aguilucho* de Costa y López (2006).

#### Defusión cognitiva

Se abordará la defusión cognitiva durante toda la intervención aplicando las sugerencias de McFarlane et al. (1995a; 1995b). En el caso de familiares con alta afectación, la comunicación puede mejorarse mediante el abordaje de los pensamientos intrusivos y la provisión de sugerencias para el manejo de dichos pensamientos.

Desde la perspectiva ACT se busca la *desesperanza creativa,* una experiencia que tiene como objetivo generar las condiciones para que el paciente experimente y confronte lo que es importante para él, lo que hace para conseguirlo y los resultados que obtiene, tanto a corto como a largo plazo (Luciano y Valdivia, 2006). Así, el familiar se da cuenta de que lo que hace para disminuir su malestar, de forma paradójica, puede aumentarlo. Para ello, *la metáfora del hombre en el agujero* puede resultar muy

© Ediciones Pirámide

útil (Luciano y Valdivia, 2006). Otro objetivo es que los familiares se den cuenta de que el intento de control de los eventos privados puede interferir en mantener la trayectoria que ellos consideran valiosa y aumentan el sufrimiento.

En este caso podemos usar la *metáfora del conductor de autobús* (Wilson y Luciano, 2002). Para poder tomar perspectiva y que los familiares aprendan a diferenciar los eventos internos o privados («yo contenido») y quién tiene dichos eventos («yo contexto») podría ser muy útil la *metáfora del tablero de ajedrez* (Wilson y Luciano, 2002).

**Valores**

Desde la intervención multifamiliar se plantea como objetivo primordial una recuperación y adaptación de los valores a la nueva realidad. Una metáfora que puede ayudar a que los familiares clarifiquen sus valores y puedan mantener una trayectoria valiosa en su vida es la conocida como *metáfora del jardín* (Wilson y Luciano, 2002).

**Compromiso**

La tarea final de la intervención será el establecimiento de compromisos personales dirigidos al autocuidado y la resolución de problemas.

Barraca (2007) propone que puede ser útil, en este momento, recordar la *metáfora del tablero de ajedrez:* los familiares son el tablero y pueden ir dónde quieran, aunque tengan que llevar todas las piezas, las buenas y las malas. Además, señala la importancia de incorporar la idea de las barreras o problemas que pueden ir surgiendo en el camino utilizando, por ejemplo, la *metáfora del coche en ruta.*

Por su relación con distintos componentes del modelo ACT y su posible aplicación en diversos momentos y fases de la intervención multifamiliar, se sugiere finalmente, por considerarla de especial utilidad, la metáfora de Jon Kabat-Zinn (1994; adaptada): «No puedes detener las olas, pero puedes aprender a surfear».

> «Estamos en una playa, mirando al mar. Estamos ahí, en la orilla porque lo hemos elegido. Se está bien mirando al horizonte y disfrutando de la brisa. Es un lugar agradable, confortable y tranquilo. Nuestro lugar en el mundo.
>
> Podemos quedarnos ahí y decidir no movernos. Tenemos derecho a tomar esa decisión. Sin embargo, a pesar de nuestra firme decisión de no movernos el agua siempre lo hace. Sube la marea y primero nos moja los pies, luego las piernas, y, si hay suerte, no pasa nada más. La mayoría de las veces no pasa nada más. En unas horas el nivel del mar vuelve a bajar y nosotros seguimos en el mismo sitio.
>
> Pero en otras ocasiones puede que haya viento o tormenta y la marea suba más de lo habitual o el oleaje sea muy fuerte. Las mareas no dependen de nuestros deseos ni de nuestras decisiones. Está en su naturaleza el cambio permanente.
>
> Puede que aguantemos. Eso es lo que queremos. Pero también podemos desestabilizarnos, caer e incluso ser arrastrados por el agua. Siempre podemos reivindicar nuestro derecho a decidir no movernos. Anclamos nuestras piernas fuertemente en la arena esperando que eso nos mantenga firmes ante la más fuerte tormenta o el viento más terrible.
>
> O podemos estar dispuestos a surfear. Ya dentro del agua, agarrados a nuestra tabla de surf, podemos centrarnos exclusivamente en sobrevivir, esperar a que todo pase o alguien nos rescate como un náufrago a la deriva, pero también podemos decidirnos a «cabalgar las olas». Si nos decidimos a surfear hay que ponerse en pie encima de la tabla, sobre un suelo inestable y resbaladizo. Y elegir bien la ola. No todas las olas se pueden surfear. Hay que estar atento a las características de la ola, el entorno, el viento, pero también a nuestras capacidades. A veces lo mejor será abrazarse a la tabla y dejar pasar la ola. Pero otras veces, quizá, podamos intentarlo.
>
> Es difícil decidir cuándo es el momento preciso, la ola conveniente... Podemos quedarnos esperando la ola ideal y no movernos nunca, ejerciendo el papel de náufragos a la deriva, o podemos equivocarnos y asumir un reto por encima de nuestras posibilidades. Pero también podemos elegir una ola asumible y, en medio de la tormenta, descubrir que esa decisión nos hace sentir más vivos que nunca, incluso sin la certeza de cómo y cuándo llegaremos a la orilla. Solo estando en ese momento.»

## 4. CONCLUSIONES

Las intervenciones familiares se consideran en la actualidad imprescindibles para el abordaje de los

© Ediciones Pirámide

TEP. Dichas intervenciones deben adaptarse a cada caso teniendo en cuenta el grado de afectación, el tiempo de evolución del trastorno, la fase del ciclo familiar y los estilos de interacción y competencias de cada familia. Los principales elementos de ACT (adaptación emocional, defusión cognitiva, valores y compromiso) pueden integrarse perfectamente en las intervenciones multifamiliares en los TEP.

## REFERENCIAS BIBLIOGRÁFICAS


Anderson, C., Reiss, D. y Hogarty, G. (1988). *Esquizofrenia y familia. Guía práctica de psicoeducación.* Buenos Aires: Amorrortu (publicación original, 1986).

Atkinson, S. D. (1994). Grieving and loss in parents with a schizophrenia child. *American Journal of Medicine, 151,* 1137-1139.

Barraca, J. (2007). La terapia de aceptación y compromiso (ACT). Fundamentos, aplicación en el contexto clínico y áreas de desarrollo. *Miscelánea Comillas, 65*(127), 761-781.

Barrowclough, C., Tarrier, N., Watts, S., Vaughn, C., Bamrah, J. S. y Freeman, H. L. (1987). Assessing the functional value of relatives' knowledge about schizophrenia: a preliminary report. *The British Journal of Psychiatry: The Journal of Mental Science, 151,* 1-8.

Barrowclough, C. y Tarrier, N. (1992). *Families of schizophrenic patients. Cognitive behavioural interventions.* Chapman & Hall/CRC.

Barrowclough, C. y Tarrier, N. (1995). Intervenciones con las familias (pp. 69-99). En M. Birchwood y N. Tarrier (eds.), *El tratamiento psicológico de la esquizofrenia.* Barcelona: Ariel.

Bauer, R., Sterzinger, L., Koepke, F. y Spiessl, H. (2013). Rewards of caregiving and coping strategies of caregivers of patients with mental illness. *Psychiatric Services (Washington, D. C.), 64*(2), 185-188.

Bebbington, P. y Kuipers, L. (1994). The predictive utility of expressed emotion in schizophrenia: An aggregate analysis. *Psychological Medicine, 24*(3), 707-718.

Beck, A. T., Epstein, N., Brown, G. y Steer, R. A. (1988). An inventory for measuring clinical anxiety: Psychometric properties. *Journal of Consulting and Clinical Psychology, 56*(6), 893-897.

Beck, A. T., Steer, R. A. y Brown, G. K. (1996). *BDI-II, Beck depression inventory: Manual.* San Antonio, TX: Psychological Corp.

Bloch, G. R., Gronnestad, T. y Oxnevad, A. L. (2009). *Trabajo familiar y multifamiliar en las psicosis. Una guía para profesionales.* Barcelona: Herder.

Boss, P. (1999). *Ambiguous loss: Learning to live with unresolved grief.* Harvard University Press.

Brown, G. W. y Rutter, M. (1966). The measurement of family activities and relationships: A methodological study. *Human Relations, 19*(3), 241-263.

Butler, L., Johns, L., Byrne, M., Joseph, C., O'Donoghue, E., Jolley, S., Morris, E. y Oliver, J. E. (2016). Running acceptance and commitment therapy groups for psychosis in community settings. *Journal of Contextual Behavioral Science, 5,* 33-38.

Cano García, F. J., Rodríguez Franco, L. y García Martínez, J. (2007). Spanish version of the Coping Strategies Inventory. *Actas Españolas de Psiquiatría, 35*(1), 29-39.

Caqueo-Urízar, A., Gutiérrez-Maldonado, J. y Miranda-Castillo, C. (2009). Quality of life in caregivers of patients with schizophrenia: A literature review. *Health Life Qual Outcomes, 7,* 84.

Caqueo-Urízar, A., Rus-Calafell, M., Urzúa, A., Escudero, J. y Gutiérrez-Maldonado, J. (2015). The role of family therapy in the management of schizophrenia: Challenges and solutions. *Neuropsychiatric Disease and Treatment, 11,* 145-151.

Castilho, P., Pinto, A. M., Viegas, R., Carvalho, S., Madeira, N. y Martins, M. (2015). Preliminary results of an Acceptance and Commitment Therapy (ACT) brief group intervention for psychosis. *International Journal of Clinical Neurosciences and Mental Health, 6.* https://bit.ly/3fkTke7

Cohen, S., Kamarck, T. y Mermelstein, R. (1983). A global measure of perceived stress. *Journal of Health and Social Behavior, 24*(4), 385-396.

Costa, M. y López, E. (2006). *Manual para la ayuda psicológica. Dar poder para vivir. Más allá del counseling.* Madrid: Pirámide.

Dixon, L., McFarlane, W. R., Lefley, H., Lucksted, A., Cohen, M., Falloon, I., Mueser, K., Miklowitz, D., Solomon, P. y Sondheimer, D. (2001). Evidence-based practices for services to families of people with psychiatric disabilities. *Psychiatric Services (Washington, D. C.), 52*(7), 903-910.

Falloon, I. R. (1985). Behavioural Family Therapy. En J., Leff y C. Vaughn (eds.), *Expressed emotion in families: Its significance for mental illness.* Guilford Press.


© Ediciones Pirámide

Falloon, I. R., Laporta, M., Fadden, G. y Graham-Hole, V. (1993). Managing stress in families: Cognitive and behavioural strategies for enhancing coping skills. *British Journal of Psychiatry, 163*(4), 562-563.

Ferro, R., Vives, C. y Ascanio, L. (2009). Novedades en el tratamiento conductual de niños y adolescentes. *Clínica y Salud, 20*(2), 119-130.

Garcia-Campayo, J., Navarro-Gil, M., Andrés, E., Montero-Marin, J., López-Artal, L. y Demarzo, M. M. (2014). Validation of the Spanish versions of the long (26 items) and short (12 items) forms of the Self-Compassion Scale (SCS). *Health and Quality of Life Outcomes, 12,* 4.

Glynn, S. (2013). Intervenciones familiares en esquizofrenia: esperanzas y dificultades a lo largo de 30 años. *Revista de Toxicomanías, 70,* 15-23.

Goldstein, M. J., Rodnick, E. H., Evans, J. R., May, P. R. y Steinberg, M. R. (1978). Drug and family therapy in the aftercare of acute schizophrenics. *Archives of General Psychiatry, 35*(10), 1169-1177.

Gottschalk, L. A., Falloon, I. R., Marder, S. R., Lebell, M. B., Gift, T. E. y Wynne, L. C. (1988). The prediction of relapse of schizophrenic patients using emotional data obtained from their relatives. *Psychiatry Research, 25*(3), 261-276.

Haldford, W. K. (1992). Assessment of family interaction with a schizophrenic member. En D. J. Kavanagh (ed.), *Schizophrenia. An overview and practical handbook* (pp. 254-274). Chapman & Hall/CRC.

Harvey, C. (2018). Family psychoeducation for people living with schizophrenia and their families. *British Journal Psychiatric Advances, 24*(1), 9-19.

Hoenig, J. y Hamilton, M. W. (1966). The schizophrenic patient in the community and his effect on the household. *The International Journal of Social Psychiatry, 12*(3), 165-176.

Kabat-Zinn, J. (1994). *Wherever you go, there you are: Mindfulness meditation in everyday life.* Nueva York: Hyperion.

Kavanagh, D. J. (1992). Recent developments in expressed emotion and schizophrenia. *The British Journal of Psychiatry: The Journal of Mental Science, 160,* 601-620.

Kuipers, L., Leff, J. y Lam, D. (1992). *Family work for schizophrenia: A practical guide.* Gaskell/Royal College of Psychiatrists.

Leff, J., Kuipers, L., Berkowitz, R., Eberlein-Vries, R. y Sturgeon, D. (1982). A controlled trial of social intervention in the families of schizophrenic patients. *The British Journal of Psychiatry: The Journal of Mental Science, 141,* 121-134.

Leff, J. P. y Vaughn, C. (1985). *Expressed emotion in families: Its significance for mental illness.* Nueva York: Guilford Press.

Lefley, H. P. (2001). The impact of mental disorders on families and carers. En G. Thornicroft y G. Szmukler (eds.), *Textbook of Community Psychiatry* (pp. 141-154). Oxford: Oxford University Press.

Linszen, D., Dingemans, P., Van der Does, J. W., Nugter, A., Scholte, P., Lenior, R. y Goldstein, M. J. (1996). Treatment, expressed emotion and relapse in recent onset schizophrenic disorders. *Psychological Medicine, 26*(2), 333-342.

Lozano-Segura, M., Manzano-León, A., Casiano Yanicelli, C. y Aguilera-Ruiz, C. (2017). Propuesta de intervención en familiares de niños con TEA desde ACT para mejorar la convivencia familiar y escolar. *Revista INFAD de Psicología. International Journal of Developmental and Educational Psychology, 1*(1), 45-56.

Luciano Soriano, M. C. y Valdivia Salas, M. S. (2006). La terapia de aceptación y compromiso (ACT). Fundamentos, características y evidencia. *Papeles del Psicólogo, 27*(2), 79-91.

Lyman, D. R., Braude, L., George, P., Dougherty, R. H., Daniels, A. S., Ghose, S. S. y Delphin-Rittmon, M. E. (2014). Consumer and family psychoeducation: Assessing the evidence. *Psychiatric Services (Washington, D. C.), 65*(4), 416-428.

Magaña, A. B., Goldstein, J. M., Karno, M., Miklowitz, D. J., Jenkins, J. y Falloon, I. R. (1986). A brief method for assessing expressed emotion in relatives of psychiatric patients. *Psychiatry Research, 17*(3), 203-212.

Marsh, D. T. (1998). *Wiley series in couples and family dynamics and treatment. Serious mental illness and the family: The practitioner's guide.* John Wiley & Sons, Inc.

McClure, J. B., Bricker, J., Mull, K. y Heffner, J. L. (2020). Comparative Effectiveness of Group-Delivered Acceptance and Commitment Therapy versus Cognitive Behavioral Therapy for Smoking Cessation: A Randomized Controlled Trial. *Nicotine & Tobacco Research: Official Journal of the Society for Research on Nicotine and Tobacco, 22*(3), 354-362.

McFarlane, W. R., Link, B., Dushay, R., Marchal, J. y Crilly, J. (1995b). Psychoeducational multiple family groups: Four-year relapse outcome in schizophrenia. *Family Process, 34*(2), 127-144.

McFarlane, W. R., Lukens, E., Link, B., Dushay, R., Deakins, S. A., Newmark, M., Dunne, E. J., Horen, B. y Toran, J. (1995a). Multiple-family groups and psychoeducation in the treatment of schizophrenia. *Archives of General Psychiatry, 52*(8), 679-687.

Meichenbaum, D. (2014). *Ways to enhance compassion toward oneself and others.* Seattle Handouts. https://melissainstitute.org/

Miller, F. E. (1996). Grief therapy for relatives of persons with serious mental illness. *Psychiatric Services (Washington, D. C.), 47*(6), 633-637.


© Ediciones Pirámide

Montero, I., Masanet, M., Lacruz, M., Bellver, F., Asencio, A. y García, E. (2006). Intervención familiar en la esquizofrenia: efecto a largo plazo en los cuidadores principales. *Actas Españolas de Psiquiatría, 34,* 169-174.

Morris, E. M., Johns, L. C. y Oliver, J. E. (eds.) (2013). *Acceptance and commitment therapy and mindfulness for psychosis*. Chichester, UK: John Wiley & Sons.

Mottaghipour, Y. y Tabatabaee, M. (2019). Family and patient psychoeducation for severe mental disorder in Iran: A review. *Iranian Journal of Psychiatry, 14*(1), 84-108.

Navarro, N., Martín-Murcia, F. y Carmona-Torres, J. (2012). Posibilidades de la terapia de aceptación y compromiso en la intervención familiar en esquizofrenia. 13.° Congreso Virtual de Psiquiatria.com. *Interpsiquis.*

Neff, K. D. (2003). Self-compassion: An alternative conceptualization of a healthy attitude toward oneself. *Self and Identity, 2*(2), 85-101.

O'Donoghue, E. K., Morris, E. M. J., Oliver, J. E. y Johns, L. C. (2018). *ACT for psychosis recovery: A practical manual for group-based interventions using acceptance and commitment therapy.* Context Press/New Harbinger Publications.

O'Leary, D. P., Zaheer, A., Redmond, H. P. y Corrigan, M. A. (2016). Integration of advances social media and mHealth technology are pivotal to successful cancer prevention and control. *mHealth, 2,* 38.

Oliver, J., Morris, E., Johns, L. y Byrne, M. (2011). *ACT for Life. Group Intervention for Psychosis Manual.* South London and Maudsley NHS Foundation Trust Institute of Psychiatry King's College London. United Kingdom.

Onwumere, J., Amaral, F. y Valmaggia, L. R. (2018). Digital technology for caregivers of people with psychosis: Systematic review. *JMIR Mental Health, 5*(3), e55.

Otero, V., Navascues, D. y Rebolledo, S. (1990). Escala de desempeño psicosocial. Adaptación española del SBAS (Social Behaviour Assessment Schedule). *Psiquis, 11*(10), 39-47.

Palli, A., Kontoangelos, K., Richardson, C. y Economou, M. P. (2015). Effects of group psychoeducational intervention for family members of people with schizophrenia spectrum disorders: Results on family cohesion, caregiver burden, and caregiver depressive symptoms. *International Journal of Mental Health, 44*(4), 277-289.

Pharoah, F., Mari, J., Rathbone, J. y Wong, W. (2010). Family intervention for schizophrenia. *The Cochrane Database of Systematic Reviews* (12), CD000088.

Platt, S., Weyman, A., Hirsch, S. y Hewett, S. (1980). The Social Behaviour Assessment Schedule (SBAS): Rationale, contents, scoring and reliability of a new interview schedule. *Social Psychiatry and Psychiatric Epidemiology, 15,* 43-55.

Remor, E. A. (2006). Psychometric properties of a European Spanish version of the Perceived Stress Scale (PSS). *The Spanish Journal of Psychology, 9*(1), 86-93.

Remor, E. A. y Carrobles, J. A. (2001). Versión Española de la Escala de estrés percibido (PSS-14): estudio psicométrico en una muestra VIH+ (Spanish version of the Perceived Stress Scale, PSS-14: Psychometric study in a HIV+ simple). *Ansiedad y Estrés, 7*(2-3), 195-201.

Roldán, G. M., Salazar, I. C., Garrido, L. y Cuevas-Toro, A. M. (2015). Intervención psicológica grupal, basada en la aceptación y el entrenamiento en comunicación, con familiares de personas con trastorno mental grave. *Anales de Psicología, 31*(3), 759-772.

Ruiz Sánchez, J. y Cravzoff, F. (2019). *Flexibilidad psicológica aquí y ahora. Trabajando ACT en contextos públicos*. Lulú Ediciones.

Ruiz Sánchez, J. y Trillo Padilla, F. (2017). Terapia de aceptación y compromiso de grupo: experiencia en un servicio público de salud mental. *Revista de Investigación en Psicología, 20*(1), 7-28.

Sadeghi, F., Hassani, F., Emamipour, S. y Mirzaei, H. (2017). Effectiveness of cognitive-behavioral group therapy on quality of life and resilience of breast cancer women. *Pharmacophore, 8*(6S), e-1173438, 5.

Schene, A. H., Tessler, R. C. y Gamache, G. M. (1994). Instruments measuring family or caregiver burden in severe mental illness. *Social Psychiatry and Psychiatric Epidemiology, 29*(5), 228-240.

Shepherd, G., Boardman, J. y Slade, M. (2008). *Making recovery a reality.* Londres: Sainsbury Centre for Mental Health.

Sin, J. y Norman, I. (2013). Psychoeducational interventions for family members of people with schizophrenia: A mixed-method systematic review. *The Journal of Clinical Psychiatry, 74*(12), e1145-1162.

Sullivan, M., Langford, D. J., Davies, P. S., Tran, C., Vilardaga, R., Cheung, G., Yoo, D., McReynolds, J., Lober, W. B., Tauben, D. y Vowles, K. E. (2018). A controlled pilot trial of paintracker self-manager, a web-based platform combined with patient coaching, to support patients' self-management of chronic pain. *The Journal of Pain: Official Journal of the American Pain Society, 19*(9), 996-1005.

Tarrier, N. y Barrowclough, C. (1995). Family interventions in schizophrenia and their long-term outcomes. *International Journal of Mental Health, 24*(3), 38-53.

Thomas, E. C., Despeaux, K. E., Drapalski, A. L. y Bennett, M. (2018). Person-oriented recovery of indivi-


© Ediciones Pirámide

duals with serious mental illnesses: A review and meta-analysis of longitudinal findings. *Psychiatric Services (Washington, D. C.), 69*(3), 259-267.

Tobin, D. L., Holroyd, K. A., Reynolds, R. V. y Wigal, J. K. (1989). The hierarchical factor structure of the Coping Strategies Inventory. *Cognitive Therapy and Research, 13*(4), 343-361.

Touriño, R., Baena, E., Benítez, N., Abelleira, C. y Fernández, J. (2010). Evaluación familiar en rehabilitación psicosocial. En J. Fernández, J. Touriño, N. Benítez y C. Abelleira (eds.), *Evaluación en Rehabilitación Psicosocial* (pp. 125-134). Valladolid: FEARP.

Touriño, R., Inglott, R., Baena, E. y Fernández, J. (2004, 2007, actualización en curso). *Guía de Intervención Familiar en la esquizofrenia.* Barcelona: Glosa.

Turrell, S. y Bell, M. (2016). *ACT for adolescents: Treating Teens and adolescents in individual and group therapy.* Oakland, CA: Context Press.

Vaughn, C. y Leff, J. (1976). The measurement of expressed emotion in the families of psychiatric patients. *The British Journal of Social and Clinical Psychology, 15*(2), 157-165.

Van Wijngaarden, B., Schene, A. H., Koeter, M., Vázquez-Barquero, J. L., Knudsen, H. C., Lasalvia, A. y McCrone, P. (2000). Caregiving in schizophrenia: Development, internal consistency and reliability of the Involvement Evaluation Questionnaire: European Version. EPSILON Study 4. European Psychiatric Services: Inputs Linked to Outcome Domains and Needs. *The British Journal of Psychiatry, 39*(Suppl.), s21-s27.

Vilaplana, M., Ochoa, S., Martínez, A., Villalta, V., Martinez-Leal, R., Puigdollers, E., Salvador, L., Martorell, A., Muñoz, P. E., Haro, J. M. y PSICOST-RED RIRAG Group (2007). Validation in Spanish population of the family objective and subjective burden interview (ECFOS-II) for relatives of patients with schizophrenia. *Actas Españolas de Psiquiatría, 35*(6), 372-381.

Wilson, K.G. y Luciano, C. (2002). *Terapia de aceptación y compromiso. Un tratamiento conductual orientado a los valores.* Madrid: Pirámide.

Zarit, S. H., Reever, K. E. y Bach-Peterson, J. (1980). Relatives of the impaired elderly: Correlates of feelings of burden. *The Gerontologist, 20*(6), 649-655.

© Ediciones Pirámide

# 11 La prevención de casos de psicosis ¿es posible? Propuesta de un modelo atencional basado en lo importante para la persona

CARLOS FRANCISCO SALGADO PASCUAL
MANUEL MATEOS GARCÍA

## 1. INTRODUCCIÓN

Pido permiso al lector para empezar con una experiencia y varias reflexiones personales con el objetivo de aportar un contexto al resto de la exposición sobre el tema al que está referido el presente capítulo: «la prevención de las psicosis». Durante mis años de profesional en el ámbito hospitalario, en una de las muchas sesiones grupales me gustaba realizar la siguiente actividad. Me interesaba conocer qué era lo que las personas derivaban de aquello que los había llevado a ingresar en el hospital, en concreto su diagnóstico de enfermedad mental. Me interesaba conocer qué carga emocional había detrás de cualquiera de esos diagnósticos asociados a la enfermedad mental. Para ello les decía que iba a pronunciar unas palabras en voz alta y que después apuntaría en la pizarra todo aquello que les viniese a la mente asociado a eso que yo había dicho. ¿Empezamos? Y entonces decía en voz alta «enfermedad mental». Solían tardar unos segundos, quizá algún minuto en empezar a contestar. A veces tenía que incidir: «venga, no lo penséis mucho, decid lo primero que os venga a la mente». Y bien, una vez que una persona se animaba, entonces se producía un aluvión de respuestas por parte de los demás.

La primera vez que realicé dicho ejercicio me sorprendí, pero en las siguientes sesiones advertí que las palabras se repetían una y otra vez: «enfermo», «incapaz», «minusválido», «agresivo», «soledad», «asesino», «loco», «raro», «inútil», eran algunas de ellas. Desde aquel primer momento empatizo con el impacto que genera el diagnóstico de enfermedad mental en las personas.

Si bien la sociedad hace múltiples esfuerzos por eliminar este estigma, el diagnóstico de enfermedad mental sigue estando lejos de ser neutral. Todo ello nos debería hacer pensar en la persona, en lo que se remueve dentro de sí cuando se le presenta un diagnóstico relacionado con la salud mental, sobre todo de aquellos trastornos que se han considerado graves, como pueden ser, por ejemplo, las psicosis.

En este contexto, se entiende que las personas que son diagnosticadas o simplemente experimentan cualquier sintomatología que apunte hacia la enfermedad mental pongan en marcha los recursos a su alcance para luchar contra todo ello. Esa forma lógica de reaccionar aporta una cualidad de luchador/a a la persona, aunque, por otro lado, la lucha pueda tener un efecto paradójico, apartando a la persona de una vida con significado y, sin darse cuenta, pudiéndola acercar aún más al diagnóstico.

Valery y Prouteau (2020) señalan que las consecuencias del estigma en personas con diagnóstico de esquizofrenia son muy perjudiciales tanto para las propias personas como para su contexto cercano. En su revisión demostraron que la esquizofrenia es la enfermedad mental más estigmatizada también dentro de los profesionales de la salud mental, siendo las creencias sobre causas biológicas una de las variables más relacionadas con dicho estigma (Valery y Prouteau, 2020).

Varias son las reflexiones que surgieron de mi experiencia en el ámbito hospitalario en salud mental. Una de ellas tenía que ver precisamente con el tema del estigma. *¿Cómo era posible que el reconocimiento de que uno está enfermo mental (con lo que ello lleva consigo para la persona) puede ayudar a la desestigmatización?* No encontraba una relación co-

© Ediciones Pirámide

herente entre el interés que se respiraba por eliminar el estigma de la enfermedad mental y, por otra parte, el requerimiento de intervenciones psicoeducativas y dirigidas a la toma de conciencia de la enfermedad como forma de mejorar la adherencia al tratamiento (fundamentalmente el farmacológico). Parecía que no se caía en la cuenta de que, como hemos reflejado con anterioridad, la conciencia de enfermo mental no es algo neutral, sino que tiene una enorme carga negativa para la persona, su dignidad y su vida.

No hizo falta mucho tiempo para comprobar que la mayor parte de las personas que estaban ingresadas llevaban mucho tiempo viviendo allí y tenían diagnósticos compatibles con lo que se denomina trastorno mental grave y con un importante nivel de cronificación.

Y hablamos de «cronificación» para referirnos al proceso por el cual un problema se hace crónico, frente al concepto de «cronicidad», que enfatiza una cualidad inherente a la enfermedad. Con ello queremos reflejar la duda que surge en este punto en cuanto a si ciertos problemas relacionados con la salud mental son crónicos o se convierten en crónicos debido a que no somos capaces de solucionarlos (Salgado, 2011).

Son varios los autores que se animan a avanzar hacia una visión diferente de la enfermedad mental y en concreto de las psicosis, afirmando que iniciar su tratamiento por la medicación (es decir, por la reducción de síntomas) puede marcar su destino como enfermo crónico, convirtiéndose la medicación en el tema de la conversación de las siguientes sesiones, lo cual se denomina «escuchar al fármaco», en lugar de a la persona (Pérez-Álvarez, 2012). Por tanto, el propósito de la psicoterapia o atención a la persona con problemas de salud mental grave no consiste en eliminar los síntomas, sino en modificar las reacciones de la persona ante estos y construir un entendimiento de su función (Pérez-Álvarez et al., 2008).

Esto lleva a confiar en una nueva forma de apoyar a las personas con diagnóstico de psicosis, donde la medicación no sea imprescindible (Alanen et al., 1991; Lehtinen et al., 1999), sino que se trataría de una forma de atención centrada en la persona, en la interacción, en el entendimiento de las experiencias en el contexto biográfico, en una recuperación del sentido del yo y en devolver a la persona el horizonte de la vida (Pérez-Álvarez et al., 2011). Todo ello requiere alejarse de un enfoque neurobiológico, de enfocar la atención a las personas bajo la premisa de un determinismo mecanicista, de las creencias sobre causas biológicas y del mito de que los trastornos son enfermedades genéticas o del cerebro (Bentall, 2009).

Frente a este foco, nuestra exposición pretende cambiar la base asentándose en los principios básicos que derivan de la ciencia contextual y del determinismo de selección por consecuencias. Esta será la perspectiva desde la cual vamos a exponer el capítulo. Dicho esto, es conveniente resaltar que esta perspectiva no es única, y mucho menos quiere decir que esta sea *la perspectiva,* sino que es una de las que se pueden tomar. Será especialmente importante colocarse desde este foco para entender el discurso y el modelo que se propondrá, así como sus aplicaciones al ámbito de la prevención, en este caso de las psicosis.

En definitiva, el objetivo no será profundizar en los procedimientos de intervención en prevención desde una perspectiva biologicista (para ese objetivo, véase Fonseca-Pedrero e Inchausti, 2018), sino presentar los principios básicos de la prevención desde una perspectiva contextual-funcional. Para ello se tomará en consideración y se integrarán, por un lado, los avances derivados de los estudios experimentales sobre la naturaleza de los eventos privados y su relación con el comportamiento humano y, por otro lado, las conclusiones procedentes de ámbitos aplicados tan dispares como son la atención temprana, la enfermedad mental y la atención a las personas con discapacidad y personas mayores. Todos estos ámbitos han llegado por separado al consenso de que es necesario un cambio de paradigma en la atención a las personas, alejándose del epicentro del síntoma, girando la atención hacia la persona y sus intereses.

Proyectando ese foco hacia lo que es una vida significativa para la persona, vamos a proponer a lo largo del capítulo un modelo atencional denominado **atención centrada en lo importante para la persona (a partir de ahora ACIP),** que integra los avances científicos básicos y las experiencias aplicadas. Dicho modelo surge de realizar una aproximación contextual-funcional a los conceptos de «enfermedad mental» y «vulnerabilidad social», así como la propuesta de lo que es una vida con significado y de aquello que se entiende por proyecto de vida.

© Ediciones Pirámide

De esta conceptualización surge toda una metodología de apoyo al proyecto de vida y construcción de una vida con sentido, que tendrá también su importante campo de aplicación en la prevención de problemas relacionados con la salud mental.

El capítulo está organizado de tal forma que empezaremos con una serie de reflexiones sobre lo que entendemos por prevención en psicosis, para después exponer las bases filosóficas y principios que sostienen la propuesta de un modelo basado en la persona. A continuación, presentaremos someramente el modelo de la atención centrada en lo importante para la persona, incidiendo en su conexión con las bases de la ciencia contextual-funcional. El siguiente punto, es central debido a su importancia para la prevención, está dedicado a la propuesta de unos pilares básicos que es necesario construir en la interacción y sobre los que se asientan los desarrollos más aplicados. Será en el siguiente punto donde se abordará la conexión del modelo atencional propuesto y la prevención de las psicosis.

Si bien el capítulo está dedicado al espectro de las psicosis, y así haremos referencia continuamente, también podrá percibir el lector cómo todo lo planteado puede ser perfectamente aplicable a cualquier problemática relacionada con la salud mental.

## 2. PREVENCIÓN

El Informe sobre Prevención de los Trastornos Mentales (Organización Mundial de la Salud, 2005) propone un marco de referencia para la prevención marcado por la diferenciación clásica entre prevención primaria (dirigida a evitar la aparición de los trastornos), secundaria (que pretende disminuir la prevalencia a través de la detección y tratamiento precoz) y terciaria (que incluye intervenciones dirigidas a reducir la discapacidad y prevenir las recaídas).

Históricamente, la prevención de las psicosis se ha estado realizando desde las intervenciones más propias de la prevención secundaria y terciaria que desde la primaria. Es decir, la mayor parte de la investigación sobre prevención se ha planteado como objetivos: la detección de factores de riesgo, la identificación e intervención temprana, la prevención de la cronicidad después de los primeros brotes y el desarrollo de tratamientos para la prevención de recaídas (para una mayor información sobre la investigación en prevención, véase Fonseca-Pedrero e Inchausti, 2018). Estos objetivos caen en una doble trampa: por un lado, la utilización de pruebas diagnósticas y etiquetas con sus connotaciones asociadas de infravaloración y diferenciación respecto a los demás y, por otro lado, proponen intervenciones que no distan mucho de las habituales con personas ya diagnosticadas.

Una revisión del informe de la OMS nos permite destacar los siguientes mensajes clave:

- «La prevención de los trastornos mentales es una prioridad de salud pública».
- «Los trastornos mentales tienen muchos determinantes, y por consiguiente la prevención necesita ser un esfuerzo con muchas ramificaciones».
- «Por tanto las estrategias de prevención tienen que recoger los diferentes niveles de análisis implicados (desde lo genético a lo cultural), además de poner en el centro a la propia persona que experimenta el trastorno. Todo ello implica una visión holística, integral, multidisciplinar donde las personas y las familias juegan un papel nuclear y todo ello vehiculado por una estrategia de salud mental consensuada» (Fonseca-Pedrero e Inchausti, 2018).

Sería recomendable añadir el ámbito educativo incorporando a la propia persona, a la familia y a otros contextos que tienen mucho que aportar en el proceso de prevención de los trastornos mentales (por ejemplo, el ámbito laboral).

- «La prevención efectiva puede reducir el riesgo de desarrollar trastornos mentales».
- «Los programas y políticas exitosas deben estar ampliamente disponibles», de ahí que sea necesaria la incorporación de diversos ámbitos en cooperación (estrategias de salud mental, ámbito educativo, etc.) y todo ello sobre la base de la evidencia de modelos pragmáticos, no solo que demuestren la eficacia, sino que también estén conectados con los avances experimentales y con modelos teóricos sobre lo que somos y sobre la naturaleza del comportamiento humano.
- «La prevención efectiva requiere vínculos intersectoriales», la conexión de diversos sec-

© Ediciones Pirámide

tores remando en una dirección común y bajo un modelo pragmático.
- «La protección de los derechos humanos es una estrategia esencial para prevenir los trastornos mentales». Dando un paso más allá, ello se protege también respetando la dignidad personal de cada uno, aceptando la diversidad, sin que la persona tenga que comportarse o pensar de una determinada forma para ser alguien, ya que lo es por el mero hecho de nacer. Favorecer de esta manera la desestigmatización y la aceptación personal de uno mismo y de los demás tendrá importantes repercusiones en la prevención.

Dicho informe se enfoca en la prevención primaria y distingue, dentro de esta, la prevención universal, selectiva e indicada, cuyas definiciones pasamos a exponer (tomado de Organización Mundial de la Salud, 2005):

- **Prevención universal.** Se refiere a aquellas intervenciones dirigidas al grupo de población general, sin que haya sido identificado sobre la base de mayor riesgo. Desde esta perspectiva, la intervención preventiva es deseable para todas las personas de ese grupo, tal y como se hace en otros ámbitos como la atención prenatal y la inmunización (vacunas). Estas intervenciones tienen ventajas fundamentalmente, como por ejemplo su bajo coste por individuo, es efectiva y aceptada por la población (Mrazek y Haggerty, 1994) y además disminuye la probabilidad de estigmatización. Si bien esto es así, el tamaño del grupo objetivo es tan grande que a nivel general resulta muy costoso.
- **Prevención selectiva.** Se dirige a individuos o subgrupos de la población cuyo riesgo de desarrollar un trastorno mental es significativamente más alto que el promedio en función de factores comprobados de riesgo psicológico o social. Estos grupos de riesgo se pueden identificar sobre la base de factores biológicos, psicológicos y sociales asociados a la aparición del trastorno mental. Por ejemplo: programas preescolares para todos los niños de barrios pobres. Para más información sobre factores de riesgo y protectores y programas preventivos, véanse capítulos 6 y 7 (Mrazek y Haggerty, 1994).
- **Prevención indicada.** Va dirigida a las personas con alto riesgo, que presentan signos o síntomas mínimos pero detectables que predicen el inicio de un trastorno mental, o marcadores biológicos que indican una predisposición a desarrollarlos, pero que en ese momento no cumplen con los criterios para su diagnóstico. Por ejemplo, un programa de capacitación de interacción entre padres e hijos que ofrezca intervención para padres de niños que han sido identificados como personas con problemas de conducta. Estas intervenciones suelen ser denominadas atención temprana (Mrazek y Haggerty, 1994).

Tal y como reconocen los autores, en la práctica clínica el límite entre prevención y tratamiento no queda demasiado claro. Así, puede haber procedimientos e intervenciones que entran dentro claramente de un tratamiento, pero que a su vez pueden reducir la probabilidad o el riesgo de padecer un determinado problema. De esta forma, tal y como señalan Mrazek y Haggerty (1994), una intervención con padres con un estilo educativo asociado a dificultades psicológicas de futuro puede ser una intervención preventiva que reduce el riesgo de problemas para ese niño/a.

Nadie duda de la importancia de la intervención temprana y de las intervenciones preventivas, pero también es cierto, tal y como se ha señalado al inicio del presente punto, que hay ciertas dudas sobre equilibrar la relevancia de la prevención y la preocupación ética de etiquetar y/o patologizar a la persona.

Por tanto, el objetivo general de los tres tipos de intervención preventiva, y que va a ser compartido a lo largo de este capítulo, es la reducción de la aparición de nuevos casos a través de la **disminución del riesgo** y/o el **aumento de los factores de protección.**

En este sentido, el modelo que se va a exponer en el siguiente punto tiene en cuenta ambas partes. Por un lado, a través de la generación de un contexto idóneo para reducir la aparición de nuevos casos y, por otro lado, el abordaje del empoderamiento real de la persona frente a lo que piensa y siente para incrementar sus factores de protección.

De igual forma, el resto de los objetivos de la intervención preventiva (reducción de la duración y

© Ediciones Pirámide

de la gravedad, demorar la aparición del trastorno y que la sintomatología tenga el menor impacto posible sobre la calidad de vida de la persona) también son tenidos en cuenta desde este modelo.

El modelo que propondremos más adelante pretende servir de base para todo el espectro de intervenciones preventivas, de tal modo que incida tanto en la prevención universal y en la promoción de la salud mental, pero también en la prevención selectiva e indicada. Se trata de un modelo que tiene como base una moderna teoría sobre la cognición y el lenguaje, la teoría de los marcos relacionales (RFT-Barnes-Holmes et al., 2005; Barnes-Holmes et al., 2004; Hayes et al., 2001) y utiliza procedimientos derivados de la terapia de aceptación y compromiso (Hayes et al., 1999).

De la propuesta de la ACT se deriva que la gran mayoría de las personas van a tener que afrontar pensamientos y emociones estresantes y difíciles asociadas con circunstancias y situaciones de la vida. Y la forma en la que las personas hayan aprendido a relacionarse con esos eventos privados podrá derivar en desesperación y problemas de salud mental o, por el contrario, en contribución y crecimiento personal.

Por tanto, desde esta perspectiva una intervención preventiva sobre factores de riesgo en toda la población (fundamentalmente niños en edad escolar), como por ejemplo:

*a*) El tipo de relación que se mantiene con los eventos privados.
*b*) El trabajo con la aceptación de aquello que no está bajo control del ser humano.
*c*) Las habilidades para ser observador de lo que uno piensa y siente y mantener el control de las acciones en dirección de lo importante para la propia persona.
*d*) El manejo de las sensaciones y pensamientos asociados a situaciones complicadas.

Tendrá un importante impacto sobre la salud mental de las personas.

Todo ello puede enmarcarse en las intervenciones de promoción de la salud mental y, por consiguiente, también dentro de la prevención universal. Su incidencia será importante sobre factores que se consideran de riesgo de problemas psicológicos y, por tanto, es perfectamente aplicable a grupos de riesgo y a personas que, sin tener diagnóstico, presentan algún signo o síntoma que pronostican el inicio de un trastorno.

En otro orden de cosas, también existen muchos ejemplos de programas de promoción de la salud mental cuya exposición sobrepasa el objetivo de este capítulo (para más información, véanse Mrazek y Haggerty, 1994; Cullberg et al., 2009; Alanen et al., 2009). Pero con independencia de los diferentes enfoques y modelos, parece que los recursos sociales y en concreto los grupos de apoyo natural van a ser un elemento crítico para la promoción de conductas saludables y el empoderamiento real de las personas (Kulbok, 1985). En concreto, Kulbok destaca la **educación** como recurso básico, proveyendo de claves para capacitar a las personas en la elección de conductas al servicio de la salud.

En definitiva, reducir los factores de riesgo a través de programas específicos y fortalecer el funcionamiento familiar y el ámbito educativo bajo una estrategia general de salud van a ser esenciales para la generación de contextos saludables, la promoción de la salud mental a nivel general y para la prevención de las psicosis en particular.

## 3. EL CONTEXTUALISMO FUNCIONAL Y LA TEORÍA DE LOS MARCOS RELACIONALES

Como se ha señalado en la introducción, la perspectiva desde la cual vamos a abordar la conducta psicótica y, por ende, su prevención tiene sus raíces en el contextualismo funcional. Se trata de una filosofía de la ciencia sustentada en la ciencia del comportamiento contextual (CBS) y que considera que, por un lado, conducta y contexto son inseparables (McHugh, 2015), es decir, no podemos explicar una conducta sin conocer el contexto en el que se produce. Y, por otro lado, se aproxima a la explicación del comportamiento atendiendo a su función y no a la topografía de este. Las aproximaciones funcionales del comportamiento desadaptativo están cada vez más presentes en psicología y se han ampliado a múltiples diagnósticos, incluidas las psicosis (Bach y Hayes, 2002).

Desde una óptica funcional podemos deducir que las personas con problemas de salud mental han aprendido a resolver sus problemas de forma que les

© Ediciones Pirámide

aporta algo a corto plazo, pero que, en ocasiones, dicha forma de actuar les aleja de aquello que es importante en su vida. Resulta relativamente fácil perder de vista aquello que es importante cuando la persona se enfrasca en evitar sentimientos intensos y desagradables o en conseguir objetivos que parecen importantes presionados por los demás. También cuando nos implicamos en múltiples actividades que están más allá de nuestras posibilidades arrastrados por la aprobación de otros o cuando buscamos gratificaciones pasajeras y superficiales. Conseguir por tanto que las personas conecten con aquello que realmente es importante les va a aportar una fuente inagotable de motivación y les proporcionará una guía esencial para construir una vida con significado (Hayes, 2020).

Autores como Pérez-Álvarez y García-Montes (2006) afirman que la esquizofrenia merecería un entendimiento más fenomenológico, ofreciendo una visión distinta a la usual y reivindicando un mayor énfasis contextual, situando las experiencias y conductas psicóticas en relación con las circunstancias personales, ayudando a su explicación y, por ende, a su prevención.

> «La propia experiencia psicótica quizá no sea cosa de mecanismos (sin perjuicio de los correlatos neurobiológicos implicados), sino de transformaciones de las relaciones de uno con el mundo, cuyas condiciones de posibilidad están en la propia naturaleza abierta y en el carácter constructivo del ser humano» (Pérez-Álvarez y García-Montes, 2006, pp. 19-20).

Por ello, la presencia de una teoría explicativa que vaya a la raíz de cómo se constituye la experiencia sobre el mundo (incluidas las experiencias psicóticas) en relación con el contexto interpersonal, más allá de los condicionamientos genéticos, proporcionará una base fértil a partir de la cual planificar diferentes intervenciones preventivas en los diversos niveles propuestos.

Es necesaria, por tanto, una teoría sobre cómo el ser humano aprende a hablar sobre lo que piensa y siente y de cómo, una vez que son experimentados, estos eventos privados se convierten en algo problemático a evitar, a pesar de que ello enreda aún más a la persona en lo que considera el problema, dando como resultado un efecto paradójico caracterizado por apartar a la persona de una vida con significado.

Nos estamos refiriendo a la teoría de los marcos relacionales (RFT; Hayes et al., 2001), que es considerada como un moderno desarrollo sobre la cognición y el lenguaje desde una perspectiva funcional. La RFT resalta que el componente central de la psicología humana es el lenguaje, que está presente en todos los asuntos humanos (Hayes et al., 1999). El aprendizaje del lenguaje va a permitir que todo aquello con lo que interactuamos pueda adquirir funciones que vienen dadas no por sus características físicas, sino por la historia de contingencias y el enmarque relacional.

La RFT parte de la premisa de que los seres humanos presentan eventos privados (pensamientos, sentimientos, sensaciones, emociones...) y vamos a interactuar con todo ello a partir de la función que hayan adquirido, es decir, si son considerados como positivos o negativos, si están bajo nuestro control o no, etc. De cómo las personas interactúan con ello va a depender que vivan una vida con significado o sientan vacío y desesperación.

Siguiendo a Törneke (2010), esta teoría permite dar cuenta de dónde provienen nuestros pensamientos y sentimientos y de la influencia que pueden tener en el comportamiento de uno. Ello lo realiza a través del descubrimiento de una forma especial de relacionar estímulos por parte de los seres humanos, denominada «respuesta relacional derivada» y del proceso de «transformación de funciones». Señala que la respuesta relacional derivada es la capacidad de aprender a relacionar estímulos sin que previamente estos hayan aparecido juntos. Esta capacidad permite explicar la naturaleza histórica de los eventos privados (pensamientos y sentimientos), así como su grado de control limitado por parte del ser humano a largo plazo. Por otra parte, la transformación de funciones se refiere a la adquisición de estas por vía relacional (no por contingencias directas). Es decir, algunos estímulos van a adquirir funciones gracias a entrar en un marco de relación con otros estímulos con una determinada función.

La mayoría de los animales son capaces también de relacionar estímulos que presentan una relación no arbitraria entre ellos o son presentados de manera contigua. Por consiguiente, pueden responder a un estímulo de un determinado color o responder al tamaño, etc. Pero la capacidad del ser humano va un

© Ediciones Pirámide

paso más allá, pudiendo relacionar dos estímulos que no tienen un nexo físico, sino que su relación es arbitraria. Ello permite explicar cómo podemos responder a los pensamientos como si fuesen realidades.

Un desarrollo en profundidad de la RFT está fuera de los objetivos del presente capítulo (para una revisión más completa, Barnes-Holmes et al., 2005; Barnes-Holmes et al., 2004; Hayes et al., 2001; Törneke, 2010).

Especial importancia adquiere en este punto el concepto de «tacto» (Skinner, 1957), por su relevancia para el ámbito de la prevención. Se entiende como «tacto» aquella respuesta verbal que se emite en presencia de un cierto elemento del ambiente y que la comunidad verbal refuerza socialmente en función de la correspondencia con el estímulo (Törneke, 2010). El tacto es gobernado por la presencia del estímulo que está siendo tactado, por ejemplo decir «perro» cuando un perro está presente y está siendo observado. Somos capaces de aprender a hacer esto, ya que, desde pequeños, nuestra historia de aprendizaje nos ha enseñado que, ante la presencia de un perro, repetimos los sonidos «perro» que otros nos dicen y, al hacerlo, obtenemos consecuencias reforzantes. Así, por múltiples ejemplos (un perro, un vaso, una manzana, una taza, etc.) aprendemos a informar verbalmente bajo control de los estímulos que estamos tactando.

De esta forma aprendemos a hablar sobre los estímulos que se encuentran en el ambiente externo. Vemos (tactamos) un vaso o escuchamos (tactamos) el sonido de una moto y podemos percibir fácilmente la diferencia entre el objeto tactado y la persona que lo experimenta. «Yo no soy el vaso, yo soy quien lo está percibiendo», pero más difícil es esa diferenciación cuando lo que estamos experimentando está dentro de nosotros, cuando lo que tactamos es un pensamiento, una emoción, etc. En esos casos, la diferenciación entre la persona que piensa y siente y lo que es pensado y sentido se convierte en más problemático. Se ocasionan dificultades para tomar perspectiva de lo que los pensamientos señalan, tomando literalmente su información sin tener en cuenta que son eventos que están presentes por su relación histórica con otros eventos y tienen su origen en nuestra capacidad para relacionar estímulos de manera arbitraria.

Siguiendo con lo comentado en el punto anterior, reforzar la respuesta verbal a un estímulo del ambiente externo que el niño/a está tactando en ese momento resulta relativamente sencillo, debido a que el objeto es accesible a ambos (padres y niños). Pero es más difícil cuando lo que está tactando solo es accesible al niño/a, y eso ocurre precisamente con los pensamientos. Entonces, ¿cómo aprendemos a tactar e informar sobre los fenómenos internos? Törneke (2010) señala que primero realizamos conductas que son públicas y accesibles a la comunidad, posteriormente tactamos nuestra propia conducta y aprendemos a hablar sobre lo que estamos haciendo (todo ello se aprende bajo control del reforzamiento positivo del ambiente social). Poco a poco la respuesta verbal se va debilitando, de tal forma que dicha conducta (ahora pensamiento) ya no sea accesible más que para la propia persona, siendo algo que podemos tactar.

Imagine el lector a un niño que suele arquear su espalda y mira al suelo cuando anda. Desde pequeño el ambiente social le hace consciente de que se fije bien porque le ven por detrás y se van a dar cuenta de que anda mal. La insistencia puede hacer que al cabo de los años el niño (ya adulto) experimente la sensación de ser el centro de atención de las miradas de los otros. Dicho de otra forma, desde pequeño aprendió que las sensaciones al salir de casa, aquello que tactaba, tenían que ver con ser observado con independencia de la realidad de que hubiese personas que realmente lo hiciesen.

Así, una persona puede aprender a ser el centro de atención de las miradas de otros («me observan») y, a través de la influencia del contexto social, aprender también a luchar contra esas sensaciones o pensamientos por ser un indicador de que hay algo que funciona mal o de estar enfermo mental, con lo que ello supone.

Todo ello tiene una importante implicación a nivel preventivo, resaltando la importancia de todo el contexto social y de aquellas intervenciones preventivas que incorporen interacciones que:

*a*) Tengan en cuenta la naturaleza de los pensamientos, sentimientos y emociones.
*b*) Cómo estos estímulos pueden controlar el comportamiento a través de la literalidad o a través de su función aversiva por su significado patologizado.
*c*) Cómo enseñar a las personas a relacionarse con todo ello sin que les aparte de lo importante.

© Ediciones Pirámide

## 4. ACIP. MODELO ATENCIONAL. «DEL TRATAMIENTO AL ENTRENAMIENTO»

La atención centrada en lo importante para la persona (ACIP) es un modelo constructivo que dignifica a la persona, tiene en cuenta aquello que es fuente de importancia para los seres humanos, pero también lo que les hace únicos, su identidad, su esencia, sus intereses y valores, a la vez que entrena a la persona en el control de sus acciones para dar pasos en la dirección valorada (Salgado, 2020).

Dicho modelo proporciona un contexto saludable sobre la base de los principios básicos de la conducta y una serie de procedimientos de entrenamiento para que la persona coja las riendas de sus actos frente a las circunstancias y construya una vida con significado.

Se trata, por tanto, de una aproximación contextual-funcional a la atención y apoyo de las personas en riesgo o situación de vulnerabilidad, tanto en el contexto social como de la salud. Es un modelo que destaca a la persona, su esencia, su valor como ser humano y aquello que le importa, tanto desde lo que le gusta, le apasiona y se le da bien hacer como desde aquello que le hace sufrir.

El acrónimo ACIP destaca la «I» haciendo referencia de manera explícita a lo «importante», siendo este un elemento diferenciador de los tradicionales modelos de atención centrada en la persona.

La atención centrada en la persona ha sido adoptada por la OMS y la OCDE como paradigma atencional en los servicios de salud, definiéndola de la siguiente manera:

> «Forma de entender y practicar la atención sanitaria que adopta conscientemente el punto de vista de los individuos, los cuidadores, las familias y las comunidades como partícipes y beneficiarios de sistemas de salud que inspiren confianza, estén organizados no tanto en función de enfermedades concretas, sino de las necesidades integrales de la persona y respeten las preferencias sociales. La atención centrada en la persona exige también que los pacientes reciban la información y el apoyo que necesitan para tomar decisiones y participar en su propia atención...» (Organización Mundial de la Salud, 69 Asamblea Mundial de la Salud-Marco sobre servicios de salud integrados y centrados en la persona).

Un repaso a diversos modelos que se centran en la persona sobrepasa el objetivo del presente capítulo; para más información sobre estos modelos aplicados en diferentes contextos, véase Martínez (2016); Rodríguez (2010) en el caso de personas mayores; López Fraguas et al. (2004) en personas con discapacidad; Cañadas Pérez et al. (2016) en atención temprana y las prácticas centradas en la familia. En el ámbito de la salud mental incluiremos la rehabilitación psicosocial, como modelo que intenta desfocalizarse del control sintomático o la compensación de la discapacidad, para centrarse en los intereses de la persona y en la construcción de una vida significativa.

Por otro lado, el acrónimo mantiene la «A» y la «C» enfatizando la conexión con los procesos de «aceptación» y «compromiso» derivados del modelo de flexibilidad psicológica (Hayes et al., 2006; Hayes y Strosahl, 2004; Soriano et al., 2004). Véase figura 11.1.

- *Aceptación,* hace referencia a la acogida de los eventos privados displacenteros sin realizar intentos por modificarlos o eliminarlos. Se trabaja por alterar su función psicológica y, por tanto, enseñando a las personas a reaccionar a sus pensamientos y sensaciones de un modo que no resulte limitante para ellos (Salgado, 2011). Se alienta a dejar de lado la lucha ineficaz contra el malestar y se promueve la aceptación como método que permite las acciones dirigidas a lo importante.
- *Compromiso,* implica la clarificación de lo importante, el diseño de una vida significativa, así como el trabajo con objetivos y acciones conectados con que lo que le importa a la persona.

En definitiva, en la ACIP el lector podrá encontrar itinerarios alternativos y novedosas formas de implementar de manera eficaz los procesos implicados en la terapia de aceptación y compromiso (ACT), incluyendo principios y procedimientos derivados de otros modelos de atención contextuales, como son la terapia centrada en el cliente (Rogers, 1981), la psicoterapia analítico-funcional (FAP-Kohlenberg y Tsai, 1991), terapia basada en la compasión (Gilbert, 2009; 2012), etc.

© Ediciones Pirámide

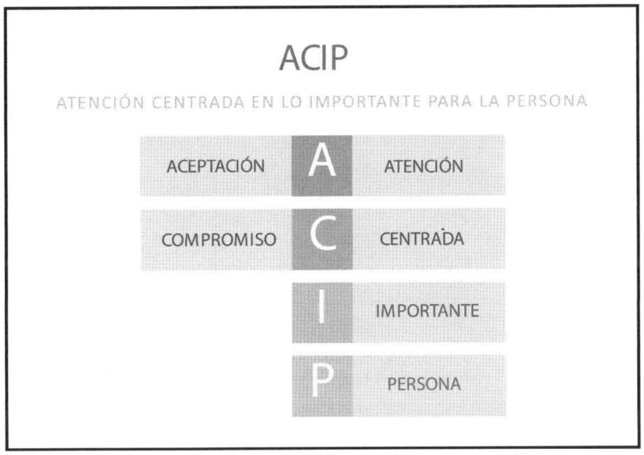


Figura 11.1.—Acrónimo ACIP.

¿De dónde surge la necesidad de realizar una atención basada en lo importante para la persona?

Más allá de la ya comentada recomendación de la OMS y la OCDE, múltiples son las voces especializadas que desde hace años abogan por un cambio de paradigma en la atención a las personas con problemas de salud mental, como por ejemplo: National Institute of Mental Health de Estados Unidos que abandona la clasificación DSM para la investigación en salud mental, el Colegio de Psiquiatras del Reino Unido apoyó la abolición de los sistemas diagnósticos CIE y DSM, motivando a encontrar formas más humanas y eficaces de responder a la angustia mental, y la Asociación Británica de Psicología (British Psychological Society-BPS) mostró su oposición a la aplicación del modelo biomédico para la comprensión de los trastornos mentales, señalando que es el momento de un cambio de paradigama.

Añadido a todo ello, varias son las necesidades que han ido emergiendo desde el ámbito aplicado y que dan sentido al desarrollo de una nueva forma de hacer en la atención a las personas:

1. Existe una necesidad de integrar el ámbito aplicado con la investigación básica. Son muchos los avances en la investigación experimental sobre la conducta que no siempre son bien difundidos y por consiguiente no tienen el suficiente reflejo en el ámbito aplicado. Es un objetivo, por tanto, conseguir que todos aquellos avances en el desarrollo de la experimentación en cuanto a la conducta humana tengan su conexión con la aplicación práctica y el desarrollo diario de la atención a las personas que sufren, así como en conexión con la prevención.
2. La necesidad de percibir a la persona como valiosa, que presenta sueños y valores y con derecho a vivir una vida con significado.
3. Existe una necesidad de seguir un paradigma constructivo, ya que el dirigido a destruir el problema, el malestar, o a que la persona deje de hacer unas determinadas acciones valoradas como negativas o inadaptadas para realizar otras más adaptativas, ha generado unos resultados muy modestos en cuanto a la mejora de la calidad de vida.
4. Necesidad de que todos los apoyos, servicios y recursos puestos en marcha estén centrados y conectados con los intereses y en lo importante para la persona.
5. Necesidad de **empoderar** a la persona frente a las circunstancias personales. Por ello, en el modelo ACIP tendrá un papel preponderante la definición conductual-contextual de empoderamiento que permita el desarrollo de procedimientos prácticos eficaces. Sobre este pilar se incluyen todos los procedimientos de entrenamiento de habilidades para que la persona, con independencia de las circunstancias en las que se encuentre, pueda mantener una dirección vital e ir construyendo una vida significativa.

Tal y como se ha señalado en el punto anterior, la raíz filosófica representada por el contextualismo funcional y los principios básicos de la conducta humana derivados de la RFT proporcionan unos sólidos cimientos donde asentar la construcción de una serie de principios básicos a modo de **pilares fundamentales** de la ACIP. Dichos pilares instalan a la persona en una óptima disposición para regar su deseo de autodirección y de vivir una vida con significado.

La promoción de interacciones especiales centradas en lo importante para la persona va a conformar el material básico del que está compuesto todo el proceso constructivo y proporcionará a los pilares básicos su firmeza y solidez. Estas interacciones se caracterizan por ser cercanas y auténticas (Kanter et al., 2018; Tsai et al., 2009) e impregnan la relación

© Ediciones Pirámide

entre la persona que apoya y la que es apoyada, generando un contexto fértil en el que fomentar una vida digna y con significado. Una visión más profunda de las características de las interacciones basadas en lo importante será expuesta más adelante.

Describimos a continuación un poco más estos pilares o fundamentos básicos que se van construyendo en el vínculo especial entre cliente y profesional, conformando ese contexto saludable en el que ir diseñando y desarrollando la vida que la persona quiere vivir a partir de lo que existe en esos momentos.

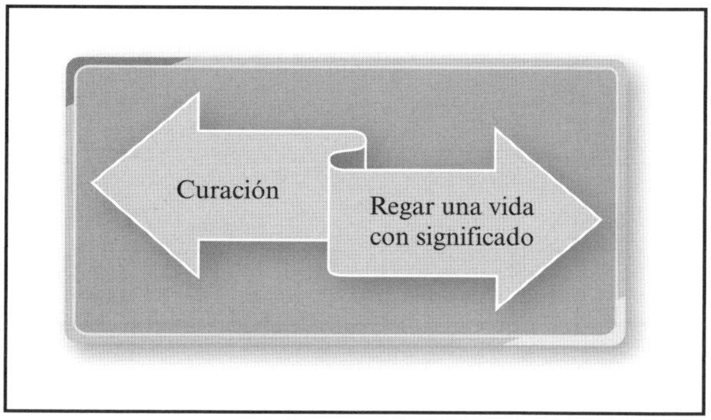


Figura 11.2

### Pilar 1. Des-patologización

> «Lo que la persona piensa y siente no es una patología.»

Cómo reaccionamos los seres humanos (sobre todo si somos profesionales) ante lo que una persona nos traslada sobre lo que piensa y siente marcará la diferencia entre considerarlo como algo común, que tiene que estar ahí por la historia personal, o bien derivar que se trata de algo patológico, que no debería estar ahí, y, por tanto, merece un diagnóstico con su correspondiente tratamiento para hacer todo lo posible por eliminarlo.

«¿Y si ello no significa que haya nada dentro de uno que esté enfermo, roto o esté funcionando mal?», «lo que piensas y sientes tiene una historia, forma parte de ti, pero tú eres más que todo ello».

Desde una perspectiva funcional y los principios básicos que sustentan la ACIP, no se plantea como objetivo modificar directamente esas conductas internas (pensamientos, sentimientos, emociones, recuerdos, etc.), sino que el objetivo de este pilar es aprender por qué están ahí, qué tienen que ver con la persona, utilizando la interacción para generar un contexto despatologizador. Esto se puede realizar de forma implícita (a través de la forma de responder del profesional ante todo ello) o de forma explícita, con honestidad: «No creo que haya nada dentro de ti que esté enfermo», «nada de lo que piensas y sientes es una enfermedad», «es lógico que tengas dudas, miedos, te sientas inseguro/a, algo perdido/a... ello no implica que haya nada que esté mal en ti».

A través de este pilar se potencia un giro o cambio de foco en la mirada de la persona, transitando de la **curación a regar una vida con significado.** Véase figura 11.2.

### Pilar 2. Dignidad

> «La dignidad de la persona, los derechos inviolables que le son inherentes, el libre desarrollo de la personalidad, el respeto a la ley y a los derechos de los demás son fundamento del orden político y de la paz social». Artículo 10.1 de la CE (Título I Derechos y deberes fundamentales).

Cada país tiene artículos similares en sus constituciones, resaltando la dignidad de la persona y el libre desarrollo de la personalidad.

Este artículo de la Constitución Española hace referencia a la dignidad de la persona como valor inherente a la misma, y que consiste en el derecho de cada cual a determinar libremente su vida de forma consciente y responsable y a obtener el correspondiente respeto de los otros. Además, la dignidad de la persona debe permanecer inalterada, con independencia de la situación en la que se encuentre.

En definitiva, la persona tiene valor tal cual es, no necesita hacer nada especial para sentirse ni más valorado/a, ni más digno/a. «Ya tiene dignidad solamente por nacer».

De esta forma se potencia un nuevo giro en el foco de atención, virando desde una actitud loable, pero a la vez aprendida de **lucha contra lo que uno piensa y siente**, **a otra de aceptación** que le permite a la persona dirigir sus esfuerzos a involucrarse en aquellas acciones conectadas con lo importante. Este viraje se impulsa a través de la **aceptación incondicional** por parte del profesional y la **validación** de todo lo que la persona piensa y siente (Kanter et al., 2020; Méndez, 2014).

© Ediciones Pirámide

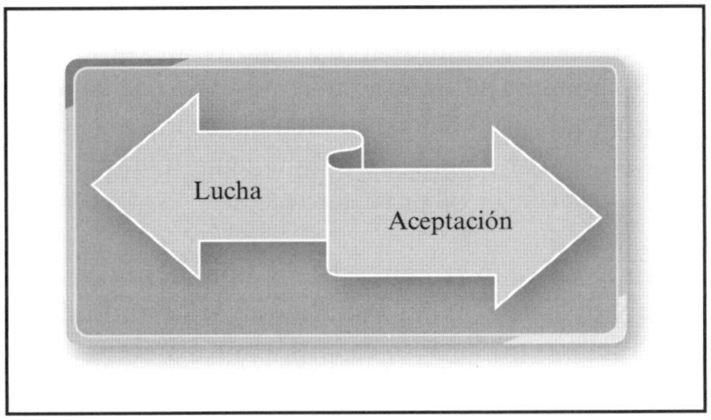


Figura 11.3

### Pilar 3. Vulnerabilidad compartida

> «Seguramente te sientes vulnerable, diferente a los demás, bienvenido/a, todos de una forma u otra sentimos vulnerabilidad en determinadas circunstancias.»

Es importante conocer las características del contexto social en el que tiene que navegar la persona con problemas de salud mental y en el que permanece en contacto con su parte más vulnerable. Por un lado, la enorme competitividad en la que está inmersa la sociedad dificulta que las personas muestren cualquier signo de fragilidad, inseguridad y/o debilidad por miedo a «perder». Por otra parte, los seres humanos tenemos una tendencia natural a compararnos con los demás, y en esa comparación, debido a lo anterior, existe una tendencia generalizada a mostrar la mejor imagen.

Este contexto descrito es un caldo de cultivo fértil en el que las personas con dificultades de salud mental encuentran que los demás muestran su mejor cara, a la vez que ellos están en contacto con su parte más vulnerable. ¿Cuál es el resultado de ello? En la comparación, la persona con problemas de salud mental siempre pierde. Se siente aislada, diferente, rara y con la presión de tener que cambiar o de hacer, sentir y pensar de forma diferente para sentirse incluida en este mundo. En definitiva, de todo ello se deriva una intensa lucha contra la vulnerabilidad.

Se trata de un contexto que dificulta la toma de conciencia clara de una realidad en la que la vulnerabilidad y el sufrimiento es lo que une a los seres humanos y no lo que les diferencia.

Aquellas interacciones que permiten desarrollar un entorno de vulnerabilidad compartida han mostrado un gran potencial en el abordaje de los problemas de salud mental (Kanter et al., 2018; Tsai et al., 2009)

Este será un pilar central que construir en la relación profesional de apoyo, conformando el punto de partida para llevar la atención de la persona hacia lo que le importa y no tanto a la parte vulnerable como forma de compensarla, reducirla y/o eliminarla. De esta forma, se potencia un nuevo viraje en la mirada de la persona, cambiando de una focalización en el malestar o vulnerabilidad a dirigir la atención hacia lo importante.

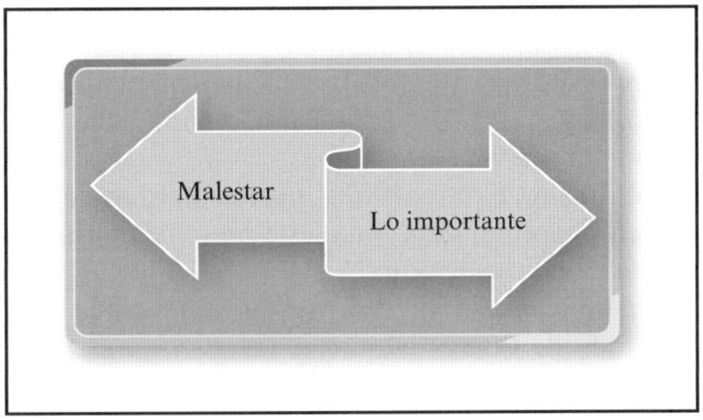


Figura 11.4

### Pilar 4. Modelo constructivo

> «Esto no va sobre pensar acerca de dónde quiero llegar, sino que tiene que ver con construir el camino a seguir.»

No es momento de destruir, de dejar de hacer determinadas cosas o de conseguir eliminar cierto malestar o sufrimiento. Es momento de construir, crecer y de hacerlo en condiciones complicadas. Se trata de ir poniendo ladrillos poco a poco en esa vida significativa y vamos a ver cómo, paso a paso, va progresando.

Tradicionalmente, ha sido común abordar los problemas de las personas en el ámbito de la salud mental focalizando los esfuerzos en:

*a*) Eliminar conductas desadaptadas (y cambiarlas por otras consideradas como más adaptadas).

© Ediciones Pirámide

*b*) Reducir sensaciones y emociones que producen malestar (ansiedad, tristeza, ira, etc.).
*c*) Controlar los síntomas como forma de dejar de ser una persona enferma.

> «No se trata de destruir o eliminar nada de lo que se hace presente en este momento, sino de construir vida poco a poco y de manera significativa.»

En definitiva, este pilar tiene que ver con empezar a construir en el momento presente. Para ello será imprescindible la aceptación incondicional de uno mismo y del otro como esencia del vínculo de apoyo. Se trata de una aceptación sin condiciones de lo que la otra persona piensa y siente como parte de su historia, de su dignidad y esencia como persona para, desde ahí, focalizar la atención en lo importante y apoyar la construcción de una vida valorada.

Por tanto, es importante que una actitud de crecimiento y progreso gradual esté presente continuamente en la interacción.

Esta focalización en el proceso potencia la probabilidad de éxito y permite un nuevo viraje, pivotando desde una postura **destructiva a otra constructiva.**

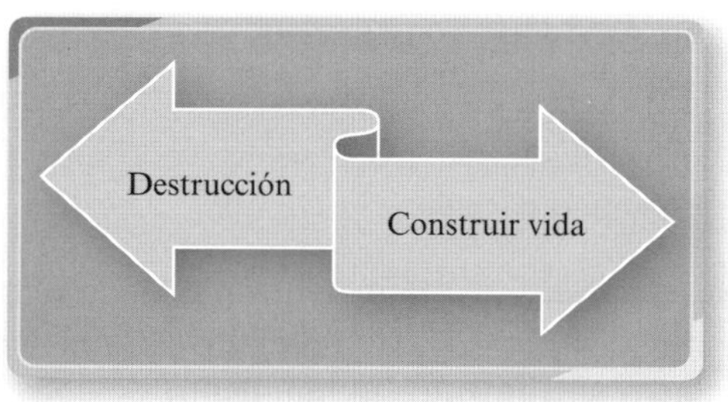


Figura 11.5

## Pilar 5. Empoderamiento real

> «En el camino a recorrer por parte de la persona con problemas de salud mental y en el diseño de una vida con significado pueden surgir momentos difíciles y barreras a modo de sentimientos y pensamientos complicados. Todo ello son respuestas normales en el contexto en el que se producen. La ciencia contextual-funcional a través de los profesionales puede aportar apoyos para que la persona sea quien mande en cada momento, que pueda coger las riendas de todo aquello que le lleva a construir la vida que quiere.»

Es decir, si la persona diseña una forma de moverse y de actuar en el mundo que le permita dejar una huella o un legado, es importante imaginar posibles obstáculos que pueden surgir en el proceso de generar las acciones coherentes con eso que valora. Quizá en ese proceso la persona no tiene los suficientes recursos psicológicos para tomar perspectiva o no dejarse enganchar por lo que está pensando y sintiendo, emitiendo conductas en ese momento que le apartan de aquello que le importa. Si la persona no tiene dichos recursos, será de importancia poner en marcha los pasos para adquirirlos, como por ejemplo adquirir alguna habilidad.

Todo ello requiere la conexión con la investigación básica sobre la naturaleza de los pensamientos y los sentimientos, su relación arbitraria con las acciones y los procedimientos desarrollados para apoyar y entrenar a la persona para no dejarse enganchar por los eventos privados desagradables que emergen en situaciones complejas, de tal manera que la persona consiga mantener una dirección significativa en los peores momentos (López-López y Luciano, 2017; Tsai y Kohlenberg, 2001). En definitiva, para que la persona sea quien mande sobre las circunstancias, de tal forma que sus acciones estén bajo control de lo que valora y no de lo que piensa y siente. A este proceso lo hemos denominado «empoderamiento real».

El concepto de «empoderamiento» puede tener dos acepciones: por un lado, «hacer poderoso o fuerte a un individuo o grupo social» y, por otro lado, «dar poder». Se trata de un concepto que nadie discute en el ámbito de las personas con diagnóstico de enfermedad mental y que además es aplicado actualmente a otros colectivos como, por ejemplo, mujeres maltratadas, personas víctimas de *bullying,* personas con discapacidad, exclusión social, etc., como una forma de enfatizar la necesidad de hacerse fuerte frente a las circunstancias.

Pero, ¿cómo podemos no quedarnos en el mero contenido y focalizarnos en la persona que sufre?, ¿de qué está hecho el empoderamiento?, ¿cómo po-

© Ediciones Pirámide

demos empoderar de manera real, más allá de decir que hay que empoderar a uno u otro colectivo? En este punto puede ser clarificador aportar una aproximación contextual-funcional al concepto de «empoderamiento» y a los procedimientos para su entrenamiento.

Para abordar este tema desde una perspectiva funcional haremos referencia a los dos significados de la palabra «poder». Por un lado, significa «tener más fuerza o ser más fuerte que algo» y, por otro lado, se refiere a «tener la facultad o potencia de hacer algo». Veamos algo sobre cada una de ellas.

El primer significado de la palabra «poder» se aplica a *tener más fuerza o ser más fuerte que...,* tal y como los niños en una pelea entre amigos le dice el uno al otro: «a que te puedo...». Si el significado es ser más fuerte que..., ello nos lleva a realizarnos la siguiente pregunta: ¿más fuerte que quién? De aquí se deriva, por tanto, un concepto de empoderamiento asociado a la lucha, que a su vez puede generar dificultades, tal y como se expone a continuación.

¿Qué actividad más prototípica de la lucha puede haber que el boxeo? Imagine el lector que está de espectador de un combate de boxeo. Se encuentra en su asiento, viendo cómo los dos púgiles pelean. En esa situación de observador del combate, ¿podría usted responder un wasap?, ¿podría hablar con la persona de al lado?, ¿podría leer las noticias en su móvil? Por supuesto que sí, no habría ninguna dificultad en hacerlo. Pero ahora imagine que, en lugar de ser uno de los espectadores, usted es uno de los púgiles que está en el ring. En este caso, ¿podría usted responder un wasap?, ¿podría hablar con la persona de al lado?, ¿podría leer las noticias en su móvil? Con mucha probabilidad su respuesta será que no, ya que realizar cualquiera de esas actividades mientras se encuentra luchando tendría muy negativas consecuencias. Cuando alguien está en la lucha, lo único que puede hacer es pelear y defenderse. En consecuencia, desde esta perspectiva la lucha contra lo que uno piensa y siente no parece ser la mejor solución, sino que se convierte en el problema para la persona. Entrenar a ser espectador de la lucha entre uno mismo y los eventos privados va a ser una importante forma de entrenamiento del empoderamiento de la persona. Mantener una actitud de espectador frente a todo ello permitirá a la persona tener brazos y piernas libres para realizar otros comportamientos y acciones que se encuentren bajo control de lo importante. Las estrategias de atención plena a lo que ocurre en el momento presente *(mindfulness)* (Kabat-Zinn, 2004; Segal et al., 2002) y las estrategias de defusión (Hayes et al., 1999; Wilson y Luciano, 2002) son procesos y procedimientos que nos permiten practicar el colocarnos como observadores de lo que pensamos y sentimos y ser conscientes de todo ello en el aquí y ahora.

El segundo significado, *tener la facultad o potencia de hacer algo,* lo podemos observar por ejemplo en la sintomatología negativa de las personas con diagnóstico de psicosis o en personas con diagnóstico de depresión. Personas que tienen la sensación de pesadez, cansancio, bloqueo, que señalan «no puedo levantarme», «no puedo hacerlo», como una falta de potencia o falta de ganas para hacer alguna actividad. En estos casos parece que las emociones, sensaciones y pensamientos envuelven a la persona, aquello que piensa y siente se encuentra en una relación de inclusión sobre el «yo» que piensa y siente. Es decir, esos eventos privados que envuelven a la persona son más grandes que ella (a modo de manta que se coloca por encima) y ello impide de alguna forma que la persona tome contacto con lo que le importa. Este significado nos lleva a la siguiente reflexión: ¿de qué forma podemos hacer más fuerte a la persona y que adquiera más potencia, si no es mediante entrenamiento, como si fuese al gimnasio a practicar? Así, el empoderamiento no surge de que uno pueda aportar potencia a la persona sin más, sino del entrenamiento en claves que pongan al yo en relación de inclusión con los eventos privados, siendo el «yo» más grande y el que incluye a los eventos privados, de tal forma que le permita tomar contacto con los valores. Las mismas prácticas de defusión y *mindfulness* enriquecidas con claves relacionales deícticas y de inclusión entre el yo que piensa y siente y los eventos privados ayudarán a que se hagan presentes las funciones que provienen de lo importante para la persona (Gil-Luciano et al., 2017; López-López y Luciano, 2017). De esta forma se empodera al «yo» frente a las circunstancias, devolviendo a la persona el control de las acciones que habían quedado bajo control del malestar.

No existe otra forma de promover dicha capacidad más que mediante la práctica y el entrenamiento. Ello nos lleva a enfatizar un viraje nuevo que

© Ediciones Pirámide

surge de este pilar básico, que es transitar desde el **tratamiento al entrenamiento.** Se entiende el proceso de apoyo a la persona como un entrenamiento en la capacidad para diferenciarse de los eventos privados, notar que la persona que observa no puede ser observador y objeto observado al mismo tiempo, que, además, es más grande que todo ello y que, desde esta perspectiva, quien puede hacer algo en ese momento en la dirección valorada es uno mismo y no los eventos privados.

La interacción entre profesional y cliente aporta una oportunidad esencial para acompañar el entrenamiento *in situ* a través de conductas relevantes y construyendo el pilar del empoderamiento real. Enlazando con los otros pilares, la persona acudirá a sesión a entrenar habilidades, adquirir capacidades y no tanto a eliminar síntomas o seguir luchando contra el malestar.

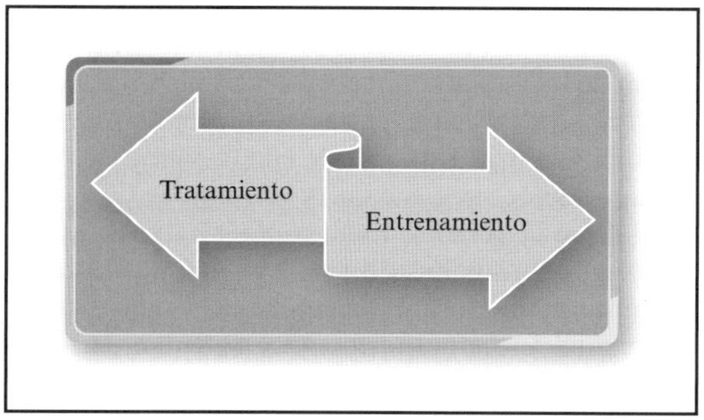


Figura 11.6

### Pilar 6. Contacto social

La investigación científica ha demostrado que más allá del dinero y de la fama, las relaciones buenas y cálidas son las que nos hacen felices y saludables a medida que pasa el tiempo. Y además añade que la soledad resulta tóxica (Waldinger, 2015).

Muchos de los clientes atendidos en el ámbito de la salud mental, y aún más en el caso de las personas con diagnóstico de trastorno mental grave y crónico, se sienten vulnerables, enfermos, diferentes y por consiguiente presentan altos niveles de soledad y de exclusión social. Muchos informan de que se sienten solos y desconectados del mundo.

Este pilar se construye haciendo que el profesional refleje la aceptación incondicional y promueva la inclusión a través de la interacción. Mostrarse genuino/a, natural, centrado en el otro/a, haciéndole sentir escuchado/a, que no está solo/a y que nos importa serán algunas de las cualidades esenciales de las interacciones basadas en lo importante (para mayor profundidad, véase el apartado siguiente sobre aplicación en prevención).

Estos pilares que han sido expuestos son los responsables de sostener el modelo ACIP, el cual, a su vez, sirve de base para el desarrollo de una serie de procedimientos de apoyo a las personas en situación o riesgo de vulnerabilidad que se concreta en la metodología que denominaremos apoyo al proyecto de vida y que tiene como objetivo que la persona diseñe una vida con significado. Esto requiere, en nuestro afán por continuar conectando la investigación básica y el ámbito aplicado, proponer una aproximación al concepto de **proyecto de vida y de vida significativa** desde la perspectiva funcional.

Los seres humanos realizan comportamientos que están en relación de coherencia con lo que piensan y sienten, de manera que una persona puede expresar que «está fumando mucho hoy porque está nervioso». En este caso, la conducta de fumar puede reducir o relajar su ansia en esos momentos, con lo que será una conducta congruente con lo que piensa o siente. Pero esa misma persona puede querer regar la cualidad de ser una persona saludable, por lo que fumar mucho también es un comportamiento incongruente con lo que le importa, vivir la vida de manera saludable.

Por otra parte, otra persona puede estar muy nerviosa, tener muchas ganas de fumar para calmar su ansia y elegir no hacerlo como una forma de regar una vida saludable. En este caso, la persona está emitiendo un comportamiento incongruente con lo que piensa o siente en ese momento, pero a su vez es congruente con lo que le importa.

La promoción de conductas coherentes con lo importante va a ser la base del sentido vital o de vivir una vida significativa, conformando uno de los aspectos fundamentales del apoyo al proyecto de vida de la persona.

Desde una aproximación funcional, definimos **proyecto de vida** como: «el conjunto de objetivos, metas y acciones que entran en relación de coherencia con aquello que es importante para la persona». Es decir, se trata de aquello que una persona se traza con el fin de conseguir uno o varios propó-

© Ediciones Pirámide

sitos para su existencia y presenta los siguientes elementos:

*a*) Los valores o lo importante.
*b*) Las acciones, objetivos y metas.
*c*) La relación de coherencia entre ambos.

Por otro lado, el **apoyo al proyecto de vida** es «una intervención con base en los valores (en lo importante para la persona), entendidos estos como direcciones que proporcionan una guía donde apoyar acciones, objetivos y metas que dan sentido a la vida de la persona» (Salgado, 2019). Se trata por tanto de un proceso constructivo, que parte del momento actual de la persona, a la cual se motiva y apoya para cultivar y regar una vida significativa a través del desarrollo de acciones coherentes con sus valores.

Una de las implicaciones resultante del apoyo al proyecto de vida desde la ACIP es que las sesiones se focalizan desde un primer momento en hacer que lo importante para la persona sobrevuele e impregne todo el proceso, proporcionando una función de significado a cada uno de los comportamientos que implemente. A medida que la persona se implica en el diseño de acciones coherentes y bajo control de los valores, el entrenamiento y apoyo en el manejo de las barreras que puedan existir, irá adquiriendo mayor función. Es decir, el entrenamiento tiene la función de apoyar en la adquisición de habilidades y capacidades que coloquen a la persona en la mejor posición para que emita conductas valoradas y mantenga una dirección vital significativa a pesar de la presencia de eventos privados asociados a circunstancias problemáticas.

Para ello es importante conseguir que la persona entre en contacto durante el mayor tiempo posible con aquello que le refuerza positivamente (no solo a corto plazo, sino en una línea extendida del tiempo). Por tanto, cómo entablar conversaciones significativas que permitan identificar y hacer emerger aquello que es importante para la persona a partir de su historia vital, cómo buscar los valores o propósitos generales a partir de objetivos concretos de la persona, cómo establecer objetivos y un plan de acción específico y medible, cómo resistir el impulso a correr y monitorear paso a paso todo el proceso, van a ser habilidades esenciales del profesional durante las sesiones de apoyo.

Una mayor concreción de los pasos, procedimientos y herramientas del apoyo al proyecto de vida supera de nuevo los objetivos de un capítulo dirigido a la prevención de las psicosis, de manera que con esa finalidad trasladamos al lector a la lectura de las guías de apoyo para la activación del proyecto de vida (Salgado, 2019).

## 5. APLICACIÓN DE LA ACIP EN PREVENCIÓN DE LA PSICOSIS

El modelo atencional ACIP proporciona claves importantes para abordar la prevención de las psicosis (así como de cualquier otro problema de salud mental), abarcando desde la prevención indicada, selectiva y universal, hasta la prevención de recaídas en personas con diagnóstico de psicosis o la prevención de la cronicidad después de un primer brote. Y todo ello salvaguardando la patologización de la persona (véase figura 11.7).

En lo que respecta a la prevención universal, selectiva e indicada, nos centraremos en el desarrollo de entornos saludables a través de la construcción de los pilares básicos, resaltando aquellas características de la interacción profesional que han mostrado su eficacia y que tienen su aplicación en el campo de la prevención. Este punto va dirigido a toda la población, incluidas las personas en situación de riesgo, con independencia de su identificación precoz, con lo que será de interés implicar ámbitos como el educativo y el familiar.

En cuanto a la prevención de recaídas y de la cronificación en personas que ya tienen el diagnóstico de psicosis o han pasado por un primer episodio, será relevante la aplicación de los procedimientos derivados del apoyo al proyecto de vida, sin obviar la necesidad también de desarrollar los pilares básicos, en este caso en el ámbito de la atención profesional.

Como ya se ha comentado, la generación de contextos saludables preventivos en las psicosis desde la ACIP tiene que ver con la construcción de los seis pilares básicos (des-patologización, dignidad, vulnerabilidad compartida, construcción, empoderamiento real y contacto social), sin desconectarse de una teoría explicativa básica sobre la cognición humana y por consiguiente de la naturaleza de las experiencias psicóticas y su relación arbitraria con la conducta.

© Ediciones Pirámide

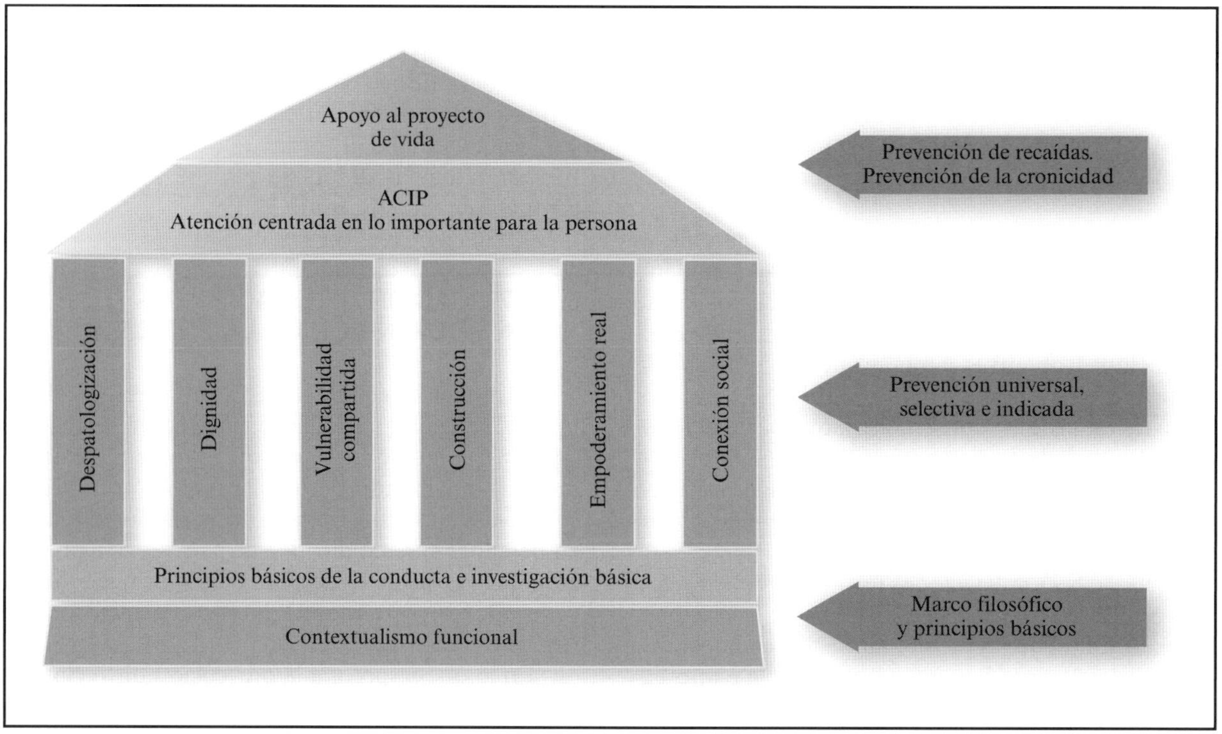


Figura 11.7.—ACIP y diferentes niveles de prevención.

Se van a construir entornos despatologizadores, donde la persona no perciba su vulnerabilidad como sinónimo de estar enferma, ser diferente o sentirse excluido/a y donde aprenda a relacionarse con su malestar, de manera que no le impida construir una vida con significado.

Este proceso constructivo se produce en el entorno relacional y por tanto requiere que prestemos especial atención a las características que definen las **interacciones basadas en lo importante** y el vínculo entre la persona que apoya y la que es apoyada, ya que pueden marcar una diferencia a nivel preventivo. Veamos a continuación qué caracteriza a esas interacciones que se centran en lo importante y van a permitir la construcción de contextos saludables.

Existe un modo de organizar las interacciones y las conversaciones con la persona que sufre (y no solo nos referimos a interacciones en el ámbito profesional) que pone el foco en la enfermedad, el problema o el trastorno, con el objetivo de mejorar su calidad de vida. En los profesionales de apoyo y en concreto en el ámbito de la salud mental es común el llamado «reflejo de corrección» (Miller y Rollnick, 2015), definido por los autores como la tendencia del profesional a aliviar o modificar rápidamente algo que consideramos patológico y que debería cambiar. Ello se realiza desde un estilo directivo, poco horizontal, siendo comunes respuestas del tipo «lo que tienes que hacer es...». Desde esta perspectiva se persuade a la persona para que realice aquellos cambios en la dirección considerada correcta con base en unos valores científicos o profesionales.

Este modo de interacción ha servido a un número determinado de personas, pero otras han informado sentirse poco comprendidas, no escuchadas, han sentido vergüenza y con ganas de marcharse. De alguna manera, podemos decir que se sienten invalidados en aquello que piensan y sienten respecto a su experiencia. Se trata de interacciones basadas en problemas, que se alejan de una perspectiva centrada en el respeto a los intereses y al crecimiento de una vida con significado para la persona.

Otro tipo de interacciones son aquellas que organizan la conversación de modo que sean las propias personas las que se animan e impulsan a reali-

© Ediciones Pirámide

zar acciones alineadas con sus valores (Miller y Rollnick, 2015).

Hay suficiente evidencia que atesora, por un lado, que más allá de la estrategia de apoyo o intervención que se aplique, el tipo de relación o interacción que se desarrolle va a ser el elemento central en la eficacia de cualquier proceso y, por otro lado, que la capacidad para crear conexiones cercanas no solo mejora la salud mental y física, sino que ayuda a vivir más felices (Kanter et al., 2018; Rogers, 1957; Tsai et al., 2009; Waldinger, 2015).

¿Cómo podemos aportar entonces calidad a la relación?, ¿cómo hacer que la persona con la que interactuamos se sienta conectada?, ¿cómo generar confianza, cercanía y apego?, ¿cómo podemos contribuir a la prevención de problemas dc salud mental a través de la interacción?

Las respuestas a estas preguntas las encontramos en diversos modelos propuestos sobre las relaciones e interacciones profesionales (y no profesionales), algunos más actuales y otros más lejanos en el tiempo y que exponemos a continuación.

Kanter et al. (2018) plantean un modelo integrador de las relaciones personales cercanas que toma como marco la ciencia contextual-funcional, donde señalan que el hablante percibe la respuesta del oyente como una expresión de comprensión, validación y autocuidado cuando ante la revelación vulnerable del hablante (entendida como cualquier verbalización, expresión o acción que revela aspectos centrales del Yo a otra persona) le sigue una respuesta receptiva (denominada respuesta promulgada).

Sin entrar en profundidad en el modelo, los autores destacan que dentro de esa relación vulnerabilidad-respuesta existen tres subrelaciones, de las cuales vamos a destacar dos por su relevancia en el tema que estamos tratando.

En primer lugar, ante la **expresión emocional no verbal** del hablante está la respuesta de **seguridad** del oyente, orientándose hacia la empatía, la calidez y la amabilidad, haciendo referencia a responder con gran sensibilidad. En esta respuesta se incluye mostrar atención, indicadores no verbales de interés hacia el otro, expresiones verbales en sintonía con el hablante que se muestra vulnerable, mostrar afecto e interés genuino por el otro y por aquello que está sintiendo, señalar que no está solo/a en el malestar, manifestar intención de apoyo, responder de manera que la persona sienta que aquello que siente no es algo con lo que luchar. Todas estas respuestas de seguridad han mostrado beneficios, de tal forma que refuerzan el contacto y la cercanía y activan el sistema de calma y afiliación (Gilbert, 2009; 2018).

En segundo lugar, frente a las **autorrevelaciones verbales del hablante** destaca la respuesta de **validación** del oyente. En cuanto a las autorrevelaciones verbales, es importante resaltar varios descubrimientos. Por un lado, se ha demostrado que las autorrevelaciones que muestran contenido emocional aumentan la cercanía y los sentimientos de apoyo, mientras que la divulgación de hechos que carecen de contenido emocional no lo hacen (Laurenceau et al., 1998). Por otro lado, se ha encontrado que aquellas personas focalizadas en la expresión de estados de ánimo negativos o en objetivos que no han salido bien, producen como resultado una menor cercanía (Baddeley y Singer, 2009).

Estos descubrimientos nos permiten reiterar la necesidad de interacciones menos centradas en el problema o evento negativo y con una perspectiva más constructiva y focalizada en el conocimiento de la esencia de la persona como forma de estar en una mejor disposición para el apoyo.

La persona en su autorrevelación está verbalizando lo que está experimentando. Etiqueta y nombra aquello que piensa y siente y esto requiere de respuestas que funcionen como **validación,** entendida como la comprensión del significado profundo dc lo que el otro está comunicando (Kanter et al., 2020).

En los niveles más básicos de la prevención (universal), la validación por parte del oyente permite corroborar lo que la persona está «tactando», reforzando de esta forma los elementos más relevantes de la identidad y evitando los problemas del Yo (Tsai y Kohlenberg, 2001). En otros niveles (selectiva, indicada, prevención de recaídas y cronificación) permite señalar que lo que la otra persona piensa y siente es lo que está experimentando en ese momento, que, además, está asociado a su historia, sin que ello implique que haya nada en la persona que se haya roto, favoreciendo los pilares de despatologización y dignidad. En definitiva, se trata de crear, a través de la respuesta a la autorrevelación vulnerable, una nueva relación con lo que la persona piensa y siente, más saludable y que conforme una base firme para construir el empoderamiento real.

© Ediciones Pirámide

Otra respuesta de validación a las autorrevelaciones del hablante es la **revelación recíproca** por parte del oyente, convirtiéndose en un medio de trasmitir seguridad y cercanía, además de ayudar al pilar de la vulnerabilidad compartida. Resaltar en este punto que la revelación recíproca se experimentará como validación si está en consonancia con el estado emocional del hablante, de tal forma que expresiones como «bueno, a mí también me pasa...» o «eso les pasa a muchas personas...» puede trivializar el mensaje y ser vivido como una invalidación.

Tal y como señalan Kanter et al. (2020), es fundamental para la validación que esta se experimente como un apoyo emocional (empatía y comprensión), distinguiéndolo del denominado apoyo instrumental o, lo que es lo mismo, ofrecer consejo. Siguiendo a los autores, en ocasiones ofrecer apoyo instrumental o focalizarse en exceso en la solución de problemas, cuando la persona solo busca apoyo emocional, puede tener efectos no deseados. Por tanto, aquellos oyentes que son capaces de no añadir consejos o soluciones, cuando el hablante solo busca apoyo emocional, generan mayor cercanía y satisfacción, promulgando un mayor interés revelador en la persona vulnerable. Para una mayor profundidad sobre el tema véase Coyne et al. (1988); Lempert (1997).

No solamente la generación de un contexto saludable a través de la interacción va a ser esencial en la prevención de las psicosis, sino que los descubrimientos derivados de investigaciones desde la perspectiva contextual están permitiendo identificar y sugerir nuevos objetivos psicológicos para el proceso de su prevención. Así, por ejemplo existen hallazgos que relacionan la anhedonia social con altas tasas de psicosis clínicas (Chapman et al., 1994). Incluso Villate et al. (2010) encontraron que, en muestras no clínicas, la anhedonia social se relaciona con características que están presentes en los trastornos psicóticos, como por ejemplo una capacidad deficiente para identificar estados mentales en el otro. De esta forma, la anhedonia podría mostrarse como un indicador para detectar riesgo de desarrollar psicosis.

En esta misma línea, Viladarga et al. (2012) demuestran que la respuesta relacional deíctica, la empatía y la evitación experiencial predicen la anhedonia social, apoyando la utilidad de todos estos procesos en la prevención de las psicosis (en todos sus niveles) a través de la construcción del pilar del empoderamiento de la persona.

En definitiva, todas aquellas intervenciones dirigidas a que tanto adultos como niños/as, etc., aprendan a diferenciar eventos privados, a conectar con lo importante, entrenen estrategias de defusión, etc., tienen visos de facilitar el proceso de prevención de problemas graves en el futuro.

## 6. CONCLUSIONES

A lo largo de la historia ha sido mucha más la investigación dirigida al tratamiento de los problemas relacionados con las psicosis que a su prevención. A ello pueden haber contribuido desde factores sociales a otros de tipo económico por su alta rentabilidad, pero también ha ayudado la habitual ausencia de una teoría explicativa sobre la naturaleza de los eventos privados y de la propia experiencia psicótica, más allá de explicaciones basadas en correlatos de la neuroquímica cerebral.

Si conocemos cómo las personas aprenden a pensar y a dejarse llevar por el contenido de sus pensamientos, estaremos más cerca de poder prevenir dificultades futuras.

Los desarrollos modernos de la ciencia contextual-funcional y en concreto de la RFT han permitido abrir una puerta al fomento de la prevención primaria de los problemas de salud mental y, por derivación, también de las psicosis. Proporciona conocimientos esenciales sobre el comportamiento humano que, de incorporarse a las estrategias generales de salud en colaboración con el ámbito educativo y familiar, podría dar como resultado una disminución de la incidencia de los problemas de salud mental.

No hay duda de que, en la interacción del ser humano con el ambiente, hay dos elementos para tener en cuenta en la prevención de las psicosis: por un lado, el propio ser humano y, por el otro, las circunstancias derivadas del contexto en el que le toca vivir. Es decir, si bien podemos hablar de contextos saludables, no siempre las circunstancias están bajo control de la persona. Por tanto, es imprescindible hacer referencia a estrategias de nivel general, enfatizando las propiedades que caracterizarían a los contextos sociales saludables. Pero no hay que olvidar actuaciones jerárquicamente incluidas en lo

© Ediciones Pirámide

anterior que tienen que ver con los contextos más cercanos y con aquellas intervenciones que aportan habilidades que previenen a las personas de los problemas de salud mental futuros.

A un nivel más concreto, tal y como se ha comentado a lo largo del capítulo, el objetivo es motivar a los agentes de los diferentes ámbitos (salud, educativo, familiar, etc.) a responder ante el malestar y los eventos privados del otro siguiendo reglas más ajustadas a las leyes de la conducta humana.

Se trataría de construir los pilares básicos en el contexto y a través de la interacción social, de forma que permitan:

1. Validar la experiencia interna de la persona, lo que piensa y siente. De esta forma se refuerza la conexión entre el Yo y su experiencia; en definitiva, su identidad. Es importante la validación de los eventos privados sin cargarlos negativamente o respondiendo a ello como algo que hay que eliminar o de lo que hay que escapar.
2. Que la vulnerabilidad esté presente y permitida en la interacción. Es decir, favorecer que la persona admita su parte vulnerable y aprenda a responder con amabilidad y aceptación a uno mismo.
3. Que la persona se relacione con el malestar como algo inherente al ser humano y sin que ello signifique que está roto o enfermo.
4. Responder de manera que salvaguarde el valor personal de la persona y/o niño/a, aceptando incondicionalmente a la persona en el aquí y ahora, sin esperar a que haga las cosas diferentes para tener valor.
5. Generar cercanía y honestidad, permitiendo al otro sentir conexión social.
6. Permitir las autorrevelaciones y responder con reciprocidad, fomentando la vulnerabilidad compartida.
7. Utilizar las conductas relevantes del presente para empoderar a la persona. Es decir, conseguir que la persona responda al malestar como algo que puede observar, diferenciarse de él y focalizar la atención en lo que emerge como importante en ese momento. Posicionarse como observador le permitirá emitir acciones bajo control de los valores personales.

Para concluir, en la línea de lo ya expuesto anteriormente, las acciones preventivas no deben subscribirse al ámbito clínico/sanitario, sino que más bien la prevención universal tiene que ver con la planificación estratégica desde el ámbito político y que también incluya a otros entornos naturales, como la escuela, la familia, el ámbito laboral, etc. Esta planificación estaría dirigida a la promoción de un contexto social que permita enfatizar la dignidad y el valor de las personas, a la vez que favorezca la inclusión social. Ello tiene que ver con impulsar de manera global valores esenciales como la disminución de la competitividad, el trabajo cooperativo, la ayuda a los otros, la vulnerabilidad como algo compartido por los seres humanos y el contacto social.

A todo ello se le une la propuesta de programas específicos dirigidos a la reducción de factores de estrés en ámbitos como el hogar, la escuela y la sanidad, pero también al fortalecimiento de habilidades a lo largo de todo el ciclo vital (periodo prenatal, infancia, adolescencia, edad adulta y personas mayores).

En conclusión, la perspectiva contextual-funcional aporta unos principios claros que nos permiten ser optimistas sobre la posible implementación y el desarrollo de todos estos programas, aunque eso requiera un gran trabajo formativo, de investigación, así como una gran colaboración para un cambio progresivo de perspectiva.

© Ediciones Pirámide

## REFERENCIAS BIBLIOGRÁFICAS


Alanen, Y. O., Lehtinen, K., Räkköläinen, V. y Aaltonen, J. (1991). Need-adapted treatment of new schizophrenic patients: Experiences and results of the Turku Project. *Acta Psychiatrica Scandinavica, 83*(5), 363-372.

Bach, P. y Hayes, S. C. (2002). The use of acceptance and commitment therapy to prevent the rehospitalization of psychotic patients: A randomized controlled trial. *Journal of Consulting and Clinical Psychology, 70*(5), 1129-1139.

Baddeley, J. L. y Singer, J. A. (2009). A Social Interactional Model of Bereavement Narrative Disclosure. *Review of General Psychology, 13*(3), 202-218.

Barnes-Holmes, D., Valverde, M. R. y Whelan, R. (2005). La teoría de los marcos relacionales y el análisis experimental del lenguaje y la cognición. *Revista Latinoamericana de Psicología, 37*(2), 255-275.

Barnes-Holmes, Y., Barnes-Holmes, D., McHugh, L. y Hayes, S. C. (2004). Relational frame theory: Some implications for understanding and treating human psychopathology. *International Journal of Psychology and Psychological Therapy, 4*(2), 355-375.

Bentall, R. (2009). *Doctoring the mind. Why psychiatric treatments fail.* Penguin Books.

Cañadas Pérez, M., Escorcia Mora, C. T., Martínez Rico, G., Alonso Martín, M., Ayuso Blázquez, V., Domenech Varea, M., Franco Castellano, I., Moltó Soler, E., Roca Hurtuna, M., Santandreu García, A. y Sanchís Martínez, C. (2016). Atención temprana y prácticas centradas en la familia: a propósito de un caso. *Revista de Logopedia, Foniatría y Audiología, 36*(4), 185-194.

Chapman, L. J., Chapman, J. P., Kwapil, T. R., Eckblad, M. y Zinser, M. C. (1994). Putatively Psychosis-Prone Subjects 10 Years Later. *Journal of Abnormal Psychology, 103*(2), 171-183.

Coyne, J. C., Wortman, C. B. y Lehman, D. R. (1988). The other side of support: Emotional overinvolvement and miscarried helping. En B. H. Gottlieb (ed.), *Marshaling social support: Formats, processes, and effects* (pp. 305-330). Sage Publications, Inc.

FEAPS (2017). *Planificación centrada en la persona*. Cuadernos de Buenas Prácticas FEAPS.

Fonseca-Pedrero, E. e Inchausti, F. (2018). Actualización en la prevención de los trastornos del espectro psicótico. *Papeles del Psicólogo, 39*(2), 127-139.

Gil-Luciano, B., Ruiz, F. J., Valdivia-Salas, S. y Suárez-Falcón, J. C. (2017). Promoting psychological flexibility on tolerance tasks: Framing behavior through deictic/hierarchical relations and specifying augmental functions. *Psychological Record, 67,* 1-9.

Gilbert, P. (2009). Introducing compassion-focused therapy. *Advances in Psychiatric Treatment, 15*(3), 199-208.

Gilbert, P. (2012). Compassion-focused therapy. En W. Dryden (ed.), *Cognitive Behaviour Therapies* (pp. 140-165). Sage Publications Ltd.

Gilbert, P. (2018). *La mente compasiva.* Eleftheria (ed.).

Hayes, S. C. (2020). *A liberated mind: The essential guide to ACT: Transform your thinking & find freedom from stress, anxiety, depression & addiction.* Penguin Publishing Group.

Hayes, S. C., Barnes-Holmes, D. y Roche, B. (2001). *Relational Frame Theory*. Springer.

Hayes, S. C., Luoma, J. B., Bond, F. W., Masuda, A. y Lillis, J. (2006). Acceptance and Commitment Therapy: Model, processes and outcomes. *Behaviour Research and Therapy, 44*(1), 1-25.

Hayes, S. C. y Strosahl, K. D. (2004). *A practical guide to acceptance and commitment therapy.* Springer.

Hayes, S. C., Strosahl, K. D. y Wilson, K. G. (1999). *Acceptance and commitment therapy: An experiential approach to behavior change.* Guilford Press.

Kabat-Zinn, J. (1992). Full catastrophe living: Using the wisdom of your body and mind to face stress, pain, and illness. *The Nurse Practitioner.*

Kanter, J. W., Kuczynski, A. M., Tsai, M. y Kohlenberg, R. J. (2018). A brief contextual behavioral intervention to improve relationships: A randomized trial. *Journal of Contextual Behavioral Science, 10,* 75-84.

Kanter, J. W., Kuczynski, A., Manbeck, K., Corey, M. y Wallace, E. (2020). An Integrative Contextual Behavioral Science Model of Intimate Relations. *Journal of Contextual Behavioral Science, 18,* 75-91.

Kohlenberg, R. J. y Tsai, M. (1991). *Functional analytic psychotherapy: Creating intense and curative therapeutic relationships.* Springer.

Laurenceau, J. P., Barrett, L. F. y Pietromonaco, P. R. (1998). Intimacy as an interpersonal process: The importance of self-disclosure, partner disclosure, and perceived partner responsiveness in interpersonal exchanges. *Journal of Personality and Social Psychology, 74*(5), 1238-1251.

Lehtinen, V., Alanen, Y. O., Aaltonen, J., Lehtinen, K. y Räkköläinen, V. (1999). Family intervention as an essential part of the treatment of new schizophrenic patients: Experiences from Finland. *Italian Journal of Psychiatry and Behavioural Sciences.*

Lempert, L. B. (1997). The other side of help: Negative effects in the help-seeking processes of abused women. *Qualitative Sociology, 20,* 289-309.


© Ediciones Pirámide

López Fraguas, M. Á., Marín González, A. I. y De la Parte Herrero, J. M. (2004). La planificación centrada en la persona, una metodología coherente con el respeto al derecho de autodeterminación. *Siglo Cero, Revista Española sobre Discapacidad Intelectual, 35*(1), 210.

López-López, J. C. y Luciano, C. (2017). An experimental analysis of defusion interactions based on deictic and hierarchical framings and their impact on cognitive performance. *Psychological Record, 67,* 485-497.

Martínez, T. (2016). La atención centrada en la persona en los servicios gerontológicos: modelos de atención y evaluación. *Estudios de la Fundación Pilares para la Autonomía Personal, 3.*

McHugh, L. (2015). A contextual behavioural science approach to the self and perspective taking. *Current Opinion in Psychology, 2,* 6-10.

Méndez, M. (2014). Carl Rogers y Martin Buber: las actitudes del terapeuta centrado en la persona y la relación «yo-tu» en psicoterapia. *Apuntes de Psicología, 32*(2), 171-180.

Miller, W. y Rollnick, S. (2015). *Entrevista motivacional: ayudar a las personas a cambiar.* Paidós.

Mrazek, P. J. y Haggerty, R. J. (1994). *Reducing risks for mental disorders: Frontiers for preventive interventión research.* National Academy Press. Disponible en https://bit.ly/3vXh5io

Organización Mundial de la Salud (2005). *Prevención de los Trastornos Mentales: Intervenciones Efectivas y Opciones Políticas.* Ginebra: Organización Mundial de la Salud.

Pérez-Álvarez, M. (2012). Esquizofrenia y cultura moderna: Razones de la locura. *Psicothema, 24*(1), 1-9.

Pérez-Álvarez, M., García-Montes, J. M., Perona-Garcelán, S. y Vallina-Fernández, O. (2008). Changing relationship with voices: New therapeutic perspectives for treating hallucinations. *Clinical Psychology and Psychotherapy, 15*(2), 75-85.

Pérez-Álvarez, M., García-Montes, J. M., Vallina-Fernández, O., Perona-Garcelán, S. y Cuevas-Yust, C. (2011). New life for schizophrenia psychotherapy in the light of phenomenology. *Clinical Psychology and Psychotherapy, 18*(3), 187-201.

Pérez-Álvarez, M. y García-Montes, J. (2006). Entendimiento filosófico de la esquizofrenia. *Apuntes Psicología, 24*(1-3), 11-29.

Rodríguez, P. (2010). *La atención integral centrada en la persona.* Informes Portal Mayores.

Rogers, C. R. (1957). The necessary and sufficient conditions of therapeutic personality change. *Journal of Consulting Psychology, 21*(2), 95-103.

Rogers, C. R. (1981). *Psicoterapia centrada en el cliente: Práctica, implicaciones y teoría.* Biblioteca de Psiquiatría, Psicopatología y Psicosomática, Serie Mayor.

Salgado Pascual, C. F (2011). *Comparación de dos protocolos de intervención basados en la terapia de aceptación y compromiso y en mindfulness en personas con trastorno mental crónico.* Tesis Doctoral no publicada. Universidad de Almería.

Salgado Pascual, C. F. (2016). Comparación de dos protocolos de intervención basados en la Terapia de Aceptación y Compromiso y Entrenamiento en Mindfulness en personas con Trastorno Mental Crónico. *Análisis y Modificación de Conducta, 42,* 75-98.

Salgado Pascual, C. F. (2019). *Guía para activar el proyecto de vida de personas en situación de dependencia y/o discapacidad que viven en su domicilio.* Gerencia de Servicios Sociales. Junta de Castilla y León. Disponible en https://bit.ly/3lNqGnl

Salgado Pascual, C. F. (2020). *Guía de apoyo al proyecto de vida para la inclusión social.* Gerencia de Servicios Sociales. Junta de Castilla y León.

Segal, V., Williams, J. M. y Teasdale, J. (2002). *Terapia cognitiva de la depresión basada en la consciencia plena. Un nuevo abordaje para la prevención de recaídas.* Desclée de Brouwer.

Soriano, C. L., Valverde, M. R. y Martínez, O. G. (2004). A proposal for synthesizing verbal contexts in experiential avoidance disorder and acceptance and commitment therapy. *International Journal of Psychology and Psychological Therapy, 4*(2), 377-394.

Törneke, N. (2010). *Learning RFT: An introduction to relational frame theory and its clinical application.* New Harbinger.

Tsai, M. y Kohlenberg, R. (2001). Hablo, luego existo: una aproximación conductual para entender los problemas del yo. *Escritos de Psicología, 5,* 58-62.

Tsai, M., Kohlenberg, R. J., Kanter, J. W., Kohlenberg, B., Follette, W. C. y Callaghan, G. M. (2009). *A guide to functional analytic psychotherapy: Awareness, courage, love, and behaviorism.* Springer.

Valery, K. M. y Prouteau, A. (2020). Schizophrenia stigma in mental health professionals and associated factors: A systematic review. *Psychiatry Research, 290,* 113068.

Waldinger, R. (2015). *What makes a good life? Lessons from the longest study on happiness.* TED.

Wilson, K. G. y Luciano, M. C. (2002). *Terapia de aceptación y compromiso (ACT): un tratamiento conductual orientado a los valores.* Madrid: Pirámide.

© Ediciones Pirámide

# Primeros episodios psicóticos 12

PATXI GIL LÓPEZ
ALMA GUTIÉRREZ HERNANDO
PATRICIA CABALLERO MARTÍNEZ
JOSÉ MANUEL RODRÍGUEZ SÁNCHEZ
LEIRE GARCÍA FERNÁNDEZ
ESTHER FERNÁNDEZ MARTÍN
CAROLINA RODRÍGUEZ PEREIRA
NURIA FERNÁNDEZ GAYOSO

## 1. INTRODUCCIÓN

La intervención clínica en los trastornos psicóticos experimentó su mayor salto cualitativo con el advenimiento de los fármacos antipsicóticos, capaces de reducir la sintomatología psicótica y por tanto las alteraciones de conducta asociadas con ella. Este hecho permitió que el curso evolutivo de la enfermedad dejara de estar ligado indefectiblemente a la institucionalización y sentó las bases para permitir a un cierto número de pacientes el desarrollo de una vida autónoma.

Paralelamente y de forma complementaria a la intervención farmacológica, se han ido desarrollando intervenciones terapéuticas psicológicas, algunas de ellas encaminadas a combatir la sintomatología resistente, otras a mejorar la funcionalidad y otras a aumentar el conocimiento y conciencia de enfermedad para coadyuvar a la intervención farmacológica y mejorar las capacidades de autocuidado.

A pesar de estos avances, los resultados no son enteramente satisfactorios. Las intervenciones no tienen el mismo grado de efectividad en todos los casos. Así, existe un cierto número de pacientes que tan solo experimenta remisiones parciales, mientras que otros son resistentes y no presentan mejorías significativas (Jääskeläinen et al., 2013). Es de destacar además que los pacientes con esquizofrenia continúan teniendo una esperanza de vida de entre 15 y 20 años menos (Hjorthøj et al., 2017).

El limitado alcance en la efectividad terapéutica unido a la gravedad y alto grado de discapacidad asociado a las psicosis hacen que constituyan uno de los grupos de enfermedades que más costes produce tanto a nivel personal como social (Kahn et al., 2015).

En las últimas décadas la atención ha sido puesta en enfatizar la intervención terapéutica en las fases iniciales de la enfermedad. Los momentos iniciales de la enfermedad constituyen una ventana de oportunidad para aplicar de manera temprana todo el arsenal terapéutico disponible. El paradigma subyacente implica que una detección e intervención precoz mejora el pronóstico y evita el deterioro y además considera que hay un periodo crítico en el actuar, pasado el cual el potencial de las intervenciones disminuye. El debut de la psicosis es una fase en la cual los efectos deteriorantes acumulativos del trastorno han tenido menos tiempo para instaurarse, y es por tanto el momento ideal para intervenir no solo con un enfoque dirigido a reducir los síntomas de la enfermedad sino también a prevenir los daños que puede causar en los diferentes ámbitos de la vida (educacional, laboral, interpersonal, etc.) y reducir así la discapacidad asociada.

Este énfasis ha propiciado que se hayan puesto en marcha, en diversos entornos, programas dirigidos a la intervención temprana en la esquizofrenia de manera integral. En dichos programas se implementan de manera coordinada, desde el mismo debut de la enfermedad, intervenciones no solo psiquiátricas, sino también psicológicas, sociales, familiares y vocacionales, con una intensidad mayor que en los tratamientos tradicionales.

Diferentes estudios parecen avalar la superioridad de este tipo de enfoque respecto a las intervenciones convencionales tanto en cuanto a necesidad de utilización de recursos hospitalarios, reducción de la sintomatología y capacidad funcional en general (Correll et al., 2018).

© Ediciones Pirámide

Este tipo de programas, al buscar la intervención integral y lo más temprana y extensiva posible, constituyen el ámbito idóneo para incorporar el uso de las nuevas herramientas terapéuticas que vayan surgiendo una vez haya sido demostrada su eficacia.

En este capítulo comenzaremos por revisar las intervenciones psicológicas en pacientes con un primer episodio psicótico (PEP), la evidencia que las respalda, las oportunidades de mejora, para finalmente abordar la instauración de la ACT en pacientes PEP, su eficacia y los aspectos clave para su generalización.

## 2. EL ROL DE LA PSICOTERAPIA EN EL ABORDAJE DE LOS PRIMEROS EPISODIOS PSICÓTICOS

La necesidad de tratamiento antipsicótico para los pacientes con un PEP no está en discusión (Zipursky, 2020). Como tampoco lo están sus limitaciones: las derivadas de los problemas de tolerancia y su incapacidad para mejorar tanto los síntomas negativos como los cognitivos, así como la eficacia parcial en un grupo de pacientes (25-30 %) sobre los síntomas positivos (Furukawa et al., 2015; Lieberman et al., 2005). Estas limitaciones han promovido la búsqueda de tratamientos complementarios, generando un espectacular desarrollo de las terapias psicológicas para las psicosis en las tres últimas décadas. De todas ellas las que han demostrado mayor eficacia, consolidándose como estándar en el tratamiento de los PEP, son las terapias cognitivo-conductuales. Para seguir avanzando se impone una revisión crítica de su aportación en este campo.

## 3. INTERVENCIONES COGNITIVO-CONDUCTUALES EN LAS PSICOSIS

La terapia cognitivo-conductual (TCC) ha sido incluida en las recomendaciones terapéuticas internacionales para la esquizofrenia desde 2002 (NICE, 2009, p. 212). En 2014 la Guía NICE (NICE, 2014), que se basa en la misma evidencia meta-analítica que su predecesora en 2009, recomienda que se ofrezca a todas las personas con esquizofrenia, incluidos los pacientes con un primer episodio psicótico y aquellos con enfermedad establecida, y tanto para pacientes que están activamente sintomáticos como aquellos en remisión. Se pueden encontrar recomendaciones similares en la guía escocesa (SIGN, 2013) así como en las de varios otros países (Rathod et al., 2010).

Sin embargo, los resultados de la investigación no avalan homogéneamente estas recomendaciones. Así, en 2012 la colaboración Cochrane concluyó que «la evidencia basada en ensayos clínicos aleatorizados sugiere que no hay una ventaja clara y convincente de la TCC sobre otras, y a veces mucho menos sofisticadas, terapias para personas con esquizofrenia» (Jones et al., 2012). Igualmente los resultados de un meta-análisis de 2014 (Jauhar et al., 2014) señalaban que los efectos del tratamiento (EE) de la TCC al final del tratamiento se situaron uniformemente en el rango pequeño: efecto sobre los síntomas generales: +0,33 (IC del 95%: 0,19-0,47) —34 estudios evaluados—; efecto sobre los síntomas positivos: +0,25 (IC del 95%: 0,13 a 0,37) —33 estudios evaluados— y efecto sobre los síntomas negativos: +0,13 (IC del 95%: 0,01-0,25) —34 estudios evaluados— (el signo + indica que favorece la TCC). Sin embargo, un meta-análisis en red de diversas intervenciones psicológicas para reducir los síntomas positivos en esquizofrenia (Bighelli et al., 2018), realizada en un conjunto de datos bastante diferentes de los de Jauhar, con 27 estudios, nuevamente encuentra ES agrupados para la TCC en el rango pequeño, aunque esta vez en el extremo superior de este [vs. tratamiento habitual (TAU): +0,30 (IC del 95%: 0,14 a 0,45), 18 ensayos; vs. intervenciones de control inactivas: +0,29 (IC del 95%: 0,03 a 0,55), siete ensayos] (Bighelli et al., 2018). Más recientemente, en 2018 la actualización del meta-análisis Cochrane de 2012 ha continuado sin encontrar evidencia clara o convincente de superioridad en cualquier medida.

El desarrollo de la TCC en psicosis ha conllevado objetivos más específicos que han ayudado a delimitar su rol en el tratamiento de las psicosis. Por ello, es pertinente plantearnos preguntas clínicas sobre la eficacia de la TCC en la esquizofrenia y los trastornos psicóticos relacionados que normalmente se incluyen en los ensayos (trastorno esquizoafectivo, trastorno delirante y psicosis no especificada). Para ello utilizamos las que pueden considerarse

© Ediciones Pirámide

como las dos mejores fuentes de evidencia, a saber, meta-análisis y ensayos individuales grandes y bien realizados, para responderlas.

### ¿Qué dicen los estudios sobre la eficacia de la TCC en las psicosis?

La figura 12.1 muestra los EE agrupados para los síntomas positivos, en metaanálisis realizados desde 2001. Se objetiva una pérdida de eficacia según avanzan los años de publicación, así todos los meta-análisis llevados a cabo en los últimos cinco años encontraron ES agrupados en el rango pequeño (0,1-0,3). Estos resultados muy probablemente se pueden explicar por el mayor rigor en el diseño y la metodología de la investigación en los estudios más rccientes así como en tamaños de muestra más grandes.

En el meta-análisis de 2014 de Jauhar se encuentra una pérdida de efecto, al incluir estudios más recientes y con criterios de calidad: el EE combinado se redujo de 0,33 a 0,15 (IC del 95%: 0,03-0,27) —20 estudios incluidos— para medir eficacia sobre síntomas generales y descendió de 0,25 a niveles no significativos [0,08 (IC del 95%: –0,03 a 0,18) al valorar la eficacia sobre los síntomas positivos (Jauhar et al., 2014)]. Bighelli y cols. (2018) tuvieron resultados más matizados en su meta-análisis en red: encontraron que el efecto de la TCC es pequeño pero significativo cuando se compara con el tratamiento habitual (TAU) en estudios ciegos para la intervención (EE: +0,27; IC del 95%: 0,13-0,41), pero esta superioridad desaparece cuando el grupo de tratamiento se compara con la no intervención como grupo control (0,14, IC del 95%: –0,09-0,37).

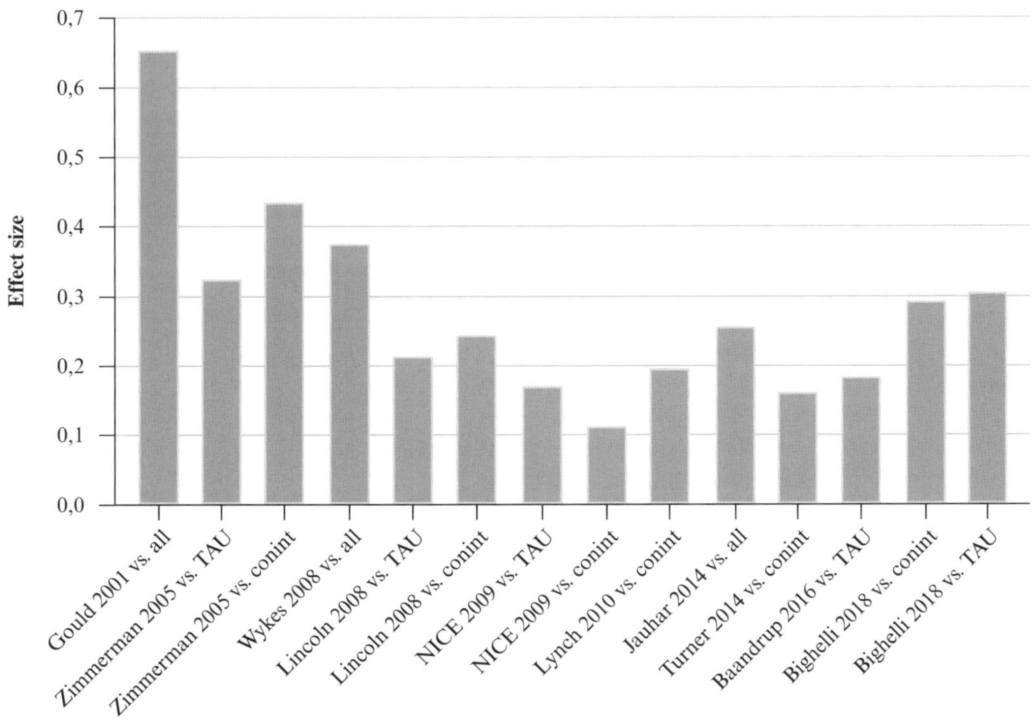


Figura 12.1.—Pooled effect sizes for CBT against positive schizophrenic symptoms in meta-analyses from 2001 (all: all controls; TAU: treatment as usual; conint: control psychological interventions).

© Ediciones Pirámide

### ¿Es la TCC eficaz para los síntomas positivos?

Van der Gaag y cols. (2014) meta-analizaron 11 estudios que por separado examinaban los resultados de los delirios y alucinaciones. Los hallazgos de los delirios no fueron muy diferentes a los del meta-análisis de Jauhar et al. (2014) para síntomas positivos: el ES combinado fue de +0,36 —nueve estudios incluidos—, reduciéndose a +0,24 al valorarlo en seis estudios ciegos. Sin embargo, el EE fue notablemente mayor para las alucinaciones, siendo 0,44 en 11 estudios, y en 0,46 este valor se mantuvo en ocho estudios ciegos. El mismo año vio la publicación del ensayo COMMAND de Birchwood y cols. (2014), con una gran muestra (*n* = 197) de 9 meses de TCC adaptada a las alucinaciones en comparación con tratamiento estándar (TAU). El resultado primario fue el grado de cumplimiento de las órdenes de las alucinaciones auditivas. En esta medida el grupo de TCC mostró una significativa superioridad, aunque esto no se observó al final del tratamiento [odds ratio (OR) 0 · 74, 95% CI 0 · 40-1 · 39], pero se hizo evidente en el seguimiento a 18 meses (OR 0 · 45, 95% CI 0 · 23-0 · 88). No se observó un efecto significativo sobre la gravedad general de las alucinaciones ni en variables relacionadas con las alucinaciones como la angustia secundaria o la frecuencia.

Parece cada vez más claro que la TCC es ineficaz contra los síntomas negativos. Velthorst y cols. (2015) no encontraron efecto significativo en 28 ensayos de síntomas negativos como resultado secundario [ES 0,09 (IC del 95%: –0,03 a 0,21)], ni en dos ensayos donde los síntomas negativos fueron el resultado primario [ES 0,16 (IC del 95%: –0,10-0,41)]. Uno de estos dos últimos ensayos (Klingberg et al., 2011) fue grande (*n* = 198) y empleó aleatorización por asignación remota, cegamiento y análisis por intención de tratar. Es importante destacar que la forma de la TCC utilizada también se adaptó para tratar específicamente los síntomas negativos (Klingberg et al., 2011).

### TCC para la prevención de recaídas en psicosis

NICE encontró un efecto de la TCC en la reducción de la hospitalización en comparación con TAU en uno de los tres metanálisis que examinan este resultado (www.nccmh.org.uk). Por otro lado, no hubo evidencia de efectividad contra recaída, en comparación con la atención estándar [riesgo relativo (RR) 0,85 (IC del 95%: 0,50-1,41), tres ensayos] o con otros activos tratamientos [RR 1,05 (IC 0,85-1,30), cuatro ensayos].

Ninguno de estos dos últimos meta-análisis incluyó el gran (*n* = 218) ensayo de Garety et al. (2008) de TCC vs. TAU. Sus resultados fueron negativos, lo que lleva a los autores a concluir que la TCC genérica para la psicosis no estaba indicada para la prevención de recaídas en pacientes en recuperación de un episodio reciente de psicosis.

### TCC: ¿es un «cuasi-neuroléptico»?

Hace más de una década, Birchwood y Trower (2006) argumentaron que tratar la TCC como un «cuasi-neuroléptico» es inapropiado y que es más probable que la intervención tenga un perfil distintivo de efectos complementarios al tratamiento farmacológico en lugar de sustituyéndolo. Tal punto de vista encuentra eco en las guías clínicas del Reino Unido: NICE (2009) enfatizó no solo los efectos sobre los síntomas psicóticos, sino también reducción de la angustia asociada con los síntomas, promoción de la recuperación social y educativa, y reducción de depresión y ansiedad social. Del mismo modo, SIGN (2013) declaró: **«El objetivo de la TCC es ayudar al individuo a normalizar y dar sentido a sus experiencias psicóticas, y para reducir la angustia asociada y el impacto en el funcionamiento».**

Laws et al. (2018) recientemente meta-analizaron estos resultados relativamente poco estudiados. En los 27 ensayos que examinaron los efectos de la TCC sobre el funcionamiento, el ES combinado era pequeño al final del ensayo [ES 0,25 (95% IC 0,14-0,33)], aunque esto se volvió no significativo durante el seguimiento [16 ensayos, ES 0,10 (IC del 95%: –0,17-0,26)]. Se encontró un beneficio de pequeño a mediano sobre la angustia al final del tratamiento en ocho ensayos [ES 0,37 (IC del 95%: 0,05 a 0,69)], que se volvió no significativo cuando se ajustó por posible sesgo de publicación [ES 0,18 (IC del 95%: –0,12-0,48)]. Igualmente, no hubo evidencia de un efecto sobre la calidad de vida en 10 ensayos [ES 0,04 (IC del 95%: –0,12-0,19)].

Freeman y cols. (2015) examinaron otro resultado secundario: preocupación secundaria a los delirios evaluando a ciento cincuenta pacientes con es-

© Ediciones Pirámide

quizofrenia, psicosis esquizoafectiva o trastorno delirante, que obtuvo una puntuación significativa en un cuestionario de preocupación. Fueron asignados al azar a 8 semanas de TCC o TAU. Tanto al final del tratamiento como a las 24 semanas de seguimiento el grupo de TCC mostró puntuaciones de preocupación significativamente reducidas (ES de resultado 0,47).

### ¿Puede la TCC prevenir la transición a la psicosis? La TCC en los pacientes de alto riesgo de psicosis (HR)

A lo largo de los últimos 20 años se ha trabajado desde el paradigma de que una intervención temprana en estos pacientes disminuiría el riesgo de transición a psicosis.

Los resultados han sido discretos en lo referente al objetivo de disminuir el riesgo de transición a psicosis, ya que los distintos abordajes: farmacológicos (con antipsicóticos, antidepresivos y/o ansiolíticos), intervenciones psicológicas, familiares, formativas y vocacionales, no han conseguido un impacto significativo en la tasa de transición

Sin embargo, la investigación en estos pacientes está resultando fructífera en muchos ámbitos, que van desde la identificación de factores de riesgo para terminar desarrollando una psicosis (neuroanatómicos, neuropsicológicos, proteómicos...) hasta la identificación de los elementos específicos de las psicoterapias que funcionan en estos pacientes. Así, se han ido modificando los tratamientos psicoterapéuticos que se han incorporado al tratamiento de pacientes de alto riesgo. Hay evidencia de que aspectos específicos de la TCC, en particular la formulación de los casos y el establecimiento de tareas, se asocian con una mayor eficacia del tratamiento en pacientes con UHR y, por tanto, puede haber tenido fuerte impacto en mejores resultados clínicos si se incorpora en práctica estándar (Flach et al., 2015).

En esta línea, un reciente artículo ponía de manifiesto (Formica, 2020) cómo se ha consolidado la TCC en el tratamiento estándar de los pacientes de HR. Este estudio presenta hallazgos novedosos sobre la evolución de estándares de tratamiento para pacientes con UHR y la eficacia de los mismos sobre el tratamiento preventivo. Los hallazgos revelan que a lo largo de los años los pacientes atendidos en las clínicas de HR han recibido un número creciente de sesiones de terapia de apoyo, de resolución de problemas, TCC y de gestión de riesgos. Señalan que estos cambios, particularmente los aumentos en la TCC y la formulación clínica, pueden haber contribuido a la disminución del riesgo de psicosis («tasa de transición») observada en cohortes recientes, aunque estos cambios de tratamiento no explican completamente esta disminución.

Los resultados son heterogéneos: Hutton y Taylor (2014) meta-analizaron seis ensayos utilizando TCC en individuos en riesgo de desarrollar psicosis, y encontraron evidencia que fue eficaz para reducir la tasa de transición a los 6, 12 y 18 meses [6 meses: RR 0,47 (IC del 95%: 0,27 a 0,82), seis estudios; 12 meses: RR 0,45 (IC del 95%: 0,28 a 0,73), seis estudios; 18-24 meses: RR 0,41 (IC del 95%: 0,23 a 0,72), cuatro estudios]. Este meta-análisis incluyó dos grandes estudios multicéntricos bien realizados ($n = 288$, Morrison et al., 2012 y $n = 206$, Van der Gaag et al., 2012); el primero no pudo encontrar una diferencia significativa en frecuencia de transición, pero este último encontró una reducción significativa (55%).

La interpretación de los hallazgos en esta área se complica por un posterior meta-análisis en red que examinó el efecto de TCC y una variedad de otras intervenciones (Davies et al., 2018). Esta no encontró ningún efecto significativo de la TCC en la transición en comparación con manejo clínico estándar. Este meta-análisis excluyó uno de los dos ensayos multicéntricos incluidos por Hutton y Taylor (2014) (Van der Gaag et al., 2012), con el argumento de que utilizó TCC mejorada con psicoeducación y estrategias metacognitivas.

También incluyó dos nuevos estudios: uno de ellos fue un estudio relativamente pequeño ($n = 57$) (Stain et al., 2016), que encontró tres transiciones en el grupo de TCC, pero ninguno en el grupo de control, y el otro fue el ensayo PREVENT (Bechdolf et al., 2011), en el que aleatorizaron a 216 individuos a TCC, tratamiento antipsicótico o tratamiento clínico estándar (más placebo). Un informe preliminar de este estudio (Bechdolf et al., 2017) encontró un número menor de transiciones en el grupo de TCC en comparación con el tratamiento clínico (19,2% vs. 30,0%), pero la diferencia no alcanzó relevancia estadística.

© Ediciones Pirámide

## 4. TCC EN PSICOSIS. CONCLUSIONES

La TCC se introdujo originalmente para tratar los síntomas positivos de esquizofrenia, pero su efecto sobre estos, de acuerdo con la evidencia meta-analítica, es pequeño. Con respecto a los síntomas positivos, es posible que haya un efecto significativo. Un efecto más fuerte sobre las alucinaciones sigue siendo una posibilidad, pero debe tratarse con precaución, dado que se basa en un meta-análisis de un número relativamente pequeño de estudios (Van der Gaag et al., 2014), y una gran ensayo no encontró ningún efecto sobre la frecuencia de la voz y la angustia (Birchwood et al., 2014). Un número considerable de ensayos ahora deja claro que la TCC es ineficaz contra los síntomas negativos, ya sea en forma genérica o formas especialmente adaptadas. La TCC, según la evidencia actual, no previene la recaída. Donde la TCC puede ser más prometedora es en áreas de sintomatología no dirigida específicamente a los fármacos antipsicóticos. Se han informado grandes efectos en ensayos grandes y bien realizados para la preocupación relacionada con los delirios y el cumplimiento de las alucinaciones auditivas dañinas. La base de datos meta-analítica sobre tales síntomas, sin embargo, es pequeña y no particularmente alentadora tal como está.

La cuestión de si la TCC es útil para prevenir la transición a la psicosis en individuos de alto riesgo actualmente está en juego. El desacuerdo entre el meta-análisis de Hutton y Taylor (2014) y el meta-análisis en red de Davies et al. (2018) se debe claramente a factores metodológicos, específicamente los estudios incluidos. Los equívocos hallazgos del ensayo PREVENT, de una reducción sustancial pero estadísticamente no significativa en la tasa de transición —requerirá integración en más meta-análisis para la interpretación, e incluso entonces la conclusión puede no ser definitiva—.

## 5. ESTRATEGIA PROPUESTA PARA LAS INTERVENCIONES CON TCC EN PRIMEROS EPISODIOS PSICÓTICOS

Según estos resultados, hay autores que proponen, acertadamente desde nuestro punto de vista, que las intervenciones con TCC para pacientes con un primer episodio de psicosis deben enfocarse a mejorar las dificultades específicas para este grupo de pacientes, como depresión, ansiedad y baja autoestima, así como a reducir la angustia y el comportamiento problemático asociado con síntomas psicóticos positivos. En estas áreas específicas hay más apoyo de la evidencia y sobre todo siguen siendo necesidades no cubiertas en el abordaje de los pacientes con primeros episodios psicóticos.

## 6. TERAPIAS COGNITIVO-CONDUCTUALES DE TERCERA GENERACIÓN EN PRIMEROS EPISODIOS PSICÓTICOS

La meditación de atención plena es una práctica que tiene como objetivo lograr un estado de conciencia en el que la persona pone intencionalmente la atención en el momento presente, sin juzgar, en el desarrollo de la experiencia momento a momento (Kabat-Zinn, 1985). El enfoque de la atención plena es parte de la llamada «tercera ola» de terapias cognitivo-conductuales (TCC; Hayes, 2004). Se adaptó por primera vez a un contexto terapéutico (intervención basada en *mindfulness,* MBI) en forma de una intervención grupal para mejorar el manejo de estrés y dolor crónico: reducción del estrés basada en la atención plena (MBSR; Kabat-Zinn, 1990), y consta de diferentes intervenciones clínicas, incluida la terapia cognitiva basada en la atención plena (MBCT; Segal et al., 2002), la terapia de aceptación y compromiso (ACT; Hayes et al., 1999) y finalmente la terapia centrada en la compasión (Aust y Bradshaw, 2017; Gilbert, 2010).

En los últimos años ha habido un interés creciente en aplicar esta técnica a trastornos del espectro de la esquizofrenia (Chadwick, 2005). Estas intervenciones basadas en la atención plena son interesantes porque tienen como objetivo reforzar el sentido de competencia y su experiencia de autoeficacia, y para promover el manejo del estrés (Van der Gaag, 2013; Ising, 2016), habilidades que caen bajo el término general de «autoempoderamiento» y que son de alta aplicabilidad en pacientes con un primer episodio psicótico o de alto riesgo de psicosis. Los problemas del manejo del estrés y el tratamiento de la ansiedad y la depresión pospsicótica también son objetivos terapéuticos de las terapias basadas en la atención plena en pacientes con un PEP.

© Ediciones Pirámide

## 7. INTERVENCIONES BASADAS EN *MINDFULNESS*

Las intervenciones basadas en *mindfulness* (MBI) fueron las que primero se incorporaron a la atención psicoterapéutica de las psicosis. En los últimos años han crecido significativamente los estudios de las MBI en PEP, lo que nos permite conocer la utilidad de las mismas y sus limitaciones en función de la evidencia.

Debemos empezar señalando que la mayoría de los participantes en la etapa inicial de la psicosis señalaron que las MBI eran aceptables y útiles, por lo que apoyan la viabilidad y la ausencia de efectos adversos de las MBI en esta población.

Ha habido una gran variedad de variables estudiadas en esta población: se ha descrito una mejora en la capacidad de observar las emociones y actuar con conciencia (Tong et al., 2016), en la autorregulación emocional (Khoury et al., 2015), en la autocomprensión y aceptación (Ashcroft et al., 2012). Solo un estudio no informó ningún efecto después de la intervención (Van der Valk et al., 2013). También se ha descrito una mejoría en la ansiedad, la depresión, las preocupaciones somáticas (Khoury et al., 2015; MacDougall et al., 2019), la agorafobia y el psiconeuroticismo (Van der Valk et al., 2013). Cabe señalar que las MBI no se desarrollaron con el objetivo principal de reducir síntomas psicóticos, sino más bien para dar a los pacientes algunos instrumentos útiles para reducir la angustia psicológica asociada con las condiciones psicóticas.

En cuanto a variables más globales, se han descrito mejoras en el funcionamiento social y la calidad de vida (MacDougall et al., 2019; Meyer-Kalos et al., 2018; Tong et al., 2016). De hecho, la mayoría de los estudios informaron de una mejoría en la calidad de la vida después de una intervención basada en la atención plena (Khoury, 2013; Tong, 2016; Wang, 2016; Álvarez-Jiménez, 2018; MacDougal, 2018; Usher, 2019). Curiosamente, se informa una mejor calidad de vida tanto en estudios cuantitativos como en los cualitativos utilizando diferentes escalas psicométricas.

Centrándonos en los síntomas más específicos de las psicosis en pacientes con PEP y UHR, la práctica de una intervención basada en la atención plena puede considerarse como una actividad que facilita la aceptación de experiencias emocionales, y que disminuye el estrés asociado con síntomas e incluso la intensidad de los mismos síntomas. Esto ocurriría de manera similar a lo que ocurre en la práctica de *mindfulness* en la prevención de la depresión, en la que el objetivo no es prevenir la aparición de tristeza y ansiedad, sino más bien romper el círculo vicioso que conduce a la recaída. Esta idea es respaldada por los resultados de un estudio de Dudley y cols. (2018), quienes realizaron un estudio transversal de 128 pacientes con alucinaciones auditivas y encontraron una correlación negativa entre habilidades de *self-kindness* y los niveles de angustia asociados con las voces, como con los niveles de gravedad global de las alucinaciones. Se ha observado una reducción de la gravedad de los síntomas generales (Meyer-Kalos et al., 2018; Tong et al., 2016), especialmente para la sintomatología positiva (Usher et al., 2019). Un estudio (Wang, 2016) con una muestra grande de PEP combinó *mindfulness* y psicoeducación, encontrándose una mejoría tanto en los síntomas positivos como en los negativos. En un meta-análisis en 2013 de Khoury y cols. en el que incluyeron los estudios publicados de *mindfulness* en la esquizofrenia encontraron un efecto terapéutico general bajo a moderado (para pre versus análisis postintervención, $d = 0{,}52$, $p < 0{,}0001$, para el *mindfulness* o versus grupo control, $d = 0{,}47$, $p < 0{,}0001$).

### Integración de MBI con otros tratamientos en PEP

Solo dos estudios compararon MBI con el tratamiento habitual (TAU), que incluía el manejo asertivo de casos, farmacoterapia e intervención psicosocial (MacDougall et al., 2019) o no especificada (Usher et al., 2019). En particular, los pacientes tratados con MBI mostraron una disminución significativa de la sintomatología positiva (Usher et al., 2019), menor depresión y fatiga y niveles más altos de funcionamiento social en comparación al grupo asignado a TAU (MacDougall et al., 2019)

Cabe mencionar que en seis de siete estudios que incluyeron pacientes en las fases tempranas de la psicosis, los participantes estaban tomando medicamentos (Ashcroft et al., 2012; Khoury et al., 2015; MacDougall et al., 2019; Meyer-Kalos et al., 2018; Tong et al., 2016; Usher et al., 2019), otro estudio no informó la terapia farmacológica (Van der Valk et al., 2013) y solo un estudio analizó el impacto potencial

© Ediciones Pirámide

de la farmacoterapia sobre los resultados de MBI (Usher et al., 2019). En particular, Usher y colegas demostraron que las MBI mejoran los síntomas positivos también cuando los análisis se ajustaron considerando los psicofármacos utilizados (Usher et al., 2019).

En resumen, hasta ahora solo se han realizado unos pocos estudios centrados en el efecto de las MBI en las primeras etapas de la psicosis afectiva y no afectiva, que pueden ser considerados como los primeros intentos de investigar la aplicabilidad y seguridad de estas intervenciones en la fase inicial de la enfermedad. El bajo porcentaje de abandonos, la satisfacción expresada por pacientes y la mejora de los síntomas, el funcionamiento y la autopercepción apoyan la viabilidad, tolerabilidad y utilidad de los MBI como terapia adyuvante para el tratamiento de psicosis mayores en las fases iniciales de la enfermedad. Sin embargo, el pequeño tamaño de las muestras y las discrepancias entre estudios en términos de diseño, protocolos MBI y medidas de resultado nos invitan a ser cautelosos al interpretar y generalizar los resultados.

La adaptación de las MBI para ser implementadas en pacientes con un primer episodio psicótico es un elemento crucial para el éxito de las intervenciones. Lo mismo ocurre con los pacientes de ultra alto riesgo de psicosis. Actualmente, solo se han realizado dos estudios con pacientes de UHR para tratar los síntomas subumbrales (Álvarez-Jiménez et al., 2018; Cotton et al., 2016), con efectos significativos de la MBI sobre el funcionamiento social y los síntomas de ansiedad en esta población.

Se precisan por tanto estudios con muestras más amplias y una metodología más rigurosa (es decir, ECA) que comparen tratamientos para confirmar los efectos beneficiosos de las MBI como una intervención complementaria a las terapias en las primeras etapas de las principales psicosis. Igualmente, se precisan más investigaciones sobre los posibles efectos beneficiosos de las MBI en la prevención de la progresión a la psicosis.

## 8. ACT EN PACIENTES CON ALTO RIESGO DE PSICOSIS Y EN PRIMEROS EPISODIOS PSICÓTICOS

Existe buena evidencia sobre la viabilidad y aceptabilidad de ACT en personas con psicosis, como se expone en este libro. La evidencia sugiere además que ACT puede reducir tasas de reingreso hospitalario, mejorar los síntomas psicóticos, minimizar el deterioro social y la angustia asociada a las alucinaciones en esta población (Bach, 2013).

La terapia de aceptación y compromiso en primeros episodios psicóticos no ha sido aún muy estudiada, aunque sí existen estudios de caso y ensayos clínicos. El interés en la ACT como intervención eficaz en la reducción de tasas de transición de individuos con UHR y en FEP es reciente, por lo que existe una evidencia muy limitada, tanto en cantidad y calidad metodológica, como en la comprobación del mantenimiento de los resultados a largo plazo.

Uno de los estudios (Reininghaus, 2019) es el ensayo controlado aleatorio multicéntrico (INTERACT), patrocinado por la Universidad de Maastricht; es el primero en intentar probar la eficacia de la terapia de aceptación y compromiso en la vida diaria (ACT-DL) en individuos con UHR y FEP. Su objetivo es proporcionar una base experimental inicial que apoye la implementación de intervenciones mHealth (intervención en salud móvil) en los servicios de salud mental. Dicho protocolo de estudio comenzó en noviembre de 2016 y su finalización estaba prevista para junio de 2020.

Decir que la ACT-DL se ha desarrollado recientemente para mejorar los efectos terapéuticos de ACT en condiciones reales, es un programa de salud móvil basado en la ACT y está destinado a transferir las habilidades y conocimientos adquiridos durante las sesiones semanales de ACT en la práctica de la vida diaria, que consta de dos componentes principales: sesiones de ACT estándar más el uso de un teléfono para practicar los principios de la ACT durante el día. Proponen que, utilizando aplicaciones para implementar en el contexto del paciente los elementos terapéuticos aprendidos en consulta, el tratamiento será más individualizado, aumentará la confianza del paciente fuera de la consulta, al practicar en su contexto las estrategias aprendidas, y ayudará a no recurrir a patrones de conducta automatizados, más familiares, accesibles y desadaptativos.

En el protocolo de estudio proponen que las experiencias psicóticas, el funcionamiento social y la psicopatología general son objetivos de intervención en individuos con estado de ultra alto riesgo (UHR) y con un primer episodio de psicosis (PEP), hipotetizando que la ACT es una terapia prometedora para estos objetivos.

© Ediciones Pirámide

La muestra consta de 150 participantes con UHR o PEP de cinco centros de salud de Bélgica. Estos participantes tienen entre 16 y 65 años, con UHR sin uso previo de antipsicóticos o PEP con inicio en los últimos tres meses, según la evaluación integral del estado (CAARMS) y Nottingham Onset Schedule (NOS). Hablan suficientemente bien la lengua neerlandesa y han dado su consentimiento informado por escrito. Además, son recompensados financieramente por su participación completa.

Estos pacientes han sido distribuidos de forma aleatoria a los dos grupos de intervención: ACT-DL + TAU (grupo experimental) y TAU (grupo de control). La ACT-DL es una intervención manualizada que consta de 8 sesiones de entrenamiento (incluyendo una sesión de psicoeducación), de 45-60 minutos, administrada por un profesional entrenado para ello, y un EMI (intervenciones ecológicas momentáneas) basado en ACT, que los participantes recibirán en sus dispositivos móviles, durante el periodo de intervención. Este último se administrará a través de una aplicación basada en *smartphone* para permitir a los participantes aplicar las habilidades que han sido entrenadas en su vida diaria. Las primeras seis sesiones de ACT-DL se basan en una versión de ACT para personas con psicosis, entrenándolos en los seis componentes fundamentales. En la última sesión los seis componentes se integrarán y revisarán. El TAU consiste en el tratamiento habitual, incluyendo terapia cognitivo-conductual para la psicosis (CBTP) cuando proceda.

La evaluación de los resultados se llevará a cabo en tres momentos diferentes, por evaluadores ciegos: una primera evaluación previa al tratamiento (antes de la aleatorización), postintervención y finalmente seguimientos a 6 y 12 meses. Se evaluará la angustia asociada con experiencias psicóticas, las experiencias psicóticas, el funcionamiento social y la psicopatología, mediante la valoración de la flexibilidad psicológica, sensibilidad al estrés y experiencia de recompensa. También valorarán la adherencia y compromiso con el tratamiento ACT-DL. Las escalas utilizadas para evaluar son: subescala de síntomas positivos de CAARMS, la escala de síndrome negativo de la PANSS, la de evaluación global del funcionamiento (GAF), la escala de evaluación de funcionamiento (SOFAS), la escala de funcionamiento social (SFS), la breve escala de evaluación psiquiátrica (BPRS) y la escala breve de síntomas negativos (BNSS).

La valoración subjetiva que hacen los participantes de la ACT-DL se evaluará a través de un cuestionario preguntando a los participantes por la facilidad de uso, la accesibilidad y la integralidad de varios componentes de la intervención. Además, el uso del EMI, basado en aplicaciones de ACT-DL, proporcionará datos sobre la adherencia al tratamiento de ACT-DL (por ejemplo, número de ejercicios completados por semana).

Por el momento no se han publicado los resultados definitivos. No obstante, sí se ha publicado un artículo (Vaesen, 2019) que refleja los resultados hallados en una submuestra de dicho estudio, analizando la viabilidad de estc protocolo en los primeros 16 participantes asignados a la condición ACT-DL. Para evaluar la viabilidad del protocolo ACT-DL preguntaron a los participantes una vez que terminaron el tratamiento. Evaluaron la utilidad de la ACT-DL y la sobrecarga de trabajo, con un cuestionario en papel, mediante preguntas con opciones de respuesta tipo Likert de 7 puntos, que van desde 1 (nada) a 7 (muy), con 4 como una opción intermedia (moderadamente). Por otro lado, pidieron a los participantes que indicaran cómo habían realizado los ejercicios: «Uso de la aplicación», «Uso del libro de trabajo» y «Sin la aplicación ni el libro de trabajo», con opciones de respuesta en formato dicotómico sí/no. Los resultados preliminares con las 16 personas que han finalizado el protocolo ACT-DL indican que los participantes valoran las sesiones de terapia ACT y los ejercicios en casa como beneficiosos, considerando la aplicación móvil como útil, ya que les sirvió de ayuda para aplicar los ejercicios en su vida diaria y les hizo más conscientes de sus emociones. Los resultados indican que los participantes encuentran útiles tanto las sesiones de terapia como la aplicación, y que ACT-DL los guía para poner ACT en la práctica diaria. Estos hallazgos indican que ACT-DL puede ayudar a los pacientes con psicosis temprana a aplicar las habilidades de ACT en diversos contextos de la vida cotidiana.

Los resultados confirman que ACT-DL puede ayudar a las personas a integrar habilidades que se aprenden durante las sesiones de terapia en su vida diaria. Además, el 100% de los participantes indicaron que usaban la aplicación móvil para guiar sus ejercicios, en comparación con el 75% que usaban el libro de trabajo para este propósito. Solo el 38%

© Ediciones Pirámide

informó haber realizado ejercicios por sí mismos, sin la aplicación o el libro de trabajo. Estos datos muestran que ACT-DL ofrece una forma viable de orientar a los pacientes en la aplicación de los principios de ACT en sus vidas. Finalmente, los participantes calificaron el protocolo de relativamente exigente, indicando esto una posible mejora en los cuestionarios reduciéndolos en tamaño y número.

El mismo artículo señala que las inferencias sobre la viabilidad del protocolo están limitadas por el pequeño tamaño de la muestra y por el hecho de que solo se adquieran los datos de los participantes que han completado el protocolo, siendo necesario esperar a los resultados de la muestra completa y de otros estudios para poder generalizar estos resultados. No obstante, los datos preliminares, en individuos con psicosis temprana, indican que ACT-DL es considerado factible y útil en este grupo, y que ayuda a los pacientes a incorporar habilidades ACT en su vida diaria.

## 9. CONCLUSIONES

Los últimos veinte años han supuesto un cambio de paradigma en la asistencia a los pacientes con un primer episodio psicótico. La asistencia se ha estandarizado y la psicoterapia cognitivo-conductual se ha incorporado como parte del *gold standard* internacional. A pesar de ello, siguen existiendo pacientes que no responden o responden parcialmente al tratamiento. Igualmente, existen áreas que no han sido suficientemente abordadas, como el manejo del estrés, la angustia secundaria a los síntomas psicóticos y la relación del paciente con sus síntomas. La terapia de aceptación y compromiso tiene potencial para resolver algunas de las necesidades no resueltas en los pacientes con un PEP. Para ello una guía como la actual es un primer paso fundamental, al facilitar la formación y la homogeneidad en su implantación. La escasez de estudios con ACT en PEP no nos permite a día de hoy conocer su eficacia ni otras variables fundamentales como: el momento adecuado para su introducción (una vez controlada la clínica psicótica), su combinación y el *timing* con el resto de intervenciones (antipsicóticos, psicoeducación, intervenciones formativas y vocacionales), el uso general o restringido a pacientes con síntomas continuos, entre otras. En el caso concreto de los pacientes con un PEP o aquellos con UHR, es recomendable: valorar la necesidad de adaptar la ACT para esta población; realizar estudios con muestras de suficiente tamaño para alcanzar un buen poder estadístico; estandarizar el protocolo de la terapia de aceptación para estas poblaciones (programa, número de sesiones, duración de las sesiones, etc.) para comparar directamente los resultados de diferentes estudios; incluir un grupo de control activo (relajación, grupo de apoyo); optimizar y estandarizar la evaluación psicométrica (CAARMS, PANSS, *mindfulness* escamas; rasgo o estado) e idealmente comparar los efectos en pacientes con FEP versus UHR individuos, proporcionar datos de seguimiento a largo plazo después de la intervención y recopilar elementos clínicos clave, como el número de hospitalizaciones, intentos de suicidio, situación funcional y bienestar, medir resultados como la calidad de vida, las actividades de la vida diaria, las tasas de empleo; evaluar efectos en UHR individuos en términos de transición psicótica. El ensayo en marcha (Reininhaus, 2019) arrojará algo de luz, pero harán falta estudios bien diseñados para aclarar estas incógnitas y poder generalizar el uso de ACT.

## REFERENCIAS BIBLIOGRÁFICAS

Álvarez-Jiménez, M., Gleeson, J. F., Bendall, S., Penn, D. L., Yung, A. R., Ryan, R. M., Eleftheriadis, D., D'Alfonso, S., Rice, S., Miles, C., Russon, P., Lederman, R., Chambers, R., Gonzalez-Blanch, C., Lim, M. H., Killackey, E., McGorry, P. D. y Nelson, B. (2018). Enhancing social functioning in young people at Ultra High Risk (UHR) for psychosis: A pilot study of a novel strengths and mindfulness-based online social therapy. *Schizophrenia Research, 202,* 369-377.

Ashcroft, K., Barrow, F., Lee, R. y MacKinnon, K. (2012). Mindfulness groups for early psychosis: A qualitative study. *Psychology and Psychotherapy, 85*(3), 327-334.

Aust, J. y Bradshaw, T. (2017). Mindfulness interventions for psychosis: A systematic review of the literature.

© Ediciones Pirámide

*Journal of Psychiatric and Mental Health Nursing, 24*(1), 69-83.

Bach, P., Gaudiano, B. A., Hayes, S. C. y Herbert, J. D. (2013). Acceptance and commitment therapy for psychosis: Intent to treat, hospitalization outcome and mediation by believability. *Psychosis, 5,* 166-174.

Bechdolf, A., Müller, H., Stützer, H., Lambert, M., Karow, A., Zink, M., Lautenschlager, M., Heinz, A., De Millas, W., Janssen, B., Gaebel, W., Schneider, F., Juckel, G., Krüger-Özgürdal, S., Wobrock, T., Wagner, M., Maier, W. y Klosterkötter, J. (2017). 108. PREVENT: A randomized controlled trial for the prevention of first-episode psychosis comparing cognitive-behavior therapy (CBT), clinical management, and aripiprazole combined and clinical management and placebo combined. *Schizophrenia Bulletin, 43*(Suppl. 1), S56-S57. Disponible en https://bit.ly/2OUGMQ3

Bechdolf, A., Müller, H., Stützer, H., Wagner, M., Maier, W., Lautenschlager, M., Heinz, A., De Millas, W., Janssen, B., Gaebel, W., Michel, T. M., Schneider, F., Lambert, M., Naber, D., Brüne, M., Krüger-Özgürdal, S., Wobrock, T., Riedel, M., Klosterkötter, J. y PREVENT Study Group (2011). Rationale and baseline characteristics of PREVENT: A second-generation intervention trial in subjects at-risk (prodromal) of developing first-episode psychosis evaluating cognitive behavior therapy, aripiprazole, and placebo for the prevention of psychosis. *Schizophrenia Bulletin, 37*(Suppl. 2), S111-S121. Recuperado de https://bit.ly/3svHxO5

Bighelli, I,, Salanti, G., Huhn, M., Schneider-Thoma, J., Krause, M., Reitmeir, C., Wallis, S., Schwermann, F., Pitschel-Walz, G., Barbui, C., Furukawa, T. A. y Leucht, S. (2018). Psychological interventions to reduce positive symptoms in schizophrenia: Systematic review and network meta-analysis. *World Psychiatry, 17,* 316-329.

Birchwood, M. y Trower, P. (2006). The future of cognitive-behavioural therapy for psychosis: Not a quasi-neuroleptic. *The British Journal of Psychiatry, 188,* 107-108.

Birchwood, M., Michail, M., Meaden, A., Tarrier, N., Lewis, S., Wykes, T., Davies, L., Dunn, G. y Peters, E. (2014). Cognitive behaviour therapy to prevent harmful compliance with command hallucinations (COMMAND): a randomised controlled trial. *The Lancet. Psychiatry, 1*(1), 23-33.

Burns, A. M., Erickson, D. H. y Brenner, C. A. (2014). Cognitive-behavioral therapy for medication-resistant psychosis: A meta-analytic review. *Psychiatric Services (Washington, D. C.), 65*(7), 874-880.

Chadwick, P., Taylor, K. N. y Abba, N. (2005). Mindfulness groups for people with psychosis. *Behavioural and Cognitive Psychotherapy, 33*(3), 351-359.

Correll, C. U., Galling, B., Pawar, A., Krivko, A., Bonetto, C., Ruggeri, M., Craig, T. J., Nordentoft, M., Srihari, V. H., Guloksuz, S., Hui, C., Chen, E., Valencia, M., Juárez, F., Robinson, D. G., Schooler, N. R., Brunette, M. F., Mueser, K. T., Rosenheck, R. A., Marcy, P., ... y Kane, J. M. (2018). Comparison of early intervention services vs treatment as usual for early-phase psychosis: A systematic review, meta-analysis, and meta-regression. *JAMA Psychiatry, 75*(6), 555-565.

Cotton, S., Luberto, C. M., Sears, R. W., Strawn, J. R., Stahl, L., Wasson, R. S., Blom, T. J. y Delbello, M. P. (2016). Mindfulness-based cognitive therapy for youth with anxiety disorders at risk for bipolar disorder: A pilot trial. *Early Intervention in Psychiatry, 10*(5), 426-434.

Davies, C., Cipriani, A., Ioannidis, J., Radua, J., Stahl, D., Provenzani, U., McGuire, P. y Fusar-Poli, P. (2018). Lack of evidence to favor specific preventive interventions in psychosis: A network meta-analysis. *World Psychiatry: Official Journal of the World Psychiatric Association (WPA), 17*(2), 196-209.

Flach, C., French, P., Dunn, G., Fowler, D., Gumley, A. I., Birchwood, M., Stewart, S. L. y Morrison, A. P. (2015). Components of therapy as mechanisms of change in cognitive therapy for people at risk of psychosis: Analysis of the EDIE-2 trial. *The British Journal of Psychiatry: The Journal of Mental Science, 207*(2), 123-129.

Formica, M. J. C., Phillips, L., Hartmann, J., Yung, A., Wood, S., Lin, A., Amminger, G. P., McGorry, P. D. y Nelson, B. (2020). Has improved treatment contributed to the declining rate of transition to psychosis in ultra-high-risk cohorts? *Schizophrenia Research.* http://doi.org/10.1016/j.schres.2020.04.028

Freeman, D., Dunn, G., Startup, H., Pugh, K., Cordwell, J., Mander, H., Černis, E., Wingham, G., Shirvell, K. y Kingdon, D. (2015). Effects of cognitive behaviour therapy for worry on persecutory delusions in patients with psychosis (WIT): A parallel, single-blind, randomised controlled trial with a mediation analysis. *The Lancet Psychiatry, 2*(4), 305-313.

Garety, P. A., Fowler, D. G., Freeman, D., Bebbington, P., Dunn, G. y Kuipers, E. (2008). Cognitive-behavioural therapy and family intervention for relapse prevention and symptom reduction in psychosis: Randomised controlled trial. *The British Journal of Psychiatry: The Journal of Mental Science, 192*(6), 412-423.

Gilbert, P. (2010). *Compassion focused therapy: Distinctive features.* Routledge.

Hjorthøj, C., Stürup, A. E., McGrath, J. J. y Nordentoft, M. (2017). Years of potential life lost and life expectancy in schizophrenia: A systematic review and meta-analysis. *The Lancet. Psychiatry, 4*(4), 295-301.

© Ediciones Pirámide

Hutton, P. y Taylor, P. J. (2014). Cognitive behavioural therapy for psychosis prevention: A systematic review and meta-analysis. *Psychological Medicine, 44,* 449-468.

Ising, H. K., Kraan, T. C., Rietdijk, J., Dragt, S., Klaassen, R. M., Boonstra, N., Nieman, D. H., Willebrands-Mendrik, M., Van den Berg, D. P., Linszen, D. H., Wunderink, L., Veling, W., Smit, F. y Van der Gaag, M. (2016). Four-year follow-up of cognitive behavioral therapy in persons at ultra-high risk for developing psychosis: The dutch early detection intervention evaluation (EDIE-NL) Trial. *Schizophrenia Bulletin, 42*(5), 1243-1252.

Jääskeläinen, E., Juola, P., Hirvonen, N., McGrath, J. J., Saha, S., Isohanni, M., Veijola, J. y Miettunen, J. (2013). A systematic review and meta-analysis of recovery in schizophrenia. *Schizophrenia Bulletin, 39*(6), 1296-1306.

Jauhar, S., McKenna, P. J., Radua, J., Fung, E., Salvador, R. y Laws, K. R. (2014). Cognitive-behavioural therapy for the symptoms of schizophrenia: Systematic review and meta-analysis with examination of potential bias. *The British Journal of Psychiatry: The Journal of Mental Science, 204*(1), 20-29.

Jones, C., Hacker, D., Cormac, I., Meaden, A. y Irving, C. B. (2012). Cognitive behaviour therapy versus other psychosocial treatments for schizophrenia. *The Cochrane Database of Systematic Reviews, 4*(4), CD008712.

Jones, C., Hacker, D., Meaden, A., Cormac, I., Irving, C. B., Xia, J., Zhao, S., Shi, C. y Chen, J. (2018). Cognitive behavioural therapy plus standard care versus standard care plus other psychosocial treatments for people with schizophrenia. *The Cochrane Database of Systematic Reviews, 11*(11), CD008712.

Kabat-Zinn, J. (1990). *Full catastrophe living: The program of the stress reduction clinic at the University of Massachusetts Medical Center*. Nueva York: Delta.

Kabat-Zinn, J., Lipworth, L. y Burney, R. (1985). The clinical use of mindfulness meditation for the self-regulation of chronic pain. *Journal of Behavioral Medicine, 8*(2), 163-190.

Kahn, R. S., Sommer, I. E., Murray, R. M., Meyer-Lindenberg, A., Weinberger, D. R., Cannon, T. D., O'Donovan, M., Correll, C. U., Kane, J. M., Van Os, J. y Insel, T. R. (2015). Schizophrenia. *Nature Reviews. Disease Primers, 1,* 15067. https://doi.org/10.1038/nrdp.2015.67

Khoury, B., Lecomte, T., Gaudiano, B. A. y Paquin, K. (2013). Mindfulness interventions for psychosis: A meta-analysis. *Schizophrenia Research, 150*(1), 176-184.

Khoury, B., Lecomte, T., Comtois, G. y Nicole, L. (2015). Third-wave strategies for emotion regulation in early psychosis: A pilot study. *Early Intervention in Psychiatry, 9*(1), 76-83.

Klingberg, S., Wittorf, A., Meisner, C., Wölwer, W., Wiedemann, G., Herrlich, J., Bechdolf, A., Müller, B. W., Sartory, G., Wagner, M., Kircher, T., König, H. H., Engel, C. y Buchkremer, G. (2010). Cognitive behavioural therapy versus supportive therapy for persistent positive symptoms in psychotic disorders: The Positive Study, a multicenter, prospective, single-blind, randomised controlled clinical trial. *Trials, 11,* 123.

Klingberg, S., Wölwer, W., Engel, C., Wittorf, A., Herrlich, J., Meisner, C., Buchkremer, G. y Wiedemann, G. (2011). Negative symptoms of schizophrenia as primary target of cognitive behavioral therapy: Results of the randomized clinical tones study. *Schizophrenia Bulletin, 37*(Suppl. 2), S98-S110.

Laws, K. R., Darlington, N., Kondel, T. K., McKenna, P. J. y Jauhar, S. (2018). Cognitive Behavioural Therapy for schizophrenia-outcomes for functioning, distress and quality of life: A meta-analysis. *BMC Psychology, 6*(1), 32.

Leichsenring, F. y Steinert, C. (2017). Is cognitive behavioral therapy the gold standard for psychotherapy?: The need for plurality in treatment and research. *JAMA, 318,* 1323-1324.

MacDougall, A. G., Price, E., Vandermeer, M., Lloyd, C., Bird, R., Sethi, R., Shanmugalingam, A., Carr, J., Anderson, K. K. y Norman, R. (2019). Youth-focused group mindfulness-based intervention in individuals with early psychosis: A randomized pilot feasibility study. *Early Intervention in Psychiatry, 13*(4), 993-998.

Morrison, A. P., French, P., Stewart, S. L., Birchwood, M., Fowler, D., Gumley, A. I., Jones, P. B., Bentall, R. P., Lewis, S. W., Murray, G. K., Patterson, P., Brunet, K., Conroy, J., Parker, S., Reilly, T., Byrne, R., Davies, L. M. y Dunn, G. (2012). Early detection and intervention evaluation for people at risk of psychosis: multisite randomised controlled trial. *BMJ, 344,* e2233.

Morrison, A. P., Pyle, M., Gumley, A., Schwannauer, M., Turkington, D., MacLennan, G., Norrie, J., Hudson, J., Bowe, S. E., French, P., Byrne, R., Syrett, S., Dudley, R., McLeod, H. J., Griffiths, H., Barnes, T., Davies, L., Kingdon, D. y FOCUS Trial Group (2018). Cognitive behavioural therapy in clozapine-resistant schizophrenia (FOCUS): An assessor-blinded, randomised controlled trial. *The Lancet. Psychiatry, 5*(8), 633-643.

NICE (2009). *Schizophrenia: Core interventions in the treatment and management of schizophrenia in adults in primary and secondary care (update).* Londres: National Institute of Clinical Excellence.

NICE (2014). *Psychosis and schizophrenia in adults: Treatment and management. National clinical guideline number 178.* Londres: National Collaborating Centre for Mental Health/National Institute for Health and Care Excellence.

© Ediciones Pirámide

Perlini, C., Bellani, M., Rossetti, M. G., Rossin, G., Zovetti, N., Rossi, A., Bressi, C., Piccolo, L. D. y Brambilla, P. (2020). Mindfulness-based interventions in the early phase of affective and non-affective psychoses: Special Section on «Translational and Neuroscience Studies in Affective Disorders» Section Editor, Maria Nobile MD, PhD. *Journal of Affective Disorders, 263,* 747-753.

Rathod, S., Phiri, P. y Kingdon, D. (2010). Cognitive behavioral therapy for schizophrenia. *The Psychiatric Clinics of North America, 33*(3), 527-536.

Reininghaus, U., Klippel, A., Steinhart, H., Vaessen, T., Van Nierop, M., Viechtbauer, W., Batink, T., Kasanova, Z., Van Aubel, E., Van Winkel, R., Marcelis, M., Van Amelsvoort, T., Van der Gaag, M., De Haan, L. y Myin-Germeys, I. (2019). Efficacy of acceptance and commitment therapy in daily life (ACT-DL) in early psychosis: Study protocol for a multi-centre randomized controlled trial. *Trials, 20*(1), 769. https://doi.org/10.1186/s13063-019-3912-4

Schulz, K. F. y Grimes, D. A. (2002a). Allocation concealment in randomised trials: Defending against deciphering. *Lancet (Londres), 359*(9306), 614-618.

Schulz, K. F. y Grimes, D. A. (2002b). Sample size slippages in randomised trials: Exclusions and the lost and wayward. *Lancet (Londres), 359*(9308), 781-785.

Segal, Z. V., Teasdale, J. D., Williams, J. M. y Gemar, M. C. (2002). The mindfulness-based cognitive therapy adherence scale: Inter-rater reliability, adherence to protocol and treatment distinctiveness. *Clinical Psychology & Psychotherapy, 9*(2), 131-138.

SIGN (2013). *131 Management of schizophrenia.*

Stain, H. J., Bucci, S., Baker, A. L., Carr, V., Emsley, R., Halpin, S., Lewin, T., Schall, U., Clarke, V., Crittenden, K. y Startup, M. (2016). A randomised controlled trial of cognitive behaviour therapy versus non-directive reflective listening for young people at ultra high risk of developing psychosis: The detection and evaluation of psychological therapy (DEPTh) trial. *Schizophrenia Research, 176*(2-3), 212-219.

Tong, A. C., Lin, J. J., Cheung, V. Y., Lau, N. K., Chang, W. C., Chan, S. K., Hui, C. L., Lee, E. H. y Chen, E. Y. (2016). A low-intensity mindfulness-based intervention for mood symptoms in people with early psychosis: Development and pilot evaluation. *Clinical Psychology & Psychotherapy, 23*(6), 550-560.

Usher, C., Thompson, A., Griebeler, M., Senders, A., Seibel, C., Ly, R., Murchison, C., Hagen, K., Afong, K. A., Bourdette, D., Ross, R., Borgatti, A. y Shinto, L. (2019). Meals, mindfulness y moving forward: A feasibility study to a multi-modal lifestyle approach in early psychosis. *Early Intervention in Psychiatry, 13*(1), 147-150.

Vaessen, T., Steinhart, H., Batink, T., Klippel, A., Van Nierop, M., Reininghaus, U. y Myin-Germeys, I. (2019). ACT in daily life in early psychosis: An ecological momentary intervention approach. *Psychosis, 11*(2), 93-104.

Van der Gaag, M., Nieman, D. H., Rietdijk, J., Dragt, S., Ising, H. K., Klaassen, R. M., Koeter, M., Cuijpers, P., Wunderink, L. y Linszen, D. H. (2012). Cognitive behavioral therapy for subjects at ultrahigh risk for developing psychosis: A randomized controlled clinical trial. *Schizophrenia Bulletin, 38*(6), 1180-1188.

Van der Gaag M., Nieman, D. y Van den Berg, D. (2013). *CBT for those at risk of a first episode psychosis: Evidence-based psychotherapy for people with an «at risk mental state».* Londres, UK: Routledge.

Van der Gaag, M., Valmaggia, L. R. y Smit, F. (2014). The effects of individually tailored formulation-based cognitive behavioural therapy in auditory hallucinations and delusions: A meta-analysis. *Schizophrenia Research, 156*(1), 30-37.

Van der Valk, R., Van de Waerdt, S., Meijer, C. J., Van den Hout, I. y De Haan, L. (2013). Feasibility of mindfulness-based therapy in patients recovering from a first psychotic episode: A pilot study. *Early Intervention in Psychiatry, 7*(1), 64-70.

Velthorst, E., Koeter, M., Van der Gaag, M., Nieman, D. H., Fett, A. K., Smit, F., Staring, A. B., Meijer, C. y De Haan, L. (2015). Adapted cognitive-behavioural therapy required for targeting negative symptoms in schizophrenia: Meta-analysis and meta-regression. *Psychological Medicine, 45*(3), 453-465.

Vignaud, P., Reilly, K. T., Donde, C., Haesebaert, F. y Brunelin, J. (2019). Clinical effects of mindfulness-based intervention in patients with first episode psychosis and in individuals with ultra-high risk for transition to psychosis: A review. *Frontiers in Psychiatry, 10,* 797. https://doi.org/10.3389/fpsyt.2019.00797

Wang, L. Q., Chien, W. T., Yip, L. K. y Karatzias, T. (2016). A randomized controlled trial of a mindfulness-based intervention program for people with schizophrenia: 6-month follow-up. *Neuropsychiatric Disease and Treatment, 12,* 3097-3110.

White, I. R., Horton, N. J., Carpenter, J. y Pocock, S. J. (2011). Strategy for intention to treat analysis in randomised trials with missing outcome data. *BMJ (Clinical Research ed.), 342*, d40. https://doi.org/10.1136/bmj.d40


© Ediciones Pirámide

# 13 ACT aplicada a síntomas psicóticos positivos

JOSÉ MANUEL GARCÍA MONTES
MARINO PÉREZ ÁLVAREZ
FRANCISCA LÓPEZ RÍOS
LAURA DEL CARMEN SÁNCHEZ SÁNCHEZ
ÓSCAR VALLINA FERNÁNDEZ

## 1. INTRODUCCIÓN

El concepto de «esquizofrenia» ha atravesado importantes cambios desde su formulación original por Kraepelin y Bleuler (Cutting y Shepherd, 1987). Tanto es así que se podría decir que siempre ha sido un concepto «en crisis». Ya en 1927, cuando Minkowski escribía *La esquizofrenia,* reconocía que, en aquel momento, estaba de moda tener una «tesis crítica» con respecto a dicho síndrome (Minkowski, 1980).

Lo cierto es que desde el conocido artículo de Bentall, Jackson y Pilgrim (1988) en el que se propuso abandonar el concepto de «esquizofrenia», se abrió una fuerte polémica relativa a qué modelo debe adoptarse a la hora de investigar y tratar los fenómenos psicóticos. La novedad de la propuesta de Bentall et al. (1988) no radicaba, como sugería el título de su trabajo, en proponer el abandono de la noción de «esquizofrenia» —una moda *demodé,* según se ha visto—, sino en proponer un modelo alternativo con el que poder abordar la psicosis (Bentall, 1990; Bentall et al., 1988).

En efecto, las críticas al concepto de «esquizofrenia», y en general a la nosología psiquiátrica, ya se habían producido, con toda la contundencia necesaria, en la década de los sesenta y principios de los setenta por parte de autores como Laing (1960) y Szasz (1974). Estas críticas se caracterizaban por presentar una profunda carga ideológica, convirtiendo el debate en una cuestión más política que científica. Sin embargo, los autores que a finales de los ochneta y principios de los noventa abogaron por abandonar la esquizofrenia en pro del estudio de los síntomas procuraron conducir sus argumentaciones, fundamentalmente, en torno a las propiedades psicométricas de los diagnósticos (Esterberg y Compton, 2009; Pérez-Álvarez y García-Montes, 2001). Los distintos síntomas que suelen caracterizar a la esquizofrenia (alucinaciones, delirios, discurso desorganizado, etc.) fueron considerados por Bentall y sus colaboradores como fenómenos con la suficiente entidad científica e independencia clínica como para merecer un estudio por sí mismos. En este sentido, los síntomas fueron definidos como clases de conductas que resultarían de la interacción entre los procesos cognitivos y el ambiente (Bentall, 1990), abriéndose la posibilidad de mirar hacia afuera, a la biografía y al contexto, más que hacia adentro, a la biología, para llegar a comprender y tratar la psicosis. Pasados más de 30 años desde aquella propuesta, no puede decirse que se hubiera producido un rápido golpe de timón. Sin embargo, sí se puede decir que se han abierto fructíferas líneas de investigación que, por ejemplo, han venido a señalar claramente la relación entre traumas en la infancia y el ulterior padecimiento de delirios y alucinaciones tanto en población no clínica (Feeman y Fowler, 2009; Lu et al., 2020) como en población clínica (Perona-Garcelán et al., 2010; 2012). Esta línea de trabajo, que cuestiona seriamente la concepción biologicista dominante, ha permitido a Read, Bentall y Fosse (2009) reivindicar el abandono del modelo bio-bio-bio de la psicosis y explorar los mecanismos psicológicos y la epigenética a través de los cuales los sucesos vitales adversos dan lugar a síntomas psicóticos. La psicosis, y sus síntomas, se pueden ver más como aspectos de una crisis personal que como

© Ediciones Pirámide

síntomas de un supuesto desorden psiquiátrico (Romme y Escher, 2011).

El presente capítulo hace hincapié en esta posición y parte de la idea de que la biografía de las personas con esquizofrenia ha sido, por lo general, más compleja y dura que la de otras personas (Varese et al., 2012).

Tratar los síntomas psicóticos positivos, ya sea mediante la terapia de aceptación y compromiso (ACT), ya sea mediante otro enfoque, no tiene sentido si tales síntomas no se comprenden en una difícil historia vital (Spidel et al., 2018; 2019). Tal vez no sea siempre necesario realizar un tratamiento centrado en el trauma; pero, al menos, la intervención que se haga sí debería estar informada por una especial consideración hacia las dificultades vitales atravesadas por la persona.

## 2. ALUCINACIONES VERBALES

Las alucinaciones verbales son un fenómeno relativamente frecuente. Los estudios epidemiológicos sitúan su prevalencia entre el 5% y el 28% de la población general (De Leede-Smith y Barkus, 2013). Así, por ejemplo, en Noruega se ha estimado que el 7,3% de la población ha escuchado a lo largo de su vida algún tipo de alucinación verbal, siendo estas más habituales entre las personas solteras y desempleadas. Igualmente, según el mismo estudio, es más probable que estas experiencias se presenten en personas con niveles elevados de ansiedad y depresión y en individuos que hayan padecido en algún momento del pasado algún tipo de experiencia vital difícil (Kråkvik et al., 2015). En el caso de adolescentes entre 16 y 19 años, en el mismo país, más del 10% de dicha población había escuchado alguna vez a alguna voz hablar en alto (Kompus et al., 2015), lo que parece señalar a este periodo evolutivo como uno especialmente apto para la aparición de alucinaciones auditivas.

Por otra parte, varios estudios han encontrado una relación entre abuso sexual en la infancia y alucinaciones verbales (Daalman et al., 2012; Hammersley et al., 2003; Shelvin et al., 2007). Esta relación se mantiene incluso cuando se controla estadísticamente la ocurrencia de otros síntomas relacionados con ambos fenómenos (Bentall et al., 2012) o el abuso de sustancias (Whitfield et al., 2005). Por lo que se refiere a los antecedentes más cercanos, parece que uno de los más claros es la pérdida de algún ser querido (Kamp y Due, 2019). Igualmente, la ansiedad tanto favorece la aparición de alucinaciones como modela su contenido (Freeman y Garety, 2003; Ratcliffe y Wilkinson, 2016). Ciertas variables de personalidad, como un seguimiento rígido de instrucciones o algunas características metacognitivas también se han relacionado con la presencia de alucinaciones (Cangas et al., 2003). También se ha propuesto que la vergüenza podría ser un factor causal para la aparición de las voces (McCarthy-Jones, 2017).

Debido a la abundante población que tiene experiencias alucinatorias, podría ser de ayuda llegar a conocer cuáles son las similitudes y diferencias de las alucinaciones verbales entre las personas que necesitan asistencia psiquiátrica o psicológica y las personas que no la requieren. Las similitudes entre las alucinaciones de uno y otro tipo de población tienen que ver con el volumen, el número de voces, el género de la voz, su identidad y la actividad cerebral concomitante a la experiencia, entre otras menos destacadas. Las diferencias principales se muestran en la tabla 13.1, tomada del trabajo de Johns et al. (2014).

Como se puede ver, las personas que requieren ayuda profesional cuando escuchan voces se caracterizan por que sus alucinaciones presentan un carácter aversivo, generando una importante interferencia con el funcionamiento cotidiano y un escaso sentido del control de la experiencia. No es difícil ver aquí las características propias de la evitación experiencial, con los círculos viciosos que la caracterizan, como aparece en la figura 13.1.

De alguna forma se podría decir que las personas que requieren asistencia profesional cuando presentan experiencias alucinatorias son las que tratan de evitarlas o luchar contra ellas (Shawyer et al., 2013), entrando en una espiral de afecto negativo, evitación, incapacidad de control y pérdida de horizontes vitales.

En efecto, se ha demostrado que cuanto mayor es la evitación experiencial, tanto medida de forma global como momento a momento, la persona refiere un mayor afecto negativo en la circunstancia en que está, un menor afecto positivo y un nivel más bajo de acción comprometida (Levin et al., 2018), notas características de aquellas personas con alucinaciones que acaban acudiendo al psicólogo o al psiquiatra en busca de ayuda.

© Ediciones Pirámide

TABLA 13.1

*Principales diferencias entre las personas que escuchan voces, pero no requieren atención profesional y las personas que las escuchan y sí requieren dicha atención por parte de los servicios de salud*

| Característica | Escuchadores de voces que no requieren ayuda | Escuchadores de voces que sí requieren ayuda |
|---|---|---|
| Contenido | Contenido agradable o neutro. | Contenido desagradable o negativo. |
| Control | Control elevado sobre la experiencia. | Poco control sobre la experiencia. |
| Malestar | Poco malestar. | Malestar elevado. |
| Frecuencia | Poco frecuentes. | Muy frecuentes. |
| Funcionamiento cotidiano | No se ve afectado el funcionamiento cotidiano. | Funcionamiento cotidiano alterado. |
| Poder de la voz | Escaso poder de las voces. | Alto poder de las voces. |
| Relación con el contexto | Alta relación con las circunstancias. | Baja relación con la situación. |
| Comienzo | Comienzo temprano (antes de los 13 años). | Comienzo tardío (a partir de los 21 años). |
| Relación con problemas sobre uno mismo | No guardan relación con problemas sobre el *self.* | Sí están relacionadas con problemas persistentes en el sentido del *self.* |

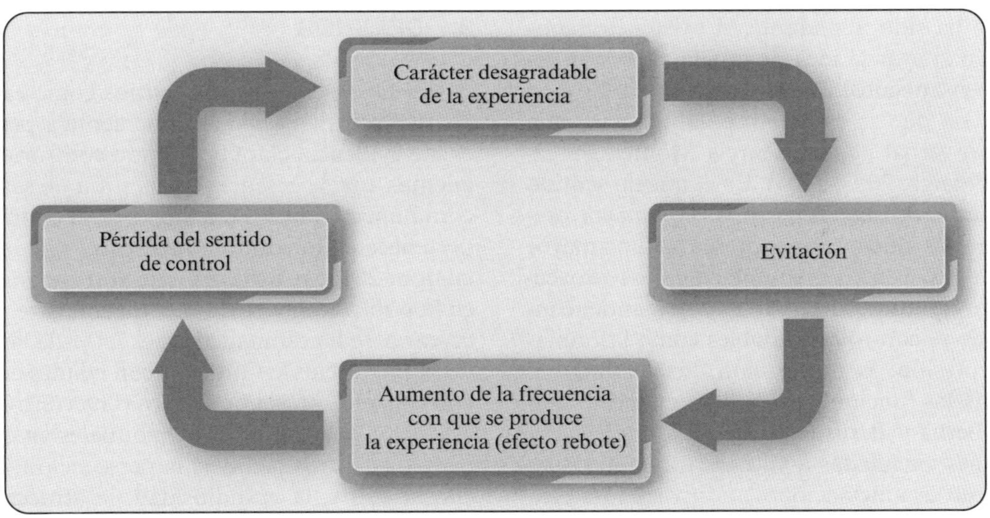


Figura 13.1.—Círculo vicioso producido por la evitación experiencial.

No es extraño que, quizá de forma excesivamente general, se haya propuesto que las alucinaciones verbales constituyen formas de evitación experiencial (Bach y Hayes, 2002; Gracía-Montes y Pérez-Álvarez, 2005). Seguramente las experiencias alucinatorias por sí mismas no tengan que constituir siempre una evitación experiencial, sino que pueden ser una experiencia humana significativa (Corstens

© Ediciones Pirámide

et al., 2014). Sin embargo, como ocurre en muchos problemas psicológicos (Pérez-Álvarez, 2008), la persona puede entrar a luchar contra su propia experiencia, complicando una situación que, de suyo, podría discurrir por otros derroteros. Existen, en efecto, desde hace tiempo, pruebas de este enredamiento autorreflexivo que caracteriza a los pacientes con alucinaciones auditivas (Ensum y Morrison, 2003; Morrison y Haddock, 1997; Sellers, Wells y Morrison, 2017).

Además, es posible que, al menos en algunos casos, las alucinaciones hubieran comenzado siendo ellas mismas una forma de evitación de ciertos pensamientos especialmente molestos o autodiscrepantes, tal y como propusieron hace años Morrison, Haddock y Tarrier (1995). Es bien sabido, y está ampliamente contrastado, que cuando se suprimen pensamientos desagradables aumenta su frecuencia a largo plazo (Wang, Hagger y Chatzisarantis, 2020). El origen de algunos tipos de alucinaciones auditivas podría ser una forma de supresión de pensamientos más sofisticada que la mera represión, donde la persona atribuye a una fuente externa sus propios pensamientos, tratando de minorar su responsabilidad sobre estos (Morrison et al., 1995). Aunque la investigación no ha sido abundante, sí existen trabajos que vienen a apoyar la idea de que la supresión repetida de pensamientos autodiscrepantes influye en la calidad con que se escuchan palabras ante una estimulación verbal neutra (García-Montes, Pérez-Álvarez y Fidalgo, 2003; 2004). En el mismo sentido apunta el hecho de que las personas con mayor predisposición a las alucinaciones presentan una mayor frecuencia de recuerdos involuntarios y de proyecciones sobre el futuro, resultado que se mantiene incluso cuando se controlan variables como la rumiación, la depresión, la disociación, las habilidades imaginativas, las funciones ejecutivas o la personalidad (Allé, Berna y Bernsten, 2018). La implicación de intrusiones vinculadas a sucesos traumáticos en la etiología de las alucinaciones auditivas de pacientes también se ha demostrado en trabajos recientes con muestra clínica (Peach et al., 2019; 2020).

Todo ello parece respaldar la posibilidad de que las experiencias alucinatorias de pacientes psiquiátricos se estén enquistando en parte por los círculos viciosos propios de la evitación experiencial, según el modelo propuesto en la figura 13.1. Junto a ello, otro factor clave seguramente sea el funcionamiento global de la persona en la vida. Así, Simon et al. (2009) encontraron que las alucinaciones subclínicas de adolescentes que fueron derivados para su evaluación a un programa de tratamiento precoz generalmente remitían sin mayor problema. Sin embargo, las de aquellas personas que tenían un peor funcionamiento global en el plano social, ocupacional y psicológico se enquistaban. La importancia del funcionamiento social previo viene también avalada por el importante estudio longitudinal de Velthorst et al. (2017). Aunque este trabajo no se focaliza directamente en las alucinaciones como síntoma, sino en la psicosis como síndrome, se destaca la importancia del funcionamiento social previo a la hora de predecir trayectorias de evolución de los pacientes.

Estos dos factores —por un lado, la atención focalizada sobre el control del síntoma y, por otro, la falta de implicación en el ámbito social— se retroalimentan mutuamente (Pérez-Álvarez, 2008). Así, a peor funcionamiento social, más atención en las experiencias alucinatorias y, a su vez, esa mayor atención en las voces puede hacer que la persona tenga más problemas para relacionarse con los demás.

## 3. DELIRIOS

El DSM-5 define los delirios como creencias fijas que son mantenidas firmemente a pesar de que existe evidencia clara en sentido contrario. Se exige, además, que la creencia en cuestión no sea aceptada comúnmente por los miembros de la cultura a la que pertenece el individuo (American Psychiatric Association, 2013, p. 819). En relación con su extensión en la población, y por poner un contexto geográfico cercano, se ha estimado que el 7,4% de la población de la provincia de Granada con edades entre los 18 y los 80 años presenta delirios (Guerrero-Jiménez et al., 2018). Los temas más habituales en que se centran los delirios incluyen la persecución, la referencia, la culpa, la grandiosidad, la atracción sexual, los celos, los cambios somáticos, la religión, la lectura de la mente, el control externo y la retransmisión, inserción o retirada de pensamientos (Bell, Raihani y Wilkinson, 2019; Gutiérrez-Lobos et al., 2001). Epidemiológicamente los delirios de persecución son, con diferencia, los más comunes (De Portugal et al., 2013; Ellersgaard et al., 2014). Sean de naturaleza persecutoria o no, conviene resaltar que

© Ediciones Pirámide

los temas más habituales de los delirios tienen una referencia social y que, al menos por lo que se refiere a los delirios persecutorios, parece que reflejan una elevada sensibilidad a situaciones de estrés social (Barnby et al., 2020), lo que es compatible con una historia de apego inseguro (Lavin et al., 2020), así como de adversidades vitales de carácter interpersonal (Catone et al., 2016; Scott et al., 2007).

Han existido —y existen— muy variadas explicaciones y teorías en relación con la formación de los delirios, su clasificación y su diferenciación de otros fenómenos cercanos (Kiran y Chaudhury, 2009). Así, igual que se ha mencionado en relación con las alucinaciones, es posible que haya factores diversos que lleven a una persona a delirar de formas también distintas (Roberts, 1992). Una revisión de las investigaciones sobre delirios más cercanas al contextualismo funcional puede verse en García-Montes, Pérez-Álvarez y Perona (2013).

Para no perderse en un maremágnum de datos y puntos de vista, tal vez convenga tener en cuenta algunas ideas simples: la primera, y fundamental, sería reparar en el hecho de que los delirios son conducta operante y, concretamente, conducta verbal sin corregir (Skinner, 1981). Como toda conducta operante, los delirios tienen su función. En este punto vienen a coincidir el análisis de la conducta clínica y la psicopatología clásica. Así, por ejemplo, Capgras, al hablar de su famoso síndrome, ya señalaba que el delirio que lleva su nombre puede estar motivado por una necesidad del paciente de dar sentido a los sentimientos de ambivalencia hacia su pareja (Capgras y Carette, 1924). Más actualmente, Gunn y Bortolotti (2018) han aportado evidencia, obtenida a partir de entrevista en profundidad con pacientes con delirios, de la función autoprotectora que juegan los delirios en un primer momento. Para Gunn y Bortolotti (2018), la formación de un delirio puede ser vista como una respuesta de protección a corto plazo a sucesos de la vida de carácter disruptivo. Así, cuando la gente tiene que enfrentarse con emociones muy negativas, con pensamientos suicidas o con la más pura desesperación, la adopción de creencias delirantes ayudaría a controlar o, cuando menos, reducir el malestar en la situación. Otros beneficios de los delirios a corto plazo tienen que ver con poner un punto y final a una situación de incertidumbre, encontrar un significado a la vida, superar un trauma o explicar fallos de memoria en personas con un incipiente deterioro cognitivo (Lancellota y Bortolotti, 2019). Desde una perspectiva evolucionista, Raihami y Bell (2009) han propuesto que ciertos delirios de carácter persecutorio podrían servir para proteger al individuo de peligros provenientes de coaliciones entre otros miembros del grupo y, por tanto, tener una función adaptativa, al menos en un primer momento.

Ahora bien, una vez creados, los delirios tienen también un carácter perceptivo[1] o «aprehensivo» de la realidad, constituyendo una suerte de «mundo perceptivo privado» (Fuchs y Fuchs, 2020). No en vano «delirio» proviene de la palabra latina *delirare,* que significa «apartarse del surco» (Coromines, 2008); es decir, apartarse del sentido común o construcción social de la realidad. Así, hechos que para la mayoría de las personas podrían resultar accidentales o casuales, para la persona con delirios resultan precisamente los más significativos, reforzando así su seguridad en el delirio (Fuchs, 2015).

De alguna forma, la función autoprotectora de los delirios acabaría, a largo plazo, volviéndose en contra de la persona, aumentando su desvinculación con la realidad socialmente compartida y su soledad. Todo ello puede llevar a su vez a la persona a necesitar aún más el delirio para mantener un sentido valioso de sí mismo (Chadwick, Birchwood y Trower, 1996; García-Montes y Pérez-Álvarez, 2003).

No es difícil ver aquí los procesos autoperpetuantes propios de la evitación experiencial. Así, Udachina et al. (2014) encontraron en una muestra de 41 pacientes diagnosticados de «paranoia» que la relación entre una baja autoestima y los delirios paranoides estaba mediada precisamente por la evitación experiencial. Ahora bien, según se ha propuesto (García-Montes et al., 2013), la evitación experiencial que caracteriza a los delirios es, en algún punto, distinta de la evitación experiencial propia de los desórdenes emocionales. En efecto, cuando se da la evitación experiencial en los desórdenes emocionales, lo que el cliente trata de evitar es la propia experiencia (la ansiedad, la tristeza, los pensamien-

[1] Se reclama aquí, a propósito de los delirios, la noción de «comportamiento», más que la de conducta, de acuerdo con la propuesta de Pérez-Álvarez (2018). Los delirios serían un ejemplo paradigmático para ilustrar que no existen, como elementos separados, las conductas y las percepciones; sino que ambos aspectos se codeterminan mutuamente (Chemero, 2009; Quiroga y Fuentes, 2001).

© Ediciones Pirámide

tos molestos, etc.); sin embargo, para el caso de los delirios, ellos mismos son el medio para escapar de otra realidad (la falta de sentido de la vida, la conciencia de los fallos de memoria incipientes, los sucesos traumáticos que amenazan gravemente la propia continuidad psicológica, etc.). Todo ello, sin perjuicio de que, a partir del inicio de la carrera psiquiátrica del paciente, este también pueda oponerse al síntoma como una muestra de «locura» o pérdida de la «salud mental». Este análisis funcional de los delirios, como *formas activas de evitación experiencial* (García-Montes et al., 2013), no excusa atender al contenido concreto de los mismos. Aunque hay división de opiniones en el ámbito clínico sobre si es positivo o no atender al contenido de los delirios y las alucinaciones (Aschebrock et al., 2003), se ha señalado que el contenido de los delirios podría reflejar, metafóricamente, aspectos centrales para la persona (Rhodes y Jakes, 2004).

En cualquier caso, a efectos de la intervención psicológica que se realice, debería tenerse presente que la persona utiliza el delirio para solucionar alguna otra cuestión y que, por tanto, eliminar el delirio podría ser similar a suprimir de golpe el uso de muletas a una persona que se está recuperando de una lesión en la pierna. Al igual que un fisioterapeuta debería centrarse en la recuperación de la funcionalidad del miembro dañado, el psicólogo deberá atender a aquellos asuntos que el delirio trata de solucionar psicóticamente.

## 4. ENFOQUE DE LA INTERVENCIÓN EN SÍNTOMAS PSICÓTICOS POSITIVOS

Teniendo en cuenta la visión que se ha ofrecido de las alucinaciones y los delirios, cabría decir que el tratamiento de las alucinaciones se beneficiaría de una intervención centrada especialmente en la aceptación de tales experiencias y la defusión con respecto a su contenido; por otra parte, por lo que se refiere a los delirios, sería importante focalizar más la intervención en la acción comprometida en relación con valores y en la defusión. Obviamente, todos los componentes del modelo Hexaflex (Hayes et al., 2004) están interrelacionados, de tal forma que los cambios que se consigan en alguno de los procesos se transfieren fácilmente a los otros procesos que considera el modelo (Chin y Hayes, 2017; Hayes, Strosahl y Wilson, 2012). Con todo, tener presente el foco principal de la intervención para cada síntoma puede ser de ayuda. Igualmente puede ser de ayuda considerar que se ha demostrado que los resultados positivos que obtiene ACT en el tratamiento de personas diagnosticadas de psicosis están mediados por la credibilidad que se da a los síntomas (Bach et al., 2014), razón por la cual la defusión aparece como un objetivo principal tanto para el tratamiento de las alucinaciones como de los delirios.

Además de estas direcciones en la intervención psicológica sobre los síntomas, tampoco convendría perder de vista ciertos aspectos relativos a cuestiones más generales de la situación vital del cliente (Cooke, 2014).

Así, en primer lugar, la persona que atienda a alguien que escuche voces o presente experiencias delirantes debería asegurarse de que sus necesidades de alojamiento, alimentación saludable y sueño están cubiertas convenientemente. Igualmente habría que atender al apoyo emocional al paciente. Como señala Cooke (2014), es difícil sobrevalorar la importancia que tiene el cuidado, la amabilidad, la escucha activa y el apoyo emocional en momentos difíciles. Otro campo al que se debería atender sería el trabajo/educación. Existen datos que avalan que retomar el trabajo que se tenía o encontrar uno nuevo pueden tener un mayor impacto sobre la recuperación de la persona que cualquier tipo de tratamiento (National Institute for Health and Care Excellence, 2014).

En el resto del presente capítulo se van a ofrecer ciertas claves para la intervención con pacientes que presentan experiencias alucinatorias y delirantes. Se excusa aquí hacer una exposición sistemática de los objetivos terapéuticos de ACT, con los que el lector seguramente estará ya familiarizado. Para una exposición canónica de la aplicación de la terapia en pacientes diagnosticados de esquizofrenia, puede consultarse el trabajo de García-Montes y Pérez-Álvarez (2016). Para estudiar aplicaciones de la terapia a alucinaciones auditivas, se pueden consultar los casos clínicos expuestos en Veiga-Martínez, Pérez-Álvarez y García-Montes (2008) y en García-Montes y Pérez-Álvarez (2001). Para ejemplos de aplicaciones de ACT a sintomatología delirante, se recomiendan los trabajos de Cabañas Rojas y Báez Rodríguez (2020) y de García-Montes et al. (2004).

© Ediciones Pirámide

## 5. TERAPIA DE ACEPTACIÓN Y COMPROMISO APLICADA A ALUCINACIONES AUDITIVAS

En este apartado se tratarán las principales adaptaciones de ACT cuando se aplique a clientes con voces. Así, en primer lugar, habría que reparar en las recomendaciones que Thomas et al. (2013) ofrecen, de forma general, a la hora de aplicar ACT a pacientes con alucinaciones auditivas, a saber:

1. *Conducirse con prudencia.* Como tratamiento contra corriente (más si cabe en pacientes con un recorrido psiquiátrico) ACT puede resultar chocante. Es bueno actuar con precaución con los clientes. Así, por ejemplo, pedirles permiso para realizar los ejercicios, preguntarles por su impresión sobre la sesión, por cómo se han sentido, si hay algo que no les haya gustado y, en general, tener un trato especialmente amable y considerado.
2. *Evitar la diferenciación entre el control de las experiencias privadas y las experiencias públicas.* Las voces se perciben, en la mayoría de los casos, como provenientes del exterior. Por tanto, no sería buena idea señalar que el «mundo externo» es susceptible de control frente al «interno», que no lo es. A partir de esta diferenciación se podría producir un estéril debate sobre la naturaleza de la experiencia alucinatoria.
3. *Precauciones con el uso de metáforas.* Se aconseja usar metáforas concretas frente a las que resulten más abstractas. Además, se recomienda que las metáforas que se utilicen se ilustren dibujándolas en un papel o incluso se representen en sesión. Para profundizar en el estudio sobre aplicación de metáforas en pacientes con psicosis y las precauciones que deberían adoptarse, remitimos al capítulo de este mismo manual «Metáforas y psicosis».

Además, en relación con las voces, conviene tener en cuenta que existe un instrumento específico diseñado para evaluar el grado de aceptación que tiene el paciente de las mismas, conocido como Voices Acceptance and Action Scale (VAAS; Shawyer et al., 2007). Como no es de extrañar, esta escala ha mostrado una correlación negativa con el nivel de depresión y una asociación positiva con la satisfacción con las actividades cotidianas y la capacidad de desempeñarse en la sociedad. Igualmente presenta una fiabilidad test-retest de 0,73 para la puntuación global en la escala y unos coeficientes $\alpha$ entre 0,76 y 0,90 para las distintas subescalas y la puntuación global en el mencionado instrumento de medida. El principal problema que presenta dicha escala es que cuenta con 31 reactivos, un número excesivamente elevado. Más recientemente se han desarrollado dos versiones abreviadas de la prueba, una de 12 ítems y otra de tan solo 9 (Brockman, Kiernan y Murrell, 2015). Ambas versiones han mostrado ser instrumentos de medida fiables y válidos. Igualmente, las dos versiones breves de la escala presentan una asociación considerable con otras medidas de bienestar emocional, ansiedad, estrés y afecto negativo en general. De las tres versiones existentes de VAAS, se recomienda utilizar la de 9 ítems si se quiere evaluar psicométricamente la apertura a la experiencia de oír voces. Con todo, el indicador más interesante de los progresos del cliente serán, sin duda, los logros que vaya alcanzando en su vida, tanto más reveladores de un progreso terapéutico si se realizan con las experiencias alucinatorias que antes de la terapia le paralizaban (García-Montes y Pérez-Álvarez, 2001).

Hechas estas consideraciones generales, sería conveniente comenzar la intervención generando un estado de *desesperanza creativa.* Se puede empezar preguntando por las características de las voces que se escuchan (el número de voces que se oyen, su género, su frecuencia y duración, el contenido, etc.). A partir de esta exploración se preguntaría por las acciones que la persona ha puesto en práctica cuando se presentan las voces. Sería importante en este punto recopilar tanto todas las formas en que se presentan las voces como todas las acciones que se ponen en práctica para eliminarlas. Se pretende así captar toda la clase generalizada de evitación (Barnes-Holmes y Barnes-Holmes, 2000). Por ello, podría ser interesante preguntar por otras conductas de evitación que no tengan que ver directamente con las alucinaciones, estableciendo equivalencias funcionales. Se ilustra un posible diálogo con un cliente al respecto:

© Ediciones Pirámide

**Terapeuta (T):** Bien, veo que has hecho un montón de cosas para luchar contra las voces. Al igual que ahora te pasa con las voces, ¿has tenido en el pasado o tienes ahora alguna otra experiencia que te resulte molesta?

**Cliente (C):** Sí, también quiero sentirme seguro cuando conozco a alguien nuevo. Parece que todos los demás tienen algo que decir y yo me siento muy inseguro y me callo.

**T:** ¿Qué haces cuando te presentan a alguien y te sientes tan inseguro?

**C:** Me intento convencer de que puedo hablar y pienso en cosas que podría decir.

**T:** Vaya, es algo parecido a lo que haces cuando se presentan las voces. También intentas convencerte de que van a desaparecer y buscas qué hacer para que desaparezcan. ¿Funciona cuando estás nervioso y no sabes qué decir a alguien nuevo?

**C:** No, tampoco funciona. Me acabo quedando bloqueado y no sigo la conversación.

**T:** Todas estas cosas que haces cuando aparecen cosas que no te gustan son muy lógicas, y estoy seguro de que están hechas con muchas ganas. Sin embargo, hay algo que no cuadra: cosas completamente coherentes, hechas con ganas... y el problema persiste...

En este punto se suele introducir alguna metáfora que refleje cómo los intentos por solucionar el problema están de hecho incrementando las voces y otras experiencias aversivas. La metáfora de «alimentar al tigre» es una de las más habituales (Bach y Moran, 2008). Con independencia de cuál se utilice, se debe remarcar que la desesperanza creativa pretende ilustrar lo infructuoso de la estrategia que el cliente pone en práctica. Convendría tener especial cuidado en que la persona no entienda que es él quien no tiene salida: la estrategia es la que es infructuosa. Thomas et al. (2013) recomiendan utilizar con personas con voces la metáfora de la «lucha contra el monstruo» ilustrada en las figuras 13.2a y 13.2b. Como se ve en la figura 13.2a, el cliente se encuentra en una guerra de «tira y afloja» contra sus eventos privados (voces, miedo, dudas, ansiedad, tristeza, etc.). Cuanto más tira el cliente de la cuerda, más tira también el monstruo. En esta guerra el objetivo del cliente es que el monstruo caiga al pozo y desaparezca, aunque quien está cada vez más cerca del pozo es el propio cliente.

NOTA: Ilustración tomada de https://www.thecareerpsychologist.com, 2012.

Figura 13.2a.—Metáfora de la lucha contra el monstruo.

Frente a esta situación, cabe optar por una acción distinta, que sería la que aparece ilustrada en la figura 13.2b.

NOTA: Ilustración tomada de https://www.thecareerpsychologist.com, 2012.

Figura 13.2b.—Posible solución a la lucha contra el monstruo.

En efecto, ¿por qué no soltar la cuerda? Ello supondrá, por supuesto, tener al monstruo cerca, merodeando (las voces y otras experiencias desagradables seguirán estando ahí), pero también tener las manos libres para poder emplear nuestras energías en otras acciones que sean más productivas y nos acerquen a las cosas realmente importantes en la vida. Esta metáfora podría ser de utilidad, tanto para validar el fracaso repetido de la estrategia empleada por el cliente a la hora de controlar

© Ediciones Pirámide

sus voces y el consiguiente descuido de sus objetivos vitales, como para promover el abandono de la lucha contra tales experiencias; esto es, su aceptación.

En efecto, la *aceptación de las voces* y otros sucesos psicológicos aversivos sería otro de los objetivos importantes en una intervención mediante ACT. En este punto podría ser recomendable que el clínico indagara sobre la historia vital del paciente (Longden, Corstens et al., 2012). Como se ha comentado más arriba, existe una estrecha relación entre el padecimiento de sucesos traumáticos en la infancia y la presencia ulterior de alucinaciones verbales (véase, por ejemplo, Bailey et al., 2018), llegando a proponerse que las alucinaciones son recuerdos relacionados de alguna forma con el trauma sufrido (Steel, 2015). De la misma manera que no se puede cambiar el pasado, tampoco se pueden cambiar las voces. Historia (sean traumas, estilos de apego o carencias sufridas) y síntomas actuales son, en realidad, dos caras de la misma moneda. Una forma de ayudar a que el cliente con voces contacte con esta vinculación entre el pasado y la inevitabilidad de sus experiencias actuales podría ser el ejercicio de «los refranes» que aparece en Harris (2012, p. 74). Este ejercicio consiste en pedirle al cliente que observe qué palabras le vienen a la mente a medida que el clínico va leyendo unas frases incompletas. No se trata de que el paciente «adivine» lo que el psicólogo va a decir, sino que aquel observe lo que le viene a la mente. El siguiente diálogo podría ilustrar el ejercicio:

**T:** Me gustaría proponerte, si lo ves bien, un ejercicio. Te lo explico y, por favor, dime luego si te parece correcto hacerlo.

**C:** De acuerdo, ¿de qué se trata?

**T:** Hemos hablado sobre las cosas que te han pasado en la vida y cómo ello ha tenido una repercusión en las voces y otras experiencias que tienes ahora. A mí me hubiera gustado que nada de eso hubiera pasado, pero lo cierto es que ha ocurrido y, de forma inevitable, tiene consecuencias en el presente que no te gustan. Te he propuesto que las voces podrían ser una consecuencia de ello y sé que puede parecer algo extraño, pero hay muchas cosas que han ocurrido en el pasado que tienen una influencia muy directa sobre lo que ocurre en el presente. El ejercicio consiste en que veas cómo, por el pasado, te vienen a la cabeza ciertos pensamientos. ¿Estás dispuesto a verlo?

**C:** Vale.

**T:** Yo te voy a decir unas frases y me gustaría que por favor observes qué te viene luego a la cabeza. ¿Estás preparado?

**C:** Creo que sí. Adelante.

**T:** «A quien madruga...» *(espera un momento antes de decir la siguiente frase).*

**C:** «Dios le ayuda...».

**T:** A mí también me ha venido eso a la cabeza, pero, ahora mismo, no me lo tienes que decir... solo observa qué te viene... «En casa del herrero...» *(espera un momento antes de decir la siguiente frase).*

**T:** «De los cuarenta para arriba...» *(espera un momento).*

**T:** ¿Verdad que te ha venido ahora «... no te mojes la barriga»? Ni tú ni nadie tiene control sobre lo que le viene a la mente cuando otra persona dice «de los cuarenta para arriba...». Cuando éramos pequeños nos enseñaron ese refrán y ahora, cuando nos dicen la primera parte, nos viene a la cabeza inevitablemente cómo continúa... ¿Podría ocurrir algo similar con las voces? Me has comentado que cuando estás con gente te aparecen bastantes voces criticándote, ¿podría tener alguna relación con cómo se burlaban de ti en el instituto? ¿Podría haber sido tu vida mucho más dura de lo que piensas? ¿Puedes cambiar lo que pasó con aquellos niños cuando empezaste la ESO?

La aceptación de las experiencias alucinatorias puede verse facilitada por la incorporación de algún ejercicio proveniente de la terapia centrada en la compasión (CFT; Gilbert, 2009), como la técnica de las dos sillas[2]. De la misma manera, en todo caso se trata de poner en práctica estrategias que faciliten un cambio de relación con las voces (Pérez-Álvarez et al., 2008), bien sea vinculándolas con la dura biografía de la persona, bien desarrollando una relación más compasiva con la experiencia y con uno mismo, bien promoviendo la conciencia plena, bien utilizando el sentido del humor o el diálogo socrático, bien integrándose el paciente en un grupo de normalización y apoyo mutuo como la

[2] En relación con la incorporación de ejercicios provenientes de la CFT para el tratamiento de las voces, se recomienda el trabajo de Heriot-Maitland et al. (2019).

© Ediciones Pirámide

Hearing Voices Network (https://www.intervoiceonline.org/). En cualquier caso, el objetivo final que se persigue es que el cliente abandone la lucha con las voces y llegue a crear una relación distinta con estas experiencias.

Otro de los objetivos principales de ACT aplicada a pacientes con alucinaciones verbales sería *reducir la fusión cognitiva.* Como es sabido, la fusión cognitiva es una clase de comportamiento que se caracteriza por el hecho de que la conducta está altamente influenciada por las funciones derivadas del acto de pensar, lo que suele acarrear una falta de sensibilidad a las consecuencias directas que se desprenden de las acciones (Gillandrs et al., 2014). Cuando este concepto se aplica a personas que tienen voces, debe tenerse en cuenta una doble consideración que podría parecer contradictoria: por un lado, las voces son conducta verbal (Skinner, 1981) y, en consecuencia, el concepto de fusión cognitiva es plenamente aplicable; por otra parte, la persona, por lo general, no considera a las voces equivalentes a sus pensamientos y, por tanto, la fusión con las voces puede referirse no solo a su contenido (por ejemplo, cuando la voz critica al cliente), sino también a lo intrusiva que resulta la experiencia (por ejemplo, pensamientos como «no puedo escapar de las voces») e incluso al significado personal que se atribuya a la voz o voces (por ejemplo, «me están castigando», «tratan de volverme loco», etc.) (Thomas et al., 2013). En este sentido podría ser conveniente implementar ejercicios de atención plena (Chadwick, Taylor y Abba, 2005). Un programa específico que se ajusta a clientes con voces es el «Programa individual de *mindfulness* para las voces» (iMPV; Louise, Rosell y Thomas, 2019). En comparación con otros protocolos, el iMPV incluye varias prácticas que estimulan una respuesta *mindful* en presencia de estimulaciones muy parecidas a las voces. Por ejemplo, se realiza la práctica de *mindfulness* teniendo de fondo una grabación con la voz del cliente diciendo cosas similares a lo que le dicen sus voces. En este sentido, el iMPV sería funcionalmente equivalente al ejercicio de «sacar a la mente de paseo» (Hayes et al., 1999, pp. 162-163). Se trata este de un ejercicio de dramatización, originario de ACT, en que el cliente y sus voces se desdoblan. Así, se suele empezar preguntando al cliente cuántas personas hay en la sala. Cuando el cliente responda que dos se le dirá, para su sorpresa, que en realidad hay cuatro: el cliente, su mente, el terapeuta y la mente del terapeuta. El ejercicio que se propone, si el cliente lo ve adecuado, consiste en que durante unos 10 minutos el paciente haga de sí mismo mientras el terapeuta hace de mente del cliente. Después, durante otro periodo de 10 minutos, el terapeuta hará de sí mismo y el cliente de mente del terapeuta. Por último, durante un nuevo periodo de 10 minutos aproximadamente, cliente y terapeuta irán por separado, dándose cuenta de que, aunque no haya otra persona que represente a la mente de cada uno de ellos, esta sigue evaluando, advirtiendo, comentando, criticando, etc. El objetivo del ejercicio es que se aprenda a actuar con independencia de la mente. En este sentido tan indicativo de una fusión cognitiva sería que el cliente hiciera siempre lo que le dice la mente como que hiciera siempre lo contrario de lo que le dice. En la práctica de este ejercicio solo existe una única regla: quien haga de persona nunca podrá hablar con su mente. Si quien haga de mente detecta que quien hace de persona le está hablando, debería decirle «¡nunca hables a tu mente!». Sería conveniente realizar el ejercicio en contextos naturales (en la calle, en un parque, en un centro comercial, etc.) y, una vez de vuelta en sesión, hacer una recapitulación de la experiencia. Como puede comprenderse con facilidad, se trata de un ejercicio especialmente adecuado para clientes que presentan alucinaciones que les dan órdenes. A este respecto, Shawyer y Farhall (2015) recomiendan poner en práctica el ejercicio preferentemente al final de la terapia (aunque no en la última sesión). Igualmente señalan la conveniencia de una buena preparación, incluyendo, si fuera el caso, la firma de un consentimiento informado antes de realizarlo. Este ejercicio guarda similitud con la emergente «Terapia avatar» para las voces (Ward et al., 2020), en que se pretende cambiar la relación del cliente con sus alucinaciones usando un avatar digital de las mismas, similar a la representación que se haga el cliente, con el que se va estableciendo un diálogo en que, a lo largo de las sesiones, el cliente va ganando control. Con todo, debe tenerse en cuenta que la «Terapia avatar» juega más con el diálogo entre la persona y su voz, mientras que en el ejercicio de «sacar la mente de paseo» el foco debería estar puesto sobre la actividad de la persona cuando está presente la voz.

© Ediciones Pirámide

Assaz et al. (2018) señalan varias estrategias de defusión que podrían también ser útiles con pacientes con voces. Así, por ejemplo, el ejercicio de «jugar con las voces»[3]. En este ejercicio se pediría al cliente, si lo considera oportuno, que seleccione algún comentario o frase entre los que hayan realizado las voces recientemente. Seleccionada esta frase, se le invita primero a que la diga en alto de forma ininterrumpida durante 30 segundos, luego a que la diga con la voz del pato Donald, luego a que la diga muy despacio, luego a que la traduzca a otro idioma y la diga en dicho idioma repetidas veces, etc. Se pretende así abrir la posibilidad a otros repertorios de conducta y minar el contexto de «literalidad» tan presente en la conducta fusionada (Blackledge, 2007). Al tratar la defusión con respecto a las voces y otras experiencias privadas, no puede dejar de mencionarse la importancia del humor afiliativo, también reconocido como estilo terapéutico en ACT (Westrup, 2014) y recomendado en el tratamiento de personas diagnosticadas de «psicosis» (Adams, 2013; Witztum, Briskin y Lerner, 1999). Sorprende de alguna manera que desde ACT no se haya ahondado en el humor como estrategia de defusión con respecto a los contenidos verbales.

Otro objetivo a tener en cuenta en la intervención con alucinaciones, como en general con cualquier problema psicológico, es *procurar que el cliente desarrolle una acción comprometida con sus valores.* Como señalan O'Donoghue et al. (2018), ACT promueve la recuperación funcional y social de la persona redirigiendo el foco de atención del control de las alucinaciones a la conexión con sus valores y con su participación en una vida plena. Debemos insistir en que no se trata de una mera «activación». El objetivo de la acción comprometida no es que el cliente esté ocupado, sino que haga lo que realmente desea hacer. ACT cuenta con un instrumento con buenas propiedades psicométricas para evaluar los valores: el Valued Living Questionnaire[4] (VLQ; Wilson et al., 2010). Dicho cuestionario indaga sobre la importancia y la consistencia de los valores del cliente en 10 áreas (familia, relaciones de pareja, maternidad/paternidad, relaciones sociales, educación, ocio, espiritualidad, ciudadanía y bienestar físico). Igualmente, desde hace años existen materiales con gran utilidad clínica como el formulario narrativo de valores o el formulario de metas, acciones y barreras (Hayes et al., 1999; Wilson y Luciano, 2002). Al objeto de mantener acciones comprometidas consistentes con los valores son de reseñar hojas de trabajo como el «ojo del toro» (Dahl et al., 2009), una figura con aspecto de diana en que el cliente puede ir registrando para cada día las acciones emprendidas en relación con la cercanía a sus valores. La figura 13.3 ilustra este autorregistro.

Debido a que muchos pacientes con voces pueden estar desorientados en relación con sus valores, podría ser de utilidad el ejercicio de «probar un valor» de Dahl et al. (2009). En vez de pedirle a la persona que decida qué valores son importantes en su vida, se le sugiere que ensaye comportarse conforme a distintos valores durante un tiempo (mínimo una semana para cada valor ensayado) para que, así, pueda experimentar qué tipo de comportamientos, objetivos y valores tienen más sentido para él o ella. Los diez pasos que propone el ejercicio son los siguientes:

1. Elegir un valor: se pide al cliente que elija una dirección valiosa que se debe mantener durante, al menos, una semana.
2. Notar las reacciones: se trata de notar cualquier reacción que aparezca y el grado de implicación que la persona siente con ese valor que se ha seleccionado.
3. Hacer una lista con acciones relacionadas con el valor.
4. Elegir una conducta: de entre las conductas que figuran en la lista del paso anterior, se debe elegir una conducta o un conjunto de conductas que el cliente se comprometa a realizar desde ese momento hasta la siguiente sesión.
5. Notar los juicios: se trata de notar cualquier juicio que aparezca sobre si lo que se hace es adecuado o no lo es, si es divertido, etc.
6. Hacer un plan: establecer qué se debe hacer para conseguir los objetivos propuestos en un futuro cercano.

---

[3] Assaz et al. (2018) llaman a este ejercicio «jugar con las palabras». En el presente capítulo se ha realizado una adaptación a las experiencias alucinatorias.

[4] Una primera versión de este cuestionario ya aparecía en Wilson y Luciano (2002).

© Ediciones Pirámide

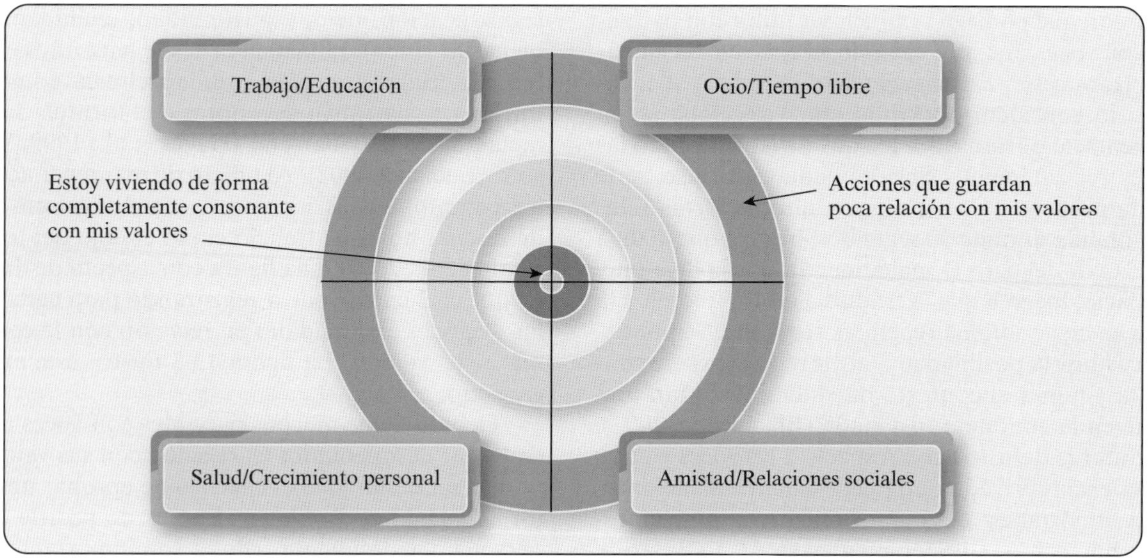


Figura 13.3.—Autorregistro «el ojo del toro». Por un cierto período de tiempo (entre sesiones, al mes, etc.) el cliente deberá marcar con una X en algún punto del ojo las acciones emprendidas para cada área de valor (trabajo/educación; ocio/tiempo libre; amistad/relaciones sociales; salud/crecimiento personal). A más proximidad al centro de la diana, se entiende que el cliente ha realizado una acción más consonante. Los círculos más alejados señalan acciones menos vinculadas al valor en cuestión.

7. Comportarse: aunque el valor en cuestión se refiera a otras personas, se recomienda no hablar con nadie sobre ello. El objetivo del ejercicio es el comportamiento en dirección a los valores, no que las demás personas lo entiendan.
8. Comprometerse: se trata de seguir el plan cada día y notar cada reacción que aparezca.
9. Mantener un diario con las reacciones que se tienen: se deben registrar las reacciones que otras personas tienen hacia el cliente, los pensamientos, sentimientos y sensaciones que ocurren antes, durante y después de la conducta en dirección al valor seleccionado. El cliente debería agradecer estas reacciones y juicios, pero sin caer en su literalidad.
10. Reflejar: llevar el diario a la siguiente sesión y discutir lo ocurrido.

Dahl et al. (2009) sugieren que antes de iniciar este ejercicio se deberían haber trabajado los procesos de aceptación, defusión y conciencia en el momento presente al objeto de posibilitar que la persona dé realmente pasos hacia adelante en los valores propuestos y pueda notar (o no) las cualidades reforzantes que tengan las distintas direcciones valiosas ensayadas. En efecto, con el ejercicio no se busca que el cliente se haga una idea de qué es «bueno» o «malo», sino que se exponga a las consecuencias que tienen distintos objetivos vitales. Por esta razón son importantes tanto un cierto grado de defusión como una atención dirigida al momento presente. En el caso de clientes con alucinaciones auditivas, creemos que sería positivo que previamente se hubiera realizado el ejercicio de «sacar a la mente de paseo». Harris (2012) señala que los valores son como una brújula. La brújula nos puede indicar la dirección, pero no nos transporta. El ejercicio de «probar un valor» serviría para calibrar esa brújula, pero no es suficiente para llevar una vida valiosa. La activación en la dirección valiosa es absolutamente imprescindible. Volveremos a ello a propósito de la intervención con delirios.

Otro de los objetivos fundamentales para una intervención en voces basada en ACT sería *promover un sentido de sí mismo desapegado de cualquier conceptualización y capaz de integrar las experiencias que*

© Ediciones Pirámide

*sean.* A este respecto, no conviene olvidar que se ha propuesto que la mejor manera de entender qué son las alucinaciones sería verlas como elementos disociados del *self* (Longden, Mandill et al., 2012) y, por tanto, necesitados de una reintegración en el sentido de uno mismo. ACT distingue tres sentidos en que se puede utilizar el término *self:* el *self* conceptualizado, el *self* como un proceso de autoconciencia y el observador de sí mismo (Barnes-Holmes, Hayes y Dymond, 2001). El *self* conceptualizado se refiere a uno mismo como objeto de evaluación y categorización. Por ejemplo, si una persona dice «yo soy muy nervioso» o «yo soy un triunfador» o «yo soy joven» está ofreciendo una conceptualización de su *self.* Como advierten Hayes y Smith (2005), este es el sentido del término *self* que más sufrimiento puede conllevar. Por lo general, moverse en una dirección nueva conlleva abandonar un cierto sentido de uno mismo. Algunos clientes pueden percibir el abandono de un determinado «yo conceptualizado» como si fuera una especie de muerte (Yalom, 2011). En este sentido, podría ser oportuno integrar algunos componentes de la terapia existencial y, especialmente, trabajar la adquisición de fortaleza frente a la muerte (Yalom, 2001; García-Montes y Pérez-Álvarez, 2010). Por otro lado, el sí mismo como un proceso de autoconciencia es el continuo y fluido contacto que tenemos con nuestra experiencia en el momento presente. Se considera que es un proceso psicológico positivo. Sin embargo, esta capacidad de autoconciencia puede verse dificultada por un *self* conceptualizado excesivamente rígido. Así, por ejemplo, una persona que se ha autodefinido como «bondadosa y volcada hacia los otros» tendrá dificultades en ser consciente de emociones como los celos, el resentimiento o el enfado (Hayes y Smith, 2005). Por último, el observador de sí mismo, también conocido como *self* como contexto, *self* trascendente o *self* espiritual, puede ser definido como el contexto en que los pensamientos, las emociones y otros sucesos privados tienen lugar (Bethay, Wilson y Moyer, 2009). A diferencia del *self*-conceptualizado, que puede variar, el observador de sí mismo permanece constante a lo largo de toda la vida. Este es el sentido del *self* desde el que se hace posible la aceptación, la defusión, el estar presente en el momento y la capacidad para valorar (Hayes y Smith, 2005). En consecuencia, las técnicas con las que cuenta ACT van dirigidas precisamente a fortalecer el sentido de sí mismo como contexto. Hayes y Smith (2005), al objeto de debilitar el yo conceptualizado, han propuesto un ejercicio de re-escritura de la propia biografía. Así, se pediría a la persona con voces que escribiera sus mayores problemas en la actualidad y las razones históricas, circunstanciales personales por las que han ocurrido. Una vez hecho esto, se pide al cliente que subraye los hechos que aparecen en la narración anterior y se le invita a construir una narración completamente distinta, con un final absolutamente diferente, usando los hechos subrayados. Se indica que no se trata con el ejercicio de realizar una predicción sobre el futuro ni una reevaluación del pasado, sino que se pretende sencillamente observar cómo las cosas que han ocurrido se pueden integrar en una visión distinta. El ejercicio puede tener utilidad para tomar distancia con respecto a la propia narrativa vital. Al tiempo habría que tener cuidado de que este ejercicio no supusiera una invalidación del sufrimiento producido por las frecuentes historias de trauma o los complejos estilos de apego que están presentes en la vida de los pacientes con síntomas psicóticos positivos. En este sentido, sería positivo que, si se realiza este ejercicio, se haga prácticamente al final del tratamiento. Villatte, Villatte y Hayes (2016) proponen, al objeto de debilitar el «*self* conceptualizado», comenzar un diálogo socrático con el cliente cada vez que este se defina de cierta manera. Así, a través de este diálogo la persona que escucha voces podría establecer contacto con el hecho de que él mismo con-tiene aspectos muy distintos e incluso contradictorios y que todos son (y no son) él mismo. La siguiente viñeta ilustra un posible ejemplo:

**C:** Siempre he sido una persona tímida, sin iniciativa para las relaciones sociales.

**T:** En las primeras sesiones me comentaste que te habías metido en muchos problemas por ser lanzado.

**C:** Sí, pero es distinto. Esos líos eran cuando salía de noche y bebía.

**T:** ¿Pero eras tú o era otro el que se metía en problemas por ser lanzado?

**C:** Sí, era yo, pero estaba con alguna copa de más.

**T:** ¿Y con tu familia? ¿Eres muy tímido?

**C:** No, con mi familia no soy tímido, claro. Les conozco mucho a todos.

**T:** Pero eres tú el que no eres tímido con tu familia, ¿no?

© Ediciones Pirámide

**C:** Sí, sí, también soy yo, pero es gente que conozco.

**T:** ¿Y en el trabajo, cuando vas a vender?

**C:** Es que es trabajo, que es diferente.

**T:** ¿Pero eres tú el que trabajas de una manera muy desenvuelta con los clientes o es otro?

**C:** Sí... Es trabajo... pero sí soy yo, claro.

**T:** Yo diría que eres y no eres tímido dependiendo de la circunstancia en la que estés y también creo que cuando conoces a alguien nuevo te esfuerzas mucho por sentirte como si le conocieras de toda la vida... ¿te funciona?

Otra forma para debilitar el «yo conceptualizado» podría darse mediante el uso de la cineterapia (Berg-Cross, Jennings y Baruch, 1990). A este respecto, una película especialmente interesante sería *Sueños de un seductor* (Jacobs et al., 1972). El *film* cuenta la historia de Allan Felix, un cinéfilo afectado por su reciente divorcio, que comienza a buscar una nueva pareja, presionado en parte por sus amigos Dick y Linda. Para sus citas toma como modelo (yo conceptualizado) a su admirado Humphrey Bogart, con su peculiar estilo de los años cuarenta-cincuenta. El seguimiento de este ideal le lleva, sistemáticamente, de un fracaso a otro. Sin embargo, acaba enamorando a Linda, la mujer de su amigo Dick, con quien se muestra completamente como es, con sus inseguridades, fracasos y debilidades. Además de ilustrar los problemas que pudiera ocasionar el «yo conceptualizado», esta película se podría utilizar también para trabajar la defusión con las voces, ya que en el *film* aparece una imagen del propio Humphrey Bogart hablando con el paciente, dándole órdenes, etc.

Al tiempo que se debilita el «yo conceptualizado», sería conveniente ir construyendo un «yo trascendental», implicado en las distintas experiencias del cliente y, a la vez, por encima de todas ellas. Desde un primer momento se ha utilizado la «metáfora del ajedrez» y el ejercicio del «observador de sí mismo» (Hayes et al., 1999; García-Montes y Pérez-Álvarez, 2016) con el fin de crear un «yo observador» más fuerte. Villatte et al. (2016) proponen el uso de metáforas en que esté implícita la idea de «participación». Así, por ejemplo, ante un paciente que dice que se siente perdido porque se ve de formas muy variadas, se podría proponer el ejemplo de los dedos de una mano en la que cada dedo va en una dirección. Sin embargo, todos los dedos pertenecen a la misma mano. ¿Qué ocurriría si no fuera posible que cada dedo tuviera una cierta autonomía en los movimientos?, ¿podría la persona vestirse?, ¿podría tocar la guitarra? Los dedos son parte de la mano, sin que ninguno de ellos, a su vez, sea la mano al completo. No estaría de más indicar que este aspecto de la identidad personal que trasciende a las diferentes experiencias está claramente vinculado con la explicación que ofrece la psicoterapia analítica funcional (FAP) en relación con la emergencia del «yo» como una unidad funcional pequeña (Kohlenberg y Tsai, 1991). Por tanto, algunas de las técnicas que ofrece FAP para fortalecer el sentido del yo podrían incorporarse también aquí. Así, por ejemplo, el ejercicio de la «película de tu vida» en que la persona es invitada a cerrar los ojos e imaginarse una gran pantalla de cine que, por ahora, está en blanco. La primera escena que aparecerá en esa pantalla será el momento actual, en que el cliente está sentado haciendo el ejercicio y a su lado está el terapeuta. A partir de ahí se propone rebobinar la película e ir a un momento anterior cercano (por ejemplo, cuando el cliente se subió al coche para dirigirse a la consulta). Posteriormente se pide que se rebobine más y que nos indique el cliente en qué momento de su vida se encuentra, realizando esta misma operación varias veces. Kohlenberg y Tsai (1991) resaltan la importancia de reforzar cualquier frase en que el paciente utilice el pronombre «yo», que viene a resaltar la continuidad de la persona a lo largo del tiempo, a pesar de las muy distintas experiencias que ha tenido.

La investigación a propósito de la construcción de un *self* trascendental ha revelado que es más eficaz enmarcar las relaciones entre el *self* y los contenidos de la conciencia en una relación de jerarquía (por ejemplo, «imagínate a ti mismo siendo el capitán del barco y tus voces los pasajeros»), que en un marco de mera distinción (por ejemplo, «atiende a tus voces como si fueras el público que estuviera viendo los soldados que pasan en un desfile militar») (Foody et al., 2013; Luciano et al., 2011).

Así, del mismo modo que se sugirió a propósito de la aceptación de las voces, podría ser de utilidad recurrir en este punto a algunas de las técnicas de la terapia centrada en la compasión para voces (Heirot-Maitland et al., 2019) al objeto de desarrollar un *self* compasivo como lugar seguro desde el que construir un sentido de sí mismo integrativo de las distintas posiciones del *self.*

© Ediciones Pirámide

## 6. TERAPIA DE ACEPTACIÓN Y COMPROMISO APLICADA A DELIRIOS

Como se ha dicho anteriormente, el foco de intervención en personas con experiencias delirantes debería centrarse en la acción comprometida en relación con los valores y en la defusión. Obviamente, puede trasladarse aquí gran parte de lo expuesto en el apartado anterior en relación con la aplicación de ACT a voces. En lo que sigue se destacarán algunos aspectos que podrían ser de interés a la hora de dirigir la intervención a las ideas delirantes.

En primer lugar, debido al importante papel que pueden haber jugado experiencias biográficas de exposición al trauma (Scott, 2007) y estilos de apego inseguros (Lavin et al., 2020) en la aparición de los delirios, es oportuno resaltar lo fundamental que resulta crear un contexto terapéutico protegido, sin los condicionantes que suelen tener otro tipo de relaciones personales (Pérez-Álvarez, 2019). Aunque parece probado que una buena relación terapéutica va a favorecer la terapia con independencia del modelo que se profese (Ardito y Rabellino, 2011), ACT cuenta con algunos ejercicios que podrían ayudar al terapeuta en el momento de atender a pacientes con sintomatología delirante. A este respecto, la figura 13.4 ilustra una adaptación para terapeutas que tratan pacientes con delirios del ejercicio propuesto por Vilardaga y Hayes (2010).

El presente ejercicio debería llevar entre 1 y 4 minutos. Antes de comenzar, intente encontrar un lugar tranquilo (como el despacho) y relájese. Las cuestiones que se formulan no tienen por qué tener una respuesta. En lugar de tratar que usted las responda, se pretende que llegue a situarse. Después de cada pregunta marque a la izquierda que ha atendido a la cuestión formulada.

| ✓ | CUESTIONES |
|---|---|
| ☐ | Tome unos segundos e imagínese que usted es el cliente y que va camino de la sesión. ¿Qué es lo que esperaría ver, escuchar y oler en su camino hacia la consulta? ¿Se sentará en la sala de espera antes de comenzar la sesión? |
| ☐ | Desde la perspectiva de su cliente, imagine qué pensamientos, sentimientos y opiniones tiene. Hágase una idea de las ideas delirantes que presenta. Si fuera la primera sesión en que ve al cliente, piense sobre los problemas que su cliente le ha comentado que tiene actualmente. |
| ☐ | Note la naturaleza biográfica de tales reacciones. Su cliente ha tenido esas ideas delirantes durante meses o años y en lugares muy distintos. Es probable que también ocurran en sesión. |
| ☐ | Además de sus síntomas, intente hacer contacto con la conciencia que pueda tener el cliente, que va más allá de su sufrimiento por estar atrapado entre sus problemas. |
| ☐ | Trate de recordar las impresiones que le ha generado el cliente en el pasado. |
| ☐ | Trate de recordar otras ocasiones en que, en diferentes circunstancias, haya tenido las mismas impresiones (bien con clientes con otras problemáticas, bien en su vida personal, etc.). |
| ☐ | Además de lo anterior, trate de contactar con su propia conciencia. Usted también es más que sus pensamientos, que sus sentimientos o sus opiniones. |
| ☐ | Ahora recuerde el momento en que usted decidió ser terapeuta. ¿Cuáles fueron sus pensamientos y sentimientos en relación con esta profesión? ¿Cuáles son ahora, en este mismo momento, sus pensamientos y sentimientos sobre ser terapeuta? |
| ☐ | Si se pudiera transportar en el tiempo a un momento futuro, por ejemplo dentro de cinco años, ¿qué le gustaría que este cliente en concreto se hubiera llevado del trabajo que han realizado juntos? |
| ☐ | Ahora, vuelva a concentrarse en la habitación en que se encuentra. Tómese un minuto para tan solo notar. |

Figura 13.4.—Ejercicio adaptado de Vilardaga y Hayes (2010) para favorecer la relación terapéutica con pacientes con experiencias delirantes.

© Ediciones Pirámide

Centrándonos ya en los objetivos terapéuticos de ACT, y por lo que se refiere a la creación de un estado de *deseseperanza creativa,* sería importante que el terapeuta bloqueara cualquier intento por parte del cliente de «entender» lo que le ocurre. Como señalaran hace más de 25 años Hayes y Wilson (1994, p. 293), en esta fase se recomienda usar deliberadamente la confusión para prevenir que el cliente intelectualice su problema o que elabore alguna regla verbal en relación con qué hacer. Ello cobra especialmente importancia en la intervención con delirios, ya que una de sus funciones principales puede ser, precisamente, la de reducir la incertidumbre. Así, por ejemplo, una elevada intolerancia a la incertidumbre se relaciona con los delirios, pero no con las alucinaciones (Bredemeier et al., 2019). Igualmente, desde una posición contextual-funcional, Stewart, Stewart y Hughes (2016) han hipotetizado que la ambigüedad y la incoherencia pueden ser más aversivas para las personas que presenten delirios de carácter persecutorio. Por ello, la exposición a la incertidumbre en la misma sesión, propia de esta fase de ACT, sería un avance en el tratamiento de los delirios. Además, permitiría al psicólogo ver qué conductas clínicamente relevantes pone en práctica el cliente ante una situación de malestar y trabajarlas en sesión (Kohlenberg y Tsai, 1991). El diálogo que aparece más abajo ilustra una intervención en que la desesperanza creativa se combina con FAP. Se sobreentiende que, con anterioridad a esta conversación, se han examinado las soluciones intentadas y se ha expuesto alguna de las metáforas habituales al efecto de que el cliente entre en contacto con los resultados de sus acciones:

**T:** Si estás entendiendo algo de lo que te estoy diciendo, entonces no estás entendiendo nada; pero no te preocupes mucho porque la única forma de hacer bien las cosas es comenzar haciéndolas mal, así que cuando las haces, mal las haces bien en realidad... o eso creo...

**C:** ¿Qué?

**T:** Ahora sí lo estás entendiendo todo: cuando no lo entiendes, lo entiendes... porque lo que te estoy diciendo no se puede entender... así que no entenderlo es la mejor forma de entenderlo.

**C:** Estás con ellos. Tú quieres volverme loco.

**T:** ¿Has notado lo que ha pasado?

**C:** Sí, también quieres volverme loco.

**T:** No me refiero a eso. Cuando te sentiste confuso y no sabías cómo interpretar la situación, has vuelto a tener ideas de que te quieren hacer daño. ¿Te pasa eso en más situaciones en tu vida? ¿Te parece que esta semana nos fijemos en cómo te sientes cuando aparecen las ideas y veamos de qué dependen?

La desesperanza creativa no se puede entender trabajada satisfactoriamente por el hecho de haber conseguido en algún momento un cierto desconcierto. La persona volverá a lo largo de la intervención a tratar de recurrir al delirio como fuente de certeza ante determinadas situaciones de confusión. Sería importante que el psicólogo, a lo largo de toda la intervención, estuviera atento a este posible uso del delirio en sesión y supiera actuar convenientemente, según discrimen un avance o un mantenimiento de la evitación experiencial.

Por lo que respecta a la *aceptación,* puede ser bueno recordar que algunos tipos de delirios serían ellos mismos formas activas de evitación experiencial, es decir, intento de conseguir, psicóticamente, determinados estados (Udachina et al., 2014). Por tanto, al menos para este tipo de delirios, la aceptación no se debería focalizar de manera principal en el delirio en sí, sino en las emociones, pensamientos, recuerdos o sensaciones de los que el delirio es una evitación. Así, un delirio erotomaniaco podría tener como función evitar el contacto con la desdichada vida amorosa de quien lo padece, un delirio persecutorio podría servir para explicar el aislamiento, los malentendidos con los demás o la ira, y un delirio de grandeza podría tener la función de evitar el sentimiento de falta de valor e importancia que una persona experimente frente a los demás. La aceptación debería ir dirigida, precisamente, a la experiencia de la que se trata de huir. A este respecto, podría ser de utilidad incorporar el trabajo con las conductas clínicamente relevantes (Baruch et al., 2009). Sería recomendable atender a las conductas que se den en sesión que estén controladas por la evitación de la misma experiencia e incluso, de forma natural y con tiento, provocar las emociones y pensamientos de los que el paciente con delirios trata de escapar. La intervención requiere, por supuesto, un cierto grado de dominio de FAP (Kohlenberg y Tsai, 1991). Igualmente, como señalan Dykstra et al. (2010), si el cliente lucha contra la experiencia deli-

© Ediciones Pirámide

rante, sería bueno que el psicólogo estableciera un contexto que permitiera que pudieran aparecer ideas similares en relación con él. Por ejemplo, señalando ya de entrada, en las primeras sesiones, que sería fácil que en el transcurso de la terapia la persona tenga también sensaciones de desconfianza hacia el terapeuta. García-Montes y Pérez-Álvarez (2001) han propuesto el humor como una estrategia de intervención en pacientes con delirios. Así, ante una persona que tras un periodo sin síntomas estaba alarmada por la aparición de nuevos delirios, solicitaron que para la siguiente sesión el cliente trajera una lista de ideas delirantes mucho más desquiciadas que las habituales. Al aparecer la siguiente semana con dicha lista intentaron, con humor, reprocharle que eran delirios de lo más aburridos e intentaron llevar las ideas mucho más lejos. Al igual que ocurría con las alucinaciones, cuando el paciente está enfrentado al delirio, la aceptación del mismo supone, en definitiva, un cambio de la relación con el síntoma. A este respecto, existe un instrumento psicométrico que mide el grado de aceptación de los delirios conocido como Willingness and Acceptance of Delusions Scale (WADS; Martins et al., 2018). El test cuenta con una estructura trifactorial (aceptación y acción; no-enredo y no-lucha). Estos tres factores correlacionan positivamente con las capacidades de atención plena y la satisfacción con la vida.

En relación con la aplicación de ACT a pacientes con experiencias delirantes, otro de los objetivos fundamentales sería *reducir el nivel de fusión cognitiva.* Se recomienda utilizar aquí, al igual que se expuso a propósito de las alucinaciones, el ejercicio de «sacar a la mente de paseo» (Hayes et al., 1999, pp. 162-163). Bach (2004) ha indicado que también podría ser de ayuda que el terapeuta pusiera ejemplos cotidianos de casos en que una persona puede tener un pensamiento y, con él, actuar en una dirección distinta. Así, por ejemplo, alguien que está a dieta puede pensar en comer un trozo de tarta de chocolate y no hacerlo, o una persona que acuda a un banco a retirar una cierta cantidad de dinero podría estar en la cola pensando en cómo realizar el atraco perfecto, sin llegar a poner en práctica el asalto. De igual forma, una persona podría tener la idea de que le van a matar si va a una cena y acudir al restaurante. Como se señala en el capítulo de este mismo manual relativo a metáforas y psicosis, una de las metáforas más ampliamente utilizadas al objeto de facilitar la defusión con respecto a los delirios es la de los pasajeros del autobús (Butler et al., 2016)[5]. Dicha metáfora se podría presentar así:

**T:** Imagínate que eres el conductor de un autobús y comienzas tu recorrido. A lo largo de las paradas que has ido haciendo se han subido distintos pasajeros. Algunos de esos pasajeros van bien vestidos, son agradables y educados. En otras paradas, sin embargo, se han subido pasajeros que tienen un aspecto muy desagradable. Ahora, que estás conduciendo, algunos de esos pasajeros que no te gustan se levantan de su asiento y se acercan al tuyo. Uno te grita: «Te van a matar». Otro te dice: «Todos están en tu contra». Otro te insulta. Otro te dice que no sirves para nada. Otro te repite que tengas cuidado porque quieren acabar contigo. ¿Qué puedes hacer?

**C:** Yo paro aquí mismo el autobús y no me muevo hasta que se bajen todos.

**T:** ¿Lo has intentado?

**C:** ¿Cómo?

**T:** En tu vida... ¿Has parado tu vida completamente hasta conseguir que los pensamientos que tienes se bajen del autobús?

**C:** Sí, sí... así es como estoy, la verdad...

**T:** ¿Te ha funcionado?

**C:** No, sigo teniendo a los pasajeros.

**T:** Y lo que es peor, tienes el autobús completamente parado.

**C:** Ya... pues los mato... me los cargo...

**T:** ¿Lo has intentado? ¿No has intentado matarlos distrayéndote, o convenciéndote de que no tienen sentido, o cuando tomabas drogas?

**C:** Sí... la verdad...

**T:** ¿Te funcionó? Yo creo que incluso se te ha subido alguno más adentro mientras intentabas cargártelos ¿Qué otras opciones tenemos?

**C:** No sé... no se me ocurre ninguna otra opción...

**T:** No sé si te das cuenta de que estamos muy pendientes de los pasajeros... ¿Y el autobús? ¿Estás conduciéndolo? Recuerda que eres el conductor del autobús...

[5] La metáfora de los pasajeros del autobús se ha propuesto como una capaz de afectar a todos los objetivos de la terapia según el modelo Hexaflex (Bach et al., 2008).

© Ediciones Pirámide

**C:** El autobús está ahí parado. Ni siquiera creo que esté sentado al volante...

**T:** Eso es... Estás tan pendiente de los pasajeros que no te das cuenta de que tu tarea es conducir... pero tú no eres un policía pendiente del control de pasaje... tú eres el conductor del autobús... Yo te puedo asegurar una cosa... y siento no ser muy optimista... Te puedo asegurar que, si conduces el autobús y estás pendiente de la carretera, los pasajeros te van a gritar más... Van a ir a peor... Te van a decir cosas que te van a molestar más todavía... van a tener una pinta más desagradable aún... La situación con los pasajeros va a ser igual o peor que ahora... Sin embargo, algo muy importante habrá cambiado... El autobús se irá moviendo y se irá moviendo en la dirección que tú quieras... Si los pasajeros intentan llevar el control del autobús, recuerda que tú eres el que tienes las manos sobre el volante y el único que puede controlarlo...

Tras la introducción de esta metáfora podría ser de utilidad, cuando se diera el caso, preguntar al cliente con delirios, por ejemplo: «¿qué te dijo el pasajero "paranoia"?, ¿y el pasajero "ansiedad"?». Este tipo de reformulaciones verbales serviría para destacar la disparidad entre las direcciones valiosas a las que se quiere dirigir la persona y los pasos que pueda dar en direcciones distintas fusionado con los delirios, favoreciendo así la distancia con respecto a los eventos privados (Bloy, Oliver y Morris, 2011). Igualmente, y a propósito de la fusión con los delirios y otros eventos privados, podría ser de utilidad introducir la práctica de *mindfulness* (Abba, Chadwick y Stevenson, 2008).

Por lo que respecta a las *acciones comprometidas en dirección a los valores,* sería importante comenzar señalando que el contenido de los delirios suele estar vinculado con los valores, las metas y los posibles problemas que la persona ve para alcanzarlos a largo plazo (Rhodes y Jakes, 2000). De alguna forma, parece que los pacientes con experiencias delirantes tienen claro cuáles son sus valores. Tal vez por ello la mera aclaración de los valores no produce mejorías significativas en el nivel de paranoia. Para que se den mejorías relevantes es necesario que la aclaración de valores vaya acompañada de objetivos concretos conectados a dichos valores (Evans et al., 2019). Al objeto de convertir valores ideales en asuntos pragmáticos, se ha propuesto la metáfora ilustrada en el siguiente diálogo (García-Montes et al., 2013):

**T:** Me habías dicho que te gustaba la arquitectura árabe... ¿cuál es el edificio que más te gusta de los que conoces?

**C:**: El que más me gusta es la Alhambra, claro.

**T:** Perfecto. Imagínate que eres uno de los arquitectos a los que se les encargó en su momento la construcción de la Alhambra de Granada. Tú y los otros arquitectos habéis realizado unos planos majestuosos del complejo que será la Alhambra. Es impresionante el diseño. ¡Genial! Pero... ¿cómo lo vais a hacer? ¿Qué cosas necesitáis para construir la Alhambra?

**C:** Piedras... ladrillos... tal vez madera...

**T:** ¡Exacto! Pero las piedras, los ladrillos, la madera de los árboles que se talen...no son tan bellos como lo será la Alhambra... ¿verdad?

**C:** Claro.

**T:** Imagínate que uno de tus compañeros arquitectos dice de repente que las piedras no son lo suficientemente nobles como para ser usadas en un edificio tan majestuoso como el que habéis diseñado... Nada de ladrillos tampoco... ¿Qué pasaría?

**C:** Supongo que discutiríamos...

**T:** Claro... Aunque es verdad que ni las piedras ni los ladrillos son tan bellos como la Alhambra que vais a construir en Granada, la única manera de llegar a hacer este impresionante conjunto monumental es utilizar piedras, ladrillos y madera... La Alhambra no son esas piedras y esos ladrillos en sí mismos, sino la configuración que van a tomar en el enclave que habéis señalado para su construcción... ¿Te recuerda esto de algún modo a tu ideal de conseguir una relación íntima con una persona? ¿Con qué elementos habrá que hacer ese edificio que es una relación íntima? ¿Tendrá que partir de cosas, como las piedras en el caso de la Alhambra, que en sí mismas no contienen ese ideal que buscas? Si la belleza de la Alhambra se ha construido con vulgares piedras, ¿qué materiales habrá que utilizar para construir la intimidad? ¿O preferirías que la Alhambra nunca se hubiera hecho por no alcanzar las piedras su singular belleza?

Al objeto de concretar objetivos específicos en relación con los valores personales, se recomienda utilizar el formulario narrativo de valores (Hayes et

© Ediciones Pirámide

al., 1999; Wilson y Luciano, 2002), el formulario de metas, acciones y barreras (Hayes et al., 1999; Wilson y Luciano, 2002) y el «ojo del toro» (Dahl et al., 2009), expuestos a propósito de la intervención en alucinaciones. Con todo, en el momento de convertir valores en asuntos mundanos y pragmáticos, debería cuidarse el que no se dé una rigidez de la conducta, de tal forma que las acciones o los objetivos que se establezcan se lleven a cabo sin atender a las circunstancias o a su conveniencia en un momento determinado.

Así, podrían existir acciones que no parecieran consistentes con los valores del cliente, pero que, con todo, deberían realizarse. Por ejemplo, tal vez se deba saludar a una persona, aunque el cliente no le tenga mucha simpatía y uno de sus valores principales sea la sinceridad en el trato con los demás. A este tipo de situaciones las denominaba el filósofo español José Ortega y Gasset «prácticas sociales» (Ortega y Gasset, 1957). El diálogo que sigue, tomado de García-Montes et al. (2013), ilustra una conversación con un cliente al respecto:

**C:** No me gusta nada saludar a algunas personas. Ayer vinieron unos amigos de mi madre a la casa y tuve que ir a saludarles, hacer que me interesaba por ellos... Me siento un falso... Yo quiero tener relaciones auténticas con las personas...

**T:** Imagínate que en unos meses te echas una novia y, cuando vas en el coche de camino a su casa, hay un control de policía. Uno de los policías que están en la carretera te da el alto... ¿qué harías?

**C:** Pararía, claro.

**T:**: ¿Y no te sentirías un falso? ¿Te apetece perder esos valiosos minutos en vez de estar con tu novia?

**C:** Claro que no me apetecería parar, pero si no paro el coche me detendrían a la fuerza, me pondrían una multa y es posible que hasta acabara en el calabozo...

**T:** ¡Justo! Y entonces nunca llegarías a casa de tu novia... Algunas veces uno tiene que hacer cosas que parecen contrarias a sus valores... precisamente para alcanzar esos valores... Me has comentado varias veces lo importante que es para ti tu madre... No se trata de que saludes a los amigos de tu madre porque te gusta... Se trata de que el amor a tu madre es un valor superior a la sinceridad... y, en ocasiones, cuando se cumple uno, se sacrifica el otro...

Por lo que respecta al trabajo clínico para *crear un sentido del «yo» despegado de cualquier conceptualización,* puede ser oportuno remarcar, al igual que se hizo a propósito de las alucinaciones, la centralidad del sentido de uno mismo en el surgimiento de las experiencias delirantes y su mantenimiento (Parnas y Sass, 2001). Se ha demostrado que una pérdida del sentido de continuidad en el tiempo se relaciona con una mayor patología y déficits en el funcionamiento adaptativo en pacientes psiquiátricos agudos (Sokol y Serper, 2019). En este sentido, podría ser adecuado el ejercicio del observador de sí mismo (Hayes et al., 1999, pp. 193-196) como forma de mostrar la continuidad esencial a lo largo del tiempo de una parte del *self,* la trascendental. El ejercicio en cuestión consistiría en lo siguiente: con los ojos cerrados, el cliente es guiado por el psicólogo a través de distintas experiencias pasadas y presentes que ha tenido en su vida —mejor cuanto más contradictorias sean—, mientras es invitado a darse cuenta de que es la misma persona la que observa las diferentes experiencias que ha ido teniendo. Así como estas experiencias han cambiado, hay una parte del cliente, el observador de sí mismo, que ha permanecido constante en todo momento. A la hora de poner en práctica el ejercicio sería importante procurar que la persona realmente tenga la experiencia del observador de sí mismo. No se trata de comprender nada, sino de vivir una parte de uno mismo que va más allá de los estados que aparecen en cada momento. Al objeto de producir una distancia con respecto al «yo conceptualizado», podría ser de utilidad utilizar la metáfora de los documentales (Harris, 2008, pp. 272-274). Así, se le preguntaría al paciente si ha visto algún documental sobre África y cómo ha sido ese documental... ¿Ha sido un documental sobre los cocodrilos, los leones, las jirafas y los gorilas de África? ¿Tal vez ha sido uno sobre los conflictos militares en el continente? ¿Sobre el problema del hambre en algunos lugares de África? Sea el documental que fuera, una cosa es clara: un documental sobre África no es África. Un documental puede, efectivamente, ofrecernos unas muy certeras impresiones sobre algunos aspectos del continente; pero, por muy bueno que sea, no es lo mismo que África. De la misma manera todos nosotros seleccionamos algunos fragmentos, algunas partes de nuestras vidas, de nuestros recuerdos, y hacemos un documental sobre nosotros mismos (el

© Ediciones Pirámide

«yo conceptualizado»): la película de nuestra vida. Ahora bien, esa narración que nos contamos no es nuestra vida, sino un vídeo que tiene mucho trabajo de edición detrás. Como se comprende fácilmente, esta metáfora es muy adecuada para clientes con experiencias delirantes o ideas sobrevaloradas en la medida en que, sin nombrar el delirio, puede ayudar a que el cliente se distancia de él, viéndolo como una posible película.

Por su parte, la metáfora del tablero de ajedrez (Hayes et al., 1999, pp. 190-192), también destinada a aumentar el contacto con el *self* trascendental, podría ser utilizada para que el cliente fuera más allá de su mundo mental y pusiera en práctica conductas que remuevan circunstancias que le afectan negativamente. En esta metáfora, que se recomendaría presentar con un juego de ajedrez sobre la mesa de la consulta, se sitúan las fichas blancas y negras sobre el tablero. Las fichas blancas serían los pensamientos positivos, la tranquilidad, los recuerdos agradables de nuestra vida, la visión optimista hacia el futuro, etc. Por su parte, las fichas negras serían los delirios, el pesimismo, la ansiedad, el miedo, los recuerdos desagradables, etc. Planteado esto, se le preguntaría al cliente quién es él en este juego. Lo habitual es que los pacientes se identifiquen con las fichas blancas. Ante esta respuesta, el terapeuta invitaría al cliente a reflexionar un poco más sobre la situación planteada... Si el cliente no fuera las fichas blancas... ¿quién podría ser? Una alternativa a la identificación con las fichas blancas (o con las negras) sería que la persona se viera como el tablero. En efecto, el tablero contiene tanto las fichas blancas como las negras, al igual que el cliente presenta tanto pensamientos positivos como negativos, tanto tranquilidad como ansiedad, tanto una visión optimista sobre el futuro como otra pesimista. El juego, hasta ahora, ha sido tratar de que las fichas blancas le ganen la partida a las negras; pero este juego ha resultado muy poco fructífero. Además, el cliente se ha centrado tanto en la partida que ha perdido de vista la situación en la que está jugando al ajedrez. Existe un mundo más allá del tablero de ajedrez... para ver ese mundo hace falta levantar la vista del tablero y, tal vez, arriesgarse a que ganen las fichas negras. El terapeuta podría decir algo como lo siguiente:

**T:** Según me has dicho, tu tablero no parece estar muy bien situado. Parece que estás jugando la partida en un sitio frío, con lluvia, con ruido... un lugar molesto y desagradable... De tanto atender a la partida te has olvidado de dónde estás jugando al ajedrez. Si levantas la vista del tablero podrás ver dónde estás jugando... Tal vez, a lo lejos, haya un lugar soleado y con algún árbol frutal... o un lugar con menos ruido... o un sitio cobijado donde resguardarte... Yo te invitaría a que atendieras al lugar en el que estás, a que dejaras a un lado la partida, ganen las fichas blancas o las fichas negras, y que, con tu tablero, te dirijas al lugar que sea mejor para ti.

Se trata, en efecto, de que el cliente salga de su mente y entre en su vida (Hayes y Smith, 2005).

## 7. CONCLUSIÓN

Alucinaciones y delirios son experiencias muy humanas que, como cualquier otra, se dan en determinadas circunstancias o contextos. Parte de dichos contextos son de naturaleza biográfica y, por tanto, no pueden ser modificados en el momento presente. Lo que sí se podría cambiar sería la relación de oposición que la persona presenta con las consecuencias psicológicas de haber tenido determinada biografía. «Aceptar» proviene de la palabra latina *accipere,* que significa recibir, tomar, acoger u hospedar. No cabe más remedio que acoger las consecuencias de lo que se ha vivido.

Esta aceptación no es una mera resignación ni supone un fatalismo en relación con la vida. La propia oposición que el cliente ejerce frente a sus síntomas debería ser reorientada hacia una activación en la vida, cambiando las circunstancias personales actuales y situando a la persona en un horizonte de valor.

© Ediciones Pirámide

## REFERENCIAS BIBLIOGRÁFICAS


Abba, N., Chadwick, P. D. J. y Stevenson, C. (2008). Responding mindfully to distressing psychosis: a grounded theory analysis. *Psychotherapy Research, 18*, 77-87. https://doi.org/10.1080/10503300701367992

Adams, F. (2013). *Paradox and play: A study of therapeutic humour and psychosis.* Disponible en http://openaccess.city.ac.uk/3076/

Allé, M. C., Berna, F. y Berntsen, D. (2018). Involuntary autobiographical memory and future thought predicting hallucination proneness. *Clinical Psychological Science, 6*(6), 891-898. https://doi.org/10.1177/2167702618785618

American Psychiatric Association (2013). *Diagnostic and statistical manual of mental disorders* (5.ª ed.). Washington, D. C.: Author.

Ardito, R. B. y Rabellino, D. (2011). Therapeutic alliance and outcome of psychotherapy: historical excursus, measurements, and prospects for research. *Frontiers in Psychology, 2*, 270. https://doi.org/10.3389/fpsyg.2011.00270

Aschebrock, Y., Gavey, N., McCreanor, T. y Tippett, L. (2003). Is the content of delusions and hallucinations important? *Australasian Psychiatry, 11*(3), 306-311. https://doi.org/10.1046/j.1440-1665.2003.00560.x

Assaz, D. A., Roche, B., Kanter, J. W. y Oshiro, C. K. B. (2018). Cognitive defusion in acceptance and commitment therapy: What are the basic processes of change? *The Psychological Record, 68*(4), 405-418. https://doi.org/10.1007/s40732-017-0254-z

Bach, P. (2004). ACT with the seriously mentally ill. En S. C. Hayes y K. D. Strosahl (eds.), *A practical guide to Acceptance and Commitment Therapy* (pp. 185-208). Springer.

Bach, P., Gaudiano, B. A., Hayes, S. C. y Herbert, J. D. (2013). Acceptance and commitment therapy for psychosis: Intent to treat, hospitalization outcome and mediation by believability. *Psychosis: Psychological, Social and Integrative Approaches, 5*(2), 166-174. https://doi.org/10.1080/17522439.2012.671349

Bach, P. y Hayes, S. C. (2002). The use of acceptance and commitment therapy to prevent the rehospitalization of psychotic patients: A randomized controlled trial. *Journal of Consulting and Clinical Psychology, 70*(5), 1129-1139. http://dx.doi.org/10.1037/0022-006X.70.5.1129

Bach, P. A. y Moran, D. J. (2008). *ACT in practice: Case conceptualization in Acceptance and Commitment Therapy*. New Harbinger Publications.

Baruch, D. E., Kanter, J. W., Busch, A. M. y Juskiewicz, K. L. (2009). Enhancing the Therapy Relationship in Acceptance and Commitment Therapy for psychotic symptoms. *Clinical Case Studies, 8*(3), 241-257. https://doi.org/10.1177/1534650109334818

Bailey, T., Álvarez-Jiménez, M., García-Sánchez, A. M., Hulbert, C., Barlow, E. y Bendall, S. (2018). Childhood trauma is associated with severity of hallucinations and delusions in psychotic disorders: A systematic review and meta-analysis. *Schizophrenia Bulletin, 44*(5), 1111-1122. https://doi.org/10.1093/schbul/sbx161

Barnby, J. M., Deeley, Q., Robinson, O., Raihani, N., Bell, V. y Mehta, M. A. (2020). Paranoia, sensitization and social inference: findings from two large-scale, multi-round behavioural experiments. *Royal Society Open Science, 7*(3), 191525. https://doi.org/10.1098/rsos.191525

Barnes-Holmes, D. y Barnes-Holmes, Y. (2000). Explaining complex behavior: Two perspective on the concept of generalized operant classes. *Psychological Record, 50*(2), 251-265.

Barnes-Holmes, D., Hayes, S. C. y Dymond, S. (2001). Self and self-directed rules. En S. C. Hayes, D. Barnes-Holmes y B. Roche (eds.), *Relational frame theory: A post-Skinnerian account of human language and cognition* (pp. 119-139). Kluwer Academic/Plenum Publishers.

Bell, V., Raihani, N. y Wilkinson, S. (2019, September 2). *De-Rationalising Delusions*. https://doi.org/10.31234/osf.io/4p9zs

Bentall, R. P. (1990). The illusion of reality: A review and integration of psychological research on hallucinations. *Psychological Bulletin, 107*(1), 82-95. https://doi.org/10.1037/0033-2909.107.1.82

Bentall, R. P., Jackson, H. F. y Pilgrim, D. (1988). Abandoning the concept of «schizophrenia». *British Journal of Clinical Psychology, 27*, 303-324. https://doi.org/10.1111/j.2044-8260.1988.tb00795.x

Bentall, R. P., Wickham, S., Shevlin, M. y Varese, F. (2012). Do specific early-life adversities lead to specific symptoms of psychosis? A study from the 2007 the Adult Psychiatric Morbidity Survey. *Schizophrenia Bulletin, 38*(4), 734-740. https://doi.org/10.1093/schbul/sbs049

Berg-Cross, L., Jennings, P. y Baruch, R. (1990). Cinematherapy: Theory and application. *Psychotherapy in Private Practice, 8*(1), 135-156. https://doi.org/10.1300/J294v08n01_15

Bethay, J., Wilson, K. G. y Moyer, K. H. (2009). Acceptance and commitment therapy training for work stress and burnout in mental health direct care providers. En J. T.

Blackledge, J. Ciarrochi y F. Deane (eds.), *Acceptance and Commitment Therapy: Contemporary theory, research and practice*. Australian Academic Press.

Blackledge, J. T. (2007). Disrupting verbal processes: Cognitive defusion in acceptance and commitment therapy and other mindfulness-based psychotherapies. *The Psychological Record, 57*(4), 555-576. https://doi.org/10.1007/BF03395595

Bloy, S., Oliver, J. E. y Morris, E. (2011). Using acceptance and commitment therapy with people with psychosis: A case study. *Clinical Case Studies, 10*(5), 347-359. https://doi.org/10.1177/1534650111420863

Bredemeier, K., McCole, K., Luther, L., Beck, A. T. y Grant, P. M. (2019). Reliability and validity of a brief version of the Intolerance of Uncertainty Scale in outpatients with psychosis. *Journal of Psychopathology and Behavioral Assessment, 41*(2), 221-234. https://doi.org/10.1007/s10862-018-9714-2

Brockman, R., Kiernan, M. y Murrell, E. (2015). Psychometric properties of two brief versions of the Voices Acceptance and Action Scale (VAAS): implications for the second-wave and third-wave behavioural and cognitive approaches to auditory hallucinations. *Clinical Psychology and Psychotherapy, 22*(5), 450-459. https://doi.org/10.1002/cpp.1916

Bruner, J. S. y Goodman, C. C. (1947). Value and need as organizing factors in perception. *The Journal of Abnormal and Social Psychology, 42*(1), 33-44. https://doi.org/10.1037/h0058484

Butler, L., Johns, L. C., Byrne, M., Joseph, C., O'Donoghue, E., Jolley, S., ... y Oliver, J. E. (2016). Running acceptance and commitment therapy groups for psychosis in community settings. *Journal of Contextual Behavioral Science, 5,* 33-38. http://doi.org/10.1016/j.jcbs.2015.12.001

Cabañas Rojas, V. y Báez Rodríguez, A. (2020). Aplicación de la terapia de aceptación y compromiso en un caso de ideación delirante. *Revista de Casos Clínicos en Salud Mental, 8*(1). Disponible en https://bit.ly/3siY3k1

Cangas, A. J., García-Montes, J. M., López de Lemus, M. y Olivencia, J. J. (2003). Social and personality variables related to the origin of auditory hallucinations. *International Journal of Psychology and Psychological Therapy, 3*(2), 195-208.

Capgras, J. y Carette, J. (1924). Illusion des sosies et complexe d'Oedipe. *Annales Medico-Psychologiques, 82,* 48-68.

Catone, G., Pisano, S., Broome, M., Lindau, J., Pascotto, A. y Gritti, A. (2016). Continuity between stressful experiences and delusion content in adolescents with psychotic disorders-A pilot study. *Scandinavian Journal of Child and Adolescent Psychiatry and Psychology, 4*(1), 14-22.

Chadwick, P. D., Birchwood, M. J. y Trower, P. (1996). *Cognitive therapy for delusions, voices and paranoia*. John Wiley & Sons.

Chadwick, P., Taylor, K. N. y Abba, N. (2005). Mindfulness groups for people with psychosis. *Behavioural and Cognitive Psychotherapy, 33*(3), 351-359. https://doi.org/10.1017/S1352465805002158

Chau, A., Zhu, C. y So, S. H. (2019). Loneliness and the psychosis continuum: A meta-analysis on positive psychotic experiences and a meta-analysis on negative psychotic experiences. *International Review of Psychiatry, 31*(5-6), 471-490. https://doi.org/10.1080/09540261.2019.1636005

Chemero, A. (2009). *Radical embodied cognitive science.* MIT Press.

Chin, F. y Hayes, S. C. (2017). Acceptance and commitment therapy and the cognitive behavioral tradition: Assumptions, model, methods, and outcomes. En S. G. Hofmann y G. J. G. Asmundson (eds.), *The Science of Cognitive Behavioral Therapy* (pp. 155-173). Elsevier Academic Press. https://doi.org/10.1016/B978-0-12-803457-6.00007-6

Cooke, A. (ed.) (2014). *Understanding psychosis and schizophrenia: Why people sometimes hear voices, believe things that others find strange, or appear out of touch with reality, and what can help. A report by the Division of Clinical Psychology*. British Psychological Society.

Coromines, J. (2008). *Breve diccionario etimológico de la lengua castellana.* Círculo de Lectores.

Corstens, D., Longden, E., McCarthy-Jones, S., Waddingham, R. y Thomas, N. (2014). Emerging perspectives from the hearing voices movement: Implications for research and practice. *Schizophrenia Bulletin, 40*(suppl. 4), S285-S294. https://doi.org/10.1093/schbul/sbu007

Cutting, J. y Shepherd, M. (1987). Introduction. En J. Cuttting y M. Chepherd (eds.), *The clinical roots of the schizophrenia concept. Translations of Seminal European Contributions on Schizophrenia* (pp. 1-10). Crambidge University Press.

Daalman, K., Diederen, K. M. J., Derks, E. M., Van Lutterveld, R., Kahn, R. S. y Sommer, I. E. C. (2012). Childhood trauma and auditory verbal hallucinations. *Psychological Medicine, 42*(12), 2475-2484. http://dx.doi.org/10.1017/S0033291712000761

Dahl, J. C., Plumb, J. C., Stewart, I. y Lundgren, T. (2009). *The art and science of valuing in psychotherapy: Helping clients discover, explore, and commit to valued action using acceptance and commitment therapy*. New Harbinger Publications.

De Leede-Smith, S. y Barkus, E. (2013). A comprehensive review of auditory verbal hallucinations: Lifetime prevalence, correlates and mechanisms in healthy and cli-

© Ediciones Pirámide

nical individuals. *Frontiers in Human Neuroscience, 7,* 367. https://doi.org/10.3389/fnhum.2013.00367.

De Portugal, E., González, N., Del Amo, V., Haro, J. M., Díaz-Caneja, C. M., De Dios Luna del Castillo, J. y Cervilla, J. A. (2013). Empirical redefinition of delusional disorder and its phenomenology: The DELIREMP study. *Comprehensive Psychiatry, 54*(3), 243-255. https://doi.org/10.1016/j.comppsych.2012.08.002

Dykstra, T. A., Shontz, K. A., Indovina, C. V. y Moran, D. J. (2010). The application of FAP to persons with serious mental illness. En J. W. Kanter, M. Tsai y R. Kohlenberg (eds.), *The Practice of Functional Analytic Psychotherapy* (pp. 205-224). Springer.

Ellersgaard, D., Mors, O., Thorup, A., Jørgensen, P., Jeppesen, P. y Nordentoft, M. (2014). Prospective study of the course of delusional themes in first-episode non-affective psychosis. *Early Intervention in Psychiatry, 8*(4), 340-347. https://doi.org/10.1111/eip.12059

Ensum, I. y Morrison, A. P. (2003). The effects of focus of attention on attributional bias in patients experiencing auditory hallucinations. *Behaviour Research and Therapy, 41*(8), 895-907. https://doi.org/10.1016/s0005-7967(02)00102-x

Esterberg, M. L. y Compton, M. T. (2009). The psychosis continuum and categorical versus dimensional diagnostic approaches. *Current Psychiatry Reports, 11*(3), 179-184. https://doi.org/10.1007/s11920-009-0028-7

Evans, N., Ellett, L., Carpenter, R. y Kingston, J. (2019). Immediate and short term effects of values-based interventions on paranoia. *Journal of Behavior Therapy and Experimental Psychiatry, 65,* 101500. https://doi.org/10.1016/j.jbtep.2019.101500

Foody, M., Barnes-Holmes, Y., Barnes-Holmes, D. y Luciano, C. (2013). An Empirical Investigation of Hierarchical versus Distinction Relations in a Self-based ACT Exercise. *International Journal of Psychology & Psychological Therapy, 13*(3), 373-388.

Freeman, D. y Fowler, D. (2009). Routes to psychotic symptoms: Trauma, anxiety and psychosis-like experiences. *Psychiatric Research, 169*(2), 107-112.

Freeman, D. y Garety, P. A. (2003). Connecting neurosis and psychosis: The direct influence of emotion on delusions and hallucinations. *Behaviour Research and Therapy, 41*(8), 923-947. https://doi.org/10.1016/s0005-7967(02)00104-3

Fuchs, T. (2015). The intersubjectivity of delusions. *World Psychiatry, 14*(2), 178-179. https://doi.org/10.1002/wps.20209

Fuchs, T. y Fuchs, T. (2020). Delusion, reality, and intersubjectivity: A phenomenological and enactive analysis. *Philosophy, Psychiatry y Psychology,* 27(1), 61-79. https://doi.org/10.1353/ppp.2020.0009

García-Montes, J. M., Luciano, M. C., Hernández, M. y Zaldívar, F. (2004). Aplicación de la terapia de aceptación y compromiso (ACT) a sintomatología delirante: un estudio de caso. *Psicothema, 16*(1), 117-124.

García-Montes, J. M. y Pérez-Álvarez, M. (2001). ACT como tratamiento de síntomas psicóticos. El caso de las alucinaciones. *Análisis y Modificación de Conducta, 27*(113), 455-472.

García-Montes, J. M. y Pérez-Álvarez, M. (2003). Reivindicación de la persona en la esquizofrenia. *International Journal of Clinical and Health Psychology, 3,* 107-122.

García-Montes, J. M. y Pérez-Álvarez, M. (2005). Fundamentación experimental y primeras aplicaciones clínicas de la terapia de aceptación y compromiso (ACT) en el campo de los síntomas psicóticos. *Revista Latinoamericana de Psicología, 37*(2), 379-393.

García-Montes, J. M. y Pérez-Álvarez, M. (2010). Exposition in existential terms of a case of «negative schizophrenia» approached by means of acceptance and commitment therapy. *Journal of Existential Psychology & Psychotherapy, 1,* 1-18.

García-Montes, J. M. y Pérez-Álvarez, M. (2016). Terapia de aceptación y compromiso aplicada a la esquizofrenia. Estado actual y direcciones futuras. *Análisis y Modificación de Conducta, 42,* 99-119.

García-Montes, J. M., Pérez-Álvarez, M. y Fidalgo, Á. M. (2003). Influence of the suppression of self-discrepant thoughts on the vividness of perception of auditory illusions. *Behavioural and Cognitive Psychotherapy, 31*(1), 33-44. http://doi.org/10.1017/S1352465803001048

García-Montes, J. M., Pérez-Álvarez, M. y Fidalgo, A. M. (2004). Influence of metacognitive variables and thought suppression on number of thoughts, discomfort they produce and number and quality of auditory illusions. *Cognitive Behaviour Therapy, 33*(4), 181-186. https://doi.org/10.1080/16506070410029793

García-Montes, J. M., Pérez-Álvarez, M. y Perona-Garcelán, S. (2013). Acceptance and commitment therapy for delusions. En E. M. J. Morris, L. C. Johns y J. E. Oliver (eds.), *Acceptance and Commitment Therapy and Mindfulness for Psychosis* (pp. 112-128). Wiley Blackwell. http://dx.doi.org/10.1002/9781118499184.ch8

Gilbert, P. (2009). Introducing Compassion-Focused Therapy. *Advances in Psychiatric Treatment, 15*(3), 199-208. http://doi.org/10.1192/apt.bp.107.005264

Gillanders, D. T., Bolderston, H., Bond, F. W., Dempster, M., Flaxman, P. E., Campbell, L., Kerr, S., Tansey, L., Noel, P., Ferenbach, C., Masley, S., Roach, L., Lloyd, J., May, L., Clarke, S. y Remington, B. (2014). The development and initial validation of the cognitive fusion questionnaire. *Behavior Therapy, 45*(1), 83-101. https://doi.org/10.1016/j.beth.2013.09.001

Guerrero-Jiménez, M., Gutiérrez, B., Ruiz, I., Rodríguez-Barranco, M., Ibanez-Casas, I., Pérez-García, M., Val-

© Ediciones Pirámide

misa, E., Carmona, J., Muñoz-Negro, J. E. y Cervilla, J. A. (2018). A cross-sectional survey of psychotic symptoms in the community: The GRANADΣP psychosis study. *The European Journal of Psychiatry, 32*(2), 87-96. https://doi.org/10.1016/j.ejpsy.2017.11.003

Gutiérrez-Lobos, K., Schmid-Siegel, B., Bankier, B. y Walter, H. (2001). Delusions in First-Admitted Patients: Gender, Themes and Diagnoses. *Psychopathology, 34*(1), 1-7. https://doi.org/10.1159/000049273

Hammersley, P., Dias, A., Todd, G., Bowen-Jones, K., Reilly, B. y Bentall, R. P. (2003). Childhood trauma and hallucinations in bipolar affective disorder: A preliminary investigation. *British Journal of Psychiatry, 182,* 543-547. https://doi.org/10.1192/bjp.182.6.543

Harris, R. (2008). *The happiness trap.* Trumpeter Books.

Hayes, S. y Smith, S. (2005). *Get out of your mind & into your life: The new Acceptance & Commitment Therapy*. New Harbinger Publications.

Hayes, S. C., Strosahl, K. D., Bunting, K., Twohig, M. y Wilson, K. G. (2004). What is acceptance and commitment therapy? En S. C. Hayes y K. D. Strosahl (eds.), *A practical guide to Acceptance and Commitment Therapy* (pp. 3-29). Springer-Verlag.

Hayes, S. C., Strosahl, K. D. y Wilson, K. G. (2012). *Acceptance and commitment therapy: The process and practice of mindful change.* Guilford Press.

Hayes, S. C. y Wilson, K. G. (1994). Acceptance and commitment therapy: Altering the verbal support for experiential avoidance. *The Behavior Analyst, 17*(2), 289-303. https://doi.org/10.1007/BF03392677

Heriot-Maitland, C., McCarthy-Jones, S., Longden, E. y Gilbert, P. (2019). Compassion focused approaches to working with distressing voices. *Frontiers in Psychology, 10,* 152. https://doi.org/10.3389/fpsyg.2019.00152

Jacobs, A. P. (prod.), Capra, F. (prod.) y Ross, H. (dir.) (1972). *Sueños de un seductor.* APJAC Productions.

Johns, L. C., Kompus, K., Connell, M., Humpston, C., Lincoln, T. M., Longden, E., ... y Larøi, F. (2014). Auditory verbal hallucinations in persons with and without a need for care. *Schizophrenia Bulletin, 40*(Suppl. 4), S255-S264. https://doi.org/10.1093/schbul/sbu005

Kamp, K. S. y Due, H. (2019). How many bereaved people hallucinate about their loved one? A systematic review and meta-analysis of bereavement hallucinations. *Journal of Affective Disorders, 243,* 463-476. https://doi.org/10.1016/j.jad.2018.09.039

Kiran, C. y Chaudhury, S. (2009). Understanding delusions. *Industrial Psychiatry Journal, 18*(1), 3-18. https://doi.org/10.4103/0972-6748.57851

Kohlenberg, R. J. y Tsai, M. (1991). *Functional Analytic Psychotherapy: Creating intense and curative therapeutic relationships.* Plenum Press. https://doi.org/10.1007/978-0-387-70855-3

Kompus, K., Løberg, E. M., Posserud, M. B. y Lundervold, A. J. (2015). Prevalence of auditory hallucinations in Norwegian adolescents: Results from a population-based study. *Scandinavian Journal of Psychology, 56*(4), 391-396. https://doi.org/10.1111/sjop.12219

Kråkvik, B., Larøi, F., Kalhovde, A. M., Hugdahl, K., Kompus, K., Salvesen, Ø., Stiles, T. C. y Vedul-Kjelsås, E. (2015). Prevalence of auditory verbal hallucinations in a general population: A group comparison study. *Scandinavian Journal of Psychology, 56*(5), 508-515. https://doi.org/10.1111/sjop.12236

Laing, R. D. (1969). *The Divided Self: An existential study in sanity and madness.* Tavistock Publications.

Lancellotta, E y Bortolotti, L. (2019). Are clinical delusions adaptive? *WIREs Cognitive Science, 10*(5), e1502. https://doi.org/10.1002/wcs.1502

Lavin, R., Bucci, S., Varese, F. y Berry, K. (2020). The relationship between insecure attachment and paranoia in psychosis: A systematic literature review. *The British Journal of Clinical Psychology, 59*(1), 39-65. https://doi.org/10.1111/bjc.12231.

Levin, M. E., Krafft, J., Pierce, B. y Potts, S. (2018). When is experiential avoidance harmful in the moment? Examining global experiential avoidance as a moderator. *Journal of Behavior Therapy and Experimental Psychiatry, 61,* 158-163. https://doi.org/10.1016/j.jbtep.2018.07.005

Longden, E., Corstens, D., Escher, S. y Romme, M. (2012). Voice hearing in a biographical context: A model for formulating the relationship between voices and life history. *Psychosis: Psychological, Social and Integrative Approaches, 4*(3), 224-234. https://doi.org/10.1080/17522439.2011.596566

Longden, E., Madill, A. y Waterman, M. G. (2012). Dissociation, trauma, and the role of lived experience: toward a new conceptualization of voice hearing. *Psychological Bulletin, 138*(1), 28-76. https://doi.org/10.1037/a0025995

Louise, S., Rossell, S. L. y Thomas, N. (2019). The Acceptability, feasibility and potential outcomes of an individual mindfulness-based intervention for hearing voices. *Behavioural and Cognitive Psychotherapy, 47*(2), 200-216. https://doi.org/10.1017/S1352465818000425

Lu, D., Wang, W., Qiu, X., Qing, Z., Lin, X., Liu, F., ... y Liu, X. (2020). The prevalence of confirmed childhood trauma and its' impact on psychotic-like experiences in a sample of Chinese adolescents. *Psychiatry Research, 287,* 112897. https://doi.org/10.1016/j.psychres.2020.112897

Luciano, C., Ruiz, F. J., Vizcaíno Torres, R. M., Martín, V. S., Martínez, O. G. y López, J. C. L. (2011). A relational frame analysis of defusion interactions in Acceptance and Commitment Therapy. A preliminary and quasi-experimental study with at-risk adolescents.

© Ediciones Pirámide

*International Journal of Psychology & Psychological Therapy, 11*(2), 165-182.

Martins, M., Castilho, P., Macedo, A., Pereira, A., Vagos, P., Carvalho, D., ... y Carvalho, C. (2018). Willingness and Acceptance of Delusions Scale: early findings on a new instrument for psychological flexibility. *Psychosis, 10*(3), 198-207. http://doi.org/10.1080/17522439.2018.1502340

McCarthy-Jones, S. (2017). Is shame hallucinogenic? *Frontiers in Psychology, 8,* 1310-1310. https://doi.org/10.3389/fpsyg.2017.01310

Minkowski, E. (1980). *La esquizofrenia. Psicopatología de los esquizoides y los esquizofrénicos.* Paidós.

Morrison, A. P. y Haddock, G. (1997). Self-focused attention in schizophrenic patients with and without auditory hallucinations and normal subjects: A comparative study. *Personality and Individual Differences, 23*(6), 937-941. https://doi.org/10.1016/S0191-8869(97)00130-X

Morrison, A. P., Haddock, G. y Tarrier, N. (1995). Intrusive thoughts and auditory hallucinations: A cognitive approach. *Behavioural and Cognitive Psychotherapy, 23*(3), 265-280. https://doi.org/10.1017/S1352465800015873

National Institute for Health and Care Excellence (2014). Psychosis and schizophrenia in adults: treatment and management. *NICE Clinical Guidelines.* National Institute for Health and Care Excellence. Disponible en https://www.nice.org.uk/guidance/cg178

O'Donoghue, E. K., Morris, E. M. J., Oliver, J. E. y Johns, L. C. (2018). *ACT for psychosis recovery: A practical manual for group-based interventions using Acceptance and Commitment Therapy.* Context Press/New Harbinger Publications.

Ortega y Gasset, J. (1957). *El hombre y la gente. Obras Completas. Tomo VII (1948-1958)* (2.ª ed.). Revista de Occidente.

Parnas, J. y Sass, L. A. (2001). Self, solipsism, and schizophrenic delusions. *Philosophy, Psychiatry and Psychology, 8*(2-3), 101-120. https://doi.org/10.1353/ppp.2001.0014

Peach, N., Álvarez-Jiménez, M., Cropper, S. J., Sun, P. y Bendall, S. (2019). Testing models of post-traumatic intrusions, trauma-related beliefs, hallucinations, and delusions in a first episode psychosis sample. *The British Journal of Clinical Psychology, 58*(2), 154-172. https://doi.org/10.1111/bjc.12206

Peach, N., Álvarez-Jiménez, M., Cropper, S. J., Sun, P., Halpin, E., O'Connell, J. y Bendall, S. (2020). Trauma and the content of hallucinations and post-traumatic intrusions in first-episode psychosis. *Psychology and Psychotherapy*. https://doi.org/10.1111/papt.12273

Pérez-Álvarez, M. (2008). Desenredamiento auto-reflexivo y activación conductual: claves para la terapia. *Prolepsis, 0,* 17-23.

Pérez-Álvarez, M. (2018). Para pensar la psicología más allá de la mente y el cerebro: Un enfoque trans-teórico. *Papeles del Psicólogo, 39*(3), 161-173.

Pérez-Álvarez, M. (2019). La Psicoterapia como ciencia humana, más que tecnológica. *Papeles del Psicólogo, 40*(1), 1-14. https://doi.org/10.23923/pap.psicol2019.2877

Pérez-Álvarez, M., García-Montes, J. M., Perona-Garcelán, S. y Vallina-Fernández, O. (2008). Changing relationship with voices: New therapeutic perspectives for treating hallucinations. *Clinical Psychology & Psychotherapy, 15*(2), 75-85. https://doi.org/10.1002/cpp.563

Perona-Garcelán, S., Carrascoso-López, F., García-Montes, J. M., Ductor-Recuerda, M. J., López Jiménez, A. M., Vallina-Fernández, O., ... y Gómez-Gómez, M. T. (2012). Dissociative experiences as mediators between childhood trauma and auditory hallucinations. *Journal of Traumatic Stress, 25*(3) 323-329. https://doi.org/10.1002/jts.21693

Perona-Garcelán, S., García-Montes, J. M., Cuevas-Yust, C., Pérez-Álvarez, M., Ductor-Recuerda, M. J., Salas-Azcona, R. y Gómez-Gómez, M. T. (2010). A preliminary exploration of trauma, dissociation, and positive psychotic symptoms in a Spanish sample. *Journal of Trauma & Dissociation, 11*(3), 284-292. https://doi.org/10.1080/15299731003786462

Raihani, N. J. y Bell, V. (2019). An evolutionary perspective on paranoia. *Nature Human Behaviour, 3*(2), 114-121. https://doi.org/10.1038/s41562-018-0495-0

Ratcliffe, M. y Wilkinson, S. (2016). How anxiety induces verbal hallucinations. *Consciousness and Cognition, 39,* 48-58. https://doi.org/10.1016/j.concog.2015.11.009

Read, J., Bentall, R. y Fosse, R. (2009). Time to abandon the bio-bio-bio model of psychosis: Exploring the epigenetic and psychological mechanisms by which adverse life events lead to psychotic symptoms. *Epidemiology and Psychiatric Sciences, 18*(4), 299-310. https://doi.org/10.1017/S1121189X00000257

Rhodes, J. E. y Jakes, S. (2000). Correspondence between delusions and personal goals: A qualitative analysis. *British Journal of Medical Psychology, 73*(Pt2), 211-225. https://doi.org/10.1348/000711200160435

Rhodes, J. E. y Jakes, S. (2004). The contribution of metaphor and metonymy to delusions. *Psychology and Psychotherapy: Theory, Research and Practice, 77*(1), 1-17. https://doi.org/10.1348/147608304322874227

Roberts, G. (1992). The origins of delusion. *The British Journal of Psychiatry, 161*(3), 298-308. http://dx.doi.org/10.1192/bjp.161.3.298

Romme, M. y Escher, S. (2011). *Psychosis as a personal crisis: An experienced-based approach.* Routledge.

© Ediciones Pirámide

Scott, J., Chant, D., Andrews, G., Martin, G. y McGrath, J. (2007). Association between trauma exposure and delusional experiences in a large community-based sample. *The British Journal of Psychiatry: The Journal of Mental Science, 190*, 339-343. https://doi.org/10.1192/bjp.bp.106.026708

Sellers, R., Wells, A. y Morrison, A. P. (2017). Are experiences of psychosis associated with unhelpful metacognitive coping strategies? A systematic review of the evidence. *Clinical Psychology and Psychotherapy, 25*(1), 31-49. https://doi.org/10.1002/cpp.2132

Shawyer, F. y Farhall, J. (2015). Acceptance-Based CBT for command hallucinations: Rationale, implementation and outcomes of the TORCH Project. En B. A. Gaudiano (ed.), *Incorporating Acceptance and Mindfulness into the treatment of psychosis: Current trends and future directions* (pp. 108-149). Wiley. https://doi.org/10.1093%2Fmed%3Apsych%2F9780199997213.003.0006

Shawyer, F., Ratcliff, K., Mackinnon, A., Farhall, J., Hayes, S. C. y Copolov, D. (2007). The voices acceptance and action scale (VAAS): Pilot data. *Journal of Clinical Psychology, 63*(6), 593-606. https://doi.org/10.1002/jclp.20366

Shawyer, F., Thomas, N. A., Morris, E. M. J. y Farhall, J. (2013). Theory on voices. En E. M. J. Morris, L. C. Johns y J. E. Oliver (eds.), *Acceptance and Commitment Therapy and Mindfulness for Psychosis* (1.ª ed., pp. 12-32). John Wiley & Sons. https://doi.org/10.1002/9781118499184.ch2

Shevlin, M., Dorahy, M. y Adamson, G. (2007). Childhood traumas and hallucinations: an analysis of the National Comorbidity Survey. *Journal of Psychiatric Research, 41*(3-4), 222-228. https://doi.org/10.1016/j.jpsychires.2006.03.004

Simon, A. E., Cattapan-Ludewig, K., Gruber, K., Ouertani, J., Zimmer, A., Roth, B., Isler, E. y Umbricht, D. (2009). Subclinical hallucinations in adolescent outpatients: An outcome study. *Schizophrenia Research, 108*(1-3), 265-271. https://doi.org/10.1016/j.schres.2008.12.018

Sokol, Y. y Serper, M. R. (2019). Temporal self, psychopathology, and adaptive functioning deficits: An examination of acute psychiatric patients. *The Journal of Nervous and Mental Disease, 207*(2), 76-83. https://doi.org/10.1097/NMD.0000000000000925

Skinner, B. F. (1981). *Conducta verbal.* Trillas.

Spidel, A., Daigneault, I., Kealy, D. y Lecomte, T. (2019). Acceptance and commitment therapy for psychosis and trauma: Investigating links between trauma severity, attachment and outcome. *Behavioural and Cognitive Psychotherapy, 47*(2), 230-243. https://doi.org/10.1017/S1352465818000413

Spidel, A., Lecomte, T., Kealy, D. y Daigneault, I. (2018). Acceptance and Commitment Therapy for psychosis and trauma: Improvement in psychiatric symptoms, emotion regulation, and treatment compliance following a brief group intervention. *Psychology and Psychotherapy, 91*(2), 248-261. https://doi.org/10.1111/papt.12159

Steel, C. (2015). Hallucinations as a trauma-based memory: implications for psychological interventions. *Frontiers in Psychology, 6,* 1262. https://doi.org/10.3389/fpsyg.2015.01262

Stewart, C., Stewart, I. y Hughes, S. (2016). A contextual behavioral approach to the study of (persecutory) delusions. *Journal of Contextual Behavioral Science, 5*(4), 235-246. https://doi.org/10.1016/j.jcbs.2016.09.002

Szasz, T. S. (1974). *The myth of mental illness: Foundations of a theory of personal conduct* (rev. ed.). Harper & Row.

Thomas, N., Morris, E., Shawyer, F. y Farhall, J. (2013). Acceptance and Commitment Therapy for voices. En E. M. J. Morris, L. C Johns y J. E. Oliver (eds.), *Acceptance and Commitment Therapy and Mindfulness for Psychosis* (pp. 95-111). Wiley. https://doi.org/10.1002/9781118499184.ch7

Tug of War with The Anxiety Monster (2012). Recuperado el 7 de diciembre de 2020, de la web *The Career Psychologist.* https://bit.ly/3sdMRW1

Udachina, A., Varese, F., Myin-Germeys, I. y Bentall, R. P. (2014). The role of experiential avoidance in paranoid delusions: An experience sampling study. *British Journal of Clinical Psychology, 53*(4), 422-432. https://doi.org/10.1111/bjc.12054

Varese, F., Smeets, F., Drukker, M., Lieverse, R., Lataster, T., Viechtbauer, W., Read, J., Van Os, J. y Bentall, R. P. (2012). Childhood adversities increase the risk of psychosis: A meta-analysis of patient-control, prospective-and cross-sectional cohort studies. *Schizophrenia Bulletin, 38*(4), 661-671. https://doi.org/10.1093/schbul/sbs050

Veiga-Martínez, C., Pérez-Álvarez, M. y García-Montes, J. M. (2008). Acceptance and Commitment Therapy Applied to Treatment of Auditory Hallucinations. *Clinical Case Studies, 7*(2), 118-135. https://doi.org/10.1177/1534650107306291

Velthorst, E., Fett, A. J., Reichenberg, A., Perlman, G., Van Os, J., Bromet, E. J. y Kotov, R. (2017). The 20-year longitudinal trajectories of social functioning in individuals with psychotic disorders. *The American Journal of Psychiatry, 174*(11), 1075-1085. https://doi.org/10.1176/appi.ajp.2016.15111419

Villatte, M., Villatte, J. L. y Hayes, S. C. (2016). *Mastering the clinical conversation: Language as intervention.* The Guilford Press.

Wang, D. A., Hagger, M. S. y Chatzisarantis, N. (2020). Ironic effects of thought suppression: A meta-analysis. *Perspectives on Psychological Science, 15*(3), 778-793. https://doi.org/10.1177/1745691619898795

© Ediciones Pirámide

Ward, T., Rus-Calafell, M., Ramadhan, Z., Soumelidou, O., Fornells-Ambrojo, M., Garety, P. y Craig, T. (2020). AVATAR Therapy for Distressing Voices: A comprehensive account of therapeutic targets. *Schizophrenia Bulletin, 46*(5), 1038-1044. https://doi.org/10.1093/schbul/sbaa061

Westrup, D. (2014). *Advanced Acceptance and Commitment Therapy: The experienced practitioner's guide to optimizing delivery.* New Harbinger Publications.

Whitfield, C. L., Dube, S. R., Felitti, V. J. y Anda, R. F. (2005). Adverse childhood experiences and hallucinations. *Child Abuse & Neglect, 29*(7), 797-810. https://doi.org/10.1016/j.chiabu.2005.01.004

Wilson, K. y Luciano, C. (2002). *Terapia de aceptación y compromiso (ACT). Un tratamiento conductual orientado a los valores.* Madrid: Pirámide.

Wilson, K. G., Sandoz, E. K., Kitchens, J. y Roberts, M. (2010). The Valued Living Questionnaire: Defining and measuring valued action within a behavioral framework. *The Psychological Record, 60*(2), 249-272. https://doi.org/10.1007/BF03395706

Witztum, E., Briskin, S. y Lerner, V. (1999). The use of humor with chronic schizophrenic patients. *Journal of Contemporary Psychotherapy,* 29(3), 223-234. https://doi.org/10.1023/A:1021921202183

Yalom, I. D. (2011). *Psicoterapia existencial.* Herder.


© Ediciones Pirámide

# Abordaje de la sintomatología negativa en rehabilitación psicosocial

14

MÓNICA GARCÍA ORTEGA
JORGE CARLOS ÁLVAREZ RODRÍGUEZ
NATALIA BENÍTEZ ZARZA
JAIME ANDRÉS FERNÁNDEZ FERNÁNDEZ

«Loco no es el que ha perdido la razón, sino el que lo ha perdido todo, todo menos la razón» (Chesterton, en Pérez y García, 2006).

## 1. INTRODUCCIÓN

La esquizofrenia es un problema sanitario y social, asociado a discapacidad que afecta al propio sujeto y a su entorno familiar y social. Su estudio y conceptualización ha dado varios giros a lo largo de sus más de 100 años de historia (Bleuler, 1911; Novella y Huertas, 2010). Para comprender la esquizofrenia es necesario revisar las diferentes tentativas de capturar este trastorno por clínicos e investigadores. Actualmente, en un nuevo giro, el DSM-5 introduce el enfoque dimensional en combinación con el clásico categorial, conformando un modelo mixto. La introducción de una perspectiva dimensional aporta novedades como (Fonseca-Pedrero et al., 2015):

1. Una evaluación más individualizada de las personas afectadas.
2. Mejor recogida de la diversidad clínica individual e intraindividual.
3. Mejor comprensión de la comorbilidad, del solapamiento con otros trastornos y entre las dimensiones del propio síndrome.
4. Encajar las experiencias psicóticas atenuadas en población general.

Desde una aproximación dimensional, los síntomas negativos no son específicos de la psicosis, se pueden encontrar en otros trastornos y enfermedades, e incluso en la población general. Su expresión en gradientes de gravedad lleva a una delimitación más borrosa entre «normalidad» y cuadro clínico (Fonseca-Pedrero et al., 2015). La abundancia de teorías y técnicas de tratamiento de las alucinaciones y los delirios contrasta con la escasez de investigación y herramientas terapéuticas desarrolladas para hacer frente a los síntomas psicóticos negativos (García y Pérez, 2005). Teniendo en cuenta que los síntomas negativos son, probablemente, los más persistentes e inhabilitantes de la esquizofrenia (Hogg, 1996), es necesario desarrollar intervenciones cuyo objetivo sea disminuir esta sintomatología para aumentar la funcionalidad y autonomía de la persona.

### 1.1. Síntomas negativos

«Lo que es y lo que se percibe es la presencia de algo, o su ausencia cuando esperábamos encontrarlo donde no está. La ausencia siempre se percibe indirectamente, es la creación de un ser que espera y recuerda. De modo que lo que expresan las palabras nada o vacío no es tanto una cosa como un afecto, una emoción, una nostalgia» (Juan Arnau, 2020).

Bleuler (1911) introdujo el concepto de «esquizofrenia», considerando que los síntomas más característicos eran sus déficits:

— Embotamiento afectivo.
— Incapacidad para relacionarse (autismo).
— Alteración en la asociación de ideas (alogia).
— Ambivalencia afectiva.

© Ediciones Pirámide

El término «déficit» se ha empleado tradicionalmente para describir una reducción en comportamientos con respecto a un perfil hipotéticamente «normal», como son la expresión facial, el habla, las actividades placenteras, y la actividad dirigida a objetivos. A este conjunto de síntomas y comportamientos se les denomina síntomas negativos.

Los modelos factoriales y la revisión de la literatura consideran que los síntomas negativos se aglutinan en (Blanchard y Cohen, 2006): aislamiento social, anhedonia, avolición, afecto plano y alogia. Estos cinco síntomas se agrupan en dos dimensiones generales:

*a*) Experiencial o de involucración con el entorno (asociabilidad, anhedonia y avolición), denominada «avolición».
*b*) Expresiva o expresión emocional disminuida (aplanamiento afectivo y alogia).

En el DMS-5 se ha realizado una deconstrucción de los síntomas negativos, al igual que del propio constructo de psicosis, siendo recomendable evaluar y considerar estos dos dominios de forma independiente (Fonseca-Pedrero et al., 2015). Los síntomas negativos son frecuentes en pacientes con psicosis, aproximadamente el 60% presenta al menos un síntoma (Bobes et al., 2010) y en el 10-30% de los casos tienen una elevada magnitud y persistencia (Buchanan, 2007), derivando en el síndrome deficitario. La presencia de síntomas negativos y, más concretamente, de la anhedonia (o hipohedonia), también es considerada como un marcador de riesgo o como la expresión de vulnerabilidad latente a la psicosis (Docherty y Sponheim, 2014; Meehl, 1962). Los síntomas negativos constituyen el mejor indicador a largo plazo de la discapacidad relacionada con la enfermedad (Kurtz, 2005).

## 1.2. Tratamiento

La medicación antipsicótica es parcialmente eficaz y conlleva efectos secundarios no deseados. Las intervenciones psicológicas son actualmente aceptadas como parte de la actuación recomendada. Paradójicamente, la implementación de estas intervenciones en los servicios sigue siendo muy limitada. Hasta ahora, las intervenciones más eficaces para reducir la resistencia de los síntomas negativos a los fármacos se enmarcan en abordajes psicosociales y más concretamente la combinación de estrategias de rehabilitación psicosocial e intervención social: programas de alojamiento, programas de empleo, etc. (Rodríguez, 2006).

Aunque la datación histórica de la esquizofrenia es controvertida (Álvarez y Colina, 2011), las expectativas, desde su identificación como entidad nosológica (Kraepelin; Bleuler), han mejorado, fundamentalmente por el desarrollo de tres factores en la planificación de la asistencia:

- Una red de salud mental comunitaria y orientada a la recuperación (frente al modelo hospitalocéntrico).
- Un enfoque de rehabilitación psicosocial con creciente influencia en los dispositivos sanitarios y sociales, capaz de introducir estrategias que mejoran el funcionamiento y la autonomía de las personas con esquizofrenia de cara a su recuperación dentro de la comunidad.
- Abordaje multisectorial desde redes de atención complementarias (salud mental, sociosanitaria y social) como cobertura a las necesidades globales de la persona.

Hoy en día las estrategias psicosociales se consideran parte sustancial del tratamiento de la esquizofrenia, además de ser el abordaje más eficaz frente a los síntomas negativos.

### 1.2.1. *Conductismo y psicosis*

Históricamente, entre las intervenciones más eficaces en el tratamiento de la esquizofrenia destacan las terapias cognitivo-conductuales (TCC). Así, por ejemplo, en un estudio de Turner et al. (2020) la TCC fue superior frente a otras intervenciones para los síntomas psicóticos totales y los síntomas generales de la PANSS. Fue el número de sesiones la única variable que moderó el impacto de la asignación del tratamiento sobre los síntomas psicóticos totales.

En la historia de las TCC para la psicosis se distinguen varias etapas (Morales et al., 2015):

- 1960, las terapias se basan en el condicionamiento operante dirigido al control contextual y ambiental de la conducta.

© Ediciones Pirámide

— 1970, se introducen los tratamientos de intervención familiar y los entrenamientos en habilidades sociales.
— 1990, se consolidan estas dos modalidades de intervención, dando lugar a la TCC para la esquizofrenia.
— 2004, marca el desarrollo de las terapias de tercera generación (Hayes, 2004).

Las modalidades principales de la TCC para la esquizofrenia son (Morales et al., 2015):

1. Intervención familiar psicoeducativa.
2. Desarrollo de habilidades sociales y la resolución de problemas.
3. Terapias de rehabilitación cognitiva.
4. TCC para síntomas positivos.
5. TCC orientada a la recuperación (TCC-R), con buenos resultados, en especial con el manejo de los síntomas negativos.

Según estos mismos autores, a pesar de los avances que han presentado las TCC en la recuperación de pacientes con diagnóstico de esquizofrenia, los problemas generados por la sintomatología negativa no han sido resueltos por completo. Consideran la TCC-R un estilo terapéutico prometedor para la recuperación de personas con esquizofrenia con bajo funcionamiento psicosocial y predominio de sintomatología negativa (Morales et al., 2015). Otros estudios no encuentran una ventaja clara de la TCC sobre otras terapias psicológicas y psicosociales para personas con psicosis en los ámbitos de recaídas, funcionamiento social y calidad de vida (Turner et al., 2020).

El auge de ACT y de las terapias de tercera generación se debe tanto al desarrollo del análisis de la conducta y del conductismo radical como a las limitaciones de la TCC, a pesar de sus reconocidas aportaciones (Pérez-Álvarez, 2006). Por todo ello, surge la llamada tercera generación de la terapia de conducta, iniciada en la década de 1990 y bautizada en 2004 como Behavior Therapy (Hayes, 2004).

### 1.2.2. *Recuperación y ACT*

Para Anthony (1993), la recuperación en la esquizofrenia implica: «Vivir una vida satisfactoria, con esperanza y contribuyendo a la vida incluso con las limitaciones causadas por la enfermedad».

En el proceso de recuperación se identifican como factores importantes (Slade, 2009): tener un sentido de propósito y dirección en la vida y el desarrollo de roles sociales valorados.

Estos factores se pueden agrupar en el acrónimo CHIME (Leamy et al., 2011):

— (C) Conectividad con otros.
— (H) Esperanza y optimismo.
— (I) Identidad positiva.
— (M) Encontrar un significado a la propia vida.
— (E) Empoderamiento o autogestión de la propia vida.

Aunque los seis procesos del CHIME son representados de forma separada en el modelo, son altamente interdependientes, de modo que es probable que comenzar a usar un proceso tenga un impacto positivo en los otros.

Como parte de las terapias de tercera generación, ACT ha tenido un progreso en la investigación con aplicación a los problemas que surgen en la psicosis. No es una psicoterapia para eliminar los signos y síntomas de la psicosis, sino que busca cambiar la forma en que las personas se relacionan con sus pensamientos y emociones. No pretende, por tanto, cambiar la forma o frecuencia de estas experiencias internas (Hayes, 2004), sino la relación que las personas tienen con sus síntomas, preocupaciones o angustia, y cómo responden a ellos, para reducir el impacto de estas dificultades y ayudar a las personas a centrarse en acciones con valor personal.

Desde ACT se alienta a la persona afectada a responder a experiencias internas (pensamientos, imágenes, sentimientos y recuerdos) como «eventos en la mente», no al contenido literal, y ayuda a esa persona a desarrollar una perspectiva de plena aceptación hacia ellos. Esta forma de intervención puede ser particularmente útil cuando se lucha con eventos internos que no son susceptibles de control, o cuando el persistir en esfuerzos para controlarlos conduce a más problemas en la vida cotidiana.

La forma en que ACT promueve la recuperación, junto a la inclusión social, es al cambiar el foco desde el control de los síntomas a los valores personales y se adapta muy bien a los procesos de recuperación del modelo CHIME:

© Ediciones Pirámide

— *Conectividad.* El enfoque prosocial de ACT orienta a las personas a conectarse con otros, aprender de sus experiencias, comprender sus perspectivas y desarrollar compasión por uno mismo y otros. También nos ayuda a avanzar en nuestro propio viaje de recuperación personal.
— *Esperanza.* Mantener la esperanza es una postura activa que podemos adoptar de forma continua. Aunque pueden surgir pensamientos y sentimientos difíciles, las acciones esperanzadoras son formas tangibles de hacer cambios positivos en la vida.
— *Identidad.* Se puede reestablecer una identidad positiva contactando con nuestro autoconocimiento y al notar cómo nuestras mentes crean historias sobre nosotros. En lugar de enredarnos en los juicios de la mente, observar si son útiles para nuestras direcciones de vida.
— *Significado.* Al encontrar el significado, podemos dignificar el dolor de la vida si es parte del proceso de hacer cosas importantes para nosotros Al actuar sobre valores personales, aumentamos el sentido y el significado de la propia vida.
— *Empoderamiento.* Autogestión, tomar la responsabilidad de la propia vida. Ayuda a las personas a ser «capaces de responder» según sus valores, en lugar de su miedo, a través de una postura abierta y compasiva hacia sus experiencias, aprendiendo de la experiencia.

El ajuste de ACT con los principios de recuperación muestra que el enfoque contextual es esencial para ayudar a las personas con trastornos mentales graves.

## 2. EVALUACIÓN DE LOS SÍNTOMAS NEGATIVOS

Como señalan algunos autores, en las primeras descripciones de la esquizofrenia, Emil Kraepelin y Eugen Bleuler ya reconocían la existencia de síntomas como la abulia y la anhedonia en personas con esta enfermedad (Pizzagalli, 2010; Foussias y Remington, 2010). Sin embargo, a pesar de ser fundamentales, durante muchos años han permanecido en un segundo plano, recibiendo poca atención por parte de los investigadores y de los clínicos, en detrimento de los síntomas positivos (alucinaciones y delirios), que se consideraban los síntomas más «representativos» de la psicosis. En la actualidad, la sintomatología negativa se ha convertido en un foco principal de atención, ya que se relaciona con un peor pronóstico funcional, que puede ser persistente en el tiempo (Buchanan, 2007), puede agravar el cuadro clínico del paciente, afectar a la adhesión de este al tratamiento y, en general, proporcionar una peor calidad de vida tanto al paciente como a sus familiares y/o cuidadores.

En 2006, numerosos investigadores de reconocido prestigio, bajo el soporte del National Institute of Mental Health (NIMH), se reunieron para estudiar, debatir y consensuar los aspectos limitantes del desarrollo de tratamientos específicos para la sintomatología negativa, revisando la existencia de dominios específicos de funcionamiento relacionados con los síntomas negativos y estableciendo las cinco dimensiones que componen esta sintomatología: afectividad embotada o aplanada, alogia, apatoabulia, retraimiento social o asociabilidad y anhedonia (Buchanan, 2007; Carpenter et al., 2016). Véase Anexo I.

La comprensión y análisis de las dimensiones del fenotipo psicótico se encuentran íntimamente ligados a los instrumentos de medida utilizados, así como al propio proceso de medición, evaluación e intervención. Sin una evaluación adecuada no sería posible realizar un diagnóstico preciso, y sin un diagnóstico acertado no se podrá llevar a cabo una intervención eficaz (Fonseca-Pedrero et al., 2015).

Desde un enfoque tradicional, clínico-descriptivo, se han utilizado múltiples instrumentos para evaluar los síntomas negativos de la esquizofrenia. Fonseca-Pedrero et al. (2015) realizan una exhaustiva revisión de los diferentes instrumentos utilizados para la evaluación de los síntomas negativos y los desglosan en dos generaciones:

— A la primera generación pertenecerían la Positive and Negative Syndrome Scale (PANSS) y la Scale for the Assessment of Negative Symptoms (SANS).
— La Clinical Assessment Interview for Negative Symptoms (CAINS), la Brief Negative Symptom Scale (BNSS) y el Motivation and

© Ediciones Pirámide

Pleasure Scale-Self-report (MAP-SR) se corresponderían con la segunda generación.

- La 16-item Negative Symptom Assessment (NSA-16) sería una herramienta que se encuentra a medio camino entre ambas generaciones.

En términos generales, los instrumentos de segunda generación presentan un mayor rigor científico en cuanto al proceso de construcción y validación, siendo los estudios psicométricos realizados más sofisticados y rigurosos. Remitimos al lector a esta revisión (Fonseca-Pedrero et al., 2015) para ampliar la información sobre cada uno de estos instrumentos.

Desde un enfoque dimensional, y en el contexto de la terapia de aceptación y compromiso, los instrumentos clásicos no sirven. ACT es una terapia transdiagnóstica, por lo que, por definición, no se centraría en la clasificación y tratamiento de los síntomas (positivos, negativos, afectivos...), como tradicionalmente se hace en un modelo clínico-descriptivo, sino en el análisis funcional de la conducta, con un doble objetivo:

- Por un lado, se busca que el paciente llegue a aceptar aquellos aspectos de su experiencia (pensamientos, emociones, voces, etc.) que ha estado intentando modificar sin éxito (García-Montes et al., 2006).
- Por otro lado, se trata de que el paciente se comprometa a actuar para cambiar lo que efectivamente se pueda cambiar, para lograr una mejor calidad de vida.

Al hallar sus raíces en el análisis funcional de la conducta, ACT se dirige a una clase funcional de conductas que puede estar presente en multitud de desórdenes psicológicos. Dicha clase funcional, conocida como evitación experiencial (EE), se da cuando una persona no está dispuesta a tener contacto con determinadas experiencias privadas (pensamientos, sentimientos, emociones, recuerdos, voces, sensaciones, etc.) e intenta evitar, alterar o cambiar la ocurrencia o la forma de tales experiencias, suponiendo tal evitación el principal problema para lograr metas personalmente valiosas (Hayes et al., 1996; Luciano y Hayes, 2001).

En esta línea, los síntomas negativos de la esquizofrenia podrían conceptualizarse como una forma de evitación experiencial. Por ejemplo, la falta de energía y de interés (abulia-apatía) en un paciente con esquizofrenia, y, por tanto, su inactividad y aislamiento social, podrían estar controladas por contingencias apetitivas (relacionarse con otras personas, retomar los estudios, conseguir un empleo, divertirse...) y aversivas (miedo a fracasar, sentimientos de inferioridad, temor a ser rechazado...). Al mismo tiempo, para el paciente quedarse en casa inactivo supondría un refuerzo negativo (evitación del miedo y de los pensamientos negativos) y, por otro lado, una pérdida de reforzadores potenciales positivos (establecer relaciones sociales, divertirse, sentirse útil...). En este tipo de situaciones conflictivas la aceptación unida al compromiso cobra todo su sentido. El terapeuta ACT se centra, por tanto, en el papel patogénico que juega la evitación experiencial en la exacerbación y mantenimiento de los problemas psicológicos del paciente.

En ACT, evaluación e intervención forman parte del mismo proceso. La evaluación se centraría en el análisis funcional de la conducta y en aclarar y promover los valores del paciente, ayudándolo a definir lo que es importante en su vida, fomentando las conductas que persigan esas metas.

Como señalan Wilson y Luciano (2002), ACT es una terapia profundamente interpersonal, por lo que se le da especial relevancia a la vulnerabilidad y a los valores de la persona. En lugar de mirar hacia los síntomas, el proceso de terapia va dirigido hacia lo que la persona quiere hacer en su vida. La relación terapéutica es un marco verbal determinante en terapia; es un contexto en el que dos personas trabajan siguiendo unos principios bajo la guía de los valores del paciente. La relación terapéutica en ACT se asienta en validar los problemas y el sufrimiento del paciente, por lo que tiene de valor respecto de lo que quiere en su vida.

Algunos instrumentos utilizados desde ACT para la evaluación del trastorno de evitación experiencial y de los valores son (Wilson y Luciano, 2002):

- Cuestionario de aceptación y acción, AAQ (Acceptance and Action Questionnaire) (Hayes et al., 1999).
- Formularios de credibilidad en razones I y II (Wilson y Luciano, 2002).
- Registro de malestar y acciones valiosas (Hayes et al., 1999).

© Ediciones Pirámide

— Formulario narrativo de valores (Hayes et al., 1999).
— Formulario de estimación de valores (Hayes et al., 1999).
— Cuestionario de valores (Wilson y Luciano, 2002).
— Formulario de metas, acciones y barreras (Hayes et al., 1999).

En estos instrumentos se evalúan los valores relacionados con las siguientes áreas vitales:

1. Matrimonio/parejas/relaciones íntimas.
2. Relaciones familiares.
3. Amistades/relaciones sociales.
4. Empleo.
5. Educación/formación.
6. Diversión.
7. Espiritualidad.
8. Ciudadanía.
9. Bienestar físico.

En el proceso de evaluación, el paciente puede realizar la descripción de lo que desea en las áreas importantes para él, utilizando, por ejemplo, el formulario de valores de Hayes et al. (Anexo II). Una vez completado, terapeuta y paciente discutirán cada área y establecerán las acciones dirigidas a conseguir las metas establecidas entroncadas en esas direcciones. Seguidamente, el terapeuta puede utilizar, entre otros, el formulario de estimación de valores de Hayes et al. (Anexo III) para solicitar al paciente que valore la importancia de la dirección valiosa que ha elegido del 0 al 10 (siendo 0 la mínima importancia y 10 la máxima), el grado de satisfacción con su forma de proceder en cada área en el último mes (de 0 a 10) y que establezca un orden de prioridad para trabajar, en ese preciso momento, las áreas y metas establecidas. La evaluación final se centra en las metas, actos y barreras, para lo que se utiliza el formulario de metas, acciones y barreras de Hayes et al. (Anexo IV). Aquí el paciente debe establecer objetivos relacionados con las direcciones valiosas para él y debe concretar acciones para conseguir esos objetivos. Posteriormente, deberá identificar las barreras o eventos psicológicos que se interponen entre el paciente y su movimiento en dirección a sus valores (Wilson y Luciano, 2002).

La visión general del proceso de evaluación de valores supone los siguientes aspectos (Wilson y Luciano, 2002):

1. El terapeuta describe al paciente la actividad para realizar en casa o en la propia sesión sobre la evaluación narrativa de valores.
2. El terapeuta y el paciente discuten los valores narrados por el paciente para cada ámbito importante, pidiendo al paciente ejemplos de tales valores en forma de acciones.
3. Se completa el formulario de valores (direcciones valiosas) (formulario de narración de valores de Hayes et al., 1999).
4. El paciente pondera la importancia de cada área, su grado de éxito-satisfacción en cada área y su prioridad. Para ello puede usarse el formulario de estimación de valores de Hayes, 1999, o el cuestionario sobre valores de Wilson et al., 2002.
5. El terapeuta y el paciente colaboran para generar metas, acciones y barreras relacionadas con los valores establecidos por el cliente. Para ello puede utilizarse el formulario de metas, acciones y barreras de Hayes et al., 1999.
6. Paciente y terapeuta trabajan en la perspectiva ACT sobre lo que al paciente le importa y las barreras que se interponen para hacerlo.
7. El terapeuta atiende a las actividades valiosas tanto en la conducta intrasesión como extrasesión.
8. Enunciados sus valores, el terapeuta interviene para facilitar la disposición del paciente a estar psicológicamente presente ante las barreras y a hacer lo que haya que hacer.

Durante el proceso de evaluación-intervención en valores el terapeuta y el paciente trabajarán para clarificar lo que el paciente quiere más allá de lo que quieren otros (familia, amigos, compañeros...). El trabajo en valores contiene un elemento motivacional esencial, ya que sitúa al paciente en un punto en el que pudiera dejar de lado «sus grandes barreras» e iniciar movimientos ya, ahora mismo, en alguna dirección (Wilson y Luciano, 2002).

© Ediciones Pirámide

## 3. ABORDAJE DE LA SINTOMATOLOGÍA NEGATIVA

Como se ha mencionado en la introducción, la terapia de aceptación y compromiso (ACT) no es una psicoterapia diseñada para eliminar los signos y síntomas de la psicosis (Hayes, 2004). El problema no está en el síntoma, sino en la relación que el paciente establece con el mismo (García-Montes y Pérez-Álvarez, 2005). Por tanto, el objetivo de ACT sería cambiar dicha relación con el síntoma, en lugar de eliminarlo o cambiarlo.

En este capítulo nos centramos en los síntomas negativos, los cuales, lejos de revelar ausencia o vacío, están acompañados de una gran variedad de alteraciones experienciales. Tales síntomas podrían constituir una forma de reaccionar ante el flujo de pensamientos y emociones que invaden a la persona con esquizofrenia (García-Montes et al., 2006).

A la hora de abordar la sintomatología negativa nos vamos a centrar en el modelo de flexibilidad psicológica de ACT, definida como «el hecho de estar en contacto con el momento presente, como ser humano consciente, de manera total y sin necesidad de defensa —tal y como la realidad es y no como uno se dice que es— y persistir en una conducta, o cambiarla, en función de los valores elegidos» (Hayes et al., 2014).

Este modelo plantea que hay seis procesos, los cuales se agrupan en tres estilos de respuesta: centrado, abierto y comprometido.

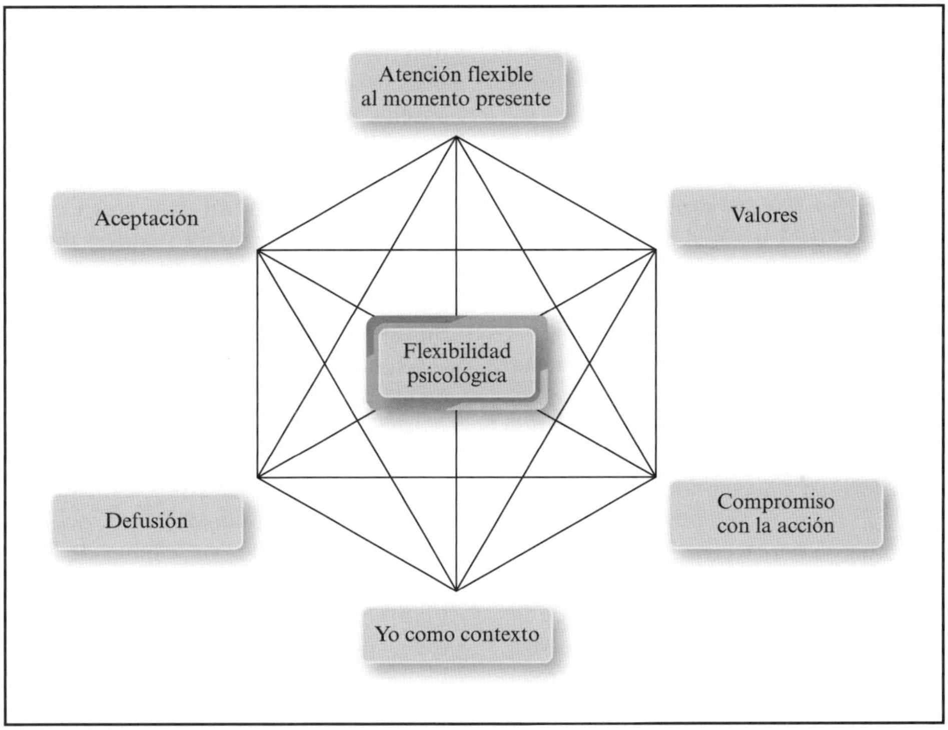


Figura 14.1

Aunque los seis procesos son representados de forma separada en el modelo, son altamente interdependientes, de modo que es esperable que el trabajo sobre cada uno de ellos influya en los otros.

A pesar de que ACT puede ser aplicada a los síntomas psicóticos de manera prácticamente idéntica a como es aplicada a cualquier otro trastorno psicológico, se requiere en muchos casos adaptar el lenguaje, las metáforas y los ejercicios experienciales a las características propias de este tipo de población (Pankey y Hayes, 2003). A su vez, dentro de esta población hay que tener en cuenta el nivel

© Ediciones Pirámide

cognitivo de la persona a tratar, pues, como hemos comentado, dependiendo de la capacidad de comprensión y abstracción tendremos que adaptar el lenguaje a la hora de plantear las paradojas, los ejercicios experienciales y las metáforas. En el ámbito de la rehabilitación psicosocial con frecuencia se hace un abordaje grupal. En este sentido, es conveniente hacer grupos homogéneos en función del nivel cognitivo.

Por otro lado, es importante trabajar con la familia a la hora de abordar la sintomatología negativa. La mayor parte de las veces no entienden estos síntomas y culpan al paciente. También es frecuente que los miembros de la familia del paciente, u otras personas encargadas de su cuidado, asuman responsabilidades propias de él, lo que ciertamente ayuda poco a que el paciente tome la iniciativa para actuar (Hogg, 1996). Por consiguiente, es fundamental que entiendan estos síntomas, así como que apoyen y colaboren en el trabajo que se realiza para disminuirlos y aumentar la funcionalidad.

Teniendo en cuenta todo esto, a continuación se expone el abordaje de la sintomatología negativa en función de los tres estilos de respuesta y sus procesos.

### 3.1. Estilo de respuesta centrado

El **estilo de respuesta centrado** se basa en prestar atención al momento presente desde un yo-contexto. Sabemos que los psicóticos tienen problemas para manejar situaciones en las que está implicada la teoría de la mente; en este sentido, los ejercicios de encuadre deíctico ayudan a mejorar este aspecto, pues mejora la toma de perspectiva.

Las personas con psicosis tienen dificultades en las relaciones con los demás, la mayor parte de las veces por una dificultad en la toma de perspectiva, lo cual los lleva a tener conflictos, desencuentros o malentendidos, optando por no relacionarse y perdiendo la posibilidad de disfrutar de las cosas. Los ejercicios que mejoran la presencia en el momento presente, así como la perspectiva desde el yo contextual, ayudan a disminuir la anhedonia y mejoran destrezas relacionadas con la teoría de la mente.

Experiencias como la escasa reactividad emocional, el aplanamiento afectivo o la dificultad para experimentar placer pueden verse agravadas por la falta de contacto de la persona con el momento presente, en la medida en que la persona se encuentra desconectada de sus propias experiencias internas y de su entorno.

Uno de los primeros objetivos a trabajar tiene que ver con ayudar a la persona a tomar contacto con lo que está sucediendo en el **momento presente,** tanto a nivel de eventos internos como en lo referente al ambiente externo.

Empezamos por introducir el concepto de «piloto automático» como una forma habitual de funcionar que consiste en hacer las cosas sin ser plenamente consciente de ellas, como cuando nos lavamos los dientes o conducimos un coche.

Hay que señalar que ese «piloto automático» resulta útil para una gran cantidad de actividades de la vida diaria; el problema se daría cuando esa forma de actuar se extiende a nuestro funcionamiento general, de modo que no nos damos cuenta de lo que nuestro cuerpo, nuestras emociones y nuestros pensamientos nos están diciendo o de lo que está sucediendo en nuestro entorno. Aprender a prestar atención nos ayuda a ser más conscientes de estas experiencias, y estar más conscientes significa que tenemos más libertad para elegir cómo responder.

El estar en contacto con el momento presente resulta necesario para que la persona pueda empezar a dirigir sus esfuerzos hacia la construcción de un nuevo proyecto vital.

Una primera aproximación práctica al objetivo de estar presente puede venir a través del ejercicio *Notar la habitación,* en el que se le explica al paciente que vamos a trabajar el contacto con nuestro entorno, para lo cual vamos a focalizar nuestra atención en los estímulos externos, dedicarle un tiempo a «notar», ser más conscientes de lo que nos rodea. De esta forma, se le pide al paciente que dedique un tiempo a observar el espacio en el que se encuentra (despacho, sala...). Su objetivo es que señale qué elementos están presentes en ese espacio: sillas, mesa, libros... Cuando identifique uno de esos elementos, se le pide que lo describa con detalle.

Hay que transmitir al paciente que esta forma de dirigir la atención le permite estar más conectado con su entorno, lo que le va a permitir una respuesta más adecuada al mismo. Es habitual encontrar situaciones en las que las personas con sintomatología negativa tienen dificultades para responder de forma adecuada en una situación social, para seguir una conversación, para realizar una tarea concre-

© Ediciones Pirámide

ta... Dificultades que, al menos en parte, pueden ser atribuidas a esa falta de conexión con el momento presente.

El siguiente paso consistiría en ser más consciente de las propias experiencias, desde sensaciones físicas a pensamientos, emociones... Se utiliza la experiencia del ejercicio previo para contextualizar el trabajo a realizar con las experiencias internas: se le pide que focalice la atención hacia eventos que únicamente son accesibles para él.

Como introducción para este tipo de tareas se propone el ejercicio *No hacer nada,* en el que se le pide al paciente que simplemente permanezca sentado y lleve su atención a las cosas que le vienen a la mente, sin hacer nada especial. A través de este ejercicio le mostramos al paciente la variedad de eventos internos que somos capaces de experimentar y cómo podemos ser conscientes de ellos si somos capaces de pararnos un momento y dirigir la atención hacia nosotros mismos.

Avanzando en este camino de tomar contacto con nuestras experiencias introducimos un ejercicio de *Autoobservación,* en el que, a través de preguntas cerradas, buscamos conseguir una conexión con el momento presente. De este modo le pedimos al paciente que se pare un momento y trate de responder a las siguientes cuestiones:

1. ¿Cómo nota su cuerpo en este momento? ¿Identifica alguna sensación?
2. ¿Nota alguna emoción en este momento?
3. ¿Tiene algún pensamiento en este momento?

Es importante subrayar que las preguntas hacen referencia al momento presente, y se le explica cómo, por lo general, las personas solemos ir funcionando en el día a día sin atender a cómo nos encontramos. Se propone de este modo una forma de funcionar distinta, una forma en la que nos paramos un momento y tomamos contacto con nosotros mismos.

En muchos casos la persona con psicosis no es capaz de responder a estas cuestiones, o lo hace de forma vaga e imprecisa. Se encuentra en una situación de desventaja a la hora de pasar a la acción, al estar desconectado de sí mismo.

En este punto puede resultar beneficioso introducir *la metáfora del estanque* para mostrar cómo el detenerse un momento para observarnos puede ser útil. Se introduce la imagen de un estanque tranquilo y claro con mucha profundidad en el que podemos ver el fondo. A continuación, le pedimos que se imagine que estamos en la orilla arrojando piedras al centro del estanque, de modo que cada una de esas piedras genera una onda en la superficie y el agua tarda en recobrar la calma y es imposible apreciar el fondo. El caso es que puede suceder que estamos tan habituados a la distorsión de la superficie del agua que hemos olvidado el aspecto que tiene cuando el estanque está en calma. La cuestión entonces es darnos cuenta de ese hecho, pararnos un momento y observar si estamos «lanzando piedras», para tomarnos un respiro, intentar aquietar nuestra mente y volver a observar el fondo.

A continuación, planteamos seguir trabajando la atención flexible en el momento presente a través de ejercicios de *mindfulness* o atención plena, entendiendo como **atención plena** el prestar atención de forma deliberada, en el momento presente y sin juzgar. Este tipo de atención permite desarrollar una mayor conciencia, claridad y aceptación de la realidad del momento presente. Se trata de tomar contacto con uno mismo para actuar desde ahí, no para quedar atrapado por esas experiencias. La tendencia al aislamiento y la inactividad en ocasiones puede estar explicada por una tendencia del paciente a quedarse atrapado en determinadas sensaciones corporales, pensamientos, emociones...

No se trata de tomar contacto con las experiencias propias para enredarse en ellas (de hecho, en ocasiones ese es el principal problema), se trata de tenerlas presentes para observar cómo trascurren. No hay que hacer nada especial, simplemente observarlas y ver cómo fluyen (si no lo hacen es porque nosotros se lo estamos impidiendo).

Hay una amplia gama de ejercicios de atención plena que pueden ser utilizados: atención plena en la respiración, atención plena en los sonidos, alimentación consciente, atención en las sensaciones corporales, caminata consciente, *body-scan,* atención a eventos privados...

El profesional ha de tener en cuenta las características individuales del caso para seleccionar aquellos ejercicios que mejor se ajusten al paciente. Se trata de ir mostrando al paciente distintas formas de recuperar el momento presente, de modo que cuente con distintas alternativas para poner en prác-

© Ediciones Pirámide

tica. Con todo, se señalan algunas consideraciones generales a tener en cuenta a la hora de llevar a cabo estos ejercicios:

- Es recomendable introducir estas estrategias como ejercicios de control de la atención más que hablar de *mindfulness,* evitando de esta forma posibles ideas preconcebidas o interpretaciones erróneas del concepto.
- Los ejercicios han de ser de corta duración, en especial en las primeras prácticas. Es necesario a su vez realizar una valoración continua de la experiencia con los pacientes, atendiendo a las dificultades que puedan presentar.
- Se hace imprescindible la guía externa del profesional al inicio. En el momento en el que inicie la práctica en solitario es conveniente que la persona cuente con material de apoyo (por ejemplo, grabaciones de audio).
- Es necesario aclarar que la efectividad de este tipo de estrategias depende de la práctica. Se ha de proponer una práctica regular, pudiendo ser breve si eso garantiza su realización diaria.

Nuestro objetivo es generalizar los aprendizajes introducidos en los ejercicios guiados a su funcionamiento cotidiano. Para ello se le propone realizar ciertas tareas de su rutina diaria desde esta nueva perspectiva: por ejemplo, en el momento de lavarse los dientes, fregar los platos, hacer su cama... Se acuerda con el paciente en qué tarea en concreto va a poner en práctica la atención plena, de modo que durante la realización de esa tarea se debe centrar en la propia actividad que está realizando, darse cuenta de si algún pensamiento/sensación le «atrapa» y distrae para, a continuación, volver a focalizar su atención en la tarea.

Le mostramos a la persona cómo la capacidad de estar en contacto con el momento presente va a suponer un cambio en la forma de vivir las propias experiencias, al mismo tiempo que se muestra que es una capacidad que se puede incorporar a los actos diarios, más allá de los ejercicios estructurados de atención plena practicados hasta el momento. Conviene destacar cómo a través de su acción de comprometerse con el momento presente, una experiencia rutinaria se puede percibir de otra forma en comparación con estar en modo «piloto automático». Las experiencias del día a día pueden llegar a adquirir un valor distinto si uno es capaz de sentirlas con plena atención.

En la contemplación de los eventos privados es importante, tal y como se ha señalado, evitar un enredamiento improductivo de la persona en sus experiencias. Para ello, podemos usar la *metáfora del cielo,* en la que se le pide al paciente que imagine un cielo despejado y azul y que su mente es como ese cielo. A continuación, se pide que visualice cómo en ese cielo empiezan a surgir nubes, de distinto tamaño y forma, algunas de ellas oscuras, como las que amenazan lluvia, otras blancas y apacibles. En cualquier caso, debe observar cómo las nubes se van desplazando por el cielo. Le decimos que cada vez que note un pensamiento, sentimiento o sensación, la coloque en una de esas nubes, y observe cómo se desplazan hasta desaparecer. Se muestra así cómo es posible observar esos eventos sin juzgarlos ni hacer nada especial con ellos, simplemente dejándolos fluir, de modo que observe que la corriente de pensamientos/emociones no se detiene salvo que nosotros la interrumpamos; en definitiva, prestar atención de una forma abierta, sin dejarnos atrapar.

Como se ha señalado, este trabajo de atención plena es utilizado para enfocarse en una mayor conciencia de la experiencia interna y externa, fomentando el contacto con el momento presente. En este sentido, la práctica efectiva de la atención plena implica la aceptación de la propia experiencia, ayudar a los pacientes a darse cuenta de que tienen la opción de estar o no en contacto con el momento presente, y de elegir estar presentes, empezar a notar sus experiencias como un proceso: «me siento...», «estoy pensando...». Se trata de contemplar las experiencias como eventos propios, pero no definitorios de la persona.

Desde el estilo de respuesta centrado, además de trabajar con el paciente para que sea capaz de prestar atención plena al momento presente, es importante enseñarle a diferenciar el yo como contenido del **yo como contexto,** es decir, crear en la persona un sentido de identidad que esté más allá de los estados que puede atravesar en ciertos momentos.

El proceso psicótico supone una ruptura en el sentido de continuidad del Yo, la persona tiene dificultades para integrar sus experiencias pasadas y

© Ediciones Pirámide

actuales. Desde el modelo ACT se busca no solo que la persona vuelva a entrar en contacto consigo mismo y con su entorno, sino que también sitúe esas experiencias en el lugar en el que corresponden, aquello que permanece y siempre está presente, la base de sus vivencias: el yo como contexto.

Se busca que la persona pueda distinguir entre los estados pasajeros que experimenta y su perspectiva o sentido del yo que permanece a pesar de esos cambios pasajeros. Se entiende que al fortalecer este sentido del yo la persona será capaz de recuperar un sentido de continuidad en sus vivencias, dejar de establecer un antes y un después del inicio de la enfermedad y de este modo retomar el trabajo para desarrollar un proyecto de vida.

La persona con psicosis puede verse atrapada en esa idea de un yo anterior a la enfermedad y un yo posterior como si fueran personas distintas. De este modo se puede ver incapaz de plantearse recuperar aquellos aspectos de su vida que le motivaban, obviando que sigue siendo la misma persona con un cúmulo de experiencias en su «mochila» (incluida la experiencia de la enfermedad mental).

En otros casos, puede estar demasiado identificado con sus propios eventos internos, al punto de considerar que solo un cambio en estos («tener ganas», «sentir energía»...) le puede permitir empezar a actuar, y no es capaz de tomar perspectiva y plantearse que existe una alternativa («empezar a hacer con independencia de las ganas, de la energía»), en la medida que uno mismo transciende sus propios eventos privados, los cuales son temporales.

En ocasiones, su percepción de sí mismo se basa en las opiniones y expectativas de los otros, que definen quién es y lo que se puede esperar de él, pudiendo sentirse atrapado y termina abrazando el aislamiento y la inactividad como vía de escape, sin darse cuenta de que son precisamente sus acciones (o la falta de ellas) las que lo están definiendo como persona.

Una posible forma de empezar a trabajar en esta línea sería retomar la *metáfora del cielo* anteriormente planteada, identificando las nubes con distintos eventos privados. Hacer ver cómo estas nubes están en continuo movimiento, son temporales y solo cobran sentido si hay un soporte, el propio cielo azul que siempre permanece.

Se puede reforzar esta imagen con la *metáfora del tablero de ajedrez* (Hayes et al., 1999; Pérez-Álvarez, 1996). Le pedimos al paciente que piense en un juego de ajedrez en el que las piezas negras representan sus eventos privados «negativos» (aburrimiento, cansancio...), mientras que las piezas blancas representan sus eventos privados «positivos» (tranquilidad, confianza...). Se le pide entonces que imagine una partida en marcha con la lucha entre las piezas blancas y las piezas negras. Se le pregunta con qué piezas se identifica, probablemente se incline por las piezas blancas; en cualquier caso, la potencia de la metáfora radica en llegar a transmitirle a la persona que él no es ninguna de esas piezas, que en esa imagen presentada él representa al propio tablero que da soporte y contiene esas piezas.

Para seguir el trabajo de fortalecimiento del yo contexto se propone el *ejercicio de observador de sí mismo* (Hayes et al., 1999), con el que se trata de mostrar cómo existe algo que permanece y da sentido a nuestras experiencias pasajeras. De este modo, le pedimos que recuerde cómo era físicamente en distintos momentos vitales (cuando era un niño, un adolescente, un adulto), que recuerde con detalle un suceso doloroso de su vida y a continuación un suceso positivo, que observe cómo se percibe en el desempeño de distintos roles...

Se trata de ir construyendo con el paciente un sentido de uno mismo que transciende a las experiencias concretas: la apatía, la falta de energía, la dificultad para disfrutar, para contactar con sus emociones... las cuales no lo definen como persona.

En definitiva, la cuestión es darse cuenta de lo pasajero de las experiencias frente a la permanencia de uno mismo, lo que le va a permitir una mayor flexibilidad en respuesta a las experiencias no deseadas y mayor capacidad para llevar a cabo actividades significativas. El yo como contexto proporciona la base para la aceptación, permite el contacto con las propias experiencias de forma plena y el establecimiento de distancia con etiquetas verbales rígidas que pueden limitar la capacidad de acción del paciente. De este modo, un paciente con sintomatología negativa puede plantear fórmulas del tipo «soy un enfermo mental», «soy un inútil»... limitando sus actividades a aquellas acorde con estas etiquetas.

La alternativa es empezar a observar, desde la constante que es uno mismo, los eventos de la vida y cómo reaccionamos a ellos. La constante que recuerda el día de ayer, el mes pasado o un momento

© Ediciones Pirámide

de hace diez años. Es esa constante la que puede reflexionar y observar sus contenidos: «yo, en este momento, estoy teniendo el pensamiento de que soy un enfermo mental».

Los ejercicios planteados y este tipo de fórmulas verbales buscan fortalecer la toma de perspectiva del paciente. Algunos autores resaltan el papel de la toma de perspectiva en la interpretación de estados informacionales y emocionales (Martín et al., 2006), así como en la estructuración del yo, que tiene como consecuencia el autoconocimiento (Barnes et al., 2001; Wilson y Luciano, 2002).

Hay tres marcos de toma de perspectiva que participan en la construcción del yo verbal: las distinciones YO-TÚ, AQUÍ-ALLÍ y AHORA-ENTONCES. Construir la perspectiva de sí mismo y del otro requiere el desarrollo de un repertorio relacional previo y una larga historia de numerosos ejemplos (Barnes et al., 2001). Se cree que estos marcos surgen gracias a preguntas como: ¿qué estás haciendo ahora?, ¿qué hiciste antes?, ¿qué haces aquí?, ¿qué estás haciendo allí?, ¿qué estoy haciendo ahora?, ¿qué hice antes?, ¿qué hago aquí?, ¿qué haré allí?, entre otras, teniendo en cuenta que las palabras yo, tú, aquí, allí, ahora y entonces pueden ser intercambiadas con equivalentes y no son estas en particular las que definan el desarrollo de los marcos deícticos (Howlin et al., 1999; Barnes et al., 2001).

Por tanto, las condiciones ambientales y físicas pueden cambiar de ocasión en ocasión, pero la relación entre el yo y el tú, el aquí y el allí, el ahora y el entonces permanecen constantes, y estas propiedades constantes son lo que se abstrae tras muchos ejemplos de aprendizaje al hablar de la perspectiva de uno, frente a la perspectiva de otro (McHugh et al., 2004; Barnes et al., 2001; McHugh et al., 2007). De este modo buscamos que la persona hable desde la perspectiva de YO-AQUÍ-AHORA sobre cosas que han ocurrido ALLÍ y ENTONCES.

Para finalizar, hay que señalar que, de forma recíproca, el enfoque en el momento presente, la defusión y la aceptación van a facilitar la conciencia del yo como contexto. Para conectar con el yo constante que está experimentando y observando, el paciente debe estar en el momento presente y estar dispuesto a tener esas experiencias (en lugar de evitarlas) a través de la defusión y la aceptación. Como se ha mencionado, los procesos separados a nivel teórico se muestran en relación continua en la práctica.

### 3.2. Estilo de respuesta abierto

El **estilo de respuesta abierto** se basa en mejorar la aceptación y la defusión, entendiendo por aceptación la «adopción voluntaria de una postura intencionadamente abierta, flexible y exenta de juicios en relación al momento presente» y por defusión el «establecer un contacto más directo con los fenómenos verbales como lo que son en realidad y no con lo que dicen ser» (Hayes et al., 2014).

Dada la rigidez de las personas con psicosis, es importante trabajar la flexibilidad y que sean capaces de aceptar las situaciones que suceden en el día a día, así como su enfermedad, sin que esto les limite a hacer cosas que antes hacían. Cierto que puede haber cosas que ahora no pueden hacer, pero hay muchas otras que pueden realizar aun teniendo una psicosis. Trabajar la aceptación les va a ayudar a salir de la apatía, al igual que incidir en ejercicios de defusión, ya que el separar el pensamiento de los hechos permitirá que se planteen hacer más cosas de las que hacen (pensar que no se puede no quiere decir que no se puede en realidad, habrá que intentarlo y comprobarlo).

Se plantea la **aceptación** como una alternativa a la evitación. Normalmente cuando hay situaciones, sentimientos y/o pensamientos que son molestos, se tiende a evitarlos, disminuyendo la posibilidad de vivir muchas cosas. En este sentido, las personas con psicosis, cuando han tenido algún episodio desagradable en relación a un sitio, una actividad o un hecho, tienden a evitar todo lo relacionado con aquello, pensando que siempre se repetirá la experiencia desagradable, convirtiendo ese pensamiento en un hecho. En este sentido, se plantea aceptar situaciones que son difíciles de afrontar desde que empezó la psicosis, tanto por dificultades personales (menos habilidades) como por barreras sociales (estigma) y desarrollar formas de afrontarlas para conseguir lo que uno quiere en lugar de evitarlas y no lograrlo.

En la aceptación se plantea mantenerse frente a las situaciones, sentimientos y/o pensamientos que producen malestar y ver qué ocurre si nos quedamos ahí. Esto da la oportunidad de que surjan otras formas de actuar que no sea la evitación. Se trata de intentar algo distinto a huir (Hayes et al., 2014). No hablamos de una técnica de exposición en la que se pretende disminuir el malestar o la ansiedad. Se pretende aprender a permanecer con el malestar, sin in-

© Ediciones Pirámide

tentar controlarlo, y generar respuestas adaptativas a la situación, sentimiento y/o pensamiento concreto.

En este sentido, hay que distinguir entre el dolor limpio y el dolor sucio (Hayes et al., 2014). El dolor limpio es el malestar que se siente ante un problema real y es normal sentirlo ante determinadas situaciones. Sin embargo, el dolor sucio es el que se siente cuando se lucha por eliminar o controlar el dolor limpio. Hay que aprender a aceptar el dolor limpio y buscar una respuesta a la situación o problema, no al malestar que produce.

Un primer paso para la aceptación es reconocer que la estrategia que utilizamos no funciona. Si se reconoce que no funciona lo que estamos haciendo, es más fácil que haya disposición a intentar algo distinto, siendo la disposición un prerrequisito para la aceptación (Hayes et al., 2014). Un ejemplo de esta situación es el de una persona con psicosis a la que, a pesar de tener gran apatía, le gustaría ir a ver un partido de fútbol, pero no quiere ir solo. Cuando su padre le propone ver el partido en casa, no le dice que le gustaría ir a verlo en vivo, se siente mal y se enfada porque espera que su padre le proponga ir al campo a verlo. La estrategia de enfadarse y no decirle nada al padre no da como resultado ir a ver el partido, por lo que el reconocimiento de este hecho hará más fácil que sea capaz de aceptar la situación y estar dispuesto a buscar otra estrategia para conseguir lo que quiere (decirle al padre que le gustaría ir a ver el partido en el campo). Esta situación se agrava cuando el padre va al campo a ver el partido y no le invita, pues al ver que se enfada cada vez que le propone ver el partido en casa, piensa que no le gusta. En este caso el malestar y el enfado son mayores, pero si no modifica la estrategia y dice algo, la situación no cambiará y el malestar persistirá.

Para conseguir respuestas alternativas es importante recoger información de vivencias previas en las que ha utilizado métodos de aceptación que han sido beneficiosos en el pasado (Hayes et al., 2014). En este sentido, conviene saber cómo ha superado situaciones difíciles de su vida. Por ello, tenemos que preguntar siempre por situaciones en las que lo ha pasado mal y cómo ha conseguido superarlas.

Para fomentar la aceptación se pueden utilizar metáforas como la *manta sobre la hierba* (Wilson y Luciano, 2002). En ella se entiende la aceptación como una manta que está extendida sobre la hierba en la que caen hojas, ramas y gotas de lluvia. La manta no se resiste a estas hojas, ramas y lluvia. Sería como si apareciesen pensamientos, sentimientos y/o recuerdos sin intentar resistirse a ellos. En ocasiones los pacientes nos hablan de ideas que les vienen a la cabeza y luchan contra ellas sin conseguir que se vayan. Con esta metáfora se pretende que intenten observar las ideas sin luchar contra ellas y ver qué es lo que sucede.

También se pueden hacer ejercicios de aceptación durante la sesión como el de *buscando al señor Malestar* (Hayes et al., 2014). En este ejercicio se le dice al paciente que vamos a salir a buscar al señor Malestar, para hablar con él y averiguar qué está pasando en su relación con él. La idea es hacer cosas que disparen el malestar y cuando aparezca el señor Malestar, negociar la relación con él. La intención es dejar de luchar contra el malestar. Este sería un ejercicio de exposición al malestar del paciente en el que el objetivo no es que disminuya ese malestar, sino dejar de huir y buscar una forma de enfrentarse a las situaciones que lo producen.

Hay ejercicios que ayudan a cambiar la perspectiva con la que se perciben las cosas, como el *ejercicio de fiscalización* (Hayes et al., 2014), en el que se convierten las vivencias, emociones o pensamientos en objetos y se les otorgan características (tamaño, color, movimiento). Luego se le pregunta qué siente ante ese objeto y se convierte a su vez esa reacción que tiene en objeto también; tras hacer esto la reacción inicial suele perder intensidad.

Una forma de explicar que nos puede llegar cualquier cosa inesperada en esta vida y que es mejor aceptarlo que intentar controlarlo es por medio de la metáfora de *Paco el vagabundo* (Hayes et al., 2014). Se le dice que imagine que estrena casa y hace una fiesta en la que todo el mundo está invitado. En medio de la fiesta llega un vagabundo y entonces se arrepiente de haber invitado a todo el mundo. Sin embargo, si cambia la consigna y decide que él no está invitado, se tendrá que quedar en la puerta de la casa a controlar que no pase a la fiesta, por lo que se perderá la fiesta.

El otro proceso implicado en el estilo de respuesta abierto es la **defusión,** la cual plantea separar al «ser humano» (el oyente) de la «mente» (el hablante), pues a veces nos relacionamos con nuestros pensamientos como si fueran una representación del mundo interno y externo, perdiendo de vista otras

© Ediciones Pirámide

fuentes de estimulación, de tal manera que el pensamiento termina regulando la conducta, sin otra contribución adicional (Hayes et al., 2014).

Dado que la fusión con el contenido verbal puede conducir al sufrimiento (Hayes et al., 2014), es importante desliteralizar el lenguaje, es decir, separarlo de su función simbólica. Las personas que tienen una psicosis tienden a ser muy literales y les cuesta separar el lenguaje de su significado, por ello nos resultará más complicado trabajar este aspecto con esta población.

Con el lenguaje podemos hablar de cosas que están presentes y de cosas que no están presentes. Conviene tener en cuenta esta diferencia porque a veces hacemos presentes cosas por medio del lenguaje que causan sufrimiento sin estar presentes en realidad. A las personas con psicosis les ocurre esto con frecuencia, traen una y otra vez cosas que pasaron hace tiempo y las hacen presentes, reaccionando a ellas como si estuvieran ocurriendo en el momento actual. Dada su rigidez, cuesta que se desenganchen de ellas y centrarles en lo que ocurre aquí y ahora. En este caso, habría que trabajar antes el estilo de respuesta centrado para que sea capaz de estar en el momento presente antes de trabajar sobre el lenguaje y cómo este nos trae cosas pasadas al presente.

ACT no persigue en ningún caso alterar directamente la forma o contenido de la cognición (Arroyo et al., 2013). Prestar atención al contenido e intentar modificarlo es objeto de otras terapias. Desde ACT lo que se pretende es distinguir los pensamientos como pensamientos, las emociones como emociones, las evaluaciones como evaluaciones y los recuerdos como recuerdos (Wilson y Luciano, 2002).

El lenguaje está sobredimensionado, nos parece que todo lo que pensamos es realidad. Para restar poder al lenguaje y separarlo de la realidad podemos utilizar la *metáfora de encontrar un sitio donde sentarse* (Hayes et al., 2014). Se le pide al paciente que imagine que está muy cansado y que necesita un sitio para sentarse. Luego se le pide que describa una silla y una vez descrita se le pregunta si se podría sentar en la silla que ha descrito.

Para desliteralizar el lenguaje hay que separarlo de su función simbólica, es decir, que el lenguaje deje de significar lo que significa. Para ello podemos plantear el *ejercicio del jamón* (Hayes et al., 2014). Se pide al paciente que nos diga qué le viene a la cabeza cuando le decimos «jamón» y lo describirá de tal manera que casi lo puede comer. Luego le decimos que repita la palabra «jamón» muchas veces seguidas, en ese momento deja de tener el significado que tenía. Con este ejercicio mostramos que el lenguaje es independiente de la realidad.

Otra forma de defusionar el lenguaje es haciendo que los pensamientos se conviertan en personas o cosas. En este sentido, se puede utilizar el *ejercicio de los pasajeros del autobús* (Hayes et al., 2014), en el que le decimos al paciente que imagine que es el conductor de un autobús y llegan algunos pasajeros con amenazas diciendo que tome una dirección distinta. En la relación con los pasajeros del autobús se puede trabajar la relación con sus pensamientos, es decir, se plantea que cada pasajero sea un pensamiento o sentimiento molesto. En realidad, él tiene el control del autobús y puede perderlo si hace caso de lo que le dicen los pasajeros. Se le puede pedir que se enfrente con cada uno de ellos a ver qué pasa.

Una de las dificultades que nos podemos encontrar al intentar defusionar el lenguaje es que el paciente empiece a dar razones que justifiquen sus acciones indeseables. En este sentido, es crucial defusionar las razones y las historias personales de personas que utilizan referencias de su historia pasada e interpretaciones de la misma de forma contraproducente (Hayes et al., 2014). Se pretende que el paciente mantenga en suspenso las razones, no tanto que las elimine.

Hay ejercicios de defusión del lenguaje que no podremos utilizar con determinados pacientes que presentan sintomatología negativa, pues en función del nivel cognitivo puede que no entiendan el planteamiento. Por este motivo, siempre se adaptarán los ejercicios a cada paciente.

A continuación, se exponen casos de personas con sintomatología negativa y se explica cómo intervenir, centrándonos en el estilo de respuesta abierto:

— Joven de 23 años que tuvo su primer brote psicótico a los 19 años. Refiere que antes salía con los amigos y lo pasaba bien. Ahora pasa el tiempo en casa sin salir. Le gustaría salir con los amigos, pero tiene miedo al rechazo por la enfermedad. Con esta respuesta no consigue el objetivo de salir con los amigos y pasarlo bien. Se sugiere que salga a la calle y se relacione en lugar de huir quedándose en casa. Se trata de que afronte la

© Ediciones Pirámide

situación que teme (salir con los amigos) y vea qué es lo que pasa. Puede que tema el rechazo porque ahora no es tan espontáneo como antes, habla menos y es un poco más lento en responder. La idea es que acepte los cambios en su forma de relacionarse debidos a la psicosis y aprenda a relacionarse con los recursos que tiene sin juzgar.

Por otro lado, es importante trabajar la defusión haciéndole ver que lo que piensa no es un hecho, que pensar que le van a rechazar no quiere decir que eso sea así. Cuando se desliteraliza el lenguaje, es más fácil aceptar las situaciones.

— Varón de 30 años con psicosis que lleva mucho tiempo sin salir de casa porque se pone nervioso con el exceso de estimulación. Son los propios nervios que pasa cuando sale los que le impiden salir, pero le gustaría hacer determinadas cosas, como ir a la piscina a nadar o a la playa a darse un baño. Se plantea que salga a la playa y si se pone nervioso observar los nervios sin huir. La idea es que lleve a cabo otras conductas alternativas a salir corriendo, quizá se le ocurra darse un baño.
— Mujer de 30 años con diagnóstico de esquizofrenia que le gustaría retomar los estudios, pero no lo hace porque en época de exámenes cuando estudiaba se puso enferma y piensa que si vuelve a coger los libros se descompensará y la tendrán que ingresar. Se anima a que estudie, si eso es lo que quiere hacer, y si en algún momento se siente mal, que no lo deje, que observe qué es lo que pasa, si el malestar es una respuesta normal a la situación, como pueden ser nervios por los exámenes (dolor limpio), que no luche contra el malestar y valore si hay alguna forma de afrontar la situación que no sea la huida.

Muchas veces la sintomatología negativa tiene un porqué detrás, una razón, una explicación, justificación o argumento. A veces está en relación con la sintomatología positiva.

— Varón de 40 años con psicosis que le cuesta todo un gran esfuerzo, reconoce que cuando consigue hacer ciertas cosas, las disfruta, pero le falta energía para arrancar. Se explica la *metáfora de la batería*, a veces no se puede arrancar sola y necesita de otra batería, pero una vez que se arranca, se va cargando ella sola. El problema es que, si deja de moverse, se descarga y luego no tiene chispa para arrancar. Se trata de que acepte la dificultad que tiene para comenzar a hacer las cosas y aprenda a tener estrategias para no parar o para encontrar mecanismos externos de arranque.

En cuanto a la defusión, es crucial que separe la verbalización de los hechos. Por ejemplo, afirma por teléfono que no puede levantarse de la cama, cuando en realidad se ha levantado a coger el teléfono.

### 3.3. Estilo de respuesta comprometido

El **estilo de respuesta comprometido** se basa en que el paciente recupere sus valores y tenga un compromiso de acción con los mismos. En relación a este estilo de respuesta, la rehabilitación psicosocial utiliza el modelo de recuperación, que se centra en recuperar el sentido de la vida a pesar de tener una psicosis. Las personas que tienen una psicosis sienten que su vida se ha roto y la mayor parte de las veces se quedan estancados sin tener en cuenta qué es lo que les interesa, pensando que ya no pueden disfrutar ni hacer cosas que les gusta, les satisface y/o gratifica. Es cierto que algunas cosas no serán igual, pero siguen teniendo unos valores y pueden emprender acciones en consonancia con ellos, esto hará que su vida tenga sentido, que abandonen la apatía y hagan cosas que les satisfaga.

Lo que da un significado a la vida es la conexión con los **valores,** que se relacionan estrechamente con las acciones de la vida diaria (Hayes et al., 2014). Las personas con sintomatología negativa tienen gran dificultad para mantenerse activos, habiendo pocas cosas que les motiven. Por ello, es fundamental conocer los valores del paciente, pues nos va a ayudar a poner en marcha las acciones del día a día. Hay que tener en cuenta que las acciones de una vida significativa son reforzadores intrínsecos, por lo que el solo hecho de realizar estas acciones refuerza al paciente para que las siga haciendo.

Para determinar cuáles son los valores del paciente se plantea hacer una clarificación de valores, cuyo propósito es facilitar la identificación de lo que es importante en la vida de la persona (Arroyo et al.,

© Ediciones Pirámide

2013). Hayes et al. (2014) plantean un procedimiento relativamente estructurado para clarificar los valores:

1. Describir proceso de clarificación.
2. Cumplimentar hoja de asesoramiento de valores.
3. Describir narrativas de valores para definirlos (rellenar formulario narrativo de valores).
4. Rellenar un cuestionario de vida plena.
5. Revisar la hoja de asesoramiento de valores para clarificar la dirección en la que podrían apuntar fines valiosos concretos.

El paciente se puede mostrar reticente a la hora de clarificar sus valores, pues darlos a conocer le hace vulnerable (si se sabe lo que más le importa, le pueden hacer daño). Esto, unido a la frecuente suspicacia que presentan las personas con psicosis, hace que la labor de clarificar los valores se complique.

Por otro lado, tenemos que estar pendientes de posibles interferencias a la hora de clarificar los valores. Hayes et al. (2014) mencionan que las declaraciones de valor pueden estar influenciadas por:

- El terapeuta.
- La cultura.
- Los valores de los padres.
- La fórmula «tengo que».
- Cavilaciones sobre el pasado y preocupaciones sobre el futuro.

En las personas con psicosis es frecuente que se dé influencia de estas variables. Suelen mencionar valores de la familia o plantean valores que creen que el terapeuta quiere escuchar, bien por la cultura o por lo que entienden que «tiene que ser». En estos casos resulta difícil que el paciente separe lo que él quiere de lo que quiere la familia o la sociedad. Es importante tener en cuenta este aspecto, pues si clarificamos los valores de la persona en función de los valores de otros será difícil conseguir un compromiso para la acción, aspecto importante en las personas con sintomatología negativa.

También podemos explorar los valores preguntando: «¿qué te gustaría que dijera la gente en tu funeral?» (Hayes et al., 2014). Cuando se hace esta pregunta sale a la luz lo que realmente es importante para la persona. En el día a día las quejas suelen ser sobre cosas que realmente no son importantes, pero que ocupan todo el tiempo, sin dejar espacio a las cosas relacionadas con los valores. Cuando preguntamos qué les gustaría que dijera la gente en su funeral o qué les gustaría que pusiera en su epitafio, realmente aparecen los valores de la persona. Este tipo de cuestiones intentan dirigir la atención del paciente a examinar el camino que está llevando en su vida, en último término se le está preguntando cómo le gustaría ser recordado, como una persona que sufrió una enfermedad o como una persona respetuosa, preocupada por sus familiares, amistosa, responsable...

Clarificar los valores no es tarea fácil, ya que las personas no suelen plantearse este tipo de cuestiones de forma espontánea. Es habitual que comiencen señalando como valores aspectos concretos: conseguir un trabajo, tener pareja..., o en relación con la modificación de sus experiencias privadas: ser feliz, estar tranquilo... Ante estos planteamientos es necesario explorar qué hay detrás de estas metas, qué significa para la persona lograr eso y por qué es tan importante para ella. Es trabajo del profesional es presentar el concepto de «valor» como una dirección en la vida, algo hacia lo que dirigirnos, aunque nunca lo alcancemos. La cuestión a responder es qué clase de persona le gustaría ser, para lo cual es necesario que contacte con su yo contexto y examine aquello que ha sido y es significativo en su vida, más allá de las experiencias temporales.

Una vez clarificados los valores, se anotan como fines deseados. A continuación, se busca poner en primer plano las barreras a los valores, aquellos aspectos que pueden estar bloqueando el camino en la dirección valiosa. Estas barreras pueden ser «internas», eventos privados valorados como negativos (apatía, anergia, pensamientos de inutilidad...) o «externas» (dificultades económicas, circunstancias vitales...). El propósito es señalar que se puede responder de otra forma ante las barreras internas y adaptarse a las barreras externas, de modo que uno pueda ir avanzando hacia la dirección elegida, subrayando el concepto de «elección».

ACT diferencia entre acciones elegidas y decisiones (Hayes et al., 2014). Las decisiones se explican mediante procesos verbales (se argumentan); sin embargo, las elecciones no se hacen por razones concretas, tienen que ver con los valores. Por ejemplo, el que se elija una bebida u otra tiene que ver

© Ediciones Pirámide

con los valores, salvo que sea una decisión con argumentación (por ejemplo, por ser más o menos saludable...).

Como señala Pérez-Álvarez (1996), las decisiones son resultado de un análisis lógico que pondera diferentes opciones. Las decisiones consisten en la selección de una alternativa por determinadas razones. Por otro lado, una elección es una alternativa seleccionada sin una razón, aunque pueden existir razones.

Se plantea que en cualquier elección que hagamos en la vida podemos encontrar razones que la justifiquen, se trata de resituar la responsabilidad de los actos en la persona y en su elección, de acuerdo con unos valores personales y no con las razones que siempre vamos a poder encontrar. La cuestión, en definitiva, es que somos los responsables de toda elección que hagamos en nuestra vida.

Continuando con el ejemplo anterior, seguramente podamos encontrar razones para elegir una bebida u otra, la cuestión es que, más allá de esas razones, podemos hacer una elección; del mismo modo, un paciente con sintomatología negativa puede encontrar razones tanto para permanecer tumbado en la cama durante toda la mañana como para levantarse, asearse e iniciar una actividad. En último término, se trata de actuar *con* razones, no *por* razones; hay que aceptar que la responsabilidad se sitúa en la persona que tiene capacidad de elegir, no en las razones.

Una vez asumida la responsabilidad de dirigir nuestra vida hacia aquello que nos resulta valioso, los valores se han de poner en relación con **acciones específicas,** con independencia de los eventos privados.

El paciente con sintomatología negativa argumenta con frecuencia que necesita un cambio en la intensidad y/o frecuencia de sus síntomas para poder movilizar su comportamiento. El asunto aquí es que son nuestras acciones lo que dejan huella en nuestra vida, no nuestros sentimientos, pensamientos, deseos, gustos..., del mismo modo que cuando uno tiene hambre, lo más probable es que elija comer algo antes que imaginar comer algo, lo esencial es lo que hacemos. Es por ello por lo que debemos centrarnos en nuestros actos, los cuales pueden entrar en conflicto con nuestros eventos internos y aun así llevarse a cabo. Así es posible, por ejemplo, elevar un brazo mientras pensamos o decimos en voz alta que no podemos elevar ese brazo, del mismo modo que un paciente con sintomatología negativa puede implicarse en una tarea aunque piense que no es capaz o se sienta cansado. El recurrir a este tipo de experiencias personales permite mostrar al paciente la independencia entre los actos de uno y sus eventos privados, en contra del contexto socioverbal en el que nos hemos desarrollado, que establece una relación causa-efecto entre esos eventos y la conducta.

Aquellos planteamientos que cuestionan cuáles son las condiciones imprescindibles, necesarias y suficientes para llevar a cabo una conducta nos sirven para reforzar el trabajo propuesto. Así, nos encontramos por ejemplo con un paciente que ha dejado de ir al cine por encontrarse «desanimado» y «sin ganas», podemos examinar con él qué es lo que realmente se necesita para poder ir a ver una película al cine: ¿necesitamos que haya un cine?, ¿necesitamos que el cine este abierto?, ¿necesitamos poder llegar al cine?, ¿necesitamos pagar la entrada al cine?..., probablemente no tenga problemas en reconocer estas condiciones; ahora bien, y esto es lo esencial, ¿es imprescindible estar animado para ir cine?, ¿es imprescindible ir acompañado al cine?, ¿se puede ir al cine sin ganas?; en último término, ¿se puede ir incluso a ver una película que no entra dentro de tus gustos?...

Mostramos de esta forma que los eventos privados, que en muchos casos son señalados por los pacientes como barreras para el paso a la acción, no tienen tanto poder como les solemos atribuir, no son una condición necesaria y suficiente para activar el comportamiento. Otra cuestión es que se requiera un esfuerzo para «saltarse» esas barreras; es evidente que, si uno percibe ganas de ir al cine, le atrae una película, va a ir acompañado y disfruta de esa compañía, es más probable que inicie ese comportamiento; ¿por qué hacerlo entonces si no se dan esas condiciones?, la respuesta ha de ponerse en relación con los valores de esa persona: ¿este comportamiento me orienta hacia alguna de las direcciones significativas de mi vida?

También es importante mencionar el coste que supone llevar a cabo acciones en una dirección valiosa, preguntándonos si estamos dispuestos a asumir ese coste. Existen varios ejercicios que se pueden realizar en esta línea, como por ejemplo la *metáfora del cubo de basura,* que consiste en pedirle que imagine un cubo de basura lleno de cosas desagradables y preguntarle si sería capaz de rebuscar en el cubo si sabe que en el fondo de este hay un objeto que es de espe-

© Ediciones Pirámide

cial valor para él. Planteado en estos términos, es probable que acepte rebuscar en el cubo, la clave entonces radica en que las personas somos capaces de aceptar experimentar sensaciones desagradables en la medida que lo ponemos en relación con algo que nos resulte valioso. Es decir, determinadas acciones pueden implicar notar con más intensidad los síntomas, pero quizá merezca la pena si realmente nos están dirigiendo hacia aquello que nos importa en la vida.

Al contrario que en otros enfoques terapéuticos centrados en la reducción de los síntomas, en ACT se les pide a los pacientes que sigan avanzando con ellos, tratando de ampliar su experiencia emocional, que incluiría todo el rango de emociones que son experimentadas, independientemente de cómo sean valoradas. Es decir, se pone el foco en la vida de la persona, no en el síntoma en sí, de este modo no se trata tanto de centrar nuestra atención en si la persona presenta este o aquel síntoma como de ver si está avanzando o no en su proyecto de vida, con o sin síntomas que le acompañen. Así, más que interesarnos por si presenta o no sensación de apatía o de si ha disfrutado o no de una actividad en concreto, nos interesamos por si ha llevado a cabo una actividad comprometida con sus valores personales. Toda su energía se ha de enfocar en esos valores y en las acciones que les acercan a ellos, no en intentar reducir los síntomas.

Para reforzar esta idea se puede retomar la *metáfora del autobús,* en la que le pedimos al paciente que imagine que la vida es como un viaje y él está conduciendo un autobús para ir hacia aquellos lugares que son importantes para él. El caso es que en el autobús viajan también distintas personas, estos pasajeros se corresponden con sus pensamientos, sentimientos..., algunos de ellos son recuerdos felices o pensamientos positivos, otros son desagradables. Puede que en ocasiones quiera parar el autobús, bien para ponerse a charlar con los pasajeros agradables o bien para discutir o «negociar» con los pasajeros desagradables. En cualquiera de los casos ha detenido su marcha, la cuestión es que es la persona quien conduce el autobús, los pasajeros no pueden hacerlo. Ahora bien, existe otra opción: seguir conduciendo en la dirección que quiera, simplemente transportando a esos pasajeros, sin luchar contra ellos, sin parar el autobús.

En un paciente con sintomatología negativa los pasajeros agradables pueden referirse, por ejemplo, a recuerdos agradables, previos a la enfermedad, en los que se queda atrapado; por su parte, los pasajeros desagradables pueden presentarse de múltiples formas, pensamientos del tipo «soy una carga», «no sirvo para nada», «no puedo hacerlo», o sentimientos de apatía y desgana. Se trata de devolver al paciente el control, recordarle que él es el conductor del autobús y él puede elegir qué hacer. Para ello se ponen en primer plano los valores de las personas, como direcciones a seguir. Estos valores no serían sitios concretos a donde llegar, serían más bien como los puntos cardinales o unos faros que nos guían pero que nunca se alcanzan. Así, por ejemplo, si un valor importante para el paciente es «ser respetuoso y cálido con sus padres», es necesario insistir en que nunca se va a conseguir completamente, es como decidir ir hacia el norte, pero sin llegar nunca a él, como la línea del horizonte que podemos contemplar, pero que a medida que nos desplazamos continuará igual de lejana.

El asunto es que para ir en la dirección deseada hay que actuar. Nos toca ahora centrarnos en comportamientos, en acciones comprometidas con los valores personales. Una vez establecidos los valores, debemos preguntarnos si lo que estamos haciendo en estos momentos nos aleja o nos acerca de esa dirección. Hay que ver qué tipo de acciones nos vuelven a situar en la dirección adecuada. De este modo intentamos establecer con el paciente objetivos concretos, realistas, orientados en el tiempo en relación con esos valores. Así, si por ejemplo un paciente identifica como uno de sus valores personales «mantener una buena salud», habría que acordar con él qué tipo de acciones específicas podría llevar a cabo que lo sitúen en esa dirección, ya sea dar un paseo diario de una hora, apuntarse al gimnasio para ir tres veces por semana, cuidar sus ingestas alimentarias o reducir el consumo de tabaco diario. En cualquier caso, el mantener una buena salud nunca se va a conseguir del todo, pero en función de ese valor sí se pueden establecer comportamientos concretos que se pueden alcanzar.

La forma de trabajar desde el modelo ACT enlaza así con el abordaje del trastorno mental grave desde el modelo de recuperación, en la medida que se busca que el paciente recupere la esperanza en sus propias posibilidades y empiece a plantearse qué quiere hacer con su vida. Los profesionales se centran entonces en proporcionarle el apoyo necesario

© Ediciones Pirámide

para ir consiguiendo aquellos objetivos que le acerquen a su proyecto vital.

De este modo se acuerdan objetivos a corto, medio y largo plazo, graduados en nivel de exigencia y se establece un plan de acción. A continuación, se valoran con el paciente las barreras que puedan ir surgiendo en la consecución de esos objetivos y se establecen las estrategias a adoptar.

Este planteamiento puede suponer un desafío para algunos pacientes, especialmente para aquellos con más años de evolución de la enfermedad, ya que se les está pidiendo adoptar una postura activa frente al rol tradicional de enfermo pasivo que recibe cuidados. El hecho de pedirles que expresen su opinión sobre qué vida les gustaría llevar puede suponer ya un primer paso para romper la dinámica de aislamiento y desesperanza en la que muchos se encuentran.

El iniciar acciones comprometidas con sus valores personales implica poner en práctica los procesos esenciales trabajados desde el modelo ACT. De este modo, el estar enfocados en el momento presente les permite no solo conectar con su entorno para actuar más eficazmente, sino también entrar en contacto con sus eventos privados desde una posición de aceptación, sin caer en una lucha o un enredamiento improductivo, lo cual es posible desde una posición de observador de sí mismo, desde la conciencia de una perspectiva que permanece a través de todas sus experiencias y que establece una distancia con sus contenidos verbales.

Por último, es necesario plantear el trabajo a realizar como un proceso en el que pueden darse recaídas, momentos en los que ha vuelto a detener el autobús y se ha puesto a discutir o negociar con los pasajeros; la solución pasa por volver a coger el volante, levantar la mirada hacia el horizonte (que siempre va a estar presente) y reanudar la marcha.

## 4. CONCLUSIONES

Los síntomas negativos son el mejor indicador de discapacidad relacionada con la psicosis. Dado que el 60% de las personas con psicosis presentan algún síntoma negativo, es preciso concretar su definición, evaluación y abordaje.

Los modelos factoriales consideran que los síntomas negativos se pueden agrupar en: aislamiento social, anhedonia, avolición, afecto plano y alogia, los cuales, a su vez, se pueden agrupar en dos dimensiones: una experiencial o de involucración con el entorno (aislamiento social, anhedonia y avolición) y otra expresiva o de experiencia emocional disminuida (afecto plano y alogia).

La medicación antipsicótica es poco eficaz con la sintomatología negativa; sin embargo, las intervenciones psicológicas han demostrado su eficacia. La intervención desde las terapias cognitivo-conductuales ha ido evolucionando desde el conductismo operante, pasando por la intervención familiar y el entrenamiento en habilidades sociales, para terminar con las terapias de tercera generación, donde se enmarca la terapia de aceptación y compromiso (ACT).

ACT no es una psicoterapia para eliminar los signos y síntomas de la psicosis. Busca cambiar la relación con los síntomas en lugar de cambiarlos o eliminarlos. Pone el foco en los valores personales y cómo conseguirlos a pesar de los síntomas. En este sentido, ACT encaja con el modelo de recuperación empleado en el ámbito de la rehabilitación psicosocial, el cual pretende que la persona con psicosis recupere el sentido de su vida a pesar de tener la enfermedad.

Desde un enfoque tradicional, clínico-descriptivo, se han utilizado múltiples instrumentos para evaluar los síntomas negativos de la esquizofrenia, los cuales son de poca ayuda para ACT, pues se trata de una terapia transdiagnóstica, que se centra en el análisis funcional de la conducta. Al hallar sus raíces en el análisis funcional de la conducta, ACT se dirige a una clase funcional de conductas que puede estar presente en multitud de desórdenes psicológicos. En este sentido, los síntomas negativos se pueden conceptualizar como una forma de evitación experiencial, existiendo algunos instrumentos utilizados desde ACT para la evaluación del trastorno de evitación experiencial y los valores. Estos instrumentos evalúan los valores en relación a distintas áreas vitales.

Durante el proceso de evaluación-intervención en valores, el terapeuta y el paciente trabajan para clarificar lo que el paciente quiere más allá de lo que quieren otros (familia, amigos, compañeros...). En ACT la evaluación y la intervención forman parte de un mismo proceso y tiene especial relevancia la vulnerabilidad y los valores de la persona, de modo que, en lugar de mirar hacia los síntomas, el proce-

© Ediciones Pirámide

so de terapia va dirigido hacia lo que la persona quiere hacer en su vida.

En la intervención de la sintomatología negativa de la psicosis hay que tener en cuenta el nivel cognitivo de la persona a tratar, pues, dependiendo de la capacidad de comprensión y abstracción, tendremos que adaptar el lenguaje a la hora de plantear las paradojas, los ejercicios experienciales y las metáforas. En este sentido, cuando se hace un abordaje grupal, es conveniente hacer grupos homogéneos en función del nivel cognitivo. También es importante trabajar con la familia, pues la mayor parte de las veces no entienden estos síntomas y culpan al paciente.

A la hora de abordar la sintomatología negativa desde ACT, nos hemos centrado en el modelo de flexibilidad psicológica, el cual plantea que hay seis procesos que se agrupan en tres estilos de respuesta: centrado, abierto y comprometido.

El **estilo de respuesta centrado** se basa en prestar atención al momento presente desde un yo-contexto. Experiencias como la escasa reactividad emocional, el aplanamiento afectivo o la dificultad para experimentar placer pueden verse agravadas por la falta de contacto de la persona con el momento presente. Por ello, uno de los primeros objetivos a trabajar tiene que ver con ayudar a la persona a tomar contacto con lo que está sucediendo en el momento presente, tanto a nivel de eventos internos como en lo referente al ambiente externo. Para conseguirlo se señalan distintos ejercicios y metáforas. También se plantea trabajar la atención flexible en el momento presente a través de ejercicios de *mindfulness* o atención plena.

Desde este estilo de respuesta también se le enseña al paciente a diferenciar el yo como contenido del yo como contexto, es decir, a crear en la persona un sentido de identidad más allá de los estados que puede atravesar en ciertos momentos. El proceso psicótico supone una ruptura en el sentido de continuidad del yo, la persona tiene dificultades para integrar sus experiencias pasadas y actuales. Desde el modelo ACT se busca que la persona vuelva a entrar en contacto consigo mismo y con su entorno. Se trata de construir con el paciente un sentido de uno mismo que transciende a las experiencias concretas. Hay tres marcos de toma de perspectiva que participan en la construcción del yo verbal: las distinciones YO-TÚ, AQUÍ-ALLÍ y AHORA-ENTONCES. Se pretende que la persona hable desde la perspectiva de YO-AQUÍ-AHORA sobre cosas que han ocurrido ALLÍ y ENTONCES.

El **estilo de respuesta abierto** se basa en mejorar la aceptación y la defusión. En la aceptación se plantea mantenerse frente a las situaciones, sentimientos y/o pensamientos que producen malestar y ver qué ocurre. No se trata de una técnica de exposición en la que se pretende disminuir el malestar o la ansiedad. Se pretende aprender a permanecer con el malestar, sin intentar controlarlo, y generar respuestas adaptativas. En este sentido, hay que distinguir entre el dolor limpio (malestar esperado que se siente ante un problema real) y el dolor sucio (malestar que se siente cuando se lucha por eliminar o controlar el dolor limpio). Hay que aprender a aceptar el dolor limpio y buscar una respuesta a la situación o problema, no al malestar que produce.

En la defusión se plantea separarnos de los pensamientos, pues con frecuencia nos relacionamos con ellos como si fueran una representación de la realidad, sin tener en cuenta otras variables de la realidad misma. ACT no persigue en ningún caso alterar directamente la forma o contenido de la cognición, lo que pretende es distinguir los pensamientos de la realidad.

El **estilo de respuesta comprometido** se basa en recuperar los valores de la persona y tener un compromiso de acción con esos valores. Para determinar cuáles son los valores del paciente se plantea hacer una clarificación de valores, cuyo propósito es facilitar la identificación de lo que es importante en la vida de la persona. Se pretende que el paciente recupere el sentido de su vida, que tenga un proyecto vital. Hay que estar pendientes de posibles interferencias a la hora de clarificar los valores, es decir, tenemos que asegurarnos de que clarificamos los valores del paciente, no los del entorno.

Una vez concretados los valores del paciente, se plantea que emprenda acciones en consonancia con esos valores. Las personas con sintomatología negativa tienen gran dificultad para mantenerse activos, habiendo pocas cosas que les motiven. Si inician acciones en relación a sus valores es más probable que las sigan haciendo, pues las acciones de una vida significativa son reforzadores intrínsecos. Por otro lado, es importante detectar las barreras que surgen a la hora de llevar a cabo las acciones, las cuales suelen ser eventos privados del paciente que en realidad no suelen tener tanto poder como les atribuye.

© Ediciones Pirámide

## ANEXOS

### Anexo I. Dominios de los síntomas negativos (Buchanan, 2007; Carpenter et al., 2016)

| Anhedonia | Asociabilidad | Afectividad embotada o aplanada | Apatoabulia | Alogia |
|---|---|---|---|---|
| Incapacidad para experimentar placer, o bien la pérdida de interés o satisfacción en casi todas las actividades. Se considera una falta de reactividad (tanto en la intensidad como en frecuencia) a los estímulos habitualmente placenteros, como por ejemplo las actividades sociales, físicas, de ocio o de trabajo. | Reducción en la actividad social, acompañada por una disminución en el interés por formar nuevas relaciones con otros. | Disminución en la externalización de la expresión emocional; por ejemplo, expresiones faciales, gestuales, vocales, etc. | Reducción de la iniciativa y de la persistencia para realizar una actividad. | Disminución del lenguaje espontáneo y del contenido semántico de este (lenguaje empobrecido). |

### Anexo II. Formulario narrativo de valores (Hayes et al., 1999)

Generar una narración breve en cada área sobre la base de la discusión del trabajo llevado a cabo por el cliente respecto a lo que valora. Si algún área no es aplicable en un cliente, simplemente se deja en blanco. Después de haber narrado las direcciones valiosas, volver sobre ellas a fin de perfilarlas con el cliente. Continuar este proceso, al tiempo que se cuida que el cliente no ofrezca respuestas de tipo *pliance,* es decir, respuestas reguladas por contingencias mediadas por otros, hasta que terapeuta y cliente lleguen a una frase breve con la que el cliente esté de acuerdo en que resume sus valores para un área dada.

| Área | Narración de la dirección valiosa |
|---|---|
| Relaciones íntimas/parejas | |
| Relaciones familiares | |
| Relaciones sociales | |
| Trabajo | |
| Educación y formación | |
| Ocio | |
| Espiritualidad | |
| Ciudadanía | |
| Salud/bienestar físico | |

Adaptado de Wilson y Luciano (2002).

© Ediciones Pirámide

## Anexo III. Formulario de estimación de valores de valores (Hayes et al., 1999)

Lea las narraciones de los valores generadas por su terapeuta y usted. Luego estime la importancia que cada área tiene para usted en una escala de 1 (muy importante) a 10 (poco importante). Estime también el grado de satisfacción con que ha vivido en cada una de las áreas durante el pasado mes, en una escala de 1 (mucha satisfacción) a 10 (poca satisfacción). Finalmente, ponga por orden las direcciones valiosas de acuerdo con la importancia que tienen para usted, indicando con 1 la dirección que más importancia tenga para usted, o sea, la primera, luego la segunda, y así sucesivamente.

| Área | Narración de la dirección valiosa | Importancia 1-10 | Satisfacción 1-10 | Orden |
|---|---|---|---|---|
| Relaciones íntimas/parejas | | | | |
| Relaciones familiares | | | | |
| Relaciones sociales | | | | |
| Trabajo | | | | |
| Educación y formación | | | | |
| Ocio | | | | |
| Espiritualidad | | | | |
| Ciudadanía | | | | |
| Salud/bienestar físico | | | | |

Adaptado de Wilson y Luciano (2002).

## Anexo IV. Formulario de metas, acciones y barreras (Hayes et al., 1999)

Dado el listado de direcciones valiosas, ahora se trata de trabajar con el cliente para generar objetivos (eventos realistas) y acciones (pasos concretos que el cliente pueda dar) que manifiesten dichos valores. Luego, preguntando y por ejercicios, se identifican los eventos psicológicos que se interponen entre el cliente y su movimiento en dirección a sus valores. Si el cliente presenta eventos o hechos públicos como barreras, se reformulan en términos de objetivos y se sitúan en recorridos valiosos (las áreas pueden variar de las planteadas originalmente). Entonces volver sobre las acciones y barreras relevantes para esos objetivos de la misma forma.

| Área | Dirección valiosa | Objetivos | Acciones | Barreras |
|---|---|---|---|---|
| Parejas/relaciones íntimas | | | | |
| Relaciones familiares | | | | |
| Relaciones sociales | | | | |
| Trabajo | | | | |
| Educación y formación | | | | |
| Ocio | | | | |
| Espiritualidad | | | | |
| Ciudadanía | | | | |
| Salud/bienestar físico | | | | |

Adaptado de Wilson y Luciano (2002).

© Ediciones Pirámide

## REFERENCIAS BIBLIOGRÁFICAS


Álvarez, J. M. y Colina, F. (2011). Origen histórico de la esquizofrenia e historia de la subjetividad. *Frenia. Revista de Historia de la Psiquiatría, 11*(1), 1577-7200.

Anthony, W. A. (1993). Recovery from mental illness: The guiding vision of the mental health service system in the 1990s. *Psychosocial Rehabilitation Journal, 16,* 11-23.

Arnau, J. (2020). El tiempo era otra cosa. *Babelia* (1 de agosto), *El País.*

Arroyo, J. L., Álvarez, A. y De Rivas, S. (2013). Revisión de la terapia de aceptación y compromiso aplicada a psicosis. *Informaciones Psiquiátricas: V Jornadas de Salud Mental y Rehabilitación Psicosocial, 214.*

Barnes, D., Hayes, S. y Dymond, S. (2001). Self and self-directed rules. En S. C. Hayes, D. Barnes y B. Roche (eds.), *Relational frame theory: A post-skinnerian account of human language and cognition* (pp. 119-139). Kluwer Academic-Plenum Publishers.

Barnes, Y., Barnes, D. y Cullinam, V. (2001). Education. En S. C. Hayes, D. Barnes y B. Roche (eds.), *Relational frame theory: A post-skinnerian account of human language and cognition* (pp. 181-195). Kluwer Academic-Plenum Publishers.

Bleuler, E. (1911). *Dementia praecox or the group of schizophrenias.* International Universities Press.

Bobes, J., Arango, C., García-García, M., Rejas, J. y CLAMORS Study Collaborative Group (2010). Prevalence of negative symptoms in outpatients with schizophrenia spectrum disorders treated with antipsychotics in routine clinical practice: Findings from the CLAMORS study. *Journal of Clinical Psychiatry, 71,* 280-286.

Blanchard, J. J. y Cohen, A. S. (2006). The structure of negative symptoms within schizophrenia: Implications for assessment. *Schizophrenia Bulletin, 32*(2), 238-245.

Buchanan, R. W. (2007). Persistent negative symptoms in schizophrenia: An overview. *Schizophrenia Bulletin, 33*(4), 1013-1022.

Carpenter, W. T., Blanchard, J. J. y Kirkpatrick, B. (2016). New Standards for Negative Symptom Assessment. *Schizophrenia Bulletin. 42*(1), 1-3.

Docherty, A. R. y Sponheim, S. R. (2014). Anhedonia as an indicator of genetic vulnerability. En M. S. Ritsner (ed.), *Anhedonia: A comphrensive Handbook (vol. II)* (pp. 105-123). Springer.

Fonseca-Pedrero, E., Inchausti, F., Ortuño-Sierra, J., Gutiérrez, C., Gooding, D. C. y Paino, M. (2015). Avances en la evaluación de los síntomas negativos en el síndrome psicótico. *Papeles del Psicólogo, 6*(1), 33-45.

Foussias, G. y Remington, F. (2010). Negative symptoms in schizophrenia: avolition and Occam's razor. *Schizophrenia Bulletin, 36*(2), 359-369.

García-Montes, J. M. y Pérez-Álvarez, M. (2005). Fundamentación experimental y primeras aplicaciones clínicas de la terapia de aceptación y compromiso (ACT) en el campo de los síntomas psicóticos. *Revista Latinoamericana de Psicología, 37*(2), 379-393.

García-Montes, J. M. y Pérez-Álvarez, M. (2016). Terapia de aceptación y compromiso aplicada a la esquizofrenia. Estado actual y direcciones futuras. *Análisis y Modificación de Conducta, 42*(165-166), 99-119.

García-Montes, J. M., Pérez-Álvarez, M. y Cangas-Díaz, A. (2006). Aproximación al abordaje clínico de los síntomas psicóticos desde la aceptación. *Apuntes de Psicología, 24*(1-3), 293-307.

Hayes, S. C. (2004). Acceptance and commitment therapy, relational frame theory, and third wave of behavioral and cognitive therapies. *Behavior Therapy, 35,* 639-665.

Hayes, S. C., Strosahl, K. D. y Wilson, K. G. (1999). *Acceptance and commitment therapy: An experiential approach to behavior change.* The Guilford Press.

Hayes, S. C., Strosahl, K. y Wilson, K. G. (2014). *Terapia de aceptación y compromiso. Proceso y práctica del cambio consciente (Mindfulness)* (2.ª ed.). Desclée de Brouwer.

Hayes, S. C., Wilson, K. W., Gifford, E. V., Follette, V. M. y Strosahl, K. (1996). Experiential avoidance and behavioral disorders: A functional dimensional approach to diagnosis and treatment. *Journal of Consulting and Clinical Psychology, 64,* 1152-1168.

Hogg, L. (1996). Psychological treatments for negative symptoms. En G. Haddock y P. D. Slade (eds.), *Cognitive-behavioural interventions with psychotic disorders* (pp. 151-167). Routledge.

Howlin, P., Baron-Cohen, S. y Hadwin, J. (1999). *Teaching children with autism to mind-read: A practical guide.* Chichester: Wiley.

Kurtz, M. M. (2005). Symptoms versus neurocognitive test performance as predictors of psychosocial status in schizophrenia: A 1 and 4-year prospective study. *Schizophrenia Bulletin, 31,* 167-174.

Leamy, M., Bird, V., Le Boutillier, C., Williams, J. y Slade, M. (2011). Conceptual framework for personal recovery in mental health: Systematic review and narrative synthesis. *British Journal of Psychiatry, 199*(6), 445-452.

Luciano, M. C. y Hayes, S. C. (2001). Trastorno de evitación experiencial. *Revista Internacional de Psicología Clínica y de la Salud, 1,* 109-157.


© Ediciones Pirámide

Martín, M., Gómez, I., Chávez, M. y Greer, D. (2006). Toma de perspectiva y teoría de la mente: aspectos conceptuales y empíricos. Una propuesta complementaria y pragmática. *Salud Mental, 29*(6), 5-14.

McHugh, L., Barnes, Y. y Barnes, D. (2004). A relational frame account of the development of complex cognitive phenomena: Perspective taking, false belief understanding and deception. *International Journal of Psychology and Psychological Therapy, 4*(2), 303-324.

McHugh, L., Barnes, Y., Barnes, D., Stewart, I. y Dymond, S. (2007). Deictic relational complexity and the development of deception. *The Psychological Record, 57*(4), 517-531.

Meehl, P. E. (1962). Schizotaxia, schizotypy, schizophrenia. *American Psychologist, 17*(12), 827-838.

Morales Vigil, T., Fresán Orellana, A., Robles García, R. y Domínguez Correa, M. (2015). La terapia cognitivo-conductual y los síntomas negativos en la esquizofrenia. *Salud Mental, 38*(5), 371-377.

Novella, E. y Huertas, R. (2010). El síndrome de Kraepelin-Bleuler-Schneider y la conciencia moderna: una aproximación a la historia de la esquizofrenia. *Clínica y Salud (online), 21*(3), 205-219.

Pankey, J. y Hayes, S. (2003). Acceptance and commitment therapy for psychosis. *International Journal of Psychology and Psychological Therapy, 3,* 311-328.

Pérez-Álvarez, M. (1996). *La psicoterapia desde el punto de vista conductista.* Biblioteca Nueva.

Pérez-Álvarez, M. (2006). La terapia de conducta de tercera generación. *EduPsykhé, 5*(2), 159-172.

Pérez-Álvarez, M. y García-Montes, J. M. (2006). Entendimiento filosófico de la esquizofrenia. *Apuntes de Psicología, 24*(1-3), 11-29.

Pizzagalli, D. A. (2010). The «anhedonia paradox» in schizophrenia: Insights from affective neuroscience. *Biological Psychiatry, 67*(10), 899-901.

Rodríguez González, A. (2006). El papel de los Servicios Sociales en la rehabilitación psicosocial y atención social comunitaria de las personas con enfermedades mentales crónicas: la experiencia del Plan de Atención Social a Personas con Enfermedad Mental Grave y Crónica (2003-2007) de la Consejería de Familia y Asuntos Sociales de la Comunidad de Madrid. *Indivisa: Boletín de Estudios e Investigación, 6,* 15-54.

Slade, M. (2009). The personal recovery framework: The contribution of mental health services to recovery, *Journal of Mental Health, 18,* 367-371.

Turner, D. T., Reijnders, M., Van der Gaag, M., Karyotaki, E., Valmaggia, L. R., Moritz, S., Lecomte, T., Turkington, D., Penades, R., Elkis, H., Cather, C., Shawyer, F., O'Connor, K., Li, Z. J., Barretto, E. M. D. y Cuijpers, P. (2020). Efficacy and Moderators of Cognitive Behavioural Therapy for Psychosis Versus Other Psychological Interventions: An Individual-Participant Data Meta-Analysis. *Frontiers in Psychiatry, 11*(402).

Wilson, K. G. y Luciano, M. C. (2002). *Terapia de aceptación y compromiso (ACT). Un tratamiento conductual orientado a los valores.* Madrid: Pirámide.

© Ediciones Pirámide

# 15 Abordaje de la disfunción emocional en psicosis

BÁRBARA GIL LUCIANO
ADRIÁN BARBERO RUBIO
BEATRIZ SEBASTIÁN SÁNCHEZ

## 1. INTRODUCCIÓN

El presente capítulo tiene como objetivo abordar el perfil de «disfunción emocional» en psicosis, entendiendo este como el conjunto de «comorbilidades psicológicas imbuidas en el concepto de esquizofrenia», siendo la más habitual la presencia de alteraciones emocionales en forma de ansiedad y sensaciones postraumáticas. En primer lugar se expone el panorama habitual de abordaje desde la perspectiva cognitivo-conductual para, seguidamente, situar el abordaje teórico y práctico desde la perspectiva contextual en la segunda parte del capítulo.

## 2. ESQUIZOFRENIA COMO «COMPENDIO» DE PSICOPATOLOGÍA

Desde que Kraepelin (1856-1926) acuñara el término «demencia precoz» y Bleuer (1857-1939) la rebautizara como «esquizofrenia», esta «entidad» no ha dejado de transformarse. Con la publicación del DSM-I en 1952 (APA, 1952) se ofreció una definición amplia y abstracta del trastorno, sin criterios operativos —imprecisión y vaguedad que mantuvo la segunda edición—. Progresivamente, en las sucesivas ediciones del DSM, se fueron definiendo con mayor claridad los criterios diagnósticos de la esquizofrenia. Sin embargo, tras la publicación del DSM-5 (APA, 2013) todavía no se dispone de una «definición operativa y consensuada» de lo que se entiende por «psicosis» o «esquizofrenia» (véase Lemos, Vallina, Fonseca, Paino y Fernández, 2016; Fonseca y Lemos, 2019; para un desarrollo histórico más amplio).

Así, como sucede con otros trastornos, el diagnóstico de la esquizofrenia fue un *acuerdo* de un comité de expertos, basado exclusivamente en la fenomenología clínica. Y, hoy en día, el *espectro de la esquizofrenia/psicosis* como entidad clínica es «todo un compendio de la psicopatología, ya que virtualmente puede incluir la *alteración de cualquier proceso psicológico básico* (percepción, pensamiento, conducta motora, afectividad...)» (Lemos et al., 2016, p. 1047).

Si bien suele asumirse que las experiencias psicóticas —sintomatología positiva como alucinaciones o delirios— son un sello distintivo de la esquizofrenia, estos fenómenos también se dan en otros problemas, como los trastornos del estado de ánimo y los trastornos de personalidad, siendo reportados incluso por personas sin un diagnóstico psiquiátrico (Kelleher y DeVylder, 2017; McGrath et al., 2015). Por su parte, los síntomas negativos —anhedonia, abulia, apatía, etc.— tampoco son específicos de la esquizofrenia y suelen estar acompañados y, a menudo, precedidos, por dificultades emocionales más comunes, como la ansiedad y la depresión (Birchwood, 2003; Godoy, Godoy-Izquierdo y Vázquez, 2014; O'Donoghue, Morris, Oliver y Johns, 2018).

Así, los límites nosológicos entre los trastornos psicóticos y otros trastornos psicológicos son borrosos. Además, es frecuente el abuso de sustancias y la presencia comórbida de ansiedad, depresión y actos suicidas (Fonseca y Lemos, 2019). Numerosos autores han sugerido que el hecho de que varios problemas psicológicos rara vez ocurran de manera aislada puede señalar que la comorbilidad es un artefacto de los actuales sistemas diagnósticos, que establecen categorías que no existen en la naturaleza (Krueger y Markon, 2006; Maj, 2005).

© Ediciones Pirámide

En definitiva, la categoría de la esquizofrenia parece un «**compendio» de psicopatología,** que engloba gran cantidad de síntomas diversos y una marcada confusión y solapamiento con sintomatología afectivo-emocional, especialmente depresiva y ansiosa. Por ello, resulta fundamental tener en consideración estos aspectos de *disfunción emocional,* o «comorbilidades», al realizar el análisis del caso y su abordaje terapéutico, como se expondrá a lo largo del presente capítulo.

## 3. APROXIMACIÓN TRADICIONAL A LA DISFUNCIÓN EMOCIONAL

Bleuer (1950) ya señalaba que los problemas afectivos forman parte del corazón de la esquizofrenia, considerando las alucinaciones y delirios como formas auxiliares del trastorno. Años después, las aportaciones de Jaspers (1963) y su distinción entre psicosis afectivas y no afectivas relegó este enfoque a un segundo plano. Hasta que, en las últimas décadas, se ha empezado a tratar el plano afectivo bajo la denominación de «comorbilidad» o, más específicamente, *disfunción emocional:* se considera que es un aspecto nuclear de la esquizofrenia, concediéndosele de nuevo una gran importancia en los procesos de recuperación (Palma y Farriols, 2007).

En la actualidad, está ampliamente reconocido que la fase de pródromo y las primeras etapas de la psicosis «preparan la escena» para el desarrollo de un deterioro a nivel social y de «*comorbilidades psicológicas* imbuidas en el concepto de esquizofrenia» (Birchswood, Todd y Jackson, 1998; Harrison, Hopper, Craig et al., 2001; Jones et al., 1993; Wiersma, Nienhuis, Slooff y Giel, 1998; citado en Birchwood, 2003; Birchwood, Iqbal, Jackson y Hardy, 2005). En otras palabras, la *disfunción emocional,* en común con los síntomas nucleares y el deterioro, evoluciona rápida y enérgicamente durante el pródromo y las fases iniciales (Harrison et al., 2001).

De acuerdo con Max Birchwood, uno de los autores que más ha estudiado la disfunción emocional en psicosis (Birchwood, 2003; Birchwood et al., 2005), en esta categoría de *comorbilidad* se incluyen depresión e ideación suicida, ansiedad social, evitación social, sensaciones postraumáticas, abuso de sustancias y problemas para formar y mantener relaciones interpersonales.

La investigación muestra que, en los meses posteriores a un episodio agudo, más del 50% de los pacientes informan *depresión pospsicótica* (DPP; Addington, Addington y Patten, 1998; Birchwood et al., 2000a) y el riesgo de suicidio es elevado en los primeros compases del trastorno (Mortensen y Juel, 1993; Westermeyer, Harrow y Marengo, 1991; citado en Birchwood et al., 2005). Asimismo, un tercio reporta *reacciones traumáticas,* fundamentalmente imágenes intrusivas en torno al primer episodio y su tratamiento, suficientes como para ser diagnosticados de trastorno de estrés postraumático (TEPT) (McGorry et al., 1991). Finalmente, en torno al 50% de pacientes psicóticos reportan un miedo acusado y persistente a la interacción social (trastorno de ansiedad social) (Cosoff y Hafner, 1998).

Por otro lado, más allá de las primeras fases, se ha señalado que el trastorno emocional también tiene un impacto clínico sobre la evolución de la enfermedad, ya que incrementa la probabilidad de recaídas (Linzsen, Dingemans y Lenior, 1994; citado en Palma y Farriols, 2007).

En definitiva, múltiples formas emocionales parecen estar imbuidas en el transcurrir del trastorno psicótico, haciendo relevante su consideración en la intervención.

### *a)* Desarrollo de la disfunción emocional

Birchwood y cols. (2003; 2005) analizan los diferentes procesos que determinan el desarrollo y mantenimiento de estos aspectos de «comorbilidad», y postulan *tres posibles vías* (no excluyentes) u orígenes de la disfunción emocional en los individuos que presentan un primer episodio de psicosis:

- *a)* Trastorno emocional *intrínseco* a la predisposición a la psicosis.
- *b)* Una *reacción psicológica* a la psicosis.
- *c)* Producto de *vías del desarrollo alteradas* resultado de un trauma evolutivo.

#### *Trastorno emocional intrínseco a la predisposición a la psicosis*

Siguiendo a Birchwood, Iqbal, Jackson y Hardy (2005), esta vía hace referencia a la relación entre la psicosis y la depresión y, en menor medida, la ansiedad. Como se ha señalado, la depresión suele formar

© Ediciones Pirámide

parte de la fase prodrómica de la esquizofrenia (Jackson, McGorry y McKenzie, 1994), y habitualmente disminuye cuando empiezan a surgir los denominados *síntomas positivos* (Iqbal, Birchwood, Chadwick y Trower, 2000). La frecuente aparición de trastornos emocionales previos y acompañantes de la psicosis indica que contribuyen al desarrollo de los *síntomas positivos;* por ejemplo, los delirios suelen ser una representación directa de las preocupaciones emocionales y, en el caso de las alucinaciones, la emoción puede desencadenar y contribuir a su mantenimiento (Freeman y Garety, 2003).

En la misma línea, otros autores (Crespo, Soria, Hernández y Vallejo, 2008, p. 593) hablan de la *sintomatología depresiva previa al brote psicótico agudo* en referencia a ciertos síntomas inespecíficos —que a menudo no se distinguen de los característicos de procesos afectivos— que aparecen en las semanas o meses previos a un brote psicótico. Entre ellos cabe destacar «la presencia de disforia, ansiedad, sensación de tristeza, alteraciones del sueño, del apetito o del grado de energía, abandono de tareas y actividades sociales, suspicacia, cambio de hábitos personales: forma de vestir, puntualidad, higiene, etc.». Estos autores afirman que, a menudo, únicamente la observación clínica de la evolución del proceso y la respuesta al tratamiento permitirá diferenciar la clínica prodrómica de la depresiva: la primera acabará desembocando en sintomatología psicótica positiva y responderá favorablemente a fármacos antipsicóticos, hecho que no se dará en la segunda.

#### *Una reacción psicológica a la psicosis*

Esta segunda vía hace referencia a la psicosis como *acontecimiento vital traumático o difícil para la adaptación de las personas o sus familias.* En este sentido, la mayoría de expertos en el estudio de la esquizofrenia están de acuerdo en que la vivencia de la sintomatología positiva produce un malestar emocional intenso (Palma y Farrols, 2007).

Como señalan Morris, Johns y Oliver (2013), la experiencia de la psicosis puede generar intenso miedo, desesperanza u horror (Herring, 1995; Jordan, 1995). El *TEPT pospsicótico,* como suele denominarse (Shaw, McFarlane, Bookless y Air, 2002), está asociado a revivir eventos traumáticos relacionados con la experiencia psicótica, evitación y sobreexcitación *(overarousal).* Por lo que respecta a la *ansiedad social,* se ha afirmado que esta y la evitación pueden estar respaldadas por la vergüenza social y por el miedo a ser descubierto (Jackson y Iqbal, 2000).

Además, se sabe que la *depresión pospsicosis* se produce varios meses después de la recuperación (DPP; Addington, Addington y Patten, 1998) y se ha señalado que: «se puede predecir por la forma en la que los pacientes valoran la amenaza personal que supone este acontecimiento vital arrollador» (Birchwood et al., 2005, p. 381). Es decir, los pacientes viven la psicosis como una *pérdida* de metas sociales, de roles y estatus, como una fuente estigmatizante *(vergüenza, humillación)* y como una amenaza a su autonomía, que les lleva a sentirse *atrapados* por un supuesto trastorno maligno (Iqbal et al., 2000; Birchwood et al., 2005).

De acuerdo a Watson et al. (2006), esta vía es la que tiene especial relevancia, y señala que la percepción de una pérdida de control sobre la enfermedad parece ser predictiva de desmoralización y depresión (Birchwood, Mason, MacMillan y Healy, 1993).

En esta misma línea, Crespo, Soria, Hernández y Vallejo (2008, p. 593) afirman que los pacientes con esquizofrenia a menudo tienen «sentimientos de decepción o desilusión relacionados con la repercusión de la enfermedad en su vida cotidiana y en su futuro», de intensidad tal que «puede constituir un verdadero síndrome psiquiátrico, que puede aparecer de forma aguda o caracterizarse por una instauración paulatina y un curso crónico». Así, por un lado, se habla del *síndrome de decepción agudo,* cuya clínica puede ser similar a la de una depresión si se considera de forma transversal, si bien suele estar próxima en el tiempo al estresor (brote psicótico) y tener un carácter transitorio. Por otro lado, el *síndrome de decepción crónica o de desmoralización* incluye incertidumbre hacia el futuro, temor a la aparición de un nuevo brote, pesimismo, desánimo por la evolución de su vida y/o las pérdidas que implica la enfermedad, aunque no suele aparecer clínica vegetativa, que es parte fundamental de un síndrome depresivo.

#### *Producto de vías del desarrollo alteradas resultado de un trauma evolutivo*

Finalmente, en relación a la tercera vía, los estudios muestran que el primer episodio de psicosis

© Ediciones Pirámide

suele estar precedido por una experiencia «psicótica» de bajo nivel que se extiende en el comienzo de la adolescencia (Poulton, Caspi, Moffitt, Cannon, Murray y Harrington, 2000). Existe considerable evidencia de que ciertos *factores sociales* influyen en la morbilidad y los resultados: la vida urbana, especialmente la deprivación (Van Os et al., 2003), formar parte de grupos de exclusión social (Bhugra, Leff, Mallett, Der, Corridan y Rudge, 1997), el impacto de la inmigración (Bhugra, 2000) y los correlatos (favorables) del estatus de país «en vías de desarrollo» (Harrison et al., 2001). Estos antecedentes tienen un impacto en el desarrollo social y psicológico normal y «pueden implicar una baja autoestima, dificultades para el establecimiento de relaciones sociales y vulnerabilidad al estrés». Además, hay evidencia de un porcentaje elevado de acontecimientos traumáticos en personas con psicosis, que pueden predisponer a la DPP y a otros trastornos emocionales. Entre ellos se incluyen abuso sexual (Greenfield, Strakowski, Tohen, Batson y Kolbrener, 1994), embarazo involuntario (Myhrman, Rantakallio, Isohanni, Jones y Partanen, 1996) y vinculación parental disfuncional (Parker, Johnson y Hayward, 1988; Tienari, 1994).

### *b*) Intervención en disfunción emocional

#### 1. *Terapia cognitivo-conductual (TCC) para disfunción emocional*

Birchwood et al. (2005) comentan que la TCC para la psicosis evolucionó rápidamente durante la década de los noventa gracias al trabajo de Chadwick y Lowe (1990), quienes mostraron que el «empirismo colaborador» típico de este abordaje podía utilizarse con pacientes psicóticos. Este estudio abrió las puertas a una prolífera investigación que, poco a poco, fue permitiendo que la TCC tuviera un lugar en la intervención en psicosis. Sin embargo, dichos estudios consideraban y evaluaban la TCC como un cuasineuroléptico, comparando su eficacia en la reducción de síntomas positivos con los tratamientos farmacológicos. Estos autores, no obstante, recuerdan que la TCC, fundamentada básicamente en las tradiciones de Beck y Ellis, es, esencialmente, «una terapia dirigida a la disfunción emocional: depresión, ansiedad, trauma, ira, etc.». Así, con el tiempo, la consideración de la TCC como cuasineuroléptico se ha modificado y ha recuperado su planteamiento original, dirigiéndose a «aliviar el malestar asociado a la experiencia psicótica y a las disfunciones emocionales comórbidas». Este foco más amplio de la terapia ha sido defendido por Jackson et al. (2001) y «es especialmente apropiado en psicosis temprana, en la que estos trastornos se desarrollan antes o durante el primer episodio».

De ahí que Birchwood y Trower (2006) señalen que las nuevas terapias deban centrarse en la disfunción emocional y/o en la conducta anómala en la psicosis. Los objetivos de la TCC, por tanto, deben ser «reducir el malestar, la depresión y la conducta problemática asociada con los delirios persecutorios y las voces en personas de alto riesgo de desarrollar una psicosis; trabajar sobre los síntomas prodrómicos para prevenir la recaída en la psicosis, ya que se ha demostrado que es posible reducir las recaídas trabajando en los primeros signos afectivos y con la forma en que los pacientes los juzgan catastróficamente; reducir también la depresión y ansiedad social comórbidas, incluyendo la valoración que el paciente hace del diagnóstico y de sus consecuencias estigmatizantes; reducir la reactividad al estrés, aumentando la adaptabilidad o resiliencia a los estresores para prevenir las recaídas; y elevar la autoestima y la confianza social en personas con psicosis» (Lemos et al., 2016, p. 1086).

En definitiva, el futuro de la TCC para la psicosis «radica en comprender el interfaz (cognitivo) entre la emoción y la psicosis, y en desarrollar intervenciones tanto para resolver la disfunción emocional/conductual solamente, como para prevenir o mitigar la psicosis y sus síntomas positivos». La TCC aplicada a la psicosis esquizofrénica comparte muchas características en su estructura con similares abordajes en los trastornos de ansiedad y depresión, con ciertos aspectos diferenciales (véase Lemos et al., 2016, para un desarrollo del tema).

En cuanto a la eficacia de este abordaje, diversos ensayos clínicos aleatorios han mostrado que TCCp es eficaz para tratar los angustiosos síntomas positivos y negativos residuales (Wykes, Steel, Everitt y Tarrier, 2008). Sin embargo, la evidencia sobre el tratamiento de la disfunción emocional (como la ansiedad, la depresión y la desesperanza) es menos clara (Birchwood, 2003; Tarrier et al., 2006; Wykes et al., 2008). Si bien Wykes et al. (2008) encontraron un efecto moderadamente fuerte del tamaño de la

© Ediciones Pirámide

TCCp en el estado de ánimo, cuando se controlaron los estudios de «mala» calidad metodológica, el tamaño de efecto ponderado sobre el estado de ánimo en los estudios de calidad adecuada no fue significativo (White et al., 2011).

2. *Regulación emocional en disfunción emocional*

Siguiendo a Vallina, Pérez, Fernández y García (2019, p. 461), el estrés emocional alcanza su nivel más alto en el primer episodio psicótico, debido a la adaptación que se debe realizar a la enfermedad y al estigma social. Para poder adaptarse a esa circunstancia, las personas pueden aprender diversas estrategias de *regulación emocional* —revaloración, exposición, desapego, metacognición, compasión, aceptación o *mindfulness*—, las cuales pueden *reducir* el malestar asociado a la adaptación inicial a la psicosis.

En este punto conviene señalar que, en los últimos años, la psicología cognitiva ha incorporado técnicas como el *mindfulness* («atención plena») al tratamiento de los trastornos psicóticos (Bellido, Senín, Rodríguez y Perona, 2019, p. 194). Así, autores como Chadwick, Taylor y Abba (2005) comentan que la meditación en psicosis «*reduce la angustia* y aumenta el bienestar a través de dos mecanismos básicos»:

1. La práctica experiencial de una *conciencia descentrada* y aceptación de la experiencia presente.
2. El *insight* metacognitivo, que es promovido a través de la educación, la discusión y el descubrimiento guiado antes, durante y después de la práctica.

Cabe decir que esta «técnica», al aplicarse para reducir el malestar como parte de las intervenciones cognitivas, se aleja radicalmente de su empleo en el modelo contextual, cuya utilidad reside no tanto en reducir el malestar sino en integrarlo como parte de la vida. Algo similar sucede con otras «estrategias» provenientes de tradiciones contextuales (aceptación, compasión) que suelen utilizarse como «técnicas», desmarcándose por tanto de su función original.

Khoury, Lecomte, Comtois y Nicole (2015) crearon una intervención en la que se centraron en personas con psicosis temprana, integrando diversas estrategias de tercera generación: **compasión, aceptación y *mindfulness* (CAM)** en la terapia cognitivo-conductual. El tratamiento consistía en ocho sesiones de grupo semanales de 60-75 minutos. La práctica de la meditación y el *mindfulness* era breve, no más de 15 minutos, para evitar el riesgo de experimentar síntomas psicóticos intensos y se evitaba el uso de material abstracto o teórico como las metáforas, por las dificultades cognitivas de los pacientes (Vallina et al., p. 461).

Se han realizado otras propuestas técnicas enfocadas a la emoción en el proceso psicótico. Algunas de ellas se basan en el *yoga* (Duraiswamy, Thirthalli, Nagendra y Gangadhar, 2007; Visceglia y Lewis, 2011) o el *mindfulness* (Chadwick, Hughes, Russell, Russell y Dagnan, 2009; Khoury et al., 2013), ambas dirigidas a promover una actitud consciente y sin prejuicios de las percepciones y emociones cotidianas. Destacan también las intervenciones dirigidas a la reducción de la ansiedad y vergüenza mediante el desarrollo de una *actitud compasiva de aceptación* hacia sí mismo y los demás, que han obtenido resultados prometedores en personas con diagnóstico psicótico (Braehler et al., 2013; Laithwaite et al., 2009).

Finalmente, Berking (2007) realiza una propuesta cognitivo-conductual de entrenamiento en regulación emocional que incluye psicoeducación sobre el origen, las funciones de las emociones y las dinámicas disfuncionales que mantienen las emociones problemáticas a largo plazo, así como la práctica de diversas técnicas diseñadas para interrumpirlas. Esta intervención, como coadyuvante, ha demostrado incrementar la eficacia del tratamiento cognitivo-conductual en diversos trastornos y niveles de gravedad sintomatológica (Berking et al., 2008; Wirtz, Radkovsky, Ebert y Berking, 2014). En psicosis, si bien se han realizado aportaciones que apuntan a su adecuación (Hepworth, Startup y Freeman, 2011), su eficacia no ha sido probada de forma sistemática.

## 4. DISFUNCIÓN EMOCIONAL DESDE EL MODELO CONTEXTUAL

La propuesta funcional que a continuación se presenta asume que la comprensión de los patrones psicóticos no se aleja de los fundamentos que expli-

© Ediciones Pirámide

can el comportamiento humano en su totalidad. Estos fundamentos atañen a los principios del análisis de la conducta, incorporando la investigación más reciente sobre el lenguaje y la cognición humanos desde la perspectiva funcional-contextual. La filosofía básica de partida del modelo contextual, el contextualismo funcional (Dougher y Hayes, 2000; Gifford y Hayes, 1999), analiza y aborda el individuo como un todo en constante interacción con el mundo físico y social, y sitúa dos premisas principales (Törneke, 2010): la conducta debe ser entendida acorde al contexto en el cual tiene lugar, y para predecir e influenciar la conducta es necesario analizar su función, es decir, cuál es su objetivo.

### *a*) Disfunción emocional como inflexibilidad psicológica

Las múltiples interacciones funcionales que se dan desde la infancia y adolescencia resultan determinantes en el desarrollo y mantenimiento de perfiles de funcionamiento que pueden llegar a ser perjudiciales y que, en el caso que nos ocupa, se encontrarían en la base de los trastornos psicóticos. En este sentido, dadas las condiciones (Barbero-Rubio, 2016; Luciano, 2016; Törneke, Luciano, Barnes-Holmes y Bond, 2015), puede conformarse un modo de funcionar hecho de múltiples reacciones cuya función común es disminuir o erradicar el malestar psicológico. Este modo de funcionar estaría conformado por múltiples reglas que especificarían que *sentir malestar* está en relación opuesta a *poder vivir,* y seguir dichas reglas garantizaría alivio de modo cortoplacista. Si este modo de funcionamiento se sostiene en el tiempo y se instala en áreas importantes para el individuo, tiene el potencial de destruir estas y, poco a poco, incrementar el sufrimiento psicológico de modo exponencial. El tiempo y la energía se invierten en erradicar el malestar y la inversión, por consecuencia natural, no puede situarse en las acciones y direcciones de calidad y sentido personal. Cuando las limitaciones de un modo de funcionar conllevan la imposibilidad de contactar con reforzadores de motivación superiores o abstractos (por ejemplo, valores), el sufrimiento se dispara y hablamos, pues, de un patrón de *inflexibilidad psicológica.*

Por el contrario, un *repertorio de flexibilidad psicológica* ante emociones y pensamientos problemáticos es uno conformado por múltiples reacciones que están controladas o dirigidas por lo que resultaría importante en ese instante, aun y cuando se demore el contacto con las consecuencias apetitivas de dichas reacciones. Dicho modo de funcionamiento incluye necesariamente el seguimiento de reglas mucho más flexibles y ajustadas a la condición humana. Se trata de acuñar, de modo experiencial, la integración o inclusión de momentáneos sentimientos de malestar como parte inevitable de vivir —entendiendo *vivir* como progresar, avanzar o transcurrir por etapas y procesos de aprendizaje como requisito indispensable para contactar con sentido y valía personal (Luciano, Ruiz, Gil-Luciano y Molina-Cobos, 2020; Luciano, 2016; Törneke et al., 2015)—.

Para lo que aquí nos concierne, las múltiples formas que caracterizan a la disfunción emocional en psicosis (presencia de tristeza, disforia, ansiedad, humillación, descontrol, desesperanza en torno a las pérdidas, entre otros) se entienden como conducta (en este caso privada, solo accesible para el paciente) desde la mirada contextual. Dichas expresiones emocionales funcionarían como disparadores de reacciones inflexibles que el paciente pondría en marcha (rumia, evasión mental, aislamiento físico, abandono de actividad/es...) y la función de dichas reacciones sería erradicar y dejar de sentir pensamientos y emociones extremos. En ocasiones, parte de la inflexibilidad (por ejemplo, reacciones inflexibles) toma la forma de evasión a través de delirar y alucinar, comúnmente en forma de «voces en tercera persona», con la función de protegerse obteniendo el sentido o coherencia de que la razón o causa de sus vivencias de experiencias muy traumáticas (como, por ejemplo, sentirse un fracaso en múltiples cuestiones de valor) se sitúa de modo externo, no propio. Los pacientes se diluyen (y sus familiares e incluso profesionales) en un lago de coherencia que sitúa el motivo de lo que les sucede como algo que está «fuera de su control», patrón que se refuerza progresivamente con el aliciente de la estigmatización de los diagnósticos y otros mensajes implícitos en la interacción con estos pacientes a nivel profesional, social y cultural. De modo que el patrón que se adopta genera mayor inflexibilidad, que da lugar a mayor sensación de fracaso vital y dependencia, con estos más delirios y/o alucinaciones y exponencial modo de escape y evitación, sea

© Ediciones Pirámide

escapando (medicación, dormir, abandonos) o «enganchándose» y «alimentándolos» (seguimiento de voces, rumia). Adviértase aquí que, desde el modelo contextual, lo que comúnmente se denominan síntomas psicóticos positivos (delirios, alucinaciones, pensamiento desorganizado) son considerados igualmente como conducta privada, en ocasiones en respuesta a disparadores aversivos y, otras veces, como propios disparadores ante los cuales la persona reaccionaría evitándolos o incluso manteniéndolos para intentar reducir el sufrimiento psicológico. En definitiva, el paciente entra en un círculo vicioso que está anclado y reforzado en beneficio cortoplacista, pero cuyos costes y limitaciones implican vivir de espaldas a lo que tiene significado y sentido de valía personal.

La rumia limitante requiere especial atención como una de las manifestaciones de inflexibilidad más accesibles, automáticas y limitantes (Ruiz, Luciano, Flórez, Suárez-Falcón y Cardona, 2020; Ruiz, Riaño, Suárez-Falcón y Luciano, 2016). Los pacientes característicos de disfunción emocional pueden dar rienda suelta a rumia muy limitante a partir de determinados pensamientos que funcionarían como «disparadores» de rumia, resultando esta en un despliegue de síntomas propios de la disfunción emocional (Morris, Johns y Oliver, 2013). Recientemente, la investigación sugiere que los disparadores de inflexibilidad quedan organizados de modo jerárquico, encontrando que los de mayor carga emocional se situarían en la cúspide y estarían a la base de las de inflexibilidad que el paciente pone en marcha cuando estos se hacen presentes. Estos disparadores de inflexibilidad más intensos se han denominado *Big Ones,* y se trata de pensamientos sobre uno mismo (sobre su identidad) de gran carga aversiva, por ejemplo pensamientos sobre uno mismo como «soy un inútil», «no sirvo para nada», «estoy solo» (Luciano, Gil-Luciano, Ruiz, Barbero-Rubio y Alonso, en prensa; Gil-Luciano et al., 2019; Luciano, 2017; Ruiz et al., 2016). El análisis y la intervención focalizada principalmente en los *Big Ones* tiene mayor repercusión de cambio clínico que focalizarse únicamente en sintomatología problemática de menor intensidad (Gil-Luciano et al., 2018; 2019). El despliegue de disfunción emocional que sigue a los episodios psicóticos y que oscila en el curso y evolución de la vida de estos pacientes tendría como eje central este tipo de pensamientos más problemáticos sobre ellos mismos, disparando o señalizando reacciones inflexibles más limitantes y, en consecuencia natural, degradándose cada vez más los dominios o áreas de mayor importancia y valor vital. Tal círculo vicioso únicamente puede dar lugar a sufrimiento emocional más y más acuciante. White et al. (2012a) muestran que la inflexibilidad psicológica predice una gran proporción de varianza de las puntuaciones de depresión y ansiedad de los individuos que han experimentado psicosis. Así, la experiencia individual de la psicosis, los dominios vitales valiosos particulares que son amenazados, y las rutinas conductuales que quedan restringidas, interactúan de manera dinámica para determinar qué forma particular de disfunción emocional se desarrolla: depresión, TEPT y/o ansiedad social.

### *b)* Intervención desde la terapia contextual o terapia de aceptación y compromiso

En la última década ha habido un movimiento hacia la incorporación de estrategias basadas en la flexibilidad psicológica en las intervenciones psicológicas, tanto en instituciones públicas como privadas. La terapia de aceptación y compromiso (ACT; Hayes, Stroshal y Wilson, 1999; Wilson y Luciano, 2002) es la que abandera este tipo de estrategias dentro de lo que se conoce como terapias contextuales o de tercera generación. ACT es un modelo de intervención psicológica diseñado para el tratamiento de los distintos trastornos psicológicos que bajo la concepción funcional quedan definidos como patrones de inflexibilidad psicológica (Hayes, Luoma, Bond, Masuda y Lillis, 2006; Luciano, Gil-Luciano, Ruiz, Alonso y Barbero, en prensa). Desde este abordaje, el foco no se pone en modificar o alterar el contenido de los síntomas, lo que puede incluso exacerbar los pensamientos intrusivos, la angustia y las alucinaciones auditivas (Morrison, Haddock y Tarrier, 1995), además de aumentar la fusión cognitiva y una autofocalización muy limitante (Bach y Hayes, 2002). Por el contrario, el foco está en alterar su *función discriminativa de inflexibilidad,* esto es, la relación con los pensamientos y sensaciones problemáticos (con la sintomatología) para alterar el seguimiento de reglas rígidas que estos demandan. En su lugar, se fomentará y potenciará un repertorio de funcionamiento vital en el que se sigan reglas flexibles, orientadas y motivadas por aquello que tenga

© Ediciones Pirámide

significado y sentido de valía personal para el paciente.

Desde que en ACT se hablara en términos de aceptación psicológica hasta la actualidad, que se utiliza el término de «flexibilidad psicológica» para referirnos al objetivo central en la intervención, las estrategias o herramientas clínicas fundamentales a través de las que el clínico se sirve para cumplir con dicho objetivo se distribuyen en tres (Törneke et al., 2015):

1. Facilitar al cliente que contacte con los resultados de su modo de funcionar problemático. Dicho de otro modo, realizar un análisis funcional del patrón de inflexibilidad psicológica, especificando en qué situaciones vienen, qué emociones o pensamientos, cómo reacciona ante los mismos, para qué lo hace y las consecuencias o costes que conlleva. Este análisis dispone las condiciones para el cambio clínico.
2. Crear las condiciones para que el cliente pueda contactar y ampliar aquello que tiene sentido personal, que resulta de calado o de importancia vital para uno (por ejemplo, *explorar y amplificar valor*).
3. Facilitar que el cliente pueda producir la habilidad de tomar perspectiva de sus pensamientos, emociones o sentimientos (por ejemplo, defusión) y actuar de acuerdo a lo que resulta de sentido personal, al incluir lo primero como parte de la vida. Estas estrategias son tres procesos que operan juntos a la hora de potenciar la flexibilidad y requieren de un entrenamiento sistemático por parte del terapeuta en sesión.

De forma complementaria, la literatura ha indicado que las características específicas de las personas con psicosis (limitaciones de atención, dificultades cognitivas y preocupaciones, principalmente) hacen necesario adaptar los protocolos estándar de ACT con el fin de facilitar la creación de un repertorio de flexibilidad (Bach, 2015). Estas adaptaciones incluirán modificaciones en la relación terapéutica, en los procesos de apertura, en los procesos de conciencia, en los procesos activos y en el estilo terapéutico (O'Donoghue, Morris, Oliver y Johns, 2018). Entre las mismas destacan:

*a*) Emplear la repetición y una estructura clara y predecible en las sesiones.
*b*) Simplificar las metáforas y fisicalizar.
*c*) Recurrir a vídeos y viñetas de casos que faciliten la comunicación.
*d*) Utilizar una metáfora central para fomentar el aprendizaje.
*e*) Practicar ejercicios de *mindfulness* más breves y menos simbólicos.
*f*) Introducir pronto las estrategias de clarificar valores en el tratamiento para pacientes involuntarios.
*g*) Ligar la adherencia al tratamiento a los valores.
*h*) Educar a los familiares y al equipo de tratamiento cuando sea posible sobre los objetivos de ACT.
*i*) Advertir de posibles crisis tras las intervenciones.
*j*) En casos de déficits cognitivos: utilizar ejercicios más cortos y menos abstractos, aumentar las repeticiones y reducir la duración de las sesiones y grabar las sesiones de terapia y simplificar la presentación de los contenidos (Vallina, Pérez, Fernández y García, 2019, p. 456).

### *c*) Evidencia de la terapia contextual en psicosis

García y Pérez (2001) llevaron a cabo el primer estudio de caso único que mostró que ACT podía ser útil en el afrontamiento de las alucinaciones auditivas. Poco después, Bach y Hayes (2002) realizan el primer estudio sobre la aplicabilidad de ACT a psicosis: tras cuatro sesiones (vs. TAU), los pacientes informaron de una menor credibilidad de los pensamientos y emociones, y se redujo la tasa de hospitalización en un 50%. Desde entonces, como señalan Vallina, Pérez, Fernández y García (2019), se ha aplicado de forma creciente a los trastornos del espectro psicótico, incluyendo estudios piloto y ensayos aleatorizados controlados (Louise et al., 2017; Tonarelli et al., 2016). El lector puede consultar las revisiones sistemáticas más recientes sobre la eficacia de los estudios sobre la aplicación de ACT en psicosis en Wakefield, Roebuck y Boyden (2018); Yıldız (2020).

White et al. (2011) fueron pioneros en analizar si ACT era efectiva para el abordaje de la disfunción

© Ediciones Pirámide

emocional (depresión y ansiedad) que puede seguir a un episodio de psicosis. Como se ha señalado anteriormente, estos autores proponen que las respuestas de ansiedad y depresión secundarias a la psicosis se pueden entender como manifestaciones de inflexibilidad psicológica, y desarrollan una intervención para tratar la disfunción emocional siguiente a un episodio de psicosis y facilitar su posterior recuperación. Los resultados mostraron que una intervención de diez sesiones de ACT más TAU (vs. solo TAU) producía una reducción significativa de la depresión y los síntomas negativos, además de que los pacientes tuvieron significativamente menos *crisis contacts* a lo largo del estudio. El lector puede ampliar la información sobre diversas aplicaciones y protocolos de ACT en diferentes momentos del trastorno psicótico acudiendo a Vallina, Pérez, Fernández y García (2019).

## 5. ABORDAJE DE UN CASO CLÍNICO

### Motivo de consulta

Ernesto es varón, soltero, de 47 años, y acude a consulta acompañado y alentado por su madre. En las sesiones de evaluación, Ernesto informa de un patrón de depresión fuertemente sostenido en el tiempo. Presenta un informe de la unidad de psiquiatría en el que se manifiesta un diagnóstico de trastorno depresivo mayor de características psicóticas y episodios recurrentes. El informe especifica que las características psicóticas son congruentes con el estado de ánimo.

### Historia clínica

Su historia clínica a lo largo de psiquiatras y psicólogos inicia a la edad de 14 años. En relación a su adolescencia, Ernesto dice no haber tomado desde entonces ninguna decisión por sí mismo en aspectos centrales de la vida (conocer a chicas, estudios, mundo laboral); siempre ha tenido dependencia extrema de su madre para todo esto. Por ejemplo, empezar y finalizar relaciones con chicas eran decisiones motivadas por aquello que su madre opinase, a la luz de lo que ella considerara que era lo ideal en cada momento. Este patrón de dependencia ha implicado enormes limitaciones a lo largo de su vida a la hora de tomar decisiones de vías de ocupación en estudios y empleo, así como en tener pareja. La vez que más cerca estuvo de entablar una relación sexual con una chica tuvo grandes problemas de eyaculación precoz, hecho que socavó profundamente su sensación de valía personal y derivó en un enorme sentimiento de inutilidad. Estas primeras experiencias clavaron una espina en él. A fecha de consulta, Ernesto no había llegado a tener ninguna relación sexual satisfactoria con ninguna mujer.

No realizó estudios superiores, a pesar de que era un niño y adolescente que leía sin parar y tenía una gran imaginación. Sus padres le consiguieron un puesto de trabajo en la fábrica de automóviles que tenía cerca de casa y en ella trabajó como operario de una cadena de montaje durante 27 años. Aunque dominaba este trabajo, la monotonía y la poca demanda intelectual del mismo eran condiciones que propiciaban que dedicase gran parte del tiempo a rumiar sobre sus fracasos y preocuparse sobre su futuro. En su última etapa laboral enlazó sucesivas bajas por depresión, hasta que la compañía decidió rescindir su contrato. A fecha de consulta, Ernesto se encontraba desde hacía varios meses con una prestación económica asignada por discapacidad mental.

Durante los últimos años Ernesto había comenzado a expresar obsesiones e ideas sobre catástrofes mundiales que se volvían reiterativas y acaparaban toda su atención durante varios días. Cuando se presentaba alguna, reaccionaba a ella con lamentos, quejas y, progresivamente, con conductas desafiantes que pronto empezaron a dañar la relación con su familia. La situación derivó en una consulta a psiquiatría y allí describió que notaba sus pensamientos en voz alta, incitándole a reacciones problemáticas. Comenzó a tener alteraciones del sueño, a idealizar el suicidio y, seguidamente, a castigarse por llegar a pensarlo. Estaba inmerso en una lucha constante con sus pensamientos, conversando consigo mismo de un modo incansable hasta que se evadía durmiendo durante días. Se le prescribió un antipsicótico y fue remitido a tratamiento psicológico cognitivo-conductual durante un año y medio. Al seguimiento de la intervención, habiéndose reducido la sistematicidad de conductas desafiantes y frecuencia de voces, se encontraba en mitad de una de las bajas laborales cuando los síntomas comenzaron

© Ediciones Pirámide

a aumentar hasta el punto inicial. Al poco tiempo, la situación se agravó con el despido del trabajo. En este punto, Ernesto se resistió a retomar la intervención y la unidad de salud mental decidió derivar el caso. La intervención que aquí se expondrá tuvo comienzo en dicho punto.

Ernesto señalaba que sus principales problemas giraban en torno a su incapacidad para identificar y llevar a término objetivos vitales valiosos (encontrar un trabajo adecuado o encontrar una pareja), incluso más que sus voces. La timidez, el miedo al rechazo y la preocupación sobre la incertidumbre futura habían sido compañeros de vida constantes a lo largo de toda su existencia. Para él, lo más importante es que estas sensaciones y miedos habían ejercido de barrera para ampliar su vida social y aventurarse a nuevas experiencias en diferentes ámbitos. Manifestaba con dolor no haber sido capaz de mantener una relación estable íntima, conocer lugares nuevos tanto nacionales como extranjeros, y desarrollarse en un empleo adecuado a sus pretensiones. A fecha de consulta, Ernesto vive de nuevo con sus padres (antes vivía solo) y su día discurre con largos períodos de divagación en su habitación en los que no hace «nada». Sus padres tratan de facilitarle llevándole a sitios (citas médicas, tiendas, etc.) y haciéndole gran parte de las tareas domésticas diarias (comidas y limpieza). La cercanía física con sus padres ha incrementado las conductas desafiantes y estos, en especial su madre, han tratado de atender siempre sus demandas, volcándose en reducir y paliar la sintomatología (en ocasiones siendo complacientes y, en otras, preocupándose sobremanera y tratando de buscar ayuda constante). La dependencia de su madre ha crecido exponencialmente, no tomando ninguna decisión sin su arbitrio. Por otro lado, su círculo de amigos se ha reducido a algunas personas conocidas de su anterior empleo, con las que ya apenas invierte tiempo, no conoce personas nuevas ni tiene, en general, actividades fuera de casa.

**Conductas clínicas relevantes en sesión**

A pesar de que acuden a consulta madre e hijo, el proceso terapéutico empieza únicamente con Ernesto desde el primer momento. En el primer contacto Ernesto presenta graves déficits en mantener la atención, fijar la mirada y, en suma, sostener comunicación. Está por momentos absorto, diluido en sus pensamientos. Durante la mayor parte del tiempo en sesión esgrime una alta tasa de quejas y lamentos, verbalizando los pensamientos que le vienen a la cabeza y le angustian. Sumido en rumia, para sí mismo o en voz alta, se dificulta seguir la conversación y tiene importantes latencias a la hora de responder a las preguntas del terapeuta.

**Análisis funcional del caso**

A modo de radiografía funcional, Ernesto muestra un patrón de inflexibilidad psicológica ampliamente limitante y destructivo. Actúa al son de cada uno de sus pensamientos (especialmente de las voces sobre catástrofes y su incapacidad general para afrontar la vida) y de su estado emocional (melancólico y triste), reaccionando a todo ello de forma automática con lamentos, quejas, conductas desafiantes, rumia excesiva, grandes períodos de inactividad, etc. Dicho despliegue de reacciones tiene la función de modificar o reducir el malestar asociado a los mismos. De este modo, sus acciones pasan a estar bajo control de cada pensamiento o emoción presente, impidiendo que se abran paso cuestiones de significado y valor personal. Como se expuso anteriormente, la acumulación de acciones fusionadas a lo largo del tiempo resulta en un patrón destructivo, por limitante en lo importante (Luciano, 2016; Törneke et al., 2015).

A la luz de su historial clínico, podría decirse que el repertorio de Ernesto se caracteriza por un escape constante y, en consecuencia natural, una desconexión y ausencia de implicación en la mayoría de las actividades que le harían más independiente y conectado a sus áreas de valor (pero ante las que siente pánico, monotonía, cansancio, sensaciones de inutilidad, frustración y dudas). Especialmente en los últimos años, Ernesto había incorporado estrategias de escape de fuentes de realidad aversiva a través de conversaciones con pensamientos o delirios en torno a catástrofes mundiales, con un gran impacto en la multiplicación de sufrimiento psicológico y empeoramiento del modo de afrontamiento.

El análisis funcional muestra la variedad de reglas rígidas e inflexibles que Ernesto sigue, y la variedad de respuestas que conforman el patrón de regulación inflexible. Una posible historia de inte-

© Ediciones Pirámide

racciones de sobreprotección y dependencia, a su vez sostenidas por la información proporcionada por diversos profesionales, ha podido facilitar que Ernesto derive el pensamiento nuclear «Yo soy una persona con una enfermedad incapacitante», de las que se derivan limitaciones vitales «inevitables». En la siguiente tabla se muestra un resumen del análisis funcional del repertorio de Ernesto.

TABLA 15.1
*Resumen del análisis funcional*

| Situación | Eventos privados (Eps) | Reacción | Consecuencias a corto plazo | Consecuencias a largo plazo |
|---|---|---|---|---|
| • Al intentar hacer algo valioso que requiere constancia o ante la necesidad de tomar una decisión.<br>• Al estar solo en su habitación. | • Sensaciones de inutilidad, frustración, cansancio, monotonía.<br>• Miedo a equivocarse, dudas.<br>• Voces sobre el fin del mundo, sobre enfermedades letales y muerte.<br>• Profunda tristeza y melancolía.<br>• Miedo a morir.<br>• Pensamientos sobre suicidio. | • Tumbarse en la cama inmóvil.<br>• Rumia.<br>• Dejar de hacer las tareas y planes programados.<br>• No tomar decisiones.<br>• Quejas y lamentos constantes.<br>• Conductas desafiantes contra sus seres queridos.<br>• Leer y buscar información sobre teorías del fin del mundo que le lleven a pensar sobre la muerte y enfermedad. | • Alivio.<br>• Seguridad.<br>• Consigue disipar los Eps por un breve lapso de tiempo. | • Dejar a un lado sus planes de formar familia, de buscar un trabajo adecuado para él.<br>• Aumento del malestar e insatisfacción.<br>• Sensación de no conseguir objetivos.<br>• Confirmación de sus miedos.<br>• Más derivaciones sobre el futuro, incremento de delirios y voces. |

## 6. ABORDAJE CLÍNICO DESDE LA TERAPIA CONTEXTUAL-ACT

Con independencia del perfil, diagnóstico o problema psicológico que se trate, la terapia contextual orbitará en torno a detectar dos cuestiones centrales sobre el sufrimiento del paciente. Por un lado, indagará en qué barreras psicológicas tiene: cuáles son las reglas más *viejas* y poderosas que acaparan su funcionamiento problemático en la vida cuando el sufrimiento está presente. Por otro lado, al reverso, explorará qué da, o puede dar, sentido y dirección a su vida. Por esto último, y para potenciar la construcción del repertorio de flexibilidad psicológica, la terapia contextual discurrirá en torno a las tres estrategias previamente comentadas.

En perfiles con inflexibilidad psicológica crónica y grave, como el caso y contexto del manual de consulta entre manos, los pacientes tienen una idea de sí mismos, extremadamente arraigada, de *ser* personas *incapacitadas, débiles, dependientes e inservibles* para funcionar en vida; esto es, para vivir. Las sucesivas contingencias contactadas a lo largo del transcurrir de su vida han ido reforzando y acrecentando esta idea, situándose cada vez a una mayor distancia de lo opuesto; es decir, de englobarse dentro de los capacitados, fuertes, independientes, válidos y funcionales. Las continuas idas y venidas de fracasos vitales conforman un «rol del enfermo incapacitado» que, a la par que dispara modos de hacer disfuncionales, consolida una *creencia* sobre sí mismos que toman como una *realidad.* Están atra-

© Ediciones Pirámide

pados en una coherencia que les indica que no hay más libertad que la que esa *creencia* permite. El vaivén de emociones intensas que protagonizan los casos de disfunción emocional es resultado de la frustración de no moverse por el sentido y valor que tiene una vida que no está siendo vivida con sentido y valor.

El primer punto de partida comenzará por envolver todo el trabajo terapéutico en que, independientemente de lo que su sensación de incapacidad y debilidad le sugiera o indique, terapeuta y paciente se mantendrán de modo sólido y persistente en *seguir el plan.* Un plan que no ha de estar necesariamente dibujado de modo muy concreto desde el inicio ni será diseñado por otros, pero sí se tratará de seguir una dirección general y firme, aunque sufra adaptaciones y esté acompañada de altibajos emocionales: comenzar a romper ligaduras con su regla rígida a modo de mantra «yo (paciente) soy débil, dependiente, incapaz, ergo no puedo funcionar (sin ayuda o garantía de éxito)».

Ernesto había aprendido a moverse por la vida con lazos de ayuda siempre disponible, en particular por parte de su madre. A la hora de tomar decisiones y de lanzarse a retos o aprendizajes que, en el transcurso de la infancia, adolescencia y adultez, dirigen de modo natural a realizarse uno mismo, Ernesto había pasado de puntillas por tales procesos por estar fundamentalmente mediados por otros (madre). En el análisis funcional de su historia de vida, el uso de claves de perspectiva temporal fue sonsacando un patrón de inflexibilidad que en la adolescencia había empezado a invadir las áreas de realización más acuciantes para el ser humano occidental: la ocupación (estudios y posteriormente el trabajo), y las relaciones interpersonales (en particular, las íntimas). A los obstáculos naturales propios de conducirse entre estas áreas, y la elección de las direcciones tomadas había sido bajo la mediación de sus fuentes de apoyo. Como resultado, había llegado a la mitad de su vida sumergido en un *modus operandi* que le impedía contactar con sentimientos de realización vital. El caldo de cultivo para reacciones emocionales de carácter extremo, intenso y variable estaba servido, marcando como punto de inflexión que prescindieran de él en el trabajo después de encadenar sucesivas bajas laborales «a causa de su condición» —que últimamente había añadido el aliciente de «escuchar» voces y, con eso, reforzado su identidad de enfermedad e incapacidad—.

### Atrapado en la historia sobre sí mismo: profecía autocumplida

Ernesto había aprendido a *tener que* sumergirse en la rumia («hablar» con delirios, comparaciones con otros), quejas, lamentaciones, y mantenerse a resguardo y alejado de contextos y situaciones que no garantizasen comodidad y seguridad de modo constante. La regla rígida aprendida de funcionamiento indicaba que ese era el despliegue de repertorio inflexible que tenía que llevar a cabo, a cargo de «ser débil e incapaz». Había aprendido a contarse esa historia sobre sí mismo, y estaba rodeado de contingencias (madre, padre, servicios de salud mental, retribución mensual por incapacidad, etc.) que le trasladaban y potenciaban esa historia sobre sí mismo. La terapia contextual, ACT, no entra a romper la coherencia de los pacientes acerca de la historia que han aprendido a contarse sobre ellos mismos discutiéndola y tratando de modificarla. ACT abordará el resultado fútil generalizado que tiene comportarse siempre según esa historia. Potenciará discriminar este coste generalizado como fuente que mantiene y amplifica el sufrimiento del paciente (delirios, ansiedad, depresión, recuerdos traumáticos, culpa y vergüenza, etc.), y situará los objetivos de la intervención a partir de ahí. Es primordial generar el contexto para producir la conciencia de lo que el paciente lleva intentando y consiguiendo, la conciencia de los efectos del patrón inflexible, para poder comenzar a aplicar el resto de estrategias centrales de intervención. La validación e inclusión de síntomas vividos de modo tan extremo e intenso como los delirios, alucinaciones, síntomas de ansiedad intensa o depresión abrumadora (para paciente, profesional de la salud mental y/o familiares) será una constante y se enfatizará de modo particular en el trabajo de discriminación de coste del patrón y horizonte de objetivos. Tras haber explorado y evaluado la historia de vida de Ernesto, forma y frecuencia del patrón inflexible (análisis funcional), costes generales acumulados y aspiraciones e intereses de valor pausados o «en espera», el siguiente diálogo clínico ejemplifica movimientos del terapeuta para aprovechar múltiples ocurrencias de conducta clínica relevante y comenzar a discriminar y desmembrar

© Ediciones Pirámide

en sesión su modo de seguimiento de reglas habitual. Dichos movimientos habrán de repetirse en múltiples ocasiones —discriminar el patrón requiere de múltiples, infinitos ejemplos en los que este se manifiesta—. *A priori,* es necesario abordar la discriminación de la tendencia general a comportarse bajo el mandato de la regla rígida imperante.

**Terapeuta (T):** Me pregunto, Ernesto, si están algunos de estos mensajes presentes en este instante. Sería lo más normal del mundo, que en este momento tu mente te estuviese diciendo que, de alguna manera, estás condenado a ser de un determinado modo, a que te definan solo este puñado de sentimientos tan extremos, de desesperanza...

**Paciente (P)** *(tembloroso, mirando al suelo, encorvado):* Bu... bueno. Sí. Tengo miedo. Soy muy sensible... Es esa idea, esa cosa, por encima de todo dice que el mundo es una catástrofe absurda e injusta y que me proteja. No quiero que madre sufra más, llora mucho, y entonces la idea se hace gigante, y la cabeza me da vueltas, y yo solo quiero desaparecer, no es justo... *(temblando aún más, evadiéndose).*

**T** *(con ritmo lento, tono cálido pero firme):* Ernesto, ¿me oyes?

**P:** S... sí, te oigo.

**T:** ¿Puedes echar tu espalda hacia atrás? Hasta el respaldo de la silla... eso es, genial. Y... sin prisa, ¿puedes echar tu cabeza hacia atrás, hasta ponerse recta?... Eso es, genial. ¿Puedes levantar la mirada... hasta encontrar la mía? Despacio... eso es. Aquí estás. Hola, Ernesto. Me ha parecido que ha sido uno de esos momentos en los que te has ido, uno de los que dices que te pasan constantemente hasta perder el control... mantén tu mirada en la mía, un poco más.

**P:** ... *(desvía la mirada de nuevo).*

**T:** Ernesto, has vuelto a mirar hacia el suelo. ¿Te has dado cuenta?

**P:** Sí, no puedo, tengo mucha ansiedad, me siento extremadamente débil, como si me fuese a romper... Me siento siempre así cuando estoy fuera de casa, como si me fuese a romper...

**T** *(con ritmo lento, tono suave pero firme):* Ernesto, el pensamiento de que eres débil, o incapaz, o que estás desvalido... dime, ¿es de los que lleva mucho contigo? ¿Es viejo, verdad?

**P:** Ernesto nunca ha sido fuerte...

**T:** ¿Está aquí ahora, Ernesto? ¿Tienes encima el pensamiento de que tú eres débil?

**P:** Siempre...

**T:** Ernesto, ¿quién acaba de notar ese pensamiento?

**P:** Ernesto.

**T:** Ernesto, o sea, tú, ¿verdad? ¿El mismo Ernesto que me está escuchando? ¿El mismo que está moviendo ahora el pie izquierdo?

**P** *(deja de mover el pie):* Sí, bueno, es que me evado, y...

**T:** ¿Qué le suele seguir a eso, Ernesto? Al pensamiento de «soy débil», a sentirte pequeño... Desde aquí es como si ese pensamiento diese órdenes, como si dijera lo que puedes o no puedes hacer. ¿A qué invita, por ejemplo, ahora?

**P:** Yo no he nacido para ser normal, cuando antes lo entienda todo el mundo mejor... No sirvo, nunca seré como los demás, tengo un tope...

**T:** Que no puedes ser normal... que no sirves... que tienes un tope. ¿Sentencia todo eso ese pensamiento?

**P:** Es mi realidad. No voy a ser independiente nunca con esto...

**T** *(con suavidad, despacio, acercándose):* Y cuando te viene ese mensaje, ese credo, Ernesto, de que no estás capacitado... que eres dependiente, te fundes con eso: a la cama, perder los estribos con tus padres, hablar con los pensamientos, pedir ayuda y apoyo para cosas que te gustaría poder hacer solo... y, claro, de ahí no sales sintiéndote más capaz, ni más independiente, ni más realizado. Ahí huele poco a vida, y mucho a sufrimiento... Ernesto, no estamos aquí para perpetuar un sistema que es viejo, que conoces a la perfección. Tampoco estoy aquí contigo para convencerte de que sí eres alguien capaz, que puede ser independiente, que puede intentar alcanzar cosas y vivir de otra manera. Has tenido algunas experiencias que han desembocado en que tengas una versión de ti mismo pegada a la piel, y esa historia de quién eres y quién no crece cada día que la alimentas. No te pido que creas, ni que sientas, que eres alguien capaz y útil ahora mismo. El trabajo que vamos a hacer aquí no consiste en creer, pensar o sentir nada. Si el trabajo que hagamos aquí depende de lo que sintamos o creamos, no podremos hacer nada, dependeremos de eso y... bueno, eso es volátil, cambia día a día. También para mí. Fíjate, hay muchos días en los que mi ca-

© Ediciones Pirámide

beza me dice que no soy capaz de hacer muchas cosas. Yo asumo que, por cosas muy dolorosas que han pasado en los últimos años, algunas incluso hace décadas, tienes siempre contigo el pensamiento de que eres alguien dependiente y frágil. Vamos a respetar la presencia de ese pensamiento, pero no su mandato ni su reclamo de atención. Vamos a mirar bien, a fondo, qué información importante podemos sacar de todo lo que tú sufres. Hay algo de extraordinario valor para ti, Ernesto, ahí dentro. Vamos a mirar eso de cerca, y a seguir un plan para que mudes poco a poco a otro sistema de funcionamiento, a otra manera de estar en la vida, Ernesto. El único requisito es que detectemos juntos cuándo están tus mayores miedos dirigiéndote, Ernesto, y no hagas lo que los miedos piden. Comenzar a moverte de un modo diferente, y a oler más vida.

**P:** Yo no me siento capaz de nada ya...

**T:** Ernesto, ¿podrías volver a localizar mi mirada?

**P** *(mirando al terapeuta):* No sé por dónde empezar.

**T** *(dejando unos segundos):* ¿Y si empezamos por aquí? Manteniendo tu mirada en la mía, volviendo a ella cada vez que la desvíes; comenzando por andar hacia otro lugar al que la sensación de incapacidad te pide que vayas. Que te sientas o no capaz, Ernesto, a partir de ahora no va a ser un requisito para que nosotros trabajemos, ¿de acuerdo?

### Indagando y situando un contexto de sentido y valor personal

En el momento en que Ernesto comienza la intervención, su vida está en una especie de pausa y, él, recluido en una madriguera, como él mismo verbalizaba. Su día a día transcurría sin actividades de implicación que pudieran reportarle el más mínimo sentido de utilidad y valía personal: sus padres, especialmente su madre, le facilitaban todas las necesidades básicas (casa, comida y compañía) y el tiempo lo invertía en castigarse (rumiar, quejarse y lamentarse), castigar a otros (culpar, agredir verbalmente a sus padres) o evadirse del sufrimiento (nadar en delirios sobre el fin del mundo leyendo, imaginando y conversando con sí mismo en voz alta sobre el tema, o durmiendo durante el día). Sin una ocupación ni actividad social más allá de la familiar, su existencia se limitaba a alimentar su sensación de invalidez, ergo su sufrimiento. Al otro lado del sufrimiento más intenso y limitante se encuentra el anhelo de sentirse útil y querido, reforzadores de valor abstractos a la base de lo que en ACT se entiende como valores (Gil-Luciano et al., 2018). Estos son los motores del comportamiento y, sin explorar y amplificar ese motor, el cambio clínico es improbable e insostenible. Pacientes crónicos como los que aquí nos ocupan pueden tener una dificultad considerable a la hora de identificar y definir cuáles son sus valores, en el sentido de saber qué les gustaría hacer, a qué les gustaría dirigirse. Su historia de vida suele estar hecha de pocas direcciones valiosas, aún menos desde la entrada en el diagnóstico, por lo que aquello que les puede hacer sentir útiles, valorados y realizados queda en un segundo plano detrás del sufrimiento; difuso, casi olvidado. La terapia contextual irá indagando con estos pacientes qué es, en su caso, todo eso que está escondido. Qué hay de inmenso valor en el epicentro de todo lo que sufren. Para qué, en definitiva, trabajamos con ellos.

El trabajo en valores en terapia contextual no se hace en función de objetivos o metas, sino de lo que está detrás de estos: *sentirse útiles, independientes, realizados*. Con estos pacientes es importante indagar si su historia está hecha de decisiones (direcciones) que otros han tomado por ellos. ¿Ha habido momentos en su vida en los que ha dado pasos que estuviesen guiados por su propio interés? ¿El interés que motivaba dichos pasos estaba bajo control de lo que valoraba, de lo que le importaba y quería? ¿O era un interés mediado por otros —familiares, profesores, otros—? La terapia contextual explorará qué mueve al paciente, independientemente del caso y cronicidad. Se asume que si hay sufrimiento, en cualesquiera de sus manifestaciones, hay valor. El trabajo de exploración de valores será más o menos lento dependiendo de en qué medida el paciente haya funcionado basado en valor en algunos momentos de su vida, o sea más o menos consciente de qué falta o anhela en su vida. La exploración siempre se hará indagando en la calidad de aquellos pasos, objetivos o hitos que estén detrás de preguntas como qué han hecho alguna vez, o qué harían, si eligen un momento en el que se sintieron o sentirían a gusto consigo mismos. ¿Qué les dio hacerlo? ¿Cómo se sintieron, qué es eso de «a gusto»? ¿Recuerdan sensaciones físicas, cuáles eran? ¿Qué era lo que más les gustaba de hacerlo, o qué sería? Iremos dibujando poco a poco un mapa de guía, motivación y dirección gene-

© Ediciones Pirámide

ral del tratamiento a través de indagar con ellos en la calidad de múltiples ejemplos de acciones que tengan sentido para ellos; acciones pasadas, presentes y futuras a través de la que sonsacar los reforzadores de valor más relevantes para el paciente.

Ernesto quería ser *independiente. No se sentía capaz,* pero quería ser *libre.* En la exploración de valores se sonsacó que, cíclicamente, su empeoramiento emocional estaba siempre marcado por la frustración de abandonarse en vida, sintiéndose cada vez más debilitado e incapacitado, necesitado de un apoyo y sentido que quería aprender a darse a sí mismo. Fundamentalmente, sentía humillación consigo mismo por la dependencia de sus padres y el trato agresivo que les procuraba en momentos de crisis, y por negarse la posibilidad de un trabajo y relaciones personales a las que entregarse. Se situó un horizonte global del «Ernesto águila», un Ernesto con el que quería identificarse siendo libre, independiente, útil e inspirador. Esta metáfora partió especialmente de su amor por la literatura. Profesaba verdadera pasión por los libros de aventuras, había sido un niño apasionado por la lectura y lo había perpetuado de modo más o menos constante hasta la fecha. Solía reconocerse refugiándose durante horas en libros y cómics de aventuras, lo que le trasladaba a realidades paralelas en las que disfrutaba y admiraba cómo los personajes se retaban a ellos mismos hasta conseguir salvarse o salvar a otros. En el fondo de su corazón, Ernesto soñaba con poder tener un hijo al que relatar todas estas historias. En sesión se le pidió contar al terapeuta alguna de estas historias, para explorar posibles reforzadores de valor en la lectura y evaluar probables extrapolaciones que pudiera encontrar implicándose actualmente en una ocupación o relación personal. A través de varios movimientos como este y múltiples ejercicios en sesión se fue afilando poco a poco un repertorio de discriminación de los reforzadores de valor que Ernesto reconocía en la base de *su* identidad. Este trabajo requiere de la constante integración de los múltiples pensamientos y sensaciones que actúan como barreras ante las que detener la exploración de valor. Los sentimientos de inutilidad, incapacidad, vergüenza y fracaso *han de aparecer* a la hora de explorar valores, pero no querremos conversar con eso. Querremos validar dichos sentimientos y continuar explorando valor situado en su núcleo. El Ernesto «águila» soñaba con poder tener algún trabajo u ocupación en la que enseñase a niños historias, ya fuese leyéndoles o enseñándoles alguna habilidad relacionada con la escritura e imaginación. A nivel personal, soñaba con poder tener un hijo y, más allá, compartir dicha experiencia con una pareja. Quería volver a vivir solo y contribuir con apoyo y seguridad a sus padres, en lugar de ser para ellos una fuente de lo contrario. Quería verse en mejor forma física y revivir las sensaciones del *running,* actividad que le permitía compartir con sus excompañeros de trabajo. Retomar la relación con estos también era para Ernesto algo de gran importancia, ya que había sido su única fuente social más allá de la familiar. Se situaron varias fases en la intervención tras el trabajo en discriminación de lo destructivo de su patrón, contactando con las consecuencias. Situadas las cualidades generales que componían al Ernesto proyecto de «águila», se trabajó:

1. Fomento del contacto con valía e independencia personal mediante la reducción de ayudas respecto de sus padres en tareas domésticas básicas: comidas, cenas, limpieza e higiene personal.
2. Fomento del contacto con valía y realización personal colaborando con alguna asociación de voluntariado infantil para ayudar y enseñar a niños en situación de necesidad.
3. Fomento del contacto con valía y realización personal retomando relación con antiguos compañeros de trabajo, *running* y otras actividades (en compañía o él solo).

En el transcurso del proceso, Ernesto fue dibujando posibles futuros pasos motivados por lo mismo: aprender a conducir, trabajos remunerados como enseñanza de apoyo para niños desfavorecidos en lectura y escritura, independizarse de nuevo a su propia casa, hacerse un perfil en páginas web de citas e intentar conocer a alguien, etc.

### Aferrándose a un nuevo ancla ante los vaivenes emocionales

Los episodios de altibajos emocionales en Ernesto eran constantes e intensos. Continuamente aparecían reacciones emocionales extremas de an-

© Ediciones Pirámide

siedad, depresión y delirios cuya función era volver al lugar de resguardo y seguridad que le proporcionaba su *viejo* funcionamiento inflexible. Cualquier situación de la sesión podía evocarle pensamientos, recuerdos y sensaciones físicas en las que automáticamente se diluía. En terapia contextual no solo se asume que han de darse este tipo de episodios —incluso se esperan—. En este tipo de pacientes la fuerte sintomatología que conforma la disfunción emocional les invita a evadirse rápidamente del momento presente y perder la concentración. Desconectan de la conversación, desvían la mirada, dan rienda suelta a discursos incoherentes y la comunicación, vía hablada o gesticulada, se interrumpe. Cualquiera de estas manifestaciones de conducta clínica ante el sufrimiento conforman un modo de responder a este evadiéndose o escapando, y evitando. Generar repertorio flexible en esos instantes implica que el terapeuta esté atento a estas señales e incorpore claves que ayuden al paciente a volver al momento de la sesión (a la conversación, tarea, actividad...). En terapia contextual, esta estrategia está enmarcada bajo el nombre de *defusion* o, dicho de otro modo, tomar conciencia y perspectiva de pensamientos y sensaciones que invitan a que el paciente ponga en marcha una reacción inflexible, para girar la atención e involucrarla en una reacción flexible. Dichos movimientos de giro, de ruptura con el seguimiento de regla inflexible, habrán de estar hechos de palabras muy simples y directas, frases cortas, metáforas sencillas, ejercicios de fisicalización de pensamientos y sensaciones en los que se impliquen y construyan con el terapeuta de modo activo (en lugar de ser instruidas); en resumen, deben ser giros al presente del momento que garanticen que el paciente devuelve la atención y energía a lo que se esté realizando (una conversación, tarea, actividad...). Son oportunidades con una gran importancia para discriminar repertorio inflexible y promover, al nivel que fuese posible, repertorio flexible. Una relación terapéutica marcada por la constante validación e integración de los pensamientos y sensaciones que «salen», y por la calidez pero firmeza para no reforzar el repertorio inflexible, será el mantel que sostenga un más que posible largo proceso de intervención. Con una marcada disfunción emocional lo clave es que el terapeuta no se deje arrastrar por la fuerza del impacto que tienen este tipo de altibajos del paciente. Tratará de hacer presente en cada ocasión que, independientemente de la estación climatológica que coloree el día (o la sesión), se seguirá trabajando en *el plan* —con más o menos adaptaciones, en función de si la reacción emocional genera limitaciones puntuales que estén fuera del alcance del terapeuta—. Para que el paciente pueda ir construyendo este repertorio por él mismo necesitará incontables ayudas al inicio. La colaboración multidisciplinar y de los miembros familiares para trabajar en la misma dirección contribuirá, indudablemente, a mejores y más rápidos resultados. No obstante, el terapeuta solo tendrá acceso garantizado al espacio y tiempo que está con el paciente (o con el grupo) en las sesiones. Será allí cuando alterar el patrón inflexible será el trabajo prioritario, proporcionando ayudas que progresivamente se retirarán. El siguiente diálogo ilustra un momento clínico en el que Ernesto indica que «se ha levantado histérico» ese día, con muchísimos nervios y rabia, llorando a intervalos cortos y visiblemente tenso y alterado. Indica que no se siente rotundamente incapaz de hacer lo que tenían planeado ese día en sesión: buscar en el ordenador de la consulta páginas web con información de asociaciones infantiles de voluntariado.

**P** *(hablando rápidamente y sin pausa, removiéndose en el asiento sin parar):* No puedo parar de pensar en mil cosas a la vez, me preocupa la situación de las pensiones, yo creo que el país se está gastando dinero de ahí y no dice nada. ¿De qué van a vivir mis padres?, ¿de qué voy a vivir yo? Es insoportable, yo creo que no se puede sostener un sistema así y bueno he buscado horas y horas información porque ellos no están al tanto de nada, yo creo que no se enteran y me siento una carga otra vez... toda la noche sin dormir, mirando en Internet... creo que deberían sacar todo el dinero del banco, tienen que hacer algo...

**T** *(poniéndole una mano en el brazo):* Ernesto, frena *(deja varios segundos)*. Respira hondo. Otra vez *(dejando unos segundos)*. Ernesto, ¿puedes poner los dos pies en el suelo? ¿Y los brazos reposados en la silla? ¿Y puedes buscar mi mirada?

**P:** No quiero que hagamos lo de mirar la web... me da miedo, no quiero sentirme tonto... *(hablando muy bajo, bajando la cabeza, lágrimas en los ojos)*.

**T** *(cogiendo una hoja en blanco):* Ernesto, ¿tienes ese pensamiento ahí contigo, el de sentirte ton-

© Ediciones Pirámide

to?, ¿el de sentirte tonto? *(Ernesto asiente)*. ¿Lo escribes? *(escribe)*. ¿Quién ve este pensamiento ahí escrito? *(Ernesto responde que él)*. ¿Qué te suele pedir este pensamiento, Ernesto? ¿Que abandones lo que haces, que...? *(le interrumpe Ernesto)*.

**P:** No me hagas mirar eso, no me lo hagas, no me lo hagas, no me lo hagas, no me lo hagas *(agacha la cabeza y se tapa la cara con las manos y comienza a tambalearse hacia delante y atrás, a temblar...)*.

**T:** Ernesto, ¡vuelve aquí, vamos! *(le pone una mano en el hombro)*. Mírame, por favor. ¡Genial! *(al mirarle)*. Dime, ¿hace calor o frío aquí? *(contesta)*. ¿Qué peinado llevo? *(contesta)*. Y tú, ¿qué ropa llevas? *(contesta)*. Vale, respira hondo, Ernesto... mira, esto de aquí *(dobla en cuatro partes la hoja con el pensamiento «soy tonto»)* contiene a tu pensamiento, uno de los que más te molesta que aparezca. ¿Puedes sostenerlo? *(ofreciéndole el papel doblado)*.

**P:** No me gusta nada... *(lo coge con la punta de los dedos)*.

**T:** ¿Podrías dejarlo en tu pierna y mirarlo? (...) ¿Y si este pensamiento fuese ahora tu tique de acceso a poder revisar webs de asociaciones de voluntariado? Solo tienes que dejártelo en el bolsillo, que repose ahí, haciéndote algo de compañía. ¿Qué más viene, si hablamos de imaginarte echando una mano con esos niños? Sentado con ellos en círculo leyéndoles, contándoles...

**P:** Sería uno más... en fin...

**T** *(acercándose a Ernesto):* Te noto sonreír ahora, Ernesto...

**P:** Me haría ilusión. Le tengo pánico a la vez. Mi cabeza es un infierno...

**T:** ¿Y si pudieras sostener ambas sensaciones a la vez, Ernesto? Deja estar al miedo, al pensamiento de «soy tonto», y ahora dilúyete en eso que has sentido para decir que te haría ilusión... ¿Damos un paso hacia ella? ¿La alimentamos? ¿Encendemos el ordenador?

Puesta una dirección general de la intervención con el paciente (y, si es posible, con familiares y equipo multidisciplinar), y conociendo el contexto de altibajos emocionales de carga emocional intensa y exacerbada que puede darse, el proceso de construir y perfeccionar un patrón generalizado de flexibilidad psicológica transcurrirá haciendo uso de dos movimientos clínicos principales a los que nos referíamos al inicio de este apartado. Por un lado, se aprovecharán las manifestaciones sintomatológicas en sesión para tomar perspectiva de estas y potenciar un giro de reacción inflexible a una flexible *(defusion)*. Por otro, se afianzará la construcción de la flexibilidad haciendo presentes y visibles tantas veces sea necesario los reforzadores de valía y sentido personal para el paciente, uniéndolos a cada acción o paso que se siga dentro de *el plan*. Es primordial que el terapeuta, perspectiva fundamental para el paciente para discriminar su conducta e intervenir en esta como y cuando sea necesario, tenga muy presente que el objetivo más importante es que el paciente construya una vida que pueda proporcionarle un sentido de utilidad y valía personal. Cuando el ser humano no recibe esa consecuencia sobre sí mismo, el sufrimiento psicológico invade su vida, su realidad.

## 7. CONCLUSIONES

La disfunción emocional surge como consecuencia de modos generalizados de funcionamiento que impactan de forma destructiva en aquellas parcelas de profundo valor para el paciente. Producto de la cronicidad, paulatinamente va quedando reforzada e instaurada la asunción de que no son personas válidas, capaces e independientes, sino más bien todo lo contrario; y perpetúan esta realidad de sí mismos caminando por la vida según esto. Los estados emocionales que acompañan a esta idea o pensamiento generalizado de sí mismos irán haciéndose más y más intensos en tanto el patrón evoluciona y se cronifica. La terapia contextual irá, *grosso modo,* a romper la relación del paciente con la idea global de sí mismo. A través de sus estrategias centrales, adaptará el proceso de intervención a construir un modo alternativo, flexible y adaptativo que esté motorizado por aquello que ofrece significado, sentido y utilidad para consigo mismo.

© Ediciones Pirámide

## REFERENCIAS BIBLIOGRÁFICAS


Addington, D., Addington, J. y Patten, S. (1998). Depression in people with first-episode schizophrenia. *The British Journal of Psychiatry, 172*(S33), 90-92.

American Psychiatric Association (1952). *Diagnostic and Statistical Manual of Mental Disorders* (DSM-I) (1.ª ed.). Washington: APA.

American Psychiatric Association (2013). *Diagnostic and Statistical Manual of Mental Disorders* (DSM-5) (5.ª ed.). Arlington, VA: American Psychiatric Publishing.

Bach, P. (2015). Acceptance and commitment therapy for psychosis: Applying acceptance and mindfulness in the context of an inpatient hospitalization. En B. A. Gaudiano (ed.), *Incorporating acceptance and mindfulness into the treatment of psychosis. Current trends and future directions* (pp. 57-80). Nueva York: Oxford.

Barbero-Rubio, A. (2016). *Análisis experimental de la inflexibilidad psicológica/An experimental analysis of psychological inflexibility.* Tesis doctoral, Universidad de Almería.

Bellido Zanin, G., Senín Calderón, C., Rodríguez Testal, J. F. y Perona Garcelán, S. (2019). Terapia cognitivo-conductual de los síntomas psicóticos positivos. En E. Fonseca (ed.), *Tratamientos psicológicos para la psicosis* (pp. 181-212). Madrid: Pirámide.

Berking, M., Wupperman, P., Reichardt, A., Pejic, T., Dippel, A. y Znoj, H. (2008). Emotion-regulation skills as a treatment target in psychotherapy. *Behaviour Research and Therapy, 46*(11), 1230-1237.

Bhugra, D. (2000). Migration and schizophrenia. *Acta Psychiatrica Scandinavica, 102,* 68-73.

Bhugra, D., Leff, J., Mallett, R., Der, G., Corridan, B. y Rudge, S. (1997). Incidence and outcome of schizophrenia in whites, African-Caribbeans and Asians in London. *Psychological Medicine, 27*(4), 791-798.

Birchwood, M. (2003). Pathways to emotional dysfunction in first-episode psychosis. *The British Journal of Psychiatry, 182*(5), 373-375.

Birchwood, M., Iqbal, Z., Jackson, C. y Hardy, K. (2005). Terapia cognitiva y disfunción emocional en la psicosis temprana. En J. Gleeson y P. McGorry (eds.), *Intervenciones psicológicas en las psicosis tempranas. Un manual de tratamiento* (pp. 369-398). Bilbao: Desclée de Brower.

Birchwood, M., Mason, R., MacMillan, F. y Healy, J. (1993). Depression, demoralization and control over psychotic illness: A comparison of depressed and non-depressed patients with a chronic psychosis. *Psychological Medicine, 23*(2), 387-395.

Birchwood, M., Todd, P. y Jackson, C. (1998). Early intervention in psychosis: The critical period hypothesis. *The British Journal of Psychiatry, 172*(S33), 53-59.

Birchwood, M. y Trower, P. (2006). The future of cognitive-behavioural therapy for psychosis: not a quasi-neuroleptic. *The British Journal of Psychiatry, 188*(2), 107-108.

Bleuler, E. (1960). *Demencia precoz o el grupo de las esquizofrenias.* Buenos Aires: Horme.

Bond, F. W., Hayes, S. C., Baer, R. A., Carpenter, K. M., Guenole, N., Orcutt, H. K., ... y Zettle, R. D. (2011). Preliminary psychometric properties of the Acceptance and Action Questionnaire-II: A revised measure of psychological inflexibility and experiential avoidance. *Behavior Therapy, 42*(4), 676-688.

Braehler, C., Gumley, A., Harper, J., Wallace, S., Norrie, J. y Gilbert, P. (2013). Exploring change processes in compassion focused therapy in psychosis: Results of a feasibility randomized controlled trial. *British Journal of Clinical Psychology, 52*(2), 199-214.

Chadwick, P. D. y Lowe, C. F. (1990). Measurement and modification of delusional beliefs. *Journal of Consulting and Clinical Psychology, 58*(2), 225.

Chadwick, P., Hughes, S., Russell, D., Russell, I. y Dagnan, D. (2009). Mindfulness groups for distressing voices and paranoia: A replication and randomized feasibility trial. *Behavioural and Cognitive Psychotherapy, 37*(4), 403.

Chadwick, P., Taylor, K. N. y Abba, N. (2005). Mindfulness groups for people with psychosis. *Behavioural and Cognitive Psychotherapy, 33*(3), 351.

Cosoff, S. J. y Hafner, R. J. (1998). The prevalence of comorbid anxiety in schizophrenia, schizoaffective disorder and bipolar disorder. *Australian and New Zealand Journal of Psychiatry, 32,* 67-72.

Crespo, J. M., Soria, V., Hernández, R. M. y Vallejo, J. (2008). Psicosis y trastornos afectivos. En M. Roca (coord.), *Trastornos psicóticos.* Barcelona: Ars Medica.

Dougher, M. J. y Hayes, S. C. (2000). Clinical behavior analysis. En M. J. Dougher (ed.), *Clinical behavior analysis* (pp. 11-26). Reno, NV: Context Press.

Duraiswamy, G., Thirthalli, J., Nagendra, H. R. y Gangadhar, B. N. (2007). Yoga therapy as an add-on treatment in the management of patients with schizophrenia-A randomized controlled trial. *Acta Psychiatrica Scandinavica, 116*(3), 226-232.

Fonseca-Pedrero, E. y Lemos Giráldez, S. (2019). El síndrome psicótico: pasado, presente y futuro. En E. Fonseca (ed.), *Tratamientos psicológicos para la psicosis* (pp. 23-70). Madrid: Pirámide.

Freeman, D. y Garety, P. A. (2003). Connecting neurosis and psychosis: The direct influence of emotion on de-


© Ediciones Pirámide

lusions and hallucinations. *Behaviour Research and Therapy, 41,* 923-947.

García-Montes, J. M. y Pérez-Álvarez, M. (2001). ACT como tratamiento de síntomas psicóticos. El caso de las alucinaciones auditivas. *Análisis y Modificación de Conducta, 27,* 455-472.

Gifford, E. V. y Hayes, S. C. (1999). Functional contextualism: A pragmatic philosophy for behavioral science. En W. O'Donohue y R. Kitchener (eds.), *Handbook of behaviorism* (pp. 285-327). San Diego: Academic Press.

Gil-Luciano, B., Calderón-Hurtado, T., Tovar, D., Sebastián, B. y Ruiz, F. J. (2019). How are triggers for repetitive negative thinking organized? A relational frame analysis. *Psicothema, 31*(1), 53-59.

Godoy, J., Godoy-Izquierdo, D. y Vázquez, M. (2014). Espectro de la esquizofrenia y otros trastornos psicóticos. En V. E. Caballo, I. C. Salazar y J. A. Carrobles, *Manual de psicopatología y trastornos psicológicos.* Madrid: Pirámide.

Greenfield, S. F., Strakowski, S. M., Tohen, M., Batson, S. C. y Kolbrener, M. L. (1994). Childhood abuse in first-episode psychosis. *The British Journal of Psychiatry, 164*(6), 831-834.

Harrison, G., Hopper, K., Craig, T. et al. (2001). Recovery from psychotic illness: A 15 and 25-year international follow-up study. *British Journal of Psychiatry, 178,* 506-517.

Hayes, S. C., Luoma, J., Bond, F., Masuda, A. y Lillis, J. (2006). Acceptance and Commitment Therapy: Model, processes, and outcomes. *Behaviour Research and Therapy, 44*(1), 1-25.

Hayes, S. C., Strosahl, K. y Wilson, K. G. (1999). *Acceptance and Commitment Therapy: An experiential approach to behavior change.* Nueva York: Guilford Press.

Hepworth, C., Startup, H. y Freeman, D. (2011). Developing treatments of persistent persecutory delusions: The impact of an emotional processing and metacognitive awareness intervention. *The Journal of Nervous and Mental Disease, 199*(9), 653-658.

Iqbal, Z., Birchwood, M., Chadwick, P. y Trower, P. (2000). Cognitive approach to depression and suicidal thinking in psychosis: 2. Testing the validity of a social ranking model. *The British Journal of Psychiatry, 177*(6), 522-528.

Jackson, C. e Iqbal, Z. (2000). Psychological adjustment to early psychosis. *Early Intervention in Psychosis,* 64-100.

Jackson, H., McGorry, P., Henry, L., Edwards, J., Hulbert, C., Harrigan, S., ... y Power, P. (2001). Cognitively oriented psychotherapy for early psychosis (COPE): A 1-year follow-up. *British Journal of Clinical Psychology, 40*(1), 57-70.

Jackson, H. J., McGorry, P. D. y McKenzie, D. (1994). The reliability of DSM-III prodromal symptoms in first-episode psychotic patients. *Acta Psychiatrica Scandinavica, 90*(5), 375-378.

Jaspers, K. (1997). *General psychopathology* (vol. 2). Manchester: Manchester University Press.

Jones, P. B., Bebbington, P., Foerster, A., Lewis, S. W., Murray, R. M., Russell, A., ... y Wilkins, S. (1993). Premorbid social underachievement in schizophrenia: results from the Camberwell Collaborative Psychosis Study. *The British Journal of Psychiatry, 162*(1), 65-71.

Kelleher, I. y DeVylder, J. E. (2017). Hallucinations in borderline personality disorder and common mental disorders. *The British Journal of Psychiatry, 210*(3), 230-231.

Khoury, B., Lecomte, T., Fortin, G., Masse, M., Therien, P., Bouchard, V., ... y Hofmann, S. G. (2013). Mindfulness-based therapy: a comprehensive meta-analysis. *Clinical Psychology Review, 33*(6), 763-771.

Khoury, B., Lecomte, T., Comtois, G. y Nicole, L. (2015). Third-wave strategies for emotion regulation in early psychosis: A pilot study. *Early Intervention in Psychiatry, 9*(1), 76-83.

Kraepelin, E. (1919). *Dementia praecox and paraphrenia.* Livingstone.

Krueger, R. F. y Markon, K. E. (2006). Reinterpreting comorbidity: A model-based approach to understanding and classifying psychopathology. *Annual Review of Clinical Psychology, 2,* 111-133.

Laithwaite, H., O'Hanlon, M., Collins, P., Doyle, P., Abraham, L., Porter, S. y Gumley, A. (2009). Recovery after psychosis (RAP): A compassion focused programme for individuals residing in high security settings. *Behavioural and Cognitive Psychotherapy, 37*(5), 511.

Lemos Giráldez, S., Vallina Fernández, O., Fonseca-Pedrero, E., Paino, M. y Fernández Iglesias, M. P. (2016). Esquizofrenia. En M. A. Vallejo Pareja (ed.), *Manual de terapia de conducta II.* Madrid: Dykinson.

Luciano, C. (2016). Evolución de ACT. *Análisis y Modificación de Conducta, 42*(165-6).

Luciano, C., Gil-Luciano, B., Ruiz, F., Alonso, A. y Barbero-Rubio, A. (manual en prensa). *Terapia de aceptación y compromiso: la terapia contextual.* Madrid: Síntesis.

Louise, S., Fitzpatrick, M., Strauss, C., Rossell, S. L. y Thomas, N. (2018). Mindfulness and acceptance-based interventions for psychosis: Our current understanding and a meta-analysis. *Schizophrenia Research, 192,* 57-63. https://doi.org/10.1016/j.schres.2017.05.023

Maj, M. (2005). «Psychiatric comorbidity»: An artefact of current diagnostic systems? *The British Journal of Psychiatry, 186,* 182-184.

McGorry, P., Chanen, A., McCarthy, E. et al. (1991). Posttraumatic stress disorder following recent-onset

© Ediciones Pirámide

psychosis: An unrecognized postpsychotic syndrome. *Journal of Nervous and Mental Disease, 179,* 253-258.

McGrath, J. J., Saha, S., Al-Hamzawi, A., Alonso, J., Bromet, E. J., Bruffaerts, R., ... y Florescu, S. (2015). Psychotic experiences in the general population: A cross-national analysis based on 31 261 respondents from 18 countries. *JAMA Psychiatry, 72*(7), 697-705.

Morris, E. M., Johns, L. C. y Oliver, J. E. (eds.) (2013). *Acceptance and commitment therapy and mindfulness for psychosis.* Chichester, UK: John Wiley & Sons.

Morrison, A. P., Haddock, G. y Tarrier, N. (1995). Intrusive thoughts and auditory hallucinations: A cognitive approach. *Behavioural and Cognitive Psychotherapy, 23*(3), 265-280.

Mortensen, P. B. y Juel, K. (1993). Mortality and causes of death in first admitted schizophrenic patients. *The British Journal of Psychiatry, 163*(2), 183-189.

Myhrman, A., Rantakallio, P., Isohanni, M., Jones, P. y Partanen, U. (1996). Unwantedness of a pregnancy and schizophrenia in the child. *British Journal of Psychiatry, 169*(5), 637-640.

O'Donoghue, E. K., Morris, E. M., Oliver, J. y Johns, L. C. (2018). *ACT for psychosis recovery: A practical manual for group-based interventions using acceptance and commitment therapy.* Oakland, CA: New Harbinger Publications.

Palma Sevillano, C. y Farriols Hernando, N. (2007). Las emociones en la intervención del primer episodio psicótico. *Aloma: Revista de Psicologia, Ciències de l'Educació i de l'Esport Blanquerna,* 307-327.

Parker, G., Johnston, P. y Hayward, L. (1988). Prediction of schizophrenic relapse using the parental bonding instrument. *Australian and New Zealand Journal of Psychiatry, 22*(3), 283-292.

Poulton, R., Caspi, A., Moffitt, T. E., Cannon, M., Murray, R. y Harrington, H. (2000). Children's self-reported psychotic symptoms and adult schizophreniform disorder: a 15-year longitudinal study. *Archives of General Psychiatry, 57*(11), 1053-1058.

Rapgay, L. y Bystrisky, A. (2009). Classical mindfulness. *Annals of the New York Academy of Sciences, 1172*(1), 148.

Ruiz, F. J., Riaño-Hernández, D., Suárez-Falcón, J. C. y Luciano, C. (2016). Effect of a One-Session ACT Protocol in Disrupting Repetitive Negative Thinking: A Randomized Multiple-Baseline Design. *International Journal of Psychology and Psychological Therapy, 16,* 213-233.

Shaw, K., McFarlane, A., Bookless, C. y Air, T. (2002). The aetiology of postpsychotic posttraumatic stress disorder following a psychotic episode. *Journal of Traumatic Stress, 15,* 39-47.

Tarrier, N., Haddock, G., Lewis, S., Drake, R., Gregg, L. y the Socrates Trial Group (2006). Suicide behaviour over 18 months in recent onset schizophrenic patients: The effects of CBT. *Schizophrenia Research, 83.*

Tienari, P. (1991). Interaction between genetic vulnerability and family environment: The Finnish adoptive family study of schizophrenia. *Acta Psychiatrica Scandinavica, 84*(5), 460-465.

Tonarelli, S. B., Pasillas, R., Alvarado, L., Dwivedi, A. y Cancellare, A. (2016). Acceptance and commitment therapy compared to treatment as usual in psychosis: A systematic review and meta-analysis. *Journal of Psychiatry, 19*(3).

Törneke, N. (2010). *Learning RFT: An introduction to relational frame theory and its clinical applications.* Oakland, CA: New Harbinger Publications, Inc.

Törneke, N., Luciano, C., Barnes-Holmes, Y. y Bond, F. W. (2016). Relational Frame Theory and three core strategies in understanding and treating human suffering. En R. D. Zettle, S. C. Hayes, D. B. Holmes y A. Biglan (eds.), *The Wiley Handbook of Contextual Behavioral Science* (pp. 254-272). Hoboken, NJ: Wiley-Blackwell.

Vallina Fernández, O., Pérez-Álvarez, M., Fernández Iglesias, M. P. y García-Montes, J. M. (2019). Terapias contextuales para la psicosis. En E. Fonseca (ed.), *Tratamientos psicológicos para la psicosis* (pp. 453-510). Madrid: Pirámide.

Van Os, J., Hanssen, M., Bak, M., Bijl, R. V. y Vollebergh, W. (2003). Do urbanicity and familial liability coparticipate in causing psychosis? *American Journal of Psychiatry, 160*(3), 477-482.

Visceglia, E. y Lewis, S. (2011). Yoga therapy as an adjunctive treatment for schizophrenia: A randomized, controlled pilot study. *The Journal of Alternative and Complementary Medicine, 17*(7), 601-607.

Wakefield, S., Roebuck, S. y Boyden, P. (2018). The evidence base of acceptance and commitment therapy (ACT) in psychosis: A systematic review. *Journal of Contextual Behavioral Science, 10,* 1-13.

Watson, P. W. B., Garety, P. A., Weinman, J., Dunn, G., Bebbington, P. E., Fowler, D., ... y Kuipers, E. (2006). Emotional dysfunction in schizophrenia spectrum psychosis: The role of illness perceptions. *Psychological Medicine, 36*(6), 761-770.

Westermeyer, J. F., Harrow, M. y Marengo, J. T. (1991). Risk for suicide in schizophrenia and other psychotic and nonpsychotic disorders. *Journal of Nervous and Mental Disease, 179*(5), 259-266.

White, R. G., Gumley, A., McTaggart, J. et al. (2011). A feasibility study of acceptance and commitment therapy for emotional dysfunction following psychosis. *Behavior Research and Therapy, 49,* 901-907.

White, R. G., Gumley, A. I., McTaggart, J., Rattrie, L., McConville, D., Cleare, S. y Mitchell, G. (2013). Depression and anxiety following psychosis: Associa-

© Ediciones Pirámide

tions with mindfulness and psychological flexibility. *Behavioural and Cognitive Psychotherapy, 41*(1), 34.

Wiersma, D., Nienhuis, F. J., Slooff, C. J. y Giel, R. (1998). Natural course of schizophrenic disorders: A 15-year followup of a Dutch incidence cohort. *Schizophrenia Bulletin, 24*(1), 75-85.

Wilson, K. G. y Luciano, M. C. (2002). *Terapia de aceptación y compromiso. Un tratamiento conductual orientado a los valores.* Madrid: Pirámide.

Wirtz, C. M., Radkovsky, A., Ebert, D. D. y Berking, M. (2014). Successful application of adaptive emotion regulation skills predicts the subsequent reduction of depressive symptom severity but neither the reduction of anxiety nor the reduction of general distress during the treatment of major depressive disorder. *PloS One, 9*(10), e108288.

Wykes, T., Steel, C., Everitt, B. y Tarrier, N. (2008). Cognitive behaviour therapy for schizophrenia: effect sizes, clinical models, and methodological rigor. *Schizophrenia Bulletin, 34,* 523-537.

Yıldız, E. (2020). The effects of acceptance and commitment therapy in psychosis treatment: A systematic review of randomized controlled trials. *Perspectives in Psychiatric Care, 56*(1), 149-167.

© Ediciones Pirámide

# Aplicación contextual a pie de calle 16

MARÍA FRANCISCA MARTÍNEZ HUIDOBRO
JUDIT HERRERA RODRÍGUEZ

## 1. INTRODUCCIÓN

El presente capítulo pretende unificar dos tipos de abordaje: el tratamiento asertivo comunitario (TAC) y las terapias contextuales, con el objetivo de obtener una mayor comprensión de sus principios comunes y a la vez acercarnos a la optimización del tratamiento de pacientes con trastorno mental grave (TMG) en la comunidad, haciendo especial hincapié en la terapia de aceptación y compromiso (ACT). En un primer momento haremos una aproximación a los pilares básicos del TAC, posteriormente se realizará una clasificación de los distintos perfiles de usuarios que suelen ser atendidos desde este modelo, destacando sus principales características y ya, por último, se abordarán las intervenciones psicoterapéuticas desde el enfoque contextual que resultan de utilidad para el tratamiento de cada uno de estos perfiles. Para terminar, se abordarán los principios de la terapia de aceptación y compromiso aplicables al trabajo en equipo dentro del abordaje asertivo comunitario.

Lo interesante de este trabajo es que los principios que se plantean no solo se basan en las aportaciones científicas recopiladas en las últimas décadas, sino que también son fruto de la reflexión de la práctica clínica diaria y del empeño por mejorar el abordaje de cada uno de nuestros usuarios. Trataremos aspectos filosóficos que muchas veces son inherentes al trabajo directo con personas que se encuentran en una situación de vulnerabilidad extrema, pero intentaremos no perdernos en debates que pueden resultar poco productivos, y, en cambio, centrarnos en aspectos prácticos como las posibles vías de abordaje que puedan resultar útiles para mejorar la calidad de vida de los usuarios y permitirles el desarrollo de una vida normalizada en la comunidad de manera autónoma y digna.

## 2. TRATAMIENTO ASERTIVO COMUNITARIO

«A pie de calle», tal como se titula este capítulo, es como se trabaja desde los equipos de TAC. El tratamiento asertivo comunitario, desarrollado por Leonard Stein y Mary Ann Test en Wisconsin (Estados Unidos), es una forma de estructurar la asistencia a las personas con TMG que focaliza su campo de actuación en el entorno comunitario más próximo al paciente. No se trata, por tanto, de un procedimiento novedoso, sino de una nueva forma de organizar la atención de manera más coordinada, proactiva, estructurada y cercana a las necesidades reales de los pacientes (y no tanto al control sintomático). Las intervenciones se realizan habitualmente en el entorno natural del paciente, con el fin de lograr la mejor adaptación posible a su medio social y familiar habitual, de manera que pueda mantenerse en la comunidad y participe de ese entorno en la misma medida que el resto de los ciudadanos (Stein et al., 1975).

Uno de los elementos centrales del tratamiento asertivo comunitario es el equipo multidisciplinar que asume la responsabilidad del tratamiento del paciente. Por lo general, está constituido por psiquiatras, enfermeros, técnicos de cuidados auxiliares en enfermería y trabajadores sociales. El equipo al completo asume el seguimiento, cuidados y tratamiento de las personas con TMG, integrando para ello diversas actuaciones (farmacológicas, psicote-

© Ediciones Pirámide

rapéuticas, sociales, familiares, laborales) que se llevan a cabo en el medio natural del paciente y se basan en las potencialidades y en la recuperación. Otra de las características principales del TAC es la intensividad del seguimiento, manteniendo contactos frecuentes con el paciente, pudiendo llegar a ser diarios. La flexibilidad en la atención, que esta se adecúe a las circunstancias particulares del paciente y la disponibilidad y accesibilidad de los miembros para acudir y atender posibles incidencias e imprevistos son otros de los principios de dicho modelo (Monroe-DeVita et al., 2018).

Este programa está dirigido a personas con TMG que (Allness y Knoedler, 2003):

— Tienen síntomas severos persistentes o intermitentes que no mejoran o solo mejoran parcialmente con la medicación y otro tipo de tratamientos y que les genera un gran sufrimiento personal.
— Como resultado del TMG presentan importante discapacidad funcional *(pérdida de empleo y/o vivienda, aislamiento...)*, que dificultan la adaptación a la vida comunitaria.
— Carecen de apoyos familiares o sociales consistentes.
— Están desvinculados de los servicios tradicionales de salud mental.
— Presentan con frecuencia comorbilidad con trastorno por uso de sustancias o enfermedades orgánicas que influyen de manera desfavorable en la evolución y requieren además de mayor prestación de servicios sanitarios.

Los principales objetivos de un abordaje asertivo comunitario son:

— Facilitar la permanencia del paciente en la comunidad con unas mínimas garantías de calidad de vida. Ayudar a la persona a llevar una vida autónoma sin que su enfermedad sea un obstáculo para ello.
— Prevenir recaídas y reingresos hospitalarios.
— Asegurar la cobertura asistencial de las personas con TMG en situación de exclusión social o en riesgo de padecerla, para conseguir restablecer una atención normalizada.
— Prestar apoyo y ayuda al sistema de soporte social y redes naturales con las que cuenta el paciente, sin eximirles de responsabilidades, ayudándoles en el manejo de los problemas.
— Apoyo y colaboración en la búsqueda de recursos orientados a la recuperación como la integración sociolaboral.

El TAC es la modalidad de intervención comunitaria que ha sido más evaluada y que mejores resultados ha demostrado, especialmente en la reducción del número de reingresos hospitalarios, así como la duración de los mismos, consiguiendo una alta satisfacción de pacientes y familiares, lo que hace altamente recomendable su incorporación a las carteras de servicios de la sanidad (Aagaard et al., 2017; José y Jambrina, 2007; Schöttle et al., 2018).

## 3. PERFILES CLÍNICOS EN EL MODELO DE TRATAMIENTO ASERTIVO COMUNITARIO

El TAC se centra en atender a personas con TMG con un alto nivel de gravedad clínica que conlleva importante repercusión en el paciente y/o en su entorno, que habitualmente presentan un elevado grado de disfuncionalidad y que, además, carecen de figuras de apoyo consistentes que les ayuden a salir de la situación en la que se encuentran. Los diagnósticos más frecuentes son los que se encuentran dentro del espectro de la psicosis y el trastorno bipolar, excluyendo los trastornos de personalidad (Monroe-DeVita et al., 2018). Sin embargo, como veremos, es frecuente encontrar rasgos disfuncionales de personalidad en los pacientes, que en los casos más acuciados influyen incluso más en el pronóstico y el devenir del paciente que el propio proceso psicótico o afectivo.

En la práctica clínica diaria de los equipos TAC observamos que los usuarios pueden dividirse en diferentes perfiles clínicos, atendiendo a los siguientes factores:

— Situación social.
— Grado de deterioro y disfuncionalidad.
— Nivel de desorganización y alteración conductual.
— Percepción subjetiva de necesidad de apoyos.

© Ediciones Pirámide

Si atendemos a estos factores, podemos clasificar el perfil de los usuarios en cuatro grupos:

- Usuarios en los que predomina la exclusión social.
- Usuarios en los que predomina el deterioro y la disfuncionalidad.
- Usuarios en los que predomina la desorganización y alteración conductual.
- Usuarios en los que predomina la anosognosia.

Es importante que los profesionales sean capaces de detectar ante qué tipo de perfil de usuario se encuentran, porque a su vez esto condiciona el tipo de abordaje que puede resultar más efectivo según el subgrupo. Por tanto, a continuación pasaremos a describir las principales características de cada uno de estos perfiles, aunque conviene antes aclarar que esta clasificación no deja de ser artificiosa hasta cierto punto, ya que cada caso es particular y puede reunir características de distintos perfiles a la misma vez o, por el contrario, no encajar dentro de ninguno de estos grupos. La realidad es que en los usuarios suelen mezclarse elementos de falta de apoyos, recursos económicos, déficits funcionales y cierta falta de conciencia de enfermedad. Desde luego, la intervención debe individualizarse para cada paciente en función de sus características únicas e intransferibles.

Teniendo en cuenta cuál es el principal factor vinculado al mantenimiento de la situación mórbida, motivo por el cual suele ser derivado para un abordaje asertivo comunitario, pasamos a describir los diferentes perfiles de usuarios.

### 3.1. Usuarios en los que predomina la exclusión social

Se trata del perfil «prototipo» de usuario candidato a abordaje asertivo comunitario y, de hecho, suelen ser el perfil de paciente que más se beneficia y en los que se ven mayores resultados y avances en un corto período de tiempo (Coldwell y Bender, 2007; Nelson et al., 2007). La falta de apoyos, el desarraigo social y familiar, la falta de recursos económicos y el TMG (persistencia de síntomas psiquiátricos) condicionan que estos pacientes se encuentren frecuentemente en situación de exclusión social o en riesgo de padecerla. El insuficiente desarrollo de la continuidad de cuidados y la ausencia de coordinación han dejado fuera a aquellos enfermos con más necesidades y puede considerarse como uno de los factores que explican el fracaso en la prevención de la exclusión social en estos pacientes. Por «exclusión social» se entiende el proceso de pérdida de integración o participación de las personas en la sociedad y los diferentes ámbitos económico, político y social. Factores como la educación, el empleo, la vivienda y la salud son determinantes en los procesos de exclusión social y afectan de forma aislada o combinada a sectores de la población, especialmente a grupos más vulnerables (Ramírez, 2008). No se trata de una situación estable, sino, por el contrario, es una situación dinámica que puede cambiar (no hay personas excluidas, sino situaciones de exclusión social), y es ahí donde entra en juego la labor del equipo: acompañar y guiar a los usuarios en el proceso de reintegrarse progresivamente en los distintos ámbitos de la sociedad.

Por tanto, el TAC atiende frecuentemente a un colectivo con una doble vulnerabilidad: por un lado, padecer un TMG y, por otro, encontrarse en situación de exclusión social, lo cual constituye a su vez un mayor desafío por la situación de indefensión ante la que se encuentran estas personas (Suárez, n. d.). Para el abordaje se hace necesaria la intervención de servicios sociales y sanitarios de forma coordinada. Es fundamental la participación de los equipos TAC en este punto, ya que facilitarían el trabajo en red asegurando la continuidad de cuidados para una intervención eficaz y el acceso a alojamiento y programas de empleo.

Algunas de las situaciones frecuentes que encontramos dentro de este perfil son:

- Extranjeros que no cuentan con permiso de residencia y que, por tanto, se encuentran en situación irregular y no pueden acceder a los servicios de prestaciones básicas.
- Ausencia de apoyo familiar y social que den la voz de alarma sobre la situación clínica del paciente. En estos casos los usuarios no cuentan con familiares o amigos, o estos se han desvinculado (muchos por el propio proceso de la enfermedad terminan claudicando). También puede suceder que sí dis-

© Ediciones Pirámide

pongan de familiares, pero que no resulten ser apoyos consistentes y efectivos para el usuario; el paciente se puede encontrar inmerso en un ambiente desestructurado, muchas veces de bajo nivel socioeconómico y cultural en los que la salud no es un valor prioritario o no se entiende la situación del paciente como un trastorno susceptible de recibir atención y ayuda profesional. En estos casos, a pesar de estar acompañados, los usuarios también son víctimas del abandono en cuanto a sus cuidados y necesidades básicas y no reciben la ayuda que precisan.

— Falta de recursos económicos. Cuando se carece de cuestiones básicas para la subsistencia como lo son la comida y la vivienda, otros aspectos como la salud mental o física son relegados a un segundo plano. Lamentablemente, no es poco frecuente encontrarnos con personas que se encuentran en esta situación y que entran muchas veces en una especie de círculo vicioso, en donde su situación clínica se ve afectada por la falta de medios, y viceversa.

Existen diferencias entre las prioridades de estas personas y los servicios que se ofrecen. Es por ello que es importante el modo en que estos servicios se ofrecen para que los pacientes acepten la intervención. Inicialmente suele ser necesario y contribuye al establecimiento de una relación de ayuda (facilitadores de la creación de vínculo y alianza terapéutica) la cobertura de las necesidades básicas: ropa, comida, alojamiento. Además de intentar adecuar las intervenciones a las necesidades del paciente, es importante tener en cuenta sus propios ritmos y el grado de predisposición que presenta para ir avanzando en el tratamiento.

### 3.2. Usuarios en los que predomina la sintomatología negativa, el deterioro cognitivo y el déficit funcional

Los síntomas negativos de la esquizofrenia suelen implicar falta de motivación e iniciativa (apatía y abulia), dificultad para experimentar placer (anhedonia), discurso pobre (alogia) y aplanamiento afectivo. Dichos síntomas pueden condicionar una disminución del funcionamiento, tendencia al retraimiento y aislamiento social. Los pacientes aquejados mayoritariamente por sintomatología negativa suelen presentar una especie de desconexión con su medio y en general una cierta indiferencia hacia la propia vida, lo que plantea un reto a la hora de realizar intervenciones rehabilitadores orientadas a la recuperación de una vida plena y con sentido para la propia persona (Azorin et al., 2014).

En los trastornos psicóticos con frecuencia aparecen trastornos cognitivos que se traducen en una disminución del rendimiento y el cociente intelectual y en déficits en funciones como la atención, la memoria o funciones ejecutivas, entre otras características (Krug y Kircher, 2017). Estos trastornos están altamente correlacionados con la discapacidad que presentan estos pacientes, requieren de una evaluación específica y deben considerarse al planificar las intervenciones rehabilitadoras (Bowie y Harvey, 2005).

La presencia de síntomas negativos y de déficit cognitivos suelen condicionar, por tanto, un déficit de funcionamiento en las personas con TMG (Carbon y Correll, 2014; Puig et al., 2008). De hecho, en los últimos años los estudios apuntan al deterioro cognitivo como el aspecto que más fuertemente se correlaciona con un déficit de funcionamiento psicosocial (Carbon y Correll, 2014). En general, aunque no existe un consenso claro sobre el significado del concepto de «funcionamiento psicosocial», este suele incluir aspectos como autocuidado, autonomía, autocontrol, relaciones interpersonales, ocio y tiempo libre y funcionamiento cognitivo. Este concepto se centra en lo que la persona puede hacer, la calidad de sus actividades cotidianas y su necesidad de asistencia. Es decir, en general este concepto hace referencia a las diversas actividades que realiza un individuo en su vida habitual y el nivel de apoyo y cuidado necesitado (Panadero Herrero, 2011).

Es frecuente que los pacientes en los que predomina la sintomatología negativa, el deterioro cognitivo y/o marcado déficit funcional dejen de acudir a los servicios normalizados de salud mental tanto por la situación de autoabandono en la que se encuentran como por la dificultad para comprender la importancia de la necesidad de atención profesional. Estos pacientes frecuentemente presentan también descuido respecto a sus cuidados físicos y un mal control de sus enfermedades físicas en caso de

© Ediciones Pirámide

padecerlas. Suelen asociar un alto grado de discapacidad y dependencia y, por tanto, necesitan de bastantes apoyos y una supervisión estrecha. Cuando estos casos se detectan, suelen ser derivados a equipos de TAC para un abordaje integral y un seguimiento estrecho.

### 3.3. Usuarios en los que predomina la desorganización y las alteraciones del comportamiento

Son el perfil de usuarios que habitualmente presenta mayor grado de alarma en el entorno debido a la frecuente aparición de comportamientos disfuncionales y problemáticos que terminan generando algún grado de disrupción. Las frecuentes situaciones de alarma que tienden a generar estos pacientes suelen conllevar un uso reiterado de recursos sanitarios, como los servicios de urgencias.

La desorganización conductual y alteraciones de comportamiento pueden venir condicionadas por diversos factores, que pueden confluir entre sí o no:

— *Psicopatología:* uno de los síntomas característicos que presentan los pacientes con psicosis o trastornos afectivos es la desorganización tanto a nivel cognitivo como a nivel comportamental. La desorganización del pensamiento y/o alteración en el tono afectivo puede conllevar que se realicen acciones poco orientadas a metas específicas y suelen resultar caóticas y problemáticas.
— *Rasgos de personalidad:* se trata de pacientes que, además de su diagnóstico de TMG, suelen presentar marcados rasgos disfuncionales de personalidad, como pueden ser la baja tolerancia a la frustración, inestabilidad afectiva, impulsividad y dificultad para tolerar límites, lo que conlleva que habitualmente presenten conflictos interpersonales.
— *Consumo abusivo de tóxicos:* es muy frecuente entre los usuarios de los equipos TAC y resulta difícil de manejar si el paciente se encuentra en un medio que no favorece la abstinencia.
— *Deterioro cognitivo:* que le impida al paciente planificar sus acciones de manera ordenada y sobre todo prever las posibles consecuencias. La desorganización va a depender del grado de deterioro y discapacidad del paciente.

Recordemos que las características de los distintos perfiles suelen presentarse entremezcladas en la realidad de la práctica clínica diaria.

La desorganización comportamental puede adoptar distintas presentaciones clínicas, algunas de las cuales se describen sucintamente a continuación:

— Alteraciones del comportamiento aisladas y/o repetidas en contexto de inestabilidad clínica, como pueden ser los conflictos interpersonales, fugas y evasiones del lugar de residencia, exposición a situaciones de riesgo, etc.
— Estilo de vida poco estructurado; es el caso de pacientes que no mantienen rutinas básicas en cuanto a las necesidades fisiológicas más elementales como son la alimentación y el sueño.
— Estilo de vida itinerantes; son pacientes que tienden a cambiar constantemente de lugar de residencia, en lugar de permanecer en un lugar fijo por suficiente tiempo. Esto condiciona que sean personas desarraigadas, que no lleguen a desarrollar lazos en el entorno en el que viven.

En este perfil muchas veces los usuarios sí cuentan con recursos económicos, pero no son capaces de realizar una buena gestión de los mismos. Asimismo, muchas veces sí hay presencia de apoyos familiares o sociales, pero resultan insuficientes para contener la clínica del paciente. Este perfil de usuario suele ser de difícil manejo a nivel ambulatorio, ya que las condiciones del medio en que residen y la propia inestabilidad que les caracteriza no facilitan muchas veces que los cambios se sostengan en el tiempo.

### 3.4. Usuarios en los que predomina la anosognosia

El objetivo de este capítulo no es el debate acerca de lo que se considera introspección, anosognosia o el concepto de «conciencia de enfermedad», término frecuentemente utilizado por los profesionales

© Ediciones Pirámide

de salud mental en los pacientes con psicosis. Sin embargo, aunque no existen definiciones universales, sí precisamos aclarar brevemente en qué consisten estos conceptos para entender las características principales de este perfil de usuarios. El término «introspección» hace referencia la capacidad de una persona de autoobservar su propia conciencia o sus estados mentales y reflexionar sobre ellos. La anosognosia constituye un síndrome de origen neurológico en el cual la persona no es consciente de los déficits, síntomas o signos de su enfermedad; este concepto se ha ido progresivamente aplicando también a los pacientes con trastornos psicóticos que no son conscientes de su patología y niegan padecer un trastorno mental. En la línea de los dos conceptos anteriores, la «pobre conciencia de enfermedad» se refiere a la falta de capacidad de asumir que se padece un trastorno mental, la falta de conciencia de los déficits y las consecuencias del mismo y, por tanto, a aceptar ser tratado psicoterapéuticamente o farmacológicamente (Amador y Kronengold, 1998).

La «falta de conciencia de enfermedad» en la patología mental no tiene por qué constituir un problema en sí mismo. De hecho, es frecuente que en los equipos TAC se atienda a pacientes con escasa conciencia de padecer un trastorno mental, sin que esto dificulte el abordaje ni condicione una mala evolución (Carmona-Torres y García-Montes, 2010). El inconveniente viene dado cuando la «falta de conciencia de enfermedad» conlleva un rechazo activo a las intervenciones y tratamientos que sí precisan estos pacientes, y que cuando no se llevan a cabo terminan por acarrear importantes consecuencias negativas en la vida de la persona y en su entorno. El escaso *insight* a menudo frustra los intentos de los clínicos y familiares preocupados por la práctica asistencial y el tratamiento. Estas consecuencias son variadas y pueden condicionar desde un deterioro progresivo y marcado en la calidad de vida, un deterioro psicosocial, hasta reagudizaciones que precisan ingresos hospitalarios repetidos (fenómeno de puerta giratoria).

La falta de conciencia de enfermedad no solo afecta a los trastornos mentales, también hay muchos pacientes que padecen otras enfermedades que precisan de un control y unos cuidados (como la diabetes, hipertensión...) y que no reconocen esta situación, a pesar de la evidencia científica al respecto y de haber sido informados en múltiples ocasiones.

Este perfil de usuarios posiblemente es el que resulta más difícil de abordar, ya que la falta de conciencia de enfermedad hace que muchas veces rechacen activamente las intervenciones. Y, a diferencia de las unidades de agudos, en el abordaje comunitario no es posible trabajar si no existe un mínimo de implicación por parte del usuario.

## 4. INTERVENCIONES PSICOTERAPÉUTICAS DESDE EL ENFOQUE CONTEXTUAL

A continuación, se comentarán las intervenciones psicoterapéuticas desde el enfoque contextual que pueden resultar de mayor utilidad en función de cada perfil de usuario. Cabe destacar que de igual manera que la clasificación de los distintos perfiles no deja de ser artificiosa hasta cierto punto, pudiendo solaparse unos y otros en la realidad de la clínica diaria, ocurre igualmente con las intervenciones psicoterapéuticas, las cuales deben adaptarse a cada caso concreto, sin ceñirnos a compartimentos estancos.

Tanto en la filosofía del TAC como en el enfoque contextual se busca que el usuario se coloque en una posición activa respecto a la situación pasiva en la que tradicionalmente le ha colocado el sistema. De modo que el sujeto no es mero receptor de los tratamientos, sino una parte activa y determinante a la hora de decidir cuáles son los objetivos, intervenciones y curso de las mismas. Además, los cuidados deben ser progresivos y adaptados al momento y experiencia en los que se encuentre el paciente. Dichos cuidados serán llevados a cabo por un número limitado de profesionales, que establecerán una relación significativa que dé seguridad al paciente.

### 4.1. Usuarios en los que predomina la exclusión social

Como ya se ha comentado, son el perfil de usuarios que más se benefician de un abordaje asertivo comunitario. Suelen ser pacientes que se han encontrado habitualmente en una situación de desprotección y desamparo durante largos períodos de tiem-

© Ediciones Pirámide

po y esto les ha imposibilitado la recuperación funcional. Sin embargo, una vez que comienzan a contar con apoyos que les permitan una reinserción en la sociedad y optar a un modo de vida digno, normalizado y con mayor estructuración, suelen presentar una mejoría y un cambio sustancial. Es como una planta que estaba marchita por el descuido y la falta de los nutrientes básicos como luz, agua y abonos, pero que una vez que comienza a recibirlos, coge fuerza y vitalidad.

Las principales intervenciones psicoterapéuticas contextuales para este grupo se basan en los pilares de la terapia de aceptación y compromiso (ACT), y comprenden la *aceptación* y la *orientación a valores* (Barraca, 2007).

En cuanto a la *aceptación,* esta puede ser aplicada en diferentes ámbitos de la vida del paciente, como la aceptación de su pasado e historia personal, de las vivencias psicóticas, de los síntomas refractarios al tratamiento y de la necesidad del propio tratamiento psicofarmacológico (Carmona-Torres y García-Montes, 2010):

*a*) *Aceptación de vivencias psicóticas.* Muchas veces encontramos que este perfil de pacientes ha estado «luchando» contra la sintomatología psicótica durante largos períodos de tiempo, incluso años. Estos síntomas, como alucinaciones auditivas, fenómenos de control corporal o ideas delirantes, habitualmente han estado constituyendo una gran fuente de malestar para la persona y de ahí el intento de «controlar» estas vivencias, en ocasiones aun sin saber a qué se deben, e incluso realizando atribuciones delirantes de estos fenómenos. Un primer paso importante para la aceptación suele ser el poder encuadrar estas vivencias en el marco de una situación patológica. Debido a que en los pacientes en los que predomina la exclusión social, una vez comienzan a recibir tratamiento mejora significativamente la conciencia de enfermedad, el poder entender y situar los síntomas y las vivencias de las que han sido víctimas durante largo tiempo suele conllevar un importante alivio para el usuario.

*b*) *Aceptación de síntomas refractarios al tratamiento.* En la medida que dispongamos de herramientas para ayudar a aliviar los síntomas del usuario tal como es el tratamiento farmacológico, la utilizaremos. Sin embargo, recordemos que nuestro principal objetivo no es que desaparezcan los síntomas a toda costa (probablemente cualquier psiquiatra podría dejar al paciente asintomático a expensas de un nivel altísimo de sedación, que le impida vivir una vida digna). Se trata de intentar lograr un equilibrio, en el cual el paciente, aunque presente síntomas, pueda desarrollar una vida provechosa. En los casos en que este equilibrio se mantenga, la presencia de experiencias privadas desagradables como voces o autorreferencialidad se puede trabajar con el paciente para que comprenda que la lucha activa contra estas resulta contraproducente y, por el contrario, aprenda a aceptarlos e integrarlos como parte de su experiencia.

*c*) *Aceptación de tratamiento.* En la línea de lo anteriormente referido, prácticamente todos los pacientes con trastorno mental grave precisarán tratamiento psicofarmacológico en alguna medida para ayudarles en el control de sus síntomas. Aceptar que se precisa tratamiento, la mayoría de las veces de manera crónica, y asumir los posibles efectos secundarios (que se intenta que sean mínimos, pero que lamentablemente suelen estar más o menos presentes) es también un desafío, que se puede trabajar desde el punto de vista de la terapia de aceptación y compromiso.

La *orientación a valores* suele ser el otro pilar fundamental para intervenir con estos pacientes. Este perfil de usuarios habitualmente ha estado por largos períodos de tiempo viviendo su vida de manera caótica, precaria y sin una orientación clara, debido a sus circunstancias vitales. Una vez que comienzan a recibir los apoyos y medios necesarios para salir de su situación mórbida tanto clínica como social, es frecuente que se encuentren «desorientados» en cuanto a qué tipo de aspectos vitales les resultan provechosos y les otorgan sentido. Han estado tanto tiempo «desconectados» de una vida con propósito que reorientar sus propias vidas hacia valores significativos para ellos mismos puede llegar

© Ediciones Pirámide

a constituir todo un desafío. En este sentido, resulta de gran importancia poder contar con un equipo terapéutico formado en la importancia de los valores, que oriente y acompañe al usuario en este camino de autoconocimiento y desarrollo personal. El proceso consistirá básicamente en la clarificación de valores en un primer momento, y posteriormente comenzar a dar pasos concretos que se traduzcan en acciones orientadas en la dirección de estos valores.

Resulta muy satisfactorio y reconfortante para los miembros del equipo de TAC poder ser testigos e incluso formar parte de los cambios vitales que se observan en este perfil de usuarios a lo largo del tiempo. A pesar de que en un principio el abordaje puede resultar complejo, con el tiempo, al observar los frutos de las intervenciones, tanto el usuario como los profesionales suelen experimentar un sentimiento de enorme gratificación; es el resultado de trabajar en dirección a los valores.

### 4.2. Usuarios en los que predomina la sintomatología negativa, el deterioro cognitivo y el déficit funcional

La principal intervención psicoterapéutica contextual en estos usuarios suele ser el *esclarecimiento de valores* y el *desarrollo de la voluntad y el compromiso de actuar.* En este perfil de pacientes, incluso un profano en la materia podría intuir que viven vidas aparentemente carentes de sentido: autoaislados, retraídos, deteriorados a nivel cognitivo y muchas veces también físico. Por este motivo, la terapia suele inicialmente centrarse en la orientación hacia valores y vidas con propósito. Muchas veces, en un primer momento, el equipo terapéutico debe proporcionar las condiciones básicas en el medio del paciente que le permitan tener una vida digna. Esto es importante, ya que, si el deterioro del paciente condiciona que no presente unas mínimas condiciones de confort, será poco realista ir un paso más allá y comenzar a abordar los valores. Muchas veces nos encontramos con situaciones lamentables (pacientes aislados durante largos períodos de tiempo, en situación de desnutrición, con una marcada falta de higiene, etc.), que deben ser solventadas cuanto antes. Tan solo cuando el usuario cuenta con unos mínimos de calidad de vida, será posible comenzar a abordar los valores personales.

No es poco frecuente que el propio deterioro cognitivo dificulte el proceso de clarificación de valores en el paciente e incluso podemos llegar a pensar que, dado el empobrecimiento de estos usuarios, «carecen de valores». Sin embargo, a medida que indagamos y persistimos en nuestro objetivo, iremos descubriendo que a pesar del deterioro estos pacientes sí presentan áreas vitales de mayor importancia, las cuales se convertirán en nuestro foco de atención y principal material de trabajo. Es importante aclarar que el terapeuta debe evitar sugerir qué metas y valores son los adecuados para estas personas, sea cual sea su cronicidad o deterioro.

Nuestra labor, por tanto, consistirá en acompañar al usuario en la búsqueda de los valores y metas valiosos para él, y en ayudarle a activarse en esas direcciones mediante acciones concretas progresivas. Trabajaremos el desarrollo de la voluntad y el compromiso de actuar en dirección a sus valores: se trabaja por un lado la apertura o aceptación a las experiencias que no se pueden cambiar en la vida del paciente, así como en pasos concretos para que este se mueva en las direcciones que valora. También en estas sesiones se trabaja la diferencia entre tener ganas para hacer algo y tener la voluntad para hacerlo. En ocasiones será necesario ayudarnos de ejercicios experienciales para hacer más concreto lo que se le plantea al usuario, dada la dificultad en la capacidad de abstracción que muchos pacientes psicóticos con deterioro presentan (Reininghaus et al., 2019).

### 4.3. Usuarios en los que predomina la desorganización conductual y las alteraciones del comportamiento

En este perfil de pacientes puede resultar especialmente útil el *análisis funcional de la conducta,* que consiste básicamente en un sistema de organización de la información relevante en la evaluación clínica, que sirve de base para la comprensión del mantenimiento del comportamiento y el diseño de la intervención. De esta manera, los profesionales pueden comprender las conductas problemas en términos de su interacción con variables del entorno y de la persona y, a su vez, poder incidir sobre estas variables para modificar dichas conductas. Así, se generan hipótesis de asociación funcional que permiten explicar la génesis y el mantenimiento de la

© Ediciones Pirámide

conducta problema, para posteriormente establecer objetivos de intervención y elaborar un plan de tratamiento. En los casos de pacientes que se encuentran más conservados a nivel cognitivo, es también posible realizar el análisis funcional de manera conjunta con ellos, para que formen parte activa del proceso de comprensión de lo que les sucede, empoderándoles así en su proceso de recuperación. En estos casos, puede ser necesario simplificar el análisis funcional, desglosándolo en sus elementos más básicos, como son «antecedente, respuesta y consecuencia».

Una de las principales áreas problemas que puede abordarse desde el análisis funcional es el consumo de tóxicos, guiando así al usuario en la comprensión de cómo frecuentemente el consumo de tóxicos aparece en el contexto de la evitación experiencial, reforzándose positivamente con el consecuente alivio momentáneo de la angustia. Sin embargo, estas conductas evitativas desvían al usuario cada vez más de sus valores personales y de vivir vidas con propósito y sentido.

Otra intervención que puede resultar muy útil, principalmente en pacientes que tienden a presentar actos impulsivos, es la *defusión cognitiva.* Nuestra mente tiene la capacidad de representar la realidad, pero en el caso de estos usuarios se produce la «fusión», lo que les impide distinguir entre la realidad objetiva y los propios pensamientos, lo cual condiciona que se actúe de manera inminente a la realidad que se está experimentando en ese momento. La *defusión cognitiva* es uno de los pilares de la terapia de aceptación y compromiso, y consiste en debilitar el control que el pensamiento ejerce sobre nuestra conducta, de manera que, aunque este siga en nuestra mente, no continúe siendo una barrera para la acción. El *mindfulness* es una gran herramienta para lograr este objetivo, dado que cuando observamos los pensamientos con cierta perspectiva, nos damos cuenta de que un pensamiento solo es un pensamiento y nada más. En estos usuarios resulta muy útil el entrenamiento en *mindfulness,* cuya práctica constante permite debilitar progresivamente la literalidad del lenguaje que domina muchas de las conductas perjudiciales (Barraca, 2012).

Por último, cabe destacar la importancia de la intervención en los familiares u otras personas que conviven con el usuario. Como comentábamos, las alteraciones conductuales de estos pacientes conllevan frecuentemente un alto grado de alarma en su entorno más inmediato. Trabajar, por tanto, con las personas que le rodean, entrenándoles en la gestión de sus propias emociones y procesos mentales y enseñándoles de qué manera su propia conducta/respuesta puede influir en las conductas del usuario (sirviéndonos de los principios básicos del refuerzo positivo y negativo), puede resultar de gran ayuda.

### 4.4. Usuarios en los que predomina la anosognosia

Este perfil de paciente habitualmente constituye un desafío para los profesionales dado que su premisa suele ser la de «no estoy enfermo, no necesito ayuda». «¿Cómo ayudar a alguien que considera que no necesita ayuda?, ¿cómo nos acercamos a esta persona?, ¿por dónde comenzar la intervención?». Son algunas de las cuestiones que habitualmente nos planteamos en estos casos.

Una de las ventajas del enfoque contextual aplicable a estos pacientes es el énfasis que ponen en el contexto y los valores personales, quitando el foco de los síntomas en sí mismos. En este perfil de usuarios resulta de interés rescatar elementos básicos de la psicoterapia analítica funcional (FAP), un tipo de terapia de tercera generación, en la cual cobra una importancia trascendental la propia relación terapéutica como principal herramienta de trabajo. El diálogo verbal constituye la interacción básica y el propio terapeuta actúa como reforzador social (al ser natural, tener empatía y permitir la intimidad) (Kaholokula et al., 2013).

Sabemos que confrontar al paciente en un primer momento, persuadiéndole de que no está en lo correcto y que su realidad no es válida, probablemente aumentará aún más sus defensas y reticencia al abordaje. Sin embargo, si somos capaces de transmitirle que verdaderamente estamos interesados en los aspectos vitales que para él mismo resultan importantes y que nuestro objetivo es acompañarle y ayudarle a vivir una vida provechosa centrada en sus propios valores personales, es probable que progresivamente se vaya mostrando más permeable y receptivo, a pesar de considerar «que no está enfermo». Se trata básicamente de hacer coincidir sus objetivos con los nuestros; no estamos «enfrentados» con el usuario en nuestras posturas, sino más

© Ediciones Pirámide

bien unificados, persiguiendo unos mismos objetivos vitales: perseguimos la autonomía, el empoderamiento y la recuperación. Cuando somos capaces de conectar con el usuario en este punto, podemos comenzar a trabajar otros aspectos tales como el control de sus síntomas y evitar reingresos hospitalarios, entendiendo estos como obstáculos que dificultan el propósito común de vivir una vida provechosa y orientada a sus valores personales. Saber cuándo pasar a esta segunda etapa de abordaje requiere de una especial sensibilidad por parte del terapeuta para captar el momento y situación en que se encuentra el usuario. Esta sensibilidad vendrá dada no solo por la experiencia del profesional, sino por el propio vínculo terapéutico que se ha ido creando con el usuario, del cual el profesional constituye una parte activa que monitoriza constantemente lo que sucede en la interacción con la ayuda de sus propias reacciones emocionales, lo cual le permite ir calibrando qué intervenciones y respuestas resultan de mayor utilidad en este momento y contexto concreto para el paciente.

## 5. PRINCIPIOS DE LA TERAPIA DE ACEPTACIÓN Y COMPROMISO APLICABLES A LOS EQUIPOS DE TRATAMIENTO ASERTIVO COMUNITARIO

Una de las principales características del abordaje asertivo comunitario es el trabajo en equipo. El equipo es multidisciplinar/transdisciplinar y está formado por profesionales sanitarios y sociales (habitualmente psiquiatras, enfermeros, técnicos en cuidados auxiliares de enfermería y trabajadores sociales), los cuales prestan servicios de carácter integral: tratamiento farmacológico, rehabilitación y soporte comunitario. La actitud proactiva por parte de cada uno de los profesionales es fundamental para la detección de necesidades de los usuarios y la búsqueda de soluciones en su entorno natural. Cada uno de los miembros del equipo ocupa un lugar importante y su contribución es necesaria para avanzar en el proceso rehabilitador y de recuperación de los usuarios; se trabaja de manera conjunta y coordinada a favor de un mismo objetivo común.

Hay una serie de aspectos procedentes desde el enfoque contextual que pueden resultar de utilidad ya no solo para intervenir directamente con el usuario, sino para mantener la cohesión y vitalidad del equipo.

### 5.1. Trabajo orientado a valores

La implicación activa por parte de cada uno de los miembros de equipo no solo viene dada por su formación o por su experiencia, sino también por sus propios valores personales. El concepto de «valor», desde el punto de vista contextual, puede ser entendido como «lo que uno quiere verse haciendo a la larga en las diferentes facetas que son importantes en su vida: familia, amigos, trabajo, ocio, etc...». Desde este enfoque, «valor» y «acción» son dos equivalentes funcionales. Esto conlleva el desafío de que los profesionales también emprendan un camino de autoconocimiento, para aprender a discriminar cuándo sus propios valores funcionan como barreras en el proceso clínico, entorpeciendo el curso de la terapia o, por el contrario, sus valores funcionan como potentes herramientas terapéuticas para el tratamiento de los pacientes. Y este camino de autoconocimiento no solo se realiza de manera individual, sino que los demás miembros del equipo pueden actuar como referentes, facilitando un proceso interactivo de retroalimentación entre los diferentes profesionales que permita aprender unos de otros y aunar un mismo sentir, enfocándose de manera conjunta hacia el valor común de acompañar a personas con TMG en su proceso de recuperación.

### 5.2. Defusión

El trabajo en los equipos de TAC suele ser intenso y requerir grandes cantidades de energía e implicación por parte de los profesionales. Trabajar directamente en el entorno del usuario puede llegar a ser conmovedor, cuando se observa la dureza de la realidad de muchas de las situaciones que viven las personas afectadas. No olvidemos que se trabaja con un colectivo altamente vulnerable desde el punto de vista clínico y social, y que muchas veces el trastorno mental se acompaña de falta de medios y de apoyos que hace que los usuarios lleguen a situaciones extremas de vida. La implicación activa

© Ediciones Pirámide

de los profesionales en la situación del usuario es una parte fundamental del proceso de superación; sin embargo, se debe ser cuidadoso en traspasar la línea en la cual la implicación pasa a ser «sobreimplicación». La sobreimplicación supone que el profesional se «fusione» con la situación del paciente y no sea capaz de establecer un límite claro y diferenciar dónde comienzan y terminan sus funciones, tendiendo, por ejemplo, al paternalismo. Hay que ser especialmente cuidadoso con este aspecto bioético en este modelo de abordaje. Para ello se hace necesario que los profesionales del TAC sean capaces de realizar un análisis crítico de sus intervenciones y que así los derechos de las personas no se vean afectados. Y es que, al trabajar con una población con necesidades especiales, se pueden incurrir en prácticas que conllevan cierta forma de presión, influencia, incluso coerción. Además, los profesionales suelen verse excesivamente afectados por la situación del paciente y, progresivamente, se van sintiendo más sobrecargados a nivel emocional, asociando muchas veces fatiga crónica y sentimientos de culpa por no «hacer lo suficiente».

Por tanto, la *defusión* es una herramienta psicoterapéutica a tener en cuenta en estos casos, para que el profesional pueda dar un «paso atrás» y tomar la suficiente perspectiva respecto al usuario, y volver a ser eficaz en el transcurso del proceso terapéutico. En este proceso de *defusión,* los otros miembros del equipo juegan un papel fundamental, ya que el poder compartir con ellos en un espacio común las vivencias personales y subjetivas respecto a los casos, que son parte del día a día de este trabajo, y recibir su *feedback* permite al profesional resituarse en su posición respecto al paciente.

La práctica de *mindfulness* de manera individual o grupal posibilita una mayor toma de conciencia de los sentimientos y pensamientos que suelen ir asociados a este tipo de trabajo, y a su vez una mejor gestión de los mismos.

### 5.3. Un enfoque común

A pesar de que las distintas corrientes, perspectivas y visiones de cada uno de los profesionales resultan habitualmente provechosas, se hace necesario, por otro lado, que el equipo comparta algunas bases comunes respecto al enfoque de abordaje y tratamiento que se adoptará de manera conjunta. Las distintas perspectivas y un enfoque común no tienen por qué ser elementos enfrentados entre sí, sino, por el contrario, la combinación de ambos, siempre que las diferentes perspectivas no diverjan excesivamente, suele conllevar un mayor enriquecimiento de la experiencia dentro del trabajo, así como un aumento en la eficacia.

El enfoque contextual como filosofía común dentro del grupo de trabajo es una alternativa atractiva e innovadora. Este se basa en la filosofía del contextualismo funcional, la cual considera la conducta de las personas en su contexto y no de forma aislada o fraccionada. Para ello se pone el foco en la función que cualquier evento llega a adquirir. Además, no solo se busca poder predecir el comportamiento, sino también influir en él. Es decir, se pretende identificar los determinantes y efectos de la conducta para ser mucho más efectivos en la intervención. A diferencia de otras perspectivas mecanicistas, la persona se entiende como un «todo», que está en constante interacción con el contexto, con una historia particular y única y donde las causas de cualquier acción se relacionan con la función presente unida a la historia personal.

La perspectiva contextual permite entender el TMG en su contexto, tanto clínico como social y biográfico. En el abordaje asertivo comunitario se cuenta con la gran ventaja de trabajar directamente en el medio habitual del paciente, lo cual permite a los profesionales una mayor comprensión de cuáles son las variables que influyen en las conductas problema y cómo se puede influir en ellas.

Si analizamos el enfoque contextual y la rehabilitación psicosocial, encontraremos que ambas disciplinas tienen una serie de puntos en común, entre los que conviene destacar:

— Se fundamentan sobre una base científica, es decir, están constituidas por un conjunto de conocimientos objetivos y verificables sobre una materia determinada que son obtenidos mediante la observación y la experimentación, la explicación de sus principios y causas y la formulación y verificación de hipótesis. Se caracterizan por la utilización de una metodología adecuada para el objeto de estudio y sistematización de los conocimientos.

© Ediciones Pirámide

— Tienen una base filosófica y, por tanto, están basadas en un conjunto de reflexiones sobre la esencia, las propiedades, las causas y los efectos de las cosas naturales, principalmente sobre el hombre y el universo.
— Se encuentran al servicio de personas que presentan problemas de salud mental, es decir, trastornos en el estado de equilibrio entre la persona y su entorno sociocultural y que afecta a su bienestar y calidad de vida.
— Contemplan la importancia de las cogniciones, las emociones y el comportamiento en diferentes situaciones de la vida diaria e intervienen sobre estas cuando las dinámicas habituales están resultando perjudiciales para el sujeto y condicionando malestar y disfuncionalidad.
— Tienen en cuenta el contexto personal, tanto en su vertiente psicobiográfica como social, e intentan intervenir sobre los mismos para generar cambios favorables.
— Pretenden que las personas puedan vivir vidas satisfactorias, con sentido, orientadas a valores.

## 6. CONCLUSIÓN

Los programas de tratamiento asertivo comunitario surgieron en los años setenta en Estados Unidos cuando los pacientes con un grado de discapacidad elevado fueron externalizados de los hospitales psiquiátricos y tenían enormes dificultades para mantenerse en la comunidad, apareciendo frecuentemente el fenómeno de puerta giratoria. Estos programas vienen a promover una manera de organizar la atención comunitaria hacia una atención más coordinada, continuada y cercana a las necesidades reales de los pacientes. Se dirigen a pacientes con TMG con un grado de discapacidad elevado, con conductas disruptivas, situaciones de exclusión social y aislamiento, tendencia al abandono del seguimiento y tratamiento psiquiátricos. Se trata de pacientes con una importante vulnerabilidad clínica y social que requieren de un abordaje intensivo, flexible y orientado a la recuperación.

El abordaje TAC comparte ciertas características con la terapia de aceptación y compromiso, útiles y eficaces tanto para la intervención con los pacientes como para el trabajo en equipo. Ambas intervenciones, el TAC y la terapia de aceptación y compromiso, dan peso al ambiente, la relación terapéutica (enganche) y a la persona. Son diversas las herramientas de la terapia de aceptación y compromiso que pueden ser aplicadas a «pie de calle», haciendo hincapié en unas más que en otras en función de los diferentes perfiles de pacientes descritos en el capítulo.

La relación terapéutica adquiere especial relevancia, siendo necesario el establecimiento de un diálogo en el que seamos capaces de mostrar que verdaderamente estamos interesados en las necesidades o aspectos vitales que los usuarios consideran importantes, facilitando así el establecimiento de una relación de colaboración y que se vayan mostrando más permeables a trabajar otros aspectos que dificultan el desarrollo de una vida provechosa.

Se hace necesario destacar el abordaje centrado en la persona y en sus valores, ayudando y acompañando a la persona a la hora de averiguar cuáles son sus metas vitales, quitando así el foco de los síntomas psiquiátricos. En un primer momento se clarificarán los valores y, luego, se comenzarán a dar los pasos que se traduzcan en acciones específicas orientadas en esos valores. Esta intervención suele darse en la fase de enganche, ya que recordemos que se trata de pacientes que frecuentemente presentan anosognosia, se encuentran desvinculados de los servicios sanitarios y/o en riesgo de exclusión social y presentan importantes dificultades para mantenerse en la comunidad (deterioro cognitivo, sintomatología negativa, déficits funcionales...). Ayudarles a dar sentido a sus vidas, a descubrir sus valores y a que tengan, en definitiva, una vida significativa es uno de los pilares fundamentales que permiten una mejoría en el funcionamiento psicosocial y en la calidad de vida.

Además, el desarrollo de las intervenciones en el entorno natural permite que se vea más fácilmente qué soluciones han resultado efectivas. A través de un estilo colaborativo y una relación de ayuda, centrándonos en el aquí y el ahora, es más fácil que los usuarios sean capaces de ver otras alternativas en la manera de percibir el mundo que les rodea y manejarse en él. La persona y sus conductas se entienden como inseparables del contexto (contextualismo funcional). Lo importante es la función que cumple esa conducta para la persona, permitiendo el abor-

© Ediciones Pirámide

daje «a pie de calle» e intervenir directamente en el medio o contexto sociocultural donde el paciente lleva a cabo su vida y esa conducta problemática, para que esta deje de serlo.

Por último, la terapia de aceptación y compromiso también puede ser de utilidad en el trabajo en equipo de los programas TAC. Permite el desarrollo de un trabajo orientado en valores en el que participan de forma interactiva todos los profesionales, detectando barreras que puedan dificultar el desarrollo de las intervenciones. Además, las situaciones en el día a día pueden ser muy duras, al situar al profesional «muy de cerca» con la realidad de los pacientes. De modo que la ACT a través de la defusión cognitiva puede evitar que el profesional se fusione con la realidad del paciente y pierda de vista cuáles son sus funciones, uno de los principales peligros del abordaje asertivo comunitario.

Para concluir, la terapia de aceptación y compromiso es una terapia que ofrece herramientas valiosas que pueden ser aplicadas a «pie de calle», especialmente útiles en una población muy vulnerable, de «difícil enganche», con discapacidad elevada y dificultades para mantenerse en la comunidad, con «vidas caóticas y poco normalizadas». El objetivo básico del TAC es que los pacientes puedan tener una vida digna y significativa con los apoyos adecuados, y la terapia de aceptación y compromiso permite este trabajo centrado en los valores personales, acompañándolos en este camino del autoconocimiento y desarrollo personal orientado a una vida provechosa.

## REFERENCIAS BIBLIOGRÁFICAS


Aagaard, J., Tuszewski, B. y Kølbæk, P. (2017). Does assertive community treatment reduce the use of compulsory admissions? *Archives of Psychiatric Nursing, 32*(6), 641-646.

Allness, D. J. y Knoedler, W. H. (2003). ACT clients: Whom is ACT for? En D. J. Allness y W. H. Knoedler (eds.), *A manual for ACT start-up: Based on the PACT model of community treatment for persons with severe and persistent mental illnesses* (pp. 9-10). https://bit.ly/3smPdC7

Amador, X. F. y Kronengold, H. (1998). The description and meaning of insight in psychosis. En X. F. Amador y A. S. David (eds.), *Insight and psychosis* (pp. 15-32). Oxford University Press.

Azorin, J. M., Belzeaux, R. y Adida, M. (2014). Negative symptoms in schizophrenia: Where we have been and where we are heading. *CNS Neuroscience and Therapeutics, 20*(9), 801-808.

Barraca, J. (2007). La terapia de aceptación y compromiso (ACT). Fundamentos, aplicación en el contexto clínico y áreas de desarrollo. *Revista de Ciencias Humanas y Sociales, 65*(127), 761-781.

Barraca, J. (2012). ¿Aceptación o control mental? Terapias de aceptación y *mindfulness* frente a las técnicas cognitivo-conductuales para la eliminación de pensamientos instrusos. *Análisis y Modificación de Conducta, 37,* 155-156.

Bowie, C. R. y Harvey, P. D. (2005). Cognition in schizophrenia: Impairments, determinants, and functional importance. *Psychiatric Clinics of North America, 28*(3), 613-633.

Carbon, M. y Correll, C. U. (2014). Thinking and acting beyond the positive: The role of the cognitive and negative symptoms in schizophrenia. *CNS Spectrums, 19*(S1), 38-52.

Carmona-Torres, J. y García-Montes, J. (2010). Terapia de aceptación y compromiso (ACT) para el tratamiento de los síntomas psicóticos. En I. Cangas (ed.), *Nuevas perspectivas en el tratamiento del trastorno mental grave* (pp. 133-160). Alborán. https://bit.li/2QusQMQ

Coldwell, C. M. y Bender, W. S. (2007). The effectiveness of assertive community treatment for homeless populations with severe mental illness: A meta-analysis. *American Journal of Psychiatry, 164*(3), 393-399.

José, J. y Jambrina, M. (2007). El modelo Avilés para la implantación del tratamiento asertivo comunitario. *Cuadernos de Psiquiatría Comunitaria, 7*(2), 147-159. https://bit.ly/3vS1aSt

Kaholokula, J. K., Godoy, A., O'Brien, W. H., Haynes, S. N. y Gavino, A. (2013). Análisis funcional en evaluación conductual y formulación de casos clínicos. *Clínica y Salud, 24*(2), 117-127.

Krug, A. y Kircher, T. (2017). Cognitive disorders in schizophrenia. *Fortschritte der Neurologie Psychiatrie, 85*(5), 292-304.

Monroe-DeVita, M., Morse, G., Mueser, K. T., McHugo, G. J., Xie, H., Hallgren, K. A., Peterson, R., Miller, J., Akiba, C., York, M., Gingerich, S. y Stiles, B. (2018). Implementing illness management and recovery within assertive community treatment: A pilot trial of feasibility and effectiveness. *Psychiatric Services, 69*(5), 562-571.


© Ediciones Pirámide

Nelson, G., Aubry, T. y Lafrance, A. (2007). A review of the literature on the effectiveness of housing and support, assertive community treatment, and intensive case management interventions for persons with mental illness who have been homeless. *American Journal of Orthopsychiatry, 77*(3), 350-361.

Panadero Herrero, S. (2011). Calidad de vida y funcionamiento psicosocial de las personas con trastornos mentales graves y duraderos. *Anuario de Psicología Clínica y de la Salud, 7,* 51-61. Departamento de Personalidad, Evaluación y Tratamiento Psicológicos de la Universidad de Sevilla. https://bit.ly/3rmlcAO

Puig, O., Penadés, R., Gastó, C., Catalán, R., Torres, A. y Salamero, M. (2008). Verbal memory, negative symptomatology and prediction of psychosocial functioning in schizophrenia. *Psychiatry Research, 158*(1), 11-17.

Ramírez, M. J. (2008). Aproximación teórica de la exclusión social: complejidad e imprecisión del término. Consecuencias para el ámbito educativo. *Estudios Pedagógicos, 34*(1), 173-186.

Reininghaus, U., Klippel, A., Steinhart, H., Vaessen, T., Van Nierop, M., Viechtbauer, W., Batink, T., Kasanova, Z., Van Aubel, E., Van Winkel, R., Marcelis, M., Van Amelsvoort, T., Van der Gaag, M., De Haan, L. y Myin-Germeys, I. (2019). Efficacy of acceptance and commitment therapy in daily life (ACT-DL) in early psychosis: Study protocol for a multi-centre randomized controlled trial. *Trials, 20*(1).

Schöttle, D., Schimmelmann, B. G., Ruppelt, F., Bussopulos, A., Frieling, M., Nika, E., Nawara, L. A., Golks, D., Kerstan, A., Lange, M., Schödlbauer, M., Daubmann, A., Wegscheider, K., Rohenkohl, A., Sarikaya, G., Sengutta, M., Luedecke, D., Wittmann, L., Ohm, G., ... y Lambert, M. (2018). Effectiveness of integrated care including therapeutic assertive community treatment in severe schizophrenia-spectrum and bipolar I disorders: Four-year follow-up of the ACCESS II study. *PLoS ONE, 13*(2).

Stein, L. I., Test, M. A. y Marx, A. J. (1975). Alternative to the hospital: A controlled study. *American Journal of Psychiatry, 132*(5), 517-522.

Suárez, I. (2020). Enfermedad mental y aislamiento: así trabaja el equipo que cuida a un colectivo con doble vulnerabilidad. *Canarias Ahora* (3 de mayo de 2020). https://bit.ly/3lNc9bb

© Ediciones Pirámide

# Metáfora y psicosis 17

FRANCISCA LÓPEZ RÍOS
JOSÉ MANUEL GARCÍA MONTES

## 1. INTRODUCCIÓN

Las metáforas han formado y forman parte del lenguaje en las diferentes culturas, hasta el punto de que podríamos decir que el lenguaje es sustancialmente metafórico. Por otro lado, en el contexto de la psicosis, podemos hacernos preguntas tales como ¿es el lenguaje delirante una metáfora?, ¿debemos tratar de encontrar el sentido de las expresiones, aparentemente sin sentido, de los pacientes?, ¿el hecho de que se produzcan un tipo de expresiones u otro está relacionado con aspectos de sus vidas que no pueden o no saben expresar de otro modo?, ¿hay en todo ello un camino terapéutico poco explorado?

Por otro lado, las metáforas forman parte de la tradición psicológica terapéutica en psiquiatría y psicología. De hecho, el complejo de Edipo no es otra cosa que el uso de una metáfora para referirse a un fenómeno relacionado con la propuesta psicopatológica del psicoanálisis; en la tradición sistémica o estratégica también el lenguaje metafórico es de uso habitual en la terapia. En múltiples contextos, y en especial en la educación, se utilizan cuentos, fábulas, leyendas con el fin de extraer una «moraleja», es decir, de abstraer una regla de conducta para «conducirse» de forma apropiada, sensata, saludable o útil.

También el lenguaje metafórico, por un lado, y las metáforas específicas, por otro, forman parte de las técnicas que propone la terapia de aceptación y compromiso (ACT). De hecho, el objetivo principal de la ACT es debilitar la regulación verbal del comportamiento de los y las pacientes, de forma que se facilite estar en contacto con la experiencia (las contingencias) y persistan en una acción o la modifiquen según si sus consecuencias forman parte o no de lo que es importante en la vida de estas personas, es decir, de sus valores (Hayes et al., 1999; 2012).

La cuestión que se trata de abordar tiene que ver con si la ACT es una terapia aplicable «tal cual» a pacientes con sintomatología psicótica, con sus diferentes metáforas o ejercicios recogidos en los distintos manuales que la describen, o bien si es necesario hacer adaptaciones sin perder el sentido de la terapia con el fin de que los pacientes con sintomatología psicótica con diferentes niveles de afectación cognitiva puedan beneficiarse de esta terapia.

En este contexto vamos a tratar de desarrollar una aproximación parsimoniosa sin pretender llegar a una conclusión, sino más bien trazar un ámbito de posibilidades a explorar terapéuticamente. En este camino introduciremos las funciones sociales del lenguaje, reparando en la propuesta del análisis de la conducta verbal desde la teoría del marco relacional, pudiendo así considerar la metáfora como un tipo de analogía con posibles funciones terapéuticas, dadas sus propiedades. Más adelante exploraremos el papel de las metáforas en la ACT y la literatura sobre el uso y utilidad de las metáforas en distintas poblaciones clínicas, hasta llegar a plantearnos su viabilidad con personas con diferentes niveles de deterioro cognitivo. Por último, pasaremos a las propuestas (que no certezas) sobre posibilidades de adaptación de la ACT en pacientes con sintomatología psicótica.

© Ediciones Pirámide

## 2. LAS FUNCIONES DEL LENGUAJE. LA METÁFORA EN LA CONDUCTA VERBAL

Las funciones del lenguaje han sido propuestas desde la filosofía y en especial desde la filosofía moderna ocupada de los temas lingüísticos, encarnada por Karl Bühler (Roca-Pons, 1982). Bühler diferencia tres funciones del lenguaje, que se encuentran en cualquier lengua y en cualquier fase histórica de la misma:

1. Función apelativa o de llamada, destinada a llamar la atención del oyente. Se trataría de una función de supervivencia, ya que permite avisar de peligros y es una función que encontramos en los animales. Es una función imperativa.
2. Función expresiva, mediante la cual el hablante manifiesta su estado psíquico, y también puede encontrarse entre los animales.
3. Función representativa, que es aquella mediante la que se transmite un contenido a través de un sistema de signos que representan cosas o ideas. Esta función es particularmente humana. Este sistema de signos adquiere su valor (significado) por su relación con otros signos.

En el contexto de las funciones del lenguaje específicamente humano, no puede perderse la llamada relación con el objeto, es decir, la comunicación intencional, en la que los elementos adquieren su valor no por sí mismos sino por su relación con los demás. En otras palabras, tratar de comunicar, hacer partícipe a otro ser de la propia experiencia. A partir de ahí, el signo lingüístico se basa en el sistema (código) y en el contexto, y desde ahí puede hablarse de significado o función.

Esta propuesta de Bühler ha sido recogida en un nivel de análisis básico por la teoría de los marcos relacionales (Hayes, Barnes-Holmes y Roche, 2001), en la que se desarrolla una propuesta acerca de cómo se adquiere y expande el lenguaje, y cómo el lenguaje controla el comportamiento y altera la función de las contingencias directas. Nos ocupamos brevemente de ello.

### 2.1. El lenguaje como conducta en la teoría de los marcos relacionales, el sustento básico de la ACT

Desde un punto de vista contextual, conductas como pensar, recordar, imaginar, esperar, sentirse triste, sentir confusión, sentirse amenazado, compararse con otras personas, son comportamientos que comparten los mismos principios que otras conductas más obvias como aislarse, llorar, ver la televisión o salir a caminar. De hecho, la diferencia fundamental es que unas conductas son accesibles al observador u observadora (y a los y las profesionales) y otras no lo son (Skinner, 1953; 1974).

Los seres humanos tenemos la capacidad de persistir en comportamientos a pesar de que son perjudiciales para nosotros, incluso dolorosos. También podemos dejar de hacer cosas que nos resultan muy gratificantes (Hayes, Brownstein, Zettle et al., 1986). Habitualmente los pacientes repiten una y otra vez patrones de comportamiento ante la angustia vital con consecuencias lamentables para su vida. Y todo ello siguiendo sus pensamientos y reglas de conducta, trayendo verbalmente al presente relatos sobre sí mismos o sí mismas, analizando episodios, imaginando cómo sería su vida si algunas circunstancias hubieran cambiado, incluso «viéndose» como otras personas. Todos estos comportamientos son propios de las personas en tanto que seres dotados de comportamiento verbal. Es gracias al lenguaje que podemos establecer leyes, predecir el futuro, influir en el comportamiento de grupos de población o crear obras literarias de gran calidad. Ser sujetos verbales también implica el precio de caer en las trampas del lenguaje.

En este sentido, como es sabido, el estudio del lenguaje desde una perspectiva contextual se ha articulado a través de la teoría de los marcos relacionales (Hayes et al., 2001; Tornëke, 2010). Esta teoría se ha ido armando tras décadas de experimentación en las que se han establecido analogías entre diferentes condiciones experimentales y el funcionamiento del lenguaje como conducta. De dicha investigación se han establecido las afirmaciones sobre la conducta verbal que tratamos de resumir a lo largo de este capítulo.

El comportamiento verbal es la capacidad de relacionar eventos (estímulos, características, etc.) no solo por sus características físicas identificables,

© Ediciones Pirámide

sino también arbitrariamente. Es decir, podemos comparar objetos por su forma, por su tamaño, y responder o elegir el que es más grande, o más oscuro o brilla más. En este caso estamos respondiendo relacionalmente, es decir, a la relación entre estímulos o propiedades de estímulos no arbitrarias, concretas y específicas de los estímulos en relación. Esto pueden llevarlo a cabo organismos no humanos, no es necesario contar con un repertorio verbal complejo para establecer este tipo de relaciones.

Sin embargo, podemos relacionar estímulos no por sus características físicas sino por otras propiedades arbitrarias o convencionales (es decir, acordadas socialmente), no inherentes sino establecidas por nosotros en un contexto dado. De este modo relacionamos sonidos con objetos y así los nombramos, sin que haya ninguna relación entre las propiedades físicas del sonido y del objeto, por ejemplo de la palabra mesa y el objeto; o el valor de una moneda de 50 cént. (con un tamaño mayor a la de 1 euro tiene menos valor) (Hayes et al., 2001).

Siguiendo el esquema establecido por Valdivia y Páez (2019), estamos hablando de lenguaje como comportamiento relacional, es decir, como la capacidad de responder a un evento por su relación con otro. Y para poder establecer relaciones entre eventos es necesario poder «enmarcar», es decir, establecer claves relacionales. Las claves relacionales son aquellos elementos del discurso que nos señalan qué tipo de relación estamos estableciendo. Así, por ejemplo, si decimos *la mesa es roja* el término «es» sería la clave relacional que nos señala el tipo de relación que estamos estableciendo, en este caso de igualdad. Si decimos *la pera es más dulce que la manzana,* la clave relacional sería «es más» y estaríamos estableciendo una relación de comparación entre los eventos manzana y pera con respecto a una propiedad. En este caso se trata de una propiedad no arbitraria, pero a partir de múltiples comparaciones de este tipo, a lo largo de nuestro desarrollo, hemos podido abstraer la clave relacional de comparación «más o menos... que» y la podemos aplicar a relaciones arbitrarias como por ejemplo «Paco de Lucía es más grande que Jimi Hendrix», o «mi alegría vale más que todo el oro del mundo» (Berens y Hayes, 2007; Huges y Barnes-Holmes, 2016).

Además de claves contextuales de comparación (más/menos, mejor/peor), a lo largo del desarrollo el entorno verbal de los niños y niñas va fortaleciendo la tendencia a enmarcar como *operante generalizada.* Es decir, una vez que se ha establecido la habilidad de enmarcar, esta actividad se lleva a cabo a la mínima oportunidad. De hecho, relacionar eventos basándose en diferentes claves contextuales (en principio no arbitrarias) permite abstraer dichas claves contextuales y utilizar enmarques arbitrarios (Huges y Barnes-Holmes, 2016). Muy resumidamente, los enmarques que se han establecido a través de la investigación, así como las claves relacionales más frecuentes, son los siguientes:

1. Coordinación (es, igual que, como).
2. Oposición (lo contrario de, lo opuesto a).
3. Diferencia (no es, es diferente a).
4. Comparación (más que, mejor que, peor que, menos que); relación condicional o causa (si... entonces, porque, consecuencia del, resultado...).
5. Temporal (antes vs. después).
6. Espacial (aquí vs. allí).
7. Jerárquico (forma parte de, se integra en, incluye a).
8. Deíctico (relaciones que combinan yo vs. tú, aquí vs. allí, ahora vs. entonces).

Muy brevemente, desde la TMR un evento es verbal si su función o significado depende de su relación con otros eventos. En este sentido, desde los primeros años de nuestra vida la comunidad verbal en la que nos desarrollamos va estableciendo las condiciones que facilitan que nos incorporemos al lenguaje de significados compartidos de nuestro entorno social más inmediato. Así se favorece que niños y niñas nombren objetos, actividades, características de dichos objetos y vayan relacionando los unos con los otros en función de lo que acontece en el entorno al que tienen acceso. Además, empiezan a comprender las instrucciones que proceden de otros miembros de su comunidad, a seguirlas, a generar instrucciones por sí mismos, y todo ello facilitado y posibilitado por las consecuencias de reforzamiento que suponen tanto el reconocimiento social sobre el avance en los aprendizajes, como el acceso a las consecuencias que siguen tras adherirse a las diferentes relaciones verbales (reglas). Por tanto, el lenguaje y sus funciones se desarrollan de un modo natural o fluido si las interacciones de cuidado, de participación, de formación escolar, etc, son

© Ediciones Pirámide

suficientes. Podríamos decir, en la dirección señalada por Hayes y Hoffman (2018), que diferentes dimensiones evolutivas (genéticas, neurobiológicas, sociales...) deben estar presentes en la consolidación de un repertorio tan complejo como el lenguaje y sus implicaciones.

Desde la TMR los enmarques relacionales tienen una serie de propiedades o características definitorias (que se han establecido a través de múltiples estudios). La primera de ellas se denomina **implicación mutua,** y se refiere a que cuando un elemento A se relaciona con un elemento B, se produce de forma automática la relación simétrica. Valga un ejemplo: si relaciono el dibujo de una paloma con el sonido «paloma», ante el sonido paloma señalaré o evocaré la imagen de la paloma. La segunda propiedad es la **implicación combinatoria,** que consiste, siguiendo el ejemplo anterior, en que si el dibujo de la paloma lo relacionamos con la «palabra escrita», tendremos tres eventos relacionados (dibujo, sonido e imagen) y habrán emergido las relaciones simétricas entre ellos y la relación entre el sonido y la palabra escrita. Es decir, habremos entrenado dos relaciones y habrán emergido otras cuatro relaciones entre dichos eventos (véase figura 17.1). La tercera propiedad es la **transformación de funciones,** y describe la posibilidad de modificar las funciones de un marco relacional al ponerlo en contacto (en relación) con otro marco relacional con funciones distintas. En otras palabras y siguiendo el ejemplo anterior, la relación paloma dibujo, paloma sonido y paloma palabra escrita puede tener funciones positivas. Si la imagen paloma la ponemos en relación con escenas de suciedad y deterioro, las funciones de la suciedad y deterioro se transfieren a la imagen de la paloma y transformaría las funciones de todos los elementos enmarcados en dicha relación (véase figura 17.1).

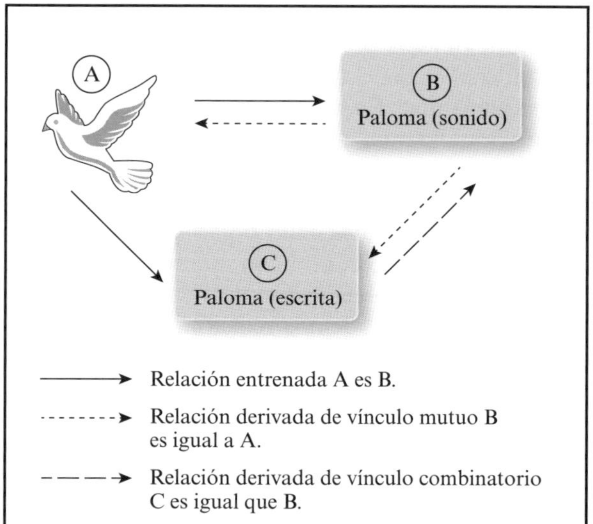


*Transformación de funciones:* si A tiene funciones positivas, me gustan, les doy de comer en el parque, cuando alguien diga: ¡mira una paloma!, miraré con agrado, me gustará mirar y ver la paloma. Sin embargo, si llego a casa y toda la terraza está sucia por el excremento de palomas, la función de la paloma (y de todo el marco relacional) se transformará y las rechazaré, trataré de que no se acerquen, no querré oir hablar de ellas, etc.

Figura 17.1.—Propiedades de los marcos relacionales.

A modo de resumen, y en un intento de dar significado psicológico y psicopatológico a la propuesta de la TMR, podemos afirmar que la habilidad de enmarcar (relacionar eventos bajo claves contextuales) es lo que nos permite generar nuevos pensamientos (derivar). De modo que podemos caer «de repente» en la cuenta de algo *(insight),* sentirnos de una manera que no podemos explicar (coordinación), pronosticar futuros desoladores al imaginarnos lejos de la persona que hoy queremos (vía deíctico, temporal de comparación), notar tristeza o culpa al recordar un episodio pasado en el que no hicimos lo que alguien nos pidió, podemos sentirnos amenazados ante la presencia de alguien nuevo en el trabajo o tener sentimientos de poder al considerar que si estamos aquí es porque tenemos una misión reservada de gran trascendencia. A través de relacionar eventos por comparación, oposición, jerarquía, deíctico, etc., podemos establecer relaciones nuevas con funciones (significados) distintas. Y todo ello de una manera ilimitada. Este fenómeno es lo que se conoce como generatividad del lenguaje (Hayes, 2001; Tornëke, 2010; Valivia y Páez, 2019).

Sin embargo, si bien los seres humanos tenemos la capacidad de enmarcar basándonos en claves relacionales, el tipo de enmarques que establecemos cada uno de nosotros va a venir condicionado por lo que se potencia (refuerza) por las personas que nos escuchan, y nos van señalando qué tipo de relaciones son más adecuadas. Así, en algunos entornos sociales se potencian los enmarques de comparación (más-menos; mejor-peor; bueno-malo; adecuado o no adecuado), enmarques temporales y condicionales (si... entonces) que potencian (a través

© Ediciones Pirámide

del reforzamiento social principalmente) establecer relaciones causales dando lugar a pronósticos de diferente tipo. Y el tipo de enmarques que se van potenciando (reforzados por la comunidad en principio) se establecen como tendencia, es decir, aumenta la probabilidad de establecer relaciones de un determinado tipo. O lo que es lo mismo, hay derivaciones que se consideran «correctas» (Luciano y Valdivia, 2015). Así, por ejemplo, sin haber tenido experiencias previas directas, si Juan ve a una persona no conocida cerca de su casa, es probable que piense «está perdido o está buscando a alguien»; sin embargo, Antonio va a pensar «es un extraño, hay que tener cuidado». En este caso, es probable que Juan se acerque y ofrezca su ayuda. En cambio, Antonio estará vigilante y comprobará que su casa está bien cerrada. Quienes conocen a Antonio saben que suele pensar que las personas desconocidas son «una amenaza» y se pone nervioso ante ellas y suele tener comportamientos de vigilancia, defensa o protección. Por otro lado, quienes conocen a Juan dicen que es confiado y amable, no desarrolla comportamientos de vigilancia y protección en tanto que no deriva relaciones que señalen que puede haber un peligro.

¿Qué derivación es la correcta?, ¿qué facilita que se desarrollen nuevos pensamientos de un tipo o de otro? A lo largo del proceso de socialización, desde niños, el entorno verbal (las personas significativas) va indicando a través de las contingencias qué derivaciones son correctas en función de las relaciones previas de las que se parte. Así, aprendemos a hacer deducciones lógicas, coherentes con las relaciones previas o premisas, y la comunidad refuerza esa lógica o coherencia, de forma que establecer relaciones coherentes acaba siendo intrínsecamente reforzante.

Así, en un entorno verbal dado (social y cultural), cuando un niño ve a un desconocido, sus padres pueden decirle: «no te acerques a desconocidos, pueden llevarte y hacerte daño», de forma que cuando hay alguien desconocido cerca, el niño sale corriendo hacia su padre. Y el padre le abraza y le responde felicitándolo por saber ponerse a «salvo». En este caso, el niño derivará reglas del tipo «hay que huir de desconocidos, son un peligro», aunque no tenga experiencias directas al respecto. En otro contexto, es posible que cuando hay alguien desconocido los padres se acerquen y le pregunten con amabilidad, y le digan al niño: «mira, este señor está buscando a... y viene de otra ciudad donde trabaja como... salúdalo, dile cómo te llamas...» y entablan una conversación. En este contexto conocer personas nuevas es una experiencia agradable y facilitará derivar relaciones del tipo «conocer gente nueva enriquece», que es coherente con las relaciones previas facilitadas por el entorno cercano al niño. Es decir, el sistema verbal deriva relaciones coherentes con la red previa de relaciones que se ha ido conformando a lo largo de la vida de la persona, de modo que se perpetúa una manera de enmarcar de acuerdo con lo ya establecido, aunque en este caso podríamos considerar que «ser tan confiado es poco prudente». Sin embargo, si establecemos claves contextuales diferentes según las condiciones en que se produce el encuentro con un desconocido, se podrían facilitar derivaciones más flexibles.

Sin embargo, qué ocurre cuando se produce una experiencia que es «incoherente» con el sistema de relaciones establecido previamente. Por ejemplo, si un niño ha establecido la relación: «si me porto bien (no hago ruido, no pido cosas, obedezco a lo que me digan), mi madre está contenta conmigo y me trata con cariño» y se adhiere a ella, es decir, su comportamiento se corresponde con lo que señala dicha sentencia. Puede darse el caso de que el comportamiento de su madre sea «inconsistente», es decir, aunque el chico se comporte «bien», ella le trate con desprecio o agresividad. En este caso, puede ser que el chico no «entienda a su madre», en tanto que su comportamiento no es coherente con la red relacional previamente establecida. Este «no comprender» y las reacciones emocionales que correlacionan pueden facilitar (tener funciones de estímulos discriminativos) que el niño empiece a comportarse de forma opuesta a la relación que ha establecido previamente, es decir, a desobedecer, a no complacer, etc. Ante esta situación la madre puede empezar a derivar relaciones de «yo sabía que eras malo, no se puede ser bueno conociendo a tu padre...» y de esta forma se le proveen nuevas relaciones acerca de sí mismo y es posible que él derive pensamientos coherentes con ellas y se comporte de acuerdo con ellos.

Por otro lado, también pueden establecerse nuevas redes relacionales con claves contextuales que señalen diferentes relaciones condicionales si... entonces... Por ejemplo, cuando mi madre ha bebido

© Ediciones Pirámide

(establecimiento de condiciones), aunque me porte bien ella me trata mal; cuando no ha bebido, si me porto bien, es cariñosa conmigo. En este caso, el niño tiene cierto «control» sobre la situación en tanto que puede predecir las reacciones de su madre en función de si detecta o no embriaguez y, con ello, adaptar su comportamiento. Las claves contextuales permiten flexibilidad.

En resumen, nuestra manera de relacionarnos con el mundo tiene que ver con el tipo de pensamientos que generamos, ya que estos funcionan como guías de nuestro comportamiento. De modo que cuando no podemos derivar relaciones consistentes con las establecidas previamente, es decir, cuando las experiencias contrarían lo que debería ocurrir según el sistema de creencias establecido, empezamos a angustiarnos (a tener experiencias emocionales relacionadas con la pérdida de control), a no comprender, y en estas condiciones es probable derivar relaciones defensivas con distintos tipos de contenidos, que pueden coincidir con los contenidos defensivos que suelen aparecer en los delirios (para una descripción más precisa de los delirios ver el capítulo de terapia de aceptación y compromiso aplicada a síntomas psicóticos positivos).

## 2.2. Las analogías y las metáforas

Si consideramos una relación como un evento, las relaciones entre relaciones se comportarían como relaciones entre eventos y se enmarcan con las mismas claves y participan de las mismas propiedades que los enmarques relacionales, es decir, implicación mutua, implicación combinatoria y transformación de funciones (Stewart, Barnes-Holmes, Hayes y Lipkens, 2001). En términos de la TMR, dos redes relacionales son análogas si las relaciones entrenadas o derivadas están en un marco de coordinación con una segunda relación. A modo de ejemplo, podemos señalar como analogía: A es a B como C es a D; el blanco es a la nieve como el verde es al bosque. Son dos relaciones puestas en relación de coordinación en las que una relación es la base (conocida y establecida arbitrariamente o no) y la segunda relación se denomina *target,* que es la relación hacia la que se transfieren las funciones de la primera (Törneke, 2010). Así, si blanco es una característica definitoria y esencial de la nieve y esa función es la que se transfiere a verde en relación con el bosque. Si es fundamental que la relación entre relaciones sea de coordinación (similitud o equivalencia), la relación entre los componentes de cada una de las relaciones no tiene que ser de coordinación. Por ejemplo, Pedro y Juan se llevan como el perro y el gato. La clave contextual es «son como», que indica el tipo de relación que opera, y las funciones que se transfieren desde la base (perro y gato) a la *target* (Pedro y Juan) pueden ser variadas dentro de la lucha, pelea o animosidad entre ellos.

Siguiendo la propuesta conceptual de la TMR, las metáforas son un tipo de analogía, aunque en muchos casos es difícil diferenciar entre metáfora y analogía. La diferencia fundamental entre ambas es que en la analogía las relaciones pueden ser intercambiables en su función de base y *target,* es decir, tienen implicación mutua. Sin embargo, en el caso de las metáforas esta característica no se da. Así, por ejemplo, «tus palabras son como puñales» sería algo así como «cuando oigo tus palabras me siento como me sentiría si me estuviesen clavando un puñal». En este caso, la relación simétrica no se produciría, la relación base sería clavar un puñal, que tiene relaciones no arbitrarias más significativas, es decir, guarda una relación de jerarquía entre las funciones de estímulo de ambas redes. En otras palabras, es mucho más obvia y está más consolidada (en el repertorio de hablante y oyente). Y esto es fundamental en el caso de las metáforas, ya que su utilidad viene dada porque las funciones de estímulo trasfieren rápidamente una característica de un evento a otro, es decir, transforma las funciones de estímulo de la relación *target* y para que ello se produzca de forma eficiente la relación base debe tener funciones muy bien establecidas. Valga como ejemplo una metáfora de uso habitual en la terapia y recogida en Barnes-Holmes, Hayes y Lipkens (2001): «luchar contra la ansiedad es como luchar en arenas movedizas». En este ejemplo, las funciones de luchar contra la ansiedad se transforman al relacionarlas con luchar en arenas movedizas, ya que esta relación no es arbitraria y tiene funciones muy bien establecidas posiblemente en el repertorio del oyente. De hecho, dicha metáfora podría traducirse en algo así como «luchar contra la ansiedad es igual de inútil y contraproducente que luchar en arenas movedizas», de forma que los comportamientos (clase operante) que se incluyen (relación jerárquica) en la lucha contra la

© Ediciones Pirámide

ansiedad, es decir, destinados a tratar de alterar la ansiedad o los contextos en los que es probable que aparezca, transformen su función.

### 2.3. Las metáforas en la terapia de aceptación y compromiso

Como se ha señalado en el capítulo dedicado a la terapia de aceptación y compromiso, una de las herramientas terapéuticas fundamentales que utiliza en su propuesta son las metáforas. Como hemos mencionado al inicio del capítulo, la ACT no es la única ni la primera terapia que hace uso de metáforas, y es por ello por lo que algunas de las metáforas y ejercicios que propone están recogidos «literalmente» en otras tradiciones terapéuticas. Sin embargo, sí provee un para qué del uso de la metáfora más explícito y más ligado a la investigación básica de los fenómenos verbales.

En este contexto, y como hemos indicado anteriormente, los pacientes hacen lo que creen que deben hacer para terminar con su sufrimiento. Es decir, se comportan coherentemente con su sistema de relaciones previo o de referencia. Y, siguiendo la propuesta psicopatológica de la ACT, tratan de evitar las experiencias que les resultan aversivas, en tanto que comparten con el contexto socioverbal que estas experiencias de sufrimiento hay que apartarlas de uno mismo. Pueden haber generado pensamientos nuevos coherentes con su red previa y «se los creen», o se fusionan con ellos, es decir, se comportan tal y como dicen dichos pensamientos, a pesar de que las consecuencias de seguirlos a medio y largo plazo sean muy adversas. Además, pueden haber establecido (generado) una historia sobre sí mismos o sí mismas que les lleve a relaciones de comparación (soy el mejor... soy la peor... más que...) de coordinación (soy como...) y se comporten en coherencia con dicho «concepto de sí mismos». Es decir, en terminología de la ACT: están atrapados en un mundo mental, en el que se ha perdido el contacto con la experiencia, con notar o discriminar las consecuencias del comportamiento. Dicho comportamiento sigue «literalmente» el contenido de las relaciones verbales que la persona ha establecido desde otras previas (Hayes et al., 1999; 2012).

De este modo, cuando hablamos de síntomas (algo que no es relevante en la ACT, dada su propuesta transdiagnóstica), el proceso a través del que se han desarrollado puede ser resumido como formas de responder en coherencia con las relaciones verbales derivadas que indican qué hacer ante las experiencias que les ocurren. Y dichas experiencias estarán relacionadas con el modo en que se comportan o relacionan en las diferentes áreas vitales y, a su vez, lo hacen a partir de las reglas que les han inculcado y/o que ellos mismos o ellas mismas han establecido en coherencia con el sistema de relaciones previo, que en sus inicios estará ligado (se referencia) a las experiencias vividas y a las reglas inculcadas por otros.

Así, por ejemplo, decimos que una persona está muy suspicaz cuando deriva relaciones de sospecha o acusación de comportamientos malintencionados de otros hacia él. Si estos pensamientos se expanden y consolidan, hablaremos de delirio de persecución. Cuando aparecen estos pensamientos con las respuestas emocionales que acompañan (nerviosismo, miedo...), la reacción más lógica es la hipervigilancia y la defensa. Es una reacción defensiva evitativa. Cuando aparecen situaciones de incertidumbre (que no se saben interpretar), se favorecen derivaciones amenazantes y respuestas defensivas. Y se fortalecerá por reforzamiento negativo y facilitará derivar relaciones del tipo: estoy preparado, no van a pillarme, yo sé defenderme... (por ejemplo).

Otros comportamientos habituales (los síntomas negativos) que favorecen la autorreferencia y la pérdida de contacto con referentes sociales son el aislamiento social, el abandono de hábitos de autocuidado, el desarrollo de comportamientos estereotipados, que en términos de ACT estaría relacionado con la pérdida de orientación vital y con el comportamiento desorientado a valores.

Y, con todo ello, el trabajo terapéutico se centra en facilitar que la persona tome contacto con la experiencia y organice su comportamiento en direcciones vitales significativas, y es aquí donde el quehacer terapéutico inicia el camino que permita transitar estas trampas establecidas verbalmente. Cuando decimos «tomar contacto con la experiencia», queremos decir «discriminar el propio comportamiento y sus consecuencias». Es decir, la persona muchas veces «no ve» lo que está ocurriendo: lo que hace y lo que sucede por hacer lo que hace. Y si le decimos: estás haciendo esto y está teniendo estas consecuencias en tu vida y en la de los demás,

© Ediciones Pirámide

le estamos dando un relación verbal que no es coherente con la red relacional que controla o regula su comportamiento y, lo más probable, es que no «haga suya» dicha recomendación, reflexión o sugerencia.

En este caso, es importante atender al tipo de enmarques que realiza el/la paciente: el/la paciente puede hacer enmarques de coordinación con... inútil, incapaz, despreciable..., o bien, con enmarque de comparación,... mejor que, más que, además de enmarques causales: «... si haces cosas de este tipo es porque eres...» y con este pensamiento autorreferenciado y los concomitantes emocionales puede distanciarse del mundo de las cosas y volcar su actividad verbal y perceptual hacia sí mismo (Pérez-Álvarez, 2012). Es habitual en estos pacientes que aparezcan problemas de autoestima, temor a estar locos, temor a que los demás piensen que están locos, comportamientos de aislamiento y dificultades para comunicarse de forma íntima con personas de su entorno, etc. Y todo ello fortalece la evitación del contacto, con lo que sus pensamientos adquieren cada vez más capacidad de control sobre su comportamiento, ya que no hay otras fuentes de experiencia que permitan derivar relaciones con funciones distintas a las actuales.

Y la terapia psicológica, en especial la ACT, viene justamente a proveer esas nuevas experiencias que debiliten la regulación verbal y faciliten derivar relaciones de la experiencia directa y todo ello en un contexto terapéutico (psicosocial) en el que (re) construir su visión de los otros y su relación con los otros desde la seguridad y el trato cercano y afectuoso.

## 3. EL TRABAJO TERAPÉUTICO CON METÁFORAS

Siguiendo a Baruch, Kanter, Bush y Juskiewicz (2009), los principales procesos alterados en los pacientes con sintomatología psicótica parecen ser: la fusión cognitiva (incluido el yo conceptualizado), la evitación experiencial y el comportamiento orientado a valores. En este contexto cabe destacar que para todos y todas nosotros es un gran desafío diferenciar cuándo adherirnos al contenido del pensamiento y cuándo, siendo conscientes de dicho contenido, desligarnos de él y guiarnos por lo que la experiencia está señalando en cada momento; mucho más difícil cuando el contenido del pensamiento son vivencias angustiosas y no deseadas (como pueden ser las voces o las situaciones de incertidumbre). En este caso, el comportamiento más probable es cualquiera que permita evitar dichas experiencias, dado que se van a considerar por la propia persona como pensamientos insanos o locura y van acompañados de una gran tensión emocional (dado que son las normas imperantes en el contexto socioverbal). Es por ello que centramos la atención terapéutica en afectar a los procesos implicados en el desarrollo de dificultades psicológicas, como son los síntomas psicóticos. Sin embargo, conviene destacar que aunque los objetivos de la ACT son intrapersonales, su fin es interpersonal, es decir, facilitar que los pacientes se incorporen a los diferentes contextos vitales en relación con otras personas (Baruch et al., 2009).

Nos proponemos hacer un recorrido por los distintos procesos propuestos por la ACT en su aplicación en pacientes psicóticos, señalando (y en algunos casos describiendo) las metáforas utilizadas para cada uno de ellos en los estudios de aplicación con los que contamos.

Uno de los primeros objetivos del trabajo con la ACT es que los pacientes «caigan en la cuenta» de que el **control de los eventos privados forma parte del problema,** no de la solución. Para ello se proponen diferentes metáforas. Una de las metáforas más utilizadas con este fin es la metáfora del polígrafo (Bach y Hayes, 2002; Gaudiano y Herbert, 2006). Brevemente, dicha metáfora dice así (Hayes et al., 1999, p. 123; Hayes et al., 2012, p. 273):

> «Imagina que estás conectado al mejor polígrafo que se ha construido jamás. Se trata de una máquina perfecta, la más sensible de todas. Cuando te encuentras conectado a ella, no hay forma de que te puedas sentir activado emocionalmente sin que ella lo note. Bien, pues aquí vas a tener que hacer una sencilla tarea: ¡lo único que tienes que hacer es permanecer relajado! Si te pones nervioso la máquina lo detectará. Sé que lo vas a intentar en serio pero quiero añadir un incentivo extra, y es que vas a tener una Magnum 44 apuntándote a la cabeza. Si permaneces relajado no te volará los sesos, pero si te pones nervioso (y lo detectaremos porque estás conectado a una máquina perfecta),

© Ediciones Pirámide

vamos a tener que liquidarte. De modo que ¡relájate! El menor asomo de ansiedad sería terrible. Tú naturalmente estarás pensando: ¡oh Dios mío!, ¡me estoy poniendo nervioso! ¿Qué crees que va a pasar?»

Con esta metáfora se pretende debilitar las relaciones derivadas del tipo «tengo que controlar la ansiedad», «las personas que saben controlar la ansiedad son personas cabales» «si logro controlar mis reacciones conseguiré que mi vida sea mejor»... Es decir, se trata de debilitar el control que ejercen dichas relaciones sobre el comportamiento de la persona, al tiempo que transforman las funciones del control de la ansiedad desde algo lógico y cabal a algo de «suicidas». Otro ejemplo en el mismo sentido es el «juego de tira y afloja con el monstruo», introducido por Bach, Hayes y Gallop (2012) o Gaudiano, Herbert y Hayes (2010). En este caso se compara la lucha contra los eventos internos con la situación de tirar de la cuerda luchando con un monstruo grande y fuerte que tiene la cuerda agarrada por el otro extremo. Puede parecer que si uno no lucha tirando de la cuerda con todas sus fuerzas, caerá al foso que hay entre el monstruo y él o ella misma, y eso no nos permite ver que lo único que hay que hacer es soltar la cuerda, abandonar la lucha. En este caso, se pone en relación de coordinación la lucha con los pensamientos y sentimientos con tirar de la cuerda, por mucho que luches caerás al foso, por mucho que luches no conseguirás ganar, aun así tienes una opción, abandonar la lucha, soltar la cuerda.

Otra metáfora que se ha utilizado en los estudios de aplicación de la ACT con pacientes psicóticos es la metáfora del «guijarro en el zapato» (Veiga et al., 2008), que consiste en introducir una pequeña piedra en el zapato y tratar de apartarla con el zapato puesto, a modo de experiencia equivalente a tratar de apartar el malestar, de controlar las experiencias aversivas sin resultado alguno, salvo de estar únicamente ocupado en dicha actividad.

Siguiendo con los procesos afectados en la rigidez psicológica, desde la ACT se proponen diferentes estrategias terapéuticas para debilitar la **fusión cognitiva** y facilitar la **aceptación** de las experiencias indeseables. En este caso también se trata de ejercicios «metafóricos» más que de metáforas lingüísticas. Así, por ejemplo, con el fin de practicar la observación de los pensamientos se ha utilizado la metáfora de la *hoja en el arroyo* (Baruch, Kanter, Busch y Juskewicz, 2009) (colocando los pensamientos sobre una hoja, posándola en un arroyo y observándola alejarse en la corriente del agua); otra versión del mismo ejercicio es la *meditación del desfile de soldados* (Gaudiano y Herbert, 2006). Dicho ejercicio se describe en formato de diálogo terapéutico en Hayes et al. (2012, pp. 375-377).

Otro de los ejercicios recomendados para defusionar la mente utilizado con pacientes psicóticos (Bach y Hayes, 2002; Veiga et al., 2008) es el de *sacar la mente a pasear.* En este ejercicio, el/la terapeuta se sitúa detrás pero muy cerca del/la paciente y le va diciendo cosas parecidas a las que su mente le va diciendo habitualmente, mensajes similares a los de sus pensamientos. De este modo el/la paciente puede volverse a contestar o a increpar al/la terapeuta, con lo que tenemos un ejemplo de cómo se relaciona con dichos pensamientos: discutiendo con ellos. A través de esta actividad se facilita que el/la paciente pueda notar los pensamientos y sentirse mal con ellos, puede dejar un espacio en el que aparecen los sentimientos y los pensamientos y orientar su comportamiento hacia lo que haya decidido hacer. En este sentido, parece que el proceso mediador para debilitar la potencia de las alucinaciones como estresor es disminuir no su presencia sino su credibilidad, y a ello contribuyen las metáforas utilizadas para defusionar el lenguaje (Gaudiano et al., 2010).

Con el fin de facilitar la aceptación de las experiencias que generan más angustia como son los delirios y las alucinaciones, y la ansiedad concurrente, se ha utilizado en diferentes estudios la metáfora de los pasajeros del autobús. Esta metáfora tiene por objetivo poner en relación de coordinación la experiencia de conducir un autobús con pasajeros amenazantes que pretenden que sigas la ruta que ellos dicen si quieres mantenerte a salvo de sus amenazas y la experiencia de que tus sentimientos y pensamientos estén intentando determinar tu comportamiento y tú te rijas por ellos, les haces caso, en un intento de que desaparezcan. Además, mediante esta metáfora se puede facilitar la identificación de qué dirección quiere tomar el paciente, con lo que se puede enlazar terapéuticamente con los valores elegidos y con elegir llevar a cabo comportamientos en línea con dichos valores.

© Ediciones Pirámide

En relación con la función de identificar, clarificar y hacer relevantes los **valores**, el trabajo con metáforas es muy habitual. Entre ellas con población psicótica se ha utilizado la metáfora del esquí (Gaudiano y Herbert, 2006). Dice así (Hayes et al., 2014, p. 480):

> «Imagina que estás esquiando, te subes al telesilla hasta la cumbre de la montaña y te dispones a descender con los esquís cuando aparece un tipo y te pregunta a dónde vas. Voy al refugio, le contestas. Él te dice: yo te puedo ayudar. Te coge, te sube en un helicóptero y te lleva hasta el refugio. Entonces tú miras alrededor aturdido o aturdida y vuelves a subir en el telesilla hasta la cumbre de la montaña, y cuando te dispones a descender esquiando, vuelve a aparecer el mismo hombre, te vuelve a agarrar y te vuelve a llevar al refugio. Seguro que te sentirías molesto o molesta. ¿Verdad? Probablemente dirías: ¡Eh! ¡Quiero esquiar!
>
> Esquiar no consiste meramente en llegar al refugio. Eso se puede conseguir de muchas maneras. Pero date cuenta de que llegar al refugio es importante para esquiar porque nos permite llevar a cabo el proceso. Valorar el descenso más que el remonte es necesario para bajar la pista esquiando. Si intentas ponerte los esquís para subir la pista en lugar de bajarla, ¡no vas a conseguirlo! Todo esto se puede expresar mediante una paradoja: el resultado es el proceso mediante el cual el proceso puede llegar a ser el resultado. Necesitamos objetivos, pero lo realmente importante es que participemos plenamente del viaje.»

Los valores en la intervención con pacientes psicóticos suponen el principal «motor» y el «horizonte» del trabajo terapéutico en ACT, especialmente porque de diferentes modos estamos proponiendo a los pacientes que estén en contacto con los pensamientos delirantes, con la ansiedad que generan y esto bajo la «promesa» de que pueden tener una vida significativa aun con pensamientos delirantes. Por ello, en diferentes estudios de aplicación observamos que los valores se trabajan más frecuentemente a través de estrategias de psicoeducación que a través de metáforas. En lo que sí tienen especial cabida las metáforas es en promover la acción comprometida a valores en tanto que conforme la persona se acerca a aquello que quiere hacer, suelen aumentar las experiencias de ansiedad y por tanto las metáforas que señalan que *el camino es largo, a veces lento y tedioso, a veces más rápido, y la única opción para avanzar es seguir caminando,* pueden facilitar la adherencia comportamental en la dirección elegida.

Bacon, Farhall y Fossey (2014) llevaron a cabo un análisis cualitativo de la perspectiva de los pacientes acerca de qué procesos de ACT les resultaban útiles. En este sentido, la mayor parte de los participantes señalaron que el trabajo con valores, las técnicas de *mindfulness,* las estrategias de defusión y de aceptación les resultaron útiles para focalizar la atención en los valores y debilitar el impacto estresante de las voces. En dicho estudio se utilizaron técnicas de identificación de la mente como «la estrategia de la historia», en la que al notar los pensamientos repetitivos se pide al/la paciente que termine la frase con... «es solo otra historia que me envía la mente». Dicha técnica fue valorada como útil para debilitar la credibilidad de los pensamientos más intensos. No fue así con la técnica de repetir los pensamientos con voces divertidas, que los pacientes valoraron como inútil para disminuir la credibilidad y la literalidad de los pensamientos paranoides.

### 3.1. Precauciones en el uso de las metáforas

Las metáforas y ejercicios descritos han sido utilizados en estudios con pacientes con síntomas psicóticos. Sin embargo, es importante señalar que no tienen que utilizarse las metáforas que se incluyen en los manuales de la ACT específicamente. De hecho se recomienda que, teniendo en cuenta el objetivo con que se utilizan, las diferentes herramientas se adapten al lenguaje y se vinculen a aspectos significativos de la vida de la persona. Por ejemplo, es posible que nuestro paciente no haya esquiado nunca, pero sí va en bicicleta o cualquier otro tipo de actividad que le resulte familiar.

Por otro lado, es importante no utilizar metáforas que sean muy abstractas, o confusas, sino sencillas y, como se ha señalado, con ejemplos accesibles a los pacientes. A veces se recomienda el uso de términos metafóricos como «lucha con los síntomas» o «la terapia como camino».

Otra de las advertencias señaladas se refiere a las dificultades en llevar a cabo ejercicios que requieran

© Ediciones Pirámide

cerrar los ojos e imaginar escenas o focalizar la atención en distintas partes del cuerpo, ya que puede ser una experiencia estresante y provocar alucinaciones (Bloy, Oliver y Morris, 2011; Veiga et al., 2008), aunque también puede suponer una oportunidad para notar pensamientos y emociones desagradables mientras la persona decide continuar con el ejercicio. Un modo de equilibrar objetivos y dificultades puede ser minimizar el tiempo en que los sujetos están con los ojos cerrados. Otra opción es trabajar *mindfulness* con ejercicios centrados en el cuerpo y con mayor guía de las instrucciones (Bloy et al., 2011). Como recomendación general, no cargar la terapia de metáforas, no más de una o dos, simplificarlas, con ejemplos o adaptaciones que resulten fácilmente comprensibles y utilizando el tiempo necesario para garantizar que la metáfora funcione.

### 3.2. Las metáforas con pacientes con déficits de aprendizaje

Es frecuente que personas con dificultades de aprendizaje tengan otros problemas de salud mental, incluido el diagnóstico de psicosis. La cuestión con estos pacientes es si cuentan con las habilidades verbales suficientes para el trabajo terapéutico, o más bien cuáles son los requerimientos comportamentales necesarios para que pueda haber interacción terapéutica más allá de la atención afectiva, la estimulación para desarrollar nuevos aprendizajes y los cuidados necesarios.

Esta misma pregunta se hicieron Oathamshaw y Haddock (2006), aunque referida a las habilidades cognitivas necesarias para el uso de terapia cognitivo-conductual (TCC) con pacientes psicóticos con dificultades intelectuales. En este sentido, se identificaron como habilidades necesarias para implementar la TCC: diferenciar entre conductas, pensamientos y sentimientos, la capacidad para relacionar eventos y emociones, reconocer la mediación cognitiva y la relación entre habilidades cognitivas y lenguaje receptivo (comprensión). Los resultados mostraron que las personas con retraso intelectual y psicosis se comportaban de forma similar a las persona con dichos déficits sin problemas de salud mental. En ambos casos la TCC no es recomendable, dado que hay problemas en el reconocimiento de la mediación cognitiva. A pesar de ello, Kirkland (2005) ha propuesto una formulación esquemática de las relaciones A-B-C a compartir con los pacientes, de forma que facilite la comprensión de las relaciones y favorezca la colaboración en la terapia.

Sin embargo, en la TCC se pide que los pacientes establezcan nuevas relaciones entre eventos (antecedentes, creencias, consecuentes), es decir, nuevas creencias y autoinstrucciones, etc. En el caso de la ACT, Pankey y Hayes (2003) aplicaron cuatro sesiones de la ACT con una mujer con retraso intelectual con mejoras importantes en la regulación de la alimentación, el sueño, la adherencia a la medicación y un descenso significativo del estrés derivado de las alucinaciones auditivas. Si bien no se describen los procedimientos específicos utilizados en la aplicación de la terapia, cabe suponer que se introdujeron metáforas y/o ejercicios con el fin de defusionar el lenguaje, debilitar la credibilidad de los síntomas positivos y orientar el comportamiento hacia aspectos importantes de la salud y bienestar de la paciente.

La viabilidad de la aplicación de la ACT con personas con problemas de aprendizaje puede recaer en su carácter experiencial, aunque no se cuenta con estudios suficientes que respalden dicha afirmación (Paterson, Williams y Jones, 2019). En esta línea se sitúa el estudio de caso de Brown y Hooper (2009), en el que se presenta un estudio de caso con la descripción de un protocolo de ACT de 10 sesiones que, con las adaptaciones requeridas por la paciente, pasaron a ser 17. Un ejemplo de las notas de las sesiones es el siguiente: *cada sesión empezaba con un breve ejercicio de* mindfulness *centrado en notar la experiencia inmediata y facilitar la atención y relajación para el desarrollo de la sesión. Aun así, necesitaba mucha ayuda para mantener la atención y estar en las tareas. Los ejercicios le gustaban aunque necesitaba más de una sesión para completarlos. Así, por ejemplo, en el ejercicio del río de pensamientos las adaptaciones fueron las siguientes: se construyó el río, coloreó los márgenes y se tomó un tiempo para relajarse. Se pedía a Sara que notara emerger sus pensamientos y los escribimos a la izquierda y entonces los fuimos colocando sobre hojas en el río. Al principio Sara quiso que el río se moviera muy rápido así que los pensamientos iban golpeándose unos con otros. Llamó a esto «ideando». Explicó que esto es lo que sentía que hacían sus pensamientos con ella. Se enre-*

© Ediciones Pirámide

*daban e iban en su contra. Construyó la primera parte del río para mirar más rápido por dicha razón. Esto fue una analogía útil que podía convertirse en una parte importante de nuestro futuro trabajo. Tras algo de práctica, fue capaz de tolerar los pensamientos flotando sobre hojas delante de ella. Incluso lo describía como «pacífico».*

Por tanto, utilizar el tiempo necesario para preparar la metáfora con dibujos u objetos reales permite hacer el proceso más accesible. La clarificación de valores también puede ser un objetivo difícil que requiera tiempo de conversación para ver qué es importante para la persona y desglosar comportamientos relacionados con ello, con el fin de favorecer el compromiso con las acciones en dirección a valores y poder proveer las contingencias de reforzamiento que mantengan dichas conductas. Fortalecer la relación entre describir lo que los pacientes hacen y su relevancia respecto a tener una vida signicativa.

Otra actuación de interés se refiere a implementar sesiones de grupos pequeños con el fin de fortalecer las habilidades de comunicación, empatía y el reconocimiento de los logros por parte de otras personas. Llevar a cabo sesiones de recuerdo y fortalecimiento de las habilidades desarrolladas, etc., son todas ellas estrategias de adaptación de la ACT con personas con déficits de aprendizaje, que pueden ser útiles cuando además hay síntomas psicóticos.

A modo de resumen, los estudios sobre aplicación de ACT en pacientes con psicosis señalan que el uso de metáforas como herramienta terapéutica dedicada a transformar las funciones de las relaciones verbales que el/la paciente ha derivado y cuya adherencia está cronificando los problemas es sumamente útil, particularmente en lo que se refiere al trabajo en defusión, esto es, en debilitar la credibilidad de los delirios y alucinaciones (Gaudiano et al., 2010). No obstante, los estudios siguen siendo escasos y además aplican la ACT, sea individualmente o en grupo con un número reducido de sesiones y con objetivos muy precisos. Sin embargo, si revisamos en profundidad los estudios de caso, podemos comprobar avances mucho más significativos tanto en la incorporación de los pacientes a las diferentes áreas vitales, como a un descenso importante en la frecuencia y el grado de estrés que producen los síntomas positivos (Wakefield, Roebuck y Boyden, 2018). Tal vez protocolizar la ACT vaya en contra del sentido de dicha terapia.

### 3.3. Los síntomas psicóticos como metáforas de las experiencias vividas

La relación entre síntomas psicóticos y trauma ha sido ampliamente investigada. Si bien no se ha podido establecer relación causal unidireccional entre experiencias de trauma en la infancia y el desarrollo de síntomas psicóticos, sí se trata de una condición presente en un porcentaje muy significativo de casos (Kelleher, Keeley, Corcoran et al., 2013; Morrison, Frame y Larkin, 2003; Sheffield, Williams, Blackford y Heckers, 2013). De hecho, en diversos estudios de caso al describir la historia de los pacientes informan antecedentes de trauma, como ocurría con la chica tratada con ACT por Pankey y Hayes (2003), que fue retirada a los padres biológicos a los dos años por abuso y negligencia. O el caso de Brian, en el que las agresiones y palizas de su padre a él mismo, a su madre y a su hermana colmaron de estrés y ansiedad su infancia (Bloy, Oliver y Morris, 2011).

Diferentes estudios dan cuenta de que los pacientes que debutan en psicosis y tienen una historia de trauma infantil se adhieren menos al tratamiento y se vinculan menos a los servicios de salud mental, ya que parece que no consideran que el tratamiento que se provee sea sensible a sus necesidades (Lecomte, Spidel y Leclerc, 2008). En este sentido, podríamos afirmar que son pacientes con peor pronóstico.

La aplicación de la ACT con estos pacientes ha mostrado su utilidad, consiguiendo mejoras en regulación emocional, vinculación con los servicios de salud mental y disminución en la severidad de los síntomas (Spidel, Lecomte, Kealy y Daigneault, 2018; Spidel, Daigneault, Kealy y Lecomte, 2019). Los resultados hallados muestran que quienes más se benefician de la intervención con ACT son quienes asisten a un mayor número de sesiones, además con un menor apego evitativo (Berry, Ford, Jellicoe-Jones y Haddock, 2014).

La cuestión sobre la que se pretende reflexionar en este punto es si los síntomas positivos, las voces, los delirios, las alucinaciones, pueden haberse conformado como una vía de expresión metafórica de las experiencias traumáticas vividas y si ello puede tener un espacio en la atención terapéutica con ACT. Así, por ejemplo, en el caso Brian, los autores mencionan que: «probablemente, las experiencias

© Ediciones Pirámide

vividas en su primeros años le han hecho especialmente sensible a las señales de amenaza... como resultado tiende a pasar mucho tiempo rumiando sobre sus pensamientos paranoides en un esfuerzo por determinar si se trata de una amenaza real y cómo responder a ella» (Bloy, Oliver y Morris, 2011, p. 352). Por otro lado, Veigá et al. (2008) introdujeron en su intervención con ACT «dar sentido a las voces», con el fin de relacionar el contenido de las voces con otras experiencias del paciente, tanto históricas como actuales. En este contexto, las voces que avisan de que algo malo va a suceder cuando salga con sus amigos lo relaciona con la preocupación de su madre porque no le suceda nada. De hecho, su madre habitualmente le avisaba o prevenía de los peligros que podían acecharle cuando salía de noche y permanecía despierta hasta que volvía. De esta forma se puede considerar que el contenido de las voces ha cumplido una función útil en la historia de la persona. En este caso concreto, se trataría de modificar la función de las voces, desde hostiles a preocupadas, incorporando claves contextuales que permitan enmarcar tales contenidos de modo más flexible. Un fenómeno similar se produjo en el caso informado por Pankey y Hayes (2003), en el que la paciente (abandonada y que había recorrido múltiples instituciones) confundía a las/los cuidadores miembros de su familia para posteriormente afirmar (tras la intervención con ACT) que sabía que no lo eran pero que les tenía tanto cariño y la trataban tan bien que le gustaría que lo fueran.

Con todo ello, podemos hipotetizar que el contenido de las voces y delirios es coherente con el sistema de relaciones previas de los pacientes, que se han establecido en las interacciones de sus primeros años. Si ha habido experiencias de abuso, estas habrán tenido mucho peso en que predominen un tipo de enmarques u otros, en función de las relaciones previas establecidas. Así, ha podido derivar relaciones del tipo «quien te quiere y te toca, te daña y te desprecia», reacciones intensas de ansiedad ante muestras de afecto, hipervigilancia, derivaciones del tipo «me eligen a mí porque yo...», etc., además de otras muchas relaciones incorporadas a su haber, en un intento de mantener la coherencia del sistema de creencias. Es decir, en el contenido de los delirios está parte de la historia significativa del/la paciente, incluidas las derivaciones que ha establecido para mantenerse a salvo, y probablemente, también, las necesidades de reconocimiento y consideración.

Tratar de relacionar el contenido de las voces con personas o acontecimientos en su historia, facilitar la transformación de funciones de las voces, flexibilizándola mediante claves contextuales del tipo: «allí entonces eras una niña pequeña y no podías cuidar de ti, y las voces te han avisado de que tenías que ser precavida, ahora eres una mujer que no necesita las voces, que puedes elegir a las personas que quieres en tu vida porque se portan bien contigo, aunque las voces siguen ahí, tú ya sabes lo que quieres hacer». En este caso se enmarca en deícticos: allí entonces-aquí ahora, estableciendo relaciones de diferencia. Se pueden usar metáforas sencillas que favorezcan la contextualización biográfica de las experiencias y, sobre todo, validarla.

En cualquier caso, tratar de explorar en cada paciente el posible significado de los síntomas positivos, de forma que nos permita comprender su sentido y transformar su función es una vía de trabajo terapéutico, además de una reflexión con intención de transformarse en hipótesis para continuar avanzando en la comprensión y la atención a los y las pacientes con síntomas psicóticos.

## 4. CONCLUSIONES

A modo de conclusión, podemos destacar varios aspectos de los tratados a lo largo de estas páginas. Por un lado, utilizando una conceptuación psicopatológica desde la ACT, los pacientes que muestran síntomas psicóticos parecen responder de forma inflexible a su contenido verbal, es decir, se creen sus pensamientos delirantes y no delirantes y se comportan de acuerdo con ellos, sin alcanzar a discriminar las consecuencias de dicho comportamiento. Es por ello que trabajar terapéuticamente con el fin de debilitar dicha rigidez, disminuyendo la credibilidad de los pensamientos o las voces, orientando el comportamiento hacia la acciones que sean significativas para los y las pacientes, parece ser la dirección a seguir, según señalan los resultados de los estudios de aplicación. En este sentido, las intervenciones grupales con la ACT han resultado útiles para normalizar experiencias, contar con el apoyo de iguales y facilitar la toma de perspectiva (Butler et al., 2016), defusionar el contenido cognitivo, identificar

© Ediciones Pirámide

los valores y hacerlos relevantes, así como establecer relaciones entre las acciones a desarrollar y poder dar sentido a su vida.

En este contexto, las metáforas han mostrado ser una herramienta útil para transformar las funciones de relaciones establecidas y debilitar la literalidad, especialmente cuando son sencillas e incorporan términos y experiencias fácilmente asequibles a los sujetos, incluso en el caso de pacientes con dificultades de aprendizaje.

Finalmente, se reivindica la relación entre los síntomas positivos y las tendencias a establecer determinado tipo de relaciones (causales, condicionales) que pueden estar dando cuenta de las experiencias vividas (muchas veces traumáticas con intención de daño) y de los patrones de evitación establecidos (derivación y adherencia a reglas que permitan cierta sensación de control), patrones que se han expandido, cronificado y descontextualizado y que se han convertido en una barrera para el avance vital de estos pacientes. Transformar las funciones de los contenidos delirantes puede ser el aspecto más útil de las metáforas en el contexto de la psicosis.

## REFERENCIAS BIBLIOGRÁFICAS


Bach, P. y Hayes, S. C. (2002). The use of acceptance and commitment therapy to prevent the rehospitalization of psychotic patients: A randomized controlled trial. *Journal of Consulting and Clinical Psychology, 70,* 1129-1139.

Bach, P., Hayes, S. C. y Gallop, R. (2012). Long-term effects of acceptance and commitment therapy for psychosis. *Behavior Modification, 36,* 165-181.

Bacon, T., Farhall, J. y Fossey, E. (2104). The active therapeutic processess of acceptance and commitment therapy for persistent symptoms of psychosis: clients' perspectives. *Behavioural and Cognitive Psychotherapy, 42,* 402-420.

Baruch, D. E., Kanter, J. W., Busch, A. M. y Juskiewicz, K. L. (2009). Enhancing the therapy realtionship in acceptance and commitment therapy for psychotic symptoms. *Clinical Case Studies, 8,* 241-257.

Berens, N. M. y Hayes, S. C. (2007). Arbitrarialy applicable of comparative relations: Experimental evidence for a relational operant. *Journal of Applied of Behavior Analysis, 40,* 45-71.

Berry, K., Ford, S., Jellicoe-Jones, L. y Haddock, G. (2015). Trauma in relation to psychosis and hospital experience: the role of past trauma and attachment. *Psychology and Psychotherapy: Theory, Research and Practice, 88,* 227-239.

Bloy, S., Oliver, J. E. y Morris, E. (2011). Using acceptance and commitment therapy with people with psychosis: A case study. *Clinical Case Studies, 10,* 347-359.

Brown, F. J. y Hooper, S. (2009). Acceptance and Commitment Therapy (ACT) with a learning disabled young person experiencing anxious and obsessive thoughts. *Journal of Intelectual Disabilities, 13*(3), 195-201.

Butler, L., Johns, L., Byrne, M., Joserph, C., O'Donoghue, E., Jolley, S., Oliver, J. y Morris, E. (2016). Running acceptance and commitment therapy groups for psychosis in community settings. *Journal of Contextual Behavioral Science, 5,* 33-38.

Gaudiano, B. A., Herbert, J. D. y Hayes, S. C. (2010). Is the symptom or the relation to it? Investigating potential mediators of change in acceptance and commitment therapy for psychosis. *Behavior Therapy, 41,* 543-554.

Hayes, S. C., Bronwstein, A. J., Zattle, R. D., Rosenfard, I. y Korn, Z. (1986). Rule-governed behavioral sensivity to changing consecuencies of responding. *Journal of the Experimental Analisys of Behavior, 45,* 237-256.

Hayes, S. C., Barnes-Holmes, D. y Roche, B. (2001). *Relational Frame Theory. A post-skinnerian account of human language and cognition.* Nueva York: Plenum Publisher.

Hayes, S. C., Strosahl, K. y Wilson, K. (1999). *Acceptance and commitment therapy.* Nueva York: The Gilford Press.

Hayes, S. C. y Hoffman, S. G. (2018). Survival circuits and therapy: From automaticity to the conscious experience of fear and anxiety. *Current Opinion in Behavioral Sciences, 24,* 21-25.

Huges, S. y Barrnes-Holmes, D. (2016). Relational frame theory. The basic account. En R. D. Zettle, S. C. Hayes y T. Biglan (eds.), *The Wiley Handbook of contextual behavioral science* (pp. 129-158). Chichester, UK: Wliey/Blackwell.

Keller, I., Kelley, H., Corcoran, P., Ramsay, H. y Wasserman, C. (2013). Childhood trauma and psychosis in a prospective cohort study: Cause, effect, and directionality. *The American Journal of Psychiatry, 170,* 734-741.


© Ediciones Pirámide

Lecomte, T., Spidel, A., Leclerc, C., MacEwan, G. W., Greaves, C. y Bentall, R. P. (2008). Predictors and profiles of treatment non-adherence and engagement in services problems in early psychosis. *Schizophrenia Research, 102,* 295-302.

Luciano, C. y Valdivia, S. (2015). Nuevas perspectivas en el tratamiento de los trastornos de personalidad. En M. A. Vallejo (ed.), *Manual de terapia de conducta* (3.ª ed., pp. 965-1041). Madrid: Dykinson.

Morrison, A. P., Frame, L. y Larkin, W. (2003). Relationship between trauma and psychosis: A review and integration. *British Journal of Clinical Psychology, 42,* 331-553.

Oathamshaw, S. C. y Haddock, G. (2006). Do people with intelectual disabilities and psychosis have de cognitive skills required to undertake cognitive behavioural therapy? *Journal of Applied Research in Intellectual Disabilities, 19,* 35-46.

Pankey, J. y Hayes, S. C. (2003). Acceptance and commitment therapy for psychosis. *International Journal of Psychology and Psychological Therapy, 2,* 311-328.

Patterson, C. W., Williams, J. y Jones, R. (2019). Third-wave therapies and adults with intelectual disabilities: A systematic review. *Journal of Applied Research of Intellectual Disabilities, 32,* 1295-1309.

Pérez-Álvarez, M. (2012). *Las raíces de la psicopatología moderna. La melancolía y la esquizofrenia* (pp. 173-190). Madrid: Pirámide.

Sheffield, J. M., Williams, L. E., Blackford, J. U. y Heckers, S. (2013). Chidhood sexual abuse increases risk of auditory hallucinations in psychotic disorders. *Comprehensive Psychiatry, 54,* 1098-1104.

Skinner, B. F. (1953/1986). *Science and human behavior.* Mcmillan: Nueva York (edición en español: *Ciencia y conducta humana.* Barcelona: Martínez Roca).

Skinner, B. F. (1974/1975). *About behaviorism.* Nueva York (edición en español: Knopf, A. A. *Sobre el Conductismo.* Barcelona: Fontanella).

Spidel, A., Daigneault, I., Kealy, D. y Lecomte, T. (2019). Acceptance and commitment therapy of psychosis and trauma: Investigation links between trauma severity, attachment and outcome. *Behavioural and Cognitive Psychotherapy, 47,* 230-243.

Spidel, A., Lecomte, T., Daky, D. y Daigneault, I. (2018). Acceptance and commitment therapy for psychosis and trauma: improvement in psychiatric symptoms, emotion regulation and treatment compliance following a brief group intervention, *Psychology and Psychotherapy: Theory, Research and Practice, 91,* 248-261.

Stewart, I., Barnes-Holmes, D., Hayes, S. C. y Lipkens, R. (2001). Relations among relations: analogies, metaphors and stories. En Hayes, S. C., *Relational Frame Theory. A post-skinnerian account of human language and cognition* (pp. 73-86). Nueva York: Plenum Publishers.

Tornëke, N. (2010/2016). *Learning RFT (Aprendiendo TMR).* Madrid: MipSy Publicaciones.

Valdivia, S. y Páez, M. (2019). *La aceptación psicológica. Qué es y por qué se promueve en terapia.* Madrid: Pirámide.

Wakefield, S., Roebuck, S. y Boyden, P. (2018). The evidence base of Acceptance Commitment Therapy (ACT) in psychosis: A systematic review. *Journal of Contextual Behavioral Science, 10,* 1-13.


© Ediciones Pirámide

# *Mindfulness* y empoderamiento en la persona con psicosis 18

CARLOS FRANCISCO SALGADO PASCUAL
MANUEL MATEOS GARCÍA

## 1. INTRODUCCIÓN

María entró en la consulta acompañada por sus padres. Tiene 21 años, estudiante avanzada de económicas al igual que su padre. Viene derivada por la psiquiatra por sospecha de síntomas disociativos a partir de un episodio anterior. Lleva días muy irascible, enfadada con su padre, con el que mantenía una buena relación.

Ambos padres han pasado en los últimos años por una separación conflictiva en la que el nivel de tensión ha sido muy elevado. Señalan que las conductas de María son raras desde hace tiempo atrás; se ha vuelto muy susceptible, no sale de casa y dice cosas extrañas que a los padres les preocupa: «soy John Lennon». Nota que la gente le llama por la calle Sandy, que conoce a hijas de famosos, dice ser la modelo que aparece en alguna revista y piensa que la persiguen y que puede ser víctima de un secuestro.

María se queda sola en sesión y se muestra muy enfadada y agresiva con sus padres, les insulta y señala que tiene una enorme presión: «no me dejan en paz», «me han destrozado la vida», «me han marcado». Se siente angustiada, habla muy deprisa sin poder parar, saltando de un tema a otro, en muchos momentos sin conexión ninguna.

Es en uno de esos saltos cuando verbaliza: «además están los murciélagos de la sala de espera que no dejan de molestarme», «no es fácil estar aquí con los murciélagos revoloteando por la sala», «escucho los murciélagos de la sala de espera, ¿no los oyes?».

**Terapeuta:** Dime, María ¿ahora estás oyéndolos también?

**María:** Sí, ¿no los oyes tú?

**Terapeuta:** No, no los oigo. Para mí sería importante poder experimentar de alguna forma aquello que estás percibiendo tú. ¿Podrías decirme cómo es el sonido que emiten?, ¿lo que escuchas? Como si yo pudiera entrar dentro de ti y experimentar lo mismo que tú.

**María:** Los escucho revolotear y gritar.

**Terapeuta:** Muy bien. María, ahora te invito a que lleves la atención a esos sonidos. Dime por favor, para que yo pueda saber de qué estamos hablando, esos sonidos ¿son graves o agudos?

**María:** Son agudos, como gritos.

**Terapeuta:** Ok, perfecto. ¿Los escuchas lejos o cerca?

**María:** Ahora más lejos, en la sala de espera.

**Terapeuta:** Nota que estás tú y está el sonido, esos gritos y revoloteos. Aquí está María *(señalando a ella)* y ahí están los sonidos *(señalando fuera)*.

**Terapeuta:** Esos sonidos ¿son continuos o se entrecortan?

**María:** Continuos.

**Terapeuta:** Si pudieses escribir en un papel eso que escuchas, ¿cómo sería?

**María:** Sería como «gri, griiii» y el revoloteo es como «rrrrrr» *(expresando el sonido)*.

**Terapeuta:** Toma un papel, ¿podrías escribirlo ahí?

**María:** *(escribe en el papel)*.

**Terapeuta:** ¿Dónde está María en estos momentos?

**María:** aquí en la sala.

**Terapeuta:** ¿Dónde está plasmado el sonido ahora?

**María:** Aquí en el papel.

**Terapeuta:** Nota que estás aquí *(señalando)* y el sonido está ahí *(indicando al papel)*. Nota que hay

© Ediciones Pirámide

una parte de ti que está observando el sonido en el papel.

**Terapeuta:** ¿Qué otras cosas vienen a tu oído ahora?

**María:** El sonido de tu voz *(mientras se observa un tono de voz más bajo y sus verbalizaciones ya han bajado sus revoluciones)*...

María fue diagnosticada con posterioridad de un brote psicótico breve y en esos momentos estaba en plena tormenta. ¿De qué forma ayudó a María traer su atención al momento presente y colocarla como observadora de su propia experiencia en esos precisos momentos?, ¿en qué dirección ayuda la forma en la que el terapeuta reaccionó ante sus eventos privados y de qué manera dicha reacción difería de la extrañeza con la que era abordada por sus padres?, ¿de qué forma ayuda a María a relacionarse con todo ello de una forma diferente?, ¿qué tiene que ver todo ello con las estrategias de *mindfulness*? Y ¿de qué forma prácticas de este tipo pueden ayudar a María a estar por encima de lo que piensa y siente, y a dirigir sus acciones de manera pragmática a construir una vida con significado en momentos de intensa tormenta?

Preguntas como estas son las que vamos a intentar responder a lo largo del presente capítulo, dedicado a la aplicación de las estrategias de atención plena o *mindfulness.*

Las intervenciones basadas en *mindfulness* se fundamentan en antiguas prácticas del budismo, actualizadas y adaptadas al contexto occidental y están teniendo un gran auge en los últimos años. Este *boom* lleva asociadas grandes ventajas y efectos positivos (tal y como se expondrá en el apartado dedicado a la evidencia empírica).

El entrenamiento en *mindfulness* en los últimos años se está convirtiendo en una práctica con una enorme versatilidad, que tiene que ver con la cantidad de ámbitos en los que se aplica y a su eficacia en el abordaje de múltiples problemas. Son miles los libros y artículos científicos dedicados a su implementación en ámbitos como la salud mental y la salud en general. Pero también ha tenido una enorme expansión en el ámbito educativo, siendo utilizado como estrategia de regulación emocional para enseñar a los niños/as y como forma de mejorar la calidad de vida del profesorado. De igual forma, ha llegado al ámbito empresarial como reductor de estrés y mejora de la salud general.

Esta enorme expansión también lleva asociados importantes inconvenientes. Por un lado, la utilización de elementos adicionales a la práctica que parecen no aportar mucho a su eficacia y su identificación con prácticas budistas, lo cual ha derivado en un cierto rechazo inicial por parte de algunas personas. Por otro lado, su enorme difusión ha producido una gran avalancha de efectos positivos que han servido a modo de anuncios publicitarios que venden supuestos efectos mágicos, generando en muchas ocasiones una importante confusión en cuanto a su función. Es decir, para qué sirve, cuáles son los mecanismos de acción y cuáles son las consecuencias de su práctica.

Por todo ello se hace necesaria una aproximación científica, con unas raíces filosóficas y teóricas claras donde asentar el conocimiento de todo aquello que se pone en marcha cuando la persona dirige la atención hacia su experiencia interna. Únicamente desde esta base firme se podrá conseguir, no solo que el entrenamiento en *mindfulness* no muera de éxito, sino también que estos procesos puedan ser enriquecidos con los procedimientos derivados de los avances de la investigación sobre la conducta humana de los últimos años.

La ciencia contextual-funcional va a ser la perspectiva filosófica desde la cual abordaremos la práctica de *mindfulness* y, en concreto, todo lo referente a su aplicación a las personas con diagnóstico de psicosis. Desde esta perspectiva, nos vamos a aproximar al diagnóstico y a la experiencia psicótica desde su función y no tanto como una topografía o unidad única a modificar. Esto implica que la aplicación de las estrategias de *mindfulness* no va dirigida a la psicosis como entidad diagnóstica (es decir, como una forma de abordar la psicosis), sino que partirá del conocimiento de la historia de la experiencia privada y su función, ajustando posteriormente los mecanismos de acción de las estrategias de *mindfulness* a la función de la experiencia psicótica y a la relación que la persona mantiene con todo ello.

La teoría de los marcos relacionales (en inglés Relational Frame Theory-RFT) es una moderna teoría sobre la cognición y el lenguaje que se asienta en los cimientos de la ciencia contextual-funcional y permite:

© Ediciones Pirámide

*a*) Conocer la naturaleza de los pensamientos y sentimientos.
*b*) Hipotetizar qué experiencia está en la base de que los eventos privados se conviertan en reguladores de la conducta.
*c*) Explicar el limitado control que los seres humanos tenemos sobre ellos.
*d*) Esclarecer cómo, a pesar de ello, se han convertido en eventos desagradables a evitar o en órdenes a obedecer.
*e*) Describir cómo se mantienen estas situaciones.
*f*) Ofrecer formas alternativas de relacionarse con todo ello. Para más información sobre la RFT véanse Barnes-Holmes et al. (2005); Barnes-Holmes et al. (2004); Hayes et al. (2001).

Por consiguiente, la RFT se muestra como una teoría adecuada para dar cuenta no solo de la naturaleza de la experiencia psicótica, sino también de cómo esta se carga negativamente por su significado asociado a los aspectos más negativos de la enfermedad mental. De ello se deriva toda una puesta en marcha de acciones de lucha, huida y/o evitación de dichos eventos privados que le sumergen a la persona en una espiral paradójica. Una espiral en la que la sintomatología que se quiere evitar se hace cada vez más presente, aumentando el estrés, la identificación con un «yo enfermo» (con lo que ello significa), además de alejar a la persona del tipo de vida que quiere vivir. Por suerte, de dicho marco teórico se derivan también procedimientos alternativos de relacionarse con los eventos privados más problemáticos para la persona, de tal forma que le pongan en una mejor disposición para contactar con aquello que realmente le importa, motivar acciones bajo control de sus valores y, en definitiva, regar y construir una vida con significado.

Bajo este enmarque general, el capítulo se estructura de tal forma que, inicialmente, se exponen aquellos aspectos comunes que se abstraen de la gran cantidad de definiciones de *mindfulness* propuestas. Posteriormente, se muestran algunos de los ingentes beneficios y efectos positivos que se atribuyen a las estrategias de *mindfulness* y ante las cuales es difícil resistirse. Si bien eso es así, se enfatizarán algunos efectos no deseados derivados de poner la práctica de *mindfulness* al servicio de conseguir de manera rápida dichas consecuencias, más que como un proceso de entrenamiento que producirá los resultados que tengan que surgir cuando tengan que surgir. Para ahondar en los aspectos más técnicos, en el siguiente punto se repasan los mecanismos de acción, desembocando posteriormente en presentar las estrategias de *mindfulness* como un proceso de entrenamiento de la persona que la empodera a largo plazo frente a los eventos privados y la pone en la mejor posición para regar sus cualidades de acción valoradas. Se finaliza el capítulo con la exposición de diferentes aspectos prácticos a aplicar en la interacción entre profesional y persona.

## 2. ¿QUÉ ES *MINDFULNESS*?

Con toda seguridad, a estas alturas el lector estará muy familiarizado con la palabra *mindfulness* y su significado. Aun así, creemos de interés exponer algunas de las definiciones propuestas por autores destacados enfatizando los elementos comunes.

Son múltiples las aproximaciones teóricas al concepto de *mindfulness,* haciendo referencia a sus orígenes, componentes, implicaciones y efectos fisiológicos y cognitivos. Veamos algunas definiciones que surgen de los desarrollos más relevantes y en los cuales se centra la mayor parte de la investigación reciente.

Kabat Zinn (1990) define *mindfulness* como: «una forma de conciencia en la que la atención se focaliza en el momento presente, sin juzgar lo que se percibe y con una actitud de aceptación y cuidado».

En la misma línea, Baer (2018) conceptualiza *mindfulness* como «una forma de atención a las experiencias presentes sin juzgar» y Marlatt y Kristeller (2004) lo definen como «traer la atención a las experiencias presentes con aceptación y bondad».

Shapiro y Carlson (2009) intentan capturar los aspectos definitorios del constructo de *mindfulness* y lo definen como «la conciencia que surge al prestar atención con intención de manera abierta, con cuidado y sin juzgar».

Otra definición importante fue la propuesta por Bishop (2004), el cual se refiere a *mindfulness* como: «el proceso de autorregulación de la atención orientada en la experiencia inmediata y caracterizada por la curiosidad, aceptación y apertura».

© Ediciones Pirámide

Por otra parte, siguiendo a Baer (2018), cabe destacar la propuesta de Hayes, Stroshal y Wilson (2012); conceptualizando *mindfulness* como: «un proceso de toma de conciencia de las experiencias privadas de una forma particular, con la voluntad de experimentarlas tal cual son, reconociendo que no necesariamente controlan la conducta y la comprensión de que no definen a la persona».

Como se puede percibir, todas las definiciones de *mindfulness* incluyen, de una forma u otra, dos elementos generales: el **qué** hacer y el **cómo** hacerlo. El qué hacer se refiere a dirigir la atención a lo que la persona experimenta y tomar conciencia de los pensamientos, sentimientos, emociones, recuerdos, etc. En cuanto al cómo hacerlo, hace referencia a las actitudes que se desarrollan a la hora de practicar *mindfulness.* Tiene que ver con hacerlo de manera desapasionada, no juzgando y aceptando incondicionalmente todo aquello de lo que se toma conciencia. En definitiva, *mindfulness* no solo trata de dirigir la atención a aquello que estamos experimentando, notar en qué parte del cuerpo lo sentimos, tomar conciencia de todo ello y ayudar a diferenciar lo que es uno como observador de aquello que es observado, sino que el cómo vamos a realizar todo ello adquiere una gran importancia (Baer, 2018).

El entrenamiento en *mindfulness,* tal y como ocurre con cualquier otra habilidad, es un proceso que requiere práctica, constancia y confianza de que, con el tiempo, emergerá aquello que tenga que emerger. No se requiere cambiar nada y nada hay que forzar, solo practicar por practicar.

El objetivo del entrenamiento no es relajarse, tampoco controlar los pensamientos, sentimientos y mucho menos eliminar el sufrimiento. Por tanto, es importante no buscar un resultado inmediato, ya que ello conlleva que a la primera incomodidad o malestar, la persona se venga abajo y abandone.

En definitiva, la actitud con la que se emprende la práctica va a ser muy importante. Repasamos a continuación algunas de las **actitudes** centrales según Kabat Zinn (1990), con las que sería conveniente aproximarse al entrenamiento en *mindfulness* y que se van desarrolando a lo largo del proceso.

#### *a)* Mente de principiante

Se llama así porque es la forma en la que los niños pequeños acceden a la exploración del mundo, sin prejuicios, ni valoraciones. Implica, por tanto, observar la experiencia del momento como si fuese la primera vez que lo percibimos. Es decir, libres del influjo de pensamientos, creencias y/o valoraciones de lo ya aprendido sobre ello (o tomando conciencia de dichas influencias). Por consiguiente, sin que nuestra historia o experiencia afecte a la percepción.

Imagine el lector una persona con diagnóstico de psicosis que presenta alucinaciones auditivas. Experimentarlas con mente de principiante implica dirigir la atención a sus cualidades físicas, ¿en qué parte del cuerpo las nota?, ¿las experimenta como sonidos o como pensamientos?, ¿son agudos o graves?, ¿las escucha cerca o lejos?, ¿cuál es su volumen?, etc.

#### *b)* Aceptación

Se trata de acercarse a lo que se está desarrollando en el momento presente tal y como es, con apertura incondicional, sin luchar ni resistirse. Es como percibir la climatología que está aconteciendo; pensamientos, sentimientos, emociones, etc., sin oponer resistencia. Es importante destacar que la aceptación no implica resignación, ni que aquello que estamos aceptando nos guste y tampoco que no podamos empezar a actuar de forma eficaz para realizar cambios.

Se refiere a que, desde que la persona percibe que hay algo que quiere cambiar hasta que ve el resultado final, pasa una cantidad de tiempo variable. En ese lapso, la persona puede poner en marcha todo tipo de acciones eficaces y, mientras las está realizando, acepta que hay una parte de su experiencia que no le gusta.

Estar en el momento presente es una condición indispensable para la aceptación, pero ello no implica que siempre que se esté en el presente se vaya a aceptar. Una persona puede presentar ideas delirantes y llegar a ser consciente de dichas ideas, pero puede responder a ellas valorándolas como negativas y luchando, en definitiva, sin aceptación.

#### *c)* No esforzarse

Normalmente la persona que se enfrenta a situaciones complicadas, pensamientos y sentimientos desagradables se relaciona con todo ello con el objetivo de conseguir algo, llegar a algún sitio o re-

© Ediciones Pirámide

solver alguna situación. En ocasiones, ese modo de hacer genera más problemas que soluciones, con lo que, en el desarrollo de las habilidades de *mindfulness,* la práctica consiste en «no hacer».

Puede parecer paradójico que una práctica que requiere constancia y dedicación, tal y como se expondrá posteriormente, enfatice el no esforzarse como una actitud básica. Se refiere a no hacer nada para que las cosas sean diferentes a como se están presentando y desarrollando en ese momento. A veces «no hacer» con los pensamientos, sentimientos, sensaciones y recuerdos desagradables es hacer mucho.

#### *d*) Soltar

Como continuidad a lo anterior, es importante que uno se esfuerce en la práctica, pero soltando todo intento de obtener unos resultados concretos a la hora de practicar *mindfulness.* Los seres humanos solemos aferrarnos a aquello que valoramos como positivo, de tal forma que lo queremos para nosotros, pero también nos aferramos a lo valorado como negativo para luchar contra ello con el objetivo de eliminarlo. En la práctica de *mindfulness,* si la persona nota que se aferra a unos resultados, deseos, valoraciones, se insta a no quedarse atrapado en ello y a soltar todo intento de que las cosas sean diferentes a como se están desarrollando en ese momento.

#### *e*) Constancia, perseverancia y compromiso

La práctica de *mindfulness,* al igual que ocurre con otras habilidades, requiere constancia en la práctica y perseverar en ello, a pesar de que el resultado no sea visible en el momento. Los resultados del entrenamiento mantienen una relación directa con la práctica, es decir, que cuanto más practique la persona, mejores resultados obtendrá a largo plazo.

Se necesita compromiso para trabajar con uno mismo y perseverar en el proceso. ¡Sé constante, practica por practicar y hazlo en cualquier momento, por pequeño que te parezca!

Al igual que un deportista no solo entrena cuando le apetece o cuando las condiciones son las ideales, es importante practicar aun cuando los resultados no se reflejan de manera inmediata o cuando nuestra mente nos dice que «no está sirviendo para nada». La práctica no tiene por qué gustar o ser divertida, pero será de gran utilidad para que los pensamientos y sentimientos tengan un impacto diferente en la vida de la persona.

#### *f*) Confianza

Al igual que ocurre cuando uno activa su cuerpo acudiendo al gimnasio o haciendo deporte con el objetivo de bajar de peso, lo óptimo es hacerlo a pesar de que el primer día, con toda seguridad, no veamos los resultados esperados. Esto requiere practicar por practicar y regar la confianza de que los resultados emergerán cuando tengan que emerger, y no tanto cuando nosotros queramos.

Es importante confiar en uno mismo y en la propia experiencia. No aferrarse a lo que otras personas digan sobre los resultados que se obtendrán, ya que ello altera a la persona, sin dejarle ver la realidad con claridad.

En definitiva, se trata de mantener la práctica, ser amable con uno mismo y concederse un tiempo, sin impacientarnos por alcanzar un determinado resultado.

Es como cuando queremos hacer crecer una bonita planta en el jardín y para ello ponemos una semilla y regamos. Cada momento de entrenamiento es una forma de regar la semilla y lo hacemos con la confianza de que lo que tenga que crecer lo hará en su justo momento.

## 3. ¡VENDO *MINDFULNESS*!

Desde el terreno de la evidencia empírica se han realizado una amplia cantidad de estudios en los que se aplican técnicas de *mindfulness* en diversas poblaciones (depresión, ansiedad, estrés, angustia, afectividad negativa, cáncer, cardiopatías, psicosis, etc.) y determinan qué efecto produce en dichas poblaciones. También se han comparado dichas técnicas con otros tratamientos establecidos, tales como la medicación farmacológica, la terapia cognitivo-conductual, la relajación aplicada, la relajación muscular progresiva o entrenamiento en manejo del estrés. Una gran mayoría de estos estudios han hallado un efecto de mejoría en síntomas de ansiedad, estados del ánimo, fusión cognitiva y pensamientos negativos, estrés, rumia-

© Ediciones Pirámide

ción y reactividad emocional (Perestelo-Perez et al., 2017; Hodann-Caudevilla et al., 2016; Strauss et al., 2015; Van der Velden et al., 2015; Hofmann et al., 2010; Khoury et al., 2013; Grossman et al., 2004). Estas mejorías oscilan desde un efecto moderado a otro más amplio y robusto dependiendo del estudio. Dichos efectos también se suelen mantener tras un seguimiento a largo plazo, que también oscila de unas pocas semanas a varios meses según el estudio en cuestión.

En lo que a psicosis se refiere, de los meta-análisis realizados (Jansen et al., 2020; Louise et al., 2018) se desprende que las intervenciones basadas en *mindfulness* consiguen reducir de forma significativa el número de hospitalizaciones y la sintomatología en general. Concretamente generan un mejor efecto en la aceptación, en los síntomas negativos, el estado de ánimo, el funcionamiento social y la atención. Sin embargo, no encontraron diferencias en la angustia por alucinaciones y otros síntomas positivos y tampoco está claro que, para esta población, hubiese una mejoría en la reacción de ansiedad y en la calidad de vida; se han encontrado discrepancias entre los estudios. Cabe destacar que cuando se ha comparado la aplicación de *mindfulness* con la terapia de aceptación y compromiso (ACT) en dicha población, se encuentra un mayor efecto a favor del *mindfulness* (Louise et al., 2018), aunque es necesario tener en cuenta importantes diferencias metodológicas entre los estudios.

En esta misma línea, Salgado (2015) realizó un ensayo clínico en el que comparó la eficacia, en cuanto al funcionamiento social y sintomatología, de un protocolo de ACT y otro clásico de *mindfulness,* en personas con trastorno mental grave y cronificado. Los datos reflejaron la eficacia a corto plazo de ambas intervenciones, si bien la de *mindfulness* obtuvo resultados ligeramente superiores. Lo destacable de este ensayo fueron los resultados en los seguimientos (5 y 8 meses), donde los efectos del protocolo de *mindfulness* se diluyeron poco a poco, mientras que los efectos del protocolo de ACT fueron significativamente superiores tanto en la cantidad de acciones que las personas realizaron en coherencia con sus valores como en lo referente a la reducción de los síntomas. En este caso, se obtuvieron diferencias significativas a los ocho meses en sintomatología depresiva, ansiedad e ideación delirante, no siendo así en el caso de psicoticismo. En el siguiente punto, referido a los mecanismos de acción, se discuten algunos de estos resultados a largo plazo.

Langer y cols. (2017) obtuvieron, en pacientes con un primer brote psicótico, una mejoría significativa en la relación con los síntomas psicóticos, reflejándose en una mayor toma de conciencia y en la reducción del malestar psicológico a través de un programa basado en *mindfulness*.

Por otra parte, cuando el entrenamiento en *mindfulness* se enfoca en pacientes con esquizofrenia, desde la toma de conciencia, el empoderamiento, la aceptación y compasión, y todo ello dirigido a establecer una motivación para autorregular su conducta frente a los síntomas, se encuentran mejores y más variados resultados frente a la psicoeducación y el tratamiento habitual (Wang et al., 2016).

Cuando los estudios se dedican a comparar los efectos de *mindfulness* con otras terapias o técnicas psicológicas, se encuentran hallazgos dispares según el tipo de intervención con el que se compare. Así, cuando se ha comparado su eficacia con la relajación muscular progresiva, el entrenamiento en manejo del estrés, el entrenamiento grupal en relajación, la psicoeducación y el arteterapia, *mindfulness* se muestra superior en eficacia (Grossman et al., 2004; Khoury et al., 2013).

Por otra parte, cuando se ha comparado el *mindfulness* con la terapia cognitivo-conductual, la activación conductual y la medicación farmacológica, los efectos no difieren (Perestelo-Perez et al., 2017; Khoury et al., 2013), lo que indica que la intervención en *mindfulness* resulta tan eficaz como estas tres intervenciones.

En otro estudio (Kingston et al., 2020), practicar 10 minutos diarios de meditación de *mindfulness* durante dos semanas, seguido de una sesión de valores, resultó más efectivo que trabajar solo valores para reducir síntomas de depresión.

Si ponemos el foco en el tiempo o número de sesiones necesario para generar un efecto robusto en las diversas poblaciones, Hofmann y cols. (2010) determinaron en un meta-análisis con 39 estudios que la mejoría de los síntomas no se relacionaba con el número de sesiones. Cuando se ha intervenido desde un formato breve con *mindfulness* se obtienen mejorías en diversos parámetros de salud mental, tales como ansiedad, estado del ánimo, regulación de las emociones, reacción de estrés, rumiación e indicadores cognitivos como memoria y atención (Howarth

© Ediciones Pirámide

et al., 2019), incluyendo tanto población clínica como no clínica, siendo algunos de estos estudios incluso de una sola sesión de *mindfulness.* Cabe hacer mención al estudio de Campbell y cols. (2006), en el que, con una sesión de *mindfulness* de cinco minutos, se obtiene una reducción de los niveles de angustia y de la frecuencia cardíaca en comparación con una condición de supresión del pensamiento.

Si nos centramos en los efectos prosociales con los que habitualmente se vende *mindfulness* aludiendo a una mayor «paz interior», disminución de la violencia en las comunidades o en una mayor conexión social, la evidencia empírica contrasta con estas afirmaciones. En 22 estudios se hallan efectos beneficiosos en compasión y empatía cuando se ejercita *mindfulness,* pero no se genera ningún efecto en rasgos como una mayor conexión social o una disminución en la agresividad o en los prejuicios hacia los demás (Kreplin et al., 2018). Por tanto, los efectos del *mindfulness* en la conducta prosocial son bastante limitados.

A pesar de todos los resultados que la ciencia encuentra en el *mindfulness* a través de una amplia cantidad de estudios, son muchos los autores que critican la calidad metodológica de muchos de ellos (Howarth et al., 2019; Kreplin et al., 2018; Perestelo-Perez et al., 2017; Hodann-Caudevilla et al., 2016; Hofmann et al., 2010; Grossman et al., 2004). Esta baja calidad en la metodología consiste en que muchos estudios no son controlados mediante aleatorización y/o grupos control, no se describen de forma pormenorizada las técnicas empleadas en la condición de *mindfulness,* a veces no se alude al formato de la investigación (grupal o individual, a través de terapeuta formado o no, número de sesiones, si la intervención consiste en entrenamiento o es un audio o texto, tipo de población, si el grupo control es activo o pasivo, etc.), el tamaño de la muestra a veces es reducido o las herramientas de medición de los resultados no están estandarizadas. Todo esto conlleva la imposibilidad de replicar los estudios con la idea de refutar y, por ende, reforzar los beneficios encontrados. Los críticos a nivel metodológico defienden que solo investigaciones más sólidas y a gran escala podrán solventar la escisión encontrada entre las carencias metodológicas y los resultados prometedores que tienen las investigaciones en *mindfulness,* las cuales difieren entre sí ampliamente en rigor científico. Se necesita probar aún más estos hallazgos mediante estudios con poblaciones mejor definidas y acotadas, procedimientos metodológicos operativizados y mediciones más precisas de los resultados, más allá de autoinformes e indicadores psicosociales.

Además de toda la evidencia comentada, son muchos los beneficios que se han destacado de la práctica de *mindfulness* tanto de manera formal como informal. Esta serie de ganancias se utilizan, en muchas ocasiones, como reclamos publicitarios ante los cuales es difícil que cualquier persona pueda resistirse.

Exponemos a continuación algunos de estos beneficios derivados de la práctica de *mindfulness:*

— Desarrolla un fuerte «yo observador».
— Se puede aplicar a una gran variedad de problemas.
— Permite tratar los pensamientos como pensamientos, sin alimentarlos o luchar contra ellos.
— Permite distinguir la naturaleza temporal de las sensaciones, sentimientos y pensamientos.
— Permite la desensibilización encubierta de pensamientos y sentimientos que son valorados negativamente.
— Permite generar soluciones más creativas (flexibilidad).
— Permite una mejor apreciación de la vida.
— Permite reducir el sufrimiento (entendido este como no querer experimentar dolor).
— Amplifica la concentración.
— Mejora la salud.

Además, se han mostrado toda una serie de efectos a nivel cerebral, entre otros:

— Incremento de la actividad del lado izquierdo del lóbulo frontal, asociado a las emociones positivas y al estado de calma.
— Se producen cambios en el córtex prefrontal asociado a la función ejecutiva, a la conciencia y a la teoría de la mente.
— Se crea un estado afectivo positivo y disminuye la ansiedad.
— Se estimula el hipotálamo, controlando la tensión arterial, el ritmo cardiaco y está asociado con el procesamiento de las emociones.

© Ediciones Pirámide

Además, está relacionado con la producción de neurotransmisores asociados con la depresión (serotonina) y de endorfinas, reduciendo el miedo y aumentando la euforia.

— Se producen cambios en el lóbulo parietal, que está asociado a la regulación de uno mismo.

En definitiva, la práctica de *mindfulness* se relaciona con todos estos efectos, pero esta evidente relación a veces conduce a confundir consecuencias y mecanismos de acción. Emergen, por tanto, dos inconvenientes importantes a la hora de hablar de los aspectos aplicados de *mindfulness.* El primero es que los procesos psicológicos a través de los cuales se producen los beneficios de su práctica están poco claros (Baer, 2018). Y, en segundo lugar, esto lleva a que se publicite muy bien la eficacia de las estrategias de *mindfulness,* vendiéndolo para uno u otro objetivo, pero sin llegar a apresar correctamente el por qué no funciona cuando su aplicación no conlleva los resultados esperados y tan fuertemente promulgados. Este inconveniente puede llevar a que, si no somos capaces de clarificar para qué está hecha la práctica de *mindfulness,* esta puede morir de éxito (o, mejor dicho, de fracaso). Este aspecto será abordado a continuación, en el siguiente apartado dedicado a la investigación sobre los mecanismos de acción.

## 4. MECANISMOS DE ACCIÓN

Aparte de los beneficios encontrados por el entrenamiento en *mindfulness,* es relevante destacar el interés de algunos investigadores (Strauss et al., 2015; Van der Velden et al., 2015) por acercarse a determinar el porqué de su eficacia; es decir, encontrar los mecanismos o procesos implicados que median en el efecto de las técnicas de atención plena empleadas. De esta forma, se han encontrado como mecanismos determinantes: la toma de conciencia, la reactividad emocional, la reactividad cognitiva, la autocompasión y la flexibilidad psicológica (estos dos últimos en menor medida, pero no por ello menos relevantes). Estos hallazgos apoyan la teoría de cómo una mayor habilidad, establecida por el entrenamiento en *mindfulness,* permite una mayor toma de conciencia y una baja reactividad a las experiencias aversivas personales.

De manera generalizada, desde unas bases filosóficas más mecanicistas, la investigación propone tres componentes que interactúan entre sí y que están en la base de los beneficios asociados a la práctica de *mindfulness:* mejora de la focalización o control atencional, mayor capacidad de regulación emocional y cambios en la autoconsciencia o capacidad de descentramiento (para un mayor desarrollo, véanse Hervás et al., 2016; Hölzel et al., 2011).

En línea con el tercer componente, relacionado con la capacidad de descentramiento, Shapiro et al. (2006) hacen referencia a un cambio en la perspectiva del yo, proponiendo el proceso de *repercepción* como la capacidad de observar o ser testigo sin apasionamiento del contenido de nuestra propia conciencia. Por su parte, Safran y Segal (1992) proponen otro mecanismo denominado *descentramiento* y que se refiere a salir de la experiencia inmediata de uno mismo, cambiando la naturaleza misma de la experiencia. Existen también otros conceptos similares como por ejemplo *desapego,* haciendo referencia a ganar distancia, o *identificación,* definido como el proceso por el cual el observador y lo observado se consideran idénticos. Todas ellos destacan que las estrategias de *mindfulness* desarrollan la *desidentificación,* entendida como la conciencia de que la persona es algo diferente a sus contenidos, generando una distancia entre el observador y lo observado, entre el yo y el objeto y entre la conciencia y el contenido (Shapiro et al., 2018).

Este concepto de identificación es similar al de «fusión cognitiva» propuesto por Hayes, Stroshal y Wilson (1999; 2012), en el que la persona no diferencia entre los procesos verbales-cognitivos y la experiencia directa y se relaciona con sus pensamientos de tal forma que estos son los que regulan la conducta. Es decir, cuando estamos fusionados con nuestros eventos privados no somos capaces de diferenciarnos de lo observado, nos relacionamos con nuestros pensamientos desde la literalidad de lo que dicen, siguiendo las reglas que de ellos se derivan. Esto ha supuesto una gran ventaja para el ser humano. Seguir reglas verbales tiene una enorme utilidad, pero en ocasiones la fusión al contenido literal de nuestros pensamientos asociados al sufrimiento nos invita a emitir acciones que paradójicamente hacen que dicho sufrimiento aumente, alejándonos de una vida con significado.

© Ediciones Pirámide

Desde esta perspectiva, el entrenamiento en *mindfulness* permite un cambio de relación con los eventos privados, de tal forma que aumenta la capacidad para observar la actividad mental. Se potencia la diferenciación entre el yo que piensa y siente y lo que es pensado y sentido, y se posibilita la toma de perspectiva, generando una distancia y/o espacio entre la conciencia y el contenido que hace que la persona pueda tomar contacto con el reforzamiento positivo derivado de lo importante. Como consecuencia, permite motivar acciones bajo control de los valores, y no tanto del seguimiento literal del pensamiento. En definitiva, la práctica de *mindfulness* no pretende eliminar ni modificar el contenido de los pensamientos, sino cambiar la relación de la persona con estos. En esta misma línea, Najmi y cols. (2009) encontraron que las estrategias de aceptación y *mindfulness* no reducen los pensamientos, pero sí el estrés asociado a ellos (pierden función aversiva con el entrenamiento).

Los estudios de desmantelamiento arrojan algo más de claridad respecto a los mecanismos de acción de *mindfulness* desde una perspectiva contextual-funcional.

Los protocolos clásicos de entrenamiento en *mindfulness* (Kabat-Zinn, 1990; Segal et al., 2002) incorporan dos tipos de practicas: por un lado, las de **atención focalizada,** en las que se instruye a la persona para que enfoque la atención sobre un estímulo (este puede ser la respiración, alguno de los sentidos, las sensaciones físicas, etc.), instando a regresar la atención cuando otros estímulos provocan distracción; el ejercicio más conocido sería el «espacio para la respiración de diez minutos»; por otro lado, se encuentran las prácticas denominadas de **monitoreo libre,** que consisten en notar sin reaccionar y ser consciente de todos aquellos estímulos (pensamientos, sentimientos, emociones, etc.) que van surgiendo, dejándolos fluir. Dentro de este grupo de prácticas pueden incluirse ejercicios como el de etiquetado, o el de las hojas en el río y sus variantes, desfile, el tren de la mente o la pantalla de cine (Hayes et al., 2012). Las prácticas de focalización de la atención parece que favorecen el proceso de regulación atencional, mientras que las prácticas de monitoreo libre inciden en ese mismo proceso y, además, en el cambio de la perspectiva del yo.

Con el objetivo de ampliar conocimientos sobre los mecanismos de las prácticas de *mindfulness,* Britton et al. (2018) aislaron y compararon programas de focalización atencional y monitoreo libre estructuralmente equivalentes. Los resultados mostraron que cada programa motivaba la utilización de diferentes estrategias de abordaje ante afectos emocionales negativos. Así, las personas que pasaron por el programa de focalización atencional utilizaron con mayor frecuencia el regreso a la respiración, mientras que el grupo de monitoreo libre utilizó las tareas de etiquetaje. Un resultado importante de ello fue que las personas que recibieron el programa específico de prácticas de monitoreo libre aumentaron la no reactividad ante el afecto emocional negativo. Estos resultados parecen señalar que se promueve una diferente forma de relación con los eventos privados en función del tipo de prácticas realizadas. Es decir, las prácticas de focalización atencional parecen motivar la utilización de las estrategias de *mind-fulness* como una forma de afrontamiento o lucha, mientras que las prácticas de monitoreo libre inducen el dejar fluir, no luchar; en definitiva, acercándose al concepto de aceptación.

En esta misma línea, varios estudios resaltan la importancia de contextualizar las prácticas de *mindfulness* de manera adecuada, de tal forma que, si estas son incorporadas como otras estrategias más de lucha y/o evitación de la experiencia privada desagradable, se obtendrán peores resultados a largo plazo que cuando se practica *mindfulness* como una forma de favorecer la aceptación, porque ello está al servicio de una vida significativa para la persona. Resultados similares se derivaron de la investigación de Salgado (2015), en la que comparó un protocolo de ACT y otro de entrenamiento en *mindfulness.* Aunque los dos protocolos estaban diseñados para interactuar de forma similar con los eventos privados (es decir, sin controlarlos, cambiarlos o suprimirlos), el protocolo de ACT se focalizó en la reducción de patrones de regulación basados en la evitación mientras las personas notaban los pensamientos y emociones desagradables que, con anterioridad, funcionaban como barreras. Es decir, la aplicación de ACT incidió en la clarificación explícita del tipo de vida que la persona quería vivir o el tipo de cualidades que quería potenciar (los valores), mientras que la aplicación del entrenamiento en *mindfulness* no hizo evidente ese componente de valor y, por tanto, en este caso la práctica en notar y estar con el malestar no siempre se ponía al servicio de una

© Ediciones Pirámide

vida significativa. En dicho contexto las personas pueden caer en la tentación de acceder a la práctica de *mindfulness* como una forma más de aprender a controlar, luchar o eliminar el malestar.

Por tanto, dos son las conclusiones derivadas de este estudio: *a*) el componente de valor parece ser un elemento esencial en la intervención, y *b*) la mejoría inicial que obtuvieron los participantes que realizaron exclusivamente el entrenamiento en *mindfulness* pudo ser debida a una relación de oposición entre el malestar y las direcciones valoradas (es decir, es necesario eliminar el malestar para vivir una vida significativa), donde la barrera (el malestar) pudo ser manejable a corto plazo a través de la práctica de *mindfulness.* Por el contrario, en las personas que participaron en el protocolo de ACT se produciría un cambio en el valor funcional del malestar a través de poner en relación de inclusión el malestar como parte de vivir la vida en coherencia con los valores. En definitiva, ACT presenta el componente añadido del contexto de valor personal, que parece constituir un elemento distintivo clave respecto a una aplicación clásica de *mindfulness* y aporta indicios sobre cuáles son las mejores condiciones para que la aplicación de las estrategias de *mindfulness* resulte eficaz.

Conclusiones similares se derivan de otro estudio que muestra que el efecto beneficioso de las habilidades de *mindfulness* en la reducción de la preocupación patológica podría estar mediado por un aumento en la *flexibilidad psicológica* (constructo central en la ACT) (Ruiz, 2014). La discusión derivada de este estudio añade que cuando se excluyeron los efectos positivos de actuar con conciencia sobre la flexibilidad psicológica, mayores puntuaciones en la capacidad de concentrarse en una cosa a la vez predecían una mayor preocupación. Es decir, el entrenamiento en actuar con conciencia podía llegar a utilizarse de forma rígida por personas con una baja flexibilidad, al ser utilizada para una función diferente: evitar la preocupación y/o el miedo. Otro resultado a destacar de este estudio es que la subescala de *aceptación sin juicio* de la experiencia del momento presente es la que más relacionada está con la disminución de la preocupación patológica, ejerciendo sus efectos a través de la mejora de la flexibilidad psicológica (Ruiz, 2014).

Según todos estos hallazgos, a la hora de implementar intervenciones basadas en *mindfulness* es importante que la práctica no se convierta en una forma más de evitación y, por consiguiente, resulta esencial hacer explícito el vínculo de la práctica con las acciones dirigidas al reforzamiento positivo derivado de aquello que es importante para la persona (Eisenbeck, 2015; Ruiz, 2014; Salgado, 2015).

Estos resultados entroncan directamente con el objetivo principal de la ACT: el aumento de la *flexibilidad psicológica* a través de potenciar la capacidad de contacto con el momento presente y dirigir la conducta de la persona basándose en sus valores y no tanto a la reducción del malestar (Hayes et al., 2012; Hayes et al., 2006).

Una aproximación a la flexibilidad psicológica desde la teoría de los marcos relacionales (RFT; Barnes-Holmes et al., 2005; Hayes et al., 2001) permite aislar aquellos elementos que son esenciales y pueden hacer mejorar las intervenciones y ejercicios basados en *mindfulness.* Siguiendo a Luciano (2016), la flexibilidad psicológica se define como: «la capacidad para enmarcar la propia conducta a nivel deíctico y jerárquico (yo-aquí-ahora y mi conducta ahí perteneciente a mí), lo que actualiza la presencia de las funciones importantes para uno».

En definitiva, los ejercicios en *mindfulness* se convierten de esta forma en prácticas que promueven relaciones con la experiencia privada que pueden contribuir al desarrollo de un patrón de regulación efectiva si permiten:

- La discriminación deíctica del comportamiento en curso como yo aquí y ahora, y los eventos privados allí y entonces (Luciano, 2016). Es decir, la diferenciación entre la persona que piensa y siente y lo que es pensado y sentido.
- El enmarque jerárquico y/o de inclusión entre el «yo» que percibe y lo percibido. Es decir, la conducta privada la experimentamos dentro de uno, por lo que el «yo» es más grande e incluye a los eventos privados.

Esta forma de relación con los pensamientos y sentimientos ayuda a tomar una perspectiva que permite hacer presente y tomar contacto con lo importante para uno (Gil-Luciano et al., 2017; López-López y Luciano, 2017), estando en la base del proceso de empoderamiento del «yo», en la medida en que retorna a la persona el control de las acciones

© Ediciones Pirámide

que estaban previamente bajo control de los eventos privados desagradables.

Todas estas conclusiones derivadas de la investigación, tanto básica como aplicada, han permitido conocer algunos elementos básicos que, si son incorporados, van a permitir enriquecer los protocolos clásicos de entrenamiento en *mindfulness,* ampliando sus beneficios y posibilitando intervenciones más específicas ante dificultades funcionales concretas. Una concreción de su derivación al ámbito aplicado se expone en los apartados siguientes.

## 5. *MINDFULNESS* Y EMPODERAMIENTO EN LA PERSONA CON PSICOSIS

La psicosis es uno de esos diagnósticos de larga duración e importante repercusión en el funcionamiento personal y social de la persona. La apreciación del individuo con psicosis ha ido evolucionando a lo largo de la historia. Inicialmente, era considerado como «loco» y tratado en grandes instituciones, pasando posteriormente a considerarse «persona con una enfermedad» y más adelante «persona con derechos». La influencia de la investigación psicofarmacológica facilitó la salida de las instituciones y la integración de las personas con enfermedad mental en la comunidad, a través del movimiento rehabilitador y la atención en la comunidad, dando lugar a un modelo o espectro de programas que se denomina rehabilitación psicosocial.

Este modelo parece orientarse hacia los intereses de las personas, fomenta la participación y la autodeterminación y posibilita la elección personal. Si bien teóricamente esto es así, la intervención social y psicológica se ha mostrado eficaz en cuanto a la adquisición de habilidades instrumentales y en la reducción de la sintomatología (véase Pérez-Álvarez et al., 2003), pero con resultados menos concluyentes respecto a las recaídas y al funcionamiento social. Es decir, un importante porcentaje de personas con diagnóstico de psicosis continúa reingresando o viven en instituciones, con un importante nivel de desconexión social, sentimientos de soledad y exclusión y un pobre funcionamiento social, sin que se encuentren satisfechos con ello.

Una explicación de todo esto puede derivarse del hecho de que, si bien el foco de atención parece ponerse en los intereses de la persona y el fomento de su autodeterminación, los procedimientos, desde una perspectiva mecanicista, van dirigidos a la modificación de la frecuencia, contenido y credibilidad de la experiencia psicótica como paso previo al incremento en su calidad de vida. Se asume, por tanto, que la persona con diagnóstico de psicosis tiene necesidad de intervención sobre la experiencia psicótica para poder participar del funcionamiento en la comunidad de manera típica. Dicha necesidad viene determinada por el profesional basándose en la evaluación y su comparación con ciertos estándares, en lugar de estar determinado por lo que la persona siente que necesita para vivir una vida con significado. Por tanto, desde esta perspectiva, el profesional sería quien delimitaría tanto aquello que se entiende por calidad de vida como las necesidades de la persona, en lugar de ser algo subjetivo, conectado a los valores de la persona y que requiere de su participación para conocerlo.

Frente a ello, la perspectiva contextual-funcional señala que existen modos de apoyo a la persona que pueden llegar a modificar la credibilidad y el impacto conductual de las cogniciones aversivas, sin tener que cambiar directamente su contenido. Esto se realizaría implementando prácticas en presencia de estos eventos privados, que no se focalizan en su control, sino en modificar la forma de relacionarse con ellos (Hayes et al., 1999).

En la misma línea, Pinto (2011) afirma que las estrategias de *mindfulness* permiten cambiar la relación de la persona con aquello que forma parte de su sufrimiento, es decir, con aquellos pensamientos y sentimientos asociados a las circunstancias que la persona ha podido vivir.

Chadwick (2008), por su parte, propone un modelo basado en la persona cuyo objetivo es normalizar la experiencia del individuo con diagnóstico de psicosis. En dicho modelo pone un énfasis especial en la importancia de la relación terapéutica, en la línea de lo propuesto por Rogers (1957; 1961) y aborda también la relación con los eventos psicóticos como fuente de la angustia de la persona.

En definitiva, se puede afirmar, por ejemplo, que cuando la relación con las «voces» consiste en tratarlas como elementos invasivos de inmenso poder y se destina el esfuerzo a controlarlas, combatirlas o eliminarlas, se obtiene un resultado más patógeno que beneficioso (Pérez-Álvarez et al., 2008). Dentro de este tipo de estrategia de lucha rígida se encon-

© Ediciones Pirámide

traría la medicación farmacológica y la terapia cognitivo-conductual eminentemente clásica, las cuales no siempre muestran los resultados esperados.

Alternativamente, están surgiendo una serie de terapias y técnicas con una concepción fenomenológica y social que centran las interacciones del terapeuta en la persona y no tanto en los síntomas. Entre ellas pueden encontrarse las basadas en *mindfulness* y en la aceptación.

Desde esta perspectiva fenomenológica (Pérez-Álvarez et al., 2008), las alucinaciones auditivas verbales se entienden como una experiencia que emerge de la hiperreflexividad. Por su parte, desde el punto de vista de la ACT y de la RFT, la hiperreflexividad podría traducirse en que el «yo» (la persona) se relaciona una y otra vez, de forma muy persistente, con un reducido abanico de todos los elementos cognitivos que conforman el contenido, produciendo una estrecha fusión (y, por tanto, confusión) del «yo» que percibe los pensamientos y sentimientos (yo contexto) y lo que es pensado y sentido (yo contenido). Las alucinaciones se entenderían desde esta concepción como el resultado de esta conducta de hiperreflexividad, y son mantenidas tanto por la creencia sobre las voces como por la creencia de que hay que combatirlas. La clase de respuestas de evitación es lo que podría llevar a que las «voces» se perciban como más invasivas y frecuentes, ya que, si se adopta una estrategia dirigida a eliminar o apartar las voces, esto lleva paradójicamente a comprobar si se están dando ahora o no, y que este autochequeo de nuestros propios pensamientos nos lleve a hacerlos presentes. De tal forma que el patrón de evitación se conecta a los propios pensamientos percibidos como voces, lo que genera el efecto contrario: en vez de invadir con menos frecuencia, se traen más reiteradamente. Además, el patrón de lucha trae consigo otra consecuencia no menos importante, la cual consiste en que cuando la persona lucha cada vez con más frecuencia contra algo que sigue estando presente una y otra vez, deja de invertir el esfuerzo y el tiempo en otras conductas y, por tanto, en conectarse al mundo (relaciones interpersonales, ocio, autocuidado, contexto laboral, etc.). En otras palabras, también se aleja de los demás y se encierra en un espectro muy limitado de la vida: los pensamientos percibidos como voces como si fuese lo único.

La descripción de este proceso nos puede llevar a concebir que el entrenamiento en *mindfulness* se dirige a conocer, dejar pasar y experimentar las voces, tal y como se muestra al principio del capítulo. Por otro lado, la concepción derivada de la ACT se mostraría útil a medio plazo en lo que consiste en ir orientando el esfuerzo de la persona en reconectar con el mundo tal y como a la persona le importa (Eisenbeck et al., 2018; Ruiz, 2014; Salgado, 2015). Así, coordinando ambas estrategias como intervención, la persona conseguiría salirse del bucle de la hiperreflexividad y la evitación de forma progresiva, a la vez que vuelve a llevar su atención al resto de elementos que componen su vida significativa. Cabe destacar, adicionalmente, que la implicación en objetivos valiosos reduce también la credibilidad y el estrés asociado a las voces, además de su frecuencia (Pérez-Álvarez et al., 2008).

Aun así, es importante destacar que las consecuencias derivadas de la aplicación de las estrategias de *mindfulness* sobre la reducción del sufrimiento o del incremento de la sensación de bienestar (Germer et al., 2013; Segal et al., 2006) no dejan de ser consecuencias; resultados que, si son buscados, se escapan de las manos de la persona como pez escurridizo que coletea. Es decir, que los procedimientos de *mindfulness* necesitan ser aplicados con la función de hacer fuerte a la persona frente a lo que piensa y siente y entrenarle en emitir acciones en coherencia con lo importante a pesar de unas condiciones complicadas.

En definitiva, las estrategias de *mindfulness* se presentan, desde esta perspectiva, como una forma alternativa de abordar y apoyar a las personas con diagnóstico de psicosis, partiendo de la aceptación incondicional de su experiencia interna (incluida la más complicada), siendo algo que se puede percibir y experimentar, y hacerlo con curiosidad, apertura y sin luchar porque forma parte de uno, pero sin definirlo (López-López y Luciano, 2017; Luciano, 2016). Además de todo ello, las estrategias de *mindfulness* permiten conocer la esencia histórica de la experiencia psicótica, identificar su significado y aprender a ser amable con uno mismo ante su presencia, considerando que todo ello forma parte de la vulnerabilidad personal. En consecuencia, de aquello que le hace ser quien es, pero que, a su vez, le une a los demás por lo que de común tiene la vulnerabilidad con el resto de la humanidad.

María experimentaba ideas extrañas de persecución, escuchaba a los murciélagos y sentía miedo de

© Ediciones Pirámide

que la secuestraran. Ella pudo llegar a ser consciente de dichas ideas, y relacionarse con toda esa experiencia privada de dos maneras: o bien valorándolo como algo patológico que no debería tener, y mucho menos mostrar, criticándose a sí misma por tener dichas experiencias y no ser capaz de resolverlas, rumiando para buscar soluciones y no saliendo de casa para reducir las posibilidades de experimentar ideas extrañas; en definitiva, luchando contra todo ello intentando hacerse más fuerte que todo ello; o también puede aprender a relacionarse con todo ello siendo espectadora neutral, valorándolo como algo que puede ser observado y dejarlo pasar para centrarse en acciones del momento presente, que puedan hacer crecer la vida que ella valora.

Ello nos permite concluir que necesitamos un modelo atencional óptimo que venga marcado por una serie de virajes en cuanto a dónde prestar atención para apoyar a la persona con diagnóstico de psicosis a vivir una vida con significado (Salgado, 2019). Estos virajes son los siguientes:

- — Pasar de centrarse en la sintomatología psicótica (con el objetivo de evitarla y/o mantenerla bajo control), a dirigir la atención hacia los valores y la vida con significado para la persona.
- — Cambiar el foco, desde la lucha contra todo aquello que lleva al diagnóstico de enfermedad mental a la aceptación incondicional de la persona. La persona tiene valor y dignidad tal cual es, no tiene que hacer, pensar o sentir de una determinada manera para tener dignidad, ya la tiene por el mero hecho de nacer, y desde ahí... apoyar para que la persona pueda construir la vida valorada.
- — Virar, desde un objetivo centrado en la curación y/o compensación de algo que se considera una patología, a regar una vida con significado.
- — Cambiar la dirección de la atención desde una mirada focalizada en el malestar a centrar la atención en aquello que emerge como importante para la persona.
- — Pivotar desde una postura destructiva, que pretende reducir conductas que se consideran desadaptativas, a mantener objetivos de construir vida desde la aceptación de la persona en el momento presente.

En este sentido, la atención centrada en lo importante para la persona (ACIP; Salgado, 2019) se mostraría como un modelo adecuado debido a su énfasis en hacer emerger lo importante para la persona como forma de proporcionar una función apetitiva, un «para qué» al resto de intervenciones realizadas con el objetivo de entrenar una relación diferente de la persona con su experiencia psicótica y motivar acciones coherentes con sus valores (para más información sobre los aspectos básicos del modelo, dirigimos al lector al capítulo sobre prevención en este mismo manual).

En definitiva, el elemento diferencial del modelo es que hace explícito, desde las primeras interacciones, el necesario componente de valor, al servicio del cual se encuentra el entrenamiento en estrategias de *mindfulness* y/o defusión (Salgado, 2016). Este procedimiento esencial constituye un apoyo al proyecto de vida personal, entendido este como: «el conjunto de objetivos, metas y acciones que se propone la persona y que están en relación de coherencia con aquello que valora» (Salgado, 2019).

La forma de hacer emerger los valores personales se materializa a través de la elaboración de la «historia de vida de la persona», con el objetivo de conocer su esencia, quién es, qué cosas le gustan y apasionan, y también todo aquello que le hace sufrir.

En la ACIP destacan los pilares básicos que sostienen el modelo y que dan sentido a los cambios de óptica anteriormente expuestos. Estos pilares básicos son: despatologización, dignidad, vulnerabilidad compartida, construcción, contacto social y empoderamiento real. Precisamente este último pilar es el que tiene que ver con el entrenamiento en *mindfulness* y al que dedicaremos las próximas líneas.

Desde una perspectiva contextual-funcional, el «empoderamiento» tiene que ver con apoyar a la persona para obtener recursos y habilidades que le permitan relacionarse con su experiencia interna y las circunstancias que le ha tocado vivir, de forma que no le aparte de lo importante y le ayude a ir construyendo la vida que quiere vivir.

Dos virajes son importantes a la hora de construir este pilar básico:

- — Pasar de la **lucha a la aceptación.** La palabra «empoderamiento» se asocia a obtener poder y una de sus acepciones tiene que ver con «tener más fuerza o ser más fuerte que algo».

© Ediciones Pirámide

Esta acepción entronca con la lucha. Es decir, si alguien tiene que ser más fuerte, lo demuestra en la lucha. Y ¿contra quién tiene que luchar? Como ya hemos visto anteriormente, mientras la persona lucha contra la experiencia psicótica, no puede hacer otra cosa más que luchar. Sin embargo, la posición de espectador de los pensamientos y sentimientos más desagradables nos permite poder ampliar el rango de acciones que se puede realizar. Por ejemplo, si soy espectador de un combate de boxeo, puedo ver el móvil, hablar con otras personas, leer la prensa, etc.

¿Y cuál es la practica que nos permite ser espectadores de nuestra experiencia interna, aceptándola incondicionalmente y sin pelear contra ella? Efectivamente, las prácticas de *mindfulness.*

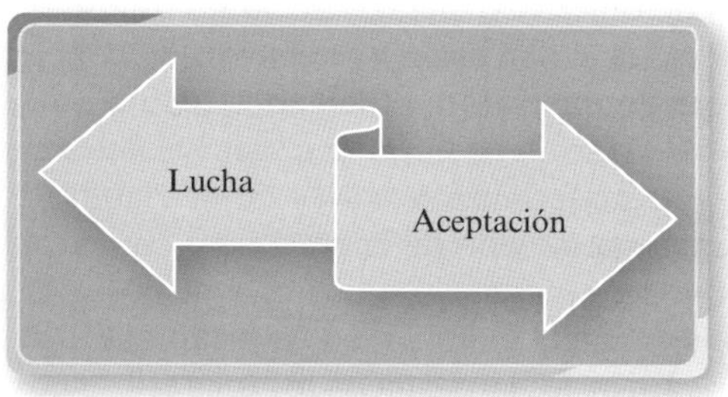


Figura 18.1

— Pasar del **tratamiento al entrenamiento.** La otra acepción de la palabra «empoderamiento» tiene que ver con «tener la facultad de hacer algo». Se refiere a adquirir habilidades para que la persona coja las riendas de sus acciones por encima de las circunstancias y los pensamientos y sentimientos derivados. Este proceso de adquisición de habilidades (como cualquier otro) no requiere de realizar un tratamiento de algo que esté enfermo, sino de entrenar, practicar con el objetivo de mejorar. Si el objetivo es modificar la relación de la persona con los eventos privados, de forma que estos no se conviertan en barreras a la hora de navegar en una dirección significativa, esto solo va a ser posible acudiendo a la práctica de *mindfulness* como una forma de entrenar, adquirir dichas habilidades que le permitan que las acciones significativas estén bajo control de lo importante y no tanto de los mandatos de la experiencia interna. Es decir, la persona adquiere la habilidad y el poder de controlar las acciones en dirección de valor, a pesar de estar presente la experiencia psicótica que, en otras ocasiones, se hubiese presentado como barrera. En definitiva, no hay otra forma de hacerlo que practicar por practicar, entrenando y dejando que emerjan los resultados que tengan que emerger con la práctica.

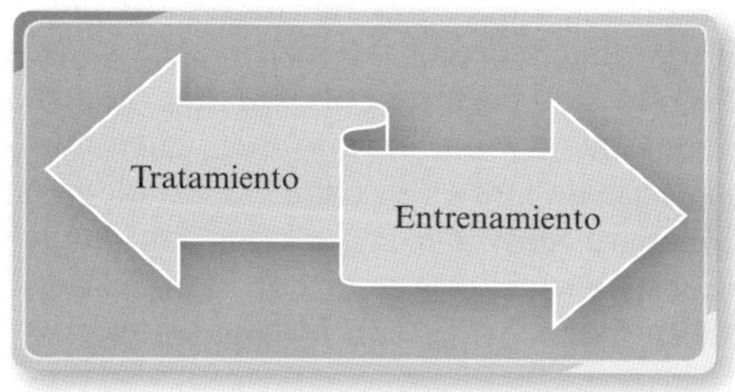


Figura 18.2

En este punto, es importante no olvidar que, desde la RFT, las claves **relacionales deícticas** y de **jerarquía/inclusión** son necesarias para hacer posible una relación con los eventos privados que empodere a la persona, facilitando la toma de contacto con aquello que es importante y devolviéndola el control de las acciones significativas.

Finalmente, podemos concluir que las prácticas de *mindfulness* tratan sobre el entrenamiento en dirigir la atención a los eventos privados, con el objetivo del autoconocimiento, de aprender más sobre su esencia y su relación con la historia personal, reconocer que uno mismo es el observador y, por tanto, que no son lo mismo que uno. En definitiva, se trata de ponerse en esa perspectiva de observador imparcial de la experiencia interna, notar la relación jerárquica que existe entre los eventos privados y uno mismo (Gil-Luciano et al., 2017; López-López y Luciano, 2017; Luciano, 2016) aprendiendo sobre la esencia de la relación con la conducta y generando una perspectiva que permita hacer presentes las funciones de aquello que la persona valora y motivando acciones bajo control de lo importante, construyendo una vida con significado.

© Ediciones Pirámide

## 6. APLICACIÓN

Teniendo en cuenta todo lo referido a lo largo del capítulo, la aplicación eficaz del entrenamiento en *mindfulness* y/o estrategias de defusión requiere: por una parte, hacer evidente el componente de valor a través de la emergencia de lo importante en las interacciones con la persona con psicosis y, por otro lado, tener en cuenta los elementos del empoderamiento que se han mostrado relevantes desde la RFT (claves deícticas y jerárquicas/inclusión) para un enriquecimiento de las prácticas de *mindfulness.*

Que el entrenamiento en *mindfulness* y en estrategias de defusión se ponga al servicio de ir construyendo una vida con significado evitará que dicha práctica quede incorporada como una estrategia más de evitación y le proporcionará un sentido al considerarse un apoyo necesario para perseguir objetivos y metas en coherencia con la fuente inagotable de motivación intrínseca que emerge de los valores personales. En este sentido, iniciar las interacciones con la persona diagnosticada de psicosis, realizando su historia de vida, conociendo a la persona, su esencia y haciendo emerger lo importante ha mostrado ser un itinerario eficaz para hacer explícita la función de la práctica de *mindfulness* y/o defusión (para más información, véase Salgado, 2019).

Por su parte, incorporar dentro de las prácticas de *mindfulness* aquellas claves relacionales que colocan al «yo» como algo diferente, a la vez que incluye a la experiencia psicótica (contenidos internos), enriquecerá el entrenamiento, poniendo a la persona en una perspectiva diferente, permitiéndola coger el control de sus acciones bajo el refuerzo positivo de lo importante para ella.

Una aplicación que incorpore todos estos elementos, asociados a la práctica de *mindfulness* y/o defusión, se puede realizar de dos formas:

### 1. A partir de protocolos formales (Kabat-Zinn, 1990; Segal et al., 2002)

Los ejercicios de los protocolos clásicos pueden incorporar las siguientes claves con el objetivo de mejorar su eficacia.

— *Claves deícticas:*
Su incorporación a través de las instrucciones permite llevar a la persona al momento presente, siendo este el único momento en el que es posible que se produzca la aceptación de aquello que está experimentando. Es imprescindible que la persona esté en el momento presente para que se produzca la aceptación, pero esto no implica que siempre que la persona esté en el presente vaya a aceptar.

Ejemplo: *«¿Qué pensamiento estás teniendo ahora?», «¿qué surge ahora en tu mente?, «¿qué se está proyectando en la pantalla de tu mente?».*

Las verbalizaciones incluidas en las instrucciones hacen explícita la diferencia entre la persona que piensa y siente y lo que es pensado y sentido.

Ejemplo: *«Mira a ver quién es la persona que está percibiendo ese pensamiento y/o sentimiento», «¿quién se está dando cuenta del pensamiento...?», «nota que estás tú y está el pensamiento», «nota el espacio entre tú y la pantalla de tu mente donde se está proyectando el pensamiento».*

— *Claves de jerarquía/inclusión:*
Es importante resaltar que la jerarquía y/o inclusión entre el «yo» y los eventos privados surge de la utilización de múltiples claves deícticas, como las que se han ejemplificado anteriormente.

Aun así, es importante incluir de manera explícita instrucciones que hagan evidente dicha relación, en la que el «yo» es algo más que la experiencia interna.

Ejemplo: *«Mira a ver dónde lo estás percibiendo y nota que hay una parte de ti que se está dando cuenta del pensamiento o de la emoción», «date cuenta de que es una parte de ti y puedes observarlo», «nota que tú eres más grande que todo ello», «hazle un hueco a eso que estás experimentando».*

— *Función de regulación de la conducta:*
La investigación también resalta la importancia de hacer evidente la **función de regulación** de la conducta (Gil-Luciano et al., 2017; López-López y Luciano, 2017) con el objetivo de que la persona note que tras ese cambio de relación con los eventos privados es la propia persona la que puede ejercer control sobre sus acciones y no tanto la ex-

© Ediciones Pirámide

periencia interna. Ello posibilitará que las acciones puedan estar bajo control de uno y no de la experiencia interna o de la intención de luchar contra ella.

Ejemplo: *«Desde esa perspectiva, si tuvieses que mover un brazo o una pierna, ¿quién lo podría hacer mejor, tú o tus pensamientos o emociones?».*

### 2. A partir de la interacción

Las personas con diagnóstico de psicosis van a tener que aprender a navegar por la vida en condiciones difíciles, con viento en contra y, en ocasiones, con fuertes tormentas (atrapados en su experiencia psicótica).

Una segunda forma de apoyar, entrenar y empoderar a la persona con diagnóstico de psicosis, para que pueda navegar en todas las condiciones sin que la experiencia psicótica le aparte de la dirección valorada, es incorporando las claves relacionales propuestas a la *interacción terapéutica.*

Exponemos a continuación algunos objetivos y ejemplos de verbalizaciones que pueden resultar de utilidad para ayudar a la persona que presenta sintomatología psicótica:

— Con el objetivo de traer a la persona al momento presente.

Ejemplo: *«Ese pensamiento, ¿lo estás notando ahora hablando conmigo?», «mientras me lo estás contando ahora, ¿qué estás experimentando?», «ese pensamiento ¿se ha hecho presente ahora?, ¿dirías que es viento a favor o en contra?».*

— Para abordar la transitoriedad de pensamientos y sentimientos.

Ejemplo: *«No lo fuerces, no lo empujes, deja que fluya», «deja que se vaya cuando tenga que irse, no se mantiene continuamente», «deja que siga su rumbo», «pon el pensamiento en uno de los vagones del tren y deja que se marche cuando sea».*

— Para enfatizar la cualidad de un «yo» espectador.

Ejemplo: *«Nota que hay una parte de ti que está siendo testigo de todo ello», «nota que tú estás ahí, siendo espectador del pensamiento que está allí», «como si fueses el espectador de un espectáculo, ¿qué estarías percibiendo ahora?, ¿qué pensamiento y/o sentimiento está actuando?».*

— Con el objetivo de diferenciar a la persona que piensa y siente de lo que es pensado y sentido.

Ejemplo: *«Nota que estás tú y está el pensamiento y/o la voz», «toma conciencia de esa parte de ti que está percibiendo el pensamiento», «estás tú y está el dolor, la angustia...», «¿qué pensamiento te visita ahora, quién lo está teniendo?».*

— Con el propósito de enfatizar que la persona es más que lo que piensa y siente.

Ejemplo: *«Date cuenta de que eres tú quien percibe el pensamiento, es una parte de ti y tú lo puedes percibir», «nota que tú eres más grande que todo ello», «¿lo notas dentro o fuera?», «toma conciencia de que el pensamiento y/o emoción es una parte de ti y tú lo puedes ver», «mira a ver si puedes hacer un hueco ahora mismo a esa emoción».*

— Con el propósito de abordar la mente como una consejera, a la que se puede hacer caso o no.

Ejemplo: *«¿Qué te dice la mente en estos momentos?», «¿qué te está invitando a hacer ese pensamiento?, ¿qué te pide que hagas?, ¿qué eliges hacer?».*

— Para enfatizar la función de regulación, es decir, que es la persona la que manda y no su experiencia privada.

Ejemplo: *«¿Qué pensamiento tienes ahora?, nota quién lo está teniendo, nota que tú eres más grande y nota que si quisieras mover un brazo o una pierna ahora, ¿quién lo podría hacer mejor?».*

— Con el objetivo de motivar la aceptación es importante utilizar verbalizaciones que motiven a recibir las experiencias privadas sin juzgar, con bondad y dejando que fluyan. De cualquier modo, es importante evitar interacciones del tipo «tienes que aceptar».

Ejemplo: *«Deja ahí eso un momento», «toma eso que estás experimentando ahora, colócalo en una nube y deja que se vaya cuando quiera, no lo fuerces», «no luches contra ello, no te pelees, déjalo ahí y mira a ver si pudieses llevar la atención un poco más allá*

© Ediciones Pirámide

*de eso, en el horizonte y mira a ver qué emerge como importante para ti en los próximos segundos».*

## 7. CONCLUSIONES

Es común que los diferentes ámbitos que conforman la sociedad nos manden un mensaje de referencia parecido al siguiente: «en la vida hay que pasar por situaciones complicadas, momentos de tormenta, y para abordarlas con éxito tienes que pelear y luchar». ¿Y si la mejor forma de abordar situaciones difíciles y de navegar por la vida en momentos de malestar y sin perder el rumbo vital no está en luchar o enfadarse por su presencia? ¿Y si todo ello tiene que ver con aprender a dejar de oponer resistencia a la tormenta y tomar el mando a través de acciones eficaces que permitan mantenernos en una dirección significativa?

Efectivamente, sentarse, cerrar los ojos, dirigir la atención a lo que pensamos y sentimos en los momentos más difíciles y tomar conciencia de ello proporciona grandes beneficios. Pero hacerlo de forma que nos permita tomar una postura de espectador neutral, sin luchar y conociendo más sobre su esencia, puede potenciar aún más los resultados.

Tal y como se ha expuesto a lo largo del capítulo, el propósito de las estrategias de *mindfulness* es hacer un hueco a los pensamientos y sentimientos que funcionan como barreras internas a la hora de moverse hacia una vida significativa. De esta forma se hace presente el reforzamiento positivo de los valores, motivando a la persona a tomar medidas para construir vida a partir de la situación actual. Es decir, la práctica de *mindfulness* ayuda, favorece la emisión de acciones constructivas y la participación en actividades coherentes con los valores. De esta forma potencia el **empoderamiento real,** haciendo más fuerte a la persona frente a las circunstancias y a los eventos privados que, en situaciones que son complejas, invitan a la persona a moverse lejos de lo importante. En definitiva, las personas navegarán por la vida en diferentes condiciones y la práctica de *mindfulness* proporciona un entrenamiento eficaz para mantener el rumbo vital con viento en contra y condiciones difíciles.

En general, hay un consenso en la literatura que sugiere que *mindfulness* enseña una nueva perspectiva o relación de uno con las experiencias internas, más allá de seguir literalmente el contenido de los pensamientos o valorar las experiencias privadas displacenteras como algo negativo que requiere su eliminación. Si bien esto es así, diferentes autores coinciden a la hora de proponer diversos procesos que caracterizan dicha relación, por ejemplo descentramiento o defusión, aceptación o apertura, curiosidad, compasión, etc.

En lo que se refiere a las psicosis, existe mucha variabilidad de cuadros clínicos, como pueden ser las formas de esquizofrenia con sintomatología positiva/negativa, las alteraciones en el contenido del pensamiento, pero también en la organización formal de la arquitectura cognitiva (Pinto, 2009). No debemos olvidar que desde la perspectiva contextual-funcional resulta importante conocer y explicar de qué están hechos esos pensamientos y sentimientos. Es decir, es necesaria una teoría que explique la formación de la sintomatología psicótica, cómo esta se convierte en aspectos a evitar u órdenes a obedecer, cómo se mantiene dicha conducta y, por último, cómo interactuar con todo de manera que coloque a la persona en la mejor posición para construir una vida con significado.

La RFT es una moderna teoría sobre cómo los seres humanos aprenden a pensar y sentir, que hipotetiza que la esencia de la sintomatología psicótica está en la historia relacional de la persona, en el devenir de relaciones entre estímulos, y la derivación y transformación de funciones de estos.

De esta teoría derivan toda una serie de procedimientos que nos colocan en la mejor disposición para apoyar a las personas, evitando la lucha fratricida contra el síntoma o contra el concepto de un «yo enfermo» como forma de adquirir dignidad y/o sentirse persona (esto resulta especialmente frecuente en el ámbito del trastorno mental grave y crónico). Frente a ello, la aceptación incondicional de la persona tal cual es favorecerá un contexto de relación entre profesional y persona más positivo y saludable en el que empezar a construir una vida con significado.

Con frecuencia se han presentado las prácticas de *mindfulness* como eficaces a la hora de reducir los síntomas psicóticos. Si bien esa puede ser una de sus aplicaciones, el análisis de los mecanismos de acción y su análisis desde la teoría de la RFT, ha contribuido a clarificar no solo por qué funcionan dichas es-

© Ediciones Pirámide

trategias, sino también por qué no funcionan cuando no lo hacen y, sobre todo, ha permitido conocer qué elementos adicionales poder añadir a las prácticas formales con el objetivo de enriquecer dichas estrategias y apoyar a la persona en el desarrollo de su proyecto vital.

En conclusión, las estrategias de *mindfulness* favorecen la construcción del empoderamiento real de la persona, entrenando a esta en una relación diferente con los eventos privados, que le permita mantener presente aquello que emerge como importante (sus valores).

## REFERENCIAS BIBLIOGRÁFICAS


Baer, R. A. (2018). Mindfulness Practice. En S. C. Hayes y S. G. Hofmann (eds.), *Process Based CBT. The Science and Core Clinical Competencies of Cognitive Behavioral Therapy.* Context Press.

Barnes-Holmes, D., Valverde, M. R. y Whelan, R. (2005). La teoría de los marcos relacionales y el análisis experimental del lenguaje y la cognición. *Revista Latinoamericana de Psicología, 37*(2), 255-275.

Barnes-Holmes, Y., Barnes-Holmes, D., McHugh, L. y Hayes, S. C. (2004). Relational frame theory: Some implications for understanding and treating human psychopathology. *International Journal of Psychology and Psychological Therapy, 4*(2), 355-375.

Bishop, S. R., Lau, M., Shapiro, S., Carlson, L., Anderson, N. D., Carmody, J., Segal, Z. V., Abbey, S., Speca, M., Velting, D. y Devins, G. (2004). Mindfulness: A proposed operational definition. *Clinical Psychology: Science and Practice, 11*(3), 230-241.

Britton, W. B., Davis, J. H., Loucks, E. B., Peterson, B., Cullen, B. H., Reuter, L., Rando, A., Rahrig, H., Lipsky, J. y Lindahl, J. R. (2018). Dismantling mindfulness-based cognitive therapy: Creation and validation of 8-week focused attention and open monitoring interventions within a 3-armed randomized controlled trial. *Behaviour Research and Therapy, 101,* 92-107.

Campbell-Sills, L., Barlow, D. H., Brown, T. A. y Hofmann, S. G. (2006). Effects of suppression and acceptance on emotional responses of individuals with anxiety and mood disorders. *Behaviour Research and Therapy, 44*(9), 1251-1263.

Chadwick, P. (2008). *Person-Based Cognitive Therapy for Distressing Psychosis.* John Wiley & Sons Inc. https://doi.org/10.1002/9780470713075

Eisenbeck, N. (2015). *Análisis experimental de la atención plena (mindfulness)/Experimental Analysis of Mindfulness.* Tesis Doctoral. Universidad de Almería.

Germer, C. K. (2013). *Mindfulness: What is it? What does it matter?* En C. K. Germer, R. D. Siegel y P. R. Fulton (eds.), *Mindfulness and psychotherapy* (pp. 3-35). The Guilford Press.

Gil-Luciano, B., Ruiz, F. J., Valdivia-Salas, S. y Suárez-Falcón, J. C. (2017). Promoting psychological flexibility on tolerance tasks: Framing behavior through deictic/hierarchical relations and specifying augmental functions. *Psychological Record, 67,* 1-9.

Grossman, P., Niemann, L., Schmidt, S. y Walach, H. (2004). Mindfulness-based stress reduction and health benefits: A meta-analysis. *Journal of Psychosomatic Research.*

Gu, J., Strauss, C., Bond, R. y Cavanagh, K. (2015). How do mindfulness-based cognitive therapy and mindfulness-based stress reduction improve mental health and wellbeing? A systematic review and meta-analysis of mediation studies. *Clinical Psychology Review, 57*(1), 35-43.

Hayes, S. C., Barnes-Holmes, D. y Roche, B. (2001). *Relational Frame Theory.* Springer.

Hayes, S. C., Luoma, J. B., Bond, F. W., Masuda, A. y Lillis, J. (2006). Acceptance and Commitment Therapy: Model, processes and outcomes. *Behaviour Research and Therapy, 44*(1), 1-25.

Hayes, S. C., Strosahl, K. D. y Wilson, K. G. (1999). *Acceptance and commitment therapy: An experiential approach to behavior change.* Guilford Press.

Hayes, S. C., Strosahl, K. D. y Wilson, K. G. (2012). *Acceptance and Commitment Therapy: The process and practice of mindful change* (2.ª ed.). Guilford Press.

Hervás, G., Cebolla, A. y Soler, J. (2016). Intervenciones psicológicas basadas en mindfulness y sus beneficios: estado actual de la cuestión. *Clínica y Salud, 27*(3), 115-124.

Hodann-Caudevilla, R. M. y Serrano-Pintado, I. (2016). Revisión sistemática de la eficacia de los tratamientos basados en mindfulness para los trastornos de ansiedad. *Ansiedad y Estrés, 22*(1), 39-45.

Hofmann, S. G., Sawyer, A. T., Witt, A. A. y Oh, D. (2010). The effect of mindfulness-based therapy on anxiety and depression: A meta-analytic review. *Journal of Consulting and Clinical Psychology, 78*(2), 169-183.

Hölzel, B. K., Lazar, S. W., Gard, T., Schuman-Olivier, Z., Vago, D. R. y Ott, U. (2011). How does min-


© Ediciones Pirámide

dfulness meditation work? Proposing mechanisms of action from a conceptual and neural perspective. *Perspectives on Psychological Science, 6*(6), 537-559.

Howarth, A., Smith, J. G., Perkins-Porras, L. y Ussher, M. (2019). Effects of brief mindfulness-based interventions on health-related outcomes: A systematic review. *Mindfulness, 10,* 1957-1968.

Jansen, J. E., Gleeson, J., Bendall, S., Rice, S. y Alvarez-Jimenez, M. (2020). Acceptance- and mindfulness-based interventions for persons with psychosis: A systematic review and meta-analysis. *Schizophrenia Research, 215,* 25-37.

Kabat-Zinn, J. (1990). *Vivir con plenitud las crisis. Cómo utilizar la sabiduría del cuerpo y la mente para enfrentarnos al estrés, el dolor y la enfermedad.* Kairós.

Khoury, B., Lecomte, T., Fortin, G., Masse, M., Therien, P., Bouchard, V., Chapleau, M. A., Paquin, K. y Hofmann, S. G. (2013). Mindfulness-based therapy: A comprehensive meta-analysis. *Clinical Psychology Review, 33*(6), 763-771.

Kingston, J., Becker, L., Woeginger, J. y Ellett, L. (2020). A randomised trial comparing a brief online delivery of mindfulness-plus-values versus values only for symptoms of depression: Does baseline severity matter? *Journal of Affective Disorders, 276*(1), 936-944.

Kreplin, U., Farias, M. y Brazil, I. A. (2018). The limited prosocial effects of meditation: A systematic review and meta-analysis. *Scientific Reports, 8,* 2403.

Langer, Á. I., Schmidt, C., Mayol, R., Díaz, M., Lecaros, J., Krogh, E., Pardow, A., Vergara, C., Vergara, G., Pérez-Herrera, B., Villar, M. J., Maturana, A. y Gaspar, P. A. (2017). The effect of a mindfulness-based intervention in cognitive functions and psychological well-being applied as an early intervention in schizophrenia and high-risk mental state in a Chilean sample: Study protocol for a randomized controlled trial. *Trials, 18,* 233.

López-López, J. C. y Luciano, C. (2017). An experimental analysis of defusion interactions based on deictic and hierarchical framings and their impact on cognitive performance. *Psychological Record, 67,* 485-497.

Louise, S., Fitzpatrick, M., Strauss, C., Rossell, S. L. y Thomas, N. (2018). Mindfulness- and acceptance-based interventions for psychosis: Our current understanding and a meta-analysis. *Schizophrenia Research, 192,* 57-63.

Luciano, C. (2016). Evolución de ACT. *Análisis y Modificación de Conducta, 42*(165-66), 3-14.

Marlatt, G. A. y Kristeller, J. L. (2004). Mindfulness and meditation. En W. R. Miller (ed.), *Integrating spirituality into treatment: Resources for practitioners* (pp. 67-84).

Najmi, S., Riemann, B. C. y Wegner, D. M. (2009). Managing unwanted intrusive thoughts in obsessive-compulsive disorder: Relative effectiveness of suppression, focused distraction, and acceptance. *Behaviour Research and Therapy, 47*(6), 494-503.

Perestelo-Perez, L., Barraca, J., Peñate, W., Rivero-Santana, A. y Álvarez-Pérez, Y. (2017). Mindfulness-based interventions for the treatment of depressive rumination: Systematic review and meta-analysis. *International Journal of Clinical and Health Psychology, 17*(3), 282-295.

Pérez-Álvarez, M., Fernández Hermida, J. R., Fernández Rodríguez, C. y Amigo Vázquez, I. (2003). *Guía de tratamientos psicológicos eficaces I. Adultos.* Pirámide.

Pérez-Álvarez, M., García-Montes, J. M., Perona-Garcelán, S. y Vallina-Fernández, O. (2008). Changing relationship with voices: New therapeutic perspectives for treating hallucinations. *Clinical Psychology and Psychotherapy, 15*(2), 75-85.

Rogers, C. R. (1957). The necessary and sufficient conditions of therapeutic personality change. *Journal of Consulting Psychology, 21*(2), 95-103.

Rogers, C. R. (1961). A therapist's view of the good life: The fully functioning person. En *On Becoming a Person: A Therapist's View of Psychotherapy.* Mariner Books.

Ruiz, F. J. (2014). The relationship between low levels of mindfulness skills and pathological worry: The mediating role of psychological inflexibility. *Anales de Psicología, 30*(3), 887-897.

Safran, J. D. y Segal, Z. V. (1992). *Interpersonal process in cognitive therapy.* En Jason Aronson.

Salgado, C. F. (2015). Comparación de dos protocolos de intervención basados en la terapia de aceptación y compromiso y entrenamiento en mindfulness en personas con trastorno mental crónico. *Análisis y Modificación de Conducta, 42*(165-166), 75-98.

Salgado, C. F. (2019). *Guía para la activación del proyecto de vida para la inclusión social.* Junta de Castilla y León. Gerencia de Servicios Sociales.

Segal, V., Williams, J. M. y Teasdale, J. (2006). *Terapia cognitiva de la depresión basada en la consciencia plena. Un nuevo abordaje para la prevención de recaídas.* Desclée de Brouwer.

Shapiro, S. L. y Carlson, L. E. (2009). *The art and science of mindfulness: Integrating mindfulness into psychology and the helping professions.* American Psychological Association.

Shapiro, S. L., Carlson, L. E., Astin, J. A. y Freedman, B. (2006). Mechanisms of mindfulness. *Journal of Clinical Psychology, 62*(3), 373-386.

Shapiro, S. L., Siegel, R. D. y Neff, K. D. (2018). *Las paradojas del mindfulness.* Viviendo Mindfulness.

Van der Velden, A. M., Kuyken, W., Wattar, U., Crane,

© Ediciones Pirámide

C., Pallesen, K. J., Dahlgaard, J., Fjorback, L. O. y Piet, J. (2015). A systematic review of mechanisms of change in mindfulness-based cognitive therapy in the treatment of recurrent major depressive disorder. *Clinical Psychology Review, 37,* 26-39.

Wang, L. Q., Chien, W. T., Yip, L. K. y Karatzias, T. (2016). A randomized controlled trial of a mindfulness-based intervention program for people with schizophrenia: 6-month follow-up. *Neuropsychiatric Disease and Treatment, 2016*(12), 3097-3110.

© Ediciones Pirámide

# Valores y psicosis 19

ADOLFO J. CANGAS DÍAZ
FRANCISCO MARTÍN MURCIA

## 1. INTRODUCCIÓN

Comenzar un capítulo sobre cómo abordar el tema de los valores en la esquizofrenia requiere previamente analizar, aunque sea someramente, qué es esta condición, cuáles son las características principales que determinan este tipo de comportamientos y hacia dónde pueden dirigir sus vidas las personas que padecen esta situación, a la par que las principales barreras u obstáculos a los que habitualmente se enfrentan.

Por otro lado, en los últimos años asistimos a movimientos muy interesantes dentro del campo de la salud mental, que creemos pueden aportar visiones complementarias y útiles en el trabajo de ACT con valores en la psicosis. Nos estamos refiriendo, por ejemplo, a las experiencias de los *grupos de escuchadores de voces o los grupos de apoyo mutuo,* al enfoque de *Diálogo abierto,* el *Proyecto Ícaro,* el programa *Inclúyete,* etc., encaminados precisamente a dar sentido y buscar una vida plena, partiendo de la situación actual en la que se encuentran las personas con trastorno mental grave, favoreciendo un cambio en la concepción que se tiene habitualmente sobre estas dificultades (aún muy centrado en el modelo médico) y cómo responder a las mismas.

De este modo, el capítulo lo dividiremos en tres apartados: en el primero haremos una revisión breve de lo que es el trastorno mental grave, que determina la intervención con esta población; en el segundo, cómo se pueden entender los valores en psicosis y, por último, cómo trabajar los mismos con esta población.

## 2. CARACTERÍSTICAS DEFINITORIAS DE LA PSICOSIS EN RELACIÓN CON LOS VALORES

De sobra son conocidos los criterios diagnósticos de la esquizofrenia en los manuales formales (DSM y CIE), donde se enfatiza particularmente la sintomatología positiva (como son las alucinaciones y delirios), como síntomas comunes y a veces suficientes, relegando generalmente la sintomatología negativa a un segundo plano. No vamos a entrar ahora en la consideración de cómo se conformaron estos criterios diagnósticos, que ya ha sido comentado con más profundidad en otros capítulos de este manual, pero sí querríamos destacar que la esquizofrenia, como trastorno mental grave, y sin perjuicio de la sintomatología patognomónica diagnóstica al uso, tendría asimismo otras características fundamentales, relacionadas con dificultades importantes en el ámbito académico, laboral, social y jurídico, una duración prolongada en el tiempo (en la definición de trastorno mental grave se considera necesario al menos dos años), así como la presencia habitual de un aislamiento social notable. Por otra parte, es destacable, a nivel experiencial, un sentido del yo diferente, junto con lo que se denomina una «pérdida del sentido común» o de la evidencia natural, dados probablemente por la focalización en procesos psicológicos que para las demás personas pasan desapercibidos (Blankenburg, 2013; Stanghellini, 2000).

En este sentido, cabría plantear que los síntomas positivos en la esquizofrenia (por ejemplo, alucinaciones, delirios, comportamiento desorganiza-

© Ediciones Pirámide

do) son más bien reflejo de características más básicas (relacionadas con los síntomas negativos), como puede ser la apatía, falta de motivación o la experiencia de sentir que no encaja con los intereses sociales de las demás personas.

Asimismo, podría apuntarse que dichos síntomas negativos no estarían sin más en la esfera de la afectividad, sino que vendrían dados como consecuencia del particular tipo de relación consigo mismo y con el mundo que mantiene la persona. Tanto es así que la esquizofrenia se entendería mejor como el resultado de modificaciones estructurales del yo en el anclaje en el mundo de la vida, dado el fallo en la construcción de la intersubjetividad y por tanto del sentido común, entendido como la sintonía básica intuitiva con el mundo social (Stanghellini, 2006; Nelson, Sass, Thompson et al., 2009). Por eso, es fundamental que la intervención atienda a estos síntomas negativos, ya que, si realmente conseguimos mejorarlos, es muy probable que la sintomatología positiva vaya remitiendo, incluso sin necesidad de una intervención directa sobre la misma (Langer y Cangas, 2007).

Así, se planteará la posibilidad de que dicha falta de anclaje dado por la pérdida de la evidencia natural del vivir sea precisamente el motivo para la efervescencia de la sintomatología positiva. De este modo, el delirio, los neologismos y las particulares experiencias de la corporeidad o paranoides serían *evidentes* para las personas con esquizofrenia, como una manera de aferrarse o vivir *sujeto*.

Esta caracterización puede explicar el hecho de por qué algunos estudios con ACT, donde se compara por ejemplo su efectividad en relación un grupo control de «ser amistoso» *(befriending)* —básicamente mantener conversaciones sobre temas no clínicos de interés para la persona, como puede ser sobre noticias de actualidad, *hobbies,* deportes, etc.—, encuentran «paradójicamente» resultados positivos similares en ambas intervenciones (Shawper et al., 2012). Este hecho probablemente refleje la relevancia que tiene fijarse en componentes centrales y básicos de la persona para mejorar la intervención y no tanto en los síntomas más llamativos (como pueden ser las alucinaciones o delirios), ya que podrían ir remitiendo de forma natural si la acción terapéutica enfatiza aspectos fundamentales de la persona.

De esta manera, el encuentro terapéutico no focalizado en el síntoma sería el contexto en el que se daría una oportunidad para el desarrollo de la intersubjetividad y, por tanto, la posibilidad de aprender a «tener en común con», de facilitar experiencias de naturalidad y aceptación; no en vano, el ser-en-compañía es un barómetro del ser-en-el-mundo (Blankenburg, 2013, p. 248).

De igual manera, y no menos relevante, hay que tener en consideración que la esquizofrenia lleva asociado un estigma social importante, superior a otros trastornos mentales comunes, lo que es una barrera social sustancial contra la que hay que luchar, al igual que superar el autoestigma que precisamente esta condición conlleva en los propios afectados (López, Laviana, Fernández, López, Rodríguez y Aparicio, 2008).

Todos estos aspectos requieren una especial atención en la formulación de estrategias de intervención, ya que van a determinar una postura terapéutica que pondrá en alerta sobre las dificultades a las que habrá que enfrentarse y cómo vivencia la persona sus problemas.

De este modo, habría que considerar diferentes áreas problemáticas, asociadas habitualmente a las diferentes facetas de la vida de la persona con esquizofrenia, que indican las barreras que van a ser comunes en esta población y que, por tanto, debemos tener en cuenta a la hora de promover una vida congruente con sus valores (tabla 19.1).

Como puede apreciarse, en todas estas facetas, a excepción de la espiritualidad, es común encontrar distintas dificultades que requieren la ayuda de diferentes medios para su abordaje (tanto ligados a una intervención de ACT como a la asistencia de diferentes recursos que incluyan medios de formación, inserción laboral, vivienda, facilidades y apoyo en el acceso a programas de ocio y tiempo libre, etc.).

A esto hay que añadir que estos aspectos problemáticos, por lo común, llevan aconteciendo durante bastante tiempo (como puede ser la conflictividad familiar, aislamiento social, etc.), y que, junto a los procesos de cronificación y los efectos secundarios de la medicación, contribuyen al deterioro, a la cristalización de un tipo de «vida apática».

Asimismo, el período donde generalmente se desarrollan estos problemas es en la adolescencia, época fundamental en nuestra sociedad, que determina muchos de los aspectos esenciales en la vida de cualquier persona (ámbito vocacional, integración en la comunidad social, relaciones de pareja, etc.), siendo

© Ediciones Pirámide

TABLA 19.1

| Área | Características |
|---|---|
| Familia. | Posibilidad de alta conflictividad familiar. Elevada probabilidad de presencia de alta emoción expresada. |
| Matrimonio/pareja/relaciones íntimas. | Menor número de relaciones de pareja. Dificultades sexuales asociadas a la medicación. |
| Hijos/crianza. | Menor número de hijos que la población general. |
| Carrera/empleo. | Menor tasa de inserción laboral y empleabilidad, de las más bajas dentro de todo el campo de la «discapacidad». |
| Educación/formación/crecimiento/desarrollo personal. | Mayor tasa de fracaso escolar. |
| Ocio/diversión/esparcimiento. | Menor número de participación en actividades recreativas que la población general. |
| Espiritualidad. | Mayor interés e implicación en actividades religiosas. |
| Ciudadanía/medio ambiente/comunidad. | Menor sentimiento de pertenencia a la comunidad. |
| Salud/bienestar físico. | Mayor número de problemas físicos y médicos en general. Consumo elevado de tabaco. Peores hábitos alimenticios y mayor sedentarismo que la población general. |

en algunos aspectos recuperables, pero en otros es más complicado (por ejemplo, para el desarrollo de una carrera profesional). Todo ello supone aspectos esenciales que se requiere tener también presentes.

De esta manera, en el trabajo con valores, aunque los mismos tienen evidentemente un carácter idiográfico o personal, hay que destacar el hecho de que están naturalmente condicionados por diferentes facetas sociales, ligadas a las oportunidades de la persona con esquizofrenia, al mundo social donde se desenvuelve y a las propias ideas que ella pueda tener sobre los mismos.

En este sentido, hay que tomar en consideración que la propia visión de estas áreas de la vida puede ser diferente en una persona con esquizofrenia a otra que padezca distintas dificultades, sencillamente por la historia y el mundo social en el que está inmerso. Así, a la hora de plantear los valores hay que tener presente el «mundo vivido por la persona con esquizofrenia», como puede ser la experiencia de sí mismo, el tiempo, el espacio o las interacciones con los demás (Mancini et al., 2014). Por ejemplo, Stanghellini destaca cómo sentimientos de ser especial, excepcional, cuestiones metafísicas, rechazo de lazos interpersonales, entre otros, pueden ser aspectos comunes que caracterizan habitualmente los valores en personas con psicosis (Stanghellini, 2007).

Estos aspectos, obviamente, pueden venir marcados por el grado de cronicidad o tiempo que lleve la persona con estas dificultades. Desde luego, como se señala en la literatura, lo ideal es trabajar desde la intervención temprana, generalmente antes de un diagnóstico formal, que es cuando más probabilidades de éxito se tienen y menos dificultades se encuentran, contando con un mayor grado de reversibilidad. Ahora bien, esto no quiere decir obviamente que no se pueda o no se deba trabajar en cualquier estadio en el que se encuentre la persona, sino simplemente que el alcance de la intervención va a ser mayor cuanto más precoz sea la actuación terapéutica.

En este sentido, la recuperación en salud mental hace referencia a un proceso profundamente personal y único para el cambio y desarrollo de actitudes, valores, sentimientos, metas, habilidades y roles que lleven a una forma de vida satisfactoria y esperanzada, incluso con las limitaciones causadas por el trastorno mental, siendo esencial por tanto atender diferentes facetas de la vida de la persona, que podrían agruparse bajo el acrónimo CHIME (Leamy, Bird, Le Boutillier, Williams y Slade, 2011), que hace referencia a los siguientes aspectos:

— **C (conectividad).** Necesidad de conectar con otros.

© Ediciones Pirámide

— **H (*hope,* esperanza).** Encontrar y mantener esperanza y optimismo.
— **I (identidad).** Restablecer una identidad positiva.
— **M (*meaning,* significado).** Encontrar significado a la vida.
— **E (*empowerment,* empoderamiento).** Tomar responsabilidad y capacidad sobre las acciones.

## 3. VALORES EN PERSONAS CON PSICOSIS

A la hora de analizar los valores habría que considerar que algunos de ellos, insertados en el particular mundo de la persona con esquizofrenia —un mundo fenomenológicamente distinto al mundo del sentido común, como anteriormente se ha aludido, y que puede tener que ver, por ejemplo, con un sentido de excepcionalidad o excentricidad—, son experimentados como «dados», no como elegidos. Por otro lado, los valores son actitudes que tienen la función de regular nuestra conducta, siendo un aspecto central en la construcción de la persona que, sin embargo, han sido muy poco estudiados (cuando no directamente olvidados) en las personas con esquizofrenia (Stanghellini, 2007).

Como es sabido, en ACT el tema de los valores es un apartado fundamental y la intervención pretende precisamente clarificar los mismos y favorecer el compromiso de actuar de forma cada vez más congruente con ellos. Los valores son así la brújula que nos guía a lo largo de todo el proceso terapéutico.

En muchas personas que van a la consulta el problema fundamental se basa en la dificultad de poder clarificar estos valores y, obviamente, en dirigir la vida hacia los mismos. En la situación de la persona con esquizofrenia suceden a menudo dos extremos que hay que comentar. Por un lado, algunos de esos valores escatológicos son los que dan significado a su experiencia de vivir (sentimiento de idionomía o excepcionalidad, con la vivencia por ejemplo de una misión de contenidos metafísicos) y son el centro de gravedad sobre el que gira la vida, apartándose quizá de otros valores que pudieran quedar sepultados ante la enormidad de dichas experiencias psicológico-existenciales. En el otro extremo, el problema radica más en lo *desconectados* que están de su realización práctica en el mundo y contexto en el que se desenvuelve la persona, con un número importante de dificultades y de barreras que hay que superar. Esta desconexión con la pragmática del vivir al servicio de dicho horizonte de valores es en parte debida al peculiar ensimismamiento que convertiría la vida en lo que Nietzsche denominaría «un lastimoso bienestar». La pérdida de sentido o disolución de los horizontes morales (Taylor, 1994) prototípicamente modernos dejarían la vida sin suelo en el que anclarse.

Por ejemplo, un valor que se puede considerar fundamental en la persona con esquizofrenia es la espiritualidad, siendo habitual la pretensión de mostrarla a los demás para que esta sea compartida por todos. Con ser loable este objetivo, también puede venir marcado por cierto grado de *irrealidad*, que en terapia requerirá nuestra atención, no tanto para invalidarlo, sino para ajustarlo al contexto donde se desenvuelve la persona. Dichos valores idiosincráticos no deben confundirse sin más con creencias anormales (algo éticamente inadmisible y terapéuticamente ineficaz), sino reconocidos como el mundo de la persona para ser, a través del proceso de terapia, modulados o ajustados (Mancini y Stanghellini, 2020).

Y dicho ajuste precisaría de un ir más allá de uno mismo, en el sentido de reconstruir axiológicamente el yo por el yo-otros, de tal forma que pueda pasarse del proselitismo espiritual del ejemplo mencionado al gozo de la experiencia del compartir la vida sin más. De hecho, los trabajos en los que se evalúan de forma directa las necesidades de las personas con esquizofrenia se obtienen hallazgos que tienen que ver con la falta de integración en el mundo social, tanto en aspectos de infraestructura como precisamente en el compartir intimidad, comunicación o sexualidad (Guillén y Muñoz, 2011).

Es pues una característica común en las personas con esquizofrenia el aislamiento social, ya sea debido a una evitación excesiva de las relaciones sociales (por temor a ser rechazado, sentirse poco integrado, etc.) como por no haber adquirido las habilidades suficientes para desenvolverse en el mundo social (donde, además, cuanto menos se practiquen estas habilidades, menores posibilidades de aprendizaje se poseen). La cuestión es que este aislamiento social puede dificultar la orientación hacia diferentes valores puestos en marcha. De hecho, sobrevivir a la exclusión y al fracaso competitivo, cuando no se es alguien típico o debidamente ajustado, tiene que ver con la limitación de las formas de ser

© Ediciones Pirámide

*aceptables* y con el marco individualista y competitivo de las normas sociales, donde ser alguien es en ocasiones un hito personal difícil de alcanzar y es tanto más probable la experimentación de sentimientos de fracaso, inadecuación, vergüenza y exclusión, en definitiva formas de sufrimiento personal (Johnstone et al., 2018).

Así, uno de los aspectos más demandados, y sobre los que generalmente le gustaría avanzar a la persona con esquizofrenia es en conseguir y establecer una relación de pareja (que, por otro lado, se ha visto que, cuando se consigue, contribuye a una recuperación más rápida). Aquí el problema está en que precisamente por esa «historia personal de aislamiento» hay gran probabilidad de que necesite bastante ayuda para poder entablar relaciones estables (ya sea practicando un cambio en la forma de relacionarse con más personas, cambiando la actitud hacia las situaciones sociales —dejando de evitarlas—, aprendiendo a comportarse públicamente de un modo más adecuado —si esto no lo hacía anteriormente—, favoreciendo las habilidades para iniciar y mantener conversaciones, etc.). Estos aspectos llevan tiempo y van de la mano de un cambio tanto en la forma de pensar y de sentir como del favorecimiento de oportunidades de contacto social exitoso. Lo mismo cabría indicar de otras dificultades como son las relaciones familiares, actividades de ocio, integración laboral, etc.

En definitiva, los valores siempre van a suponer una relación del mundo de la persona con los demás, por tanto son valores sociales que no dependerán meramente de decisiones o procesos individuales, sino que están intrincados tanto en las dificultades o intereses de la persona como en las propias características de su mundo, que incluiría tanto a los amigos (probablemente en un número limitado), familia (generalmente con alta conflictividad), como a la ciudadanía en general (con alto grado de estigma, de distanciamiento social o de rechazo). Este aspecto es esencial, ya que no se trata solamente de clarificar los valores y elegir el suelo existencial como si fuera una lista de razones o un menú que confeccionar (Taylor, 1994). Sin perjuicio de las decisiones personales, existe, como se ha comentado, un sistema axiológico que ya nos viene dado en el mundo que vivimos. Y dicha estructura existencial del *mundo-ahí-fuera* conviene también clarificarla y aceptarla comprometidamente.

De la misma manera, es necesario tener en consideración componentes de la cultura moderna, cuya máxima es la autorrealización y por tanto el énfasis en ser «fiel a sí mismo». Dicha fidelidad, sin perjuicio de que en ocasiones sea útil, ciertamente angosta y achata la propia existencia, obturándola (Bloom, 1989). Aunque esta pretensión reflexiva excedería los propósitos de este capítulo, quede siquiera pespunteada, pues para la práctica terapéutica puede ser interesante tanto relativizar la fidelidad a ese mundo privado alejado del mundo común de la vida como clarificar y actuar en valores sociales de y en ese *mundo común.*

Igualmente, cabría destacar el informe reciente publicado por el Relator especial de la ONU, donde se señala que en la esquizofrenia hay que atender también a factores como la pobreza, la desigualdad, la discriminación y la violencia, ya no solo como causantes de malestar psicológico, sino para tender a la recuperación, la dignidad de la persona, la igualdad de oportunidades y, en general, para una vida plena en esta población (publicado el 15 de abril de 2020, accesible desde: https://www.consaludmental.org/publicaciones/Informe-relator-onu-salud-mental-abril-2020.pdf).

## 4. CÓMO TRABAJAR LOS VALORES EN PERSONAS CON PSICOSIS

Desde abordajes contextuales y perspectivas fenomenológicas afines, se entiende que los encuentros terapéuticos, incluyendo los iniciales más centrados en la evaluación y vinculación, no deben ser una mera colección o registro de síntomas. Serán más bien una ocasión de búsqueda de significado y reconocimiento para entender y clarificar la estructura de las experiencias y acciones derivadas de los valores de la persona (Mancini y Stanghellini, 2020).

En los trabajos existentes de ACT con esta población, los valores más habituales con los que se han trabajado han estado enfocados a tener una relación significativa con otra persona, conseguir trabajo y poder vivir de un modo independiente (por ejemplo, Pankey y Hayes, 2003). De hecho, una magnífica oportunidad para crear una relación significativa es la propia relación terapéutica, donde precisamente podríamos contribuir a desarrollar una perspectiva en primera persona y una autocon-

© Ediciones Pirámide

ciencia prerreflexiva más robusta (García-Montes, Pérez-Álvarez y Sass, 2010). Dicho reconocimiento mutuo permitiría ampliar la intersubjetividad y, a la par, dotar de mayores herramientas para la clarificación de valores, para el ajuste al mundo de la vida como proceso dialógico y como empoderamiento para el compromiso existencial.

En la misma dirección, autores clásicos provenientes de otras orientaciones (Andresen, 2003) señalan que la recuperación psicológica en esta población se refiere a establecer compromisos, una vida con significado y un sentido positivo de identidad fundado en la esperanza y la autodeterminación, donde se establecen cuatro procesos:

1. Encontrar esperanza.
2. Redefinir la identidad.
3. Encontrar sentido en la vida.
4. Tomar responsabilidad en la recuperación.

Como puede apreciarse, la recuperación se conceptualiza en todo caso como una visión, filosofía u orientación vital (Leamy, Bird, Le Boutillier, Williams y Slade, 2011), más que la remoción sintomática productiva *per se*.

En los resultados obtenidos hasta el momento con ACT, es una intervención particularmente efectiva en la aceptación de emociones, como es el caso para superar experiencias de traumas (Spidel, Lecomte, Kealy y Daigneault, 2017). Asimismo, es un enfoque clave para que el paciente no luche contra elementos que tienen que ver con la sintomatología positiva y que la misma no paralice su vida (García-Montes y Pérez-Álvarez, 2016; García-Montes, Pérez-Álvarez y Cangas, 2006).

Sin embargo, sus resultados son más bajos o moderados en síntomas negativos y funcionamiento social en general, lo que puede indicar que el trabajo con valores en ACT ante estas dificultades requiere probablemente intervenciones más prolongadas y adaptadas a esta población (Jansen et al., 2020).

En este sentido, nos parece útil la distinción que llevan a cabo Thomas, Shawyer, Castle, Copolov, Hayes y Farhall (2014) de los mecanismos implicados en ACT para entender precisamente que, aunque todos los procesos de ACT están evidentemente interrelacionados (como es el caso de los valores), en función de dónde pongamos más énfasis en la intervención tendremos más impacto o incidiremos más en unos aspectos o resultados sobre otros. Aquí un elemento clave, que venimos manteniendo a lo largo del capítulo, es la mejora de los síntomas negativos, que debe tener una repercusión directa en el funcionamiento social (figura 19.1).

Como comentamos también anteriormente, en el caso de los valores en la persona con psicosis, puede que no encuentre ningún área posible de cambio (debido a su historial pasado de fracasos y desvalorizaciones), que los mismos sean irreales (poco conectados con el mundo real) o sean todos ellos tan relevantes que sea difícil realmente una clasificación de la importancia de los mismos. Por estos motivos, instrumentos como el formulario narrativo de valores y el formulario de estimación de valores pueden ser útiles, pero si se acompañan también de otros procedimientos más centrados en esta población.

Por ejemplo, puede ser de gran ayuda manuales como *El Marco de Poder, Amenaza y Significado* (Johnstone et al., 2018), que puede ayudar a la persona con esquizofrenia a entender desde su propia visión qué le ha pasado, primer paso para poder actuar, reconociendo el significado de sus conflictos, qué es lo que los ha provocado, a la par que ser consciente de las fortalezas que posee para poder dirigir su vida.

Igualmente, instrumentos como los «mapas locos» del proyecto *Ícaro* (Vidal, 2015) son guías en las que los propios usuarios se pueden identificar fácilmente con ellas y les servirían para orientarse. De hecho, como se indica en el propio manual, los mapas locos son «documentos que creamos para nosotras mismas como recordatorios de nuestras metas, lo que es importante para nosotras, nuestras señales personales de dificultad, y nuestras estrategias para el bienestar autodeterminado» (Vidal, 2015, p. 5).

A través de estos instrumentos se puede indagar en diferentes sentimientos y experiencias, que sirven para entender cómo se encuentra la persona y cuál es el punto de partida sobre las acciones valiosas a tomar. En este sentido, sería clave entender cómo siente, vive y actúa la persona con psicosis ante la «opresión», donde *opresión* hace referencia a cualquiera de las facetas de la vida (ámbito familiar, laboral, amistades, pareja, etc.), que la persona sienta que no es reconocida o incluso maltratada. De este modo, según estos autores, es fundamental indagar en cuestiones como las siguientes (Vidal, 2015):

© Ediciones Pirámide

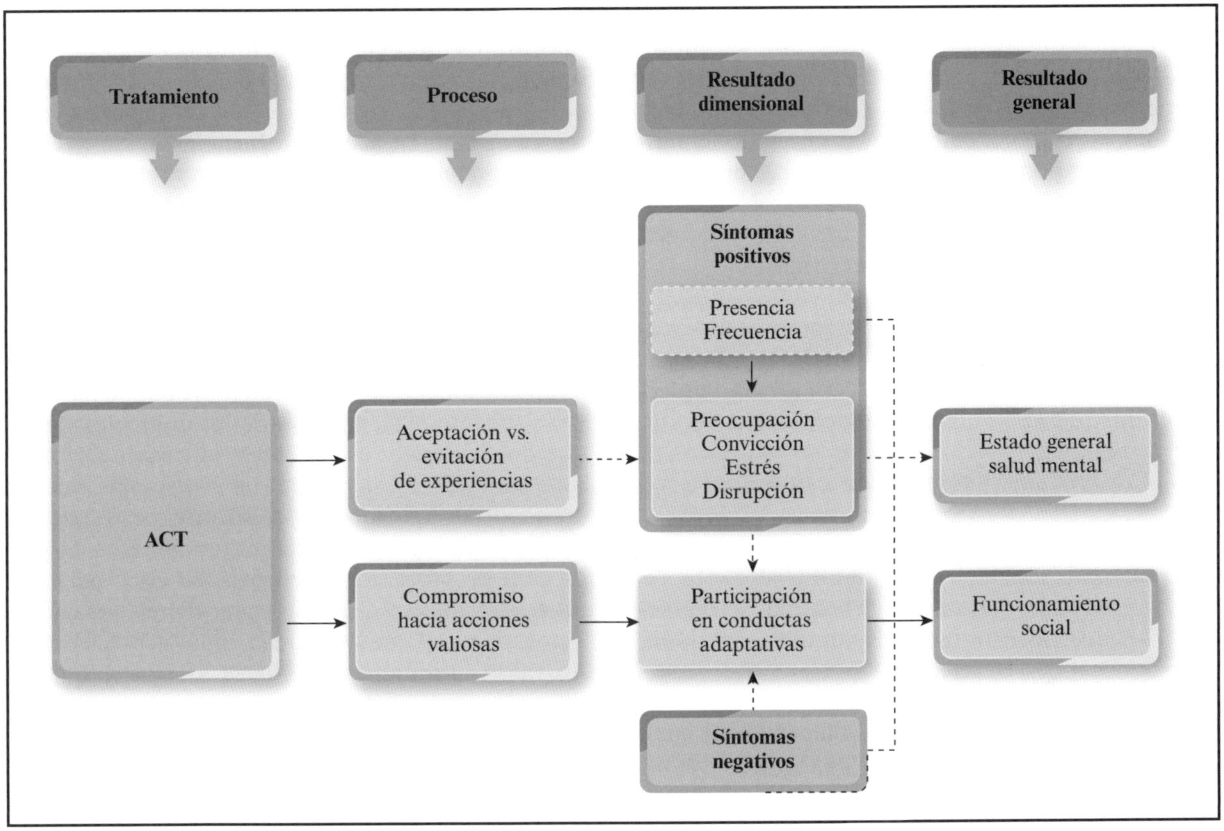


Figura 19.1.—Mecanismos de acción de ACT en psicosis (adaptado de Thomas et al., 2014).

- ¿Cómo sientes la opresión?
- ¿En qué formas experimentas opresión?
- ¿Experimentas micro-agresiones diariamente?
- ¿Afecta la opresión a cómo te sientes?
- ¿Afecta la opresión a cómo te comportas?
- ¿Cómo afecta la opresión a tu salud física, mental y emocional?
- ¿Cómo reacciona tu cuerpo a las micro-agresiones?
- ¿Cómo afecta la opresión a la forma en que te percibes a ti misma?
- ¿Cuáles son algunas de las consecuencias sociales de la opresión que experimentas?
- ¿Cómo sobrellevas el impacto de la opresión?
- ¿Cómo navegas situaciones detonantes?
- ¿Cómo te pueden ayudar otras personas? ¿Cómo nos podemos ayudar unas a otras?
- ¿Dónde podemos empezar a abordar la opresión en nuestra comunidad?
- ¿Qué pasos puede tomar tu comunidad para mitigar la opresión?

Estos instrumentos, que parten del propio sufrimiento de la persona, nos ponen en la perspectiva de las situaciones por las que está pasando o ha pasado, sobre las ayudas que nos pueden ofrecer los demás, a la par que conciencian sobre el importante papel que puede tener ayudar a otras personas que están pasando por situaciones similares. Es decir, la experiencia del propio sufrimiento, junto con aceptarla, también puede ser una ocasión «productiva» que ayude a los demás y a sí mismo.

Igualmente, es necesario señalar que, en la dirección de los valores, los mismos realmente pueden ser transversales a diferentes áreas. En este sentido, nos parece útil complementar la visión de las áreas

© Ediciones Pirámide

de la vida hacia donde la persona se quiere orientar con otras clasificaciones de valores, que se centran más en la función que los mismos pueden tener (al margen de la faceta de la vida donde la persona los aplique). Aquí, por ejemplo, la clasificación tentativa propuesta por Ortega y Gasset (1983) de los valores nos parece importante para ver después su aplicación directa en diferentes áreas. En concreto, este autor diferencia los siguientes valores:

- *Útiles* (incluiría categorías como capaz-incapaz, caro-barato, abundante-escaso, etc.).
- *Vitales* (incluiría facetas como sano-enfermo, selecto-vulgar, enérgico-inerte, fuerte-débil, etc.).
- *Espirituales.* Subdivididos a su vez en:
  - Intelectuales (conocimiento-error, exacto-aproximado, evidente-probable, etc.).
  - Morales (bueno-malo, bondadoso-malvado, justo-injusto, escrupuloso-relajado, leal-desleal, etc.).
  - Estéticos (bello-feo, gracioso-tosco, elegante-inelegante, armonioso-inarmónico, etc.).
- *Religiosos* (sagrado-profano, divino-demoniaco, supremo-derivado, milagros-mecánico, etc.).

En este sentido, por ejemplo, los valores estéticos pueden ser los que predominen en una persona y llenen de sentido o significado distintas áreas de su vida, mientras que en otros casos pueden ser religiosos, intelectuales, etc.

Asimismo, nos parece importante señalar que la clarificación de muchos de los valores que puede pretender la persona con esquizofrenia puede que inicialmente sea difícil llevarlos a cabo, precisamente por la alta conflictividad en diferentes ámbitos de su vida, por el propio autoestigma o por el nivel de confusión o desconocimiento que tenga sobre los mismos. Convendría subrayar un aspecto clave en la experiencia de la persona con esquizofrenia: el miedo y sufrimiento en su forma presente (opresión, angustia, perplejidad, estigma) o copresente (evitación de la intimidad, apatía, risa descontextualizada, obcecación metafísica, apartamiento del mundo). Entendemos que una dificultad añadida en el proceso de clarificación de valores (no solo en la actuación) puede tener que ver precisamente con el enmascaramiento defensivo del intenso malestar. Ese miedo copresente, escondido o incluso sepultado en el marasmo cognitivo-afectivo o en el propio ensimismamiento es necesario hacerlo vívido y consciente para elaborarlo, entenderlo y aceptarlo, como una condición terapéutica básica que permitiría entonces ir más allá en el desvelamiento de los valores personales. La apatía incluso podría ser una forma de ser cuya función fuera procurar una suerte de anestesia del sentir, cuando este sentir es incomprensible, vivido con extrañeza o inmanejable. Encarar terapéuticamente estos aspectos, ayudando a buscar precisamente el significado de los conflictos de los que puede derivar ese miedo y sufrimiento (Johnstone et al., 2018), permitiría un acceso más efectivo al mundo de los valores y de su valía personal.

Por estos motivos, creemos fundamental la promoción de programas inclusivos en estas personas (que contribuyan a la reducción del estigma y del autoestigma) y que les ayuden, igualmente, a definir los valores fundamentales hacia los que se quieren dirigir. Es decir, si partimos de que la experiencia de construcción de un sentido del yo es eminentemente intersubjetiva, si la experiencia de identidad incluye una estructura axiológica y si la pretensión es clarificar-se como una suerte de autoconocimiento práctico para saber cómo orientar la propia vida, entonces es indudable que generar espacios de encuentro con los demás como los mencionados, donde la persona pueda experimentar y sentir en contacto real con/en el mundo de la vida, es de indudable ayuda para poder elegir hacia dónde uno quiere dirigirse.

Para ello generalmente es necesaria la ayuda de diferentes instituciones o personas que faciliten o impulsen este proceso. Un ejemplo puede ser el programa *Inclúyete,* donde se promueve que usuarios de salud mental, junto con estudiantes y población general, participen en actividades inclusivas relacionadas con el arte, cultura, deporte o empleo y es, precisamente a partir de esta experiencia, donde muchas personas se dan cuenta de que quieren después retomar estudios formales, dedicarse profesionalmente a actividades en las que no se veían ya capaces o simplemente experimentar nuevas facetas de su vida. Todo ello con el apoyo y soporte social que da el grupo de personas usuarias, voluntarios y profesionales de salud mental que facilita el programa (Cangas et al., 2017).

© Ediciones Pirámide

De igual manera, en la intervención con valores en psicosis nos parece esencial trabajar grupalmente (al margen de sesiones individuales complementarias), pero que sea precisamente en las interacciones con otras personas con dificultades similares donde la propia persona se comprometa y decida las acciones y valores importantes hacia donde se quiera dirigir. Un ejemplo de esta práctica es el manual *ACT para la recuperación de la psicosis: un manual práctico para intervenciones grupales que utilizan la terapia de aceptación y compromiso,* donde se detallan diferentes sesiones programadas grupalmente con esta población (O'Donoghue, Morris, Oliver y Johns, 2018).

En este sentido, quizá sea por este motivo por lo que trabajos como el de Jansen et al. (2020) encuentran un tamaño de efecto bajo en la mejora de síntomas negativos usando individualmente un programa de *mindfulness* psicoeducativo, pero con un tamaño de efecto moderado cuando se implementa de forma grupal (Jansen et al., 2020).

De este modo, con esta población creemos que es siempre necesario favorecer el encuentro terapéutico con otras personas, ya sea a través de los grupos de ayuda mutua, grupos inclusivos o en grupos de sesiones clínicas dirigidas directamente por el terapeuta, donde la persona resuelva en comunidad sus valores o direcciones en la vida.

Igualmente, como es conocido, actuar en dirección a valores es darse cuenta de las barreras, distanciándose de los procesos cognitivos que dificultan su consecución (como pueden ser los síntomas positivos) y con un propósito claro. Para ello es útil recurrir a metáforas cercanas a los usuarios, ejercicios de distanciamiento (comentados en diferentes capítulos de este manual) y realizar acciones entre semana, que sirvan tanto para reforzar los adelantos como para identificar acciones orientadas a valores, experimentando y señalando emociones y sensaciones en la realización de las mismas. Estas tareas para casa ayudan también a la persona a romper la idea o sensación de incapacidad, así como que no exista nada que le motive. Para ello es importante que estas actividades, como señalan O'Donoghue et al. (2018), sean SMART, o sea:

— **S** *(specific):* específicas.
— **M** *(measurable):* medibles.
— **A** *(achievable):* realizables.
— **R** *(realistic):* realistas.
— **T** *(time-oriented):* orientadas en el tiempo.

Asimismo, la discusión sobre el planteamiento de los valores no tiene por qué ser únicamente entre paciente-terapeuta, también puede darse entre terapeutas (cuando son más de uno), hablando sobre el paciente o de las interacciones con el mismo, como se lleva a cabo en el enfoque de *Diálogo Abierto* (Galbusera y Kyselo, 2018), siempre, por supuesto, en presencia del usuario y con el máximo respeto a sus opiniones.

Este procedimiento nos parece importante para poder ayudar a la persona a clarificar aspectos de su vida que a veces en la interacción directa puede ser más difícil de tratar. De hecho, hay un fuerte apoyo sobre el beneficio terapéutico de que los clínicos ayuden a generar distintas perspectivas en las que puedan coexistir esos valores en conflicto (Stanghellini et al., 2019).

En resumen, en el trabajo terapéutico con valores en personas con esquizofrenia creemos importante recurrir a varias de las estrategias comentadas, que sintetizamos en los siguientes apartados:

1. Aceptación y distanciamiento de los síntomas positivos y de procesos emocionales en la toma de decisión de los valores que la persona considera más importantes (este es el aspecto más trabajado generalmente en la intervención con ACT).
2. Partir de los valores iniciales de la persona con esquizofrenia como «anclaje» a su mundo personal, que paulatinamente puede ir cambiando a través de la intervención. Favorecer el trabajo interpersonal en grupos terapéuticos, grupos de ayuda mutua o grupos inclusivos que faciliten la revisión y puesta en marcha de los valores personales.
3. Reconocer los aspectos de «opresión» que siente la persona, reflejo no solo de un «sentimiento personal», sino también probablemente de dificultades en su mundo social o en las interacciones con los demás —que podría tener relación con el estigma y autoestigma que sufren estas personas—. En este sentido, puede ser importante valorar la posibilidad de implicar al usuario en actividades que existan en su comunidad para atajar esta situación (como puede ser ani-

© Ediciones Pirámide

mándole a participar en campañas antiestigma o de fomento de una visión de recuperación o de participación en actividades importantes valoradas socialmente, apoyando a otras personas que estén sufriendo experiencias similares, etc.).

4. Favorecer el trabajo interpersonal en grupos terapéuticos, grupos de ayuda mutua o grupos inclusivos que faciliten la revisión y puesta en marcha de los valores personales.
5. Promover actividades para casa que faciliten la participación activa y búsqueda de valores en diferentes facetas dentro de la comunidad.

En definitiva, encontrar los escenarios terapéuticos que permitan que la experiencia significativa de identidad sea valiosa y sintonice con el mundo ahí dado como horizonte, pasando de la vivencia monológica prototípica de la experiencia esquizofrénica a una dialógica, es sin duda una de las perspectivas de comprensión e intervención más alentadoras en este tipo de problemas de salud mental, dada la constatación de que la recuperación de los síntomas negativos y afectivos, así como el componente emocional de las experiencias psicóticas, están ligados al funcionamiento sociocomunitario y a la consecución de una vida personal valiosa (Best, Law, Pyle y Morrison, 2020).

## REFERENCIAS BIBLIOGRÁFICAS


Andresen, R., Oades, L. y Caputi, P. (2003). The experience of recovery from schizophrenia: Towards an empirical validated state model. *Australian and New Zealand Journal of Psychiatry, 37,* 586-594.

Barrett, K., O'Connor, M. y McHugh, L. (2019). A systematic review of values-based psychometric tools within acceptance and commitment therapy (ACT). *The Psychological Record, 69*(4), 457-485.

Best, M., Law, H., Pyle, M. y Morrison, A. (2020). Relationships between psychiatric symptoms, functioning and personal recovery in psychosis. *Schizophrenia Research (in press).* https://doi.org/10.1016/j.schres.2020.06.026

Blankenburg, W. (2013). *La pérdida de la evidencia natural: una contribución a la psicopatología de la esquizofrenia.* Santiago de Chile: Ediciones Universidad Diego Portales.

Bloom, A. (1989). *El cierre de la mente moderna.* Barcelona: Plaza y Janés.

Cangas, A., López, A., Orta, A., Gallego, J., Alias, A., Soriano, C. y Piedra, J. A. (2017). «Inclúyete»: programa socioeducativo e inclusivo para personas con Trastorno Mental Grave y estudiantes en la Universidad de Almería. *Edupsykhé. Revista de Psicología y Educación, 16*(1), 86-97.

Galbusera, L. y Kyselo, M. (2018). The difference that makes the difference: A conceptual analysis of the open dialogue approach. *Psychosis, 10*(1), 47-54.

García-Montes, J. M. y Pérez-Álvarez, M. (2016). Terapia de aceptación y compromiso aplicada a la esquizofrenia: estado actual y direcciones futuras. *Análisis y Modificación de Conducta, 42,* 165-166.

García-Montes, J. M., Pérez-Álvarez, M. y Cangas, A. J. (2006). Aproximación al abordaje clínico de los síntomas psicóticos desde la aceptación. *Apuntes de Psicología, 24,* 293-307.

García-Montes, J. M., Pérez-Álvarez, M. y Sass, L. (2010). La hora de la fenomenología en la esquizofrenia. *Clínica y Salud, 21*(3), 221-233.

Guillén, A. I. y Muñoz, M. (2011). Variables asociadas a las necesidades psicosociales de personas con enfermedad mental grave usuarias de servicios comunitarios y de sus cuidadores familiares. *Anuario de Psicología Clínica y de la Salud, 7,* 15-24.

Jansen, J. E., Gleeson, J., Bendall, S., Rice, S. y Álvarez-Jiménez, M. (2020). Acceptance-and mindfulness-based interventions for persons with psychosis: A systematic review and meta-analysis. *Schizophrenia Research, 215,* 25-37.

Johns, L. C., Oliver, J. E., Khondoker, M., Byrne, M., Jolley, S., Wykes, T., Joseph, C., Butler, L., Craig, T. y Morris, E. M. (2015). The feasibility and acceptability of a brief Acceptance and Commitment Therapy (ACT) group intervention for people with psychosis: The «ACT for life» study. *Journal of Behavior Therapy and Experimental Psychiatry, 50,* 257-263.

Johnstone, L., Boyle, M., Cromby, J., Dillon, J., Harper, D., Kinderman, P., Longden, E., Pilgrim, D. y Read, J. (2018). *The Power Threat Meaning Framework: Overview.* Leicester: British Psychological Society (*El Marco de Poder, Amenaza y Significado.* Publicación abreviada. Madrid. AEN). Disponible en https://bit.ly/3ckgnDQ

Khoury, B., Lecomte, T., Comtois, G. y Nicole, L. (2015). Third-wave strategies for emotion regulation in early


© Ediciones Pirámide

psychosis: A pilot study. *Early Intervention in Psychiatry, 9,* 76-83.

Langer, Á. I. y Cangas, A. J. (2007). Fundamentos y controversias en la diferenciación entre alucinaciones en población clínica y normal. *Terapia Psicológica, 25*(2), 173-182.

Leamy, M., Bird, V., Le Boutillier, C., Willians, J. y Slade, N. (2011). Conceptual framework for personal recovery in mental health: Systematic review and narrative synthesis. *British Journal of Psychiatry, 199,* 445-452.

López, M., Laviana, M., Fernández, L., López, A., Rodríguez, A. M. y Aparicio, A. (2008). La lucha contra el estigma y la discriminación en salud mental: una estrategia compleja basada en la información disponible. *Revista de la Asociación Española de Neuropsiquiatría, 28*(1), 48-83.

Mancini, M., Presenza, S., Di Bernardo, L., Lardo, P. P., Totaro, S., Trisolini, F. y Stanghellini, G. (2014). The life-world of persons with schizophrenia. A panoramic view. *Journal of Psychopathology, 20,* 423-434.

Mancini, M. y Stanghellini, G. (2020). Values in persons with bordeline personality disorder: Their relevance for the therapeutic interview. *Research in Pychoterapy: Psychopatology, Process and Outcome, 23,* 48-55.

Nelson, B., Sass, L. A., Thompson, A., Yung, A. R., Francey, S. M., Amminger, G. P. y McGorry, P. D. (2009). Does disturbance of self underlie social cognition deficits in schizophrenia and other psychotic disorders? *Early Intervention in Psychiatry, 3,* 83-93.

O'Donoghue, E. K., Morris, E. M., Oliver, J. y Johns, L. C. (2018). *ACT for psychosis recovery: A practical manual for group-based interventions using acceptance and commitment therapy.* New Harbinger Publications.

Ortega y Gasset, J. (1984). Introducción a una estimativa: ¿qué son los valores? En *Obras Completas,* tomo 6 (pp. 325-335). Madrid: Alianza Editorial.

Pankey, J. y Hayes, S. (2003). Acceptance and commitment therapy for psychosis. *International Journal of Psychology and Psychological Therapy, 3,* 311-328.

Reininghaus, U., Klippel, A., Steinhart, H., Vaessen, T., Van Nierop, M., Viechtbauer, W. y Marcelis, M. (2019). Efficacy of Acceptance and Commitment Therapy in Daily Life (ACT-DL) in early psychosis: Study protocol for a multi-centre randomized controlled trial. *Trials, 20*(1), 1-12.

Shawyer, F., Farhall, J., Mackinnon, A., Trauer, T., Sims, E., Ratcliff, K. y Copolov, D. (2012). A randomised controlled trial of acceptance-based cognitive behavioural therapy for command hallucinations in psychotic disorders. *Behaviour Research and Therapy, 50*(2), 110-121.

Spidel, A., Lecomte, T., Kealy, D. y Daigneault, I. (2017). Acceptance and commitment therapy for psychosis and trauma: Improvement in psychiatric symptoms, emotion regulation, and treatment compliance following a brief group intervention. *Psychology and Psychotherapy: Theory, Research and Practice, 91*(1), 1-14. https/doi.org/10.1111/papt.12159

Stanghellini, G. (2000). Vulnerability to schizophrenia and lack of common sense. *Schizhofrenia Bulletin, 26,* 775-787.

Stanghellini, G. (2006). *Disembodied spirit and deanimated bodies.* Oxford, UK: Oxford University Press.

Stanghellini, G. y Ballerini, M. (2007). Values in persons with schizophrenia. *Schizophrenia Bulletin, 33*(1), 131-141.

Stanghellini, G., Broome, M., Fernández, A. V., Fusar-Poli, P., Raballo, A. y Rosfort, R. (2019). *The Oxford Handbook of Phenomenological Psychopathology.* Nueva York: Oxford University Press and Guilford Press.

Taylor, C. (1994). *La ética de la autenticidad.* Barcelona: Paidós Ibérica.

Thomas, N., Shawyer, F., Castle, D. J., Copolov, D., Hayes, S. C. y Farhall, J. (2014). A randomised controlled trial of acceptance and commitment therapy (ACT) for psychosis: Study protocol. *BMC Psychiatry, 14,* 198.

Vaessen, T., Steinhart, H., Batink, T., Klippel, A., Van Nierop, M., Reininghaus, U. y Myin-Germeys, I. (2019). ACT in daily life in early psychosis: An ecological momentary intervention approach. *Psychosis, 11*(2), 93-104.

Vidal, A. (2015). *Locura y opresión. Rutas para la transformación personal y liberación colectiva: guía de mapas locos por Icarus Project.* Disponible en: https://bit.ly/3fcptV7

Wakefield, S., Roebuck, S. y Boyden, P. (2018). The evidence base of acceptance and commitment therapy (ACT) in psychosis: A systematic review. *Journal of Contextual Behavioral Science, 10,* 1-13.

White, R., Gumley, A., McTaggart, J., Rattrie, L., McConville, D., Cleare, S. y Mitchell, G. (2011). A feasibility study of Acceptance and Commitment Therapy for emotional dysfunction following psychosis. *Behaviour Research and Therapy*, *49*(12), 901-907.

Yıldız, E. (2020). The effects of acceptance and commitment therapy in psychosis treatment: A systematic review of randomized controlled trials. *Perspectives in Psychiatric Care, 56*(1), 149-167.

© Ediciones Pirámide

# 20 La relación terapéutica en psicosis desde las terapias contextuales

CARMEN ORTIZ FUNE
MARÍA MARÍN VILA

## 1. INTRODUCCIÓN

Hoy en día es imposible concebir el proceso psicoterapéutico sin hacer mención a la importancia de la relación terapéutica. La evidencia empírica ha puesto de manifiesto que el vínculo terapéutico contribuye de manera sustancial y tiene un impacto determinante en el tratamiento del paciente, existiendo en los últimos años un interés creciente por identificar de manera pormenorizada los elementos del vínculo terapéutico que contribuyen al éxito de la psicoterapia (por ejemplo, Norcross y Lambert, 2019).

El interés por el análisis de la interacción terapeuta-paciente nace en el contexto del modelo psicodinámico a través de la evaluación de los aspectos transferenciales (Freud, 1912). Posteriormente, durante el siglo XX el foco en el vínculo terapéutico es incorporado por la mayoría de las escuelas psicoterapéuticas, que describen la naturaleza de esta relación de manera diferente según los principios de su modelo.

En las terapias contextuales el vínculo terapéutico se ha conceptualizado siguiendo los principios de las orientaciones *humanistas,* que plantean una relación terapéutica *centrada en el paciente* (Rogers, 1951). Bajo este marco, se entiende que terapeuta y paciente son seres humanos en absoluta igualdad de condiciones; esto es, ambos se encuentran igualmente condicionados por su contexto social y cultural, y por tanto ambos son vulnerables y potencialmente influidos por las mismas variables que afectan al comportamiento humano. Esta «equidad» en el rol del terapeuta perseguido por el modelo contextual contrasta con el asumido por otras terapias conductuales (por ejemplo, terapia cognitivo-conductual), donde el terapeuta tradicionalmente se ha colocado en un papel de «experto» en el proceso psicoterapéutico.

Dado que el terapeuta también se encuentra influido por su propia historia biográfica, desde el modelo contextual se otorga especial importancia a la supervisión y el entrenamiento en habilidades de los clínicos, que además ha de poseer un fuerte componente experiencial. En este sentido, se entiende que el terapeuta debe experimentar en su propia piel los procesos de la terapia de cara a identificar sus barreras personales en el contexto del proceso psicoterapéutico (Tsai, Callaghan, Kohlenberg, Follete y Darrow, 2009; Valero-Aguayo y Ferro-García, 2018). Este aspecto adquiere especial relevancia en el tratamiento de los problemas de la esfera psicótica, en los que se han descrito vivencias en los terapeutas de gran intensidad, como incomodidad y angustia (Martindale, 2017; Saayman, 2018).

En el marco de las terapias contextuales, la relación terapéutica ha adquirido un papel especialmente destacado en la *psicoterapia analítico-funcional* (FAP; Kohlenberg y Tsai, 1991; Tsai et al., 2009). Desde esta aproximación se hace explícito el uso de la relación terapeuta-paciente como herramienta de cambio durante el proceso de la terapia. En FAP se asume que el comportamiento del paciente durante la sesión, y en la interacción con el terapeuta en particular, es funcionalmente equivalente a su comportamiento fuera de la terapia y en su relación con los otros. De esta manera, el objetivo del terapeuta es observar, evocar y reforzar de forma natural la

© Ediciones Pirámide

conducta del paciente en el contexto de la relación terapéutica para posteriormente trabajar de manera funcional la generalización a otros contextos fuera del marco de la psicoterapia.

En FAP se distinguen fundamentalmente tres tipos de comportamientos que el paciente puede llevar a cabo en sesión, los cuales han sido denominados *conductas clínicamente relevantes (CCR)*. En primer lugar, el terapeuta ha de identificar las *CCR1* del paciente, que son entendidas como todas aquellas conductas que aparecen en sesión y que están relacionadas con las dificultades del paciente en su vida diaria, resultando problemáticas (por ejemplo, evitación del contacto ocular con el terapeuta en un paciente que presenta problemas de inhibición). Por otro lado, en el contexto de la interacción terapéutica es deseable que emerjan las denominadas *CCR2,* que son aquellas conductas que suponen una mejoría dentro de la sesión (por ejemplo, mantener la mirada). Por último, en FAP se han descrito las denominadas *CCR3,* que suponen las conductas verbales del paciente que describen relaciones funcionales de su propia conducta; es decir, se trata de explicaciones que da el paciente sobre las cosas que le ocurren desde una perspectiva funcional (por ejemplo, el paciente describe en sesión que se ha dado cuenta de que cada vez que el terapeuta habla de un tema que le resulta complicado, evita mirarle).

Asimismo, como ya se ha comentado, el propio terapeuta también pone de manifiesto sus propias conductas en el proceso de la relación terapéutica, siendo estas variables también objeto de análisis durante la intervención. Así pues, se han descrito para el terapeuta las denominadas *T1* y *T2,* que suponen el equivalente para la figura del terapeuta de las CCR1 y CCR2, respectivamente. Como puede observarse, la propuesta de FAP supone una reconceptualización, en términos conductuales, de constructos clásicos provenientes de modelos psicodinámicos como la «transferencia» y «contratransferencia».

Por otro lado, en FAP se distinguen cinco reglas terapéuticas que pueden servir al clínico como guía en la interacción con el paciente. Estas orientaciones no son algo estático o rígido, sino que suponen unas directrices generales sobre procesos que el terapeuta ha de tener presentes mientras realiza la intervención. Las reglas descritas en FAP son:

1. Observar las CCR.
2. Evocar las CCR.
3. Reforzar las CCR2 de manera natural.
4. Identificar los efectos del reforzamiento del terapeuta.
5. Proporcionar interpretaciones funcionales de la conducta (Kohlenberg y Tsai, 1991).

En el trabajo realizado por Dykstra, Shontz, Indovina y Moran (2010) se muestra una amplia descripción del uso de las cinco reglas de FAP con pacientes con sintomatología psicótica.

En la *terapia de aceptación y compromiso* (ACT), si bien el uso de la relación terapéutica como herramienta explícita no es un elemento nuclear como en FAP, se asumen unos principios similares en la construcción del vínculo terapeuta-paciente. De hecho, es habitual en la práctica clínica de terapeutas con formación en terapias contextuales que FAP y ACT se empleen conjuntamente y de manera complementaria, especialmente en aquellos casos en los que adquieren relevancia los aspectos interpersonales.

Páez-Blarrina y Montesinos-Marín (2016) hacen explícito que el establecimiento de la relación terapéutica ha de ser la primera tarea en ACT, siendo durante esa primera etapa cuando el terapeuta contextualizará de forma explícita los términos de dicha relación. Es importante que en este momento inicial el terapeuta haga partícipe al paciente del discurso terapéutico y no mediante una interacción unidireccional. Para esta tarea puede ayudarse de diferentes herramientas frecuentemente utilizadas en el marco de ACT. Un ejemplo es la *metáfora de las dos montañas,* en la que el terapeuta se presenta como «un ser humano más», con sus propias dificultades y barreras, que puede aportar desde su posición una nueva perspectiva que no siempre es visible para el que sufre (Wilson y Luciano, 2002).

## 2. LA RELACIÓN TERAPÉUTICA EN PSICOSIS

La importancia de atender a los elementos de la relación terapéutica es especialmente relevante en el caso de las personas con psicosis, dado que frecuentemente estos pacientes han sufrido historias de trauma asociado a aspectos relacionales. De he-

© Ediciones Pirámide

cho, existe un creciente número de estudios que muestran que la alianza terapéutica juega un papel importante en el resultado del tratamiento de estos pacientes (Shattock, Berry, Dedgnan y Edge, 2018). En este sentido, se ha identificado que la calidad de la relación terapéutica en psicosis correlaciona positivamente con distintas variables, como la sintomatología, el *insight,* el apoyo social y familiar, las habilidades del terapeuta, la cooperación en el establecimiento de objetivos terapéuticos y el tipo de hospitalización, entre otras (Da Costa, Martin y Franck, 2020).

Uno de los elementos que pueden contribuir a la calidad de la relación terapéutica es la construcción de un encuadre colaborativo. De hecho, clásicamente se ha descrito que la construcción mutua del tratamiento es un elemento sustancial para lograr una alianza terapéutica óptima (Bordin, 1979), habiéndose destacado en modelos actuales la importancia de la participación activa de la persona con psicosis en su recuperación y en su proceso psicoterapéutico (Leonhardt et al., 2017).

No obstante, conviene señalar que el establecimiento del vínculo con este tipo de pacientes puede ser complejo. De hecho, se ha observado que un alto porcentaje de las personas con psicosis presentan dificultades para establecer alianzas terapéuticas estables, siendo este elemento un factor de riesgo de cara a la recaída (Shattock et al., 2018).

En coherencia con lo mencionado, algunos autores han descrito una serie de recomendaciones generales para promover el cambio en personas con trastorno mental grave, entre los que se encuentran: la estructura del tratamiento, la alianza terapéutica, la consistencia en el proceso de tratamiento, la validación del paciente, la motivación y monitorización del cambio a través de procesos de *feedback* y, por último, la metacognición, entendida en términos de autoobservación y autoconocimiento (Livesley, Dimaggio y Clarkin, 2016). Respecto a este último elemento, se ha puesto de manifiesto la importancia de trabajar con pacientes con psicosis las habilidades de metacomunicar y hablar sobre la propia relación terapéutica en sesión, siendo un aspecto clave en este proceso fomentar la capacidad del paciente para explorar su propia mente y la del terapeuta (Inchausti, Sánchez-Reales y Prado-Abril, 2019). Dado que se ha observado que en pacientes con trastorno mental grave la habilidad para percibirse como un «*yo*» diferente a «*otros*», así como para la discriminación de los propios eventos privados, frecuentemente se ha visto negativamente influida por la presencia de figuras incoherentes o inestables (Kohlenberg y Tsai, 1991; Valdivia-Salas, 2016), el aprendizaje de esta capacidad en el contexto de una relación terapéutica estable y predecible resulta fundamental, pues proporciona un modelo relacional diferente. Esta necesidad de abordar aspectos interpersonales se aprecia también en los estudios que encuentran una asociación entre la sintomatología psicótica y niveles elevados de emocionalidad expresada en el entorno familiar (Vaughn y Leff, 1976). De esta manera, aproximaciones como FAP, que abordan explícitamente aspectos relacionales, pueden maximizar el potencial de la relación terapéutica como herramienta en sí misma al proporcionar un entorno seguro en el que explorar los procesos mentales propios y ajenos, entendiendo estos procesos como eventos y experiencias privadas (por ejemplo, pensamientos, emociones, etc.). Asimismo, puede actuar facilitando una base relacional estable sobre la que trabajar con técnicas específicas otros síntomas del espectro psicótico mediante ACT (por ejemplo, defusión respecto a síntomas positivos). La principal aportación desde FAP consistiría en una mayor operativización del proceso terapéutico mediante la identificación y el análisis de las CCR. De hecho, desde este modelo se han creado diferentes instrumentos con el fin de monitorizar el proceso de psicoterapia, como por ejemplo el FAP Rating Scale (FAPRS; Bush et al., 2010; Callaghan, Follete, Ruckstuhl y Linnerooth, 2008).

## 3. LA RELACIÓN TERAPÉUTICA EN PSICOSIS EN DIFERENTES CONTEXTOS

Es importante remarcar que existe elevada heterogeneidad entre los pacientes diagnosticados con algún tipo de psicosis, así como conviene atender a las particularidades del contexto específico de la intervención. Aspectos como la estabilidad de la psicopatología, la capacidad de *insight* o el encuadre específico en el que se intervenga con el paciente son elementos que influirán de manera indudable en las conductas concretas que el terapeuta ha de desarrollar para establecer el vínculo.

© Ediciones Pirámide

A lo largo de los siguientes apartados se describirán los aspectos relevantes de diferentes encuadres terapéuticos, subrayando algunos de los elementos significativos a tener en cuenta que pueden emerger en el contexto de la relación terapéutica. Estos contextos de trabajo se presentan como ejemplos paradigmáticos de entornos donde habitualmente se trabaja con este tipo de pacientes, si bien existen muchos otros contextos terapéuticos (por ejemplo, consulta ambulatoria, unidades de media y larga estancia...) en los que pueden aplicarse funcionalmente algunas de las ideas y estrategias que serán desarrolladas a continuación.

### 3.1. Contextos hospitalarios: unidades de hospitalización y urgencias

Las unidades de hospitalización y urgencias forman parte de los contextos más complejos para la atención en el ámbito de la salud mental, especialmente en el caso de pacientes con algún tipo de sintomatología englobada en el espectro psicótico. En este caso, es habitual que la solicitud de asistencia se dé por parte de terceros y no con el consentimiento del propio paciente, que a veces se ve envuelto en situaciones que podrían categorizarse como «dramáticas». Por ejemplo, es común que estos pacientes lleguen a urgencias tras haber pasado grandes períodos de tiempo aislados, después de algún tipo de altercado con familiares o incluso tras haber alterado el orden público. Los ingresos suelen ser forzosos e involuntarios, y a veces incluso han de contar con la colaboración de las fuerzas de seguridad o judiciales (Daggenvoorde, Gijsman y Goossens, 2018). Asimismo, en el caso de pacientes con primeros episodios psicóticos, la percepción de la situación está cargada de emociones como la angustia y el miedo, además de otros eventos privados asociados a la psicosis (por ejemplo, experimentación de alucinaciones o ideas delirantes). Para aquellos pacientes con una historia de tratamiento en salud mental, las posibles experiencias negativas en el pasado pueden intensificar las emociones y pensamientos aversivos.

Todo lo anterior conlleva un primer contacto con los profesionales que suele estar cargado de desconfianza por parte de los pacientes y donde el terapeuta va a experimentar múltiples barreras. Por ejemplo, es habitual que los profesionales en el servicio de urgencias presenten pensamientos asociados al estigma existente con respecto a pacientes con diagnóstico de enfermedad mental, especialmente si son recurrentes «visitadores» de este servicio. Además, la presencia de sintomatología en fase aguda conlleva una experiencia tan intensa que dificulta la capacidad de los pacientes para tomar consciencia y conectar emocionalmente con el terapeuta. A su vez, la capacidad de este último para ponerse en el lugar del paciente puede verse mermada por sus propias barreras personales. Por ejemplo, en un estudio realizado por Johansen et al. (2013) se encontró que los síntomas relativos al nivel de activación de los pacientes (exaltación, hostilidad, pobre cooperación y falta de capacidad para el control de impulsos) resultaban ser predictores importantes en la valoración de la alianza terapéutica realizada por el paciente. En el caso de la valoración de la alianza por parte del terapeuta, el mayor predictor fue la capacidad de *insight* del paciente.

Por ello, el terapeuta ha de ser especialmente delicado y sensible en su acercamiento, haciendo un esfuerzo por mantener presentes los principios sobre los que ha de sustentarse la relación terapéutica, aceptando y reconociendo el sufrimiento del otro como legítimo y favoreciendo el vínculo de forma proactiva. Para ello la identificación de sus propias barreras y valores como profesional juega un rol destacado.

Concretamente, en el contexto de los servicios de urgencias podría cometerse fácilmente el error de considerar la interacción paciente-profesional como algo menos relevante que en otros contextos. Dado que el principal objetivo es la evaluación, en ocasiones esta interacción suele afrontarse como un encuentro único sin continuidad, donde suele percibirse que no es necesario establecer un vínculo. No obstante, estudios como el de Haworth et al. (2015) muestran el efecto positivo en la conducta que pueden tener interacciones significativas, aunque breves y puntuales, basadas en el establecimiento de un contexto de seguridad, validación y reforzamiento de la expresión de emociones y acontecimientos vitales. Aunque el estudio citado se llevó a cabo con población sin sintomatología psicótica y en un contexto alejado del encuadre de urgencias, parece importante señalar la relevancia de que un profesional se esfuerce en el contacto con el paciente en este tipo de servicios, pues puede suponer una gran diferencia

© Ediciones Pirámide

en cuanto a la evolución de estos pacientes en recursos futuros. Por ejemplo, Daggenvoorde et al. (2018) reflejan el valor que los pacientes dan a un contacto cálido por parte de los profesionales en el contexto de urgencias.

Por otro lado, las unidades de hospitalización, en las que de manera general se producen ingresos de duración breve, cumplen la función de estabilizar a los pacientes en situaciones de crisis cuando esto no es posible en recursos ambulatorios. En un primer contacto, y especialmente en pacientes que se encuentran en su primer ingreso, el principal objetivo suele ser generar un vínculo que promueva la adherencia al tratamiento. En el caso de un reingreso de pacientes que ya se encontraban realizando un seguimiento, el objetivo habitualmente es retomar o redefinir el plan de acción.

Como ya se ha comentado, en estos recursos, de manera general, se promueve que los ingresos sean de carácter breve con el objetivo de que los vínculos y contactos naturales de los pacientes no se rompan. En el contexto de la hospitalización esta importancia relacional sigue resultando saliente. De hecho, es frecuente que en algunas de estas unidades se promuevan interacciones terapéuticas grupales. Por ejemplo, en el trabajo de Belloso, Díaz y López (2015) se describe una experiencia de terapia de grupo en el contexto de un ingreso hospitalario donde el establecimiento de vínculos con los profesionales y entre los pacientes favorece el aprendizaje relacional, reduce la angustia, fomenta el apoyo y reduce la percepción de singularidad, entre otros beneficios.

Tras lo expuesto, parece importante llevar a cabo una serie de tareas en el establecimiento del vínculo terapéutico para favorecer la adherencia en este complejo contexto. En primer lugar, resulta imprescindible trabajar la consciencia sobre las propias barreras personales del terapeuta, haciendo énfasis en los posibles prejuicios asociados a las personas con sintomatología psicótica, que en muchos casos son inevitables en el contexto sanitario y en la sociedad actual, incluso para aquellos profesionales con más pericia. Esto es, resulta importante poder identificar las propias barreras personales en el contexto de la interacción, lo que en términos de FAP se conoce como las *T1* del terapeuta, tal y como ya se ha expuesto al principio de este capítulo. Por otro lado, parece imprescindible generar un espacio de seguridad para el paciente desde el que poder validar cualquier experiencia que este pueda compartir o expresar y desde el que poder manejar situaciones complejas (por ejemplo, en el caso en el que se puedan llevar a cabo contenciones o la administración involuntaria de medicación). Por último, resulta relevante implicarse en conocer a la persona en su globalidad. Esto significa no solo atender a su sintomatología o a su situación social, sino también a su historia de aprendizaje, a su «esencia». Esto implica explorar las áreas y posibilidades de crecimiento teniendo en cuenta sus valores personales y su situación actual.

Durante el primer contacto con el paciente la responsabilidad de favorecer una adecuada relación terapéutica recae en el profesional. Con esto no se pretende insinuar que el establecimiento de un vínculo siempre vaya a ser posible o que el terapeuta tenga que «culparse» en los casos en los que finalmente no pueda llevarse a cabo, sino que el profesional ha de estar dispuesto a exponerse a sus barreras y a llevar a cabo un acercamiento que promueva, en la medida de lo posible, el desarrollo de nuevos comportamientos adaptativos. El terapeuta tendrá que adaptarse a las características del paciente sin dejarse llevar por las «apariencias». Por ejemplo, el hecho de que las *CCR1* de un paciente con psicosis emerjan rápidamente en la interacción inicial no significa que el terapeuta tenga que abordarlas inmediatamente sin haber establecido una relación con dicho paciente. De ser así, la conducta del terapeuta sería poco efectiva y generaría frustración para ambos (Dykstra et al., 2010).

Por otro lado, como ya se ha mencionado, cuando se produce un ingreso en una unidad de hospitalización de un paciente con sintomatología psicótica es habitual que se desencadenen de forma automática en el terapeuta emociones como miedo, ansiedad o inseguridad. Esto puede generar pensamientos en algunos profesionales como: «va a ser un caso difícil», «es imposible intervenir con un paciente psicótico» o «los pacientes con psicosis son "enfermos" durante toda su vida». En caso de que la persona que ingresa sea «conocida» por los profesionales en cuestión, otros pensamientos asociados, como por ejemplo recuerdos de situaciones complejas con esa persona, pueden ser evocados (por ejemplo, «el trato con este paciente fue muy difícil en el último ingreso»). Estas barreras del terapeuta hacen más probable la emisión de conduc-

© Ediciones Pirámide

tas que tienen que ver con el trato «despersonalizado» hacia los pacientes. Por ejemplo, podría conllevar la disminución de los esfuerzos en terapia, el descenso del tiempo empleado en consulta o entrevista clínica, o la evitación de visitar al paciente poniendo alguna excusa, entre otras conductas. En este sentido, al igual que el repertorio conductual problemático de los pacientes cumple la función de evitar los eventos privados adversos, estas conductas del terapeuta *(T1)* pueden cumplir la función de reducir las barreras mencionadas y evitar posibles situaciones difíciles (Ortiz-Fune, Kanter y Arias, 2020), pudiendo a veces ser reforzadas positivamente en el entorno laboral.

Para solventar estas dificultades podrían llevarse a cabo registros personales para identificar las barreras y conductas señaladas, además de la práctica de breves ejercicios que favorezcan la toma de consciencia y la identificación de valores personales, así como las *T2* asociadas a los mismos. En este sentido, la aceptación de la vulnerabilidad del terapeuta puede contribuir al establecimiento de una relación horizontal y honesta en la relación de ayuda al paciente. La combinación entre los registros del terapeuta de sus propias barreras y conductas, en conjunto con la identificación de las *CCR* del paciente, es fundamental para analizar la influencia mutua entre el comportamiento de ambos (Dykstra et al., 2010). Al final de este capítulo se presenta un registro a modo de ejemplo que puede emplearse para monitorizar el comportamiento del terapeuta en el marco de la interacción con el paciente.

Con el objetivo de explicitar algunos de los ejemplos relativos a las barreras y conductas relevantes del terapeuta, a continuación se presenta el *caso de «S.»:*

> S. es una mujer de 40 años diagnosticada de esquizofrenia que ha tenido varios ingresos en los últimos años. La mayor dificultad ha sido siempre la adherencia al tratamiento, aspecto que se acentúa por la difícil situación social en la que se encuentra, ya que su madre, que es su cuidadora principal, tiene ideas delirantes de perjuicio asociadas al personal sanitario y al tratamiento. S. tiene además una dura historia que incluye acontecimientos dramáticos como el abuso físico por parte de su padre y hermano mayor hacia ella y su madre. Tras cada ingreso, la paciente abandona el tratamiento y comienza a experimentar sintomatología positiva y negativa, con importantes consecuencias para su salud. S. ingresa en la unidad de hospitalización con síntomas de desnutrición, tras haber pasado semanas habitando en una zona boscosa de su entorno, huyendo de «los que le quieren hacer daño». Cuando ingresa está visiblemente angustiada y asustada, camina con la espalda encorvada, casi no parpadea, no come, no toma la medicación y no habla. Cuando se dirigen a ella se sienta en el suelo y se acurruca sobre sí misma. A veces, presenta conductas que pueden interpretarse erróneamente como «amenazantes», como mirar fijamente a los otros durante largos períodos o acercarse demasiado, invadiendo el espacio personal.

La psicóloga clínica responsable de trabajar con S. siente impotencia e inseguridad en la interacción con ella, así como miedo por el posible impacto de sus intervenciones. Además, el pensamiento de *otra vez igual* y la sensación de no avanzar se encuentran continuamente presentes. Todos estos eventos privados constituyen *T1* del terapeuta en la interacción, que conviene que el profesional pueda identificar y monitorizar. Anotar dichas barreras a diario, así como compartirlas con compañeros del equipo que puedan reforzar y aceptar la presencia de estas barreras y la percepción y expresión de vulnerabilidad, pueden facilitar que emerjan *T2* en el profesional, que en este caso concreto podrían consistir en marcarse pequeños objetivos y no dejarse llevar por la «urgencia» ante el proceso de la paciente.

Cuando el profesional se enfrenta a un caso como el de S., parece imprescindible, como primera tarea, crear un espacio de seguridad para establecer el vínculo. Generar seguridad se describe como una serie de conductas verbales y no verbales puestas en práctica por el terapeuta, cuya función es reforzar cualquier expresión (verbal o no verbal) que se lleve a cabo de forma honesta por parte del paciente (Marín-Vila, Ortiz-Fune y Kanter, 2020). Estas conductas también pueden conceptualizarse como estímulos discriminativos (evocadores) para la emisión de *CCR2* (Valero-Aguayo y Ferro-García, 2015; 2018; Reyes-Ortega y Kanter, 2017). El repertorio conductual asociado al establecimiento de un entorno seguro, siempre y cuando nos aseguremos de que está cumpliendo la función deseada, se consideraría *T2* del terapeuta. Dependiendo de la situa-

© Ediciones Pirámide

ción y del momento concreto, esto haría referencia a las reglas 2 (evocar *CCR*) y 3 (reforzar *CCR*).

Diferentes estudios han mostrado el impacto positivo de determinadas conductas para el establecimiento de un contexto seguro. Conductas físicas como sostener las manos o abrazar, en entornos determinados, favorecen (refuerzan) las expresiones emocionales más intensas (Schachner, Shaver y Mikulincer, 2005). Por otro lado, el contacto visual y otros comportamientos que indican atención (por ejemplo, asentir) aumentan la percepción de cercanía y empatía (Vicaria y Dickens, 2016). Del mismo modo, determinadas expresiones verbales, emitidas con la persona y en el contexto adecuado, generan seguridad ante la percepción de una amenaza (Floyd et al., 2007).

En el caso de S., la terapeuta podría llevar a cabo diferentes conductas para facilitar un entorno terapéutico de seguridad. Por ejemplo, podría respetar aquellos momentos en los que la paciente no desee hablar, haciéndolo explícito de forma verbal con expresiones como: «estaré aquí cuando estés lista para hablar conmigo», «ahora parece que estás agotada. Si en algún momento quieres hablar, puedes pedirle a alguien que me llame». Otras respuestas gestuales como mantener la mirada, asentir o cualquier otra conducta que indique la disposición para escuchar pueden resultar útiles. Ante estos comportamientos, es importante que el terapeuta observe el impacto de sus conductas con el objetivo de observar si han cumplido la función deseada. Por ejemplo, en el caso de S., sería deseable que cada vez fuera más frecuente que esta se acercase a la terapeuta y le hablase de su día a día, así como que mantuviese una postura y otras conductas no verbales que indicasen una reducción del miedo al contacto. En este sentido, resulta importante realizar preguntas explícitas orientadas a explorar la función del comportamiento del terapeuta respecto al paciente (regla 4). Por ejemplo, pueden resultar útiles preguntas como: «¿te sientes cómoda hablando conmigo?, ¿te parece bien que a veces escuche lo que me quieras contar en vez de hacerte preguntas?, ¿cómo te sientes cuando me siento a tu lado en vez de detrás de la mesa?».

Teniendo en cuenta lo anterior, resulta necesario resaltar la importancia del análisis funcional como herramienta fundamental en FAP para analizar la función que cumple la conducta del terapeuta; es decir, para observar el impacto en la conducta del paciente y, por tanto, en la relación entre ambos (Tsai y Kohlenberg, 1991; Wilson y Luciano, 2002). Una vez que se ha establecido el vínculo, aquellas conductas del terapeuta que hayan sido útiles para reforzar de forma natural los acercamientos progresivos del paciente en la interacción interpersonal pueden servir a su vez para fomentar los cambios relativos a técnicas de intervención más específicas, por ejemplo para reforzar cualquier conducta del paciente que tenga que ver con la adherencia al tratamiento.

En este proceso va a ser fundamental identificar los valores personales del paciente. La identificación de valores no solo será útil con el fin de diseñar un plan de intervención a medio y largo plazo, sino que también puede emplearse para determinar qué tipo de conductas del terapeuta pueden cumplir la función de reforzadores naturales o estímulos discriminativos para evocar CCR. En este punto es importante señalar que el proceso terapéutico con pacientes de este tipo no solo incluye terapia psicológica o tratamiento farmacológico, sino también apoyos adicionales en la vida cotidiana, como recursos para el empleo o la vida comunitaria. Para conseguir que los valores personales emerjan en la interacción es necesario que exista una relación auténtica y honesta, en la que el terapeuta reaccione con aceptación y validación ante las expresiones del paciente. Esto supone ser capaz de observar y explorar diferentes áreas personales atendiendo a la globalidad del paciente, yendo más allá del síntoma y lo relativo a la enfermedad.

El terapeuta ha de estar atento a cualquier expresión verbal (autorrevelación) del paciente que pueda ser relevante reforzar. Al principio esto puede ser simplemente que el paciente hable de sí mismo, como por ejemplo se ha expuesto en el caso de S. Más adelante, los reforzadores deben ir ajustándose para moldear las verbalizaciones del paciente, centrándose en aquellas que pueden ser importantes para construir un plan terapéutico y una vida con sentido. Este proceso es conocido como *validación,* y aunque este constructo no es exclusivo de FAP o de las terapias contextuales, es importante la conceptualización funcional que desde estas se lleva a cabo (por ejemplo, Marín-Vila et al., 2020).

El terapeuta debe llevar a cabo conductas que evoquen *CCR2* (regla 2). Uno de estos comportamientos puede ser la verbalización de autorreve-

© Ediciones Pirámide

laciones por su parte. En este sentido, se ha observado que autorrevelaciones por parte del terapeuta en el contexto clínico parecen mejorar la calidad de la relación terapéutica y los propios resultados de la intervención (Barret y Berman, 2001).

Siguiendo el ejemplo descrito, en el caso de S. podría ser útil que el terapeuta realizase autorrevelaciones sobre aficiones compartidas (por ejemplo, el amor por la naturaleza y los animales) con el objetivo de evocar y reforzar más verbalizaciones y expresiones de S. Esto ayudaría además a mantener el vínculo, facilitando en última instancia el establecimiento de un plan conjunto de tratamiento. De hecho, una dificultad habitual que puede surgir al emplear FAP con estos pacientes es que el terapeuta se centre en exceso en las *CCR1* y deje de lado el evocar las *CCR2* (Dykstra et al., 2010).

Las autorrevelaciones también pueden ser útiles de cara a generar consciencia en el paciente de algunas de sus *CCR1* emitidas en el contexto de la relación con el terapeuta (Valero-Aguayo y Ferro-García, 2015; 2018; Reyes-Ortega y Kanter, 2017). En el contexto específico del trabajo con pacientes agudos con sintomatología psicótica, resulta más recomendable su uso para fortalecer *CCR2* que para hacer mención o explorar *CCR1,* pudiendo esta segunda función resultar punitiva en este contexto específico al ser «malinterpretada» por el paciente, generando un efecto opuesto o no deseado. No obstante, si se considera oportuno, y se conoce lo suficiente al paciente en cuestión, pueden hacerse pequeñas autorrevelaciones con esta función. Por ejemplo, en el caso de pacientes con ideas delirantes de perjuicio, es habitual que dichas ideas se expresen en relación a la figura del terapeuta, pudiendo ser útil su abordaje explícito en la interacción entre ambos (Dykstra et al., 2010). En cualquier caso, las autorrevelaciones siempre han de ser bien contextualizadas; es decir, deben incluir una explicación por parte del terapeuta de para qué se llevan a cabo, siendo necesario hacer explícito que su intención es la de ayudar al paciente.

El trabajo multidisciplinar que se lleva a cabo en este tipo de contextos tiene múltiples ventajas. No obstante, una de las principales dificultades respecto al vínculo terapéutico es que estos pacientes van a trabajar con muchos profesionales diferentes, que a su vez también trabajan desde diferentes modelos de tratamiento, y que además aquella persona con la que el paciente ha podido establecer un vínculo seguro no siempre va a ser el profesional que lleve a cabo el seguimiento en otros dispositivos una vez el paciente haya sido dado de alta.

Para solventar algunas de estas limitaciones resulta recomendable mostrarse honesto con el paciente, expresándole cualquier aspecto referente al proceso de su tratamiento, incluyendo las particularidades respecto a las personas que harán el seguimiento y haciéndole partícipe, siempre que sea posible, en la toma de decisiones. En el caso concreto del alta en la unidad de hospitalización, una práctica saludable para paciente y terapeuta puede ser llevar a cabo una despedida en la cual, además de establecer objetivos de tratamiento, el terapeuta pueda hacer una devolución auténtica sobre el impacto que el paciente ha generado en él o ella. En esta devolución podrían incluirse autorrevelaciones por parte del terapeuta, expresando su propia vivencia de la relación terapéutica, así como destacando las capacidades y fortalezas del paciente, yendo más allá de aspectos que tienen que ver con la sintomatología. De esta forma, los avances durante el ingreso serán reforzados. El objetivo último es que un comportamiento honesto, auténtico y validante por parte del terapeuta pueda tener un gran impacto en la conducta del paciente, incluso aunque el encuentro terapéutico haya sido breve. Más allá de lo relativo a la relación entre el terapeuta y el paciente, un objetivo de todo el equipo en las unidades de hospitalización ha de ser el favorecer y planificar el seguimiento más adecuado de cara al alta (Melendo y González, 1987).

Es importante destacar que otra de las dificultades de cara a establecer el vínculo en este tipo de contextos tiene que ver con los problemas relativos al modelo biomédico predominante en la actualidad (Pérez-Álvarez y García-Montes, 2019). Desde este modelo el principal objetivo en las unidades de hospitalización sería el diagnóstico de la persona a través de alguna de las entidades categoriales presentadas en los manuales de psicopatología, en el que el papel de los profesionales quedaría relegado a buscar signos y síntomas para otorgarles la etiqueta más conveniente. Desde esta visión, el rol del profesional como alguien vulnerable que se coloca en una posición de igualdad con el paciente es difícil de aceptar y puede llegar a ser castigada socialmente por otros colegas de profesión.

© Ediciones Pirámide

Concretamente, en el caso de la psicosis, la tendencia habitual ha sido la búsqueda de signos para la conceptualización de este problema como una enfermedad genética del cerebro, frente a la propuesta de otros autores de considerarla una patología del *yo,* cuyo origen estaría en la historia del paciente y las características de las sociedades modernas (Pérez-Álvarez, 2012). De acuerdo con Pérez-Álvarez: «cuanto más se conoce a la persona y sus circunstancias más inteligibles resultan sus síntomas» (Pérez-Álvarez, 2012, p. 3).

### 3.2. Hospital de día

Los hospitales de día (HD) constituyen dispositivos asistenciales para el tratamiento intensivo de trastornos mentales y problemáticas severas que provocan una pérdida funcional a diferentes niveles (individual, social, familiar, laboral...). Se trata de recursos «puente» entre los dispositivos hospitalarios y ambulatorios que proporcionan un tratamiento específico, multidisciplinar e integral, mientras favorecen la permanencia de los pacientes en sus medios naturales de interacción social, como la familia (Villero et al., 2016). El término HD hace referencia a diversas realidades asistenciales y contenidos terapéuticos, pudiendo incluir programas que persiguen la reducción de los síntomas agudos y la resolución de la crisis, tratamientos dirigidos a pacientes con sintomatología grave que no responden al tratamiento ambulatorio, o programas de rehabilitación para casos crónicos con gran deterioro funcional, entre otros.

En este tipo de recursos suele fomentarse un encuadre de tipo comunitario, siendo el marco de trabajo más frecuente el de la comunidad terapéutica (García-Badaracco, 1990). Esto es, se promueve un tratamiento grupal marcado por el acompañamiento, escucha y convivencia entre profesionales y pacientes que facilite tanto el desarrollo de capacidades y habilidades como una experiencia emocional correctiva en el plano relacional. En este sentido, las relaciones interpersonales que aparecen en el contexto de la intervención son entendidas como una experiencia psicoterapéutica en sí misma. El HD se convierte para el paciente en una «burbuja» vincular en la cual se reproducen con iguales y terapeutas los patrones relacionales que la persona presenta fuera del dispositivo (Dykstra et al., 2010; Soriano, 2011). De esta manera, parece indudable la importancia de la relación terapéutica como un elemento fundamental de cambio en este tipo de recursos. Esto implica la importancia no solo del acompañamiento y contención del paciente durante las actividades terapéuticas estructuradas, sino también en las interacciones durante otros espacios «libres» (por ejemplo, llegada a la unidad, descansos, despedida...), en los que surja una interacción personal en el aquí y ahora.

El contexto de convivencia del HD genera numerosos ejemplos relacionales que suponen oportunidades únicas para poder realizar con el paciente equivalencias funcionales respecto a los comportamientos que presenta fuera del recurso. Asimismo, las conductas problemáticas del paciente fuera del dispositivo pueden asemejarse al patrón de conducta que presenta en el mismo. De esta manera, la intervención con el paciente en el recurso facilita un abordaje «dentro-fuera» y «fuera-dentro», que ayuda al paciente a comprender y generalizar su patrón de regulación. Estos aspectos psicoterapéuticos facilitados por un encuadre de este tipo han sido descritos y discutidos frecuentemente bajo la etiqueta de «terapia institucional» (Labad-Alquézar, 2005).

En relación con los pacientes diagnosticados con algún tipo de psicosis, los HD suelen ser uno de los recursos en los que comienza a trabajarse psicoterapéuticamente con estos pacientes, abordando de una manera intensiva y exhaustiva no solo su sintomatología, sino también su historia biográfica. Esto reviste gran importancia, pues existe numerosa evidencia de la eficacia de los programas específicos dirigidos a fases tempranas de la psicosis como intervenciones preventivas del deterioro neurobiológico, social y psicológico asociado a esta patología (Álvarez-Jiménez, Parker, Hetrick, McGorry y Gleeson, 2011; Bird et al., 2010; Masrshall, Lockwood, Lewis y Fiander, 2004). Además, se ha observado que estas intervenciones consiguen reducir la pérdida funcional, así como aceleran la recuperación (Killackey y Yung, 2007), y se ha demostrado que estos tratamientos específicos reducen de forma significativa el numero de hospitalizaciones, así como otros costes sociales (Hastrup et al., 2013; McCrone, Craig, Power y Garety, 2010; Park, McCrone y Knapp, 2016).

El tratamiento en HD requiere cierta capacidad de *insight* del paciente y motivación respecto al tra-

© Ediciones Pirámide

tamiento, ya que, a diferencia de las unidades de hospitalización y el contexto de urgencias, el HD se trata de un dispositivo voluntario en el que el paciente ha de participar de manera proactiva, dentro de sus limitaciones de base. De hecho, es habitual que entre los criterios de inclusión a estos programas de tratamiento se incluya cierta capacidad para el trabajo grupal (Buiza et al., 2014), siempre teniendo en cuenta que este en sí mismo va a ser uno de los desafíos para la persona en atención. Si bien el perfil del paciente incluido en estos recursos puede ser variable, en términos generales las personas participantes poseen cierto grado de estabilidad psicopatológica.

Como se ha mencionado anteriormente, el HD acaba convirtiéndose para el paciente en un «micromundo» relacional con un gran potencial psicoterapéutico, pero no exento de dificultades. Si bien las interacciones clínicas son heterogéneas, pues poseen un marcado carácter idiográfico, es frecuente observar en pacientes diagnosticados de psicosis una tendencia al *aislamiento y retraimiento,* mostrando en ocasiones elevada *suspicacia y desconfianza* en las relaciones en el dispositivo, tanto respecto a terapeutas como a otros pacientes. Esto suele objetivarse en una escasa participación espontánea en actividades grupales estructuradas, así como en una tendencia a permanecer retraídos en espacios de convivencia libres (por ejemplo, descansos). No es infrecuente que muchos de estos pacientes experimenten el contacto con los otros de manera amenazante y hostil, vivencia en la mayoría de casos congruente con historias biográficas traumáticas en el plano relacional.

En este sentido, puede ser esperable que el paciente inicialmente experimente al terapeuta como una figura *no fiable, insegura o incluso punitiva,* especialmente si se han tenido experiencias aversivas previas con otras figuras de ayuda, tanto en el plano personal (por ejemplo, familia) como en el asistencial (por ejemplo, con otros profesionales durante el ingreso hospitalario). Bajo este marco, resulta evidente señalar que la tarea inicial del terapeuta consistirá en observar minuciosamente estas *CCR* (regla 1), no solo en la relación individual con la figura de referencia en el dispositivo, sino también con otros pacientes y con el resto del equipo terapéutico. En este sentido, como ya se ha comentado, el complejo entramado de relaciones interpersonales que se da en el aquí y ahora de la convivencia en el HD supone una oportunidad única para «observar al paciente haciendo», especialmente en relación a su interacción con los otros, pudiendo trabajar con él *in situ* el cambio.

Teniendo en cuenta las dificultades para la interacción interpersonal que suelen presentar este tipo de pacientes, un aspecto relevante para abordar en el trabajo en el HD puede ser el concepto de *intimidad,* entendido como un proceso terapéutico y como una variable transdiagnóstica (Valero-Aguayo y Ferro-García, 2015). La dificultad para establecer relaciones íntimas (vínculos estables con otras personas, pudiendo ser parejas románticas, miembros de una familia o amistades) se ha descrito como característica central o periférica en diferentes problemas psicológicos, y tiene su origen en historias de apego invalidantes, incoherentes y/o inestables (Kohlenberg y Tsai, 1991). En el caso de la psicosis, tradicionalmente se han abordado estas cuestiones desde otras perspectivas, como el entrenamiento en mentalización o la cognición social (Inchausti et al., 2019).

Sin ahondar en los aspectos funcionales e idiográficos que pueden poseer las *CCR* específicas del paciente, parece importante señalar que uno de los aspectos más importantes cuando se produce el primer contacto en el dispositivo, y especialmente a la hora de desarrollar relaciones de intimidad, es generar un *entorno de seguridad* para el paciente, tal y como ya se ha comentado en el apartado anterior. Esto puede implicar diferentes conductas por parte del terapeuta y del equipo de profesionales, entre los que puede incluirse, por ejemplo, respetar inicialmente la evitación del paciente a participar en determinadas actividades, sin que esto resulte en un señalamiento punitivo. En este sentido, resulta imprescindible la construcción de una relación segura para que el paciente se «atreva» a explorar nuevos patrones de funcionamiento. Verbalizaciones como: «participes más o menos, nosotros vamos a seguir aquí igualmente para intentar ayudarte» o preguntas como: «¿qué podría hacer para que hoy te fuera más fácil participar en el grupo?» pueden favorecer un contexto en el que el paciente se sienta validado y no amenazado.

Asimismo, y dado que la mayoría de pacientes con psicosis han crecido con figuras de apego impredecibles o incoherentes, es especialmente importante que tanto el medio de trabajo como la propia

© Ediciones Pirámide

figura del terapeuta se presenten como modelos *fiables, predecibles y explícitos* para el paciente. Esto implica que el profesional actúe de manera transparente tanto en el proceso de tratamiento como en las interacciones en el dispositivo, por ejemplo realizando narrativas explícitas sobre sus propios comportamientos y sus procesos de pensamiento. Esto puede ayudar al paciente a reducir su angustia y suspicacia, además de servir como un modelo para empezar a entender y explorar su propia mente y la de los otros en diferentes interacciones personales, tanto estructuradas (por ejemplo, en las actividades de grupo) como informales (por ejemplo, en los espacios libres).

Los aspectos previamente mencionados deben explicitarse y trabajarse no solo a nivel individual, sino también en el marco del grupo. Uno de los desafíos de este tipo de dispositivos es conjugar y equilibrar las necesidades individuales con las grupales. En el marco de la convivencia en el HD es habitual que aparezcan interacciones complejas entre los pacientes, que incluso pueden llegar a ser fuente de conflicto. Por ejemplo, los pacientes con diagnóstico de psicosis pueden presentar comportamientos que resulten bizarros o extraños para el resto de compañeros, generando en estos eventos privados de diversa índole (por ejemplo, miedo, extrañeza, confusión...). El contexto de la dinámica grupal, en el aquí y ahora, supone una oportunidad para poder trabajar las dificultades de todos los miembros implicados en la interacción en un encuadre explícito y emocionalmente seguro.

Tal y como ya se ha comentado a lo largo de este capítulo, el terapeuta no está exento de los aspectos relacionales que se movilizan en la relación terapéutica. En el marco del HD, los elementos relacionales emergen en un contexto intenso de convivencia en el dispositivo, tanto en la relación con los pacientes como con el propio equipo terapéutico. En este sentido, como miembro del encuadre comunitario es importante que el terapeuta identifique sus propias *T1* en la relación terapéutica. Este aspecto puede resultar particularmente complejo en un entorno terapéutico de este tipo, en el que el componente relacional es especialmente saliente, y en el que el terapeuta se ve involucrado en numerosas actividades no estructuradas fuera del encuadre de consulta que pueden desplazarle más fácilmente de su rol profesional (por ejemplo, compartir espacios libres).

Por ejemplo, la actitud retraída, distante o evitativa de los pacientes con un diagnóstico de psicosis puede generar en el terapeuta eventos privados como: «otro día más que no participa», «sigue sin hablar con nadie en los descansos», etc., que empujen al profesional a atender más a sus propias necesidades en la relación que al ritmo del paciente. Por otro lado, el carácter menos proactivo de algunos de estos pacientes, especialmente en aquellos que presentan un alto grado de deterioro funcional, puede generar en algunos terapeutas una actitud excesivamente paternalista que vaya en dirección opuesta a una construcción mutua del tratamiento, en el que la persona participe activamente de su recuperación. Asimismo, la producción de sintomatología psicótica en el entorno grupal de algunos pacientes menos estables, como puede ser la realización de comportamientos bizarros o la verbalización de un discurso delirante, puede suscitar en el terapeuta eventos privados diversos, como la preocupación por el impacto en otros pacientes, el miedo a la pérdida de seguridad del contexto grupal o la inseguridad a la hora de reconducir la dinámica grupal, si esta se ha interrumpido de manera significativa.

Por otro lado, tal y como se ha señalado, es importante que el terapeuta también identifique sus propias dificultades y barreras personales en la interacción con otros miembros del equipo. La complejidad del entorno de convivencia en el HD hace probable que emerjan dinámicas relacionales no solo inherentes al trabajo en equipo en sí mismo, sino también a las diferentes interacciones que los pacientes tienen con los distintos profesionales. El análisis de estas interacciones puede facilitar el trabajo en equivalencia funcional con las dificultades que presentan los pacientes fuera del dispositivo. En este sentido, resulta recomendable no solo el trabajo personal del terapeuta en sus propias barreras, sino también llevar a cabo supervisiones del equipo de trabajo como una unidad en sí misma.

A la hora de abordar la relación terapéutica establecida en el HD, resulta imprescindible hacer alusión a la naturaleza de estos tratamientos, que es generalmente intensiva (por ejemplo, asistencia diaria, durante meses). Esto tiene importantes implicaciones tanto de cara al paciente como al terapeuta. Por un lado, la intensidad y continuidad del tratamiento facilita la generación de vínculos altamente significativos, permitiendo múltiples experiencias re-

© Ediciones Pirámide

lacionales sobre las que articular la intervención, tal y como se ha comentado anteriormente. Por otro lado, la intensidad del vínculo requiere una especial sensibilidad con la discontinuidad del tratamiento, siendo el momento del alta un aspecto que debe trabajarse específicamente y que puede en sí mismo constituir una nueva oportunidad de una experiencia emocional correctiva respecto a la pérdida del vínculo. En este sentido, dentro del marco de las terapias contextuales existen algunos ejercicios, como la realización de una carta de despedida (Tsai et al., 2017) que pueden facilitar este proceso. El terapeuta tiene la oportunidad de aprovechar el contexto de la relación terapéutica, que se ha desarrollado como una nueva relación de intimidad para el paciente, para generar una experiencia en la que la persona sienta que puede terminar una relación con otra persona haciendo explícito y compartido lo que ha supuesto la interacción para ambos.

### 3.3. Recursos de rehabilitación psicosocial: equipo de apoyo comunitario

Aunque su disponibilidad y funcionamiento pueden variar dependiendo del lugar geográfico o el carácter público/privado del centro de trabajo concreto, los recursos comunitarios o psicosociales (extrahospitalarios) son un elemento destacado en el proceso de recuperación de los pacientes con algún tipo de psicosis. En este tipo de recursos la relación terapéutica cobra especial relevancia. De hecho, Saiz y Chévez (2009) plantean que este es un elemento central en el trabajo en la comunidad. En el presente apartado se describirá específicamente un ejemplo de recurso que refleja algunas de las particularidades del establecimiento y mantenimiento del vínculo en un recurso de rehabilitación psicosocial, como es el caso de los equipos de apoyo comunitario (EAC).

Mientras que en los recursos hospitalarios el vínculo terapéutico es el contexto desde el cual se puede llevar a cabo el diseño de un plan de tratamiento basado en los valores de la persona, en el caso de los recursos comunitarios la relación terapéutica es el punto de partida para realizar un acompañamiento terapéutico que favorezca el éxito de ese plan en la comunidad (Fernández y Ballesteros, 2017; Saiz y Chévez, 2009).

De acuerdo con las orientaciones propuestas por Rodríguez (2005), los objetivos de EAC se centran en mejorar la calidad de vida de la persona, favoreciendo la adaptación en su propio entorno familiar y comunitario, así como en ofrecer herramientas de apoyo para mejorar la vinculación con los servicios sociales y de salud mental. Además, otro de los pilares del trabajo de estos equipos tiene que ver con la reducción, en la medida de lo posible, de situaciones de marginalización y abandono.

Desde una perspectiva contextual, el trabajo en el contexto «real» del paciente puede suponer un escenario perfecto para entrenar habilidades. Además, el hecho de trabajar en un entorno natural (por ejemplo, su casa, una cafetería, un parque) puede favorecer la creación de una relación auténtica y honesta entre el terapeuta y el paciente. Sin embargo, las particularidades de estos entornos suponen también un trabajo complejo para el profesional, que sin duda se verá impulsado a salir de su «zona de confort», teniendo por tanto que experimentar todas aquellas barreras que son susceptibles de aparecer o incrementar su intensidad cuando el trabajo terapéutico se lleva a cabo fuera del despacho (Dykstra et al., 2010).

Teniendo en cuenta los principios de FAP, el terapeuta tendrá la oportunidad de observar y evocar *CCR* empleando una estimulación si cabe más natural que la que puede utilizarse en la consulta. No obstante, puede resultar también más fácil «perder la perspectiva o dirección», al encontrarse este último en un entorno «no clínico». De hecho, parte del efecto de la psicoterapia puede deberse al propio encuadre físico (por ejemplo, el despacho, el hospital, el centro sanitario, etc.) y la figura o presentación del profesional como tal (por ejemplo, el título de psicólogo, psiquiatra o enfermero) (Pérez-Álvarez, en prensa). Cuando el trabajo terapéutico se lleva a cabo lejos de un contexto que promueve de forma natural el enmarque clínico, es preciso que este encuadre se encuentre latente empleando otros métodos. De no ser así, el trabajo terapéutico, así como el propio vínculo, pueden perder su función. Por ejemplo, si es habitual que el paciente y el psicólogo del EAC realicen sus visitas tomando un café, dicha visita ha de contextualizarse como un encuentro clínico y no como una «charla de amigos». Por todo ello, va a ser importante hacer explícito con el paciente, a ser posible al inicio del contacto, los térmi-

© Ediciones Pirámide

nos de la relación. El terapeuta ha de presentarse como alguien disponible y cercano, pero también será su tarea definir algunos límites.

Otra característica del trabajo en la comunidad es que el contacto y la relación terapéutica, por su continuidad, podrán darse cuando el paciente se encuentre en diferentes estados psicopatológicos (Fernández y Ballesteros, 2017; Saiz y Chévez, 2009). Es decir, en este contexto terapéutico será probable encontrar desde pacientes que se encuentran psicopatológicamente estables, a pacientes que pueden presentar síntomas, pero que se mantengan estables conductualmente (por ejemplo, con capacidad para «convivir» con sus eventos privados), y que por tanto pueden continuar en su vivienda habitual, hasta pacientes con sintomatología y menor capacidad para mantener una conducta adaptativa que requerirán ser atendidos en otros recursos. En este sentido, las barreras del terapeuta podrán variar en función del estado del paciente y de la fortaleza del vínculo. A los eventos privados del terapeuta descritos en apartados anteriores se pueden sumar otros ejemplos más específicos que pueden emerger en este tipo de contextos, como la preocupación (por ejemplo, «hoy le he notado más aislado y ausente; no sé si ha sido buena idea dejarle en casa»), la frustración (por ejemplo, «otra vez tiene la casa muy sucia»), la incertidumbre (por ejemplo, «espero que no se comporte de forma extraña durante la compra») o el miedo, entre otros (por ejemplo, «espero que no se ponga agresiva cuando estemos solas en casa»).

A continuación, se presenta un caso real de una paciente atendida en este tipo de recurso con el objetivo de ejemplificar alguna de las particularidades de la relación terapéutica en este contexto:

> B. es una mujer de 40 años en tratamiento en salud mental desde los 18. Tiene antecedentes familiares de esquizofrenia y ha tenido múltiples ingresos en la unidad de hospitalización por gestos suicidas y síntomas de depresión y psicosis. Ha presentado inhibición psicomotora, lenguaje pobre y lento, humor depresivo con ideas perjuicio poco estructuradas, así como ideación delirante sin evidencia de alucinaciones. Además, presenta una capacidad intelectual límite y rasgos característicos de una personalidad dependiente. B. carece de relaciones significativas con otras personas y sus interacciones actuales con los demás se basan en el cuidado excesivo por parte de los otros (por ejemplo, su padre o su marido). Presenta una historia biográfica marcada por la invalidación de sus figuras primarias de apego. Actualmente, se encuentra en tratamiento en consultas externas de psicología clínica y psiquiatría, así como acude a otros recursos como el centro de rehabilitación psicosocial (CRPS). Además, recibe apoyo por parte del EAC.

En el caso de esta paciente, se observaron *CCR1* relacionadas con una sobreidentificación con el rol de enferma. Esto incluía conductas como la continua manifestación de su *incapacidad para hacer nada,* así como una conducta inhibida, llanto frecuente y un comportamiento pueril. Otras *CCR1* de la paciente estaban relacionadas con la necesidad de búsqueda de seguridad, así como la frecuente realización de atribuciones externas o el incumplimiento de las tareas terapéuticas, entre otras.

Ante estas *CCR1,* algunos eventos privados que podrían emerger en el terapeuta podrían ser la «lástima» o «pena». Esto, a su vez, podría conllevar la realización de comportamientos excesivamente paternalistas en lugar de favorecer una conducta de autonomía (Dykstra et al., 2010). Este tipo de comportamientos de paciente y terapeuta (*CCR1* y *T1,* respectivamente) reforzarían el patrón de evitación emitido por ambas partes, no promoviendo un cambio adaptativo. En el caso de B., por ejemplo, esto supondría además perpetuar el patrón relacional de sus figuras de apego (su padre y su marido).

Para ejemplificar algunas de las barreras en el terapeuta, a continuación se presenta un breve fragmento en el que la profesional que atendió a B. narra sus experiencias iniciales en este caso concreto:

> Conocí a B. en una visita a su domicilio que realicé junto a un miembro del equipo que la atendía desde hacía meses. El día anterior la había visto por el CRPS en chándal, despeinada, con la mirada baja y preocupada por las discusiones con su marido. Cuando la vi en su casa estuvo durante una hora lamentándose por no poder hacer nada, mientras hacía muchas cosas. Su nevera estaba llena de listas y calendarios: qué tiene que comprar, qué tiene que cocinar, cuándo se tiene que duchar, cuándo son sus próximas citas con el psicólogo y el psiquiatra, etc. Todas estas listas y horarios pa-

recían haberse escrito por muchas personas, excepto ella. Con cada visita fui conociendo más cuáles eran las exigencias de su padre, de su marido, de su hija, de su psiquiatra y de su psicólogo. Fui conociendo la visión de cada uno de ellos acerca de cómo B. debía ser. Entre sus lágrimas, me relacionaba con sus etiquetas diagnósticas (depresión, discapacidad intelectual, psicosis...) y descubría cuáles eran sus síntomas. Hasta que llegó el día en el que decidí que a quien yo quería conocer era a B. Entonces empecé a preguntarle por sus gustos, por las cosas que hacía fuera de casa, por cómo quería ella organizar sus días, por qué cosas quería poner en la lista de la compra y cómo se sentía cuando le decían continuamente lo que debía hacer y quién debía ser. Cuando empecé a hacer todo esto ella estaba realmente desconcertada. Decía que estaba triste y enferma, pero realmente yo creo que estaba enfadada conmigo por ponerla en una posición en la que nunca había estado. A su vez, esto no era fácil para mí, ya que continuamente me preguntaba si mi conducta podía estar haciéndole daño.

En este fragmento se puede apreciar la tendencia ante este tipo de casos a experimentar barreras como la angustia a evocar nuevas *CCR2*. La relación terapeuta-paciente en estas situaciones no sería una herramienta eficaz para el cambio si los terapeutas no hacen lo opuesto de lo que sus barreras les piden (por ejemplo, mostrarse disponible, pero reduciendo las conductas de cuidado para fomentar la autonomía). En el caso descrito la terapeuta se sentía incitada a continuar con el patrón de cuidado excesivo que otros habían fomentado en la relación con B. Las *T2* que favorecerían un cambio en estos casos podrían tener que ver con hacer preguntas incómodas, que el terapeuta haga autorrevelaciones de sus propias debilidades o que responda con un honesto «no lo sé» ante las preguntas del paciente. Todo esto podría generar un contexto desde el que evocar todo un nuevo repertorio conductual, aunque ambos (paciente y terapeuta) experimentaran incomodidad. Por ejemplo, en el caso de B., esta podría mostrar enfado con la terapeuta, quien a su vez podría experimentar inseguridad y angustia.

Asimismo, es importante mencionar que para promover este cambio es imprescindible que el terapeuta se convierta en una figura estable y coherente, que genere seguridad en diferentes contextos del paciente (por ejemplo, en el parque, en el supermercado o en la cocina de su casa). Reforzar verbalizaciones que tienen que ver con los propios gustos del paciente, así como expresiones emocionales que no han sido mostradas con anterioridad, validan la experiencia de la persona y generan un entorno seguro desde el que explorar nuevos repertorios conductuales eficaces (Marín-Vila et al., 2020).

Moldear la conducta de aceptación de las respuestas reforzantes de los otros puede ser una tarea terapéutica en los casos en los que, como el de B., ha existido una historia de invalidación por parte de las figuras de apego. A veces el terapeuta puede tener la percepción de que ninguno de sus intentos de validación está cumpliendo dicha función y esto puede deberse a la falta de capacidad en el paciente para identificar estas conductas. Hacerlas explícitas con expresiones verbales como, por ejemplo: «He notado que no has respondido cuando te he dicho que estaba orgullosa de ti. ¿Te apetece hablar de cómo te has sentido?; para mí a veces también es raro que otras personas me digan cosas parecidas... a veces siento que no lo merezco», pueden favorecer la futura discriminación de estas conductas como reforzantes, así como la generalización de este proceso a otras relaciones personales con el fin de favorecer el establecimiento de nuevos vínculos sanos.

Un aspecto que puede ser especialmente complejo en el EAC es el cierre terapéutico. Dado que la línea entre el contexto clínico y la «vida real» a veces puede resultar difusa en este tipo de recursos, las despedidas suponen un reto terapéutico que puede evocar barreras personales en el terapeuta. Concretamente, en el caso del EAC es habitual que, en el contexto de una despedida, los pacientes hagan peticiones no adecuadas a los profesionales, como pedirles iniciar una relación de amistad tras la finalización del proceso terapéutico. Hablar abiertamente sobre la imposibilidad de mantener una amistad dados sus roles, empleando autorrevelaciones que reflejen la propia experiencia personal del terapeuta, puede ser un reto, pero al mismo tiempo promueve un comportamiento social más adaptativo. Por ejemplo, el profesional podría realizar una verbalización como la siguiente:

«Para mí también es muy difícil decirte que no podemos ser amigos. Siento mucha inseguridad porque tengo miedo de que te sientas mal o pienses

© Ediciones Pirámide

que estoy, de alguna manera, rechazándote. Sé que a veces te has podido sentir así con otras personas, cuando has percibido que te abandonaban o se iban de tu lado. Tenemos ahora la oportunidad de poder cerrar esta relación de una manera diferente a como has terminado otras. Esto también forma parte de lo que hemos estado trabajando juntos y de la manera en la que quiero cuidarte. También podría ser útil que pensáramos juntos qué cosas has aprendido en la relación conmigo que puedas utilizar para hacer amigos en otros contextos. Aunque no podamos ser amigos, quizá esta pueda seguir siendo una buena forma en la que te acuerdes de mí y me sigas "llevando contigo" cuando estés con otras personas. ¿Qué te parece?»

El enmarque del terapeuta puede ayudar a generar en el paciente la capacidad para discriminar la adecuación a las características del contexto. Promover la consciencia de los elementos contextuales, tanto aquellos relativos al ambiente externo como de los elementos contextuales latentes en la relación, hará más probable la emisión de conductas adaptativas en situaciones futuras. Esto es, la ayuda del profesional para que el paciente identifique los elementos de adecuación en el contexto de la relación terapéutica hará más probable que este discrimine en el futuro situaciones relacionales donde es más probable que se dé un reforzamiento social, reduciendo a su vez la probabilidad de emisión de ciertas conductas en contextos en los que estas pueden ser castigadas (Marín-Vila et al., 2020). Expresiones como las del ejemplo descrito promueven esta consciencia, sin resultar tan punitivas como las que podrían darse por parte de terceros no vinculados al tratamiento.

## 4. CONCLUSIONES

En este capítulo se ha abordado la relación terapéutica desde las terapias contextuales en pacientes que presentan un diagnóstico asociado de psicosis, haciendo hincapié en la psicoterapia analítico-funcional por su importancia de la relación terapéutica como elemento nuclear de cambio.

En FAP se lleva a cabo un análisis exhaustivo de las conductas de paciente y terapeuta con el fin de desarrollar una relación auténtica en el contexto de la psicoterapia. Esta interacción será el marco en el que el paciente manifieste conductas clínicas relacionadas con los comportamientos problemáticos que presenta en su vida con otras personas. La conducta del terapeuta en sesión permitirá moldear estos comportamientos con el objetivo de generar repertorios más flexibles y adaptativos que puedan generalizarse al medio natural del paciente.

El trabajo con pacientes con diagnóstico de psicosis implica una serie de desafíos relacionados con diferentes variables, como la heterogeneidad de los casos, la situación clínica del paciente o el contexto de trabajo específico en el que se dé atención a la persona. De la misma manera, la gran idiosincrasia de las respuestas generadas en el terapeuta pone de manifiesto la necesidad de un análisis idiográfico de los casos, de manera que las interacciones que se den en el marco de la relación terapéutica puedan ser lo más funcionales y ajustadas posibles.

No obstante, parecen importantes unas premisas básicas sobre las que construir una relación de intimidad y autenticidad en el marco de la relación terapéutica (Marín-Vila et al., 2020). Esto incluye aspectos como generar un entorno de seguridad en el paciente que le permita explorar su propia mente y el mundo relacional en un entorno no punitivo y validante.

En el marco del trabajo con pacientes complejos, como puede ser el caso de las personas diagnosticadas con psicosis, recibe especial importancia el foco en la figura del profesional. Teniendo en cuenta la diversidad de eventos privados que pueden suscitar las interacciones clínicas en este marco de trabajo, resulta recomendable que los profesionales mantengan una conducta proactiva en cuanto a su capacidad de autoconsciencia o conocimiento de sí mismos. Identificar los pensamientos, emociones, valores, necesidades y barreras personales dentro y fuera del contexto terapéutico va a promover una conducta que favorecerá no solo el vínculo con el paciente, entendido como una relación auténtica y honesta, sino también su propia percepción de sí mismo como profesional.

Tal y como se ha hecho referencia al principio de este capítulo, en las terapias contextuales la relación entre el terapeuta y el paciente está marcada por la horizontalidad, por lo que se asume que el comportamiento de ambos se rige por las mismas reglas. Esto implica que las propias barreras perso-

© Ediciones Pirámide

nales del terapeuta pueden ponerse de manifiesto en el curso del proceso psicoterapéutico, dificultando la interacción terapéutica o la evolución de la intervención. Esto puede pasar desapercibido para el propio profesional, al igual que las conductas de evitación del paciente a veces no son detectadas por él mismo. En este sentido, prácticas como la supervisión clínica favorecen la autoconsciencia de las barreras del terapeuta y mejoran la efectividad de la intervención. Además, la supervisión es también una forma de descarga emocional para los profesionales. En este sentido, es habitual que el entrenamiento en terapeutas noveles en terapias contextuales se focalice específicamente en que los profesionales experimenten de forma real y directa los elementos de la terapia con el objetivo de identificar sus propias barreras personales (Kanter et al., 2013; Páez-Blarrina y Montesinos-Marín, 2016).

Además de las conductas del terapeuta en el contexto clínico, los profesionales también han de considerar aquellas acciones a llevar a cabo en su vida que puedan tener un impacto en la práctica clínica. Por ejemplo, una adecuada higiene del sueño, practicar ejercicio, tener una vida social rica y trabajar para resolver sus propios conflictos personales son conductas que repercuten favorablemente en el desempeño de su función como terapeutas (Reyes-Ortega y Kanter, 2017). Por otro lado, compartir experiencias en el entorno laboral, favoreciendo un clima laboral saludable, puede facilitar el trabajo en este contexto.

Es importante señalar que en la actualidad no existen datos sobre la generalización del uso de FAP en trastorno mental grave, ya que por la naturaleza de esta psicoterapia la mayoría de estudios empíricos se reducen a trabajos de casos clínicos. No obstante, existe evidencia previa sobre el éxito de este abordaje en este tipo de pacientes (por ejemplo, Bastos, Kanter y Meyer, 2012). Estas experiencias pueden constituir un punto de partida para la profundización de la utilidad de esta psicoterapia en pacientes con problemas relacionales graves y pueden aportar luz a las particularidades de la interacción terapéutica con este tipo de pacientes.

TABLA 20.1

*Ejemplo de autorregistro y monitorización de barreras y conductas del terapeuta*

| Barreras personales | *T1* (conductas de evitación) | Valores como profesional | *T2* |
|---|---|---|---|
| Inseguridad, «es un caso difícil», «hoy casi no ha hablado», frustración, etc. | Retrasar o acortar las consultas, presionar al paciente, ser insistente, invalidar su experiencia (por ejemplo, «no puedes seguir así», «si no hablas, no voy a poder ayudarte»), hacer preguntas cerradas, no hablar de su propia experiencia, etc. | Ayudar a los demás, respeto por la experiencia de los otros, ser un terapeuta empático, disponible y validante, etc. | Mostrarse disponible sin presionar, mantener tiempos y frecuencias de las consultas, experimentar y aceptar los silencios, validar la experiencia del otro y mostrar seguridad con respuestas verbales y no verbales, hacer preguntas abiertas, autorrevelaciones, etc. |

**Barreras personales:** eventos privados (emociones, pensamientos, sensaciones) que pueden aparecer en el contexto de la terapia.
***T1*:** conductas del terapeuta en sesión cuya función es evitar las barreras personales.
**Valores:** características que guían la conducta del terapeuta como profesional.
***T2*:** conductas del terapeuta que favorecen la evolución del paciente, generalmente vinculadas a los valores personales, aunque puedan suponer el contacto con sus barreras mientras se llevan a cabo.
* Nótese que la nomenclatura *T1* o *T2* hace referencia a la función de la conducta y no a su topografía; es decir, según el caso y el momento de la terapia, una misma conducta puede ser categorizada como *T1* o como *T2*.

© Ediciones Pirámide

## REFERENCIAS BIBLIOGRÁFICAS


Álvarez-Jiménez, M. A., Parker, A. G., Hetrick, S. E., McGorry, P. D. y Gleeson, J. F. (2011). Preventing the second episode: A systematic review and meta-analysis of psychosocial and pharmacological trials in first-episode psychosis. *Schizophrenia Bulletin, 37,* 619-630.

Barret, M. S. y Berman J. S. (2001). Is Psychotherapy more effective when therapists disclose information about them-selves? *Journal of Consulting and Clinical Psychology, 69,* 597-603.

Bastos, C. K., Kanter, J. y Meyer, S. (2012). A single-case experimental demostration of functional analytic psychotherapy with two clients with severe interpersonal problems. *International Journal of Behavioral Consultation and Therapy, 7,* 2-3. 111-116.

Belloso, J. J., Díaz, M. y López, T. (2015). Psicoterapia de grupo en una unidad de hospitalización psiquiátrica breve. *Revista de la Asociación Española de Neuropsiquiatría, 35*(128), 759-774.

Bird, V., Premkumar, P., Kendall, T., Whittington, C., Mitchell, J. y Kuipers, E. (2010). Early intervention services, cognitive-behavioural therapy and family intervention in early psychosis: systematic review. *British Journal of Psychiatry, 197,* 350-356.

Bordin, E. S. (1979). The generalizability of the psychoanalytic concept of the working alliance. *Psychotherapy: Theory, Research and Practice, 16*(3), 252-260.

Buiza, C., Uría, T., Serrano, A., Ahijado, Z., Delfa, A., Frigolet, P., Ortega, E. y Rubio, A. (2014). El Hospital de Día-Centro Educativo Terapéutico Padrera de San Isidro. Un dispositivo para el tratamiento intensivo de trastornos mentales graves en niños y adolescentes. *Revista de Pediatría en Atención Primaria, 16*(61).

Busch, A. M., Kanter, J. W., Callaghan, G. M., Baruch, D. E., Weeks, C. E. y Berlin, K. S. (2009). A micro-process analysis of functional analitic psychotherapy's mechanism of change. *Behavior Therapy, 40*(3), 280-290.

Callaghan, G., Follette, W., Ruckstuhl, L. y Linnerooth, P. J. (2008). The functional analytic psychotherapy rating scale (FAPRS): A behavioral psychotherapy coding system. *The Behavior Analyst Today, 9,* 98-116.

Da Costa, H., Martin, B. y Franck, N. (2020). Determinants of therapeutic alliance with people with psychotic disorders: A systematic literature review. *The Journal of Nervous and Mental Disease, 208*(4), 329-339.

Daggenvoorde, T. H., Gijsman, H. J. y Goossens, P. (2018). Emergency care in case of acute psychotic and/or manic symptoms: Lived experiences of patients and their families with the first interventions of a mobile crisis team. A phenomenological study. *Perspectives in Psychiatric Care, 54*(4), 462-468.

Dykstra, T. A., Shontz, K. A., Indovina, C. V. y Moran, D. J. (2010). The application of FAP to Persons with serious mental illness. En J. Kanter, M. Tsai y R. Kohlenberg (eds.), *The Practice of Functional Analytic Psychotherapy* (pp. 205-224). Nueva York: Springer.

Fernández, P. y Ballesteros Pérez, F. (2017). La rehabilitación psicosocial de personas con trastorno mental. Un modelo para la recuperación e integración comunitaria. *Edupsyké, Revista de Psicología y Educación, 16*(1), 15-36.

Floyd, K., Mikkelson, A. C., Tafoya, M. A., Farinelli, L., La Valley, A. G., Judd, J., Davis, K. L., Haynes, M. T. y Wilson, J. (2007). Human affection exchange: XIV. Relational affection predicts resting heart rate and free cortisol secretion during acute stress. *Behavioral Medicine, 32,* 151-156.

Freud, S. (1912). *The dynamics of transference.* Londres: Hogarth Press.

García-Badaracco, J. E. (1990). *Comunidad terapéutica psicoanalítica de estructura multifamiliar.* Madrid: Tecnipublicaciones.

Hastrup, L. H., Kronborg, C., Bertelsen, M., Jeppesen, P., Jorgensen, P., Petersen, L., ... y Nordentoft, M. (2013). Cost-effectiveness of early intervention in firs-episode psychosis: Economic evaluation of a randomised controlled trial (the OPUS study). *British Journal of Psychiatry, 202*(1), 35-41.

Haworth, K., Kanter, J. W., Tsai, M., Kuczynski, A. M., Rae, J. R. y Kohlenberg, R. J. (2015). Reinforcement matters: A preliminary, laboratory-based component-process analysis of functional analytic psychotherapy's model of social connection. *Journal of Contextual Behavioral Science, 4*(4), 281-291.

Inchausti, F., Sánchez-Reales, S. y Prado-Abril, J. (2019). Proceso psicoterapéutico en los trastornos del espectro psicótico. En E. Fonseca-Pedrero (ed.), *Tratamientos psicológicos para la psicosis* (pp. 143-178). Madrid: Pirámide.

Johansen, R., Iversen, V. C., Melle, I. y Hestad, K. A. (2013). Therapeutic alliance in early schizophrenia spectrum disorders: A cross-sectional study. *Annals of General Psychiatry, 12.*

Kanter, J. W., Tsai, M., Holman, G. y Koerner, K. (2013). Preliminary data from a randomized pilot study of web-based functional analytic psychotherapy therapist training. *Psychotherapy: Research, Theory, Practice, & Training, 50,* 248-255.


© Ediciones Pirámide

Killackey, E. y Yung, A. R. (2007). Effectiveness of early intervention in psychosis. *Current Opinion in Psychiatry, 20*(2), 21-25.

Kohlenberg, R. J. y Tsai, M. (1991). *Functional analytic psychotherapy: A guide for creating intense and curative therapeutic relationship.* Nueva York: Plenum.

Labad-Alquézar, A. (2005). La psicoterapia institucional como instrumento rehabilitador. Una experiencia de veinticinco años. *Rehabilitación Psicosocial, 2*(2), 64-68.

Leonhardt, B. L., Huling, K., Hamm, J. A., Roe, D., Hasson-Ohayon, I., McLeod, H. J. y Lysaker, P. H. (2017). Recovery and serious mental illness: A review of current clinical and research paradigms and future directions. *Expert Review of Neurotherapeutics, 17*(11), 1117-1130.

Livesley, W. J., Dimaggio, G. y Clarkin, J. F. (2016). *Integrated treatment for personality disorder. A modular approach.* Nueva York: Guilford Press.

Marín-Vila, M., Ortiz-Fune, C. y Kanter, J. W. (2020). Modelo conductual-contextual de las relaciones íntimas: aplicabilidad en psicoterapia. *International Journal of Psychology and Psychological Therapy, 20*(3), 373-394.

Martindale, B. (2017). A psychoanalytic contribution to understanding the lack of professional involvement in psychotherapeutic work with families where there is psychosis. *British Journal of Psychotherapy, 33*(2), 224-238.

McCrone, P., Craig, T. K., Power, P. y Garety, P. A. (2010). Cost-effectiveness of an early intervention service for people with psychosis. *British Journal of Psychiatry, 196*(5), 377-382.

Melendo, J. J. y González, C. (1987). La unidad de agudos como elemento terapéutico. *Revista de la Asociación Española de Neuropsiquiatría, 7*(21), 189-202.

Norcross, J. C. y Lambert, M. (2019). *Psychotherapy relationships that work. Volume 1: Evidence-based therapist contributions* (3.ª ed.). Nueva York: Oxford University Press.

Ortiz-Fune, C., Kanter, J. W. y Arias, M. F. (2020). Burnout in mental health professionals: The roles of psychological flexibility, awareness, courage, and love. *Clínica y Salud, 31*(2), 85-90.

Páez-Blarrina, M. y Montesinos-Marín, F. (2016). *Tratando con... Terapia de aceptación y compromiso.* Madrid: Pirámide.

Park, A. L., McCrone, P. y Knapp, M. (2016). Early intervention for first-episode psychosis: Broadening the scope of economic estimates. *Early Intervention in Psychiatry, 10*(2), 144-151.

Pérez-Álvarez, M. (2012). Esquizofrenia y cultura moderna: razones de la locura. *Psicothema, 24*(1), 1-9.

Pérez-Álvarez, M. (en prensa). El embrollo científico de la psicoterapia: cómo salir. *Papeles del Psicólogo.*

Pérez-Álvarez, M. y García-Montes, J. M. (2019). La filosofía de la ciencia aplicada a la psicología clínica: pensando en psicosis. En E. Fonseca-Pedrero (ed.), *Tratamientos psicológicos para la psicosis* (pp. 123-144). Madrid: Pirámide.

Reyes-Ortega, M. y Kanter, J. W. (2017). *Psicoterapia analítica funcional: una guía clínica para usar la interacción terapéutica como mecanismo de cambio.* Córdoba, Argentina: Editorial Brujas.

Rodríguez, A. (2005). *Plan de Atención Social a personas con enfermedad mental grave y crónica (2003-2007). Subdirección General de Asistencia Técnica y Coordinación de Planes para Personas con Discapacidad.* Madrid: Consejería de Familia y Asuntos Sociales de la Comunidad de Madrid.

Rogers, C. R. (1951). *Client-centered therapy.* Washington, DC: American Psychological Association.

Saayman, N. (2018). Psychoanalytic psychotherapists' experiences of disturbance in response to working with psychosis. *Psychosis, 10*(4), 329-339.

Saiz Galdós, J. y Chévez, A. (2009). La intervención socio-comunitaria en sujetos con trastorno mental grave y crónico: modelos teóricos y consideraciones prácticas. *Psychosocial Intervention, 18*(1), 75-88.

Schachner, D. A., Shaver, P. R. y Mikulincer, M. (2005). Patterns of nonverbal behavior and sensitivity in the context of attachment relations. *Journal of Nonverbal Behavior, 29,* 141-169.

Shattock, L., Berry, K., Degnan, A. y Edge, D. (2018). Therapeutic alliance in psychological therapy for people with schizophrenia and related psychoses: A systematic review. *Clinical Psychology & Psychotherapy, 25*(1).

Soriano, A. (2011). Adolescentes en riesgo de psicosis: atención en un hospital de día. *Revista de Psicopatología y Salud Mental del Niño y del Adolescente, 18,* 83-87.

Tsai, M., Callaghan, G. M., Kohlenberg, R. J., Follete, W. C. y Darrow, S. M. (2009). Supervision and therapist self-development. En M. Tsai, J. R. Kohlenberg, J. W. Kanter, B. Kohlenberg, W. C. Follete y G. M. Callaghan (eds.), *A guide to Functional Analytic Psychotherapy: Awareness, courage, love and behaviorism* (pp. 167-198). Nueva York: Springer.

Tsai, M., Gustafsson, T., Kanter, J., Plummer Loudon, M. y Kohlenberg, R. J. (2017). Saying good goodbyes to your clients: A functional analytic psychotherapy (FAP) perspective. *Psychotherapy (Chicago, Ill.), 54*(1), 22-28.

Tsai, M., Kohlenberg, R. J., Kanter, J. W., Kohlenberg, B., Follette, W. C. y Callaghan, G. M. (2009). *A Guide to functional Analytic Psychotherapy. Awareness, courage, Love, and Behaviorism.* Nueva York: Springer.

© Ediciones Pirámide

Valdivia, S. (2016). Ontogénesis del «yo» y distorsiones de la identidad. *Boletín de Estudios de Filosofía y Cultura Manual Mindán, 11*.

Valero-Aguayo, J. L. y Ferro-García, R. (2015). *Psicoterapia Analítica Funcional: el análisis funcional en la sesión clínica.* Madrid: Síntesis.

Valero-Aguayo, J. L. y Ferro-García, R. (2018). *Tratando con... Psicoterapia Analítica Funcional.* Madrid: Pirámide.

Vaughn, C. E. y Leff, J. P. (1976). The influence of family and social factors on the course of psychiatric illness. *British Journal of Psychiatry, 129,* 125-137.

Vicaria, I. M. y Dickens, L. (2016). Meta-analyses of the intra and interpersonal outcomes of interpersonal coordination. *Journal of Nonverbal Behavior, 40,* 335-361.

Villero, S., Fuertes, P., León, L., Rodríguez, E., Sánchez-Carpintero, A. y Jiménez, A. M. (2016). Evaluación del Hospital de Día Infanto Juvenil. *Cuadernos de Psiquiatría y Psicoterapia del Niño y del Adolescente, 61,* 17-33.

Wilson, K. G. y Luciano, C. (2002). *Terapia de aceptación y compromiso: un tratamiento conductual orientado a los valores.* Madrid: Pirámide.

© Ediciones Pirámide

# 21 El cuidado de enfermería desde ACT

CIRA FEBLES ARÉVALO
ERIKA VALLEJO FRANCO
VIRGINIA MARTÍN SANTANA

«La enfermería es un arte, y si se pretende que sea un arte, requiere una devoción tan exclusiva, una preparación tan dura, como el trabajo de un pintor o de un escultor; pero ¿cómo puede compararse la tela muerta o el frío mármol con tener que trabajar con el cuerpo vivo [...]? Es una de las bellas artes; casi diría, la más bella de las artes» (Nightingale, 1990).

«Sin cuidado, los seres humanos no podrían existir. No se concibe la vida misma si no existiera el cuidado. Sin cuidado, la persona pierde su estructura, pierde sentido y muere. Este hecho marca la existencia humana y muestra el verdadero origen del cuidado, el cual, al estar influido por la cultura, es diverso, plural y universal» (Boff, 1999).

## 1. INTRODUCCIÓN

El desarrollo de la enfermería como disciplina científica ha permitido integrar fundamentos teóricos y práctica profesional. El metaparadigma «enfermero» engloba los conceptos básicos de la enfermería, que son: la persona, el entorno, la salud y el cuidado (Hernández-Conesa, 1996). Este metaparadigma proporciona una perspectiva universal de la disciplina. Con el concepto de «persona» se identifica a la persona o personas receptoras de los cuidados, e incluye al individuo, la familia y la comunidad. El entorno identifica las circunstancias, tanto físicas como sociales o de otra naturaleza, que afectan a la persona. El concepto de «salud» hace referencia al estado de bienestar, que oscila entre los más altos niveles de salud y la enfermedad terminal. Por último, el cuidado es entendido como la propia definición de enfermería, la esencia de la disciplina o lo que es lo mismo: «las acciones emprendidas por las enfermeras en nombre o de acuerdo con la persona, y las metas o resultados de las acciones enfermeras» (Fawcet, 1984).

En el proceso de cuidado es considerada la vulnerabilidad del ser humano como condición, siendo cubierta desde la visión integral del otro.

Así, el bien intrínseco de la profesión, que no es otro que el cuidado, exige al profesional que tenga un conjunto de conocimientos: saber; la capacidad de llevarlos a cabo de modo adecuado y eficaz para la persona: saber hacer; y un complejo de actitudes que permitan establecer buenas relaciones humanas con el que sufre: saber ser (Bermejo, 1998).

La enfermera de salud mental (SM) presta cuidados a personas, familias y comunidades de acuerdo con el concepto de «atención integral» para la promoción, prevención, tratamiento y recuperación de la SM.

La principal herramienta con la que contamos es la relación terapéutica, siendo en sí misma una fuente de cuidados. Ciertamente, el arte del cuidado es la aplicación de destrezas particulares de la ciencia enfermera, pero su verdadera esencia creadora y estética se manifiesta en la relación interpersonal entre enfermera/persona cuidada. En ella se vinculan la reflexión, la integración de creencias y valores, el análisis, el conocimiento, el juicio crítico y la intuición para crear y recrear el cuidado.

Por otro lado, las personas usuarias cada vez exigen más que se respeten sus derechos. Reivindican la necesidad de asumir responsabilidades y participar de forma activa y directa en aquello que les

© Ediciones Pirámide

concierne, ya que, aun no siendo expertos, son las personas afectadas (Delgado, 2012). Esto ha tenido consecuencias en la tradicional relación asimétrica y vertical entre profesional-paciente, considerándolo como un agente activo en el proceso de atención.

No podemos olvidarnos de que todas las intervenciones de la enfermera se desarrollan en el contexto del equipo multidisciplinar y en colaboración con otros profesionales. En este sentido, se identifica que mejorar la comunicación intraequipo, de manera que sea más horizontal y con un enfoque interdisciplinar, mejora la cohesión. Es imprescindible que todos los agentes que intervenimos en el cuidado asumamos lo fundamental de nuestro papel y participemos en la toma de decisiones. Hay que tener en cuenta que se trata de tomar decisiones prudentes en situaciones de incertidumbre en las que las personas a las que atendemos se encuentran en muchas ocasiones especialmente vulnerables.

Desde su identidad ética, marco teórico y metodología de trabajo, la enfermería es capaz de aportar, en el trabajo conjunto con otras disciplinas, un terreno fértil para la aplicación de la terapia de aceptación y compromiso (ACT).

## 2. EL CUIDADO

La palabra «cuidado» se refiere a la acción de cuidar y procede del latín *cogitatus:* reflexión, pensamiento, interés reflexivo que uno pone en algo.

Cuidar es una capacidad inherente al ser humano. Las personas somos cuidadas desde que nacemos para aprender a autocuidarnos y cuidar a otros. En este sentido, la enfermería es fundamentalmente el desarrollo de una actividad humana, ya que el cuidado ha sido reconocido como nuestra identidad profesional.

Los cuidados constituyen la esencia de la enfermería y son un elemento central dominante, distintivo y unificador de esta disciplina (Rodríguez, Cárdenas, Pacheco y Ramírez, 2014).

Sin embargo, el cuidado de enfermería se distingue del cuidado innato de los seres humanos. En el cuidado de enfermería se establece un proceso intencional altruista de querer ayudar a otros en sus procesos de salud/enfermedad, muerte/renacimiento, fundando y guiando este cuidado en el conocimiento teórico (Chinn, 1998).

El hecho de cuidar implica tener en cuenta, preocuparse por un semejante y está relacionado con una acción concreta (Waldow, 2006). Esto conlleva un compromiso ético de profundo respeto por la persona. La práctica moral de enfermería se manifiesta cuando van aparejados la empatía y el trabajo reflexivo (Rodríguez, 2014). También, el compromiso con mantenerse actualizado y desarrollar conocimientos relevantes para las prácticas necesarias del cuidado.

Por tanto, en enfermería el cuidar de la salud de las personas se convierte en una actividad planificada, fundada, dinámica y compleja, ya que implica conocimientos y habilidades personales para acompañar a las personas en sus procesos de recuperación.

La enfermería es testigo de los ciclos vitales de las personas. Esto supone la oportunidad de acompañar de cerca durante el sufrimiento, verlo en un amplio contexto y conocer los principios y valores que mueven a las personas. Se puede decir que el núcleo del trabajo enfermero es la relación de la persona con su salud, no con la enfermedad en sí misma. Esto hace que el foco de atención esté puesto en las «respuestas humanas», es decir, cómo responde la persona a los diferentes acontecimientos vitales. Así, el tema central de las interacciones no queda atrapado en el binomio síntomas/respuesta ni tratamiento/cuidados, sino en el binomio orteguiano persona-circunstancias. El objetivo no sería explorar los síntomas para ver su evolución, sino explorar el significado en el contexto de la vida de las personas, desarrollando una comprensión del sentido que tiene para ellas y cómo afecta en su vida cotidiana.

En ello también se fundamenta ACT, ya que se centra en la forma en la que la persona se relaciona con los síntomas, no en la sintomatología en sí. No persigue alterar la forma o contenido de la cognición (ideas, creencias...). En su lugar, intenta debilitar cómo influyen esos contenidos en el día a día de las personas (Arrollo, Álvarez y De Rivas, 2013). Las intervenciones se centran en la relación que las personas mantienen con el mundo para ayudarles a aceptar aquello que la vida lleva consigo y a cambiar lo que sea posible y consideren beneficioso para ellas (García-Montes, Pérez-Álvarez y Cangas, 2006).

Por todo esto, se entiende que las competencias habituales de los profesionales de enfermería enca-

© Ediciones Pirámide

jan con la filosofía de ACT, siendo esta una terapia profundamente interpersonal. En ella están implicadas dos características que son componentes fundamentales de toda intimidad interpersonal: una es la vulnerabilidad y la otra la conforman los valores.

La profesión enfermera, en tanto que labor de cuidado, tiene que ver con la realidad frágil y vulnerable del ser humano.

Es la enfermera quien se ocupa de aquellas personas que han perdido la firmeza, y el cuidado es una labor en la que impera el interés reflexivo para ayudar y acompañar a otra vulnerable. Porque ante una condición humana que puede ser vulnerable, también existen potencialidades de desarrollo, asumiendo enfermería esta responsabilidad a través del cuidado.

### 2.1. La vulnerabilidad

La vulnerabilidad es una característica propia del ser humano. Un concepto esencial para la comprensión de lo humano que parece evidente desde una perspectiva antropológica, pero que la tradición cultural más cercana a la defensa del individualismo, la autonomía y la independencia se ha encargado de dejar en un segundo plano.

Ser vulnerable implica fragilidad, una situación de amenaza o posibilidad de sufrir daño. Por tanto, implica ser susceptible de recibir o padecer algo malo o doloroso.

La vulnerabilidad proviene de nuestra sociabilidad y relacionalidad. Es constitutiva y conlleva que el encuentro con la otra persona nos transforme irremediablemente (Butler, 2009). Nos iguala en la fragilidad y nos hacemos más o menos susceptibles al daño en función de nuestras circunstancias y de la posibilidad de que estas nos permitan desarrollar las capacidades básicas para alcanzar una calidad de vida y encontrar el reconocimiento como clave de la autonomía (Feito, 2007).

Es necesario reconocer la vulnerabilidad como una característica propia del ser humano, e intentar solventarla cuando las personas se encuentran en situación de enfermedad o pueda existir un daño potencial por parte de otras personas. Además, es preciso reconocer y solventar la vulnerabilidad generada en el momento en que no existe un reconocimiento por parte del otro hacia una persona.

La vulnerabilidad se asocia cada vez más a las condiciones del medio (ambientales, sociales, culturales...) en que se desarrolla la vida de una persona. Esto es lo que se denomina «vulnerabilidad social». El análisis de determinadas condiciones desfavorables para determinados grupos lleva a la consideración de que existen lo que se denominan «espacios de vulnerabilidad». Estos espacios exponen a las personas a mayores riesgos, a situaciones de falta de poder o control, a la imposibilidad de cambiar sus circunstancias y, por tanto, a la desprotección (Feito, 2007). Por tanto, la vulnerabilidad es la exposición a contingencias y tensiones, y la dificultad para enfrentarse a ellas.

Es decir, que existe una dimensión externa de riesgo, vulnerabilidad social, y una interna de la propia persona, correspondiente a la vulnerabilidad antropológica (Chambers, 1983).

El que una persona sea considerada como vulnerable no debe interferir con su autonomía, integridad y dignidad. Esto conlleva la necesidad de recibir los apoyos adecuados que le permitan desarrollar su potencial e implica una responsabilidad hacia el otro, además de la realización de la justicia a través de la solidaridad: «la justicia es necesaria para proteger a los sujetos autónomos, pero igualmente indispensable es la solidaridad, porque la primera postula igual respeto y derechos para cada ser humano autónomo, mientras que la segunda exige empatía —situarse en el lugar del otro— y preocupación por el bienestar del prójimo, exige compasión; los sujetos autónomos son insustituibles, pero también la actitud solidaria de quien reconoce una forma de vida compartida» (Cortina, 1991). Se entiende la solidaridad como la preocupación y responsabilidad por el otro ser humano, porque sin ello no es posible la realización de la justicia.

Y esta vulnerabilidad que compartimos todas las personas, dependiendo de nuestro momento vital y de las circunstancias que nos rodean, es la que suscita una respuesta de sensibilidad, derivando la actitud ética del cuidado. El sentir nuestra propia vulnerabilidad afirma nuestra humanidad. Es decir, saber que somos limitados y vencibles conlleva que la vulnerabilidad se convierta en una fuente de preocupación por los otros, a la vez que en una fuente de confianza en los otros. El denominador común de nuestra propia vulnerabilidad nos liga al resto de personas (May, 1969). En conexión con esto, la relación clínica pue-

© Ediciones Pirámide

de tanto abonar esa vulnerabilidad y agravar las sensaciones de dependencia y angustia o, por el contrario, ofrecer estrategias de compensación y un clima de interacción para un apoyo efectivo a quienes lo necesiten, disminuyendo dicha vulnerabilidad (Jiménez, Triana y Washburn, 2002).

### 2.2. Capacidad y reconocimiento

El enfoque de las capacidades humanas se refiere al funcionamiento real de las personas en áreas centrales para la calidad de vida. Gran parte de estas capacidades definidas son derechos humanos reconocidos como tales. Se considera que es una exigencia moral ofrecer oportunidades o garantías para que las personas desarrollen sus capacidades y así compensar las diferencias existentes entre las personas (Feito, 2007).

En uno de los polos de la identidad personal se encuentran las capacidades y en el otro el reconocimiento.

Por tanto, capacidad y reconocimiento son dos elementos insustituibles de la identidad de las personas.

Reconocernos es reconocernos en la relación con los otros. La progresión del reconocimiento como identificación pasa por el reconocimiento de uno mismo para llegar al reconocimiento mutuo (Ricoueur, 2005). Este paso del reconocer algo, reconocerse a sí mismo y ser reconocidos se plasma en el cambio de la voz activa del verbo «reconocer» a la voz pasiva. Es decir, del yo reconozco algo al yo soy reconocido (Moratalla, 2006). El «reconocimiento recíproco» se considera esencial en la construcción de la identidad personal. La identidad del ser humano se construye a partir de la autocomprensión que nace del encuentro con los otros seres humanos. Para sentirnos realizados como personas necesitamos ser reconocidos por los demás (Calvo, Costa, García-Conde y Megía, 2011).

Para facilitar este reconocimiento en la relación clínica se puede potenciar la respectiva identidad de cada interlocutor. La identidad de las personas cuidadas se potencia al recibir un trato personalizado, participar en la toma de decisiones y a través de la promoción de un discurso narrativo propio, facilitando la autocomprensión y permitiendo al profesional conocer valores, miedos y expectativas de las personas. Por otro lado, la identidad profesional se potencia a través de la actualización de los conocimientos y el perfeccionamiento de las habilidades o adquisición de otras nuevas (Calvo, 2011).

Este reconocimiento de la intersubjetividad es el vínculo que sustenta toda obligación moral. El participar en un diálogo en el que los interlocutores se reconozcan entre sí implica estimar valores, empatizar, reconocer la alteridad y construir la identidad moral a través de las narraciones. Asimismo, el desarrollo de un sentido de la compasión y el respeto de la dignidad de este reconocimiento. La defensa de la dignidad no puede construirse sin la toma de conciencia de la vulnerabilidad de los seres humanos. En definitiva, las personas son dignas de respeto, pero también de compasión (Cortina, 2007; Feito, 2007).

### 2.3. La compasión

El cuidado y la compasión están estrechamente vinculados. Históricamente la compasión se ha asociado con la profesión enfermera: «un bien mayor, propio de la enfermería se identifica con la compasión. La compasión, es una forma intensa de benevolencia, es un bien intrínseco a la virtud del cuidado en la práctica profesional enfermera» (Tuckett, 1999, p. 385).

La compasión es una actitud moral compleja que se liga con el principio de beneficencia inervada por condiciones humanas originarias como la fragilidad y la finitud (Jiménez, 2002). Se ha dicho que es un sentimiento, una pasión, una virtud, un mandamiento, está más allá de la justicia, una debilidad moral, una forma de egoísmo encubierto... una discusión que aún no ha sido clausurada (López de la Vieja, 2000).

Como sabemos, el ser humano es un ser que necesita del otro, que vive en dualidad: «existe en dependencia, para a partir de, frente a, en relación con, en contra de, y junto a» (Melich, 2016). Esa necesidad del otro hace al ser humano movilizarse por el otro.

En la compasión existen dos elementos fundamentales: la interdependencia y la comprensión profunda (Araya, 2016). Al igual que el cuidado, la compasión hace referencia a otra persona, a una relación. Compasión implica reconocer, entender,

© Ediciones Pirámide

estar con y para el otro; «se trata del reto de hacerse uno con el otro, de traspasar el estrecho horizonte del individualismo y reconocer que todo otro es otro-como-yo, no una abstracción» (Estrada, 2006). Supone compartir el estado emocional del otro, incluyendo la empatía y la aceptación de los demás.

El cuidado de enfermería es relacional y compasivo. El cuidado para ser cuidado tiene que ser humanizado y surge de la relación con el otro.

## 3. LA RELACIÓN TERAPÉUTICA

Tradicionalmente, la relación clínica establecida entre el sanitario y «la persona enferma» se ha caracterizado por ser paternalista. Ya en el juramento hipocrático se formulaba esta característica: «haré uso del régimen dietético para ayuda del enfermo, según mi capacidad y recto entender: del daño y la injusticia preservaré». En él no se hace alusión a las capacidades de la persona afectada. Según este tipo de relación, el médico, que dispone del conocimiento, es una autoridad que elige siempre la mejor opción para el paciente (Delgado, 2012). Se establece de esta manera una relación asimétrica y vertical en la cual el sanitario toma decisiones para proporcionar un bien y el paciente se deja llevar hacia ese bien (que no ha elegido) de manera sumisa (Lázaro y Gracia, 2006).

En cambio, en la actualidad se aboga por la participación activa de las personas afectadas en la toma de decisiones referentes a su salud, de acuerdo con el sistema de valores en que se basa su proyecto de vida, ya que las personas usuarias de los servicios sanitarios reivindican su derecho a la autonomía.

Concretamente en psiquiatría, donde la capacidad para tomar decisiones de las personas con problemas de salud mental se pone en duda en muchas ocasiones, existe la posibilidad de que las actuaciones de los profesionales estén dirigidas a proporcionar un bien pero sin respetar sus derechos como ciudadanos de pleno derecho. Las actitudes negativas pueden ser internalizadas y sitúan a quien las sufre en una posición que menoscaba la consideración de sí mismo como sujeto de derechos en igualdad. Esto puede dar lugar a una sistemática de vulneración de DD. HH., sin que sea percibida por el entorno ni por el propio sujeto como tal (Ortiz, Gervás, Ibáñez, De la Mata y Muñiz, 2013).

La relación terapéutica (RT) debe entenderse como un proceso colaborativo horizontal en el cual el profesional se acomoda a la situación de la persona y la acompaña hasta su recuperación. Se establece un diálogo buscando una comprensión conjunta y se identifican necesidades para elaborar un plan dirigido a satisfacer un proyecto de vida. En contraposición, las medidas coercitivas aún presentes hoy en día exacerban el estigma y la discriminación, perpetuando la asimetría en la relación terapéutica.

### 3.1. La coerción

La coerción en el campo de la SM es un tema al que se presta cada vez más atención. El origen del vínculo entre coerción y SM se identifica con el inicio de la reclusión en asilos en el siglo XVII (Foucault, 2013; Szasz, 2009).

Se define coerción como una actividad concreta de presión ejercida sobre alguien para forzar su voluntad o su conducta e indica su proximidad a la posible vulneración de los derechos ciudadanos (Morgan y Felton, 2013). En ocasiones, se considera inevitable producir vulneraciones de los derechos para reconducir las alteraciones conductuales que sufren las personas afectadas de algún problema de SM.

Hay que tener en cuenta que los profesionales tenemos la responsabilidad de ser garantes de la seguridad. Por ello, la evaluación y gestión del riesgo va a influir en las prácticas asistenciales de forma general y decisiva, siendo en ocasiones la impulsora de medidas coercitivas como forma de prevención (Inchauspe y Valverde, 2017). Respecto a las diferentes medidas coercitivas, existen algunas de mayor visibilidad, como la contención mecánica (CM) o el tratamiento ambulatorio involuntario (TAI), pero también otras que pasan más desapercibidas, como la amenaza y/o persuasión. En general, la coerción está entrelazada con la RT y se aplica sin intención de causar daño y sin que exista conciencia de que se está violando un derecho (ONU, 2017; Inchauspe, 2017).

Como se mencionaba anteriormente en este capítulo, capacidad y reconocimiento son dos elementos necesarios e insustituibles de la identidad de las personas. La toma de conciencia de la dificultad del reconocimiento por parte de otros es esencial. En

© Ediciones Pirámide

ocasiones, la vulnerabilidad es propiciada por la falta de poder y por la imposibilidad de luchar contra los elementos, derivado de una falta de reconocimiento en las relaciones (Ricouer, 2008). Según esto, se podría entender que la coerción surge también por una falta de reconocimiento del otro, ya que las opiniones, creencias y expectativas de las personas quedan suprimidas en una relación asimétrica. La perspectiva colaborativa proporciona una mejor disposición para que las situaciones potenciales de actividad coercitiva no se presenten.

En definitiva, la necesidad de superar la coerción como requisito ético debe ser un objetivo común en cualquier modelo asistencial de SM. Esto mejoraría la RT, entendiéndola como instrumento esencial para el manejo de los problemas de SM y para la toma de decisiones.

### 3.2. Toma de decisiones compartida

Frente a la tradición hipocrática que establece la postura del profesional como un sujeto que se ubica en la posición (y posesión) del saber, surgieron posturas que cuestionaron los modos del paternalismo tradicional y se reforzó la idea de que los pacientes deben consentir tras ser informados de forma correcta. Consecuentemente, se formula el principio de autonomía del paciente, que cuestiona la asimetría y verticalidad de la RT mencionada anteriormente.

El acudir a la autonomía como principio tuvo la finalidad de corregir la autoridad incuestionada del médico (Delgado, 2012). El desarrollo de este principio consigue situar a la persona como centro y como sujeto activo del proceso de atención. Esto implica un papel activo en la toma de decisiones y entender la planificación y provisión de la atención como procesos colaborativos. No obstante, respetar la autonomía no consiste simplemente en dejar la decisión en manos de la persona, sino que requiere de un ejercicio constante de comunicación y compromiso para que pueda llegarse a una decisión verdaderamente autónoma. La elección requiere esfuerzo por conseguir una comunicación eficaz, en la que se facilite, se anime y se apoye en el proceso de toma de decisiones (Marsico, 2003).

La toma de decisiones compartidas (TDC) se define como un conjunto de instrumentos enfocados a realizar una toma de decisiones específica y deliberada en lo que concierne y afecta a la salud de las personas.

Implica un proceso de decisión conjunta y colaborativa, basándose en una relación de ayuda y en una atención centrada en la persona (Costa y Almendro, 2009). Cuando las personas están adecuadamente informadas y se establece una relación de confianza, se participa de forma activa en los cuidados y se promueve una mayor adherencia terapéutica.

En toda decisión se incluyen los valores personales, por lo que no tenerlos en cuenta es un error (Gracia, 2000). El objetivo en la TDC es ayudar a las personas en este proceso, facilitando el desarrollo de su autonomía de forma adecuada asociándolo con sus propios valores. Este manejo marca un estilo de relación que facilita el reconocimiento recíproco entre los profesionales y las personas atendidas.

La TDC precisa de habilidades comunicativas por parte de los profesionales, siendo un proceso de deliberación conjunta. Para ello la RT debe sustentarse en una relación dialógica simétrica, aunque la responsabilidad inherente a cada interlocutor pueda considerarse como asimétrica. Se entiende que la responsabilidad es asimétrica porque la situación en la que se encuentra cada interlocutor es diferente: el profesional se sitúa como prestador de cuidados y la persona como receptora de los mismos. Esto no implica que no sea necesario que exista un reconocimiento recíproco entre ambos.

La teoría psicopatológica que subyace en ACT se opone a las dicotomías entre profesional-paciente: sano/enfermo, competente/incompetente, íntegro/roto, fuerte/débil... Trata de minimizar la función del profesional como persona superior que «lo sabe todo y resuelve problemas», a la par que maximiza la fortaleza de la persona para llevar adelante su vida. La RT se asienta en validar los problemas y sufrimientos de las personas por lo que tienen de valor respecto a lo que quieren en sus vidas. En muchas ocasiones las personas llevamos a cabo comportamientos que entran en conflicto con nuestros propios valores. Por tanto, nuestra función principal como profesionales consiste en ayudar a clarificar cuáles son sus valores y la correspondencia con las acciones realizadas. Es decir, que las personas puedan definir lo que es importante en sus vidas fomentando las conductas que persigan esas metas. Por

© Ediciones Pirámide

ello, es esencial generar un compromiso con las acciones, de manera que se relacionen acciones concretas con sus propios valores personales.

En síntesis, los profesionales seremos facilitadores del proceso, sin estandarizar camino alguno.

### 3.3. La relación en enfermería

Toda acción de cuidado se da en una relación interpersonal. Esta relación se basa en aspectos interpersonales del cuidado, en la capacidad de percibir la necesidad y comprender la situación de vulnerabilidad en la que se encuentran las personas. En ella se adquiere un compromiso moral a través de valores de respeto hacia la dignidad de las personas con el objetivo de mejorar su calidad de vida.

Las relaciones interpersonales entre enfermera-persona cuidada son la base de la disciplina, necesarias para garantizar un cuidado holístico. Para enfermería, este proceso interpersonal que involucra la interacción, relaciones e intercambios es indispensable; y esto se logra a través de conocerse a uno mismo y entender a los otros para establecer relaciones terapéuticas que favorezcan la salud de las personas (Jacobs-Kramer y Chinn, 1988). De esa indispensable interrelación surge la principal herramienta de trabajo con la que contamos en SM, que es la relación terapéutica (RT), siendo en sí misma una fuente de cuidados.

Peplau (1990) considera la relación como imprescindible y necesaria, siendo el instrumento utilizado en el proceso interactivo entre la enfermera y la persona con el objetivo de administrar cuidados de calidad. Orienta los cuidados a partir de una perspectiva centrada en la relación interpersonal y acoge la relación de ayuda (RA) como metodología para la enfermería, señalando: «la enfermera ayuda al cliente a evaluar sus experiencias interpersonales actuales a fin de progresar en la elaboración y desarrollo de nuevas habilidades perdidas o nunca adquiridas». Considera la comunicación como la base del modelo enfermero, describiendo en el rol de enfermería la capacidad de conocer y comprender la conducta y los sentimientos de los demás a partir del conocimiento de los propios, para poder establecer la relación de ayuda. La RA no es una característica de nuestra profesión, sino la condición *sine qua non* de la eficacia de los cuidados (Bermejo, 1998). Enfermería se caracteriza por el establecimiento de una RA que implica la interacción y la influencia mutua.

Habitualmente, el personal de enfermería mantiene un contacto estrecho con las personas cuidadas, pasando un período de tiempo mucho mayor que con cualquier otro profesional y estableciendo relación en situaciones íntimas para ellas. Además, al poner nuestra atención en las respuestas humanas de las personas ante determinadas circunstancias, nos permite desarrollar nuestra labor con aquello que tiene significado para ellas.

Esto nos coloca en un lugar idóneo para establecer vínculos de confianza e identificar las habilidades que desarrollan las personas en situaciones de vulnerabilidad con el objetivo de llevar a cabo de forma conjunta estrategias para mejorarlas.

La práctica enfermera se centra en el cuidado en su dimensión más amplia, ofreciéndole su carácter holístico. Comprender a la persona desde una perspectiva holística es considerarla un sistema abierto y compuesto de dimensiones con características biológicas, cognitivas, sociales, afectivas y espirituales (Chalifour, 1994). Además, el cuidado tiene, en mayor o menor medida, un aspecto relacionado con la intimidad de la persona, ya sea físico, psicológico o espiritual. Cuando se cuida, también prestamos atención al cuidado de lo íntimo, es decir, aquellas dimensiones de la persona que afectan a aspectos importantes de su vida.

Confiar la propia intimidad nos expone, es arriesgado para todas las personas, pero más para quienes se encuentran en una situación de especial vulnerabilidad. Por ello, es imprescindible hacer crecer la confianza y crear un espacio en el que la persona se sienta segura.

La experiencia de enfermería en el uso de la RA como método de trabajo es muestra de su competencia técnica y relacional, teniendo elementos potencialmente facilitadores para la terapia de aceptación y compromiso (ACT).

ACT se centra en la relación que las personas mantienen con el mundo y pretende un doble objetivo. Por un lado, busca que las personas acepten aquellos aspectos de su experiencia que han estado intentando modificar sin éxito y que no paralicen sus vidas (García-Montes et al., 2006). Y por otro, ayudar a cambiar lo que sea posible y consideren beneficioso. Plantea la necesidad de intervenciones

© Ediciones Pirámide

holísticas, en las cuales se tenga en cuenta la relación con el medio social de la persona. Para ello es necesario escuchar e intentar comprender todo lo relativo al sentido personal que tienen los síntomas para las personas, ayudando a sobrellevar y poner en perspectiva sus propias experiencias. En definitiva, los profesionales nos centramos en la validación de las emociones, ya que las diferentes reacciones emocionales pueden justificarse en función de la propia historia de la persona. También validamos las experiencias de las personas a través del uso de metáforas, analogías, ejercicios experienciales y del humor. La consecuencia principal de esto es disminuir el contexto de literalidad, propiciando un distanciamiento de la emoción, es lo que se llama defusión cognitiva... Permite ver las vivencias internas, los pensamientos, sensaciones, recuerdos, como lo que son, una corriente de vivencias que se tienen (Arrollo, 2013). Es decir, que la persona se distancie de ciertas cogniciones desagradables.

## 4. CONCLUSIONES

Enfermería comparte la responsabilidad en el cuidado de la vida, aliviar el sufrimiento y promover la salud de personas, familias y comunidades. Dentro de nuestras competencias se encuentran la enseñanza, el apoyo en la toma de decisiones, la autorresponsabilización y la potenciación de la autoestima. Esto convierte a la enfermería en una aliada de los enfoques de emancipación y recuperación que imperan en la actualidad.

A través de las intervenciones desde ACT, la persona clarifica sus valores, de tal modo que eso le permite descubrir cuáles son las direcciones valiosas para su vida e implicarse en la realización de acciones comprometidas con dichos valores.

Como hemos mencionado, el cuidado requiere de un valor personal y profesional encaminado a la conservación, restablecimiento y autocuidado de la vida y se fundamenta en la relación entre la enfermera y la persona que recibe cuidados. El cuidado de enfermería implica el reconocer la vulnerabilidad del otro y adquirir un compromiso con y para el otro.

A través de la toma de decisiones compartidas se establece un proceso dialógico con el objetivo de que la persona pueda tomar decisiones respecto a su salud de forma verdaderamente autónoma.

Para finalizar, no debemos olvidarnos de que la calidad del cuidado nunca es fortuita; siempre es resultado del esfuerzo y el compromiso por el otro.

## REFERENCIAS BIBLIOGRÁFICAS

Araya, C. (2016). Autocompasión: origen, concepto y evidencias preliminares. *Revista Argentina de Clínica Psicológica, 25*(1), 67-78.

Arrollo, J., Álvarez, A. y De Rivas, S. (2013). Revisión de la terapia de aceptación y compromiso aplicada a la psicosis. *Informaciones Psiquiátricas, 214*(4), 365-383.

Bermejo, J. (1998). *Apuntes de relación de ayuda.* Santander: Sal Terrae.

Boff, L. (1999). *Saber cuidar. Ética do humano-compaixáo pela Terra.* Brasil: Editora Vozes.

Butler, J. (2009). *Dar cuenta de sí mismo. Violencia ética y responsabilidad.* Buenos Aires: Amorrortu.

Calvo, F., Costa, A., García-Conde, J. y Megía, M. (2011). Sin reconocimiento recíproco no hay calidad asistencial. *Revista Española de Salud Pública, 85*(5), 459-468.

Chalifour, J. (1994). *La relación de ayuda en cuidados de enfermería. Una perspectiva holística y humanista.* Barcelona: SG Editores.

Chambers, R. (1983). *Rural development: Putting the last first.* Londres: Longman.

Chinn, P. (1998). Caring: Theory & practice. En T. García y L. A. Pagliuca, *Construçao do conhecimiento em Enfermagem. Coletânea de trabalhos.* Fortaleza: RENE.

Cortina, A. (1991). *La moral del camaleón.* Madrid: Espasa Calpe.

Cortina, A. (2007). *Ética de la razón cordial. Educar en la ciudadanía en el siglo XXI.* Oviedo: Nobel.

Costa, A. y Almendro, C. (2009). Un modelo para toma de decisiones compartida con el paciente. *Atención Primaria, 41*(5), 285-287.

Delgado, J. (2012). *Autonomía relacional: un nuevo enfoque para la bioética.* Máster en filosofía teórica y práctica. UNED.

Estrada, M. (2006). Por una ética de la compasión en la educación. *Teoría de la Educación, 18,* 201-227.

Fawcett, J. (1984). The metaparadigm of nursing: Present status and future refinements. *Image, 16*(3), 84-87.

Feito, L. (2007). Vulnerabilidad. *Anales del Sistema Sanitario de Navarra, 30*(3), 7-22.

© Ediciones Pirámide

Foucault, M. (2013). *El nacimiento de la clínica. Una arqueología de la mirada médica.* España: Siglo XXI.

García-Montes, J., Pérez-Álvarez, M. y Cangas, A. (2006). Aproximación al abordaje clínico de los síntomas psicóticos desde la aceptación. *Apuntes de Psicología, 24*(1-3), 293-307.

Gracia, D. (2000). Calidad y excelencia en el cuidado de la salud. En F. Lolas, *Bioética y Cuidado de la Salud. Equidad, Calidad, Derechos.* Organización Panamericana de la Salud.

Hernández-Conesa, J. (1996). *La construcción de la enfermería como disciplina científica: una aproximación desde su historia y sus fundamentos teóricos.* Tesis doctoral. Universidad de Murcia.

Inchauspe, J. y Valverde, M. (2017). La coerción en Salud Mental: conceptos, procesos y situación. En *Coerción y Salud Mental. Revisando las prácticas de coerción en la atención a las personas que utilizan los servicios de salud mental. Cuadernos Técnicos, 20.* Asociación Española de Neuropsiquiatría.

Jacobs-Kramer, M. y Chinn, P. (1988). Perspectives on Knowing: A model of nursing knowledge. *Scholarly Inquiry for Nursing Practice: An International Journal, 2*(2), 129-144.

Jiménez, A., Triana, M. y Washburn, J. (2002). Compasión y salud. *Isegoría, 27,* 211-233.

Lázaro, J. y Gracia, D. (2006). La relación médico-enfermo a través de la historia. *Anales del Sistema Sanitario de Navarra, 29*(3), 7-17.

López de la Vieja, M. (2000). *Feminismo: del pasado al presente.* Salamanca: Ediciones Universidad de Salamanca.

Marsico, G. (2003). *Bioética: voces de mujeres.* Madrid: Nancea.

May, R. (1969). *Love and will.* Nueva York: Dell Publishing Co.

Melich, J. (2016). *Ética de la compasión.* Barcelona: Herder.

Moratalla, D. (2006). Del sí mismo reconocido a los estados de paz. Paul Ricoeur: caminos de hospitalidad. *Pesamiento, 62*(233), 203-230.

Morgan, A. y Felton, A. (2013). From Constructive Engagement to Coerced Recovery. En S. Coles, S. Keenan y B. Diamond, *Madness contested: Power and practice.* UK: PCCCS-Books.

Nightingale, F. (1990). *Notas sobre Enfermería.* Barcelona: Masson.

Organización de las Naciones Unidas: Consejo de Derechos Humanos (2017). *Informe del Relator Especial sobre el derecho de toda persona al disfrute del más alto nivel posible de salud física y mental,* 28 de marzo de 2017. A/HRC/35/21.

Ortiz, A., Gervás, J., Ibáñez, V., De la Mata, I. y Muñiz, E. (2013). *Hacia una psiquiatría crítica. Excesos y alternativas en Salud Mental* (1.ª ed.). Madrid: Editorial Grupo 5.

Peplau, H. (1990). *Relaciones interpersonales en enfermería: un marco conceptual para la enfermería psicodinámica* (1.ª ed.). Barcelona: Masson-Salvat Enfermería.

Ricouer, P. (2005). *Caminos del reconocimiento.* Madrid: Trotta.

Ricoeur, P. (2008). Autonomía y vulnerabilidad. En *Lo justo 2. Estudio, lecturas y ejercicios de ética aplicada.* Madrid: Trotta.

Rodríguez, S., Cárdenas, M., Pacheco, A. y Ramírez, M. (2014). Una mirada fenomenológica del cuidado de enfermería. *Enfermería Universitaria, 11*(4), 145-153.

Szasz, T. (2009). *Coercion as cure: A critical history of psychiatry.* USA: Transaction Publishers.

Tuckett, A. (1999). Nursing practice: Compassionate deception and the Good Samaritan. *Nursing Ethics, 6*(5), 383-389.

Waldow, V. (2006). *Cuidar: expresión humanizadora de enfermería.* Petrópolis, Río de Janeiro: Vozes.


© Ediciones Pirámide

# 22 Perspectiva comunitaria para la mejora de la calidad de vida

CIRA FEBLES ARÉVALO
ANA CARRALERO MONTERO
ERIKA VALLEJO FRANCO
MARIA DEL MAR RODRÍGUEZ PÉREZ

«Llevo décadas girando alrededor de esta palabra, de este adjetivo, de este concepto, intentando construir una práctica profesional coherente con ella, tratando de guiarme por una ética relacionada con ella. Siempre con la incómoda sensación de no aprehenderla bien, de estar en ámbitos profesionales donde su invocación no está sustentada por un claro significado común compartido. Como si fuera una bandera que se ondea, sin saber bien el origen y significado de sus colores. Un himno sin letra. Como una insignia que se lleva en la solapa de un antiguo abrigo, sin preguntarse por el sentido de su permanencia en la prenda. Un icono. Cuando esto ocurre, es más fácil que la bandera, el himno y la insignia que se crearon para distinguirse y para reivindicar un sueño o una utopía, sean devorados por lo cotidiano y se desvanezca su potencial de romper con lo establecido» (Segura del Pozo, 2018, p. 11).

## 1. INTRODUCCIÓN

La atención a las personas con problemas de salud mental (SM) ha sufrido una transformación importante. Progresivamente, el abordaje ha dejado de estar enfocado únicamente al tratamiento sintomático para centrarnos en una atención integral e integrada que cubra sus necesidades, más allá de la sintomatología. Se entiende que un tratamiento integrado es, además de la mejor terapéutica posible, la única posibilidad para muchas personas con trastorno mental grave (TMG) de poder vivir una vida digna y mejorar su calidad de vida, permitiendo, también, contribuir al mejor desarrollo de la sociedad.

Las personas diagnosticadas de un TMG tienen una peor calidad de vida respecto a la población general.

Esta asociación no se explica únicamente por la presencia de un TMG, sino que está relacionada con otros factores como el nivel socioeconómico, el desempleo, el apoyo social, la edad, el sexo, el tratamiento psicofarmacológico... (Vrbova et al., 2017). Comprender la calidad de vida (CV) y los factores que influyen para mejorarla puede contribuir a la determinación de retos con el objetivo de satisfacer las necesidades de las personas con problemas de salud mental.

Los establecimientos psiquiátricos y otros dispositivos de media y larga estancia hospitalaria se han asociado durante mucho tiempo con cuidados de baja calidad y con vulneraciones de los derechos humanos (DD. HH.) de las personas ingresadas (Funk y Drew, 2012). A raíz de los movimientos de la reforma psiquiátrica, se ha realizado un esfuerzo por dignificar el cuidado y promover los derechos de estas personas.

Esto ha tenido efectos, con la consiguiente mejora de la situación de las personas en las instituciones.

A partir de la Convención Internacional sobre los Derechos de las Personas con Discapacidad (CDPD), la Organización Mundial de la Salud (OMS) asume como una apuesta relevante el asunto de la salud mental. Esto supuso un cambio de paradigma y una de sus principales consecuencias fue el empezar a considerar la discapacidad como una cuestión de DD. HH. Además, este cambio de paradigma implica el paso de un modelo médico-asistencialista a lo que se conoce como modelo social de la discapacidad. Esta convención pretende: «promover,

© Ediciones Pirámide

proteger y asegurar el goce pleno y en condiciones de igualdad de todos los derechos humanos y libertades fundamentales por todas las personas con discapacidad, y promover el respeto de su dignidad inherente» (ONU, 2006, p. 4). Reconoce la igualdad ante la ley de las personas con discapacidad, la plena capacidad jurídica, la toma de conciencia social, los derechos a la dignidad humana, la accesibilidad universal en actividades sociales, políticas, económicas y culturales, así como la justicia, seguridad, libertad de desplazamiento, ser incluidas en la comunidad basada en una forma de vida independiente, libertad de expresión y opinión y los derechos a la educación, la salud, el trabajo, el empleo y la participación en la vida política y pública.

La dignidad humana se expresa en los principales tratados internacionales de DD. HH. como principio y como derecho fundamental. Se manifiesta con el goce efectivo de la libertad, la autonomía y la igualdad. Esta dignidad no solo asegura derechos a la persona, sino que revela un prisma de reconocimiento del otro, por el cual el ser humano, no solo merece un trato adecuado, sino que él mismo está llamado a dirigir su vida, respetando su dignidad y la ajena. Partiendo de la premisa de que toda vida humana es igualmente digna, desde el modelo social de la discapacidad se sostiene que lo que las personas con discapacidad pueden aportar a la sociedad está relacionado con la inclusión y la aceptación de la diferencia. En este paradigma, el objetivo reflejado es rescatar las capacidades de las personas (Palacios, 2008).

En las últimas décadas, la discapacidad ha pasado a considerarse una construcción social basada en la interacción entre la persona y su contexto, frente a la visión tradicional del modelo médico, que entiende la discapacidad como una cuestión de configuración individual. De esta manera, se tiene en cuenta el grado en que el entorno precipita la inclusión o exclusión de las personas.

Las personas con problemas de SM son un colectivo en una especial desventaja social. Por tanto, para la continua disminución de las barreras ambientales, físicas e ideológicas que limitan su participación e inclusión comunitaria es necesario reconocer los derechos de igualdad y no discriminación atendiendo a la diversidad (Pérez, 2010). Esta concepción, fundamentada en el modelo social de la discapacidad, hace frente a la idea tradicional de que «es el paciente el que debe rehabilitarse para poder incorporarse en la comunidad», para considerar que es la comunidad quien debe incluir a todas las personas con sus diversidades.

El Informe del Relator de las Naciones Unidas incluye la inclusión social dentro de sus principios clave del apoyo basado en los derechos. Considera que: «asegurar las conexiones interpersonales, comunitarias y más amplias con la sociedad es un determinante psicosocial esencial de la salud mental y es vital para la promoción y protección del derecho a la salud mental» (Organización de las Naciones Unidas [ONU], 2020). Mejorar la CV no tiene que ver solo con cuestiones que atañen a la individualidad de las personas, sino al contexto en el que se encuentran inmersas. Para ello, la Confederación Salud Mental España aboga por la creación de redes sociales y la realización personal, es decir, cumplir una función en la sociedad (Confederación Salud Mental España, 2015).

Asimismo, según la Red Europea de Servicios Comunitarios de Salud Mental (EUCOMS), la atención de la SM debe estar basada en la comunidad. Para esto se requiere un enfoque versátil y eficiente, con un equilibrio entre la atención comunitaria y la hospitalaria (Keet et al., 2019). En el Informe del Relator de la ONU se establece: «que se ha dado prioridad a la mejora de los hospitales psiquiátricos existentes y de los servicios de atención de larga duración, que son intrínsecamente incompatibles con los derechos humanos» (ONU, 2017a, p. 11), cuando «El derecho a la salud incluye asimismo el derecho a la integración y el tratamiento en la comunidad con el apoyo apropiado para vivir de forma independiente y ejercer la capacidad jurídica» (ONU, 2017a, p. 9). Sin embargo, los ingresos y la demanda de plazas en servicios hospitalarios de larga estancia aumentan de forma considerable. Concluye con la recomendación de ampliar las intervenciones psicosociales eficaces en el ámbito comunitario (ONU, 2017a).

La SM comunitaria no solo estructura una nueva organización de los servicios, sino que conlleva una nueva formulación de las políticas asistenciales y el paso de un abordaje biomédico al abordaje biomédico-social, con una mayor pluralidad y horizontalidad de los equipos; y supone el reconocimiento de la función de la comunidad como una parte más del proceso terapéutico (Saraceno, 1999). Las inter-

© Ediciones Pirámide

venciones son realizadas en el entorno más cercano, facilitando la recuperación y la integración comunitaria. Sería difícil entender este modelo de atención sin el reconocimiento de los derechos de las personas, de su autonomía y su necesaria participación activa en su proceso de recuperación.

En este sentido, el personal sanitario solemos estar más familiarizados en trabajar con enfoques basados en las necesidades, mediante los cuales tratamos de cubrir unos déficits supuestos, considerando a las personas a las que atendemos más como meros receptores pasivos de cuidados que como agentes activos. Esta nueva perspectiva supone poner en el foco de atención a la propia persona y en su capacidad para formar parte activa en el desarrollo de su proyecto de vida. Los profesionales acompañamos y la planificación y provisión de la atención son procesos colaborativos.

La comunidad es fundamental para la identidad de las personas. El sentido de pertenencia es inherente al ser humano y se valora formar parte de una familia, un barrio, un grupo de iguales. La interdependencia de los seres humanos fortalece a las personas y las comunidades. En este sentido, las personas con TMG presentan dificultades en aspectos como el funcionamiento psicosocial, la integración social y laboral, y su participación espontánea en la vida comunitaria. Esto no excluye su derecho de participación en ella, ni que sus aportaciones carezcan de beneficios. Al contrario, pone la mirada en el deber de la comunidad de brindar los apoyos necesarios para la expresión de la diversidad y la valoración de sus aportaciones. Conforme a esto, no podemos considerar las prácticas en SM comunitaria únicamente como la oferta de tratamientos ambulatorios, sino también como la construcción colectiva de espacios y estrategias que fomenten la SM y la autonomía. Además, consiste en entender la comunidad como una red de personas que generan salud y calidad de vida a partir de sus recursos.

Para integrar un enfoque de la discapacidad basado en los DD. HH. es preciso trascender del plano teórico: posibilitar el acceso al ejercicio pleno de los derechos y oportunidades de las personas con discapacidad dentro de una sociedad en la cual puedan desarrollar sus propios proyectos de vida con dignidad.

Para ello es necesario que estos derechos sean vinculantes, visibles y exigibles, regulando también mecanismos de protección y representación que garanticen su efectividad. De la misma manera, precisa el compromiso y la complicidad de todos los agentes implicados: profesionales, empresas, agentes sociales, educativos, laborales... Este compromiso lleva consigo un cambio de actitudes en el quehacer cotidiano de las profesiones que supone un cambio estructural en la manera de entender y ofrecer los cuidados.

La terapia de aceptación y recuperación (ART) ofrece un enfoque interdisciplinar, interactivo y dialógico inspirado en la filosofía de la terapia de aceptación y compromiso (ACT). En ella se lleva el abordaje de la psicosis inspirado en ACT pero siguiendo el proceder fundamental de esta. Se persigue la aceptación de las experiencias incómodas y el compromiso personal con direcciones elegidas de valor para la persona (Arrollo, Álvarez y De Rivas, 2013). Nuestro quehacer va dirigido a facilitarle a la persona, según sus propios valores y creencias, el recuperar su autonomía emprendiendo acciones que se ajusten a dichos valores. Los profesionales no indicamos el camino, sino que actuamos como agentes de ayuda para que la persona encuentre su vía personal en su recuperación con dignidad. En este sentido, las intervenciones son acordes a los principios expuestos por la EUCOMS para la recuperación de las personas, como ofrecer esperanza, decidir con y no sobre las personas y centrarse en las fortalezas y potencialidades. Elementos presentes y quc sustentan la ART.

## 2. DIGNIDAD HUMANA

La dignidad es un valor supremo e intrínseco al ser humano. Está blindada en nuestra sociedad gracias a la Declaración Universal de los Derechos Humanos. Pero la dignidad, realmente, constituye la fundamentación de los DD. HH. Dichos derechos no se otorgan en función de la posesión de racionalidad, de la atribución de capacidad de autodeterminación moral o del grado de funcionalidad, sino de la dignidad humana (González, 1996).

Todas las personas son fines en sí mismas y son valiosas por lo que son, no por lo que tienen. Esto supone, básicamente, dos premisas: en primer lugar, todo ser humano es merecedor de respeto como un semejante; y debe ser siempre reconocido como

© Ediciones Pirámide

un semejante. Es decir, todos merecemos recibir un trato igualitario basado en el respeto.

La dignidad es un elemento formador de un eje de derechos y deberes esenciales, tiene un papel relevante en la protección de la vida, de la integridad física y psíquica y de la libertad de las personas. No solo asegura derechos, sino que revela un prisma de reconocimiento del otro, sobrepasando la perspectiva individualista de bienestar. De acuerdo con ello, el ser humano no solo merece un trato adecuado a su estatuto ontológico, a su dignidad, sino que él mismo está llamado a dirigir su vida de acuerdo con la misma, respetando su dignidad y la ajena. En consecuencia, la dignidad no solo fundamenta derechos, sino también deberes humanos (Ballesteros, 1992).

Sin embargo, en la práctica observamos que la sociedad tiende a valorar a la persona en razón de su utilidad. Si esta se percibe disminuida o limitada, nuestro valor como seres humanos también tiende a disminuir. Esto hace que exista una vulneración insidiosamente colectiva de la dignidad de la persona considerada débil, de los enfermos, de los discapacitados. La sociedad atenta contra la dignidad cuando discrimina, cuando no atiende a la diversidad de sus miembros, cuando invisibiliza, cuando no pone a disposición los apoyos necesarios para que las personas puedan desarrollar su proyecto de vida con igualdad de oportunidades.

La ausencia de su ejercicio no solo compromete el nivel de calidad de vida, sino propiamente el respeto por la dignidad inherente a cada persona. Para respetar al otro no basta con reconocer su dignidad, sino que es necesario adoptar medidas que la garanticen y promoverla activamente. En este sentido, Ballesteros defiende que todo derecho debe tener en su raíz dos exigencias básicas: la exclusión de la violencia sobre el otro, en sus más diversas formas, y la exclusión de la discriminación, ya que el otro, cualquier otro, «es siempre otro yo». Por tanto, cuando en la sociedad se lucha por erradicar las situaciones que vulneran la dignidad del otro, inherentemente se está respetando la dignidad de todos. Y esto tiene una mejora exponencial en la CV de las personas.

La dignidad presenta una doble dimensión: equivale a la materialización de la autonomía de la persona y a la necesidad/demanda de su debida protección, especialmente cuando la capacidad de autodeterminación se encuentra vulnerable (Da Costa, Dos Anjos y Zaher, 2007). La autonomía es un componente de la dignidad que se relaciona íntimamente con el fenómeno de la discapacidad. Según diría Kant (1973), somos sujetos de dignidad porque tenemos capacidad de autonomía y nos construimos de acuerdo con esa condición de dignidad cuando actuamos autónomamente.

La autonomía implica la forma de pensar por sí misma y tomar decisiones propias. Ambos conceptos, autonomía y dignidad, están asentados en el paradigma de la vida independiente (Mendonça, 2019).

La principal barrera surge al concebir que la vida independiente es igual a «sola», sin apoyo. El artículo 12 de la CDPD garantiza que las personas con discapacidad «tienen capacidad jurídica en igualdad de condiciones con las demás en todos los aspectos de la vida» (ONU, 2006, p. 11).

El nivel de autonomía de las personas con discapacidad no se establece por la discapacidad, sino que es la presencia y la adecuación de los apoyos lo que condiciona el grado de autonomía de la propia persona. Es decir, la persona con discapacidad es más o menos autónoma en la medida en que puede desarrollar sus propias habilidades y dispone de los apoyos necesarios para tomar sus propias decisiones y actuar en función a ellas. Aun así, es habitual que se ponga en duda la capacidad de estas personas para tomar decisiones, existiendo la posibilidad de que las actuaciones de familiares y/o profesionales estén dirigidas a proporcionar un bien, pero sin que se les respete como ciudadanos o ciudadanas de pleno derecho.

El reconocimiento de la personalidad jurídica y la capacidad jurídica son conceptos que están estrechamente interrelacionados. El igual reconocimiento como persona ante la ley garantiza el derecho de todo ser humano a que se reconozca su existencia en el ordenamiento jurídico. La capacidad jurídica implica ser titular de derechos y obligaciones (capacidad legal) y ejercer esos derechos y obligaciones (legitimación para actuar). Actualmente se entiende que la capacidad jurídica es un atributo universal inherente a todas las personas en razón de su condición humana (ONU, 2017b). En consecuencia, negar a una persona su legitimación para actuar también afectará su condición como persona ante la ley.

A lo largo de la historia muchas personas con discapacidad se han visto privadas de su capacidad jurídica, impidiéndoles ejercer sus derechos. La ne-

© Ediciones Pirámide

gación y la restricción de la capacidad jurídica de las personas con discapacidad deja a las personas sin control sobre su vida cotidiana y reduce sus posibilidades de participar en la sociedad. Tiene grandes repercusiones en todos los aspectos de la vida, por lo que es necesario que las personas dispongan del apoyo adecuado para poder hacer efectivo este derecho.

Estas situaciones legitiman el paternalismo y situaciones de exclusión social, vulneraciones de derechos e impiden los procesos emancipadores de las personas. Las barreras que se generan repercuten en la merma de la calidad de vida e imposibilitan su consideración como sujetos de pleno derecho y el ejercicio activo de su derecho a la ciudadanía (ONU, 2017b; Confederación de Salud Mental, 2015). Hoy en día está demostrado que se puede vivir de manera autónoma cuando las personas se emancipan mediante la debida protección jurídica y los apoyos adecuados (ONU, 2017a; Junta de Andalucía, 2012; Laviana-Cuetos, 2006).

El apoyo debe prestarse teniendo en cuenta la voluntad y las preferencias de la persona (ONU, 2017b), y se deben también llevar a cabo ajustes razonables: «las personas tienen derecho a ajustes razonables para ejercer su capacidad jurídica. Los ajustes razonables son adaptaciones y cambios en la comunidad y en los espacios, para que todas las personas puedan usarlos en igualdad de condiciones» (ONU, 2014, p. 13).

La idea básica es: *reconocer, respetar y proteger que las personas puedan desarrollar sus propios proyectos de vida.* Supone el reconocimiento, el respeto y la protección a la voluntad de las personas en la toma de decisiones que afectan al desarrollo de sus vidas. Para poder garantizar que las personas con discapacidad ejerzan este derecho es necesario cambiar las prácticas que les niegan la posibilidad de expresarse en su vida cotidiana y la creación de figuras de representación frente a las tradicionales figuras de sustitución.

La participación en la comunidad es necesaria para abordar los factores que pueden obstaculizar el ejercicio de la capacidad jurídica por parte de las personas con discapacidad, como el estigma y la discriminación. Una prestación de apoyo basada en la comunidad permite ofrecer arreglos de apoyo adecuados desde el punto de vista cultural en las comunidades donde se habita, aprovechando las redes sociales y los recursos comunitarios existentes. Se ha demostrado que la participación de la comunidad puede contribuir considerablemente al éxito del apoyo para la adopción de decisiones (ONU, 2017b). Es importante transformar las comunidades y las relaciones sociales para comprender cómo pueden proporcionarse los apoyos necesarios, de manera que todas las personas, al margen del nivel de apoyo que se perciba necesario, puedan ejercer su ciudadanía facilitando la creación de redes sociales que promuevan la autonomía y la libre determinación.

## 3. PERSPECTIVA COMUNITARIA

La reforma psiquiátrica supuso el paso de una atención basada en la instituciónalización a un abordaje más comunitario. La atención se integró en el sistema general de salud y se adoptaron medidas dirigidas a velar y mejorar los derechos civiles y legales de las personas atendidas, así como a fomentar actitudes menos estigmatizantes y más integradoras en la sociedad (Giménez, 2012).

Esto constituyó un avance, pero en las últimas décadas se ha evidenciado la necesidad de replantearse la atención, acercándose a un modelo comunitario.

Según la EUCOMS, la atención de la SM debe estar basada en la comunidad. Para ello se requiere un enfoque versátil y eficiente, con un equilibrio entre la atención comunitaria y la hospitalaria (Keet et al., 2019). Las personas encontramos en la comunidad nuestro genuino desarrollo y la institucionalización supone un desarraigo de nuestro entorno. La atención en el entorno de la persona fomenta la adaptación progresiva y potencia las habilidades de la vida normalizada. Asimismo, reduce el estigma y fomenta la responsabilización en el proceso terapéutico. También reduce costes y mejora la satisfacción de las personas atendidas (Reinhold, Becker y Frasch, 2016; Murphy, Irving, Adams y Waqar, 2015).

Los servicios basados en la comunidad pueden ofrecer una atención que responde a las necesidades de las personas, si bien implica que los apoyos sean los adecuados. Igualmente, precisa que sean flexibles y adaptables a las circunstancias de las personas. Tal vez uno de los principales aprendizajes del proceso de desinstitucionalización no consiste solamente en cerrar las instituciones y trasladar a las personas a

© Ediciones Pirámide

la comunidad, sino que implica ayudar a las personas afectadas y su entorno a ocupar el lugar que les corresponde en la comunidad, con el desarrollo y la provisión de apoyos y recursos comunitarios apropiados.

Apoyo es el acto de prestar ayuda o asistencia a una persona que la requiere para realizar las actividades cotidianas y participar en la sociedad. El apoyo es una práctica, profundamente arraigada en todas las culturas y comunidades, que constituye la base de todas nuestras redes sociales. Puede derivarse también de los principios básicos de los DD. HH. como la dignidad, la universalidad, la autonomía, la igualdad y la no discriminación, la participación y la inclusión (ONU, 2016b).

Para la mayor parte de las personas con discapacidad el acceso a apoyos de calidad es una condición fundamental para vivir y participar plenamente en la comunidad y, al mismo tiempo, conservar su dignidad, autonomía e independencia. Sin apoyos adecuados, las personas están más expuestas a un trato negligente o a ser institucionalizadas (ONU, 2016b).

El cambio de un modelo institucional a un modelo de atención basado en la comunidad también conlleva un cambio de los valores que constituyen la atención. Los modelos de atención tradicionalmente han tratado a las personas con discapacidad como objetos pasivos o receptores de cuidados. Los servicios asistenciales también arrastran un legado de segregación y desempoderamiento de estas personas. De hecho, la mayoría de los servicios se establecieron basándose en modelos médicos y asistencialistas, lo que propició el internamiento en instituciones, favoreciendo la pérdida de control de su propia vida y, en última instancia, su cosificación (ONU, 2016b).

Con este cambio, la persona pasa de ser un sujeto pasivo receptor de cuidados de una atención paternalista en espacios segregados, a ser un sujeto que puede vivir de forma independiente en la comunidad. En este sentido, los valores para una vida independiente defienden el desarrollo integral de la persona, su capacidad de poder ejercer el control sobre su propia vida, vivir con dignidad y participar activamente en la sociedad (Barnes y Mercer, 2010).

Un concepto que está estrechamente vinculado al ámbito de la intervención comunitaria es el «apoyo social». La interacción social con los miembros y organizaciones de una comunidad es una fuente de apoyo potencial para las personas. A partir de estas relaciones no solo se pueden obtener importantes recursos, información, ayuda, sino que también se deriva un sentimiento de pertenencia y de integración a/en una comunidad más amplia. En relación a esto, la percepción de pertenecer a una comunidad, el sentimiento de que se es parte de una estructura estable en la que confiar, el sentimiento de compromiso mutuo que vincula a las personas que integran una unidad colectiva, son elementos importantes con implicaciones para el bienestar individual y social (Sarason, 1974). No obstante, en las comunidades urbanas actuales existe ya de por sí una tendencia a la desaparición del sentimiento de pertenencia y un fuerte individualismo que dificulta la conciencia comunitaria sobre los problemas comunes y sobre la necesidad de la solidaridad para abordarlos.

Las relaciones sociales son uno de los principales aspectos de la vida de las personas que se ven afectados por la presencia de un TMG.

En general, las personas tendemos a padecer menos frente a las diferentes situaciones estresantes de la vida cotidiana al contar con un soporte y apoyo de un grupo. El apoyo social se ha reconocido como un factor de protección de los problemas de SM. Se considera una variable primordial en el afrontamiento del estrés en situaciones de crisis, ya que genera un efecto directo o amortiguador del estrés y de los acontecimientos vitales estresantes.

Específicamente en personas diagnosticadas de un TMG, la participación en espacios con otros permite potenciar sus capacidades y alcanzar una vida más autónoma (Kantorsk, Coimbra, Eslabao, Nunes y Guedes, 2011). Hay evidencias de que aquellos sujetos que poseen mayor apoyo social, desarrollan mejores condiciones de vida, mayor estabilidad sintomatológica y menor riesgo de ingreso hospitalario y permanencia en la comunidad (Gutiérrez, Caqueo, Ferrer y Fernández, 2012; Fakhoury, Murray, Shepherd y Priebe, 2002), así como una mejora en la calidad de vida (Gutiérrez, 2012). Por ello, es esencial promover intervenciones que tengan como objetivo la inclusión en la comunidad y el contacto social, persiguiendo la creación y/o fortalecimiento de redes de apoyo (Navarro, García-Heras, Carrasco y Casas, 2009).

© Ediciones Pirámide

A la hora de analizar las relaciones sociales, diversos autores han propuesto diferentes niveles a partir de los cuales identificar las fuentes de apoyo social. Nan Lin (1986) plantea que el vínculo entre el entorno social y una persona representa tres niveles: la comunidad, las redes sociales y las relaciones íntimas y de confianza. Define el apoyo social como las provisiones expresivas o instrumentales —percibidas o reales— proporcionadas por la comunidad, las redes sociales y las relaciones íntimas y de confianza. Considera que cada uno de estos ámbitos proporciona diferentes sentimientos de vinculación. La comunidad refleja la integración de la persona y proporciona un sentimiento de pertenencia a una estructura social amplia y un sentido general de identidad social. Por otro lado, las redes sociales proporcionan sentimientos de vinculación. Finalmente, de las relaciones íntimas o de confianza deriva un sentimiento de compromiso, y se asumen normas de reciprocidad y responsabilidad por el bienestar del otro.

Para que una red de apoyos funcione es condición necesaria que exista una participación. Esto nos lleva a preguntarnos qué entendemos por participar. Para nosotras, participar hace referencia a un sentimiento activo de «unirse a» e implica una responsabilidad recíproca.

Sería un proceso en el que se gana control sobre la propia vida, formando parte de los procesos de toma de decisiones, y que fomenta la vinculación con la comunidad en la que se habita (Lewis et al., 2019). La participación es un principio fundamental de DD. HH. y una condición básica de las sociedades democráticas. Permite a las personas desempeñar un papel central en su propio desarrollo y en el de su comunidad. La participación activa no solo es compatible con un enfoque basado en los DD. HH., sino que también es una condición necesaria del mismo (ONU, 2016a). La plena participación de las personas con discapacidad contribuirá a crear un mayor sentimiento de pertenencia y avances en el desarrollo económico, social y humano de la sociedad (ONU, 2006). No se participa simplemente por el hecho de formar parte de algo. Para sentirse partícipe es importante que las personas se sientan implicadas, aceptadas y valoradas. Participar implica crear y compartir conocimiento de manera colectiva, horizontal y consensuada, e incluso el respeto al derecho a no participar. Todo esto contribuye también a romper con el estigma, fenómeno cuyas implicaciones desarrollamos a continuación.

### 3.1. El estigma

El estigma es una marca de descrédito que mantiene aislados del resto a personas o grupos minoritarios que presentan algún rasgo diferencial que los identifica. Goffman (1963) considera el estigma como un atributo que es profundamente devaluador, el cual degrada y rebaja a la persona portadora del mismo.

La estigmatización es un constructo social que engloba actitudes, sentimientos, creencias y comportamientos configurados por prejuicios que tienen como consecuencia la discriminación de la persona estigmatizada (Ochoa, Martínez, Ribas, García-Franco, López et al., 2011).

De acuerdo con los modelos psicosociales, el estigma se pone de manifiesto en tres aspectos del comportamiento social (Ottati, Bodenhausen y Newman, 2005). Por un lado, en los estereotipos se incluyen estructuras de conocimientos que son aprendidas por la mayor parte de las personas de una sociedad. Vienen a representar el acuerdo generalizado sobre lo que caracteriza a un determinado grupo de personas, es decir, las creencias sobre ese grupo. Cuando esto se aplica y se experimentan reacciones emocionales negativas por ello, se están poniendo en marcha los prejuicios sociales.

Estos prejuicios se ponen de manifiesto en forma de actitudes y valoraciones, las cuales pueden dar lugar a la discriminación efectiva, es decir, comportamientos de rechazo que ponen a las personas con problemas de SM en situación de desventaja social.

Cuando la persona diagnosticada asume como válidos los estereotipos y prejuicios sociales asociados a las personas con problemas de SM y los internaliza como propios, se produce el autoestigma. Esto trae consigo desmoralización y sentimientos de vergüenza, promoviendo su aislamiento Ante esto, existen dos estrategias fundamentales de afrontamiento: el pasivo y el activo. El activo incluye conductas dirigidas a la defensa de sus derechos como ciudadano o ciudadana, la inclusión social y evitar que el estigma mediatice sus contactos sociales. Todas estas conductas estarían relacionadas con la

© Ediciones Pirámide

emancipación de la persona. En cambio, el afrontamiento pasivo implica una resignación que suele estar muy ligada a lo que conocemos como indefensión aprendida. Al producirse este fenómeno, el sujeto estigmatizado termina por asumir que será discriminado a consecuencia del atributo, empeorando su calidad de vida y asumiendo que debe situarse en el rol pasivo de enfermo (Badallo, 2012). Esto da lugar a una mayor indefensión aprendida y autoestigma.

En la base de la vulneración de los DD. HH. de las personas con problemas de SM se encuentra el fenómeno del estigma. Es conocido que las dinámicas estigmatizantes y las actitudes discriminatorias que se producen en el entorno restringen las oportunidades. Además, suponen una gran barrera para la búsqueda de ayuda, repercuten en la sintomatología e influyen de forma negativa en el proceso de recuperación de las personas con problemas de SM (Badallo, García-Arias y Yélamos, 2013; Carniel, Torres-González, Runte y King, 2011). Incluso, las personas que reportan sentirse más estigmatizadas presentan sintomatología más severa y un peor funcionamiento, influyendo en la falta de ayuda, de tratamiento y teniendo repercusiones negativas en su calidad de vida.

La orientación comunitaria aporta un entorno de normalidad en la realización de las actividades de la vida cotidiana. El contacto social produce mejoras en las actitudes de la población general hacia las personas que están diagnosticadas de un TMG. Se considera una de las mejores formas de disminuir el estigma y la discriminación consecuente (Frías et al., 2019; Chuaqui, 2004). El contacto a través de la vida cotidiana permite a las personas aprender a actuar, sentir y pensar positivamente en relación al TMG.

A partir del establecimiento de los procesos interpersonales que se generan, se transmite una perspectiva de la SM integral y normalizadora asociada con el cuidado, pero también con las relaciones comunitarias solidarias. Esto contribuye a la disminución de prejuicios y actitudes discriminatorias, promoviendo la accesibilidad. Se entiende que una sociedad también es accesible cuando se practica la tolerancia y el respeto hacia la diversidad, hacia la diferencia, integrando las subjetividades de cada persona.

La diversidad es un aspecto fundamental de la existencia humana. Las personas tienen una experiencia de la vida distinta dependiendo de sus múltiples características o señas de identidad. Esa diversidad refleja el modo en el que las personas toman decisiones, ejercen su capacidad de decidir y obrar y participan en la sociedad. Su participación genuina fomenta el respeto y el apoyo a la diversidad en la sociedad, derribando los estereotipos y fortaleciendo su identidad como grupo, disminuyendo con ello el estigma (ONU, 2016a). En relación a esto, la CDPD reconoce el valor de las contribuciones que realizan y pueden realizar las personas con discapacidad al bienestar general y a la diversidad de sus comunidades.

En definitiva, para la disminución del estigma la inclusión social aporta beneficios comunes para todos los habitantes en general: se fomenta la normalización y la tolerancia con la diferencia, se crean nuevas redes, se establecen y/o fortalecen vínculos y se promueve la reciprocidad del apoyo informal. Es decir, la idea de que las personas pueden ser tanto objeto de apoyo como fuente del mismo, particularmente en funciones ligadas a la compañía y el apoyo emocional.

### 3.2. Inclusión social

Las personas con problemas de SM constituyen un sector de la población especialmente vulnerable, en riesgo de exclusión social. Esta exclusión simboliza un obstáculo fundamental para la recuperación y el pleno disfrute del derecho a la SM.

La inclusión en la comunidad de las personas con discapacidad supone garantizar sus derechos (ONU, 2017a). Para que se produzca un desarrollo sostenible y exista seguridad para todas las personas, es imprescindible que se incluya en la sociedad en condiciones de igualdad como agentes de cambio a las personas con discapacidad, en toda su diversidad.

En el artículo 19 de la CDPD se resalta el «derecho a vivir de forma independiente y a ser incluido en la comunidad» (ONU, 2006, p. 15). Ante el riesgo de exclusión, el entorno debe ser capaz de responder a las diversidades de sus habitantes y lograr el derecho de todas las personas, sin discriminación alguna, a beneficiarse y participar en su entorno social en igualdad de oportunidades. Sin embargo, esto constituye un desafío, un reto y un

© Ediciones Pirámide

compromiso para los servicios de SM, la sociedad en su conjunto y para el Estado.

A pesar de que es habitual que integración e inclusión social se utilicen como sinónimos, es importante recordar que corresponden a paradigmas diferentes. La integración social supone que una persona a la cual se ha identificado con alguna diferencia respecto a un grupo mayoritario pueda ser en algún aspecto miembro activo de un conjunto social, aunque las estructuras de interacción entre quienes participan se mantienen sin grandes modificaciones. Es decir, propone la apertura de espacios de socialización a las personas «diferentes». La integración social consiste en la participación por parte de una o varias personas (devaluada) en interacciones sociales y relaciones con ciudadanos y ciudadanas no-devaluados que son culturalmente normativas en cantidad y calidad, y que tienen lugar en actividades, escenarios o contextos valorados (Wolfensberger, 1983). Por su parte, la inclusión social considera que la discapacidad surge de las limitaciones e inequidades que produce la sociedad, al estar diseñada de un modo homogéneo, basado en la idea de «normalidad». En este caso, las intervenciones están enfocadas a la modificación de los ambientes, en los que todas las personas son una parte definitoria, para que sea posible la participación y la igualdad de oportunidades de los miembros de la sociedad (De Lorenzo, 2003).

Respecto a esto, nos parece importante reflexionar acerca de la segmentación de la sociedad en función del capital social que se genera, ya que determina el modelo de sociedad, más o menos igualitario, que construimos. El capital social se refiere a las conexiones entre los individuos, a las redes sociales y a las normas de reciprocidad y confianza que surgen de ellas (Putnam, 2000). Tiene un aspecto individual y uno colectivo. Nos beneficiamos de forma individual a través de las conexiones sociales que establecemos, pero también de las que establece la comunidad. Como individuo, puedo estar pobremente conectado, pero beneficiarme de vivir en una sociedad bien conectada.

Putnam diferencia entre el capital social vínculo (cohesivo) y el capital social puente (conectivo). El capital social vínculo es por el que se refuerzan los lazos entre grupos homogéneos a partir de identidades excluyentes (por ejemplo, por características de etnias, situación social, creencias...). Los lazos y mecanismos de solidaridad son fuertes entre ellos, pero a la vez suelen ser excluyentes para las personas ajenas a la misma. Por otro lado, el capital social puente refuerza los lazos sociales por encima de las barreras culturales, étnicas, sociales o religiosas, fortalece la solidaridad y reciprocidad entre sus miembros, facilita el acceso a recursos o activos externos, ajenos a nuestro círculo o cultura.

Por tanto, el capital social vínculo favorece la cohesión social en comunidades homogéneas, pero no ocurre igual en comunidades heterogéneas, donde es necesario que se combine con el capital social puente. El capital social puente permite sinergias, que circulen las ideas, la información y las oportunidades, sacando provecho del talento de todas las personas de la comunidad y que revierta en beneficio de todas, construyendo sociedades más igualitarias (Segura del Pozo, 2011).

Teniendo en cuenta esto, se puede entender que la mayor parte de las actividades comunitarias desarrolladas por los servicios de rehabilitación psicosocial tienden a generar y reforzar el capital social vínculo. Esto favorece la ayuda mutua y refuerza la identidad como grupo.

El realizar actividades en la comunidad conlleva grandes beneficios, y un primer paso para la integración. No obstante, el realizarlo de forma segmentada exclusivamente entre personas diagnosticadas también exacerba las desigualdades y la diferenciación entre los colectivos.

En cambio, la inclusión social genera capital social puente, promoviendo la participación activa de las personas usuarias en la vida cotidiana de su entorno, mediante actividades comunitarias normalizadas y el uso de los recursos comunitarios cercanos. En definitiva, un acercamiento normalizado, ya que la participación de todos los agentes que conviven en un mismo entorno es imprescindible para mejorarlo. De hecho, existe una estrecha relación entre el aumento del capital social y el aumento de la participación (ONU, 2016a).

Una sociedad inclusiva es aquella que valora y celebra la diversidad y reconoce que las personas con experiencias, talentos y opiniones distintas pueden proponer nuevas ideas y soluciones.

Al aportar perspectivas complementarias y diversas, las personas con discapacidad pueden hacer una contribución importante a la elaboración de políticas y la adopción de decisiones, fomentar

© Ediciones Pirámide

oportunidades para innovar y aumentar la eficiencia, y reflejar mejor las distintas demandas de todos los habitantes (ONU, 2016a).

Por último, recordar que la CDPD pone en discusión el concepto de «integración social» y lo asocia al modelo rehabilitador. Este modelo entiende a las personas con discapacidad como sujetos a ser rehabilitados para alcanzar un ideal. En contraposición, propone el concepto de «inclusión social», fundamentado en el modelo social de la discapacidad, del que trataremos a continuación.

### 3.3. Modelo social de la discapacidad

En nuestra sociedad permanecen latentes estereotipos, prejuicios, leyes, recursos, instalaciones y servicios planificados según el modelo médico, paradigma centrado en las carencias o deficiencias de unas personas respecto a otras. A pesar de ello, el concepto de «discapacidad» ha ido evolucionando, dejando de ser un «problema personal» sobre el que es necesario «intervenir para rehabilitar», para enfocarse en la transformación del entorno social de la persona con «capacidades diferentes» o diversidades (Pérez, 2010). El entorno se convierte, así, en el factor de mayor importancia que determina la calidad de vida de las personas. De esta manera, según se construya el entorno, amplificará o disminuirá las capacidades y/o limitaciones de las personas. Esta nueva visión es lo que se conoce como *modelo social* de la discapacidad.

El *modelo social* de la discapacidad considera este fenómeno fundamentalmente como un problema de origen social y como un asunto centrado en la completa inclusión de las personas en la sociedad. La discapacidad no es un atributo de la persona, sino un complicado conjunto de condiciones, muchas de las cuales son creadas por el contexto/entorno social (OMS, 2001). Esta distinción es relevante, ya que al tomar conciencia de los factores sociales que integran el fenómeno de la discapacidad, las intervenciones elaboradas no son individuales para la persona afectada, sino que se tiene muy presente el contexto social en el cual la persona desarrolla su vida y también están dirigidas hacia la sociedad (Palacios, 2008). Es decir, las intervenciones van dirigidas, por un lado, a la propia persona, con el fin de potenciar sus fortalezas y, por otro, a actuar sobre el entorno, entendiéndolo como el principal agente activador de esas fortalezas.

De este modo, el modelo social reconoce el carácter fundamental de los obstáculos que, ya sean institucionales, estructurales, materiales o ideológicos, incapacitan a la persona.

Este modelo se relaciona con los valores esenciales en los que se fundamentan los DD. HH.: la dignidad humana, la libertad personal y la igualdad. Estos valores propician la disminución de barreras y dan lugar a la inclusión social. Asimismo, se asientan sobre la base de determinados principios como la autonomía personal, la no discriminación, la accesibilidad universal, la normalización del entorno y el diálogo civil, entre otros. En definitiva, se expone que todas las personas tienen derecho a un cierto estándar de vida, a un mismo espacio de participación cívica y, en definitiva, a ser tratados con igual respeto que el resto de sus semejantes.

Precisamente a partir del respeto a todo lo mencionado, las personas con discapacidad estarán en condiciones de aportar a la comunidad en igual medida que el resto de la población porque, como destaca Ignacio Campoy: «no se puede concebir a las personas pertenecientes a esos colectivos tradicionalmente discriminados solamente como personas que han de beneficiarse de las acciones de la colectividad. Esas personas, como cualquier persona de la sociedad, ha de contribuir al objetivo último aquí señalado, su aportación es absolutamente necesaria, y como tal ha de ser valorada y favorecida por todos los miembros de la colectividad» (Campoy, 2004).

Desde esta perspectiva, se pone énfasis en que las personas con discapacidad pueden contribuir a la sociedad en igual medida que las demás, pero siempre desde la valoración de cada sujeto, a la inclusión y el respeto a lo diverso. Según este nuevo paradigma, se entiende que las intervenciones para la mejora de la calidad de vida deben dirigirse a la sociedad, que ha de ser concebida para hacer frente a las necesidades de todas las personas, perdiendo sentido la intervención puramente clínica e individual. El desarrollo de una persona y su capacidad para participar y llevar a cabo su propio proyecto de vida no están condicionados exclusivamente por su discapacidad, sino que están determinados por las oportunidades y apoyos que el entorno le ofrezca. Un entorno accesible, que permita el desarrollo de las potencialidades de las personas con discapacidad

© Ediciones Pirámide

teniendo en cuenta la diversidad, mejorará la calidad de vida de todos sus habitantes.

## 4. CALIDAD DE VIDA

La calidad de vida (CV) es un concepto global, holístico, con un significado abstracto, esencialmente subjetivo, que hace referencia a diferentes aspectos de la vida de cada persona y a su bienestar global. Es un concepto extenso e integra tanto la salud física y el estado psicológico como el nivel de independencia, las relaciones sociales, las creencias personales y la relación con el entorno. Sin el conocimiento sobre lo que una persona piensa o siente poco podemos decir sobre su calidad de vida. La OMS la define como: «la percepción del individuo sobre su posición en la vida dentro del contexto cultural y el sistema de valores en el que vive y con respecto a sus metas, expectativas, normas y preocupaciones» (Organización Mundial de la Salud [OMS], 1994, p. 28).

Existen dificultades a la hora de definir la CV de forma exacta, pero Schalock y Verdugo han descrito ocho dimensiones que la constituyen: bienestar emocional, relaciones interpersonales, bienestar material, desarrollo personal, bienestar físico, autodeterminación, inclusión social y derecho (Schalock y Verdugo, 2003).

Las personas diagnosticadas de un TMG tienen una peor calidad de vida respecto a la población general en todos o casi todos los dominios evaluados (Kurs, Farkas y Ritsner, 2005; Sum, Ho y Sim, 2015; Tan y Rossel, 2016; Woon, Chia, Chan y Sim, 2010), especialmente en áreas como la ocupación, la salud física y la satisfacción vital en general (Jiménez-Muro y Sáez, 2019; Prigent, Auraaen, Kamendje-Tchokobou, Durand-Zaleski y Chevreul, 2014; Sidlova et al., 2011). Esta asociación no se explica únicamente por la presencia de un TMG, sino que está relacionada con otros factores, como el nivel socioeconómico, el desempleo, el apoyo social, la edad, el sexo, el tratamiento psicofarmacológico... (Vrbova et al., 2017). Por ello, uno de los objetivos fundamentales de los servicios es mejorar la calidad de vida de las personas a las que se prestan cuidados, a través del cambio de las condiciones en las que viven y de la mejora de sus aspectos internos (Touriño, 2010).

El interés por la CV en psiquiatría fue respaldado por el Instituto Nacional de Salud Mental de los Estados Unidos (NIMH, National Institute of Mental Health), al establecerla como uno de los indicadores clave para evaluar el impacto de los programas comunitarios dirigidos a las personas con TMG.

Los planteamientos terapéuticos modernos han ido evolucionando, ampliando el foco de la atención a la funcionalidad y a la calidad de vida de las personas, no centrándose únicamente en el control de la sintomatología. Si bien la gravedad del trastorno es un factor importante, existen otros factores más significativos en relación con la calidad de vida (Sidlova, 2011).

En el Informe del Relator de la ONU sobre el derecho de toda persona al disfrute del más alto nivel posible de salud física y mental, se establece que: «los enfoques biomédicos reductivos para el tratamiento que no abordan adecuadamente los contextos y las relaciones ya no pueden considerarse que cumplen con el derecho a la salud» (ONU, 2009). Asimismo, la OMS considera que la enfermedad en general no puede ser entendida solo como la presencia de síntomas, sino que debe tenerse en cuenta el grado de discapacidad y funcionalidad asociado a los mismos. Tanto la discapacidad como el funcionamiento psicosocial son conceptos que hacen referencia a un nivel de limitación funcional que determina el desarrollo de las actividades de la vida diaria de la persona y se relacionan también con las barreras y/o facilitadores medioambientales existentes. En este sentido, la Clasificación Internacional del Funcionamiento, de la discapacidad y de la salud (CIF), ha tenido como objetivo constituir un marco conceptual de la OMS para la comprensión del funcionamiento, la discapacidad y la salud e integrar el modelo médico y el modelo social utilizando un enfoque «biopsicosocial».

Según la CIF, el «funcionamiento» es el término que incluye función, actividad y participación. Por tanto, indica los aspectos positivos de la interacción entre el individuo y los factores contextuales (factores personales y ambientales). En cambio, «la discapacidad» incluye las deficiencias, limitaciones y restricciones, indicando los aspectos negativos de dicha interacción. Es decir, funcionamiento y discapacidad suponen las dos caras de una misma moneda

© Ediciones Pirámide

(Fernández-López, Fernández-Fidalgo y Cieza, 2010; OMS, 2001).

El funcionamiento y la discapacidad de una persona se conciben como una interacción dinámica entre los estados de salud y los factores contextuales. Los factores contextuales representan el trasfondo total tanto de la vida de una persona como de su estilo de vida. Se clasifican en internos, es decir, los personales, y externos, que corresponden a los ambientales.

Los factores ambientales son las actitudes sociales (por ejemplo: discriminación por el estigma), las características arquitectónicas, el clima, geografía, estructuras legales y sociales (como las restricciones en el ejercicio de la capacidad jurídica), el apoyo y las relaciones... y los factores personales aspectos relacionados con la edad, el sexo, biografía personal, educación, profesión, esquemas globales de comportamiento... El impacto de estos factores es muy importante, de manera que pueden actuar como facilitadores o como barreras del funcionamiento, ya sean físicas, sociales o actitudinales.

Desde el modelo biopsicosocial que da soporte a la CIF, la discapacidad se asume como un proceso continuo de ajuste entre: por un lado, las capacidades del individuo con una condición de salud específica y, por otro, los factores externos que representan las circunstancias en las que vive esa persona, teniendo en cuenta las expectativas y exigencias de su entorno. Todo ello va a influir de forma directa en la calidad de vida de la persona. La CV y la situación de discapacidad son conceptos complejos y multidimensionales que no solo tienen relación con componentes objetivos (como trabajo, nivel socioeconómico...), sino que también dependen de factores subjetivos (valores, creencias y expectativas personales) integrados a un marco biográfico, familiar, social y medioambiental.

En conclusión, como marco para el desarrollo de los servicios y a la hora de valorar las intervenciones de los programas es imprescindible incluir la evaluación de la calidad de vida como un resultado clave. Además, el conocer de qué manera los factores contextuales están actuando como facilitadores o barreras del funcionamiento permite ajustar las intervenciones de forma personalizada para poder promover la autonomía y la inclusión en la comunidad con el objetivo de mejorar la calidad de vida de las personas.

## 5. ART

Desde la terapia de aceptación y recuperación por niveles para la psicosis (ART) se pretende modificar la relación de las personas con sus eventos privados. Es un modelo de intervención no tradicional en el que el foco se sitúa en el cambio de relación con aquello que nos perturba, promoviendo una mayor flexibilidad psicológica (Díaz-Garrido, Laffite, Zúñiga, 2020, en vías de publicación). Esta relación en muchas ocasiones dificulta el desempeño de sus actividades de la vida cotidiana y su adaptación al entorno.

La flexibilidad psicológica se define como la capacidad de actuar con eficacia, de acuerdo con los valores y objetivos personales, incluso en presencia de experiencias privadas difíciles o enredamiento cognitivo (Hayes, Luoma, Bond, Masuda y Lillis, 2006). La aceptación de los acontecimientos y el compromiso con respuestas diferentes a la huida o evitación constituyen los pilares para la mejora de la calidad de vida de las personas y el desarrollo de su autonomía. Los profesionales no indicamos el camino, sino que actuamos como agentes de ayuda para que la persona encuentre su vía personal.

Esta terapia sigue la filosofía de ACT, que se basa en dos procesos centrales. Se centra en el esclarecimiento de los valores de la persona, fomentando el autoconocimiento, y el practicar la defusión para discriminar y tomar conciencia de los pensamientos y sensaciones con intención de corregir el apego excesivo a los contenidos de la actividad mental.

Desde ACT se entiende que los profesionales debemos fijarnos en la relación que la persona tiene con el mundo para ayudarle a cambiar lo que sea posible y beneficioso, y a aceptar aquello que la vida lleva consigo (García, Pérez y Cangas, 2006). El planteamiento centrado en lo que es importante para la persona es un cambio de perspectiva que orienta la atención de la persona hacia sus pasos, en vez de atender a la reducción de sus eventos privados. Es decir, las intervenciones no van dirigidas a eliminar o reducir síntomas, sino que buscan conseguir un distanciamiento respecto a ellos, de manera que la reacción ante estos sea flexible y el comportamiento esté regulado por los valores personales y no por la literalidad del contenido de estos eventos.

Uno de los objetivos de los servicios de rehabilitación psicosocial es promover la autonomía de las

© Ediciones Pirámide

personas. No obstante, es común que la dinámica de trabajo en los dispositivos de rehabilitación se base en generar conductas dominadas por reglas, generalmente de tipo *pliance* y *tracking*.

Los seres humanos aprendemos a comportarnos de manera directa a través de la propia experiencia, y de forma indirecta por medio de reglas e instrucciones. El comportamiento gobernado por reglas se caracteriza por depender de un control verbal previo al contacto con las contingencias. Gran parte de nuestro comportamiento está regulado por reglas, ya que vivimos en sociedad. Nuestra capacidad para comportarnos de acuerdo a reglas resulta, también, un recurso adaptativo, ya que implica que no sea necesario que nos expongamos a determinadas situaciones que pueden, por ejemplo, ser peligrosas o innecesarias, mediante el seguimiento de instrucciones (Arismendi y Fiorentini, 2012).

Sin embargo, un patrón de conducta exclusivo de estas características fomentan la dependencia, rigidez en el comportamiento e inflexibilidad psicológica.

Según la teoría de los marcos relacionales, la regulación verbal tipo *pliance* implica seguir fórmulas verbales por una historia de reforzamiento en la que las consecuencias relevantes son las mediadas por otros. Es decir, las consecuencias (de tipo social) se consiguen por el hecho de cumplir la regla y las aplica la persona que generó dicha regla (obedecer). Un repertorio generalizado de regulación *pliance* es limitante, ya que genera una dependencia extrema de los otros y produce insensibilidad a las consecuencias naturales que emanan de las acciones (Luciano, Gutiérrez, Valdivia y Páez-Blarrina, 2006). Además, pueden ser un problema cuando es débil, como cuando una persona experimenta consecuencias desagradables por no obedecer una instrucción, o cuando es excesivo, porque podría impedir la identificación por experiencia propia de lo que realmente funciona (Follete, Naugle y Linnerooth, 2000). La regulación *tracking* está controlada por el seguimiento de una fórmula verbal o regla que responde a una historia de reforzamiento, donde han quedado seleccionadas las consecuencias que emanan directamente de la acción efectuada y que reflejan el contenido de la fórmula verbal (Luciano, 2006). La regla se asocia directamente a las consecuencias que se obtienen de la conducta. En este caso, las consecuencias (de tipo natural) se obtienen del seguimiento de la regla. La regulación *tracking* puede ser problemática cuando la regla es imprecisa, inestable o cuando intenta aplicarse en situaciones donde la conducta objetivo solo puede ser moldeada por sus consecuencias (Hayes, Strosahl y Wilson, 1999). En cambio, el comportamiento tipo *augmenting* sería una regulación bajo el control de funciones transformadoras de estímulo (Luciano, 2006). Es una regla verbal que cambia las propiedades reforzantes de un estímulo que funciona como consecuencia, aumentando o disminuyendo la probabilidad de que ese estímulo como consecuencia influya en la conducta. Cambia las propiedades reforzantes de un estímulo que funciona como consecuencia. Este tipo de aprendizaje permite seguir reglas a largo plazo.

ACT fomenta un modelo de aprendizaje según las contingencias directas de las conductas. La conducta moldeada por contingencias directas está bajo el control de estímulos diferenciales no verbales y es fortalecida por aquellas consecuencias directas que funcionan como estímulos reforzantes (Herrera, Peláez, Reyes, Figueroa y Salas, 2001).

De esta manera, si las contingencias cambian, la persona sería capaz de adaptarse a nuevas situaciones mediante los reforzadores naturales, generando una mayor variabilidad en los patrones de respuesta. A mayor variabilidad en los patrones de respuesta, mayor será la sensibilidad a las contingencias. El incremento de la flexibilidad psicológica lleva consigo también que se produzcan cambios conductuales y mejora en los repertorios de conductas desadaptativas en los diferentes ámbitos en los que se desenvuelven las personas y que generan malestar.

El objetivo de ACT es el de ayudar a las personas a adoptar conductas que les sirvan mejor para alcanzar sus objetivos y, con ello, mejorar su calidad de vida. La disminución de la sintomatología se considera más un subproducto del tratamiento.

En un ensayo de Bach y Hayes se muestra que a pesar de que la reducción general de síntomas fue menor, las tasas de reingreso se vieron afectadas en sentido positivo, produciéndose menos ingresos en las personas que recibieron sesiones de ACT (Bach y Hayes, 2002). De la misma manera, Gaudiano y Herbert concluyeron en su estudio que el grupo ACT mostró un mayor beneficio en relación con la mejora afectiva, la disminución del nivel de angustia y/o ansiedad asociado a las alucinaciones y un aumento de funcionamiento social, disminuyendo también las tasas de rehospitalización (Achim, Sutliff y Roy, 2015; Gau-

© Ediciones Pirámide

diano y Herbert, 2006). Otros muestran que a pesar de no existir una reducción significativa de los síntomas, aumenta la búsqueda de ayuda, regulación emocional y la flexibilidad psicológica, por tanto ser más resistente a la angustia y más receptivo a las experiencias emocionales (Villate et al., 2016; Khoury y Lecomte, 2012).

En relación al estigma, los resultados de un estudio revelan que una intervención corta de ACT puede reducir el estigma hacia personas con problemas de SM (Masuda et al., 2007). Desde esta perspectiva, el núcleo del estigma es la objetivación y deshumanización de las personas involucrando evaluaciones verbales. En lugar de confrontar el contenido del estigma, se intenta debilitar el impacto psicológico del estigma aumentando la aceptación, la atención plena y el repertorio de toma de perspectiva de la persona, como la empatía hacia uno mismo y los demás. Considera que aumentando el sentido percibido de experiencias psicológicas compartidas con las personas estigmatizadas, se intenta disminuir el impacto sentido percibido de nosotros hacia ellos, una característica importante de la estigmatización (Link y Phelan, 2001).

Para promover la inclusión social de las personas con problemas de salud mental es imprescindible que se modifiquen las actitudes negativas de la población general hacia este colectivo, aceptando la diversidad como un elemento que enriquece a las comunidades.

## 6. CONCLUSIONES

La atención a la salud mental debe estar basada en la comunidad y promover la inclusión social de las personas que reciben cuidados. Para ello el entorno debe ser capaz de responder a las diversidades de sus habitantes y lograr el derecho de todas las personas, sin discriminación alguna, a beneficiarse y participar en su entorno social con igualdad de oportunidades.

El desarrollo de una persona y su capacidad para participar y llevar a cabo su propio proyecto de vida no está condicionado exclusivamente por su discapacidad, sino que está determinado por las oportunidades y apoyos que el entorno le ofrezca. Por ello, es imprescindible que existan los apoyos y recursos comunitarios adecuados que posibiliten la inclusión social y permitan a las personas conservar su dignidad, autonomía e independencia. La falta de sistemas de apoyo adecuados incrementa el riesgo de segregación e institucionalización.

En este sentido, ART se nos plantea como una propuesta prometedora para el abordaje de personas con TMG. Se centra en el cambio de relación que establecen las personas con sus eventos privados cuando dificultan el desempeño de las actividades de la vida cotidiana y la adaptación al entorno, basada en la filosofía ACT, que promueve la aceptación de aquello que no podemos cambiar y el compromiso activo con acciones encaminadas a objetivos acordes a los propios valores personales. Se ayuda a la persona a esclarecer sus valores y tomar acciones acordes a los mismos, teniendo un papel activo en su proceso de recuperación. Resalta las capacidades y fortalezas de la persona, tratando de minimizar la función del profesional como persona superior que «lo sabe todo». Así se construyen relaciones terapéuticas más horizontales, de manera que se fomenta la autonomía y la participación de las personas.

A través de esto se pretende que los eventos privados desagradables no paralicen la vida de la persona. Se fomenta un modelo de aprendizaje según las contingencias directas de las conductas.

De esta manera, si las contingencias cambian, la persona sería capaz de adaptarse a nuevas situaciones mediante los reforzadores naturales, generando una mayor variabilidad en los patrones de respuesta. Se promueven unos patrones de conducta flexibles y con capacidad para adaptarse a los acontecimientos de la vida diaria.

El incremento de la flexibilidad psicológica lleva consigo también que se produzcan cambios conductuales y mejora en los repertorios de conductas desadaptativas en los diferentes ámbitos en los que se desenvuelven las personas y que generan malestar. ACT contribuye a la mejora de la experiencia de la persona con su circunstancia.

Se podría entender que los beneficios generados de aplicar ART se trasladan a la vida cotidiana, mejorando la adaptación de las personas a su entorno y, por ende, su calidad de vida. Asimismo, dada la importancia de sensibilizar y educar a la población general en relación con los problemas de salud mental, ACT podría ser una herramienta beneficiosa para modificar conductas de evitación de la población general hacia este colectivo.

© Ediciones Pirámide

## REFERENCIAS BIBLIOGRÁFICAS


Achim, A., Sutliff, S. y Roy, M. (2015). Treating comorbid anxiety disorders in patients with schizophrenia: A new pathway. *Psychiatric Times, 32*(1), 29.

Arismendi, M. y Fiorentini, L. (2012). Competencia entre el aprendizaje por instrucciones y por contingencias: su relación con conductas derivadas. *IV Congreso Internacional de Investigación y Práctica Profesional en Psicología.* Buenos Aires.

Arrollo Cifuentes, J., Álvarez Berajano, A. y De Rivas Hermosilla, S. (2013). Revisión de la Terapia de Aceptación y Compromiso aplicada a la psicosis. *Informaciones Psiquiátricas, 214*(4), 365-383.

Bach, P. y Hayes, S. (2002). The use of acceptance and commitment therapy to prevent the rehospitalization of psychotic patients: A randomized controlled trial. *Journal of Consulting and Clinical Psychology, 70,* 11-29.

Badallo, A. (2012). *Estigma y Salud Mental.* Madrid: Grupo 5.

Badallo, A., García-Arias, S. y Yélamos, L. (2013). La situación de estigmatización en el entorno de un recurso de rehabilitación psicosocial. *Asociación Española de Neuropsiquiatría, 33*(120), 737-747.

Ballesteros, J. (1992). *Derechos Humanos. Concepto, Fundamentos, Sujetos.* Madrid: Tecnos.

Barnes, C. y Mercer, G. (2010). *Exploring Disability* (2.ª ed.). Cambridge: Polity Press.

Campoy, I. (2004). El reflejo de los valores de libertad, igualdad y solidaridad en la Ley 51/2003 de 2 de diciembre, de Igualdad de Oportunidades, No Discriminación y Accesibilidad Universal de las Personas con Discapacidad. *Universitas. Revista de Filosofía, Derecho y Política, 1,* 73-98.

Carniel, L., Torres-González, F., Runte, A. y King, M. (2011). Existential questions in schizophrenia: Perception of patients and caregivers. *Revista Saúde Pública, 45*(2), 401-408.

Chuaqui, J. (2004). Percepción subjetiva de vecinos y tutores de personas con esquizofrenia. *Psiquiatría y Salud Mental, 21*(2-3),130-138.

Confederación Salud Mental España (2015). *Estudio: salud mental e inclusión social. Situación actual y recomendaciones contra el estigma* (1.ª ed.). Madrid: Confederación Salud Mental España. Disponible en https://bit.ly/2OX1Aq7

Da Costa, J. R., Dos Anjos, M. F. y Zaher, V. L. (2007). Para compreender a doença mental numa perspectiva de bioética. *Bioethikos, 1*(2), 103-110. Disponible en https://bit.ly/2HgOzmz

Fakhoury, W. K., Murray, A., Shepherd, G. y Priebe, S. (2002). Research in supported housing. *Social Psychiatry Epidemiology, 37,* 301-315.

Fernández-López, J. A., Fernández-Fidalgo, M. y Cieza, A. (2010). Los conceptos de calidad de vida, salud y bienestar analizados desde la perspectiva de la Clasificación Internacional del Funcionamiento (CIF). *Revista Española de Salud Pública, 84*(2), 169-186. Disponible en https://bit.ly/3rpaJ7Q

Follete, W., Naugle, A. y Linnerooth, P. (2000). Functional alternatives to traditional assessment and diagnosis. En M. Dougher (ed.), *Clinical behaviour analysis.* Reno: Context Press.

Frías, V., Fortuny, J., Guzmán, S., Santamaría, P., Martínez, M. y Pérez, V. (2019). Estigma: la relevancia del contacto social en el trastorno mental. *Enfermería Clínica, 28*(2), 111-117.

Funk, M. y Drew, N. (2012). *WHO QualityRights tool kit to assess and improve quality and human rights in mental health and social care facilities.* Ginebra, Suiza: World Health Organization.

García, R. L. (2003). *El futuro de las personas con discapacidad: desarrollo humano y discapacidad.* Madrid: Fundación ONCE.

García-Montes, J., Pérez-Álvarez, M. y Cangas Díaz, A. (2006). Aproximación al abordaje clínico de los síntomas psicóticos desde la Aceptación. *Apuntes de Psicología, 24*(1-3), 293-307.

Gaudiano, B. y Herbert, J. (2006). Acute treatment of inpatiens with psychotics symptoms using Acceptance and Commitment Therapy: Pilot results. *Behaviour Research and Therapy, 44*(3), 415-437.

Goffman, E. (1963). *Estigma: la identidad deteriorada.* Buenos Aires: Amorrortu Editores.

González, A. M. (1996). *Naturaleza y dignidad.* Pamplona: Eunsa.

Gutiérrez, K. J., Caqueo, A., Ferrer, M. y Fernández, P. (2012). Influencia de la percepción de apoyo y del funcionamiento social en la calidad de vida de pacientes con esquizofrenia y sus cuidadores. *Psicothema, 24*(2), 255-262.

Hayes, S., Luoma, J., Bond, F., Masuda, A. y Lillis, J. (2006). Acceptance and commitment therapy: Model, processes and outcomes. *Behaviour Research and Therapy, 44*(1), 1-25.

Hayes, S., Strosahl, K. y Wilson, K. (1999). *Acceptance and Commitment Theraphy.* Nueva York: The Guilford Press.

Herrera, G., Peláez, M., Reyes, G., Figueroa, S. y Salas, M. (2001). Seguimiento de reglas en función del desarrollo psicológico y de la comprensión del lenguaje. *Revista Mexicana de Análisis de la Conducta, 27*(3), 403-429.

Jiménez-Muro, A. y Sáez, L. (2019). Calidad de vida en pacientes españoles con trastorno mental grave. *Calidad de Vida y Salud, 12*(2), 40-42.


© Ediciones Pirámide

Junta de Andalucía (2012). *Derechos Humanos y Salud Mental en Andalucía. Protección de los Derechos Humanos de las personas con trastorno mental en el marco de la Convención de Derechos de las Personas con Discapacidad.* Plan Integral de Salud Mental de Andalucía. Escuela Andaluza de Salud Pública, Consejería de Salud y Bienestar Social. Disponible en https://bit.ly/3lNWzMp

Katorski, L., Coimbra, V., Demarco, D., Eslabao, A., Nunes, C. y Guedes, A. (2011). A importância das atividades de suporte terapêutico para o cuidado em um centro de atenção. *Revista de Enfermagem e Saúde, 1*(1), 4-13.

Keet, R., Mahon, M. V., Shields-Zeeman, L., Ruud, T., Weeghel, J. V., Bahler, M., Mulder, C. L., Zelst, C. V., Murphy, B., Westen, K., Nas, C., Petrea, I. y Pieters, G. (2019). Recovery for all in the community; position paper on principles and key elements of community-based mental health care. *BMC Psychiatry, 19*(174), 1-11. Disponible en https://doi.org/10.1186/s12888-019-2162-z

Khoury, B. y Lecomte, T. (2012). Emotion regulation and schizophrenia. *International Journal of Cognitive Therapy, 5*(1), 67-76.

Krause, J. M. (2001). Hacia una redefinición del concepto de comunidad-cuatro ejes para un análisis crítico y una propuesta. *Revista de Psicología, 20,* 49-60. Disponible en https://bit.ly/3ckfFXl

Kurs, R., Farkas, H. y Ritsner, M. (2005). Quality of life and temperament factors in schizophrenia: Comparative study of patients, their siblings and controls. *Quality of Life Research, 14*(2), 433-440.

Laviana-Cuetos, M. (2006). La atención a las personas con esquizofrenia y otros trastornos mentales graves desde los servicios públicos: una atención integral e integrada en un modelo comunitario. *Apuntes de Psicología, 24*(1-3), 345-373.

Lin, N. (1986). Conceptualizing social support. En N. Lin, A. Dean y W. Ensel, *Social support, life events and depressions.* Nueva York: Academic Press.

Link, B. y Phelan, J. (2001). Conceptualizing stigma. *Annual Review of Sociology, 27,* 363-385.

Lewis, S., Bambra, C., Barnes, A., Collins, M., Egan, M., Halliday, E., Orton, L., Ponsford, R., Powell, K., Salway, S., Townsend, A., Whitehead, M. y Popay, J. (2019). Reframing «participation» and «inclusion» in public health policy and practice to address health inequalities: Evidence from a major resident-led neighbourhood improvement initiative. *Health Social Care in the Community, 27*(1), 199-206.

Luciano, C., Valdivia, S., Gutiérrez, O. y Páez-Blarrina, M. (2006). Avances desde la terapia de aceptación y compromiso. *eduPsykhé, 5*(2), 173-201.

Masuda, A., Hayes, S., Fletcher, L., Seignourel, P., Bunting, K., Herbst, S., Twohig, M. y Lillis, J. (2007). Impact of acceptance and commitment therapy versus education on stigma toward people with psychological disorders. *Behaviour Research and Therapy, 45,* 2764-2772.

Mendonça, S. M. (2019). Dignidad y autonomía del paciente con trastornos mentales. *Revista Bioética, 27*(1), 46-52.

Murphy, S., Irving, C., Adams, C. y Waqar, M. (2015). Crisis intervention for people with severe mental illnesses. *Cochrane Database of Systematic Reviews, 12,* CD0001087.

Navarro, D., García-Heras, S., Carrasco, O. y Casas, A. (2009). Calidad de vida, apoyo social y deterioro en una muestra de personas con trastorno mental grave. *Intervención Psicosocial, 17*(3), 321-336.

Organización de las Naciones Unidas (2006). *Convención Internacional sobre los Derechos de las Personas con Discapacidad.* Nueva York: Organización de las Naciones Unidas.

Organización de las Naciones Unidas: Consejo de Derechos Humanos (2009). *Informe del Relator Especial sobre el derecho de toda persona al disfrute del más alto nivel posible de salud física y mental,* 5 de mayo de 2009. A/HRC/11/12.

Organización de las Naciones Unidas (2014). *Observación general Número 1 del 2014 del Comité sobre los Derechos de las Personas con Discapacidad.* Documento adaptado por Cooperativa Altavoz.

Organización de las Naciones Unidas: Consejo de Derechos Humanos (2016a). *Informe de la Relatora Especial sobre los derechos de las personas con discapacidad,* 12 de enero. A/HRC/31/62.

Organización de las Naciones Unidas: Consejo de Derechos Humanos (2016b). *Informe de la Relatora Especial sobre los derechos de las personas con discapacidad,* 20 de diciembre. A/HRC/34/58.

Organización de las Naciones Unidas: Consejo de Derechos Humanos (2017a). *Informe del Relator Especial sobre el derecho de toda persona al disfrute del más alto nivel posible de salud física y mental,* 28 de marzo. A/HRC/35/21.

Organización de las Naciones Unidas: Consejo de Derechos Humanos (2017b). *Informe de la Relatora Especial sobre los derechos de las personas con discapacidad,* 12 de diciembre. A/HRC/37/56.

Organización de las Naciones Unidas: Consejo de Derechos Humanos (2020). *Informe del Relator Especial sobre el derecho de toda persona al disfrute del más alto nivel posible de salud física y mental,* 15 de abril. A/HRC/44/48.

Organización Mundial de la Salud (1998). *Glosario de Promoción de la Salud.* Ginebra: Organización Mundial de la Salud.

Organización Mundial de la Salud (2001). *Clasificación Internacional del Funcionamiento, de la Discapacidad*

© Ediciones Pirámide

*y de la Salud: CIF.* Ginebra: Organización Mundial de la Salud.

Ottati, V., Bodenhausen, G. y Newman, L. (2005). Social psychological models of mental illness stigma. En P. Corrigan, *On the stigma of mental illness* (pp. 99-128). Washington D. C.: American Psychological Association.

Palacios, A. (2008). *El modelo social de discapacidad: orígenes, caracterización y plasmación de la Convención Internacional sobre los Derechos de las Personas con Discapacidad* (1.ª ed.). Madrid: Cinca.

Pérez Bueno, L. C. (2010). *Discapacidad, Derecho y Políticas de Inclusión* (1.ª ed.). Madrid: Cinca.

Prigent, A., Auraaen, A., Kamendje-Tchokobou, B., Durand-Zaleski, I. y Chevreul, K. (2014). Health-related quality of life and utility scores in people with mental disorders: A comparison with the non-mentally ill. *International Journal of Environmental Research and Public Health General Population, 11,* 2804-2817.

Putnam, R. (2000). *Bowling alone. The collapse and revival of American Community.* Simon and Schuster Paperback.

Reinhold, K., Becker, T. y Frasch, K. (2016). Effectiveness and cost-effectiveness of home treatment compared with inpatient care for patients with acute mental disorders in a rural catchment area in German. *Neurology, Psychiatry and Brain Research, 22*(2), 81-86.

Saraceno, B. (1999). *Libertando identidades.* Río de Janeiro: TeCorá.

Sarason, S. B. (1974). *The psychological sense of community: Prospects for a community psychology.* San Francisco: Josey-Bass.

Schalock, R. y Verdugo, M. (2003). *Calidad de vida: manual para profesionales de la educación, salud y servicios sociales.* Madrid: Alianza Editorial.

Segura del Pozo, J. (2011). *Capital social vínculo («bonding») y capital social puente («bridging»)* (capítulo 17). Tres Cantos: Ediciones «Salud pública y algo más».

Segura del Pozo, J. (2018). *Comunitaria.* Tres Cantos: Ediciones «Salud Pública y otras dudas».

Sidlova, M., Prasko, J., Jelenova, D., Kovacsova, A., Latalova, K., Sigmundova, Z. y Vrbova, K. (2011). The quality of life of patients suffering from schizophrenia-a comparison with healthy controls. *Biomedical Papers, 155*(2), 173-180.

Sum, M. Y., Ho, N. F. y Sim, K. (2015). Cross diagnostic comparisons of quality of life deficits in remitted and unremitted patients with schizophrenia and bipolar disorder. *Schizophrenia Research, 168*(1-2), 191-196.

Tan, E. J. y Rossel, S. L. (2016). Comparing how co-morbid depression affects individual domains of functioning and life satisfaction in schizophrenia. *Comprehensive Psychiatry, 66,* 53-58.

Touriño, R. (2010). Evaluación de la calidad de vida en rehabilitación psicosocial. En J. Fernández, R. Touriño, N. Benítez y C. Abelleira, *Evaluación en rehabilitación psicosocial.* Valladolid: FEARP.

Villatte, J., Vilardaga, R., Villatte, M., Vilardaga J., Atkins, D. y Hayes, S. (2016). Acceptance and Commitment Therapy modules: Differential impact on treatment processes and outcomes. *Behaviour Research and Therapy, 77,* 52-61.

Vrbova, K., Prasko, J., Ociskova, M., Kamaradova, D., Marackova, M., Holubova, M., Grambal, A., Slepecky, M. y Latalova, K. (2017). Quality of life, self-stigma, and hope in schizophrenia disorders: A cross-sectional study. *Neuropsychiatric Disease and Treatment, 12,* 567-576.

Wolfensberger, W. y Thomas, S. (1983). *PASSING, Program analysis of service systems' implementation of normalization goals: Normalization criteria and ratings manual* (2.ª ed.). Toronto: National Institute on Mental Retardation.

Woon, P. S., Chia, M. Y., Chan, W. Y. y Sim, K. (2010). Neurocognitive, clinical and functional correlates of subjective quality of life in Asian outpatients with schizophrenia. *Progress in Neuro-Psychopharmacology and Biological Psychiatry, 34*(3), 463-468.

© Ediciones Pirámide

# Contextualización de las conductas «psicóticas»: una aproximación social-contextual

23

BERNARD GUERIN
LUIS VALERO AGUAYO (TRADUCTOR)

## 1. INTRODUCCIÓN

Las psicosis y la esquizofrenia han sido durante mucho tiempo uno de los temas más polémicos de los problemas de «salud mental» (Bleuler, 1911; Jung, 1907/1960; Luhrmann y Marrow, 2016; Schilder, 1976; Sullivan, 1974). Incluso la forma como debía llamarse a estos comportamientos ha sido también algo polémico y cambiante con el tiempo («demencia precoz», «el grupo de las esquizofrenias»), y que actualmente se denomina «espectro de la esquizofrenia y otros trastornos psicóticos» según el DSM-5 (APA, 2013). Además, hay también algunos grupos internacionales, muchos de los cuales incluyen psiquiatras y psicólogos clínicos, que piden que se abandone esta categoría, ya que no tiene mucho sentido (Bentall, 2006; International Society for Psychological and Social Psychosis, ISPS, 2017).

Sin embargo, a pesar de las disputas sobre el etiquetado o las categorías diagnósticas, las personas a las que se suelen dar esas etiquetas siguen comportándose de la misma manera, y siguen con un estado de dolor y desesperación. Necesitan ser apoyados y ayudados para enfrentar o cambiar los comportamientos que se observan en ellos. Las etiquetas y las clasificaciones no son importantes.

En este capítulo se presenta un nuevo análisis social-contextual sobre las formas en que los entornos negativos de la vida pueden moldear las conductas «psicóticas» (Boyle y Johnstone, 2020; Guerin, 2020a; 2020b; Johnstone y Boyle, 2018). Este sigue vagamente un proceso de análisis de conducta tradicional, en la búsqueda de: 1) las conductas de interés, y luego 2) los ambientes que moldean y mantienen estas conductas por 3) sus consecuencias. Sin embargo, este análisis no puede hacerse en términos de contingencias simples o de tres términos, ya que las conductas, ambientes y funcionamiento de los humanos adultos son extremadamente complejos. La información solo aparecerá tras un trabajo intensivo con los individuos y la exploración de los contextos funcionales de su vida, a través de la investigación de estudios de caso o su terapia, pero utilizando el rango completo de todos los contextos de su vida.

## 2. LAS CONDUCTAS «PSICÓTICAS»

El grupo actual de las «psicosis» del DSM-5 contiene tres grupos principales de conductas:

- Conducta motora altamente desorganizada o anormal (incluyendo catatonia).
- Síntomas negativos (especialmente la disminución de la expresión emocional y la abulia, una disminución en las actividades por iniciativa propia y motivadas por un propósito).
- Delirios.
- Pensamiento desordenado (habla), con incoherencia y disgregación.
- Alucinaciones.

También se asocia a menudo con fenómenos *traumáticos* y *disociativos,* y a veces con cambios importantes de humor, tales como la depresión, la manía o ambas (denominado entonces *esquizoafectivo* en el DSM). Estas características coinciden vagamente con las descripciones dadas hace muchos

© Ediciones Pirámide

años por Pierre Janet, y luego por Carl Jung sobre la *demencia precoz:* «El cuadro clínico es increíblemente variado; normalmente hay alguna perturbación de los sentimientos, muy a menudo hay delirios y alucinaciones. Por regla general, no se ha encontrado nada en el cerebro» (Jung, 1907/1960, p. 161).

¿Qué podemos concluir sobre estos comportamientos? Mirando específicamente todas las conductas mencionadas anteriormente (llamados «síntomas») aparece una muy extraña mezcla, que va desde estados catatónicos a desvaríos de creencias delirantes, a escuchar voces y ver visiones. Esta extraña mezcla ha hecho que parezca obvio para la mayoría de los clínicos que la causa puede ser algún problema interno del cerebro, ya que *es difícil de imaginar* cómo tal variedad de conductas podría ser moldeada por el medio ambiente de una persona. Sin embargo, un estudio reciente encontró que la única evidencia de la degeneración cerebral en las personas con una etiqueta de esquizofrenia era causada por su medicación, más que por cualquier otra cosa (Zipursky et al., 2013).

La pista, sin embargo, está en la frase anterior «... es difícil de imaginar». Para aquellos que adoptan un enfoque conductual o social-contextual sobre las cuestiones del funcionamiento humano, encontrar los contextos que dan forma al complejo comportamiento humano adulto es notoriamente difícil, pero aun así es posible (Guerin, 1994; 2004; 2020a, 2020b). Los seres humanos están moldeados no solo por el mundo físico, sino también por los mundos social, cultural y económico, y estos ambientes «societales» se han estructurado para moldear nuestro comportamiento desde antes que naciéramos.

Para hacer las cosas más difíciles, la forma en que estas estructuras sociales complejas moldean las conductas humanas individuales generalmente no resulta evidente o no es fácilmente observable, a menos que se mire durante un largo período de tiempo (Guerin, 2020c). Como dijo el sociólogo Sam Richards: «Mis estudiantes a menudo me preguntan "¿qué es la sociología?" y yo les digo que "es el estudio de la forma en que los seres humanos son moldeados por cosas que no ven"» (Richards, n. d.). Por tanto, para comprender adecuadamente a la gente necesitamos los 100 años o más de la sociología y la antropología social, y usar de métodos de investigación contextual (Guerin, 2020c).

Así que, para todos aquellos que tengan un enfoque conductual o social-contextual sobre las cuestiones del funcionamiento humano, necesitamos pasar más tiempo de lo que hace la investigación psicológica (Guerin, 2018) *tratando de encontrar* los contextos del mundo donde viven las personas, que son los que moldean las conductas que observamos, ya bien sea porque estas conductas resultan ser: 1) conductas directamente observables, tales como movimientos corporales o el uso del lenguaje, o bien 2) el uso del lenguaje, aunque no se diga en voz alta (tal como «pensar» o imaginar) (Guerin, 2020b). En ambos casos, los contextos se encuentran en los mundos de relaciones sociales de la persona, que sí son observables. Hemos de cambiar «... es difícil de imaginar» por mejores observaciones y de más larga duración en *todos* los contextos, y luego mirar el funcionamiento de las conductas moldeadas y sus consecuencias.

## 3. LOS CONTEXTOS DE LA VIDA QUE MOLDEAN LAS CONDUCTAS DE «SALUD MENTAL», Y MUCHO MÁS

Un examen de los contextos reales en los que se moldean las conductas de «salud mental» ha sugerido una aproximación muy diferente a la de la psiquiatría y la psicología clínica, pero que se ajusta más a lo que las personas informan de primera mano. La principal diferencia es dejar de hacer atribuciones internas sobre las «causas» de estas conductas (como que se originan en el cerebro o en la «arquitectura cognitiva»), y en su lugar gastar ese tiempo buscando más cuidadosamente las disposiciones concretas dentro de la complejidad de los mundos sociales de la gente, que son los que moldean esa extraña mezcla de comportamientos.

Muchas personas han propuesto que las conductas de «salud mental» se moldean cuando las personas tratan de hacer frente a situaciones de la vida extremadamente negativas, tales como vivir eventos traumáticos, abuso, pobreza, amenazas de todo tipo, violencia, etc. (Boyle y Johnstone, 2020; Guerin, 2020a; Johnstone y Boyle, 2018), y no debido a ninguna enfermedad cerebral, desequilibrio químico o «disfunción cognitiva». Las personas se están adaptando a sus mundos difíciles para seguir

© Ediciones Pirámide

adelante, para sobrevivir, pero no les está funcionando bien. *Ninguna de sus conductas tiene un efecto real para cambiar nada.*

Sin embargo, estas malas situaciones de la vida moldean *muchos* patrones de comportamiento diferentes para afrontar, tratar, aguantar o escapar de estos contextos desfavorables. La figura 23.1 ilustra esta idea más amplia de las situaciones negativas de la vida de muchas personas, y algunas de las conductas moldeadas a partir de esas situaciones.

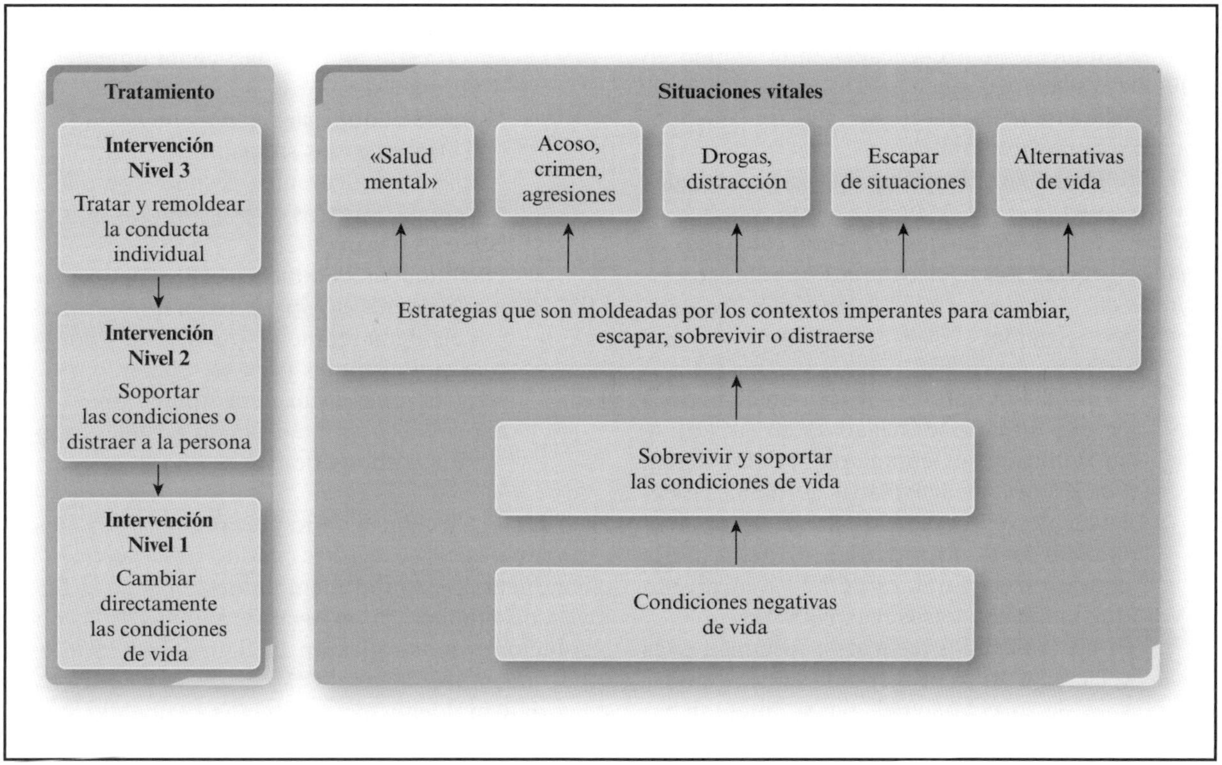


Figura 23.1.—Esquema de la idea principal social-contextual, donde las malas condiciones de vida llevan al moldeamiento de diversas estrategias, y los tres niveles de tratamiento para abordarlas.

Lo primero que hay que notar en la figura 23.1 es que *las conductas de «salud mental» son solo uno de los resultados.* Muchas personas tienen estas mismas situaciones negativas y encuentran una manera de salir, otras son moldeadas hacia conductas criminales o delincuentes para adaptarse o escapar, otras recurren a la manipulación de diferentes formas para adaptarse y mejorar sus malas condiciones de vida, mientras que otras muchas solo «aguantan» con la vida que les ha tocado vivir. Naturalmente, cuáles de estas reacciones sean las que ocurran dependerá de las relaciones sociales y de los recursos disponibles en las diferentes situaciones negativas.

Así pues, ¿qué son estas «situaciones negativas»? Los recientes intentos de ir más allá de los tratamientos actuales tienen unos autores similares (Boyle y Johnstone, 2020; Guerin, 2020a; Johnstone y Boyle, 2018). Pero la mayoría incluyen tratar de vivir dentro de los siguientes malos entornos de vida: violencia; crimen; drogas usadas como «soluciones» habituales; pobreza; eventos traumáticos de todo tipo, a corto o largo plazo; abuso de todo tipo, físico, sexual, de poder o de control; agresiones y peleas; opresión y control violento realizado por individuos o grupos; restricción de otras opciones con posibles alternativas de conducta que son bloqueadas por otros; acoso a lo largo del tiempo, especial-

© Ediciones Pirámide

mente en la escuela, el trabajo, en la familia; desplazamientos forzosos; desempleo; trabajos basura; muerte de familiares o amigos cercanos; falta de oportunidades o censura; fuertes restricciones impuestas a muchas conductas que son bloqueadas; exclusión o discriminación de las relaciones sociales; tener discapacidades y repertorios de conducta menos flexibles, que restringen las oportunidades; la persona simplemente no «encaja» en el mundo en el que haya nacido; y muchas situaciones negativas que actualmente se producen por la propia hospitalización y la medicación.

La pregunta para el análisis aquí es: *para alguien (sin que tenga la culpa de ello) que está tratando de vivir en estas malas condiciones, ¿qué conductas se moldean? y ¿cuáles son los entornos de vida más específicos que dan lugar a los diferentes resultados?*

Así, por ejemplo:

1. Si usted está tratando de vivir en una o más de esas situaciones negativas en su vida, y su familia y sus contactos sociales tienen una historia de actividades criminales o delincuentes, entonces ahí estarán las oportunidades para que usted escape de esas malas condiciones, y tratará de hacer lo mismo que hacen esas otras personas.
2. Si usted tiene los recursos y justamente las relaciones sociales disponibles para poder salir de su vida actual, puede intentar hacerlo (irse a vivir con su novio o novia hacia una nueva localización para su vida, o unirse a una estructura de vida como una comuna).
3. Si usted tiene los recursos, también puede obtener drogas y otras formas de entretenimiento para escapar, o evitar hasta cierto punto sus malas condiciones de vida, o al menos sobrevivir a ellas.

Sin embargo, (4) para las conductas de «salud mental» hay algunas condiciones específicas que parecen predecir mucho mejor el hecho de que esas conductas se moldearán cuando se trate de lidiar con tales situaciones de la vida. En particular, para cualquier análisis contextual de las conductas de «salud mental», podemos sugerir las siguientes condiciones extras, en contraposición a las actividades criminales, intimidatorias o de huida:

— Tener relaciones sociales débiles y pocas oportunidades para obtener recursos.
— Por tanto, *estar atrapado* en su mala situación, de forma que no están disponibles otras opciones (tales como simplemente irse, hablar de escaparse o amenazar su posible salida).
— Cualquier conducta alternativa *que se pueda hacer* está bloqueada, generalmente por otras personas.
— No es fácil que usted *vea u observe* la fuente o el origen de esas situaciones negativas (por lo que especificaremos después con más detalle qué contextos de vida son los más probables; Guerin, 2020a).
— Hay algunas conductas habituales que aún *parecen* tener *algún* efecto en *algunas* personas en algún momento de su vida, y por tanto son moldeadas para ser exageradas o alteradas, pues estas serán precisamente las conductas que sigan siendo posibles en esos mundos tan restrictivos.

La idea es que cuando prevalezcan estas condiciones más específicas, es cuando observaremos las conductas de «salud mental» descritas en el DSM y en otros similares, en lugar de algunas de las otras soluciones mostradas en la figura 23.1. Son este tipo de situaciones vitales negativas y restrictivas las que moldean las conductas conocidas como conductas de «salud mental», y que son erróneamente conceptualizadas como originadas «dentro» de las personas, y que están falsamente «sistematizadas» en el DSM.

Antes de seguir adelante, hay algunas características interesantes que se desprenden de este amplio modelo sobre las condiciones que conforman las conductas específicas de «salud mental» (figura 23.1). En primer lugar, la gente intentará una variedad de «soluciones» para afrontar sus malas situaciones de vida, y no se conformarán con una sola solución. Antes de quedar completamente atrapados en su contexto y ser moldeados hacia algunas de esas conductas de «salud mental», por ejemplo podrían intentar salir, hablar de su forma de escapar de esas situaciones o amenazar con escapar. El problema es que a la gente rara vez se le pregunta sobre estos temas en la investigación o en la práctica clínica, *qué es lo que ya han intentado hacer y qué no*

© Ediciones Pirámide

*les ha funcionado.* Para aquellos que encuentran una solución en estas formas de conducta de escape, que les funcionan, en ningún caso desarrollan las conductas de «salud mental». En nuestra investigación normalmente preguntamos a las personas con una etiqueta de «salud mental»: «¿por qué no dejaste esa situación negativa?», e «¿intentaste alguna vez utilizar alguna forma de amenaza suave para conseguir una vida mejor para ti y hacer que las cosas cambiasen?». Las respuestas son muy útiles para revelar las condiciones ambientales que impidieron esas opciones, y también para salir de ellas, el crimen, etc. Casi todos informan haber intentado algunas de esas soluciones.

En segundo lugar, las mismas malas situaciones de la vida dan forma a una variedad de resultados de comportamiento, no solo conductas de «salud mental». Por ejemplo, aunque hay muy buenas pruebas de que el abuso en la primera infancia se correlaciona con posteriores síntomas de «salud mental», especialmente conductas «psicóticas» (Johnstone y Boyle, 2018), el abuso en la primera infancia *también* correlaciona fuertemente con posteriores comportamientos delictivos (por ejemplo, Dutton y Hart, 1992). Son justamente diferentes soluciones de vida que han sido moldeadas y han «funcionado» para esas personas en concreto. Aquellos que finalmente terminan con síntomas de «salud mental», en lugar de posteriores comportamientos criminales, tienen esos criterios adicionales antes mencionados, como parte de sus malas condiciones de vida.

En tercer lugar, incluso cuando las personas son moldeadas *dentro* por las «soluciones de salud mental» que dan a las malas condiciones de vida, pueden comportarse de formas muy diferentes en distintos momentos, lo que sobrepasa cualquier sistema categórico como el DSM. Esto significa que no es raro que la gente «cambie su diagnóstico», si sus entornos cambian y son moldeadas nuevas conductas. Hay varias razones por las que esto no se explicita ni se comenta a menudo en la literatura psiquiátrica y psicológica, y cómo esa flexibilidad y variabilidad de los individuos a lo largo del tiempo actualmente *se ha suprimido* en el DSM:

- La amplia gama de comorbilidades, que no pueden ser ignoradas bajo la pretensión de que son diagnósticos «independientes», solo porque el Comité DSM lo diga.
- El enorme solapamiento en los síntomas reales entre los trastornos «independientes» que se diagnostican (que resulta revelador que ahora sean llamados síntomas «transdiagnósticos»), y que se «corrigen» con una larga lista de «diagnósticos diferenciales» mayormente arbitrarios.
- El hecho de que aquellos que diagnostican con el DSM a menudo cambian los diagnósticos o discrepan en los diagnósticos, pero esto puede ocurrir *tanto* porque los comportamientos reales del cliente *han cambiado* con el tiempo (sus entornos cambian), como porque los diagnósticos no son un buen sistema de categorías en absoluto.
- La apatía de las instituciones y los individuos para dedicar tiempo realmente (que para ellos es dinero) en observar de cerca el mundo y el contexto de los clientes.

Por último, este modelo más amplio también nos dice algo importante sobre los tratamientos. Como se discutirá con más detalle más adelante, la mayoría de los tratamientos psiquiátricos y psicológicos no tratan directamente con el cambio de las malas condiciones de los entornos de vida real de las personas (con algunas excepciones, Haley, 1973). Si este panorama más amplio, como aparece en la figura 23.1, es cierto, entonces podemos unir los recursos de los psiquiatras y psicólogos con los de quienes trabajan en los tratamientos de las conductas agresivas, conductas criminales y delictivas, las personas sin hogar, la violencia doméstica, la pobreza, la colonización, etc. Un enfoque social-contextual o conductual de la intervención debería centrarse, como foco principal del tratamiento, en tratar de cambiar los entornos negativos de la persona. Y esta concepción sería similar a través de otros dominios, como el forense y el trabajo social, para que podamos trabajar juntos.

Richard Bentall definió bien esta idea: «Cuando todas las quejas psicóticas hayan sido explicadas *[con observaciones ambientales o contextuales],* no habrá "esquizofrenia" o "depresión maníaca" que requiera una explicación. El enfoque que defiendo no solo es más científico que el enfoque kraepeliano, sino también más humano». (Bentall, 2006, pp. 220-221, mis cursivas entre paréntesis).

© Ediciones Pirámide

## 4. EL MOLDEAMIENTO DE CONDUCTAS DE «SALUD MENTAL» Y SUS CONTEXTOS NEGATIVOS

Hemos llegado a un punto en el que las conductas de «salud mental» son como cualquier otro comportamiento y han sido moldeadas por los entornos de vida de la persona. Sin embargo, los ambientes referidos, que se basan en lo que sabemos que está mal, que causa mucho dolor, generalmente ocurren durante largos períodos. Y a partir de estos contextos se moldean muchas conductas y estrategias de vida diferentes. Más específicamente, los ambientes negativos que moldean las conductas de «salud mental» son aquellos que:

1. Son muy restrictivos.
2. Los comportamientos alternativos son usualmente castigados o bloqueados por otras personas.
3. Consisten en relaciones sociales y recursos conflictivos.
4. El origen de los contextos negativos no es obvio para los involucrados.

Se considera que, en esos contextos, la persona tiene pocas formas de cambiar o incluso de sobrevivir, y funcionará muy poco de lo que pueda intentar (como otras soluciones), o bien no tendrá ningún efecto (consecuencias). Por tanto, se moldeará y mantendrá cualquier comportamiento ordinario (que podría no tener ningún sentido fuera de ese contexto), pero que aún podría tener *algún* efecto en al menos *algunas* personas en esos entornos. Sin embargo, si hay algunos efectos o consecuencias sobre esas conductas, aunque sean disfuncionales en otros aspectos, esas conductas ordinarias llegarán a ser exageradas o inusuales, y producirán una amplia gama de conductas de «salud mental».

Hay algunos aspectos interesantes en las predicciones de esta explicación. *En primer lugar,* hay que recordar que es probable que se moldeen varias *formas diferentes* de conductas de «salud mental», dependiendo de los contextos específicos. Una persona podría ser moldeada hacia conductas «depresivas», que impliquen aislamiento y abandono, pero también en otras ocasiones podrían moldearse conductas grandilocuentes o aparatosas. Ambas pueden ser moldeadas por tener *algún* efecto en el mundo de esa persona. Pero podrían ocurrir en diferentes momentos y con diferentes personas, por lo que se necesitaría un análisis contextual completo para averiguarlo.

*En segundo lugar,* ya se ha explicado anteriormente en este capítulo por qué los clínicos no parecen darse cuenta de la prevalencia de múltiples conductas que están siendo moldeadas por los mismos entornos negativos, y que estas cambian de forma flexible a lo largo del tiempo. Los clínicos a menudo no preguntan sobre la disparidad de conductas en la vida de las personas, y los clientes pueden sentirse avergonzados o ansiosos al hablar de múltiples conductas de «salud mental», por el temor a las repercusiones clínicas.

*En tercer lugar,* a diferencia de las otras soluciones en la figura 23.1, las conductas de «salud mental» se moldean en mundos muy restrictivos, con pocas opciones para comportarse con consecuencias positivas. Por tanto, las conductas «ordinarias» en muchos casos serán *moldeadas al azar* o bien según las conductas *ya disponibles* por esa persona. Por ejemplo, en ausencia de relaciones sociales o recursos de apoyo, una persona tiene aún algunas respuestas disponibles en algún momento (por ejemplo, Guerin y Sejima, 1997). Ejemplos de esas respuestas que siempre *están disponibles* son: el llanto, las autolesiones, la discusión, la agresividad y la violencia, el suicidio, las formas de aislarse (incluidas muchas conductas de «depresión» y «disociación»), y «no tener conductas normales» (los llamados «síntomas negativos»). En otro ejemplo, en contextos de vida muy restrictivos y negativos vemos algunos de los tipos de conductas sociales desesperadas que actualmente se agrupan bajo la denominación de «trastornos alimentarios». Suponiendo que la persona siga siendo alimentada en esos contextos negativos, siempre puede tener *algún* efecto social alterando o discutiendo sobre lo que come, cuánto come y las condiciones en las que come.

*Por último,* por todas las razones expuestas anteriormente, este punto de vista implica que la conducta o la respuesta de «salud mental» real que se observa no debe ser sobre-interpretada, ya que es probable que se haya moldeado al azar a partir de un pequeño repertorio de conductas «ordinarias» sin mayor importancia (excepto que todavía puedan

© Ediciones Pirámide

tener algún efecto en ese mundo restringido). Este ha sido el gran problema a lo largo de la historia de la psiquiatría, la psicología clínica y las psicoterapias, que la *forma o topografía* de la conducta se ha tomado de alguna manera como algo «significativo» para la persona, cuando en realidad podría ser aleatoria o una de las últimas conductas «disponibles» por la persona que puedan ser moldeadas después de todo. Cuando se mira la lista alfabética de conductas de «salud mental», tomadas directamente del DSM (Guerin, 2017, tabla 4.4), está claro que son todas conductas normales u ordinarias pero moldeadas hasta el extremo.

El panorama general, entonces, es que en situaciones de vida muy negativas muchas conductas son moldeadas para escapar, cambiar o «aguantar» (justo para sobrevivir) a esas condiciones. Bajo las condiciones especiales de entornos sociales muy restrictivos, con pocos comportamientos alternativos disponibles, las conductas ordinarias serán moldeadas si tienen algún efecto (aunque sea mínimo o disfuncional) en esos mundos horribles. Puede que se trate de muchas conductas diferentes moldeadas a lo largo del tiempo, pero aquellas que tengan algunos efectos (consecuencias) se volverán exageradas. En ausencia del apoyo (consecuencias) de las relaciones o recursos sociales, será moldeada cualquier conducta que esté disponible en el individuo.

## 5. LAS CONDUCTAS DE «SALUD MENTAL» EN GENERAL

Una vez discutido el posible análisis contextual sobre lo que moldea las conductas de «salud mental», todavía queda la pregunta sobre cómo estos comportamientos se relacionan con el actual sistema de categorías del DSM. Al observar cómo funcionan en general todas esas conductas en la vida, propuse como tentativa una nueva agrupación en términos de la función y las consecuencias, en lugar de una estructura arbitraria basada en ideas anticuadas sobre «trastornos mentales», desequilibrios químicos y enfermedades cerebrales (Guerin, 2017; 2020a; Johnstone, 2014).

De todos los comportamientos del DSM, (re) agrupé los síntomas en nueve grupos nuevos, basándome en sus relaciones funcionales con los ambientes negativos (Guerin, 2017). A continuación, tuvo más sentido poner estos nueve en solo tres grupos que compartían muchas propiedades funcionales o de moldeamiento de la vida real. A continuación, estos serían los tres grupos:

— **Grupo 1: Conductas generales:**

- Conductas muy generales.
- Cambios generales en el estado de ánimo.
- Acciones inusuales.
- Pensar y hablar problemáticos: general.

— **Grupo 2: Comportamientos sociales:**

- Relaciones sociales problemáticas.
- Pensar y hablar problemáticos: hablando de relaciones sociales.

— **Grupo 3: Lenguaje y cuestiones de discurso:**

- Pensar y hablar problemáticos: específicos.
- Pensar y hablar problemáticos: hablando de la identidad.
- Pensar y hablar problemáticos: ansiedad y miedo.

Hay posibles funciones similares dentro de cada grupo (por eso se eligieron así). No voy a repasar una a una todas las conductas del DSM que caen dentro de estos grupos, pero volveré a este tema cuando aborde específicamente las conductas listadas en el DSM como «esquizofrenia y psicosis».

Debe quedar claro que esto no pretende ser un «nuevo» DSM, sino solo una forma de empezar a identificar las posibles funciones de todas las conductas del DSM, como se relacionan en la figura 23.1. Si queremos utilizar una analogía, entonces estas agrupaciones serían como «familias» en la taxonomía tradicional, con las conductas relevantes identificadas más adelante como el nivel más general, y las conductas de la persona real como el nivel específico. Pero esto solo es un análogo que ayudaría a ver las relaciones, un truco pedagógico. No se propone una nueva taxonomía, especialmente porque, a diferencia de la taxonomía tradicional, es probable que cualquier individuo tenga varias conductas genéricas y específicas que ocurran simultáneamente o en sucesión.

© Ediciones Pirámide

## 6. LOS CONTEXTOS QUE MOLDEAN TODAS LAS CONDUCTAS DE «ESQUIZOFRENIA»

Ahora tenemos algunas ideas sobre cómo analizar la aparición de las conductas «psicóticas» en sus contextos típicos, y cómo funcionan al producir *algún* efecto en el mundo de esa persona (normalmente a través de otras personas, por supuesto, pero a veces, cuando están desesperadas, también están dirigidas a objetos inanimados, aunque no tengan consecuencias, excepto para los espectadores). También se explica por qué podemos observar una gama tan diversa de comportamientos, porque hemos observado más de cerca los contextos completos de las personas, y porque no hemos hecho atribuciones internas a algún tipo de mundo «interno», o «mental». Así, la pregunta sigue siendo cómo funcionan estas conductas en relación con las situaciones negativas en las que la gente está inmersa.

Una forma habitual de «explicar» tales comportamientos, donde no se puede ver ninguna función («... es difícil de imaginar»), es afirmar que son una «búsqueda de atención». Sin embargo, esta explicación pasa por alto el hecho de que todavía hay que especificar los contextos para esa atención: lo que esa atención está haciendo a las relaciones o recursos sociales. La atención en sí misma no es funcional, pero todo lo que hacemos requiere obtener cierta atención de otras personas (como vínculo al hacer cualquier cosa). Esto significa que la «búsqueda de atención» *no explica nada,* a menos que se describa algo más sobre los contextos que implican recursos obtenidos a través de relaciones sociales.

### Algunas notas sobre la utilización del lenguaje, pensamiento y la emoción

Antes de pasar a los comportamientos más específicos etiquetados como «psicóticos», daré unas pinceladas rápidas sobre la contextualización de las acciones de hablar y pensar, y también de las conductas emocionales. Esto es importante porque tales conductas son preponderantes en las conductas «psicóticas». Todos los primeros estudiosos de las conductas de «psicosis» y «esquizofrenia» observaron cómo el uso del lenguaje forma una gran parte de esta problemática: «Si nos preguntamos qué es lo que da el carácter de extraño a la formación sustitutiva y al síntoma en la esquizofrenia, nos daremos cuenta finalmente que es la predominancia de lo que tiene que ver con las palabras, más que lo que tiene que ver con las cosas» (Freud, 1915/1984, p. 206).

En un análisis social-contextual, el uso del lenguaje es una conducta como cualquier otra, aunque tiene algunas propiedades especiales. Pero la clave para el análisis del uso del lenguaje es que *el lenguaje solo es moldeado y mantenido por las personas,* no por ninguna otra cosa en el mundo. Los gatos no se moldean diciéndoles «gato ven aquí», solo las personas pueden hacer eso. Por tanto, *usar las palabras siempre trata sobre hacer cosas a las personas.* Usar el lenguaje es solo una forma elegante de hacerlo todo a través de nuestras conductas sociales, aunque potencialmente podríamos hacerlas de otra manera, sin palabras.

El punto fundamental aquí es que *si hay «disfunciones» del habla o del lenguaje, entonces se trata realmente de «disfunciones» de las relaciones sociales.* Típicamente, ello significa que tus palabras han fallado: tus palabras ya no hacen lo que deberían hacer, o no hacen lo que hicieron en el pasado, *ya no hay consecuencias.* Tu lenguaje ya no funciona para hacer nada, y ello se debe a los problemas de relaciones sociales. Bajo estas condiciones, vemos que *el uso del lenguaje ordinario se vuelve exagerado y distorsionado,* tal como ocurre con la etiqueta de «psicosis».

Contextualizar la actividad de «pensar» es un poco más difícil, porque no podemos ver los orígenes sociales de ese moldeamiento, aún menos que para los usos del lenguaje. He sugerido que una buena forma de concebir el pensamiento es que esté hecho de las mismas respuestas lingüísticas que se producen al hablar, todas las formas en que hemos sido moldeados para hablar en contextos específicos, pero nuestros «pensamientos» son los que no llegan a decirse en voz alta (Guerin, 2020b, capítulo 4). Tenemos respuestas lingüísticas en cualquier situación, independientemente de si las decimos en voz alta o no (ya han sido moldeadas), y *aquellas que no se dicen en voz alta son las que se incluyen como nuestro «pensamiento».*

Para analizar el pensamiento, por tanto, se necesita una forma adicional y especial de observación y análisis. Necesitamos:

© Ediciones Pirámide

1. Primero averiguar los contextos sociales en los que se ha dicho eso en el pasado, en los que se podría decir, con qué públicos o en qué relaciones sociales se diría eso.
2. Debemos analizar los contextos en los que el habla no se dice en voz alta.

A veces esto ocurre como algo inocuo, como cuando nos interrumpen, o cuando no hay nadie presente. Pero en otros casos, más relevantes clínicamente, ocurre cuando hay audiencias o relaciones sociales en las que parte de ese habla en voz alta *es castigada.* Estos casos en que se moldea el pensar respuestas lingüísticas en lugar de decirlas en voz alta, incluyen los denominados por Freud y otros autores como «pensamientos reprimidos».

Por último, mi contextualización de las «emociones» también está bajo los auspicios del uso del lenguaje (Guerin, 2020b, capítulo 6), diferenciando dos tipos. Primero, mucho de lo que denominamos conducta «emocional» se trata realmente de hablar y tener efectos sobre la gente, con consecuencias del tipo: «Me siento muy enojado contigo en este momento», y que ha sido etiquetado como «discurso emocional» (por ejemplo, Edwards, 1999; Frith y Kitzinger, 1998; Hochschild, 1979; Howard et al., 2000; Maschio, 1998). El análisis contextual aquí utilizaría el lenguaje normal o el análisis del discurso.

El segundo tipo de conductas «emocionales» comprende aquellas conductas que se forman *cuando necesitamos responder, pero no podemos decir nada con palabras en absoluto,* ya sea porque no hay palabras que podamos usar o porque algunas palabras han sido castigadas. Pero las conductas que se forman en estos contextos pueden ser aleatorias o bien estar relacionadas con los acontecimientos, pero tampoco deben ser sobreinterpretadas: lloramos cuando estamos inmensamente felices y también cuando estamos tristes. En ambos casos estamos en situaciones que: 1) necesitan una respuesta, pero 2) no hay nada que podamos decir con palabras que cambie esa situación. Para *nuestro análisis,* por tanto, debemos observar las situaciones en las que se producen estas conductas, no interpretar la topografía de lo emocional, así como las condiciones de por qué algo *no* podría cambiarse usando palabras tal como lo hacemos normalmente, es decir, los problemas de relaciones sociales en las situaciones negativas.

Hay tres puntos más que tratar sobre este segundo tipo de conducta emocional, que son clínicamente relevantes. El primer punto clínicamente relevante es que esperaríamos observar muchas conductas «emocionales» bajo las malas condiciones de vida mencionadas anteriormente; es decir, para las conductas de «salud mental» que están siendo moldeadas en primer lugar (restricciones de vida, ninguna conducta alternativa viable, no se puede ver de dónde viene el moldeamiento). Estos son los contextos en los que es probable que las palabras no funcionen dentro de las relaciones sociales, y, por tanto, es probable que las conductas «emocionales» se moldeen junto con cualquier otra conducta que esté presente, ya que las palabras ya no funcionan con esas consecuencias.

El segundo punto clínicamente relevante con esta formulación sobre la emoción es que, siguiendo una de las condiciones contextuales dadas anteriormente para las conductas emocionales, se requiere que haya una respuesta. En casos normales esto podría ocurrir porque lo que esté sucediendo no pueda ser expresado con palabras, o bien el propio hecho de hablar pueda ser castigado. Pero en la situación de terapia clínica suele haber una regla tácita, y es que el «cliente» necesita exponerlo todo, incluso expresar las respuestas emocionales en palabras de algún modo. Una respuesta clínica típica suele ser darle al cliente pañuelos para secarse las lágrimas, y luego volver de nuevo sobre esos temas, *hasta que pueda* hablarlo con palabras. Así que podrían ser los mismos terapeutas quienes presionen a la persona para que lo diga todo con palabras, pero si no puede usar las palabras, entonces esta misma situación moldeará muchas respuestas emocionales. En cambio, sería más útil analizar los contextos en el mundo de esa persona, de tal manera que no necesite utilizar palabras para aclarar o cambiar las cosas. Aquí serían útiles las técnicas de los enfoques de «solo escuchar».

El tercer punto clínicamente relevante de los contextos para las conductas emocionales es que ello también nos da una pista sobre las terapias alternativas y por qué podrían ser eficaces. Si algún evento importante es abrumador, *pero no hay palabras para expresarlo,* entonces hay otras respuestas además de las emocionales habituales. Aquí es donde puede ser útil el uso no directivo de las palabras (por ejemplo, la poesía; Guerin, 2019a) o las conductas no basadas en palabras (por ejemplo, música, danza, arte; Gue-

© Ediciones Pirámide

rin, 2019b). Serían formas alternativas de comportamiento que pueden cambiar el mundo tan negativo de la vida de la persona, y que podrían tener algún efecto, pero que no requieren el uso del lenguaje en su forma habitual durante las relaciones sociales, o como respuestas emocionales estandarizadas.

## 7. ANÁLISIS DE LOS «SÍNTOMAS» MAYORES DE PSICOSIS EN TÉRMINOS DEL MUNDO NEGATIVO DE LA VIDA DE LA PERSONA

Una vez abordadas algunas de las formas básicas en que el análisis social-contextual puede cambiar nuestro enfoque terapéutico, me referiré a los comportamientos que se encuentran en las etiquetas de «esquizofrenia» y «psicosis», que deberían comenzar a tener ya un sentido más analítico. Lo más importante es que ahora sabemos mejor qué características de la vida de la persona necesitamos contextualizar (haciendo preguntas contextuales), y qué partes de la vida de las personas debemos tratar de cambiar, además de apoyarles en general para que puedan afrontarlas. La mayoría de los «síntomas» o comportamientos observados serán respuestas a los contextos sociales muy negativos en la vida de la persona, incluidos los contextos «societales» negativos (efectos negativos del capitalismo y el dinero, la burocracia, el patriarcado, etc.).

Las agrupaciones actuales del DSM-5, como se mencionó anteriormente, contienen cinco grupos principales de conductas: comportamiento motor anormal o extremadamente desorganizado (incluida la catatonia); síntomas negativos (especialmente la disminución de la expresión emocional y la volición —una disminución de las actividades realizadas por iniciativa propia y motivadas por un propósito—); delirios; trastornos del pensamiento (habla) —frecuente incoherencia y disgregación—, y alucinaciones. También se asocia a menudo con fenómenos *traumáticos y disociativos* (no por accidente, si se entiende bien la figura 23.1), y a veces concurrente con otros cambios importantes de humor, depresión, manía o ambos (que entonces es denominado *esquizoafectivo* por el DSM).

Por todo lo que hemos ya mencionado anteriormente, una de las características clave de estos comportamientos «psicóticos» es que *son moldeadas bajo condiciones de vida muy severas.* Casi todos los «síntomas» recogidos en estas etiquetas del DSM son moldeados en contextos muy restrictivos, con pocas conductas alternativas disponibles para ser moldeadas, y con el lenguaje funcionando de tal manera que no consiga tener consecuencias. *Aquí es donde debe centrarse el enfoque principal del tratamiento,* en lugar de interpretar las conductas en sí mismas en profundidad para darles mayor importancia. Todas las conductas unidas son el resultado (son moldeadas) de contextos en los que ninguna de las formas «normales» de cambiar la vida funcionan, ni escapando de ellas, ni por hablar sobre la forma de salir de ellas, ni por amenazas.

Así pues, el enfoque principal es que las personas han tenido muy malas experiencias de vida y las conductas disociativas relacionadas con ellas (o quizá «disociacóticas» es mejor descripción; Ball, 2020) solo están cerrando la puerta a cualquier relación social forzada o impuesta, incluso con los terapeutas. Los «síntomas» principales parecen extraños a veces, pero son formas extremas o exageradas en que el cuerpo utiliza el movimiento normal, la falta de movimiento, o las sensaciones e imágenes auditivas o visuales, como un último recurso para conseguir cambiar el mundo de esa persona, generalmente sin éxito, excepto para dejar a las personas fuera del sistema.

Lo que se suele hacer con estos «trastornos» es apoyar a la persona mediante la distracción, el retiro forzado o las drogas estabilizadoras, y esperar que con el tiempo esas malas situaciones cambien (lo cual podría ocurrir, por supuesto). En cambio, la verdadera tarea de la terapia desde este enfoque del contexto social es analizar esas situaciones negativas de la vida, e *intentar cambiarlas o encontrar una estrategia de escape diferente para la persona, que realmente funcione.* Cambiar los comportamientos reales tal como se observan no será suficiente si la persona permanece en esos mismos ambientes. Sería necesario trasladar a la persona a un modo de vida completamente nuevo. También es importante encontrar actividades, y especialmente conexiones sociales, con las que puedan tener un efecto sobre las personas, o que supongan una diferencia, puesto que durante algún tiempo no han podido hacerlo. Veremos con más detalle este tema a continuación. Trataré de explicar esta situación en cada uno de los cinco grupos principales de «síntomas».

© Ediciones Pirámide

### Conducta motora anormal o extremadamente desorganizada

El grupo de conductas que se agrupan con este nombre en el DSM cae en mi categoría funcional de «acciones inusuales». Abarcan conductas ordinarias que han sido moldeadas de forma extraordinaria o exagerada, porque al menos tienen algunas consecuencias (aunque sean disfuncionales por lo general). Mezclo aquí las siguientes «conductas» enumeradas y tomadas directamente del DSM: apariencia dramática, emocional, o errática; apariencia extraña o excéntrica, excentricidades en la conducta; comportamiento motor desorganizado o anormal; control motor que interrumpe la conducta habitual; ser imprudente, impulsivo; energía incrementada; gastos exagerados; exceso de actividad; conductas repetitivas y de gran rigidez (Guerin, 2017).

Como grupo de conductas, parecen claramente comportamientos ordinarios pero moldeados hasta la exageración. El análisis general sería que las situaciones negativas de la vida han restringido todos los posibles comportamientos «normales» para cambiar o escapar de alguna manera. Estas «acciones inusuales» ciertamente tendrán efectos, especialmente en los contextos sociales, pero no necesariamente terminarán cambiando esa mala situación. En el caso de vivir en contextos sociales negativos (por ejemplo, pobreza, dominio masculino), tampoco es probable que cambien mucho. Algunas de estas acciones distraerán algo de esos contextos negativos de vida de la persona, pero probablemente no cambiarán nada. Algunas podrían llevar inadvertidamente a establecer nuevos contactos sociales, que podrían eventualmente ayudar. Las formas fuertes y débiles de la «catatonia» también son una forma de escape, pero tampoco son las que probablemente ayuden a cambiar las malas situaciones sociales.

Como un análisis general, antes de considerar los análisis idiosincrásicos, también sería probable que el hecho de exagerar los comportamientos *motores* podría indicar que los contextos lingüístico-sociales no funcionan en la vida de esa persona, ya que la mayoría de la gente trata de cambiar las malas situaciones utilizando las palabras, antes de usar otros medios más físicos. Así pues, el centro de la terapia en este caso podría ser hacer preguntas contextuales (y realizar observaciones participativas) acerca de las relaciones sociales de que dispone la persona y averiguar por qué no están funcionando.

Por último, podríamos esperar encontrar también otros «síntomas» o comportamientos observados de este tipo cuando encuentre un «comportamiento motor desorganizado o anormal». Estos otros comportamientos clasificados como «Acciones inusuales» siguen una agrupación funcional, en vez de una agrupación topográfica como el DSM. Mi experiencia es que cuando empiezas a preguntar a la gente sobre «síntomas», más allá de su «diagnóstico» del DSM (por medio de preguntas contextuales), comienzan a informar sobre su vida pasada o actual.

### Síntomas negativos

Los síntomas negativos son una curiosa mezcla de comportamientos que se han discutido largamente en la historia de la psiquiatría (Bleuler, 1912; Jung, 1907/1960). El principal «comportamiento» es la ausencia de un comportamiento «normal». Los comportamientos incluyen: cambios de la afectividad; pobreza de habla y pensamiento; apatía; anhedonia; reducción del impulso social; pérdida de motivación; falta de interés social y falta de atención a los estímulos sociales o cognitivos. El DSM escribe:

> «Los *síntomas negativos* son responsables de una proporción importante de la morbilidad asociada a la esquizofrenia, siendo menos predominantes en otros trastornos psicóticos. Dos de los síntomas negativos son especialmente predominantes en la esquizofrenia: la expresión emotiva disminuida y la abulia. La *expresión emotiva disminuida* incluye una disminución de la expresión de las emociones mediante la cara, el contacto ocular, la entonación del habla (prosodia) y los movimientos de las manos, la cabeza y la cara que habitualmente dan un énfasis emotivo al discurso. La *abulia* es una disminución de las actividades, realizadas por iniciativa propia y motivadas por un propósito. El individuo puede permanecer sentado durante largos períodos de tiempo y mostrar escaso interés en participar en actividades laborales o sociales. Otros síntomas negativos son la alogia, la anhedonia y la asocialidad. La *alogia* se manifiesta por una reducción del habla. La *anhedonia* es la disminución de la capacidad para experimentar placer a partir

© Ediciones Pirámide

de estímulos positivos, o la degradación del recuerdo del placer experimentado previamente. La *asocialidad,* que se refiere a la aparente pérdida de interés por las interacciones sociales, podría estar asociada a la abulia, pero también puede ser indicativa de escasas oportunidades para la interacción social» (APA, 2013, p. 88).

Desde el punto de vista social-contextual, teniendo en cuenta los fuertes vínculos funcionales, dichos anteriormente, entre las relaciones sociales y las conductas observadas de pensamiento y emoción, todas son estrategias de escape o de salida de las relaciones sociales «normales». En este sentido, estarán funcionalmente relacionadas con la depresión y la catatonia, ya que ambas son estrategias similares, aunque moldeadas de manera diferente (pero utilizar el DSM no favorece que veamos estas conexiones).

Los «síntomas negativos» son comunes en los comportamientos cotidianos, y en su mayoría no son problemáticos, pero en los entornos negativos veremos la exageración de estos comportamientos de «retirada», que de otra manera serían normales. Sin embargo, son comportamientos «generalizados» que funcionarán de diferentes maneras en muchos contextos de vida *diferentes,* como formas de tratar de hacer frente (en su origen, al menos) a situaciones negativas o amenazantes, no son una respuesta a una mala situación específica. Por tanto, es importante señalar respecto a estas conductas que el funcionamiento real no puede obtenerse a partir de la forma o la topografía de las conductas, sino que siempre necesitan ser contextualizadas. Y que además pueden cambiar en cualquier momento, y tener otra forma.

En mis grupos se incluyen en «Conductas muy generales», ya que es analítica y funcionalmente importante que sean comportamientos que ocurran en muchas situaciones y relaciones sociales diferentes. Por tanto, no es que haya la «retirada» con respecto a una o dos personas (que podrían estar castigando esas conductas), sino una retirada más generalizada de la mayoría de las relaciones sociales. Esto podría ocurrir en entornos en los que:

1. Los sistemas sociales más amplios no funcionan para esa persona.
2. Muchas o la mayoría de sus relaciones sociales conocidas son negativas.
3. Tienen un rango muy restringido de contactos sociales, y todos ellos son negativos.

Claramente, el primer paso clínico debería ser construir algún tipo de relación social con esas personas, que puedan confiar en el terapeuta. Es poco probable que funcionen las terapias que se centran únicamente en una recuperación rápida y que están basadas en el lenguaje (terapias de conversación).

Otras conductas, que probablemente se encuentren en las mismas personas, son las otras conductas de la lista de «Conductas muy generales»: episodios de llanto; desesperación; sentirse abrumado; incapacidad para ajustarse a un factor estresante en particular; estar despierto toda la noche; disminución del sueño; problemas para dormir; alteración de la alimentación, o de la conducta relacionada con la alimentación; cambios somáticos que afectan a la capacidad de funcionamiento del individuo; pasar menos tiempo con los amigos y la familia; quedarse en casa y no ir al trabajo o a la escuela; búsqueda de atención; aumento del deseo sexual; aumento del consumo de alcohol y drogas (Guerin, 2017).

Es casi seguro que hay excepciones, pero, en general, no debería malgastarse el tiempo intentando interpretar el «significado» o «signo» de las conductas concretas de este grupo, sino centrarse más en:

- De qué se trata la situación abrumadora, general o negativa, y qué otras respuestas podrían ayudar a cambiar su entorno («¿Qué te ha pasado?»).
- Qué relaciones sociales tiene todavía esa persona, que aún están presentes, y qué dicen los discursos de esa persona sobre estas relaciones sociales.
- Las posibles *audiencias generalizadas* de estos comportamientos («un otro generalizado», «normas sociales», medios de comunicación, «alguien concreto», «todo el mundo», «hombres», extraños).
- Quién requiere que se dé algún tipo de respuesta; y de dónde viene esa presión (de hecho, podría venir de los terapeutas).

### Pensamiento desorganizado

Los comportamientos «esquizofrénicos» que enumera el DSM, como pensamiento desorganizado, los

© Ediciones Pirámide

he unido junto con otros en una categoría de «Pensamiento y habla problemática: general». Incluyen: ralentización de pensamientos y acciones; dificultades de concentración; conciencia más distorsionada de lo normal; memoria más alterada de lo normal; percepción más alterada de lo normal; pensamientos acelerados; habla rápida; pensamiento desorganizado; distorsiones cognitivas o perceptivas; preocupación; intolerancia a la incertidumbre; actos mentales repetitivos y de gran rigidez.

Como se ha señalado anteriormente, para el análisis del contexto social *cualquier cuestión relativa a la conversación o al pensamiento generalmente tiene que ver con las relaciones sociales.* Cuando las relaciones sociales se estropean, entonces nuestro lenguaje también se estropea, porque el lenguaje solo consigue algo cuando hay gente. Las personas en situaciones difíciles pueden hacer que su lenguaje deje de funcionar o de ser efectivo, porque ya no pueden obtener ningún efecto o consecuencias al hablar, o bien solo tienen efectos aversivos. Cualquier característica del lenguaje puede entonces ser moldeada hasta llegar a ser exagerada o transformada, si con ello al menos se consigue algún tipo de efecto o cambio. Hay muchas variaciones de estas conductas en el DSM, pero también hay probablemente muchas otras con diferencias sutiles que vale la pena explorar.

Por tanto, el análisis importante aquí es recordar que el uso del lenguaje solo es moldeado a través de los efectos sobre las personas, de modo que cuando las relaciones sociales se deterioran y no son posibles otras alternativas, entonces el lenguaje deja de funcionar, al menos de la manera normal. Siendo el lenguaje quizá el comportamiento más frecuente a través del cual todos tenemos efectos en nuestros mundos, en estos casos todas las funciones del lenguaje llegan a desvanecerse. Ello incluye la mayor parte de lo que actualmente se conoce como funciones «cognitivas», tales como la memoria, el «procesamiento», el yo, las creencias, etc. (Guerin, 2020b). Si pensamos en la memoria como la narración de historias a través del lenguaje, entonces la memoria también se verá afectada por las malas situaciones de la vida, donde el lenguaje está perdiendo cualquier efecto sobre las personas de alrededor (Janet, 1925/1910). El hablar y el pensar se ralentizarán, y, por tanto, también la «concentración» disminuirá.

Además del denominado propiamente como «pensamiento desorganizado», hay algunas otras formas de «pensamiento desorganizado» del DSM, pero que están funcionalmente relacionadas, como se ha mencionado, y serían: «ralentización de los pensamientos y acciones», «dificultades de concentración», «conciencia más alterada de lo normal» y «memoria más alterada de lo normal». Estoy sugiriendo que todas ellas se han moldeado a partir de tratar de lidiar con relaciones sociales aversivas, restringidas o negligentes, lo que significa que el lenguaje ya no funciona como lo haría normalmente para lograr que las personas hagan cosas (ayudar, reír, relacionarse, entretener, etc.). Con una audiencia muy aversiva ante cualquier forma de habla, como parece ocurrirle a aquellos que han recibido las etiquetas de «esquizofrenia» y «psicosis», tal vez esperaríamos más «ralentización de los pensamientos y acciones» y más «dificultades de concentración». También esperaríamos que en esos contextos de castigo social, gran parte de la conversación social se sustituya por el pensamiento privado (Guerin, 2020b, capítulo 3).

### Delirios

Proponemos también que las situaciones similares sobre relaciones sociales han moldeado la etiqueta de «delirios» del DSM. Para el análisis social-contextual, las creencias de las personas son solo lenguaje y no algo almacenado o poseído «dentro» de ellas (Guerin, 2020c). Nuestras creencias están moldeadas por nuestras relaciones sociales, y *usamos* nuestras creencias al llevar a cabo todos nuestros comportamientos sociales habituales (Guerin, 2020c, tabla 4.1). Las creencias son como herramientas que podemos usar para crear estrategias en nuestros mundos sociales. Estas estrategias no son solo para estar de acuerdo con lo que sus seres queridos creen. Por ejemplo, usted puede declarar sus «creencias» para construirse una identidad propia, usando las *diferencias* respecto a los que le rodean; también puede utilizar las creencias para competir con otros a su alrededor (Guerin, 2020c, capítulo 4).

En el caso de las «creencias delirantes», la persona ha sido moldeada en al menos una forma muy común de involucrarse en las relaciones sociales, a través del uso habitual y ubicuo de la narración de historias. Sin embargo, cuando esa narración no ha

© Ediciones Pirámide

funcionado, ni ha sido funcional para cambiar nada en el mundo de la persona, una vez más se exageran *algunos tipos de historias con propiedades sociales que las hacen difíciles de refutar.* Tales historias incluyen rumores, chismes, historias de conspiraciones y leyendas urbanas (Guerin y Miyazaki, 2006).

Las funciones sociales incluyen contar historias *abstractas*, de tal forma que son difíciles de contradecir a pesar de las objeciones de los oyentes (incluso los terapeutas tratan también de hacerlo). También proporcionan discursos en algún punto interesantes, atractivos e incluso entretenidos para la persona en todos los aspectos de su vida, aunque a medida que se exageran, se vuelven más extremas y son más difíciles de mantener. Sin embargo, aunque sea con historias delirantes que contar, la persona al menos puede participar en algunas interacciones sociales, que potencialmente podrían ayudarle a cambiar las malas condiciones de su vida. Pero es probable que estas historias funcionen mejor con nuevos públicos y con extraños, más que estar contando siempre las mismas historias a la misma gente. También hay que recordar que las malas historias que estas personas cuentan repetidamente tienen un carácter aversivo, lo que también puede funcionar como otro tipo de estrategia de escape o retirada, una forma de alejarse de la gente o hacer que ellos se retiren.

Por estas razones situé los «delirios» con el grupo de «Pensar y hablar problemático: conductas específicas». Este grupo también incluye: creencias disfuncionales; pensamientos intrusivos y no deseados; ideas de grandeza, grandiosidad; alucinaciones; pensamientos recurrentes y persistentes. Como ocurría con las anteriores, casi inevitablemente se encontrarán vínculos entre todas estas conductas, puesto que las personas se ven moldeadas hacia diferentes conductas por situaciones negativas similares y recurrentes de su vida.

### Alucinaciones (auditivas)

En mi organización funcional, tanto las alucinaciones auditivas (oír voces) como visuales están agrupadas en «Pensar y hablar problemáticos: específicos», junto con los delirios, creencias disfuncionales, pensamientos intrusivos y no deseados; ideas de grandeza, grandiosidad; pensamientos recurrentes y persistentes. Todas ellas son respuestas sobre la imaginación y el lenguaje, incluyendo la actividad de pensar, que llegan a ser exageradas bajo unas condiciones de vida negativas. Yo incluiría también en este grupo funcional los ataques de pánico, aunque formen parte de otros grupos más alejados dentro del DSM.

El caso de las alucinaciones auditivas, que incluye oír voces, es más fácil de ver según este análisis. Ya he propuesto anteriormente que pensar es lo mismo que hablar, pero es una conducta que ocurre en otros contextos externos, donde no se habla en voz alta. También está claro que escuchar música, voces y otros sonidos son conductas «normales», pero erróneamente se afirma que se originan desde el interior de la cabeza. Nosotros «normalmente» tenemos una voz dominante, que ordena, o la voz del «yo», pero esta voz ha sido moldeada por todas las palabras, conversaciones, diálogos, medios de comunicación, televisión, etc., que nos rodean constantemente en la vida cotidiana durante toda nuestra vida. Hablar y discutir todos los días con los que nos rodean también configura esta voz de forma preponderante.

Por tanto, no es de extrañar que en situaciones extremas de vida, cuando el lenguaje de una persona no funciona, no tiene ningún efecto para hacer las cosas, entonces estas conductas se exageren. Así, lo que se escucha como una «alucinación auditiva» (oír voces o ruidos) tendrá su origen en los muchos discursos que nos rodean. Si normalmente tenemos un conflicto con alguien, y no podemos decir en voz alta todas las cosas que nos han sido moldeadas, entonces rumiaremos todas ellas durante bastante tiempo después hasta que se resuelva el conflicto (Kheng y Guerin, 2020).

Un estudio antropológico de Luhrmann et al. (2015) muestra claramente este efecto. Hablaron con personas que escuchaban voces en la India, Ghana y los Estados Unidos, y los entrevistaron sobre algunos de los contextos de relaciones sociales donde ocurrían las voces:

> En términos generales, la experiencia de la audición de las voces fue similar en los tres escenarios. Muchos de los entrevistados informaron de voces positivas y negativas; muchos otros informaron de conversaciones con sus voces, y otros informaron sobre susurros, siseos o voces que casi no podían oír. En todas las situaciones hubo personas

© Ediciones Pirámide

que informaron de que Dios les había hablado, y en todos los entornos hubo personas que odiaban sus voces y las experimentaban como un acoso. No obstante, había diferencias sorprendentes en las calidades de la experiencia de escuchar las voces y, en particular, en la cualidad de la relación con el hablante de esa voz. Muchos participantes en las muestras de Chennai y Accra insistieron en que su experiencia predominante, o incluso única de esas voces, era positiva. Informe que se apoyaba con el examen de las gráficas y la observación clínica. Ni uno solo de los estadounidenses lo hizo. Muchos de los participantes en las muestras de Chennai y Accra parecían experimentar sus voces como personas: la voz era la de un ser humano que el participante conocía, como un hermano o un vecino, o un espíritu parecido a alguien humano que el participante también conocía. Estos participantes entrevistados parecían tener relaciones humanas reales con las voces, a veces incluso cuando no les gustaban. Esto fue menos habitual en la muestra de San Mateo, cuyas informaciones sobre sus experiencias eran marcadamente más violentas, más duras y más odiadas... En general, la muestra norteamericana experimentaba las voces como un bombardeo y como síntomas de una enfermedad cerebral causada por los genes o por un trauma... Cinco personas incluso describieron su experiencia de oír voces como una batalla o una guerra, como si fuese «la guerra en la que todos gritan» (p. 42).

Más de la mitad de la muestra de Chennai ($n$ = 11) escuchó voces de familiares, como padres, suegra, cuñada o hermanas. Otros dos experimentaron una voz como su marido o mujer, y otro informó que la voz decía que debía escuchar a su padre. Estas voces se comportaron como lo hacen los parientes: dieron orientación, pero también regañaron. A menudo daban órdenes para hacer las tareas domésticas. Aunque a los participantes siempre les gustaban, hablaban de ellas como si fueran relaciones personales. Un hombre explicó que: «Hablan como si los ancianos aconsejaran a los jóvenes». Una mujer escuchó a siete u ocho de sus parientes femeninos regañarla constantemente. Le decían que debía morir; pero también le decían que se bañara, que hiciera compras, que fuera a la cocina y que preparase la comida. Otra mujer explicó que sus voces tomaron la forma de diferentes miembros de la familia («Habla como todos los familiares que hay en mi casa»). Según ella, la voz la asustaba y a veces incluso la golpeaba, pero insistía en que la voz era buena: «Me enseña lo que no sé» (p. 43).

### Alucinaciones (visuales)

Las alucinaciones visuales también están en mi agrupación de «Pensar y hablar problemáticos: específicos», y por tanto es probable que coincidan con delirios, creencias disfuncionales; pensamientos intrusivos y no deseados; alucinaciones auditivas; ideas grandiosas, grandiosidad; pensamientos recurrentes y persistentes.

Las personas en su vida diaria informan, unas más que otras, sobre imágenes que generalmente son muy persuasivas, directas e impactantes. Mucho más que oír o hablar. Por tanto, se aplicarían los mismos análisis anteriores; así, cuando estas personas están atrapadas en situaciones de la vida muy negativas, pueden aparecer fuertes alucinaciones visuales, moldeadas por el cambio en el que normalmente suponen.

De esta forma, el moldeamiento y los efectos de las alucinaciones visuales son similares a los de escuchar voces y a los ataques de pánico. Todos son comportamientos normales moldeados por malas situaciones de vida. No contienen un mensaje, como a veces se pretende, pero indican que la situación de vida de esa persona está fuera de control. En épocas anteriores (premodernas) la imaginación se utilizaba probablemente con más frecuencia, ya que el lenguaje se ha convertido en el comportamiento dominante en los tiempos modernos. Por tanto, ver visiones también era más común, y de forma similar señalaba que algo estaba mal en la situación vital de la comunidad, algo que necesitaba ser cambiado. Así que indirectamente contenían quizá otro tipo de mensaje del que tienen ahora.

## 8. TRATAMIENTOS DE LAS CONDUCTAS DE «SALUD MENTAL»

Ahora hemos visto hasta aquí el análisis general que surge del análisis social-contextual, y también algunos aspectos más específicos de los comportamientos etiquetados como esquizofrenia y espectro psicótico. Pero, ¿qué hay del tratamiento? Si volve-

© Ediciones Pirámide

mos de nuevo a la figura 23.1, ello sugiere que hay al menos tres «capas» de tratamiento para los problemas de la vida que surgen al tratar de vivir en situaciones negativas:

- *Nivel 3.* En el nivel 3 se intenta cambiar directamente las conductas moldeadas por las malas circunstancias de la vida. Si la persona tiene conductas «delictivas», entonces se intenta cambiar esas conductas. Si la persona tiene pensamientos ansiosos, entonces se intenta detener, bloquear o reemplazar esos pensamientos. Los procedimientos típicos aquí se realizan a través de la psicología clínica cognitivo-conductual (CBT), la modificación de la conducta, el entrenamiento en conductas alternativas, programas educativos y muchos otros métodos que se remontan a mucho tiempo atrás (Janet, 1925/1919).
- *Nivel 2.* Las intervenciones o tratamientos del llamado nivel 2 son intentos de ayudar a las personas a lidiar con las malas situaciones de su vida, es decir, a soportarlas o amortiguar sus efectos negativos. El consejo psicológico, la terapia y la psicología clínica hacen esta tarea, así como el trabajo social con las personas con conductas «salud mental» y otras conductas enumeradas en la figura 23.1 (violencia, drogas, agresividad, crimen). Los medicamentos psiquiátricos suponen un tratamiento similar, en el sentido de que aplacan a las personas y les facilitan el soportar sus «síntomas», pero los medicamentos psiquiátricos no «curan» nada y tienen efectos secundarios más problemáticos, incluyendo dificultades con el eventual síndrome de abstinencia. Las drogas recreativas también estarían en este nivel 2, al tener los mismos resultados.
- *Nivel 1.* Son intentos por cambiar directamente el mundo negativo de la vida de la persona. Es decir, ir a las malas condiciones de vida de la persona y trabajar con ellas para cambiarlas. Esto raramente ocurre en la psiquiatría y la psicología clínica (con algunas excepciones), y a los clínicos normalmente no se les permite hacer esto como parte de su profesión. Algunos trabajadores sociales hacen la mayor parte de esta tarea, al igual que otros «cuidadores» y servicios comunitarios.

En realidad los tres niveles son necesarios. Independientemente de si se implementan los niveles 1 o 3, en todo momento las personas necesitan ser apoyadas y cuidadas de forma social y material (nivel 2). Muchas situaciones negativas de la vida son extremadamente difíciles de cambiar, por lo que apoyar a la persona para que soporte sus dificultades, hasta que las malas situaciones se resuelvan por sí mismas «de forma natural», es lo que estén sugiriendo probablemente un gran número de las supuestas «curas». Si se aplica alguna forma de terapia o tratamiento durante 1-2 años, normalmente las condiciones negativas de vida de esa persona cambiarán durante ese período de todas formas.

Para decirlo de forma sucinta, el mensaje es: *arregla las malas condiciones de la vida de la persona, no intentes arreglar a la persona.*

## 9. TRATAMIENTO DE LOS SÍNTOMAS DE «ESQUIZOFRENIA»

El tratamiento general de las conductas de esquizofrenia que hemos visto sigue las mismas líneas. Aquellos que tienen tales conductas ya moldeadas están generalmente en situaciones de vida *extremadamente* negativas, por lo que resulta necesario el nivel 2 en todos los casos. Hemos visto que muchos de los síntomas se basan en el lenguaje, lo que significa realmente que se basan en las relaciones sociales. También hemos visto que las conductas específicas no son tan importantes, y no deben ser interpretadas en exceso. Así que el esfuerzo fundamental se debe hacer por trabajar en el nivel 1, y cambiar las malas condiciones de vida en las que viven estas personas.

Por tanto, la parte principal de las intervenciones, desde un enfoque social-contextual, es encontrar algunas actividades, probablemente no relacionadas con sus «síntomas», *que permitan a la persona actuar en el mundo y tener algunos efectos sobre él.* No tienen que ser efectos positivos o placenteros, como hemos visto en sus síntomas. Lo mejor probablemente es tener efectos sobre otras *personas*, pero esto puede ser difícil de manejar inicialmente. La música y la terapia artística pueden funcionar de

© Ediciones Pirámide

esta manera (Guerin, 2019b; Killick, 2017). Los tratamientos más recientes para quienes oyen voces suelen consistir en experiencias similares (Romme y Escher, 2000).

Sin embargo, dado que las conductas denominadas como «esquizofrenia» se basan comúnmente en el lenguaje, el siguiente paso sería encontrar formas de permitir que las personas con conductas «psicóticas» tengan efectos sobre las personas usando su lenguaje. Idear actividades en las que la persona pueda hablar, de modo que esa conversación tenga realmente consecuencias sobre otra persona, consensuando, obedeciendo, vinculando, etc. Básicamente, deben repararse sus relaciones sociales y las consecuencias que se pueden obtener de esas relaciones sociales. Es probable que algunos terapeutas hagan esto incidentalmente al hablar con las personas, pero podría hacerse mucho mejor generando una verdadera confianza. El terapeuta debe dejar que la persona con conductas «psicóticas» tenga comportamientos que reciban consecuencias y tengan efectos sobre él, esto es lo que ha estado faltando en sus vidas. Sin embargo, frecuentemente la formación clínica requiere que el profesional no muestre ninguna señal de que esa persona le haya afectado de alguna manera.

## REFERENCIAS BIBLIOGRÁFICAS


Ball, M. (2020). Dissociachotic: Seeing non psychosis. Ponencia presentada en *A disorder for everyone! Challenging the culture of psychiatric diagnosis and exploring trauma informed alternatives.* Cornwall, UK.

Bentall, R. P. (2006). Madness explained: Why we must reject the Kraepelinian paradigm and replace it with a «complaint-orientated» approach to understanding mental illness. *Medical Hypotheses, 66,* 220-233.

Bleuler, E. (1911). *Dementia praecox or the group of schizophrenias.* International Universities Press.

Bleuler, E. (1912). The theory of schizophrenic negativism. *The Journal of Nervous and Mental Disease Monographs Series, 39*(3), 195-202.

Boyle, M. y Johnstone, L. (2020). *A straight talking introduction to the Power Threat Meaning Framework: An alternative to psychiatric diagnosis.* PCCS Books.

Denton, D. G. y Hart, S. D. (1992). Evidence for long term, specific effects of childhood abuse and neglect on criminal behavior in men. *International Journal of Offender Therapy and Comparative Criminology, 36,* 129-137.

Edwards, D. (1999). Emotion discourse. *Culture & Psychology, 5,* 271-291.

Frith, H. y Kitzinger, C. (1998). «Emotion work» as a participant resource: A feminist analysis of young women's talk-in-interaction. *Sociology, 32,* 299-320.

Freud, S. (1915/1984). *The unconscious* (Penguin Freud Library Volume 11.) Penguin Books.

Guerin, B. (1994). *Analyzing social behavior: Behavior analysis and the social sciences.* Context Press.

Guerin, B. (2004). *Handbook for analyzing the social strategies of everyday life.* Context Press.

Guerin, B. (2017). *How to rethink mental illness: The human contexts behind the labels.* Routledge.

Guerin, B. (2019a). What does poetry do to readers and listeners, and how does it do this? Language use as social activity and its clinical relevance. *Revista Brasileira de Análise do Comportamento, 15,* 100-114.

Guerin, B. (2019b). Contextualizing music to enhance music therapy. *Revista Perspectivas em Anályse Comportamento, 10,* 222-242.

Guerin, B. (2020a). *Turning mental health into social action.* Routledge.

Guerin, B. (2020b). *Turning psychology into social contextual analysis.* Routledge.

Guerin, B. (2020c). *Turning psychology into a social science.* Routledge.

Guerin, B. y Miyazaki, Y. (2006). Analyzing rumors, gossip, and urban legends through their conversational properties. *The Psychological Record, 56,* 23-34 (Traducción al español en: *Revista Latinoamericana de Psicología, 35,* 257-272).

Guerin, B. y Sejima, J. (1997). Verbal community reinforcement, with an illustration using the Esoteric Buddhist concepts of Fuse and Muzai No Nanase. *The Psychological Record, 47,* 233-241.

Haley, J. (1973). *Uncommon therapy: The psychiatric techniques of Milton H. Erickson.* Norton.

Hochschild, A. R. (1979). Emotion work, feeling rules, and social structure. *American Journal of Sociology, 85,* 551-575.

Howard, C., Tuffin, K. y Stephens, C. (2000). Unspeakable emotion: A discursive analysis of police talk about reactions to trauma. *Journal of Language and Social Psychology, 19,* 295-314.

ISPS (2017). *ISPS Liverpool Declaration,* julio. https://bit.ly/3da0saJ


© Ediciones Pirámide

Janet, P. (1925/1919). *Psychological healing: A historical and clinical study.* George Allen & Unwin.

Johnstone, L. (2014). *A straight talking introduction to psychiatric diagnosis.* PCCS Books.

Johnstone, L., Boyle, M., Cromby, J., Dillon, J., Harper, D., Kinderman, P., ... y Read, J. (2018). *The Power Threat Meaning Framework: Towards the identification of patterns in emotional distress, unusual experiences and troubled or troubling behaviour, as an alternative to functional psychiatric diagnosis.* British Psychological Society.

Jung, C. G. (1907/1960). *The psychogenesis of mental disease.* Princeton University Press.

Kheng, C. y Guerin, B. (2020). *«I just can't get that thought out of my head»: Contextualizing rumination as an everyday discursive-social phenomenon and its clinical significance* (texto no publicado).

Killick, K. (ed.). (2017). *Art therapy for psychosis: Theory and practice.* Routledge.

Luhrmann, T. M. (2012). *When God talks back: Understanding the American evangelical relationships with God.* Vintage Books.

Luhrmann, T. M. y Marrow, J. (eds.). (2016). *Our most troubling madness: Case studies in schizophrenia across cultures.* University of California Press.

Luhrmann, T. M., Alderson-Day, B., Bell, V., Bless, J. J., Corlett, P., Hugdahl, K., ... y Waters, F. (2019). Beyond trauma: A multiple pathways approach to auditory hallucinations in clinical and nonclinical populations. *Schizophrenia Bulletin, 45,* S24- S31.

Luhrmann, T. M., Padmavati, R., Tharoor, H. y Osei, A. (2015). Differences in voice-hearing experiences of people psychosis in the USA, India and Ghana: Interview-based study. *British Journal of Psychiatry, 206*(1), 41-44.

Maschio, T. (1998). The narrative and counter-narrative of the gift: Emotional dimensions of ceremonial exchange in Southwestern New Britain. *Journal of the Royal Anthropological Institute (N. S.), 4,* 83-100.

Richards, S. (n. d.). *What is sociology?* Disponible en https://www.brainyquote.com/quotes/sam_richards_643035

Romme, M. y Escher, S. (2000). *Making sense of voices: A guide for mental health for professionals working with voice-hearers.* Mind Publications.

Schilder, P. (1976). *On psychoses.* International Universities Press.

Sullivan, H. S. (1974). *Schizophrenia as a suman process.* Norton.

Zipursky, R. B., Reilly, T. J. y Murray, R. M. (2013). The myth of schizophrenia as a progressive brain disease. *Schizophrenia Bulletin, 39,* 1363-1372.


© Ediciones Pirámide

# 24 Terapia de aceptación y compromiso en población infanto-juvenil[1]

IRENE QUESADA SUÁREZ
JOSÉ MARÍA MARTÍN JIMÉNEZ

## 1. INTRODUCCIÓN

La terapia cognitivo-conductual (TCC) ha demostrado su utilidad en numerosos y muy diferentes cuadros psicopatológicos (Amigo Vázquez, Fernández Hermida, Fernández Rodríguez y Pérez Álvarez, 2018); sin embargo, las limitaciones de esta incentivaron el desarrollo de otras corrientes terapéuticas con un factor común centrado en el empleo de estrategias de aceptación, atención plena y orientación hacia ciertos ejercicios de corte más espiritual. La *terapia de aceptación y compromiso* (ACT), que inicia su andadura en la última década del pasado siglo, es un exponente de este grupo de terapias denominadas de *tercera generación* (Farberman, 2017).

La ACT presenta una serie de características que lo diferencian de la TCC. Por un lado, difiere en términos de filosofía y objetivos, así como en sus vínculos teóricos y conceptuales con la ciencia básica del lenguaje y la cognición. En su base, la ACT constituye lo que se ha llamado un enfoque de «contexto funcional» del comportamiento humano. Por otro lado, mientras que los modelos cognitivo-conductuales son mecanicistas, un supuesto básico de la filosofía de la ACT es que los eventos psicológicos son continuos, y se aprecian mejor dentro de un contexto situacional e histórico, de manera que no es posible comprender una conducta sin tener en consideración el contexto en el que esta se produce. En otras palabras, la ACT está más interesada en lo que los individuos valoran, y cuán efectivamente sus comportamientos apoyan esos valores (Coyne, McHugh y Martinez, 2011).

La ACT tiene como objetivo mejorar la flexibilidad psicológica del sujeto para responder a los pensamientos, emociones y sensaciones a través de seis procesos centrales que forman el modelo ***Hexaflex:*** aceptación, defusión cognitiva, atención flexible al momento presente, autocontexto, acción comprometida y valores (Hayes, Levin, Plumb-Vilardaga, Villatte y Pistorello, 2013; Hayes, Luoma, Bond, Masuda y Lillis, 2006). El propósito principal de la ACT es reducir las características rígidas de la fusión cognitiva y la evitación experiencial, aumentar la flexibilidad psicológica, permitir que el individuo entre plenamente en contacto con el momento presente, y persistir o cambiar su comportamiento para su propia y valorada vida (Hayes et al., 2006).

Como facilitador dentro de la ACT, se aprende la metodología aplicando los ejercicios y herramientas en la propia vida de la persona. Como con otros métodos, se aplica el aprendizaje por medio de la práctica. Lo que distingue a la ACT es que la aplicación práctica está inextricablemente ligada a las ideas subyacentes y bien elaboradas.

En el mundo moderno impera una visión un tanto hedonista, en la que se ha establecido como obligación la consecución de la felicidad, rechazándose toda forma de sufrimiento, que debe evitarse

[1] Es preciso anotar que, con el objeto de hacer más fluida la lectura y sencilla, cuando se haga uso de términos como «niño», nos referiremos tanto a niños como a niñas. No obstante, en líneas generales se ha tratado de utilizar términos genéricos para hacer referencia a los menores de edad. Además, se ha hecho la distinción entre «niños» y «adolescentes», de forma que cuando se refiera el contenido a un grupo de edad específico, se empleará uno de dichos términos, y en caso de relacionarse con el grupo en general, se hará uso de términos genéricos que engloban a ambos.

© Ediciones Pirámide

a toda costa, ya no solo por evaluarlo como negativo, sino que incluso llega a considerarse como patológico. Y los menores no se encuentran a salvo de esta consideración cultural. De esta manera, desde la perspectiva de la ACT se buscaría trascender de esta evitación experiencial y actuar, siendo esta metodología aplicable a niños y adolescentes (figura 24.1).

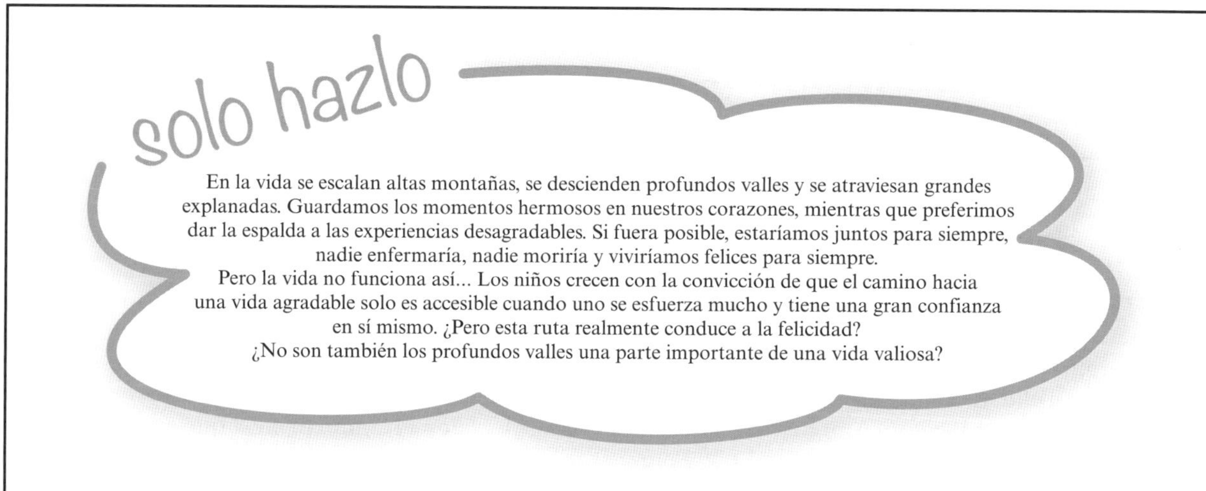


Figura 24.1.—Pasaje tomado de Samsen y De Heus (2017, p. 7).

En el presente capítulo se realizará un viaje a través de la aplicación de la ACT en niños y adolescentes, pasando a través de la psicopatología general hasta llegar a los trastornos psicóticos de inicio temprano, pues es habitual que esta sea la forma en la que estos cuadros van gestándose hasta que eclosionan en las esquizofrenias infanto-juveniles.

## 2. ESPECIFICIDADES DE LA INTERVENCIÓN EN POBLACIÓN INFANTO-JUVENIL. EL CASO PARTICULAR DEL EMPLEO DE LA ACT

La intervención en problemas psicológicos en la infancia es un ámbito de reciente interés tanto a nivel asistencial como académico. Dentro de este cabe destacar las características diferenciales que adquiere en esta población tanto en relación a la psicopatología como en cuanto al marco evolutivo y multisistémico en el que resulta necesario realizar el abordaje (Moreno y Pareja, 2000) A pesar de todo ello, en el momento presente se dispone de múltiples estrategias terapéuticas de demostrada eficacia para la mayoría de trastornos que se observan en consulta (Pérez-Álvarez et al., 2018).

Si se pasa a centrar el foco en la propia experiencia de sufrimiento y angustia, estas no difieren de la de los adultos, a pesar de que puedan existir ciertos matices en su expresión, relacionados con el nivel del menor, así como con la complejidad del contexto en el que este se halla inmerso. Hay que mencionar que en ellos destacan el uso excesivo de estrategias de evitación emocional, basadas en la fusión cognitiva con contenidos desagradables, con la consiguiente incapacidad para la acción comprometida con sus valores en los diferentes ámbitos (Murrell, Coyne y Wilson, 2004).

Pues bien, diversos autores han apuntado que la ACT puede resultar beneficiosa si se emplea con población infanto-juvenil, por lo que su metodología ha sido adaptada con el fin de que sea posible su implementación en este grupo de edad, existiendo diferentes estudios que avalan su utilidad (Burke, 2010; Coyne et al., 2011; Murrell y Scherbarth, 2011). Dicho esto, resulta interesante la aportación que realizan Murrell et al. (2004) sobre consideraciones y adaptaciones con este grupo, que pasan a resumirse en la siguiente tabla (tabla 24.1).

© Ediciones Pirámide

TABLA 24.1

*Condiciones generales de la ACT en población infanto-juvenil (Murrell et al., 2004)*

| | |
|---|---|
| **Evaluación y conceptualización del caso** | • Elementos clave de acuerdo con la ACT: grado de evasión experiencial evidente en un patrón de conducta problemática, resultados negativos de dicha evasión, así como el resultado en la quiebra de los propios valores.<br>• Con mucha frecuencia, la evasión experiencial se traduce en niños en conductas manifiestas, tales como el rechazo a acudir a la escuela o el no realizar tareas.<br>• Trabajar con niños habitualmente requiere recabar información de los adultos responsables del menor en los distintos ambientes, siendo la familia o la escuela contextos relevantes en el comportamiento problemático de los niños. |
| **Consentimiento informado y contrato terapéutico** | • Es preciso forjar un **contrato terapéutico flexible** —y adaptable a cada fase del proceso—, pues la ACT es a menudo emocionalmente exigente.<br>• La formulación del contrato debe incluir tanto a los niños como a sus padres.<br>• Se hace imprescindible explicar el encuadre terapéutico necesario para la aceptación del contrato a través de metáforas, destacando la del *barro en el vaso* o la *analogía del ejercicio.*<br>• Es fundamental asegurar quc tanto el menor como sus padres comprendan que este tipo de exposición voluntaria a contenidos privados, con frecuencia dolorosos, se hace al servicio de ayudar al niño a alcanzar una vida más rica y satisfactoria. |
| **Encuadre terapéutico** | • El tratamiento debe ser colaborativo y debc evitarse la tentación de sermonear, aconsejar y/o dirigir.<br>• Deben emplearse metáforas y ejemplos adicionales, incluyendo metáforas *experienciales,* con el fin de que sea el menor el que realice el tránsito. |
| **Procesos más relevantes en población infantil del modelo Hexaflex (figura 24.1)** | • **Valores.** El término *valorar* es bastante complejo y abstracto. Es útil introducir el concepto de vitalidad (las cosas importantes en la vida que te mantienen vivo). Destacar que los valores son gratificantes, pero no son lo mismo que las recompensas.<br>• **Aceptación** (construcción de la aceptación a través de los elementos siguientes expuestos en la tabla).<br>• **Defusión.** Con el fin de mostrar a los niños cómo el significado psicológico que se atribuye al contenido verbal puede ser alterado fácil y artificialmente, el terapeuta se puede valer del ejercicio *Milk, milk, milk.* También puede resultar útil adaptar el ejercicio «Sacar a pasear tu mente» a través de una tira cómica.<br>• Voluntad y construcción de patrones de **acción comprometida.** Resaltar el derecho del menor a elegir —lo cual no suele estar disponible en la vida de los niños—, y cómo esta elección permite transitar a través de la dificultad y el dolor en la dirección de un compromiso. Son útiles los ejercicios de exposición que se centran en los fallos reales e imaginarios en el cumplimiento de los compromisos, así como concretar los compromisos por escrito a través de la *construcción de equipo.*<br>• Menor papel del **contacto con el momento presente** y **autocontexto** para minimizar la carga de un contenido más abstracto. Se llegarán a trabajar estos componentes de manera indirecta a través de los anteriores. |
| **Desesperanza creativa** | • Ayudar a los niños a entrar en contacto directo con la inviabilidad de las conductas de evasión emocional les predispone a probar alternativas, a través de un tipo básico de empoderamiento.<br>• Se trabaja la desesperanza creativa por medio de dibujos, historias o juegos de rol, lo cual permite que los niños puedan describir todas las soluciones que tanto ellos como sus cuidadores han ensayado. Cuando los niños reconocen que sus estrategias no son útiles, se inicia el camino a la aceptación y defusión.<br>• Una forma de facilitar su comprensión es a través de actividades que incorporen los contextos de la escuela y el hogar. |

© Ediciones Pirámide

TABLA 24.1 *(continuación)*

| | |
|---|---|
| **El control es el problema** | • Se intentará ayudar a los niños a comprender la paradoja básica de las estrategias de control emocional: *cuanto más las use, más se descontrolarán las cosas.*<br>• Se puede trabajar a través del ejercicio experiencial *(No piense en) la tarta de chocolate* o la metáfora de *La caja de cosas,* pudiéndose hacer más concreta empleando una caja real en la que se coloquen elementos que simbolicen el contenido de la vida del cliente. También puede resultar útil la historia de la *Mula en el pozo,* e incluso un tipo de juego descrito por Murrell et al. (2004, p. 261), que ayudan a los niños a comprender que «ser» implica elegir acciones que varían en la línea de la capacidad de trabajo. |

Centrando la mirada en el caso particular de la etapa adolescente, la ACT puede funcionar para lograr tanto la reparación como la prevención del inicio de patrones inflexibles de respuesta psicológica (Greco, Blackledge, Coyne y Ehrenreich, 2005), así como en establecer relaciones. Una fortaleza de este enfoque puede residir en el hecho de su apoyo en estrategias menos instructivas, por lo que al hacer uso de analogías o metáforas por ejemplo, al no haber una manera correcta o incorrecta de seguirlas, se distancian de una regla o instrucción, por lo que son mejor aceptadas por los jóvenes. Y además, este enfoque encaja con la necesidad adolescente de exploración y desarrollo de pensamiento más abstracto (Greco, Laurie et al., 2005), pues se articula sobre la base de una mayor autonomía del cliente, lo cual puede resonar en este grupo, que demanda, de acuerdo a la adquisición de hitos en su desarrollo, una mayor independencia y cierto desdén hacia la directividad ejercida por la población adulta de su entorno inmediato (Hadlandsmyth, White, Nesin y Greco, 2013).

Halliburton y Cooper (2015) ofrecen una interesante visión desglosando consideraciones a tener en cuenta en la aplicación de la ACT en población adolescente teniendo en cuenta su desarrollo biológico, psicológico y social:

— En relación al **desarrollo biológico,** hacen hincapié en que en esta etapa los individuos disponen de un mayor nivel de energía que, más que actuar como un hándicap, puede utilizarse en la adaptación para beneficio del proceso terapéutico (Halliburton y Cooper, 2015; Greco, Blackledge, Coyne y Ehrenreich, 2005).
— El **desarrollo psicológico** en esta etapa se caracteriza por la superación del pensamiento operacional concreto y consideración de conceptos más abstractos (Berger, 2016). En esta línea se observan esfuerzos de diversos autores (Armstrong, 2011; Kingery et al., 2006; Livheim et al., 2015; Woidneck, Morrison y Twohig, 2014; Zack, Saekow, Kelly y Radke, 2014) por contemplar estos aspectos en la aplicación de la terapia. Se ha sugerido el empleo de la atención plena vinculada a actividades concretas como comer o dar un paseo, el uso del arte para contrarrestar la defusión cognitiva o la utilización de cómics para concretar conceptos más difíciles de este tipo de abordaje. Las metáforas de la ACT relevantes en esta etapa del desarrollo que se han utilizado con los adolescentes incluyen los *Pasajeros del autobús* y el *Invitado molesto de la fiesta.*
— Finalmente y en cuanto al **desarrollo social,** aluden a la importancia de la inclusión o no de los padres en el tratamiento según el nivel de madurez del adolescente y el estilo de crianza empleado, la necesidad de acordar expectativas en terapia incluyendo a padres y adolescentes, la influencia de los pares, así como los beneficios que aporta el emplear abordajes ACT en formato grupal.

© Ediciones Pirámide

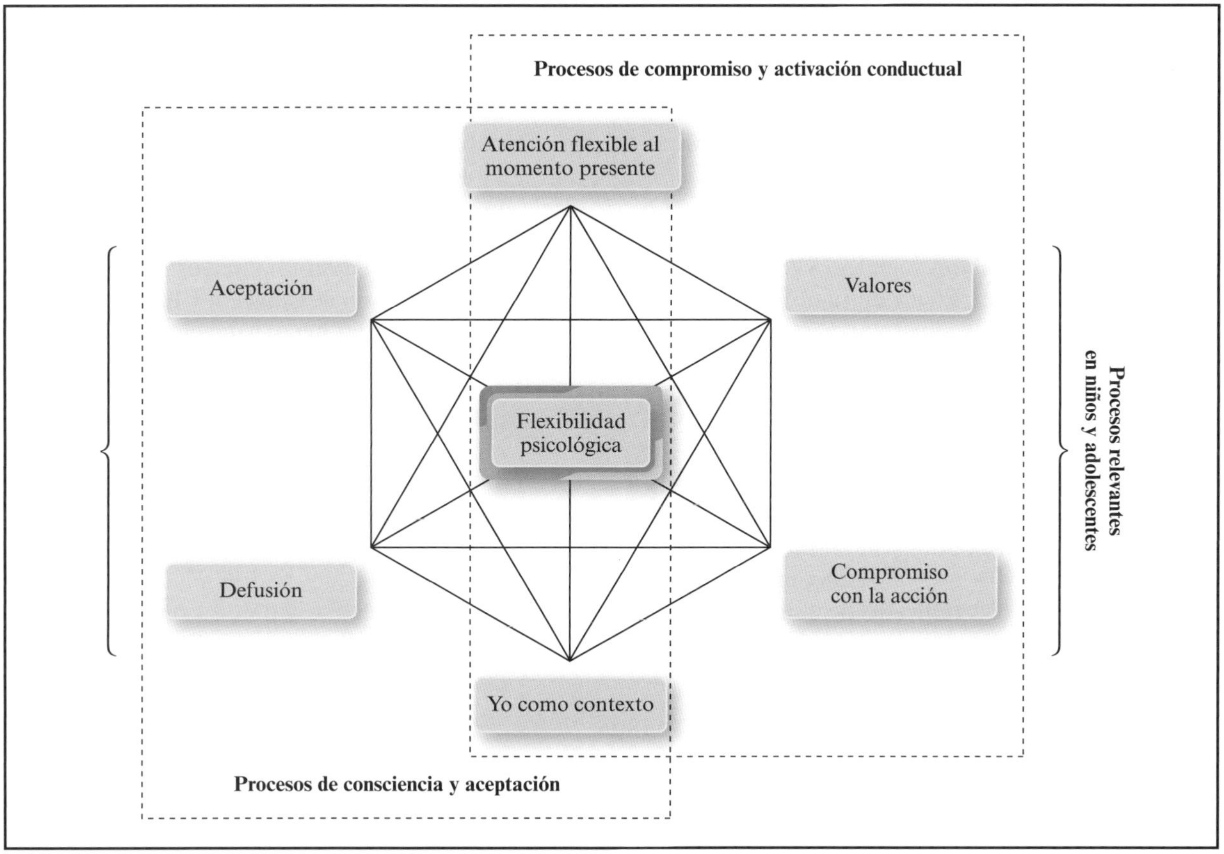


Figura 24.2.—Modelo Hexaflex: procesos asociados a la flexibilidad psicológica desde la ACT más relevantes en niños y adolescentes. Modificado de Hayes et al. (2006).

## 3. INSTRUMENTOS DE EVALUACIÓN VALIDADOS PARA CONSTRUCTOS ACT EN NIÑOS Y ADOLESCENTES

Dado que la aceptación, la atención plena y la evitación de la experiencia son constructos complejos, los esfuerzos por adaptar las medidas existentes, así como por crear medidas apropiadas y sensibles desde el punto de vista del desarrollo para su uso con menores, han quedado rezagados con respecto a la población adulta. De esta manera, Coyne et al. (2011) recopilan las medidas que permiten evaluar diferentes constructos dentro del modelo Hexaflex, que se exponen a continuación:

— La **medida de aceptación y atención al niño** (CAMM) (Greco, Baer y Smith, 2011) es una medida de la conciencia y aceptación de los niños de sus propios eventos privados o experiencias internas, utilizando una escala de Likert con puntuaciones más altas vinculadas a mayores niveles de conciencia, atención y aceptación. El análisis empírico de los resultados determina que el CAMM tiene una sólida consistencia interna y una aceptable validez concurrente.

— La **escala de pensamiento *mindful* y acción para adolescentes** (MTASA) (West, Penix-Sbraga y Poole, 2007) es una medida que consta de 32 elementos diseñados para evaluar la conciencia plena en las poblaciones de niños y adolescentes con edades comprendidas entre los 13 y los 17 años. El análisis factorial arrojó datos sobre cuatro factores: autorregulación saluda-

© Ediciones Pirámide

ble, atención activa, conciencia y observación, y aceptación de la experiencia. Los puntos fuertes de esta medida incluyen su accesibilidad a las poblaciones más jóvenes, así como a aquellos en ámbitos hospitalarios y de restricción de libertad.

— El **cuestionario de valores personales** (PVQ) (Blackledge, Ciarrochi y Bailey, 2006) y la **encuesta de valores sociales** (SVS) (Blackledge y Ciarrochi, 2006) evalúan la eficacia en la búsqueda de objetivos personales en las poblaciones de niños y adolescentes. Los encuestados califican los ítems a través de una escala Likert con valores que van de 1 a 5 en cuanto a la importancia de cada dominio, el éxito de la búsqueda de sus valores, por qué es importante la búsqueda de esos valores (por ejemplo, para evitar resultados no deseados, o para trabajar hacia los resultados deseados), el significado personal del dominio, y la fuerza de su deseo de mejorar la adhesión a sus valiosos objetivos. El SVS es similar, pero se centra más en motivaciones intrínsecas respecto a extrínsecas para las relaciones interpersonales. Los datos preliminares sugieren que los jóvenes que reportan motivaciones más intrínsecas experimentan más alegría y menos tristeza, mientras que los que reportan motivaciones más extrínsecas experimentan una mayor hostilidad.

— El **cuestionario de evitación y fusión para jóvenes** (AFQ-Y) (Greco, Murrell y Coyne, 2005) es una medida de autoinforme de 17 elementos desarrollada para su uso con niños para evaluar la inflexibilidad psicológica con buena consistencia interna y validez convergente.

— Finalmente, el **cuestionario de aceptación y acción de los padres** (PAAQ) (Cheron, Ehrenreich y Pincus, 2009) evalúa la aceptación experiencial de los padres y las tendencias de acción en el contexto de su relación con sus hijos.

TABLA 24.2

*Instrumentos de evaluación de constructos ACT en niños y adolescentes*

| Nombre | Características | Propiedades psicométricas |
|---|---|---|
| **Medida de aceptación y atención al niño**<br>*Child Acceptance and Mindfulness Measure (CAMM)*<br>Greco et al. (2011) | • Medida de autoinforme.<br>• Rango de edad de 10-17 años.<br>• 10 ítems.<br>• Escala Likert de 0 a 4.<br>• Puntuaciones oscilan de 0 a 40.<br>• Mayores puntuaciones implican mayores niveles de conciencia plena y aceptación. | Sólida consistencia interna, $\alpha$ = 0,81 ($\alpha$ = 0,71-0,84 según la subescala) y una aceptable validez concurrente. |
| **Escala de pensamiento *mindful* y acción para adolescentes**<br>*Mindful Thinking and Action Scale for Adolescents (MTASA)*<br>West et al. (2007) | • Medida de autoinforme.<br>• Rango de edad de 13-17 años.<br>• 32 ítems.<br>• Escala Likert de 1 a 5.<br>• 4 factores: autorregulación saludable, atención activa, conciencia y observación, y aceptación de la experiencia. | Buena consistencia interna general, $\alpha$ = 0,85 (subescalas con $\alpha$ = 0,47-0,84). |
| **Cuestionario de valores personales**<br>*Personal Values Questionnaire (PVQ)*<br>Blackledge et al. (2006) | • Medida de autoinforme.<br>• Escala Likert de 1 a 5.<br>• 9 áreas: relaciones sociales/amistades, relaciones familiares, relaciones románticas, recreación/ocio/deporte, espiritualidad/religión, trabajo/carrera, salud física y participación en la comunidad. | No hay estudios de validación en la actualidad. |

© Ediciones Pirámide

TABLA 24.2 *(continuación)*

| Nombre | Características | Propiedades psicométricas |
|---|---|---|
| **Encuesta de valores sociales**<br>*Social Values Survey (SVS)*<br>Blackledge y Ciarrochi (2006) | • Medida de autoinforme.<br>• Similar al PVQ. Centrado en motivaciones intrínsecas. | No hay estudios de validación en la actualidad. |
| **Cuestionario de evitación y fusión para jóvenes**<br>*Avoidance and Fusion Questionnaire for Youths (AFQ-Y)*<br>Greco et al. (2005) | • Medida de autoinforme.<br>• 17 ítems.<br>• Escala Likert de 0 a 4. | El análisis encontró que ambas versiones de AFQ-Y tenían buena consistencia interna (un 5 0,90-0,93) y validez convergente. |
| **Cuestionario de aceptación y acción de los padres**<br>*Parental Acceptance and Action Questionnaire (PAAQ)*<br>Cheron et al. (2009) | • Medida de autoinforme.<br>• 15 ítems.<br>• Escala Likert de 1 a 7. | Consistencia interna, $\alpha = 0{,}65$. |

## 4. ESTADO ACTUAL DE LA APLICACIÓN DE LA ACT EN NIÑOS Y ADOLESCENTES

Aunque las referencias en la literatura científica sobre el empleo de la ACT en población infanto-juvenil están experimentando una rápida expansión, estas se encuentran aún en vías de desarrollo (Coyne et al., 2011; Ferro García, Vives Montero y Ascanio Velasco, 2009; Swain, Hancock, Dixon y Bowman, 2015; Zambrano-Hernández, Camargo-Hernández, Jerez-Castiblanco, Gómez-Padilla y Perea-Gil, 2018). En esta línea, Zambrano-Hernández et al. (2018) señalan que lo que más se publica son revisiones teóricas, subrayando la necesidad de contar con estudios experimentales que evalúen la efectividad en las terapias de *tercera generación.*

Tal como surge de la revisión narrativa llevada a cabo por el grupo liderado por Ferro et al. (2009), se han publicado diversos manuales y artículos de revisión en los que se ha mencionado la aplicación de la ACT en el grupo de menores de edad. En esta línea cabe destacar las aportaciones de Murrell et al. (2004), que, partiendo de la aplicación en adultos, hacen distinciones que son específicas para este tipo de población. En este sentido, mencionan la importancia de incluir a los padres en el análisis, dada la particularidad en la infancia por la existencia de múltiples contextos de interacción donde se desarrollan los niños. Además, aluden a otra diferencia que reside en la necesidad de disminuir la importancia de ciertos procesos del modelo Hexaflex como pueda ser el «contactar con el momento presente» y «el yo como contexto» en los menores, pues el nivel de desarrollo marca límites en el procesamiento de constructos de mayor nivel de abstracción. Por esta razón proponen adaptar los ejercicios y metáforas utilizando ejemplos específicos para distintas etapas evolutivas. Y por último, subrayan la importancia del trabajo con valores como uno de los ejes del tratamiento, pues les supone un apoyo para enfrentarse a lo que les provoca malestar y evitación.

La ACT ha sido empleada en diferentes cuadros psicopatológicos infanto-juveniles, tal y como es posible observar en la revisión de Zambrano-Hernández et al. (2018), en la que destaca la existencia de referencias sobre su aplicación en el trastorno por déficit de atención con hiperactividad (TDAH), el trastorno límite de la personalidad, ansiedad y depresión crónica. A pesar de no encontrar estudios que valoraran la efectividad de la ACT en infanto-juvenil, sí remiten a su probada efectividad frente a los grupos control en población general.

Siguiendo esta línea, en la revisión sistemática llevada a cabo por Swain et al. (2015), en la que se revisaron publicaciones sobre la aplicación de la ACT en niños y adolescentes, se encontraron 21 es-

© Ediciones Pirámide

tudios que abarcaban un espectro de problemas de presentación, con un total de 707 participantes, siendo fundamentalmente diseños intragrupo. La preponderancia de las pruebas sugiere que la ACT da lugar a mejoras en las medidas clínicas, de los padres y autoinformadas de los síntomas, los resultados de la calidad de vida y/o la flexibilidad psicológica, y que muchos estudios demuestran más beneficios en la evaluación a lo largo del seguimiento. Sin embargo, subrayan varios puntos débiles que limitan las conclusiones, destacando la necesidad metodológica de mayor calidad, que confirmen los hallazgos preliminares sobre la eficacia de la ACT en el tratamiento de los niños en una multitud de problemas psicopatológicos.

Recientemente, el grupo constituido por Fang y Ding (2020) arroja resultados bastante esperanzadores sobre la eficacia de la ACT en población infantil con estudios de mayor rigor metodológico. Llevaron a cabo un meta-análisis de 14 ensayos controlados aleatorios sobre la eficacia de la ACT con una población total de 1.189 niños. En comparación con el tratamiento habitual y pacientes en la lista de espera, la ACT mejoró significativamente los síntomas de las medidas de la ansiedad y la depresión, no hallándose diferencias significativas respecto a la TCC tradicional. En un análisis secundario en el que se midieron aspectos como la calidad de vida y el bienestar, la ACT mostró resultados similares a la TCC tradicional, superando no obstante al grupo de control no tratado.

A continuación, se procederá a exponer una breve revisión de la situación actual en diferentes problemas y situaciones clínicas que actualmente aborda la comunidad de investigación sobre la ACT aplicada a esta cohorte, finalizando con los trastornos psicóticos de inicio temprano.

## 5. ACT EN TRASTORNOS DEL ESPECTRO AUTISTA

Antes de entrar a abordar los trastornos del espectro autista (TEA), se hace preciso destacar su corta pero intensa historia, llegando a haber estado considerada incluso como englobada en el grupo de las psicosis (Feinstein, 2010). Pese a que en la actualidad no cabe duda de que se trata de dos cuadros claramente diferenciados, comparten aspectos comunes y no suele ser extraña la coocurrencia o incluso la deriva hacia una ruptura psicótica (Kincaid, Doris, Shannon y Mulholland, 2017; Lugo Marín et al., 2018; Zheng, Zheng y Zou, 2018).

En la práctica clínica resulta habitual encontrarse con menores dentro del espectro del autismo entre los que existe una amplia heterogeneidad, siendo por ello muy recomendable el llevar a cabo intervenciones que la tengan en cuenta, debiendo emplearse tratamientos individualizados y adaptables tanto a las características del menor, las de su familia, así como de los diversos entornos de desarrollo. Hay que añadir que en su planificación no se debe perder de vista la finalidad de mejorar la calidad de vida y bienestar de los menores y contexto más cercano (Hernandez et al., 2005), por las consecuencias que de ello se derivan.

La ACT puede considerarse como una clase de intervenciones que tiene sus raíces en el análisis de la conducta, cuyo objeto consiste en socavar el control que las normas no óptimas tienen sobre el comportamiento y, por tanto, volver a poner a este bajo el control de contingencias más favorables de refuerzo. De esta manera, se puede emplear en el abordaje de la población con TEA, desde distintos campos de atención, según se dirija el foco hacia los menores, a sus padres o a paraprofesionales.

Centrándose en los **niños** incluidos en el espectro, no abundan las intervenciones desde esta modalidad, siendo las más representativas las experiencias que se exponen a continuación y que abordan la invariabilidad de las respuestas.

Kennedy, Whiting y Dixon (2014) evaluaron una intervención que incluía ejercicios de defusión y de conciencia del momento presente para tratar la selección restringida de alimentos en una línea de base múltiple en seis participantes con edades comprendidas entre los tres y cinco años seleccionados en una guardería local. A pesar de que los autores hallaron que la respuesta a dichos ejercicios producían poco o ningún efecto, la respuesta cambiaba al añadir a la intervención contingencias directas de refuerzo, como pegatinas o elogios sociales. Desafortunadamente, los autores no evaluaron el uso de una contingencia de refuerzo independiente de la ACT, por lo que no se pudieron analizar las contribuciones relativas de cada uno de los elementos.

Más tarde, Eilers y Hayes (2015) evaluaron los efectos sobre niños entre tres y siete años de edad de

© Ediciones Pirámide

un ejercicio de defusión *(Di esto en una voz tonta conmigo)* combinado con la extinción de comportamientos repetitivos. Las conductas inflexibles consistían en la insistencia en que se jugara de una manera particular, exigir hacerlo en primer lugar o ser el único en participar. Aunque obtuvieron resultados beneficiosos, no se utilizó el análisis funcional para evaluar a los supuestos informantes que mantenían las conductas problemáticas, ni tampoco la utilización de procedimientos de manejo de contingencias antes de emplear la ACT, así como una evaluación de la persistencia de los efectos tras la intervención.

Por último, Szabo (2019) llevó a cabo una intervención basada en una evaluación funcional de contingencias indirectas (verbales), empleando un entrenamiento en ACT breve (de cuatro horas de duración) con el objeto de lograr una disminución de los comportamientos inflexibles, así como aumentar la flexibilidad ante los cambios de reglas. Los niños que recibieron dicho abordaje respondieron de forma adecuada, manteniendo los resultados a lo largo del seguimiento y mostraron además una generalización de los logros. Szabo justifica la introducción de la ACT con la finalidad de reducir la inflexibilidad del comportamiento que parecía relacionada con la rígida adherencia a las reglas más que con la invariabilidad debida al déficit de habilidades. Estos hallazgos son consistentes con los resultados obtenidos por el grupo de Kennedy.

Otro colectivo que ha recibido atención es el de los **padres** de niños con el grupo de trastornos incluidos dentro del espectro de autismo. Esta aplicación todavía se halla en sus inicios; no obstante, cabe destacar que se ha seguido de unos resultados muy positivos, especialmente en relación a lo que implica tener un hijo con tal condición.

En primer lugar, destacar la experiencia de Ferro García et al. (2009), que emplean un taller de ACT con los progenitores, experimentando efectos positivos sobre medidas de depresión y otros síntomas clínicos. También se reportaron cambios positivos en la línea de una menor evitación experiencial y defusión cognitiva posentrenamiento, manteniéndose estos efectos en el seguimiento posterior al alta tres meses después.

Más recientemente, Lozano-Segura, Manzano León, Yanicelli y Aguilera-Ruiz (2017) realizan una propuesta de intervención teniendo en cuenta los últimos avances en la aplicación de la ACT, a través de un taller dirigido fundamentalmente a los padres de niños con TEA desde este enfoque.

— En un primer momento, proponen **clarificar las expectativas** con el objeto de que los padres sean realistas, colaboradores y se pueda avanzar, respetando su tempo. Añaden la necesidad de **atender y permitirse observar los pensamientos y emociones** que actúan como un obstáculo o barreras psicológicas en las actuaciones con sus hijos, aunque esto resulte arduo y egodistónico. Como procedimiento se utilizan armas propias de la ACT, tales como el empleo de metáforas que invitan a la introspección.
— Posteriormente, se emplearía un **cuestionario de valores** con el fin de ir concretando en un segundo tiempo los mismos y trabajar en consonancia con estos, haciendo la distinción entre la intención y los valores concretos que les definen y si han actuado en la línea de los mismos o no. Además, se instaura el debate generando una situación de **«desesperanza creativa»,** herramienta de la que se vale este abordaje para conducir a los padres al encuentro de estrategias de control cognitivo y emocional que no le han sido útiles ni efectivas, sino fuente de mayor sufrimiento, y de esta forma comenzar a reflexionar sobre si en lugar de intentar erradicar dichos pensamientos y/o emociones, se les puede hacer espacio y proceder a aceptarlas.
— Seguidamente se trabajaría la **«defusión»,** que permita distanciarse de los pensamientos, realizándolo a través de ejercicios que tienen como objeto romper los aspectos verbales de los eventos privados no deseados y que suponen barreras. Entre las herramientas empleadas se hace uso de ejercicios como la distinción experiencial entre descripciones y evaluaciones o valoraciones, o incluso tomar la perspectiva del observador por medio de técnicas experienciales.
— Finalmente, siempre se tienen en consideración los **valores durante la intervención,** con la utilización de ejemplos de cada componente de los mismos así como revisión de los que ha resultado útil en sesiones previas y las tareas intersesión.

© Ediciones Pirámide

En resumen, esta propuesta de intervención incluiría no solo pautas de intervención y/o instrucciones, sino que también se abordarían aspectos transdiagnóstico relacionados con las creencias, valores y sentimientos de los padres en relación a las dificultades de sus hijos y las consecuencias que de ello se derivan.

Por último, Gould, Tarbox y Coyne (2018) aplicaron un protocolo breve basado en la ACT a madres de menores con el diagnóstico de esta alteración del neurodesarrollo. El protocolo tenía una duración de seis sesiones en las cuales se trabajaron habilidades como la identificación de valores, la atención plena, la defusión cognitiva, la aceptación y la acción comprometida. Los autores hallaron que la ACT puede aumentar los comportamientos orientados a los valores en los progenitores y esto tiene un efecto que se mantiene a largo plazo en la fase de seguimiento del estudio. Las madres también observaron mejoría en otros aspectos no abordados inicialmente de manera directa como fue una mejoría en la autonomía, en la relación de pareja y en el tiempo de respiro y descanso.

> En el apartado de ACT y su aplicación en padres, se recogen dos experiencias más en el empleo de este abordaje con los padres de hijos con estos trastornos del neurodesarrollo, que por sus características diferenciadas, se exponen en dicho apartado.

El tercer y último ámbito de aplicación en el campo del autismo es el referido al **entrenamiento de entrenadores.** Antes que nada, se debe recordar que se hace uso del término de *entrenamiento de aceptación y compromiso* (EACT) para referirse a su aplicación en entornos no psicoterapéuticos. En este ámbito destacan dos experiencias.

La primera de ellas es la desarrollada por el grupo liderado por Chancey (2019), que emplearon talleres para educar y entrenar en atención plena a cuidadores. Los resultados de este entrenamiento resultaron ser bastante positivos, ayudando a mejorar las interacciones de los cuidadores con los clientes. Además, su empleo ha reportado incrementos en lo referido a acciones de compromiso con sus clientes afectados de trastornos severos del desarrollo (Castro, Rehfeldt y Root, 2016).

La otra experiencia es la desarrollado por Little, Tarbox y Alzaabi (2020), que realizaron un estudio con el fin de investigar el uso del EACT para mejorar la efectividad del entrenamiento de habilidades de comportamiento (EHC) usado dentro de un modelo de *entrenamiento de entrenadores,* en el ámbito de una clínica de atención especializada en autismo. En un primer momento cada participante recibió un adiestramiento inicial de EHC, agregando en un segundo tiempo el EACT, con el objeto de valorar efectos adicionales. De esta forma se determinó que la adición de la ACT era eficaz para mejorar el rendimiento de los instructores del personal, los resultados se generalizaron entre el personal y los clientes que no estaban presentes durante la capacitación, y se mantuvieron después de terminada la misma.

## 6. ACT EN TRASTORNOS DE ANSIEDAD

Los trastornos de ansiedad constituyen un grupo de cuadros con una importante prevalencia entre la población general, y la población infanto-juvenil no es una excepción (American Psychiatric Association, 2016; Tobin y House, 2016). Estos trastornos resultan susceptibles a esta vertiente de abordaje basada en la aceptación y centrada en la disminución de la función reguladora del comportamiento de la ansiedad y las cogniciones relacionadas. Es por ello que se han llevado a cabo experiencias que buscan trasladar su aplicación en los menores.

En primer lugar, aportando una visión general habría que destacar el meta-análisis llevado a cabo por el grupo de Bluett, Homan, Morrison, Levin y Twohig (2014), en el que se exploró la relación entre la flexibilidad psicológica y su repercusión en términos de ansiedad, por un lado, así como revisó la evidencia del empleo de ACT en este grupo de cuadros, entre otros, de adolescentes. En población juvenil se concluyó que la evitación experiencial se asociaba con medidas de ansiedad tanto generales como específicas de cada trastorno, así como los resultados de su aplicación eran tan efectivos como los abordajes manualizados desde la TCC.

A nivel más específico, se cuenta con dos estudios que exploran fobias a la oscuridad y fobia escolar.

En el estudio de Simon, Driessen, Lambert y Muris (2020) se examinó y comparó los elementos

© Ediciones Pirámide

cognitivos de la TCC y la ACT en niños preadolescentes con fobia a la oscuridad eliminando cualquier componente conductual. Los niños altamente ansiosos, de 8 a 12 años de edad, se asignaron al azar a una intervención de reestructuración cognitiva de 30 minutos o a una intervención de defusión cognitiva, evaluando posteriormente el miedo subjetivo a los niveles de oscuridad, la tolerancia conductual a la misma, así como la comprensión y diversión asociadas a las intervenciones. Los resultados obtenidos confirmaban una reducción en el miedo de los niños a la oscuridad después de recibir una reestructuración o una defusión cognitiva, con un gran tamaño de efecto. La TCC ofrecía una mayor disminución del miedo autoinformado, mayor incluso que la reportada por el grupo de defusión cognitiva. Sin embargo, la voluntad de permanecer en la oscuridad fue comparable entre los dos grupos, lo cual podría explicarse por el hecho de que el objetivo de ambas es reducir el comportamiento de evitación creando distancia entre el pensador y el pensamiento.

Por otro lado, Greco y Morris (2001) reportan el uso de la ACT para reducir exitosamente la fobia escolar, mantenido a dos años de seguimiento, a través del caso de un niño de 11 años. Emplean un protocolo desde esta orientación compuesto por ocho sesiones individuales y cuatro familiares, reportando información de una reducción de la ansiedad social y un aumento de la asistencia a la escuela (Morris y Greco, 2002).

## 7. ACT EN TRASTORNOS DEL ESPECTRO OBSESIVO-COMPULSIVO

> Antes de comenzar, debe hacerse una anotación en relación a que en algunos estudios analizados se ha continuado considerando el trastorno obsesivo-compulsivo dentro de los trastornos de ansiedad, por lo que los resultados de las experiencias solían incluir los efectos en ambas categorías. No obstante, aquí se incluirán aquellos que tuvieran efectos expresados fundamentalmente en términos de sintomatología obsesiva.

En relación a los trastornos del espectro obsesivo-compulsivo, el uso de la ACT cuenta con un notable cuerpo en la literatura sobre su eficacia en adultos (Philip y Cherian, 2020), lo cual, junto a las limitaciones de la TCC en términos de efectividad en la población infanto-juvenil, parece justificado que se valore su aplicabilidad en el trastorno obsesivo-compulsivo (TOC) en el grupo de niños y adolescentes.

En esta línea, Armstrong, Morrison y Twohig (2013) publican un estudio preliminar en el que aplican a tres adolescentes hasta 10 sesiones de ACT excluyendo a propósito los ejercicios de exposición por razones experimentales, reportando una reducción media del 40% en las compulsiones autoinformadas y de hasta el 50% en cuanto a la severidad medida a través de la escala obsesiva y compulsiva de Yale-Brown para niños, cuyos resultados se mantuvieron a los tres meses de seguimiento.

Pero, además, la ACT puede colaborar en la aplicación de los métodos tradicionales de abordaje psicoterapéutico. Así, los procesos de la ACT pueden aumentar la disposición a realizar la exposición con prevención de respuesta (EPR) (Reid et al., 2017), y las intervenciones bajo esta modalidad pueden ser una forma más precisa de enseñar cómo realizar la EPR (Bluett et al., 2014; Reid et al., 2017).

También existe un pequeño cuerpo de investigación que sugiere que la ACT con padres puede ser una ruta viable para el tratamiento. Un reciente ensayo abierto evaluó la viabilidad de un protocolo de ACT de seis sesiones para padres de niños con ansiedad o TOC. Los resultados sugirieron que la intervención puede disminuir la fusión cognitiva de los padres, permitiéndoles acercarse a sus pensamientos sobre el trastorno de su hijo de una manera más flexible desde el punto de vista psicológico. Los resultados también indicaron que la intervención podría reducir los síntomas de ansiedad de los niños (Levitt, Hart, Raftery-Helmer, Graebner y Moore, 2018; como se cita en Whittingham y Coyne, 2019).

A pesar de la reputación de la EPR como un estándar oro del tratamiento, en la práctica pueden surgir algunos desafíos comunes que van desde el rechazo a la técnica hasta el uso de la distracción, con una variabilidad significativa interindividual. Incluso cuando se aplican correctamente, algunas personas son consideradas como no respondedoras al tratamiento o no están dispuestas a experimentar y tolerar la intensa ansiedad que puede provocar la EPR. Los enfoques cognitivos y conductuales com-

© Ediciones Pirámide

plementarios de tercera generación, como la ACT, cuando se emplean en combinación pueden aumentar la disposición al tratamiento, la flexibilidad, la adherencia y la reducción general de los síntomas. En consonancia con ello, Allmann, Coyne, Michel y McGowan (2020) ofrecen una interesante visión de cómo implementar la ACT de forma complementaria, haciendo uso de ejercicios y metáforas más claros y menos abstractos, además de poder contar con una implicación de los padres:

— **Trabajo con valores.** La ACT se adapta fácilmente a los niños y adolescentes, ya que muchos de sus principios se basan en metáforas. Para ello es posible utilizar la metáfora de *los pasajeros del autobús* (Hayes, Strosahl y Wilson, 1999) con el fin de trabajar con los adolescentes en la identificación de valores y en las muchas maneras en que el pensamiento obsesivo puede interferir en el movimiento hacia dichos valores.
— **Trabajar la defusión cognitiva.** Con el fin de aumentar la conciencia del momento presente, plantean el ejercicio en el que se realiza una descripción detallada de un limón que incluya tantas experiencias sensoriales como sea posible, y cómo ello genera una reacción física que los cuerpos crean en respuesta a los pensamientos sobre un limón, sin que estén presentes. De esta forma, se señala que si el cliente es capaz de etiquetar que la fusión de pensamientos está ocurriendo a menudo, esto le permite pensar más objetivamente sobre el pensamiento (metacognición), lo que facilita cierta cantidad de defusión (por ejemplo, *«¿ese pensamiento te ayuda a alcanzar tus metas, o te mantiene atascado no saliendo y haciendo lo que te gustaría?»*). Permitir la defusión de los pensamientos también puede ser una puerta para disminuir la ansiedad.
— **Trabajar la aceptación.** Para ello se puede utilizar la *metáfora del león,* de forma que, al enfrentarse a la situación, este puede dejar de perseguirle, tal y como ocurre con la ansiedad o miedo al dejar de evitarlo o de huir de él. Durante las tareas de exposición, los terapeutas pueden pedir frecuentemente que el cliente «se incline» hacia una experiencia negativa, o que profundice la ansiedad asociada con la exposición, para lo cual se requiere de una aceptación de dicha experiencia negativa y el permitirse que aparezca a pesar del disconfort que genera.
— **Inclusión de los padres en la EPR y el trabajo con los valores.** Por último, plantean la posibilidad de incorporar a los padres al tratamiento permitiéndoles observar una sesión de EPR, con el objeto de modelar conductas de acercamiento apropiado y lenguaje alrededor de la ansiedad, y poder actuar de coterapeutas en el ámbito familiar. Este involucrar a los padres también ha sido utilizado por Barney, Field, Morrison y Twohig (2017) en una experiencia de la aplicación de un protocolo breve de esta forma de terapia con niños, obteniendo buenos resultados.

En conclusión, estos autores consideran que si bien las tareas de exposición en sí pueden ser muy parecidas o iguales a las de la terapia tradicional de EPR, la atención debe centrarse en el propósito de la exposición: los valores declarados del cliente y el deterioro funcional causado por el cuadro, destacando la relevancia de la ACT en este grupo de trastornos.

## 8. ACT EN TRASTORNOS DEPRESIVOS

Siguiendo la estela de los resultados en adultos deprimidos, Hayes, Boyd y Sewell (2011) realizan un ensayo controlado aleatorizado con 30 adolescentes deprimidos en el que se compara su administración frente al abordaje habitual. Los participantes en la condición ACT reportaron niveles de depresión significativamente menores, y de hecho mostraron alguna mejora adicional durante el seguimiento a 3 meses. Ambos grupos mostraron una mejora significativa en el funcionamiento global, aunque en las medidas clínicas fue solo el grupo de ACT el que obtuvo ganancias.

## 9. ACT EN TRASTORNOS DE LA CONDUCTA

Los problemas de comportamiento entre los niños y adolescentes constituyen uno de los motivos

© Ediciones Pirámide

de consulta más habituales por los que los padres asisten a consulta. Y si bien con frecuencia se trata de problemas transitorios y evolutivos, en otros casos por su frecuencia, intensidad, repercusiones y persistencia adquieren una dimensión tal que pasan a constituir un trastorno.

Debe tenerse en cuenta, además, que los trastornos de conducta en población infanto-juvenil pueden ser la expresión de diversos trastornos psicopatológicos, incluyendo los trastornos psicóticos (Agüero Juan y Agüero Ramón-Llin, 2012; Raquel Martín y Beatriz Payá, 2016). Es por ello que adquiere una especial relevancia la evaluación exhaustiva y la intervención adecuada en estos menores (Sasot-Llevadot et al., 2015).

Los programas tradicionales de formación conductual para padres suelen abordar solo las conductas de estos, como la consistencia de la disciplina y la calidad de la participación y el control de los niños. Sin embargo, desde el enfoque de la ACT se trabajaría en la aceptación de los propios pensamientos y sentimientos, sin intentar cambiarlos ni huir de ellos, actuando como guía los valores propios de la familia (Coyne y Murrell, 2009). De acuerdo a Ascanio-Velasco y Ferro-García (2018), la «ACT maneja las conductas que están bajo control de reglas verbales aprendidas por los padres y mantenidas por un contexto social, que les llevan a manejar de forma inadecuada las conductas de sus hijos (por ejemplo, *los buenos padres nunca dejan sufrir a sus hijos, si no le doy lo que quiere le crearé un trauma, etc.*). Tales reglas impiden en muchos casos que los niños tengan contacto con las contingencias naturales, y aunque el terapeuta cambie las conductas de los niños, si los padres siguen esas reglas, a largo plazo será difícil mantener el cambio».

De esta forma, ha resultado interesante la adición de un enfoque de esta terapia de tercera generación en el manejo de los trastornos externalizantes, y en esta línea destacan tres experiencias de caso único que empleaban intervenciones en ACT añadidas a la *terapia de interacción padres-hijos* (PCIT).

La PCIT (McNeil y Hembree-Kigin, 2010) es una terapia bien establecida para trastornos del comportamiento en población infanto-juvenil. Se trata de un abordaje encaminado a la disminución de los problemas de conducta y la falta de obediencia en menores. Sigue directrices de la terapia de conducta, aunque integra también postulados de la psicología del desarrollo, incorporando la terapia de juego. Se caracteriza fundamentalmente por el entrenamiento conjunto de padres y menores, adaptando la instrucción al caso particular. El terapeuta modela la actuación y moldea conductas a través de aproximaciones sucesivas, siempre teniendo en consideración el nivel de desarrollo del niño. Se ha validado principalmente para población entre los dos a los siete años de edad.

Según argumentan Ferro-García, Ascanio-Velasco y Valero-Aguayo (2017), la ACT combinada con PCIT contribuye a mejorar la efectividad de la intervención, ya que puede facilitar la adhesión de los padres y del niño al tratamiento. Concretamente, argumentan como conveniente el utilizar dos procesos del modelo Hexaflex: la delimitación de valores y la defusión cognitiva. En este sentido, defienden que el clarificar los valores de las familias puede contribuir con la adhesión al abordaje psicoterapéutico, así como ayudar al menor a aceptar la disciplina reduciendo sus resistencias. Asimismo, agregan que cuando se añade la ACT a la PCIT es posible ayudar a los progenitores que presenten evitación experiencial como barrera a la hora de poner en marcha las técnicas de modificación de conducta.

Esta combinación se ha utilizado por Coyne y Murrell (2009) en el caso de un niño de 6 años que presentaba conductas agresivas con sus iguales, con los profesores y con su madre, y también mostraba conductas destructivas, era desobediente, no permanecía sentado, hablaba mucho y no completaba las tareas escolares. Su madre presentaba un importante nivel de ansiedad, así como sentía que no sabía cómo educarlo. Se trabajó desde PCIT en el entrenamiento de habilidades de manejo conductual con la madre a través de la interacción de ambos en situaciones de juego, pero previamente se realizó un abordaje sobre la motivación y el compromiso con la madre a través de los componentes de ACT (valores, entrenamiento en *mindfulness,* defusión cognitiva, aceptación y compromiso). Los resultados descritos indican que los niveles de agresividad e indisciplina del niño llegaron a unos límites normales para su edad, pero lo que resultó más interesante es que su madre experimentó una reducción en sus niveles de ansiedad, así como un incremento sustancial en su confianza y la efectividad en el trato con su hijo.

© Ediciones Pirámide

Posteriormente, Ferro-García et al. (2017) exponen la experiencia en la que describen un diseño de caso único de un niño de 10 años con trastorno negativista desafiante, que exhibía conductas disruptivas de alta frecuencia durante un período mayor de 6 meses. Para ello se llevó a cabo un diseño experimental AB, con medidas repetidas a lo largo del seguimiento. De esta forma valoraron la eficacia del tratamiento combinado de ambas modalidades de intervención. El abordaje tuvo lugar durante un total de 11 sesiones, realizando 3 medidas de seguimiento postratamiento (3, 6 y 12 meses). Los resultados obtenidos arrojaban unas conclusiones positivas en la reducción los graves problemas de conducta que exhibía, así como favorecieron las conductas prosociales.

Un año más tarde, este mismo grupo publica otra experiencia, pero ahora se aborda el trabajo con un menor que exhibía graves problemas de conducta, utilizando el mismo diseño experimental. En este caso, se mantuvo el tratamiento con un total de 11 sesiones que tuvieron lugar a lo largo de tres meses, incluyendo medidas postratamiento a los 8 y 14 meses. La intervención con PCIT resultó no solo efectiva —desapareciendo los problemas y manteniéndose el éxito terapéutico a largo plazo—, sino que el hecho de añadir un abordaje desde la ACT con los padres ayudó a que estos aceptasen sus problemas emocionales al aplicar contingencias, diseñaran sus propios objetivos y actuaran según sus valores con su hijo, lográndose una mayor adherencia con las pautas de tratamiento.

Resulta interesante reflexionar sobre qué papel ejerce la ACT dentro de abordajes empíricamente validados para los trastornos de naturaleza externalizante. A este respecto, Cheron et al. (2009) exponen que las reacciones en los padres a nivel afectivo pueden repercutir sobre el impulso a la hora de iniciar pautas para la modificación del comportamiento de sus hijos. Estos impulsos les pueden llevar a la evitación experiencial, que se reflejaría en diversas inconsistencias en las pautas de crianza. Todo ello podría derivar en sobreprotección, inconsistencias con las normas y mensajes, y/o permisividad, con el fin último de evitar cualquier forma de sufrimiento. Todo ello menoscabaría la efectividad de las terapias validadas empíricamente. Pero, además, el grupo liderado por Berlin halló que existe evidencia de que la evitación experiencial en los padres se relaciona con el empleo de un estilo de crianza de naturaleza inconsistente y un control deficiente, lo cual, a su vez, se relacionaba con problemas de conducta en sus hijos (Berlin, Sato, Jastrowski, Woods y Davies, 2006; como se citó en Twohig, Hayes y Berlin, 2008). Y es que todos los que nos dedicamos a la atención y asistencia a menores a menudo compartimos la experiencia de la falta de puesta en práctica de lo acordado en las sesiones, pudiendo guardar todo ello relación con factores ligados a la historia previa, creencias y valores y la fusión de todo esto con pensamientos y sentimientos que impulsan a la evitación o escape, actuando en su conjunto como agentes mantenedores de los problemas de comportamiento del menor.

Como conclusión, habría que destacar la existencia de unos resultados bastante prometedores con la combinación de tratamientos empíricamente validados para el manejo de problemas graves de conducta y otras formas de trastornos externalizantes, con la ACT dentro del mismo paquete de tratamiento, especialmente en aquellas familias en las que los progenitores presenten conflictos con sus propios valores. De esta manera, mientras la PCIT ayuda en la dirección de tener en mente no solo la conducta desadaptativa, sino incentivar las conductas prosociales a través del juego, órdenes eficaces y aplicación de consecuencias; la ACT ejerce su función abordando aspectos como la evitación experiencial, la aceptación de situaciones desagradables con una finalidad terapéutica y poder establecer metas conforme a los valores compartidos por la familia.

## 10. ACT EN TRASTORNOS DE LA CONDUCTA ALIMENTARIA

A pesar de la escasa prolijidad de publicaciones referidas a menores con trastornos de la conducta alimentaria (TCA), existen referencias interesantes, como las siguientes.

Por un lado, el grupo de Heffner, Sperry, Eifert y Detweiler (2002) reportaron una experiencia en la que integraron la ACT con la TCC tradicional e intervenciones familiares en el abordaje de una joven de 15 años con anorexia nerviosa. En el transcurso de la terapia de 14 sesiones y cuatro sesiones de seguimiento, los investigadores observan una reducción de los síntomas anoréxicos y el impulso de la

© Ediciones Pirámide

delgadez, así como logró un incremento ponderal que la situó en el rango peso normal en el curso del tratamiento y seguimiento. Sin embargo, a pesar de sus ganancias en otras medidas, todavía mostraba niveles clínicos de insatisfacción corporal al finalizar.

Otra experiencia es la llevada a cabo por Merwin, Timko, Zucker, Martin y Moskovich (2010), que desarrollaron una intervención familiar basada en la ACT para la anorexia nerviosa. La intervención iba dirigida a familias con alta emoción expresada, al constituir este un factor de refractariedad a la TCC tradicional. El tratamiento consistió en 20 sesiones, 16 de las cuales separan a padres y adolescentes, y cuatro que son conjuntas. Los adolescentes participan en un protocolo de ACT, mientras que a los padres se les enseñan habilidades desde una perspectiva basada en la ACT para ayudar a extinguir las conductas anoréxicas de sus hijos y reforzar a las conductas alternativas.

Por último, se debe destacar el programa de prevención de trastornos de alimentación llamado ACT for Health Program llevado a cabo por Greco, Barnett, Blomquist y Gevers (2008), que lo proponen como alternativa de abordaje encaminado a pacientes de sexo femenino en etapa adolescente que presentan factores de riesgo para TCA.

## 11. ACT EN SITUACIONES DE RIESGO

No se han hallado referencias sobre el uso de ACT para intervenciones preventivas, destacando únicamente la experiencia de Metzler, Biglan, Noell, Ary y Ochs (2000). Este grupo desarrolló un ensayo controlado aleatorio para adolescentes con la finalidad de prevenir las enfermedades de transmisión sexual (ETS). Trescientos treinta y nueve adolescentes (de entre 15 y 19 años) fueron reclutados en clínicas de ETS y asignados al azar a condiciones de tratamiento y controles (cuidado habitual). El grupo de tratamiento recibió una intervención de cinco sesiones que integró componentes de ACT en un enfoque sociocognitivo orientado a las aptitudes para el sexo seguro y la adopción de decisiones responsables en ese ámbito. A los seis meses de seguimiento no hubo diferencias entre los dos grupos en cuanto a la frecuencia de las infecciones de ETS. Por contra, el grupo de tratamiento informó sobre una cantidad significativamente menor de conductas sexuales de riesgo (es decir, contactos sexuales con extraños, parejas no monógamas, consumo de alcohol o marihuana antes de tener relaciones sexuales) y una mayor aceptación de las emociones. Además, los miembros del grupo de tratamiento pudieron sugerir más alternativas de sexo seguro que el grupo de control en respuesta a un juego de roles de situaciones sexuales grabadas en vídeo.

## 12. ACT Y SU APLICACIÓN A NIVEL ESCOLAR

Un aspecto a destacar en la ACT es su factibilidad a ser empleada en ambientes no clínicos como el que constituye el ámbito educativo.

Recientemente, el grupo japonés constituido por Takahashi, Ishizu, Matsubara, Ohtsuki y Shimoda (2020) publicaron un interesante estudio en el que examinaron el efecto de la ACT, desarrollada en el entorno escolar e impartida por un psicólogo, en la flexibilidad psicológica y los problemas emocionales y de comportamiento de un grupo de adolescentes de 14 a 15 años, los cuales fueron asignados a grupos de intervención con ACT o a grupos de control en lista de espera. El programa de intervención empleado consistía en seis sesiones quincenales en formato grupal con una duración global de cinco horas. Los resultados mostraron que la ACT reducía la evitación y la hiperactividad/falta de atención, así como análisis adicionales reportaron entre los participantes con problemas emocionales y de conducta subclínicos una reducción de la evitación, aunque no en la hiperactividad/inatención. De forma más específica, hallaron la correlación entre una mejora de la aclaración de valores y la acción comprometida con la disminución de la hiperactividad/inatención, así como entre la disminución de la evitación con la reducción de los problemas emocionales y la hiperactividad/inatención. Estos hallazgos respaldan la eficacia de la ACT como una intervención universal para los adolescentes, basada en la escuela y en formato de grupo. Asimismo, destacan el empleo del *mindfulness* y la señalan como mediadora en los resultados positivos hallados en términos de la hiperactividad y el déficit de atención.

Desde otro contexto, Cairncross y Miller (2016) realizaron un meta-análisis acerca de los efectos que

© Ediciones Pirámide

tenían las terapias basadas en *mindfulness* en las personas con un trastorno por déficit de atención con hiperactidad (TDAH), informando de unos tamaños de efecto moderados a grandes para la hiperactividad y la atención de los niños, respectivamente. Otra técnica de intervención que posiblemente proporcionó una mejora en los aspectos nucleares del cuadro fue el componente de trabajo en valores, en el cual se incluye el entrenamiento para una óptima toma de decisiones orientada por valores personales. La toma de decisiones subóptima, en lugar de la búsqueda de riesgos, podría ser un mecanismo de toma de decisiones arriesgadas entre las personas con TDAH (Dekkers et al., 2018). En cambio, un examen sistemático más reciente recomendó que los investigadores se abstuvieran de llegar a una conclusión definitiva sobre la eficacia de la atención plena para los niños con TDAH, ya que el riesgo de sesgo era alto en todos los estudios incluidos (Evans et al., 2018). Además, este estudio no observó ningún efecto de intervención en los problemas emocionales o de comportamiento en las muestras subclínicas, sugiriendo que las intervenciones escolares basadas en la ACT no serían una buena opción para reducir la carga psicológica en los adolescentes que presentan problemas graves.

## 13. ACT Y SU APLICACIÓN EN PADRES

Como es sabido en el ámbito de la intervención psicoterapéutica con población infanto-juvenil, no se puede intervenir con los niños sin tener en consideración a sus padres. De esta manera, a lo largo de este capítulo se ha venido presentando la aplicación de la ACT a nivel parental en diferentes problemas y cuadros clínicos de sus hijos. No obstante, se exponen a continuación otros ejemplos de publicaciones con este formato de intervención, que se suman a las experiencias ya comentadas en los diferentes apartados previos.

En un pequeño ensayo abierto, Blackledge y Hayes (2006) diseñaron un taller de ACT experimental en grupo para 20 padres de niños con autismo, llevado a cabo en 2 días con una extensión total de 14 horas. Estos investigadores observaron una disminución significativa, aunque modesta, en la angustia de los padres a los tres meses del seguimiento, con mayores ganancias entre los padres que partían de niveles clínicos de sintomatología. La evitación y la fusión se redujeron de manera similar desde la línea base hasta el seguimiento, y los resultados sugirieron que la fusión mediaba la relación entre el tratamiento y la reducción de los síntomas. Hasta la fecha, los autores tenían conocimiento de al menos otros tres estudios en curso en etapas muy tempranas que exploran el uso de la ACT con padres de niños pequeños (en edad preescolar) y niños en edad escolar.

Más tarde, Fung, Lake, Steel, Bryce y Lunsky (2018) desarrollaron una experiencia en la que evaluaron el impacto que tenía una intervención grupal ACT dirigida por madres con formación a una cohorte de 33 madres de menores con TEA. Respecto al nivel basal, las madres informaron al término de la intervención de mejoras significativas en la flexibilidad psicológica, la fusión cognitiva y las actividades consistentes con los valores en múltiples ámbitos de la vida, como las relacionadas con los autocuidados o la crianza de sus hijos. Lo más positivo fue que estas mejoras se mantuvieron a los tres meses de seguimiento. Hallaron asimismo mejoras en términos de sintomatología depresiva y estrés percibido, las cuales parecen estar mediadas por un aumento de las actividades valoradas a corto plazo y una disminución de la fusión cognitiva a largo plazo.

Por otro lado, también existe evidencia sobre adaptaciones de la ACT para su aplicación con grupos de padres y madres en España, destacando la llevada a cabo por el grupo constituido por Díaz de Neira Hernando, Vidal Mariño, González Rueda y Gutiérrez Recacha (2016). Los grupos estaban conformados por familiares de menores que habían pasado por el proceso de evaluación y/o tratamiento en las consultas de psicología clínica del centro de salud mental de referencia tras la derivación por parte del servicio de atención primaria y/o atención especializada. Los menores que acudían a consulta en dicha unidad habían sido diagnosticados de trastornos del comportamiento y de las emociones de comienzo habitual en la infancia y adolescencia (TDAH, trastornos disociales, trastornos de ansiedad y trastornos de vinculación) y en mucha menor medida con diagnóstico de retraso madurativo o trastornos del espectro del autismo. Y se analizaron los resultados obtenidos después de llevar a cabo nueve ediciones del mismo en el dispositivo

© Ediciones Pirámide

ambulatorio de salud mental entre los años 2012 y 2015, reportando una buena adherencia al grupo de los progenitores, con un porcentaje de retención del 85,5%. Respecto a la valoración de la utilidad, se observaron datos positivos en cuanto a la valoración subjetiva de los padres tanto en lo concerniente al estilo de crianza y relación con sus hijos así como la utilidad de este tipo de abordaje en otras áreas sin relación con sus hijos ni con el problema objeto de consulta inicial.

## 14. ACT EN TRASTORNOS PSICÓTICOS DE COMIENZO TEMPRANO

La **psicosis** es un término global para los síntomas que pueden ocurrir en una amplia gama de trastornos, como pueden ser la depresión, el trastorno bipolar, los trastornos neurocognitivos y los trastornos de la personalidad, e incluso pueden resultar habituales entre la población general, especialmente entre los niños y adolescentes (Linscott y Van Os, 2013). No obstante, es realmente característica entre los diagnósticos englobados en el *espectro de la esquizofrenia*.

Sin embargo, la **esquizofrenia** no es una entidad única, sino que constituye un grupo importante de enfermedades dentro del amplio espectro de las psicosis, con etiologías heterogéneas cuyo curso tiende a la cronicidad, que tienen en común alteraciones en el juicio de realidad y la conducta, y que afectan a áreas tan fundamentales del individuo como son la cognición, el afecto, la percepción, el comportamiento, la psicomotricidad, e incluso hasta el propio pensamiento. Todo ello se manifiesta a través de síntomas positivos, negativos, cognitivos y de desorganización, los cuales interfieren globalmente en la vida de la persona que la sufre (American Psychiatric Association, 2013; World Health Organization, 2018), considerándosela el prototipo de trastorno mental grave.

Aunque su inicio suele producirse al comienzo de la edad adulta, no es infrecuente que tenga lugar a edades más tempranas, e incluso durante la infancia. Y si bien de forma genérica se puede aludir como **esquizofrenias de inicio precoz** a las formas de inicio que surgen en la infancia y/o adolescencia, según la edad en la que emerja el cuadro, es posible distinguir las **esquizofrenias de inicio muy precoz o prepuberal** (VEOS) —con un comienzo antes de los 13 años— y las **de inicio precoz** (EOS) —definida como aquella con un origen entre los 13-18 años—, siendo muy poco frecuente su inicio antes de los 10 años de edad (Remschmidt y Theisen, 2012) (figura 24.3).

El diagnóstico de las esquizofrenias de inicio temprano se define con los mismos criterios politéticos de tipo clínico-descriptivos que se emplean para las formas de la edad adulta, según como aparecen recogidos en las clasificaciones actuales (American Psychiatric Association, 2013; World Health Organization, 2018). De ahí que este pudiera ser el motivo por el que no logren captar los matices que supone su desarrollo en los niños y adolescentes.

Y es que, aunque existe una continuidad nosológica entre las formas infanto-juveniles y de adultos, aquellas podrían representar una forma más severa de la enfermedad, caracterizada por afectar con mayor frecuencia a varones, con un peor ajuste premórbido, menor rendimiento escolar, mayor evidencia de anomalías estructurales cerebrales, de instauración insidiosa con síntomas negativos más destacados, mayores alteraciones a nivel cognitivo, y un peor resultado en general, así como con una mayor carga genética (Kao y Liu, 2010; Kendler y MacLean, 1990; Kranzler et al., 2006; Krausz y Muller-Thomsen, 1993; Madaan, Dvir y Wilson, 2008; Masi, Mucci y Pari, 2006; Nicolson et al., 2000; Petruzzelli et al., 2018; Sham et al., 1994), coincidiendo con las características del síndrome deficitario o de síntomas negativos persistentes (Buchanan, 2007).

A menor edad, la esquizofrenia suele tener una instauración insidiosa, estando precedida la aparición de los síntomas productivos por un deterioro en el funcionamiento del menor, aislamiento social, desorganización, disminución para desarrollar las actividades diarias, cambios en el afecto, agresividad y anergia, predominando así en el cuadro la sintomatología negativa. Esta, además, suele ser relativamente constante, se asocia a peores resultados a nivel global y su presencia predice el diagnóstico de esquizofrenia (Diaz-Caneja et al., 2015; Krausz y Muller-Thomsen, 1993; Masi et al., 2006; Nicolson et al., 2000; Parellada et al., 2015; Peralta y Cuesta, 2001; Stentebjerg-Olesen, Pagsberg, Fink-Jensen, Correll y Jeppesen, 2016; Vyas, Hadjulis, Vourdas, Byrne y Frangou, 2007).

© Ediciones Pirámide

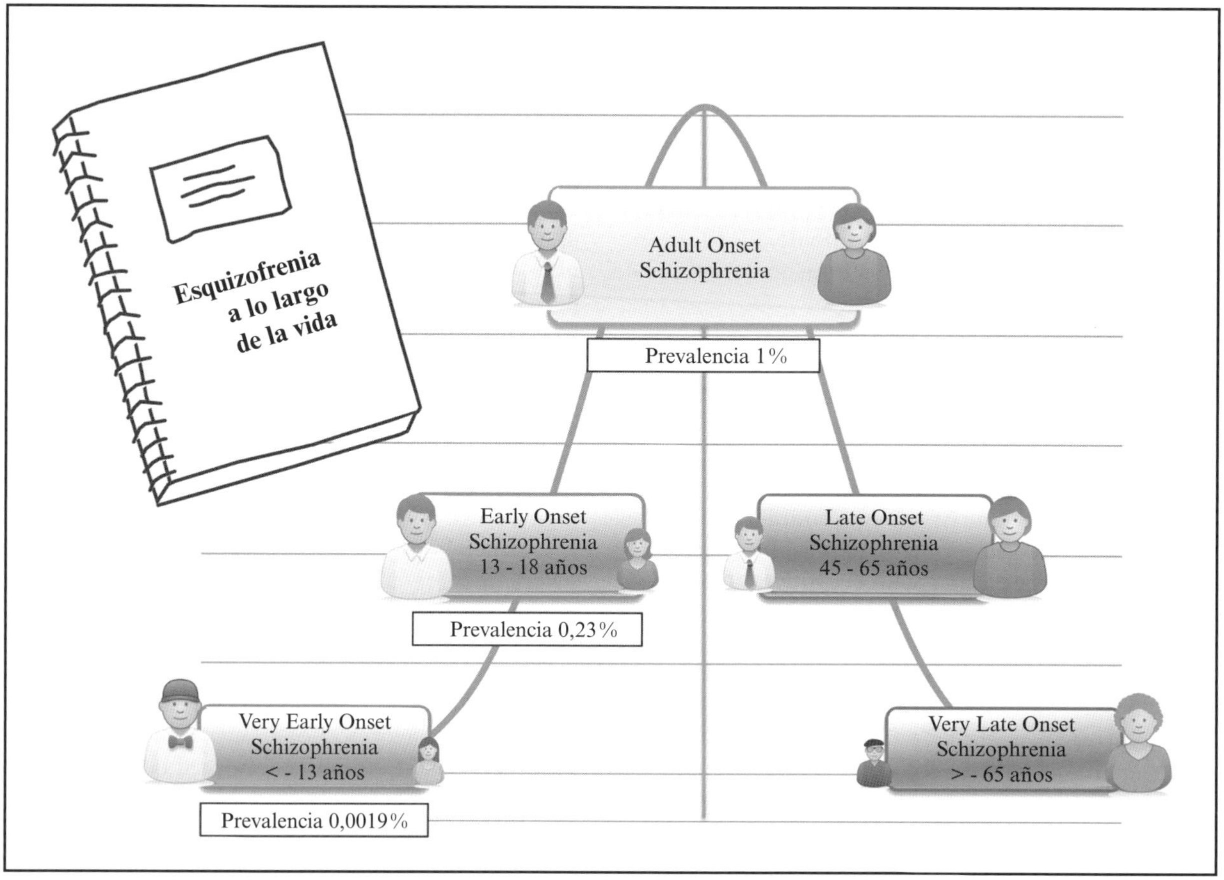


Figura 24.3.—La esquizofrenia a lo largo de la vida, con especial énfasis en las formas de inicio en la infancia y la adolescencia.

En consecuencia, el diagnóstico transversal de las esquizofrenias de inicio temprano resulta harto complicado, a pesar de constituir una forma grave con un pronóstico particularmente malo. Tal es así que el establecimiento del diagnóstico y la instauración de tratamiento suele retrasarse en la población infanto-juvenil hasta el doble de tiempo respecto a los adultos (Stentebjerg-Olesen et al., 2016), lo cual tiene consecuencias adversas tanto en el curso como en el pronóstico del trastorno (Diaz-Caneja et al., 2015).

Resulta evidente que, a pesar de lo complejo, el diagnóstico sigue siendo absolutamente necesario para establecer lo más temprano posible tratamientos adaptados y específicos, ya que de esta manera se disminuye la duración de la fase activa, la refractariedad al tratamiento, las estancias hospitalarias y posibles reingresos o el riesgo suicida, se favorece la prevención de recaídas, además de mejorar la calidad de vida y el funcionamiento laboral, escolar y social (*Libro Blanco de la Intervención Temprana en Psicosis en España,* 2018).

Pasando a examinar las opciones de tratamiento disponibles en la actualidad para los trastornos psicóticos infanto-juveniles, en líneas generales se corresponden con las existentes para la población adulta. De esta manera, el abordaje farmacológico con antipsicóticos se considera como el pilar del tratamiento; sin embargo, cuenta con multitud de limitaciones en términos de seguridad, aceptabilidad y eficacia, especialmente entre los niños y adolescentes (Demjaha et al., 2017; Harvey, James y Shields, 2016; McGregor et al., 2018; Owen, Sawa y Mortensen, 2016; Stafford et al., 2015).

© Ediciones Pirámide

En los últimos decenios un conjunto cada vez mayor de investigaciones ha respaldado nuevos y emocionantes avances en los tratamientos psicosociales para la esquizofrenia y las psicosis conexas. Las directrices de tratamiento clínico de la psicosis recomiendan cada vez más que se ofrezcan a los pacientes intervenciones psicosociales basadas en la evidencia, además de los medicamentos (Dixon y otros, 2010; Instituto Nacional de Salud y Excelencia Clínica, 2009). Estas recomendaciones se basan en la acumulación de pruebas de numerosos ensayos clínicos que demuestran que diversas intervenciones psicosociales individuales y familiares producen mayores mejoras en los síntomas y el funcionamiento y pueden prevenir mejor las recaídas que los medicamentos por sí solos (Pilling Bebbington, Kuipers, Garcty, Geddes, Martindale et al., 2002; Pilling, Bebbington, Kuipers, Garety, Geddes, Orbach et al., 2002). La terapia cognitivo-conductual (TCC) es una clase de intervención que ha demostrado producir sistemáticamente estos beneficios añadidos en el tratamiento de las psicosis (Gaudiano, 2005; Wykes, Steel, Everitt y Tarrier, 2008).

Debido a las limitaciones que ofrece un abordaje exclusivamente farmacológico, se hace imprescindible una visión de la psicosis multimodal, que incluya al menor dentro de una concepción biopsicosocial en la que se integren dentro del tratamiento intervenciones con base empírica consolidada de corte psicosocial y psicoterapéutico (Yıldız, 2020). En esta línea, van en aumento las directrices de práctica clínica que recomiendan que se ofrezcan a los pacientes intervenciones psicosociales además de la farmacoterapia (España. Ministerio de Sanidad y Consumo, 2009; Galletly et al., 2016; National Collaborating Centre for Mental, 2013; Ventriglio et al., 2020). Sirva de efecto la publicación de las *Directrices de tratamiento canadienses sobre el tratamiento psicosocial de la esquizofrenia en niños y jóvenes* por Lecomte et al. (2017), en el que el comité de expertos informa sobre diferentes recomendaciones transversales referidas al trabajo con esta población específica, destacando el empleo adicional fundamentalmente de la intervención familiar y la terapia cognitivo-conductual. Pero lo que resulta más interesante es que este grupo destaca que el empleo en las psicosis de terapias de tercera generación, como la ACT, merecen atención.

De acuerdo a Yıldız (2020), el caso particular del empleo de la ACT en la psicosis incluye intervenciones psicoterapéuticas de atención y aceptación, así como trata de modificar la manera en que los pacientes se relacionan con sus explicaciones respecto al cuadro. Concretamente, tendría como meta, tal y como se ha venido mencionando previamente en el capítulo, la reducción del sufrimiento psicótico asociado a la evitación experiencial (factor común en la psicopatología general) a través de técnicas específicas. De esta forma, aunque cada vez son más las publicaciones sobre experiencias de su utilización en el grupo de las psicosis, aún resultan escasas. Con todo, la Asociación Americana de Psicología considera la ACT como una terapia de apoyo empírico para la psicosis (n. d.), con un nivel de apoyo empírico modesto (Sakaluk, Williams, Kilshaw y Rhyner, 2019).

Ahora bien, existe un número cada vez mayor de experiencias publicadas que apoyan el empleo de terapias contextuales como la ACT en población adulta en estos trastornos, pues con su uso se han reportado importantes beneficios en sintomatología afectiva y alucinaciones (Yıldız, 2020), así como en la funcionalidad de los pacientes (Louise, Fitzpatrick, Strauss, Rossell y Thomas, 2018), manteniéndose los efectos al año de seguimiento (Bach, Hayes y Gallop, 2012). Incluso existen experiencias con población refractaria al abordaje habitual, con resultados favorables en sintomatología positiva y sufrimiento derivado de las alucinaciones (Shawyer et al., 2017).

En consonancia con todo lo expuesto, no debe extrañar saber que son escasas las referencias que aluden al empleo de este abordaje en menores con psicosis de inicio temprano. De esta forma, se cuenta con un estudio de caso publicado en español que describe el empleo de ACT con un varón de 17 años al que se le diagnosticó esquizofrenia y que experimentaba alucinaciones auditivas egodistónicas. Fue tratado con ACT con una frecuencia de dos veces por semana durante un total de nueve semanas. En el postratamiento, los investigadores reportaron una reducción del 40% en las alucinaciones, lo cual permitió una reducción en su medicación antipsicótica. Mantuvo las ganancias hasta siete meses después del tratamiento, en cuyo momento experimentó una crisis personal y requirió de un reajuste del tratamiento farmacológico (García-Montes y Pérez-Álvarez, 2001).

Recientemente, el grupo constituido por Reininghaus et al. (2019) realiza una propuesta de protocolo en el que se examinaría la aplicación de una

© Ediciones Pirámide

variante de la ACT en población de riesgo y/o con un primer episodio psicótico en el que se incluían adolescentes a partir de los 16 años. Dicha variante, denominada **ACT de uso diario,** realiza un abordaje psicoterapéutico en tiempo real en la vida cotidiana de estos pacientes. Estos autores pretenden probar su eficacia en la reducción de las experiencias psicóticas, la angustia asociada a estas o la sensibilidad al estrés, mejorar la funcionalidad o la flexibilidad psicológica, junto a la adherencia al tratamiento. Todo ello podría tener su repercusión en la atención que se realiza con este perfil de pacientes en las unidades de salud mental.

Por último, la intervención ACT no solo permite un formato individual, permitiendo enfoques grupales con pacientes infanto-juveniles (Halliburton y Cooper, 2015) así como con sus familias, dada su relevancia (Comeche Moreno y Vallejo Pareja, 2012). En esta línea, Komala, Keliat y Wardani (2018) reportan una experiencia sobre la inclusión de familiares.

## 15. CONCLUSIONES

La intervención en salud mental en menores se considera un área de gran interés para la comunidad científica, en el plano asistencial y también en el académico.

De acuerdo a lo expuesto en el presente capítulo, es posible afirmar que las terapias contextuales se han utilizado de manera satisfactoria en la intervención con menores aquejados de distintos problemas psicopatológicos. De este modo, la ACT incluye aspectos de gran relevancia que han ocupado un hueco en la vacante ofrecida desde el paradigma operante de la terapia de conducta. Entre las condiciones estudiadas cabe destacar la sintomatología afectiva, problemas de conducta, en trastornos del neurodesarrollo y los trastornos psicóticos.

Y es que, como se ha podido observar, la ACT tiene cabida en la población infanto-juvenil. Empero, aunque inicialmente su aplicación pudiera parecer compleja por el frecuente empleo de metáforas y técnicas experienciales, es justamente por ello y su adaptabilidad al nivel de desarrollo que permite trabajar conceptos mucho más complejos, y de esta manera integrarlos en el repertorio del niño y/o adolescente, con el resultado de mejoras a nivel clínico y subjetivo.

Para finalizar, a raíz del presente capítulo podemos concluir que la aplicación de la ACT en población infanto-juvenil tanto en psicóticos como en psicopatología general continúa en expansión. Si bien se han asentado las bases para la aplicación del modelo a través de publicaciones con diseños de estudios de casos y de grupos no controlados, se hace necesaria la realización de nuevos y diferentes estudios que incluyan muestras de mayor tamaño y ensayos controlados, los cuales son fundamentales para el avance de la investigación de la ACT en esta población tan relevante.

## REFERENCIAS BIBLIOGRÁFICAS


Agüero Juan, A. y Agüero Ramón-Llin, C. (2012). Psicosis infantiles. En J. Vallejo Ruiloba y C. Leal Cercós (eds.), *Tratado de Psiquiatría* (reimp. revisada de la 2.ª ed., pp. 1871-1886). Madrid: Ars Medica.

Allmann, A. E., Coyne, L. W., Michel, R. y McGowan, R. (2020). Acceptance and commitment therapy-enhanced exposures for children and adolescents (chapter 17). En T. S. Peris, E. A. Storch y J. F. McGuire (eds.), *Exposure therapy for children with anxiety and OCD* (pp. 405-431). Academic Press.

American Psychiatric Association (2013). Schizophrenia spectrum and other psychotic disorders. *Diagnostic and statistical manual of mental disorders: DSM-5* (5.ª ed., pp. 87-122). Washington, D. C.: American Psychiatric Association.

American Psychiatric Association (2016). *Anxiety disorders: DSM-5 selections.* Arlington, VA: American Psychiatric Association Publishing.

Amigo Vázquez, I., Fernández Hermida, J. R., Fernández Rodríguez, C. y Pérez-Álvarez, M. (2018). *Guía de tratamientos psicológicos eficaces III: Infancia y adolescencia psicología.* Madrid: Pirámide.

Armstrong, A. B. (2011). *Acceptance and commitment therapy for adolescent obsessive-compulsive disorder* (Doctor of Philosophy (PhD) Dissertations), Utah State University, Logan, Utah. Disponible en Pro-

Quest Dissertations and Theses database database (3489428).
Armstrong, A. B., Morrison, K. L. y Twohig, M. P. (2013). A preliminary investigation of acceptance and commitment therapy for adolescent. *Obsessive-Compulsive Disorder, 27*(2), 175-190.
Ascanio-Velasco, L. y Ferro-García, R. (2018). Combinando la terapia de aceptación y compromiso con la terapia de interacción padres-hijos en un niño con graves problemas de conducta. *Revista de Psicología Clínica con Niños y Adolescentes, 5*(1), 57-62.
Association, A. P. (n. d.). *Acceptance and commitment therapy from psychosis.* Disponible en https://bit.ly/39eorUS
Bach, P., Hayes, S. C. y Gallop, R. (2012). Long-term effects of brief acceptance and commitment therapy for psychosis. *Behavior Modification, 36*(2), 165-181.
Barney, J. Y., Field, C. E., Morrison, K. L. y Twohig, M. P. (2017). Treatment of pediatric obsessive compulsive disorder utilizing parent-facilitated acceptance and commitment therapy. *Psychology in the Schools, 54*(1), 88-100.
Blackledge, J. T. y Ciarrochi, J. (2006). *Social values survey.* Nueva Gales del Sur, Australia: Universidad de Wollongong.
Blackledge, J. T. y Hayes, S. C. (2006). Using acceptance and commitment training in the support of parents of children diagnosed with autism. *Child & Family Behavior Therapy, 28*(1), 1-18.
Blackledge, J. T., Ciarrochi, J. y Bailey, A. (2006). *Personal values questionnaire.* Disponible en https://bit.ly/3w8uV1w
Bluett, E. J., Homan, K. J., Morrison, K. L., Levin, M. E. y Twohig, M. P. (2014). Acceptance and commitment therapy for anxiety and OCD spectrum disorders: an empirical review. *J. Anxiety Disord., 28*(6), 612-624.
Buchanan, R. W. (2007). Persistent negative symptoms in schizophrenia: an overview. *Schizophrenia Bulletin, 33*(4), 1013-1022.
Burke, C. A. (2010). Mindfulness-based approaches with children and adolescents: A preliminary review of current research in an emergent field. *Journal of Child and Family Studies, 19*(2), 133-144.
Cairncross, M. y Miller, C. J. (2016). The effectiveness of mindfulness-based therapies for ADHD: A meta-analytic review. *Journal of Attention Disorders, 24*(5), 627-643.
Castro, M., Rehfeldt, R. A. y Root, W. (2016). On the role of values clarification and committed actions in enhancing the engagement of direct care workers with clients with severe developmental disorders. *Journal of Contextual Behavioral Science, 5,* 201-207.
Chancey, C., Weihl, C., Root, W. B., Rehfeldt, R. A., McCauley, D., Takeguchi, K. y Pritchard, J. (2019). The impact of mindfulness skills on interactions between direct care staff and adults with developmental disabilities. *Journal of Contextual Behavioral Science, 12,* 160-169.
Cheron, D. M., Ehrenreich, J. T. y Pincus, D. B. (2009). Assessment of parental experiential avoidance in a clinical sample of children with anxiety disorders. *Child Psychiatry Hum. Dev., 40*(3), 383-403.
Comeche Moreno, M. I. y Vallejo Pareja, M. Á. (2012). *Manual de terapia de conducta en la infancia* (2.ª ed.). Madrid: Dykinson.
Coyne, L. W., McHugh, L. y Martínez, E. R. (2011). Acceptance and commitment therapy (ACT): Advances and applications with children, adolescents, and families. *Child Adolesc. Psychiatr. Clin. N. Am., 20*(2), 379-399.
Coyne, L. W. y Murrell, A. R. (2009). *The joy of parenting: An acceptance and commitment therapy guide to effective parenting in the early years.* Oakland, CA: New Harbinger Publications.
Dekkers, T., Agelink van Rentergem, J., Huizenga, H. M., Raber, H., Shoham, R., Popma, A. y Pollak, Y. (2018). *Decision-making deficits in ADHD are not related to risk seeking but to suboptimal decision-making: Meta-analytical and novel experimental evidence.* Disponible en https://doi.org/10.1177/1087054718815572
Demjaha, A., Lappin, J. M., Stahl, D., Patel, M. X., MacCabe, J. H., Howes, O. D., ... y Murray, R. M. (2017). Antipsychotic treatment resistance in first-episode psychosis: Prevalence, subtypes and predictors. *Psychol. Med., 47*(11), 1981-1989.
Diaz-Caneja, C. M., Pina-Camacho, L., Rodríguez-Quiroga, A., Fraguas, D., Parellada, M. y Arango, C. (2015). Predictors of outcome in early-onset psychosis: a systematic review. *NPJ Schizophr., 1,* 14005.
Díaz de Neira Hernando, M., Vidal Mariño, C., González Rueda, S. y Gutiérrez Recacha, P. (2016). Aportaciones de la terapia de aceptación y compromiso al trabajo con madres y padres de niñas y niños atendidos en salud mental: experiencias de la intervención grupal. *Revista de Psicoterapia, 27*(104), 149-165.
Eilers, H. J. y Hayes, S. C. (2015). Exposure and response prevention therapy with cognitive defusion exercises to reduce repetitive and restrictive behaviors displayed by children with autism spectrum disorder. *Research in Autism Spectrum Disorders, 19,* 18-31.
España. Ministerio de Sanidad y Consumo (2009). *Guía de práctica clínica sobre la esquizofrenia y el trastorno psicótico incipiente* (1.ª ed.). Madrid: Agència d'Avaluació de Tecnologia i Recerca Mèdiques.
Evans, S., Ling, M., Hill, B., Rinehart, N., Austin, D. y Sciberras, E. (2018). Systematic review of meditation-

© Ediciones Pirámide

based interventions for children with ADHD. *Eur. Child. Adolesc. Psychiatry, 27*(1), 9-27. https://doi.org/10.1007/s00787-017-1008-9

Fang, S. y Ding, D. (2020). A meta-analysis of the efficacy of acceptance and commitment therapy for children. *Journal of Contextual Behavioral Science, 15,* 225-234.

Farberman, D. (2017). Psicoterapia para niños y adolescentes/Psychotherapy for children and adolescents, *Medicina Infantil, 24*(2), 191-198.

Feinstein, A. (2010). *A history of autism: Conversations with the pioneers.* Chichester, West Sussex, UK; Malden, MA: Wiley-Blackwell.

Ferro-García, R., Ascanio-Velasco, L. y Valero-Aguayo, L. (2017). Integrando la terapia de aceptación y compromiso con la terapia de interacción padres-hijos en un niño con trastorno negativista desafiante. *Revista de Psicología Clínica con Niños y Adolescentes, 4*(1), 33-40. Disponible en http://www.revistapcna.com/sites/default/files/16-03.pdf

Ferro-García, R., Vives Montero, C. y Ascanio Velasco, L. (2009). Novedades en el tratamiento conductual de niños y adolescentes. *Clínica y Salud, 20,* 119-130.

Fung, K., Lake, J., Steel, L., Bryce, K. y Lunsky, Y. (2018). ACT processes in group intervention for mothers of children with autism spectrum disorder. *J. Autism Dev. Disord., 48*(8), 2740-2747.

Galletly, C., Castle, D., Dark, F., Humberstone, V., Jablensky, A., Killackey, E., ... y Tran, N. (2016). Royal Australian and New Zealand College of Psychiatrists clinical practice guidelines for the management of schizophrenia and related disorders. *Journal of Psychiatry, 50*(5), 410-472.

García-Montes, J. M. y Pérez-Álvarez, M. (2001). ACT como tratamiento de síntomas psicóticos. El caso de las alucinaciones auditivas (ACT as treatment for psychotic symptoms: The case of auditory hallucinations). *Análisis y Modificación de Conducta, 27*(113), 455-472.

Gould, E. R., Tarbox, J. y Coyne, L. (2017). Evaluating the effects of acceptance and commitment training on the overt behavior of parents of children with autism. *Journal of Contextual Behavioral Science, 7,* 81-88.

Greco, L. A., Baer, R. A. y Smith, G. T. (2011). Assessing mindfulness in children and adolescents: Development and validation of the child and adolescent mindfulness measure (CAMM). *Psychol. Assess, 23*(3), 606-614.

Greco, L. A., Barnett, E. R., Blomquist, K. K. y Gevers, A. (2008). Acceptance, Body Image and Health in Adolescence. En L. A. Greco y S. C. Hayes (eds.), *Acceptance & Mindfulness Treatments for Children & Adolescents: A Practitioner's Guide* (pp. 187-214). Reno, NV-Oakland, CA: New Harbinger Publications.

Greco, L. A., Blackledge, J. T., Coyne, L. W. y Ehrenreich, J. (2005). Integrating acceptance and mindfulness into treatments for child and adolescent anxiety disorders. En S. M. Orsillo y L. Roemer (eds.), *Acceptance and mindfulness-based approaches to anxiety: Conceptualization and Treatment* (pp. 301-322). Boston, MA: Springer US.

Greco, L. A. y Morris, T. L. (2001). Treating childhood shyness and related behavior: Empirically evaluated approaches to promote positive social interactions. *Clin. Child Fam. Psychol. Rev., 4*(4), 299-318.

Greco, L. A., Murrell, A. y Coyne, L. W. (2005). *Revised avoidance and fusion questionnaire for youth.* Disponible en https://bit.ly/3tVmi8G

Hadlandsmyth, K., White, K. S., Nesin, A. E. y Greco, L. A. (2013). Proposing an Acceptance and Commitment Therapy intervention to promote improved diabetes management in adolescents: A treatment conceptualization. *International Journal of Behavioral Consultation and Therapy, 7*(4), 12-15.

Halliburton, A. E. y Cooper, L. D. (2015). Applications and adaptations of Acceptance and Commitment Therapy (ACT) for adolescents. *Journal of Contextual Behavioral Science, 4*(1), 1-11.

Harvey, R. C., James, A. C. y Shields, G. E. (2016). A systematic review and network meta-analysis to assess the relative efficacy of antipsychotics for the treatment of positive and negative symptoms in early-onset schizophrenia. *CNS Drugs, 30*(1), 27-39.

Hayes, L., Boyd, C. P. y Sewell, J. (2011). Acceptance and commitment therapy for the treatment of adolescent depression: A pilot study in a psychiatric outpatient setting. *Mindfulness, 2*(2), 86-94.

Hayes, S. C., Levin, M. E., Plumb-Vilardaga, J., Villatte, J. L. y Pistorello, J. (2013). Acceptance and commitment therapy and contextual behavioral science: examining the progress of a distinctive model of behavioral and cognitive therapy. *Behav. Ther., 44*(2), 180-198.

Hayes, S. C., Luoma, J. B., Bond, F. W., Masuda, A. y Lillis, J. (2006). Acceptance and commitment therapy: Model, processes and outcomes. *Behaviour. Research and Therapy, 44*(1), 1-25.

Hayes, S. C., Strosahl, K. y Wilson, K. G. (1999). *Acceptance and commitment therapy: An experiential approach to behavior change*. Nueva York: Guilford Press.

Heffner, M., Sperry, J., Eifert, G. H. y Detweiler, M. (2002). Acceptance and commitment therapy in the treatment of an adolescent female with anorexia nervosa: A case example. *Cognitive and Behavioral Practice, 9*(3), 232-236.

Hernandez, J. M., Artigas-Pallares, J., Martos-Perez, J., Palacios-Anton, S., Fuentes-Biggi, J., Belinchon-Carmona, M., ... Grupo de Estudio de los trastornos del espectro autista del Instituto de Salud Carlos III

© Ediciones Pirámide

(2005). Best practice guidelines for the early detection of autistic spectrum disorders (I). *Rev. Neurol., 41*(4), 237-245.

Kao, Y. C. y Liu, Y. P. (2010). Effects of age of onset on clinical characteristics in schizophrenia spectrum disorders. *BMC Psychiatry, 10*, 63.

Kendler, K. S. y MacLean, C. J. (1990). Estimating familial effects on age at onset and liability to schizophrenia. I. Results of a large sample family study. *Genet. Epidemiol, 7*(6), 409-417.

Kennedy, A. E., Whiting, S. W. y Dixon, M. R. (2014). Improving novel food choices in preschool children using acceptance and commitment therapy. *Journal of Contextual Behavioral Science, 3*(4), 228-235.

Kincaid, D. L., Doris, M., Shannon, C. y Mulholland, C. (2017). What is the prevalence of autism spectrum disorder and ASD traits in psychosis? A systematic review. *Psychiatry Research, 250,* 99-105.

Kingery, J., Roblek, T., Suveg, C., Grover, R., Sherrill, J. y Bergman, L. (2006). They're not just «little adults»: Developmental considerations for implementing cognitive-behavioral therapy with anxious youth. *Journal of Cognitive Psychotherapy, 20*(3), 263-273.

Komala, E. P. E., Keliat, B. A. y Wardani, I. Y. (2018). Acceptance and commitment therapy and family psycho education for clients with schizophrenia. *Enfermería Clínica, 28*(Suppl. 1), 88-93.

Kranzler, H. N., Kester, H. M., Gerbino-Rosen, G., Henderson, I. N., Youngerman, J., Beauzile, G., ... y Kumra, S. (2006). Treatment-refractory schizophrenia in children and adolescents: An update on clozapine and other pharmacologic interventions. *Child and Adolescent Psychiatric Clinics of North America, 15*(1), 135-159.

Krausz, M. y Muller-Thomsen, T. (1993). Schizophrenia with onset in adolescence: an 11-year followup. *Schizophrenia Buletin, 19*(4), 831-841.

Lecomte, T., Abidi, S., Garcia-Ortega, I., Mian, I., Jackson, K., Jackson, K. y Norman, R. (2017). Canadian treatment guidelines on psychosocial treatment of schizophrenia in children and youth. *The Canadian Journal of Psychiatry, 62*(9), 648-655.

Libro blanco de la intervención temprana en psicosis en España (2018). *Movimiento Rethinking.* Disponible en https://bit.ly/3rpYrfj

Linscott, R. J. y Van Os, J. (2012). An updated and conservative systematic review and meta-analysis of epidemiological evidence on psychotic experiences in children and adults: On the pathway from proneness to persistence to dimensional expression across mental disorders. *Psychological Medicine, 43*(6), 1-17.

Little, A., Tarbox, J. y Alzaabi, K. (2020). Using acceptance and commitment training to enhance the effectiveness of behavioral skills training. *Journal of Contextual Behavioral Science, 16,* 9-16.

Livheim, F., Hayes, L., Ghaderi, A., Magnusdottir, T., Högfeldt, A., Rowse, J., ... y Tengström, A. (2015). The effectiveness of acceptance and commitment therapy for adolescent mental health: Swedish and australian pilot outcomes. *Journal of Child and Family Studies, 24*(4), 1016-1030.

Louise, S., Fitzpatrick, M., Strauss, C., Rossell, S. L. y Thomas, N. (2017). Mindfulness-and acceptance-based interventions for psychosis: Our current understanding and a meta-analysis. *Schizophrenia Research, 192,* 57-63.

Lozano-Segura, M., Manzano León, A., Yanicelli, C. y Aguilera-Ruiz, C. (2017). Propuesta de intervención en familiares de niños con TEA desde ACT para mejorar la convivencia familiar y escolar. *Revista INFAD de Psicología, 1,* 45.

Lugo Marín, J., Alviani Rodríguez-Franco, M., Mahtani Chugani, V., Magán Maganto, M., Díez Villoria, E. y Canal Bedia, R. (2018). Prevalence of schizophrenia spectrum disorders in average-IQ adults with autism spectrum disorders: A meta-analysis. *J. Autism Dev. Disord., 48*(1), 239-250.

Madaan, V., Dvir, Y. y Wilson, D. R. (2008). Child and adolescent schizophrenia: Pharmacological approaches. *Expert Opin Pharmacother, 9*(12), 2053-2068.

Masi, G., Mucci, M. y Pari, C. (2006). Children with schizophrenia: Clinical picture and pharmacological treatment. *CNS Drugs, 20*(10), 841-866.

McGregor, N., Thompson, N., O'Connell, K. S., Emsley, R., Van der Merwe, L. y Warnich, L. (2018). Modification of the association between antipsychotic treatment response and childhood adversity by MMP9 gene variants in a first-episode schizophrenia cohort. *Psychiatry Research, 262,* 141-148.

McNeil, C. B. y Hembree-Kigin, T. L. (2010). *Parent-child interaction therapy Issues in clinical child psychology* (pp. xvii, 483 p.). Springer.

Merwin, R. M., Timko, A. C., Zucker, N. L., Martin, L. y Moskovich, A. A. (2010). *ACT-based family intervention for adolescents with anorexia nervosa. Association for Behavioral and Contextual Science.* Disponible en https://bit.ly/2PuGuip

Metzler, C. W., Biglan, A., Noell, J., Ary, D. V. y Ochs, L. (2000). A randomized controlled trial of a behavioral intervention to reduce high-risk sexual behavior among adolescents in STD clinics. *Behavior Therapy, 31*(1), 27-54.

Morris, T. L. y Greco, L. A. (2002). Incorporating parents and peers in the assessment and treatment of childhood anxiety. En *Innovations in clinical practice: A source book, 20* (pp. 75-85). Sarasota, FL, US: Professional Resource Press/Professional Resource Exchange.

Murrell, A. R., Coyne, L. W. y Wilson, K. G. (2004). ACT with Children, Adolescents, and Their Parents. En S.

© Ediciones Pirámide

C. Hayes y K. D. Strosahl (eds.), *A Practical Guide to Acceptance and Commitment Therapy* (pp. 249-273). Boston, MA: Springer US.

Murrell, A. R. y Scherbarth, A. J. (2011). State of the research & literature address: ACT with children, adolescents and parents. *International Journal of Behavioral Consultation and Therapy, 7*(1), 15-22.

National Collaborating Centre for Mental, H. (2013). National Institute for Health and Clinical Excellence. *Guidance Psychosis and Schizophrenia in Children and Young People: Recognition and Management*. Leicester (UK). British Psychological Society. © The British Psychological Society & The Royal College of Psychiatrists.

Nicolson, R., Lenane, M., Singaracharlu, S., Malaspina, D., Giedd, J. N., Hamburger, S. D., ... y Rapoport, J. L. (2000). Premorbid speech and language impairments in childhood-onset schizophrenia: association with risk factors. *Am. J. Psychiatry, 157*(5), 794-800.

Owen, M. J., Sawa, A. y Mortensen, P. B. (2016). Schizophrenia. *The Lancet, 388*(10039), 86-97.

Parellada, M., Castro-Fornieles, J., González-Pinto, A., Pina-Camacho, L., Moreno, D., Rapado-Castro, M., ... y Arango, C. (2015). Predictors of functional and clinical outcome in early-onset first-episode psychosis: The child and adolescent first episode of psychosis (CAFEPS) study. *J. Clin. Psychiatry, 76*(11), e1441-1448.

Peralta, V. y Cuesta, M. J. (2001). How many and which are the psychopathological dimensions in schizophrenia? Issues influencing their ascertainment. *Schizophrenia Research, 49*(3), 269-285.

Petruzzelli, M. G., Margari, L., Bosco, A., Craig, F., Palumbi, R. y Margari, F. (2018). Early onset first episode psychosis: dimensional structure of symptoms, clinical subtypes and related neurodevelopmental markers. *Eur. Child. Adolesc. Psychiatry, 27*(2), 171-179. https://doi.org/10.1007/s00787-017-1026-7

Philip, J. y Cherian, V. (2020). Acceptance and commitment therapy in the treatment of obsessive-compulsive disorder: A systematic review. *Journal of Obsessive-Compulsive and Related Disorders, 28,* 100603. https://doi.org/10.1016/j.jocrd.2020.100603

Raquel Martín, G. y Beatriz Payá, G. (2016). Las psicosis de inicio temprano: una revisión. *Revista de Psiquiatría Infanto-Juvenil, 33*(4), 458-468. https://doi.org/10.31766/revpsij.v33n4a2

Reid, A. M., Guzick, A. G., Balkhi, A. M., McBride, M., Geffken, G. R. y McNamara, J. P. H. (2017). The progressive cascading model improves exposure delivery in trainee therapists learning exposure therapy for obsessive-compulsive disorder. *Training and Education in Professional Psychology, 11*(4), 260-265.

Reininghaus, U., Klippel, A., Steinhart, H., Vaessen, T., Van Nierop, M., Viechtbauer, W., ... y Myin-Germeys, I. (2019). Efficacy of acceptance and commitment therapy in daily life (ACT-DL) in early psychosis: Study protocol for a multi-centre randomized controlled trial. *Trials Journal, 20*(1), 769.

Remschmidt, H. y Theisen, F. (2012). Early-onset schizophrenia. *Neuropsychobiology, 66*(1), 63-69.

Sakaluk, J. K., Williams, A. J., Kilshaw, R. E. y Rhyner, K. T. (2019). Evaluating the evidential value of empirically supported psychological treatments (ESTs): A meta-scientific review. *Journal of Abnormal Psychology, 128*(6), 500-509.

Samsen, M. y De Heus, J. (2017). *Acceptance and Commitment Therapy bij kinderen en jongeren.* Springer.

Sasot-Llevadot, J., Ibáñez-Bordas, R. M., Soto-López, A., Montañés-Rada, F., Gastaminza-Pérez, X., Alda-Díez, J. A., ... (Grupo de Especial Interés en el trastorno por déficit de atención/hiperactividad [GEITDAH]) (2015). Consenso del GEITDAH sobre los trastornos de conducta en niños y adolescentes. *Revista de Neurología, 61*(4), 167-182.

Sham, P. C., Jones, P., Russell, A., Gilvarry, K., Bebbington, P., Lewis, S., ... y Murray, R. (1994). Age at onset, sex, and familial psychiatric morbidity in schizophrenia. Camberwell Collaborative Psychosis Study. *The British Journal of Psychiatry, 165*(4), 466-473.

Shawyer, F., Farhall, J., Thomas, N., Hayes, S. C., Gallop, R., Copolov, D. y Castle, D. J. (2017). Acceptance and commitment therapy for psychosis: Randomised controlled trial. *The British Journal of Psychiatry, 210*(2), 140-148.

Simon, E., Driessen, S., Lambert, A. y Muris, P. (2020). Challenging anxious cognitions or accepting them? Exploring the efficacy of the cognitive elements of cognitive behaviour therapy and acceptance and commitment therapy in the reduction of children's fear of the dark. *International Journal of Psychology, 55*(1), 90-97.

Stafford, M. R., Mayo-Wilson, E., Loucas, C. E., James, A., Hollis, C., Birchwood, M. y Kendall, T. (2015). Efficacy and safety of pharmacological and psychological interventions for the treatment of psychosis and schizophrenia in children, adolescents and young adults: a systematic review and meta-analysis. *PLoS One, 10*(2), e0117166.

Stentebjerg-Olesen, M., Pagsberg, A. K., Fink-Jensen, A., Correll, C. U. y Jeppesen, P. (2016). Clinical characteristics and predictors of outcome of schizophrenia-spectrum psychosis in children and adolescents: A systematic review. *Journal of Child and Adolescent Psychopharmacology, 26*(5), 410-427.

Swain, J., Hancock, K., Dixon, A. y Bowman, J. (2015). Acceptance and commitment therapy for children: A systematic review of intervention studies. *Journal of Contextual Behavioral Science, 4*(2), 73-85.

© Ediciones Pirámide

Takahashi, F., Ishizu, K., Matsubara, K., Ohtsuki, T. y Shimoda, Y. (2020). Acceptance and commitment therapy as a school-based group intervention for adolescents: An open-label trial. *Journal of Contextual Behavioral Science, 16,* 71-79.

Tobin, R. M. y House, A. E. (2016). *DSM-5 diagnosis in the schools.* Nueva York: The Guilford Press.

Twohig, M. P., Hayes, S. C. y Berlin, K. S. (2008). Acceptance and commitment therapy for childhood externalizing disorders. En L. A. Greco y S. C. Hayes (eds.), *Acceptance and mindfulness treatments for children and adolescents: A practitioner's guide* (pp. 163-186). Reno, NV-Oakland, CA: Context Press. New Harbinger Publications.

Ventriglio, A., Ricci, F., Magnifico, G., Chumakov, E., Torales, J., Watson, C., ... y Bellomo, A. (2020). Psychosocial interventions in schizophrenia: Focus on guidelines. *International Journal of Social Psychiatry, 66*(8), 735-747.

Vyas, N. S., Hadjulis, M., Vourdas, A., Byrne, P. y Frangou, S. (2007). The Maudsley early onset schizophrenia study. Predictors of psychosocial outcome at 4-year follow-up. *European Child & Adolescent Psychiatry, 16*(7), 465-70.

West, M. A., Penix-Sbraga, T. y Poole, D. A. (2007). *Measuring mindfulness in youth: development of the Mindful Thinking and Action Scale for adolescents.* Central Michigan University.

Whittingham, K. y Coyne, L. W. (2019). Shape: Building a flexible repertoire (chapter 4). En K. Whittingham y L. W. Coyne (eds.), *Acceptance and Commitment Therapy* (pp. 63-100). Academic Press.

Woidneck, M. R., Morrison, K. L. y Twohig, M. P. (2014). Acceptance and commitment therapy for the treatment of posttraumatic stress among adolescents. *Behavior Modification, 38*(4), 451-476.

World Health Organization. (2018). Schizophrenia or other primary psychotic disorders. En *ICD-11 Beta Draft (Joint Linearization for Mortality and Morbidity Statistics),* 11. Disponible en https://icd.who.int/dev11

Yıldız, E. (2020). The effects of acceptance and commitment therapy in psychosis treatment: A systematic review of randomized controlled trials, *Perspectives in Psychiatric Care, 56*(1), 149-167.

Zack, S., Saekow, J., Kelly, M. y Radke, A. (2014). Mindfulness based interventions for youth, *Journal of Rational-Emotive & Cognitive-Behavior Therapy, 32*(1), 44-56.

Zambrano-Hernández, S., Camargo-Hernández, L. T., Jerez-Castiblanco, J. C., Gómez-Padilla, G. L. y Perea-Gil, L. F. (2018). Análisis bibliométrico de intervenciones basadas en terapia de tercera generación para niños y adolescentes en Iberoamérica y Europa. *Diversitas: Perspectivas en Psicología, 14,* 83-96.

Zheng, Z., Zheng, P. y Zou, X. (2018). Association between schizophrenia and autism spectrum disorder: A systematic review and meta-analysis. *Autism Research, 11*(8), 1110-1119.


© Ediciones Pirámide

# 25

# De la ipseidad a la aceptación. El fin de la concepción kraepeliniana de la esquizofrenia

FERNANDO RODRÍGUEZ OTERO
TAMARA DEL PINO MEDINA DORTA
KAREN CODANA ALCÁNTARA

## 1. INTRODUCCIÓN

No existe una verdad absoluta y la visión que tengamos de un problema depende del prisma que usemos. Cuando nos propusieron escribir este capítulo, nos vino la frase que siempre le decimos a los residentes de psiquiatría, psicología y enfermería que rotan en nuestro servicio (una unidad de media estancia dedicada exclusivamente al abordaje de pacientes con esquizofrenia). Así, nos gusta preguntarles: ¿qué tienen en común todos los pacientes ingresados en nuestra unidad? La respuesta que solemos recibir recuerda mucho a la parábola hindú (Avilan-Rovira, 1997), donde unos invidentes se topan con un elefante y cada uno trata de describirlo a través de sus sensaciones al tocarlo, encontrándonos así con residentes que se centran en la sintomatología predominante, las alucinaciones y los delirios, planteando que es el síndrome de la saliencia (Kapur, 2003) la clave de la esquizofrenia; otros hacen hincapié en el deterioro cognitivo y la sintomatología negativa como lo nuclear de la patología y los más avezados insisten en la personalidad esquizoide y el esquizoidismo como lo más significativo. La cuestión, al igual que a los ciegos del cuento hindú, es que todos se dejan algo sin explicar.

El objetivo del presente capítulo es invitar al lector a realizar un breve recorrido por la historia de la esquizofrenia y resaltar la necesidad de una perspectiva fenomenológica, destacando el concepto de «ipseidad» propuesto por Sass y Parnas (2003), así como plantear la necesidad de una aproximación terapéutica donde la aceptación sea el núcleo de la intervención.

### La necesidad de una nueva perspectiva de la esquizofrenia

«El pequeño aleteo de una mariposa puede desencadenar un huracán en el otro lado del mundo» (Lorenz, 1996). En este sentido, si Wernicke no hubiese muerto de manera accidental e inoportuna en 1905, probablemente la concepción de la esquizofrenia que tenemos hoy en día sería distinta. Lo que ocurrió sin embargo fue el desarrollo de un concepto de la esquizofrenia que tiene en Kraepelin una de sus figuras clave, al definirla como una demencia precoz (Krapelin, 1986), pese a que fue Morel (1980) quien había originado la terminología.

El devenir posterior y del estudio de la esquizofrenia abarcaría varios libros, por lo que sería casi una osadía intentar resumirlo aquí. Lo que sí sabemos es que al igual que en la parábola hindú con la que iniciamos el capítulo y en palabras de uno de los mayores estudiosos de la historia de la psiquiatría German Berrios (Berrios y Olson, 1999): «la historia de la esquizofrenia es una serie de programas de investigación inconexos y contradictorios y la actual definición de la misma es una amalgama de varias características». Dicha argumentación, por dolorosa que nos parezca, se acentúa aún más con una mal llamada medicina basada en la evidencia, que quiere hacernos pensar que las matemáticas son el mejor ejemplo de lo que se entiende por ciencia y que da por realidad lo que son hechos cuestionables, lo que además parte de un problema de concepto. Y es que ¿podemos hacer estudios de medicina basada en la evidencia sin tener claro el objeto de estudio? Para ello debemos primero plantearnos ¿qué es la esquizofrenia? Para entender y poder res-

© Ediciones Pirámide

ponder a esta pregunta debemos entender cómo se llegó a tal concepto y a la visión casi estigmatizante y negativa del trastorno mental (Gatzanis, 1997).

Fue Kraepelin quien, usando el término de Morel, acuña el concepto de «demencia precoz» (Bleuler, 2011). El término de «demencia» usado en aquella época nada tiene que ver con el que puede entender hoy en día cualquier estudiante de medicina, ya en aquel entonces no faltaron críticas. Psiquiatras como Minkowsky (1925) relatan que: «existe un abismo entre la demencia precoz de Morel y la de Kraepelin, donde el riachuelo se ha convertido en un torrente que ha olvidado sus humildes orígenes y amenaza con inundarlo todo a su paso». Esta visión de demencia precoz y la visión biologicista del trastorno mental va a encauzar el estudio de la esquizofrenia hasta nuestros días. No obstante, el deseo clasificatorio de Kraepelin y su visión de la enfermedad mental le hizo dudar hasta a él mismo, llegando a comentar en 1920 (Kraepelin, 2010): «Ningún experimentador negará que existen casos en donde es imposible tomar una clara decisión y estos son lamentablemente frecuentes», dudando aquí de lo imposible de su propósito y del éxito de los sistemas clasificatorios. El propio Kraepelin en su libro *Cien años de Psiquiatría* (Kraepelin, 1986) hace alardes de su progreso, destacando el avance de la visión científica de la enfermedad en contra de cualquier otro tipo de aproximación (Engstrom, Weber y Matthias, 2005). La nueva perspectiva creada por Kraepelin suponía el triunfo del positivismo imperante y en cierta manera se podría proclamar «Griesinger ha ganado».

En este camino le siguieron otros autores; entre ellos destacamos por un lado a Bleuler, quien acuña el término de «esquizofrenia», referente a la mente dividida y a su concepto de ***spaltung*** (Bleuler, 2011), que encuentra en Jaspers y Freud críticas al respecto (Freud, 2014; Jaspers, Hoenig y Hamilton, 1997a; Jaspers, Hoenig y Hamilton, 1997b). Demencia precoz, mente dividida, es un término que va a escribir la historia de la esquizofrenia sin olvidar a Kurt Scheneider y su concepto de «síntomas de primer rango» (Schneider, 1997) los cuales, pese a su gran descripción de algunos fenómenos de la esquizofrenia, van a ser utilizados desde una perspectiva diagnóstica, de sintomatología y de evolución. Se construye así el concepto de la esquizofrenia cómo el de una enfermedad deteriorante, donde la mente se divide y encuentra en los síntomas de primer rango su principal signo de identificación, olvidando que en psiquiatría la diferencia entre signo y síntoma no es tan evidente como en cualquier otra especialidad médica. Partiendo de esta visión, que sería como proponer hacer una definición del elefante según la descripción de los ciegos que tocaban al animal, se llega al concepto de esquizofrenia actual.

Tampoco podemos olvidar el nacimiento de los sistemas nosológicos de clasificación actual (DSM y CIE) así como el surgimiento del llamado credo neokraepeliniano (Decker, 2007), interesado, nuevamente como su antecesor, en la observación, la investigación biológica y la clasificación científica de los trastornos mentales, proponiendo los criterios Feighner (Feighner, 1972) y posteriormente los criterios diagnósticos de investigación (RDC) (Spitzer, 1978), prototipo de los primeros sistemas nosológicos de clasificación, con descripciones precisas de las categorías diagnósticas.

Fue concretamente el nacimiento del DSM-III, influenciado por el artículo sobre validación de la esquizofrenia de Robin y Guze (Robins y Guze, 1970), el que intentó delimitar a la esquizofrenia con una serie de criterios que cualquier clínico con experiencia sabe que no sirven para entender el concepto en sí. Así, se pretende un sistema de clasificación ateórico que, pese al empleo de toda la estadística, sigue teniendo un coeficente Kappa (Chmura, Periyakoil y Noda, 2002) muy bajo si lo comparamos con cualquier otra enfermedad, ¿Se imaginan que le dijeran que su diagnóstico de diabetes puede variar hasta en un 20% dependiendo del observador? No obstante, la psiquiatría da por bueno algo impensable para cualquier otra especialidad. La ausencia de marcadores y los pocos avances pese a lo feliz que se prometía la mal llamada década del cerebro (Walton of Detchant, 1998) colocan al menos en su sitio el cuestionable estudio y concepto de esquizofrenia.

Para poder entender la clave del problema sería interesante pensar ¿qué estudia la psiquiatría y qué es exactamente la mente? Recurrimos de nuevo a una figura tan destacada como Berrios para entender que la materia de la psiquiatría son objetos híbridos (Marková y Berrios, 2012), entendiendo que las señales cerebrales se van a configurar mediante códigos culturales y que, por tanto, la esquizofrenia, siendo por excelencia el trastorno de estudio de la

© Ediciones Pirámide

psiquiatría, no puede ser entendida sin un contexto cultural y temporal. ¿Es entonces la esquizofrenia una enfermedad del cerebro que encuentra en Kraepelin el primero que pone nombre a la locura? ¿Es esta enfermedad de por sí deteriorante, y tendrá esto que ver con la pérdida de funciones del cerebro o con un cerebro roto, en el concepto de Bleuler?

Empezaremos primero haciendo referencia al deterioro usando para ello el artículo «The myth of Schizophrenia as a Progressive Brain Disease», escrito por uno de los mayores investigadores en el campo de las neurociencias como R. Murray. En este artículo Murray refiere que el deterioro de los pacientes tiene más que ver con las dificultades de acceso a los servicios de salud mental, los efectos secundarios de los fármacos y con el empobrecimiento social y económico más que por el simple hecho de tener esquizofrenia. Además, asevera que la mayoría de las personas tienen la posibilidad de remisión a largo plazo y de recuperación funcional (Zipursky, Reilly y Murray, 2012). A esto se unen una serie de estudios que contradicen la necesidad del uso de antipsicóticos a largo plazo y aparecen modelos de abordaje como el modelo finlandés (Hatton, 2019), basado en un modelo de psicoterapia y dosis baja de fármacos.

Por otro lado, el uso de antipsicóticos a largo plazo que se cuestiona hace pensar que su uso solo tendría sentido para los estados agudos y que en las situaciones de delirios crónicos realmente producen un estado de ataraxia, recordando al viejo concepto de neurolépticos (López-Muñoz, Álamo y Cuenca, 2002). Si la esquizofrenia es una enfermedad al igual que la diabetes, ejemplo muy usado por las personas que se inician en esto a la hora de explicar a los pacientes y familiares la necesidad de tratamiento, ¿cómo se explica el cuestionamiento del uso a largo plazo de los fármacos, y cómo es posible que el deterioro no aparezca en todos los pacientes y que tenga que ver más con factores externos? La cuestión aquí planteada encuentra respuestas en autores como Van Os (Van Os, 2016), quien cuestiona de por sí el concepto de esquizofrenia. Además, explica que en términos científicos no existe diferencia entre los llamados trastornos biológicos y los psicosociales.

La genética prometía por fin delimitar los genes de la locura; sin embargo, nos ha llevado al salto epigenético, cuestionando de nuevo el objeto a estudio, y dejando claro que cambios en las condiciones de vida, experiencias y comportamientos pueden modificar nuestra función genómica (Dudley et al., 2011).

Si es cuestionable el concepto de esquizofrenia como una enfermedad primero, y como deteriorante segundo, lo siguiente que nos planteamos es: ¿ha existido siempre?

Pensar en Kraepelin y en la concepción actual es plantear una visión de continuidad (Berrios, 2010) de la enfermedad mental, donde los alienistas solo llegaron a poner nombre a aquello que ya existía, pero ¿es eso verdad?

## 2. EL ORIGEN MODERNO DE LA ESQUIZOFRENIA Y LA NECESIDAD DE UNA PERSPECTIVA FENOMENOLÓGICA

Podríamos encontrar ejemplos claros de manía en Felipe V (Royuela-Rico, 2020), de melancolía en Juana la Loca (Nüesch, 2015), pero encontrar personajes históricos antes del siglo XIX con síntomas de esquizofrenia parece un imposible. Parecería que la construcción de la subjetividad (Álvarez y Colina, 2007) del hombre moderno jugó un papel fundamental para que aparecieran los síntomas de la esquizofrenia.

Debemos recurrir primero a las concepciones filosóficas de Descartes (1641), en «Pienso, luego existo» y posteriormente de Kant (Lacroix, 1969) para entender al hombre moderno. Por un lado, con Descartes predomina el pensamiento sobre el cuerpo, considerándose la principal alteración de la esquizofrenia. *A posteriori,* con Kant, la cosa se complica más, puesto que hace hincapié en un yo dividido diciendo que: «no podemos saber si lo que conocemos es el mundo real o es solo lo que nos parece», siendo la esquizofrenia el claro ejemplo del argumento kantiano (Ferrari, 1981). A este cambio de concepción del hombre se unen una serie de cambios que empiezan por un lado con el cambio de la comunidad tradicional por el proceso de industrialización (Watters, 2009). Esto explicaría por un lado la mayor incidencia de esquizofrenia en el entorno urbano que rural (Lin y Kleinman, 1988) y el mejor pronóstico en los países del tercer mundo (Hopper et al., 2007), donde el predominio de la comunidad tradicional supone

© Ediciones Pirámide

un mayor soporte al paciente. A estos cambios del hombre moderno habría que añadirle la aparición de la adolescencia a partir del siglo XIX como un período de mayor peso en el desarrollo del individuo, donde se sitúa un momento de construcción de la identidad y de crisis, apareciendo así la descripción de hebefrenia de Hecker (Kendler, 2019) y heboidofrenia de Kalbaum (Kendler y Engstrom, 2017). En esta visión aparecen los primeros casos descritos de esquizofrenia que no pueden entenderse sin este contexto cultural, como ejemplos por el caso Schreber (Schreber, 2003), que no podía entenderse sin la figura de su padre, la nueva concepción del hombre moderno y ese predominio del hombre sobre el universo que lo colocan en esa visión megaloide sobre el mundo. La aparición de la máquina y el automatismo mental de Clérambault (Marchais, 1996) irían de la mano, las voces también aparecen con el hombre moderno.

## 3. LA ESQUIZOFRENIA COMO UN TRASTORNO DE LA IPSEIDAD

Tras todo lo mencionado en apartados anteriores, el lector puede encontrarse en un camino que le lleva quizá a plantearse una nueva perspectiva en la comprensión de la esquizofrenia, pudiendo ser una opción la perspectiva fenomenológica. Rescatar la fenomenología parece imprescindible, tal como nos plantea la propia Nancy Andreasen (Andreasen, 2006), quien nos recuerda que el abandono de la psicopatología puede tener consecuencias desastrosas para la psiquiatría. Si la visión de la esquizofrenia como una enfermedad deteriorante del cerebro es cuestionable, ¿qué sería aquello que la distingue?, ¿cuál sería la base de dicho concepto?

Primero creemos necesario dejar claro el concepto de «fenomenología» que vamos a utilizar. Dicho concepto tiene dos acepciones posibles: por un lado, el vocablo griego que hace referencia al concepto de «apariencias externas» y, por otro, el proveniente del latín referente a «los significados subyacentes que podían permanecer ocultos debajo de la superficie», siendo esta última acepción con la que vamos a trabajar. Es la concepción de Husserl (Husserl, 2006) en la que nos vamos a basar para redactar las siguientes líneas. El propósito de dicho autor era examinar todos los contenidos de la conciencia, determinar si tales contenidos eran reales o imaginarios y suspender la conciencia fenomenológica de tal manera que resultaría posible describir las cosas en su pureza. Partiendo de estas cuestiones, ¿cuál sería la pureza de la esquizofrenia, o aquello que hace el ser-esquizofrénico?

Hablar en psiquiatría de fenomenología es llevarnos indudablemente a las perspectivas de Jaspers y otros autores como Minkowski y Klaus Conrad, pensamientos que en el momento actual se encuentra reflejados en las obras de Sass y Parnas (2003), siendo sus referentes fundamentales. Pero la fenomenología que proponen estos autores es una fenomenología estructural que busca describir las estructuras nucleares de los fenómenos de la psicopatología tal y como lo hiciera Minkowski (Minkowski, 1925). Esta fenomenología está situada en la experiencia subjetiva de primera persona y en los modos de ser y estar en el mundo a los que Minkowski llama perturbación generadora (Minkowski, Metzel y Zahavi, 2019).

Desde esta perspectiva, la esquizofrenia no se puede entender sin su contexto histórico, siendo, ante todo, una condición humana. Para Sass y Parnas (2003), la esquizofrenia es ante todo un trastorno de la ipseidad. Dicha palabra deriva del latín *ipse,* «sí mismo», y se va a utilizar como la experiencia fundamental de existir como sujeto de la experiencia y agencia. Esta ipseidad la encontraríamos a un nivel de un Yo mínimo, *core self* o ipseidad que incluye la vivencia prerreflexiva e inmediata del existir (Sass, 2014). En un segundo nivel encontraríamos el Yo reflexivo sobre el cual se apoya la ipseidad, y en un último nivel el Yo narrativo, social, o Yo biográfico, en el cual encontramos la identidad social, la historia biográfica, la personalidad, los hábitos, la autoestima (Sass y Parnas, 2003). A continuación, describiremos los fenómenos relacionados con la alteración de la ipseidad.

## 4. FENÓMENOS RELACIONADOS CON LA IPSEIDAD QUE APARECEN ALTERADOS EN LA ESQUIZOFRENIA

En cuanto a lo que a psicopatología se refiere, de sobra son conocidos los síntomas relacionados con la esquizofrenia (síntomas positivos, negativos, alteraciones cognitivas...), aunque pocas perspecti-

© Ediciones Pirámide

vas los han relacionado con alteraciones en la construcción del *self* (Linares, 2020) y con esta y la percepción del mundo. Como mencionábamos anteriormente en este mismo capítulo, multiplicidad de autores cuestionan la existencia de la esquizofrenia antes del siglo XIX, llegando a plantear que pueda ser un trastorno exclusivo de nuestros tiempos que se ha desarrollado por cambios en la interpretación de la nueva subjetividad.

### 4.1. Alteraciones de la percepción e ipseidad

Siendo así, la historia pone de relieve que tanto en la cultura modernista como en la esquizofrenia se ha observado cierta tendencia a adoptar puntos de vista diferentes que implican nuevas formas de percibir la realidad, surgiendo nuevas perspectivas que son muy disonantes con los convencionalismos. A estas nuevas y extrañas interpretaciones son a las que Rapaport denomina «alteraciones de la distancia» (Rapaport y Gill, 1996).

Tanto en la cultura modernista como en la esquizofrenia se observa cierta preferencia por aquellas sensaciones más concretas y los conceptos abstractos, a expensas de las percepciones (Parnas y Handest, 2003). También suelen perderse en el discurso las referencias al espacio y al tiempo en el que han acontecido los hechos (Parnas, Sass y Zahavi, 2012). Encontramos ejemplos de esto en el especial interés de las personas que presentan un TEP (trastorno del espectro de la psicosis) por cualidades banales de objetos, la fijación en elementos sensoriales inmediatos y dificultades en la ordenación secuencial de acontecimientos que fluyan en una relación causal. El pensamiento ilógico presente en estos pacientes también se relaciona con todo lo anterior, de forma que las palabras son entendidas más allá del propio significado de las mismas, dotándolas de interpretaciones poco convencionales (Parnas y Handest, 2003). Estas alteraciones pueden ser indicativas de diferencias en la estructura y comprensión de las experiencias, siendo la base de la construcción de las mismas el propio *self* o la interpretación que se les da como consecuencia de la influencia de este.

Las investigaciones al respecto suelen considerar este patrón de percepción de la realidad como desajustado, aunque esta explicación puede no resultar suficiente. Una explicación alternativa, en el contexto de la ipseidad, se relaciona con que los procesos de pensamiento, que en las personas normales son de carácter implícito, no accesibles de forma consciente cuando se reflexiona sobre la percepción de los estímulos, en la esquizofrenia se es excesivamente consciente de los propios procesos mentales (hiperreflexividad) (Parnas y Handest, 2003). Una excesiva conciencia del sí mismo y de las propias experiencias puede producir, como consecuencia, una alteración y fragmentación en la coherencia de las mismas. Así, hablamos de una hiperreflexividad referida a la tendencia exagerada de la atención focalizada o explícita a dirigirse a lo que normalmente permanecería tácito o implícito, no solo haciendo referencia a lo volitivo o intelectual de la autoconciencia, sino también a las sensaciones cenestésicas o propioceptivas. Esta hiperreflexividad haría que el sistema operativo prerreflexivo se hiciese consciente para uno mismo.

### 4.2. Alteraciones del lenguaje desde la perspectiva fenomenológica

Las investigaciones sobre los procesos lingüísticos, así como sus alteraciones en la psicosis, han concluido que dichas alteraciones no reflejan un desorden en el lenguaje por sí mismo, puesto que las normas y las cualidades lingüísticas, muchas veces incomprensibles, son coherentes con la estructura del lenguaje (García-Montes y Pérez-Álvarez, 2003; Insua, Grijalvo y Huici, 2001). Deben proponerse, pues, otras cualidades de estudio para su comprensión, como los modos de hablar e interpretar el lenguaje y la manera en la que el lenguaje concuerda con sus contextos prácticos e interpersonales.

De las alteraciones lingüísticas más frecuentes en estos pacientes cabe destacar el empobrecimiento del lenguaje, convirtiéndolo en algo oscuro y difícilmente interpretable. Este hecho puede relacionarse con alteraciones en el componente pragmático de la conversación, sin tener en cuenta al oyente (Parnas y Handest, 2003). También se ha observado que, en lugar de captar el significado general del lenguaje, centran más su atención en las cualidades materiales del significante, como los sonidos o los aspectos gráficos de los mismos (Parnas y Handest, 2003). Tam-

© Ediciones Pirámide

bién suelen tener en cuenta todos aquellos significados que puede tener una palabra (Parnas, Sass y Zahavi, 2012). En estas alteraciones lingüísticas parece producirse cierto distanciamiento o pérdida de la responsabilidad. En lugar de guiarse por un sentido general del significado, el sentido del mensaje viene mayormente determinado por cualidades intrínsecas e irrelevantes.

Varias explicaciones han intentado darse a estos fenómenos, destacando las teorías psicodinámicas, que enfatizan el retroceso del sujeto esquizofrénico a etapas más infantiles en cuanto al lenguaje, y aquellas más relacionadas con la rama experimental de la psicología, que vinculan estas formas diferentes de hacer a déficits o disfunciones concretas, ya sean de circuitos cerebrales específicos o de alguna fase en el proceso de comprensión/expresión lingüística (Insua, Grijalvo y Huici, 2001).

Una explicación alternativa puede relacionarse con el cambio de subjetividad en la cultura modernista, donde el lenguaje deja de sentirse como algo capaz de expresar las cualidades o matices únicos del mundo o de la propia experiencia, encontrándonos un discurso que puede parecer inteligible para la persona que no se encuentra ante la misma situación, puesto que debe definirse en función de cómo la percibe cada uno, siendo el lenguaje convencional insuficiente para la comprensión de la misma (Insua, Grijalvo y Huici, 2001). La descripción de dichos fenómenos, ambiguos y demasiado abstractos para el que observa, o muy concretos para aquel que vive la experiencia, puede perderse en términos vagos, incomprensibles y que caracterizarían la pobreza del discurso o del contenido del mismo, dando como resultado un lenguaje apenas interpretable, que no puede definir la realidad misma de las cosas. También se postula que las características del lenguaje interno que tenemos todos los mortales son aquellas que se expresan en la comunicación esquizofrénica. Dicho lenguaje, comprensible para el que lo piensa, suele perder las asociaciones, es más breve y la sintaxis pierde importancia.

Dicha diversidad podría relacionarse, más allá de la presencia de alteraciones cognitivas concretas o déficits específicos, con un cambio de actitud, de una desviación de la atención hacia el interior, acompañada de cierta pérdida de interés por los acontecimientos sociales (Insua, Grijalvo y Huici, 2001).

### 4.3. Identidad

Nunca nos paramos a pensar sobre nuestra identidad y si esta ya no nos pertenece. En sujetos psicóticos, este hecho ya no está tan claro. La asunción de que nuestros actos nos pertenecen pasa a ser cuestionada, puesto que muchos pacientes pueden perder por completo la conciencia de que son ellos los que realizan los actos o que sus pensamientos son suyos realmente (delirios de influencia y de control). Con esta pérdida de la conciencia de la propia subjetividad y de la capacidad de determinación puede producirse una completa fragmentación, disolviéndose la sensación de la propia unidad (Parnas y Handest, 2003).

Las creencias de influencia pueden construirse como consecuencia de la introversión característica de estos pacientes, donde la atención explícita se fija en las sensaciones internas y en las experiencias del cuerpo, que normalmente no son merecedoras de reflexión, pasando a ocupar el mundo exterior y el centro de la conciencia (hiperreflexividad) (Parnas y Handest, 2003).

Otro síntoma destacado en este perfil de pacientes son las voces. Varias teorías han intentado dar explicación a las mismas, pero, si consideramos la propia subjetividad como explicación a dicho fenómeno, estas podrían caracterizarse como otra exteriorización, donde el mundo interno de estos sujetos ocupa el mundo exterior, desplazando todo lo demás (Álvarez, 2018). Parece que estas voces son el resultado gradual de un desarrollo que implica un retraimiento cada vez mayor respecto a la actividad práctica y el mundo social (Sass y Parnas, 2003).

De esta forma hablaríamos no de un ser defectuoso, sino de alguien, como una manera distinta de percibir el mundo y a sí mismo (Kapur, 2003); esta ipseidad se resume básicamente en:

1. La hiperreflexividad donde el sistema operativo se torna «sistema operativo» pre-reflexivo consciente para uno mismo.
2. Sentido disminuido de sí mismo, en relación a que uno no se siente sujeto de la experiencia.
3. Y, por último, la alteración de la conciencia del mundo. Aquí se pierde el contacto con el mundo y uno se siente extraño y perplejo, los demás aparecen casi como robots, de vuelta, cómo no, con el hombre moderno.

© Ediciones Pirámide

Estas tres formas se articulan de manera conjunta, y se influyen mutuamente (Parnas, Sass y Zahavi, 2012).

## 5. DE LA IPSEIDAD A LA PSICOTERAPIA

Desde esta perspectiva de ipseidad, hablamos de un ser esquizofrénico, muy distinto de la condición biológica de enfermedad. En esta perspectiva biológica hablaríamos de un enfermo sin conciencia, pero de la enfermedad. Si pensamos, por ejemplo, en la mayor parte de las derivaciones a los centros de rehabilitación de pacientes con trastorno mental grave (TMG), a todos se nos pide que trabajemos dicha conciencia. Desde la perspectiva fenomenológica esta no conciencia tiene que ver con la alteración del *self* básico de la experiencia y no tanto con una anosognosia propuesta por el modelo médico. En este terreno de la fenomenología, la narrativa que se propone es la de la recuperación y no la de la vulnerabilidad o el déficit.

La fenomenología respeta y trae consigo el objeto híbrido a estudio que plantea Berrios (Berrios, 2010). Este ser esquizofrénico debe dar cabida a sus nuevas experiencias, y no renuncia la fenomenología a la ayuda farmacológica, aunque sí cuestiona su uso desde el modelo médico (Berrios, 2010). Desde la fenomenología, la medicación antipsicótica probablemente juegue un doble papel que debe ser tenido en cuenta: será de gran ayuda en los procesos agudos, y su respuesta será más contradictoria cuando el delirio esté más integrado en la biografía e identidad del sujeto; es en este caso donde se necesita más la escucha fenomenológica (García-Montes y Pérez-Álvarez, 2012).

El sujeto cobra aquí su importancia máxima, proponiéndose una forma de trabajar la aceptación de la experiencia, de lo que es su realidad (Linares, 2007). En palabras de Saas: «la persona esquizofrénica» es aquella que muestra un punto de vista que puede enriquecer el nuestro (García-Montes y Pérez-Álvarez, 2018). Nos referimos aquí a una fenomenología unida a la intersubjetividad y la hermenéutica; en esta nueva perspectiva el paciente puede desarrollar un concepto en primera persona y una autoconciencia prerreflexiva (Katz et al., 1984). Es en este espacio donde la psicoterapia consigue establecer una conexión debilitada entre los sentimientos y situaciones interpersonales (Seikkula, Alakare y Jukka, 2001).

El objetivo es procurar que el paciente construya una nueva narrativa que no sea impuesta, como en el modelo médico, sobre la base de sus nuevas experiencias, siendo así como la narrativa y las psicoterapias son rescatadas del olvido. Esto nos lleva, sin lugar a dudas, a hacer una revisión de las psicoterapias en la esquizofrenia y analizar el papel que la aceptación juega en este nuevo enfoque, conduciéndonos de manera clara a la terapia de la aceptación y compromiso.

## 6. PSICOTERAPIAS EN LA ESQUIZOFRENIA

Si, tal como hemos propuesto, los objetos de la psiquiatría son híbridos y no pueden explicarse meramente por fenómenos biológicos, menos nos debe sorprender que el abordaje sea algo más allá del biologicismo. Lamentablemente, el tratamiento de la esquizofrenia ha derivado en el tratamiento de los síntomas desde el modelo médico, en detrimento de los contextos psicosociales (Alanen, 2009). La aparición de los neurolépticos condujo, sin lugar a dudas, a un olvido de la psicoterapia, siendo bien sabido que los fármacos antipsicóticos pueden tener más utilidad en el corto plazo, en cuanto al alivio de síntomas positivos en su mayor medida, sin entrar a plantear o cuestionar otras esferas relevantes de la vida del individuo, siendo los hallazgos en psicoterapia olvidados (Katz et al., 1984). En este contexto, el terreno de las psicoterapias se desarrolló desde un modelo exclusivamente médico, basado en el abordaje del déficit cognitivo, y sistémico, basado en el modelo psicoeducativo. En todas estas vertientes, la subjetividad es olvidada, el loco nada tiene que decir de lo que le pasa. Es en esta parte, en este contar de la experiencia, donde las psicoterapias que trabajan desde la aceptación de las experiencias y la construcción de sus narrativas juegan un papel fundamental. La psiquiatría colocada solo desde la perspectiva de las neurociencias y del déficit ubica a la esquizofrenia en una triangulación desconfirmatoria y en una agresión comunicacional consistente en negar la identidad de alguien, se produce, desde esta ciencia del déficit, una desconfirmación (Linares, 2007). La mal llamada medicina basada en la

© Ediciones Pirámide

evidencia, lo biológico mal entendido y el reduccionismo de los neurotransmisores se topan con una realidad aplastante. No deja de ser curioso que en este espacio aparezca el diálogo abierto (Seikkula, Alakare y Jukka, 2001) como el referente de lo contrario de las formas actuales, una forma de reclamo a la psicoterapia, un modelo basado en terapia individual, familiar y trabajo en red donde, además, la medicación se da por poco tiempo, encontrándose que a los cinco años de iniciar la intervención solo el 17% de los pacientes seguían tomando fármacos (Freeman et al., 2019).

Rescatar la psicoterapia y los abordajes narrativos es imprescindible. El proceso de la aceptación y construcción de la nueva identidad es crucial. Ya Heidegger nos dijo: «Que la fisiología y la química fisiológica puedan investigar al ser humano en su calidad de organismo, desde la perspectiva de las ciencias naturales, no prueba en modo alguno que en eso "orgánico", es decir, el cuerpo científicamente explicado, resida la esencia del hombre» (Heidegger, 2015). Para el abordaje del ser esquizofrénico se necesita un procedimiento basado en la aceptación y el trabajar con la evitación experiencial. Desde la ipseidad, todos los fenómenos que aparecen son tratados con el máximo respeto e integrados en la biografía y narrativa del sujeto; los casos famosos de la psicosis como el caso Schreber solo pueden ser entendidos desde esta aproximación.

### 6.1. De la ipseidad a la aceptación, la importancia de la terapia de aceptación y compromiso

El abordaje del ser-esquizofrénico desde la fenomenología estructural y desde la ipseidad plantea, no la lucha contra los síntomas o déficit, sino la aceptación de la experiencia. La ipseidad, según Ricœur, tiene una motivación para lograr una mejor comprensión de los fenómenos humanos (Ricœur, 1996). Este ser esquizofrénico requiere de un enfoque que lo sitúe en el mundo y en su experiencia, pretendiéndose desde la terapia de aceptación y compromiso (ACT) que el paciente llegue a aceptar aquellos aspectos de su experiencia que ha estado intentando modificar sin éxito, sin que estas experiencias paralicen la vida de la persona (Luciano, 2016). La aceptación es, sin duda, el único camino posible.

El control de la experiencia suele identificarse como el problema y los pensamientos deben ser solo algo más. Esta nueva identidad está más allá de los distintos estados que el paciente experimenta, donde los valores del paciente y el desarrollo de la voluntad son claves en el proceso. La perspectiva fenomenológica va unida, sin saberlo, a este tipo de abordaje. La idea es clara: el abordaje debe centrarse en la evitación experiencial característica de los pacientes y no tanto en los síntomas, sino en las experiencias. Debe procurarse un debilitamiento de la literalidad del lenguaje o la fusión cognitiva, enmarcando todo esto en los valores personales del paciente. Con la defusión cognitiva se pretende organizar los contextos verbales a fin de disminuir la credibilidad de los pensamientos de las personas, todo ello centrándose en el momento presente, experimentándolo conscientemente, sin evaluaciones ni juicios.

## 7. CONCLUSIONES

Nunca hemos sabido explicar a nuestros estudiantes realmente qué les pasa a nuestros pacientes, pero creemos necesario pensar en una visión distinta a la planteada por Kraepelin y el surgimiento posterior de los DSM. El modelo médico basado en el déficit y el deterioro es un modelo de por sí estigmatizante. Los avatares de la historia hicieron que el devenir de la esquizofrenia siga siendo un gran enigma, pero lo que sí parece claro es que esta forma de estar en el mundo solo puede ser entendida desde el cambio de subjetividad y la construcción del hombre moderno; el acercamiento desde la fenomenología atiende de por sí a la persona y le da la oportunidad de aceptar la experiencia de su nueva forma de entender el mundo, esta perspectiva no excluye el avance científico ni la toma de psicofármacos, pero entiende y le da mayor importancia al enfoque psicoterapéutico. Pese a que la psicoterapia ha sido la gran olvidada en la esquizofrenia, los nuevos enfoques como ACT van muy unidos a esta manera de comprender el sufrimiento del hombre moderno. Tal vez, al igual que los hindús de la parábola, nos dejemos algo atrás, pero al menos en esta se atienden a la completud del sujeto. De este concepto tan enloquecedor que es la esquizofrenia, nos gustaría terminar con esta frase de Philippe Chaslin: «Podemos estar tranquilos: las teorías mal asentadas pasan, la clínica permanece» (Chaslin, 1912).

© Ediciones Pirámide

## REFERENCIAS BIBLIOGRÁFICAS


Alanen, A. (2009). El modelo finlandés para el tratamiento precoz de la esquizofrenia y psicosis afines. En B. V. Martindale, A. Bateman, M. Crowe y F. Margison, *Las psicosis. Los tratamientos psicológicos y su eficacia* (pp. 419-464). Herder.

Álvarez, J. M. (2018). *La invención de las enfermedades mentales (Escuela Lacaniana n.º 6)*. Gredos.

Álvarez, J. M. y Colina, F. (2007). Las voces y su historia: sobre el nacimiento de la esquizofrenia. *Átopos, 6,* 4-12.

Andreasen, N. C. (2006). DSM and the death of phenomenology in America: An example of unintended consequences. *Schizophrenia Bulletin, 33*(1), 108-112.

Avilán-Rovira J. M. (1997). La parábola hindú. *Gaceta Médica, 105,* 143-144.

Berrios, G. E. (2010). How to write a useful history of schizophrenia. *Revista Neurología, 21*(93), 349-358.

Berrios, G. E. y Olson, T. (1999). The History of Mental Symptoms: Descriptive psychopathology since the nineteenth century. *Nursing History Review, 7*(1), 196-197.

Bleuler, E. (2011). *Dementia praecox o el grupo de las esquizofrenias.* Polemos.

Chaslin, P. H. (1912). *Élements de sémiologie et clinique mentales.* Asselin y Houzeau.

Chmura, H., Periyakoil, V. S. y Noda, A. (2002). Kappa coefficients in medical research. *Statistics in Medicine, 21*(14), 2109-2129.

Decker, H. S. (2007). How Kraepelinian was Kraepelin? How Kraepelinian are the neo-Kraepelinians?-from Emil Kraepelin to DSM-III. *History of Psychiatry, 18*(3), 337-360.

Descartes, R. (1641). *Meditaciones metafísicas* (1.ª ed.) (trad.: Guillermo Graiño Ferrer). Alianza.

Dudley, K. J., Li, X., Kobor, M. S., Kippin, T. E. y Bredy, T. W. (2011). Epigenetic mechanisms mediating vulnerability and resilience to psychiatric disorders. *Neuroscience & Biobehavioral Reviews, 35*(7), 1544-1551. https://doi.org/10.1016/j.neubiorev.2010.12.016

Feighner, J. P. (1972). Diagnostic criteria for use in psychiatric research. *Archives of General Psychiatry, 26*(1), 57.

Ferrari, J. (1981). *Kant.* EDAF.

Freeman, A. M., Tribe, R. H., Stott, J. C. H. y Pilling, S. (2019). Open Dialogue: A review of the evidence. *Psychiatric Services, 70*(1), 46-59.

Freud, S. (2014). *Psychoanalytic notes on an autobiographical account of a case of paranoia (dementia paranoides) (english edition).* White Press.

García-Montes, J. M. y Pérez-Álvarez, M. P. (2003). Reivindicación de la persona en la esquizofrenia. *Revista Internacional de Psicología Clínica y de la Salud, 3*(1), 107-122.

Gatzanis, S. (1997). The history of mental symptoms-Descriptive psychopathology since the nineteenth century. *Behaviour Research and Therapy, 35*(11), 1056.

Hatton, R. (2019). Open Dialogue: The evidence and further research. *Psychiatric Services, 70*(6), 529-530.

Heidegger, M. (2015). *Ser y tiempo.* Createspace Independent Publishing Platform.

Hopper, K., Harrison, G., Janca, A. y Sartorius, N. (2007). *Recovery from Schizophrenia: An international perspective: A report from the who collaborative project, the International Study of Schizophrenia* (1.ª ed.). USA: Oxford University Press.

Husserl, E. (2006). *Ideas relativas a una fenomenología pura y una filosofía fenomenológica* (1.ª ed.). Fondo de Cultura Económica.

Insua, P., Grijalvo, J. y Huici, P. (2001). Alteraciones del lenguaje en la esquizofrenia: síntomas clínicos y medidas psicolingüísticas. *Revista de la Asociación Española de Neuropsiquiatría, 78,* 2-18. https://doi.org/10.4321/s0211-57352001000200003

Jaspers, K., Hoenig, J. y Hamilton, M. W. (1997a). *General Psychopathology: 1* (ed. revisada). Johns Hopkins University Press.

Jaspers, K., Hoenig, J. y Hamilton, M. W. (1997b). *General Psychopathology: 2* (ed. revisada). Johns Hopkins University Press.

Kapur, S. (2003). Psychosis as a state of aberrant salience: A framework linking biology, phenomenology, and pharmacology in schizophrenia. *American Journal of Psychiatry, 160*(1), 13-23.

Katz, H. M., Frank, A., Gunderson, J. G. y Hamm, D. (1984). Psychotherapy of schizophrenia. What happens to treatment dropouts. *The Journal of Nervous and Mental Desease, 6,* 326-331.

Kendler, K. S. (2019). The development of Kraepelin's mature diagnostic concept of hebephrenia: A close reading of relevant texts of Hecker, Daraszkiewicz, and Kraepelin. *Molecular Psychiatry, 25*(1), 180-193.

Kendler, K. S. y Engstrom, E. J. (2017). Kahlbaum, Hecker, and Kraepelin and the transition from psychiatric symptom complexes to empirical disease forms. *American Journal of Psychiatry, 174*(2), 102-109.

Kraepelin, E. (1986). *Psychiatrie* (5.ª ed.). Barth Leipzig.

Kraepelin, E. (2010). *Psychiatrie: Ein Lehrbuch Fur Studierende Und Arzte (1903).* Kessinger Publishing.

Lacroix, J. (1969). *Kant.* Editorial Sudamericana.


© Ediciones Pirámide

Lin, K. M. y Kleinman, A. M. (1988). Psychopathology and clinical course of schizophrenia: A cross-cultural perspective. *Schizophrenia Bulletin, 14*(4), 555-567.

Linares, J. L. (2007). Terapia familiar en la psicosis. Un proceso de reconfirmación. *Revista de Psicoterapia Relacional e Intervenciones Sociales, 151*(18), 9-29.

Linares, J. L. (2020). *Identidad y narrativa* (1.ª ed.). Paidós Mexicana.

Lorenz, E. (1996). *The essence of chaos*. University of Washington Press.

López-Muñoz, F., Álamo, C. y Cuenca, E. (2002). Aspectos históricos del descubrimiento y de la introducción clínica de la clorpromazina: medio siglo de psicofarmacología. *Frenia, II,* 77-107.

Luciano, C. (2016). Evolución de ACT. *Análisis y Modificación de Conducta, 42*(165), 165-166.

Marchais, P. (1996). Structure of mental disorders and diagnostic criteria. On Clerambault syndrome. *Annales Médico-Psychologiques, 154*(2), 126-130.

Marková, I. S. y Berrios, G. E. (2012). Epistemology of Psychiatry. *Psychopathology, 45*(4), 220-227.

Minkowski, E. (1925). La genese de la notion de schizophrénie et ses caracteres essentiels. *Evolution Psychiatrique, 1,* 193-236.

Minkowski, E., Metzel, N. y Zahavi, D. (2019). *Lived Time: Phenomenological and Psychopathological Studies*. Northwestern University Press.

Morel, B. A. (1860). *Traité des maladies menatales*. Masson.

Nüesch, M. M. (2015). La familia de Juana I de Castilla «La Loca». *Alcmeon, Revista Argentina de Clínica Neuropsiquiátrica, 19*(2), 114-138.

Parnas, J. y Handest, P. (2003). Phenomenology of anomalous self-experience in early schizophrenia. *Comprehensive Psychiatry, 44*(2), 121-134.

Parnas, J., Sass, L. A. y Zahavi, D. (2012). Rediscovering Psychopathology: The epistemology and phenomenology of the psychiatric object. *Schizophrenia Bulletin, 39*(2), 270-277.

Pérez-Álvarez, M., García-Montes, J. M. y Sass, L. (2010). La hora de la fenomenología en la esquizofrenia. *Clínica y Salud, 21*(3), 221-233.

Pérez-Álvarez, M. y García-Montes, J. M. (2012). From neurochemistry to interpersonal chemistry: Towards a psychotherapy of schizophrenia. En A. J. Lancaster y O. Sharpe (eds.), *Psychotherapy: New Research.* Nova Science Publishers.

Kapur, S. (2003). Psychosis as a state of aberrant salience: A framework linking biology, phenomenology, and pharmacology in schizophrenia. *American Journal Psychiatry, 160,* 13-23.

Rapaport, D. y Gill, M. M. (1996). *The collected papers of David Rapaport.* Ars Aequi Libri.

Ricœur, P. (1996). *Sí mismo como otro* (1.ª ed.). Siglo XXI Editores.

Robins, E. y Guze, S. (1970). Establishment of diagnostic validity in psychiatric illness: Its application to schizophrenia. *American Journal of Psychiatry, 126*(7), 983-987.

Royuela-Rico, A. (2020). Inbreeding and serious mental illness in the first spanish Bourbons. *Revista de Neurología, 71*(2), 61-68.

Sass, L. A. (2014). Self-disturbance and schizophrenia: Structure, specificity, pathogenesis (Current issues, New directions). *Schizophrenia Research, 152*(1), 5-11.

Sass, L. A. y Parnas, J. (2003). Schizophrenia, consciousness, and the self. *Schizophrenia Bulletin, 29*(3), 427-444.

Schneider, K. (1997). *Psicopatología clínica*. Triacastela.

Schreber, D. P. (2003). *Sucesos memorables de un enfermo de los nervios*. Asociación Española de Neuropsiquiatría.

Seikkula, J., Alakare, B. y Jukka, A. J. (2001). Open dialogue in psychosis I: An introduction and case illustration. *Journal of Constructivist Psychology, 14*(4), 247-265.

Spitzer, R. L. (1978). Research Diagnostic Criteria. *Archives of General Psychiatry, 35*(6), 773.

Van Os, J. (2016). «Schizophrenia» does not exist. *British Medical Journal, febrero*(2), 352- 375.

Walton of Detchant, L. (1998). Decade of the brain: Neurological advances. *Journal of the Neurological Sciences, 158*(1), 5-14.

Watters, E. (2009). *Crazy like us: The globalization of the american psyche (english edition)* (Reprint ed.). Free Press.

Zipursky, R. B., Reilly, T. J. y Murray, R. M. (2012). The myth of schizophrenia as a progressive brain disease. *Schizophrenia Bulletin, 39*(6), 1363-1372.

© Ediciones Pirámide

# 26 Actualización en farmacología: la introducción de la decisión del paciente

MIGUEL ACOSTA OJEDA
ELENA M. NAVARRETE BETANCORT

«Cuando teníamos las respuestas, nos cambiaron las preguntas» (frase popularizada por Mario Benedetti).

## 1. INTRODUCCIÓN

Los trastornos mentales son la mayor causa de discapacidad en el mundo. Se estima que afectan al 38% de la población (en torno a 165 millones de personas en Europa), convirtiéndose en el mayor contribuidor de todas las causas de cargas de morbilidad medidas en AVAD en nuestro entorno.

En concreto, los trastornos psicóticos (que incluyen esquizofrenia y trastorno bipolar) son condiciones mentales graves caracterizadas por alteraciones en el pensamiento, estado del ánimo y conducta. Estos trastornos son típicamente crónicos y se manifiestan tradicionalmente a través de síntomas positivos (delirios y alucinaciones), síntomas negativos (falta de motivación, abulia), junto con cambios en el humor (depresión, manía) y alteraciones en el procesamiento de la información (déficits cognitivos). Asimismo, tienen un notable impacto en la funcionalidad, restringiendo la calidad de vida y las funciones sociales.

Incluso cuando los pacientes son cumplidores del tratamiento farmacológico, los síntomas, en especial los negativos, persisten, hasta el punto de que un tercio de los pacientes no responden a dos o más antipsicóticos. Las intervenciones cognitivo-conductuales incluyen una amplia gama de estrategias terapéuticas, incluyendo las denominadas terapias de tercera ola o de tercera generación, que están siendo estudiadas como tratamientos coadyuvantes a la farmacoterapia para los síntomas en pacientes con psicosis.

En este capítulo vamos a abordar ACT en relación al tratamiento psicofarmacológico de los pacientes con psicosis. En este sentido, consideramos importante, a modo introductorio, destacar la importancia del tratamiento psicofarmacológico en este grupo de pacientes, pues ha sido y sigue siendo objeto de controversia si es necesario o no el tratamiento, cómo y durante cuánto tiempo.

Numerosos estudios han venido a resaltar la importancia de la adherencia al tratamiento de los pacientes con psicosis y el alto riesgo de recaída y reingreso tras abandono del mismo. El porcentaje de tiempo transcurrido con síntomas psicóticos en los dos primeros años es uno de los factores más importantes para la predicción de los síntomas y la discapacidad a largo plazo (Harrison et al., 2001).

Con las exacerbaciones sucesivas, los pacientes muestran una disminución de su respuesta al tratamiento (Lieberman et al., 1996) y los cambios cerebrales neuropatológicos a menudo progresan hacia nuevos episodios clínicos (Lieberman et al., 2008).

Mención aparte tendrían los pacientes con consumo de sustancias, en los que se asocian tasas más altas de no adherencia y recaídas. La farmacoterapia con medicación antipsicótica es un componente esencial del abordaje terapéutico para todos los pacientes con psicosis a lo largo de su evolución.

Fundamentalmente está basado en antipsicóticos (de primera o segunda generación) en diversos formatos orales o inyectables, que ayudan a controlar los síntomas positivos. Sin embargo, como ya hemos mencionado, la utilidad clínica de los anti-

© Ediciones Pirámide

psicóticos en el tratamiento de los síntomas negativos y cognitivos de la psicosis es muy limitado.

Otras medicaciones, como antidepresivos, benzodiacepinas o estabilizadores del ánimo pueden ayudar a potenciar el efecto terapéutico de los antipsicóticos y a tratar síntomas acompañantes.

En los casos en los que exista fracaso de los antipsicóticos, se podría contemplar la terapia electroconvulsiva, sobre todo en casos graves como esquizofrenia catatónica.

A modo de ejemplo, tenemos el estudio llevado a cabo en Finlandia, donde los autores examinaron el riesgo de rehospitalización y de suspensión del fármaco en una cohorte nacional de 2.588 pacientes con un primer diagnóstico de esquizofrenia que fueron hospitalizados consecutivamente entre los años 2000 y 2007. De los 2.588 pacientes hospitalizados por primera vez, solamente 1.507 (58,2%) tomaron la medicación antipsicótica durante los 30 días posteriores al alta y 1.182 (45,7% del total) continuaron la medicación antipsicótica inicial durante 30 días o más (Tiihonen et al., 2011).

## 2. LA PRÁCTICA DEL MODELO DE DECISIONES COMPARTIDAS: DEL TRATAMIENTO AL TRATO

### Cambio de paradigma: la recuperación de la psicosis

En salud mental se está produciendo progresivamente un cambio nuclear en la dinámica asistencial, a la cola del giro de paradigma que ha afectado también a otras especialidades médicas y gracias a las reivindicaciones de los movimientos asociativos de usuarios y de familiares y al empuje de los propios profesionales, comprometidos con humanizar la atención.

La recuperación es un concepto complejo y amplio que intenta superar viejas convicciones sobre el curso deteriorante de la mal llamada enfermedad mental y del objetivo puramente sintomático del tratamiento. Los usuarios a menudo valoran los resultados funcionales y la calidad de vida por encima del control de la enfermedad (Adams y Drake, 2006; Morant et al., 2018). Autores como William Anthony (1993) se han esforzado por definir la recuperación como un proceso único y personal que tiene en cuenta la subjetividad y contexto del individuo con el propósito de que este retome las riendas de su vida, encontrándole nuevo/s significado/s y reconstruyendo su identidad para incluir la nueva realidad de su condición psiquiátrica. Y esto siempre con un sentido de proyección hacia el futuro, desde una actitud proactiva, esperanzada y productiva, a pesar de las limitaciones que pueda sufrir a causa del trastorno mental.

Esta corriente propugna que la cronicidad atribuida a la enfermedad mental no depende en sí de la naturaleza del trastorno, sino del tratamiento que históricamente ha recibido por parte de los profesionales, del sistema sanitario y de la sociedad en general. Con todo, surgen críticas también sobre el trasfondo neoliberal e individualista del movimiento del *Recovery* y hay quien desconfía de un nuevo reduccionismo destinado a deslegitimar y retirar los apoyos y ayudas sociales a los usuarios (Braslow, 2013), poniéndoles en riesgo de precariedad, mayor vulnerabilidad y de desmoralizarse ante la experiencia de fracaso de las expectativas de «normalización» que se les crea.

### Del tratamiento biomédico de la enfermedad a la atención centrada en la persona

La forma tradicional de manejo de los trastornos psicóticos consiste en controlar las crisis agudas neutralizando la sintomatología positiva, afectiva y desorganizada con medicación, conteniendo y aislando al paciente si es tan intensa que pone en riesgo a la persona o a terceros, o si interfiere gravemente en el funcionamiento de las actividades de la vida diaria o en las relaciones sociales y/o no puede ser abordada ambulatoriamente. Después de la crisis, el modelo hegemónico propone un tratamiento antipsicótico de mantenimiento a largo plazo, en combinación o no con otros psicofármacos (Valverde e Inchauspe, 2014).

Muchas guías clínicas a nivel internacional sugieren que a las personas con psicosis debería ofrecérseles acceso a terapia cognitivo-conductual (TCC) combinada con la medicación antipsicótica (así como intervención familiar, si procede) e implicarles en un proceso decisional colaborativo para elegir entre las opciones de tratamiento (Galletly et al., 2016; Morrison, 2019; National Institute for Health and Care Excellence [NICE], 2014). Pese a esta recomen-

© Ediciones Pirámide

dación, la realidad de la práctica que han reflejado algunos estudios es que los pacientes tienen más probabilidad de haber accedido al tratamiento farmacológico que a intervenciones psicológicas basadas en la evidencia. La mayoría de pacientes reciben medicación antipsicótica (88%), mientras que solo el 10% reciben TCC. Solo 1 de cada 10 pacientes que podrían beneficiarse de la intervención logran acceso a verdadera TCC y menos de la mitad declaraban haber podido participar en la elección de la modalidad de tratamiento (Morrison et al., 2018).

Estamos transitando de un modelo neokraepeliniano, puramente biomédico o neuroquímico de la enfermedad mental, focalizado en la erradicación de los síntomas, a un verdadero modelo biopsicosocial, bien integrado y multidisciplinar, centrado en atender al individuo sufriente del trastorno mental grave como la persona que es, antes que como mero paciente o enfermo, sin desligar además el proceso morboso de su contexto psicobiográfico. Esto implica no solo cambios en las relaciones tradicionales de poder entre institución-profesional y los usuarios, sino el reconocimiento y las garantías de sus derechos básicos (Hernández Monsalve, 2017; Mula Ponce, 2019; Richards et al., 2013). El nuevo *status quo* se fundamenta en el respeto integral a la autonomía de la persona, sus metas, expectativas y valores subjetivos, que pueden diferir sustancialmente de los que tengamos los clínicos y en la inclusión o participación de los destinatarios de los servicios en el diseño y planificación de los mismos y en la toma de decisiones relevantes del día a día. Hemos pasado de buscar únicamente la beneficencia y no-maleficencia de los pacientes-enfermos, incluso sin su consentimiento, a una perspectiva que tiene como eje central la dignidad como personas.

### Los límites de la biorrespuesta

Se empiezan a escuchar voces críticas con la práctica habitual farmacocéntrica, e incluso con la medicina basada en la evidencia que debería guiarnos en la toma de decisiones asistenciales. Apelando al principio de que no hay enfermedades sino enfermos, se pone en entredicho la sistemática de la farmacoterapia de mantenimiento indefinido para todos los casos, a tenor de la morbilidad y la pérdida funcional que termina generando sus efectos adversos cronificados: desde el mayor riesgo de patología cardiovascular a la discinesia tardía, irreversible y asociada a fuerte estigma social por su carácter visible. A pesar de que existen variables bien conocidas y replicadas en la literatura que nos permiten establecer riesgos y probabilidades para afinar las decisiones, existe un margen de incertidumbre en nuestra especialidad (relacionado con el factor humano, la epigenética, factores de riesgo y vulnerabilidad idiosincrásicos más de tipo psicológico y ambiental) que reduce nuestra confianza a la hora de anticipar resultados y vaticinar hasta lo más elemental, como la respuesta a un medicamento de primera línea. Por otra parte, tenemos que enfrentarnos a la refractariedad farmacológica. ¿Qué hacer cuando tocamos techo?

En la mayoría de guías de práctica clínica la clozapina aparece de manera constante como el último cartucho tras el fallo de al menos dos antipsicóticos y uno de ellos atípico (Heimann Navarra, 2015). Si, como demuestra el meta-análisis de Tiihonen et al. (2009), la clozapina es claramente superior al resto de medicaciones y, a pesar de los riesgos (la temida agranulocitosis), ha demostrado alargar la supervivencia de quienes la toman respecto a otros antipsicóticos, ¿por qué esperar para ponerlo sobre la mesa? ¿No tiene derecho el paciente a decidir si desea correr un riesgo, por grave que sea, si se le explica su frecuencia real (baja), el protocolo para controlarlo (control hematimétrico estrecho) y que con ello puede mejorar su situación global? (Meltzer, 2012; Pons et al., 2012).

Y más allá de flexibilizarnos en la interpretación individual de las guías y protocolos clínicos, ¿qué podemos ofrecer cuando los tratamientos farmacológicos demuestran resultados a lo sumo parciales en el control de la sintomatología, a pesar de extremar la garantía de adherencia terapéutica y de cumplirse los tiempos, dosificación óptima y estrategias programadas?

Cuando hemos ido agotando ensayo tras ensayo todos los fármacos en nuestro botiquín, incluyendo los más novedosos, en combinaciones a veces cuestionables y llegado a la indicación —como decimos, a veces tardía— de clozapina, o a la terapia electroconvulsiva y no obtenemos respuesta eficaz para el control de los síntomas más perturbadores, es cuando solemos abrir los ojos a otras opciones que siempre estuvieron ahí. Es en estos casos «desesperados» desde el punto de vista de la terapéutica biológica en los que más claramente vislumbramos la necesi-

© Ediciones Pirámide

dad de reformular el tratamiento en general y planteamos como un objetivo negociar con el paciente la resignificación de su proceso. Abandonamos la persecución de esa ballena blanca que es la remisión de los síntomas con los cañonazos de la sobremedicación y solo entonces volvemos a interesarnos en otras vías para mejorar la funcionalidad y la calidad de vida del usuario.

Frente al afán por la erradicación del síntoma (elusiva en bastantes casos), se propone una perspectiva más esperanzadora y compasiva desde el momento del diagnóstico y que no está en absoluto reñida con la idea de un tratamiento médico prescrito a la mínima dosis eficaz: la asimilación de las alucinaciones y de los delirios como experiencias subjetivas con sentido en las que también se puede hallar motivación para el cambio (Valverde e Inchauspe, 2014). Se trata de fenómenos que podrían ser aceptados e integrados en la vida del sujeto de una manera que no causaran tanto sufrimiento, no interfirieran con el desempeño de los roles personales ni les apartara de sus metas y proyectos vitales.

Toda una nueva generación de abordajes psicológicos como ACT ofrecen este tipo de respuesta terapéutica, bien como complemento al tratamiento farmacológico y las intervenciones rehabilitadoras, bien como alternativa de primera línea en fases tempranas y casos menos graves de psicosis. Apostaríamos por que el sujeto dejara de evitar activamente estas experiencias, que ya no se considerarían meros síntomas de una enfermedad del cerebro que hay que eliminar. Esta terapia defiende que se puede transformar el modo de relación con estos fenómenos, despojándolos del carácter egodistónico y aversivo con que la persona llega a vivirlos y conectarlos con su historia personal, sin perder de vista sus metas y objetivos. Los síntomas adquirirán significados particulares no destructivos para la persona, cuya identidad procurará mantenerse lo más integrada posible y/o trascender más allá de lo que en otro tiempo habría supuesto una cadena perpetua vinculada a la etiqueta diagnóstica.

### La corresponsabilidad en la alianza de trabajo terapéutico

De sobra es conocido y aceptado el poder terapéutico que tiene en sí misma la relación entre profesional y paciente. Más allá de la técnica, orientación o escuela, se plantea que el *rapport* es un factor clave en la recuperación cuando cumple con unas características determinadas, algo sobradamente demostrado en el abordaje de otras patologías crónicas (Berk, Berk y Castle, 2004). De hecho, las variables del profesional que se han relacionado con mejores resultados son el mostrarse genuino y la empatía (Shattock et al., 2018), más que el modelo específico utilizado.

Aunque es cierto que algunos usuarios afectos de psicosis presentan dificultades en el establecimiento de relaciones personales significativas y duraderas, hoy sabemos que la validez de la alianza terapéutica es totalmente extensible a los pacientes con un diagnóstico de trastorno psicótico. Revisiones recientes han comprobado que gracias a ella se consiguen mejoras de resultados en aspectos relevantes como los reingresos, uso de medicación o autoestima (Shattock et al., 2018).

La relación médico-paciente clásica, que se había construido desde una perspectiva extremadamente paternalista que priorizaba la beneficencia sobre la autonomía (Villagrán, Ruiz-Granados y González-Saiz, 2015), ha quedado obsoleta. En el modelo tradicional médico se producía el encuentro entre un sujeto enfermo que aceptaba pasivamente y sin cuestionamientos la prescripción de un profesional prácticamente omnisciente y omnipotente que intervenía en función de su conocimiento y experiencia.

La nueva alianza entre el profesional de salud mental (no solo el médico psiquiatra, sino de todos los miembros del equipo) y su paciente se considera como tal cuando surge de esos principios primordiales que son los derechos humanos. Partimos de la aceptación recíproca entre dos socios o colaboradores *(partnership)* (Villagrán et al., 2015), donde ambos se resitúan como expertos en aspectos relevantes y complementarios del proceso terapéutico (Drake, Deegan y Rapp, 2010; Morant, Kaminskiy y Ramon, 2016) y adoptan el compromiso de establecer una relación de trabajo que aspira a ser más igualitaria y horizontalizada. Se da el encuentro entre el usuario, experto en sí mismo y sus valores, su entorno, su proyecto de vida y su experiencia personal de la enfermedad, y el profesional, un técnico especializado en el diagnóstico, curso del trastorno, factores moderadores, opciones de tratamiento e información basada en pruebas sobre los resultados y efec-

© Ediciones Pirámide

tos adversos de esos tratamientos (Adams y Drake, 2006). En esta díada, el terapeuta se convertiría en una especie de asesor o consultor, que no un mero informante. Se ocuparía de escuchar activamente y aportar información exhaustiva, veraz, contrastada, realista (Suess, Tamayo Velázquez y Bono del Trigo, 2015) y adaptada al usuario y a la situación que se valora y lo acompañará en el proceso deliberativo. En el curso de ese proceso, el técnico suscitará la reflexión y abordará los conflictos que surjan a partir de las opciones que vayan apareciendo al incorporarse a la ecuación los factores subjetivos de la persona. Tratarán de sopesar opciones y alcanzar una decisión conjunta sobre la alternativa que menos tensión o disonancia genere, que sea legal, ética, accesible y coherente para conseguir los objetivos propuestos, con máximo/s beneficio/s y mínimos daños o efectos negativos para la persona y su entorno. Para ello es imprescindible prudencia y que ambas partes toleren, inevitablemente, cierto grado de incertidumbre (Mula Ponce, 2019).

Este estilo de relación y método de trabajo no se trata de una moda caprichosa y pasajera, sino de la reacción ante la puesta en evidencia del paternalismo residual y de las inercias que continúa reproduciendo la institución manicomial en muchas de nuestras prácticas cotidianas. Existe un marco éticolegal sólido, tanto a nivel internacional como replicado en regulaciones, legislación y normativa de diferentes países, que ampara la necesidad de revisar el estado de la cuestión y ejecutar esta nueva reforma en salud mental con la finalidad de prevenir abusos, discriminación y la vulneración en general de los derechos civiles de las personas con discapacidad por trastorno mental (BOE, 21 de abril de 2008; Naciones Unidas, 2014).

Pero la transición al modelo colaborativo requiere un cambio en paralelo y complementario en la actitud del profesional y en el rol del paciente para sostener una alianza de trabajo terapéutico eficaz.

### Cuestionamientos sobre la (dis)capacidad para ejercer el derecho a la autonomía. El consentimiento informado

La asunción de que los trastornos mentales —especialmente de la esfera de la psicosis— funcionan como un rasgo estable indisoluble de la persona, que condiciona un deterioro absoluto e irreversible en su capacidad de juicio crítico y para la toma de decisiones en todas las áreas de su vida, en todo momento o fase evolutiva, ha sido siempre la justificación más utilizada para invalidar a los pacientes (Stovell et al., 2016).

Sin embargo, por principio, a toda persona mayor de edad en una situación clínica se le debe suponer capacidad de hecho y, por tanto, es susceptible de tomar parte en un proceso de decisión compartida, salvo que se demuestre lo contrario o exista previamente una sentencia de incapacidad civil. E incluso en los casos de pacientes psiquiátricos graves incapacitados de derecho, en los que hay una sentencia que determina la necesidad de una figura curadora o tutelar por la existencia de alguna alteración mental que merma de forma habitual su capacidad de obrar, es preciso determinar el grado de capacidad para cada decisión particular en un contexto determinado (Villagrán, Ruiz-Granados y González-Saiz, 2014). Por tanto, asumir por sistema la ausencia de capacidad para tomar decisiones en este perfil de usuario no está justificado.

Hoy por hoy se contempla la capacidad como un *continuum* dinámico, con una elevada variedad intra e interindividual (Villagrán et al., 2014; 2015) que va más allá del diagnóstico específico. Debe incluir la capacidad de realizar y expresar una elección, para comprender y manejar racionalmente la información relevante sobre las distintas opciones y para apreciar correctamente la situación y las posibles consecuencias de cada decisión (Appelbaum y Grisso, 1988).

Para la evaluación de la capacidad en nuestro medio el juicio clínico ha sido siempre el *gold standard.* De hecho, en general se infiere directamente del examen del estado mental, mediante la exploración psicopatológica y a lo sumo una exploración cognitiva grosera (*screening* con MMSE) y la aplicación del sentido común. En cambio, en otros países como Estados Unidos se han desarrollado y utilizado desde hace décadas herramientas basadas en los criterios comentados y el concepto de «escala móvil de competencia» de Drane (Drane, 1984), con objeto precisamente de realizar una evaluación más fina y «objetiva» de la capacidad para tomar decisiones sobre el tratamiento. Se trata de instrumentos especialmente útiles para las decisiones clínicas particularmente complejas, en las que la relación riesgo/bene-

© Ediciones Pirámide

ficio no sea fácil de establecer y que exigirían un nivel de capacidad más alto por parte del usuario.

Muchas veces se interpreta la resistencia del paciente a aceptar la explicación de que sufre un trastorno cerebral o neuroquímico crónico y deteriorante, o su rechazo de la medicación, como un dato de anosognosia o falta de *insight* (Adams y Drake, 2006; Shepherd, Shorthouse y Gask, 2014). Asumimos que se trata de desconocimiento, negativismo o de la manifestación del síntoma estructural definitorio del proceso psicótico (Valverde e Inchauspe, 2014), cuando no siempre son estas las razones para el desacuerdo con el terapeuta. Los efectos adversos percibidos (especialmente la sedación, los síntomas extrapiramidales y la sintomatología negativa secundaria) —muchas veces constatados y tan marcados que pueden llegar a obstaculizar la propia recuperación—, el autoestigma y el estigma social, la reactancia psicológica (Corrigan, 2002), entre otros, pueden justificar perfectamente este tipo de actitudes.

Aunque la literatura a menudo cuestiona la competencia de los usuarios con trastornos mentales graves, también hay publicaciones que defienden su capacidad para tomar decisiones relacionadas con la salud (Adams y Drake, 2006; Appelbaum y Grisso, 1988; Carpenter et al., 2000). Los estudios que abordan la competencia para decidir de los pacientes con trastornos psicóticos muestran resultados ambiguos, también por sus dificultades metodológicas, pero nunca hablan de una incapacidad generalizada en todos ellos, para todas las áreas ni permanente durante todo su proceso. Amador (1994) encontró incompetencia asociada a falta de conciencia de enfermedad —que también se contempla como un constructo dimensional (Shepherd et al., 2014)— en un 60% de los casos y otro estudio que evaluaba la competencia del paciente psicótico con la escala MacArthur Competence Assessment Tool (MacCAT) encontró que hasta el 48% tenía capacidad de consentir (Valverde e Inchauspe, 2014).

Quizá los profesionales temamos informar sobre los márgenes de incertidumbre y los límites de nuestro conocimiento por pensar que podemos generar inseguridad y pérdida de confianza en nuestros pacientes (Costa Alcaraz y Almendro Padilla, 2009) o que, informando de manera transparente, nos arriesgamos a que los pacientes no lleguen a tomar los tratamientos o a que los abandonen prematuramente por anticipar sus efectos secundarios (Shepherd et al., 2014). Son los principales argumentos por los que los profesionales no solemos informar debidamente a los usuarios ni a sus familiares de los riesgos de la medicación a corto, medio y largo plazo. Por el contrario, a menudo les hablamos con vehemencia de la gravedad de la psicosis, de la amenaza que supone la cronificación y las consecuencias negativas (personales, sociales, académicas o laborales) de la toxicidad psicosocial asociada al trastorno no (bien) tratado. Incidimos machaconamente en la necesidad de introducir medicación para controlar la sintomatología aguda y de mantenerla luego por un tiempo «largo», pero no bien definido, para prevenir las temidas recaídas, apelando siempre a la responsabilidad en el autocuidado de la propia salud y al *locus* de control del individuo y/o a la supervisión y apoyo más o menos directo de sus allegados. Con la ocultación de información se crea además un clima de falsas expectativas respecto a la infalibilidad de la ciencia y se enrarece una relación que debería estar fundamentada en la confianza, lo que predispone a tolerar peor los malos resultados y los fracasos terapéuticos (Costa Alcaraz y Almendro Padilla, 2009).

Por otra parte, el modelo médico así planteado también resulta reduccionista y favorece una autoimagen negativa, de incapacidad, falso control y estigmatización, además de añadir a la carga de la enfermedad el malestar y limitación que se sufre por los efectos secundarios de los psicofármacos. Esto con frecuencia conduce, antes o después, a que la persona discontinúe el tratamiento o incluso a que abandone todo seguimiento ambulatorio, no viendo ninguna otra necesidad atendida en las consultas «farmacocéntricas». Al suspender la medicación sin asesoramiento, el paciente en principio puede sentirse subjetivamente mejor, pero también puede que experimente síntomas de retirada y tenga que afrontarlos en solitario. Descontando el riesgo de un nuevo episodio psicótico y de la dificultad para predecir el tiempo hasta la recaída, la capacidad de detectar y contener de forma precoz y rápida esa crisis a nivel ambulatorio se reduce significativamente, debido a la desvinculación de los especialistas. Mientras, la tensión doméstica escalará, favoreciendo el conflicto y la posibilidad de que se termine activando el sistema de emergencias. La persona podría acabar en el hospital por el mero abandono de la medicación,

© Ediciones Pirámide

sin una recaída propiamente dicha. Si este ciclo se repite periódicamente, la persona puede recibir la etiqueta de «paciente difícil» o «de puerta giratoria» desde los servicios, mientras se llena de indefensión, desesperanza y una vivencia cada vez más aversiva de su relación con un sistema que debería considerar proveedor de ayuda y cuidados (Valverde e Inchauspe, 2014).

Por otra parte, hay un grupo de pacientes que presentan una merma significativa en sus capacidades cognitivas, de las que se derivan dificultades básicas para disfrutar de plena autonomía en la toma de decisiones: déficits de atención, en el almacenamiento de la memoria, en la memoria verbal, pensamiento desorganizado, con serias dificultades para la abstracción, problemas en el procesamiento de la información que se les administra y deterioro de las funciones ejecutivas, necesarias para poder organizar planes y llevarlos a cabo. Incluso para un perfil de usuario con importante deterioro cognitivo se han elaborado herramientas que permiten revisar y mejorar su competencia a la hora de desarrollar por ejemplo la planificación de voluntades anticipadas, con la Competence Assessment Tool for Psychiatric Advance Directives (CAT-PAD) diseñado por Srebnik, Appelbaum y Russo (Ramos Pozón y Román Maestre, 2014). Otros instrumentos diseñados para este fin son el DISCERN y la IPDASi (Villagrán et al., 2015).

Así pues, es posible mejorar la capacidad decisoria con intervenciones educativas (Villagrán et al., 2015), motivacionales y de apoyo. Las intervenciones centradas en mejorar las habilidades de comunicación de los usuarios parecen mejorar los resultados de forma más robusta. Un estudio canadiense que examinaba la toma de decisiones en una muestra de 94 pacientes esquizofrénicos, estabilizados y atendidos a nivel ambulatorio, en relación con la continuación o discontinuación de su medicación antipsicótica inyectable de liberación prolongada después de una sesión informativa sobre sus pros y contras (Bunn et al., 1997) comprobó que casi todos los participantes (87%) decidieron continuar con la medicación, el 10% se mostró indeciso o ambivalente, proponiendo argumentos racionales para discontinuarla (por ejemplo, los efectos secundarios) y solo tres decidieron suspender el inyectable (Adams y Drake, 2006; Villagrán et al., 2014). Otros ensayos clínicos aleatorizados y controlados en el campo de salud mental, centrados en intervenciones aisladas para favorecer las decisiones compartidas (Van Os et al., 2004) o en programas que las incluían (Malm et al., 2003) producían, respectivamente, mejorías estables en la comunicación médico-paciente, cambios inmediatos en el manejo de la medicación, mejorías en la función social y una mayor satisfacción del usuario (Morant et al., 2016; Villagrán et al., 2014). Otros estudios enfocados en el consentimiento informado y objetivos de tratamiento han ofrecido resultados similares (Adams y Drake, 2006).

Las ayudas para la toma de decisiones son intervenciones basadas en la evidencia, de carácter informativo y/o interactivo especialmente diseñadas para preparar al paciente para que pueda tomar una decisión acerca de una opción sanitaria específica basada en sus preferencias personales. Suelen utilizarse cuando hay disponible más de una opción razonable, sin que ninguna de ellas tenga una clara ventaja sobre las demás y antes, durante o tras el encuentro médico-paciente. Han demostrado aumentar de manera efectiva el conocimiento del paciente sobre la enfermedad y los tratamientos y reducir la pasividad debido a que les ayuda a balancear de forma más ajustada los riesgos y beneficios y hace que disminuyan los conflictos relacionados con la decisión. Pueden incluir ejercicios para favorecer que aclaren sus propios valores y preferencias o para que expresen *feedback* a sus profesionales (Kaar et al., 2019; Villagrán et al., 2015). Un ejemplo sería CommonGround, una aplicación web diseñada por Pat Deegan (2010) con el propósito de proveer información sobre los tratamientos farmacológicos y apoyos para la implicación y empoderamiento de los pacientes con trastorno psicótico.

Todos estos instrumentos presentan la ventaja de facilitar la comunicación usuario-profesional, al promover que la comunicación sea iniciada o dirigida por el paciente, a su conveniencia, en lugar de presentársele forzada o de imprevisto en el marco del encuentro clínico rutinario, algo que puede resultarle más constreñido y estresante (Adams y Drake, 2006).

Se hace necesario investigar, desarrollar, perfeccionar y generalizar el uso de herramientas como estas, estandarizadas y sometidas a un proceso de evaluación de calidad, que faciliten la aplicación práctica del modelo de decisiones compartidas con los pacientes psicóticos más graves. Deben utilizar

© Ediciones Pirámide

un lenguaje comprensible y diversos soportes o formatos (por ejemplo audiovisuales), más accesibles para ellos, como páginas web, vídeos o infografías (cuadernos o folletos), que pudieran revisar en el domicilio o en la salita de espera, o con otro profesional de salud y poder así aprovechar el tiempo de consulta con el facultativo para abordar las preocupaciones o conflictos más relevantes para ellos que hayan surgido tras revisar el material (Adams y Drake, 2006; Morant et al., 2016; Mula Ponce, 2019).

### La planificación de voluntades anticipadas

Fuera de los episodios de extrema urgencia que exigen la intervención inmediata y no voluntario (si es preciso) del facultativo o equipo para proteger la seguridad e integridad de la persona y de terceros (riesgo suicida inminente o cuadros de agitación, con conductas desorganizadas o agresivas), habría que promover un proceso deliberativo en el que se incluyera a los usuarios y sus familiares, allegados o cuidadores principales, si el paciente y profesional lo consideran oportuno.

Garantizar a los usuarios el ejercicio de su derecho de escoger libremente qué hacer y qué no, cómo tratarse, con quién y con qué de entre las alternativas preceptivas según la *lex artis* y el ordenamiento jurídico (Ramos-Pozón y Román Maestre, 2014) y asumibles con los recursos disponibles en el sistema, se trata de un imperativo ético, una buena práctica clínica y una obligación legal formulada en la Ley 41/2002, de 14 de noviembre, básica reguladora de la autonomía del paciente y de derechos y obligaciones en materia de información y documentación clínica (Jefatura del Estado, s. f.) y en la Convención Internacional sobre los Derechos de las Personas con Discapacidad el 13 de diciembre de 2006 (Pastor Palomar, 2019), firmada y ratificada en 2008 por nuestro país (BOE, 21 de abril de 2008).

Por otro lado, ante las dudas sobre la capacidad de consentimiento y las experiencias negativas vividas por usuarios y sus profesionales de referencia en momentos de descompensación, se debería promover, especialmente en trastornos de curso fásico o episódico, la difusión de la planificación anticipada de decisiones y del uso de herramientas que documenten ese proceso, como los planes conjuntos de intervención en crisis *(joint crisis plans)* o los documentos de voluntades anticipadas (Drake et al., 2010; Villagrán et al., 2015), bastante más extendidas en especialidades de la medicina que atienden a pacientes con enfermedades orgánicas terminales al final de sus vidas.

No se trata solamente de cumplimentar un formulario, de una firma ante notario o de presentar un documento en un registro a efectos administrativos. Estos usos contravienen el espíritu real de tal documento y es más importante la confianza mutua y el acuerdo entre profesional y paciente que el documento en sí (Antonio Broggi, 2001; Ramos Pozón y Román Maestre, 2014). La planificación anticipada de voluntades consiste en un proceso interactivo y dinámico de intercambio de información, comunicación y de apoyo a la toma de decisiones, susceptible de estar en continua revisión y de sufrir modificaciones (Ramos-Pozón y Román Maestre, 2014), puesto que algunos estudios indican que más allá de dos años no se puede asegurar la duración de una decisión (Ramos-Pozón y Román Maestre, 2014).

Así, aunque puede ser útil en cualquier momento y desde cualquier dispositivo de salud mental con el que contacte el usuario a lo largo de su evolución, esta herramienta se revela verdaderamente útil en momentos de crisis. El individuo, en plenitud de facultades, decidiría basándose en la información que el profesional aporta sobre su situación clínica, los riesgos y los beneficios que conlleva tratarse o no tratarse, complicaciones y escenarios hipotéticos que podrían darse y las características de las intervenciones terapéuticas que estarían indicadas en su caso. Con estos datos, hechos y criterios clínicos el usuario tendrá que poner en una balanza sus valores y preferencias personales y otras consideraciones relevantes de la atención que recibirá en momentos en que quizá no sea competente para tomar decisiones y será él y solo él, debidamente asesorado, quien en definitiva tome una decisión responsablemente (Ramos-Pozón y Del Olmo, 2015).

Podrá formalizarse así, desde el compromiso con un plan de tratamiento de primera línea (previo al ingreso hospitalario), al profesional tratante o lugar en el que desearía ser hospitalizado en caso de fracasar esa primera medida, aportar información sobre preferencias sobre la dieta, aseo, hábitos de sueño, hábitos religiosos o espirituales, prácticas de meditación o aspectos culturales, respecto a medicación y otras intervenciones terapéuticas (incluyendo medidas aceptables de contención), designar las per-

© Ediciones Pirámide

sonas que quiere que actúen en su representación, a quiénes avisar o no y sus preferencias sobre las visitas y otros contactos dentro de la unidad, otorgar el cuidado de su casa, familiar dependiente o mascotas a una persona en particular y así con todas las cuestiones y actuaciones que sean relevantes para ellos (Ramos-Pozón y Román Maestre, 2014; Suess et al., 2015).

Por su parte, los profesionales no deben ejercer presión o condicionar la expresión de pseudodecisiones hasta el punto de que, aunque lo recomendable es que los usuarios elaboren el plan conjuntamente con sus referentes, si la persona interesada desea hacerlo sin ayuda, se debe respetar esta decisión y ofrecerle invitar a su representante legal si lo tuviera y/o a una o varias personas de confianza (que sería su representante designado) a participar en el proceso para hacer posteriormente una revisión conjunta de sus voluntades, de modo que quede constancia de las mismas y de cualquier apreciación relevante en la historia clínica. En caso de que no haya acuerdo entre la persona interesada y el profesional, se incorporará la información a la historia clínica, haciendo referencia explícita a la falta de consenso (Suess et al., 2015). Solicitar consejo mediante consulta al comité de ética asistencial en casos que revelen un conflicto relevante de difícil resolución también es una posibilidad (Ramos-Pozón y Román Maestre, 2014). Si por algún motivo el profesional no estuviera dispuesto a colocarse en esta posición de acompañamiento en el proceso de planificación anticipada de voluntades, puede señalar el derecho de los usuarios a un cambio de especialista o a una segunda opinión.

Hamann y cols. (2006) publicaron el primer ensayo clínico aleatorizado y multicéntrico sobre la aplicación del plan de decisiones compartidas en pacientes esquizofrénicos hospitalizados en varias unidades de agudos en Alemania, en comparación con el tratamiento estándar. A todos los pacientes asignados al grupo experimental se les pudo aplicar el modelo y obtuvieron un mejor conocimiento de su enfermedad y una mayor implicación en la toma de decisiones que los del grupo control, mejoró la actitud hacia el tratamiento y se favoreció la participación en actividades de psicoeducación e intervenciones socioterapéuticas. Aunque el cumplimiento farmacológico fue pobre en ambos grupos a lo largo del seguimiento postalta a los 6 y 18 meses, la tasa de reingreso fue menor en el grupo experimental. Reingresaban más frecuentemente aquellos usuarios con mayores expectativas de participación y deseos de autonomía, más jóvenes, con ingresos involuntarios y que mostraban actitudes más negativas hacia el tratamiento (Villagrán et al., 2015), variables por las que habían sido percibidos por los psiquiatras como «más problemáticos» (Villagrán et al., 2014). Los autores teorizaban que quizá la intervención se había puesto en marcha de forma demasiado prematura y en una sola sesión y que esto se asociaba a efecto escasamente duradero y poco determinante en el tratamiento a largo plazo; concluían que hubiera sido más útil una intervención con varias sesiones de refuerzo y específicamente orientadas a los usuarios con mayores expectativas de participación. Por tanto, los tiempos y la continuidad en la práctica del modelo parecen determinantes en los resultados de salud a medio y largo plazo.

Estas son algunas estrategias no solo afines con los nuevos principios asistenciales que estamos desarrollando en este capítulo, sino que suponen la práctica del verdadero consentimiento informado y de la deliberación, validan los derechos humanos y respetan las decisiones del usuario, devolviéndole control sobre el cuidado de su salud y reforzando la alianza que tiene con sus terapeutas, implicándole activamente en una planificación racional de la asistencia en momentos de crisis y atenuando, de manera coyuntural, el malestar de usuarios y de los profesionales en la prescripción y/o administración de intervenciones más coercitivas (Villagrán et al., 2014; Woltmann et al., 2011).

Aunque habría que subrayar que lo primordial de este cambio es la devolución de dignidad a los usuarios, los verdaderos titulares de sus derechos, no se queda ahí la ventaja del nuevo modelo de decisiones compartidas, a pesar de que la evidencia sobre sus beneficios no sea tan robusta como en otras áreas de la medicina, fundamentalmente por las limitaciones metodológicas.

Numerosos estudios y comisiones de expertos avalan la mejoría de los resultados (Stovell et al., 2016), derivados de la reducción de la coerción en las intervenciones terapéuticas y del respeto al compromiso que suponen los documentos de voluntades anticipadas. El principal beneficio de este tipo de herramientas es que ofrecen un encuadre que favo-

© Ediciones Pirámide

rece el diálogo abierto (no la mera negociación) entre usuarios, profesionales de salud mental y otras figuras de referencia (desde familiares a amigos o sus proveedores de atención primaria u otros especialistas). Puede constituir una oportunidad para reforzar la confianza mutua, la autocompetencia, el autoconocimiento como persona y la conciencia del problema de salud mental (identificación de signos y señales de alarma sugestivos de clínica prodrómica, reflexionar de forma más crítica sobre las consecuencias negativas de la inestabilidad clínica: mayor morbimortalidad, conductas de riesgo, endeudamiento, pérdida de red social o del empleo, etc.), disminuir el autoestigma, fomentar el empoderamiento de los usuarios en su proceso de recuperación (Suess et al., 2015) y, en definitiva, desarrollar más capacidad para desenvolverse en la comunidad.

Su uso en pacientes esquizofrénicos graves mejora la calidad de las decisiones y parece efectivo en el proceso de decisión, al disminuir el conflicto decisorio (Aubree Shay y Lafata, 2015). Se relaciona con mayor adherencia a los fármacos —indicador bien conocido asociado a mejor pronóstico en la evolución del trastorno—, disminución de recaídas y reingresos e incluso aparecen indicios de mejoría de síntomas (Alguera-Lara et al., 2017). También se encuentran beneficios en aspectos emocionales, como mayor autoconocimiento y mayor bienestar propiciado por una mayor congruencia con sus valores y preferencias, mejoría en la calidad de vida, en la autoestima, aumento de la satisfacción con la relación asistencial (Kaar et al., 2019) y un mayor sentimiento de empoderamiento (Adams y Drake, 2006; Ramos-Pozón y Del Olmo, 2015; Ramos-Pozón y Román Maestre, 2014; Villagrán et al., 2014), aunque en este punto el efecto parece pequeño (Kaar et al., 2019; Stovell et al., 2016). Los pacientes parecen sentirse más protegidos al saber que en sus momentos de máxima vulnerabilidad se respetará su voluntad y seguirán siendo ellos los que toman las decisiones y no el equipo médico ni ningún pariente (Backlar et al., 2001) que pueda utilizar un juicio sustitutivo que no representara realmente el suyo propio (Ramos Pozón y Román Maestre, 2014).

Esta nueva perspectiva no solo reduce la percepción subjetiva de estar recibiendo un tratamiento coercitivamente, sino que disminuye la necesidad de medidas coercitivas en sí mismas, como los ingresos no voluntarios (Stovell et al., 2016), requerir el auxilio de las fuerzas del orden para movilizar un traslado urgente al hospital, los avisos al equipo de seguridad del centro sanitario para intervenir con un paciente en caso de escalar la agitación, amenaza de evasión del servicio o para apoyar ante la prescripción, en casos extremos, de la contención mecánica o química. En definitiva, estrategias como la que desarrollamos facilitan también la colaboración del usuario durante el proceso terapéutico (Ramos Pozón y Román Maestre, 2014) y trata de salvaguardar una relación de cuidados y su continuidad (de seguimiento y tratamiento) una vez que el paciente abandona la unidad hospitalaria para apoyar la vinculación al equipo o dispositivo que recoja el testigo asistencial.

Más que cuestionar la capacidad de decisión del individuo, se trata de reafirmarla y de evaluar de manera continuada el grado de implicación que puede y desea tener en el proceso de toma de decisiones, facilitando los apoyos precisos para ejercer esa capacidad.

Se devuelve protagonismo y voz al sujeto, explicando cuáles son sus derechos y deberes, prestando una escucha activa y explorando más sistemáticamente de lo que lo hacemos cotidianamente sus necesidades percibidas, valores, deseos y metas. Se propone tener cuenta todo lo surgido en la interacción en el diseño de un plan terapéutico en el que siempre invitemos al usuario y a su entorno a participar activamente.

Por otra parte, no es razonable predicar el verdadero empoderamiento en salud mental sin mejorar la capacitación de los usuarios para conocer y manejar su trastorno y la de los propios profesionales.

Esto no significa que tengamos que colocar obligatoriamente a todo paciente en esa posición, pues sería igualmente iatrogénico y poco ético. Muchos pacientes son extremadamente pasivos en los encuentros clínicos, a lo que contribuye en gran parte la sintomatología cognitiva y negativa (McCabe et al., 2013), incluso cuando han verbalizado deseos de adquirir un papel más activo (Beisecker, 1988; Siminoff, Fetting y Abeloff, 1989). Las decisiones sobre las que con mayor frecuencia los pacientes hubieran decidido de forma diferente, si les hubieran dado la oportunidad, son el cambio de unidad, las medidas coercitivas y la medicación, y las que menos, los exámenes diagnósticos y los tratamientos no farmacológicos (Villagrán et al., 2015).

© Ediciones Pirámide

En algunos estudios se estima que solo el 10% de los pacientes adoptaban un rol activo en la toma de decisiones (Lidz et al., 1983). Por tanto, habrá personas todavía instaladas en la cultura paternalista y en el rol de enfermo sin motivación o disposición a aprender otro nuevo rol (Stovell et al., 2016). También es posible que aquellos que tienen un largo recorrido en el sistema sanitario por la cronicidad de su trastorno hayan adquirido un sentimiento de indefensión aprendida por el que asumen un rol totalmente pasivo en las decisiones médicas (Degner y Sloan, 1992; Rosén, Anell y Hjortsberg, 2001).

Con todo, lo que demuestran cada vez más investigaciones es que la mayoría de pacientes (>90%) expresan fuerte deseo de información sobre la enfermedad, los tratamientos y efectos secundarios (Adams y Drake, 2006), que cada vez manifiestan querer más control sobre su tratamiento y que lo consideran un factor fundamental para alcanzar su recuperación (Stovell et al., 2016) y para el equilibrio de roles propio del modelo de decisiones compartidas (Adams y Drake, 2006).

Sin embargo, en 2014 una auditoría realizada por el Real Colegio de Psiquiatras reveló que el 59% de los pacientes con diagnóstico de esquizofrenia en seguimiento por servicios de salud mental en Reino Unido no se sentían implicados en la toma de decisiones (Stovell et al., 2016). El tamaño del efecto observado de 0,3 se traduciría en una NNT de 9 (95% CI 6-26), o lo que es lo mismo, que la toma de decisiones compartidas necesitaba ser implementada en aproximadamente nueve personas para que una experimentara ese mayor empoderamiento. Se trata de un hallazgo relevante teniendo en cuenta que la mayoría de clínicos no aplican realmente el modelo.

Se han descrito múltiples factores que a nivel general determinan esta tendencia favorable al modelo de decisiones compartidas, como el mayor nivel educativo de la ciudadanía, la percepción de la salud como un bien de consumo, los diferentes tipos de familia, con la consiguiente movilidad del rol de cuidador (tradicionalmente asignado a la mujer) y las expectativas respecto al poder de la ciencia y la tecnología sanitaria (Costa Alcaraz y Almendro Padilla, 2009).

El nuevo perfil de usuario en salud mental es a todas luces más exigente para el sistema y un desafío para los equipos, pero se adapta mejor a este nuevo encuadre asistencial: mayor nivel educativo, detectado más precozmente y, por tanto, más joven, más sano (Adams y Drake, 2006), más activo y autónomo, con menor discapacidad, menos crónico, grave o residual, con buenas habilidades cognitivas para la toma de decisiones, insatisfacción o desconfianza ante los tratamientos y/o profesionales y/o experiencias previas de ingreso involuntario, más complejo en relación a patología dual (por uso de sustancias o rasgos disfuncionales de personalidad) (Ramos-Pozón y Del Olmo, 2015).

### Propuestas para favorecer la implementación del modelo de decisiones compartidas

No se tienen pruebas definitivas para esclarecer si este nuevo modelo de decisiones compartidas exigiría una inversión significativamente mayor de recursos (por ejemplo, de tiempo) en consultas en las que ya existen unas condiciones de excesiva presión asistencial (Costa Alcaraz y Almendro Padilla, 2009), o si a medio-largo plazo detenerse en este proceso permitiría, por el contrario, ahorrar tiempo y compensar con otras ventajas (reducir ingresos o coerción).

Desde luego, a lo que nos obliga es a mejorar nuestros recursos (personales y estructurales) y/o a reorganizar las prioridades en la asistencia, además de requerir un cambio de mentalidad en los profesionales de salud mental y en la sociedad en general:

1. Sensibilización y educación para la salud dirigidas a la población general (prevención primaria de salud mental y campañas antiestigma).
2. La cooperación entre las Administraciones para un trabajo en red más eficaz, que favorezca la inclusión, la asistencia holística y evite las duplicidades en los circuitos asistenciales.
3. Formación de usuarios y profesionales en materia de recuperación, para avanzar desde el modelo basado en la rehabilitación psicosocial que se desarrolló a finales del siglo XX ya obsoleto en su perspectiva compensadora de déficits, hacia un modelo fundamentado en los derechos humanos (Mula Ponce, 2019).
4. La verdadera inclusión, mediante la introducción de la figura del paciente experto

© Ediciones Pirámide

*(peer)* en los equipos e incorporar a estos usuarios y a representantes de asociaciones (de usuarios y de familiares) en el diseño de políticas sanitarias.
5. Reconciliar las bases de la recuperación (el individuo y su subjetividad) con la práctica basada en las mejores pruebas disponibles.
6. Introducir la filosofía «recuperadora» en los dispositivos hospitalarios: establecer políticas y protocolos sometidos a control de calidad (auditorías externas) para minimizar el uso de la coerción en las unidades de internamiento de corta, media y larga estancia —involuntariedad, contención física—, reformar las unidades para que estas sean más abiertas y flexibles y en las que el trato en general sea más humanizado: brindando más asesoramiento y apoyo a través de figuras como el usuario experto o un representante legal, teniendo más en cuenta las preferencias más elementales de los usuarios (la dieta, en el uso de su vestimenta personal en lugar del pijama hospitalario), ofreciendo espacios seguros para el autoaislamiento, reforzando la terapia ocupacional en las unidades, favoreciendo el acompañamiento de familiares para reducir la soledad, el aislamiento, la exclusión o la ruptura con su medio (Valverde e Inchauspe, 2014), etc.
7. Paso del trabajo «individual» médico-paciente al trabajo en equipo, dentro de los equipos sanitarios y de estos con el usuario y su red de apoyo familiar y social (intervención más sistémica), creando estrategias de colaboración compatibles con el respeto a la confidencialidad y la autonomía del paciente (Stomski y Morrison, 2018).
8. Reforzar los recursos psicosociales, que pese a haber demostrado cómo optimizan los resultados, están implantados de manera irregular o insuficiente (Valverde e Inchauspe, 2014) y corregir la tendencia a ofertarlos en un segundo o tercer nivel de atención, muchas veces tardíamente en el curso del trastorno.
9. Diversificar y potenciar modelos «más» comunitarios de organización asistencial (Corrigan, 2002), pues son más accesibles, intensivos, flexibles, asertivos y especializados. Los pacientes deberían poder escoger entre las diferentes opciones asistenciales, incluyendo el llamado *watchful waiting* («espera vigilante», u observación atenta y estrecha sin intervención activa, farmacológica o de otro tipo) (Adams y Drake, 2006; Drake et al., 2010), cuando su eficacia viene debidamente avalada por la evidencia científica, los riesgos estén controlados y los medios para implementarlo se encuentren razonablemente disponibles en el sistema.
10. Permanecer vigilantes respecto al deslizamiento hacia nuevos paternalismos (Drake et al., 2010) que perpetúan relaciones de dependencia y que hacen perder de vista que el objetivo es la atención centrada en la persona, su empoderamiento, aumentar la autoeficacia del usuario para la utilización de los recursos a su alcance (propios y externos) y mejorar la adaptación a su entorno natural.
11. Inversión en investigación independiente y regulación más estricta de la influencia de los intereses privados (entre ellos, de la industria farmacéutica) en su relación con los profesionales y grupos de trabajo que lideran los avances científicos.
12. Mejorar habilidades terapéuticas transversales: el estilo y las habilidades de comunicación verbales y no verbales (Costa Alcaraz y Almendro Padilla, 2009; Horvath y Symonds, 1991), que son especialmente críticas a la hora de establecer una adecuada alianza de trabajo orientada hacia metas comunes y cultivar otras habilidades que nos hagan ser más versátiles y adaptables en nuestro registro de atención y manejo, como por ejemplo la competencia cultural (Coursey et al., 2000; Di Stefano, Cataldo y Laghetti, 2019).
13. Intensificar el uso de estrategias de intervención específicas: entrevista motivacional (Berk et al., 2004), programas de automanejo de la enfermedad, de psicoeducación, de resolución de problemas, de habilidades sociales y de prevención de recaídas y aquellas orientadas a la expresión

© Ediciones Pirámide

anticipada de preferencias y voluntades del usuario, que pueden ser tan sofisticadas como ayudas decisionales validadas (Drake et al., 2010) como la Preparation for Decision-Making Scale, el OPTION o la COMRADE para la evaluación de los resultados de la decisión (Villagrán et al., 2015), o tan sencillas como trabajar con el paciente que traiga preparado un listado de preguntas, un diario o registro de consultas que abordar en la cita con el profesional. Finalmente, habría que crear mecanismos para que las conclusiones o acuerdos fruto del proceso deliberativo fueran universalmente accesibles por parte de profesionales de la red asistencial, tanto por los dispositivos de salud mental como de atención primaria, dentro y fuera de nuestra comunidad autónoma.

El tratamiento del trastorno psicótico crónico es un proceso longitudinal, dinámico, que implica tomar decisiones conflictivas, efectuar pruebas, evaluar pros y contras y asumir responsabilidad y riesgos (Villagrán et al., 2015). Hablamos de allanar el terreno para que sean los propios usuarios, con los terapeutas como facilitadores, los que se rescaten a sí mismos de la cronicidad, de la discapacidad, de la dependencia y del estigma y se encaminen hacia la autodeterminación y la adaptación de —no *a*— la comunidad, de acuerdo con un modelo centrado en las fortalezas y no en los déficits. Se trata de construir juntos un modelo centrado en la persona y su entorno, para ellos y con ellos, en el que pasemos de conceptos como el cumplimiento o la adherencia al de concordancia o acuerdo terapéutico para todos aquellos aspectos relevantes en el abordaje integral del trastorno psicótico.

## 3. LA TERAPIA DE ACEPTACIÓN Y COMPROMISO EN EL ABORDAJE DE LA PSICOSIS

Dentro de este paradigma de recuperación y capacidad del paciente para tomar sus propias decisiones respecto al tratamiento farmacológico, nos parece de aplicación este modelo de psicoterapia centrado en la autonomía de la persona. Entre las estrategias de intervención psicológica de tercera generación, la terapia de aceptación y compromiso (ACT), en lugar de centrarse en reducir o modificar los pensamientos, sensaciones, emociones o recuerdos que ocasionan malestar, tiene como objetivo modificar su función, promoviendo que sean los valores personales los que guíen la conducta de la persona y no los eventos privados (Ladrón García, 2012; Luciano, Valdivia, Gutiérrez y Páez-Blarrina, 2006; Luciano Soriano y Valdivia Salas, 2006). ACT pretende que el cliente acepte aquellos aspectos de su experiencia que ha estado intentando modificar sin éxito (eventos privados) y pretende que ello no paralice su vida, de tal forma que pueda dirigirse hacia las metas que le resultan personalmente valiosas, aun teniendo ansiedad, obsesiones o cualquier otra experiencia hasta entonces bloqueante (Montes, Soriano, López y Basurto, 2004). Asimismo, pone el énfasis en ejercicios encaminados a identificar y cristalizar los valores personales clave, traducir estos valores en metas específicas de comportamiento y diseñar e implementar estrategias de cambio de comportamiento para hacerse consciente de esas metas (Moitra, Herbert y Forman, 2011). También busca la construcción de repertorios amplios, flexibles y efectivos de conducta (Páez-Blarrina, Gutiérrez Martínez y Luciano Soriano, 2005), resaltando cuestiones que son relevantes tanto para el clínico como para el cliente, por lo cual podría llegar a ser de gran utilidad debido a que muchas personas que viven con psicosis se comportan de forma incompatible con sus valores fundamentales con el fin de evitar el estrés psicológico implicado en la aceptación de su enfermedad (Moitra et al., 2011; Patiño Torres y Vargas Gutiérrez, 2013). Por otra parte, en la psicosis se produce una experiencia traumática de intenso sufrimiento donde el sujeto se siente perseguido a la vez que solo, pues su vivencia es cuestionada por el entorno inmediato, a lo que tenemos que añadir la nula conciencia de enfermedad que imposibilita la adherencia al tratamiento. Los trastornos psicóticos son problemas psicológicos de alta gravedad caracterizados por alteraciones en el pensamiento y en la percepción, por una marcada desorganización de la personalidad y del comportamiento y por una grave alteración del sentido de la realidad (Godoy, Godoy-Izquierdo y Vázquez, 2011). De entre los distintos trastornos englobados en la esfera psicó-

© Ediciones Pirámide

tica, la esquizofrenia es el trastorno más clásico y habitual, estimándose que 21 millones de personas lo padecen en todo el mundo (Organización Mundial de la Salud, 2019). A pesar de la amplia investigación realizada y de los avances logrados en el tratamiento farmacológico de los síntomas psicóticos, aún es destacable la proporción de pacientes que presentan síntomas resistentes a la medicación antipsicótica, proporción que se halla entre un quinto y la mitad en el caso de la esquizofrenia (Caspi, Davidson y Tamminga, 2004). Por lo que se refiere al concepto de «mejoría clínica», ACT no la cifra ya en la «disminución de la ansiedad» o en la «desaparición de las alucinaciones», sino que pretende hacer una valoración global de la vida de la persona. Lo importante para ACT no es la presencia o ausencia del síntoma, sino la capacidad de la persona de desenvolverse en el mundo. Y ello con independencia de si los síntomas persisten. Incluso cabría decir que un indicador importante de que se está produciendo una mejoría clínica sería que la persona, con los síntomas presentes, hiciera cosas que anteriormente era incapaz de hacer, esto, como hemos ya reseñado más arriba, está en consonancia con el modelo de recuperación.

Los beneficios que ACT aportaría a los pacientes con psicosis se basan en el manejo de las conductas de evitación experiencial que estos tendrían ante las alucinaciones y delirios como estímulos estresantes, especialmente si las alucinaciones interfieren de forma importante con la vida que el paciente quiere llevar. Se pretende que la persona cambie la relación que tienen con sus síntomas y disminuya su lucha contra los mismos, lo cual requiere algún nivel de aceptación por parte de la persona, fomentando, además, conductas que se dirigen a rehacer su vida siguiendo en el sentido que considere más auténticamente suyo (lo que implica reconocer y seguir sus valores).

A continuación, vamos a exponer un caso clínico centrado en la adherencia al tratamiento en un paciente con psicosis.

### Caso clínico

Paciente varón de 42 años con diagnóstico de esquizofrenia paranoide (CIE10:F20.0) hospitalizado por alteraciones de conducta en su domicilio, donde convive con sus padres. Ha abandonado el tratamiento farmacológico por nula conciencia de enfermedad y en casa está aislado en su habitación, mutista, con temática delirante de perjuicio hacia sus padres con importante repercusión afectiva y conductual: los evita, no ingiere la comida que hace su madre, tomando todo enlatado por ideas de envenenamiento; esporádicamente lo escuchan gritando en su habitación, con ansiedad diurna e insomnio. Cuando el paciente ha estado medicado esta temática delirante de carácter crónico se reduce, es afable con sus padres, ejerce un rol de cuidador de los mismos y participa de actividades domésticas. Estas descompensaciones siempre se han producido, a lo largo de la evolución de su enfermedad, cuando ha dejado de tomar el tratamiento prescrito. El abandono del mismo se debe a nula conciencia de enfermedad y quejas de disfunción eréctil que le produce la medicación. Ha presentado cuatro hospitalizaciones a lo largo de su evolución.

Los padres son ya mayores y han claudicado respecto al hijo. En este ingreso imponen como condición para volver al domicilio que salga de alta con un tratamiento inyectable de liberación prolongada, o ya no volverá a casa y se verá obligado a vivir solo en una pensión.

Se le da una visión de libertad de elección con una forma de acercamiento en la que no se impone la toma de medicación, sino que se le expresan las variables de elección, donde, por un lado, la aceptación de no administrarse el tratamiento inyectable condiciona que no volverá al domicilio familiar y esto es innegociable, pues es un imperativo de sus padres. Esto puede generar sentimientos de rabia y frustración, pero no hay otra opción. Por otro lado, si no se medica, consigue su deseo que responde a la consideración de que la medicación es negativa para él y, además, no es necesaria, pues afirma no estar enfermo, pero esto implicará el residir en otro lugar, sin las comodidades de las que dispone y con una alta probabilidad de volver a ser hospitalizado por una nueva recaída. No volver a su domicilio traerá consigo una ruptura respecto a su estilo de vida en casa, la renuncia a la comodidad, hábitos y apoyos básicos (la manutención), así como en su trayectoria vital y sus valores sobre su familia. Por el contrario, en una pensión tendrá que convivir con personas desconocidas, en un sitio probablemente menos confortable, con menor libertad de movi-

© Ediciones Pirámide

mientos, teniendo que hacerse cargo de tareas domésticas o recurrir a servicios externos (menú de bares). En la deliberación sobre la administración del tratamiento se le devuelve que será su decisión, que elegirá libremente su destino y futuro, pero que debe decidir responsablemente y asumiendo las consecuencias. Paradójicamente, no hay otra opción que decidir, pues estando ya estable a nivel clínico, puede hacerlo y no precisa continuar hospitalizado. También se le proporciona psicoeducación sobre el trastorno que padece y opciones de tratamiento inyectable personalizadas en este sentido, puesto que un síntoma principal que le preocupa es la posibilidad de aparición de disfunción eréctil. Se le indica el tratamiento ILP con mejor perfil para este efecto secundario, así como posibilidad de alternativas con fármacos específicos tipo sildenafilo, de acontecer tal efecto adverso. Con todo esto el paciente decidió acceder a la administración del tratamiento inyectable de liberación prolongada con mayor evidencia de no producir disfunción eréctil.

La forma de acercamiento se realizó en función de la no obligatoriedad de acudir a consultas, que también en esto se respetaría su decisión. Se realza nuevamente su capacidad de libre decisión. Anecdóticamente, tras una primera entrevista se le invitó a una segunda el día posterior. El paciente se negó inicialmente, se respetó esta elección. En la tercera entrevista propuesta, al siguiente día, sí accedió y se centró de esta forma el marco terapéutico basado en el respeto a la elección del paciente. A partir de aquí, se estableció una relación terapéutica centrada en la confianza mutua, con el objetivo de ayudar por parte del terapeuta.

## REFERENCIAS BIBLIOGRÁFICAS


Adams, J. R. y Drake, R. E. (2006). Shared decision-making and evidence-based practice. *Community Mental Health Journal, 42*(1), 87-105.

Alguera-Lara, V., Dowsey, M. M., Ride, J., Kinder, S. y Castle, D. (2017). Shared decision making in mental health: The importance for current clinical practice. *Bulletin of Royal Australian and New Zealand College of Psychiatrists, 25,* 578-582.

Antonio Broggi, M. (2001). El documento de voluntades anticipadas. *Medicina Clínica, 117*(1) 14-15.

Anthony, W. A. (1993). Recovery from mental illness: The guiding vision of the mental health service system in the 1990s. *Psychosocial Rehabilitation Journal, 16*(4), 11-23.

Appelbaum, P. S. y Grisso, T. (1988). Assessing patients' capacities to consent to treatment. *New England Journal of Medicine, 319,* 1635-1638.

Aubree Shay, L. y Lafata, J. E. (2015). Where is the evidence? A systematic review of shared decision making and patient outcomes. *Medical Decision Making, 35*(1), 114-131.

Backlar, P., McFarland, B. H., Swanson, J. W. y Mahler, J. (2001). Consumer, provider, and informal caregiver opinions on psychiatric advance directives. *Administration and Policy in Mental Health, 28,* 427-441.

Beisecker, A. E. (1988). Aging and the desire for information and input in medical decisions: Patient consumerism in medical encounters. *Gerontologist, 28*(3), 330-335.

Berk, M., Berk, L. y Castle, D. (2004). A collaborative approach to the treatment alliance in bipolar disorder. *Bipolar Disorders, 6*(6), 504-518.

BOE (21 de abril de 2008). Ratificación de la Convención sobre los derechos de las personas con discapacidad, hecho en Nueva York el 13 de diciembre de 2006. *Boletín Oficial del Estado, 299,* 44142-44156.

Braslow, J. T. (2013). The manufacture of recovery. *Annual Review of Clinical Psychology, 9,* 781-809.

Carpenter, W. T., Gold, J. M., Lahti, A. C., Queern, C. A., Conley, R. R., Bartko, J. J., ... y Appelbaum, P. S. (2000). Decisional capacity for informed consent in schizophrenia research. *Archives of General Psychiatry, 57*(6), 533-538.

Caspi, A., Davidson, M. y Tamminga, C. A. (2004). Treatment-refractory schizophrenia. *Dialogues in Clinical Neuroscience, 6*(1), 61-70.

Corrigan, P. W. (2002). Empowerment and serious mental illness: Treatment partnerships and community opportunities. *Psychiatric Quarterly, 73*(3), 217-228.

Costa Alcaraz, A. M. y Almendro Padilla, C. (2009). Un modelo para toma de decisiones compartida con el paciente. *Atención Primaria, 41*(5), 285-287.

Coursey, R. D., Curtis, L., Marsh, D. T., Campbell, J., Harding, C., Spaniol, L., ... y Stratoudakis, J. (2000). Competencies for direct service staff members who work with adults with severe mental illnesses: Specific knowledge, attitudes, skills, and bibliography. *Psychiatric Rehabilitation Journal, 23*(4), 378-392.


© Ediciones Pirámide

Deegan, P. E. (2010). A Web application to support recovery and shared decision making in psychiatric medication clinics. *Psychiatric Rehabilitation Journal, 34*(1), 23-28.

Degner, L. F. y Sloan, J. A. (1992). Decision making during serious illness: What role do patients really want to play? *Journal of Clinical Epidemiology, 45*(9), 941-950.

Di Stefano, G., Cataldo, E. y Laghetti, C. (2019). The client-oriented model of cultural competence in healthcare organizations. *International Journal of Healthcare Management, 12*(3), 189-196.

Drake, R. E., Deegan, P. E. y Rapp, C. (2010). The promise of shared decision making in mental health. *Psychiatric Rehabilitation Journal, 34*(1), 7-13.

Drane, J. F. (1984). Competency to give an informed consent: A model for making clinical assessments. *JAMA: The Journal of the American Medical Association, 252*(7), 925-927.

Galletly, C., Castle, D., Dark, F., Humberstone, V., Jablensky, A., Kilackey, E., ... y Tran, N. (2016). RANZCP clinical practice guideline for schizophrenia and related disorders. *Australian and New Zealand Journal of Psychiatry, 50*(5), 1-117.

Godoy, J., Godoy-Izquierdo, D. y Vázquez, M. (2011). Esquizofrenia y otros trastornos psicóticos. En V. E. Caballo, I. C. Salazar y J. A. Carrobles, *Manual de psicopatología y trastornos psicológicos* (pp. 363-393). Pirámide.

Harrison, G., Hopper, K., Craig, T., Laska, E., Siegel, C., Wanderling, J., ... y Wiersma, D. (2001). Recovery from psychotic illness: A 15-and 25-year international follow-up study. *British Journal of Psychiatry, 78,* 506-517.

Heimann Navarra, C. (2015). Antipsicóticos en esquizofrenia: revisión de guías internacionales actuales. *Revista de la Asociación Española de Neuropsiquiatría, 35*(125), 79-91.

Helen Bunn, M., O'Connor, A. M., Tansey, M. S., Jones, B. D. W. y Stinson, L. E. (1997). Characteristics of clients with schizophrenia who express certainty or uncertainty about continuing treatment with depot neuroleptic medication. *Archives of Psychiatric Nursing, 11*(5), 238-248.

Hernández Monsalve, M. (2017). La rehabilitación psicosocial entre la desinstitucionalización y la recuperación. *Revista de la Asociación Española de Neuropsiquiatría, 37*(131), 171-187.

Horvath, A. O. y Symonds, B. D. (1991). Relation between working alliance and outcome in psychotherapy: A meta-analysis. *Journal of Counseling Psychology, 38*(2), 139-149.

Jefatura del Estado (2002). Ley 41/2002, de 14 de noviembre, básica reguladora de la autonomía del paciente y de derechos y obligaciones en materia de información y documentación clínica. *Boletín Oficial del Estado, 274 §.*

Kaar, S. J., Gobjila, C., Butler, E., Henderson, C. y Howes, O. D. (2019). Making decisions about antipsychotics: A qualitative study of patient experience and the development of a decision aid. *BMC Psychiatry, 19*(1), 1-8.

Ladrón García, M. (2012). Proyecto de intervención grupal basado en estrategias de aceptación para el afrontamiento del cáncer. *Universidad de Zaragoza, 38.* Disponible en https://bit.ly/3fa73V7

Lidz, C. W., Meisel, A., Osterweis, M., Holden, J. L., Marx, J. H. y Munetz, M. R. (1983). Barriers to informed consent. *Annals of Internal Medicine, 99,* 540.

Lieberman, J. A., Drake, R. E., Sederer, L. I., Belger, A., Keefe, R., Perkins, D. y Stroup, S. (2008). Science and Recovery in Schizophrenia. *Psychiatric Services, 59*(5), 487-496.

Lieberman, J. A., Ma Alvir, J., Koreen, A., Geister, S., Chakos, M., Sheitman, B. y Woerner, M. (1996). Psychobiologic correlates of treatment response in schizophrenia. *Neuropsychopharmacology, 14*(3 Suppl.), 13S-21S.

Luciano, M. C., Valdivia, S., Gutiérrez, O. y Páez-Blarrina, M. (2006). Avances desde la terapia de aceptación y compromiso (ACT). *EduPsykhé: Revista de Psicología y Psicopedagogía, 5*(2), 173-202.

Luciano Soriano, M. C. y Valdivia Salas, M. S. (2006). La terapia de aceptación y compromiso. ACT Fundamentos, características y evidencia. *Papeles del Psicólogo, 27*(2), 79-91.

Malm, U., Ivarsson, B., Allebeck, P. y Falloon, I. R. H. (2003). Integrated care in schizophrenia: A 2-year randomized controlled study of two community-based treatment programs. *Acta Psychiatrica Scandinavica, 107*(6), 415-423.

McCabe, R., Khanom, H., Bailey, P. y Priebe, S. (2013). Shared decision-making in ongoing outpatient psychiatric treatment. *Patient Education and Counseling, 91*(3), 326-328. https://doi.org/10.1016/j.pec.2012.12.020

Meltzer, H. Y. (2012). Clozapine: Balancing safety with superior antipsychotic efficacy. *Clinical Schizophrenia and Related Psychoses, 6*(3), 134-144.

Moitra, E., Herbert, J. D. y Forman, E. M. (2011). Acceptance-based behavior therapy to promote HIV medication adherence. *AIDS Care-Psychological and Socio-Medical Aspects of AIDS/HIV, 23*(12), 1660-1667.

Montes, J. M. G., Soriano, M. C. L., López, M. H. y Basurto, F. Z. (2004). Aplicación de la terapia de aceptación y compromiso (ACT) a sintomatología delirante: Un estudio de caso. *Psicothema, 16*(1), 117-124.

© Ediciones Pirámide

Morant, N., Azam, K., Johnson, S. y Moncrieff, J. (2018). The least worst option: User experiences of antipsychotic medication and lack of involvement in medication decisions in a UK community sample. *Journal of Mental Health, 27*(4), 322-328.

Morant, N., Kaminskiy, E. y Ramon, S. (2016). Shared decision making for psychiatric medication management: Beyond the micro-social. *Health Expectations: an International Journal of Public Participation in Health Care and Health Policy, 19*(5), 1002-1014.

Morrison, A. P. (2019). Should people with psychosis be supported in choosing cognitive therapy as an alternative to antipsychotic medication: A commentary on current evidence. *Schizophrenia Research, 203,* 94-98.

Morrison, A. P., Law, H., Carter, L., Sellers, R., Emsley, R., Pyle, M., ... y Haddad, P. M. (2018). Antipsychotic drugs versus cognitive behavioural therapy versus a combination of both in people with psychosis: A randomised controlled pilot and feasibility study. *The Lancet Psychiatry, 5*(5), 411-423.

Mula Ponce, J. F. (2019). *Decisiones compartidas en salud mental: una reflexión ética desde la práctica para incorporar la autonomía a la relación clínica.* Trabajo de final de grado/máster, 1-40.

Naciones Unidas (2014). Convención sobre los Derechos de las Personas con Discapacidad y Protocolo Facultativo. *Rev. Cienc. Salud. Bogotá (Colombia), 6*(23), 4.

National Institute for Health and Care Excellence (NICE) (2014). *Psychosis and schizophrenia in adults: prevention and management.* Nice.

Organización Mundial de la Salud (2019). *Esquizofrenia.* Disponible en https://bit.ly/3fan8tW

Páez-Blarrina, M., Gutiérrez Martínez, O. y Luciano Soriano, M. (2005). La aplicación de la terapia de aceptación y compromiso (ATC) en el tratamiento de problemas psicológicos asociados al cáncer. *Psicooncología: Investigación y Clínica Biopsicosocial en Oncología, 2*(1), 49-71.

Pastor Palomar, N. (2019). Reservas a la Convención sobre los Derechos de las Personas con Discapacidad. *Revista Electrónica de Estudios Internacionales, 37.*

Patiño Torres, L. C. y Vargas Gutiérrez, R. (2013). Efectos de la terapia de aceptación y compromiso (ACT) en la adherencia al tratamiento antirretroviral de pacientes con VIH. *Revista Pontificia Universidad Javeriana,* 1-110.

Pons, A., Undurraga, J., Batalla, A. y Bernardo, M. (2012). Clozapina y agranulocitosis en España: ¿tenemos una población más segura? Seguimiento hematológico a 5 años de una cohorte de pacientes tratados con clozapina. *Revista de Psiquiatría y Salud Mental, 5*(1), 37-42.

Ramos-Pozón, S. y Del Olmo, B. R. (2015). La relación médico-paciente en salud mental: el documento de voluntades anticipadas y la planificación de decisiones anticipadas. *Rehabilitacion Psicosocial, 12*(1), 18-24.

Ramos-Pozón, S. y Román Maestre, B. (2014). Las voluntades anticipadas en pacientes con esquizofrenia: un instrumento para potenciar la autonomía. *Revista de la Asociación Española de Neuropsiquiatría, 34*(121), 21-35.

Richards, T., Montori, V. M., Godlee, F., Lapsley, P. y Paul, D. (2013). Let the patient revolution begin. *BMJ (online).*

Rosén, P., Anell, A. y Hjortsberg, C. (2001). Patient views on choice and participation in primary health care. *Health Policy, 55,* 121-128.

Shattock, L., Berry, K., Degnan, A. y Edge, D. (2018). Therapeutic alliance in psychological therapy for people with schizophrenia and related psychoses: A systematic review. *Clinical Psychology and Psychotherapy, 25,* e60-e85.

Shepherd, A., Shorthouse, O. y Gask, L. (2014). Consultant psychiatrists' experiences of and attitudes towards shared decision making in antipsychotic prescribing, a qualitative study. *BMC Psychiatry, 14*(1).

Siminoff, L. A., Fetting, J. H. y Abeloff, M. D. (1989). Doctor-patient communication about breast cancer adjuvant therapy. *Journal of Clinical Oncology, 7,* 1192-1200.

Stomski, N. J. y Morrison, P. (2018). Carers' involvement in decision making about antipsychotic medication: A qualitative study. *Health Expectations, 21*(1), 308-315.

Stovell, D., Morrison, A. P., Panayiotou, M. y Hutton, P. (2016). Shared treatment decision-making and empowerment-related outcomes in psychosis: Systematic review and meta-analysis. *British Journal of Psychiatry, 209*(1), 23-28.

Suess, A., Tamayo Velázquez, M. I. y Bono del Trigo, Á. (2015). *Planificación anticipada de decisiones en salud mental: guía de apoyo.* Disponible en https://bit.ly/3cjcXS0

Tiihonen, J., Haukka, J., Taylor, M., Haddad, P. M., Patel, M. X. y Korhonen, P. (2011). A nationwide cohort study of oral and depot antipsychotics after first hospitalization for schizophrenia. *American Journal of Psychiatry, 168*(6), 603-609.

Tiihonen, J., Lönnqvist, J., Wahlbeck, K., Klaukka, T., Niskanen, L., Tanskanen, A. y Haukka, J. (2009). 11-year follow-up of mortality in patients with schizophrenia: A population-based cohort study (FIN11 study). *The Lancet, 374*(9690), 620-627.

Valverde, M. A. e Inchauspe, J. A. (2014). ¿Hay lugar para el consentimiento informado en los tratamientos de las personas con psicosis?: una reflexión sobre el tratamiento de las psicosis. *Revista de Bioética y Derecho, 30,* 40-65.


© Ediciones Pirámide

Van Os, J., Altamura, A. C., Bobes, J., Gerlach, J., Hellewell, J. S. E., Kasper, S., ... y Robert, P. (2004). Evaluation of the Two-Way Communication Checklist as a clinical intervention: Results of a multinational, randomised controlled trial. *British Journal of Psychiatry, 184,* 79-83.

Villagrán, J. M., Lara Ruiz-Granados, I. y González-Saiz, F. (2014). El proceso de decisión compartida en el tratamiento del paciente psiquiátrico: estudios empíricos y evaluación de la capacidad. *Revista de la Asociación Española de Neuropsiquiatría, 34*(123), 491-506.

Villagrán, J. M., Lara Ruiz-Granados, I. y González-Saiz, F. (2015). Aspectos conceptuales sobre el proceso de decisión compartida en salud mental. *Revista de la Asociación Española de Neuropsiquiatría, 35*(127), 455-472.

Woltmann, E. M., Wilkniss, S. M., Teachout, A., McHugo, G. J. y Drake, R. E. (2011). Trial of an electronic decision support system to facilitate shared decision making in community mental health. *Psychiatric Services, 62*(1), 54-60.

© Ediciones Pirámide

# 27 Introducción a la ética en psicosis y en la ACT: las leyes, los códigos deontológicos y el consentimiento informado

REBECA LÓPEZ-TOFIÑO GARCÍA

## 1. INTRODUCCIÓN

En el tratamiento de las psicosis desde cualquier técnica de intervención, incluida la terapia de aceptación y compromiso (ACT), hay cuestiones de importancia que van más allá de la metodología e, incluso, más allá de lo clínico. Son estas cuestiones las que vamos a tratar a lo largo de este capítulo, y están relacionadas con el buen hacer y buen ejercicio profesional y el respeto a la dignidad del paciente, por ser, las psicosis, un área especialmente sensible a que los pacientes puedan sufrir abusos a su dignidad, intencionados, negligentes o imprudentes, como ha venido demostrando la historia.

Es por este motivo que cobran mayor importancia las leyes y los códigos deontológicos. En el caso de las intervenciones denominadas «terapias contextuales», que nacen con posterioridad a la aparición de los distintos códigos, ha de suponerse que ya contemplan las directrices de los mismos o, al menos, que los protocolos de aplicación aseguran que los terapeutas que las apliquen no se desvíen de los principios éticos (mínimos) que los rigen; en consecuencia, no está de más que realicemos un breve recordatorio de lo que va a implicar, a nivel legal, ético y deontológico, trabajar con pacientes que sufren trastornos psicóticos.

Tradicionalmente, la evaluación y la intervención de las psicosis siempre han estado encuadradas en marcos de corte psiquiátrico y biomédico y la aparición de los códigos no garantizó que se atendiera a las cuestiones relacionadas con la dignidad de la persona, ni en la figura del paciente ni en la figura del profesional.

El error venía derivado de la interpretación cientifista de los mismos, que habían asociado dicha interpretación, dentro de las ciencias sociales, a una corriente de tipo positivista en la que se deshumanizaba al individuo para asegurar una consolidada objetividad derivada del concepto de lo que es considerado ciencia en las ciencias naturales. Baste con mencionar que no es hasta la publicación de *Le normal et le pathologique* en 1966 de Georges Canguilhem o la redacción, por parte de los servicios de sanidad de los Estados Unidos, del *Informe Belmont* en 1979, que el concepto de «enfermedad» no adquiere entidad como un sentimiento de ruptura de la salud que atiende a la propia subjetividad de la persona y que, a partir de ese momento, les obliga a admitir que la experiencia del afectado, así como su interpretación y los valores del individuo, también habrán de ser variables a tener en cuenta en su tratamiento.

Pero ¿dónde se encuentra la línea entre lo científico y el respeto al ser humano? Contestar a esa pregunta es, sin duda, uno de los motores que impulsa el nacimiento de los códigos deontológicos y las guías de buenas prácticas. Alejarse, lo más posible, de corrientes que no tienen en cuenta la subjetividad de los sujetos, justificándose en la potencia científica que favorece la instrumentalización del ser humano. Sin embargo, en la actualidad aún no se ha conseguido ese propósito.

Si bien es cierto que las terapias contextuales, de manera general y, más concretamente, la terapia de aceptación y compromiso (ACT), parecen conciliar con la legislación y la normativa de la praxis, somos seres humanos y trabajamos con seres humanos; en consecuencia, por muy bien que se establezcan las bases de una intervención, no se nos pueden

© Ediciones Pirámide

olvidar nuestros propios límites personales, sociales y culturales. No espere, por tanto el profesional que lee este capítulo, un texto lleno de referencias bibliográficas a autores u obras que ya han sido suficientemente leídos a lo largo de toda su carrera profesional, porque, hablando de la dignidad del ser humano, la ética clínica no es eso, como tampoco lo es seguir las leyes y la normativa para proteger y estar protegidos. La ética en la intervención clínica es un ejercicio real de empatía que parte de observar la individualidad y el respeto a la dignidad de los que participan de la relación clínico-asistencial; se desarrolla dentro de los límites que presentan ambas partes y finaliza con la recuperación de la salud y el desarrollo integral tanto del paciente como del profesional.

Para tratar de conocer nuestros propios límites y los de la intervención, vamos a intentar contestar a dos preguntas importantes que propone Sergi von Fenop (2018) en su interesante artículo «Una ética para la psicosis».

*«¿Cómo es posible articular éticamente la atención al paciente psicótico sin imponerle un catálogo de buenas costumbres en cuya confección no ha participado ni —en principio— puede participar?»* y *«¿cómo hacerlo sin tampoco apelar frívolamente y sin más consideración a su libertad y autonomía?»*

A estas dos cuestiones tan importantes, nosotros añadimos otra: ¿Y cómo aseguramos que, en esa articulación ética, se respeten los límites que conlleva un ejercicio profesional realizado, también, por seres humanos?

Esperamos que, aunque sea de manera introductoria, esas tres preguntas queden contestadas a lo largo de este capítulo.

## 2. LA ÉTICA CLÍNICA EN LAS PSICOSIS

Para contestar a estas dos preguntas, primero, debemos asegurarnos de entender correctamente los términos «libertad» y «autonomía» y entender que van más allá de las concepciones antiguas y modernas del paciente.

Se entiende por libertad a la capacidad de obrar sin impedimentos, de autodeterminarse, lo que supone la posibilidad de elegir tanto los fines como los medios que se consideren adecuados para alcanzar dichos fines.

Se entiende por autonomía, desde Kant, la elección del deber por el deber, es decir, se entiende como la ejecución de un acto acorde a la moral que nos permite la individualización e independencia respecto de otros seres humanos.

En nuestro caso, vamos a trasladar lo anterior a la relación clínico-asistencial.

Normalmente, en los pacientes que presentan psicosis los conflictos que pueden presentarse, para su actividad diaria, entre estos dos términos se resuelven con las incapacitaciones y otras fórmulas legales que son presentadas ante el juez y que deben incluir, no solo los informes de los profesionales que llevan el caso, sino, también, las valoraciones éticas por las que se solicita la incapacitación o tutela del derecho que se quiere defender en representación. Sin embargo, en lo referente al derecho a la salud y la práctica profesional, no siempre nos encontramos con que eso está resuelto y, aunque lo estuviera, eso no nos exime de ser nosotros los que velemos por el derecho a la salud del paciente con la obediencia debida.

En la actualidad coexisten dos líneas de actuación para atender a la obediencia debida en las psicosis. De una parte, la línea médico-farmacológica, que tiene como objetivo bloquear el proceso psicótico y revertirlo mediante el uso principal de antipsicóticos, y, otra psicológica, que incluye diversos modelos que acogen a los pacientes e intentan construir un marco de comprensión para sus experiencias.

En ambos casos, la literatura arroja que los pacientes psicóticos con episodios agudos o crónicos difícilmente son libres y autónomos, en el caso de la libertad, porque su autodeterminación se dirige a una evitación del sufrimiento de casi todo lo que le rodea y, en el caso de la autonomía, porque su moral se desvía, bien porque dependen de lo que otros les indican que es su deber (moral de terceros) o bien porque el tratamiento farmacológico les impide reconocer su propio sistema de valores o el sistema de valores aprendido.

Como podemos inferir, para los profesionales que trabajan en el ámbito de las psicosis es muy importante tener en cuenta que la libertad es un principio de acción, y la autonomía es un fin de la acción; porque, a diferencia de otros pacientes, o nosotros mismos, para los que se entiende que la libertad se supone siempre en el hecho de acudir o

© Ediciones Pirámide

no a terapia y lo que se espera conseguir es volver a tener autonomía y, en consecuencia, tener conciencia de su deber para con la relación clínico-asistencial, en los pacientes que presentan psicosis esto no siempre será así.

## 3. IMPORTANCIA DE LA ÉTICA EN LA INTERVENCIÓN CON ACT

Como en otras técnicas de intervención que derivan de los paradigmas modernos (TREC, terapia dialéctica, etc.), si en algo podemos estar de acuerdo con los expertos en ACT es en la importancia de los valores personales para intervenir. Hemos visto la dificultad de los pacientes que presentan psicosis para identificar sus propios valores, e incluso identificados, cuáles y de qué forma los sostienen para impedir que les dañen. Por tanto, la manera en la que se debe intervenir con esta técnica, independientemente de su modalidad o variaciones, deberá centrarse, *a priori,* en la dignidad de la persona.

Retomando, en relación con la ética, el profesional que quiera intervenir con ACT, además de lo explicado para las psicosis, deberá tener en cuenta, primero, que hay dos tipos de dignidad: la dignidad natural (la dignidad por ser humanos con nuestro propio sistema de valores) y la dignidad adquirida (la dignidad de la que nos otorgan los demás en función de su sistema de valores y al sistema de valores instaurado en la sociedad) y, segundo, que la línea entre una y otra es difusa en la intervención.

De todos los estudios revisados y los autores estudiados que se desarrollan dentro del marco de la ACT, hemos podido observar que, en estas cuestiones, si bien se ha estudiado, y no todos en profundidad, sobre el sistema de valores de los pacientes, poco se ha estudiado sobre el sistema de valores del profesional. Se da por hecho que el profesional entiende bien su propio sistema de valores y el de los pacientes, pero la realidad de la supervisión nos informa de cierta inflexibilidad cognitiva que hay que corregir.

En el caso de la ACT, la confusión y la inflexibilidad puede darse, siguiendo a Hildebrand (1922), por los cuatro tipos de «ceguera al valor moral», a saber:

*a*) *De subsunción.* Se produce cuando una persona no capta que una acción concreta viola un determinado valor que ella reconoce como tal.
*b*) *Por embotamiento.* Es el resultado de realizar un acto malo en repetidas ocasiones.
*c*) *Parcial a tipos de valores.* La persona está ciega no ya para un valor concreto, sino para tipos enteros de valores morales porque le parecen irrelevantes.
*d*) *Total.* No se comprende la diferencia entre el bien y el mal.

En la efectividad de la intervención con ACT, al igual que el profesional, los pacientes pueden sufrir los mismos tipos de ceguera, pero, en el caso de los pacientes que presentan psicosis, no puede concluirse si no hay comprensión completa voluntaria del sistema de valores (como la persona que nace con un sentido afectado) o si el paciente está sufriendo un tipo de ceguera y, en consecuencia, producirse un conflicto ético. Este es el motivo por el que hay que tener en cuenta las leyes y los códigos deontológicos, como explicaremos en el siguiente epígrafe.

## 4. LÍMITES DE LA INTERVENCIÓN CON ACT EN LAS PSICOSIS: LEYES Y NORMATIVA

No vamos a realizar un análisis profundo de las mismas, por ir más allá del objeto de esta obra, sin embargo consideramos necesario que el lector tenga conocimiento de a partir de cuáles se redactan los códigos deontológicos para poder conocer la importancia que tiene el consentimiento informado en el ámbito clínico-sanitario de las psicosis.

Respecto de las leyes, cualquier profesional que trabaje en el área clínica o sanitaria, más allá de todo lo relacionado con las colegiaturas o los debates sobre la especialización, sabe que en su ejercicio debe observar las leyes que concilian las exigencias morales y las necesidades naturales del ser humano, especialmente en el ámbito relativo a la salud y a la asistencia sanitaria.

Es por ello que los códigos deontológicos que analizaremos fueron redactados teniendo en cuenta no solo las cuestiones de la licitud de la práctica, sino los límites de la ley dentro del marco constitucional de los Estados considerados democráticos y de derecho, no solo en el marco del derecho sanita-

© Ediciones Pirámide

rio, como veremos que refleja el artículo 2.º del Código español. En consecuencia, y para el caso que nos ocupa, los límites legislativos en la intervención de las psicosis con ACT y la dignidad del paciente nos los van a establecer los siguientes documentos:

- Declaración Universal de los Derechos Humanos. ONU (1948).
- Convenio Europeo de Derechos Humanos. Consejo de Europa (1950).
- Declaración de Helsinki. ONU (1964).
- Convenio sobre Derechos Humanos y Biomedicina (Convenio de Oviedo). Consejo de Europa (1997).
- La Constitución Española (1978); el Código Civil (última modificación: 2018) y el Código Penal (última modificación: 2019).
- Ley 41/2002, de 14 de noviembre, básica reguladora de la autonomía del paciente y de derechos y obligaciones en materia de información y documentación clínica (2002).
- Plan de Acción Europea para la Salud Mental (Helsinki, 2005).
- Ley 39/2006, de 14 de diciembre, de Promoción de la Autonomía Personal y Atención a las personas en situación de dependencia (2006).
- Ley 8/2008, de 25 de junio, por la que se modifica la ley contra la exclusión social y la ley de Carta de derechos sociales (2008).
- Ley 33/2011, de 4 de octubre, General de Salud Pública (BOE de 5 de octubre de 2011).
- Real Decreto Legislativo 1/2013, de 29 de noviembre, por el que se aprueba el Texto Refundido de la Ley General de derechos de las personas con discapacidad y de su inclusión social (2013).
- Ley Orgánica 3/2018, de 5 de diciembre, de Protección de Datos Personales y garantía de los derechos digitales (2018).

Del listado anterior, cobran especial importancia la Ley 41/2002, de Autonomía del Paciente, la Ley 3/2018, de Protección de Datos, y el Real Decreto Legislativo 1/2003, cuando, por los síntomas y la expresión de la psicosis del paciente, implica que este haya sido incapacitado o, sin estar incapacitado, deba ser supervisado por su grado de discapacidad/dependencia.

Respecto de los códigos deontológicos, debemos advertir que son documentos que garantizan una ética de mínimos, es decir, que son las directrices mínimas a seguir por los profesionales en cualquier caso, por lo que son normas generales que no atienden las particularidades del caso, pero que son de obligado cumplimiento porque limitan la operativa de la práctica y, como hemos visto, en el caso de las psicosis no es suficiente.

En las intervenciones, el Código Internacional de la APA es un instrumento fundamental, no por cuestiones históricas, sino porque de todos los códigos desarrollados en el mundo es el más completo y el que menos abierta deja la interpretación de la licitud o ilicitud de la práctica. De una manera o de otra, todos los códigos deontológicos existentes recogen las mismas directrices, pero no siempre en forma o con la misma calidad en el desarrollo.

Dicho Código consta de una introducción, un preámbulo, cinco principios generales (A-E) y normas éticas específicas. En la introducción establece cómo ha de aplicarse el propio código, haciendo hincapié en que el preámbulo y los principios generales no son en sí mismos reglas obligatorias, como sí lo son las normas éticas específicas, sino pautas para la acción. Sin embargo, son los principios generales los que están directamente relacionados con la dignidad de la persona. Dichos principios son: beneficencia y no maleficencia (hacer el bien y no dañar); fidelidad y responsabilidad (establecer relaciones de confianza y responsabilidades profesionales y científicas); integridad (promover la exactitud, honestidad y veracidad en la ciencia, docencia y práctica); justicia (ejercer un juicio razonable y tomar las precauciones necesarias para asegurar que sus potenciales prejuicios, los límites de su competencia y las limitaciones de su pericia no los conduzcan ni les permitan aprobar prácticas injustas) y respeto de los derechos y la dignidad de la persona (respetar la dignidad y el valor de todas las personas y el derecho a la privacidad, a la confidencialidad y a la autodeterminación de los individuos).

Pero ¿por qué es tan importante para la praxis atender estos principios? Por dos motivos. Primero, porque, ante un dilema, nos establece el límite entre lo que es ético y lo que no, todo lo demás será pura metodología, para la que todos conocemos que hay que estar debidamente preparado y acreditado. Segundo, porque han de ser bidireccionales, es decir,

© Ediciones Pirámide

el paciente, por ser el profesional, también ser humano, debe respetarlos, como hemos indicado.

En el caso de España, en el Código Deontológico del Consejo General de los Colegios Oficiales de la Psicología encontramos que la dificultad de interpretación está en que, de manera formal, se estructura de la misma manera que el Código Deontológico de la APA; sin embargo, en lo que se refiere a la dignidad de la persona, el profesional tiene que deducir qué se entiende por «dignidad de la persona» y qué acciones implicarían la deshumanización a lo largo de todo el articulado. En la actualidad, el Código Deontológico no dedica un epígrafe específico para aclarar este punto de suma importancia porque facilitaría a los profesionales la toma de decisiones para la acción cuando se presenta un caso complejo en el que puede existir un conflicto ético o de derecho, por los que, normalmente, suele ser denunciado y sancionado el profesional.

A lo largo de esta obra hemos aprendido a aplicar la técnica y otras cuestiones relacionadas con ella, pero eso no nos garantiza que no se den conflictos éticos, de manera que, si queremos evitar que se den y mantener dentro de una relación clínico-asistencial respetuosa con la dignidad durante todo el proceso, deberemos tener en cuenta los siguientes artículos[1] del Código Deontológico:

### *A*) A propósito de la dignidad personal y del ejercicio del profesional

Del Título Preliminar:

- Artículo 2.º: Regulación de la profesión por los principios de convivencia y legalidad del Estado español.
- Artículo 3.º: Interpretación y observancia de las normas y las consecuencias de las mismas en relación con el marco sociocultural.
- Artículo 11.º: Independencia profesional y legítimo ejercicio de la profesión dentro de los límites que marca el Código. Este artículo se refuerza con el artículo 16.º del Capítulo II *«De la competencia profesional y de la relación con otros profesionales»* y el artículo 24.º del Capítulo III *«De la Intervención»*.

Del Capítulo I. Principios generales:

- Artículo 15.º: Resolución de los conflictos de interés y la obligación de imparcialidad. Este artículo se refuerza con el artículo 29.º del Capítulo III *«De la Intervención»*. De especial atención cuando la intervención se dé en el sistema sanitario público, cuando se trabaja por cuenta ajena o cuando hay que acudir al sistema de Justicia o en instituciones penitenciarias.

Del Capítulo III. De la intervención:

- Artículos 26.º y 27.º: Del abandono voluntario del tratamiento, de los límites de capacitación profesional y de las derivaciones para evitar la forma más común de «ensañamiento terapéutico», es decir, cuando no estamos siendo efectivos pero insistimos en seguir con la intervención con la creencia irracional de que es cuestión de tiempo que funcione o, en el caso del artículo 27.º, no negarnos a compaginar con otro compañero una intervención terapéutica que, lejos de ser complementaria, es exactamente la misma.

### *B*) A propósito de la dignidad del paciente intervenido

Del Capítulo I. Principios generales:

- Artículo 6.º: Del respeto a la persona, los derecho humanos (dignidad natural), de los principios rectores del profesional para con el paciente (dignidad adquirida) y de la aplicación de la metodología (objetiva y científica). Este artículo se refuerza con los artículos 17.º, 18.º, 19.º y el 21.º del Capítulo II *«De la competencia profesional y de la relación con otros profesionales»* y con el artículo 32.º del Capítulo III *«De la Intervención»*.
- Artículo 9.º: Respeto al sistema de valores del paciente (dignidad natural). De nuevo, este artículo se refuerza con el artículo 24.º del Capítulo III *«De la Intervención»*.

[1] El número del articulado puede variar según el Colegio Profesional al que se pertenezca, pero, en esencia, todos incluyen el espíritu de la norma.

© Ediciones Pirámide

- Artículo 10.º: Respeto a los criterios morales culturales y sociales.
- Artículo 11.º: Del abuso de superioridad.
- Artículo 12.º: Respeto a la dignidad en los informes y devoluciones de resultados. De especial observancia en las psicosis, tanto en la evaluación como en la intervención, puesto que en más de una ocasión nos encontraremos con que no es el paciente el que custodia su propia información, sino que van a leerla terceros, desde sus representantes legales hasta el equipo multidisciplinar o los tribunales.

Del Capítulo III. De la intervención:

- Artículo 25.º: De la información adecuada y de la información del tratamiento de los menores de edad y los pacientes que están representados legalmente.

Deducirá el profesional que, con independencia de otras leyes y otros artículos del Código Deontológico, en la psicosis cuál es la importancia de conocer las fuentes que nos marcan los límites de aplicar cualquier intervención relacionada con el derecho a la salud y la asistencia sanitaria y reflexionar mucho sobre ellas, por la especial vulnerabilidad del tipo de paciente que vamos a tratar. Y ¿de qué manera podemos cumplir con todo lo anterior y asegurar que, en la medida de lo posible, no existirá conflicto entre la defensa del derecho a la salud del paciente (especialmente desprotegido) y el derecho al libre ejercicio profesional del terapeuta?

## 5. CONSENTIMIENTO INFORMADO EN INTERVENCIÓN CON ACT EN LAS PSICOSIS

Recordemos la primera pregunta sobre la que nos hacía reflexionar Sergi von Fenop: «¿Cómo es posible articular éticamente la atención al paciente psicótico sin imponerle un catálogo de buenas costumbres en cuya confección no ha participado ni —en principio— puede participar?» y la que planteábamos nosotros: ¿y cómo aseguramos que, en esa articulación ética, se respeten los límites que conlleva un ejercicio profesional realizado, también, por seres humanos? Con el consentimiento informado.

Siguiendo la definición del art. 3 de la Ley 41/2002, de Autonomía del Paciente, debemos entender el consentimiento informado como: «(...) la conformidad libre, voluntaria y consciente de un paciente, manifestada en el pleno uso de sus facultades después de recibir la información adecuada, para que tenga lugar una actuación que afecta a su salud (...)».

En el caso de la intervención en las psicosis, no es suficiente con que el Código Civil nos permita un consentimiento tácito (el que se entiende con que el paciente acuda a las sesiones), en este caso ha de ser explícito y por escrito. ¿Qué debe incluir dicho documento?

El consentimiento informado siempre consta de dos partes[2]: información (proporciona información sobre la intervención) y el formulario de consentimiento (para firmar el paciente o su responsable legal, si está de acuerdo en someterse a la intervención).

### I. Información

1. Datos del profesional y del paciente: son las personas que se vinculan y por las que tiene principio y fin el proceso terapéutico y porque son las que han de responder ante cualquier irregularidad o incidencia que se produzca durante el mismo.
2. Propósito de la intervención: objetivos generales y específicos.
3. Tipo de intervención: información sobre el conocimiento científico y profesional (marco teórico y práctico de la intervención, sin exceder los límites de entendimiento del lego), así como de los riesgos, molestias, efectos adversos, contraindicaciones y motivos de derivación o intervenciones alternativas para garantizar la adhesión al tratamiento u otras cuestiones de importancia, si fuera necesario.
4. Procedimientos y protocolos: duración del programa y de las sesiones. Encuadre operativo.

[2] Siguiendo las directrices del Comité de Evaluación Ética de la Organización Mundial de la Salud (OMS).

© Ediciones Pirámide

5. Información de usos probables de los servicios y confidencialidad de la información recabada durante la intervención: cumplimiento de la Ley de Autonomía del Paciente y de la Ley de Protección de Datos.
6. Información sobre la supervisión y consulta con otros expertos y/o devolución de información a terceros legitimados: información sobre el tratamiento y custodia de los datos del expediente de intervención en relación con terceros.
7. Participación voluntaria (derechos y obligaciones): de una parte, respeto a la libre determinación de abandono del tratamiento y, por otra, respeto a los profesionales del caso.
8. Información sobre casos de emergencia o situaciones de urgencia y/o necesidad: directrices que se van a seguir en estos casos (medios de comunicación, servicios de emergencia a los que se acudirá, etc.).
9. Información sobre la suspensión por problemas o conflictos personales con el paciente: explicar al paciente que, en estos casos, puede acudir al Colegio Oficial de Psicología que le corresponde y/o al Comité de Bioética de España.
10. Información sobre el alta o el abandono del tratamiento: formas de finalización y tramitación de las mismas. Recordemos que, en el ámbito clínico-sanitario, la Ley de Autonomía del Paciente obliga a que se redacte el informe de alta/finalización del tratamiento o se establezca una directriz cuando por el abandono, por parte del paciente, no es posible la firma de dicho documento.
11. Información de que en ningún caso se actuará contra la ley y se establecerán los pasos de resolución de conflictos: información sobre el ámbito jurisdiccional que resolverá los posibles conflictos de ley.
12. Anexos: documentación que va a tener que facilitar el paciente y/o sus representantes legales al profesional que le trate.

### II. Formulario

Documento que firma el paciente (o sus representantes legales) mediante la fórmula de consentir de manera libre, voluntaria y en pleno uso de facultades que ha comprendido toda lo que ha incluido la parte informativa. Normalmente, se confunde este único formulario con el consentimiento íntegro, pero nada más lejos de la realidad. Este documento no se debe facilitar hasta que no se ha dado al paciente el tiempo suficiente de estudiar, cotejar, debatir y aclarar la parte informativa del mismo.

## 6. CONCLUSIONES

Las intervenciones, en general, son actos clínicos y, en particular, la ACT es una técnica que va a trabajar de manera profunda los principios éticos del paciente, por lo que nunca debemos olvidar que para que el acto clínico sea acorde a la moral debe ser autónomo, comunicable y práctico, esto es, se tiene que dar que haya conocimientos suficientes y objetivos, al igual que una motivación acorde con el restablecimiento de la salud por parte del profesional, pero también del paciente.

Como hemos podido ver, en ACT no deben recogerse solo los postulados y fundamentos del conductismo radical de la década de los sesenta, ni los conocimientos adquiridos durante los más de cuarenta años que separan este paradigma del nacimiento y mejora de la técnica, sino que nos obliga a reflexionar sobre cómo abordar el caso, de manera que se respeten los derechos y libertades de los pacientes, así como los de los profesionales encargados de sostener la relación terapéutica. Intervenir desde ACT no se corresponde solo con aplicar esta como una técnica de modificación de conducta siguiendo las directrices de los manuales y las guías o atender a las leyes, pues la misma nació con el objetivo de respetar los valores del paciente y, en el caso de las psicosis, nos encontramos con que puede que el propio paciente tenga dificultad para sostener de una manera más o menos estable su sistema de valores, entender la praxis o atender las leyes. Por este motivo, formará parte de la intervención el asegurarnos que defendemos correctamente su derecho a la salud y a su integridad y dignidad como ser humano especialmente desprotegido. Intervenir, por tanto, conlleva el conocimiento mucho más profundo del paciente como sujeto de derechos y digno.

Por ese motivo, antes de actuar, en cualquier intervención que vayamos a realizar, comenzaremos

© Ediciones Pirámide

reflexionando sobre el contenido de los artículos 6, 9, 10 y 11 del Código Deontológico del Consejo General y si vamos a ser capaces de respetarlos en el caso que se nos ha presentado. A continuación, deberemos acudir a las fuentes que determinan los límites de la intervención para poder, así, redactar el consentimiento informado del caso. Y solo después de haber realizado lo anterior, pasaremos a establecer la relación clínico/sanitario —asistencial necesaria para la aplicación de la intervención ACT—.

Si hemos ido reflexionando a lo largo de la exposición, podemos inferir que, en lo que se refiere a la propia aplicación de la ACT en las psicosis, hay dos puntos en los que el profesional debe tener especial cuidado: por un lado, estar seguro de que está identificando correctamente el sistema de valores del paciente y, por otro, asegurarse de que no sufre la denominada «ceguera a los valores» (sesgos cognitivos al sistema de valores de los otros: subsunción, embotamiento, parcial y total constitutiva) de su propio sistema, de manera que, sin ser consciente, pretenda que el paciente adopte sus valores, porque podríamos provocar una grieta en la identidad del paciente que le impele a «desconectarse» para evitar la realidad. Por este motivo, la hoja de ruta en las intervenciones no nos la van a marcar solo las bases teóricas o la metodología, sino que desde el comienzo hasta la finalización habrá que atender a la normativa y a las leyes, por lo que animamos al lector de esta obra a que profundice en lo abordado.

## REFERENCIAS BIBLIOGRÁFICAS


Erdozain López, J. C. y Bercovitz Rodríguez-Cano, R. (2018). *Código Civil.* Tecnos.

Esbec Rodríguez, E. y Gómez-Jarabo, G. (2000). *Psicología forense y tratamiento jurídico-legal de la discapacidad.* Edisofer.

Gimbernat Ordeig, E. y Mestre Delgado, E. (2019). *Código Penal.* Tecnos.

León Sanz, P. (2004). *Implantación de los derechos de los pacientes. Comentarios a la Ley 41/2002.* Ediciones Universidad de Navarra.

Luciano Soriano, M. C. y Valdivia Salas, M. S. (2006). La terapia de aceptación y compromiso (ACT). Fundamentos, características y evidencia. *Papeles del Psicólogo, 27*(2), 79-91.

Ossman, W. A. et al. (2006). A preliminary investigation of the use of acceptance and commitment therapy in group treatment for social phobia. *International Journal of Psychology and Psychological Therapy, 6*(3), 397-416.

Páez-Blarrina, M. et al. (2006). Terapia de aceptación y compromiso (ACT) y la importancia de los valores personales en el contexto de la terapia psicológica. *International Journal of Psychology and Psychological Therapy, 1*(6), 1-20.

Robb, H. (2007). Values as leading principles in acceptance and commitment therapy. *International Journal of Behavioral Consultation and Therapy, 1*(3), 118-122.

Vargas Madriz, L. F. y Ramírez Henderson, R. (2012). Terapia de aceptación y compromiso: descripción general de una aproximación con énfasis en los valores personales. *Revista de Ciencias Sociales (Cr), IV*(138), 101-110.

Von Fenop, S. (2018). *Una ética para la psicosis.* Disponible en https://bit.ly/2PtqhKE

Von Hildebrand, D. (2006). *Moralidad y conocimiento ético de los valores.* Ediciones Cristiandad (original publicado en 1922).


© Ediciones Pirámide

# Epílogo

Escribir las últimas palabras de esta obra supone para mí un doble orgullo y satisfacción. A nivel profesional, por compartir decididamente la apuesta por el trabajo interdisciplinar, como una mejor vía para comprender, acercarnos y cuidar a la persona en su contexto de una manera más amplia. A nivel personal, por dos motivos: en primer lugar, porque he acompañado y me gusta pensar que también he contribuido en los primeros pasos de esta profesión en muchos de los autores del texto, y en segundo lugar, porque con sus valores centrados en el respeto, la libertad y la dignificación de la persona continúan la línea que otros empezamos con la reforma psiquiátrica en la década de los ochenta en España.

Los cambios y avances tecnológicos, sociales y culturales han influido en el desarrollo de teorías explicativas, propuestas de clasificación psicopatológicas, modelos psicoterapéuticos, nuevas moléculas farmacológicas cada vez más selectivas... para la psicosis, pero también lo han hecho sobre el propio concepto de psicosis, quedando atrás las visiones y pronósticos más pesimistas en favor de posiciones más alentadoras basadas en la recuperación funcional e inclusión en la comunidad. La terapia de aceptación y compromiso (ACT) supone un notable avance en la posibilidad de acercar posturas encontradas, ya que, a pesar de poseer una sólida base teórica asentada sobre los principios del aprendizaje (actualizados desde la teoría de los marcos relacionales), es lo suficientemente flexible como para permitir enmarcar y contextualizar numerosas y diferentes intervenciones desde un enfoque basado en la evidencia. ACT, pese a la complejidad de sus fundamentos, está formulada con la suficiente sencillez para ser aplicada de manera eficaz.

Las intervenciones basadas en ACT son enormemente adaptables a múltiples contextos y condiciones clínicas, incluido el trastorno mental grave (TMG), lo que permite su aplicación en la sanidad pública en sus diferentes ámbitos. La adaptación que propone la terapia de aceptación y recuperación por niveles (ART) en psicosis tiene como novedad ajustar las intervenciones a la situación clínica y al grado de deterioro cognitivo y funcional de cada persona, lo que puede incrementar la aceptabilidad y eficacia de las intervenciones. Sin embargo, su objetivo último es dirigirse hacia una vida con sentido y significado, a pesar de la persistencia de los síntomas.

Siempre he considerado que la modificación de las denominaciones y etiquetas en salud mental contribuye a la fomentar la inclusión y a reducir el estigma. El cambio de nomenclatura de elementos estructurales como las unidades de internamiento por unidades de hospitalización, o de los propios servicios de psiquiatría por servicios de salud mental no solo implica una modernización terminológica, sino una apuesta por un modelo amplio e integrador dirigido a velar por la continuidad de cuidados, cerrando el cisma que parece haberse creado entre la intervención hospitalaria y la rehabilitadora, promoviendo la eliminación de las contenciones, la instauración de las puertas abiertas en las unidades de hospitalización de agudos y el respeto a la libertad en la toma de decisión del paciente y a sus valores. Estas modificaciones no solo pretenden una mayor inclusión de los pacientes en los sistemas de salud, sino que también están dirigidas a fortalecer el sentido de objetivo común y de competencia en las personas que trabajan en el ámbito de la salud

© Ediciones Pirámide

mental. La implementación de los equipos multidisciplinares supuso un importante avance a la hora de abordar la multidimensionalidad de la persona y la complejidad añadida que supone padecer una psicosis. Sin embargo, los cuidados e interacciones básicos del día a día prestados por otros profesionales no suelen recibir el mismo tipo de reconocimiento, a pesar de que pueden compartir y representar vínculos genuinos y relevantes para los pacientes. Y es en este sentido donde el concepto de «equipo terapéutico ampliado» expuesto en esta obra supone un paso más, al reconocer cómo en determinados momentos y contextos para un paciente pueden ser igual de importantes un psiquiatra o psicólogo, que el administrativo que atiende el teléfono o rubrica la asistencia a consulta, o la auxiliar de enfermería que lo recibe y da indicaciones amablemente. Esta posición, accesible desde una perspectiva basada en el contextualismo funcional, permite reconocer la relevancia de todos los profesionales en las intervenciones en el TMG, así como fomentar y reforzar los valores personales y profesionales de esfuerzo y compromiso, la aceptación incondicional y el respeto a la decisión del paciente por parte de todos. Esto contribuye a fortalecer la continuidad de cuidados y la lucha contra el estigma en el TMG.

Sin duda queda mucho por hacer, reivindicar una mayor relevancia de la salud mental en la agenda política, reforzar las plantillas de personal especializado y mejorar sus condiciones laborales, apostar por una formación de calidad y sin sesgos para los futuros estudiantes y residentes, la creación de recursos comunitarios que favorezcan una oferta de tratamientos integral que fomente las oportunidades y apoyos y reduzca el riesgo de segregación e institucionalización, entre muchas. Sin embargo, el cariño con el que están escritas todas las líneas de esta obra representa la total y cálida disposición de los profesionales para acompañar a nuestros pacientes a lo largo de su proceso, a través de la aceptación incondicional, la autenticidad, la empatía y el respeto hacia sus valores como centro de las intervenciones. Estos principios y valores, que siguen las huellas de los que empezaron la reforma psiquiátrica en nuestro país, conducen en una dirección esperanzadora.

Esta obra es una forma novedosa, integral y basada en la evidencia de abordar la psicosis, creada desde y para los ámbitos asistenciales públicos y privados, así como para su uso académico. Estoy convencido de que el esfuerzo desarrollado en ella merece la pena, no solo para aprender la aplicación de las estrategias y procesos expuestos, sino para acercarnos a una visión más humana, cálida, compasiva e inclusiva de esto a lo que llamamos psicosis.

> A los ignorantes les aventajan los que leen libros. A estos, los que retienen lo leído. A estos, los que comprenden lo leído. A estos, los que se ponen manos a la obra (proverbio hindú).

DOCTOR JOSÉ LUIS HERNÁNDEZ FLETA
Jefe de Servicio de Psiquiatría del HUDGCDN[1]
Profesor Facultad de Medicina ULPGC[2]

[1] Hospital Universitario de Gran Canaria Dr. Negrín.
[2] Universidad de Las Palmas de Gran Canaria.

© Ediciones Pirámide

## TÍTULOS RELACIONADOS

ACEPTACIÓN PSICOLÓGICA, *S. Valdivia-Salas y M. Páez Blarrina.*
ADICCIÓN A LA COMPRA, *R. Rodríguez, J. M. Otero y R. Rodríguez.*
ADICCIÓN A LAS NUEVAS TECNOLOGÍAS EN ADOLESCENTES Y JÓVENES, *E. Echeburúa, F. J. Labrador y E. Becoña.*
AGORAFOBIA Y ATAQUES DE PÁNICO, *A. Bados López.*
AGRESIÓN Y PSICOPATÍA, *J. Ortega y M. Á. Alcázar (coords.).*
ANÁLISIS FUNCIONAL DE LA CONDUCTA HUMANA, *M.ª X. Froxán.*
ANIMALES DE COMPAÑÍA Y SALUD, *J. López-Cepero Borrego (coord.).*
ATENCIÓN TEMPRANA EN EL ÁMBITO HOSPITALARIO, *J. Piñero, J. Pérez-López, F. Vargas y A. B. Candela.*
AVANCES EN EL TRATAMIENTO PSICOLÓGICO DE LOS TRASTORNOS DE ANSIEDAD, *E. Echeburúa.*
BUENAS PRÁCTICAS EN LA PREVENCIÓN DE TRASTORNOS DE LA CONDUCTA ALIMENTARIA, *P. M. Ruiz Lázaro J. M. Velilla Picazo y E. González Fraile (dirs.).*
CLAVES PSICOBIOLÓGICAS, DIAGNÓSTICAS Y DE INTERVENCIÓN EN EL AUTISMO, *J. Folch-Schulz y J. Iglesias Dorado.*
CÓMO ELEGIR EL MEJOR TRATAMIENTO PSICOLÓGICO, *S. N. Haynes, A. Godoy y A. Gavino.*
CONSULTORÍA CONDUCTUAL, *M.ª X. Froján Parga (coord.).*
DE LOS PRINCIPIOS DE LA PSICOLOGÍA A LA PRÁCTICA CLÍNICA, *C. Rodríguez-Naranjo.*
DETECCIÓN Y PREVENCIÓN EN EL AULA DE LOS PROBLEMAS DEL ADOLESCENTE, *C. Saldaña (coord.).*
EL ADOLESCENTE EN SU MUNDO, *J. Toro Trallero.*
EL JUEGO PATOLÓGICO, *E. Echeburúa, E. Becoña, F. J. Labrador y Fundación Gaudium (coords.).*
ÉTICA PROFESIONAL EN SALUD MENTAL, *J. M. Pastor y C. del Río.*
FUNDAMENTOS Y APLICACIONES CLÍNICAS DE FACT, *J. J. Macías Morón y L. Valero Aguayo.*
GUÍA DE AYUDA AL TERAPEUTA COGNITIVO-CONDUCTUAL, *A. Gavino Lázaro.*
GUÍA DE ÉTICA PROFESIONAL EN PSICOLOGÍA CLÍNICA, *C. del Río.*
GUÍA DE TRATAMIENTOS PSICOLÓGICOS EFICACES I, II Y III, *M. Pérez, J. R. Fernández, C. Fernández e I. Amigo (coords.).*
GUÍA PRÁCTICA DE EVALUACIÓN PSICOLÓGICA CLÍNICA, *C. Marín.*
HABILIDADES CLÍNICAS PARA APLICAR, CORREGIR E INTERPRETAR LAS ESCALAS DE INTELIGENCIA WECHSLER, *M.ª Forns i Santacana y J. A. Amador Campos.*
INTERVENCIÓN EN LOS TRASTORNOS DEL COMPORTAMIENTO INFANTIL, *M. Servera Barceló (coord.).*
INTERVENCIÓN PSICOLÓGICA, *J. Olivares, D. Macià, A. I. Rosa y P. J. Olivares.*
INTERVENCIÓN PSICOLÓGICA EN ACTIVIDAD FÍSICA Y DEPORTE, *P. J. Jiménez Martín.*
INTERVENCIÓN PSICOLÓGICA Y EDUCATIVA CON NIÑOS Y ADOLESCENTES, *F. X. Méndez, J. P. Espada y M. Orgilés (coords.).*
LA INTERVENCIÓN ANTE EL MALTRATO INFANTIL, *J. Martín.*
LA INTERVENCIÓN PSICOEDUCATIVA DE FAWZY Y FAWZY PARA PACIENTES ONCOLÓGICOS, *P. Martínez, Y. Andreu y M.ª J. Galdón.*
LA VOZ Y LAS DISFONÍAS DISFUNCIONALES, *R. M.ª Rivas y M.ª J. Fiuza.*
LAS RAÍCES DE LA PSICOPATOLOGÍA MODERNA, *M. Pérez.*
LOS PROBLEMAS PSICOLÓGICOS NO SON ENFERMEDADES, *E. López y M. Costa.*
MANUAL DE EVALUACIÓN DEL RIESGO DE VIOLENCIA, *I. Loinaz.*
MANUAL DE PROMOCIÓN DE LA RESILIENCIA INFANTIL Y ADOLESCENTE, *M.ª de la F. Rodríguez, J. M. Morell y J. Fresneda (coords.).*
MANUAL DE PSICOLOGÍA CLÍNICA INFANTIL Y DEL ADOLESCENTE. Trastornos específicos, *V. E. Caballo y M. A. Simón (coords.).*
MANUAL DE PSICOLOGÍA CLÍNICA INFANTIL Y DEL ADOLESCENTE. Trastornos generales, *V. E. Caballo y M. A. Simón (coords.).*
MANUAL DE PSICOLOGÍA DE LA SALUD, *I. Amigo.*
MANUAL DE PSICOLOGÍA DE LA SALUD CON NIÑOS, ADOLESCENTES Y FAMILIA, *J. M. Ortigosa, M.ª J. Quiles y F. X. Méndez.*
MANUAL DE PSICOONCOLOGÍA, *J. A. Cruzado Rodríguez (coord.).*
MANUAL DE PSICOPATOLOGÍA CLÍNICA, *J. F. Rodríguez y P. J. Mesa.*
MANUAL DE PSICOPATOLOGÍA GENERAL, *P. J. Mesa y J. F. Rodríguez.*
MANUAL DE PSICOPATOLOGÍA Y TRASTORNOS PSICOLÓGICOS, *V. E. Caballo, I. C. Salazar y J. A. Carrobles (dirs.).*
MANUAL DE TÉCNICAS DE MODIFICACIÓN Y TERAPIA DE CONDUCTA, *F. J. Labrador, J. A. Cruzado y M. Muñoz.*
MANUAL DE TRATAMIENTOS PSICOLÓGICOS. Adultos, *E. Fonseca (coord.).*
MANUAL DE TRATAMIENTOS PSICOLÓGICOS. Infancia y adolescencia, *E. Fonseca (coord.).*
MANUAL DEL PSICÓLOGO DE FAMILIA, *L. M.ª Llavona y F. X. Méndez.*
MANUAL PARA LA AYUDA PSICOLÓGICA, *M. Costa y E. López.*
MANUAL PARA EL TRATAMIENTO PSCOLÓGICO DE LOS DELINCUENTES, *S. Redondo Illescas.*
MANUAL PRÁCTICO DEL JUEGO PATOLÓGICO, *J. Fernández Montalvo y E. Echeburúa.*
MEJORANDO LOS RESULTADOS EN PSICOTERAPIA, *A. Gimeno.*
MENORES EXPUESTOS A LA VIOLENCIA DE GÉNERO, *C. López Soler, M. Alcántara López, M. Castro Sáez y A. Martínez Pérez.*
MODIFICACIÓN DE CONDUCTA, *R. G. Miltenberger.*
MÚLTIPLES APLICACIONES DE LA TERAPIA DE ACEPTACIÓN Y COMPROMISO (ACT), *M. Páez Blarrina y O. Gutiérrez Martínez.*
MUTISMO SELECTIVO, *J. Olivares y P. J. Olivares-Olivares.*
NEUROCOGNICIÓN, COGNICIÓN SOCIAL Y METACOGNICIÓN EN PSICOSIS, *C. Rebolleda.*
PRESERVACIÓN FAMILIAR, *M.ª J. Rodrigo, M.ª L. Máiquez, J. C. Martín y S. Byrne.*
PREVENCIÓN DE LAS ALTERACIONES ALIMENTARIAS, *G. López-Guimerà y D. Sánchez-Carracedo.*
PREVENCIÓN DE DROGODEPENDENCIAS Y OTRAS CONDUCTAS ADICTIVAS, *M. Isorna Folgar y D. Saavedra Pino (coords.).*
PROGRAMACIÓN FETAL, *R. A. Caparrós González.*
PSICOLOGÍA APLICADA A LA ACTIVIDAD FÍSICO-DEPORTIVA, *J. A. Mora Mérida, J. García, S. Toro y J. A. Zarco.*
PSICOLOGÍA CLÍNICA DE LA INFANCIA Y LA ADOLESCENCIA, *M.ª T. González (coord.).*
PSICOLOGÍA CLÍNICA BASADA EN LA EVIDENCIA, *F. J. Labrador y M.ª Crespo.*
PSICOLOGÍA CLÍNICA INFANTO-JUVENIL, *R. González Barrón e I. Montoya-Castilla (coord.).*
PSICOLOGÍA DE LA SALUD, *J. Gil Roales-Nieto (dir.).*
PSICOLOGÍA DE LA SALUD EN LA INFANCIA Y ADOLESCENCIA, *A. I. Rosa Alcázar y P. J. Olivares-Olivares (coords.).*
PSICOLOGÍA DE LA VEJEZ, *R. Fernández-Ballesteros (dir.).*
PSICOLOGÍA PERINATAL, *M.ª de la F. Rodríguez Muñoz (coord.).*
PSICOMOTRICIDAD, *M. Bernaldo de Quirós Aragón.*
PSICOPATOLOGÍA DEL NIÑO Y DEL ADOLESCENTE, *R. González (coord.).*
PSICOPATOLOGÍA CLÍNICA. Adaptado al DSM-5, *M. Ortiz-Tallo.*
PSICOPATOLOGÍA DEL DESARROLLO, *L. Ezpeleta y J. Toro.*
PSICOPATOLOGÍA GENERAL, *M.ª J. Fernández Guerrero.*
PSICOPATOLOGÍA INFANTIL BÁSICA, *J. Rodríguez Sacristán (dir.).*
PSICOTERAPIAS, *J. L. Martorell.*
REHABILITACIÓN PSICOSOCIAL DE PERSONAS CON TRASTORNOS MENTALES CRÓNICOS, *A. Rodríguez González (coord.).*
TDAH Y TRASTORNOS DEL COMPORTAMIENTO EN LA INFANCIA Y LA ADOLESCENCIA, *C. López y A. Romero (coords.).*
TÉCNICAS DE MODIFICACIÓN DE CONDUCTA, *F. J. Labrador.*
TERAPIA DE ACEPTACIÓN Y COMPROMISO (ACT), *K. G. Wilson y M. C. Luciano Soriano.*
TERAPIA DE ACEPTACIÓN Y COMPROMISO EN PSICOSIS, *J. A. Díaz Garrido, H. Laffite Cabrera y R. Zúñiga Costa (coords.).*
TERAPIA DE CONDUCTA EN LA INFANCIA, *I. Moreno García.*
TERAPIA DE GRUPO PARA LOS TRASTORNOS POR CONSUMO DE SUSTANCIAS, *L. Carter Sobell y M. B. Sobell.*
TERAPIA PSICOLÓGICA, *J. P. Espada, J. Olivares y F. X. Méndez.*
TERAPIA PSICOLÓGICA CON NIÑOS Y ADOLESCENTES, *F. X. Méndez, J. P. Espada y M. Orgilés (coords.).*
TRASTORNO ESPECÍFICO DEL LENGUAJE (TEL), *E. Mendoza Lara.*
TRASTORNO DEL ESPECTRO AUTISTA, *M. Ojea Rúa.*
TRASTORNOS DEL ESPECTRO AUTISTA, *F. Alcantud Marín (coord.).*
TRATAMIENTO PSICOLÓGICO DE LA ADICCIÓN AL JUEGO ONLINE, *M. Chóliz Montañés y M. Marcos Moliner.*
TRATAMIENTO DE LOS TRASTORNOS DEPRESIVOS Y DE ANSIEDAD EN NIÑOS Y ADOLESCENTES, *M.ª P. García y J. Sanz.*
TRATAMIENTO PSICOLÓGICO DEL MUTISMO SELECTIVO, *J. Olivares, A. I. Rosa y P. J. Olivares.*
TRATAMIENTOS CONDUCTUALES EN LA INFANCIA Y ADOLESCENCIA, *J. Olivares, F. X. Méndez y D. Macià.*
TRATAMIENTOS PSICOLÓGICOS, *J. Vila y M.ª del C. Fernández-Santaella.*
TRATAMIENTOS PSICOLÓGICOS PARA LA PSICOSIS, *E. Fonseca (coord.).*
TRATAMIENTOS PSICOLÓGICOS Y TRASTORNOS CLÍNICOS, *A. Gavino.*
VIGOREXIA, *A. García Alonso.*
VIOLENCIA Y TRASTORNOS MENTALES, *E. Echeburúa.*
VIVIR CON LA DROGA, *J. Valverde Molina.*